AF610534

TRAITÉ

THÉORIQUE ET PRATIQUE

DES

TAXES FISCALES

(DROITS DE TIMBRE, DE TRANSMISSION ET IMPOT SUR LE REVENU)

ÉTABLIES SUR LES

VALEURS MOBILIÈRES FRANÇAISES ET ÉTRANGÈRES

(Actions, Parts d'intérêt ou commandites dans les Sociétés, Compagnies, Associations et Congrégations religieuses, Obligations et Emprunts des Sociétés, Départements, Communes et Établissements publics)

PAR

M. AL. PRIMOT

DOCTEUR EN DROIT

DIRECTEUR DE L'ENREGISTREMENT, DU TIMBRE ET DES DOMAINES.

PARIS

IMPRIMERIE ET LIBRAIRIE GÉNÉRALE DE JURISPRUDENCE

MARCHAL ET BILLARD, IMPRIMEURS-ÉDITEURS

LIBRAIRES DE LA COUR DE CASSATION

27, Place Dauphine, 27

1891

Tous droits réservés.

Salle B.

TRAITÉ

THÉORIQUE ET PRATIQUE

DES

TAXES FISCALES

BIBLIOTHÈQUE NATIONALE R.F.

5549

(DROITS DE TIMBRE, DE TRANSMISSION ET IMPOT SUR LE REVENU)

ÉTABLIES SUR LES

VALEURS MOBILIÈRES FRANÇAISES ET ÉTRANGÈRES

(Actions, Parts d'intérêt ou commandites dans les Sociétés, Compagnies, Associations et Congrégations religieuses, Obligations et Emprunts des Sociétés, Départements, Communes et Établissements publics)

PAR

M. AL. PRIMOT

DOCTEUR EN DROIT

DIRECTEUR DE L'ENREGISTREMENT, DU TIMBRE ET DES DOMAINES.

PARIS

IMPRIMERIE ET LIBRAIRIE GÉNÉRALE DE JURISPRUDENCE

MARCHAL ET BILLARD, IMPRIMEURS-ÉDITEURS

LIBRAIRES DE LA COUR DE CASSATION

27, Place Dauphine, 27

1891

Tous droits réservés.

4° E. E. 227 D

4° F 10775

F 137177

TABLEAU DES PRINCIPALES ABRÉVIATIONS

EMPLOYÉES DANS L'OUVRAGE

Contr.	*Contrôleur de l'Enregistrement.*
D. Min. des Fin.	Décision du Ministre des Finances
D. m. f.	Id.
Décr.	Décret.
Dict.	*Dictionnaire des droits d'enregistrement, de timbre et de greffe,* par les rédacteurs du *Journal de l'Enregistrement.*
Dict. des Réd.	Id.
D. P.	*Recueil périodique,* de Dalloz.
Inst.	Instruction générale de l'Administration de l'Enregistrement.
Inst. gén.	Id.
J.	*Journal de l'Enregistrement.*
J. N.	*Journal des Notaires.*
L.	Loi.
P. ou Pal.	*Journal du Palais.*
R.	*Recueil de M. Fessard,* continué par M. Cuënot.
R. p. ou Rép. pér.	*Répertoire périodique,* de M. Garnier.
Rev. crit.	*Revue critique de législation et de jurisprudence.*
Rev. not. ou R. N.	*Revue du Notariat.*
Sir. ou S.	Sirey (*Recueil général des lois et arrêts*).
V°	*Verbo.*

ACTIONS ET OBLIGATIONS

TRAITÉ THÉORIQUE ET PRATIQUE

DES TAXES FISCALES

(DROITS DE TIMBRE, DE TRANSMISSION ET IMPOT SUR LE REVENU)

ÉTABLIES

SUR LES VALEURS MOBILIÈRES FRANÇAISES ET ÉTRANGÈRES

Note importante. — *Au moment d'achever l'impression de notre traité, nous apprenons et nous sommes encore en mesure d'annoncer à nos lecteurs que le tarif de l'impôt sur le revenu qui fait l'objet de notre quatrième partie, vient d'être porté de* 3 *p.* 100 *à* 4 *p.* 100 *par la loi de finances du* 26 *décembre* 1890, *dont on trouvera le texte au n°* 1567 *de notre appendice.*

DIVISION.

TROISIÈME PARTIE. — DROIT DE TRANSMISSION.

QUATRIÈME PARTIE. — IMPOT SUR LE REVENU.

V. le sommaire à la suite du traité.

CHAPITRE PRÉLIMINAIRE

1. **Objet de ce traité.** — Lorsque furent votées, au commencement de ce siècle, les nombreuses lois qui ont organisé, sur de nouvelles bases, le régime financier de la France, les valeurs mobilières ne formaient qu'une partie très minime et presque négligeable de la fortune publique. Aussi, cette nature de propriété est-elle presque passée sous silence dans les dispositions prises à cette époque pour la répartition des charges publiques. Les rentes sur l'État avaient été déclarées exemptes de tout impôt par divers décrets qui plaçaient les créanciers de l'État « sous la garde de l'honneur et de la loyauté de la nation française ». (Décrets des 17 juin, 27 août 1789, 4 déc. 1790.) Quant aux actions et obligations des sociétés industrielles, commerciales ou financières, la loi organique du 13 brum. an 7, sur le timbre, ne contient, à leur égard, aucune mention spéciale, et la loi du 22 frim. an 7, qui a organisé les règles de perception des droits d'enregistrement, se borne à tarifer, dans le même article que les effets négociables, « les cessions d'actions et coupons d'actions mobilières des compagnies ou sociétés d'actionnaires » au droit de 50 c. p. 100, sans prendre d'ailleurs aucune mesure pour rendre le payement de ce droit obligatoire. (Art. 69, § 2, n° 6.)

Ces dispositions durent paraître insuffisantes du jour où la construction des premiers chemins de fer vint donner l'essor aux grandes entreprises industrielles et commerciales, et où des compagnies puissantes et nombreuses commencèrent à se fonder et à attirer à elles l'argent des capitalistes. Dès ce moment, il y aurait eu une flagrante injustice à maintenir l'immunité dont jouissait la fortune mobilière relativement aux immeubles. En 1850, ce besoin de péréquation de l'impôt se faisait assez vivement sentir pour que le législateur crût devoir intervenir. Une loi du 18 mai fit, en effet, un premier pas dans cette voie, en assujettissant les rentes sur l'État aux droits de mutation par décès, et aux droits de mutation à titre gratuit (art. 7). En même temps, elle rehaussait, d'une manière générale, le tarif des droits de mutation à titre gratuit de biens meubles au taux fixé pour les immeubles (art. 10).

Peu de jours après, le législateur poursuivait son œuvre, en établissant, par la loi du 5 juin 1850, un droit de timbre spécial sur les titres d'actions et d'obligations dans les sociétés, compagnies, départements, communes et établissements publics.

Depuis lors, le système de taxation de ces titres, qui constituent la partie la plus importante et la plus facile à saisir de la fortune mobilière, a été complété par la loi du 23 juin 1857, qui les a assujettis à un droit proportionnel de transmission, et par la loi du 29 juin 1872, qui les a soumis à une taxe de 3 p. 100 de leur revenu.

Ce sont les règles de perception de ces trois impôts qui vont faire l'objet de notre traité. Nous les étudierons dans les trois lois organiques du 5 juin 1850, du 23 juin 1857 et du 29 juin 1872 dont nous venons d'indiquer l'origine, dans les lois ultérieures qui les ont complétées ou modifiées, et enfin dans les décisions de la jurisprudence qui les ont interprétées.

2. Statistique. — Le tableau des voies et moyens de l'exercice 1888 contient, en ce qui concerne le produit des trois impôts dont nous allons nous occuper, les évaluations suivantes :

1° Droits de timbre.		
Titres d'actions et obligations.	18,624,100 fr.	
Titres de rentes des gouvernements étrangers. .	968,200	
Lettres de gage du Crédit foncier.	133,300	
Produits de cet impôt en Algérie.	61,500	
Total des droits de timbre.	19,787,100 fr.	19,787,100 fr.
2° Droits de transmission.		
Transmission des titres de sociétés françaises et étrangères :		
Droits perçus en France. .	36,985,000 fr.	
Droits perçus en Algérie. .	103,500	
Total des droits de transmission.	37,088,500 fr.	37,088,500 fr.
3° Taxe de 3 p. 100 sur le revenu :		
En France.	47,215,500 fr.	
En Algérie.	210,000	
Total de la taxe de 3 p. 100.	47,425,500 fr.	47,425,500 fr.
Total général.		104,301,100 fr.

En prenant comme type de valeur de placement une obligation au porteur de nos grandes compagnies de chemins de fer, au capital nominal de 500 fr., au cours moyen de 400 fr., et au revenu annuel de 15 fr., on constate que les titres de cette nature sont imposés, par la combinaison de nos trois taxes, à raison de 10 p. 100 de leur revenu.

En effet, chaque titre verse au Trésor :

1° Le droit de timbre, à 6 c. p. 100 du capital nominal, soit.	0 fr.	30 c.
2° La taxe annuelle de transmission, à raison de 20 c. p. 100 de la valeur négociable, soit. . .	0	80
3° La taxe de 3 p. 100 sur le revenu, soit. . . .	0	45
Total par titre.	1 fr.	55 c.

Ce qui représente un peu plus du dixième du revenu.

Ces renseignements statistiques nous ont paru assez intéressants pour prendre place en tête de notre traité; car ils montrent toute l'importance qui s'attache à l'étude de cette partie de notre législation fiscale.

3. Division. — Avant d'aborder l'étude de chacune des trois taxes qui pèsent sur les valeurs mobilières, nous devons présenter quelques notions générales sur les diverses natures de titres qui constituent la matière imposable. Nous aurons également à faire connaître les principales règles qui sont communes à ces trois sortes d'impôts. Ces explications feront l'objet de notre première partie.

La seconde, la troisième et la quatrième partie sont consacrées à l'examen des règles spéciales au droit de timbre, au droit de transmission et à la taxe sur le revenu. Dans une cinquième partie, nous traiterons du régime fiscal organisé par la loi pour soumettre les valeurs étrangères à des droits équivalents à ceux qui atteignent les valeurs françaises. Enfin nous grouperons, dans une sixième et dernière partie, l'étude des dispositions spéciales aux congrégations religieuses, ainsi qu'aux associations similaires régies par les lois du 28 déc. 1880 et du 29 déc. 1884.

PREMIÈRE PARTIE. — RÈGLES GÉNÉRALES ET COMMUNES AU DROIT DE TIMBRE, A LA TAXE DE TRANSMISSION ET A L'IMPOT SUR LE REVENU.

4. Législation. — Voici l'énumération, dans leur ordre chronologique, des principales dispositions législatives dont nous aurons à présenter le commentaire dans le cours de ce traité :

1° *Loi du 5 juin* 1850, portant établissement du droit de timbre proportionnel sur les actions des sociétés, et sur les obligations des sociétés, départements, communes et établissements publics;

2° *Décret du* 17 *juil.* 1850, contenant le règlement d'administration publique de cette dernière loi;

3° *Loi du* 8 *juil.* 1852, autorisant le payement par voie d'abonnement du droit de timbre spécial aux lettres de gage du Crédit foncier;

4° *Loi du* 23 *juin* 1857 et *Règlement d'administration publique du* 17 *juil.* 1857, contenant les dispositions organiques du droit de transmission, et assujettissant les actions et obligations des sociétés, compagnies et entreprises étrangères à des droits équivalents aux droits de timbre et de transmission qui atteignent les valeurs françaises;

5° *Décret du* 11 *janv.* 1862, fixant la base imposable du droit de transmission sur les actions et obligations des sociétés, compagnies et entreprises étrangères;

6° *Loi du* 13 *mai* 1863, établissant un droit de timbre de 50 c. p. 100 sur les titres de rentes, emprunts et autres effets publics des gouvernements étrangers;

7° *Loi du* 8 *juin* 1864, élevant ce dernier droit à 1 p. 100;

8° *Décret du* 11 *déc.* 1864, modifiant la base de perception du droit de transmission sur les actions et obligations des sociétés, compagnies et entreprises étrangères;

9° *Décret du* 28 *mars* 1868, étendant aux sociétés, compagnies et entreprises étrangères l'exemption de timbre édictée par l'art. 24 de la loi du 5 juin 1850 en faveur des sociétés infructueuses;

10° *Loi du* 16 *sept.* 1871, rehaussant le tarif du droit et de la taxe annuelle de transmission, et étendant cet impôt aux obligations des départements, des communes, des établissements publics et du Crédit foncier;

11° *Loi du* 30 *mars* 1872, portant à 25 c. p. 100 le tarif de la taxe annuelle de transmission, substituant la valeur négociée au capital nominal, comme base de cet impôt; assujettissant les obligations des villes, provinces et corporations étrangères aux mêmes droits que celles des sociétés étrangères; portant à 5 cent. par 1,000 francs le taux d'abonnement au timbre des lettres de gage et obligations du Crédit foncier; enfin fixant à 1 p. 100 le droit de timbre au comptant des titres étrangers non cotés aux bourses françaises, et édictant les mesures nécessaires pour assurer le payement de ce droit;

12° *Décret du 24 mai* 1872, portant règlement d'administration publique de cette dernière loi, et fixant les bases actuellement en vigueur de la perception du droit de timbre par abonnement et de la taxe annuelle de transmission sur les actions et obligations des sociétés étrangères, ainsi que sur les titres des villes, provinces et corporations étrangères;

13° *Loi du 25 mai* 1872, fixant le tarif, actuellement en vigueur, du droit de timbre applicable aux titres de rentes, emprunts et autres effets publics des gouvernements étrangers, et prescrivant les mesures destinées à assurer le payement de ce droit;

14° *Loi du 29 juin* 1872 et *Règlement d'administration publique du 6 décembre* 1872, édictant les dispositions organiques de l'impôt de 3 p. 100 sur le revenu, fixant à 50 c. p. 100 et à 20 c. p. 100 le tarif, actuellement en vigueur, du droit et de la taxe de transmission, et prescrivant diverses mesures en vue du payement des trois taxes par les sociétés, compagnies, entreprises, villes, provinces et corporations étrangères;

15° *Loi du 21 juin* 1875 et *Règlement d'administration publique du 15 décembre* 1875, soumettant à l'impôt de 3 p. 100 les lots et primes de remboursement des emprunts et obligations;

16° *Loi du 1er déc.* 1875, exemptant de l'impôt de 3 p. 100 les parts d'intérêts dans les sociétés en nom collectif et dans certaines sociétés coopératives;

17° *Lois du 28 décembre* 1880 et *du 29 décembre* 1884, contenant des dispositions spéciales à l'impôt sur le revenu, et à certains droits de mutation dus par les congrégations religieuses et autres associations de même nature.

5. Résumé de la législation. — Avant d'aborder le commentaire approfondi des dispositions dont nous venons de faire l'énumération, il nous paraît utile de jeter un coup d'œil sur l'ensemble de la législation fiscale qui va faire l'objet de notre étude, et d'en faire saisir, par un résumé rapide et synthétique, l'économie générale.

Cette législation établit sur les diverses valeurs que nous ferons connaître, et qui constituent les éléments les plus importants de la fortune mobilière, trois sortes d'impôts, très distincts dans leur principe et dans leur mode d'application : 1° le droit de timbre; 2° le droit de transmission; 3° la taxe de 3 p. 100 sur le revenu.

6. *Droit de timbre.* Le droit de timbre établi par la loi du 5 juin 1850, atteint, d'une part, les actions et les obligations négociables des sociétés, compagnies et entreprises financières, commerciales, industrielles ou civiles, et, d'autre part, les obligations négociables des départements, communes et établissements publics. Il est dû sur le capital nominal des titres, et il est perçu, soit au moment de l'émission, à raison de 50 c. p. 100 du capital nominal, pour les actions des sociétés dont la durée ne doit pas excéder dix ans, et à raison de 1 p. 100 pour les actions des sociétés dont la durée doit dépasser dix ans et pour toutes les obligations, soit sous forme d'un abonnement annuel, dont le taux a été fixé à 5 c. p. 100. Ces droits sont sujets au double décime.

L'impôt est toujours payé sous forme d'abonnement par les sociétés, villes, provinces et corporations étrangères dont les titres sont cotés, émis, ou circulent en France.

Signalons dès à présent quelques différences dans les règles de perception, suivant qu'il s'agit d'actions ou d'obligations :

1° Le droit au comptant est, pour les actions, de 50 c. ou de 1 p. 100, selon que la durée de la société n'excède pas ou excède dix ans. Il est, pour les obligations, de 1 p. 100 dans tous les cas;

2° L'abonnement au timbre est contracté, quant aux actions, pour la durée de la société; quant aux obligations, pour la durée des titres. La taxe sur les actions, une fois assise, est invariable; elle décroît, sur les obligations, en raison des amortissements;

3° L'improductivité de la société pendant deux ans, sa mise en liquidation ou en faillite, suspendent le payement de la taxe d'abonnement sur les actions; elles ne produisent aucun effet sur la taxe des obligations.

Les obligations et lettres de gage du Crédit foncier ont été soumises à un tarif spécial.

7. *Droit de transmission.* L'impôt de transmission est établi sur les mêmes titres que le droit de timbre. Il est destiné à atteindre leur circulation, tandis que le droit de timbre est dû à raison de leur émission. Son mode de perception varie suivant les formes adoptées pour la transmission des titres. Pour ceux dont la transmission ne peut valablement s'opérer sans un transfert sur les registres de la société, il est de 50 c. p. 100, sans décimes, de la valeur négociée, et perçu lors de chaque transfert. Pour les autres, il est converti en une taxe annuelle et obligatoire de 20 c. p. 100 de la valeur des actions et obligations, d'après le cours moyen de l'année précédente, et, à défaut de cours, conformément aux règles établies par les lois sur l'enregistrement.

En ce qui concerne les titres étrangers soumis au droit de transmission, le payement en est toujours effectué sous forme de taxe annuelle.

Voici quelques différences, que nous préciserons d'ailleurs dans le cours de nos explications, entre les règles de perception applicables au droit de timbre, et celles qui régissent le droit de transmission :

1° Le droit de timbre est assis sur le capital nominal, tant des actions que des obligations, ou, si les actions n'ont pas de capital nominal, d'après la valeur estimative, qui ne varie plus, sauf le cas de fraude démontrée. Le droit de transmission est assis sur la valeur vénale, résultant du cours de la Bourse, ou d'une estimation fournie chaque trimestre.

2° Il est tenu compte, pour le droit de transmission, des versements restant à faire pour libérer les titres, ce qui n'a pas lieu quant au droit de timbre.

3° Le droit de timbre est toujours le même, quel que soit le mode de négociation des titres. Le droit de transmission diffère selon que les titres peuvent, ou non, être cédés sans un transfert sur les registres de la société.

4° Le droit de timbre se calcule par jour; sauf le cas d'émission nouvelle, la taxe sur les titres au porteur est réglée par trimestre.

5° Le droit de transmission se perçoit sur les déclarations faites par les sociétés. Ces déclarations ne sont pas obligatoires en matière de timbre.

6° L'improductivité de la société, sa mise en liquidation ou en faillite, suspendent l'abonnement au timbre sur les actions; il n'en résulte aucune conséquence pour le droit de transmission, tant des actions que des obligations.

7° Les titres émis antérieurement au 1er janv. 1851 sont soumis, en ce qui concerne le timbre, à un régime spécial; toutes les actions et obligations, quelle que soit la date de leur création, sont passibles des droits établis par la loi du 23 juin 1857.

8° L'action du Trésor, en payement du droit de timbre, est garantie par un privilège; ce privilège ne s'étend pas à l'action qui a pour objet le payement du droit de transmission.

8. *Impôt sur le revenu.* Tandis que le droit de timbre frappe l'émission des titres, que le droit de transmission atteint leur circulation, l'impôt établi par la loi du 29 juin 1872 a pour base leur revenu. Il a été fixé à 3 p. 100 de ce revenu, sans décimes. Son assiette est beaucoup plus large que celle du droit de timbre et du droit de transmission. Tandis, en effet, que ces deux impôts n'atteignent que *les actions et obligations négociables*, la taxe de 3 p. 100 est établie, d'une part, sur les revenus des actions des sociétés, compagnies ou entreprises, ainsi que des *parts d'intérêt et commandites* dans les sociétés qui ne sont pas divisées en actions, et, d'autre

part, sur les intérêts des obligations, négociables ou non, et *des emprunts* des sociétés de toute nature, départements, communes et établissements publics.

La particularité la plus remarquable de cet impôt, et ce qui le distingue plus spécialement des deux autres taxes, c'est, d'après ce que nous venons de dire, que l'exigibilité n'en est pas subordonnée à l'existence de titres négociables, et qu'il atteint des droits sociaux ou des créances reposant uniquement sur des contrats ordinaires, ou sur de simples effets de commerce.

Les valeurs étrangères de même nature sont soumises à l'impôt sur le revenu, lorsqu'elles sont émises, cotées ou négociées en France, ou lorsque la société étrangère qui les a émises a des biens situés en France.

9. *Valeurs étrangères*. Les valeurs étrangères en circulation sur notre marché font concurrence aux valeurs françaises; elles constituent d'ailleurs une fraction notable du patrimoine mobilier de nos nationaux. A ce titre, il est de toute justice qu'elles contribuent, avec les valeurs françaises, au payement de nos charges publiques. La loi de 1857 est la première qui ait donné satisfaction à ce besoin d'égalité; elle a soumis, en principe, les actions et obligations émises par les sociétés, compagnies ou entreprises étrangères, à des droits équivalents à ceux qui sont établis sur les valeurs françaises. La loi du 30 mars 1872 a complété cette assimilation à l'égard des titres des villes, provinces, corporations et établissements publics étrangers, et la loi du 29 juin 1872 a édicté, sur les bases les plus larges, les règles d'exigibilité des trois taxes, en y soumettant tous les titres qui sont *cotés, émis, exposés en vente, ou qui circulent* en France.

La perception des taxes ne pouvait, pour les titres étrangers, être soumise aux mêmes règles que pour les titres français; il fallait tenir compte des difficultés de contrôle qui se présentent nécessairement en cette matière. La loi y a pourvu en adoptant, dans tous les cas où l'impôt est exigible, le système des taxes annuelles. Les titres ne peuvent être cotés, émis, négociés, ou même simplement exposés en vente en France, sans se soumettre, par l'intermédiaire d'un représentant responsable, au payement des trois taxes. En principe, ces taxes sont dues seulement sur la portion de ces titres qui est présumée circuler en France. Cette quotité est fixée par le ministre des finances, sur l'avis d'une commission spéciale, d'après des règles déterminées en dernier lieu par un décret du 24 mai 1872.

Par exception, lorsque des titres étrangers ne se trouvent pas dans les conditions déterminées par la loi pour l'exigibilité des taxes annuelles, la loi du 30 mars 1872 prend des mesures spéciales pour qu'ils acquittent tout au moins le droit de timbre au comptant de 1 p. 100 avant tout usage en France. (Art. 2.)

Les titres et effets publics des gouvernements étrangers sont, d'ailleurs, restés exempts de la perception des trois taxes. La loi du 25 mai 1872 ne les a assujettis qu'à un droit de timbre de 1 fr. 50 par 1,000 fr., qui doit être acquitté avant tout usage, exposition en vente, annonce ou émission en France.

10. *Congrégations religieuses et autres associations régies par les lois du* 28 *déc.* 1880 *et du* 29 *déc.* 1884. Les congrégations religieuses seraient soumises à toutes les dispositions des lois des 5 juin 1850, 23 juin 1857 et 29 juin 1872, si elles empruntaient, pour se constituer, les formes des sociétés par actions, et si elles distribuaient leurs revenus annuels entre leurs membres. Mais le but qu'elles poursuivent est, en général, exclusif de cette forme d'association, et il ne comporte pas cette distribution des produits qui, comme nous le verrons, est le fait générateur de l'impôt établi par la loi du 29 juin 1872. Le législateur ayant cru devoir les soumettre, néanmoins, aux mêmes charges fiscales que les autres sociétés, il a fallu recourir à des moyens de perception spéciaux. C'est ce qui a fait l'objet des lois du 28 déc. 1880 et du 29 déc. 1884.

La taxe de 3 p. 100 a été établie sur leur revenu annuel, évalué au minimum à 5 p. 100 des biens possédés ou occupés par elles. Elle est payable par année, au lieu d'être payable par trimestre.

Quant au droit de transmission, il a son équivalent dans un droit de 9 p. 100, exigible, lors du décès ou de la retraite de chaque membre, sur sa part dans les biens dépendant de l'association.

Les parts des associés n'étant pas, en général, représentées par des titres, dans les associations de cette nature, il ne saurait être question du droit de timbre.

Ces dispositions s'appliquent non seulement aux congrégations religieuses reconnues ou non reconnues, mais à toutes les associations « dont l'objet n'est pas de distribuer leurs produits, en tout ou en partie, entre leurs membres » (art. 9, loi du 29 déc. 1884).

11. **Enumération des titres atteints par les lois des 5 juin 1850, 23 juin 1857 et 29 juin 1872. Taxes applicables à chacun de ces titres.** — Le résumé que nous venons de présenter donnera déjà, croyons-nous, à nos lecteurs, un aperçu général de la législation fiscale qui régit les valeurs mobilières, et leur facilitera l'intelligence des explications plus détaillées et plus complètes qui vont suivre sur les trois taxes organisées par cette législation. Nous compléterons cet aperçu par l'énumération des différentes valeurs qui se trouvent atteintes par ces impôts.

Ce sont :

1° Les *actions* des sociétés de toute nature, financières, industrielles, commerciales ou civiles. Ces titres supportent cumulativement le droit de timbre sur leur capital nominal, le droit de transmission sur leur valeur négociée, et la taxe de 3 p. 100 sur le revenu distribué aux actionnaires;

2° Les *parts d'intérêt* dans les sociétés qui ne sont pas divisées en actions. A la différence des actions, les parts d'intérêt n'ont à subir ni le droit de timbre ni le droit de transmission; mais elles doivent la taxe de 3 p. 100 sur leur revenu, à l'exception, cependant, des parts d'intérêt dans les sociétés en nom collectif, et dans certaines sociétés coopératives;

3° Les *obligations négociables* des sociétés, compagnies, entreprises, des départements, communes et établissements publics. Ces titres sont assujettis, comme les actions, aux trois taxes créées par les lois de 1850, 1857 et de 1872. Une distinction, cependant, est nécessaire : les obligations négociables qui rentrent, par leur nature, dans la classe des effets de commerce, ne sont soumises qu'au droit de timbre de ces effets, et ne sont pas assujetties au droit de transmission. Elles sont passibles, mais seulement dans certains cas que nous préciserons ultérieurement, de la taxe du revenu sur les intérêts qu'elles produisent.

4° Les *emprunts et les obligations* non négociables de ces mêmes sociétés, départements, communes et établissements publics. Exempts du droit de timbre spécial créé par la loi de 1850, et du droit de transmission, ils doivent payer, sur les intérêts qu'ils produisent, la taxe de 3 p. 100 sur le revenu.

12. Cette énumération ne répondrait qu'imparfaitement au but que nous nous proposons, qui est de préparer l'esprit de nos lecteurs aux explications que nous avons à leur donner, si nous ne la faisions suivre d'une définition des différentes natures de titres auxquels elle s'applique.

13. DES ACTIONS ET DES PARTS D'INTÉRÊT DANS LES SOCIÉTÉS. — **Distinction.** — « D'une manière générale, dit M. Demasure (Traité du régime fiscal des sociétés, n° 68), le mot *action* sert, comme le mot *intérêt*, à désigner le droit que chaque associé acquiert dans la société en échange de son apport, droit éventuel à une part des bénéfices tant que la société existe, à une part de fonds social quand elle est dissoute. »

Malgré cette similitude dans les droits qui forment l'objet de l'action ou de l'intérêt, ces deux natures de titres se distinguent entre elles par des différences caractéristiques, qui ont une très grande importance pour l'application de la loi fiscale.

1° Ainsi, tandis que les actions donnent, en principe, ouverture au droit de timbre édicté par la loi du 5 juin 1850 et au droit de transmission établi par la loi du 23 juin 1857, les parts d'intérêt échappent à la perception de ces deux impôts.

2° Dans les sociétés en commandite par actions, la taxe de 3 p. 100 créée par la loi du 29 juin 1872 est due sur la totalité des bénéfices distribués aux actionnaires, y compris ceux afférents aux parts des associés gérants; elle n'est due au contraire que sur les bénéfices distribués aux parts de commandite, à l'exclusion de ceux revenant aux associés en nom, dans les sociétés en commandite simple.

3° Le droit de communication qui a été reconnu à l'Administration par les lois des 5 juin 1850, 23 août 1871 et 21 juin 1875, ne lui appartient que dans les sociétés par actions; il ne peut s'exercer dans les sociétés divisées en parts d'intérêt.

14. *Caractères distinctifs de l'action et de la part d'intérêt. Principes.* Ces particularités et d'autres que nous aurons l'occasion de signaler dans le cours de cette étude démontrent toute l'importance qui s'attache à notre distinction.

La question de savoir quels sont les caractères distinctifs de l'action et de la part d'intérêt est très controversée.

Plusieurs systèmes sont en présence; nous les avons exposés dans notre Dictionnaire des droits d'Enregistrement, sous le mot Société, n° 96. Nous nous contenterons ici de les résumer.

Suivant M. Demante, la société est par intérêt lorsque le capital social se trouve divisé en fractions désignées par une quotité, un dixième, un centième, par exemple; elle est par actions lorsque les diverses parties du capital sont représentées par des sommes fixes (Demante, II, 357 *bis*, 1). Cette opinion est restée isolée dans la doctrine; elle confond, en effet, une des formes ordinaires de l'action avec les éléments essentiels qui doivent servir à la caractériser.

Dans un autre système, qui est le plus en faveur auprès des auteurs et vers lequel la jurisprudence incline de plus en plus, le signe distinctif de l'action consiste dans la cessibilité du titre qui la représente, l'intérêt étant au contraire incessible de sa nature (Bravard-Veyrières, Sociétés, p. 117; Pardessus, n°s 973 et suiv.; Troplong, I, 128 et 129; Molinier, 512). Cette interprétation nous a paru trop absolue; nous avons fait remarquer (*loc. cit.*, n° 96) qu'aux termes de l'art. 1861 C. civ., qui est certainement étranger aux sociétés par actions, l'intérêt est susceptible d'être cédé. Cet article, en effet, en défendant à un associé de subroger un tiers à ses droits sans le consentement de ses coassociés, lui reconnaît implicitement le droit de céder sa part, avec ce consentement.

Dans un troisième système pour lequel nous avons manifesté nos préférences, le caractère distinctif de l'action résiderait dans le mode de transmissibilité du titre. Si ce titre est susceptible de négociation commerciale, c'est une action; dans le cas contraire, c'est une part d'intérêt (Vavasseur, Soc. civ. et comm., I, 328 et suiv.).

Mais la Cour de cassation n'a adopté ni l'une ni l'autre de ces trois interprétations. Elle paraît s'être ralliée, ainsi que nous le constaterons en analysant ses décisions, à un système intermédiaire, qui a été tout spécialement préconisé par M. Beudant dans la Revue critique de législation (t. XXXIV, p. 160 et suiv. et 403 et suiv.), et auquel MM. Lyon-Caen et Renault ont donné tout récemment l'appui de leur autorité dans leur Précis de droit commercial, p. 182.

Avec les auteurs qui font de la cessibilité le caractère distinctif de l'action, M. Beudant reconnaît que ce qui, dans le fond des choses, différencie la société à parts d'intérêt de la société par actions, c'est que l'une est une société de personnes, dans laquelle chaque associé entend contracter avec ses coassociés en considération de leurs aptitudes, de leurs facultés personnelles, *intuitu personæ;* tandis que l'autre est une société de capitaux, dans laquelle la personne des contractants ne joue qu'un rôle secondaire, qui est formée en un mot *intuitu pecuniæ*. Dans la première, la retraite d'un associé et son remplacement par un tiers modifieraient les éléments du contrat; elle ne peut avoir lieu sans que tous les contractants y consentent et acceptent cette dérogation au pacte social qui les lie. De là la prohibition de l'art. 1861 C. civ.

Dans les sociétés de capitaux, au contraire, les changements de personnes ne touchent pas au contrat primitif formé par les associés. Il en résulte que la faculté de céder sa part appartient de droit à chaque contractant : la prohibition de l'art. 1861 C. civ. ne s'applique pas à ces sortes de sociétés.

Telle est la règle; mais cette règle comporte des exceptions. De même que l'art. 1861 C. civ. ne met pas obstacle à ce que dans les sociétés ordinaires les statuts accordent exceptionnellement aux associés le droit de céder leurs parts, sous certaines conditions autres que le consentement unanime de tous les associés; de même la faculté de céder, dans les sociétés par actions, peut, à titre également exceptionnel, être l'objet de certaines interdictions qui en suspendent ou en restreignent l'exercice.

On voit par là que la cessibilité ou l'incessibilité des droits sociaux ne peut être considérée *a priori* comme un *criterium* absolu permettant de distinguer la part d'intérêt de l'action. Il n'en est ainsi qu'autant qu'elle est un attribut inhérent à la nature du titre, au lieu d'être le résultat d'une stipulation exceptionnelle insérée dans les statuts, par dérogation aux règles générales du contrat.

En résumé, pour M. Beudant, le caractère de la société ne peut résulter que d'un ensemble de circonstances, y compris la cessibilité ou l'incessibilité des titres, qui permettent d'affirmer que les associés ont entendu créer entre eux des rapports de personnes (sociétés par intérêts), ou ont au contraire subordonné les rapports de personnes aux rapports de capitaux (sociétés par actions).

« L'égalité de coupure, ajoute le même auteur, la négociabilité des titres, l'appel au public, ne sont pas constitutifs de l'action ; ce sont seulement des signes pouvant contribuer à révéler que les parts d'associés, dans l'intention qui a présidé à la formation du contrat, sont destinées à être lancées dans le public, à passer de mains en mains, sans que la société soit atteinte dans son existence, sans qu'il en résulte pour elle aucune modification; ce sont, en d'autres termes, des indices qui rendent probable, parfois même certain, que la considération de la personne est restée étrangère à la formation du contrat, que dans les sociétés il faut voir la mise, non l'individu. Or, là est le caractère constitutif de l'action. Si les parts d'associés sont de valeurs égales et uniformes, si elles sont représentées par des titres négociables, s'il a été fait appel au public pour réunir les souscriptions, on peut affirmer que la commandite est par actions. Ce n'est pas à dire que ces trois circonstances soient nécessaires, ni toutes ensemble, ni chacune isolément; elles ne sont pas le caractère constitutif; elles doivent être seulement considérées comme les indices les plus habituels auxquels on peut reconnaître, en pratique, l'existence de ce caractère » (Revue critique, t. XXXIV, p. 406).

Ce sytème a l'inconvénient de laisser une large place à l'interprétation. Il a encouru de ce chef les critiques de M. Batbie (Revue critique, t. XXXIV, p. 334).

Quoi qu'il en soit, la Cour de cassation s'en est certainement inspirée dans les différents arrêts qu'elle a rendus sur la question.

15. *Jurisprudence.* Ces arrêts sont intervenus, en matière fiscale, aux dates des 27 mars 1878 (20,701 J.; 4913 R. p.; 15,907 Contr.; Inst. 2597, § 6; 5633 Rev. not.; 21,878 J. N.; S., 78, 1, 277; P., 78, 686; D. P., 78, 1, 308); — 13 mars 1882 (21,854 J.; 5906 R. p.; 16,573 Contr.; 22,734 J. N.; 6709 Rev. not.; Inst., 2668, § 3; S., 83, 1, 327; P., 83, 786; D. P., 83, 1, 83); — 2 août 1886 (22,726 J.; 6747 R. p.; 17,266 Contr.; 23,755 J. N.; 7661 Rev. not.; Inst. 2729, § 7; S., 87, 1, 329; P., 87, 788; D. P., 87, 1, 167); — 9 fév. 1887 (22,807 J.; 6829 R. P.; 17,299 Contr.; 23,819 J. N.; Inst. 2750, § 1er;

S., 88, 1, 177; P., 88, 407; D. P., 87, 1, 439); — 10 août 1887 (22,907 J.; 6930 R. p.; 17,391 Contr.; 23,941 J. N.; D. P., 87, 1, 440) et 5 nov. 1888 (23,123 J.; 7167 R. p.; 24,174 J. N.; 17,539 Contr.).

Dans le premier de ces arrêts, la Cour a classé la société dont les statuts lui étaient soumis au nombre des sociétés par actions, en se fondant sur ce que « le capital social avait été divisé en soixante parts égales, représentées par une seule série de titres, ayant chacun un numéro et une individualité distincts », et sur ce que « ces titres étaient transmissibles, au moyen d'un transfert sur les registres de la société, tant aux associés qu'aux tiers étrangers à la société, sauf, pour ces derniers, l'agrément de l'assemblée générale ».

L'arrêt du 13 mars 1882 a reconnu à une société le caractère de société en commandite par actions, par le motif que les parties l'avaient ainsi qualifiée dans les statuts; que l'avoir social était divisé en portions égales, représentant chacune une quotité déterminée de l'actif, et qu'enfin ces parts étaient transmissibles au moyen d'un transfert sur les registres de la société, mais avec réserve, dans certains cas déterminés, d'un droit de préemption au profit de la gérance.

La société dont la Cour avait déterminé le caractère dans l'arrêt précité du 13 mars 1882, avait cru pouvoir échapper pour l'avenir aux conséquences de cette décision en modifiant ses statuts. La qualification de société en commandite simple avait été substituée, dans l'acte, à l'ancienne qualification de société en commandite par actions. Les titres individuels et distincts de l'acte de société avaient été supprimés et remplacés par la faculté accordée aux associés d'exiger des extraits de l'acte constitutif. Enfin les cessions devaient être désormais soumises aux formes de l'art. 1690 du Code civil, et restaient subordonnées à l'exercice du droit de retrait que le gérant s'était réservé dans certains cas déterminés. Nonobstant ces changements, la Cour a persisté à voir dans la nouvelle société une société en commandite par actions, en se fondant presque exclusivement sur ce qu'il n'avait été porté aucune atteinte au droit de cession accordé aux associés par les anciens statuts (Req. arrêt précité du 2 août 1886).

L'arrêt du 9 fév. 1887 décide qu'une société a le caractère d'une société par actions dès lors que le capital a été divisé en un certain nombre de parts égales, n'obligeant les associés qu'au versement de leur souscription, transmissibles en dehors du consentement unanime des associés, sans autre formalité que la notification de la cession au comité de direction, surtout si à ces circonstances se joignent d'autres indices, tels que la qualification d'actionnaires donnée à maintes reprises aux associés dans les délibérations, et la stipulation que la société continuerait après le décès de l'un ou de quelques-uns des associés.

Enfin, il résulte des motifs de l'arrêt du 10 août 1887, rendu par la Chambre civile, contrairement aux conclusions de l'Administration, que, lorsqu'une société en commandite par actions s'est expressément transformée en une société en commandite simple, l'Administration n'est pas fondée à prétendre que cette transformation n'est pas sérieuse, si les nouvelles clauses statutaires, relevées par elle et relatives au nombre, à la forme et à la transmissibilité des parts d'associés, ne sont pas de nature à prévaloir nécessairement contre la dénomination donnée à la société, et sont insuffisantes pour lui imprimer le caractère d'une société de capitaux.

Il en est ainsi, notamment, si les nouveaux statuts, contrairement aux statuts originaires, ne prescrivent ni n'autorisent la délivrance d'aucun titre individuel et séparé du pacte social, sur lequel puisse être apposé le timbre établi par la loi du 5 juin 1850, et si, d'autre part, ces statuts, en autorisant le transport des parts par acte notarié, ne l'ont fait qu'en se conformant à l'art. 1861 du Code civil, c'est-à-dire en exigeant l'agrément des gérants constitués mandataires des associés, le consentement des gérants équivalant à celui des associés eux-mêmes.

« Attendu, porte cet arrêt, que, par acte notarié des 21 et 28 juin 1882, la société sucrière Vion et Cie fondée, en 1857, comme société en commandite par actions, a déclaré se transformer en commandite simple, et a, en conséquence, revisé ses statuts; que, si cette transformation est sérieuse, il s'ensuit nécessairement que la taxe de 3 p. 100 n'est due que sur le revenu des parts d'intérêt appartenant aux commanditaires, à l'exclusion des parts d'intérêt appartenant aux gérants;

« Attendu que la régie de l'Enregistrement conteste la réalité de cette transformation; qu'elle invoque, à l'appui de sa prétention, certaines clauses des statuts, relatives au nombre, à la forme et à la transmissibilité des parts d'intérêt, et suffisantes, selon elle, pour imprimer à la société dont il s'agit le caractère d'une société de capitaux, non de personnes;

« Mais, attendu que les circonstances relevées par la Régie ne sont pas de nature à prévaloir nécessairement contre la dénomination donnée à la société par les parties contractantes;

« Attendu, en effet, qu'il résulte du jugement attaqué que les nouveaux statuts de la société, contrairement aux statuts originaires, ne prescrivent ni n'autorisent la délivrance d'aucun titre individuel et séparé du pacte social, pour les parts d'intérêt des associés, lesquelles parts ne sont, par conséquent, représentées, en dehors du contrat, par aucun titre quelconque sur lequel puisse être apposé le timbre exigé par la loi du 5 juin 1850;

« Attendu que le jugement attaqué déclare en outre, et subsidiairement, que si, par ses statuts nouveaux, la société a autorisé le transport des parts d'intérêt par acte notarié, elle ne l'a fait qu'en se conformant aux prescriptions de l'art. 1861 du Code civil, c'est-à-dire en exigeant l'agrément des gérants constitués mandataires des associés; que le consentement des gérants équivaut ainsi à celui des associés eux-mêmes;

« Attendu qu'en statuant ainsi qu'il l'a fait, dans les circonstances et par les motifs qui viennent d'être rappelés, le jugement attaqué n'a pas violé l'art. 1er de la loi du 29 juin 1872, invoqué par le pourvoi, et a fait une juste application de l'art. 1er de la loi du 1er déc. 1875. »

16. Bien qu'on puisse relever, dans ces différents arrêts, des divergences d'appréciation dans les faits qui ont paru caractéristiques de l'action ou de la part d'intérêt, nous les croyons tous inspirés par la même doctrine : celle que M. Beudant a préconisée dans la Revue critique de législation (t. XXXIV, p. 406), et que nous avons résumée, d'après cet auteur, dans nos observations précédentes.

Ce qui permet de distinguer la société de capitaux, c'est-à-dire la société par actions, des autres sociétés, ce n'est ni une clause déterminée, ni un fait isolé plutôt qu'un autre.

Ce n'est pas, par exemple, comme on pourrait être tenté de le croire, si l'on prenait à la lettre les motifs de l'arrêt du 10 août 1887, le fait de la délivrance de titres individuels et distincts, comportant l'application du timbre édicté par la loi du 5 juin 1850. Dans l'espèce résolue par l'arrêt du 2 août 1886 (précité), en effet, ces titres n'existaient pas; les associés n'avaient d'autres titres que l'acte constitutif de la société, dont ils pouvaient, au besoin, demander des extraits, en vue de justifier de leurs droits. La Cour n'en a pas moins considéré la société dont il s'agissait comme une société par actions.

On ne saurait non plus, pour contester ce caractère à une société dans laquelle la cessibilité des titres est de règle, accorder une importance décisive à cette circonstance que les cessions ne peuvent avoir lieu qu'avec l'agrément des gérants. Cette condition existait en effet et limitait le droit de cession dans l'espèce qui a donné lieu à l'arrêt du 27 mars 1878, et la Chambre des requêtes a néanmoins, en s'autorisant des autres clauses des statuts, reconnu à la société le caractère d'une société en commandite par actions.

En rapprochant ces diverses décisions les unes des autres, on arrive donc à cette conclusion, que la question de savoir si une société est en commandite simple, ou en commandite par actions, ne peut être résolue que par une interprétation d'ensemble portant sur toutes les clauses des statuts, et permettant de dégager l'intention qui a présidé au pacte social. On ne peut, à cet égard, poser aucune règle absolue. C'est là sans doute un grave inconvénient pour la perception, qui se trouve ainsi dépendre d'une appréciation particulièrement délicate. Mais cet inconvénient ne saurait être évité, étant donné le système admis par la jurisprudence, et qui, dans l'espèce tranchée par l'arrêt du 10 août 1887, a servi de base au pourvoi de l'Administration. (V. art. 22,907 J.) Bien que les conclusions de ce pourvoi n'aient pas été admises par la Cour, nous croyons que les règles d'interprétation qui y sont développées doivent être suivies. La Chambre civile, en effet, se les est certainement appropriées, et sa décision, bien que contraire à la prétention de la Direction générale, n'implique nullement une différence de doctrine, mais simplement une divergence de vues dans l'appréciation des faits constitutifs de l'intention des parties, et dont elle avait à déduire les conséquences juridiques. — 22,907 J.

17. Un dernier arrêt rendu par la Chambre des requêtes le 5 nov. 1888, et dont la portée a été nettement précisée par le rapport de M. le conseiller Voisin (art. 23,123 J.), a décidé qu'une société en commandite a le caractère d'une société par actions, et doit payer l'impôt de 3 p. 100 sur les bénéfices réels, y compris ceux attribués au gérant, et non sur un revenu évalué à forfait à 5 p. 100 du montant de la commandite, lorsque le fonds social a été divisé en un certain nombre de parts représentées par des titres individuels et séparés du pacte social, et que la transmission de ces titres peut, aux termes des statuts, avoir lieu librement, quoique dans la forme prescrite par l'art. 1690 C. civ., tant au profit des tiers qu'au profit des associés eux-mêmes, sans que le consentement des coassociés soit nécessaire. — 23,123 J.; 7167 R. p.; 24,174 J. N.; 17,539 Contr.

« Attendu, d'une part, porte cet arrêt, qu'aux termes des statuts de la société Vafflard et Cie, en vigueur au moment de la promulgation de la loi du 29 juin 1872, le fonds social était fixé à la somme de 2,200,000 fr., et divisé en 440 parts de 5,000 fr. chacune, nominatives et indivisibles; qu'aux termes desdits statuts, modifiés le 20 oct. 1877, le fonds social fut fixé à 4,200,000 fr., et divisé en 1,000 parts de 4,200 fr. chacune, numérotées de 1 à 1,000, attribuées aux 440 parts anciennes, à raison de deux parts nouvelles pour une ancienne; qu'ainsi, lesdits statuts ont toujours prescrit la délivrance de titres individuels et séparés du pacte social, pour les parts d'intérêt des associés;

« Attendu qu'aux termes des mêmes statuts, la transmission de ces titres se faisait librement, par voie de transport (art. 1690 C. civ.), tant aux associés qu'aux tiers étrangers à la société, et sans que le consentement des coassociés fût nécessaire;

« D'où il suit qu'en décidant, dans ces circonstances, que la société Vafflard était une société en commandite par actions et que, dès lors, la perception de la taxe de 3 p. 100 devait être faite conformément aux prescriptions de l'art. 2, § 1er, de la loi du 29 juin 1872, le jugement attaqué n'a pas violé les textes de loi visés au pourvoi, mais a fait une juste application des principes de la matière. »

A ne consulter que le texte des motifs qu'on vient de lire, la Chambre des requêtes ne paraît pas s'être départie de la réserve qu'elle avait gardée dans ses précédents arrêts. Elle constate, en effet, à l'appui de sa décision, d'une part, que les droits des associés ont été représentés par des titres individuels et séparés du pacte social, et, d'autre part, que la transmission de ces titres pouvait, aux termes des statuts, avoir lieu librement, sans que le consentement des autres associés fût nécessaire, et elle en conclut que la société est une société de capitaux, c'est-à-dire une société par actions.

Cependant, si l'on rapproche les motifs de l'arrêt du rapport de M. le conseiller Voisin (V. 23,123 J.), la pensée de la Cour se précise, et il est permis, croyons-nous, d'en faire sortir une règle d'interprétation que les décisions antérieures n'avaient pas encore suffisamment mise en évidence. L'éminent magistrat s'est, en effet, attaché à démontrer que la cessibilité des droits des associés, tout au moins lorsqu'elle est absolue et n'est soumise à aucune restriction, est incompatible avec l'hypothèse d'une société de personnes, quel que soit d'ailleurs le mode de transmission adopté par les statuts.

Etant donné le point de départ du système admis par la Cour, cette conclusion paraît logique. Il est incontestable, en effet, que la considération des personnes n'entre pour rien dans le consentement à la formation du contrat de société, lorsque les contractants se sont donné réciproquement la faculté de se retirer *ad libitum* de l'association, et de se substituer un tiers dans leurs droits et leur qualité d'associés. Ils n'ont, dans ce cas, associé que leurs capitaux, et, puisque tel est le trait caractéristique de la société par actions, il est évident que ce caractère appartient à la société dans laquelle on le rencontre, quelle que soit d'ailleurs la forme adoptée par les statuts pour la réalisation des cessions.

Il semble qu'on peut conclure *a contrario* de ces principes que l'incessibilité des droits des associés, lorsqu'elle est absolue ou même lorsque les cessions ne sont autorisées qu'avec le consentement unanime des autres associés, caractérise la société en commandite simple. Cette interdiction démontre, en effet, que chacun des contractants a fait de la personne de ses coassociés la condition déterminante de son consentement, puisque le changement de personne, effectué contre la volonté des autres associés, serait une cause de rupture du contrat.

Voici donc deux situations dans lesquelles toute difficulté d'interprétation se trouve écartée. Mais les difficultés subsistent pour tous les cas où la cessibilité ou l'incessibilité n'est pas absolue. On sait, en effet, qu'il existe des sociétés à parts d'intérêts qui permettent exceptionnellement, et sous certaines restrictions, les substitutions de personnes dans les droits et la qualité d'associé. Et, réciproquement, on rencontre souvent des sociétés par actions qui subordonnent la faculté de transmission à des conditions déterminées, et qui même interdisent toute cession pendant un certain temps.

En présence de clauses de cette nature, qui peuvent convenir aussi bien à la société en commandite simple qu'à la société par actions, la question à résoudre demeure soumise aux règles d'interprétation que la Cour a tracées dans ses précédents arrêts. Nous ne pouvons, sur ce point, que nous référer aux observations que ces arrêts nous ont suggérées. — V. *supra*, n° 15. — *Adde :* Laon, 14 juin 1884, 6452 R. p.; 23,469 J. N.

18. Différentes espèces d'actions. Distinction avec les obligations. — La division du capital social en actions est de droit dans les sociétés anonymes, autorisées ou libres (C. comm. 34; L. du 24 juil. 1867), dans les sociétés à responsabilité limitée (L. du 29 mai 1863). — Elle est facultative dans les sociétés en commandite, sauf la responsabilité personnelle du gérant (C. com. 38; L. du 23 juil. 1856), et dans les sociétés civiles. Troplong, Société, n° 143; Duvergier, t. XX, n° 485.

Dans les sociétés en nom collectif, l'émolument de chaque associé peut être divisé en un certain nombre de parts; mais ce ne sont pas là des actions, ce terme impliquant l'absence de responsabilité personnelle. De même, la commandite simple, fournie à une société en nom collectif, peut également être divisée en un certain nombre de parts, sans que ces parts aient pour cela le caractère d'actions. (V. *supra*, n° 13.)

Il ne peut y avoir d'actions dans les associations en participation, qui ne forment pas un être moral distinct de la personne des associés. Cass., 12 juil. 1842; 13,037 J.; 11,402 J. N.; Inst. 1683, § 1er; 6446 Contr.; S., 42, 1, 595; — Delangle, Sociétés, n° 115.

19. *Actions au porteur. Actions nominatives. Cession.* Les actions sont au porteur ou nominatives.

La propriété des actions au porteur se transmet par la simple tradition manuelle du titre (C. com. 35).

La cession des actions nominatives s'opère par une déclaration de transfert inscrite sur les registres de la société, et signée du cédant ou de son mandataire (C. com. 36). Le concours du cessionnaire n'est nullement nécessaire à la perfection du transfert. Sol., 11 déc. 1865.

Au surplus, la cession peut avoir lieu par tout autre mode, endossement, acte synallagmatique ou notarié, etc., si les statuts ne s'y opposent pas. Seulement, la mutation doit être portée à la connaissance de la société, pour être obligatoire envers elle. Pardessus, 1042; Troplong, Société, n° 146.

20. *Actions mobilières. Actions immobilisées.* Les actions sont meubles par la détermination de la loi, quelle que soit la nature de la société, à l'égard de chaque associé, et tant que dure la société. C. civ., 529; — Décr. 23 déc. 1809, et 16 mars 1810, sur les canaux; — L. 21 mars 1810, sur les mines.

Peuvent toutefois être immobilisées : les actions de la Banque de France et les actions des canaux d'Orléans et du Loing. Décr. 10 mars 1808. — V. Dict. des Réd., v° Banque de France, n° 3.

21. *Promesses d'actions.* On donne généralement ce nom aux titres provisoires qui sont délivrés aux souscripteurs d'actions au moment du premier versement, et qui sont destinés à être échangés contre des titres définitifs lors des versements supplémentaires. V. Buchère, Traité des valeurs mobilières, n° 331.

22. *Actions libérées ou non libérées.* Les promesses d'actions, devenues négociables par le versement de la quotité de leur valeur nominale déterminée par les statuts, sont désignées sous le nom d'actions *non libérées*, s'il reste encore des versements à faire, et d'actions *libérées*, lorsque le montant de leur valeur nominale a été intégralement versé dans la caisse sociale.

23. *Actions de capital.* Les actions *de capital* sont celles qui sont délivrées aux actionnaires en représentation de leurs apports, soit en argent, soit en nature. Elles confèrent, en général, tous les droits qui peuvent appartenir à des actionnaires, c'est-à-dire le droit à une part du fonds social, proportionnelle à leur valeur, et à une part semblable dans les bénéfices. Le titulaire touche en outre les intérêts du capital de l'action, lorsque du moins les statuts autorisent cette distribution. Dans ce cas, les actions comprennent un *coupon d'intérêts* et un *coupon de dividendes.*

24. *Actions de fondation.* On appelle spécialement *actions de fondation* celles qui sont attribuées à ceux qui font des apports en nature (mines, brevets, fonds de commerce, etc.). L'art. 4 de la loi du 24 juil. 1867 détermine les règles à suivre pour l'évaluation de ces apports. Les actions de cette nature confèrent en général les mêmes droits que les actions de capital proprement dites. On désigne encore ces actions sous le nom d'actions *non payantes*, par opposition aux actions de capital qui, créées en échange d'un versement en argent, prennent le nom d'actions *payantes*. V. Buchère, *loc. cit.*, n° 354.

25. *Actions de jouissance.* Les actions de jouissance sont celles qui ne donnent droit qu'au partage des bénéfices. Pendant l'existence de la société, elles prennent leur part, comme les actions de capital, dans la répartition des dividendes, à l'exclusion toutefois des sommes payées à titre d'intérêts; en sorte qu'elles ont un coupon de dividendes, mais sont privées du coupon d'intérêts, lorsque ces deux coupons existent simultanément. Lors de la dissolution de la société, elles participent au partage de l'actif, mais après remboursement intégral du capital aux porteurs d'actions proprement dites.

Les actions de jouissance existent dans les sociétés qui créent, au moyen de prélèvements sur les bénéfices, un fonds de réserve destiné à l'amortissement du capital. « Il est d'usage, dans ce cas, dit Buchère, de rembourser, chaque année, un certain nombre d'actions, dont les numéros sont désignés par le sort. Le remboursement a lieu au pair, c'est-à-dire d'après la valeur nominale au moment de l'émission. Il est délivré au porteur, en échange du titre remboursé, un nouveau titre constatant ses droits à une action de jouissance ou au partage des dividendes. » *Loc. cit.*, n° 351.

26. *Actions industrielles.* Les actions industrielles sont celles qui sont attribuées aux associés qui font l'apport de leur industrie. Comme elles ne contribuent pas à la formation du capital social, elles ne donnent droit, en thèse générale, qu'à la répartition des dividendes, et doivent, à ce titre, être rangées dans la catégorie des actions de jouissance.

Cependant, il peut arriver que l'apport d'une industrie soit compensé par la remise d'un certain nombre d'actions de capital. Dans ce cas, les actions doivent de tous points être assimilées aux actions de fondation (V. *supra*, n° 24), et assurer les mêmes droits que ces dernières à leurs porteurs.

27. *Actions de prime.* Ce sont, dit M. Buchère, celles que les fondateurs donnent gratuitement à des tiers qui ont aidé à l'organisation de la société, ou qui ont promis leur concours pour la faire prospérer. *Loc. cit.*, n° 355.

28. *Sou, denier.* Certaines actions d'ancienne origine portent le nom de *sou*, *denier*. Cette différence de terminologie ne correspond pas à une différence dans la nature des titres.

29. *Distinction entre les actions et les obligations.* Il est rare que la question de savoir si les titres émis par une société constituent des actions ou des obligations offre des difficultés. La question, lorsqu'elle se présente, a un grand intérêt, puisque le régime des actions et celui des obligations n'est pas le même, au double point de vue du timbre et de l'impôt sur le revenu. La jurisprudence des tribunaux ne présente, à notre connaissance, qu'une seule espèce, dans laquelle la nécessité de distinguer entre les deux natures de titres, pour l'application de la loi fiscale, se soit produite. Une société civile ayant été formée pour le recouvrement d'une créance sur le gouvernement espagnol, garantie par des billets hypothécaires ou *Pagarés*, l'Administration a soutenu que les titres émis en représentation de cette créance et qui étaient remboursables par voie de tirage au sort, constituaient des actions de la société civile; le tribunal de la Seine a admis ce système, le 1er juil. 1871 (19,308 J.; 3392 R. p.); mais ce jugement a été cassé le 19 mars 1873; 19,308 J.; 3582 R. p.; 15,027 Contr.; 20,622 J. N.; S., 73, 1, 180; P., 73, 412; D. P., 73, 1, 358. — V. *infra*, n° 147.

30. *Actions privilégiées.* Ces actions, auxquelles est attribué un droit de préférence soit dans le partage des bénéfices, soit dans l'amortissement du capital, n'en conservent pas moins leur caractère d'actions. On ne pourrait les considérer comme obligations que si la société prenait envers les porteurs l'engagement pur et simple de servir un revenu ou d'amortir le capital, lors même qu'il n'y aurait pas de bénéfices réalisés.

31. **OBLIGATIONS.** — L'obligation, dans la plus large signification de ce terme, est le lien de droit qui se forme entre deux personnes et par lequel l'une est astreinte envers l'autre à donner, à faire ou à ne pas faire quelque chose. Les obligations civiles, c'est-à-dire celles qui se trouvent sanctionnées d'une manière complète par le droit positif, dérivent d'un fait de l'homme, licite ou illicite, ou de la loi. Il existe ainsi cinq sources d'obligations civiles : le contrat, le quasi-contrat, le délit, le quasi-délit et la loi.

Dans l'étude que nous avons à faire ici, l'obligation n'est pas envisagée sous un point de vue aussi général. Nous n'avons, en effet, à nous occuper que des obligations qui constituent un particulier, et plus spécialement encore une société, un département, une commune, un établissement public, débiteurs envers d'autres personnes de sommes d'argent ou de valeurs fongibles, à titre de prêt, ou tout autre titre de même nature.

Ces obligations sont le plus souvent le résultat d'emprunts contractés par les personnes civiles dont nous parlons.

Elles affectent différentes formes, qu'il est important de distinguer pour la juste application de l'impôt.

32. **Obligations ordinaires.** — Rien ne s'oppose à ce que les sociétés, les départements, communes et établissements publics réalisent des emprunts et contractent des dettes dans la même forme que les simples particuliers. Les créances qui en résultent au profit des prêteurs ne tombent pas toutes uniformément sous l'application de la loi fiscale. C'est ainsi que les obligations non négociables ne donnent ouverture, ni au droit de timbre créé par la loi du 5 juin 1850, ni au droit de transmission établi par la loi du 23 juin 1857. Ce sont d'autres textes qui les régissent. Nous insisterons d'ailleurs sur ces distinctions dans le cours de cette étude.

33. **Effets de commerce.** — Même, lorsqu'il s'agit d'obligations négociables, il est nécessaire encore de distinguer celles qui ont le caractère de simples effets de commerce, et celles qui constituent des obligations proprement dites. On verra l'intérêt de cette distinction quand nous expliquerons les règles qui régissent la perception du droit de timbre et du droit de transmission. — V. *infra,* n°s 130 et suiv., et 309 et suiv.

34. **Obligations d'émission.** — Actuellement nous devons nous borner à donner à nos lecteurs quelques indications sur l'origine des obligations émises dans le public par voie de souscription, et sur les règles qui leur sont propres.

Les premières obligations de cette nature paraissent avoir été émises par la ville de Paris, en vertu d'une autorisation qui lui avait été accordée par une ordonnance des 13 et 26 sept. 1815.

L'exemple fut suivi par les compagnies de chemins de fer qui, pour l'accomplissement de leurs grands travaux, se firent autoriser par le pouvoir législatif à émettre par voie de souscription publique des obligations que l'État dut même consentir à garantir.

Enfin les émissions d'obligations foncières ou lettres de gage et d'obligations communales faites à partir de 1852 par la société du Crédit foncier, en vertu des décrets qui avaient autorisé et monopolisé son institution, achevèrent de généraliser ce mode d'emprunt, auquel voulurent désormais recourir toutes les sociétés industrielles qui eurent besoin de compléter leur capital-actions pour donner à leur entreprise l'impulsion et le développement nécessaires.

Les premières émissions, comme nous l'avons vu, avaient eu lieu en vertu de lois ou décrets qui, en les autorisant, avaient en même temps déterminé leur forme et réglé les conditions d'existence, de transmission et de remboursement des obligations émises. Actuellement, la plupart des émissions ont lieu librement, sans autorisation préalable, sauf pour les valeurs à lots. Leur validité n'est d'ailleurs pas discutée. Toute société industrielle, financière ou commerciale peut émettre des obligations lorsqu'elle y est autorisée par ses statuts, en se maintenant dans les limites qu'ils ont fixées. La loi de 1867 n'a imposé aucune restriction à ces émissions. Il en résulte de graves abus, et c'est pour les faire disparaître que dans le nouveau projet de loi sur les sociétés qui est en discussion devant le Parlement, il a été inséré quelques dispositions destinées à réglementer l'émission des obligations.

Quoi qu'il en soit, cette émission n'est actuellement soumise qu'aux restrictions qui peuvent résulter du droit commun. C'est ainsi que des décisions judiciaires ont considéré l'émission d'obligations à lots, remboursables, sans intérêts, par voie de tirage au sort, comme constituant une loterie, tombant, à défaut d'autorisation expresse, sous l'application des dispositions prohibitives de la loi du 21 mai 1836. — V. Cass., 10 fév., 24 mars et 4 mai 1866; S., 66, 1, 340; D. P., 66, 1, 283; C. Paris, 25 mars 1870; S., 70, 2, 313; D. P., 70, 2, 165. V. Buchère, Traité des valeurs mobilières, n° 496.

Ce sont également les règles du droit commun, combinées avec les clauses de l'émission, qui déterminent le mode de transmission et les formes et délais de remboursement de ces titres. A défaut de clause formelle, on admet, comme nous le verrons plus loin, que ces obligations sont réputées négociables (V. *infra,* n° 144), et en outre qu'elles sont transmissibles, à l'exemple des actions, par toutes les voies autorisées par la loi civile et la loi commerciale, notamment, si elles sont nominatives, par une déclaration de transfert sur les registres de la société ou de l'établissement débiteur, et par simple tradition, si elles sont au porteur. V. *infra,* n°s 144 et suiv.

35. *Obligations à primes et à lots.* « Il arrive fréquemment, disent MM. Lyon-Caen et Renault (Précis de droit commercial, n° 378 *bis*), que les obligations émises procurent des avantages en dehors des intérêts des sommes prêtées. Une société, une compagnie de chemin de fer, par exemple, émettra des obligations à 300 francs; celui qui versera cette somme, formant le *taux d'émission,* recevra un titre par lequel la société s'engage à lui rembourser 500 francs et à lui payer les intérêts à 3 p. 100 de ce capital, qui est dit *capital nominal.* La différence entre la somme versée et la somme promise par la société constitue la *prime de remboursement.* Chaque année un tirage au sort détermine les obligations qui seront ainsi remboursées, et les choses sont combinées de façon que, dans un certain délai, cinquante ou soixante ans par exemple, toutes les obligations soient remboursées avec la prime. »

Les obligations de cette espèce sont désignées sous le nom d'*obligations à prime.* En principe, leur validité n'est pas contestée. V. cependant *infra,* n° 36.

36. « Quelquefois, ajoutent MM. Lyon-Caen et Renault (*loc. cit.*), on attribue des sommes considérables aux obligations dont les numéros sortent *les premiers* lors du tirage au sort. » Ce sont alors des *obligations à lots.*

Leur émission réunit tous les caractères d'une loterie. Elle ne peut donc avoir lieu licitement qu'en vertu d'une loi.

« Au contraire, font observer les mêmes auteurs, il n'y a pas loterie dans l'émission d'obligations avec prime. Dans une loterie, les uns perdent intégralement leurs mises, tandis que les autres réalisent un gain. Ici tous les obligataires recouvrent leur capital et reçoivent en plus une prime de remboursement; le sort fixe seulement la date à laquelle la prime doit être payée à chacun. Tous réalisent un gain, mais à des époques différentes. Il y a bien là, si l'on veut, une opération aléatoire, il n'y a ni une loterie, ni les inconvénients qu'entraîne l'émission de billets de loterie. Toutefois cette solution ne doit être admise qu'autant que le gain à réaliser par le payement des primes ne joue qu'un rôle accessoire, de telle sorte qu'il y ait un placement sérieux, abstraction faite de ce gain. Dans le silence de la loi, les tribunaux usent de leur pouvoir d'appréciation. » (V. en ce sens : C. Paris, 25 mars 1870; S., 70, 2, 313, et la note de M. Labbé.) — Dans un arrêt du 14 janv. 1876 (J. P., 1876, 1091), la chambre criminelle admet bien que les emprunts *à lots* ou même *à primes* peuvent tomber sous l'application de la loi du 21 mai 1836 sur les loteries; mais elle refuse tout caractère illicite aux emprunts dans lesquels une prime égale doit être payée à tous les obligataires, le sort ne déterminant que l'ordre des remboursements.

La nouvelle loi belge sur les sociétés, du 18 mai 1873 (art. 68), a tranché formellement toutes ces questions. Elle prohibe les emprunts à lots, et elle ne permet les emprunts à primes que sous les conditions suivantes : 1° les obligations doivent rapporter un intérêt minimum de 3 p. 100; 2° toutes les obligations doivent être remboursables au même taux; 3° pendant tout le cours de l'opération, l'annuité destinée à l'amortissement et au service des intérêts doit être la même.

Des dispositions analogues ont été insérées dans le projet de loi sur les sociétés qui est actuellement soumis aux délibérations du Parlement.

37. *Obligations des départements, communes et établisse-*

ments publics. Les départements, les villes, les communes, et même les établissements publics, ont quelquefois recours à l'emprunt pour se procurer les ressources nécessaires au payement de dépenses extraordinaires, telles que l'exécution de grands travaux. Ces emprunts ne peuvent être contractés qu'après l'accomplissement de certaines formalités administratives. En ce qui concerne les emprunts des communes, notamment, ils ont lieu en vertu de la délibération du conseil municipal, laquelle doit être approuvée par le préfet, lorsqu'ils doivent être remboursés soit sur les contributions extraordinaires dans le cas où ces contributions dépassent cinq centimes, sans excéder le maximum fixé par le conseil général, soit sur les revenus ordinaires dans un délai excédant trente années (art. 142, loi du 5 avril 1884). Aux termes de l'art. 143 de la même loi, toute contribution extraordinaire dépassant le maximum fixé par le conseil général, et *tout emprunt remboursable sur cette contribution*, doivent être autorisés par décret du président de la République.

Si la contribution est établie pour une durée de plus de trente ans, ou si l'emprunt remboursable sur ressources extraordinaires doit excéder cette durée, le décret est rendu en Conseil d'État.

Enfin, il est statué par une loi si la somme à emprunter dépasse un million, ou si, réunie au chiffre des autres emprunts non encore remboursés, elle dépasse un million.

Depuis le premier emprunt qu'elle a contracté, en vertu d'une ordonnance royale du 13 sept. 1815, la ville de Paris a eu plusieurs fois recours au crédit public pour alimenter son budget extraordinaire. Les obligations qu'elle a successivement émises dans ce but sont au porteur. Elles jouissent, avec les effets publics français, du privilège d'être admises à être données en nantissement pour la garantie des avances et prêts que la Banque de France est autorisée à faire sur dépôt de titres. (Décret du 28 mars 1852.)

38. Les emprunts des départements, communes et établissements publics peuvent être réalisés dans toutes les formes permises par le droit commun. Lorsque les fonds à emprunter sont de peu d'importance, l'emprunteur traite le plus souvent de gré à gré avec les particuliers qui fournissent les fonds contre des bons ou reconnaissances délivrés dans la forme des obligations civiles, et dont la transmission ne peut avoir lieu qu'au moyen des formalités prévues par l'art. 1690 du Code civil. Rien ne s'oppose d'ailleurs à ce que les reconnaissances revêtent la forme et le caractère des effets de commerce, et soient transmissibles, comme eux, par voie d'endossement.

Souvent aussi, les fonds de l'emprunt sont directement fournis, soit par la Caisse des dépôts et consignations, soit par le Crédit foncier, avec ou sans affectation hypothécaire. Dans ce cas, ce dernier établissement est autorisé à créer et à négocier, en représentation de ces prêts, et jusqu'à concurrence de leur montant, des obligations émises sous le nom d'*obligations communales*, et qui sont garanties par un privilège sur les sommes dues par les départements, communes et établissements publics. (Lois des 6 juil. 1860 et 26 fév. 1862.) Ces règles ont été étendues aux emprunts des associations syndicales.

39. Enfin les départements, communes et établissements publics peuvent faire des émissions publiques d'obligations qui, dans ce cas, ont les mêmes caractères et jouissent des mêmes avantages que les obligations de même nature émises par les sociétés. C'est le mode le plus ordinairement suivi pour les emprunts des départements et des grandes villes. Ces obligations peuvent être cotées à la Bourse et jouissent de toutes les facultés de négociation qui appartiennent aux autres valeurs mobilières.

Un décret du 23 juin 1879 a déterminé avec précision les règles à suivre pour l'émission de ces titres, et pour les différentes opérations de comptabilité auxquelles ils donnent lieu. Les dispositions qu'il contient, et qui ne sont pas d'ailleurs applicables à la ville de Paris, intéressent directement le service de la perception de l'impôt. A ce titre, nous croyons devoir les transcrire textuellement en note (1).

---

(1) Décret du 23 juin 1879.

Le Président de la République française,
Sur le rapport des ministres de l'intérieur et des finances,

Décrète :

Art. 1er. Est approuvé le règlement annexé au présent décret, concernant la comptabilité des emprunts des départements, des communes et des établissements publics, pour être mis à exécution à partir de l'exercice 1880.

Art. 2. Le ministre de l'intérieur et le ministre des finances sont chargés, chacun en ce qui le concerne, etc.

Règlement.

Art. 1er. Les opérations de comptabilité relatives aux emprunts régulièrement autorisés des départements, communes, hospices et établissements publics, sont soumises aux dispositions ci-après, lorsque le cahier des charges a décidé l'émission d'obligations transmissibles en dehors des conditions déterminées par l'art. 1690 du Code civil.

PREMIÈRE PARTIE

Service municipal et hospitalier.

TITRE Ier.

Émission, forme et transmission des titres.

§ 1er. Souscription et émission des titres.

2. Les souscriptions aux emprunts des communes résultent soit d'engagements signés par les prêteurs, soit de versements en numéraire. Dans ce dernier cas, elles sont constatées par une quittance dite *de souscription*, délivrée par le receveur municipal et extraite de son registre à souche.

3. Tout titre d'obligation, soit provisoire, soit définitif, doit porter, avec la signature du receveur municipal, celle du maire ou d'un conseiller municipal spécialement délégué. Cette dernière signature est accompagnée du cachet de la mairie.

Le maire ou son délégué doivent tenir une note exacte des pièces qu'ils contresignent.

4. Les titres sont détachés d'un registre à souche, conformément à l'art. 28 de la loi du 5 juin 1850; ils portent un numéro d'ordre pris dans une série spéciale pour chaque emprunt et chaque nature de titres.

5. Les formules imprimées qu'il serait nécessaire de préparer à l'avance pour les titres d'obligations sont établies par les soins du maire et remises au receveur municipal, en échange d'une reconnaissance signée par lui. Dans les trois jours qui suivent ladite remise, le maire adresse au receveur des finances un avis faisant connaître le nombre et la nature des formules délivrées. Les formules dont il n'a pas été fait emploi sont restituées par le comptable au maire, contre décharge, après la clôture des opérations, et aussitôt annulées.

Il est joint au procès-verbal de caisse, en fin d'année ou de gestion, un compte d'emploi de ces formules présentant le nombre et la nature : 1° des formules existant au commencement de l'année ou de la gestion; 2° de celles prises en charge par le receveur; 3° de celles affectées aux titres d'obligations ou restituées au maire; 4° de celles existant à la fin de l'année ou de la gestion. Ce compte est signé par le maire et par le comptable.

6. Les opérations relatives aux emprunts nécessitent la tenue, par le receveur municipal, de deux registres distincts, l'un pour la constatation des souscriptions, l'autre pour leur liquidation.

Le premier de ces livres indique la date et le numéro de chaque souscription, le nom et le domicile des souscripteurs, le nombre des obligations souscrites et le montant des sommes versées.

Le second registre est destiné à retracer, dans l'ordre où se présentent les porteurs de quittances de souscription, les résultats de la liquidation pour chaque ayant droit. Il contient en regard de chaque souscription : la date et le numéro de la liquidation, le nom et le domicile de la partie, le nombre d'obligations qui lui est attribué ; la somme correspondant à ce nombre, qui est, dès lors, définitivement acquise à la commune ; la somme formant excédent de versement qui doit être remboursée au souscripteur; enfin, le nombre et les numéros des titres provisoires ou définitifs remis au souscripteur en échange de la quittance de souscription.

40. DIFFÉRENTES ESPÈCES DE SOCIÉTÉS. — Les sociétés ou associations dont les titres (actions, parts d'intérêt et de commandite, obligations et emprunts) sont susceptibles de tomber sous l'application des lois d'impôt dont nous présentons ici le commentaire, sont de différentes sortes. Il y a, d'une part, les sociétés civiles, qui se divisent en sociétés universelles de tous biens, en sociétés universelles de gains et en sociétés particulières, et, d'autre part, les sociétés commerciales, qui comprennent les sociétés en nom collectif, les sociétés en commandite simple, les sociétés en commandite par actions, les sociétés anonymes. Il convient d'ajouter à cette énumération : les sociétés à capital variable ou sociétés

---

7. Les sommes provenant des souscriptions sont constatées en recette à un compte des services hors budget, et il est fait dépense à ce même compte, après la liquidation des souscriptions : 1° des excédents de versement remboursés aux souscripteurs; 2° des sommes définitivement acquises à la commune et portées en recette aux services budgétaires.

Les remboursements d'excédents sont appuyés d'un bordereau individuel de liquidation revêtu de la quittance de la partie prenante.

Les sommes appliquées en recette au budget de la commune sont justifiées au moyen d'un état certifié par le maire, constatant le montant de cette application et accompagné de la quittance à souche du receveur municipal.

8. Les titres, soit provisoires, soit définitifs, sont remis, aussitôt après leur création, au receveur municipal, qui en fait recette pour la valeur de leur capital nominal, aux services hors budget. Le maire donne avis de cette remise au receveur des finances, comme il est dit à l'art. 5. Les opérations auxquelles donne lieu l'échange des quittances de souscription contre les titres provisoires ou définitifs, et, s'il y a lieu, celui des titres provisoires contre les titres définitifs, sont classées dans les mêmes services.

Les recettes sont justifiées devant l'autorité chargée du jugement des comptes au moyen d'états certifiés par le maire; les dépenses sont appuyées des titres échangés (quittances de souscription ou titres provisoires), lesdits titres dûment annulés et accompagnés de la décharge des parties prenantes.

9. Il est tenu, pour chaque emprunt, par le receveur municipal, un registre matricule, par ordre numérique, de toutes les obligations délivrées. Ce registre, qui est établi au moment de la liquidation des souscriptions, présente, en regard du numéro de chaque obligation, le numéro correspondant du registre de liquidation. On y consigne successivement, s'il y a lieu, la date et le montant des versements complémentaires, ainsi que l'échange des titres provisoires contre les titres définitifs; enfin, on y inscrit le remboursement des obligations amorties, avec la mention de l'acte en vertu duquel est fait ce remboursement, ainsi qu'il est prescrit aux art. 51 et 52.

§ 2. Forme et transmission des titres.

Dispositions communes.

10. Le cahier des charges décide si l'émission comprendra exclusivement soit des titres au porteur, soit des titres nominatifs transmissibles par voie de simple endossement; si les titres seront ou non munis de coupons; ou enfin s'ils seront de l'une ou de l'autre de ces différentes sortes, au choix des souscripteurs.

Lorsque les titres seront munis de coupons, chacun des coupons doit reproduire le numéro de l'obligation et porter l'indication de l'échéance ainsi que du montant des intérêts auxquels il se rapporte. Ces différentes mentions, dans le cas où elles ne seraient pas imprimées, doivent être certifiées par les mêmes signatures que le titre lui-même.

11. Pendant toute la durée de l'emprunt et jusqu'à l'époque du remboursement, les titres ne doivent subir aucune modification, si ce n'est celles résultant des endossements, lorsque ce mode de transmission leur est applicable; ils ne peuvent être échangés ni remplacés par d'autres, sauf dans le cas prévu par les art. 15 et 16 de la loi du 15 juin 1872, sur les titres perdus.

Dispositions spéciales concernant le dépôt des titres.

12. Toutefois, les communes peuvent, si elles le jugent utile à leur crédit, mais à la condition de se conformer aux dispositions des art. 17 à 23 du présent règlement, recevoir les titres en dépôt et délivrer en échange aux déposants des certificats nominatifs qui peuvent être collectifs et sont susceptibles d'être transmis par le transfert ou convertis de nouveau contre les obligations déposées, au gré des titulaires.

13. La faculté de dépôt est accordée par une délibération du conseil municipal, soumise à l'approbation du ministre de l'intérieur. Elle doit être concédée, d'une manière générale, à tous les propriétaires d'obligations du même emprunt.

14. Les titres au porteur à échanger contre un certificat nominatif sont déposés à la recette municipale avec un bordereau indiquant le nombre et les numéros des titres à convertir, les nom, prénoms, qualité et domicile de la personne au nom de qui le certificat doit être délivré. Ce bordereau est signé par le déposant et fait connaître son domicile.

Le déposant reçoit, au moment du dépôt, une reconnaissance extraite du même registre à souche que les quittances de numéraire.

Le certificat nominatif est remis ultérieurement en échange de la reconnaissance dûment déchargée par le titulaire ou par le déposant.

Si la même personne dépose des obligations de plusieurs emprunts, il doit être établi autant de bordereaux et il est délivré autant de reconnaissances et de certificats qu'il y a d'emprunts.

15. La même marche est suivie lorsque le propriétaire d'obligations transmissibles par voie d'endossement en réclame l'échange contre un certificat nominatif de dépôt; mais, dans ce cas, le certificat ne peut être délivré que sur la demande et au nom du titulaire soit du dernier endos, soit de l'obligation elle-même, si elle n'a encore été l'objet d'aucun endossement.

16. Les certificats de dépôt, signés par le receveur municipal et par le maire, sont extraits d'un registre à souche et portent un numéro d'ordre.

Ils sont munis de coupons, lorsque les titres qu'ils représentent en sont munis eux-mêmes. Ces coupons sont établis comme il est dit à l'art. 10.

Les certificats sont disposés de manière à servir pour le payement des intérêts pendant une période n'excédant pas dix ans. Le renouvellement ou la réunion ne peuvent être faits au même nom que sur la demande écrite du titulaire lui-même, dont la signature doit être certifiée par un agent de change ou un notaire. Les signatures de ces officiers ministériels sont elles-mêmes, s'il y a lieu, soumises à la légalisation conformément aux lois et règlements en vigueur.

17. La partie qui veut obtenir la restitution intégrale ou partielle des titres représentés par un certificat nominatif de dépôt, remet à la recette municipale : 1° une demande de retrait signée par le titulaire du certificat de dépôt, par son fondé de pouvoirs ou par ses ayants cause; 2° s'il y a lieu, les pièces établissant la qualité du fondé de pouvoirs ou des ayants cause; 3° le certificat de dépôt lui-même revêtu d'une déclaration d'annulation signée comme la demande de retrait.

Les signatures doivent être certifiées suivant les règles tracées à l'art. 16.

18. Il est procédé de la même manière pour le transfert des obligations représentées par un certificat nominatif de dépôt. Le bordereau de transfert est établi comme la demande de retrait; il présente, en outre, l'indication des nom, prénoms et domicile du cessionnaire.

Si les obligations déposées auxquelles s'applique le transfert sont transmissibles par endossement, leur cession doit être constatée sur les obligations elles-mêmes par le signataire du transfert.

19. Lorsque, après le décès du titulaire d'un certificat nominatif, la restitution des titres ou la mutation est demandée, il est justifié des droits des héritiers ou légataires suivant les règles ordinaires, et il est, pour le surplus, fait application des dispositions des art. 17 et 18 concernant le retrait et le transfert.

20. Dans les cas prévus par les trois articles qui précèdent, la partie qui requiert la restitution, le transfert ou la mutation des titres déposés, reçoit, au moment de la remise du certificat annulé, accompagné soit de la demande de retrait, soit des bordereaux de transfert ou de mutation, une reconnaissance du receveur municipal, semblable à celle dont il est parlé à l'art. 14. Les titres et certificats de dépôt réclamés sont ensuite livrés en échange de cette reconnaissance dûment déchargée.

En cas de retrait ou de transfert partiels, il est délivré de nouveaux certificats nominatifs pour les obligations maintenues en dépôt ou non transférées.

21. Les bordereaux de dépôt, de transfert ou de mutation et les demandes de retrait, avant leur remise au receveur municipal, doivent être soumis, par les parties intéressées, au visa du maire ou d'un agent délégué par lui et agissant sous sa responsabilité. Ceux-

coopératives, les sociétés en participation, les associations syndicales, etc.

Des explications sur la nature propre et sur les conditions d'existence de ces différentes sociétés ou associations trouveraient ici naturellement leur place. Mais nous ne devons pas perdre de vue que ce traité est destiné à compléter l'ouvrage beaucoup plus important qui a été publié sous le nom de Dictionnaire des droits d'enregistrement, et dans lequel toutes les questions relatives aux sociétés ont été étudiées d'une manière très approfondie. Nous renverrons donc nos lecteurs à ce Recueil, v[is] Société, et Sociétés et Associations particulières. Nous aurons, du reste, l'occasion, en traitant des règles

---

ci s'assurent de la régularité des opérations; ils prennent note du nombre et des numéros des obligations déposées, restituées ou transférées. Avis des dépôts est adressé au receveur des finances dans le délai prescrit par l'art. 5.

22. Les demandes de dépôt, de retrait, de mutation ou de transfert ne peuvent être reçues dans les dix jours qui précèdent chacune des échéances d'arrérages de l'emprunt auquel elles se rapportent.

23. Les titres déposés sont conservés, sous une double serrure, dans des armoires ou caisses disposées à cet effet chez le receveur municipal par les soins du maire et aux frais de la commune. La clef d'une des serrures est entre les mains du receveur municipal, celle de l'autre entre les mains du maire ou de son délégué.

24. Aucune manipulation des titres ne peut être faite qu'en la présence simultanée du receveur municipal et du maire ou d'un agent délégué par lui.

Chaque opération est mentionnée par le receveur municipal sur un sommier où sont consignés, pour chaque dépôt, la date et le numéro des certificats, le nom des titulaires, le nombre et le numéro des obligations entrées ou sorties. Toute mention sur ce sommier doit être certifiée par la signature du maire ou de son délégué.

La remise au receveur municipal des titres dont le retrait a été demandé est portée à la connaissance du receveur des finances, de la manière prescrite à l'art. 5.

25. Le maire, à la fin de chaque année ou de chaque gestion, s'assure de la présence de tous les titres mentionnés au sommier comme restant en dépôt. Il en délivre, sous sa responsabilité, un certificat qui est annexé au procès-verbal de caisse.

26. Le receveur municipal constate dans ses écritures, au moyen de comptes hors budget, toutes les opérations de dépôt, retrait, mutation ou transfert, en portant les titres pour la valeur et leur capital nominal.

Il les justifie, devant l'autorité chargée de juger ses comptes, par la production des reconnaissances provisoires de dépôt dûment déchargées, des certificats nominatifs de dépôt dûment annulés, ainsi que des bordereaux, actes de cession, procuration et autres pièces qui en établissent la régularité.

La remise au receveur municipal et l'emploi des formules destinées aux certificats de dépôt sont soumis aux règles énoncées dans l'art. 5.

27. Tout dépôt de titres, tout échange ou transfert, en dehors des conditions qui viennent d'être déterminées, sont absolument interdits.

TITRE II.

Payement des intérêts.

§ 1er. — PAYEMENT ET DESCRIPTION DES OPÉRATIONS DANS LES ÉCRITURES.

28. Le maire dresse, d'après les écritures tenues conformément aux art. 8 et 21, et remet au receveur municipal des registres dits d'*émargement*, où sont portées, suivant leur ordre numérique, toutes les obligations dont les intérêts sont dus par la commune.

Il y classe distinctement, par emprunt, les titres au porteur, les titres transmissibles par endossement et les certificats nominatifs de dépôt, en séparant les titres munis de coupons de ceux qui ne le sont pas.

29. Ces registres peuvent n'être pas dressés spécialement pour chaque échéance. Dans ce cas, ils contiennent, pour l'émargement, autant de colonnes que la période pendant laquelle ils doivent servir embrasse d'échéances.

30. Dans le même cas, les parties des registres qui concernent les titres au porteur ou ceux transmissibles par voie d'endossement comprennent toutes les obligations, même celles déposées et représentées par des certificats de dépôt, lesquelles continuent de figurer à leur rang tant qu'elles ne sont pas amorties.

Au moment de chaque échéance, le receveur municipal opère la radiation des obligations amorties; il effectue, sur la partie des registres relative aux certificats de dépôt, les modifications résultant des conversions ou transferts; enfin il émarge, sur les parties affectées aux obligations au porteur ou transmissibles par voie d'endossement, les intérêts des obligations représentées par des certificats de dépôt.

Cet émargement est fait par la mention, dans la colonne réservée à l'échéance, du numéro du certificat auquel chaque obligation correspond.

31. Dans les trois jours qui précèdent l'échéance, le maire, soit par lui-même, soit par un délégué agissant sous sa responsabilité, s'assure de l'exactitude des mentions ou modifications opérées sur les registres conformément à l'article précédent.

Après cette vérification, il remet au receveur municipal un état indiquant sommairement le montant des payements à faire pour l'échéance, tant sur les certificats nominatifs de dépôt que sur les titres primitifs non déposés.

32. Les coupons présentés au payement doivent être récapitulés par ordre numérique sur un bordereau dit de *payement*, signé du déposant, qui fait connaître son nom et son domicile.

Un bordereau spécial est établi pour chaque emprunt, chaque échéance et chaque nature de titres.

Le déposant doit s'assurer que tous les coupons compris dans ses bordereaux sont exigibles et ne dépendent pas d'obligations déjà remboursables.

33. Au fur et à mesure qu'ils sont remis au receveur municipal avec les coupures, les bordereaux de payement reçoivent un numéro d'ordre commun à tous ceux du même dépôt, qui est emprunté à une série renouvelée chaque année.

34. Le receveur municipal, en la présence du déposant, vérifie la régularité matérielle du bordereau de payement et en constate la concordance avec les coupons, quant à leur nombre et à leur désignation.

Toutefois, lorsque les coupons présentés par un même porteur sont au nombre de plus de cinquante, le receveur municipal peut exiger qu'ils soient déposés, en même temps que les bordereaux correspondants, pour être vérifiés hors de la présence du déposant et à ses risques et périls. Le dépôt donne lieu à la remise d'une reconnaissance extraite du registre à souche, en échange de laquelle le payement est ultérieurement effectué.

35. Les coupons vérifiés sont immédiatement annulés et réunis par liasses correspondant à chaque bordereau, à chacune desquelles est jointe une fiche reproduisant le numéro du bordereau.

Ces liasses sont rangées dans un ordre méthodique et il ne doit pas y être touché avant leur production au juge des comptes, si ce n'est pour les vérifications du contrôle.

36. Au moyen du bordereau reconnu exact, le receveur municipal émarge les registres. A cet effet, il porte, en regard du numéro de chacun des titres non déposés ou de chacun des certificats de dépôt, le numéro du bordereau et l'indication de l'année pendant laquelle le payement est fait.

37. L'émargement doit, en principe, être préalable au payement. Lorsque, en raison de l'affluence du public aux époques d'échéances, il n'aura pas pu le précéder, il devra le suivre d'aussi près que possible.

Les coupons qui ont été l'objet d'un dépôt, en vertu de l'art. 34, doivent toujours être émargés avant le payement.

38. Au moment de l'établissement des comptes, le receveur municipal, en présence du maire ou d'un agent délégué par lui, détache des titres en dépôt les coupons correspondant à ceux des certificats nominatifs qui ont été payés. Les coupons ainsi détachés sont immédiatement annulés et réunis aux coupons des certificats nominatifs de dépôt auxquels ils correspondent.

39. Le payement des intérêts afférents aux titres non munis de coupons est fait sur la présentation des titres eux-mêmes, accompagnés de bordereaux quittancés qui sont retenus par le comptable.

Il est constaté sur les titres au moyen d'un timbre estampille.

Les règles qui précèdent, concernant l'établissement et le numérotage des bordereaux, ainsi que le mode d'émargement, sont applicables au payement des intérêts des titres non munis de coupons.

Le dépôt préalable peut être exigé lorsque ces titres sont au nombre de plus de cinquante (art. 34).

d'exigibilité et de liquidation des trois taxes, de rappeler les principes qui ont été exposés par le Dictionnaire, et d'en signaler d'intéressantes applications.

Nous devons toutefois examiner ici une difficulté d'ordre général, dont la question est préjudicielle à un certain nombre de questions de perception.

41. Modifications statutaires entraînant ou non création de société nouvelle. — Il s'agit de savoir quelle peut être l'influence sur la personnalité civile d'une société des diverses modifications qui peuvent être apportées à ses statuts; dans quels cas ces modifications laissent subsister l'être moral originaire, et dans quels cas, au contraire,

---

40. Les payements d'intérêts d'emprunts, quelle que soit la forme des titres, sont effectués sans ordonnancement préalable.

Ils sont provisoirement inscrits par le receveur municipal à un compte d'avances, et ne sont imputés sur les crédits budgétaires qu'après avoir été ordonnancés par le maire.

41. Lorsque des titres ou des coupons sont déposés conformément aux art. 34 et 39, des comptes hors budget constatent, d'une part, le dépôt par les parties; d'autre part, l'admission des coupons en dépense et la remise aux parties des titres payés ou des coupons rejetés.

§ 2. — Contrôle des payements et justification dans les comptes.

42. Le maire est chargé du contrôle des payements; il exerce cette fonction par lui-même ou par un délégué agissant sous sa responsabilité.

43. A cet effet, le maire vérifie l'exactitude des bordereaux et des émargements pour tous les payements d'intérêts, d'emprunts, soit au moment même où les opérations sont effectuées, soit postérieurement, à des intervalles de trois jours au plus pendant le mois qui suit chaque échéance, et de quinze jours pendant les autres mois.

Dans les communes qui n'ont pas de receveur spécial, ces vérifications peuvent n'être faites qu'à des intervalles d'un mois, lorsque le percepteur chargé du service municipal ne réside pas dans la commune.

44. Les coupons, bordereaux, quittances et registres émargés sont mis à la disposition du maire, au siège de la recette municipale et sans déplacement.

Le classement des pièces, notamment celui des coupons, ne doit pas être modifié.

45. Le maire appose une marque personnelle sur les coupons, et les bordereaux ou quittances vérifiés par lui.

Il prend note des résultats qu'il a reconnus exacts.

46. Au fur et à mesure des vérifications, le maire ordonnance le montant des intérêts contrôlés.

L'ordonnancement doit être de la somme nette à payer aux obligataires, déduction faite de la retenue pour les droits acquittés au Trésor (art. 59).

Le montant des coupons de certificats de dépôt est ordonnancé seulement après que les coupons des titres déposés auxquels ils correspondent y ont été rattachés conformément à l'art. 38.

Des mandats distincts sont délivrés pour chaque échéance, chaque emprunt et chaque nature de titres (titres au porteur, titres transmissibles par endossement et certificats nominatifs de dépôt; titres munis de coupons et sans coupons).

47. A la fin de l'exercice, le comptable dresse, d'après le dépouillement des registres d'émargement, et remet au maire: 1° l'état détaillé, par nature de titres, de tous les payements restant à faire pour intérêts sur chacune des échéances non atteintes par la prescription quinquennale; 2° un état sommaire présentant, pour chacune desdites échéances et pour chaque nature de titres, le nombre des obligations dont les intérêts sont échus et le montant des intérêts à payer; le montant des payements faits sur chaque exercice depuis l'échéance et le nombre des obligations auxquelles ils s'appliquent; enfin les sommes restant à payer et le nombre des obligations qui y correspond.

Les intérêts des obligations sont portés sur ces états pour leur montant net, déduction faite de la retenue pour droits payés au Trésor (art. 59).

Dans le cas où les états de restes à payer sont établis d'après le dépouillement de registres d'émargement communs à plusieurs échéances (art. 29 et suiv.), les intérêts des obligations représentées par des certificats nominatifs de dépôt, étant compris dans la partie des états réservée à cette sorte de titres, sont déduits de celle qui concerne les titres originaires au porteur ou transmissibles par voie de simple endossement.

48. Les états de restes à payer sont contrôlés par le maire, au moyen des écritures tenues pour constater les résultats des vérifications faites conformément aux art. 43 à 45.

49. Le receveur municipal produit à l'autorité chargée de juger ses comptes, comme justification des dépenses budgétaires: 1° les mandats délivrés par le maire; 2° des états récapitulatifs présentant, pour chacun des mandats, le détail des payements individuels, avec indication du numéro et du montant de chaque bordereau, et permettant ainsi de rapprocher les mandats avec les payements individuels; 3° les bordereaux quittancés par les parties, pour les payements sur titres non munis de coupons, et, pour les payements sur les autres titres, les coupons eux-mêmes classés comme il est dit à l'art. 35; 4° l'état sommaire mentionné à l'art. 47, visé et certifié par le maire.

Les bordereaux de payements afférents aux coupons peuvent être conservés par le comptable.

Les coupons des certificats de dépôt doivent, conformément à l'art. 38, être accompagnés des coupons détachés des titres déposés.

Lorsque les titres dépendant d'un même emprunt ne sont pas tous munis ou tous dépourvus de coupons, il est rapporté à l'appui de chacun des comptes un état, certifié par le maire, présentant sommairement le nombre et la désignation des titres non munis de coupons.

50. Les opérations hors budget relatives aux dépôts de coupons et de titres effectués en vertu des art. 34 et 39 sont justifiées, en ce qui concerne la recette, au moyen de certificats du maire, et, à l'égard de la dépense, par la production des reconnaissances de dépôt, dûment déchargées par les déposants au moment soit du payement, soit de la restitution des titres ou coupons.

TITRE III.

Remboursement des obligations.

51. Le maire remet au receveur municipal, huit jours au moins avant les époques fixées pour le remboursement des obligations, deux ampliations dûment certifiées des procès-verbaux de tirage au sort ou autres actes qui ont déterminé les obligations à rembourser.

Le receveur municipal mentionne, en regard de chacune des dites obligations, sur le registre matricule dont il est parlé à l'art. 9, la date de l'acte en vertu duquel doit être opéré le remboursement.

52. Le remboursement des obligations est effectué, contrôlé et justifié de la même manière et suivant les mêmes règles que le payement des intérêts (art. 42 à 50), sauf les modifications ci-après

1° L'émargement est fait sur le registre matricule de l'emprunt;

2° Les titres ou certificats nominatifs doivent porter, en dehors du signe d'annulation apposé par l'agent du payement, les acquits des titulaires;

3° Les états de restes, détaillés ou sommaires, doivent comprendre les obligations remboursables depuis moins de trente ans dont le remboursement n'a pas encore été effectué;

4° Il doit être produit, pour la justification des payements afférents aux remboursements d'obligations, outre les titres amortis, une copie de l'acte qui a désigné les obligations comme remboursables. A cet effet, le receveur municipal transmet à l'autorité chargée de juger ses comptes l'une des deux expéditions qui lui ont été remises conformément à l'art. 51.

53. Lorsque l'obligation remboursable a été déposée en échange d'un certificat nominatif, le remboursement est fait au titulaire sur la présentation de ce certificat dûment déchargé. Le titre originaire est, pour l'ordre de la comptabilité, retiré des titres en dépôt selon les formes établies en cas de retrait, immédiatement annulé, puis rattaché par le receveur municipal aux pièces justificatives du remboursement.

54. Dans le cas où les obligations sont remboursables avec lot, le remboursement ne peut en être fait que sur un mandat préalable et individuel délivré par le maire et quittancé par la partie.

55. Les obligations présentées au remboursement doivent être munies de tous les coupons non exigibles à l'époque fixée pour l'amortissement.

En cas d'absence d'un ou de plusieurs coupons, il est retenu une

elles doivent faire considérer la société qui en est l'objet comme étant dissoute et comme faisant place à un être moral nouveau, distinct et indépendant de l'ancien.

L'intérêt de cette question, dans la matière qui nous occupe, est évident.

S'agit-il, par exemple, d'une société par actions, dont les titres ont acquitté le droit de timbre, il n'y a pas de cause à l'exigibilité d'un nouveau droit, si la société n'est que transformée. Les renouvellements de titres qui s'opèrent postérieurement à la modification et même comme conséquence de cette modification, doivent bénéficier de la disposition écrite dans l'art. 17 de la loi du 5 juin 1850 et être

---

somme équivalente à leur montant. Le receveur municipal remet à la partie une reconnaissance extraite de son registre à souche indiquant le nombre, l'échéance, le montant et les numéros des coupons qui donnent lieu à la retenue. La restitution de cette retenue ne peut être opérée que sur la représentation des coupons retrouvés ou, en échange de la reconnaissance dûment quittancée, après l'expiration d'un délai de cinq ans à courir du jour où les coupons seraient échus, lorsque pendant cet intervalle ils n'ont pas été payés.

56. Le capital de l'obligation à laquelle s'applique la retenue est intégralement porté en dépense. La somme retenue est inscrite en recette à un compte hors budget. Il est fait ultérieurement dépense, au même compte, des restitutions opérées ou de l'application aux recettes du budget des sommes non réclamées dans l'année qui suit l'expiration du délai de cinq ans mentionné à l'article précédent.

57. Les opérations de ce compte sont justifiées, en recette, par des certificats détaillés du maire et, en dépense, soit par les quittances à souche constatant l'application aux recettes du budget, soit par les quittances de retenues dûment déchargées ou par les coupons retrouvés, ainsi qu'il est dit à l'art. 55.

Les titres amortis sont accompagnés de mentions de référence permettant de contrôler l'inscription en recette des retenues.

TITRE IV.

Dispositions concernant les droits à payer au Trésor public pour le compte des obligataires.

58. Les droits établis par la loi du 23 juin 1857, art. 6, et par la loi du 16 sept. 1871, art. 11, sur les transmissions de valeurs nominatives par transfert, sont perçus, pour le compte du Trésor, préalablement au transfert, par le receveur municipal qui fait l'opération.

L'encaissement des droits et leur versement au Trésor font l'objet d'un compte hors budget, dont la recette est justifiée par des certificats décomptés du maire, et la dépense par les quittances du receveur de l'enregistrement.

59. Les droits annuels établis sur les titres au porteur et les autres valeurs transmissibles sans transfert, par les lois précitées des 23 juin 1857 et 16 sept. 1871, ainsi que l'impôt de 3 p. 100 sur le revenu des valeurs mobilières, créé par les lois des 29 juin 1872 et 21 juin 1875, sont versés au Trésor par le receveur municipal pour le compte des obligataires, conformément auxdites lois.

Les versements sont faits au Trésor chaque trimestre et d'avance, en vertu de mandats du maire; ils sont imputés sur un crédit spécial ouvert au budget de la commune.

Lors de chaque échéance, les sommes à retenir aux obligataires sont prélevées sur le crédit affecté aux intérêts de l'emprunt et inscrites en recette à un article distinct des produits budgétaires.

Il est procédé de la même manière pour les droits de timbre établis par les art. 27 et 31 de la loi du 5 juin 1850, lorsque la commune ne garde pas le payement de ces droits à sa charge.

TITRE V.

Dispositions complémentaires.

60. Les dispositions du présent règlement ne sont pas applicables à la ville de Paris.

61. Elles sont applicables aux hospices et établissements publics; les administrateurs ordonnateurs remplissent les fonctions attribuées aux maires; les receveurs des établissements, celles attribuées aux receveurs municipaux.

DEUXIEME PARTIE.

SERVICE DÉPARTEMENTAL.

62. Les opérations relatives aux emprunts des départements, autres que celui de la Seine, sont effectuées par les trésoriers-payeurs généraux, sous le contrôle des préfets.

63. Elles sont, en principe, assujetties aux mêmes règles que celles concernant les emprunts des communes et établissements publics.

Celles des opérations qui, dans les comptabilités municipales ou hospitalières, figurent aux services hors budget, sont inscrites par les trésoriers généraux à des comptes ouverts parmi les correspondants administratifs.

Les recettes donnent lieu à la délivrance de récépissés à talon visés conformément à la loi du 24 avril 1833.

64. La liquidation des souscriptions, la création des titres et leur remise aux ayants droit sont effectuées, constatées dans les écritures et justifiées dans les comptes d'après les règles établies par les art. 2 à 8.

Il est tenu, pour chaque emprunt, un registre matricule dans la forme prescrite à l'art. 9.

65. Tout titre d'obligation doit porter, avec la signature du trésorier général, celle du préfet. Cette dernière signature, qui peut être suppléée par celle du secrétaire général ou d'un conseiller de préfecture spécialement délégué, est accompagnée du cachet de la préfecture.

66. Les titres émis au nom des départements sont soumis, quant à leur forme et à leur transmission, aux dispositions des art. 10 et 11. Ils ne sont, jusqu'à leur remboursement, susceptibles d'aucune modification autre que celles pouvant résulter d'endossement. Ils ne peuvent être directement l'objet d'une mutation ni d'un transfert.

67. Toutefois, le dépôt des titres et la délivrance des certificats nominatifs, dans les conditions déterminées par l'art. 12, peuvent être autorisés, soit par le cahier des charges, soit par une délibération du conseil général.

68. Dans ce cas, les parties qui veulent obtenir, soit la délivrance de certificats nominatifs de dépôt, soit la restitution des titres déposés, soit la mutation ou le transfert des certificats, remettent à la trésorerie générale les pièces prescrites par les art. 14, 15, 17, 18 et 19.

Les bordereaux de dépôt, de retrait, de mutation ou de transfert sont établis en double original, signé et certifié suivant les règles tracées à l'art. 16.

Les parties reçoivent, au moment où elles remettent les pièces, des reconnaissances de dépôt extraites d'un livre à souche, en échange desquelles les titres ou certificats réclamés leur sont ultérieurement livrés dans un délai de vingt jours.

69. Les demandes de dépôt, de retrait, de mutation ou de transfert ne sont pas admises dans les dix jours qui précèdent chacune des échéances d'arrérages de l'emprunt auquel elles se rapportent.

70. Le trésorier général chez lequel des titres ont été déposés pour être échangés contre un certificat nominatif les transmet immédiatement au caissier central du Trésor. Il y joint: 1° la formule destinée au certificat nominatif de dépôt, établie comme l'indique l'art. 16, sur laquelle sont détaillés les titres déposés; 2° l'un des deux bordereaux remis par le déposant, visé par lui.

71. Le caissier du Trésor s'assure que les titres transmis concordent avec les énonciations de la formule précitée, et il en délivre reçu sur la formule elle-même. Ce reçu, qui fait connaître sommairement le nombre et la nature des titres déposés, est visé par le contrôleur central du Trésor public.

Le certificat de dépôt est ensuite renvoyé au trésorier général. Le bordereau est conservé par la caisse centrale.

72. Avant d'être délivré à la partie, et pour former titre contre le département, le certificat de dépôt est signé par le trésorier général et par le préfet, comme il est dit à l'art. 65.

Le préfet ou son délégué doivent, sous leur responsabilité, ne signer aucun certificat de dépôt sans qu'il ait été préalablement revêtu du reçu et du visa énoncés en l'article précédent.

73. Les titres déposés à la caisse centrale ne sont restitués par le caissier du Trésor que sur la production du certificat nominatif de dépôt, dûment annulé comme il est prescrit à l'art. 17, et de l'un des bordereaux de retrait établis par les parties, visé par le trésorier général.

En cas de retrait partiel, de mutation, de renouvellement ou de transfert, le nouveau certificat qui doit être délivré à la partie est

timbrés ou visés pour timbre *gratis*. (V. *infra*, n° 101.) — En cas d'abonnement, c'est l'ancienne situation qui se perpétue; de sorte que, si la société est infructueuse depuis deux ans, la perception du droit se trouve suspendue, en vertu de l'art. 24 de la loi du 5 juin 1850, sans que la modification ait pour effet de faire recommencer les années d'épreuve. V. *infra*, n° 228.

Les conséquences sont absolument différentes, lorsque la société est dissoute par suite des changements apportés à ses statuts et fait place à une société nouvelle.

Dans cette hypothèse, les titres délivrés en renouvellement des anciens sont soumis à un nouveau droit de timbre. La nouvelle société, si l'ancienne était abonnée, doit souscrire un abonnement particulier, et c'est seulement du jour de sa constitution que peuvent courir les deux années d'épreuve après lesquelles l'abonnement peut être suspendu.

On voit, par ce simple exemple, de quelle importance est la question que nous nous proposons d'examiner (1).

42. Cette question n'a donné lieu jusqu'à ce jour qu'à des décisions d'espèce, qu'il est très difficile de concilier entre elles. C'est qu'en effet elle ne comporte pas de solution absolue : tout dépend des circonstances de fait, de l'intention des contractants, de la gravité des modifications apportées au pacte social.

On a tenté quelquefois de poser une règle d'interprétation, en considérant comme constitutive d'une nouvelle société toute modification qui a besoin, pour être valable, de l'assentiment unanime des associés. (V. Paul Pont, Traité des sociétés, II, n°s 1085 et suiv.) Dans cette théorie, il s'agirait d'apprécier si les changements apportés aux statuts sont virtuellement compris dans le consentement que les associés ont donné en formant la société, s'ils sont la conséquence normale et prévue du *conventus societatis*, ou si, au contraire, ils dérogent à ce consentement et si, par suite, ils exigent, pour être valables, une nouvelle convention entre les associés.

43. Nous croyons que la question ainsi posée repose sur une confusion.

Le criterium qu'on propose peut, sans doute, servir à résoudre la question de savoir si, dans une société soumise aux dispositions de la loi du 24 juil. 1867, la modification projetée peut être valablement votée par l'assemblée générale des actionnaires, ou s'il faut le consentement unanime de tous les associés. Mais il est insuffisant quand il s'agit d'apprécier l'influence des modifications statutaires sur l'existence même de la société.

Il y a, en effet, dans tout contrat de société des clauses principales et des clauses accessoires. En principe, toutes sans exception sont la loi des associés, loi à laquelle il ne peut être dérogé sans le consentement unanime des intéressés. Si, exceptionnellement, quelques-unes peuvent être modifiées par l'assemblée générale des actionnaires, ce n'est qu'en vertu d'une délégation expresse ou virtuelle consentie à cette assemblée par les contractants. A défaut de délégation expresse, la loi y supplée, dans certains cas, en précisant, dans le silence des statuts, les pouvoirs ordinaires de l'assemblée générale. (V. art. 31 de la loi du 24 juil. 1867.) Par conséquent, de ce qu'une modification ne peut pas être votée par l'assemblée générale et exige le consentement de tous les associés, il n'en résulte pas nécessairement qu'elle ait pour effet d'entraîner la dissolution de la société; car cette incompétence de l'assemblée générale n'est que le résultat d'une absence de délégation; elle ne peut donc servir à déterminer le caractère et les effets de la modification statutaire. C'est ainsi qu'une prorogation de société exige in-

---

transmis par le trésorier général au caissier du Trésor en même temps que le certificat annulé et l'un des bordereaux établis par la partie. Ce nouveau certificat ne peut être signé par le préfet ou par son délégué qu'après avoir été revêtu du reçu et du visa énoncés en l'art. 71, constatant que les titres se trouvent dans la caisse du Trésor.

74. Dans tous les cas de retrait, de mutation et de transfert, le certificat annulé est conservé par le caissier du Trésor, qui renvoie en échange au trésorier général le bordereau correspondant à l'opération pour laquelle ce certificat avait été délivré, après l'avoir revêtu d'une mention constatant la rentrée dudit certificat.

75. Le trésorier général décrit, dans des comptes ouverts parmi les correspondants administratifs, les opérations auxquelles donnent lieu, d'une part, le dépôt et le retrait des titres par les parties, ainsi que le transfert ou la mutation des certificats de dépôt; d'autre part, l'envoi des titres à la caisse du Trésor et leur restitution.

La situation des titres du département en dépôt à la caisse centrale est constatée, à la fin de chaque année ou de chaque gestion, au moyen d'un état certifié par le caissier du Trésor, visé par le contrôle, qui est transmis à la Cour des comptes.

76. Un compte d'emploi des formules destinées aux certificats de dépôt est joint au procès-verbal de caisse, conformément à l'art. 5.

77. Les registres d'émargement nécessaires pour le payement des intérêts des obligations sont établis par les soins du préfet, d'après les règles tracées aux art. 28 à 31.

Les payements sont ensuite effectués par le trésorier général conformément aux art. 32 à 37 et 39. Ils ont lieu sans mandatement préalable. Les payements faits sont néanmoins immédiatement imputés sur les crédits du budget départemental, sauf versement en cas d'erreur reconnue ultérieurement.

78. Le préfet fait vérifier, chaque dizaine, l'exactitude des bordereaux et des émargements de la façon prescrite aux art. 42 à 46. Au fur et à mesure des vérifications, il mandate le montant des intérêts contrôlés, sans qu'il y ait à distinguer entre les intérêts payés sur certificats nominatifs de dépôt et ceux payés sur les titres originaires.

79. Le trésorier général produit à la Cour des comptes, pour la justification des payements d'intérêts d'emprunts, outre les états de restes qu'il établit et soumet au visa du préfet, comme il est dit aux art. 47 et 48, les autres justifications énumérées aux art. 49 et 50.

Les coupons des titres déposés à la caisse centrale qui correspondent à ceux des certificats de dépôt payés sont, à la clôture de chaque gestion ou de chaque exercice, détachés des titres, d'après des états de payement dressés par les trésoriers généraux et certifiés par la direction générale de la comptabilité publique. Ils sont remis à cette direction par le caissier du Trésor, pour être rattachés aux coupons des certificats de dépôt auxquels ils correspondent et transmis à la Cour.

80. Il est procédé au remboursement des obligations départementales d'après les règles et aux conditions fixées par les art. 51 à 57.

Lorsque les obligations à rembourser ne sont pas munies de tous les coupons non échus à la date fixée pour l'amortissement, il est fait recette du montant des coupons non représentés à un compte de trésorerie où sont ensuite portées en dépense la restitution ou l'application au budget départemental des sommes retenues, suivant ce qui est dit à l'art. 56.

81. Le payement et le recouvrement des droits à acquitter au Trésor pour le compte des obligataires sont faits et décrits par les trésoriers généraux d'après les règles tracées au titre IV.

82. Les opérations concernant la souscription aux emprunts du département de la Seine, l'émission et la délivrance des titres, ainsi que leur échange contre des certificats nominatifs de dépôt, ou réciproquement, et les transferts, sont effectuées, conformément aux règles ci-dessus énoncées, par le receveur central de la Seine et par le contrôleur spécial établi par l'ordonnance du 5 mai 1832. Le receveur central et le contrôleur spécial exercent respectivement les attributions dévolues aux trésoriers généraux et aux préfets des autres départements. Néanmoins, les titres d'obligations, au moment de leur émission, doivent être signés par le préfet de la Seine.

Les dispositions des titres II, III et IV sont également applicables au payement des intérêts par le payeur central de la dette publique et au remboursement des obligations par le caissier central du Trésor, en tout ce qui n'est pas contraire aux lois et règlements sur le contrôle central du Trésor public. Toutefois, les payements et remboursements relatifs aux emprunts déjà réalisés continueront d'être faits par ces comptables selon les formes actuellement établies.

(1) Nous avons traité cette question dans une dissertation insérée à l'art. 22,444 du Journal de l'Enregistrement. Nous ne faisons que reproduire ici l'étude publiée par ce recueil.

contestablement, sauf dans les sociétés anonymes (art. 31 de la loi du 24 juil. 1867), le consentement unanime de tous les associés. On ne saurait admettre qu'un associé puisse être tenu de rester dans les liens de l'association au delà du terme qu'il a fixé. (P. Pont, II, nº 1083, p. 210.) Cependant il est reconnu sans difficulté que la simple prorogation d'une société ne donne pas naissance à une société nouvelle. C'est le même contrat qui se continue, le même être moral qui subsiste au delà du terme primitivement fixé pour sa durée. Cass., 24 mai 1869; D. P., 69, 1, 323; 9 janv. 1878 et 12 fév. 1879; D. P., 79, 1, 10, et 79, 1, 281.

Il faut donc rattacher à d'autres principes la solution de la difficulté.

44. Nous croyons qu'il n'est pas possible de trouver une formule pouvant servir à résoudre tous les cas qui sont susceptibles de se présenter. Il faut, selon nous, envisager la difficulté à la lumière des principes généraux qui gouvernent tous les contrats. Un contrat est résolu et remplacé par un autre, lorsqu'il s'opère un changement profond dans ses éléments essentiels; lorsque son objet ou sa cause (art. 1108 C. civ.) disparaissent entièrement pour faire place à un objet, à une cause absolument différents. Il en est de même lorsque le changement porte sur la personne des contractants, dans les contrats où cette personne est la cause déterminante du consentement. Appliquant ces principes au contrat de société, nous en déduisons les conséquences suivantes :

45. *Changement de personnes.* Il est évident, tout d'abord, que si, après avoir formé une société en nom collectif avec Primus et Secundus pour l'exploitation d'une mine, je la remplace par une société formée avec Tertius et Quartus, notre seconde convention diffère absolument de la première : c'est un nouveau contrat donnant naissance à une nouvelle société absolument distincte et différente de la première.

46. *Changement dans l'objet de l'exploitation.* De même, si à une société formée avec Primus et Secundus pour l'exploitation d'une usine, je substitue une société formée avec les mêmes personnes en vue de faire le commerce des grains, il y a également société nouvelle, par changement de cause, et il en est ainsi lors même que les conditions de la nouvelle société, relatives aux apports, aux engagements des associés, à l'administration, au partage des bénéfices, seraient exactement calquées sur les conditions de l'ancienne. Le contrat en effet a été formé en vue d'un but déterminé; c'est ce but à poursuivre qui est la cause unique et exclusive des engagements pris par les associés. Si ce but disparaît, le contrat lui-même s'évanouit faute de cause, et la convention qui est formée en vue d'une exploitation différente est une convention nouvelle qui a son caractère propre et son existence indépendante de la première. V. Paul Pont, II, nº 1085, p. 212.

47. *Prorogation de société.* Au contraire, l'objet, la cause et la personne des contractants restent les mêmes, lorsque les associés ne font que proroger la durée de la société. La prorogation n'est donc pas, en principe, lorsqu'elle est pure et simple, constitutive d'une nouvelle association. Il n'en pourrait être ainsi que par l'effet d'une novation stipulée et acceptée par tous les contractants, impliquant la volonté de créer un nouvel être moral distinct du premier. Mais cette novation ne saurait se présumer, et elle ne peut résulter que d'une déclaration expresse.

48. *Nouvelle répartition des bénéfices.* La cause du contrat de société consiste, avons-nous dit, dans le but que les contractants poursuivent en s'associant. Ce but, c'est d'abord l'exploitation d'une industrie ou de plusieurs industries déterminées, c'est ensuite et surtout la réalisation et le partage, dans les proportions fixées par les statuts, des bénéfices à provenir de l'exploitation. Il est donc certain que si la clause des statuts relative à la répartition des bénéfices subit des transformations radicales, la société est dissoute et remplacée par une autre, puisqu'elle a désormais une cause différente. (V. dans ce sens, C. Paris, 19 avril 1875; D. P., 75, 2, 161.) Mais il tombe sous le sens qu'une simple modification, si minime qu'elle soit, ne saurait nécessairement produire un tel effet. Par exemple, il serait difficile de soutenir que la cause est changée et que la société fait place à une autre, par cela seul qu'une modification statutaire accorderait au gérant d'une société en commandite une part supplémentaire dans les bénéfices. Le contrat originaire serait modifié, sans doute, mais il ne serait pas dissous et remplacé par un autre contrat. Il y a nécessairement, dans les questions de cette nature, une part à faire à l'appréciation, et cette appréciation est laissée à la prudence des magistrats, qui ont qualité pour décider si la modification altère assez profondément la cause du contrat pour permettre de la considérer comme anéantie et comme faisant place à une cause différente.

49. *Augmentation ou réduction du capital social.* Nous en dirons autant des changements apportés dans l'objet de la société, c'est-à-dire dans les engagements contractés par les associés les uns envers les autres, dans les apports qu'ils mettent en commun pour réaliser le but de l'association. Nous croyons qu'il appartient aux magistrats de décider si le changement est assez grave pour altérer complètement l'objet du contrat et faire décider qu'il y a substitution d'un contrat à un autre. Ainsi, nous ne saurions admettre, avec M. Paul Pont (II, nºˢ 1089 et suiv.), que toute réduction ou toute augmentation apportée au capital social, lorsqu'elle n'a pas été prévue par les statuts, donne nécessairement naissance à une nouvelle société. Cette solution repose sur une interprétation que nous avons combattue et qui considère tout changement comme constitutif d'une société nouvelle, dès lors qu'il nécessite le consentement unanime des associés. Elle doit donc être écartée.

L'objet du contrat n'est pas nécessairement changé par les réductions ou les augmentations du capital social. Il n'est que réduit ou augmenté et rien ne s'oppose à ce qu'un contrat subsiste et conserve son individualité, lorsqu'il n'éprouve que des modifications qui, tout en exigeant le consentement des contractants, n'en altèrent cependant pas l'essence.

La Cour nous paraît donc avoir fait une exacte application des principes de la matière en refusant de considérer une simple augmentation d'apports, même lorsqu'elle n'a pas été prévue par les statuts, comme entraînant nécessairement la constitution d'une société nouvelle. C'est ce qui a été décidé par un arrêt du 24 mai 1869 (D. P., 69, 1, 323). Deux autres arrêts, aux dates des 9 janv. 1878 et 12 fév. 1879 (D. P., 79, 1, 10, et 79, 1, 281), ont statué dans le même sens, mais dans des espèces où l'augmentation du capital social avait été prévue par les statuts, ce qui enlève à leurs décisions toute portée au point de vue de la difficulté que nous examinons.

Une solution du 2 juil. 1886 a reconnu également que la réduction du capital social n'emportait pas nécessairement changement d'être moral. 6697 R. P.

50. Toutefois, il ne résulte pas de cette jurisprudence qu'il faille ne tenir aucun compte des modifications de cette nature pour trancher la question de savoir si une société nouvelle a succédé à une autre. L'augmentation du capital social, lorsqu'elle est très importante, coïncide presque toujours avec une extension des affaires sociales, et cette double modification peut être telle qu'on soit autorisé à considérer l'objet et la cause du contrat, c'est-à-dire le capital mis en commun et le but à poursuivre, comme radicalement changés. Si, par exemple, des associés transforment une société formée au capital de 200,000 fr. pour la vente au détail d'objets d'épicerie, en une société constituée au capital de 3,000,000 pour la fabrication et la vente en gros de ces mêmes objets, il est difficile de ne pas voir dans cette transformation un véritable changement de société. Nous pourrions citer d'autres exemples qui démontreraient que, dans certains cas, le doute n'est guère possible, et que l'extension donnée à l'industrie

sociale, en même temps que l'augmentation des moyens d'action, équivalent souvent à un véritable changement dans les éléments essentiels du contrat de société. Seulement, il n'est pas permis de poser à cet égard de règle fixe et certaine. La solution dépend, comme nous l'avons dit, des circonstances et est abandonnée, par cela même, à l'appréciation des juges du fait, sans que la Cour de cassation puisse utilement exercer son droit de contrôle.

51. *Modifications dans la forme des sociétés.* La conversion d'une société, par exemple d'une société en commandite par actions en société anonyme, emporte-t-elle formation d'une société nouvelle? Nous serions disposés à résoudre la question en principe et dans le sens de l'affirmative. Cette conversion, en effet, si elle laisse subsister la cause du contrat, apporte des changements qui touchent à la fois à la personne des contractants et à l'objet de la société. Cela n'est pas douteux en ce qui concerne les personnes. A des associés en nom et responsables sur tous leurs biens, succèdent des associés qui n'engagent que leur mise. La considération des personnes, qui était déterminante dans le premier contrat, disparaît entièrement dans le second, puisque les associés pourront désormais changer indéfiniment, au moyen des cessions de titres, sans que le contrat se trouve affecté.

L'objet de la convention subit également des modifications profondes. Aux engagements personnels des gérants, qui portaient sur tous leurs biens, sont substitués des engagements de capitaux. Vis-à-vis des autres associés, comme vis-à-vis des tiers, c'est là une modification radicale qui affecte l'essence même de la convention. M. Paul Pont ne met pas en doute que, dans ce cas, la société ne soit dissoute par l'effet de cette transformation, et ne fasse place à une société entièrement nouvelle. (II, n° 1094, p. 219.) C'est aussi ce qui a été décidé par un arrêt de la Cour de Lyon du 6 fév. 1868 (S., 68, 2, 165) et par un arrêt de la Cour de Paris du 5 décembre 1881.

Mais l'interprétation contraire a prévalu devant la Cour de Besançon (arrêt du 15 juin 1869; D. P., 70, 2, 13) et a même été admise par l'Administration. Dél. 26 mai-3 juin 1874; Sol. 12 sept. 1876; 20,179 J.; 5345 Rev. not; 21,621 J. N.; 4550 R. p. — V. au Dict., v° Société, n°s 453 et 457.

Ces dernières décisions paraissent très contestables. L'arrêt de la Cour de Besançon est très vivement critiqué dans le recueil de Dalloz. « L'argument essentiel de la Cour, dit l'arrêtiste, c'est que la transformation n'est pas l'anéantissement de l'état ancien et n'équivaut pas à une création; que lorsque les personnes et les choses restent les mêmes, la société ne change pas au fond, et n'est modifiée que dans sa forme. Il semble bien que cette dernière concession ruine toute la thèse de l'arrêt. La société est modifiée dans sa forme; il y avait une société en commandite, il y a maintenant une société anonyme. Qu'est-ce à dire, sinon que la première société a pris fin, et qu'à sa place est née une société nouvelle, aussi distincte à certains égards de la première que si elles étaient séparées par un long intervalle? C'est qu'en effet la forme des sociétés commerciales tient à leur essence même. Le législateur reconnaît trois catégories principales de sociétés : la société en nom collectif, la société en commandite et la société anonyme. A quel point de vue s'est-il placé pour opérer cette classification? Est-ce au point de vue de la chose qui fait l'objet de la société et des personnes qui la composent? Assurément non; car les mêmes personnes peuvent, pour exploiter la même chose, constituer à leur gré une société en nom collectif, ou une société en commandite, ou même une société anonyme. Le législateur s'est placé exclusivement au point de vue du mode de fonctionnement de la société, c'est-à-dire de sa forme organique, ou plus simplement de sa forme. Il ne sert donc de rien d'alléguer, comme le fait la Cour de Besançon, que la société n'a pas changé au fond; ce qui est à considérer, c'est de savoir si elle a été modifiée dans sa forme, et si cette modification est assez considérable pour qu'on puisse dire qu'elle a dépouillé sa forme originaire pour revêtir une forme nouvelle et différente. Or, le doute n'est pas possible lorsqu'il s'agit, comme dans l'espèce, d'une société qui, constituée en commandite, a été convertie en société anonyme. »

Quoi qu'il en soit de cette argumentation, ce qui paraît certain et ne saurait être contesté, c'est que la conversion d'une société en commandite en une société anonyme, en supposant qu'elle ne donne pas nécessairement naissance à une société nouvelle, a, dans tous les cas, une gravité exceptionnelle et sera souvent décisive lorsqu'elle sera jointe à d'autres circonstances, telles que l'augmentation du capital social, des modifications dans l'objet de l'entreprise et dans la répartition des bénéfices, une nouvelle émission d'actions, pour décider en fait que l'ancienne société est dissoute et fait place à une société nouvelle qui se trouve substituée, par la convention des associés, aux droits et obligations de l'ancienne.

52. Nous sommes obligés d'abréger cette étude, bien que nous soyons loin d'avoir envisagé la question sous toutes ses faces. Nous espérons que nos observations auront suffi à dégager les principes qui dominent toute cette matière et à montrer à quel point de vue l'on doit se placer pour résoudre les difficultés d'interprétation qu'elle soulève.

Aux arrêts que nous avons cités on peut ajouter, comme décisions d'espèces utiles à consulter, les documents suivants : Cass., 14 déc. 1869; D. P., 70, 1, 179; 26 mai 1869; D. P., 69, 1, 401. — C. Paris, 24 mars 1859; D. P., 59, 2, 146; 28 mai 1869; D. P., 69, 2, 145. — V. aussi le jugement du tribunal de Rennes, du 26 mai 1884, rapporté n° 22,445 J., et un mémoire produit par l'Administration devant la Cour de cassation, n° 6879 R. p.

53. COMPENSATION. — Taxes dues et taxes à restituer. — Les sociétés qui ont émis des actions ou des obligations sont, en général, soumises au payement des trois taxes dont nous allons étudier les règles d'application. Il peut arriver, et le cas s'est déjà présenté, qu'une société soit à la fois débitrice de taxes échues, et en même temps créancière du Trésor pour des excédents d'impôts indûment payés et sujets à restitution. Ainsi, alors que des termes de la taxe d'abonnement au timbre ou de la taxe annuelle de transmission sont exigibles sur les actions ou les obligations d'une société, il peut se faire que la société ait droit à la restitution de sommes indûment payées, ou payées en trop à titre d'impôt sur le revenu.

Dans cette hypothèse, la question s'élève de savoir si la compensation légale s'opère entre ces deux dettes. L'intérêt de cette question apparaît surtout lorsque la société vient à tomber en faillite alors que les deux dettes sont simultanément exigibles. Si la compensation s'opère, le Trésor se trouvera rempli intégralement de ce qui lui est dû, jusqu'à concurrence de la somme qu'il devait lui-même, et il n'aura à subir la réduction de sa créance qu'à raison de l'excédent. Si au contraire la compensation n'est pas possible, le Trésor devra restituer entièrement à la faillite les droits sujets à restitution, et ne viendra qu'au marc le franc pour le payement des droits qui lui sont dus.

C'est dans ces termes que la question s'est posée devant le tribunal de la Seine à la suite de la faillite de l'Union générale. (V. jug. du 23 juill. 1886, 22,727 J.; 6756 R. p.; 17,330 Contr.) Mais les juges n'ont pas eu à la résoudre en principe; ils se sont bornés à repousser la compensation par des motifs de fait déduits de ce que, pour les sommes à restituer par le Trésor à la société, le droit à la restitution ne s'était ouvert qu'après la déclaration de faillite. En admettant donc que les deux dettes fussent compensables, la compensation n'avait pu s'opérer, puisqu'à aucun moment antérieur à la faillite, ces deux dettes n'avaient été également liquides et exigibles.

54. Pour nous, nous estimons, ainsi que nous en avons déjà exprimé l'avis sous l'art. 22,727 du Journal, qu'en principe la compensation n'est pas possible entre des taxes de nature différente.

Les règles de droit civil admises en matière de compensation ne sont pas, en effet, compatibles avec les principes de notre droit public et les exigences de notre organisation financière. En cela, les dispositions spéciales insérées dans les lois et règlements administratifs dérogent certainement à la loi générale. « La compensation, disait Bigot-Préameneu, étant dans l'ordre civil, est étrangère aux impositions qui tiennent à l'ordre public. Rien ne doit arrêter le payement des impôts; l'intérêt général exige que le Trésor ne soit pas privé de ses revenus. » Locré, t. VI, p. 98; Fenet, vol. XIII, p. 90.

Cette exception aux règles ordinaires de la compensation a toujours été admise. (V. Aubry et Rau, t. IV, § 327, texte et note 6.) Nous avons exposé les motifs qui la justifient et les diverses applications qui en ont été faites, dans le Dict. des Rédacteurs, v° Compensation, n°s 103 et suiv.

Un motif péremptoire, parmi tous ceux qui peuvent être invoqués, résulte des dispositions qui régissent le payement des dépenses publiques. En thèse générale, aucun payement ne peut avoir lieu sans avoir été ordonnancé par un agent compétent sur un crédit ouvert à cet effet et sans être appuyé des pièces justificatives déterminées par les règlements et dont l'absence engagerait la responsabilité du comptable chargé d'effectuer le payement. Ces formalités ont été prescrites en vue de garantir la bonne gestion des deniers publics.

Elles sont obligatoires aussi bien pour les créanciers de l'État que pour les administrateurs et les comptables, en ce sens qu'un particulier ne pourrait exiger, sans s'y soumettre, le payement de ce qui lui est dû. Aucune dette d'ailleurs n'en est dispensée, pas plus celles qui ont pour objet des impôts indûment perçus et sujets à restitution que les autres. Or, qui ne voit que la loi serait méconnue, s'il était permis à une administration chargée du recouvrement de l'impôt d'acquitter les sommes dont elle peut être tenue, à titre de restitution ou autrement, envers un particulier au moyen d'une compensation avec les taxes que celui-ci peut devoir au Trésor? L'État serait ainsi privé des garanties que le législateur a cru trouver dans l'ordonnancement de la dépense, dans les formes du payement, et finalement dans le contrôle de la Cour des comptes. On doit en conclure qu'en principe les règles de la compensation légale ne sont pas applicables en cette matière.

D'autres motifs, spéciaux aux taxes fiscales, viennent à l'appui de cette solution.

Les lois d'impôts ont en général obligé les contribuables à payer les contributions dont ils sont tenus dans des délais déterminés, et les ont astreints en même temps à fournir certaines déclarations, à remplir certaines formalités qui sont destinées à régulariser et à faciliter la perception. Ces délais, ces formalités, sont prescrits ordinairement sous des peines diverses, qui varient suivant la nature des taxes à acquitter.

Par exemple, les droits de mutation par décès doivent être acquittés par les héritiers dans les six mois du décès sur une déclaration faisant connaître la consistance et la valeur des biens de l'hérédité, le tout à peine d'un demi-droit en sus en cas de retard, ou d'un droit en sus en cas d'omission. La taxe sur le revenu et le droit de transmission doivent être acquittés par trimestres, dans un délai fixé par la loi et passé lequel une amende est encourue. Or, si l'on admet la possibilité d'une compensation légale entre ce qui est dû de ce chef par les contribuables et ce qui peut leur être dû pour taxes indûment acquittées au même bureau, ceux-ci, lorsqu'ils seront ainsi créanciers d'une somme égale ou supérieure à celle dont ils sont redevables, pourront impunément s'abstenir de toute déclaration et de tout payement. Car il est admis que le droit en sus ne peut être encouru lorsqu'aucun droit simple n'est exigible. (V. sur ce point les motifs d'une solution du 20 mai 1884, 22,340 J.) On arriverait ainsi, grâce à l'exception tirée de la compensation légale, à éluder les dispositions les plus essentielles de la loi fiscale, et la surveillance et le recouvrement de l'impôt, que ces dispositions ont pour but de faciliter, se trouveraient sérieusement entravés.

Nous croyons devoir, pour ces motifs, repousser en principe toute possibilité de compensation en matière d'impôts. Ce qui est seulement permis, à notre avis, c'est d'imputer, dans les cas qui ont été énumérés au Dict. des Réd., v° Compensation, n°s 121 et suiv., un droit indûment perçu sur une disposition d'un acte ou d'une déclaration, sur le droit exigible et à répéter à raison d'une autre disposition du même acte, ou d'un acte pouvant être considéré comme le complément du premier. On peut ainsi, dans cet ordre d'idées, admettre l'imputation d'un excédent de taxe sur les termes ultérieurs de la même taxe. Mais ce n'est pas là un véritable cas de compensation; et l'imputation que nous admettons dans cette hypothèse ne viole aucune des règles de notre droit public et de notre organisation financière.

55. L'Administration s'est prononcée dans le même sens que nous par une solution du 23 octobre 1880 (22,043 J.), ainsi conçue :

« La Société anonyme des..., constituée le 13 juin 1872, a été déclarée en faillite, à compter du 11 oct. 1878, par un jugement du tribunal de commerce de la Seine du 26 novembre de la même année. — Elle est fondée à exiger de l'Administration le remboursement d'une somme de 1,087 fr. 64 c., montant de droits de timbre d'abonnement restituables en vertu de l'art. 24 de la loi du 5 juin 1850. — Mais, d'autre part, elle est débitrice de différentes sommes exigibles pour droits de transmission et taxe du revenu. — On a émis l'avis que le montant de ces deux derniers impôts ne doit pas être déduit, par voie de compensation, du montant des droits de timbre à restituer, et qu'il y aura lieu, pour en obtenir le payement, de produire à la faillite. — Cette opinion paraît justifiée.

« D'après les principes du droit civil, la compensation suppose deux personnes réellement débitrices l'une envers l'autre de sommes d'argent liquides et exigibles. (C. civ. 1289 et 1291.) — Si l'on appliquait purement et simplement ces règles aux matières fiscales, il faudrait décider que, toutes les fois qu'un particulier serait débiteur, envers le Trésor public, à titre d'impôt, d'une somme liquide et exigible, et en même temps créancier d'une autre somme également liquide et exigible, représentant un impôt indûment acquitté ou sujet à restitution, la compensation devrait s'établir, quand bien même les deux contributions auraient une nature différente. On se trouverait, en effet, dans le cas prévu par la loi civile, c'est-à-dire en présence de deux personnes réciproquement débitrices et créancières : d'une part, l'État, dont la personnalité est une; de l'autre, le contribuable. — Mais, par des considérations d'un ordre supérieur, il a, de tout temps, été admis que, en matière fiscale, la compensation exige une condition de plus que celles requises par le droit civil. Il ne suffit pas qu'elle ait pour objet des dettes certaines et déterminées, exigibles, personnelles aux parties; il faut, en outre, qu'elle ne soit pas de nature à désorganiser les opérations de recette et de contrôle, à modifier le classement méthodique des produits, en un mot, à troubler l'économie du budget. Ainsi, on ne peut compenser des impôts dont la gestion appartient à des services publics différents, ni même, du moins en général, des impôts recouvrés par une administration unique, quand ils ont une nature distincte, appartiennent à des catégories diverses de recettes, ou se perçoivent à des bureaux différents. — La doctrine et la jurisprudence sont fixées dans ce sens. (Pothier, Oblig., n° 625; Merlin, Rép., v° Compensation, § 3. — Arrêts et jugements cités au Dictionnaire de l'Enregistrement, v° Compensation, n°s 110 et suiv.) — L'application de ces principes à l'espèce actuelle conduit à décider que la compensation ne peut s'établir entre des droits de timbre, d'une part, et des taxes de transmission et du revenu, d'autre part. Ce sont là, en effet, des impôts de nature distincte, ayant leur individualité propre, classés au budget dans des chapitres qui ne sont pas les mêmes. « L'impôt sur le revenu, porte l'Inst. 2457, p. 9, est complètement distinct des autres produits recouvrés par l'Administration, donne lieu à des écritures spéciales et à un mode de comptabilité particulier. » — La Cour de cassation a fait remarquer, dans son arrêt du

3 avril 1878 (20,729 J.; 4929 R. p.; 15,928 Contr.; 21,898 J. N.; Inst. 2597, § 5; S., 78, 1, 279; P., 78, 688; D. P., 78, 1, 178), qu'il était sans analogie avec le droit de timbre. — En outre, le droit de timbre à restituer au cas actuel est remboursable par un bureau différent de celui auquel sont dues les taxes du revenu et de transmission. — D'après ces considérations, il y a lieu de restituer à la Société des... les droits de timbre dont il s'agit, sauf à produire à la faillite pour la taxe de transmission et l'impôt de 3 p. 100. » — V. en sens contraire : Seine, 21 déc. 1877; 20,648 J.; 15,918 Contr.; 4958 R. p.

DEUXIÈME PARTIE. — DROIT DE TIMBRE.

OBSERVATIONS PRÉLIMINAIRES

56. Origines de la loi du 5 juin 1850. — Rapport de M. Leroux. — En l'an 7, lorsque furent édictées les deux lois fondamentales qui régissent encore aujourd'hui les droits d'enregistrement et les droits de timbre, les valeurs mobilières consistant en titres d'actions ou d'obligations dans les sociétés financières, commerciales, industrielles, tenaient peu de place dans le bilan de la richesse publique. Aussi le législateur ne s'en était nullement préoccupé : ces titres ne tombaient sous l'application des taxes établies qu'en vertu des dispositions générales qui avaient organisé la perception des droits de timbre et d'enregistrement. Comme nous le verrons plus loin, l'Administration avait reconnu que les actions ne devaient être assujetties, comme écrits destinés à faire titre, qu'au timbre de dimension.

Dès l'année 1850, les valeurs mobilières de cette nature avaient pris une telle importance qu'il n'était plus permis au législateur de laisser subsister dans la législation fiscale l'immunité dont elles avaient, en fait, joui jusqu'alors. Il était de la plus stricte justice qu'elles fussent appelées à prendre, à côté de la richesse immobilière, leur part dans la répartition des charges publiques. La loi du 5 juin 1850 a été le premier pas fait dans cette voie : elle a assujetti les titres d'actions et d'obligations dans les sociétés, d'une part, et les titres d'obligations émis par les sociétés, les départements, communes et établissements publics, d'autre part, à un droit de timbre proportionnel au capital représenté par ces titres. M. Leroux, chargé, au nom de la commission dont il était le rapporteur, d'expliquer les motifs qui avaient conduit le ministre des finances à présenter, et la commission à adopter le projet qui est devenu la loi du 5 juin 1850, s'est exprimé, au sujet du droit de timbre proposé sur les actions et les obligations, dans les termes suivants (Rapport du 31 janvier 1850) :

§ 1er. — *Actions dans les sociétés.* — « Le projet de loi, en ce qui concerne les actions dans les sociétés, a été l'objet des attaques les plus vives, soit lorsqu'il a été soumis à l'Assemblée constituante, soit depuis qu'il a été déféré à l'Assemblée législative. On n'a pas craint de dire, au nom des compagnies et sociétés de commerce, que les auteurs de ce projet voulaient arracher à l'industrie le peu de vie qui lui restait. Pour apprécier la valeur d'un pareil reproche, il faut examiner, au regard de la législation actuelle, la véritable position des compagnies, et rechercher quelles sont les charges qui pèsent sur les actions. Il faut examiner cette position, non pas telle que les abus et la fraude l'ont faite, mais telle que la législation voulait qu'elle fût.

« Les lois des 12 décembre 1790 et 13 brumaire an 7 assujettissaient les actions à la formalité du timbre. La dernière, quoique moins explicite que celle de 1790, ne laisse cependant aucun doute à cet égard. En effet, la disposition générale de l'article 1er s'appliquait à tous les actes susceptibles de faire foi en justice. Le premier numéro de l'art. 12 comprenait tous les extraits, copies et expéditions d'actes publics et privés, devant ou pouvant faire titre, ou être produits pour obligation, décharge, justification, demande ou défense.

« Quant aux actions au porteur ou transmissibles par la voie de l'endossement, on pouvait soutenir qu'elles tombaient sous l'application de l'art. 14, qui astreignait à la formalité du timbre proportionnel les billets à ordre ou au porteur, les rescriptions, mandats, mandements ou ordonnances et tous autres effets négociables ou de commerce.

« Outre le droit de timbre, elles étaient soumises au droit proportionnel d'enregistrement. L'art. 69 de la loi du 22 frimaire an 7 fixe ce droit d'enregistrement à 50 centimes par 100 francs pour les cessions d'actions et coupons d'actions mobilières, comme pour les billets à ordre et tous autres effets négociables de particuliers ou de compagnies.

« Par cette disposition générale, le législateur a établi une similitude entre les actions et les effets de commerce. Cette similitude, cependant, l'Administration de l'enregistrement l'a toujours méconnue, et la jurisprudence est restée longtemps incertaine à cet égard. L'Administration prétendait soumettre les cessions d'actions au droit fixé pour les ventes d'immeubles, quand la compagnie possédait des immeubles. Plus tard, ses prétentions ayant été repoussées par la justice, elle exigea un droit de 2 p. 100 comme pour les cessions mobilières. Ce n'est qu'en 1837 que la Cour de cassation, par divers arrêts, a résolu définitivement la question et décidé que le seul droit exigible était de 50 cent. pour 100 francs, quelle que fût la dénomination sous laquelle les fractionnements du capital social eussent été désignés et quel que fût le mode de transport. Ainsi, que l'objet cédé se nomme action, part, denier, sou, intérêt, peu importe; que la cession s'opère par la tradition du titre, par un endossement, par une déclaration de transport inscrite sur les registres de la société, ou par tout autre mode admis par la loi commune pour constater ce transport de la vente des droits incorporels, peu importe encore : la cession ne peut être passible que de 50 cent. pour 100 francs.

« Ainsi, d'après ces dernières dispositions législatives, l'action était d'abord soumise à un timbre de dimension, si le certificat était un simple extrait de l'acte de société; de plus, à chaque cession, elle payait un nouveau droit de timbre et un droit d'enregistrement de 50 cent. pour 100 francs.

« Si l'action était au porteur ou transmissible par la voie de l'endossement, on pouvait exiger un timbre proportionnel, et de plus un droit d'enregistrement de 50 cent. p. 100, comme pour les billets à ordre, sauf à profiter du bénéfice de l'art. 70 de la loi du 22 frimaire, qui exempte les endossements de la formalité de l'enregistrement.

« Toutefois, nous devons faire remarquer que ces dispositions n'ont jamais été interprétées dans ce sens par l'Administration, qu'elle s'est, au contraire, toujours refusée à admettre la similitude, et qu'elle a constamment exigé le droit de 50 cent. p. 100 pour chaque cession, sans les astreindre au droit proportionnel (de timbre). La loi, en effet, ne parle pas des actions au porteur ou à ordre, sans doute parce qu'alors elles étaient peu en usage, et que la transmission ne s'en opérait que dans les formes ordinaires. Toujours est-il que le droit le plus certain sur les actions était d'un timbre fixe et de 50 cent. d'enregistrement par chaque cession.

« A l'époque où ces impôts étaient établis, la richesse mobilière n'était pas ce qu'elle est aujourd'hui : les entreprises, les sociétés de commerce n'absorbaient pas la plus grande partie des capitaux comme elles le font depuis quelques années; l'Etat obtenait un produit plus considérable lorsque ces capitaux avaient une autre destination, parce qu'il prélevait un droit plus fort sur les obligations ordinaires. L'assiette de l'impôt peut donc être modifiée sans blesser les règles de la justice. La commission, sur ce point, partage l'opinion du gouvernement et s'associe à la pensée du projet.

« Mais, avant de formuler les dispositions de la loi, elle a voulu connaître l'opinion du nouveau ministre des finances. L'honorable M. Fould, appelé au sein de la commission, a déclaré que le timbre proportionnel pour les actions lui paraissait raisonnable, mais que le droit était trop élevé. Du reste, en ce qui concerne le chapitre de la loi relatif aux actions, il a positivement annoncé qu'il adoptait le système de l'honorable M. Passy.

« En présence de cette déclaration, la commission n'a plus hésité, elle est entrée dans l'examen de chaque article.

« L'art. 13 (14 de la loi) pose en principe la proportionnalité dans le droit de timbre. La commission a pensé que c'était une conséquence logique des points de similitude, admis par les lois existantes, entre les actions dans les sociétés et les billets de commerce. En effet, les actions ne représentent-elles pas un capital comme l'effet de commerce? Ce capital n'a-t-il pas une affectation, ne doit-il pas produire des revenus? N'est-il pas destiné à circuler, sous la forme d'une action au porteur, à ordre ou nominative, comme le capital commercial circule sous la forme d'une lettre de change? L'action ne jouit-elle pas de certains avantages spéciaux comme les billets à ordre? Ne se transmet-elle pas sous une forme autre que celle des obligations ordinaires? La cession n'échappe-t-elle pas au droit de timbre et au droit d'enregistrement? Pourquoi donc admettrait-on un principe différent? Aucune raison ne pourrait le justifier.

« Quant à la fixation du droit, la commission a pensé qu'elle devait adopter pour base la somme des avantages accordés à la forme de l'action et de la transmission. C'est la conséquence du principe admis par la loi ancienne. Or, si elle peut se transmettre sous une autre forme que celle déterminée par le Code civil, elle évitera autant de droits de timbre et d'enregistrement qu'il y aura de cessions. La durée doit donc être prise aussi en considération, puisque, pendant trente ans, par exemple, il est présumable qu'il y aura plus de transmissions que dans l'intervalle de dix années.

« Comme c'est la circulabilité que l'on veut atteindre indirectement, il n'y a aucun inconvénient à admettre, en cette matière, le système anglais, qui consiste à calculer le droit sur l'importance de la somme portée au titre et sur la durée de ce titre.

« Le projet du gouvernement exigeait 1 p. 100. La commission propose 50 cent. p. 100 pour les sociétés dont la durée n'excède pas dix ans, et 1 fr. pour celles dont la durée dépasse dix années.

« Le droit portera-t-il sur le capital nominal ou sur le capital réel?

« La commission préfère le capital nominal. Ce mode rendra plus facile la perception du droit et se renfermera davantage dans les règles relatives à l'enregistrement.

« On a fait remarquer que souvent le capital n'était pas réalisé au moment de l'émission de l'action, et qu'alors on percevait un droit sur un capital qui n'était pas réel et qui ne se transmettait pas par la cession de cette action.

« A cela, deux réponses :

« La première est puisée dans les lois existantes. En principe, le droit d'enregistrement est perçu sur l'obligation, quoique la somme ne soit pas versée. Il suffit qu'il y ait promesse de la remettre à une époque déterminée.

« La deuxième découle des principes généraux de la cession : sans doute on ne cède pas le capital qui n'est pas versé ; mais on cède les droits qui y sont attachés et qui se calculent en raison de ce capital.

« Si on ne faisait frapper le droit que sur le versement, il arriverait que les entreprises les plus heureuses seraient exonérées. En effet, souvent il n'y a appel que d'une partie des capitaux, et, cependant, l'entreprise continue ses opérations et perçoit des bénéfices considérables. Pourquoi, dans ce cas, ne supporterait-elle pas l'impôt du timbre? Ajoutez à cette raison la difficulté d'une perception à chaque versement, et vous serez d'avis, comme la commission, d'imposer le droit sur le capital nominal, réalisé ou non réalisé.

« L'action peut consister dans une quotité, dans une part de bénéfices, dans un intérêt; alors, le capital n'étant pas déterminé, la commission s'en est référée, pour fixer la valeur réelle, aux règles établies par les lois sur l'enregistrement.

« Au moyen du droit de timbre ainsi fixé, l'art. 14 lève les doutes qui existent encore, dans la législation actuelle, sur le véritable droit d'enregistrement des cessions d'actions; il assimile complètement les actions aux effets de commerce, en ce qui concerne les droits d'enregistrement. Ainsi, que les cessions s'opèrent par la remise du titre, par l'endossement ou par une déclaration sur les registres de la société, il n'y aura jamais lieu à percevoir un droit d'enregistrement plus considérable que pour les billets à ordre, et elles profiteront des mêmes exemptions.

« D'après cet ensemble de dispositions, une action de 500 fr. payera 2 fr. 50 cent. pour droit de timbre et 2 fr. 50 cent. pour droit d'enregistrement; ensuite elle pourra circuler en franchise pendant dix ans, tandis que, d'après la loi actuelle, si elle était exécutée, les droits de timbre et d'enregistrement devraient être payés à chaque cession. On voit par là quel sera le résultat réel de la modification apportée dans le droit de timbre.

« En harmonisant mieux ce droit avec le droit d'enregistrement, nous ne faisons pas d'exception funeste à la prospérité des compagnies, nous les rétablissons purement et simplement dans la loi commune.

« L'avance du droit sera faite par la compagnie, quels que soient les statuts. C'est, comme le dit l'exposé des motifs et comme l'avait dit avant lui la commission de l'Assemblée constituante, un moyen d'assurer la perception de l'impôt et de forcer les compagnies à faire des entreprises sérieuses et moins hasardées que celles dont on a vu de si funestes exemples.

« L'art. 15 (16 de la loi) exige que toutes les actions soient extraites d'un registre à souche et que le timbre soit apposé sur la souche et le talon. Cette mesure doit être générale et applicable à toutes les sociétés : c'est le seul moyen d'empêcher la fraude et de donner à la loi une véritable efficacité. Du reste, la commission, comme le projet, soumet le registre au contrôle des préposés de l'enregistrement.

« En assujettissant les actions à un droit proportionnel basé sur la négociabilité, il a paru juste à votre commission de dispenser du timbre le transfert des actions nominatives, si ce transfert s'opère par la délivrance d'un nouveau coupon portant le même numéro que l'action et énonçant que celle-ci a été timbrée, de sorte que la vérification soit possible et que, sous l'apparence d'un coupon, la société ne puisse délivrer des actions non timbrées.

« Il ne suffisait pas de prendre des précautions pour empêcher la fraude: la commission a partagé l'opinion du gouvernement sur la répression. Elle admet une amende de 6 p. 100, comme pour les effets de commerce. Elle fait frapper cette amende, par l'art. 16 (18 de la loi), sur toutes les actions sociales, sauf réduction proportionnelle pour celles non émises et pour celles émises conformément à la loi. De cette manière, la compagnie qui sera prise en contravention par la découverte d'une action émise en fraude sera exposée à l'amende pour toutes les actions qu'elle aurait émises sans les soumettre au timbre; c'est tout à la fois garantie contre la fraude et justice dans la répression.

« Pour assurer l'exécution de la loi, il était convenable d'arrêter la négociation des actions non timbrées : l'art. 17 (19 de la loi) prononce une amende de 10 p. 100 contre l'agent de change ou le courtier qui aurait concouru au transfert de ces actions.

« Si le législateur doit se montrer sévère pour l'avenir, il doit être indulgent pour le passé : en conséquence, votre commission vous propose, par l'art. 18 (20 de la loi), d'accorder un délai de six mois pour faire timbrer à l'extraordinaire, au timbre de dimension, ou viser pour timbre, sans amende, au droit fixé par les lois existantes, les certificats d'actions qui auront été délivrés en contravention aux lois sur le timbre antérieurement à la mise à exécution de la loi nouvelle. Le droit sera perçu sur la présentation du registre à souche ou tout autre constatant la délivrance de l'action, et l'avance du droit sera faite par la compagnie.

« Si les sociétés ne profitent pas de cette faveur toute particulière, accordée en raison de la tolérance exercée jusqu'alors par l'Administration, elles perdront tout droit à l'indulgence, et vous penserez sans doute, avec votre commission, que toute la rigueur de la nouvelle loi devra leur être appliquée.

« Ici une difficulté s'est présentée : la commission s'est demandé si elle pourrait appliquer l'amende prévue par la loi proposée à une contravention antérieure. Elle a d'abord éprouvé un doute qui s'est bientôt dissipé pour la majorité de la commission, devant cette considération que la loi, accordant une faveur, relevant le contrevenant d'une contravention commise, avait bien le droit d'y apposer une condition pour le cas où il commettrait une autre contravention.

« Parmi les objections faites, il en est une qui a vivement frappé l'attention de la commission et qui lui a paru nécessiter une disposition spéciale dans la loi. On a dit : Si vous calculez le droit de timbre sur le capital nominal et si vous exigez le payement lors de l'émission de l'action, vous sauvez sans doute la part du fisc de toute éventualité, mais vous diminuez le premier capital versé au moment où la compagnie en a tant besoin, vous vous exposez à lui enlever les bénéfices de la première année et à la constituer en perte; et constituer une société en perte dès le début, c'est la tuer.

« Cette objection est sérieuse. Il est vrai qu'on pourrait répondre que les compagnies ne manqueront pas de faire payer le droit de timbre par les actionnaires au moment de l'émission de l'action et que, dès lors, le premier capital versé ne sera pas diminué; mais la commission ne veut pas s'arrêter à cette réponse, qui a cependant sa valeur. S'élevant à la hauteur de la mission qui vous est confiée, elle croit que vous devez, dans cette circonstance, donner au commerce une nouvelle preuve de votre sollicitude en lui offrant une grande facilité pour l'exécution d'une loi qui nous paraît se renfermer dans les limites du possible et du raisonnable. L'art. 19 (22 de la loi) permet aux compagnies ou entreprises qui voudront s'affranchir des obligations imposées par les art. 13 et 18 (14 et 20 de la loi) de contracter avec l'État un abonnement pour toute la durée de la société; dans ce cas, le payement du droit, au lieu d'être fait immédiatement, le sera par annuité. Il est fixé seulement à 5 cent. p. 100 du capital nominal ou, à défaut de capital nominal, du capital réel.

« En présence d'une pareille disposition, toutes les objections s'effacent; où serait, en effet, l'obstacle sérieux qui pourrait être apporté au payement de 5 cent. par 100 fr.? La commission ne le voit pas, et elle croit que toutes les compagnies auront un véritable intérêt à contracter l'abonnement. Dans ce cas, un règlement d'administration publique déterminera les formalités à suivre pour l'application du timbre sur les actions.

« L'art. 20 (23 de la loi) fixe l'amende pour chaque contravention aux dispositions de ce règlement.

« L'art. 21 (24 de la loi) est une nouvelle preuve de l'intérêt qu'inspirent les compagnies : nous avons voulu que l'État supportât sa part de leur mauvaise fortune, si leurs entreprises étaient infructueuses. En cas d'abonnement, les compagnies ou entreprises en liquidation seront dispensées du droit annuel; celles qui, dans les deux dernières années, n'auront payé ni dividendes, ni intérêts, seront aussi dispensées du droit, tant qu'il n'y aura pas de répartitions ou de payement d'intérêts.

« Nous avons eu l'honneur de vous dire, Messieurs, que le droit proportionnel était fondé sur la facilité et les avantages de la négociation; la conséquence naturelle de ce principe, c'est qu'il n'est pas applicable aux actions qui ne sont transmissibles que dans la forme déterminée par le chap. 8, titre VI, livre III, du Code civil.

« Il ne reste plus, sur ce chapitre, qu'à appeler votre attention sur une modification apportée à l'art. 17 du projet (18 de la loi), et nécessitée par la différence établie dans le droit par l'art. 13 (14) en raison de la durée de la société. Cette modification a pour objet de prévenir la fraude qui pourrait se commettre au moyen de la fixation de la durée de la société au-dessous de dix années et de sa prorogation ou de son renouvellement. Dans ce cas, les certificats d'actions devront être soumis de nouveau à la formalité du timbre, à moins que la société ou compagnie n'ait contracté un abonnement annuel, qui alors se trouverait prorogé pour la nouvelle durée de la société.

« Telles sont, Messieurs, dans leur ensemble, les dispositions relatives aux actions dans les sociétés de commerce. Votre commission espère que les raisons qui l'ont déterminée dans ses résolutions obtiendront votre approbation, et qu'en les adoptant vous comblerez la lacune qui existe dans la législation actuelle.

§ 2. — *Obligations négociables des départements, communes, établissements publics et compagnies.* (Art. 27 et suiv.). — « Les obligations des départements, communes, établissements publics et compagnies, sont aujourd'hui assujetties au timbre proportionnel, comme les billets à ordre, par la loi du 6 prair. an 7, et au droit d'enregistrement de 1 fr. par 100 fr. par la loi du 22 frimaire. Les cessions de ces sortes d'obligations sont aussi astreintes au timbre de dimension et au droit d'enregistrement de 1 p. 100.

« Ces diverses lois supposent que la cession ne s'opère que dans les formes tracées par le Code civil. Or, ces formes assurent le payement du droit de timbre et d'enregistrement, puisqu'on ne peut être saisi vis-à-vis des tiers que par l'acceptation faite dans un acte authentique ou par une signification régulière.

« Les prescriptions de la loi ont été méconnues et l'usage a introduit, pour la transmission des obligations, la même forme que pour la cession des actions : elles se transportent par la remise du titre, lorsqu'il est au porteur, et par la voie de l'endossement ou une déclaration sur les registres, lorsqu'elles sont à ordre ou nominatives.

« La similitude dans les avantages doit amener l'égalité dans le droit de timbre. Une autre raison plus puissante la détermine encore : c'est que, si les obligations restaient sous l'empire de la loi ancienne, elles deviendraient un moyen facile pour les compagnies de se soustraire, en grande partie, à l'application de la loi nouvelle, parce que, d'une part, elles diminueraient le capital social, et par conséquent le capital nominal de chaque action, et que, d'autre part, elles créeraient des obligations et forceraient chaque actionnaire à en prendre un certain nombre pour jouir des bénéfices attachés à son action.

« Pour obvier à cet inconvénient, la commission vous propose, par l'art. 23 (27 de la loi), d'assujettir les titres et obligations dont il s'agit au timbre proportionnel de 1 p. 100 du montant du titre. Les titres devront être tirés d'un registre à souche, comme les actions. L'art. 25 (29) fixe l'amende à 10 p. 100 par chaque contravention aux art. 23 et 24 (27 et 28).

« A l'égard des obligations non timbrées souscrites antérieurement à la mise à exécution de la présente loi, les départements, communes, établissements publics et compagnies, auront un délai de six mois pour les faire timbrer à l'extraordinaire ou viser pour timbre au droit fixé par les lois anciennes.

« La commission a pensé qu'elle devait, de plus, leur accorder la faveur de l'abonnement, comme pour les actions : les conditions sont absolument les mêmes.

« Ces précautions assureront le recouvrement de l'impôt proportionnel, qui, bien entendu, ne s'appliquera pas aux obligations transmissibles seulement dans la forme déterminée par le chapitre 8, titre VI, livre III, du Code civil. »

57. Caractère du droit établi par la loi du 5 juin 1850. Droit de timbre ou droit d'enregistrement. — On verra, dans la suite de cette étude, qu'il peut être utile, pour la solution de diverses questions que nous aurons l'occasion d'examiner, de déterminer le caractère du droit établi par la loi du 5 juin 1850. Ce droit constitue-t-il un droit de timbre ou un droit d'enregistrement? Cette question nous paraît devoir être résolue dans le premier sens, d'après les considérations suivantes :

La loi du 5 juin 1850 est intitulée « Loi relative *au timbre*

... des actions dans les sociétés, des obligations négociables des départements, communes et établissements publics et compagnies... » L'art. 14 de cette loi dispose que « chaque titre ou certificat d'action dans une société... émis à partir du 1er janvier 1851 sera assujetti *au timbre* proportionnel... » De même, d'après l'art. 27, « les titres d'obligations (négociables) souscrits à compter du 1er janvier 1851 par les départements, communes, établissements publics et compagnies... sont assujettis *au timbre* proportionnel... »

En présence de ces textes formels, aucune difficulté ne semblait devoir s'élever quant à la nature des droits établis sur les actions et obligations par le législateur de 1850. Aussi bien la Cour de cassation a-t-elle décidé, le 2 mai et le 9 août 1865 (17,990 et 18,067 J.; 2111, 2149 R. p.; 18,315, 18,357 J. N.; Inst. 2326, § 1er; 12,864, 12,943 Contr.; S., 65, 1, 286 et 424; P., 65, 672 et 1276; D. P., 65, 1, 270 et 311), que lorsqu'une société, usant de la faculté écrite dans l'art. 22 de la loi, a contracté un abonnement avec l'Etat pour le payement de l'impôt applicable aux actions en vertu de l'art. 14, le droit par abonnement, constituant un droit de timbre, est acquis irrévocablement au Trésor, pour toute la durée de la société, par le seul fait de la création des titres d'actions, et cela lors même que les titres viendraient à être amortis ou annulés avant la fin de l'association. V. dans le même sens : Cass., 23 juillet 1868; 18,602 J.; 2806 R. p.; Inst. 2372, § 6; 2350 Rev. not.; 14,215 Contr.; 19,581 J.N.; S., 69, 1, 231; P., 69, 546; D. P., 65, 5, 387; — 11 nov. 1879; 21,226 J.; 5397 R. p.; Inst. 2637, § 4; S., 80, 1, 229; P., 80, 525; D. P., 80, 1, 117; — 14 mars 1881; 21,590 J.; 5698 R. p.; 16,415 Contr.; 22,523 J. N.; Inst. 2650, § 7; S., 81, 1, 228; P., 81, 539; D. P., 81, 1, 372.

Voici en quels termes les arrêts de 1865 formulent le principe :

« La loi de 1850 est, comme son titre l'indique, une *loi de timbre*, et l'impôt établi par cette loi sur les titres ou certificats d'actions des compagnies financières ou industrielles est *un impôt de timbre* et non de mutation. Le caractère spécial de cet impôt a été mis en lumière lorsque la loi du 23 juin 1857 est venue établir un droit de transmission qui n'existait pas avant elle, sur toute cession d'action, *indépendamment du droit de timbre* créé par la loi du 5 juin 1850. »

58. On a soutenu pourtant, dans diverses circonstances, que les droits établis par la loi de 1850 ont un caractère mixte, qu'ils participent à la fois de la nature des droits de timbre et de celle des droits d'enregistrement. On s'est prévalu notamment dans ce sens d'un arrêt de la Cour de cassation du 19 février 1866; 18,138 J.; 2252 R. p.; Inst. 2355, § 2; 1549 Rev. not.; 18,496 J. N.; 13,036 Contr.; S., 66, 1, 176; P., 66, 435; D. P., 66, 1, 121.

Etant admis en effet que l'impôt de la loi de 1850 est un droit de timbre, l'Administration avait été amenée à prétendre que cet impôt est régi par la prescription trentenaire. Il est de règle, ainsi que la Cour l'a reconnu elle-même les 11 nov. 1834 (11,081 J.; 4645 R.; 7613 Contr.; Inst. 1481, § 14; S., 35, 1, 158), 11 juill. 1849 (14,784 J.; 8062 R.; 13,820 J. N.; 8677 Cont.; Inst 1844, § 27; S., 49, 1, 635; P., 50, 1, 112; D. P., 50, 5, 445), 2 janv. 1856 (16,212 J.; 9455 R.; 15,714 J. N.; 10,708 Contr.; Inst. 2078, § 5; 581, 739 R. p.; S., 56, 1, 449; P., 56, 1, 140; D. P., 56, 1, 65), qu'à défaut de disposition spéciale fixant, dans la loi organique du 13 brum. an 7, la prescription applicable aux droits de timbre, ces droits sont prescriptibles par 30 ans. C. civ. 2262.

Et comme la loi de 1850, elle aussi, est muette au sujet de la prescription, l'Administration a soutenu que, par identité de raisons, les droits de timbre des actions sont soumis dans tous les cas à la prescription de droit commun. Mais la Cour de cassation en a jugé différemment.

L'art. 14 de la loi porte qu' « à défaut de capital nominal, le droit se calcule sur le capital réel (des actions) dont la valeur est déterminée *d'après les règles établies par les lois sur l'enregistrement* ». L'art. 15 ajoute qu' « au moyen du droit établi par l'article précédent, les cessions de titres et de certificats d'actions *seront exemptes de tout droit et de toute formalité d'enregistrement.* » La Cour, se fondant sur ces textes, a décidé, le 19 fév. 1866 (18,138 J.; 2252 R. p.; Inst. 2355, § 2; 1549 Rev. not.; 18,496 J. N.; 13,036 Contr.; S., 66, 1, 176; P., 66, 435; D. P., 66, 1, 121), que les droits créés sur les actions et obligations par la loi de 1850 sont soumis, en cas d'insuffisance d'estimation de titres émis sans expression de capital nominal, à la prescription biennale édictée par l'art. 61 de la loi du 22 frim. an 7.

Les motifs de cette décision sont que la formalité du timbre a pour but, dans l'espèce, de remplacer l'enregistrement dont elle emporte exemption; que l'impôt de 1850 trouve sa base dans les lois d'enregistrement; que l'Administration, puisant son droit d'exercice, de surveillance et de contrôle dans les règles relatives à la perception des droits d'enregistrement, doit l'exercer de la même manière et, par suite, dans le même délai que lorsqu'il s'agit de ce dernier impôt.

Cette décision est-elle en contradiction avec la jurisprudence qui reconnaît que la loi de 1850 est une *loi de timbre?* Nous ne le pensons pas. De ce que la Cour a cru devoir appliquer, dans un cas déterminé, au droit par abonnement la prescription de deux ans établie en matière d'enregistrement, il ne suit nullement que la loi de 1850 soit une loi d'enregistrement. (18,138 J., observ.) Telle est l'opinion que M. Benoist, avocat général, a exprimée devant la Cour de Paris dans les conclusions qui ont précédé l'arrêt du 12 janv. 1874 (19,344 J.; 15,298 Contr.; 20,975 J. N.; Inst. 2509, § 4; S., 74, 2, 230; P., 74, 1007). Pour refuser au droit par abonnement le privilège des contributions directes accordé aux droits de timbre en général par l'art. 76 de la loi du 28 avril 1816, on opposait que l'impôt établi par la loi de 1850 est d'une nature spéciale et qu'il participe au moins autant du droit d'enregistrement que du droit de timbre. On s'appuyait à cet effet sur l'arrêt du 19 fév. 1866. A cette argumentation M. l'avocat général a répondu : « Il suffit de lire l'arrêt pour se convaincre qu'il n'a point la portée qu'on voudrait lui attribuer. Placée en présence d'une lacune évidente de la loi de 1850, la Cour a décidé par analogie, en se fondant sur ce que cette loi étend à l'impôt qu'elle édicte certaines règles de perception applicables en matière d'enregistrement.

« Lorsqu'au contraire la Cour de cassation a été appelée à se prononcer sur le caractère même du droit établi par la loi de 1850, elle a déclaré de la manière la plus nette et la plus catégorique que ce droit constitue un impôt de timbre. »

Conformément à ces conclusions, la Cour d'appel de Paris a reconnu, en des termes identiques à ceux des arrêts de la Cour de cassation des 2 mai et 9 août 1865, que l'impôt établi par la loi du 5 juin 1850 est un *impôt de timbre*, et elle a jugé, en conséquence, que le droit d'abonnement doit profiter du privilège édicté par l'art. 76 de la loi du 28 avril 1816.

59. Nous ne citerons que pour mémoire un arrêt de la Cour de cassation, du 28 juillet 1875, portant que l'impôt applicable aux polices d'assurances d'après l'art. 33 de la loi du 5 juin 1850, « même quand il est acquitté par abonnement dans les termes de l'art. 37, est un pur droit de timbre qui ne participe en aucune manière de la nature du droit d'enregistrement ». (19,912 J.; 4213 R. p.; Inst. 2531, § 7; 15,493 Contr.; 21,338 J. N.; S., 76, 1, 87; P., 76, 177; D. P., 75, 1, 425.) Comme la perception de ce droit n'excluait nullement, sous le régime de la loi de 1850, la nécessité de l'enregistrement des polices et l'exigibilité d'un droit spécial d'enregistrement, on ne peut invoquer, pour en déterminer le caractère, les arguments sur lesquels on se fonde pour attribuer une nature mixte aux droits établis sur les actions et obligations. De sorte que la décision rendue sur le timbre des polices d'assurances nous paraît sans portée pour la détermination des caractères du droit afférent aux actions.

60. Quoi qu'il en soit, la jurisprudence est bien fixée en ce sens que les droits établis sur les actions et obligations par la loi du 5 juin 1850 sont des droits de *timbre;* et il était difficile que la question reçût une solution différente, car les

auteurs de la loi avaient clairement manifesté l'intention de créer des droits de timbre. Dans le rapport présenté au nom de la Commission du budget le 31 janv. 1850 (v. *supra* nº 56), M. Émile Leroux a exposé que, « malgré la vigilance de l'Administration, les lois sur le *timbre* ne recevaient pas leur exécution, parce que ces lois manquaient de sanction suffisante » ; que « la Commission a formulé *un ensemble de dispositions* devant mettre un terme aux abus qu'elle signale et *rétablir l'égalité dans la répartition de l'impôt du timbre* ». Arrivant ensuite au droit spécial à imposer aux actions, le rapporteur s'exprimait ainsi : « L'art. 13 du projet (devenu l'art. 14 de la loi) pose en principe la proportionnalité dans le *droit de timbre* » ; et plus loin : « au moyen du *droit de timbre* ainsi fixé, l'art. 14 lève les doutes qui existent encore, dans la législation actuelle, sur le véritable droit d'enregistrement des cessions d'actions, il assimile complètement les actions aux effets de commerce en ce qui concerne les droits d'enregistrement. » En frappant les actions et obligations d'un droit de timbre particulier, la Commission, il est vrai, laissait subsister le droit d'enregistrement applicable à ces titres ; c'est l'Assemblée nationale qui a prononcé en leur faveur l'exemption du droit et de la formalité de l'enregistrement. Mais le fait nous paraît sans influence sur le point litigieux. Le titre et le texte de la loi sont d'accord, quant au caractère des droits nouveaux, avec les travaux préparatoires; et la doctrine contraire ne s'appuie que sur deux arguments dont la réfutation est aisée.

61. Le premier est tiré précisément de la modification apportée par l'Assemblée nationale au projet de la Commission. Il consiste à dire que « la formalité du timbre a pour but, dans l'espèce, suivant l'expression de la Cour de cassation, de remplacer l'enregistrement dont elle emporte exemption ». Or, d'une part, on conçoit très bien que le législateur ait jugé le droit de timbre proposé par la Commission suffisamment élevé (c'est le tarif de la Commission qui a été voté) pour que les titres nouvellement imposés fussent affranchis du droit d'enregistrement; et l'exemption du droit conduisait naturellement à l'exemption de la formalité. Mais l'impôt n'en conservait pas moins son caractère particulier de droit de timbre. — D'un autre côté, l'objection manque en fait (la Cour de cassation l'a déclaré dans les arrêts de 1865), depuis que les cessions des titres d'actions et d'obligations des sociétés (L. 23 juin 1857) et des obligations des communes et établissements publics (L. 16 sept. 1871) sont soumises à un droit d'enregistrement spécial, « indépendamment des droits établis par le titre II de la loi du 5 juin 1850 ». L. 1857, art. 6.

62. Au second argument qui est tiré de l'art. 14 de la loi, nous avons répondu par avance en appréciant la portée de l'arrêt du 19 fév. 1866, et M. l'avocat général Benoist a repoussé ce moyen par des motifs analogues aux nôtres. Le sens de la disposition invoquée a été précisé, d'ailleurs, par le rapporteur lui-même : « L'action, a dit M. Leroux, peut consister dans une quotité, dans une part de bénéfices, dans un intérêt; alors le capital n'étant pas déterminé, *la Commission s'en est référée*, pour fixer la valeur réelle, *aux règles établies par les lois sur l'enregistrement.* » Or, comme l'exprime M. Demasure, « de ce que la loi de 1850 a *emprunté* sur un point spécial à la législation de l'enregistrement, il ne s'ensuit pas qu'on ait entendu, contrairement aux déclarations du rapporteur, créer un droit d'enregistrement. » Traité du régime fiscal des sociétés, nº 156.

En résumé, il est nettement établi que notre impôt constitue un droit de *timbre;* d'où la conséquence qu'à défaut d'une disposition spéciale dans la loi du 5 juin 1850, ou d'un renvoi formel à la loi de l'enregistrement, c'est dans la législation du timbre qu'il faut chercher les principes qui régissent les droits au comptant ou par abonnement applicables aux titres d'actions et d'obligations.

63. **Division.** — Nous grouperons les explications que nous avons à donner au sujet du droit de timbre établi par la loi du 5 juin 1850 dans trois chapitres distincts, dans lesquels nous ferons connaître successivement :

1º Les règles concernant l'exigibilité de l'impôt;

2º Les règles relatives au tarif, au mode de payement et à la liquidation des droits;

3º Et enfin les moyens dont l'Administration dispose pour effectuer le recouvrement de ces droits.

Chapitre Ier. — RÈGLES CONCERNANT L'EXIGIBILITÉ DU DROIT DE TIMBRE.

64. **Textes.** — Aux termes du 1er paragraphe de l'art. 14 de la loi du 5 juin 1850: « Chaque titre ou certificat d'action, dans une société, compagnie ou entreprise quelconque, financière, commerciale, industrielle ou civile, que l'action soit d'une somme fixe ou d'une quotité, qu'elle soit libérée ou non libérée, émise à partir du 1er janv. 1851, sera assujetti au timbre proportionnel de 50 cent. p. 100 fr. du capital nominal pour les sociétés, compagnies ou entreprises dont la durée n'excédera pas dix ans, et de 1 p. 100 pour celles dont la durée dépassera dix années. »

L'art. 25 de la loi exclut de l'application de l'impôt les titres non négociables dans les termes suivants : « Les dispositions des articles précédents ne s'appliquent pas aux actions dont la cession n'est parfaite, à l'égard des tiers, qu'au moyen des conditions déterminées par l'art. 1690 du Code civil, ni à celles qui ont été formellement dispensées par une disposition de loi. »

Enfin, d'après l'art. 27, « les titres d'obligations souscrits à compter du 1er janv. 1851 par les départements, communes, établissements publics et compagnies, sous quelque dénomination que ce soit, dont la cession, pour être parfaite à l'égard des tiers, n'est pas soumise aux dispositions de l'art. 1690 du Code civil, seront assujettis au timbre proportionnel de 1 p. 100 du montant du titre. »

Pour déterminer avec précision les différents titres qui tombent sous l'application de ces dispositions, nous devons distinguer tout d'abord entre les actions et les obligations. Ce sera l'objet des deux articles qui vont suivre.

Art. 1er. — *Des actions.*

§ 1er. — Actions assujetties au droit établi par la loi du 5 juin 1850.

65. **Actions et parts d'intérêt.** — La loi du 5 juin 1850 n'assujettit au timbre proportionnel de 50 cent. ou de 1 p. 100 que les titres d'actions dans les sociétés. Elle exclut ainsi les parts d'intérêt, lesquelles, si par exception elles étaient représentées par des titres distincts de l'acte de société, ne seraient passibles que du timbre de dimension, conformément à la jurisprudence administrative qui a régi les actions elles-mêmes jusqu'à la loi de 1850. V. *infra*, nº 107.

Nous savons déjà quels sont les caractères qui distinguent l'action de la part d'intérêt (V. *supra*, nº 13). Nous n'avons pas à insister sur ce point.

66. **Actions négociables et actions non négociables.** — Dans le système qui fait de la négociabilité le caractère distinctif de l'action, il n'existe pas d'actions non négociables ; les titres qui ne sont pas susceptibles des modes de négociation autorisés par la loi commerciale sont des parts d'intérêts et non des actions.

Mais nous avons vu que ce système, auquel nous avions cru devoir nous rallier, n'a pas prévalu en jurisprudence. La Cour de cassation paraît devoir admettre qu'il y a des parts d'intérêts négociables, de même que, réciproquement, il peut exister des actions non négociables. V. *supra*, nº 15.

De là la nécessité de distinguer, pour l'application de la loi de 1850, entre les actions négociables et celles qui ne le sont pas, puisque les premières sont seules assujetties au timbre proportionnel.

Les droits de l'actionnaire, dans une société, peuvent, en effet, dans le système qui sert de point de départ à nos explications, être constatés de deux manières différentes : le plus ordinairement, il lui est délivré un titre, nominatif ou au porteur, mais négociable à sa volonté et constatant la propriété d'une action ou d'un nombre déterminé d'actions. Ce titre, indépendant du contrat même de société, circule librement et se transmet, soit de la main à la main s'il est au porteur, soit par voie d'endossement ou de simple transfert s'il est nominatif.

Quelquefois, au contraire, les actions sont simplement réparties entre les ayants droit, aux termes de l'acte de société; mais il n'est pas créé de titres négociables indépendants du contrat même de société; ou, s'il est délivré des titres, ces titres ne sont pas *négociables*, et, bien que les actionnaires soient autorisés à se substituer des tiers, avec ou sans l'agrément des directeurs de l'entreprise, ils ne peuvent transmettre leurs actions qu'au moyen d'une convention synallagmatique dans la forme ordinaire, portée par une signification à la connaissance de la société ou acceptée par elle, conformément à l'art. 1690 C. civ.

67. Dans le premier cas, les titres d'actions sont régis par la loi du 5 juin 1850; dans le second cas, les parts des associés (intérêts ou actions) n'étant pas négociables sont formellement exceptées du régime spécial institué par cette loi. Elles demeurent sous l'empire des lois précédentes et des principes généraux de l'impôt. L'art. 25 porte, en effet : « Les dispositions des articles précédents ne s'appliquent pas aux actions dont la cession n'est parfaite, à l'égard des tiers, qu'au moyen des conditions déterminées par l'art. 1690 C. civ., ni à celles qui ont été formellement dispensées par une disposition de la loi. »

68. *Timbre de dimension.* L'Administration, persistant dans l'opinion par elle émise dans les travaux préparatoires de la loi de 1850, décide que les actions visées par ce texte ne sont passibles que du timbre de dimension. Inst. 1873; — Sol. 24 mars 1855; — 10 oct. 1859; — 19 juin 1866; — Valenciennes, 11 juin 1862; 1639 R. p.

Aux termes de ce jugement, les actions émises par une société civile et dont le transfert ne peut avoir lieu que par acte public ou sous seing privé déposé chez un notaire, lequel acte doit être notifié à la compagnie, restent soumises au timbre de dimension. V. *infra*, n° 107.

69. **Titres atteints par la loi sous le nom d'actions.** — Tous les titres émis par une société par actions et donnant droit à une part, soit dans la copropriété du fonds social, soit même seulement dans les bénéfices, ont, pourvu qu'ils remplissent les conditions spéciales qui les distinguent de la part d'intérêt proprement dite, le caractère d'actions, et, s'ils sont négociables, ils tombent sous l'application de la loi de 1850, quelle que soit leur forme et sous quelque dénomination qu'ils aient été créés.

70. *Certificats de fondateurs.* Ainsi, les certificats de fondateurs délivrés aux principaux souscripteurs d'actions, et donnant droit à une part dans les bénéfices, ont le caractère d'actions particulières de jouissance, et doivent être soumis au même régime. Sol. 24 mars 1873.

71. *Délégations de coupons d'actions.* Le même principe a été affirmé par un arrêt de la Cour de cassation du 10 juin 1874 (19,523 J.; 3858 R. p.; 15,324 Contr.; 21,021 J. N.; Inst. 2495, § 1er; S., 74, 1, 445; P., 74, 1118; D. P., 75, 1, 25), à propos de délégations émises par la Compagnie du canal maritime de Suez, dans les conditions suivantes :

Pour se libérer envers cette Compagnie d'une dette de 30 millions, le vice-roi d'Egypte lui avait abandonné 8 millions 830,100 coupons à échoir, détachés des actions de ladite Compagnie, appartenant au gouvernement égyptien. La Société émit alors, jusqu'à concurrence de 30 millions, représentant la valeur dont elle était redevenue propriétaire au moyen de cet abandon, 120,000 titres, appelés *délégations*, et donnant droit à la copropriété des 2/5 environ des produits de l'entreprise pendant vingt-cinq ans. La Chambre civile a décidé justement que « ces délégations ayant eu pour objet de négocier la valeur des coupons détachés des actions appartenant au vice-roi, dont les produits sont répartis entre les délégataires sous la forme d'intérêts, d'amortissement et de dividendes, procurent aux délégataires les mêmes avantages que les actions, et sont destinées à en tenir lieu pendant un temps déterminé ; que ces délégations participent ainsi de la nature des actions et constituent de véritables actions de jouissance temporaire, soumises comme telles aux droits de timbre. »

Le pourvoi soutenait que les délégations, dans l'espèce, ne pouvaient être assimilées aux actions, attendu qu'elles n'attribuaient à leurs possesseurs ni la copropriété du fonds social, ni le droit d'assister aux assemblées générales. Il en concluait qu'il n'était pas possible de les assujettir à l'impôt que la loi de 1850 a établi exclusivement sur les actions.

L'Administration n'a pas eu de peine à réfuter cette argumentation. Elle l'a fait dans les termes suivants :

« L'art. 14 de la loi du 5 juin 1850, dont les dispositions ont été étendues par l'art. 9 de la loi du 23 juin 1857 aux compagnies étrangères, soumet au droit de timbre proportionnel « chaque titre ou certificat d'action dans une société, compagnie ou entreprise quelconque, financière, commerciale, industrielle ou civile ». L'art. 27 de la même loi y assujettit également les titres d'obligations souscrites « sous quelque dénomination que ce soit ».

« Le législateur a voulu, c'est lui-même qui l'indique dans l'exposé des motifs de la loi : « rétablir l'égalité de la répar-« tition de l'impôt du timbre..., le relâchement qui existait « dans le recouvrement de cet impôt étant injuste, parce qu'il « fait peser presque exclusivement sur les hommes de bonne « foi l'impôt qui doit être réparti sur tous, et qu'il surcharge la « propriété foncière en ne faisant pas supporter à la richesse « mobilière la part que la loi lui attribue ». Son intention a été d'atteindre tous les titres, quelles qu'en soient la dénomination et la forme, qui constituent des actions ou des obligations, ou qui en tiennent lieu.

« L'art. 14 de la loi du 5 juin 1850 comprend donc tous les titres qui, en présentant les mêmes caractères généraux que les actions, seraient émis sous une qualification différente et ne procureraient pas l'intégralité des mêmes avantages.

« De ce nombre sont évidemment les délégations de la Compagnie du canal de Suez. — En effet, ces titres ressemblent à ceux que la Société aurait émis en représentation d'actions antérieures, amorties et rachetées. Ils ont été souscrits dans la même forme, ont donné lieu à la délivrance de certificats qui ont leur valeur particulière et qui figurent séparément à la cote de la Bourse. Ils se négocient sur le marché comme les actions dont ils dérivent. Enfin, ils attribuent aux délégataires, comme les actions aux actionnaires, une partie des revenus de l'entreprise.

« Toute la différence entre ces titres et les actions ordinaires, c'est que les délégations ne confèrent pas le droit d'assister aux assemblées générales et qu'elles ne rendent pas le délégataire copropriétaire du canal. — Mais le premier effet ne dérive pas de la nature du titre. En droit, les porteurs de délégations auraient un intérêt semblable à celui des actionnaires pour assister aux assemblées. Il a fallu, afin de les en exclure, leur imposer formellement cette condition dans les statuts. — Quant à la copropriété du fonds social, il est certain qu'en l'état elle n'appartient pas aux délégations, dont le droit se limite à la perception des revenus pendant la période convenue. Il est beaucoup moins évident qu'elle dût leur rester étrangère si le fonds social était réalisé avant l'expiration de cette période. Et on peut penser, au contraire, qu'ils auraient le droit d'intervenir au partage pour se faire attribuer l'équivalent de leur intérêt.

« Mais cela même est sans importance pour l'application de l'impôt. — La loi ne dit pas, en effet, que les seules actions passibles du droit proportionnel seront les actions de capital, c'est-à-dire celles qui confèrent à l'actionnaire la copropriété du fonds social. Elle parle, en général, des actions ; elle embrasse, par conséquent, les actions de simple jouissance, même celles qui attribuent exclusivement aux titulaires une portion temporaire des bénéfices. — Le rapporteur de la loi de 1850 l'a d'abord déclaré : « L'action, a-t-il dit, peut consister dans une quotité, dans une part de bénéfices. » (Rapport du 31 janv. 1850, titre II, § 1er.) Et de fait il ne s'est jamais élevé aucun doute sur l'assujettissement au droit des actions dites de jouissance qui sont émises par les sociétés, alors cependant que le fonds social peut être, lors de la dissolution, complètement absorbé par les actions de capital.

« Ce serait donc distinguer là où la loi ne distingue pas que de restreindre l'application du droit à celles des actions d'une société qui confèrent la copropriété du fonds commun. »

72. Nous verrons plus loin (V. *infra*, nos 91 et suiv.) que les titres délivrés par suite de transfert ou de renouvellement sont dispensés du droit de timbre, si le titre primitif a été timbré (art. 17, loi de 1850).

Le pourvoi avait vainement tenté de s'appuyer sur cette disposition de la loi, pour prétendre que les délégations de coupons n'étant que la représentation des coupons d'actions déjà timbrées devaient être exonérées du droit.

En effet, la dispense dont il s'agit ne peut être accordée, selon la disposition formelle de la loi, que si le titre nouveau a été délivré « par suite de transfert ou de renouvellement ». Or, ainsi que l'a fait observer très justement l'Administration, ni l'une ni l'autre de ces circonstances ne se rencontrait dans l'espèce. — Les délégataires n'étaient pas les cessionnaires du khédive, mais les souscripteurs directs de la Société. C'est à la Société que les coupons ont été remis en payement, et le vice-roi a expressément stipulé qu'il serait dégagé de toute responsabilité à l'égard de l'usage que la Compagnie pourrait en faire. — Il n'y a donc pas eu de transfert pur et simple dans le sens de l'art. 17 de la loi de 1850. Il y a eu transfert suivi d'émission ; la délégation n'est pas autre chose que le titre de cette seconde opération, distincte de la première et réalisée entre des personnes différentes.

Il n'y a pas eu non plus de renouvellement tel que l'entend la loi. — « Le renouvellement, a dit le rapporteur, M. Emile Leroux, c'est la représentation du titre ancien... la délivrance d'un nouveau coupon portant le même numéro que l'action. » (Rapport du 30 janv. 1850 ; Sirey, 1850, p. 37 ; Moniteur du 5 juin 1850, p. 1936.) Il a lieu quand on remplace par une autre formule semblable un titre détruit, altéré ou hors d'usage. Il faut qu'il y ait identité de forme et de valeur entre le titre remplacé et celui qui est donné en échange, de telle sorte que le second soit la représentation du premier. S'il en est autrement, si le nouveau titre contient des conventions, des stipulations qui ne se trouvent pas dans l'ancien, il n'y a pas de renouvellement, mais substitution d'un titre à un autre et, par conséquent, création d'un nouveau titre.

La Cour de cassation s'est rendue à cette argumentation : « Attendu, porte l'arrêt du 10 juin 1874 (précité), que les délégations, qui ne représentent que les produits utiles des actions, constituent des titres distincts, ayant leur forme spéciale, se négociant indépendamment des actions et pouvant exister dans des mains différentes ; que dès lors elles ne peuvent être assimilées à des titres ou certificats d'actions délivrés par suite de transfert ou de renouvellement des titres primitifs, et jouir de l'exemption des droits de timbre établie par l'art. 17 de la loi du 5 juin 1850.

73. *Bons de liquidation d'une société en liquidation.* Il a été décidé qu'on doit considérer comme étant assimilables à des titres d'actions et comme étant régis par la loi de 1850 les titres émis sous le nom de *Bons de liquidation* par une société qui se liquide. — D. m. f., 30 mars 1859.

Toutefois cette décision admet que ces bons de liquidation sont la représentation des titres d'actions et prennent entièrement leur place. D'où il suit que : 1° si les actions ont été timbrées à 50 cent. ou 1 p. 100, il s'agit d'un simple renouvellement exempt d'impôt (art. 17, L. 5 juin 1850) ; 2° si les actions ont été timbrées par abonnement, il y a lieu d'appliquer l'exemption de taxe édictée par l'art. 24 de la loi précitée au profit des sociétés en liquidation ; 3° enfin, s'il s'agit d'actions anciennes, timbrées à 5 cent. p. 100, les bons de liquidation doivent être timbrés au même taux (art 21) ; 4° dans tous les cas, l'application de l'empreinte est indispensable. Même décision.

74. **Cercles littéraires, artistiques, etc.** — D'après des solutions des 25 avril 1863, 19 avril, 19 juin 1864 et 27 nov. 1867, les cercles littéraires, artistiques, etc., ne constituent pas des sociétés auxquelles la loi de 1850 puisse être appliquée. Cette doctrine nous paraît très contestable. Il importe peu que les sociétés dont il s'agit n'aient pas pour but de réaliser un lucre. Il n'en est pas moins constant que leurs membres sont réunis pour se procurer un avantage certain, bien que purement immatériel, et, dès lors que ces sociétés sont constituées dans la forme des sociétés par actions, nous n'apercevons aucun motif juridique pour les traiter autrement que toutes les autres.

75. **Sociétés coopératives.** — Les associations coopératives non constituées en sociétés par actions, et dont le but exclusif est de procurer à leurs membres des denrées alimentaires au meilleur marché possible, ne sont passibles ni du droit de timbre créé par la loi de 1850, ni de la taxe de transmission, ni de l'impôt sur le revenu. Sol. 5 mai 1882 ; 22,016 J. ; 16,744 Contr. ; 6142 R. p. ; 23,089 J. N. ; D. P., 83, 3, 128.

76. **Sociétés antérieures à 1850.** — La disposition de l'art. 14 est générale ; elle régit par conséquent tous les titres émis depuis le 1er janv. 1851, sans distinction entre ceux des compagnies antérieures à la loi de 1850 et les autres. Dél. 29 mars 1853 ; 15,870-2 J.

77. **Acte de souscription d'actions.** — L'acte par lequel une personne déclare souscrire à des actions d'une société en voie de formation n'est pas autre chose qu'un acte d'adhésion aux statuts ; il n'est passible que du timbre de dimension. Sol. 23 juil. 1858.

§ 2. Conditions de l'exigibilité du droit de timbre sur les actions. Emission.

78. **En quoi consiste l'émission.** — Aux termes des art. 14 et 18 de la loi du 5 juin 1850, c'est *l'émission* des actions qui est le fait générateur de l'impôt et qui rend obligatoires tout à la fois la formalité du timbre et le payement du droit. Le premier de ces articles, en effet, assujettit au timbre proportionnel « chaque titre ou certificat d'action *émis* à partir du 1er janv. 1851 », et l'art. 18 dispose que « toute société qui sera convaincue d'avoir émis une action en contravention à l'art. 14 et au 1er paragraphe de l'art. 16 sera passible d'une amende de 12 p. 100 du montant de cette action ».

Il importe donc de savoir ce qui caractérise *l'émission*, au point de vue de l'application des dispositions ci-dessus mentionnées. Cette question n'est pas sans difficulté et, en présence des décisions en sens divers auxquels elle a donné lieu, on ne peut encore la considérer comme définitivement résolue.

Voici ce que nous disions à ce sujet dans notre édition précédente :

« Il faut reconnaître que, dans l'état actuel de la législation, *émettre* des actions ce n'est pas les *délivrer*, mais bien les *créer*. Il faut donc que l'action soit réputée *émise* au moment où elle est *créée*. Or, s'il s'agit d'une société nouvelle, comme il ne peut y avoir action qu'autant que la société est réellement constituée et que l'action a été souscrite, l'action sera réputée créée par le seul fait de la souscription et de la constitution définitive de la société. L'époque de cette constitution définitive peut toujours être connue par l'acte de société. En effet, la constitution définitive de la société résulte, d'après la loi du 24 juil. 1867, qui n'a guère fait que consacrer les règles antérieurement admises, de la souscription du capital social et de la réalisation des apports, ou du versement du quart sur les actions payables en argent. C'est par conséquent à cette époque que doit nécessairement remonter le moment de l'émission des actions. Telle est, selon nous, la véritable signification du mot *émission* dans la loi du 5 juin 1850. Cette interprétation, du reste, donne à l'Administration les moyens de se garantir contre un genre de fraude qui est pratiqué fréquemment. On voit des compagnies se constituer à un capital considérable, déclarer dans l'acte de constitution définitive que le capital entier a été souscrit, et néanmoins n'acquitter aucun droit, sous prétexte qu'aucune action n'est encore délivrée. Le registre à souche reste effectivement en blanc; mais, malgré cela, la compagnie fonctionne, reçoit de l'argent, et délivre des reçus ou des certificats provisoires. Or ces certificats, sous quelque dénomination qu'on les désigne, du moment qu'ils constatent le droit à une part dans une société définitivement constituée, sont de véritables actions, qui doivent être soumises au timbre et extraites d'un registre à souche, sous peine, dans le cas où l'Administration, presque toujours désarmée cependant, pourrait constater la contravention, des amendes prononcées par l'art. 18 de la loi.

« Telle est la doctrine que nous avons constamment professée et que l'Administration a maintenue pendant plusieurs années, après l'avoir formulée dans une délibération du 29 mars 1853. Mais un revirement s'est produit. Le tribunal de Lyon a décidé, le 31 juil. 1868 (18,606 J.; 3043 R. p.; 14,520 Contr.), que l'impôt est exigible non à partir de la date de la constitution définitive de la société, mais à partir de la délivrance des titres aux actionnaires; et l'Administration a acquiescé à ce jugement le 16 nov. 1868 (3043 R. p.).

« Cette interprétation de la loi de 1850 nous paraît absolument inexacte. Le législateur s'est écarté sur presque tous les points des principes anciens, et il a organisé, à vrai dire, un impôt direct sur les sociétés par actions. Du moment qu'il y a des actionnaires, il y a des actions, et ces actions doivent l'impôt, que les titres aient été ou non matériellement fabriqués et distribués. La loi l'indique clairement en disposant, art. 22, que l'abonnement sera contracté pour toute la durée de la société, donc à partir de sa constitution définitive; et comme l'abonnement tient lieu du droit au comptant, celui-ci devient exigible à ce même moment. »

79. Les tribunaux secondaires ont seuls jusqu'à présent été appelés à examiner cette importante question. En général ils se sont prononcés contre notre opinion. Ils se sont fondés sur ce que l'impôt créé par la loi du 5 juin 1850 est un droit de timbre (V. en effet *supra*, n° 57), et par conséquent ne peut être exigible qu'autant qu'un titre matériel constatant le droit de l'actionnaire est créé et lui est attribué. Citons dans ce sens le jugement du tribunal de Lyon du 31 juil. 1868, déjà mentionné, une décision du tribunal de Douai du 25 mai 1882 (22,001 J.; 6000 R. p.; 16,698 Contr.; 22,981 J. N.; S., 83, 2, 22; P., 83, 1, 107; D. P., 83, 5, 431), une solution de l'Administration du 26 sept. 1882 (22,002 J.; 16,725 Contr.; 6675 Rev. not.), et enfin deux jugements du tribunal de la Seine du 26 mars 1886 (22,683 J.; 6750 R. p.; 23,802 J. N.; S., 87, 2, 119; P., 87, 589).

80. *Abonnement.* Toutes ces décisions ont été rendues dans des espèces dans lesquelles la société avait usé de la faculté que la loi lui réserve, et sur laquelle nous nous expliquerons plus loin (V. *infra*, n° 180), de consentir un abonnement annuel pour le payement du droit de timbre. Mais elles sont, en les supposant exactes, applicables à plus forte raison au droit de timbre au comptant.

D'ailleurs, nous ne saurions admettre la distinction que l'Administration a tenté d'établir à cet égard entre les droits au comptant et la taxe d'abonnement. Dans la doctrine qu'elle cherche à faire prévaloir et à laquelle elle ne paraît pas avoir renoncé, bien quelle ait exécuté les décisions contraires que nous venons de citer et qu'elle ait même paru un moment y acquiescer, aux termes d'une solution du 26 sept. 1882 (22,002 J.; 16,725 Contr.; 6675 Rev. not.) on devrait admettre, pour le droit au comptant, que son exigibilité est exclusivement attachée au fait de la création des titres et de leur attribution aux actionnaires, et qu'il n'est pas possible d'en demander le payement à une société par actions qui s'est abstenue de créer les titres représentatifs des droits des associés. Mais la taxe d'abonnement serait gouvernée par d'autres règles. D'après l'Administration, l'abonnement contracté par une société suffirait à la rendre débitrice de la taxe sur les actions définitivement placées, sans qu'il fût nécessaire d'attendre que les titres eussent été matériellement créés. Il en résulte que, quand il s'agit d'une société nouvelle, c'est la constitution définitive de cette société qui, opérant l'attribution des actions aux associés, serait le point de départ de l'exigibilité de la taxe. Cette interprétation s'appuie sur le texte de l'art. 22 de la loi du 5 juin 1850, qui dispose que l'abonnement doit être contracté *pour toute la durée de la société*.

Le tribunal de la Seine, auquel cette distinction avait été proposée, n'a pas cru devoir l'admettre. Il a statué le même jour, en termes très catégoriques, dans deux espèces différentes. Jugements précités du 26 mars 1886.

Dans la première espèce, aucun titre n'avait été créé. L'Administration ne se basait que sur le fait de l'abonnement contracté par la société pour réclamer la taxe. Elle se plaçait ainsi dans les conditions les plus défavorables au succès de sa prétention. Du moment, en effet, qu'on admet que, pour le timbre au comptant, c'est la création des titres qui peut seule donner ouverture à l'impôt, il est difficile de soutenir que le seul fait de l'abonnement peut devenir le principe d'une taxe représentative du droit au comptant, en l'absence de toute création de titres. La condition même de l'exigibilité de l'impôt faisant défaut, de l'aveu de l'Administration, il y a contradiction de sa part à en vouloir exiger le payement sous forme de taxe annuelle, par cela seul que la société a opté pour ce mode particulier de libération; il est évident qu'en se plaçant sur ce terrain l'Administration devait succomber dans sa prétention.

La seconde espèce sur laquelle le tribunal de la Seine a statué présentait avec la première une différence sensible. En fait, les titres avaient été créés et délivrés aux actionnaires : le droit de timbre est donc devenu exigible en principe. La société ayant contracté un abonnement pour se libérer de sa dette vis-à-vis du Trésor, il ne s'agissait plus que de savoir à partir de quelle époque l'abonnement devait courir. L'Administration a soutenu, en s'appuyant sur le texte de l'art. 22 de la loi du 5 juin 1850, qu'il devait courir à partir du jour de la constitution de la société; on prétendait, d'autre part, qu'il ne pouvait courir que du jour de la délivrance des titres : c'est cette dernière interprétation que le tribunal de la Seine a consacrée. On doit reconnaître qu'elle a pour elle le mérite de la logique. Du moment, en effet, que la délivrance du titre est le fait générateur de l'impôt, et ce point-là est admis aujourd'hui par l'Administration, il semble difficile de faire remonter le payement de la taxe annuelle, qui représente le droit au comptant, au delà de l'époque de cette délivrance. L'abonnement, qui n'est que le payement fractionné du droit de timbre au comptant, ne peut être dû alors que le droit lui-même n'est pas exigible. Quand l'art. 22 de la loi de 1850 déclare que l'abonnement est contracté *pour toute la durée de la société*, il faut évidemment l'entendre en ce sens que la taxe sera payée pendant toute la durée de la société, mais à compter du jour où l'impôt dont elle tient lieu sera acquis au Trésor.

81. Il nous paraît utile de reproduire ici les motifs sur lesquels s'est appuyé le tribunal de la Seine dans la première des décisions que nous venons de rappeler, et qui constituent actuellement le dernier état de la jurisprudence. Ils sont ainsi conçus :

« Attendu, en droit, que l'art. 14 de la loi du 5 juin 1850 assujettit chaque titre ou certificat d'action émis par une société au timbre proportionnel de 50 cent. p. 100 de son capital nominal, pour les sociétés dont la durée n'excède pas dix ans, et à 1 p. 100 pour celles dont la durée dépasse dix années;

« Attendu que l'Administration reconnaît que le droit de timbre ainsi établi a tous les caractères d'un impôt de consommation; qu'il n'est dû qu'à raison de l'emploi du papier, et qu'il n'est, dès lors, exigible qu'autant qu'il a été créé des titres matériellement susceptibles d'être timbrés; mais qu'elle soutient que cette règle est exclusivement applicable au droit de timbre au comptant et cesse de l'être lorsqu'il a été souscrit, comme dans l'espèce, un contrat d'abonnement, en vertu de l'art. 22 de la loi de 1850;

« Attendu que, d'après ce dernier article, les sociétés peuvent s'affranchir de l'obligation qui leur est imposée par l'art. 14, en contractant avec l'État un abonnement pour toute leur durée moyennant un droit annuel de 5 cent. p. 100 du capital nominal de chaque action émise;

« Attendu que la transformation du droit au comptant en un droit payable par annuités n'a modifié ni le caractère ni l'économie de l'impôt; que l'abonnement n'est qu'une facilité de libération accordée aux sociétés; que la taxe d'abonnement n'est que la représentation exacte du droit au comptant; qu'elle correspond, comme lui, à l'existence d'un instrument de crédit à l'aide duquel sont réalisés des bénéfices;

« Attendu que le texte de l'art. 22 ne laisse aucun doute à cet égard, puisqu'il se réfère, comme l'art 14, au fait de l'émission; qu'ainsi la condition à laquelle est subordonnée l'exigibilité de la taxe d'abonnement est, comme pour le droit au comptant, l'émission; que le même mot doit correspondre, dans les deux articles, à la même idée, et qu'on s'expliquerait difficilement que le législateur l'eût successivement employé dans un sens différent et que, ne considérant l'émission comme consommée, au point de vue du droit au comptant, que par la délivrance, ou tout au moins par la création de l'instrument qui représente matériellement le droit de l'actionnaire, il l'eût réputée réalisée, quant à la taxe d'abonnement, par le seul fait de la naissance de ce droit;

« Attendu que l'art. 22 ne reproduit pas, il est vrai, les mots *titre* et *certificat d'action* employés dans l'art. 14, mais qu'il donne manifestement au mot *action* le même sens restreint, aussi bien dans sa première partie que dans le dernier paragraphe, portant qu'un règlement d'administration publique déterminera les formalités à suivre pour l'application du timbre sur les actions; que, dans le décret du 27 juil. 1850, qui contient ce règlement, le mot *action* est également pris comme synonyme du titre matériel; qu'il est employé avec le même sens dans l'art. 18 de la loi; — Que de l'ensemble de ces dispositions il résulte donc que la taxe d'abonnmeent, comme le droit au comptant, n'est due qu'autant qu'il existe des titres sur la souche, et sur le talon desquels le timbre puisse être apposé, conformément aux prescriptions du décret;

« Attendu que vainement l'Administration excipe de la disposition de l'art. 22, portant que l'abonnement est contracté pour toute la durée de la société; que ces mots ne peuvent être isolés de l'ensemble de l'article et doivent être entendus *secundum subjectam materiam*, en tenant compte des dispositions qui précèdent et qui suivent, et en ayant égard à l'intention du législateur;

« Attendu que cette intention, clairement exprimée dans le rapport de la commission, a été d'alléger les charges imposées aux compagnies en leur permettant de fractionner le payement du droit au lieu de l'acquitter en totalité au moment de l'émission; que l'art. 22 n'a pas d'autre objet; que sa disposition à cet égard est complétée par celle de l'art. 24, qui décharge du droit les sociétés en liquidation et en exonère provisoirement les sociétés improductives; mais que ces dispositions, toutes de faveur, n'ont nullement changé, au préjudice des sociétés, la nature et l'assiette du droit; que le mode de payement seul est différent, mais que la taxe d'abonnement, comme le droit au comptant dont elle est la représentation et l'équivalent, constitue un droit de timbre; qu'elle est payée, comme le droit au comptant, sur chaque action émise; que sa quotité est également calculée sur le capital nominal de chaque action, et non sur le capital social; qu'elle donne lieu, comme le droit au comptant, à l'apposition d'un timbre sur chaque action; que le point de départ de la taxe est donc le même fait qui rend exigible le droit au comptant, c'est-à-dire l'émission de l'action; qu'ainsi, la loi n'ayant pas à se préoccuper de ce point de départ, nécessairement déterminé par la date de l'émission, les mots *pour toute la durée de la société* se réfèrent exclusivement, dans la pensée du législateur, à la fin de l'abonnement;

« Attendu que cette interprétation peut seule se concilier avec les dispositions de l'art. 22, d'après lesquelles la taxe est annuelle et payable par trimestre, dispositions exclusives d'un payement fait en bloc et rétroactivement pour la période qui se serait écoulée entre la constitution de la société et l'émission;

« Attendu que rien, ni dans le texte de la loi ni dans les travaux préparatoires, n'autorise à soutenir que la taxe d'abonnement constitue non un mode particulier de payement de l'impôt du timbre, mais un impôt spécial ayant sa base dans un forfait; que ce caractère de forfait appartient bien plutôt au droit au comptant, dont le payement libère définitivement les compagnies; qu'au contraire, la taxe d'abonnement est seule exactement proportionnelle aux avantages que les compagnies retirent de la circulation de leurs titres; qu'elle cesse d'être payée lorsque la société est mise en liquidation avant terme, et que les payements sont même suspendus dans le cas où les titres sont laissés sans revenus; qu'il est donc juste et conforme à l'esprit de la loi de ne l'exiger qu'à partir du moment où ces titres existent;

« Attendu que si les sociétés peuvent se soustraire au payement de la taxe en suspendant l'émission, ce n'est point là un fait propre au cas d'abonnement; qu'elles peuvent de même, à défaut d'abonnement, et bien qu'ayant divisé leur capital en actions, échapper au droit au comptant en s'abstenant de représenter leur capital par des titres négociables; qu'ainsi l'argument que tire la Régie de l'intérêt du Trésor manque de base; qu'aucune loi d'ailleurs n'oblige une société par actions à émettre des titres si elle n'a pas intérêt à cette émission; que l'impôt correspondant à la circulabilité des titres, il est juste et conforme à la volonté du législateur de ne pas l'exiger tant que la société renonce aux avantages de cette circulabilité; et qu'il n'existe pas plus de motifs, dans ce cas, pour exiger la taxe d'abonnement qu'il n'y en aurait pour percevoir le droit au comptant. » V. dans le même sens : Demasure, Traité du Régime fiscal des sociétés, n° 123.

82. *Création matérielle des titres sans émission proprement dite.* Ainsi, d'après les dernières décisions de la jurisprudence, l'*émission*, à laquelle la loi rattache l'exigibilité du droit de timbre, est un fait complexe qui suppose, d'une part, la constitution définitive de la société et l'attribution définitive des actions aux divers souscripteurs, et, d'autre part, la création de titres négociables, représentatifs des droits des actionnaires.

En l'absence de l'un ou l'autre de ces éléments constitutifs de l'émission, le droit de timbre n'est pas exigible.

Par exemple, si les titres ont été matériellement créés, mais avant que la société ait été définitivement constituée par la souscription du capital social et la répartition définitive des actions entre tous les associés, il n'y a lieu, en principe, ni à la perception du droit au comptant, ni au service de l'abonnement, en supposant qu'il ait été prématurément contracté. Sol. 6 mai 1855, 29 janv. 1859, 7 juil. 1865, 17 juin 1879,

21,077 J.; — 11 juin 1879, 21,241 J.; 5379 R. p.; 16,255 Contr.

83. *Émission sans délivrance matérielle des titres aux actionnaires.* A l'inverse, il y a émission donnant ouverture au droit de timbre lorsque, la société étant définitivement constituée par la souscription de tout le capital social et l'attribution définitive des actions aux souscripteurs, les titres représentatifs de ces actions ont été créés. Il n'est pas nécessaire, en outre, que ces titres aient été remis aux mains des actionnaires; la délivrance, qui est une des conditions essentielles de l'émission, doit s'entendre ici non de la délivrance matérielle, mais de celle qui consiste dans l'attribution à chaque actionnaire des actions auxquelles il a droit, et dont les titres ont été créés. Il importe peu que ces titres soient restés à la souche ou dans les caisses de la société en attendant leur remise aux mains des ayants droit : ils n'en sont pas moins la propriété de l'actionnaire et ne doivent pas plus être dispensés de l'impôt que si, après les avoir eus en sa possession, l'actionnaire les avait déposés à la société.

En un mot, pour qu'il y ait émission dans le sens de la loi de 1850, deux conditions suffisent, savoir : 1° que les actions aient été placées et définitivement attribuées, ce qui suppose, bien entendu, la constitution définitive de la société; 2° que les titres aient été créés. C'est en ce sens qu'il faut entendre une solution du 5 oct. 1864 (21,303 J.; 2128 R. p.), d'après laquelle l'amende de 12 p. 100 édictée par l'art. 18 de la loi de 1850 contre toute société convaincue d'avoir émis des actions non timbrées ne saurait être encourue par une société dont les actions ont fait l'objet d'une attribution définitive, mais n'ont pas fait l'objet d'une délivrance effectuée aux actionnaires. Il s'agissait, en fait, d'une société qui était restée plusieurs années non seulement sans délivrer les titres à ses actionnaires, mais encore sans les créer. Plus tard, s'étant décidée à remplir les formules pour les remettre aux actionnaires, elle avait au préalable contracté un abonnement à la suite duquel les titres avaient été créés et timbrés sur la souche et sur le talon. L'Administration a décidé, avec raison, qu'aucune contravention n'avait été commise, puisque le timbrage des titres avait eu lieu avant leur délivrance, c'est-à-dire avant leur création.

84. *Émission à l'étranger.* L'émission d'actions ou d'obligations par une société financière donne ouverture au droit de timbre, en quelque lieu qu'elle soit faite, lors même qu'elle serait effectuée à l'étranger. C'est ce que nous démontrerons dans la cinquième partie de ce traité, consacrée aux valeurs étrangères.

85. **Certificats provisoires.** — La délivrance des actions est ordinairement précédée de la remise aux souscripteurs de titres à échanger qui portent le nom de *certificats provisoires*. Cette remise constitue-t-elle l'émission des actions à laquelle la loi a attaché l'exigibilité du droit de timbre proportionnel?

Il faut distinguer. Si, sous la qualification de certificats provisoires, il est délivré aux actionnaires des titres qui ont toute la valeur et produisent tous les effets de l'action proprement dite, il est évident que cette délivrance constitue une véritable émission des actions et qu'elle ne peut avoir lieu sans que les titres aient acquitté le droit de timbre au comptant, ou que la société ait contracté un abonnement. C'est ce qui a été reconnu par un jugement du tribunal de la Seine du 17 mai 1878 (20,786 J.; 4969 R. p.; 15,988 Contr.; 22,115 J. N.), ainsi conçu :

« Attendu que la demande de Lemaire a pour objet la restitution de droits qu'il a payés de 1871 à 1877 pour abonnement au timbre des actions de la Caisse Lemaire et Cie, dont il est le gérant;

« Attendu que les actions pour lesquelles ont été acquittés ces droits d'abonnement sont au nombre de 6,206, d'une valeur nominative de 500 fr., libérées les unes de 250 fr. et les autres de 125 fr.; que des certificats nominatifs, détachés de registres à souche portant les numéros d'actions ainsi déterminées, ont été délivrés aux souscripteurs desdites actions, qui peuvent en disposer par voie de transfert sur les registres de la société, aux termes des statuts (art. 14), dès qu'elles sont libérées de 125 fr.; qu'il y a donc eu, de la part de la Caisse Lemaire et Cie, émission de titres matériels sous forme de certificats d'actions précisées par leurs numéros, transférables et négociables, et non pas seulement délivrance de récépissés du montant de souscriptions emportant promesse d'actions à remettre ultérieurement;

« Que de pareils récépissés ont dû être, d'après l'art. 9 des statuts, remis originairement aux souscripteurs, mais qu'ils ont été remplacés par les titres à souche dont s'agit dans l'instance actuelle; que peu importe, quant à l'impôt du timbre proportionnel, le libellé de ces titres et la qualification, mise sur leurs formules, de certificats provisoires d'actions, qualification appliquée par les statuts de la Caisse Lemaire et Cie aux titres de ses actions non entièrement libérées, mais qui ne peut avoir d'importance juridique et prévaloir sur la réalité des choses; qu'il ne saurait dépendre d'une société de se soustraire à l'impôt en donnant une dénomination spéciale à certains de ses titres, bien qu'ils soient négociables et puissent même être l'objet de transferts sur les registres de la société; que l'art. 14 de la loi du 5 juin 1850 assujettit au timbre proportionnel tout titre ou certificat d'action d'une entreprise quelconque, que l'action soit libérée ou non libérée; qu'il suit que la perception des droits payés pour l'abonnement au timbre sur les certificats d'actions libérées pour partie de la Caisse Lemaire et Cie a été régulièrement effectuée, et que Lemaire est mal fondé dans sa demande en restitution desdits droits, qui n'ont d'ailleurs été perçus que conformément à ses propres déclarations... »

86. Mais cette décision, incontestable pour le cas au sujet duquel elle est intervenue, ne saurait être étendue au cas où une société délivre de véritables certificats provisoires. On entend par là les titres qui sont remis aux souscripteurs pour constater le premier versement effectué par eux et la demande par eux faite d'un certain nombre d'actions ou d'obligations. Ces certificats, dont les effets sont en général subordonnés au résultat de l'ensemble de la souscription, à une réduction proportionnelle, n'emportent pas attribution définitive des actions aux souscripteurs; ils ne sont pas non plus revêtus des garanties que présentent les titres destinés à rester dans la circulation. Créés uniquement pour faciliter les opérations rapides et complexes de l'émission, ils sont destinés à être échangés contre des titres définitifs dans le plus bref délai possible, aussitôt que la société est constituée, s'il s'agit d'actions, aussitôt que le résultat de la souscription est connu, s'il s'agit d'obligations. D'ailleurs, ils ne sont pas, en général, négociables : ce qui suffirait à les faire échapper à l'application des prescriptions de la loi du 5 juin 1850.

Mais s'ils ne sont pas, en principe, assujettis au timbre proportionnel, comme ne constituant pas des certificats d'actions, ils tombent, comme ayant le caractère d'écrits destinés à faire titre, sous le coup des dispositions générales de la loi du 13 brumaire an 7 et sont, par conséquent, assujettis au timbre de dimension. La Cour de cassation (Ch. civ.) l'a ainsi décidé par un arrêt du 11 avril 1876, qui, comme nous le verrons plus loin (V. *infra*, n° 100), refuse d'appliquer à ces titres l'exemption du droit de timbre accordée par l'art. 17 de la loi de 1850 aux titres délivrés en renouvellement. 20,034 J.; 4368 R. p.; 15,581 Contr.; 21,471 J. N.; Inst. 2562, § 1; P., 76, 775; D. P., 77, 1, 37.

87. Nous n'avons aucune objection de principe à faire à cette interprétation. Il est évident, d'après les règles exposées plus haut et qui paraissent prévaloir en jurisprudence, que la délivrance de certificats provisoires ayant lieu avant que la société soit définitivement formée ne constitue pas l'émission, qui, d'après la loi, donne ouverture au droit proportionnel. Par conséquent la société peut faire cette délivrance avant d'avoir soumis ces titres au timbre proportionnel ou d'avoir contracté un abonnement sans contrevenir aux dispo-

sitions de la loi du 5 juin 1850. On doit également approuver la Cour d'avoir décidé en principe que les certificats, par cela même qu'ils échappent aux prescriptions de cette dernière loi, tombent sous l'application du droit commun et sont assujettis au timbre de dimension.

Mais en résulte-t-il que la société qui délivre successivement à ses actionnaires des certificats provisoires et des certificats définitifs doive nécessairement acquitter deux fois l'impôt du timbre, c'est-à-dire le droit de timbre de dimension sur les premiers et le droit proportionnel sur les seconds?

Cette conséquence nous a paru trop rigoureuse et trop contraire aux intentions du législateur pour pouvoir être acceptée. En fait, disions-nous sous l'art. 20,054 du Journal, la multiplicité des opérations financières et la rapidité qu'elles exigent imposent aux sociétés qui émettent des titres, aux communes, aux établissements publics, à l'État lui-même, pour leurs emprunts, un mode de procéder aussi uniforme qu'il est forcé. Les guichets sont ouverts; les souscripteurs se présentent; ils versent le montant du prix des titres qu'ils demandent, ou, si ce prix est fractionné en plusieurs termes, l'acompte qui doit être payé comptant. Il leur est délivré un titre provisoire qui constate le fait de la souscription, le payement, et leur assure le droit d'obtenir un titre définitif; les titres définitifs sont ensuite à loisir préparés, avec la fabrication perfectionnée que la sécurité exige, puis distribués aux preneurs en échange des titres provisoires.

En droit, la loi du 5 juin 1850 a imposé un droit très élevé de 50 cent. ou de 1 p. 100 aux titres négociables dont il s'agit. Mais ce droit libère le titre envers le Trésor pour toute sa durée; c'est ce qu'expriment l'art. 17, qui reporte gratuitement sur le titre nouveau le droit au comptant payé pour le titre renouvelé, et les art. 22 et 31, qui autorisent un abonnement, à raison de 5 cent. p. 100 et par an, pour toute la durée de la société quant aux actions, pour toute la durée des titres quant aux obligations.

Ainsi que l'a expliqué M. Alfred Leroux, dans son rapport sur la loi du 23 juin 1857, « la loi de 1850 a entendu, *sous un seul droit*, atteindre deux ordres de faits : l'émission, c'est-à-dire le droit de naître et d'être susceptible de circuler; puis la circulation même, c'est-à-dire l'acte réalisable, réalisé, de la circulation ».

Ces considérations permettent de conclure que le payement d'un droit proportionnel unique, soit au comptant, soit sous forme d'abonnement, couvre toutes les opérations indispensables à l'émission et permet aux sociétés de délivrer, sans contrevenir à la loi de 1850, aussi bien les certificats provisoires que les certificats nominatifs. Seulement il nous paraît nécessaire pour cela que ce payement soit effectué avant la création des certificats provisoires, ce qui aura lieu, soit que la société fasse timbrer au comptant les certificats provisoires, moyennant quoi elle pourra ensuite les échanger contre des certificats nominatifs, sans être tenue d'acquitter un nouveau droit, soit qu'elle contracte un abonnement qui lui permettra de faire timbrer gratuitement tant les titres provisoires que les titres définitifs, et dont il semble que le service devra courir non pas seulement à partir de la constitution définitive de la société, mais à partir de la création des titres provisoires.

Cette solution, quelque peu empirique, nous devons le reconnaître, nous apparaît comme le seul moyen d'éviter aux sociétés la rigueur d'une double perception sur leurs opérations d'émission sans violer les principes de la loi fiscale. Si elle ne devait pas être admise, rien ne pourrait dispenser les sociétés de se soumettre à la règle qui résulte de l'arrêt précité du 11 avril 1876, et d'acquitter sur leurs certificats provisoires le droit de timbre de dimension. Car ces certificats, ainsi que le dit justement la Cour, ne sont pas délivrés en renouvellement d'autres titres et par conséquent ne peuvent profiter de l'immunité établie par l'art. 17 de la loi de 1850; et, d'autre part, ils constituent incontestablement des écrits destinés à faire titre, et qu'aucune considération ne peut soustraire à l'application des dispositions générales de la loi du 13 brumaire an 7.

88. *Reçu des fonds versés. Timbre à 10 centimes.* L'Administration, par esprit de modération sans doute, a envisagé la question sous un autre aspect, dans des espèces particulières qui lui ont été soumises à l'occasion d'émissions d'obligations par les Compagnies de chemins de fer d'Orléans et de l'Est.

La Compagnie du chemin de fer d'Orléans émet dans les diverses gares de son réseau des obligations dont le placement donne lieu aux opérations suivantes :

1° Versement du prix par l'acheteur et enregistrement en recette par le chef de gare;

2° Rédaction par le chef de gare, seul, d'un bordereau indiquant les noms et domicile de l'acheteur, la désignation des titres achetés, leur nombre et la somme versée;

3° Quittance de cette somme donnée également par le chef de gare, avec indication de la destination des fonds versés.

Les deux premières pièces, souscrites sur papier non timbré, sont transmises à la Compagnie, tandis que la troisième est remise à l'acheteur après avoir été revêtue d'un timbre mobile à 10 cent.

Ultérieurement les titres demandés sont renvoyés au chef de gare avec le bordereau, et remis par cet agent à l'acheteur, qui restitue le reçu timbré à 10 cent. et donne décharge des titres au pied du bordereau. Cette décharge est timbrée à 10 cent.

Les opérations auxquelles donne lieu le placement d'obligations émises aussi par la Compagnie du chemin de fer de l'Est dans les diverses gares de son réseau diffèrent seulement en un point de celles qui viennent d'être décrites.

C'est la partie elle-même qui rédige et signe la pièce équivalente au bordereau d'achat dressé d'office par la Compagnie d'Orléans; puis cette demande est adressée à la Compagnie, qui la conserve.

Il a été reconnu, par une solution du 22 oct. 1877, que ces divers écrits, délivrés par les agents des Compagnies des chemins de fer d'Orléans et de l'Est, ne présentent pas dans leur forme actuelle d'autre caractère que celui de reçus de sommes, avec indication de la destination des fonds versés.

Le Trésor est donc complètement désintéressé par le payement du droit de timbre de 10 cent. dû à l'occasion de ces reçus, que l'on ne saurait considérer comme passibles du droit de timbre de dimension, sous le prétexte que les récépissés remis à l'acheteur constatent à la fois le payement du prix et l'obligation de livrer la chose dans un délai déterminé, et forment en quelque sorte l'instrument de la vente.

Quant à la demande d'achat d'obligations signée par la partie et adressée à la Compagnie du chemin de fer de l'Est, qui la conserve, on peut la considérer comme rentrant dans la catégorie des écritures sous seing privé qui peuvent être faites sans contravention sur papier non timbré, et qui ne deviennent passibles de l'impôt que s'il en est fait usage en justice. (L. 13 brum. an 7, art. 30.) 20,610 J.

89. **Preuve de l'émission.** — Il n'est pas douteux que la preuve des faits constitutifs de l'émission des actions, à laquelle la loi a rattaché l'exigibilité de l'impôt du timbre, ne soit à la charge de l'Administration. Comment fera-t-elle cette preuve? Le fait de la constitution définitive de la société et de l'attribution des actions aux souscripteurs sera en général facile à établir, puisque, dans les sociétés par actions, il doit être constaté par une déclaration notariée (art. 1er, loi du 24 juil. 1867).

Mais il n'en est pas de même du fait de la création des titres négociables. Comme nous l'avons déjà fait remarquer, il arrive souvent qu'une société se forme et fonctionne pendant quelques mois, quelques années, sans créer ni délivrer de titres à ses actionnaires, dont les droits sont d'ailleurs suffisamment constatés par l'acte statutaire. La société, il s'en rencontre quelquefois, peut même arriver à son terme sans avoir accompli cette opération d'émission, qui, d'après la jurisprudence précédemment rappelée (V. *supra*, nos 79 et suiv.), donne seule ouverture aux droits de timbre.

D'autre part, il n'est pas impossible qu'une société, tout en créant et en délivrant des titres aux actionnaires, arrive à cacher à l'Administration ce fait générateur de l'impôt.

Il est évident que l'Administration est fondée à employer tous les moyens de preuve que la loi met à sa disposition pour déjouer la fraude et faire valoir ses droits. Ces preuves sont celles du droit commun, à l'exception de la preuve testimoniale et du serment, qui sont incompatibles avec la procédure spéciale à laquelle le Trésor est tenu de recourir. Nul doute qu'il ne soit permis à l'Administration d'invoquer à cet effet les simples présomptions. Cass. 27 juin 1883, 22,126 J.; 6188 R. p.; 16,794 Contr.; 6748 Rev. not.; Inst. 2687, §2; S., 85, 1, 33; P. 85, 52; D. P. 84, 1, 239.

90. Un arrêt de la Chambre des requêtes du 23 fév. 1875 lui a reconnu ce droit de la manière la plus formelle. 19,745 J.; 4066 R. p.; 21,187 J. N.; 15,390 Contr.; Inst. 2516, §2; S., 76, 1, 473; P. 76, 1190; D. P. 75, 1, 370.

La Cour a décidé que l'Administration peut, par toutes les voies de droit, établir, d'une part, l'existence d'une société par actions qui, bien que constituée dans des conditions irrégulières, a cependant commencé à fonctionner, et, d'autre part, l'émission des actions et leur délivrance aux actionnaires, pour en déduire l'exigibilité des droits de timbre et de transmission, et l'obligation pour la société de communiquer aux agents du Trésor le registre à souche d'où les actions ont dû être extraites, conformément à l'art. 16 de la loi du 5 juin 1850.

Les circonstances dans lesquelles cette décision est intervenue, et qui méritent d'être rapportées, résultent des considérants du jugement du tribunal de Rennes du 3 mars 1874, ainsi conçu :

« Attendu que l'Administration de l'enregistrement soutient que ses préposés ont régulièrement constaté dans l'exercice de leurs fonctions l'existence d'une société fondée, en fraude des droits de timbre et de transmission, pour la publication du journal l'Avenir ;

« Attendu qu'elle se trouve, il est vrai, dans l'impossibilité de produire l'acte constitutif de cette société, mais qu'elle prétend en établir l'existence soit par des faits émanant de Robidon et Lebastard eux-mêmes, soit par un ensemble de documents ou de faits publics qu'elle soumet à l'appréciation du tribunal;

« Attendu que Robidon et Lebastard répondent qu'en droit la Régie ne peut pas être admise à prouver, en dehors de l'acte social, l'existence de la société contre laquelle elle réclame; qu'en fait, cette société n'a pas pu se constituer définitivement; qu'elle n'a jamais existé qu'à l'état de simple projet non suivi d'exécution ;

« Attendu, en droit, que l'Administration de l'enregistrement est un tiers vis-à-vis de la société dont elle entend démontrer l'existence pour parvenir au recouvrement des droits de timbre et de transmission; qu'en cette qualité elle ne saurait être astreinte à produire un titre qui lui est étranger, qu'on peut avoir intérêt à lui cacher, et qu'il lui est impossible de se procurer ; qu'elle a incontestablement la faculté de prouver la constitution de cette société par toutes les voies de droit, même par un ensemble de présomptions graves, précises et concordantes ;

« Attendu, en fait, qu'il résulte des mémoires respectivement signifiés et des documents visés et annexés auxdits mémoires que, vers 1869, un projet de statuts pour la fondation du journal l'Avenir de Rennes, ainsi qu'un programme rédigé par Robidon, ont été publiés et répandus dans le département d'Ille-et-Vilaine, sous les auspices de divers délégués provisoires; — Que, suivant le projet de statuts, il devait être formé entre Robidon et les personnes qui adhéreraient aux statuts une société anonyme, au capital de 30,000 fr., ayant pour objet la publication à Rennes, sous le titre de l'Avenir de Rennes, d'un journal politique paraissant trois fois par semaine; — Que le capital serait divisé en 1200 actions nominatives de 25 fr. chacune ; — Que la durée de la société serait de 15 ans à compter de sa constitution définitive par la souscription du capital entier ; — Que la société aurait pour dénomination : « Société anonyme du journal l'Avenir de Rennes » ; — Que les actions ne pourraient être transmises, même après entière libération, qu'à des personnes agréées par le conseil d'administration, qui aurait toujours la faculté d'exercer au profit de la société un droit de préemption ; — Que la société serait gérée par un conseil d'administration composé de six membres pris parmi les actionnaires, même propriétaires d'une seule action ; — Que Robidon, comme rédacteur en chef, ferait en outre partie du conseil d'administration ; — Que les administrateurs autres que le rédacteur en chef gérant seraient nommés par l'assemblée générale des actionnaires ; — Que l'assemblée générale des sociétaires se réunirait une fois annuellement, sur la convocation du président du conseil d'administration, dans le mois qui suivrait l'expiration de l'année; que la convocation se ferait par lettres individuelles et par la voie du journal; — Que la première assemblée aurait lieu aussitôt après la souscription du capital, aux fins de nommer le conseil d'administration ; — Que les bénéfices résultant des comptes annuels, apurés en assemblée générale, se diviseraient dans les proportions suivantes : après la retenue des intérêts du capital versé, un tiers pour former un fonds de réserve, un tiers à partager entre les actionnaires, un tiers à répartir entre les divers agents du journal;

« Attendu qu'il est démontré par les mémoires et documents susvisés que ces statuts ne sont pas restés à l'état de simple projet ; que dans leurs dispositions essentielles et principales ils ont reçu une pleine et entière exécution; — Que des adhésions nombreuses ont répondu à l'appel des délégués provisoires; — Que dès que le capital souscrit a été jugé suffisant, la première assemblée générale a eu lieu conformément à l'art. 10 du projet de statuts ; — Que les délégués provisoires ont fait place à un véritable conseil d'administration (exécution de l'art. 6 du projet); — Que M. Ange Blaise a été nommé président et M. Lebastard secrétaire trésorier de ce conseil ; qu'ils ont attesté l'un et l'autre leur qualité par leur signature au pied d'un grand nombre d'actions ; — Que Robidon a été nommé, suivant le projet, rédacteur en chef gérant, qualité en laquelle il a signé jusqu'à ce jour le journal l'Avenir ; — Qu'en exécution des statuts, art 2, le capital social a été divisé en actions nominatives de 25 fr. chacune ; — Que les titres des actions portent les mentions suivantes : « Société anonyme du journal l'Avenir de Rennes. — Émis- « sion de 1200 actions nominatives conformément aux statuts « de la société; actions de 25 fr. »; — Que ces titres sont bien des actions, comme le soutient la Régie, et non de simples quittances, comme le prétendent Robidon et Lebastard; qu'ils n'émanent pas en effet de Robidon, qui se déclare propriétaire gérant ; qu'ils sont délivrés sous la foi de la signature du président et du secrétaire trésorier du conseil d'administration ; — Que l'art. 5 du projet des statuts est littéralement reproduit au pied des actions émises et délivrées aux associés, savoir : « Les actions ne peuvent être transmises, même « après entière libération, qu'à des personnes agréées par le « conseil d'administration, qui pourra toujours exercer au « profit de la société un droit de préemption » ; — Qu'enfin, chaque année, un avis inséré dans le journal l'Avenir, en exécution de l'art. 9 du projet, convoque les actionnaires; — Que ces avis paraissent dans le journal même, qui est publié sous la responsabilité de la signature du rédacteur en chef gérant Robidon; — Qu'ils impliquent nécessairement, de l'aveu même de ce dernier, l'existence d'une société qui se compose d'actionnaires, qui a un conseil d'administration et qui se réunit annuellement en assemblée générale ; — Que vainement Robidon et Lebastard prétendent que la société ne s'est pas formée ; que vainement ils démontrent que Robidon a pris non la qualité de gérant d'une société anonyme, mais celle de propriétaire gérant, soit lorsqu'il a fait à la préfecture d'Ille-et-Vilaine la déclaration du journal l'Avenir, soit lorsqu'il a versé au Trésor le cautionnement exigé par la loi, soit lorsqu'il a traité avec l'imprimeur du journal, soit lorsqu'il a assigné ce dernier devant le tribunal de commerce au sujet d'une contestation relative à l'exécution de ce traité;

— Que la qualité prise par Robidon, dans un but qu'il est facile de comprendre, ne suffit pas pour détruire l'effet des présomptions si graves, si précises, si concordantes qui résultent des documents susvisés ; — Que vainement Robidon et Lebastard allèguent que le projet de société aurait échoué, tant parce que le capital de 30,000 fr. n'a pas été souscrit que parce que la loi défend de diviser ce capital en actions ou coupons d'actions de moins de 100 fr.; — Qu'il pourrait bien suivre de là que la société n'a pas été constituée dans les conditions voulues par la loi ou avec la totalité du capital espéré par les fondateurs, mais qu'il ne s'ensuit pas qu'elle n'ait pas été organisée d'une manière plus ou moins régulière, avec un capital jugé suffisant par les parties intéressées ; — Que ces moyens de défense peuvent être d'autant moins accueillis que Robidon et Lebastard ne produisent pour les appuyer aucun état de situation, aucun procès-verbal des délibérations de l'assemblée générale, aucune des pièces qu'il leur eût été si facile de mettre sous les yeux de la justice pour l'éclairer sur la nature des souscriptions et sur leurs rapports avec les souscripteurs ; qu'il est permis d'en conclure que ces documents ne confirment pas leurs dires ; — Qu'il reste donc démontré contre Robidon et Lebastard que, dans ses dispositions essentielles et principales, le projet de Société du journal l'Avenir a reçu son exécution ; — Que si cette société n'est pas régulièrement formée, elle ne peut pas sans doute se prévaloir des prérogatives attachées aux sociétés qui s'établissent conformément aux prescriptions légales ; — Mais qu'elle existe; qu'elle s'est constituée sous la forme d'une société anonyme; qu'elle est pourvue d'un conseil d'administration et d'un rédacteur en chef, gérant du journal, qui fait partie de ce conseil; que ce gérant traite avec les tiers et plaide contre eux, non pour son compte personnel, comme il le déclare, mais bien pour le compte de la société du journal; qu'il gère, en un mot, les affaires sociales sous la surveillance et la direction du conseil d'administration ; que les sociétaires ont mis en commun un capital plus ou moins considérable, dans la vue de partager le bénéfice qui pourrait résulter de l'exploitation du journal; que ce capital est divisé en actions nominatives ; que ces actions sont transmissibles à des tiers ; qu'en un mot, sauf des restrictions apportées peut-être au chiffre du capital social, le projet de statuts a reçu sa pleine et entière exécution ;

« Attendu qu'il n'est pas loisible aux parties de soumettre ou de soustraire au timbre, suivant leur gré, les actes qui en doivent être frappés; que les contraventions pour les actions qui sont soumises à cette formalité sont également indépendantes de la production de ces titres en justice; qu'il suffit, pour autoriser les poursuites de ces contraventions, qu'elles aient été légalement découvertes et légalement constatées ;

« Attendu que le 27 juin 1873 vingt-quatre actions de la Société anonyme du journal l'Avenir de Rennes ont été mises aux enchères dans l'étude de Me Guillemot, notaire à Rennes, et adjugées moyennant la somme de 5 fr., outre les frais, s'élevant à 220 fr. ; — Que, lors de l'enregistrement du procès-verbal d'adjudication, il a été perçu, pour droits de timbre sur ces actions et pour amende contre la société, la somme totale de 92 fr. 40 c.; — Que l'existence de la Société du journal l'Avenir se trouvant ainsi révélée au receveur dans l'exercice même de ses fonctions, sans aucun moyen insidieux ou désavoué par la loi, l'Administration a chargé à bon droit un vérificateur de se transporter au siège social pour prendre, conformément à la loi, communication des registres de la société ; — Que Robidon, rédacteur en chef gérant, dépositaire des registres, a présenté un registre à souche des actions du n° 801 au n° 1000, sur lequel le vérificateur a constaté l'existence de 183 souches d'actions nominatives de 25 francs chacune, portant le nom de l'actionnaire, sans date, signées par le président du conseil d'administration et par le secrétaire trésorier ;

« Attendu que l'existence du registre à souche des actions de 801 à 1000 suppose nécessairement l'existence du registre qui le précède pour les actions de 1 à 800; — Que, sur la demande du vérificateur, Robidon a néanmoins répondu que le premier registre n'existait pas ; qu'une telle réponse est trop invraisemblable pour être accueillie par la justice ; que le vérificateur l'a considérée avec raison comme un refus de communication, et qu'il en a régulièrement dressé procès-verbal ; — Que, par ce refus de communication du registre à souche, dûment constaté, Robidon a encouru l'amende de 10 fr. édictée par les art. 16, § 2, de la loi du 5 juin 1850, 52 de la loi du 22 frim. an 7 et 10 de la loi du 16 juin 1824;

« Attendu que le même vérificateur a demandé ensuite communication des autres registres à souche et des registres de transferts ; — Que le registre des transferts doit nécessairement exister, puisque les actions de la société sont transmissibles, ainsi que le constate la mention apposée sur les titres émis; — Qu'il existe en effet; que, dans leur premier mémoire, Robidon et Lebastard reconnaissent eux-mêmes que, sur le registre à souche, des mentions en blanc ont été imprimées pour les transferts; que ce fait est dûment constaté dans le premier procès-verbal, rédigé le 22 juillet 1873 par le vérificateur de l'enregistrement délégué à cet effet ; — Qu'il importe peu que le même registre constate les émissions d'actions et les transferts, ou qu'un registre spécial soit affecté à chacune de ces opérations; que le dépositaire des registres n'en a pas moins l'obligation de représenter dans l'un et l'autre cas, sur la demande qui en est faite par la Régie, le registre à souche et le registre des transferts, ou le registre unique constatant tout ensemble les émissions et les transferts, et cela sous la double sanction prononcée par la loi ; — Que, nonobstant la demande du vérificateur, Robidon a déclaré qu'à part le registre à souche du n° 801 au n° 1000 il n'existait pas d'autre registre à souche ni de registre des transferts ; — Que le vérificateur a dû considérer cette réponse comme un nouveau refus de communication ; qu'il en a régulièrement dressé un second procès-verbal et affirmé ledit procès-verbal ; — Que, par ce refus dûment constaté, Robidon, gérant, dépositaire des registres de la société, a encouru l'amende de 100 à 5,000 fr. en principal, édictée par les art. 10 de la loi du 23 juin 1857 et 9 du décret du 17 juil. de la même année; — Que, dans les circonstances de la cause et en présence des agissements d'un gérant qui nie contre toute évidence l'existence d'une société attestée aux yeux de tous par l'émission de ses actions, l'amende ne saurait être inférieure à 500 fr. ;

« Attendu qu'il est régulièrement acquis au procès que les actions émises sont transmissibles et, par conséquent, soumises au droit de transmission établi par l'art. 6 de la loi du 23 juin 1857 ; — Qu'aux termes de l'art. 1er du décret du 17 juill. 1857 les compagnies, sociétés et entreprises, dont les actions et obligations sont sujettes au droit de transmission sont tenues de faire, au bureau de l'enregistrement du lieu où elles ont le siège de leur principal établissement, une déclaration constatant : 1° l'objet, le siège et la durée de la société ou de l'entreprise; 2° la date de l'acte constitutif et celle de l'enregistrement de cet acte ; 3° les noms des directeurs ou gérants; 4° le nombre et le montant des titres émis;

« Attendu que si l'obligation de faire cette déclaration est exigée des sociétés régulièrement constituées, elle s'impose à plus forte raison aux sociétés irrégulières, qui ne sauraient prétendre au privilège d'en être affranchies; que les transmissions clandestines sont, en effet, bien plus à craindre dans les secondes que dans les premières; qu'un danger de fraude plus grand appelle nécessairement, de la part de l'Administration, une surveillance plus active, dans l'intérêt du Trésor;

« Attendu que Robidon et Lebastard n'ont pas fait la déclaration dont il s'agit; qu'ils ont, par suite, encouru l'amende édictée par l'art. 10 de la loi du 23 juin 1857 et 12 du décret du 17 juill. 1857 ; que, dans les circonstances de la cause, cette amende doit être fixée au chiffre de 500 fr. ;

« Attendu que la responsabilité des administrateurs à raison des fautes qu'ils commettent dans leur gestion est solidaire ; qu'en conséquence, Robidon, en sa qualité de gérant, et Lebastard, en sa qualité de trésorier, l'un et l'autre membres du conseil d'administration, doivent être solidairement condamnés au payement de l'amende de 500 fr. qu'ils ont encourue ;

« Attendu que l'Administration de l'enregistrement justifie que, déduction faite des 24 actions de la Société du journal l'Avenir trouvées dans la succession Legraverend, ladite société a émis et délivré 959 actions de 25 fr. chacune sans les soumettre à la formalité du timbre ; — Que 159 de ces actions, inscrites sous les nos 801 et suivants, ont été détachées, en effet, du registre à souche communiqué à la Régie ; — Qu'évidemment les actions comprises sous les nos 1 à 800 ont été tout d'abord émises et détachées dans l'ordre des numéros ; — que Robidon et Lebastard objectent vainement à l'Administration qu'elle ne fait pas la justification voulue à cet égard ; — Que l'Administration apporte la preuve que 80 actions, constatées dans l'inventaire dressé après le décès de M. Blaize, sont inscrites sous les nos 514 à 593 inclusivement, c'est-à-dire qu'elles ont été détachées d'un registre dont la communication a été refusée au vérificateur de l'enregistrement ; qu'ainsi se trouve renouée la chaîne qui relie l'émission des actions inscrites sur les registres non produits ; — Que l'Administration confirme de la sorte, par un fait d'une incontestable gravité, l'émission et la délivrance de 959 actions de la Société du journal l'Avenir, indépendamment des 24 actions trouvées dans la succession Legraverend ;

« Attendu que les droits de timbre et l'amende dus en vertu des art. 14, 16 et 18 de la loi du 5 juin 1850 sont dus solidairement par MM. Robidon et Lebastard en leurs qualités ci-dessus constatées ; qu'ils doivent réparer en commun, et au besoin chacun pour le tout, les suites d'une faute commune ;

« Attendu que l'Administration de l'enregistrement ne justifie d'aucune transmission d'actions véritablement effectuée ; — Qu'elle articule, il est vrai, que 40 actions inscrites sous le nom de M. Blaize ont été transférées à M. Le Plomelec, mais que ce fait et les circonstances caractéristiques d'un transfert ne ressortent pas avec une suffisante évidence des pièces produites à l'appui du mémoire de la Régie ; — Qu'au surplus l'Administration reconnaît que les 24 actions Legraverend, les seules transmises, ont supporté déjà tous droits et amendes ; — Qu'elle n'est donc pas fondée à exiger, en l'état, les droits de transmission qu'elle réclame. »

Sur le pourvoi formé par la Société, M. le conseiller Sallé, chargé du rapport, s'est attaché à démontrer que la règle en vertu de laquelle une société commerciale doit être établie par écrit n'est pas opposable aux tiers intéressés à prouver l'existence de la société, comme l'est incontestablement l'Administration lorsqu'elle poursuit le recouvrement des droits dont l'exigibilité est subordonnée à la formation de la société. Il a en outre insisté tout particulièrement sur ce point qu'à part la preuve testimoniale et autres genres de preuves incompatibles avec la procédure spéciale suivie en matière d'enregistrement, l'Administration pouvait employer toutes les preuves de droit commun, et notamment invoquer les présomptions graves, précises et concordantes, résultant des actes opposables aux parties pour établir les faits qui donnent ouverture à l'impôt.

La Cour a consacré cette thèse par un arrêt fortement motivé, rendu à la date du 23 fév. 1875, et ainsi conçu :

Sur le moyen unique de cassation tiré de la violation des art. 1341 et 1353 C. civ., 39 C. comm., 21, 24, 25 et suivants de la loi du 24 juill. 1867, par fausse application des art. 14, 16 et 18 de la loi du 5 juin 1850 ; 6, 7, 10 de la loi du 23 juin 1857 ; 1, 9 et 12 du décret du 17 juil. 1857 :

« Attendu que si une société commerciale ne peut être établie et prouvée que par écrit, ce principe, applicable aux associés, reçoit exception à l'égard des tiers intéressés à prouver l'existence de la société, et qui sont autorisés à faire cette preuve par toutes les voies de droit ; que l'Administration de l'enregistrement, poursuivant le recouvrement de droits ou amendes établis ou prononcés par la loi en matière de société, est réellement un tiers vis-à-vis de la société dont elle a à prouver l'existence, sauf les conditions qui lui sont spéciales, mais qui n'impliquent aucunement pour elle l'obligation de prouver la société par la production de l'acte qui la constitue ;

« Attendu que pour constater l'existence de la Société anonyme dite du journal l'Avenir de Rennes, le jugement attaqué se fonde sur des faits et actes émanés des demandeurs eux-mêmes, notamment la publication d'un programme rédigé par le sieur Robidon, et répandu dans le public avec le projet des statuts de la société ; la nomination par l'assemblée générale des actionnaires du conseil d'administration dont les demandeurs ont été appelés à faire partie ; la publication du journal faisant l'objet de la société, avec la signature du sieur Robidon en qualité de rédacteur en chef ; enfin l'émission de la plus grande partie des actions de la société signées par le président du conseil d'administration et par le sieur Lebastard, en qualité de secrétaire trésorier ;

« Attendu qu'en tirant de ces faits et documents personnels ou opposables aux demandeurs en cassation la preuve de l'existence de la société dont il s'agit et de la responsabilité des demandeurs relativement aux infractions relevées par le jugement, le tribunal civil de Rennes n'a point violé les textes invoqués par le pourvoi, et qu'il a fait, au contraire, une juste application des dispositions, également visées au pourvoi, de la loi du 5 juin 1850, de celle du 23 juin 1857 et du décret du 17 juil. de la même année ;

« Rejette, etc. » — 19,745 J. ; 4066 R. p. ; 21,187 J. N. ; 15,390 Contr. ; Inst. 2516, § 2 ; S., 76, 1, 473 ; P. 76, 1190 ; D. P., 75, 1, 370. — V. dans le même sens : Le Havre, 13 juil. 1882 ; R. p., Table 1884, p. 707 ; Marseille, 6 juil. 1888 ; 7138 R. p.

§ 3. — Des titres délivrés en renouvellement de titres précédemment émis.

91. Texte. — L'art. 17 de la loi du 5 juin 1850 porte ce qui suit : « Le titre ou certificat d'action délivré par suite de transfert ou de renouvellement sera timbré à l'extraordinaire ou visé pour timbre *gratis*, si le titre ou certificat primitif a été timbré. »

Cette disposition, comme nous le faisions remarquer dans notre précédente édition, « est la conséquence du principe qui a présidé à l'établissement du droit de timbre proportionnel sur les actions. Le législateur a voulu frapper les titres à l'origine, à cause de la difficulté et de l'impossibilité même de saisir la mutation lorsqu'il s'agissait d'une action transmissible soit par la remise du titre, soit par voie d'endossement ; mais, le droit une fois payé, le titre doit circuler en franchise. »

92. Cas divers de renouvellement. — Les renouvellements de titres auxquels s'applique la disposition précitée de l'art. 17 se présentent notamment : 1° dans le cas de délivrance d'un titre nouveau pour remplacer un titre adiré, lacéré, couvert d'écritures, ou dans un état marqué de vétusté, etc., etc. ; 2° à la suite d'un transfert, l'usage des compagnies étant, dans ce cas, de détruire le titre existant au nom du cédant pour en créer un au nom du cessionnaire ; 3° en cas de conversion d'un titre nominatif en titre au porteur, ou réciproquement ; 4° enfin à la suite de modifications statutaires.

Quelle que soit la cause du renouvellement, l'exemption édictée par la loi ne s'applique qu'autant que le nouveau titre est la représentation exacte de l'ancien titre, auquel il est entièrement substitué, et à la condition que ce dernier ait été timbré. V. D. m. f. 13 août 1851, 15,249-3 J.

93. Renouvellements. — *Titres nouveaux différents des anciens.* Ainsi, on ne saurait assimiler à des titres délivrés en renouvellement ceux qui sont émis en représentation de droits différents et distincts des droits conférés par les titres primitifs. Ces nouveaux titres devraient être soumis au timbre. Il en est ainsi bien que les nouveaux titres proviennent du démembrement des anciens, si ceux-ci continuent à subsister et conservent leur individualité et leur effet utile.

94. *Délégations de coupons.* C'est ainsi que des délégations de jouissance émises en représentation de coupons détachés pour un certain temps des actions d'une société ont été considérées comme des titres distincts, passibles du timbre proportionnel, et ne pouvant bénéficier de l'exception édictée par l'art. 17 de la loi du 5 juin 1850 (Cass. 10 juin 1874; 19,523 J.; 3858 R. p.; 15,324 Contr.; 21,021 J. N.; Inst. 2495, § 1er; S., 74, 1, 445; P., 74, 1118; D. P., 75, 1, 25). Les conditions dans lesquelles cette émission s'est produite ont été indiquées précédemment. (V. *supra*, n° 71.) Les explications que nous avons fournies à cet égard permettent de se rendre compte de la portée de l'arrêt rendu par la Cour de cassation et nous dispensent de tout autre commentaire.

95. *Actions de jouissance remplaçant les actions de capital amorties.* La règle qui précède cesserait toutefois d'être applicable au cas où il serait délivré des actions de jouissance pour remplacer les actions de capital amorties. On admet même que si ces actions de jouissance sont créées dès l'origine de la société, en vue de leur substitution éventuelle aux actions de capital qui seront amorties, ces titres ne doivent l'impôt du timbre ni au comptant, ni par abonnement. Ils jouissent par avance de l'exemption résultant de l'assujettissement au timbre des actions qu'ils sont destinés à remplacer. Dans ce sens : Sol. 11 juin 1867; conf. en sens contraire : 15,870 J.; Sol. 29 juil. 1858.

96. *Actions de jouissance reconstituées.* Mais si des actions de jouissance d'une valeur nominale de 500 fr., par exemple, étaient reconstituées en actions de capital au moyen d'un nouveau versement de 350 fr. par titre, il paraît évident qu'un nouveau droit de timbre serait dû. Seine, 27 déc. 1861; 17,465 J.; 12,141 Contr.; 10,545 R.

D'après ce jugement, le nouveau droit devrait porter sur le chiffre total du capital nominal, soit sur 500 fr., et non pas seulement sur l'augmentation résultant du nouveau versement, c'est-à-dire sur 350 fr. — V. toutefois *infra*, n° 105.

97. Transferts et conversions. — Lorsqu'une action nominative a fait l'objet d'une cession, le transfert réalisé dans les formes tracées par les statuts est généralement suivi de l'annulation du titre existant au nom du cédant et de la délivrance d'un nouveau titre au nom du cessionnaire. Il est incontestable que ce nouveau titre doit profiter de l'exemption édictée par l'art. 17 de la loi de 1850 et ne donne pas ouverture à un nouveau droit de timbre.

98. *Certificats nominatifs délivrés en représentation de titres au porteur.* En ce qui concerne la conversion des titres nominatifs en titres au porteur, ou de titres au porteur en titres nominatifs, les compagnies procèdent de différentes manières. Quelques-unes opèrent comme pour les transferts. Un très grand nombre procèdent de la manière suivante : tous leurs titres sont émis au porteur. Si des actionnaires préfèrent la forme nominative, ou veulent convertir leurs titres au porteur en titres nominatifs, la compagnie retient ou fait rentrer dans ses caisses les titres au porteur correspondants, qu'elle revêt d'une formule d'annulation, et délivre à l'actionnaire un certificat nominatif, qui constate son droit à la propriété des actions dont les numéros sont indiqués sur le certificat. Ces certificats doivent, sans le moindre doute, être considérés comme étant exonérés de la perception d'un nouveau droit de timbre, indépendant de celui qui a dû être perçu sur les titres au porteur.

L'Administration a même admis que les compagnies étaient dispensées de soumettre ces certificats à l'application de l'empreinte du timbre, ainsi qu'il est procédé en thèse générale pour les titres délivrés en renouvellement. D. m. f. 26 sept. 1857; Inst. 2107; 16,616-5 J.; 16,156 J. N.; 932 R. p.

99. *Titres ou récépissés provisoires.* Les opérations de transfert ou de conversion ne peuvent être accomplies séance tenante au moment où l'actionnaire les requiert. Elles exigent un certain temps pendant lequel l'actionnaire étant tenu de déposer son titre à la société resterait privé de toute preuve de son droit, s'il ne lui était pas délivré un récépissé qui lui tient lieu momentanément de son titre et lui en confère tous les avantages.

L'Administration n'a jamais émis la prétention d'assujettir le titre provisoire à un nouveau droit de timbre proportionnel, distinct de celui dont a été frappé le titre qu'il est destiné à remplacer pendant les opérations de transfert ou de conversion; mais elle a soutenu que cet écrit tombait sous l'application des dispositions générales de la loi du 13 brum. an 7, et devait être soumis au timbre de dimension. 19,120-1 J.

Cette interprétation pouvait difficilement être admise. Elle a été combattue en forts bons termes dans un mémoire que nous avons reproduit sous le n° 20,054 du Journal, et qui contient les motifs suivants :

« L'Administration de l'enregistrement reconnaît que les deux titres définitifs, — nominatif et au porteur, — représentent l'action qui a acquitté l'impôt du timbre : elle les timbre gratis lors de leur émission, conformément à la loi. Mais pour le titre intermédiaire et temporaire, elle lui conteste son caractère : elle prétend y voir un reçu et veut, en conséquence, l'assujettir à un timbre spécial.

« Cette prétention est contraire à la réalité des faits.

« Le titre provisoire ne constate pas le dépôt de l'ancien, puisque, au moment où il est créé, l'ancien n'existe plus. Comprend-on le reçu d'un titre qui a cessé d'être?... Ne comprend-on pas, au contraire, que l'écrit temporaire remis à l'actionnaire, qui vient de se dessaisir de son titre primitif et d'en consentir l'annulation, vaut titre entre ses mains sous une autre forme, mais dans les mêmes conditions que le titre annulé?... Détenteur de cet écrit, il est actionnaire comme il l'était auparavant; la situation des deux parties contractantes est demeurée la même, et rien n'appuie la manière de voir de l'Enregistrement, qui veut que le titre provisoire constate un contrat de dépôt ou de mandat.

« Les titres provisoires tiennent simplement la place des anciens titres qui ont payé l'impôt aussi bien que les nouveaux titres définitifs, qui en sont exemptés, et, par suite, ils doivent, comme ces derniers, bénéficier de la même exemption.

« Étant destinés à tenir lieu, au porteur, des titres par lui déposés pour transfert ou renouvellement, ils sont bien, par leur objet, ainsi que par les indications qu'ils contiennent, numéros d'ordre, etc., la représentation intérimaire, mais identique, de ces mêmes titres.

« Sans doute, il n'y a pas identité de forme entre les anciens titres et les titres provisoires; sans doute, le titre provisoire ne contient pas sur l'action tous les renseignements, toutes les indications contenus dans l'ancien titre : il n'en donne que le résumé et la substance; ce n'est pas une réédition complète, c'est un simple abrégé de l'ancien titre. Mais ce n'est pas l'ancien titre, dans sa forme matérielle, que le titre provisoire doit représenter pour échapper à l'impôt, c'est l'action primitive, dont l'ancien titre n'était lui-même que la représentation; et si le nouveau titre la représente à son tour avec la même exactitude, peu importe qu'il le fasse autrement et d'une manière plus sommaire. Or les mentions que renferme le titre provisoire sont suffisantes pour permettre de reconnaître distinctement et dans leur individualité propre les actions qu'il représente; il en indique la nature, le nombre et (grâce à son numéro d'ordre, qui se réfère à la demande de conversion ou de remplacement) les numéros mêmes qui les individualisent. On ne peut donc faire aucune confusion entre les actions qu'il représente et d'autres actions : il s'annonce clairement comme le titre provisoire de telles et telles actions qui ont déjà acquitté les droits de timbre.

« Quant aux services que rend le titre provisoire, ils sont, en principe et à un point de vue théorique, et même, au besoin, en pratique, les mêmes que ceux de l'ancien titre ou du titre définitif.

« Si le titre provisoire ne permet pas d'ordinaire au créancier de toucher les intérêts ou le capital de sa créance, c'est que pendant l'intervalle si court qui s'écoulera entre la remise des anciens titres et la délivrance des nouveaux, — trois à quatre jours à peine au plus, et très rarement huit jours, — il est peu supposable qu'un terme d'intérêts, ou surtout le capital, vienne à échéance ; on a, dès lors, jugé inutile, dans la confection des titres provisoires, de prévoir cette hypothèse. Mais les titres provisoires rendraient, s'il y avait lieu, à cet égard, les mêmes services que les anciens titres, parce qu'ils représentent les mêmes droits.

« Quelques différences de fait qu'on puisse relever entre les effets du titre provisoire et ceux de l'ancien titre et du titre définitif, — nominatif ou au porteur, — en droit, l'obligation même, successivement représentée par ces divers titres, conserve toujours son même caractère et ne perd aucun de ses effets : elle donne toujours droit aux mêmes intérêts, au même capital ; elle est toujours négociable dans les mêmes conditions. Il sera peut-être plus ou moins commode pour le titulaire de faire valoir ces avantages suivant qu'il aura entre les mains tel ou tel genre de preuves. Ainsi, le titre nominatif n'est pas reçu à la négociation ; le titre au porteur des sociétés qui émettent les deux natures de titres étant seul admis à la Bourse, il faut qu'au préalable le titulaire l'ait fait convertir au porteur. Mais, quelle que soit la forme de son titre, la nature et l'étendue de son droit de créance n'en resteront pas moins les mêmes, et cette condition suffit pour exempter du timbre le titre provisoire délivré par suite de tranfert ou de renouvellement, comme le titre définitif. »

Cette argumentation a triomphé tant devant le tribunal de la Seine (deux jugements du 31 août 1872), que devant la Cour de cassation :

« Attendu, porte l'arrêt de la Chambre civile du 11 avril 1876, que l'art. 12 de la loi du 13 brum. an 7 assujettit au droit de timbre de dimension tous les papiers employés généralement pour tous actes et écritures, soit publics, soit privés, devant ou pouvant faire titre ou être produits pour obligation, décharge, justification, demande ou défense ; mais qu'il a été fait exception à la règle par l'art. 17 de la loi du 5 juin 1850, aux termes duquel le titre ou certificat d'action délivré par suite de transfert ou de renouvellement doit être timbré à l'extraordinaire ou visé pour timbre gratis, si le titre ou certificat primitif a été timbré ; que les formules intitulées *titres provisoires*, remises par la Compagnie des chemins de fer de Paris-Lyon-Méditerranée aux porteurs des actions qui déposent leurs titres pour en obtenir soit la conversion, soit le remplacement, sont dans le cas de l'exception, puisque, d'une part, ils sont la représentation temporaire des titres d'actions ou d'obligations qui ont déjà acquitté l'impôt, et que, d'une autre part, c'est à raison ou en vue de la conversion du titre ancien ou de son renouvellement que le titre provisoire est délivré au porteur en attendant la délivrance du nouveau titre qui, dans un bref délai, doit lui être remis en échange ; que ces formules rentrent ainsi dans les prévisions et les termes précis de l'art. 17 de la loi du 5 juin 1850, et que, bien que provisoires, elles n'en doivent pas moins jouir de l'exemption établie par cet article en faveur des titres ou certificats d'action délivrés par suite de transfert ou de renouvellement. » 20,054 J. ; 4368 R. p. ; 15,581 Contr. ; 21,471 J. N. ; Inst. 2562, § 1er ; P., 76, 775 ; D. P., 77, 1, 37. — Comp. : D. m. f. 28 août 1878, 21,458 J. ; 5240 R. p.

100. *Titres provisoires délivrés avant la constitution définitive de la société et en attendant la délivrance des titres définitifs.* Mais, comme on l'a vu précédemment (*supra*, n° 86), cette règle ne s'applique pas aux titres provisoires qui sont délivrés aux souscripteurs avant la constitution définitive de la société, pour constater leur souscription et le premier versement, et qui doivent être remplacés, après l'accomplissement des formalités légales, par des titres définitifs. Il a été décidé que ces écrits ne peuvent être considérés comme des titres délivrés en renouvellement d'autres titres précédemment émis et timbrés, et qu'ils sont assujettis, en vertu des dispositions générales de la loi du 13 brum. an 7, au timbre de dimension.

« Attendu, porte à cet égard l'arrêt déjà cité du 11 avril 1876, qu'il en est autrement en ce qui concerne les formules intitulées également *titres provisoires* que la compagnie remet, au moment du versement des fonds, aux souscripteurs d'actions en émission, en attendant la délivrance des titres souscrits ; que ces formules diffèrent essentiellement de ces derniers titres, dont, comme simples promesses, elles assurent la délivrance ultérieure ; que, fussent-elles d'ailleurs la représentation pure et simple des titres souscrits, elles n'en resteraient pas moins en dehors des termes de la disposition exceptionnelle et par conséquent limitative de l'art. 17 de la loi du 5 juin 1850, puisqu'étant délivrées uniquement en vue de constater le droit du souscripteur aux actions qu'il a souscrites et dont il a payé le montant d'avance, elles ne sauraient être considérées comme dérivant d'un transfert ou d'un renouvellement de titres ; que, dès lors, les titres provisoires d'actions ou d'obligations en émission restent sous l'empire de la règle générale établie par l'art. 12 de la loi du 13 brum. an 7. »

Nous avons déjà fait ailleurs nos réserves au sujet de l'application de cet arrêt. Nous renvoyons le lecteur aux observations présentées *supra*, n° 87.

101. **Modifications statutaires.** — Les modifications apportées aux statuts d'une société, au cours de son existence, donnent lieu souvent à des renouvellements de titres. La question de savoir si les nouveaux titres doivent être assujettis à la perception d'un nouveau droit de timbre, ou en être affranchis, conformément à l'art. 17 de la loi de 1850, ne paraît pas avoir fait jusqu'à ce jour l'objet de solutions bien précises.

102. *Création d'une société nouvelle.* En principe, les nouveaux titres ne nous paraissent devoir profiter de l'exemption que s'ils sont subrogés purement et simplement aux anciens, en représentation des mêmes actions et dans la même société. Si, en effet, les modifications statutaires sont telles qu'elles ont pour effet de dissoudre la société et de lui substituer une société nouvelle, les titres qui sont délivrés à la suite de cette transformation ne sont pas destinés à renouveler les titres anciens : ils représentent des droits différents et constituent simplement des actions d'une autre société nouvellement émises. (V. *supra*, n° 41, les cas dans lesquels les modifications statutaires ont pour effet de donner naissance à une société nouvelle.) Par conséquent ces titres donnent par eux-mêmes ouverture au droit de timbre et ne sauraient bénéficier de la perception qui a été faite sur des titres avec lesquels ils n'ont juridiquement aucun rapport.

103. *Fusion de société.* Il semble que la règle doit être la même, en cas de fusion de deux ou plusieurs sociétés, en ce qui concerne les actions de la société ou des sociétés dont cette fusion a entraîné la dissolution.

Par exemple, si une société en absorbe une autre, en achetant tout son actif, et délivre des titres nouveaux aux actionnaires de la société dissoute, on peut difficilement soutenir que ces titres sont la représentation des anciennes actions, puisque ces actions ont cessé d'exister avec la société qui les avait émises. Il en est de même lorsque deux ou plusieurs sociétés, en fusionnant ensemble, ont toutes été dissoutes par l'effet de cette fusion et remplacées par une société nouvelle, absolument distincte ; les nouveaux titres qui sont délivrés aux anciens actionnaires de ces sociétés dissoutes pour représenter leurs droits dans la nouvelle société n'ont pas, à proprement parler, le caractère des titres délivrés en renouvellement pour lesquels a été édicté l'art. 17 de la loi de 1850. Dans la rigueur des principes, on devrait donc décider que l'émission de ces titres donne ouverture à un nouveau droit de timbre, si le payement du premier droit a eu lieu au comptant, ou fait courir, dans le cas contraire, un nouvel abonnement.

104. Toutefois, l'Administration ne paraît pas avoir admis cette opinion. Elle a reconnu implicitement que, dans cette hypothèse, les titres nouveaux n'étaient que la continuation des anciens, en décidant notamment, au sujet de titres d'actions que la Compagnie du chemin de fer de Paris à Orléans avait délivrés aux actionnaires de plusieurs compagnies absorbées par elle, en échange de leurs titres primitifs émis avant le 1er janvier 1851, que le droit à percevoir sur les nouveaux titres était celui de 5 cent. p. 100 fr. déterminé par les art. 20 et 21 de la loi du 5 juin 1850. — Dél. 7-13 septembre 1852; D. m. f. 17 déc. 1852.

D'après une délibération du 7-10 oct. 1862, il y aurait également, pour les anciens titres, simple renouvellement, lors même que, par suite de leur dépréciation, ils seraient échangés contre de nouvelles actions, dans la proportion de quatre à cinq.

Des considérations d'équité ont sans doute dicté ces solutions; nous doutons fort de leur exactitude au point de vue strictement juridique.

Quoi qu'il en soit, il est de toute évidence que si, à la suite de la fusion, la société qui a survécu à cette opération remettait aux actionnaires de la société dissoute des titres de remboursement et non des actions, ces titres devraient, comme ayant le caractère d'obligations entièrement distinctes des anciennes actions, être assujettis au droit de timbre de 1 p. 100. — D. m. f. 31 janv. 1854.

105. *Augmentation de capital social.* L'augmentation par une société de son capital social n'a pas pour effet, en général, d'entraîner sa dissolution et de donner naissance à une société nouvelle. Toutefois, si elle donne lieu à la création d'un nombre d'actions correspondant à cette augmentation, en représentation des versements effectués par de nouveaux souscripteurs, nul doute que les nouveaux titres ainsi délivrés ne donnent ouverture au droit de timbre.

Mais en est-il de même lorsque la société augmente son capital social sans faire appel ni à de nouveaux souscripteurs, ni à de nouveaux versements, et en se bornant à transporter au capital social les bénéfices laissés jusque là dans le fonds de réserve? Si de nouveaux titres sont délivrés à la suite de cette opération, peut-on les considérer pour le tout comme de simples renouvellements? La négative est évidente. Les nouveaux titres ne remplacent pas purement et simplement les anciens, puisqu'ils représentent un capital supérieur. Il en résulte qu'ils donnent ouverture à un droit de timbre plus élevé, puisque, d'après la disposition expresse de la loi, ainsi que nous le verrons plus loin, le droit se calcule sur le chiffre du capital nominal. Il est donc, dans tous les cas, impossible de les admettre au timbrage gratuit.

Toutefois, il semble que, pour la liquidation du droit de timbre auquel ils donnent ouverture, il y a lieu de considérer les nouveaux titres comme étant délivrés en renouvellement et comme exempts du droit jusqu'à concurrence du capital nominal représenté par les anciens titres. Le droit n'est dû que sur l'augmentation de capital qui résulte des nouveaux titres. — V. dans ce sens, Cass. 13 juin 1864, 17,838 J.; 1922 R. p.; Inst. 2288, § 7; 18,227 J. N.; 12,685 Contr.; S., 64, 1, 365; P., 64, 1221; D. P., 64, 1, 310. — V. *infra*, n° 116.

106. *Prorogation de société.* La prorogation d'une société ne modifie pas les droits des actionnaires, qui restent identiques à eux-mêmes, et n'apporte aucun changement à l'objet et à la valeur des actions. Il est rare d'ailleurs qu'elle donne lieu à la création de nouveaux titres. Si le fait se présentait, il faudrait décider, en principe, que les nouveaux titres sont la continuation des anciens et doivent bénéficier de l'exemption accordée aux titres délivrés en renouvellement. Toutefois, cette règle n'est exacte qu'en ce qui concerne les sociétés constituées originairement pour plus de dix ans, et dont les actions ont, à raison de cette durée, acquitté le droit de 1 p. 100. Quant aux sociétés constituées pour une durée n'excédant pas dix années, elles ont fait, dans la loi de 1850, l'objet d'une disposition spéciale, ainsi conçue :

« Dans le cas de renouvellement d'une société ou compagnie constituée pour une durée n'excédant pas dix années, les certificats d'actions seront de nouveau soumis à la formalité du timbre, à moins que la société ou compagnie n'ait contracté un abonnement qui, dans ce cas, se trouvera prorogé pour la nouvelle durée de la société. » (L. 5 juin 1850, art. 26.)

Les dispositions de cet article ne présentent aucune difficulté : elles ont pour but d'exiger des sociétés qui, après avoir payé un droit au comptant de 50 cent. p. 100 seulement à raison de leur courte durée, viendraient à se proroger, un second droit de 50 cent., afin d'assurer au Trésor le droit de 1 p. 100 applicable aux sociétés d'une durée de plus de dix ans. Si un abonnement a été contracté, ses effets se continuent pour la nouvelle durée de la société.

Remarquez que la loi se sert d'un terme inexact. Ce n'est pas *renouvellement* qu'il fallait dire, mais *prorogation* ou *prolongation*. Car s'il s'agissait d'une société nouvelle succédant à une société précédente, il y aurait, en réalité, création de nouvelles actions, et ces actions ne pourraient qu'être soumises au droit de timbre édicté par les art. 14 ou 22 de la loi de 1850.

§ 4. — Dispositions transitoires. Actions émises antérieurement au 1er janvier 1851.

107. **Ancienne législation.** — Antérieurement à la loi du 5 juin 1850, les actions tombaient certainement sous l'application des dispositions générales de la loi du 13 brum. an VII (art. 12), qui assujettissaient au droit de timbre tous les actes ou écrits destinés à faire titre. Mais la plus grande incertitude régnait pour la détermination du tarif à appliquer. Les uns opinaient pour le droit de timbre proportionnel de 50 cent. p. 1,000, établi sur « les billets à ordre ou au porteur, les rescriptions, mandats, mandements, ordonnances et *tous autres effets négociables ou de commerce* » (art. 14, loi du 13 brum. an VII, précitée). Les autres, considérant les titres d'actions simplement comme des extraits de l'acte de société, ne les assujettissaient qu'au timbre de dimension. C'est à cette dernière opinion que l'Administration s'était ralliée. Mais, comme on va le voir, c'est la première interprétation que le législateur de 1850 a cru devoir préférer et qui a servi de base aux dispositions transitoires qu'il a dû édicter pour régler le sort des actions émises *avant le 1er janv.* 1851.

Il y avait lieu, en effet, de s'occuper de ces actions, soit pour soumettre à l'impôt celles qui n'avaient, lors de leur émission, acquitté aucun droit de timbre, soit pour déterminer le droit qui devrait être perçu lorsque les titres émis antérieurement à la nouvelle loi seraient plus tard l'objet de transferts et de renouvellements.

Le législateur a réglé ces deux points par les dispositions suivantes :

108. **Timbre des anciennes actions.** — *Tarif. Payement des droits.* Lors de la présentation de la loi de 1850, un grand nombre d'actions circulaient sans avoir acquitté aucun droit de timbre : il était nécessaire de régler leur situation. Le législateur l'a fait en accordant aux sociétés un délai de six mois pour faire timbrer, sans amende, les titres délivrés antérieurement au 1er janv. 1851, en contravention aux lois existantes. Il a disposé en outre que le droit à percevoir serait celui de 5 cent. p. 100 établi par l'art. 1er de la loi pour les effets de commerce.

L'art. 20, qui édicte ces dispositions, est ainsi conçu :

« Il est accordé un délai de six mois pour faire timbrer à l'extraordinaire ou viser pour timbre sans amende et au droit proportionnel de 5 cent. p. 100 fr., conformément à l'art. 1er, les titres ou certificats d'actions qui auront été, en contravention aux lois existantes, délivrés antérieurement au 1er janv. 1851. — Le droit sera perçu sur la représentation du registre à souche ou tout autre constatant la délivrance du certificat, et l'avance en sera faite par la compagnie, la société ou l'entreprise. — Le délai de six mois expiré, la société, la compagnie ou l'entreprise, sera, en cas de contravention, passible de l'amende édictée par l'art. 18 (12 p. 100 du montant de l'action). — L'avis officiel de l'acquittement du droit, inséré dans le Moniteur, équivaudra à l'apposition du timbre pour les titres ou certificats énoncés au § 1er de cet article. »

En conséquence des payements effectués par les sociétés pour se conformer à ces prescriptions, des avis officiels ont été insérés, sous forme d'états, au Moniteur des 24 août, 17 sept., 9 oct., 8 et 22 nov. 1850, 8 janv., 19 fév., 11, 12, 18 et 26 mars, 12 et 26 avril, 3 et 21 juin, 6 juil., 8 et 23 sept. et 18 déc. 1851, 10 juin 1853, 11 sept. 1854 et 8 juil. 1855. — Circ. des 10 oct. et 10 déc. 1850, 16 janv., 21 et 31 mars, 15 avril, 6 juin, 4 sept. et 20 déc. 1851, 15 nov. 1853 et 18 juil. 1855.

109. *Date de l'émission.* Ainsi, tandis que les titres émis postérieurement au 1er janv. 1851 sont passibles du timbre de 50 cent. ou de 1 p. 100, suivant la durée de la société (art. 14), les titres émis antérieurement à cette date ne doivent être timbrés qu'au droit de 5 cent p. 100 fr. (art. 20). C'est uniquement à *la date de l'émission* des actions qu'il faut s'attacher pour reconnaître si ces titres sont régis par l'art. 14 ou par l'art. 20. Toute action émise postérieurement au 1er janv. 1851, même par une société constituée antérieurement, est donc passible du droit de 50 cent. ou de 1 p. 100.

Ainsi jugé :

1° En cas de reconstitution, au moyen d'un nouveau versement de fonds, d'actions anciennes amorties. Seine, 27 déc. 1861; 17,465 J.; 12,141 Contr.; 10,545 R.;

2° En cas de prorogation d'une société avec un capital supérieur au capital primitif, échange des actions anciennes contre des actions nouvelles dans une proportion déterminée, et mise en vente d'un certain nombre d'actions nouvelles. Cass. 13 juin 1864; 17,838 J.; 1922 R. p.; Inst. 2288, § 7; 18,227 J. N.; 12,685 Contr.; S., 64, 1, 365; P., 64, 1221; D. P., 64, 1, 310.

110. Renouvellements des anciennes actions. — En ne soumettant les anciennes actions qu'au droit de timbre des effets de commerce, la loi devait leur appliquer le principe qui régit la perception des droits de timbre en général, et d'après lequel chaque titre créé, même lorsqu'il n'est que le duplicata d'un titre déjà timbré, est soumis distinctement au timbre. Il n'y avait aucun motif de les faire bénéficier de l'exemption édictée par l'art. 17 en faveur des renouvellements de titres soumis au régime spécial de la nouvelle loi.

L'art. 21 porte, en effet :

« L'art. 17 ne sera pas applicable aux renouvellements des titres énoncés en l'art. 20. — Ces renouvellements resteront assujettis au timbre déterminé par cet article, et les cessions de titres ainsi renouvelés au droit d'enregistrement fixé par les lois anciennes, s'il résulte du titre nouveau que le titre primitif avait été émis antérieurement au 1er janvier 1851. »

La disposition de cet article, en ce qui concerne le droit d'enregistrement des cessions d'actions, est devenue sans objet depuis que la loi du 23 juin 1857 a créé un droit de transmission sur toutes les actions indistinctement, quelle que soit la date de leur création.

Mais, en ce qui concerne le droit de timbre, l'art. 21 est encore susceptible de recevoir son application, toutes les fois que des titres émis antérieurement au 1er janv. 1851 sont aujourd'hui l'objet de renouvellements.

Les nouveaux titres qui sont délivrés dans ces conditions pour remplacer les anciens sont ainsi assujettis au droit de timbre de 5 cent. p. 100.

111. *Le tarif de 5 cent. p. 100 n'a reçu aucune modification des lois postérieures.* Ce tarif a été déterminé au moyen de la référence de l'art. 20 de la loi de 1850 à l'art. 1er, qui fixe à 5 cent. p. 100 le droit de timbre applicable aux effets de commerce. Or, ce dernier droit est susceptible d'être modifié et a en effet subi une augmentation passagère. Porté à 10 cent. p. 100 par l'art. 2 de la loi du 23 août 1871, puis à 15 cent. par l'art. 3 de la loi du 19 fév. 1874, il se trouve aujourd'hui ramené au tarif de la loi du 5 juin 1850, sauf quelques différences dans le mode de fractionnement. Art. 1er loi 22 déc. 1878, et loi 29 juill. 1881.

Quoiqu'il en soit, la question s'est posée, après la promulgation de la loi du 23 août 1871 (et elle pourrait encore se présenter), de savoir si les modifications apportées ou qui pourraient encore être apportées au tarif établi pour les effets de commerce par l'art. 1er de la loi du 5 juin 1850 doivent réagir sur le droit auquel les art. 20 et 21 de cette même loi ont assujetti les renouvellements des anciennes actions, ou au contraire si ce dernier droit est resté invariablement fixé à 5 cent. p. 100, sauf l'application des décimes en vigueur.

Dans notre dernière édition, nous avons, d'accord avec une solution de l'Administration du 29 juin 1873, conclu dans le sens de la première opinion, en nous fondant sur les travaux préparatoires et sur le texte de l'art. 20, qui nous ont semblé indiquer la volonté, de la part du législateur, d'assimiler entièrement les actions dont il s'agit aux effets de commerce. Mais notre sentiment n'a pas été partagé par le tribunal de la Seine, qui s'est prononcé pour l'immutabilité du tarif de 5 cent. p. 100, dans un jugement du 24 janv. 1874 (19,374 J.; 3895 et 3982 R. p.; 15,299 Contr.;), dont voici les principaux motifs :

« Attendu que la loi du 5 juin 1850, au chapitre 1er du titre Ier, intitulé : Des effets de commerce, a fixé (art. 1er) le droit de timbre proportionnel sur lesdits effets à 5 cent. pour les effets de 100 fr. et au-dessous, et à 10 cent. au-dessus de 100 fr. jusqu'à 200 fr., et ainsi de suite en suivant la même progression et sans fraction; — Qu'au chapitre 1er du titre II, intitulé : Des actions dans les sociétés, elle a accordé (art. 20) un délai de six mois pour faire timbrer à l'extraordinaire ou viser pour timbre sans amende et au droit proportionnel de 5 cent. p. 100 fr., conformément à l'art. 1er, les titres ou certificats d'actions qui auraient été, en contravention aux lois existantes, délivrés antérieurement au 1er janv. 1851, et statué (art. 21) que les renouvellements desdits titres resteraient assujettis au timbre ainsi déterminé; — Que la loi du 23 août 1871, après avoir ajouté deux décimes au principal des droits de timbre de toute nature, a déclaré (art. 2) ne pas soumettre à ces deux décimes les effets de commerce spécifiés en l'art. 1er de la loi du 5 juin 1850, en portant au double le tarif fixé par ledit article et l'art. 2 de la même loi pour ces effets; — Que la même loi n'a fait aucune mention des renouvellements d'actions; — Attendu que, suivant la Régie, le droit de 10 cent. p. 100 ayant, en vertu de la loi de 1871, remplacé celui de 5 cent., et ce dernier droit devant être considéré comme n'existant plus, il faut en conclure que les renouvellements d'actions qui, sous l'empire de la loi du 5 juin 1850, étaient assujettis au timbre de 5 cent., c'est-à-dire au timbre proportionnel le moins élevé à cette époque, sont soumis, sous la législation actuelle, au droit de 10 cent.; — Mais attendu que la question du procès est de savoir si le droit de 5 cent., doublé pour les effets de commerce, n'a pas continué d'être en vigueur, augmenté de deux décimes pour les renouvellements d'actions; — Qu'à la vérité, la Régie invoque les termes de l'art. 20 de la loi de 1850, et notamment ces mots : « conformément à l'art. 1er », pour prétendre qu'au point de vue de la perception des droits de timbre le législateur de 1850 a complètement assimilé aux effets de commerce les actions antérieures à 1851; — Mais attendu, d'une part, qu'il résulte de la discussion de la loi de 1850 que les mots : « conformément à l'art. 1er », n'ont été introduits dans l'art. 20 que dans l'unique but de soumettre au timbre de 5 cent. les titres de 1 à 100 fr.; — Que, même d'autre part, la Régie elle-même reconnaît que, au point de vue de l'impôt, il existe entre les actions et les effets de commerce des différences essentielles; — Que si la loi de 1850 a également frappé du timbre proportionnel de 5 cent. p. 100 les effets de commerce et les actions anciennes, elle n'a pas décidé qu'à l'avenir toute modification apportée à ce tarif à l'égard des effets de commerce serait de plein droit et sans une disposition expresse applicable aux actions; — Et qu'une disposition de cette nature ne se rencontre pas dans la loi de 1871. »

L'Administration, après avoir d'abord déféré ce jugement à la Cour suprême, s'est désistée de son pourvoi et a adopté pour règle la doctrine du tribunal de la Seine. (Sol. 9 nov. 1874; 19,638 J.) Le droit de timbre dont sont passibles les renouvellements de l'espèce a donc subi simplement l'augmentation des deux décimes ajoutés aux droits de timbre de toute nature, à l'exception des droits applicables aux effets de commerce par l'art. 2 de la loi du 23 août 1871.

112. Renouvellements d'actions anciennes timbrées au timbre de dimension. — *Tarif de 5 c. p. 100.* La plupart des actions émises antérieurement au 1er janv. 1851, qui ont été soumises régulièrement à la formalité du timbre, ont dû être assujetties au timbre de dimension, conformément à la jurisprudence suivie alors par l'Administration. Se trouvant ainsi libérées de toute obligation fiscale, elles n'ont pas été atteintes par la disposition spéciale de l'art. 20 de la loi de 1850, qui n'a eu pour objet que de régulariser la situation des actions anciennes non timbrées. (Sol. 27 janv. 1853.) Mais s'ensuit-il qu'elles ne doivent pas être régies non plus par l'art. 21, qui s'occupe des renouvellements d'actions? Quand ces actions, qui ont primitivement été soumises au timbre de dimension, sont renouvelées par suite de transferts ou autrement, quel est le droit de timbre qui doit être appliqué aux nouveaux titres créés pour remplacer les anciens? Est-ce le droit de 5 c. p. 100 édicté par l'art. 21, ou le timbre de dimension?

Et d'abord il n'est pas douteux que ces nouveaux titres doivent être timbrés. L'exemption édictée par l'art. 17 ne concerne que les renouvellements de titres timbrés au droit proportionnel de 50 cent. ou de 1 p. 100, d'après le nouveau tarif. L'opinion contraire enseignée par M. Demasure (n° 142) ne peut se soutenir.

D'autre part, il ne paraît guère possible d'appliquer à ces nouveaux titres le timbre de dimension, en se fondant sur l'ancienne jurisprudence administrative, puisque cette jurisprudence a précisément été répudiée par le législateur.

Dans ces conditions, il ne reste place que pour l'application du timbre proportionnel de 5 c. p. 100 auquel les art. 20 et 21 ont soumis les anciennes actions qui n'avaient pas été primitivement timbrées, ainsi que leurs renouvellements. C'est ce qu'ont décidé une délibération du 21 janv. 1851 et une décision du ministre des finances du 9 oct. 1851.

113. *Banque de France. — Renouvellements des anciennes actions.* Cette même décision contient, pour les actions *anciennes* de la Banque de France, le règlement spécial suivant, qui ne paraît pas avoir été rapporté :

1° La Banque de France payera, sur état certifié au bureau du timbre à Paris, le droit de timbre proportionnel des certificats d'actions délivrés aux *nouveaux* possesseurs *par suite de mutation ou de transfert* au taux fixé par les art. 20 et 21 de la loi du 5 juin 1850 (chaque certificat de cette nature doit porter l'inscription : *Timbre en compte courant avec le Trésor*); 2° les nouveaux certificats délivrés aux *anciens* possesseurs, constatant le nombre des actions provenant d'un titre antérieur et conservées par eux, resteront, comme par le passé, assujettis *au droit de timbre de dimension;* il en sera de même des certificats pour les actions qui ne changent pas de propriétaire, mais qui sont transférées des registres de la Banque de France sur ceux d'une succursale, et *vice versa.*

Cette dernière disposition du règlement, qu'on pourrait croire en apparence contraire aux prescriptions de l'art. 21, est basée sur ces motifs que la Banque de France ne peut pas, comme la plupart des compagnies industrielles, se borner à mentionner sur le titre primitif les coupures qui en ont été vendues : elle est liée par des statuts et des règles de comptabilité dont le contrôle appartient à l'État. Dans cette situation, il serait injuste que la Banque, dont les registres ont toujours été timbrés, supportât, seule de tous les établissements industriels, un droit de timbre proportionnel très considérable, alors surtout que le renouvellement de la feuille de papier constatant le nombre d'actions non aliénées par l'ancien possesseur peut être considéré jusqu'à un certain point comme fait en exécution d'une mesure d'ordre intérieur.

114. *Certificats de transferts d'ordre des actions de la Banque de France.* C'est en vertu du même principe que le ministre des finances a décidé que les certificats de transfert d'ordre d'actions de la Banque délivrés aux agents de change ne devaient pas être assujettis au droit de timbre de dimension, conformément au règlement précité. La cession d'une action de la Banque donnant lieu à deux transferts, le premier au nom de l'agent de change et le dernier au nom de l'acheteur, il a paru que la délivrance du premier certificat n'avait lieu que par simple mesure d'ordre. D. m. f. 27 janv. 1852.

115. Conditions requises pour l'application du tarif de 5 c. p. 100 aux renouvellements des anciennes actions. — L'application du tarif spécial de 5 c. p. 100 aux renouvellements d'actions émises antérieurement au 1er janv. 1851 doit évidemment être restreinte au cas de renouvellement proprement dit. Il faudrait se garder de l'étendre au cas où une société, sous forme de renouvellements, procède à une émission de nouveaux titres absolument différents et distincts des premiers. Nous avons déjà fait connaître les règles à suivre pour observer cette distinction. V. *supra,* n°s 91 et suiv.

116. *Actions émises pour un capital supérieur à celui des anciennes actions.* Ainsi, il a été décidé que lorsqu'une société, au lieu de se borner à renouveler ses titres anciens, émet des actions nouvelles pour un capital supérieur à celui primitivement constitué, il n'y a renouvellement d'action, profitant du tarif de 5 cent. p. 100, que jusqu'à concurrence d'un chiffre égal à celui de l'ancien capital. Les actions représentant l'excédent sont régies par l'art. 14 de notre loi; elles sont soumises au droit de 1 p. 100 au comptant, ou à la taxe d'abonnement de 5 cent. p. 100 *par an.* Cass. 13 juin 1864; 17,838 J.; 1922 R. p.; Inst. 2288, § 7; 18,227 J. N.; 12,685 Contr.; S. 64, 1, 365; P. 64, 1221; D. P. 64, 1, 310. — Rapp. *supra,* n° 105.

117. *Actions de jouissance remplaçant une action de capital, ou réciproquement. Quid* des actions de jouissance délivrées sous l'empire de la loi de 1850, en remplacement d'actions de capital émises avant le 1er janv. 1851 et remboursées au taux d'émission? Il avait paru d'abord que c'étaient des actions nouvelles, soumises au tarif édicté par l'art. 14 (15,870 J.; Sol. 29 juil. 1858). Mais, après un nouvel examen, il a été reconnu que l'action de jouissance devait être considérée comme un simple renouvellement de l'action de capital amortie, et qu'elle devait être timbrée à 5 cent. p. 100 au comptant. (Sol. 11 juin 1867.) Cette dernière doctrine nous paraît préférable, par le motif que l'amortissement de l'action de capital était prévu dès l'origine et que, par suite, la délivrance de l'action de jouissance est la substitution, convenue d'avance, d'un titre amoindri au titre primitif.

Mais il n'en serait pas ainsi au cas où l'action de jouissance serait reconstituée en action de capital au moyen d'un nouveau versement en numéraire. Dans ce cas, on serait en présence d'un titre nouveau, passible de l'impôt selon les règles ordinaires. Seine, 27 déc. 1861; 17,465 J.; 12,141 Contr.; 10,545 R.; — Rapp. *supra,* n°s 95 et 96.

Art. 2. — *Des obligations.*

§ 1er. — Dispositions transitoires. — Obligations émises antérieurement au 1er janv. 1851.

118. Ancienne législation. — La loi du 5 juin 1850 ne s'applique, comme nous le verrons plus loin, qu'aux obligations *négociables*, émises par les compagnies, sociétés, départements, communes et établissements publics. Avant cette loi, les titres dont il s'agit tombaient incontestablement sous l'application des art. 8 et 14 de la loi du 13 brum. an 7, qui assujettissaient au droit de timbre proportionnel de 50 cent. p. 1,000 fr. « les billets à ordre ou au porteur... et *tous autres effets négociables ou de commerce* ». Le doute qui s'était élevé à cet égard en ce qui concerne les actions n'existait pas pour les obligations.

119. *Dispositions transitoires.* Néanmoins, comme, en fait, sous l'empire de cette législation, de nombreuses obligations avaient été émises sans se soumettre au payement du droit de timbre, la loi du 5 juin 1850 a offert aux contrevenants un moyen de régulariser leur situation. A cet effet, l'art. 30 a édicté la disposition suivante :

« Les départements, communes, établissements publics et compagnies, auront un délai de six mois, à partir de la promulgation de la présente loi, pour faire timbrer à l'extraordinaire, sans amende, ou viser pour timbre, au droit fixé par les lois existantes, les titres compris dans l'art. 27, et souscrits antérieurement au 1er janv. 1851. Ce délai expiré, les départements, communes, établissements publics et compagnies, seront passibles de l'amende déterminée par l'art. 29 (10 p. 100 du montant du titre). »

Les loi existantes, ainsi que nous venons de le faire remarquer, fixaient à 5 cent. p. 100 le droit à percevoir sur les titres dont il s'agit. C'est donc d'après ce tarif qu'ont dû être timbrées les obligations pour lesquelles les compagnies ont profité du délai de faveur fixé par le législateur.

Quant aux titres qui n'ont pas été soumis à la formalité dans ce délai, ils sont restés également soumis au droit de 5 cent. p. 100, sans préjudice de l'amende de 10 p. 100 encourue par les contrevenants.

120. Renouvellements des anciennes obligations. — On sait que les renouvellements d'actions émises antérieurement au 1er janv. 1851 ont été expressément tarifés par l'art. 21 de la loi du 5 juin 1850 au timbre de 5 cent. p. 100. Cette disposition n'a été, dans la pensée du législateur, qu'une application du principe de la non rétroactivité des lois, le tarif et les dispositions de la loi nouvelle ne devant s'appliquer qu'aux titres *émis* à partir du 1er janv. 1851. Aussi, bien que la loi ne contienne pas, en ce qui concerne les obligations anciennes, de disposition analogue à celle qui régit les anciennes actions, la Cour de cassation a cru néanmoins pouvoir décider que le même principe de non rétroactivité devait faire écarter pour les renouvellements de ces titres les dispositions édictées par la loi à l'égard des obligations émises depuis le 1er janv. 1851. Ces renouvellements, d'une part, ne sont pas soumis au nouveau tarif de 1 p. 100 établi par l'art. 27 sur les obligations nouvellement émises, et, d'autre part, ne peuvent invoquer le bénéfice de la gratuité édictée par l'art. 17 en faveur des titres qui, lors de leur émission, ont acquitté le droit de 1 p. 100. Ils continuent à subir le régime antérieur à la loi du 5 juin 1850, et, par conséquent, sont passibles du droit de timbre de 5 cent. p. 100. Cass., rej., 29 avril 1861; 17,312 J.; 10,400 R.; 17,143 J. N.; 1201, 1202 Contr.; 1489 R. p.; Inst. 2201, § 7.

§ 2. — Titres assujettis à l'impôt sous le nom d'obligations.

121. Texte. — *Art. 27, loi du 5 juin 1850.* L'art. 27 de la loi du 5 juin 1850 est ainsi conçu :

« Les titres d'obligations souscrits à compter du 1er janv. 1851 par les départements, communes, établissements publics et compagnies, sous quelque dénomination que ce soit, dont la cession, pour être parfaite à l'égard des tiers, n'est pas soumise aux dispositions de l'art. 1690 du Code civil, seront assujettis au timbre proportionnel de 1 p. 100 du montant du titre... »

122. Sociétés et établissements dont les obligations tombent sous l'application de la loi. — Ainsi que le faisait justement remarquer l'Administration dans un mémoire rapporté au Journal (art. 20,806), les lois des 5 juin 1850 (art. 27), 23 juin 1857 (art. 6) et 29 juin 1872 (art. 1er, 2 et 3), sont susceptibles d'être envisagées sous un double aspect : 1° sous le rapport des personnes civiles, établissements, etc., de qui émanent les actions, obligations et emprunts soumis à l'impôt ; 2° au point de vue de la nature même de ces actions, obligations et emprunts.

Sous le premier point de vue, on reconnaît, en se reportant aux textes, que le législateur a employé des formules éminemment générales, qui comprennent dans une énumération complète non seulement les sociétés ou compagnies, les départements et les communes, de qui émanent le plus souvent les actions ou obligations, mais encore les établissements publics et les entreprises quelconques, financières, industrielles, commerciales ou civiles. Cette accumulation d'expressions révèle clairement l'intention d'atteindre les actions ou les obligations de toute association, de tout établissement, de toute entreprise quelconque, dont l'organisation ou le fonctionnement peut comporter une création de valeurs semblables à celles que les sociétés introduisent dans la fortune publique.

123. *Associations. Collectivités.* Il en résulte que la disposition de l'art. 27 de la loi du 5 juin 1850, relative au timbre des obligations, est beaucoup plus compréhensive que celle de l'art. 14, qui régit le timbre des actions. Tandis que cette dernière, en effet, ne peut atteindre que les sociétés par actions, puisque ce sont les seules qui comportent l'existence d'actions, la première s'applique non seulement aux obligations des sociétés par actions proprement dites, mais encore à celles des départements, communes, établissements publics, compagnies, et de toute collectivité créant des valeurs semblables à celles qu'émettent les sociétés d'actionnaires. Ce caractère général de la loi a été implicitement reconnu par un arrêt de la Cour de cassation du 6 août 1878, qui a, il est vrai, statué au sujet de l'exigibilité du droit de transmission établi par la loi du 23 juin 1857 (20,806 J.; 5068 R. p.; 15,980 Contr.; 21,943 J. N.; Inst. 2603, § 3 ; S., 79, 1, 474 ; P., 79, 1225 ; D. P., 79, 1, 291). Mais, comme cette loi atteint exactement les mêmes titres que la loi de 1850, les décisions qui déterminent sa portée fixent par là même les limites d'application de la loi sur le timbre.

124. *Communauté d'huissiers.* Il résulte de cet arrêt que le législateur, par les formules générales qu'il a employées en établissant le droit de transmission, a manifesté la volonté d'atteindre les actions ou les obligations de toute association ou de toute collectivité créant des valeurs semblables à celles qu'émettent les sociétés d'actionnaires. Dès lors, les obligations négociables émises par la communauté des huissiers d'un arrondissement, productives d'intérêts et représentant un emprunt remboursable au moyen d'un amortissement par voie de tirage au sort, sont passibles de l'impôt de transmission et, par identité de motifs, de l'impôt du timbre, la communauté débitrice constituant une collectivité qui rentre dans les prévisions de la loi.

125. *Etablissements publics et d'utilité publique.* L'arrêt du 6 août 1878 (précité), tout en décidant expressément qu'une communauté d'huissiers ne constitue pas un établissement public proprement dit, reconnaît cependant que les obligations émises par elle tombent sous l'application de la loi du

23 juin 1857 relative au droit de transmission, et par cela même de la loi du 5 juin 1850 relative au timbre, puisque la portée de ces deux lois est la même.

Cette décision se justifie d'abord par le motif que la Cour en a elle-même donné, à savoir que la loi atteint toutes les collectivités qui créent des valeurs semblables à celles qu'émettent les sociétés d'actionnaires. Elle se justifie en outre par cette considération qu'une communauté d'huissiers, en supposant qu'elle n'ait pas le caractère d'un établissement public proprement dit, constitue tout au moins *un établissement d'utilité publique*. Or il n'est pas douteux pour nous que sous cette désignation d'établissements publics la loi ait entendu comprendre tous les établissements qui tirent de la reconnaissance de l'autorité administrative leur existence légale et la capacité d'acquérir et de posséder. C'est l'observation qui a été faite au Dict. des Réd., v° Etablissement public, n° 75, et notre opinion a été consacrée, non seulement par l'arrêt du 6 août 1878 que nous venons de citer, mais encore par un arrêt du 3 avril 1878, qui a reconnu l'exigibilité de l'impôt sur le revenu sur les obligations du Mont-de-piété, considéré comme établissement d'utilité publique (20,729 J.; 4929 R. p.; 15,928 Contr.; 21,898 J. N.; Inst. 2597, § 5; S., 78, 1, 279; P., 78, 688; D. P., 78, 1, 178). Le mot *établissement public*, qui a été successivement employé par les lois du 5 juin 1850, du 23 juin 1857 et du 29 juin 1872, a, contrairement à l'opinion émise par M. Demasure (Traité du Régime fiscal des sociétés, n° 146), une signification très large et très générale, qui embrasse certainement et sans distinction les établissements d'utilité publique comme les établissements publics proprement dits. C'est ce que l'Administration a démontré dans les termes suivants (V. 20,729 J.) :

Les expressions *établissements publics* et *établissements d'utilité publique* ont été employées dans un grand nombre de dispositions législatives, soit ensemble (L. 26 fév. 1862, relative aux emprunts des départements, etc.; Décr. 30 janv. 1863, relatif aux legs faits aux communes, etc.; Décr. 21 août 1872, portant règlement intérieur du Conseil d'État), soit séparément (C. civ. 910, 937, 2045, § 3; 2121; C. proc. 49, § 1; 69, § 3; 83, § 1; 126, § 2; 336, 481, 1032; LL. 16 juin 1824, art. 7; 18 avril 1831, art. 17; 20 fév. 1849, art. 1er); mais aucune loi n'a déterminé nominativement, ni même par l'indication de leur nature, les établissements qui composent respectivement chacune de ces deux catégories.

Les deux dénominations sont d'ailleurs fréquemment confondues dans le langage usuel, et le législateur lui-même les a en plusieurs cas employées l'une pour l'autre. C'est ainsi que les art. 910 et 937 C. civ., relatifs à l'acceptation et à l'autorisation des dons et legs, ne mentionnent que les établissements d'utilité publique, bien que les dispositions de ces articles soient évidemment applicables à tous les établissements publics en général.

En sens inverse, l'art. 7 de la loi du 16 juin 1824, et l'art. 17 de la loi du 18 avril 1831, qui en a prononcé l'abrogation, ont compris dans la dénomination d'*établissements publics* tous les établissements d'utilité publique légalement autorisés, tels que les communautés religieuses, dont ils font mention expresse.

De même, la loi du 20 fév. 1849, qui frappe de la taxe des biens de mainmorte les immeubles appartenant aux établissements des deux catégories, confond ces établissements dans l'expression unique d'*établissements publics*.

La définition donnée par Dalloz à l'expression *établissements publics* assigne pareillement à ces mots un sens tout à fait général (v° Etablissement public, nos 1 et 2). « On nomme ainsi, dit-il, des établissements civils ou religieux qui ont pour objet l'utilité morale ou matérielle des citoyens... Les établissements publics comprennent, en général, ce qu'on entendait avant la Révolution par gens de mainmorte, c'est-à-dire, et d'après la définition de Guyot, tous les corps et communautés tant ecclésiastiques que laïques, qui sont perpétuels et qui, par une subrogation de personnes, étant censés être toujours les mêmes, ne produisent aucune mutation par mort... En 1789, tous ces établissements furent absorbés par la nation... A mesure que les pouvoirs se reconstituèrent, on vit se dégager du sein de la nation, avec une certaine individualité, diverses corporations ou administrations qui, en raison de l'intérêt et des besoins sous l'empire desquels elles sont nées, ont pris le nom d'*établissements publics*. Tels sont :

« 1° Les divers établissements de bienfaisance communaux ou départementaux, les hospices, les caisses d'épargne, les monts-de-piété, les salles d'asile, etc.;

« 2° Le corps universitaire, les académies, facultés, écoles normales, spéciales et primaires, les collèges, les lycées, l'Institut, etc.;

« 3° Les établissements religieux, évêchés, cures, fabriques, séminaires, etc.;

« 4° Les écoles militaires, les établissements de la Légion d'honneur et des Invalides, etc.;

« 5° Certaines maisons de secours qui, bien qu'instituées par des particuliers, puisent dans l'autorisation administrative à laquelle elles sont astreintes le caractère et la dénomination d'*établissements publics*. »

En résumé, il résulte de l'examen de la législation et des définitions proposées par un jurisconsulte recommandable, que l'expression *établissements publics* n'exclut nullement les établissements d'utilité publique.

Conformément à ces conclusions, la Cour a décidé, en se fondant sur le sens éminemment général du mot *établissement public*, employé par le législateur, que les obligations du Mont-de-piété devaient être assujetties à la taxe sur le revenu. Par identité de motifs, elle ne pourrait que rendre la même solution en ce qui concerne l'exigibilité du droit de timbre.

126. Concluons donc de ce qui précède qu'outre les obligations émises par les sociétés par actions, par les départements, les communes et les établissements publics proprement dits, la loi de 1850 atteint les titres de même nature émis soit par des associations ou collectivités qui feraient appel au crédit par les mêmes moyens que les sociétés d'actionnaires, soit par les établissements d'utilité publique de toute nature, tels que, pour ne citer que quelques exemples, les associations syndicales autorisées, auxquelles un arrêt de la Cour de cassation du 1er déc. 1886 (22,937 J.) a reconnu le caractère d'établissement d'utilité publique, les sociétés de secours mutuels, les sociétés littéraires et scientifiques, ainsi que les congrégations religieuses reconnues. Rapp., v° Etablissement public, n° 13.

127. *Corporations d'officiers ministériels.* Une solution du 25 mars 1873 a reconnu que l'art. 27 de la loi du 25 juin 1850 s'applique aux obligations émises par les corporations des notaires, huissiers, avoués et commissaires-priseurs. Cette solution n'est qu'une application des règles qui viennent d'être énoncées, soit qu'on considère ces corporations comme des établissements publics, ou comme des établissements d'utilité publique, soit qu'on les envisage simplement comme des collectivités ayant une existence juridique et comprises dans la disposition éminemment compréhensive de la loi précitée.

128. *Chambres de commerce.* La même solution doit être *a fortiori* étendue aux obligations des chambres de commerce auxquelles un arrêt de la Chambre des requêtes, du 28 oct. 1885, a expressément reconnu le caractère d'établissement public. 22,554 J.; 6581 R. p.; 17,105 Contr.; 23,555 J. N.; 7234 Rev. not.; Inst. 2724, § 1er; S., 86, 1, 436; P., 86, 1, 1053; D. P. 85, 1, 397; Rapp. Sol., 9 mai 1881, 21,786 J.; 16,660 Contr.; D. P., 82, 3, 120.

129. Titres atteints par la loi du 5 juin 1850. — Après avoir précisé la portée de la loi de 1850 au point de vue des sociétés et établissements qui tombent sous le coup de ses prescriptions, nous devons en étudier les dispositions au point de vue de la nature des titres qui sont atteints par le droit de 1 p. 100.

L'art. 27 de la loi ne régit pas, en effet, toutes les obligations, sans distinction, qui peuvent être souscrites par les sociétés, départements, communes et établissements publics. Tout d'abord son texte exclut formellement les obligations dont la cession, pour être parfaite, est soumise aux dispositions de l'art. 1690 du Code civil, et n'atteint ainsi que les obligations négociables. En outre, on est unanime à reconnaître que sa disposition est limitée par la disposition de l'art. 1er de la même loi, qui fixe à un taux différent (5 cent. par 100 fr.) le timbre des « lettres de change, billets à ordre ou au porteur, mandats, retraites et *tous autres effets négociables ou de commerce* ».

130. **Distinction entre les obligations visées par l'art. 27 et les effets de commerce tarifés par l'art. 1er de la loi du 5 juin 1850.** — D'après ce que nous venons d'expliquer, il y a un grand intérêt à distinguer, pour l'application exacte du tarif, les titres qui constituent de simples effets de commerce dans le sens de l'art. 1er de la loi précitée, et doivent être timbrés au droit de 5 cent. par 100 fr. et ceux qui, ayant le caractère d'obligations proprement dites dans le sens de l'art. 27 de cette même loi, sont passibles du droit de timbre, beaucoup plus élevé, de 1 p. 100.

En justifiant un pourvoi qu'elle avait formé contre un jugement du tribunal de la Seine du 10 avril 1869 (18,731 J.; 2939 R. p.; 2472 Rev. not.), l'Administration a posé la règle qui, selon elle, doit servir de base à cette distinction, dans les termes suivants :

« L'art. 27 ne saurait avoir pour résultat de soustraire d'une manière générale à l'application de l'art. 1er les billets à ordre ou au porteur souscrits par les compagnies. Ces deux articles, en effet, ont chacun leur portée spéciale, et ils ne présentent entre eux rien d'incompatible. Établi, en termes généraux, pour tous les titres d'obligations négociables souscrites par les compagnies, « sous quelque dénomination que ce soit », le tarif de l'art. 27 (1 p. 100) doit former la règle. Établi au contraire en termes restrictifs pour « les billets à « ordre ou au porteur et tous autres effets négociables et de « commerce », le tarif de l'art. 1er (5 cent. pour 100) doit former l'exception et n'atteindre que les obligations commerciales y désignées. En d'autres termes, les billets à ordre ou au porteur souscrits par des sociétés commerciales sont passibles du tarif exceptionnel de 5 cent. p. 100 lorsque, relatifs à l'une des opérations courantes auxquelles donne naissance le fonctionnement de la société, ils comportent la qualification d'effets de commerce; dans tous les autres cas, et quelle que soit leur dénomination de billets ou d'obligations, la compagnie qui les émet doit acquitter le droit de timbre à 1 p. 100. Dans cet ordre d'idées, le tarif de 5 cent. p. 100 est seul applicable aux billets à ordre ou obligations négociables qu'une compagnie souscrit en payement soit de marchandises ou fournitures, soit de travaux effectués pour son compte. De même, s'il s'agit spécialement d'une société de banque, le tarif de 5 cent. p. 100 atteint les billets à ordre ou au porteur, destinés à procurer du crédit aux bénéficiaires ou à régler le compte que la société leur a ouvert, forment des éléments de leur compte de banque. Mais le tarif général de 1 p. 100 doit être appliqué lorsque les billets souscrits par la compagnie, étrangers aux opérations de change, d'escompte ou de négociation qui sont de l'essence de la banque, ont pour objet une opération qui ne revêt aucun caractère commercial et qui, par exemple, consiste simplement à constater un prêt à intérêts fait par un particulier à la société. Dans ce cas, l'opération constatée par le titre n'est pas une opération de commerce; ce titre, par conséquent, ne rentre pas dans la catégorie spéciale des effets de commerce; il constitue un véritable titre d'emprunt, une obligation dans le sens propre du mot, et il se trouve nécessairement régi par les dispositions de la loi relative aux obligations des compagnies en général. » 18,731 J.

131. *Jurisprudence de la Cour de cassation. Titres susceptibles d'être cotés à la Bourse.* La distinction ainsi formulée par l'Administration n'a pas été admise par la Cour de cassation. Par arrêt du 17 août 1869, elle a décidé que, d'après l'intention du législateur, le droit de 1 p. 100 établi par l'art. 27 n'atteint que « *les titres cotés à la Bourse ou susceptibles de l'être*, c'est-à-dire les obligations émises en représentation d'emprunts d'une somme déterminée, offertes au public par fractions égales et ordinairement remboursables à long terme ou amortissables par voie de tirage au sort. ». En conséquence le droit de 1 p. 100 ne peut être exigé d'une société qui a émis des engagements au porteur ou à ordre de sommes variables, payables à des échéances diverses de trois mois à cinq ans. 18,731 J.; 3029 R. p.; 2567 Rev. not.; 14,421 Contr.; 19,810 J. N.; S., 69, 1, 479; P., 69, 1232; D. P., 70, 1, 32. « Loin de représenter, dit-on dans les motifs du jugement du tribunal de la Seine, contre lequel le pourvoi de l'Administration avait été formé, des fractions égales d'un emprunt unique contracté en vue d'augmenter le capital social, les titres émis par la société ont été souscrits successivement en échange de versements inégaux, à courtes échéances déterminées par chaque titre, avec intérêts variables suivant la durée de l'engagement, et n'ont modifié aucunement le capital social dont ils ne comportent que l'utilisation prévue et autorisée par les statuts. »

132. Par arrêt du 9 avril 1879 (21,016 J.; 5212 R. p.; 16,083 Contr.; 22,095 J. N.; Inst. 2621, § 5; S., 79, 1, 477; P., 79, 1229; D. P., 79, 1, 289), rendu en matière de droit de transmission, et annulant un jugement du tribunal de la Seine du 6 juin 1874 (19,499 J.; 4070 R. p.; 15,476 Contr.), la Cour de cassation a reconnu le caractère d'obligations, passibles du droit de transmission et, par cela même, du droit de timbre à 1 p. 100, à des titres négociables émis par une ville, sous la qualification de titres d'annuités, en vue d'acquitter à long terme et par acomptes, comprenant l'intérêt et l'amortissement du capital, le prix de biens mobiliers et immobiliers achetés par elle. Elle s'est fondée, pour le décider ainsi, sur ce motif que les titres à tarifer étaient cotés à la Bourse ou susceptibles de l'être et, par conséquent, elle est restée fidèle à la jurisprudence qui résultait déjà de son arrêt du 17 août 1869 (précité).

« Vu, porte cette décision, l'art. 6 de la loi du 23 juin 1857 et l'art. 11 de celle du 16 sept. 1871; — Attendu que ces textes ont établi, indépendamment du droit spécial de timbre à 1 p. 100 créé par la loi du 5 juin 1850, art. 27, un impôt de transmission sur les titres d'obligations des sociétés, départements, communes et établissements publics; — Que dans ses termes généraux la loi, sans se préoccuper des circonstances qui ont pu déterminer l'émission, embrasse tous les titres qui, émis par une société, un département, une commune ou un établissement public, ont le caractère de valeurs publiques cotées à la Bourse ou susceptibles de l'être; — Qu'il y a lieu, dès lors, de considérer comme soumis audit impôt de transmission des titres émis par la ville de Paris sous la dénomination d'annuités, en payement du prix de rachat du péage de certains ponts; — Qu'en effet, ces titres ont été créés en payement d'une dette de la ville de Paris et soumis à un amortissement progressif embrassant une longue période; qu'établis au porteur et dans les mêmes conditions, ils sont, les uns admis à la cote officielle de la Bourse de Paris sous la dénomination d'annuités municipales de Trois ponts, les autres susceptibles d'y être admis; qu'ils procurent par là aux obligations tous les avantages d'une négociation publique et rapide; — Que constituant ainsi non point des effets privés ou de commerce dans le sens de l'art. 1er de la loi du 5 juin 1850, mais bien des valeurs publiques, leur création et leur transmission rendent exigible le droit établi par les art. 6 de la loi du 23 juin 1857 et 11 de la loi du 16 septembre 1871. — Dans le même sens, jugement sur renvoi du tribunal de Versailles du 20 juil. 1880 (21,839 J.).

133. *Jurisprudence de l'Administration.* Le criterium

adopté par la Cour de cassation pour distinguer les obligations proprement dites des effets de commerce est-il conforme à l'intention du législateur? Nous ne le pensons pas.

Ainsi que l'a fait observer l'Administration dans une décision ministérielle du 22 décembre 1886, dont nous approuvons entièrement les motifs (22,865 J.; 6933 R. p.), « en se reportant aux travaux préparatoires et aux débats parlementaires qui ont précédé le vote de la loi de 1850, on ne trouve nulle part la justification de cette distinction qui subordonne l'exigibilité du droit de 1 p. 100 à la condition que « les obli- « gations soient cotées à la Bourse ou susceptibles de l'être ». Les obligations cotées à la Bourse sont, d'après deux arrêts récents de la Cour de cassation, celles qui ont été jugées par la Chambre syndicale des agents de change aptes à être portées sur la cote officielle. (Cass., 1er juill. 1885; D. P., 85, 1, 393; 9 mars 1886; D. P., 86, 1, 266.) Dans une autre opinion, ce sont celles qui, par leur importance, la multiplicité des échanges dont elles font l'objet, leur grand mouvement de circulation, ont conquis une notoriété suffisante sur le marché financier pour être admissibles à la cote. Enfin, dans une troisième opinion, ce seraient les obligations dont aucune loi et aucun règlement n'interdisent, à raison de leur nature intrinsèque, la négociation en bourse. V. sur ce point note de Dalloz, 85, 1, 393.

« Quelle que soit la valeur de ces diverses interprétations, il est évident que ni la loi de 1850, ni celle du 23 juin 1857, ni les lois postérieures qui ont organisé la perception du droit de timbre et de transmission sur les actions et les obligations, n'ont subordonné l'exigibilité de ce droit à la condition exprimée par la Cour de cassation. Il suffit, pour le prouver, de faire remarquer que le droit est dû immédiatement dès que les obligations sont émises, c'est-à-dire à une époque où l'admission à la cote n'a pu encore être prononcée (1er système), et où les obligations ont rarement acquis les conditions de notoriété exigées dans le second système pour être admissibles à la cote. C'est d'après leur nature que les obligations doivent être tarifées et non d'après les circonstances extrinsèques qui peuvent, postérieurement à leur émission, les rendre susceptibles d'être cotées. Quant aux conditions qui, dans le troisième système, se rattachent à leur nature intrinsèque, ainsi que le faisait remarquer M. l'avocat Desjardins dans l'affaire qui a donné lieu à l'arrêt du 1er juillet 1885, elles sont, en fait, toujours remplies, dès lors qu'elles sont négociables et que leur émission a eu lieu régulièrement. »

134. La distinction qui a servi de base aux arrêts du 17 août 1869 et du 9 avril 1879 ne saurait donc servir à déterminer les cas dans lesquels le droit de 1 p. 100 doit être appliqué, et ceux qui ne comportent que la perception du droit de 5 cent. p. 100. Celle que l'Administration a proposée en 1869 (V. *supra*, n° 130) et qui, nonobstant les arrêts de la Cour, n'a pas cessé de servir de base à sa jurisprudence, nous paraît préférable, en ce qu'elle est conforme au texte et à l'esprit de la loi de 1850 et à la signification ordinaire et respective des mots « effets de commerce et obligations ».

Les obligations dont parle la loi, par opposition aux effets de commerce, doivent s'entendre de tous les titres qui représentent, pour l'obligataire, une valeur de placement, quelles que soient la forme du titre et les facilités plus ou moins grandes de sa circulation, pourvu, bien entendu, qu'il soit négociable. Dans une société, l'obligation est la représentation de la somme versée ou laissée par les tiers, non associés, dans la caisse sociale et confondue avec les apports des actionnaires pour former le capital d'exploitation. Le rapport de M. Leroux sur le projet de loi prouve bien que c'est à ce point de vue très général que le législateur de 1850 a envisagé les obligations pour les assujettir au droit de 1 p. 100.

« L'usage, disait-il, a introduit pour la transmission des obligations la même forme que pour la cession des actions. Elles se transportent par la remise du titre lorsqu'il est au porteur, et par la voie de l'endossement ou une déclaration sur les registres lorsqu'elles sont à ordre ou nominatives.

« La similitude dans les avantages doit amener l'égalité dans le droit de timbre. Une autre raison plus puissante la détermine encore : c'est que, si les obligations restaient sous l'empire de la loi ancienne, elles deviendraient un moyen facile pour les compagnies de se soustraire, en grande partie, à l'application de la loi nouvelle, parce que, d'une part, elles diminueraient le capital social et par conséquent le capital nominal de chaque action, et que, d'un autre côté, elles créeraient des obligations et forceraient chaque actionnaire à en prendre un certain nombre pour jouir des bénéfices attachés à son action. »

En un mot c'est tout le capital-obligations, comme le capital-actions, que la loi a voulu atteindre. Les effets de commerce proprement dits sont les instruments de circulation de ce capital, les moyens propres à le mettre en œuvre et à l'utiliser, plutôt que les titres destinés à le représenter entre les mains des tiers créanciers; c'est avec raison qu'on les laisse en dehors de l'application de l'art. 27 de la loi de 1850. Mais, dès lors qu'il s'agit d'obligations véritables, c'est-à-dire de titres remis à un créancier en représentation des sommes qu'il laisse à la société, pour que celle-ci s'en serve et les fasse fructifier comme elle le fait du capital-actions, l'impôt de 1 p. 100 a toute sa raison d'être et devient, selon nous, exigible, quelle que soit, nous le répétons, la forme du titre, pourvu seulement qu'il remplisse la condition de négociabilité exigée par le législateur.

Il en résulte que pour que les titres émis par une société, un département, une commune ou un établissement public, se distinguent des effets de commerce et aient le caractère d'obligations proprement dites, passibles en principe du droit de timbre à 1 p. 100 édicté par l'art. 27 de la loi du 5 juin 1850 et du droit de transmission établi par la loi du 23 juin 1857, il n'est pas nécessaire qu'ils rentrent dans la catégorie des titres cotés à la Bourse ou susceptibles de l'être; il suffit qu'étant émis en représentation d'un emprunt ou d'une dette à long terme, ils n'aient pas pour objet exclusif, comme les effets de commerce, de réaliser une des opérations courantes et transitoires auxquelles donnent lieu le fonctionnement de la société ou des services de la commune, le payement de leurs dépenses ou l'accomplissement de leurs opérations de trésorerie.

Telle est la règle posée expressément par une décision du ministre des finances du 22 décembre 1886 (22,865 J.; 6933 R. p.), dont les motifs, fortement déduits, servent de base aux explications qui précèdent et à celles qui vont suivre :

135. *Applications.* — 1° *Effets de commerce.* Cette règle, appliquée, par exemple, aux obligations des communes, conduit à décider que les billets à ordre ou au porteur, ou tous autres effets souscrits par une commune pour le règlement de ses engagements avec ses fournisseurs, par exemple pour le payement de travaux effectués par un entrepreneur, sont des effets d'un caractère privé rentrant dans la classe des effets de commerce. Il en est de même des billets ou engagements souscrits par une société pour les besoins courants de son commerce ou de son exploitation.

136. C'est ainsi qu'aux termes d'une solution du 19 février 1869, on doit considérer comme de simples effets de commerce les mandats négociables, même au porteur, tirés sur la caisse municipale par un entrepreneur de travaux publics, créancier de la commune, lors même que ces mandats seraient revêtus d'un visa du maire équivalant à une acceptation.

137. On décide de même que les bons à court terme et de coupures variables au moyen desquels une commune assure son service de trésorerie doivent être rangés dans la classe des effets de commerce, et ne donnent ouverture qu'au droit de timbre de 5 cent. p. 100. Sol. 19 janv. 1855, 18,119-2 J.;

8 août 1878, 12 sept. 1872; — Rapp. Seine, 6 juin 1874, 19,499 J.; 4070 R. p.; 15,476 Contr.

138. 2° *Obligations.* Mais, si une commune ou une société fait un véritable emprunt, ou si elle consolide sa dette flottante ou celle qui résulte d'opérations commerciales, d'achats, de travaux, etc., en émettant, pour la transformer, des obligations à long terme, les titres négociables qu'elle crée en représentation des sommes qui lui sont versées ou dont elle se libère, n'ont pas le caractère de simples effets de commerce. Ces titres constituent, entre les mains des ayants droit, des valeurs de placement dont la circulation justifie la perception des mêmes impôts que ceux qui atteignent la circulation des actions dans les sociétés. Ils rentrent donc dans la catégorie des titres que la disposition générale de la loi de 1850 a tarifés au droit proportionnel de 1 p. 100 sous le nom d'obligations.

139. Dans ce sens, l'arrêt du 9 avril 1879, précité (V. *supra*, n° 132), a justement décidé que le droit de timbre de 1 p. 100 devait être appliqué à des titres négociables, émis par une commune, sous le nom de titres d'annuités, en vue d'acquitter, par acomptes comprenant l'intérêt et l'amortissement du capital, le prix de biens mobiliers et immobiliers acquis par une commune. La Cour s'est, il est vrai, fondée sur ce que les titres étaient cotés à la Bourse ou susceptibles de l'être. Mais ce motif était surabondant, et nous estimons qu'à son défaut la décision à rendre aurait dû être la même.

140. *Obligations communales sous forme de billets à ordre.* Une décision du ministre des finances du 16 septembre 1880 a fait application de ces principes, en reconnaissant que lorsqu'une commune, afin de réaliser un emprunt de gré à gré, précédemment voté par le Conseil municipal, souscrit, à l'ordre des prêteurs, des billets remboursables à des échéances différentes, ces billets, signés par le maire et le Conseil municipal, sont assujettis au timbre proportionnel de 1 p. 100, conformément à l'art. 27 de la loi du 5 juin 1850, et au droit de transmission. 21,453 J.

141. *Obligations communales sous forme de reconnaissances.* Enfin, en posant nettement la règle qui doit servir à distinguer les simples effets de commerce des obligations, la décision ministérielle du 22 décembre 1886 que nous avons déjà citée, et à laquelle nous avons emprunté une partie de nos explications (V. *supra*, n° 134), reconnaît le caractère d'obligations communales, passibles du droit de timbre de 1 p. 100 et du droit de transmission, à des titres souscrits par une commune dans les conditions ci-après :

Un décret du 8 déc. 1879 avait autorisé la commune d'E... « à emprunter soit avec publicité et concurrence, soit de gré à gré, à un taux d'intérêt n'excédant pas 4 1/2 p. 100, soit directement de la Caisse des dépôts et consignations... une somme de 130,000 francs remboursable en dix-huit ans à partir de 1881, et destinée à divers travaux d'utilité communale ».

A la suite d'annonces faites à son de caisse dans les rues de la ville, l'emprunt a été réalisé à diverses dates, du 19 avril 1880 au 14 déc. 1882. Il a donné lieu à la délivrance de 126 titres de 1,000 francs et de 8 titres de 500 francs, écrits chacun sur une feuille de papier timbrée à 60 centimes et libellés de la manière suivante : « Ville d'E..., emprunt communal de 130,000 francs. Nous, maire de la ville d'E..., agissant au nom de cette commune et en vertu d'un décret du 8 déc. 1879, reconnaissons que M... a prêté à la commune d'E... la somme de (500 ou 1,000 francs) dont il lui sera payé intérêt annuel au taux de 4 p. 100 net, jusqu'au remboursement qui aura lieu par voie de tirage au sort et après un avertissement administratif de trois mois. E..., le... Le maire, signé... »

Le ministre, consulté sur le tarif du droit de timbre à appliquer à ces reconnaissances, a décidé qu'elles rentraient, par leur caractère, dans la classe des obligations communales que la loi du 5 juin 1850 a assujetties au droit de 1 p. 100, dans le cas où elles sont négociables. Quant à la question de négociabilité, V. *infra*, n° **144**.

142. **Obligations négociables.** — Les obligations des sociétés, départements, communes et établissements publics, ne tombent sous l'application du tarif de 1 p. 100 que si elles sont négociables, c'est-à-dire transmissibles en dehors de l'accomplissement des formalités prescrites par l'art. 1690 du C. civ., à savoir par simple tradition, si elles sont au porteur, par voie d'endossement, si elles sont à ordre, ou par une déclaration de transfert, si elles sont nominatives.

143. *Emprunt constaté par une simple quittance délivrée au prêteur.* Ainsi, il a été décidé que l'art. 27 de la loi du 5 juin 1850 ne pouvait être appliqué à des emprunts souscrits de gré à gré par un établissement public et en représentation desquels il n'avait été délivré aux prêteurs que des quittances nominatives, constatant le versement des fonds à la caisse du receveur de l'établissement. Ces quittances ont le caractère de reconnaissances de sommes pures et simples, et, comme telles, ne doivent être assujetties qu'au droit de timbre de 5 cent. p. 100 établi sur les effets de commerce par les lois du 15 brum. an 7 et du 5 juin 1850 et étendu aux billets simples par l'art. 6 de la loi du 6 prairial an 7. — Sol. 2 août 1883, 22,196 J.; 16,659 Contr. — « Dans l'espèce, porte la solution, le mode de transmission des titres n'est prévu ni par la délibération de la commission administrative de l'hospice, ni par l'arrêté préfectoral qui ont autorisé l'emprunt. D'autre part, les obligations sont nominatives et ne contiennent pas la clause à ordre qui indique la possibilité de la cession des titres par endossement (C. comm., 136). Dès lors, elles constituent des titres non négociables, dont la cession, pour devenir opposable aux tiers, est soumise au droit commun des transports de créances (C. civ., 1690). Par ces motifs, elles échappent à l'application des droits de timbre à 1 p. 100 et de transmission. — Mais la perception du droit de timbre de 25 cent. est insuffisante. Sans doute, les écrits remis aux prêteurs et signés par le receveur de l'hospice seul constituent, dans la forme qui leur a été donnée, plutôt des quittances que des titres obligatoires. Toutefois, pour que tel fût, en réalité, leur caractère, il faudrait qu'ils eussent pour objet de constater la libération d'une obligation antérieurement contractée par les prêteurs, en ce qui concerne le versement des fonds empruntés dans la caisse de l'établissement. C'est ce qui se produisait dans l'affaire qui a donné lieu à l'arrêt de la Cour de cassation du 30 mars 1881; 21,607 J.; 22,560 J. N.; 16,448 Contr.; 5707 R. p.; Inst. 2656, § 8; S., 82, 1, 177; P., 82, 654; D. P., 81, 1, 369. — Or, au cas actuel, la souscription de l'emprunt n'est constatée par aucun acte, aucune délibération de la commission qui puisse être considérée comme en constituant le titre en la forme administrative. On ne peut donc pas dire qu'en effectuant leurs versements à la caisse de l'hospice, les prêteurs se soient libérés d'une obligation antérieurement contractée, et l'on ne saurait, dès lors, considérer comme une quittance l'écrit qui constate ces versements. — Cet écrit forme, en réalité, le seul titre en vertu duquel les intéressés pourront prouver l'existence de leurs droits et poursuivre ultérieurement le remboursement de leur créance : son caractère est donc celui d'une véritable obligation. »

144. *Titres ne faisant pas mention du mode de transmission. Obligations émises par voie de souscription publique.* Les motifs de la décision précitée pourraient laisser croire que les titres d'obligations émis par une société ou par une commune échappent, comme n'étant pas négociables, aux dispositions de l'art. 27 de la loi du 5 juin 1850, par cela seul qu'ils n'expriment pas le mode à employer pour leur cession. Cette conclusion, exacte en ce qui concerne les titres souscrits dans la forme des obligations des simples particuliers, ne doit pas être généralisée. C'est ce que l'Administration a fait très nettement et très exactement ressortir dans la décision qu'elle a fait prendre au ministre des finances, le 22 décembre 1886, au sujet des obligations communales dont nous avons parlé *supra*, n° 141.

Cette décision de principe est trop importante pour que nous puissions nous dispenser de la rapporter textuellement. Elle est ainsi conçue :

« La question à résoudre est surtout une question de fait. Il s'agit de savoir si les obligations de la ville d'E..., dans les conditions où elles ont été émises, peuvent être négociées dans les formes rapides admises par la législation commerciale, c'est-à-dire par voie d'endos ou au moyen d'une déclaration de transfert, ou si, au contraire, elles ne comportent que le mode de transmission autorisé par l'art. 1690 C. civ. Dans le premier cas, le droit de 1 p. 100 serait exigible; dans le second, le droit de 5 cent. p. 100 étant seul dû, et la commune ayant, en fait, acquitté un droit de timbre de dimension supérieur au chiffre du droit proportionnel exigible, l'Administration n'aurait plus rien à lui réclamer.

« La difficulté provient de ce que les titres ont été émis sans que ni le cahier des charges de l'émission ni les titres eux-mêmes fassent mention du mode de transmission dont ils sont susceptibles. S'il s'agissait d'obligations civiles ordinaires, comme en souscrivent les simples particuliers, on devrait décider, sans que le doute fût possible, que les titres ne sont transmissibles que dans la forme prévue par l'art. 1690 C. civ. C'est, en effet, le seul mode de transmission applicable aux créances ordinaires qui n'ont pas le caractère d'effets de commerce; mais cette règle ne peut être étendue aux obligations que les sociétés ou les communes émettent, par voie de souscription publique, pour se procurer les ressources dont elles ont besoin. Ces obligations ont un caractère spécial qui ne permet pas de les confondre avec les créances ordinaires. C'est ce qu'il est facile de démontrer.

« Les titres que les sociétés émettent dans le public sous le nom d'obligations, pour suppléer à l'insuffisance du capital provenant des actions, n'ont jamais été réglementés par une disposition législative : ni le Code civil ni le Code de commerce n'en font mention. Ils se sont introduits dans la pratique commerciale lors de la création des premières compagnies de chemins de fer et à la faveur des lois spéciales qui ont institué ces compagnies et organisé les moyens d'action dont elles avaient besoin pour accomplir leurs grands travaux. L'exemple a été suivi ensuite par les grandes sociétés de crédit, telles que le Crédit foncier, et l'usage s'en est peu à peu généralisé. Aujourd'hui, un grand nombre de sociétés et, à leur exemple, les départements, les villes, ont recours à ce moyen de se procurer des fonds, sans qu'on pense à contester la validité des obligations qui sont ainsi créées. (V. Buchère, Traité des valeurs mobilières, éd. de 1869, p. 25 et s.) Dans le silence de la loi on leur applique, en ce qui concerne les transmissions dont elles peuvent être l'objet, les règles qui gouvernent les actions, et l'on admet qu'elles peuvent être transférées par tous les modes prévus par la loi commerciale pour ces dernières valeurs, c'est-à-dire par simple tradition, si elles sont au porteur, et par endos ou une déclaration de transfert, si elles sont nominatives. Un arrêt de la Cour de cassation du 15 déc. 1869 (18,761, 18,884 J.; 14,497 Contr.; 19,785 J. N.; 3064 R. p.; Inst. 2398, § 6; S., 70, 1, 178; D. P., 70, 1, 410; P., 70, 409), décide même formellement que, dans le cas où des obligations ont été émises par une société sans que ni les statuts ni les titres déterminent le mode de transmission, leur cession peut avoir lieu « non seulement par un transfert inscrit sur les registres de la société, mais encore par tous les autres modes de transmission autorisés par le droit commun. »

« De ces principes, qu'un usage constant, à défaut de loi, a consacrés, il résulte : 1° que le droit d'emprunter en émettant des obligations n'est soumis à aucune restriction et appartient non seulement aux sociétés, mais aussi aux départements, communes et établissements publics. Ce point, d'ailleurs, se trouve implicitement reconnu par l'art. 27 de la loi du 5 juin 1850 et par le décret du 23 juin 1879, qui règle le mode d'émission, de comptabilité et de transfert des obligations émises par les départements, les communes et les établissements publics. V. *supra*, n° 39.

« 2° Il résulte également des mêmes principes que l'émission d'obligations constitue, pour les établissements qui y recourent, un mode particulier d'emprunt qui fait aux prêteurs une situation différente de celle qui est faite aux créanciers ordinaires. Une commune a certainement la faculté d'employer l'un ou l'autre des moyens qui lui sont offerts pour se procurer des fonds; mais ni ces moyens ni les titres qui sont délivrés aux prêteurs dans l'un ou l'autre cas ne peuvent être confondus. C'est ce que fait très bien ressortir le rapport présenté au Sénat par M. Bozérian, au nom de la commission chargée d'examiner le nouveau projet de loi sur les sociétés. Ce projet contient une innovation importante, en ce qu'il consacre un titre spécial aux obligations émises par les sociétés. Le rapport de M. Bozérian signale la différence de fait qui sépare ces obligations, qu'on pourrait appeler obligations d'émission, des créances ordinaires que les tiers peuvent avoir contre la société. « Dans les cas ordinaires, dit-il, le prêteur se met, soit par lui-même, soit par un mandataire, qui le plus souvent est un conseil, en communication directe avec l'emprunteur; il s'inquiète, il s'informe, se renseigne et, s'il éprouve des doutes sur la solvabilité de son emprunteur, il ne se dessaisit de son argent qu'en échange d'une garantie mobilière ou immobilière... Une fois le prêt effectué, le créancier peut ne pas perdre de vue son débiteur; il peut le suivre, le surveiller; il peut, dans certaines circonstances, secouer son apathie, stimuler son indifférence; il peut le mettre en demeure d'agir; s'il est nécessaire, il peut se substituer à lui pour l'action (C. civ., 1166); enfin, le jour où il voit disparaître ou diminuer les garanties qui lui avaient été promises, il peut s'adresser à la justice pour obtenir, s'il en est temps encore, le remboursement d'une créance qui, s'il était forcé d'attendre le terme conventionnel de l'échéance, pourrait se trouver compromise et perdue. Si, dans les prêts ordinaires, tout cela est praticable, tout cela est possible, il n'en est pas de même pour les prêts effectués par voie de souscription d'obligations : dans ce cas, en effet, le prêteur et l'emprunteur ne sont pas mis directement en rapport; ce prêt devient une affaire, non de raisonnement, mais d'instinct, non de calcul, mais de hasard, etc., etc. » (Documents parlementaires, Sénat; J. off., janvier 1885, p. 355.)

« Ces observations n'ont sans doute pas la valeur d'une définition juridique; mais elles constatent, dans tous les cas, la nécessité de distinguer entre les obligations proprement dites d'une société ou d'une commune et les emprunts qu'elle réalise, dans certains cas, dans la forme ordinaire des emprunts des simples particuliers. Il en résulte que, tandis que ces derniers emprunts reposent sur une convention dans laquelle la personne du prêteur est prise en considération, les obligations proprement dites ont un caractère impersonnel, en ce qu'elles mettent l'établissement emprunteur en rapport avec le public plutôt qu'avec telle personne déterminée, et en ce qu'elles constituent pour lui un moyen de faire argent de son crédit en faisant appel à tous les capitalistes sans distinction désireux de placer leurs fonds. Il y a, à certains points de vue, entre les obligations et les emprunts ordinaires, une différence analogue à celle qui existe dans les sociétés entre les actions et les parts d'intérêts.

« Ces principes étant posés, la question de savoir si une société ou une commune, en émettant des titres représentatifs des sommes qu'elle emprunte, a entendu créer de véritables obligations, est une question de fait qui ne peut être résolue que par l'examen des conditions et des circonstances diverses dans lesquelles l'émission et le placement de ces titres ont eu lieu. Et si ces circonstances permettent de penser que les titres constituent de véritables obligations, on doit décider, conformément à l'usage constant qui a prévalu et à la jurisprudence de la Cour de cassation, telle qu'elle résulte de l'arrêt précité du 15 déc. 1869, que ces obligations sont de plein droit négociables et qu'elles peuvent être transférées, en l'absence de toute clause spéciale à cet égard, dans toutes les formes admises par la loi commerciale, c'est-à-dire par simple tradition, si elles sont au porteur, ou au moyen d'un endos ou d'une déclaration de transfert, si elles sont nominatives. Il en résulte que, par ce seul fait, elles tombent sous l'application de l'art. 27 de la loi du 5 juin 1850 et des lois des 23 juin 1857 et 16 sept. 1871, comme si elles contenaient une clause expresse établissant leur négociabilité.

« Dans l'espèce, l'emprunt de la ville d'E... a été réalisé par voie d'appel au public, à son de caisse, dans les rues de la ville; il est représenté par des titres égaux et uniformes de 1,000 francs ou de 500 francs; les conditions d'intérêt et de remboursement sont communes à tous les prêteurs; enfin, les titres sont amortissables par voie de tirage au sort. Ce sont bien là les conditions d'un emprunt public, s'adressant à tous les capitalistes, sans distinction de personnes, et ayant ainsi ce caractère impersonnel qui est le propre des obligations et les différencie des dettes ordinaires. La commune a fait argent de son crédit; elle a battu monnaie, selon l'expression de M. Bozérian, non pas en contractant avec chacun des prêteurs un emprunt particulier, mais en lançant sur le marché des titres uniformes représentant des fractions égales d'un seul et même emprunt. On doit donc présumer qu'elle a entendu émettre de véritables obligations, auxquelles toutes les règles ci-dessus développées sont applicables de plein droit. »

145. On peut formuler la règle qui se dégage de ces considérations de la manière suivante :

Les obligations émises par une société, un département, une commune ou un établissement public, par voie de souscription publique, à la différence de celles qui sont contractées dans la forme des emprunts des simples particuliers, sont de plein droit négociables, à moins de clause contraire, et, par conséquent, sont assujetties de plein droit à l'impôt du timbre de 1 p. 100 établi par l'art. 27 de la loi du 5 juin 1850, ainsi qu'au droit de transmission édicté par la loi du 23 juin 1857. — Rapp. *supra*, n° 92.

146. *Obligations notariées à ordre.* — Une obligation notariée à ordre est certainement négociable, puisqu'elle peut être transmise par voie d'endossement. En résulte-t-il que si une obligation de cette nature est souscrite par une commune ou une société, elle doive être assujettie au droit de timbre de 1 p. 100 édicté par l'art. 27 de la loi du 5 juin 1850, ainsi qu'au droit de transmission établi par la loi du 23 juin 1857?

L'Administration a cru devoir résoudre cette question négativement, et voici les motifs, très juridiques selon nous, qu'elle en donne dans une solution du 31 juil. 1883 (22,197 J.; 6385 R. p.; 6827 Rev. not.; 16,960 Contr.; S., 85, 2, 168; P., 85, 848; D. P., 85, 3, 8) :

« De la combinaison de l'art. 27 de la loi du 5 juin 1850 avec les art. 6 et 7 de la loi du 23 juin 1857 et 11 de celle du 16 sept. 1871, il résulte que l'impôt de transmission s'applique seulement aux titres d'obligations souscrits par les communes, lesquels, avant la création de cet impôt, étaient passibles du droit de timbre de 1 p. 100 établi par l'art. 27 précité de la loi de 1850.—Or, cette dernière disposition a été introduite dans la loi par la commission de l'Assemblée législative chargée de l'examen du projet du gouvernement. Et, au moyen de cette addition, le législateur, suivant le rapport de la commission, a voulu soumettre au droit de 1 p. 100 les obligations des départements, communes, établissements publics et compagnies, qui étaient antérieurement assujetties au droit de timbre proportionnel, comme les billets à ordre, par la loi du 6 prair. an 7 (D. P., 50, 4, 118).—Il paraît donc certain que la loi de 1850 et, par suite, celle du 16 septembre 1871 ne sauraient atteindre les obligations notariées consenties par une commune lorsqu'il n'est pas délivré, en représentation des emprunts, des titres négociables souscrits par la commune obligée. (Inst. 2239-1 et 2355, § 4.) — S'il est remis au bailleur de fonds une grosse au porteur, c'est là, sans doute, un titre négociable; mais c'est aussi un titre authentique, dont la création est précédée du payement des droits de timbre de dimension et du droit d'enregistrement à 1 p. 100, et qui n'est pas souscrit par la commune, c'est-à-dire qui ne rentre pas dans les titres d'obligations sous seing privé spécialement visés par le législateur de 1850. »

147. Distinction entre les actions et les obligations. —Ainsi que nous le verrons plus loin, le tarif du droit de timbre au comptant applicable aux actions n'est pas le même que celui des obligations, lorsqu'il s'agit d'une société dont la durée ne doit pas excéder dix ans. En outre, si les parties usent de la faculté d'abonnement que leur réserve la loi, la taxe annuelle est due, pour les actions, pendant toute la durée de la société, tandis que, pour les obligations, elle est due pendant la durée des titres. Il y a donc intérêt à caractériser exactement, à ce point de vue, les titres qui peuvent être émis par une société.

En général, la distinction qu'il y a lieu de faire entre les actions et les obligations ne présente pas de difficulté. Les différences qui les séparent, en droit civil, sont trop sensibles pour qu'une confusion puisse s'établir. Cependant, la question s'est présentée dans les circonstances suivantes :

Le Comptoir d'escompte de Paris, agissant au nom d'un syndicat de banquiers, a fait au gouvernement espagnol un prêt stipulé remboursable en vingt annuités et garanti par le dépôt, dans la caisse du Comptoir d'escompte, de billets hypothécaires dits *Pagarès* et de titres de rente extérieure consolidée.

Pour négocier ces créances dans le public, le Comptoir d'escompte a créé des parts d'intérêts, émises à 450 fr. et remboursables à 500 fr. par voie de tirage au sort, et, suivant acte du 4 janv. 1867, une société civile a été formée entre les souscripteurs.

Un abonnement a été contracté pour le payement du droit de timbre de ces titres. Un certain nombre de ces mêmes titres ayant été remboursé par le jeu de l'amortissement, il s'est élevé la question de savoir s'ils devaient être considérés comme des actions et si, dès lors, la taxe annuelle de 5 cent. p. 100 était payable sans aucune réduction pendant toute la durée de la société, ou bien si, les titres ayant le caractère d'obligations, la taxe annuelle était susceptible de décroître au fur et à mesure des amortissements.

Le tribunal de la Seine s'est rangé à la première opinion, par jugement du 1er juil. 1871 (19,308 J.; 3392 R. p.).

Mais la Cour de cassation, par arrêt du 19 mars 1873 (19,308 J.; 3582 R. p.; 15,027 Contr.; 20,622 J. N.; S., 73, 1, 80; P., 73, 412; D. P., 73, 1, 358), a décidé au contraire que le caractère prédominant de ces titres était celui d'obligations. Elle a, en conséquence, annulé la décision du tribunal de la Seine par les motifs suivants :

« Attendu que la société civile n'avait pas pour objet l'exploitation d'un commerce ou d'une industrie, ni des opérations de banque exigeant, pour la sûreté des tiers, la constitution d'un capital social et, pour le composer, l'émission d'actions sociales; que, restreint à une opération unique, le recouvrement, par les soins d'un mandataire commun, d'une créance considérable sur le gouvernement espagnol, le montant du titre émis par cette société n'était pas versé dans une caisse sociale pour y former un capital social; que les sommes payées par les souscripteurs passaient immédiatement de leurs mains ou de celles du directeur du Comptoir d'escompte, leur mandataire, en la possession des banquiers, créanciers originaires, qui rentraient ainsi pour autant dans leurs avances, et qui subrogeaient, pour autant aussi, dans leurs droits et priviléges, les porteurs de titres dits *Pagarès*, de telle façon qu'il est vrai de dire que chaque titre de 450 fr. représentait non pas une part d'un capital social, mais une quote-part dans une créance que la société possédait sur l'État espagnol; attendu que ces titres, productifs d'un intérêt fixe et semestriel, susceptibles d'être valablement transmis sans remplir les formalités exigées par l'art. 1690 C. civ., représentaient dans leur ensemble l'emprunt contracté originairement par le gouvernement espagnol envers les huit maisons de banque de Paris qui avaient ouvert la souscription; qu'ils rentraient ainsi dans la catégorie des obligations créées pour leurs emprunts par les départements, communes, établissements publics et compagnies, obligations que spécifie l'art. 27 de la loi du 5 juin 1850, et pour lesquels l'art. 31 de la même loi admet l'abonnement pour la durée des titres... »

148. Titres divers passibles du droit, comme constituant des obligations. — Il résulte de ce qui précède que tous les titres d'obligations émis par les sociétés, départements, communes et établissements publics, dès lors qu'ils sont négociables et qu'ils ne rentrent pas, par leur nature et leur objet, dans la classe spéciale des effets de commerce, sont passibles du droit de 1 p. 100 édicté par l'art. 27 de la loi de 1850. Il en est ainsi, quelles que soient leur dénomination et les conditions particulières dans lesquelles ils ont été émis ou souscrits, et quelles que soient l'origine et la nature de la dette qu'ils constatent.

149. *Bons de dividendes.* Ainsi, il y a lieu de considérer comme de véritables obligations passibles du droit de timbre de 1 p. 100, sauf la faculté d'abonnement, les bons au porteur, payables à diverses échéances, soit fixes, soit à déterminer par le sort, qu'une société remet à ses actionnaires en payement des dividendes à eux alloués. Sol. 16 nov. 1854.

150. *Intérêts des obligations. Coupons.* Ordinairement, les titres d'obligations sont pourvus de coupons représentant, pour un certain temps ou même pour toute la durée du titre, les intérêts à échoir. Ces coupons sont détachés du titre au moment du payement des intérêts et fournissent à la compagnie ou à l'établissement débiteur la preuve de sa libération.

En principe, ces coupons ne peuvent être considérés comme des titres d'obligations, distincts du titre principal auquel ils sont adhérents et passibles du droit de 1 p. 100. Ce droit n'est dû que sur l'obligation et ne doit être liquidé, aux termes de la loi, que sur le capital nominal, sans qu'on doive y ajouter les intérêts à échoir. V. *infra*, n° 177.

Cependant, il en serait autrement si les intérêts à échoir avaient donné lieu à la création de titres spéciaux et négociables, comme ceux qui sont émis pour représenter le capital de l'obligation. Dans ce cas, il n'y aurait aucun motif pour exempter ces titres, qui en définitive représentent une créance à terme contre la société qui les a émis, du droit de 1 p. 100. (D. m. f. 24 mars 1854, 15,896-4, § 7, J.; 9181 R.; 15,313 J. N.; 10,410 Contr.; Inst. 2003, § 7.) La société devrait d'ailleurs être admise à contracter un abonnement pour le payement du droit exigible sur ces titres, de la même manière que pour les titres afférents aux capitaux. D. m. f. 3 juill. 1851, 15,896-4, § 7, J.; 9181 R.; Inst. 2003, § 7.

151. *Obligations émises par une société en vue d'un prêt à faire ou d'avances faites à l'Etat.* Il n'y a pas lieu d'exempter des droits de timbre et de transmission les obligations émises par une société pour se procurer les fonds destinés à un prêt que cette société doit faire à l'Etat. L'Etat ne prend aucun engagement envers les porteurs de ces obligations, qui ne sauraient être assimilées à des titres de la dette publique. Il n'y a aucun point commun entre la créance de la société contre l'Etat et celle des obligataires contre la société. D. m. f. 21 déc. 1866.

Il en est de même si des obligations ont été émises par une société, à la suite d'avances faites à l'Etat, avec l'autorisation de ce dernier, et en vue de se couvrir de ces avances. Peu importe que la Banque de France, à laquelle ces obligations ont été remises en garantie de l'emprunt fait à ses caisses par la société, n'ait consenti à cet emprunt que sur la recommandation et dans l'intérêt de l'Etat. Dès lors que ce dernier n'est pas partie à l'emprunt et ne s'est pas obligé au payement des obligations émises, il n'y a aucun motif d'exempter ces titres du droit de timbre et du droit de transmission auxquels ont été assujetties, par les lois de 1850 et de 1857, les obligations négociables des sociétés. Seine, 11 juil. 1874, 19,613 J.; 15,487 Contr.; Inst. 2531, § 4.

§ 3. — Émission des obligations. Titres nouveaux émis par suite de renouvellements.

152. Emission. — Toutes les règles que nous avons développées précédemment au sujet de l'émission des actions et des faits qui caractérisent cette émission et rendent exigible le droit de timbre proportionnel édicté par la loi du 5 juin 1850 (V. *supra*, n°s 78 et suiv.), s'appliquent, par identité de motifs, à l'émission des obligations. Dans les émissions qui se réalisent par voie de souscription publique, l'obligation ne doit pas être réputée émise par le seul fait de la souscription et du premier versement; il faut attendre la répartition définitive des obligations, qui seule consomme le contrat de prêt entre chaque souscripteur et la société. De ce jour-là, l'obligation est émise dans le sens juridique du mot; et si ce fait coïncide, comme il arrive le plus souvent, avec la création de titres mis à la disposition des obligataires, qui peuvent les retirer, l'émission devient complète, au point de vue fiscal, et donne ouverture, à partir de cette création, et non pas seulement à partir de la remise effective des titres, au droit proportionnel. Telle est la règle à déduire de la jurisprudence qui a prévalu en matière d'actions et que nous avons analysée précédemment. V. *supra*, n°s 78 et suiv.

D'ailleurs les difficultés que nous avons signalées en matière d'actions ne sont guère de nature à se présenter en ce qui concerne l'émission des obligations, cette émission donnant toujours lieu à la délivrance immédiate de titres aux obligataires. Si, par impossible, elles étaient soulevées, il faudrait les résoudre d'après les principes que nous avons exposés (*loc. cit.*).

Quant aux récépissés provisoires qui sont délivrés aux obligataires pour constater leur souscription et le premier versement, V. *supra*, n° 86.

153. Titres consignés en nantissement. — Des obligations doivent certainement être considérées comme émises, pour l'application de l'impôt, bien que la société débitrice ne les ait souscrites que pour les remettre en nantissement à la personne ou à l'établissement qui a réalisé le prêt à son profit. La Cour de cassation l'a ainsi décidé relativement au droit de transmission, par un arrêt du 6 avril 1870, qui justifie, *a fortiori*, l'exigibilité du droit de timbre. 18,812, 18,925 J.; 3101 R. p.; Inst. 2402, § 8; 14,568 Contr.; S., 70, 1, 273; P., 70, 677; D. P., 70, 1, 412.

Pareille décision a été rendue par le tribunal de la Seine, le 11 juil. 1874 (19·613 J.; 15,487 Contr.; Inst. 2531, § 4), au sujet d'obligations qu'une société avait souscrites et remises en nantissement à la Banque de France, en garantie d'avances que cet établissement lui avait consenties :

« Attendu, porte ce jugement, que la loi du 5 juin 1850, art. 27, a assujetti au timbre proportionnel les titres d'obligations au porteur, souscrits par les compagnies à compter du 1er janv. 1851; — Qu'ainsi le fait de la souscription, qui donne ouverture au droit de timbre, est non l'engagement du tiers qui veut acquérir les obligations, mais l'engagement de la compagnie elle-même, qui s'oblige dans des conditions déterminées à en payer les intérêts et le capital; — Que, dès lors, il y a souscription d'obligations par une compagnie du moment qu'elle donne à un tiers le droit d'en disposer soit actuellement, soit éventuellement; — Que le 16 janvier 1873, la Compagnie de l'Ouest a souscrit un abonnement pour le timbre de 180,000 obligations, et les a remises en garantie à la Banque le 25 juin suivant; que sans doute, comme la Régie le reconnaît elle-même, le droit de timbre n'est pas dû par cela seul qu'une compagnie passe une déclaration d'abonnement et fait revêtir ses titres de l'empreinte; que, représentant pour les titres le droit de naître, il ne s'ouvre qu'à l'heure même où ils acquièrent une existence juridique; mais qu'évidemment, pour être l'objet d'un nantissement, il faut que cette existence juridique ait commencé; — Que la Compagnie de l'Ouest se trouve en dernière analyse réduite à prétendre que, dans l'espèce, le dépôt des 180,000 obligations a été de pure forme; mais que c'est là une vaine allégation démentie par la disposition formelle de l'art. 5 du traité et par le droit expressément stipulé par la Banque de disposer, le cas échéant, des obligations, conformément à l'art. 5 de l'ordonnance du 15 juin 1834. »

Le même jugement a décidé également que la taxe annuelle de transmission était exigible sur les obligations au porteur ainsi remises en nantissement. V. *infra*, n° 324, les motifs spéciaux à cette partie de la décision.

Le pourvoi formé contre ce jugement a été rejeté par un arrêt de la chambre des requêtes du 19 juil. 1875. 19,844 J.; 4125 R. p.; 15,487 Contr.; 21,303 J. N.; Inst. 2531, § 4; P., 75, 62; D. P., 75, 1, 462.

154. Renouvellements. — L'art. 32 de la loi du 5 juin 1850, qui applique aux obligations plusieurs dispositions comprises dans les articles relatifs aux actions (art. 15, 19, 23 et 25), ne se réfère pas à l'art. 17, d'après lequel les titres délivrés par suite de transfert ou de renouvellement doivent être timbrés *gratis*, si le titre ou certificat primitif a acquitté le droit. Néanmoins, l'application de cette disposition aux obligations n'a jamais été mise en doute.

Pour la solution des difficultés qui peuvent se présenter en cette matière, nous ne pouvons que nous référer aux explications fournies précédemment au sujet des renouvellements d'action. V. n°s 91 et suiv.

Nous avons fait remarquer, sous le n° 93, que le renouvellement, pour bénéficier de l'exemption, devait être pur et simple, et ne pas être provoqué par un changemeut dans les droits résultant de l'action. Il en est de même pour les obligations. — Il a été décidé, dans ce sens, que si une société, substituée à une autre, par suite de fusion, remplaçait les obligations de cette dernière par des obligations émises par elle-même, cet échange, purement facultatif pour les obligataires, équivaudrait à une émission nouvelle, et le droit de timbre serait exigible. D. m. f. 7 avril 1853.

154 *bis*. *Crédit foncier*. L'exemption résultant de l'art. 17 de la loi du 5 juin 1850 a été reconnue applicable aux lettres de gage et obligations du Crédit foncier, bien que ces titres aient été soumis, par l'art. 29 de la loi du 8 juillet 1852, non au droit de 1 p. 100 qui atteint les obligations des sociétés, en vertu de l'art. 27 de la loi du 5 juin 1850, mais au droit spécial de 50 cent. par 1,000 fr., c'est-à-dire au même tarif que les effets de commerce. (V. *infra*, n° 155.) Il a été jugé que les certificats nominatifs délivrés par cet établissement en représentation de lettres de gage ou d'obligations au porteur précédemment timbrées ou soumises à l'abonnement ne sont pas passibles d'un nouveau droit de timbre de 50 cent. par 1,000 fr., comme le sont les copies, duplicatas ou renouvellements d'effets de commerce. Seine, 15 février 1889; 23,206 J.

§ 4. — Dispositions particulières.

155. Crédit foncier. — Les obligations ou lettres de gage émises par le Crédit foncier tomberaient incontestablement sous l'application de l'art. 27 de la loi du 5 juin 1850 et seraient passibles du droit de timbre de 1 p. 100, si elles n'avaient fait l'objet de dispositions spéciales, inspirées au législateur par le désir de favoriser, à ses débuts, une institution que le Gouvernement tenait à encourager.

L'art. 29 de la loi du 8 juill. 1852 porte à cet effet : « Le droit de timbre fixé pour les lettres de gage des compagnies de crédit foncier à 50 cent. par 1,000 fr., conformément à l'art. 1er de la loi du 5 juin 1850, pourra être perçu par voie d'abonnement annuel à raison de 2 cent. par 1,000 fr. du total des lettres de gage en circulation, suivant le mode réglé par l'art. 37 de la loi du 5 juin 1850. »

On voit que cette loi a assimilé, pour le tarif, les lettres de gage et obligations du Crédit foncier aux effets de commerce, en accordant en outre au Crédit foncier la faculté de s'acquitter de l'impôt au moyen d'un abonnement annuel dont le taux a été fixé à raison de 2 cent. par 1,000 fr.

Rappelons que ce taux de 2 cent., à la suite de l'augmentation du droit applicable aux effets de commerce, qui avait été porté au double par l'art. 2 de la loi du 20 août 1871, a été porté à 5 cent. par 1,000 fr., par l'art. 1er de la loi du 30 mars 1872.

Ce tarif n'a subi depuis lors aucune modification, bien que le droit des effets de commerce ait subi une nouvelle augmentation de moitié, en vertu de l'art. 3 de la loi du 19 février 1874, et ait été ramené ensuite, par la loi du 22 déc. 1878, à l'ancien taux de 50 cent. par 1,000 fr.

155 *bis*. *Titres délivrés en renouvellement*. L'assimilation des lettres de gage et obligations du Crédit foncier aux effets de commerce n'est fondée en effet que sur la similitude du tarif, en ce qui concerne le droit au comptant. Le droit de timbre auquel ces titres ont été soumis n'en a pas moins un caractère spécial qui le rattache aux droits établis par la loi du 5 juin 1850 sur les obligations des sociétés. C'est ce que le tribunal de la Seine a implicitement reconnu, en appliquant à ces titres la disposition de l'art. 17 de la loi précitée et en décidant, en conséquence, que les certificats nominatifs délivrés par le Crédit foncier en représentation de lettres de gage ou d'obligations au porteur précédemment timbrées ou soumises à l'abonnement, ne sont pas passibles d'un nouveau droit de timbre de 50 cent. par 1,000 fr., comme le sont les copies, duplicatas ou renouvellements d'effets de commerce. Seine, 15 fév. 1889; 23,206 J.; — V. *supra*, n° 154 *bis*.

156. *Droit de transmission*. Les obligations du Crédit foncier étaient restées exemptes du droit de transmission établi par la loi du 23 juin 1857. Cette exception résultait des travaux préparatoires. Elles y ont été, depuis lors, assujetties par une disposition expresse de la loi du 16 sept. 1871 (art. 11).

En ce qui concerne l'impôt sur le revenu, V. *infra*, 5e partie.

157. *Enregistrement des lettres de gage*. Indépendamment de ces différentes taxes, les obligations du Crédit foncier sont en outre soumises à un droit d'enregistrement de 10 cent., que la disposition générale de l'art. 4 de la loi du 28 fév. 1872 a porté à 15 cent. Cass., 15 janv. 1884, 22,257 J.; 6296 R. p.; 16,875 Contr.; 23,179 J. N.; Inst. 2694, § 4; P., 85, 176; S., 85, 1, 86; D. P., 84, 1, 177.

157 *bis*. *Exposition universelle de* 1889. Une loi du 4 avril 1889 a autorisé le Crédit foncier à émettre des bons à lots de 25 fr., munis de tickets d'entrée à l'Exposition universelle. Ces bons ont été formellement exemptés de tout impôt, à l'exception de la taxe de 3 p. 100 sur les lots. Ces titres ne sont donc soumis ni au droit de timbre, ni au droit de transmission. 23,183 J.

158 *Renvoi*. V. au surplus, pour l'étude des dispositions fiscales particulières au Crédit foncier, Dictionnaire des droits d'enregistrement, *hoc verbo*, n°s 44 et suiv.

159. Indemnités allouées à la suite du siège de Paris, en 1871. Bons de liquidation de la ville de Paris. — Une loi du 26 juill. 1873 a alloué à la ville de Paris une somme de 140 millions, payable par annuités, à la charge d'indemniser toutes les personnes qui ont souffert des opérations du premier et du second sièges.

En représentation des indemnités, la ville de Paris a été autorisée à émettre des titres spéciaux, garantis par l'État, et qualifiés *bons de liquidation*.

Le décret du 23 août 1873 contient, au sujet de ces titres et en ce qui concerne les impôts confiés à l'Administration, les dispositions suivantes :

Art. 1er. Le nombre des bons de liquidation de 500 fr. que la ville de Paris est autorisée à émettre, en vertu de la loi du 26 juil. 1873, est fixé à 277,300.

Art. 2. Ces bons seront délivrés par le Préfet de la Seine et visés par le caissier-payeur central et par le contrôleur central du Trésor public.

Ils sont exempts du payement des droits de transmission et de l'impôt sur le revenu, mais ils sont assujettis au timbre de 1 pour 1,000 établi pour les effets de commerce.

Au lieu de *timbre de* 1 *p.* 1,000, le Bulletin des lois (152, nº 2326) porte : *timbre de* 1 *p.* 100. Mais il est clair, d'après la rédaction du décret, que c'est bien du timbre de 1 p. 1,000 qu'il s'agit. Au surplus, les actes législatifs étant, aux termes du décret du 5 nov. 1870, promulgués par leur insertion au Journal officiel, c'est dans ce journal que se trouve le texte authentique. Le texte du Bulletin des lois n'a plus ce caractère, si ce n'est pour les actes non insérés au Journal officiel. — 19,349 J.

Chapitre II. — RÈGLES CONCERNANT LE TARIF, LE MODE DE PAYEMENT ET LA LIQUIDATION DU DROIT DE TIMBRE.

160. Observation. — La loi du 5 juin 1850, après avoir, dans son art. 14, déterminé la quotité du droit de timbre applicable aux actions dans les sociétés, et, dans l'art. 27, le tarif du droit dû sur les obligations, accorde aux redevables la faculté de se libérer en contractant un abonnement avec l'État et en payant une taxe annuelle, représentative du droit de timbre au comptant. (Art. 22 et 31.) Nous devons donc, dans nos explications, étudier séparément les règles qui gouvernent la perception de l'une et l'autre taxe.

Art. 1er. — *Droit de timbre au comptant.*

§ 1er. — Tarif et liquidation du droit de timbre au comptant sur les actions.

161. Texte. — L'art. 14 de la loi du 5 juin 1850 fixe la quotité du droit de timbre exigible sur les actions, ainsi que la base et le mode de liquidation de ce droit, dans les termes suivants :

« Chaque titre ou certificat d'action, dans une société, compagnie ou entreprise quelconque, financière, commerciale, industrielle ou civile, que l'action soit d'une somme fixe ou d'une quotité, qu'elle soit libérée ou non libérée, émis à partir du 1er janv. 1851 sera assujetti au timbre proportionnel de 50 cent. p. 100 fr. du *capital nominal* pour les sociétés, compagnies ou entreprises dont la durée n'excédera pas dix ans, et à 1 p. 100 pour celles dont la durée dépassera dix années. — A défaut de capital nominal, le droit se calculera sur le capital réel, dont la valeur sera établie par les lois sur l'enregistrement. — L'avance en sera faite par la compagnie, quels que soient les statuts. — La perception de ce droit proportionnel suivra les sommes et valeurs de vingt francs en vingt francs, inclusivement, et sans fraction. »

162. Tarif. — Ainsi le droit à percevoir au comptant sur les actions dans les sociétés dont la durée ne doit pas excéder dix années est de 50 cent. p. 100.

Il est de 1 p. 100 dans les sociétés dont la durée est plus longue.

Ces droits devant être augmentés des deux décimes édictés par l'art. 2 de la loi du 23 août 1871, il en résulte que le tarif est actuellement de 60 cent. et de 1 fr. 20 cent.

163. Perception de 20 en 20 francs. — La perception du droit suit les sommes et valeurs de 20 fr. en 20 fr., inclusivement et sans fractions. La fraction indivisible de 20 fr. doit être complétée sur chaque action émise, d'après les termes formels du premier alinéa de l'article. Toutefois, s'il était créé des titres collectifs de plusieurs actions, la fraction de 20 fr. devrait être complétée seulement pour chaque titre. Sol. 8 janv. 1856.

164. Base de l'impôt. Capital nominal. — Le droit doit être liquidé, aux termes de l'art. 14, sur le capital nominal, c'est-à-dire sur la somme exprimée dans le titre, sans qu'il y ait lieu de tenir compte du taux d'émission. M. Émile Leroux, dans son rapport, explique les motifs qui ont déterminé le législateur à préférer, comme base de l'impôt, le capital nominal au capital réel.

« Comme c'est la circulabilité, dit-il, que l'on veut atteindre indirectement, il n'y a aucun inconvénient à admettre, en cette matière, le système anglais, qui consiste à calculer le droit sur l'importance de la somme portée au titre et sur la durée de ce titre. Le droit portera-t-il sur le capital réel ou le capital nominal? La commission préfère le capital nominal. Ce mode rendra plus facile la perception du droit et se renfermera davantage dans les règles relatives à l'enregistrement. On a fait remarquer que souvent le capital n'était pas réalisé au moment de l'enregistrement de l'action, et qu'alors on percevait un droit sur un capital qui n'était pas réel et qui ne se transmettait pas par la cession de cette action. A cela deux réponses : La première est puisée dans les lois existantes. En principe, le droit d'enregistrement est perçu sur l'obligation, quoique la somme ne soit pas versée : il suffit qu'il y ait promesse de la remettre à une époque déterminée. La deuxième découle des principes généraux de la cession ; sans doute, on ne cède pas le capital qui n'est pas versé, mais on cède les droits qui y sont attachés, et qui se calculent en raison de ce capital. »

165. *Délégations de coupons d'actions. — Droit sur les actions et sur les délégations.* La Cour de cassation a fait une application intéressante de la règle d'après laquelle le droit de timbre est dû sur le capital nominal de chaque titre, quel que soit le capital réel représenté par ce titre. Ayant à déterminer la perception du droit à faire sur des titres émis sous le nom de délégations pour représenter des coupons à échoir qui avaient été détachés d'un grand nombre d'actions de la Compagnie du canal maritime de Suez, appartenant au vice-roi d'Égypte, elle a décidé : 1° d'une part, que le droit de timbre était exigible, concurremment, tant sur les actions privées de leurs revenus que sur les bons de délégation ; 2° d'autre part, que ce droit devait être liquidé sur le capital nominal des actions, sans qu'il y eût lieu d'en déduire la valeur des délégations ; 3° et enfin, quant à ces délégations, que le droit était dû sur le capital de 500 fr., taux fixé pour leur amortissement, et non sur le capital de 270 fr., chiffre auquel elles avaient été émises. Ch. civ., 10 juin 1874, 19,523 J. ; 3858 R. p. ; 15,324 Contr. ; 21,021 J. N. ; Inst. 2495, § 1er ; P., 74, 1118 ; S., 74, 1, 445 ; D. P., 75, 1, 25.

Cet arrêt a été rendu sur les conclusions de M. le premier avocat général Blanche. Le savant magistrat a posé les principes qui régissent la matière dans les termes suivants :

« Il est de principe, dit-on à l'appui du pourvoi, que la même disposition ou le même capital ne peut être passible de deux droits. La loi du timbre le décide elle-même en exemptant du droit les simples renouvellements (art. 17) et les actions improductives de revenu (art. 24). Or, la valeur de la délégation a été déduite de la valeur de l'action dont les coupons ont servi à la former. On ne peut donc pas, sans violer le principe du double emploi, réclamer encore le timbre sur la délégation quand le droit a été perçu sur la valeur entière de l'action.

« Il faut distinguer à cet égard entre le droit de transmission et le droit de timbre.

« Pour le droit de transmission, tout le monde est d'accord. Il est reconnu que ce droit, assis sur la valeur transmise, n'est dû pour les actions du khédive que déduction faite de la valeur des délégations. C'est un point admis par l'Administration et par le jugement attaqué.

« Mais en est-il de même pour le droit de timbre? Cet impôt ne doit-il pas, au contraire, être perçu sur les titres qui sont demeurés entre les mains du khédive et sur les titres nouveaux qui sont passés entre les mains des délégataires?

« Pour résoudre cette question, il faut remonter aux principes qui gouvernent la perception du droit de timbre.

« La loi du 13 brum. an 7 a établi la contribution du timbre « sur tous les papiers destinés aux actes civils ou judiciaires ». Elle a créé deux espèces de timbres : le timbre de dimension, qui est dû, comme le nom l'indique, à raison de la surface du papier et indépendamment des sommes énoncées dans les actes ; puis le timbre gradué ou proportionnel, qui varie selon la somme ou valeur énoncée dans les écrits.

« Qu'il s'agisse du timbre proportionnel ou du timbre de dimension, le droit est un impôt de consommation qui, étant établi sur le papier, devient exigible autant de fois qu'on emploie ce papier pour rédiger un acte ou un effet. Il n'y a pas à considérer pour cela s'il existe déjà un titre précédent dont le second serait la simple reproduction. Le second justifie, comme le premier, l'application du droit. Cela est si vrai que pour dispenser du droit proportionnel de timbre les duplicatas de lettres de change, il a fallu une disposition expresse de la loi. (L. 1er mai 1822, art. 9.)

« A ne consulter, par conséquent, que les lois organiques de l'impôt, on devrait décider que les délégations sont sujettes au timbre, quelles que soient leurs relations plus ou moins intimes avec les actions restées entre les mains du khédive.

« Les lois spéciales ont-elles infirmé les principes de la loi organique? Nullement.

« En droit, les art. 14 et 22 de la loi du 5 juin 1850 assujettissent à l'impôt le capital nominal de chaque titre, ce qui signifie que, comme autrefois, toute formule d'action ou d'obligation est passible du timbre. Il n'y a d'exception que pour les renouvellements (art. 17), et cette exception même confirme la règle.

« L'application de ces principes à l'espèce actuelle est facile.

« Les actions du khédive sont des titres dans le sens des art. 14 et 22 de la loi du 5 juin 1850. Les délégations sont également des titres dans la même acception du mot. Ils sont les uns et les autres représentatifs de valeurs. Par suite, ils doivent acquitter chacun séparément le droit proportionnel.

« Il y a plus. Non seulement les actions du khédive se distinguent matériellement des titres remis aux délégataires, mais elles ne représentent pas la même valeur.

« Les actions du khédive sont improductives pendant vingt-cinq ans; elles lui conservent le droit de voter dans les assemblées générales, lui attribuent une part de copropriété dans le canal, et dans vingt-cinq ans elles redeviendront productives. Les délégations donnent droit à la jouissance du canal pendant vingt-cinq ans, et au bout de ce temps elles seront éteintes. Évidemment, ce sont là des titres distincts, correspondant à des valeurs différentes. Ce qui le prouve encore, c'est que l'extinction des titres des délégataires après vingt-cinq ans de jouissance, et leur amoindrissement successif par l'amortissement, ne touchent en rien à la permanence des actions restées entre les mains du khédive. Ces actions survivent dans leur intégrité aux délégations. Comment pourrait-on soutenir qu'elles ne font avec elles qu'un seul et même titre?

« Selon moi, le jugement attaqué a eu raison d'admettre que chaque titre devait être séparément timbré, et que le droit était dû par les délégations sans égard à celui auquel ont donné lieu les actions. La thèse contraire du pourvoi doit donc être rejetée.

« Mais, étant admis que chaque titre soit assujetti séparément au timbre proportionnel, quelle valeur servira de base à la perception du droit exigible sur les délégations? Est-ce la valeur d'émission qui est 270 fr., ou bien la valeur d'amortissement fixée à 500 fr.?

« La solution de cette question se trouve dans les textes sainement entendus de la loi du 5 juin 1850.

« En effet, l'art. 14 porte que « chaque titre ou certificat « d'action, que l'action soit d'une somme fixe ou d'une quotité, qu'elle soit ou non libérée, sera assujetti au timbre « proportionnel à raison de 50 cent. ou de 1 fr. p. 100 du « capital nominal ». L'art. 22, qui ouvre aux sociétés la faculté de convertir cette taxe unique en un abonnement annuel, répète que le droit ainsi transformé sera perçu sur le capital nominal de chaque action émise. C'est seulement quand il n'y a pas de capital nominal exprimé que le droit est perçu soit au comptant, soit par abonnement, sur le capital réel déterminé par la déclaration des parties (art. 14 et 22).

« Le législateur a eu ses raisons pour préférer le capital nominal au capital réel. Le rapporteur de la loi du 5 juin 1850 les a fait connaître en ces termes : « Comme c'est la circulabilité, a-t-il dit, que l'on veut atteindre indirectement, il n'y a aucun inconvénient à admettre en cette matière le système anglais, qui consiste à calculer le droit sur l'importance de la somme portée au titre et sur la durée de ce titre... »

« La valeur imposable, c'est donc la valeur mise en circulation. Or, la valeur mise en circulation dans l'espèce actuelle, c'est un titre donnant droit à un remboursement de 500 fr. Le souscripteur de la délégation a acheté moyennant 270 fr. une valeur de 500 fr. C'est sur cette dernière somme qu'il reçoit l'intérêt à 5 p. 100 de son titre ; c'est elle qui figure sur la cote officielle de la Bourse comme valeur de remboursement.

« Le chiffre de 500 fr. est donc bien le capital nominal sur lequel l'impôt doit être perçu... » 19,523 J.

166. *Titres non libérés.* D'après la règle qui vient d'être exposée, le droit doit reposer sur le capital nominal, même dans le cas où les titres ne sont pas complètement libérés. Il n'y a pas lieu, pour la perception soit du droit au comptant, soit de la taxe d'abonnement, de déduire de ce capital les versements restant à faire. Aucun doute ne saurait s'élever sur ce point. D. m. f. 6 mai 1861.

167. *Taux de remboursement éventuel.* Il a été décidé, avec raison, croyons-nous, que, quand les statuts d'une société, dont les actions ont été émises à 500 fr., portent que l'amortissement de ces actions se fera par voie de rachats à la Bourse, dans le cas où le cours des actions sera inférieur à 1,000 fr., et par voie de tirage au sort, si ce cours est dépassé, le droit de timbre par abonnement doit être liquidé sur le capital d'émission et non sur le taux de remboursement qui, n'étant fixé que d'une manière éventuelle, ne peut être assimilé au capital nominal. Lille, 21 juin 1883, 6465 R. p.; 23,473 J. N.

Dans l'espèce, le capital inscrit sur le titre était de 500 fr. Il est dès lors facile de comprendre que le chiffre de 1,000 fr. ne représentait pas le véritable capital nominal. En le fixant, la société escomptait des chances de prospérité qu'elle n'était pas certaine de voir se réaliser; elle opérait cette fixation plutôt d'après la valeur réelle que, dans ses prévisions, les actions pourraient acquérir, que d'après l'importance des sommes et valeurs mises en commun et constituant le capital social. Il n'est donc pas douteux pour nous que la perception du droit ne dût être limitée à la somme de 500 fr., qui constituait véritablement le capital nominal des actions. — V. en ce qui concerne les obligations, *infra*, n° 179.

168. **Capital réel. Evaluation.** — A défaut de capital nominal, le droit se calcule sur le capital réel de l'action, « dont la valeur sera déterminée d'après les règles établies par les lois sur l'enregistrement ». (L. 5 juin 1850, art. 14.) Les parties doivent donc faire une déclaration estimative, et l'Administration a une action pour obtenir le payement d'un supplément, si l'estimation est reconnue insuffisante.

169. *Forme de la déclaration estimative.* La déclaration estimative à souscrire doit être portée sur le registre de recette des droits de timbre ; elle est certifiée et signée par le représentant de la société, et doit faire connaître le nom, la nature et l'objet de la société, l'acte par lequel elle a été

constituée, sa durée ainsi que la valeur de chacune des actions. Inst. 1854, § 3, et 1867.

170. Insuffisance d'évaluation. — *Preuve.* La preuve de l'insuffisance commise dans l'évaluation du capital réel peut être fournie par tous les moyens autorisés par le droit commun et qui sont compatibles avec la procédure spéciale de la loi du 22 frim. an 7. Elle peut donc être faite à l'aide des simples présomptions. (Cass., civ., 27 juin 1883, 22,126 J.; 6188 R. p.; 16,794 Contr.; 6748 Rev. not.; Inst. 2687, § 2; S., 85, 1, 33; P., 85, 52; D. P., 84, 1, 239.) L'Administration est certainement fondée à invoquer à cet effet les cours de la Bourse contemporains de la déclaration estimative. Un jugement du tribunal de la Seine, du 3 mai 1878, l'a autorisée à se prévaloir des énonciations du bilan de la société. 20,787 J.; 4976 R. p.; 16,001 Contr.; 22,083 J. N.

171. *Prescription.* Le renvoi de la loi du 5 juin 1850 à la loi sur l'enregistrement a permis à la Cour de cassation, indépendamment d'autres motifs tirés du caractère mixte du droit de timbre spécial créé par l'art. 14, qui tient, dit-elle, de la nature du droit d'enregistrement autant que de la nature du droit de timbre, de décider que l'action en recherche d'insuffisance était soumise à la prescription biennale. (Cass., 19 fév. 1866, 18,138 J.; 18,496 J. N.; 2252 R. p.; Inst. 2355, § 2; 1549 Rev. not.; 13,036 Contr.; S., 66, 1, 176; P., 66, 435; D. P., 66, 1, 21.) Nous dirons plus loin ce qu'il faut penser de cette jurisprudence. — V. *infra*, n° 271.

172. *Droit en sus.* Lorsque l'insuffisance d'une évaluation faite par une société pour la liquidation du droit de timbre sur le capital réel de ses actions, est établie, l'Administration est-elle fondée à exiger un droit en sus?

L'art. 14 porte que la valeur du capital réel doit être déterminée *d'après les règles établies par les lois sur l'enregistrement.* Cette référence un peu vague à la loi de frimaire et aux lois qui l'ont complétée permet sans doute de décider: 1° Que la valeur imposable doit être déterminée par une déclaration estimative faite conformément à l'art. 16 de la loi du 22 frim. an 7; 2° et que cette déclaration, comme nous l'avons dit déjà, peut être contrôlée par tous les moyens de preuve dont l'Administration dispose. Peut-être faut-il consentir à reconnaître, comme l'a fait la Cour (V. le numéro qui précède), que l'Administration doit exercer son action, pour constater l'insuffisance commise, dans les deux ans de la déclaration, à peine de prescription (art. 61, n° 1, loi 22 frimaire an 7). Mais il n'est pas possible, à notre avis, de tirer de cette disposition un motif suffisant pour exiger le droit en sus de la société qui s'est rendue coupable d'insuffisance. Le droit en sus constitue une peine; il faut par conséquent un texte formel pour que cette peine puisse être appliquée. La loi du 23 juin 1857, qui a établi le droit de transmission sur les actions des sociétés, a aussi, comme nous le verrons, exigé des sociétés certaines déclarations estimatives et l'insuffisance de ces déclarations donne ouverture au droit en sus; mais, s'il en est ainsi, c'est parce que la loi a eu soin de s'en expliquer formellement dans son art. 10. La loi de 1850 n'ayant pas eu la même prévoyance, il n'est pas permis de suppléer à son silence et nous en concluons qu'en cas d'insuffisance constatée, l'Administration est bien fondée à réclamer un supplément de droit simple; mais elle ne peut exiger le droit en sus.

§ 2. — Tarif et liquidation du droit de timbre sur les obligations.

173. Tarif. — Le droit de timbre, applicable aux titres d'obligations souscrits par les sociétés, les départements, communes et établissements publics, a été fixé, par l'art. 27 de la loi du 5 juin 1850, à 1 p. 100 du montant du titre.

174. *Décimes.* Avec l'addition du double décime créé par l'art. 2 de la loi du 23 août 1871, le tarif est actuellement de 1 fr. 20 p. 100.

175. *Perception de 20 en 20 francs.* Comme pour les actions, la perception du droit suit les sommes et valeurs de 20 fr. en 20 fr., inclusivement, et sans fractions. C'est la disposition expresse du § 3 de l'art. 27. — V. *supra*, n° 163.

176. Base de l'impôt. Montant du titre. — Aux termes de l'art. 14, le droit de timbre sur les obligations est de 1 p. 100 *du montant du titre.*

La loi pose ainsi, dans des termes différents, la même règle que pour les actions, d'après laquelle le droit doit porter sur la somme portée au titre, quel que soit le taux d'émission, et quelle que soit la somme réellement versée à l'emprunteur par le souscripteur.

177. *Intérêts.* Le droit n'est dû que sur le montant de l'obligation en principal; il n'est pas dû en principe sur les intérêts à échoir, et cela lors même que le titre serait muni de coupons représentant ces intérêts et destinés à être détachés et remis à la compagnie lors de leur payement. C'est la remarque que nous avons déjà faite. V. *supra*, n° 150.

Mais il en serait autrement, ainsi que nous l'avons expliqué (*supra*, n° 150), si les intérêts à échoir donnaient lieu à la création de titres spéciaux et négociables, comme ceux qui représentent le capital. Ces titres seraient distinctement sujets au timbre, à liquider sur la somme qu'ils expriment comme étant payable à un terme plus ou moins éloigné.

La règle de liquidation que nous énonçons cesserait également d'être applicable, et les intérêts devraient être soumis au timbre proportionnel, avec le capital, si, comme il arrive quelquefois, le titre réunissait ce capital et ces intérêts dans une somme unique à rembourser en une seule fois, ou par fractions désignées, comprenant l'intérêt et l'amortissement. — V. dans ce sens: Seine, 5 août 1876, 20,164 J.; 4537 R. p.; et Cass., 12 juin 1877, 20,430 J.; 4700 R. p.; 21,714 J. N.; 15,791 Contr.; Inst. 2583, § 4; S., 77, 1, 326; P., 77, 815; D. P., 77, 1, 434.

178. *Primes de remboursement.* C'est ainsi que, bien que dans les obligations amortissables par voie de tirage au sort, la somme à rembourser comprenne généralement le capital de l'obligation en principal et une prime de remboursement qui, dans le fond, ne représente que des intérêts accumulés, le droit de timbre n'en doit pas moins être liquidé sur le taux de remboursement, sans déduction de la prime. Il en est ainsi alors même que le titre exprimerait distinctement la somme qui est censée représenter le capital nominal de l'obligation et celle qui constitue la prime de remboursement. En thèse générale, les obligations ne comportent pas la distinction, qui a été faite pour les actions, entre le capital nominal et le capital réel.

« Cette distinction, ainsi que l'Administration le faisait remarquer devant le tribunal de la Seine (V. 20,164 J., p. 588), ne se conçoit que pour des actions qui, représentant une part aliquote des biens effectifs composant l'actif d'une société, peuvent avoir un capital réel. C'est ce qui arrive toutes les fois que, l'actif social éprouvant une augmentation ou une diminution plus ou moins considérable, le chiffre nominal inscrit sur le titre d'action reste immuable. Ainsi, quand une société, comportant mille actions de 500 fr., possède, outre un actif de 500,000 fr., une réserve de 250,000 fr., il est clair que l'action au capital nominal de 500 fr. vaut en réalité 750 fr.

« Mais rien de semblable ne peut se produire en matière d'obligations, car un engagement, une fois pris, de payer 500 fr., n'est pas susceptible de varier en plus ou en moins, et la valeur du titre ne peut être influencée par aucune circonstance tant que le contrat primitif n'est pas anéanti par une nouvelle convention. »

Il en résulte qu'en matière d'obligations on ne doit avoir égard, pour l'application du droit de timbre, qu'au taux de remboursement. Le droit est dû, dit la loi, *sur le montant du titre*, c'est-à-dire sur la somme qui y est exprimée comme devant être remboursée par l'emprunteur.

« Il n'y a pas lieu, ajoutait l'Administration dans le mémoire précité, de s'arrêter à cette considération que la différence entre le taux d'émission et le taux de remboursement représente des intérêts réservés.

« La loi organique du 13 brum. an 7 déclare, art. 2, que « la contribution du timbre est de deux sortes : la première « est le droit de timbre imposé et tarifé en raison de la dimen- « sion du papier dont il est fait usage; la seconde est le droit « de timbre créé pour les effets négociables ou de commerce, « et gradué en raison des sommes à exprimer, sans égard à la « dimension du papier. »

« De même, l'art. 26 de cette loi édicte, pour tout effet écrit sur papier non timbré, une amende du vingtième de la somme exprimée dans cet effet.

« Le droit proportionnel de timbre est donc déterminé en raison de la somme exprimée, et la loi ne tient compte d'aucune autre circonstance, qu'elle soit relatée dans l'effet lui-même ou qu'elle résulte de circonstances extérieures.

« Ainsi, d'après le tarif établi en l'an 7, un effet de 1,000 fr., payable à un an de date, devait être écrit sur un coupon de 50 cent. Ce coupon était suffisant, lors même que le souscripteur s'obligeait à payer 1,000 fr., avec intérêts à 5 p. 100; mais, réciproquement, si l'effet créé sans stipulation d'intérêts était fait pour 1,050 fr., il était nécessaire d'employer un coupon de 1 fr., la somme exprimée étant de plus de 1,000 fr.

« En d'autres termes, la loi organique n'a aucun égard aux intérêts promis en sus de la somme principale indiquée dans le titre; mais si les intérêts convenus sont réunis et confondus avec le principal, pour être exprimés dans une seule et même somme, c'est de cette somme que dérive l'exigibilité du droit, sans aucune distinction entre les divers éléments dont elle se compose.

« Sous ce rapport, la législation sur le timbre et celle sur l'enregistrement concordent parfaitement entre elles. V. les principes établis au Dict. des Réd., v° Annuité.

« Ainsi, d'après les lois organiques, en matière d'enregistrement comme en matière de timbre, les intérêts, s'ils sont exempts de l'impôt lorsqu'ils sont énoncés dans les titres, en tant que prestations futures et périodiques, en deviennent passibles lorsqu'ils changent de caractère apparent et qu'ils se trouvent réunis et confondus, ne serait-ce que dans l'expression, avec les capitaux dont ils dérivent.

« Cette règle générale, écrite dans la loi et sanctionnée par une jurisprudence imposante, s'applique *de plano* au droit de timbre de 1 p. 100 établi par la loi du 5 juin 1850 sur les obligations des sociétés et compagnies.

« Pour qu'il en fût autrement, il faudrait que cette loi eût expressément dérogé à la règle, et elle ne l'a pas fait.

« Il est essentiel de remarquer, en effet, que la loi de 1850 n'a point innové lorsqu'elle a soumis à un impôt proportionnel les titres dont il s'agit. On a pu douter si les titres d'actions étaient de leur nature, et en vertu de la loi du 13 brum. an 7, passibles du timbre proportionnel. Mais une question semblable ne pouvait pas s'élever en ce qui concerne les obligations, qui n'étaient à vrai dire que des effets de commerce à très longue échéance. La loi de 1850 n'a donc pas eu à introduire, pour les obligations, le principe du droit proportionnel; elle n'a eu qu'à le maintenir, en même temps qu'elle élevait considérablement le droit, porté de 0 fr. 05 cent. p. 100 fr. à 1 fr. p. 100 fr., soit vingt fois plus.

« Or, du moment que la loi de 1850 n'a fait que développer l'application de la législation antérieure, il est d'évidence qu'en liquidant le droit sur le montant du titre, elle a simplement confirmé en termes synonymes ce qu'avait fait le législateur de l'an 7 en visant la somme exprimée dans le titre.

« Et si, sous la loi de l'an 7, un effet de 1,050 fr., sans intérêts stipulés, mais comprenant 50 fr. d'intérêts, devait subir l'impôt sur 1,050 fr., et non sur 1,000 fr., de même une obligation de 625 fr., comprenant 225 fr. d'intérêts réservés et capitalisés, doit subir l'impôt sur 625 fr. et non sur 400 fr. »

L'Administration, poursuivant sa démonstration, a ajouté que ces principes n'ont reçu aucune atteinte de l'art. 5 de la loi du 21 juin 1875, qui a soumis à la taxe de 3 p. 100 sur le revenu les primes de remboursement des obligations, cet article étant complètement étranger au droit de timbre et ayant pour objet un impôt d'une tout autre nature.

Conformément à ces motifs, le tribunal de la Seine, par jugement du 5 août 1876, a rendu le jugement suivant :

« Attendu que, dans le courant de l'année 1873, la Compagnie du chemin de fer de Lille à Valenciennes a émis 25,000 obligations, rapportant 25 fr. d'intérêt annuel, et remboursables à 625 fr., en quatre-vingt-dix-neuf ans, par voie de tirage au sort; — Qu'elle a contracté, le 19 déc. de la même année, un abonnement pour le timbre de ces obligations; — Que, le 1er mai 1874, elle a déclaré qu'elles avaient été émises pendant le premier trimestre de 1874, et qu'elle a elle-même liquidé l'impôt sur la somme de 625 fr. par obligation; — Qu'elle a payé la taxe annuelle ainsi liquidée jusqu'au 1er juil. 1875; — Mais qu'à partir de cette époque elle a prétendu que la taxe n'était due que sur 500 fr., somme exprimant sur chacune des obligations émises le capital nominal du titre; — Qu'elle soutient aujourd'hui que la dite taxe n'est due que sur 400 fr., somme représentant le taux d'émission;

« Attendu que les art. 27 et 31 de la loi du 5 juin 1850 ont assujetti les obligations au timbre proportionnel de 1 p. 100 du montant du titre; — Qu'aucun doute sérieux ne peut s'élever sur la signification de ces mots : *le montant du titre;* — Que le titre est la promesse de payer remise par le débiteur au créancier, et le montant du titre la somme qui fait l'objet de la promesse, qui s'y trouve exprimée et que le débiteur prend l'engagement de remettre au créancier; — Qu'il s'ensuit qu'au point de vue de la perception de l'impôt du timbre, le montant d'une obligation est la somme qui doit être remboursée à l'obligataire; — Qu'il est de toute évidence que la loi n'a assis la perception dudit impôt ni sur le capital nominal, qui, lorsqu'il s'agit d'obligations, n'est qu'un mot ne répondant à aucune réalité, ni sur le taux d'émission, c'est-à-dire sur la somme reçue par l'emprunteur et qui n'est pas la matière du titre, et qui, dans l'espèce, n'y est pas même mentionnée; — Que la Compagnie objecte cependant : 1° que la prime de remboursement ne représente que des intérêts réservés, et qu'en principe les intérêts sont exempts de l'impôt, qui porte seulement sur le capital; 2° que la loi du 21 juin 1875 soumettant les primes de remboursement à la taxe sur le revenu, on ne pourrait sans contradiction frapper de deux impôts une valeur unique, considérée tour à tour comme capital et comme revenu;

« Mais attendu que, d'accord avec les lois antérieures, et s'inspirant du caractère essentiel de l'impôt du timbre, la loi de 1850 a ordonné que pour les obligations cet impôt fût liquidé sur le montant du titre, sur la somme exprimée dans cet acte sans se préoccuper des éléments qui entrent dans cette somme; — Que la loi de 1875 n'a apporté aucune dérogation ni modification quelconque à la loi de 1850, dont les dispositions demeurées intactes doivent être appliquées aujourd'hui comme elles l'ont été constamment depuis plus de vingt-cinq ans;... » 20,164 J.; 4537 R. p.

Le pourvoi formé contre cette décision, qui fixe nettement les véritables principes à suivre pour la liquidation du droit de timbre proportionnel applicable aux obligations, a été rejeté par un arrêt de la Chambre des requêtes du 12 juin 1877. — 20,430 J.; 4700 R. p.: 21,714 J. N.; 15,791 Contr.; Inst. 2583, § 4; S., 77, 1, 326; P., 77, 815; D. P., 77, 1, 434.

179. *Taux de remboursement fixé d'une manière éventuelle.* L'affaire que nous venons de rapporter présentait aussi à juger une question analogue à celle que nous avons examinée précédemment, en étudiant les règles de liquidation du droit de timbre sur les actions. V. *supra*, n° 167.

Il avait été stipulé que les titres émis par la compagnie, au taux de 400 fr., représentant, suivant la prétention de cette dernière, et d'après une mention inscrite sur le titre, un capital nominal de 500 fr., productifs d'un intérêt annuel de 25 fr., et remboursables à 625 fr., devaient être remboursés en 99 ans, savoir : par voie de rachats à la Bourse, tant que les cours resteraient au-dessous du taux de remboursement, et par voie de tirage au sort, seulement lorsque le cours de 625 fr. serait dépassé. Cette éventualité dans le mode et le taux de remboursement pouvait-elle s'opposer à ce que le droit de timbre portât sur la somme entière de 625 fr. ? Le tribunal de la Seine ne l'a pas pensé et la Cour de cassation s'est associée à sa manière de voir en rejetant, par l'arrêt précité, le pourvoi formé contre son jugement.

« Attendu, porte ce jugement, que la compagnie n'est pas mieux fondée à invoquer la clause insérée dans les obligations, et en vertu de laquelle l'amortissement peut avoir lieu par voie de rachats à la Bourse, tant que le taux de remboursement ne sera pas atteint ou dépassé ; — Que cette clause ne saurait avoir d'influence sur la décision en litige, puisque, si la compagnie s'est réservé par là la faculté de racheter sur le marché public sa dette à un prix inférieur au remboursement, il dépend du porteur de chaque titre, en s'abstenant de le négocier, d'enlever à la compagnie l'exercice de cette faculté et de la contraindre d'amortir ledit titre au prix convenu de 625 fr. »

Il n'y a pas, croyons-nous, de contradiction entre cette décision et celle que le tribunal de Lille a rendue, en matière d'actions, dans une situation à peu près identique, le 21 juin 1883. V. *supra*, n° 167.

Lorsqu'il s'agit d'actions, le capital nominal peut très bien différer du capital réel puisque ce dernier est susceptible de varier suivant la prospérité plus ou moins grande de la société. Or, quand une société fixe un taux de remboursement pour ses actions, elle tient compte le plus souvent de l'accroissement de valeur que le capital réel doit recevoir, d'après ses prévisions, du développement de l'entreprise. Il en résulte que le taux de remboursement exprime plutôt la valeur du capital réel que le véritable chiffre du capital nominal, surtout lorsque, comme dans l'espèce sur laquelle le tribunal de Lille a statué, la compagnie ne l'a fixé à un chiffre supérieur au capital inscrit sur le titre qu'en prévision de la surélévation de valeur qui pourrait être révélée par les cours de la Bourse. Par conséquent, comme la loi, en matière d'actions, a établi le droit de timbre sur le capital nominal, à l'exclusion du capital réel, on doit décider que le taux de remboursement ainsi déterminé ne peut être d'aucune influence sur la liquidation du droit.

S'il en est différemment en matière d'obligations, c'est que leur capital réel ne se distingue pas du capital nominal, et que tous les deux sont représentés par la somme que l'emprunteur s'est engagé à rembourser, et qui constitue le *montant du titre*, sur lequel la loi a prescrit de liquider le droit proportionnel.

Art. 2. — *Taxe d'abonnement.*

§ 1er. — Actions.

180. Faculté d'abonnement. Quotité du droit. — L'obligation d'acquitter le droit relativement élevé de 50 cent. p. 100 ou de 1 p. 100 dès le commencement de leurs opérations, aurait pu devenir, pour les sociétés qui se fondent, une source de difficultés et suffire quelquefois à empêcher leur constitution. La loi a écarté cet inconvénient en leur permettant d'échelonner le payement de l'impôt, et de le convertir en une taxe annuelle à payer pendant toute la durée de la société.

« Les sociétés, porte l'art. 22 de la loi du 5 juin 1850, pourront s'affranchir des obligations imposées par les art. 14 et 20, en contractant avec l'État un abonnement pour toute la durée de la société. — Le droit sera annuel et de 5 cent. par 100 fr. du capital nominal de chaque action émise ; à défaut de capital nominal, il sera de 5 cent. p. 100 du capital réel, dont la valeur devra être déterminée d'après les règles établies par les lois sur l'enregistrement. »

181. *Décimes.* A la suite de l'art. 2 de la loi du 23 août 1871, qui a ajouté deux décimes aux droits de timbre de toute nature, sauf les exceptions mentionnées dans cet article, le taux de l'abonnement s'est trouvé porté à 6 cent. p. 100. Mais ce nouveau tarif n'était applicable qu'aux droits de timbre dus en vertu d'abonnements contractés depuis la promulgation de la loi de 1871 ; du moins le tribunal de la Seine l'avait décidé ainsi par trois jugements du même jour, rendus à la date du 23 mars 1872. (19,096 J.; 20,344 J. N.; 14,906 Contr.; 3464 R. p.) Depuis lors est intervenue la loi du 30 mars 1872, dont l'art. 8 est ainsi conçu :

« Les deux décimes ajoutés au principal des droits de timbre de toute nature par l'art. 2 de la loi du 23 août 1871 sont applicables aux taxes d'abonnement exigibles depuis la mise à exécution de cette loi, quelle que soit d'ailleurs l'époque à laquelle l'abonnement ait été contracté. »

La quotité de la taxe d'abonnement est donc invariablement de 6 cent. p. 100, décimes compris.

182. Liquidation de la taxe d'abonnement. — La taxe d'abonnement est établie, comme le droit de timbre au comptant, sur le capital nominal de chaque action émise, et, à défaut de capital nominal, sur le capital réel dont la valeur est à déterminer d'après les règles édictées par les lois sur l'enregistrement. (Art. 22, § 2.)

Il résulte de la similitude des termes employés par la loi pour déterminer le mode de liquidation du droit de timbre au comptant et de la taxe d'abonnement, que toutes les règles exposées *supra*, sous les nos 164 et suiv., s'appliquent de plein droit à cette dernière taxe. Nous ne pouvons que nous référer sur ce point à nos précédentes explications. Signalons toutefois quelques points spéciaux à la taxe d'abonnement.

183. *Perception de vingt en vingt francs.* Tout d'abord la taxe d'abonnement, à la différence du droit de timbre au comptant, se calcule sur le montant des titres, sans compléter la fraction de 20 fr. ni sur chaque titre, ni sur le total. La disposition finale de l'art. 14 ne concerne, en effet, que le droit au comptant. Sol. 20 janv., 4 août 1857, 12 janv. 1858.

184. *Taxe annuelle.* La loi portant que le droit sera annuel, peut-on l'établir pour des fractions d'année ? On pourrait soutenir que par la qualification d'*annuel* le législateur a entendu que l'impôt ne se percevrait pas pour moins d'une année, ainsi que cela a lieu pour quelques impôts directs. Mais l'emploi de ce mot *annuel* ne suffit pas pour autoriser à percevoir le droit d'une année lorsque l'abonnement ne s'applique pas à une année entière. On doit donc considérer que le droit s'acquiert jour par jour comme les intérêts, et qu'il doit être calculé de la même manière. 15,607-2 J.

L'opinion que nous avons émise sur cette matière a été adoptée par l'Administration. Dél. 4 nov. 1853 ; Sol. 23 sept. 1854.

185. Point de départ de l'exigibilité de la taxe. — *Ancienne jurisprudence.* Déduisant, dans notre première édition (v° Actions et obligations, nos 56 et 57), les conséquences de la règle posée par nous et d'après laquelle le droit de timbre, et surtout la taxe d'abonnement, devaient être reconnus exigibles du jour où les titres (actions ou obligations) étaient émis, c'est-à-dire attribués juridiquement aux souscripteurs, nous avons enseigné, d'accord avec plusieurs décisions administratives :

« Que, dans les sociétés anonymes, la taxe est due à partir du jour de la constitution définitive de la société, c'est-à-dire, pour les sociétés anonymes soumises à la nécessité de l'autorisation du Gouvernement, à partir du jour du décret d'autorisation, et pour les autres sociétés, à partir du jour de la délibération qui, conformément à la loi du 24 juil. 1867, a formé définitivement le lien social ;

« Que l'on ne pourrait faire remonter le service de l'abonnement à une date antérieure à celle de la constitution définitive, sous le prétexte que l'exploitation faisant l'objet de la société existait avant cette époque et que, d'après les statuts, les opérations sociales embrassent cette exploitation depuis son origine (Sol. 30 août 1870) ; qu'il en est ainsi lors même que l'abonnement aurait été contracté avant l'autorisation. Sol. 10 juin 1862.

« Mais, d'un autre côté, ajoutons-nous, c'est la date du décret d'autorisation qu'il faut considérer, sans égard à sa promulgation, qui est sans influence sur les règlements d'intérêt privé (Sol. 18 déc. 1860), et cela encore que les titres n'auraient été délivrés aux actionnaires qu'après la promulgation. Même sol.

« Peu importe, d'ailleurs, que l'abonnement n'ait été souscrit qu'après un délai plus ou moins long. La taxe n'en est pas moins due à partir du décret d'autorisation, et, pour en retarder l'exigibilité, la société ne serait pas recevable à prétendre que les titres n'ont pas été délivrés, s'il est constant que les actions ont été, dans l'acte constitutif, souscrites et attribuées, et qu'un intérêt de 5 p. 100 a été servi aux actionnaires, dès que la société a pu fonctionner. Seine, 12 août 1859. »

Enfin, prévoyant l'hypothèse d'une société déjà existante, qui émet une nouvelle série d'actions par souscription publique, nous avons, avec une délibération de l'Administration du 5-8 mars 1861, décidé que l'abonnement doit être servi, pour chacune de ces actions, à partir du jour où elle a été placée ; on ne saurait exiger la taxe, sur la série entière, à compter du jour où l'émission a été commencée, ni du jour du timbrage des titres, ni du jour où ils ont été cotés à la Bourse. Dél. 5-8 mars 1861.

186. *Jurisprudence actuelle.* Ces décisions ne sont plus entièrement en harmonie avec la règle qui semble destinée à prévaloir et que nous avons précisée dans nos explications précédentes. (V. *supra*, n°s 79 et suiv.) D'après la jurisprudence la plus récente, qui, avec raison, croyons-nous, ne fait à cet égard aucune distinction entre le droit de timbre au comptant et la taxe d'abonnement, la création des titres jointe à l'émission des actions, c'est-à-dire au fait juridique de leur attribution, est une condition indispensable pour l'exigibilité du droit. Tant que cette condition n'est pas remplie, le droit n'est pas dû, et, par conséquent, la taxe d'abonnement ne saurait courir, bien que la société soit définitivement constituée et les actions entièrement placées et attribuées à chaque souscripteur. Nous avons précisé ailleurs les conséquences de cette jurisprudence et les règles de perception qui s'en dégagent (*loc. cit.*, n°s 82 et suiv.) ; nous ne pouvons que nous référer à ce qui a été dit sur ce point. — V. Demasure, n°s 131 et suiv.

187. IRRÉVOCABILITÉ DE L'ABONNEMENT. — **Durée.** — L'abonnement que les sociétés sont admises à contracter, par application de l'art. 22 de la loi de 1850, pour être dispensées du payement immédiat du droit de timbre au comptant sur leurs actions, est obligatoire, aux termes de cette disposition, « pour toute la durée de la société ». On verra plus loin que, pour les obligations, il n'est contracté que pour « la durée des titres ». Cette différence de terminologie entraîne aussi des différences dans l'application de l'impôt, suivant qu'il s'agit d'actions ou d'obligations. Tandis que, pour ces dernières, la taxe cesse d'être exigible lorsque l'obligation vient à s'éteindre, par suite de remboursement ou pour toute autre cause, la taxe continue au contraire à courir, pour les actions, malgré leur anéantissement, ou les modifications quelconques dont elles sont l'objet, tant que subsiste la société qui les a émises et qui a contracté l'abonnement.

Le texte de l'art. 22 est formel à cet égard et ne comporte pas d'interprétation restrictive. Par conséquent, le seul point à considérer, pour décider, en présence des modifications qui peuvent être apportées soit à la constitution d'une société, soit à ses actions, si l'abonnement contracté doit cesser ou non de courir, est de savoir si ces modifications ont mis fin juridiquement à la société qui a contracté cet abonnement, ou l'ont au contraire laissé subsister. Dans cette seconde hypothèse, la taxe continue à être due intégralement sur tous les titres pour lesquels l'abonnement a été contracté, quand bien même ces titres auraient été amortis partiellement. Dans le premier cas au contraire, la société nouvelle qui, par suite des modifications apportées, remplace la société dissoute, n'a pas à continuer le service de l'ancien abonnement ; elle doit être admise, soit à payer un nouveau droit de timbre au comptant, soit à contracter un nouvel abonnement, pour les actions qui constituent son capital social. V. dans ce sens : Sol. 2 juil. 1886, 6697 R. p.

Nous avons, dans les explications générales données au commencement de cette étude (V. *supra*, n° 41), tracé les règles d'interprétation à suivre, lorsqu'il s'agit de savoir si les modifications statutaires ont laissé subsister la société ou donné naissance à un nouvel être moral. Ces règles, auxquelles nous ne pouvons que nous référer, trouveront ici leur application.

188. **Renonciation à l'abonnement.** — Une des premières conséquences du principe de l'irrévocabilité de l'abonnement, pour toute la durée de la société, est que, dès lors que la société a opté pour ce mode de payement de l'impôt et que l'abonnement a été contracté, il ne lui est plus loisible d'y renoncer et de se soustraire au payement de la taxe annuelle, même en offrant d'acquitter le droit de timbre au comptant. Seine, 8 mai 1855.

189. **Amortissement statutaire des actions.** — Par application du même principe, la jurisprudence décide que l'abonnement doit être servi, pendant toute la durée de la société et tant qu'elle n'est pas dissoute, sur l'intégralité du capital primitif, nonobstant toute réduction de ce capital, provenant par exemple d'un amortissement statutaire. Seine, 6 juil. 1867 ; Cass., 23 juil. 1868 ; 18,602 J. ; 2806 R. p. ; Inst. 2372, § 6 ; 14,022, 14,215 Contr. ; 19,581 J. N. ; 2350 Rev. not. ; S., 69, 1, 231 ; P., 69, 546 ; D. P., 65, 5, 387.

En vain prétendrait-on que le remboursement successif des actions amorties constitue en réalité une liquidation partielle, et doit permettre à la société d'invoquer jusqu'à concurrence des actions amorties l'exemption accordée par la loi (art. 24) aux sociétés en liquidation. Le tribunal de la Seine répond, avec raison, que la dispense édictée par l'art. 24 précité n'est accordée qu'aux sociétés *mises en liquidation*, et qu'une société mise en liquidation est une société qui a cessé d'exister, et non pas une société qui rembourse peu à peu aux actionnaires le montant du capital social.

190. **Remplacement des actions amorties par des actions de jouissance.** — La règle que nous venons d'énoncer s'applique, à plus forte raison, au cas où les actions amorties sont remplacées, aux termes des statuts, par des actions de jouissance, donnant droit à une part proportionnelle dans le partage des dividendes. Seine, 7 mars 1874 ; 19,510 J. ; 4744 Rev. not. ; Inst. 2592, § 1er.

191. **Rachat d'actions.** — La réduction du capital d'une société, au moyen du rachat d'une partie de ses actions, n'empêche pas non plus la taxe d'abonnement d'être exigible, tant que la société n'est pas dissoute, sur la totalité des actions pour lesquelles l'abonnement avait été contracté. — Seine, 13 déc. 1878, 20,948 J. ; 5397 R. p. ; — Cass., req., 11 nov. 1879, 21,226 J. ; 5397 R. p. ; Inst. 2637, § 4 ; S., 80, 1, 229 ; P., 80, 525 ; D. P., 80, 1, 117.

Il s'agissait, dans l'espèce au sujet de laquelle sont intervenues ces deux décisions, d'une société qui, après s'être constituée au capital de 25 millions, divisé en cinquante mille actions de 500 fr. chacune, et après avoir doublé son capital et émis cinquante mille actions nouvelles, avait ensuite ramené le capital et le nombre des titres au chiffre primitif, par le moyen du rachat et de l'annulation de cinquante mille actions.

La société a vainement soutenu que cet amortissement avait entièrement anéanti les cinquante mille titres pour lesquels il avait été souscrit un abonnement spécial, et que cet amortissement constituait une liquidation partielle qui faisait rentrer les actions dans le cas d'exemption prévu par l'art. 24 de la loi du 5 juin 1850. A ce dernier argument, le conseiller rapporteur, M. Dareste, a répondu, avec raison, qu'une « liquidation partielle » est « une contradiction dans les termes ».

La liquidation n'existe qu'à la condition d'être totale et complète. « La liquidation, dit M. le conseiller Pont (Sociétés, n° 775), a essentiellement pour objet de terminer les affaires communes, de libérer la société vis-à-vis de ses créanciers, de recouvrer les créances et d'arriver ainsi, en dégageant l'actif brut des dettes qui le grèvent, à la constitution de l'actif net que les ayants droit auront à se partager. » Quand une société se met en liquidation, elle ne fait plus d'affaires nouvelles, elle se borne à terminer les affaires en cours, et à tout préparer pour le partage, qui est le but final. Il est évident que tel n'est pas le cas d'une société qui ne fait que rembourser une partie de ses actions et continue ses opérations après comme avant la réduction du capital.

Aussi la Cour de cassation a-t-elle justement décidé, dans l'espèce : « que l'abonnement souscrit pour le payement du droit de timbre sur les actions est irrévocable; qu'il n'y a dispense de la taxe que dans deux cas, savoir : celui où la société serait mise en liquidation depuis l'abonnement, et celui où elle serait restée deux ans sans payer ni dividendes, ni intérêts »; qu'une société qui amortit une partie de ses actions, ne se trouvant dans aucun de ces deux cas d'exemption, doit continuer à payer la taxe d'abonnement sur l'intégralité de son capital primitif (arrêt précité).

192. Echange d'actions libérées de moitié contre des actions entièrement libérées. Capital-actions réduit de moitié. Obligations émises en remplacement. — La Cour de cassation a fait application du même principe à l'espèce suivante :

Une société de chemin de fer, en vue de préparer sa fusion avec une autre compagnie, a réduit son capital-actions de moitié, et, pour cela, a décidé que ses 70,000 actions de 500 fr., libérées de 250 francs, seraient converties en 35,000 actions de 250 fr. entièrement libérées. Puis elle a émis 60,000 obligations en remplacement des actions annulées.

Décidé que la taxe d'abonnement devait continuer, nonobstant la réduction du capital social, à être acquittée sur la totalité des actions primitivement émises, sans préjudice du nouveau droit exigible sur les 60,000 obligations nouvellement souscrites. Cass., ch. civ., 2 mai 1865; Inst. 2326, § 1er; 17,990 J.; 18,315 J. N.; 2111 R. p.; 12,864 Contr.; S., 65, 1, 286; P., 65, 672; D. P., 65, 1, 270.

« Attendu, porte cet arrêt, qu'il résulte des art. 14 et 22 de la loi du 5 juin 1850 que ce droit de timbre frappe les titres d'actions qui y sont assujettis, au moment de leur émission; que ce droit est irrévocablement acquis au Trésor par le fait de l'apposition du timbre sur ces titres; qu'il importe peu que les compagnies adoptent, pour l'acquittement du droit, l'un ou l'autre des deux modes admis par les art. 14 et 22 de la loi du 5 juin 1850, savoir : le payement intégral au comptant, ou le payement par annuités, au moyen d'un abonnement contracté pour toute la durée desdites sociétés; que leur engagement est définitif et invariable aussi bien dans le second cas que dans le premier, et qu'on ne saurait en méconnaître le caractère de fixité sans introduire une injuste inégalité en matière d'impôt au préjudice de ceux qui l'auraient payé comptant;

« Attendu qu'aux termes des art. 14 et 22 de la loi du 5 juin 1850, le droit de timbre sur les titres d'actions libérées ou non libérées doit être liquidé d'après leur valeur nominale d'émission, et que le droit fixé sur cette base est indépendant des combinaisons diverses et opérations d'amortissement que peuvent faire ultérieurement les compagnies; que la compagnie défenderesse était donc mal fondée à prétendre que le droit de timbre liquidé sur un certain nombre d'actions par elle émises et plus tard supprimées formait double emploi avec le droit perçu sur des obligations créées vers la même époque, dans lesquelles l'Administration de l'enregistrement n'a dû voir qu'un nouveau capital d'émission formé par un emprunt et représenté par de nouveaux titres assujettis eux-mêmes au timbre et, par conséquent, au droit établi par la loi du 5 juin 1850;

« Attendu que la société défenderesse n'était pas mieux fondée à se prévaloir de son traité de fusion avec une autre compagnie pour en induire que ses engagements antérieurs envers l'État pour le payement du droit de timbre se trouvaient éteints; que, d'après ce traité, la fusion projetée ne devait se réaliser qu'à la fin de 1863; que la compagnie défenderesse ne pouvait donc en argumenter pour se soustraire à l'exécution de la contrainte décernée contre elle le 29 août 1862, pour le payement des droits restant dus au 1er juillet de la même année. »

193. Réduction du nombre des actions à la suite de pertes subies par le capital social. — La société du Crédit mobilier a été constituée, en 1871, au capital de 80 millions, divisé en 160,000 actions de 500 fr. Elle a contracté un abonnement pour le timbre de ses actions, conformément à l'art. 22 de la loi du 5 juin 1850. Ayant cessé de distribuer des dividendes à ses actionnaires depuis la fin de 1872, elle n'a plus acquitté l'impôt du timbre à partir de 1875. En 1878, le capital social fut réduit de 80 à 32 millions et divisé en 64,000 actions de 500 fr. chacune. Grâce à cette réduction, la société put réaliser des bénéfices qu'elle distribua à ses actionnaires. L'Administration a réclamé alors le service de l'abonnement contracté en 1871, et exigé le payement de l'impôt sur le montant du capital primitif. La société ne voulant acquitter les droits de timbre que sur le capital réduit, une instance s'est engagée devant le tribunal de la Seine, qui, par un jugement du 12 fév. 1880, a donné gain de cause à la Direction générale. 21,322 J.; 16,244 Contr.

Le pourvoi formé contre cette décision a été rejeté par un arrêt de la Chambre des requêtes du 14 mars 1881, ainsi conçu :

« Sur le moyen unique tiré de la violation des art. 14, 22 et 24 de la loi du 5 juin 1850 : — Attendu qu'il résulte des dispositions précitées que les sociétés peuvent s'affranchir du payement immédiat du droit de timbre sur leurs actions en contractant avec l'État un abonnement pour toute la durée de la société; — Que l'abonnement une fois souscrit est irrévocable et qu'il n'y a de dispense que dans deux cas, à savoir : celui où la société serait mise en liquidation et celui où elle serait restée deux ans sans payer ni dividendes ni intérêts;

« Attendu, en fait, que la société du Crédit mobilier, après avoir conclu avec l'Administration du timbre un abonnement pour 160,000 actions formant un capital de 80 millions, a réduit son capital de trois cinquièmes, annulé en conséquence 96,000 actions et élevé la prétention que la double exception mise par l'art. 24 de la loi du 5 juin 1850 au payement de l'abonnement doit *a fortiori* s'appliquer au cas où les sociétés ont, par suite de pertes, réduit leur capital social;

« Attendu que ladite société ne se trouvait dans aucun des deux cas d'exception prévus d'une manière limitative par la loi; — Que, dès lors, en repoussant la prétention élevée par elle et en validant la contrainte décernée par l'Administration, le jugement attaqué, loin de violer les dispositions invoquées par le pourvoi, en a fait, au contraire, la plus juste application. » — 21,590 J.; 5698 R. p.; 16,415 Contr.; 22,523 J. N.; Inst. 2650, § 7; S., 81, 1, 228; P., 81, 539; D. P., 81, 1, 372.

Cet arrêt, et celui que nous avons rapporté sous le numéro précédent, doivent être approuvés et nous paraissent devoir servir de règle, sauf réserve, toutefois, du cas où la diminution du capital social coïnciderait avec d'autres modifications statutaires, qui entraîneraient la dissolution de la société et la création d'une société nouvelle. (V. *supra*, n° 49.) Dans ce cas, on ne pourrait douter que la société ne dût être admise à souscrire un nouvel abonnement sur la base de ses nouveaux statuts et d'après le chiffre de ses nouvelles actions.

Disons toutefois qu'en thèse générale la réduction du capital social ne saurait, par elle-même et lorsqu'elle ne coïncide avec aucune modification essentielle dans le caractère, le but et l'objet de l'entreprise, résoudre le pacte primitif et donner naissance à une société nouvelle. C'est ce que l'Administration a très justement décidé par une solution du 2 juil. 1886, d'après laquelle une modification de cette nature ne suffit pas pour permettre à la société de contracter un nouvel abonnement sur le chiffre de son capital réduit. 6697 R. p.

194. Retrait des actions par suite de la conversion d'une société par actions en une société en commandite simple. — La Cour de cassation a fait encore une application de la règle ci-dessus énoncée, dans le cas suivant : Une société en commandite par actions, qui avait contracté un abonnement lors de l'émission de ses titres et qui acquittait régulièrement la taxe depuis plusieurs années, a pris, au cours de son existence, une délibération d'après laquelle le fonds social a cessé d'être divisé en actions. Les anciens titres ont été retirés des mains des actionnaires, et ceux-ci ont reçu un récépissé des sommes versées par eux et ont échangé leur titre et leur qualité d'actionnaires contre le titre et la qualité d'associés en commandite simple.

La Chambre civile a décidé, par un arrêt du 9 août 1865, rejetant le pourvoi formé contre un jugement de la Seine du 8 avril 1864, que la taxe d'abonnement continuait à être exigible sur les anciennes actions, tant que la société n'était pas dissoute ou mise en liquidation.

« Attendu que la société dont il s'agit n'a pas cessé d'exister ; qu'elle ne s'est pas mise et qu'elle n'a pas été mise en liquidation depuis son abonnement par annuités au droit de timbre pour toute sa durée, et qu'elle a continué à payer des dividendes ou intérêts ; qu'elle a seulement, par une délibération postérieure à cet abonnement, déclaré que le fonds social cesserait d'être divisé en actions, et décidé que les titres d'actions seraient remplacés par les récépissés des sommes versées par les actionnaires et pour lesquelles ils resteraient commanditaires... » 18,067 J.; Inst. 2326, § 1er; 2149 R. p.; 18,357 J. N.; 12,943 Contr.; S., 65, 1, 424; P., 65, 1276; D. P., 65, 1, 311.

On ne saurait trop répéter, à propos de chacun de ces arrêts, que la décision devrait être différente, si la modification statutaire était telle qu'elle entraînât la substitution d'une société nouvelle à l'ancienne. Cette remarque a, dans l'espèce que nous venons de relater, d'autant plus d'à-propos que l'on peut douter très sérieusement qu'une société par actions puisse se transformer en une commandite simple sans que le changement d'être moral en soit la conséquence. (V. *supra*, n° 51.) Peut-être que, si la question eût été soumise à la Cour, le sort fait au pourvoi eût été différent et la Chambre civile aurait hésité à approuver la réclamation de l'Administration.

195. Prorogation de société avec réduction du capital social. — La prorogation d'une société proroge par cela même la durée de l'abonnement souscrit par la société pour le payement du droit de timbre sur ses actions. La prescription formelle de la loi est en effet que la taxe d'abonnement soit payée, sans réduction ni atténuation, pendant toute la durée de la société. La règle ne doit pas être différente, en principe du moins, lorsqu'avec une prorogation la société fait coïncider une modification statutaire, telle que la réduction du capital social, non susceptible d'entraîner sa dissolution et la création d'un nouvel être moral.

Cependant, par un tempérament équitable apporté à la rigueur du principe, l'Administration a admis, le 18 fév. 1869, qu'une société dont le capital était réduit de 20 à 12 millions, qui prorogeait sa durée et échangeait les anciens titres contre de nouveaux, pouvait être admise, pour la nouvelle période de son existence, à souscrire un nouvel abonnement sur le capital réduit à 12 millions.

Nous estimons que cette solution doit être approuvée. En outre de la considération d'équité qui l'a dictée, elle se justifie par de sérieux motifs.

On peut faire remarquer d'abord qu'en limitant l'obligation résultant de l'abonnement à la durée de la société, la loi a pu avoir en vue la durée telle qu'elle a été fixée par les statuts contemporains de cet abonnement. Si cet abonnement continue à courir, en cas de prorogation, c'est par une sorte de tacite reconduction, qui suppose d'ailleurs que rien n'est changé dans les conditions d'existence de la société, dans le chiffre de son capital social, notamment, et le nombre et l'importance de ses actions.

Ajoutons que la loi elle-même, dans le cas particulier d'une société constituée d'abord pour une durée ne dépassant pas dix années, considère la prorogation comme un fait nouveau, qui donne ouverture à un nouveau droit de timbre au comptant, et, par conséquent, le cas échéant, à un nouveau contrat d'abonnement (art. 26, loi du 5 juin 1850).

Ces motifs nous paraissent déterminants pour permettre à la solution précitée de l'Administration d'être prise pour règle, dans tous les cas où une prorogation coïncide avec une diminution du capital social, sans qu'il y ait lieu de distinguer suivant que cette modification statutaire entraîne ou n'entraîne pas un changement d'être moral.

196. Actions sans valeur. — Il va de soi qu'en dehors du cas où la société remplit les conditions particulières d'exemption déterminées par l'art. 24, et dont il sera question plus loin (liquidation, faillite ou improductivité pendant deux ans), le motif tiré de ce que les actions auraient perdu toute leur valeur ne peut dispenser la société de continuer le payement de la taxe d'abonnement. Seine, 13 août 1858, 16,838 J.; 10,030 R.; 11,492 Contr.; 1116 R. p.; D. P., 59, 3, 24.

197. Société non définitivement formée. Actions non émises. — Le contrat d'abonnement n'est pas le fait générateur de l'impôt : il ne constitue qu'un mode particulier de payement ; il en résulte qu'il est sans cause et ne peut suffire à rendre la société débitrice de la taxe, si les véritables conditions d'exigibilité de cette taxe ne se trouvent pas remplies. Or, même dans l'opinion qui ne subordonne pas cette exigibilité à la création matérielle des titres, on reconnaît cependant que le droit de timbre n'est pas dû, ni par conséquent la taxe d'abonnement, tant que la société n'est pas définitivement constituée, et tant que les actions ne sont pas émises, c'est-à-dire attribuées aux souscripteurs. V. *supra*, nos 82 et suiv. et 186.

Nous ne saurions donc approuver un jugement du tribunal de la Seine du 16 mars 1852, aux termes duquel le fondateur d'une société qui a contracté un abonnement pour le payement du droit de timbre sur les actions qu'il se propose d'émettre, ne peut se dispenser d'acquitter la taxe annuelle en prouvant que la société est restée à l'état de projet, qu'elle n'a pas commencé ses opérations, ni émis ses actions. 15,452 J.; 8651 R. p.; 14,616 J. N.; 9678 Contr.; Inst. 1982, § 8.

Il est évident que cette décision est en contradiction manifeste avec les principes que nous avons exposés, d'après les données de la jurisprudence, touchant les conditions d'exigibilité du droit de timbre.

198. Abonnement contracté par erreur. — Les mêmes motifs doivent nous faire décider que, si un abonnement était contracté indûment, dans la persuasion erronée, où serait la société, de l'exigibilité du droit de timbre, il ne suffirait pas pour permettre au Trésor de réclamer le payement annuel de la taxe. Cependant la Cour de cassation a implicitement tranché cette question en sens contraire à notre opinion, dans une espèce particulière qui n'est pas d'ailleurs susceptible de se représenter. Partant de cette idée que la faculté d'abonnement ouverte aux sociétés par la loi de 1850 s'applique aux titres antérieurs comme aux titres postérieurs à la promulgation de cette loi (V. en effet le texte des art. 22 et 31), et que l'exercice de cette faculté entraîne pour l'avenir l'exemption de tous droits de timbre et d'enregistrement auxquels pourraient donner lieu les cessions ou renouvellements de titres, elle a décidé qu'une société qui, en fait, a contracté un abonnement pour des titres antérieurs à la loi de 1850, au lieu de les faire timbrer au comptant au droit de 5 cent. p. 100, comme l'art. 20 de la loi lui en donnait la faculté, ne peut pas prétendre que cet abonnement ne lui offrait aucun avantage et, par conséquent, ne saurait se soustraire, en alléguant l'erreur commise et le défaut de cause, à l'engagement qu'elle a pris de payer la taxe annuelle pendant toute la durée de son existence. — Cass., ch. civ., 27 juil. 1858, rejetant un pourvoi formé contre un jugement du tribunal de la Seine du 6 mars 1857; 16,807, 16,887 J.; 9971 R.; 11,381 Contr.; 1058 R. p.; Inst. 2137, § 14; S., 58, 1, 824; P., 59, 496; D. P., 58, 1, 307; — dans le même sens : Chalon-sur-Saône, 1er mars 1855, 16,807 J.

Nous n'avons pas à critiquer ces décisions, qui ne présentent plus qu'un intérêt rétrospectif. Nous nous bornerons à faire observer qu'elles se fondent sur un motif spécial qui s'oppose à ce qu'on puisse les généraliser. Elles supposent qu'il existait à la charge de la société des obligations fiscales que l'abonnement avait pour but de remplir. Elles sont donc sans application lorsqu'aucune obligation n'existe, ce qui est le cas lorsque, l'abonnement étant contracté dans la persuasion que le droit de timbre s'est ouvert, ce droit en réalité n'a pris et ne prendra jamais naissance. L'abonnement, étant sans cause, ne peut servir de fondement à l'exigibilité de la taxe.

199. Compagnie de chemin de fer. Rachat du réseau par l'Etat. — L'art. 9 de la loi de finances du 22 déc. 1878 dispose que « les chemins de fer exploités par l'État sont soumis, en ce qui concerne les droits, taxes et contributions de toute nature, au même régime que les chemins de fer concédés ». — 21,520 J.; 5223 R. p.; 22,048 J. N.; Inst. 2611; P., 79, 367; D. P., 79, 5, 198.

Une décision du ministre des finances, du 8 août 1879, en a conclu que les droits de timbre, la taxe de transmission et l'impôt sur le revenu exigibles sur les titres émis par une compagnie de chemin de fer dont le réseau a été racheté par l'Etat, continuent d'être dus après le rachat. 21,604 J.; 5337 R. p.

Cette décision doit être entendue en ce sens que si les titres, notamment les obligations émises par la compagnie de chemin de fer, subsistent après le rachat et si la charge d'en payer les intérêts et le capital à l'échéance n'a fait que passer à l'Etat, en vertu de la convention de rachat, cette novation dans la qualité du débiteur qui, dans les principes du droit commun, devrait, semble-t-il, mettre fin à l'exigibilité des différentes taxes fiscales, ne produit pas ce résultat, par suite de la disposition exceptionnelle de l'art. 9 de la loi précitée. Mais il nous paraît évident que cette solution ne saurait être étendue aux actions de la compagnie, si le rachat de son réseau a pour résultat de dissoudre la société. Le droit de transmission et la taxe sur le revenu pourraient, à la vérité, demeurer exigibles tant que la société subsisterait pour les besoins de sa liquidation, et que les actions seraient encore susceptibles d'être cédées ou de donner des revenus. Mais la taxe d'abonnement au timbre cesserait de courir, puisque la société serait mise en liquidation et pourrait invoquer ainsi le bénéfice de l'exemption édictée par l'art. 24 de la loi de 1850. — V. *infra*, n° 201.

200. DISPENSE DE LA TAXE D'ABONNEMENT. — Tout en limitant à la durée de la société l'obligation de payer la taxe annuelle d'abonnement, et en ne permettant aux redevables de se soustraire, sous aucun prétexte, à cette obligation, qui n'est qu'une juste compensation à l'exonération du droit de timbre au comptant dont la société a bénéficié grâce à son contrat d'abonnement, la loi du 5 juin 1850 a cru devoir apporter à cette règle un certain tempérament.

« Nous voulons, disait M. Leroux dans son rapport (V. *supra*, n° 56), que l'Etat supporte sa part de la mauvaise fortune des sociétés, si leurs entreprises sont infructueuses. En cas d'abonnement, les compagnies ou entreprises en liquidation seront dispensées du droit annuel. Celles qui dans les deux dernières années n'auront payé ni dividendes, ni intérêts, seront aussi dispensées du droit, tant qu'il n'y aura pas de répartitions ou de payements d'intérêts. »

L'art. 24 de la loi a traduit cette pensée bienveillante dans le texte suivant :

« Seront dispensées du droit les sociétés, compagnies ou entreprises abonnées qui, depuis leur abonnement, se seront mises ou auront été mises en liquidation. — Celles qui, postérieurement à leur abonnement, n'auront, dans les deux dernières années, payé ni dividendes ni intérêts, seront aussi dispensées du droit, tant qu'il n'y aura pas de répartition de dividendes ou de payement d'intérêts... » (Suit une disposition transitoire qui, actuellement, ne présente plus aucun intérêt.)

201. Liquidation. Faillite. — Le premier motif de dispense, d'après l'art. 24 que nous venons de citer, c'est la mise en liquidation de la société, à laquelle on n'a jamais fait difficulté d'assimiler la *faillite*, qui n'est qu'une liquidation forcée. D'ailleurs, cette disposition de la loi édicte moins une dispense qu'une conséquence de la règle posée par l'art. 22, d'après laquelle l'abonnement est contracté pour « la durée de la société ». La mise en liquidation et la faillite, en effet, opèrent la dissolution de la société et, par conséquent, mettent fin à l'abonnement.

La dispense de l'impôt est attachée à la mise en liquidation de la société, sans distinction entre le cas d'une liquidation volontaire ou d'une liquidation forcée. — V. Cass. (civ.), 16 juin 1875, 19,843 J.; 15,439 Contr.; 21,246 J. N.; S., 76, 1, 38; P., 76, 61; D. P., 75, 1, 455.

Il va de soi que la société mise en liquidation ou déclarée en faillite doit la taxe d'abonnement sur ses actions jusqu'au jour de l'événement qui met fin à son existence. A partir de ce jour, la taxe cesse d'être exigible, et elle ne peut plus renaître, à moins que l'acte de mise en liquidation ou en faillite ne soit annulé et que la société ne continue le cours régulier de ses opérations.

Si un jugement faisait remonter l'ouverture de la faillite à une date antérieure au jour où cette faillite a été déclarée, cette sentence déterminerait rétroactivement le moment où l'abonnement aurait cessé d'être exigible.

202. SOCIÉTÉS INFRUCTUEUSES. SUSPENSION DE L'ABONNEMENT. — Le second cas de dispense est celui des sociétés qui, depuis leur abonnement, n'ont, dans les deux dernières années, payé ni dividendes, ni intérêts. Cette disposition donne lieu à de sérieuses difficultés. Pour les résoudre d'une manière complète, nous devons examiner successivement : 1° Quelles sont exactement les conditions requises pour que la dispense puisse être invoquée par les sociétés; 2° quels sont, quand ces conditions sont remplies, le point de départ, la durée et les effets de cette exemption.

203. 1° CONDITIONS REQUISES POUR LA SUSPENSION DE L'ABONNEMENT. — La dispense de l'impôt est accordée aux sociétés qui, après être restées deux années consécutives sans payer ni dividendes, ni intérêts, continuent à demeurer improductives. Après ces deux années, dites années d'épreuve, et si l'improductivité continue, le payement de la taxe est suspendu jusqu'à ce qu'il survienne un exercice donnant lieu à une répartition de dividendes ou d'intérêts.

204. Répartition de dividendes. — La loi attache la

présomption d'improductivité, qui est le fondement de l'exemption, à un fait matériel qu'il est facile de vérifier ; à savoir l'absence de toute répartition. Cette condition doit être remplie strictement, en ce sens que toute répartition, si faible qu'elle soit, qu'elle soit justifiée ou non par le bilan de la société, et de quelque source qu'elle provienne, s'oppose à ce que la dispense d'impôt puisse être invoquée. Cass., 23 juil. 1868, 18,602 J.; 2806 R. p.; Inst. 2372, § 6; 2350 Rev. not.; 14,215 Contr.; 19,581 J. N.; S., 69, 1, 231; P., 69, 546; D. P., 65, 5, 387.

C'est ainsi que la disposition de l'art. 24 a été constamment interprétée par la jurisprudence, comme on le verra plus loin à la lecture des arrêts rendus en matière de payement d'intérêts aux actionnaires.

205. *Dividendes frauduleux.* Ainsi, lors même que les dividendes répartis auraient été pris sur le capital, lors même qu'ils auraient été frauduleusement alloués, au mépris des prescriptions de la loi du 24 juil. 1867, le seul fait qu'il y a eu une répartition rend la dispense d'impôt inapplicable. L'administration n'a pas à rechercher si les dividendes étaient régulièrement acquis : cette recherche la conduirait à discuter les bilans de la société, et c'est là, sans aucun doute, ce que la loi a voulu éviter. D'autre part, si une société prétendait faire la preuve de l'irrégularité des distributions pour soutenir qu'étant réellement demeurée improductive, elle aurait dû être admise au bénéfice de l'exemption, l'Administration lui opposerait le principe de droit commun que nul ne peut se faire un argument de sa propre fraude. « *Nemo agere potest, suam turpitudinem allegans* ».

Il n'y a, à notre avis, qu'un cas où cette règle paraît comporter une exception : c'est le cas où des distributions de dividendes auraient été annulées judiciairement, comme entachées d'irrégularité. Cette annulation, prononcée par jugement, résout le fait même qui justifie la perception de l'impôt : elle place légalement la société dans la situation des sociétés qui sont restées deux années sans faire aucune distribution de dividendes, et qui, par conséquent, doivent être admises au bénéfice de l'art. 24. Par conséquent, on doit reconnaître que, dans cette hypothèse, l'exemption édictée par cet art. 24 est applicable, nonobstant la distribution annulée. — Une délibération du 5 août 1859 et une solution du 12 août 1859 se sont prononcées dans ce sens.

206. **Payement d'intérêts.** — Ce n'est pas seulement l'absence de toute répartition de dividendes, mais encore le défaut de payement d'intérêts aux actionnaires, que la loi exige pour que la dispense d'impôt soit acquise. Il s'agit bien entendu des intérêts servis aux actionnaires pour leurs actions, et non pas des intérêts que la société aurait payés à ses obligataires, en cette qualité, ceux-ci fussent-ils en même temps actionnaires.

Au surplus, le payement d'un intérêt quelconque, si minime qu'il soit et de quelque manière qu'il ait lieu, suffit à faire écarter l'exemption.

207. *Intérêts pris sur le capital.* Un arrêt du 4 janv. 1865 (17,968 J.; 2021 R. p.; Inst. 2325, § 2; 12,800 Contr.; 18,455 J.N.; S., 65, 1, 193; P., 65, 436; D. P., 65, 1, 299) a posé le principe sur ce point en décidant que la dispense du droit de timbre par abonnement accordée aux sociétés par actions qui, pendant les deux dernières années, n'ont payé ni dividendes ni intérêts, est inapplicable au cas où des intérêts ont été payés en vertu des statuts sociaux, même par voie de prélèvement sur le capital social, et seulement à une certaine catégorie d'actionnaires.

Cet arrêt est ainsi conçu :

« Attendu que la disposition exceptionnelle de l'art. 24 de la loi du 5 juin 1850 doit être renfermée, comme toute exception, dans les termes et les limites que la loi précise et ne peut être étendue à d'autres cas ; que la loi ne distingue pas entre les cas où les intérêts payés par la société proviennent de bénéfices réalisés et celui où les intérêts sont payés au moyen d'un prélèvement opéré sur le capital; qu'elle ne distingue pas davantage entre le cas où les intérêts sont payés d'une manière générale à tous les actionnaires, et celui où ils sont payés seulement à une catégorie déterminée; — Attendu que le texte de la loi est général et absolu; que son application doit avoir le même caractère ; qu'il est reconnu que des intérêts ont été payés par la société dans les deux dernières années de son existence, en exécution d'une clause formelle de ses statuts; que cela suffit pour que la société n'ait pu, à l'expiration de ces deux années, réclamer le bénéfice de l'art. 24 de la loi de 1850. »

208. *Intérêts servis à une catégorie d'actions.* Il arrive parfois qu'un intérêt est servi, même aux dépens du capital, à une partie seulement des actions, en vertu d'une clause des statuts qui stipule cet avantage particulier au profit d'une catégorie déterminée d'actionnaires. Dans ce cas, l'abonnement est dû, parce que la loi ne distingue pas, et que la dispense d'impôt ne saurait se produire du moment où il est fait une distribution quelconque d'intérêts. Et, de plus, la taxe est exigible, non pas seulement sur la valeur des actions auxquelles un intérêt est servi, mais sur la totalité du capital de la société. Arrêt précité du 4 janv. 1865. — *Adde :* Cass. (req.), 24 nov. 1869; 18,882 J.; 3044 R. p.; Inst. 2397, § 4; 2646 Rev. not.; 19,835 J. N.; 14, 482 Contr.; S., 70, 1, 135; P., 70, 305; D. P., 70, 1, 271; — Seine, 7 mars 1874; 19,510 J.; 4744 Rev. not.; Inst. 2592, § 1.

L'arrêt du 24 nov. 1869 décide, notamment, que la société qui s'est abonnée en plusieurs fois successives, pour le payement du droit de timbre sur les diverses séries de ses actions, ne peut, lorsqu'elle a payé des intérêts, même seulement aux porteurs des actions de l'une de ces séries, profiter de la dispense du droit accordée aux sociétés qui n'ont distribué ni dividendes ni intérêts pendant deux années : « Attendu que l'art. 24 de la loi du 5 juin 1850 ne dispense de l'abonnement aux droits de timbre que les sociétés qui, dans les deux dernières années, n'ont payé ni dividendes ni intérêts; — Attendu qu'il est déclaré, en fait, par le jugement attaqué, que pendant l'année 1866 le Crédit mobilier a payé aux porteurs de cent vingt mille actions nouvellement créées un intérêt de 5 pour 100; d'où il suit que la société n'était pas dans le cas d'exception admise par la loi précitée; — Attendu, d'ailleurs, que les souscripteurs de cent vingt mille actions nouvelles avaient, dès le jour de la souscription, la qualité d'actionnaires, bien qu'ils ne dussent être admis au partage des bénéfices qu'à partir du 1er janvier 1867; que, d'autre part, il suffit, pour que le droit d'abonnement reste dû par la société que des intérêts aient été payés à une partie des actionnaires seulement. »

V. dans le même sens : Cass. (req.), 9 août 1875; 19,874 J.; 4176 R. p.; 15,488 Contr.; 21,360 J. N.; Inst. 2531, § 8; P. 75, 1202; S., 75, 1, 480; D. P., 75, 1, 455.

209. *Intérêts servis à quelques-uns des actionnaires sur les sommes par eux versées à titre de libération anticipée de leurs actions.* L'arrêt précité du 9 août 1875, en même temps qu'il confirme la règle d'après laquelle le payement d'intérêts à une catégorie d'actionnaires s'oppose à ce que l'abonnement soit suspendu, décide en outre que le même effet s'attache au payement d'intérêts qui est fait à une catégorie d'actionnaires sur les sommes qu'ils ont versées pour libérer par anticipation leurs actions.

La société objectait, dans l'espèce, que les intérêts payés aux actionnaires n'étaient pas un produit de leurs actions; que ceux-ci les touchaient, non en leur qualité d'actionnaires, mais comme de simples prêteurs ayant fait une avance à la société.

La société, disait-on, n'a, dans les deux dernières années, réalisé aucun bénéfice; elle n'a donc payé aucun dividende, et, d'autre part, les statuts n'admettent, en aucun cas, de payement d'intérêts; ils déclarent en effet que chaque action donne droit à une part proportionnelle dans la propriété de l'actif social et des bénéfices, ce qui exclut toute autre répartition que celle des dividendes. Aussi la prestation faite à certains actionnaires a-t-elle un caractère tout différent. Elle constitue si peu un intérêt payé à une portion du capital social qu'elle est destinée à cesser lorsque les fonds auxquels elle s'applique seront appelés et deviendront susceptibles d'être rémunérés à titre de fonds sociaux. Les statuts prévoient d'abord et imposent à tout actionnaire le versement d'une partie du montant de l'action, 125 francs. Cette fraction versée, l'actionnaire reste débiteur de 375 francs... Mais, si la majorité des souscripteurs accepte le délai accordé pour les appels de fonds, il y en a qui, cherchant avant tout à se soustraire aux préoccupations de l'avenir, seraient disposés à verser immédiatement le montant total de leur action. L'acte de société prend ce désir en considération et permet à ceux des actionnaires qui veulent opérer un versement intégral de le faire entre les mains de la société. Mais ce versement ne recevra pas une part dans les bénéfices de la société... Il ne peut dépendre d'un actionnaire de modifier la fixation du capital social, de changer les bases de la répartition des bénéfices sociaux... La seule rétribution accordée à l'actionnaire qui déposera d'avance les fonds susceptibles d'être appelés plus tard sera l'intérêt que les banques attachent ordinairement aux dépôts et comptes courants. Cet intérêt, dit l'art. 19, ne pourra excéder 3 p. 100; il pourrait descendre par convention au-dessous. Cette conséquence du versement en précise la nature... Son effet ne peut pas se confondre avec celui de l'appel de fonds. Les fonds ainsi versés ne font point partie du capital social... Or, cette circonstance est décisive, parce que la taxe est établie sur le capital social et que les sommes versées par les actionnaires, dans l'espèce, ne font pas encore fonction de capital social. Le versement anticipé constitue une sorte de prêt à la société.

Cette argumentation ne pouvait pas prévaloir. M. l'avocat général Reverchon l'a réfutée dans les termes suivants :

« Sans doute, à certain point de vue, l'actionnaire qui verse des fonds dans la société dont il fait partie peut prétendre qu'il fait un prêt à cette société, et il peut le prétendre même pour le versement qui est immédiatement obligatoire; c'est pourquoi le produit qu'il en retire, quand il en retire, comprend deux éléments qui sont et doivent être distingués dans toute comptabilité sérieuse : l'intérêt proprement dit et le bénéfice. Mais de là il ne suit pas que les actionnaires, dans l'espèce, aient pu se libérer par anticipation en une autre qualité, et, quoiqu'ils n'aient pas satisfait, en se libérant ainsi, à une obligation sociale, ils ont usé d'une faculté exclusivement sociale, ce qui suffit. Si en effet les statuts n'avaient pas contenu la disposition écrite dans l'art. 19, et si le conseil d'administration n'avait pas pris la mesure autorisée par cet article, les actionnaires n'auraient pas eu le droit de se libérer par anticipation; ils ne l'auraient pu du moins que par un accord réciproque de volontés entre eux et le gérant, c'est-à-dire alors par un véritable prêt. Mais, en l'état, ils avaient le droit absolu de se libérer par anticipation; le gérant n'aurait pas pu refuser de recevoir leurs fonds, et par conséquent ce n'est pas comme prêteurs, c'est comme actionnaires qu'ils ont agi; par conséquent aussi, c'est comme actionnaires qu'ils ont reçu l'intérêt auquel ils avaient droit.

« Attendu, porte l'arrêt du 9 août 1875, rendu conformément à ces conclusions, qu'en vain il est allégué que les capitaux sur lesquels ont été servis les intérêts n'auraient pas fait partie du fonds social et n'auraient constitué qu'un prêt à la société;

« Que le contraire résulte des statuts sociaux, puisque, aux termes mêmes de ces statuts, les sommes sur lesquelles les intérêts ont été payés n'étaient pas autre chose que la libération anticipée des actions, et faisaient ainsi partie intégrante du capital social;... » 19,874 J.; 4176 R. p.; 15,488 Contr.; 21,360 J. N.; Inst. 2531, § 8; S., 75, 1, 480; P., 75, 1202; D. P., 75, 1, 455.

210. *Intérêts payés au moyen des fonds provenant d'un emprunt.* Dans le même ordre d'idées, il a été décidé que le payement, à quelques-uns des actionnaires, de l'intérêt d'une partie de leurs actions, suffit à écarter la dispense de l'art. 24, lors même que ce payement aurait eu lieu avec des fonds provenant d'un emprunt. Seine, 29 janv. 1880; R. p., table 1884, p. 710.

211. Société productive. Absence de distribution de dividendes et de payement d'intérêts. Présomption légale d'improductivité. — Toutes les explications que nous venons de donner, toutes les décisions que nous avons rapportées prouvent que la jurisprudence interprète l'art. 24 de la loi de 1850 d'une manière littérale et dans un sens absolu, et n'admet aucune exception à la règle d'après laquelle le payement d'un dividende ou d'un intérêt quelconque fait écarter légalement l'exemption édictée par cet article et fondée sur l'improductivité présumée de la société. Par une juste réciprocité, on doit reconnaître que cette présomption légale d'improductivité résulte de plein droit du fait de non-distribution de dividendes ou d'intérêts auquel la loi l'a attachée, sans que l'Administration puisse être admise à opposer à cette présomption la preuve d'une réalisation de bénéfices. Dès lors, en effet, que l'interprétation littérale du texte doit prévaloir contre les sociétés et les empêche d'opposer aux faits apparents que la loi a considérés comme le signe de leur prospérité le fait réel de leur improductivité, cette interprétation doit également prévaloir contre le Trésor et s'oppose à ce qu'il puisse contester aux sociétés le bénéfice de l'exemption, sous le prétexte que la présomption de la loi n'est pas justifiée.

L'Administration a cependant tenté de soutenir une opinion contraire. Pour faire décider que la constatation d'un bénéfice, même minime, motivait le maintien de l'impôt, elle invoquait un passage du rapport sur la loi de 1850, d'après lequel la remise de l'impôt n'est pour l'État qu'une part prise à la mauvaise fortune des sociétés. Or, disait-on, il n'y a pas mauvaise fortune lorsque les écritures font ressortir un excédent d'actif.

Ce raisonnement spécieux ne pouvait prévaloir contre le texte de la loi, qui, précisément pour couper court à tout arbitraire, a considéré comme une présomption de mauvaise fortune l'absence du service d'intérêts ou de dividendes. C'est là un simple fait matériel à constater. Et comme les sociétés sont les premières intéressées à ne pas laisser leurs actionnaires sans revenus, la présomption, sauf des cas tout à fait exceptionnels, est parfaitement choisie.

La prétention de l'Administration, repoussée tout d'abord par un jugement du tribunal de Lyon du 25 juil. 1868 (18,636 J.; 3144 R. p.; 2438 Rev. not.; 14,354 Contr.), puis admise par un jugement du tribunal de la Seine du 1er août 1868 (18,890 J.; 3144 R. p.; 14,241 Contr.), a définitivement échoué devant la Cour de cassation. Par un arrêt du 13 juillet 1870, qui casse le jugement précité du tribunal de la Seine, la Chambre civile a décidé qu'une société qui n'a, dans les deux dernières années, payé à ses actionnaires ni dividendes ni intérêts, est, par cela seul, dispensée de l'impôt en vertu de l'art. 24 de la loi de 1850, sans avoir besoin de faire autrement la preuve de son improductivité. En conséquence, ce bénéfice de la loi appartient à la société qui remplit cette condition matérielle de non-distribution de dividendes et d'intérêts, bien que d'après les statuts la répartition des produits de l'entreprise ne doive avoir lieu qu'autant que la gérance ne juge pas nécessaire de les réserver pour les besoins de l'entreprise.

« Attendu, porte cet arrêt, qu'aux termes de l'art. 24, les sociétés, compagnies ou entreprises qui, postérieurement à leur abonnement pour le timbre de leurs actions, n'auront dans les deux dernières années payé ni dividendes, ni intérêts, seront dispensées du droit, tant qu'il n'y aura pas de répartition ou de payement d'intérêts; — Attendu que cette disposition ne subordonne pas la dispense qu'elle prononce au profit des sociétés à la preuve à faire par les sociétés qu'elles n'ont produit aucun bénéfice et qu'elles sont restées infructueuses; — Que le législateur voulant, dans un but favorable aux entreprises commerciales ou industrielles, exonérer du droit de timbre les sociétés infructueuses, a dû considérer comme telles celles qui, ne payant ni dividendes ni intérêts à leurs actionnaires, laissent sans fruits ni revenus les actions dont le capital sert d'assiette à ce droit; — Attendu qu'il importe peu que, dans l'espèce, l'art. 14 des statuts de la compagnie porte qu'après chaque inventaire les fonds en caisse, provenant soit des revenus de l'entreprise, soit du produit des ventes d'immeubles, soit de toute autre cause, seront répartis à titre de dividende, à moins toutefois que la gérance ne juge que tout ou partie de ces fonds soit nécessaire aux besoins de l'entreprise; *qu'en effet, on ne peut conclure de cet article des statuts que la distribution des dividendes soit facultative de la part de la gérance*, et que, par suite, l'absence de dividendes ne fasse pas preuve de l'absence des bénéfices, puisqu'il ne saurait y avoir de bénéfices quand les revenus de l'entreprise sont absorbés par les besoins sociaux, et qu'ainsi il ne reste aucuns fonds disponibles pouvant être affectés à une distribution de dividendes etc... » 18,890 J.; 14,625 Contr.; 3184 R. p.; 20,139 J. N.; S., 70, 1, 372; P., 70, 970; D. P., 70, 1, 414. — *Adde :* dans le même sens : Seine, 10 avril 1869; 3144 R. p.; 2490 Rev. not.; 14,372 Contr.; Lille, 22 juin 1877; 20,433 J.; Seine, 26 mars 1886, 22,915 J.

Nous appelons l'attention de nos lecteurs sur le dernier considérant de l'arrêt du 13 juillet 1870, et surtout sur le motif que nous avons souligné. Nous indiquerons plus loin les conséquences qui nous paraissent pouvoir en être déduites.

212. *Bénéfices capitalisés, mis en réserve, distribués par une voie indirecte.* D'après l'arrêt que nous venons de relater, le défaut de répartition de dividendes et d'intérêts fait présumer l'absence de bénéfices, quelle que soit la cause qui a empêché cette répartition.

Il n'y a pas à tenir compte notamment de ce que des bénéfices ayant été réalisés auraient été retenus et mis en réserve, soit pour compenser des pertes subies pendant les exercices antérieurs (Sol. 19 sept. 1865), soit pour faire face aux besoins de l'entreprise, soit pour augmenter l'actif social et parer ainsi aux chances de pertes de l'avenir.

Dès lors que la résolution de ne pas distribuer les excédents accusés par les écritures d'un exercice a été prise régulièrement par ceux auxquels les statuts ont conféré ce pouvoir (assemblée générale, conseil d'administration ou gérance), l'Administration n'a pas à se faire juge des motifs d'opportunité qui l'ont dictée, et l'absence de distribution équivaut alors, pour l'application de l'art. 24, à l'absence de bénéfices: car, comme le dit la Cour, il n'y a pas de bénéfices tant que les excédents sont jugés nécessaires à la marche de l'entreprise et que, restant dans la caisse sociale, ils peuvent encore être absorbés par les pertes futures.

213. Nous réservons le cas, bien entendu, où il pourrait être démontré que la résolution relative à la non-distribution a été prise uniquement pour frauder le Trésor et où, nonobstant cette résolution, une distribution aurait eu lieu effectivement. Il est évident, en effet, que l'Administration n'est jamais désarmée devant la fraude et qu'elle doit toujours être admise à établir, par l'exercice de son droit de communication et à l'aide des preuves compatibles avec la procédure spéciale de la loi sur l'enregistrement, le fait matériel de la distribution auquel la loi a subordonné l'exigibilité de l'impôt, à quelque époque d'ailleurs que cette distribution se produise.

214. Ajoutons que la distribution des bénéfices peut avoir lieu non seulement au moyen du versement direct des dividendes entre les mains des actionnaires, mais encore d'une manière indirecte. Elle résulte de tout fait qui implique l'appropriation par les actionnaires de leur part dans les bénéfices acquis, et, à cet égard, il y a lieu d'appliquer, pour déterminer ce qui caractérise la distribution indirecte, toutes les règles tracées par la jurisprudence en ce qui concerne les conditions d'exigibilité de l'impôt sur le revenu. — V. *infra*, 4e partie.

Ainsi la dispense édictée par l'art. 24 est certainement inapplicable à une société qui, ayant réalisé des bénéfices, les a consacrés au remboursement aux actionnaires d'une partie de leurs apports. Bordeaux, 31 mai 1886, 22,733 J.; 6840 R. p.

« Attendu, porte ce jugement, que la compagnie d'assurances maritimes la Garonne a été constituée par acte au rapport de Me Caboy, notaire à Bordeaux, en date du 28 avril 1864, au capital de 3,000,000 de fr., divisé en 600 actions nominatives de 5,000 fr. chacune, sur le montant desquelles 20 p. 100 par action, soit 1,000 fr., ont été immédiatement versés en espèces par les actionnaires;

« Qu'aux termes de l'art. 7 des statuts, ces derniers sont obligés de verser le surplus de leurs actions sur la demande du conseil d'administration, et que ce conseil peut ordonner le remboursement aux actionnaires, sur les bénéfices réalisés, de tout ou partie des versements qui dépasseraient les premiers 20 p. 100, sans préjudice, en cas de besoin, des nouveaux appels de fonds qui pourraient être nécessaires;

« Attendu qu'il est reconnu, en fait, qu'à l'aide des bénéfices encaissés, la compagnie la Garonne a remboursé aux actionnaires, sur les appels de fonds faits par elle, des sommes égales à 50 fr. par action en 1875, 1878 et 1880, et à 30 fr. par action en 1876;

« Attendu que, le 15 mai 1865, ladite compagnie, usant de la faculté que lui laissait l'art. 22 de la loi du 5 juin 1850, a contracté avec l'Etat un abonnement pour le payement des droits de timbre de ses actions à raison de 5 cent. p. 100 par année; — Que les taxes dues en vertu de cet abonnement, et afférentes aux années 1875, 1876, 1877, 1878, 1879, 1880, 1881 et une partie de l'année 1882 (du 1er janvier au 6 mai), ont été acquittées régulièrement, et se sont élevées ensemble à la somme de 13,230 fr., décimes compris;

« Attendu que, se prévalant des dispositions de l'art. 24 de la loi précitée, ladite compagnie a, suivant exploit de Latrille, huissier à Bordeaux, en date du 4 avril 1883, assigné l'Administration de l'enregistrement, des domaines et du timbre en restitution de cette somme; — Qu'elle soutient que sa demande est fondée parce que, depuis sa constitution, elle a subi une perte totale de 959,966 fr. 25 cent., d'où il suit que, considérée dans l'ensemble de son fonctionnement, elle n'a pas réalisé de bénéfices et que, d'un autre côté, les bénéfices réalisés à certaines époques n'ont jamais été employés à des payements de dividendes ou d'intérêts, mais au remboursement aux actionnaires d'une partie de leurs versements successifs, ce qui ne saurait l'empêcher de bénéficier de l'immunité prévue par la loi invoquée;...

« Attendu que l'art. 24 de la loi du 5 juin 1850 dispose *in fine* que les sociétés qui, postérieurement à leur abonnement, n'auraient, dans les deux dernières années, payé ni dividendes ni intérêts, seraient dispensées du droit tant qu'il n'y aura pas de répartition de dividendes ou de payement d'intérêts;

« Qu'il est bien évident qu'en s'exprimant ainsi le législateur a voulu indiquer les sociétés qui, pendant les deux dernières années, n'ont pas perçu de bénéfices; que si, pour traduire sa pensée, il a spécialement visé les répartitions de dividendes et les payements d'intérêts, c'est parce que ces répartitions et ces payements constituent l'emploi habituel des bénéfices perçus; mais qu'en parlant *de eo quod plerumque fit*, il n'a point entendu faire profiter de l'immunité édictée par l'article précité les sociétés qui font un autre emploi de leurs bénéfices, celles, par exemple, qui, selon le vœu de leurs statuts, comme la compagnie la Garonne, les consacrent au remboursement d'une partie du capital social;

« Qu'il suit de là que la compagnie la Garonne ne se trouve pas dans le cas spécial que la loi a entendu définir, et que sa demande doit être rejetée... »

215. Un jugement du tribunal de Bordeaux, du 11 mai 1887, a décidé également, par application du même principe, qu'une société d'assurances ne peut invoquer la dispense d'impôt édictée par l'art. 24, sous prétexte qu'elle n'a distribué ni intérêts ni bénéfices à ses actionnaires, lorsqu'il a été fait à ces derniers, en vertu des statuts, des remises sur le montant des primes dues par eux pour les assurances qu'ils ont contractées avec la société. — 6936 R. p.; 22,955 J.

Tout en admettant le principe qui sert de base à cette décision, nous repoussons énergiquement l'interprétation de fait qui a fait écarter, dans l'espèce, l'application de l'art. 24. Il est certain, en effet, que des remises accordées aux actionnaires, sur le montant des primes d'assurances par eux contractées, ne peuvent être considérées comme une distribution indirecte de bénéfices. Les sommes faisant l'objet de ces remises ont été retenues par les ayants droit plutôt en leur qualité d'assurés que comme actionnaires. Elles ne sont jamais entrées dans la caisse de la société, et, par conséquent, il est impossible de les considérer comme des bénéfices.

Aussi, sur le pourvoi formé contre ce jugement, la Chambre civile, par arrêt du 13 mai 1889, en a prononcé l'annulation dans les termes suivants :

« Attendu que l'art. 24 de la loi du 5 juin 1850 dispense les sociétés du droit annuel d'abonnement pour le timbre dans les circonstances qu'il détermine, notamment dans le cas où, postérieurement à leur abonnement, les sociétés n'auront, dans les deux dernières années, payé ni dividendes, ni intérêts; que les remises de 5 p. 100 faites, aux termes des statuts de l'Union bordelaise, aux actionnaires assurés, sur les primes par eux dues, ne peuvent manifestement être considérées comme des dividendes ou des intérêts payés par la société, puisqu'elles ne sont qu'un sacrifice fait par elle pour faciliter le placement de ses actions et s'attirer des affaires; que c'est donc à tort que le jugement attaqué a refusé à l'Union bordelaise, qui, abonnée depuis 1872, n'a depuis sa fondation, en 1871, payé aucun dividende ni aucun intérêt, le bénéfice de l'art. 24 de la loi précitée, à raison uniquement de cette réduction faite aux actionnaires assurés sur les primes qu'ils ont eu à payer pendant les deux dernières années;

« Attendu, d'autre part, que si les termes généraux et absolus de la loi du 29 juin 1872 assujettissent à la taxe de 3 p. 100 la distribution, sous quelque forme qu'elle ait lieu, de tous les produits et bénéfices réalisés par les sociétés, sans faire aucune distinction à raison soit de l'origine, soit de la nature de ces produits, les remises susmentionnées ne sauraient cependant donner ouverture à la perception de l'impôt, puisque, sous aucun prétexte, elles ne constituent un bénéfice réalisé par la société et distribué ensuite entre ses membres; qu'en décidant le contraire, le jugement attaqué a violé les articles susvisés;... ». 23,213 J.

216. Signalons enfin un jugement du tribunal de la Seine du 26 mars 1886, aux termes duquel une société doit être admise à jouir du bénéfice de l'exemption édictée par l'art. 24, lorsque l'absence de distribution est établie en fait, bien qu'elle résulte de ce que l'excédent de l'actif sur le passif, constaté par l'inventaire à la fin de chaque exercice, a été, sans fraude et par mesure de prudence, mis en réserve et reporté au compte des profits et pertes de l'exercice courant, en prévision soit de mécomptes sur la valeur de l'actif, soit de pertes possibles. 22,915 J.

« Attendu, il est vrai, que le bilan de l'exercice 1879 a accusé un bénéfice de 268,993 fr. 83, mais que ce bénéfice n'a été ni distribué, ni réparti aux actionnaires; qu'il a été, en conséquence, reporté au crédit du compte profits et pertes de l'exercice 1880; qu'en 1880, il s'est trouvé, par suite des pertes de l'exercice, réduit à une somme de 183,833 fr. 68, qui a de nouveau été reportée; que le solde créditeur du compte profits et pertes s'est élevé, en 1881, à une somme de 209,722 fr., qui a été encore une fois reportée, et qu'il n'a été fait de répartition de dividendes que sur l'exercice 1882, dont l'inventaire a accusé un bénéfice de 329,745 fr. 95, sur lequel il a été distribué un dividende de 240,000 fr.;

« Attendu qu'il n'est ni établi, ni même allégué que ces reports successifs aient été opérés en vue de faire fraude aux droits du Trésor; qu'ils étaient, au contraire, complètement justifiés par la situation de la société, car une partie notable du bénéfice de 1879 a été absorbée par les pertes de l'exercice suivant, pertes qui n'ont été compensées que dans une très faible mesure par le bénéfice insignifiant de l'année 1881;

« Attendu que, s'il est vrai que l'art. 24 a entendu exonérer du droit de timbre les sociétés infructueuses, il résulte des termes très précis de cet article qu'il n'a attaché la présomption d'improductivité qu'au fait de l'absence de répartition de dividendes ou de payement d'intérêts; que, si l'on peut assimiler à ce fait celui d'une compagnie qui répartit les bénéfices entre les actionnaires, sans en opérer immédiatement la distribution matérielle, ou qui les emploie, de leur consentement, soit à des acquisitions ou à des impenses dont ils profitent, soit à la libération de leurs titres, parce que cet emploi de bénéfices acquis et disponibles équivaut à une répartition et à une distribution effectives, il n'en est pas ainsi lorsque l'excédent du compte de profits et pertes est, sans fraude et par mesure de prudence, mis en réserve en prévision soit de mécomptes sur la valeur de l'actif, soit de pertes possibles. »

A en juger par un des motifs ci-dessus transcrits, le tribunal de la Seine distinguerait, pour l'application de l'art. 24, entre le cas où les bénéfices ont été mis en réserve et reportés d'un exercice à l'autre au compte des profits et pertes, et le cas où ils auraient été, du consentement des associés, employés à des acquisitions et des impenses qui ont augmenté l'importance et la valeur de l'actif social. Cet emploi serait, pour le tribunal, l'équivalent d'une distribution et s'opposerait à ce que la dispense pût être invoquée. Cette interprétation, ainsi que nous l'avons fait observer sous le n° 22,915 du Journal, nous paraît trop peu précise pour pouvoir servir de règle.

Qu'on assimile à une distribution de dividendes le fait par la société d'avoir affecté ses bénéfices à une augmentation du *capital* social, rien n'est moins contestable. C'est ce que la jurisprudence décide justement pour l'application de la taxe sur le revenu. Cass., 7 juin 1880, deux arrêts, 21,364 et 21,365 J.; 16,273 et 16,274 Contr.; 5505 et 5532 R. p.; 22,358 et 22,392 J. N.; 6178 Rev. not.; Inst. 2643, §§ 1 et 2; S., 80, 1, 473; P., 80, 1175 et 1179; D. P., 80, 1, 467; — 29 avril 1884, 22,313 J.; 23,239 J. N.; Inst. 2700, § 3; 16,909 Contr.; 6322 R. p.; D. P., 84, 1, 421; S., 85, 1, 225; P., 85, 535; 9 fév. 1887, 22,807 J.; 6,829 R. p.; 17,299 Contr.; 23,819 J. N.; Inst. 2750, § 1; S., 88, 1, 177; P., 88, 407; D. P., 87, 1, 439.

Mais quand la société ne fait que tenir en réserve les bénéfices accusés par son inventaire, jugeant à propos, pour un motif ou pour un autre, d'en différer la distribution, il n'y a aucune bonne raison de distinguer entre le cas où elle les conserve dans sa caisse pour servir à ses opérations courantes, et le cas où elle les emploie à des acquisitions ou des améliorations. Dans un cas comme dans l'autre, les bénéfices constatés ne sont pas acquis aux actionnaires; ils peuvent, l'année suivante, être absorbés par les pertes, et, tant que la distribution n'a pas lieu, les actionnaires ne sont pas certains de tirer un profit quelconque de leurs actions.

La distinction proposée par le jugement du tribunal de la Seine ne saurait donc prévaloir. Il n'y a pas de solution intermédiaire entre l'opinion qui subordonne la dispense d'impôt à l'improductivité absolue de la société et celle qui attache cette exemption au défaut de distribution des bénéfices. Cette seconde solution nous a paru résulter du texte de la loi et des motifs qui en ont dicté les dispositions.

Il n'y a pas d'autre règle à suivre, tant que les décisions de la jurisprudence dont nous avons donné le résumé ne seront pas rapportées.

217. **Conditions requises pour que la non-distribution des bénéfices entraîne l'exemption de la taxe d'abonnement.** — Nous devons étudier ici une difficulté qui n'a jamais été soulevée, mais dont l'examen est nécessaire pour la juste application de l'art. 24 de la loi de 1850.

Nous supposons que, pendant le temps fixé par cet article, c'est-à-dire pendant trois exercices consécutifs, par exemple, une société n'a payé à ses actionnaires ni dividendes, ni intérêts. Cela suffit-il, indépendamment de toute autre condition, pour que la dispense de l'impôt lui soit acquise?

Une solution aussi absolue nous a paru inadmissible. (V. Dissertation, n° 22,928, J.)

Il suffit, pour en démontrer *a priori* l'inexactitude, de prendre l'hypothèse d'une société dont les statuts ne permettent la distribution des bénéfices qu'à la fin et après la consommation de l'entreprise. On peut encore supposer le cas d'une société dont l'objet exclut toute distribution de bénéfices entre les associés : tel est le cas des nombreuses associations religieuses qui se constituent sous la forme d'une société par actions. Enfin, en dehors de ces cas exceptionnels, n'existe-t-il pas des sociétés dont les statuts ne prévoient ni ne règlent le mode et les époques des distributions de bénéfices, et qui laissent aux associés, réunis en assemblée générale, le soin de statuer sur ce point, aux époques qu'il leur plaît de fixer et suivant les fluctuations de l'entreprise?

Quelle règle suivre et à quels principes s'attacher dans ces différentes hypothèses qui peuvent varier à l'infini et qui, certainement, ne sont pas entrées dans les prévisions du législateur? C'est ce qu'il importe de préciser, en s'inspirant du texte et de l'esprit de l'art. 24 de la loi du 5 juin 1850.

218. *Distributions annuelles de bénéfices non imposées par les statuts.* La loi de 1850, après avoir imposé aux sociétés qui se sont abonnées l'obligation de payer la taxe annuelle de 6 cent. p. 100, apporte à cette disposition une dérogation au profit des sociétés qui, « *pendant les deux dernières années*, n'auront payé ni dividendes, ni intérêts ». En exigeant deux années d'épreuve pour que la présomption d'improductivité soit établie, la loi démontre, par cela même, qu'elle s'est placée dans l'hypothèse d'une société qui distribue *annuellement* les bénéfices qu'elle juge acquis à ses actionnaires. Ce terme de deux années successives qu'elle adopte n'aurait en effet pas de sens vis-à-d'une société dont les statuts n'autoriseraient la distribution des bénéfices qu'à la fin de l'entreprise, ou tous les cinq ans, par exemple, ou même à des termes plus rapprochés, mais différents de ceux que la loi a prévus. A plus forte raison en serait-il ainsi d'une société dont l'objet ne serait pas de distribuer des bénéfices entre ses membres. On ne saurait dire, en pareil cas, que l'absence de distribution à la fin de chaque exercice annuel fait présumer l'improductivité de l'entreprise, puisqu'elle est conforme à la loi de l'association. Admettre la dispense de l'impôt, dans cette hypothèse, sur le fondement de cette absence de distribution, ce serait méconnaître l'esprit qui a dicté l'art. 24 de la loi; ce serait, contre toute justice, limiter la perception de l'impôt, dans les sociétés qui ne doivent distribuer leurs bénéfices qu'à la fin de l'entreprise, aux deux premières années de l'association, et exempter d'une manière intermittente les sociétés qui ne font ces distributions qu'à des intervalles plus ou moins éloignés. Il est impossible que la loi ait consacré un système aussi peu rationnel. Pour nous, il n'est pas douteux (et notre interprétation est strictement conforme au texte) que la loi n'a eu en vue, pour déterminer les conditions de l'exemption, que les sociétés dans lesquelles les actionnaires sont fondés en principe à exiger que les bénéfices constatés par l'inventaire annuel et reconnus disponibles par les pouvoirs délégués à cet effet, leur soient distribués.

La Cour de cassation a admis implicitement notre opinion, par son arrêt du 13 juillet 1870 (précité, V. *supra*, n° 211). En accordant, en effet, l'exemption à une société dont les bénéfices avaient été mis en réserve par la gérance, conformément aux statuts, en vue de pourvoir aux besoins de l'entreprise, elle a donné pour motif de sa décision que ce pouvoir de la gérance n'impliquait pas que la distribution des bénéfices *fût facultative*, reconnaissant ainsi que l'exemption fondée sur l'absence de distribution ne pourrait être invoquée par une société dont les statuts ne lui feraient pas une loi de la distribution annuelle de ses bénéfices.

Ainsi nous pouvons poser une première règle au sujet des conditions que doit revêtir l'absence de distribution des bénéfices pour motiver la dispense d'impôt écrite dans l'art. 24 : il faut que cette non-distribution constitue un fait dérogatoire aux conditions ordinaires de l'association. Ce n'est qu'à raison de ce caractère exceptionnel qu'elle justifie la présomption d'improductivité que la loi y a attachée. Si, au contraire, elle constitue un fait normal, conforme au but de l'association qui est, nous le supposons, ou de conserver les bénéfices pour l'agrandissement du patrimoine commun, ou de ne les distribuer qu'à la dissolution de la société ou à des intervalles plus éloignés que le terme d'une année prévu par la loi, elle n'est pas l'indice d'un état de mauvaise fortune; aucune présomption d'improductivité ne saurait en résulter, puisqu'elle n'implique pas pour les actionnaires la suspension des avantages attachés à leurs actions; enfin, comme elle ne rentre pas dans les termes de la loi, qui a fait dépendre la suspension de l'abonnement de la suspension pendant deux exercices consécutifs des distributions *annuelles*, elle ne peut être invoquée par la société pour se dispenser d'acquitter la taxe annuelle d'abonnement.

Nous avons des raisons de penser que la société dite « Ecole libre de Saint-Joseph », au sujet de laquelle le tribunal de Lille a rendu le jugement, précédemment cité, du 22 juin 1877, était constituée dans des conditions qui ne permettaient pas aux actionnaires d'exiger la distribution annuelle des bénéfices. (20,433 J.) Le tribunal a décidé que, nonobstant sa situation prospère, la société devait jouir de l'exemption, par cela seul qu'elle n'avait payé, pendant les deux dernières années, ni dividendes ni intérêts. Les motifs que l'Administration s'était contentée de présenter ne permettaient pas aux juges de rendre une autre décision. Mais il n'est pas douteux pour nous que l'issue de l'instance eût été toute différente si la question avait été placée sur son véritable terrain et si l'Administration avait fondé sa défense sur l'application des règles que nous venons d'exposer.

219. *Nécessité d'une résolution pour constater l'absence de distribution.* Une autre règle se dégage de nos observations. Puisque l'art. 24 n'est applicable qu'aux sociétés dans lesquelles les actionnaires sont fondés en principe à exiger la distribution annuelle des bénéfices, sous les conditions déterminées par les statuts, il en résulte que le fait de la non-distribution, auquel la loi a attaché l'exemption de l'impôt, doit être constaté par une résolution régulièrement prise et opposable aux actionnaires. Jusque-là, en effet, il n'est pas certain que la distribution n'aura pas lieu, puisque le droit des actionnaires à la demander demeure ouvert. Or, pour que le bénéfice de l'art. 24 puisse être invoqué, il ne suffit pas que deux années se soient écoulées sans qu'il y ait eu de distribution; il est nécessaire en outre que, pour les deux exercices consécutifs qui constituent les années d'épreuve, il soit certain que la distribution n'aura pas lieu. Il résulte en effet de la jurisprudence qu'un exercice ne peut être considéré comme improductif, bien que pendant sa durée aucune répartition n'ait été faite, si ultérieurement les bénéfices qu'il a produits font l'objet d'une distribution, à quelque époque que cette distribution ait lieu.

« Attendu, porte un jugement du tribunal de la Seine du 23 janv. 1885, que la loi ayant subordonné la dispense des droits aux résultats infructueux de chaque exercice annuel, les sociétés sont tenues du droit annuel entier pour l'exercice qui a produit les bénéfices répartis et pour les deux années suivantes, à quelque époque de l'exercice qu'ait été faite la répartition. » 6445 R. p. ; 23,592 J. N. ; 17,035 Contr.

« Attendu, lit-on dans un arrêt de la Cour de cassation du 29 fév. 1876 (Ch. des req.), qu'en disposant qu'après deux années improductives, les sociétés seraient dispensées du droit annuel d'abonnement tant qu'il n'y aurait pas de répartition de dividende ou de payement d'intérêts, l'art. 24, § 2, de la loi citée a subordonné cette dispense aux résultats infructueux de chaque exercice annuel, et exprimé en même temps qu'elle cesserait dès qu'un nouvel exercice aurait donné des bénéfices et permis de faire une répartition aux actionnaires ; que, dans l'un comme dans l'autre cas, elle considère les dernières répartitions non comme créant pour l'abonnement un point de départ nouveau à partir du jour où elles ont eu lieu, mais comme un fait qui, en révélant une situation meilleure, fait cesser l'immunité avec sa cause, et replace les sociétés vis-à-vis du Trésor dans les termes du contrat d'abonnement dont les effets n'avaient été que suspendus; que, par suite, elles sont tenues au payement du droit annuel entier pour l'exercice qui a produit les bénéfices répartis, *quelle que soit l'époque où ils l'ont été*... 19,994 J. N.; 4316 R. p.; 15,577 Contr.; Inst. 2546, § 6; 21,453 J. N.; P., 76, 536; D. P., 76, 1, 277. — Dans le même sens : Cass. (req.), 5 mai 1875; 19,813 J.

Concluons donc de cette jurisprudence que le bénéfice de la présomption d'improductivité, qui est le fondement de l'exemption édictée par la loi, n'est acquis à chaque exercice annuel qu'autant que la non-distribution des dividendes et intérêts, qui est le signe de cette improductivité, a été constatée régulièrement par une résolution prise conformément aux statuts et opposable aux actionnaires. Jusque-là, et en l'absence de cette résolution, la société ne peut prétendre que l'exercice est improductif, sous prétexte que, pendant sa durée, il n'a été fait aucune distribution. C'est seulement d'après son résultat définitif, constaté après sa clôture par l'assemblée générale, le conseil d'administration, la gérance ou tout autre pouvoir constitué à cet effet par les statuts, qu'un exercice doit être, pour l'application de l'art. 24, considéré comme productif ou comme improductif.

220. Sociétés étrangères. — *Renvoi.* Les règles que nous venons d'exposer au sujet des conditions qui caractérisent l'improductivité d'une société et justifient la dispense de la taxe d'abonnement, reçoivent une exception en ce qui concerne les sociétés étrangères. Ces sociétés, en effet, sont régies, à ce point de vue, par la disposition spéciale contenue dans l'art. 1er du décret du 28 mars 1868, d'après laquelle elles ne sont admises au bénéfice de l'art. 24 de la loi du 5 juin 1850 que « si elles justifient que, pendant les deux dernières années, elles n'ont *pu* payer ni dividendes ni intérêts ». La loi ajoute que cette justification se fera au moyen de la production à l'Administration « des procès-verbaux de délibérations des assemblées générales, des inventaires, balances et tous autres documents de comptabilité, vérifiés et certifiés par les agents diplomatiques ou consulaires français ».

La différence de rédaction qu'on remarque entre le texte de cette disposition et celui de l'art. 24 a fait décider à la Cour de cassation que les sociétés étrangères sont tenues, pour bénéficier de la dispense, de prouver non seulement qu'elles n'ont payé ni dividendes ni intérêts pendant les deux années d'épreuve, mais en outre qu'elles n'ont *pu* payer ces dividendes, faute de bénéfices à répartir. En un mot, la présomption légale de mauvaise fortune qui résulte pour les sociétés françaises de l'absence de toute répartition ne s'applique pas aux sociétés étrangères, et celles-ci doivent, en outre, établir le fait *réel* de leur improductivité. Cass. (req.), 5 mai 1875; 19,813 J.; 4122 R. p.; 15,419 Contr.; Inst. 2519, § 2; 21,267 J. N.; D. P., 75, 1, 431.

Nous reviendrons sur cette décision en étudiant les dispositions spéciales aux sociétés étrangères. — V. 5me partie.

221. 2° POINT DE DÉPART, DURÉE ET EFFETS DE L'EXEMPTION ÉDICTÉE PAR LA LOI. — La condition mise par la loi à la suspension de l'abonnement, c'est que la société soit restée deux années consécutives sans donner de revenus. Après ces deux années, dites années d'épreuve, le payement de la taxe est suspendu, tant que cette improductivité subsiste et jusqu'à ce qu'il survienne une année productive. Nous verrons plus loin comment doivent être calculées les deux années d'épreuve et à partir de quel moment précis, en cas de retour à meilleure fortune, la taxe d'abonnement redevient exigible.

Actuellement contentons-nous d'indiquer d'une manière générale la manière dont l'exemption accordée par la loi doit être appliquée.

Pendant les deux années d'épreuve, il est bien entendu que l'abonnement doit continuer à être servi, puisque les conditions de la dispense ne sont pas encore accomplies. C'est seulement à l'expiration de cette période que la société est fondée à suspendre, du moins provisoirement, le payement de la taxe. Cass., 21 déc. 1857; 16,670 J.; Inst. 2118, § 9; 9903 R.; 955 R. p.; 11,215 Contr.; S., 58, 1, 367; P., 58, 1039; D. P., 58, 1, 301.

Nous disons *provisoirement* : car, si la troisième année est productive, c'est-à-dire donne lieu à une distribution de bénéfices, la taxe redevient exigible, non seulement à partir de cette distribution, mais rétroactivement pour l'année entière. V. *infra*, n° 224.

En fait, l'exemption n'aboutit, dans cette hypothèse, qu'à faire différer, jusqu'à la distribution, le payement de l'impôt, mais non à en atténuer la quotité. Seine, 27 août 1874, 3936 R. p.; 15,406 Contr.

Si, au contraire, l'improductivité persiste, l'exemption profite à la société pour cette troisième année et pour toutes les années qui la suivent sans donner lieu à un payement de dividendes ou d'intérêts.

Il est d'ailleurs hors de doute que la taxe afférente aux deux années d'épreuve est définitivement acquise au Trésor; la société ne saurait se dispenser de la payer, et, si elle a été acquittée, elle ne peut en demander la restitution, lors même que ces années seraient suivies d'autres années improductives. C'est seulement pour ces dernières années que l'exemption est applicable. Seine, 26 mai 1860, 11,789 Contr.; Seine, 26 mars 1886; 22,915 J.

222. *Société infructueuse dès son début.* Ainsi, la taxe d'abonnement est due pendant deux années au moins, quand même, dès le début, la société serait absolument infructueuse. A l'expiration de ce temps d'épreuve, c'est-à-dire lorsque les actionnaires sont restés sans revenus pendant deux années consécutives, il y a lieu à dispense à partir du commencement de la troisième année, et cette dispense dure jusqu'au moment où la société est en mesure de faire une distribution à ses actionnaires. Du moment où cette distribution est faite, l'abonnement reprend son cours, et il ne peut plus être interrompu que si les revenus viennent à manquer de nouveau et deux ans après leur cessation.

Précisons par des exemples : Une société fondée le 1er janv. 1860 ne distribue ni intérêts ni dividendes en 1860, 1861, 1862 et 1863. Elle fait une répartition en 1864, redevient improductive en 1865, 1866, 1867, et recommence à donner des revenus en 1868 et 1869. L'abonnement sera dû pour deux années d'épreuve, 1860 et 1861; il sera suspendu pour les exercices 1862 et 1863, improductifs; il sera repris pour l'exercice 1864, productif, et pour deux nouvelles années d'épreuve, 1865 et 1866; il sera suspendu de nouveau pour l'exercice 1867, improductif, et sera repris pour les années suivantes, productives.

Il peut donc arriver qu'une société, restant sans revenus pendant les deux années d'épreuve et produisant des revenus pendant la troisième année, n'ait droit à aucune dispense. En d'autres termes, la dispense n'a lieu que s'il s'écoule consécutivement trois années improductives, et pour la troisième seulement et les suivantes.

223. Détermination des années improductives. Exercices sociaux. — *Calcul des années d'épreuve. Point de départ de la reprise de l'abonnement en cas de nouvelles distributions.* Nous avons vu qu'un exercice doit être considéré comme productif, dès lors que les bénéfices y afférents font l'objet d'une distribution, quelle que soit l'époque de cette distribution. Seine, 23 janv. 1885; 6445 R. p.; 23,592 J. N.; 17,035 Contr.; — Cass., 29 fév. 1876; 19,994 J.; 4316 R. p.; 15,577 Contr.; Inst. 2546, § 6; 21,453 J. N.; P., 76, 536; D. P., 76, 1, 277; 5 mai 1875; 19,813 J.; 4122 R. p.; 15,419 Contr.; Inst. 2519, § 2; 21,267 J. N.; D. P., 75, 1, 431. — V. *supra*, n° 219.

En outre, d'après ces décisions, c'est d'après le résultat

final de chaque exercice social, qu'on doit, pour le calcul des années d'épreuve, et pour déterminer le moment où la taxe, après avoir été suspendue, peut redevenir exigible, apprécier si l'année est productive ou improductive, et si, par conséquent, elle doit être prise en considération pour motiver l'exigibilité ou l'exemption de la taxe.

Ajoutons que la taxe est annuelle, en ce sens qu'elle est due pour toute la durée de l'exercice qui a donné lieu à des distributions, quelles que soient l'époque et l'importance de ces distributions, de même que l'exemption, lorsqu'elle est applicable, s'étend sur toute la durée de l'exercice dont l'improductivité a été régulièrement constatée.

Ces principes ont été parfaitement mis en lumière par M. le conseiller Tardif, dans le rapport présenté à la Chambre des requêtes sur le pourvoi qui a donné lieu à l'arrêt de rejet du 29 fév. 1876 (précité) :

« Il y a, a-t-il dit, entre l'obligation de payer le droit de timbre par abonnement, qui est un droit annuel, et la dispense de ce droit dans des cas déterminés, une corrélation nécessaire; l'obligation de le payer, ou la faveur d'en être dispensé, ne peuvent s'appliquer à des périodes différentes : l'une et l'autre dépendent du résultat de chaque exercice. Est-il infructueux, après deux ans d'épreuve on est dans le cas de l'exemption, et l'État supporte sa part de cette mauvaise fortune; donne-t-il des bénéfices, quelque faibles qu'ils soient, la cause de l'immunité n'existe plus, les effets du contrat d'abonnement ne sont plus suspendus, il doit s'exécuter par le payement de la taxe annuelle qui continue à s'appliquer à la période déterminée. Prétendre qu'une partie, une fraction du droit annuel est seule due, parce que la répartition n'aura été faite qu'à la fin de l'exercice, ou que la période annuelle aura un point de départ nouveau, celui de cette répartition, ce n'est plus donner aux deux années improductives un effet seulement suspensif, c'est en faire résulter une modification du contrat d'abonnement, de l'obligation qu'il contient de payer une taxe annuelle, qui n'aurait plus ce caractère si pour la fixer on devait, au moyen de je ne sais quel calcul, déduire le temps de l'exercice qui a précédé la répartition. Après comme avant la suspension, le droit est le même, c'est toujours un droit annuel, correspondant à chaque exercice; cette répartition ne fait que révéler la réalisation des bénéfices à la suite d'opérations qui appartiennent à l'exercice pendant lequel ils se sont produits et qui seul est à considérer dans son ensemble et dans ses résultats.

« Admettre que le fait, la date de la répartition peut influer sur le montant du droit à exiger, et qu'il doit être réduit dans une proportion correspondante aux mois qui l'ont précédée, ce serait livrer les intérêts du Trésor à la merci des sociétés, puisqu'il dépendrait d'elles d'arriver à cette réduction en retardant jusqu'à la fin d'une année le payement des intérêts ou des dividendes.

« Aussi n'est-ce pas la date, mais le fait des répartitions que la loi a considéré pour faire cesser la suspension du droit, pour replacer les sociétés sous l'empire de l'abonnement par elles contracté, et pour rendre, par suite, exigible dans son entier le droit annuel applicable à l'exercice qui a donné des bénéfices. »

224. Par application de ces principes, qui sont incontestables, il a été décidé que, si après deux exercices improductifs, courant par exemple du 1er janv. 1871 au 1er janvier 1873, un troisième exercice (l'exercice 1873), pendant la durée duquel aucun payement de dividendes ou d'intérêts n'a eu lieu, se clôture cependant par un bénéfice qui est distribué aux actionnaires dans le courant de l'exercice suivant (en 1874), la société n'a droit à aucune exemption de taxe, attendu que l'exercice qui suit immédiatement les années d'épreuve a été productif et doit par conséquent la taxe pour toute sa durée, quelle que soit l'époque à laquelle la distribution des bénéfices a eu lieu. Cass., 5 mai 1875 (arrêt précité).

Jugé de même que, dans le cas où une société est revenue à meilleure fortune et a distribué des bénéfices, après être restée improductive et avoir joui de la dispense d'abonnement pendant quelques années, la taxe redevient exigible, non pas seulement à partir du jour de la nouvelle distribution, mais à partir du commencement de l'exercice auquel s'applique cette distribution. Lyon, 7 mai 1875 (19,994 J.; 4316 R. p.; Inst. 2546, § 6), et sur pourvoi, arrêt de rejet du 29 fév. 1876 (précité).

Le jugement de Lyon est ainsi conçu :

« Attendu que la compagnie de Terrenoire, débitrice envers l'Administration de l'enregistrement, des domaines et du timbre, en vertu de la loi du 5 juin 1850, du montant de son abonnement, réglé, d'après les dispositions de cette loi, à la somme annuelle de 3,060 francs, prétend ne reprendre le payement de cette taxe qu'à partir du 15 déc. 1872;

« Attendu que l'Administration de l'enregistrement, réclamant le montant de cette taxe à partir du 1er janv. 1872, a, par acte du 15 mai 1874, décerné contrainte contre la compagnie pour avoir payement à la date susénoncée;

« Attendu que cette dernière se refuse à l'exécution de cette contrainte en soutenant que la taxe n'est due par elle qu'à la date du 15 déc. 1872, c'est-à-dire à la première répartition de dividende après les deux années malheureuses prévues par l'art. 24 de la loi;

« Attendu que, pour se soustraire à la demande de l'Administration, la compagnie allègue que la loi, en déclarant les sociétés malheureuses affranchies du payement de la taxe tant qu'il n'y aura pas de répartition de dividende ou de payement d'intérêts, a entendu fixer cette répartition comme le point de départ de l'abonnement à payer;

« Attendu que l'Administration prétend, au contraire, que ces mots « tant qu'il n'y aura pas de payement de dividende » n'ont point le sens restrictif que la compagnie veut leur donner, et qu'ils n'ont été employés par le législateur que pour indiquer la révélation que la compagnie qui ne payait plus de taxe est née à une situation meilleure; que dès lors la taxe doit être payée par la compagnie du jour où cette compagnie a repris son essor, dont le dividende n'est que l'expression; que les dividendes n'étant que la représentation des bénéfices de l'exercice annuel, la taxe, par conséquent, doit être acquittée dès le début de cet exercice;

« Attendu, en effet, que, depuis la loi du 5 juin 1850, toutes les compagnies financières ou industrielles sont soumises à cette taxe qu'elles peuvent convertir en un abonnement annuel; que cette taxe est donc la règle imposée aux compagnies et que l'affranchissement qui leur est accordé par l'art. 24 n'est que l'exception; qu'elles restent donc sous le coup de la règle qui doit les frapper du jour où elles reviennent à une fortune meilleure; que cette fortune meilleure ne se révèle que par le dividende, mais que néanmoins elle est arrivée plus tôt, c'est-à-dire pendant le cours de l'exercice qui l'a produit, et que, par conséquent, c'est à partir du commencement de cet exercice qu'elles doivent retomber sous la règle commune, c'est-à-dire sous l'application du timbre. »

« Attendu, porte l'arrêt du 29 fév. 1876, qui a rejeté le pourvoi formé contre ce dernier jugement, qu'en disposant qu'après deux années improductives, les sociétés seraient dispensées du droit annuel d'abonnement tant qu'il n'y aurait pas de répartition de dividende ou de payement d'intérêts, l'article 24, § 2, de la loi citée a subordonné cette dispense aux résultats infructueux de chaque exercice annuel, et exprimé en même temps qu'elle cesserait dès qu'un nouvel exercice aurait donné des bénéfices et permis de faire une répartition aux actionnaires; que, dans l'un comme dans l'autre cas, elle considère les dernières répartitions non comme créant pour l'abonnement un point de départ nouveau à partir du jour où elles ont eu lieu, mais comme un fait qui, en révélant une situation meilleure, fait cesser l'immunité avec sa cause, et replace les sociétés vis-à-vis du Trésor dans les termes du contrat d'abonnement dont les effets n'avaient été que suspendus; que, par suite, elles sont tenues au payement du droit annuel entier pour l'exercice qui a produit les bénéfices répartis, quelle que soit l'époque où ils l'ont été; qu'en décidant donc que la compagnie, ayant fait une répartition de dividende le 15 déc. 1872, était tenue au payement du droit d'abonnement pour l'année entière, le jugement attaqué, loin de violer l'art. 24, § 2, en a fait une juste application. » — V. dans le même sens : Seine, 26 mars 1886, 22,915 J.

225. *Durée et point de départ des exercices sociaux.* Nous avons à peine besoin d'ajouter que la durée et le point de départ des exercices sociaux sont déterminés par les statuts. Ainsi lorsque les statuts d'une société qui s'est fondée le 18 août 1881 et a souscrit l'abonnement pour le timbre de ses actions le 15 sept. 1881, portent que le premier exercice social comprendra la durée qui doit s'écouler entre la constitution de la société et le 31 déc. 1882; lorsque, d'autre part, cette société a fait un payement de dividendes en janvier 1882, tout le premier exercice jusqu'à la date de sa clôture, c'est-à-dire jusqu'au 31 déc. 1882, doit être considéré comme productif; et si, depuis lors, la société a cessé de donner des revenus, les années d'épreuves, qui commencent au 1er janvier 1883, ne cessant qu'au 1er janv. 1885, ce n'est qu'à dater de ce moment que le service de l'abonnement peut être suspendu. Seine, 23 janv. 1885, 6445 R. p.; 23,592 J. N.; 17,035 Contr.

226. *Bénéfices d'un exercice employés à payer les intérêts et dividendes des exercices antérieurs et improductifs.* Un exercice est improductif, pour la perception du droit de timbre d'abonnement, quand il n'a donné lieu à aucune distribution de bénéfices. Il importe peu que les produits des exercices postérieurs soient employés, plus tard, à payer les arrérages ou dividendes afférents à l'exercice improductif. — Sol. 1er août 1883; 6272 R. p.; D. P., 80, 3, 80.

227. Restitution de la taxe d'abonnement indûment payée. — Lorsqu'une société, qui n'a distribué depuis plus de deux ans ni intérêts ni dividendes, et se trouve, dès lors, dans le cas de suspendre le service de l'abonnement, a continué néanmoins de payer la taxe, les sommes ainsi acquittées indûment sont-elles restituables ? La négative avait d'abord été adoptée. Mais l'Administration n'a pas tardé à reconnaître que la restitution devait avoir lieu, sauf, bien entendu, à conserver la taxe des deux années d'épreuve. Dél. 6 nov. 1857, — 16-20 avril 1858, — 5-9 août 1859.

La jurisprudence administrative peut être considérée comme irrévocablement fixée dans ce sens.

228. Modifications d'une société pendant les années d'épreuve. Changement d'être moral. — On a vu que, dans tous les cas, l'abonnement est dû pendant la période d'épreuve, quel que soit le moment où la société devient improductive, dès son début ou au cours de son existence. L'application de cette règle peut présenter des difficultés lorsqu'une société, constituée sous une forme, se modifie et prend une autre forme, alors qu'elle était déjà infructueuse. Dans ce cas, en effet, si l'on considère que la même société subsiste sous une forme nouvelle, la dispense de la taxe continue à lui profiter. Si, au contraire, la transformation donne naissance à un nouvel être moral, un nouvel abonnement recommence à courir à raison des actions de la nouvelle société, les anciennes étant libérées, comme nous l'avons dit *supra*, n° 100, de l'obligation dérivant pour la société du premier abonnement. Il en résulte que la société qui naît de cette transformation doit recommencer et achever les deux années d'épreuve, avant de pouvoir bénéficier, en cas d'improductivité, de la dispense édictée par l'art. 24.

Nous avons fait connaître, dans la première partie de cette étude, quelles sont les diverses transformations qu'une société peut subir, sans qu'elles entraînent sa dissolution, et quelles sont celles au contraire qui donnent naissance à un nouvel être moral. (V. *supra*, nos 100 et suiv.) Il suffira de se reporter à nos explications pour résoudre toutes les difficultés auxquelles pourrait donner lieu, en cette matière, l'application de l'art. 24 de la loi de 1850.

Nous nous contenterons ici de rappeler quelques décisions, dont quelques-unes ont déjà été citées dans notre première édition.

Il a été reconnu que la transformation d'une société en commandite par actions, soit en une société anonyme libre, ou autorisée, soit en une société à responsabilité limitée, ayant pour effet de substituer une société de capitaux à une société de personnes, donne naissance à un nouvel être moral, et sert, par conséquent, de point de départ à une nouvelle période d'épreuve, pour la dispense de la taxe d'abonnement. Sol. 24 sept. 1853; 16,672-2 J.; 8 juil. et 23 nov. 1868; — Seine, 10 avril 1869; 3144 R. p.; 2490 Rev. not.; 14,372 Contr.; — Bordeaux, 7 mai 1873; 19,664 J.; 3892 R. p.; Inst. 2531, § 7.

Au contraire, la transformation d'une société à responsabilité limitée en une société anonyme libre ou autorisée, et réciproquement, laisse subsister la personne morale primitive et l'abonnement doit être réglé à partir de l'origine. Sol. 30 juin et 10 sept. 1869.

Ces décisions sont conformes aux principes que nous avons exposés dans la première partie de cette étude. V. *supra*, nos 100 et suiv.

Il a même été décidé que la société anonyme autorisée qui devient société libre et réduit en même temps son capital par suite de pertes éprouvées, ne doit pas l'abonnement pour l'année de sa transformation, bien qu'elle fasse aux actionnaires une distribution que rend seule possible la réduction du capital, et qui, dès lors, ne représente pas des bénéfices. Sol. 10 sept. 1869. — Mais cette décision ne doit plus être suivie; elle est, en effet, contraire à la jurisprudence qui a définitivement prévalu. V. *supra*, nos 203 et suiv., et rapp. aussi Cass., 14 mars 1881, cité au n° 193.

229. Dispense transitoire. — Le troisième cas de dispense prévu par l'art. 24 de la loi de 1850 constitue une disposition transitoire concernant les sociétés qui, étant improductives dans les deux années antérieures à la promulgation de la loi de 1850, se seraient abonnées dans le délai de six mois. Cette disposition, en admettant qu'elle ait jamais eu quelque intérêt, ce qui est douteux, est absolument sans objet aujourd'hui.

§ 2. — Obligations.

230. Faculté d'abonnement. — De même que pour les actions, la loi permet d'acquitter le droit de timbre applicable aux obligations, par voie d'abonnement. « Les départements, porte l'art. 30, communes, établissements publics et compagnies pourront s'affranchir des obligations imposées par les art. 27 et 30, en contractant avec l'État un abonnement pour toute la durée des titres... »

231. Quotité et calcul du droit. — L'art. 30 ajoute que le droit sera annuel et de 5 cent. p. 100 fr. du montant de chaque titre.

Rappelons, à propos de cette disposition, ce que nous avons dit au sujet des actions (V. *supra*, nos 180 à 184), à savoir :

1° Que la taxe d'abonnement a été assujettie formellement aux décimes en vigueur, quelle que soit l'époque à laquelle l'abonnement a été contracté (Loi du 30 mars 1872, art. 8). La quotité de cette taxe se trouve ainsi portée à 6 cent. p. 100;

2° Qu'elle doit être liquidée sur les mêmes bases et d'après les mêmes règles que le droit de timbre au comptant : c'est ce qui résulte de la similitude des expressions employées par l'art. 27 et par l'art. 31, qui tous deux établissent le droit au comptant et la taxe d'abonnement sur « le montant du titre » (V. sur ce point les règles posées *supra*, nos 176 à 179);

3° Que toutefois, à la différence du droit de timbre au comptant, la taxe d'abonnement se calcule sur le montant réel de chaque titre, sans qu'il y ait lieu de compléter les fractions de 20 en 20 fr., ni sur chaque titre, ni sur le total;

4° Qu'enfin, malgré les termes de la loi qui dit que le droit sera *annuel*, on décide néanmoins que la taxe s'acquiert jour par jour, et doit être calculée exactement d'après la durée de chaque titre.

Chaque titre doit d'ailleurs être envisagé isolément pour la liquidation du droit. Il en résulte que si les titres d'une même émission sont soumis à des amortissements différents, la liquidation de la taxe à payer, qui, comme nous le verrons plus loin, a lieu à la fin de chaque trimestre, doit tenir compte des amortissements qui ont eu lieu au cours du trimestre et de la durée pendant ce trimestre de chaque titre amorti.

232. *Calcul des amortissements. Déclaration.* Il importe, au surplus, de remarquer que, pour le payement de la taxe d'abonnement qui a lieu par trimestre, la loi de 1850 n'exige pas une déclaration de la part du débiteur, à la différence de ce qui est prescrit pour le droit de transmission. Il s'ensuit que le contrat d'abonnement est la base unique de la perception, et que, pour le calcul des amortissements, il y a lieu de se référer uniquement aux déclarations faites lors de l'abonnement. Si donc les sociétés, communes, etc., demandent sur le nombre des titres existants des déductions plus considérables, le receveur ne doit les admettre que sur des justifications précises et sous réserve, d'ailleurs, des vérifications à opérer au siège social.

233. **Point de départ de l'abonnement.** — A quelque époque que l'abonnement soit contracté et que le timbrage des titres ait eu lieu, la taxe court, en principe, du jour où s'est produit le fait juridique qui rend le droit de timbre au comptant exigible, c'est-à-dire du jour de l'émission. Telle est du moins la règle à laquelle s'est arrêtée la jurisprudence la plus récente intervenue en matière d'actions et dont les motifs sont entièrement applicables aux obligations. — V. *supra*, nos 79 et suiv., 152 et suiv., et 185 et suiv. — Dél. 17 juin 1851 ; D. m. f., 3 juil. 1851.

234. **Irrévocabilité de l'abonnement.** — Comme en matière d'actions (V. *supra*, n° 188), l'abonnement contracté pour le payement du droit de timbre sur les obligations est irrévocable, en ce sens que la société ou l'établissement qui l'a contracté ne peut plus s'en départir, pendant tout le temps que la loi fixe à sa durée, même en offrant d'acquitter le droit de timbre au comptant.

235. **DURÉE DE L'ABONNEMENT.** — Les règles qui servent à déterminer la durée de l'abonnement pour le payement du droit de timbre applicable aux obligations, sont différentes de celles qui concernent les actions et que nous avons exposées *supra*, nos 187 et suiv.

En effet tandis que, d'après les termes de la loi, l'abonnement pour les actions est contracté pour *toute la durée de la société* (art. 22), il doit être contracté, en ce qui concerne les obligations, *pour toute la durée des titres.*

Cette dernière disposition entraîne des conséquences particulières aux obligations, et qui appellent d'importantes observations.

236. **Nécessité de distinguer entre les actions et les obligations.** — Tout d'abord la différence de régime entre les actions et les obligations entraîne, dans certains cas où il s'agit de titres dont le caractère est douteux, la nécessité de déterminer ce caractère. C'est ainsi qu'un arrêt de la Cour de cassation du 19 mars 1873, pour décider que la taxe d'abonnement due sur des titres émis par une société devait diminuer, lors de chaque payement trimestriel, dans la proportion des amortissements successifs, a dû tout d'abord reconnaître que ces titres ayant été émis par une société dont l'unique objet consistait dans la mise en commun d'une créance sur un gouvernement étranger, constituaient plutôt des titres d'obligations que des actions. 19,308 J.; 3582 R. p.; 15,027 Contr.; 20,622 J. N.; S., 73, 1, 180; P., 73, 412; D. P., 73, 1, 358.

Si, au contraire, les titres avaient dû être considérés comme des actions, la taxe aurait continué à être exigible sur la totalité pendant toute la durée de la société, sans qu'il y eût à tenir compte des amortissements. V. *supra*, nos 187 et suiv.

237. **Durée légale des titres.** — La durée des *titres* pendant laquelle la taxe d'abonnement demeure exigible doit s'entendre de la durée de l'obligation que le titre représente. Elle comprend, ainsi que l'explique l'Administration dans un mémoire produit devant la Cour de cassation (V. Inst. n° 2592, § 1er, page 19), tout le temps qui s'écoule entre le jour de la création du titre et le jour de l'extinction de l'obligation selon l'un des modes déterminés par le droit commun (art. 1234, C. civ.). Elle est, lorsqu'il s'agit d'obligations émises par une société, indépendante de la durée de la société, et, comme nous le verrons plus loin, peut survivre à sa dissolution (V. *infra* n° 243). Elle est également indépendante de l'existence de l'écrit qui sert de titre à l'obligataire. Nous pensons donc qu'il ne suffirait pas que le titre eût été détruit, si l'obligation subsistait, pour que la taxe cessât d'être exigible. Sans doute la création de ce titre est indispensable, d'après la jurisprudence, et sert de point de départ à l'exigibilité de la taxe. Mais cela tient à ce que, tant que le titre n'est pas créé, la loi, qui n'a assujetti au timbre que l'écrit dressé pour servir de titre à l'actionnaire, ne trouve pas son application. Mais dès que les conditions d'exigibilité du droit ont été remplies, et que l'abonnement a dû être et a été contracté, la dette annuelle qui en résulte dure autant que la créance de l'obligataire, puisque, grâce à cet abonnement, le titre a été dispensé d'acquitter, lors de son émission, le droit de timbre au comptant de 1 p. 100 et que le titre détruit peut être remplacé par un autre sans être assujetti à un nouveau droit. Il n'en serait autrement que si la suppression du titre correspondait à un changement dans la nature de l'obligation et provenait, par exemple, de ce que les obligations négociables sont remplacées par des obligations non négociables, ce qui enlèverait toute cause à l'exigibilité de l'impôt.

Réciproquement, l'extinction de la créance de l'obligataire met fin à la taxe d'abonnement, bien que le titre ne soit pas immédiatement détruit. Dans ce cas, en effet, le titre n'est plus qu'un écrit dépourvu de toute valeur juridique. Ce n'est plus un titre d'obligation; il n'existe par conséquent plus de cause à l'exigibilité de la taxe d'abonnement.

« Attendu, porte un jugement du tribunal de la Seine du 22 juillet 1881 (21,806 J.; 5884 R. p.; 22,763 J. N.; 16,522 Contr.; D. P., 82, 5, 422), que les titres d'obligations sont destinés à faire foi d'une créance contre les compagnies qui les ont émis; que leur existence juridique ne peut survivre à la créance qu'ils représentent; que le fait seul de leur existence matérielle ne les soumet pas à l'impôt; que, dès lors, la durée légale des titres, telle que la détermine l'art. 31 de la loi de 1850, est subordonnée à la durée même de l'obligation dont ils fournissent la preuve. » — V. aussi dans ce sens les motifs d'une solution du 30 juin 1886, 6755 R. p.

238. **Titres remis en nantissement. Amortissements.** — Ainsi nous pouvons poser en principe que c'est l'existence juridique des obligations, représentées par les titres pour lesquels l'abonnement a été contracté, qui sert de limite précise à l'exigibilité de la taxe annuelle. On doit en conclure que la remise de titres d'obligations par la société qui les a émis à un créancier, pour lui servir de nantissement, impliquant la valeur juridique de ces obligations, loin de mettre fin à l'exigibilité de la taxe d'abonnement, la fait au contraire courir lorsque les titres n'ont été émis que pour être immédiatement donnés en gage au créancier de la société.

« Attendu, porte un jugement du tribunal de la Seine du 9 août 1878, que vainement les demandeurs prétendent que le payement de l'abonnement dont s'agit ne devrait pas être exigé à raison de ce que les obligations de la société civile des terrains de Montredon n'auraient pas été mises en circulation et se trouveraient toutes entre les mains de G. et H. Braudon, de Londres, pour garantie de fonds par eux avancés à ladite société ; que le droit annuel d'abonnement est la représentation du droit proportionnel de timbre dont doivent être, en principe, frappés les titres au moment de leur création; que le fait seul de l'existence des valeurs donne naissance à l'impôt, et, par conséquent, autorise la perception du droit annuel, lorsqu'il y a eu souscription d'abonnement; que, dans l'espèce, l'existence des obligations de la société civile des terrains de Montredon résulte de la déclaration même d'abonnement et de la dation en gage alléguée entre les mains de tiers, ce qui implique la valeur juridique de ces obligations comme titres au profit de ces tiers contre la société. » — 20,982 J.; 5138 R. p.; 16,026 Contr.

239. Par application des mêmes principes, il a été décidé que lorsque, pour garantir le remboursement d'un emprunt contracté par elle, une compagnie a remis en nantissement à un créancier des obligations souscrites conformément à ses statuts, le droit de timbre par abonnement est dû sur tous ces titres, même sur ceux sortis aux tirages, tant que le créancier les conserve avec faculté de les aliéner en cas de non-remboursement. Mais ce droit, comme nous l'avons déjà fait observer (V. *supra*, n° 237 *in fine*), cesse d'être dû dès que les titres ont été restitués à la compagnie, et avant même leur destruction matérielle. Seine, 22 juillet 1881; 21,806 J.; 5884 R. p.; 16,522 Contr.; 22,763 J. N.; D. P., 82, 5, 422.

Ce jugement est ainsi motivé :

« Sur les caractères des titres sortis aux tirages: Attendu que l'art. 27 ci-dessus visé assujettit à l'impôt du timbre les titres d'obligations souscrites par les compagnies, sous quelque dénomination que ce soit, pourvu que leur cession devienne parfaite à l'égard des tiers, sans qu'il soit nécessaire de recourir, vis-à-vis du débiteur, à la formalité établie par l'art. 1690 C. civ.; — Attendu que si, par l'effet du tirage au sort, les titres sortis ne sont plus négociables en Bourse, ils n'en peuvent pas moins, d'après les stipulations mêmes des parties, faire l'objet d'une cession de la part du créancier gagiste, qui, pour la rendre définitive à l'égard tant du cessionnaire que de la compagnie, n'a pas besoin de signifier le transport de sa créance à la société débitrice; — Que ces titres restent donc transmissibles par voie de tradition manuelle; — Qu'ils conservent des facilités particulières de circulation, et qu'ils sont toujours remboursables au porteur, à leur présentation; — Qu'étant ainsi un titre de créance, ils continuent à constater une obligation de payer; — Que si le tirage au sort les rend improductifs d'intérêts, ce fait n'a opéré aucune novation dans la créance; — Que, dès lors, ces titres sont compris dans la définition générale de l'art. 27 de la loi du 5 juin 1850, et restent soumis à l'impôt du timbre jusqu'au jour où rentrés, après payement, en la possession de la compagnie, ils se trouvent régulièrement amortis et annulés. »

240. **Titres émis ou rachetés et affectés par la compagnie débitrice à des services spéciaux.** — Pour que la taxe continue à courir, il suffit que les titres d'obligations aient conservé dans un intérêt quelconque leur existence juridique. Dans les principes du droit civil, lorsqu'un débiteur est ou devient propriétaire de la créance souscrite par lui, il s'opère une confusion qui éteint l'obligation. Cette règle est-elle applicable aux obligations négociables émises par une société et doit-on décider que ces obligations cessent d'avoir une existence juridique et que la taxe d'abonnement ne peut plus être exigée, par cela seul qu'elles sont devenues la propriété de la société qui les a émises? La question s'est élevée à propos de titres qu'une compagnie avait émis et qu'elle avait affectés, après les avoir rachetés ou même immédiatement après leur émission, à la dotation de services spéciaux, constitués, les uns en vue d'intérêts distincts de ceux de la compagnie (caisse de prévoyance, caisse de retraite pour les employés), les autres pour répondre à un besoin de clarté et de régularité dans les écritures (réserve spéciale des actionnaires, caisse des annuités). La difficulté a été résolue par l'Administration dans une solution du 30 juin 1886, qui, selon nous, pose les vrais principes en cette matière (6755 R. p.), et que nous croyons utile de résumer :

« Il s'agit de savoir, porte cette solution, si les obligations émises par une compagnie, et pour lesquelles il a été contracté un abonnement pour le payement du droit de timbre, cessent d'être soumises à ce droit par cela seul que la compagnie les a rachetées pour les affecter à la dotation d'un service spécial, ou même pour les conserver dans sa caisse, à titre de valeur active figurant à son bilan, en attendant une circonstance quelconque qui la détermine à les revendre et à les rendre ainsi à la circulation. »

L'Administration, en adoptant la négative, se fonde sur les motifs suivants :

Tout d'abord aucun doute ne peut être élevé en ce qui concerne les titres affectés à des services qui répondent à des intérêts distincts de ceux de la compagnie. Cette opposition d'intérêts suffit en effet à empêcher la confusion de s'accomplir, en vertu de l'art. 1300 C. civ., par suite de la réunion sur la même tête des qualités de débiteur et de créancier. Il en résulte que les titres subsistent pour les besoins auxquels la compagnie les a destinés.

Quant aux titres que la compagnie a émis ou qu'elle a rachetés pour les attribuer à des services de comptabilité, on ne peut invoquer l'opposition d'intérêts pour prétendre que la confusion ne s'opère pas, et que les titres ont une existence juridique suffisante pour justifier l'exigibilité de la taxe d'abonnement. Mais, à défaut de ce motif, il existe d'autres considérations qui militent en faveur de cette dernière solution.

En fait, la confusion, qui opérerait l'extinction absolue des obligations, serait contraire aux intentions certaines de la société, qui, en émettant ou en rachetant les titres et en les conservant en portefeuille, tient évidemment à leur conserver leur individualité, afin de pouvoir en faire l'usage qui lui convient. La confusion, en éteignant l'obligation, éteint toutes les garanties dont la dette était entourée. Si donc elle s'opérait, la compagnie ne pourrait plus vendre les titres et les livrer à la circulation que dépouillés de ces garanties. En supposant qu'une hypothèque eût été prise sur les immeubles de la société, pour en assurer le remboursement, cette hypothèque ne les suivrait pas dans les mains du nouvel acquéreur : il faudrait un nouveau contrat hypothécaire, et l'inscription qui serait prise en conséquence ne prendrait rang que du jour où elle serait formalisée.

« A ces considérations de fait se joignent des considérations de droit qui, théoriquement, semblent suffisantes pour faire décider que l'art. 1300 du Code civil est inapplicable aux obligations de l'espèce. Ces obligations, qui n'ont pas été prévues par la législation civile et sont nées de la pratique commerciale, ont ceci de particulier qu'elles font titre de la somme qu'elles expriment, non pas au profit de telle ou telle personne déterminée et agréée par le débiteur, mais au profit de quiconque, lors de l'échéance du capital ou du payement des intérêts, justifiera, soit par la possession (titres au porteur), soit par l'inscription sur les registres de la compagnie (titres nominatifs), de la propriété de la créance. Il en résulte que, aussi longtemps qu'elles circulent et que la compagnie qui les a émises ne leur enlève pas leur valeur commerciale en les retirant du marché et en les annulant, toute confusion est impossible : car si le débiteur est connu, la personne du créancier demeure incertaine et ne sera définitivement fixée qu'à l'époque du remboursement. En réalité, la qualité de créancier ne peut jamais, dans cet état, résider sur la même tête que la qualité de débiteur, car elle appartient au titre et le suit dans toutes les mains où il passe.

« La question ne paraît pas avoir été prévue par les auteurs. Mais elle a été préjugée dans le sens qu'on vient d'indiquer par l'art. 23 de la loi belge de 1872, relative à la lettre de change et au billet à ordre. Cet article prévoit le cas où, soit le tireur, soit l'accepteur d'une lettre de change, c'est-à-dire le débiteur, après avoir acquis, par suite d'endos successifs, la propriété de la créance, ce qui devrait avoir pour effet d'en opérer l'extinction par voie de confusion, l'endosse de nouveau au profit d'un tiers avant l'échéance ; et il décide que tous les endosseurs successifs restent néanmoins tenus vis-à-vis du porteur, reconnaissant implicitement que la confusion ne s'est pas opérée (Revue critique, 1881, p. 290). Notre législation commerciale ne contient pas de disposition analogue à celle de la loi belge; mais il semble que cette disposition, en ce qui concerne les obligations des sociétés, se déduit nécessairement de leur nature et des rapports juridiques qu'elles créent entre la société qui les émet et le porteur. »

Ces motifs, ainsi que l'Administration le fait justement remarquer, s'appliquent indistinctement aux titres que la société affecte à ses services spéciaux immédiatement après les avoir émis, comme à ceux qu'elle a, dans le même objet, rachetés et retirés de la circulation. Pour les premiers, leur existence juridique se justifie, indépendamment des considérations de droit qui viennent d'être développées, par ce fait qu'ils jouissent, du jour de leur émission et avant toute négociation, des mêmes avantages que les obligations livrées à la circulation. « Non seulement, en effet, ils produisent des intérêts pour le service qui les a dans sa caisse, mais encore ils participent à toutes les chances de remboursement et de tirage. Ils existent donc, non seulement vis-à-vis de la compagnie qui les a émis, mais aussi pour les porteurs des autres obligations appartenant à la même série, puisqu'ils contribuent à diminuer les chances de remboursement qui appartiennent à ces dernières et concourent avec elles pour la distribution des primes d'amortissement.

« Il semble donc qu'il y a lieu de leur appliquer le principe général posé par l'arrêt de la Chambre des requêtes du 19 juil. 1875 (Inst. 2531, § 4; 19,844 J.; 4125 R. p.; 15,487 Contr.; 21,303 J. N.; P., 75, 62; D. P., 75, 1, 462), d'après lequel l'exigibilité de l'impôt du timbre n'est subordonnée qu'à une seule condition, celle de l'existence des titres. » V. *supra*, n° 153.

241. Titres amortis partiellement par voie de réduction sur le montant des obligations. — *Transaction.* Aux termes d'une solution du 18 juin 1879, la transaction par laquelle les obligataires d'une société consentent à réduire le montant de leur créance ne modifie point le montant du droit de timbre d'abonnement exigible sur ces obligations. 21,078 J.; 5378 R. p.; 16,261 Contr.

Cette transaction, dit l'Administration, a sans doute pour effet de réduire le montant des titres, mais elle ne met pas fin à leur durée; elle ne peut avoir aucune influence sur la liquidation et l'exigibilité de la taxe d'abonnement.

Cette solution est contestée par M. Demasure (Traité du régime fiscal des sociétés, n° 151). « Nous croyons, dit cet auteur, que la Régie ne serait pas fondée à refuser de tenir compte non seulement des extinctions qui résultent du jeu de l'amortissement statutaire, mais même des réductions qui peuvent être régulièrement opérées sur le montant des titres. C'est ce qui aurait lieu, par exemple, dans le cas d'une transaction intervenue entre une société et tous les porteurs d'obligations, en vertu de laquelle ceux-ci consentiraient à abandonner d'une manière définitive en faveur de l'entreprise la prime qui leur avait été promise. La Régie a cependant décidé, dans cette espèce même, que la réduction dont il était justifié devait rester sans influence sur l'exigibilité et la liquidation du droit de timbre-abonnement. (Sol. 18 juin 1879; 16,261 Contr.; 21,078 J.; 5378 R. p.) En ce qui concerne l'exigibilité, cette solution paraît fondée, car on ne rencontre ici aucun des modes d'extinction des titres. Mais il n'en est pas de même en ce qui concerne la liquidation. L'argument tiré de la non-extinction des titres est sans portée. L'impôt est établi sur le *montant du titre*, et nous venons de voir que, d'après la jurisprudence, il faut entendre par ces mots la somme indiquée pour le remboursement. Si cette somme est légalement et définitivement diminuée, par suite de l'abandon des obligations ou autrement, peut-on soutenir que le montant du titre est resté le même et que la base du droit n'a pas changé? Non, évidemment. La société doit donc être admise à faire une nouvelle déclaration. »

Cette argumentation ne tient pas compte de la jurisprudence qui a déterminé les règles d'exigibilité et de liquidation de la taxe d'abonnement sur les actions. (V. *supra*, n°s 187 et suiv.) D'après ces règles, la taxe liquidée lors de l'abonnement sur le capital nominal des actions est invariablement fixée pour *toute la durée de la société*, et ne peut subir aucune réduction, quelles que soient les modifications apportées au capital social, au nombre des titres et à leur capital nominal. On se fonde, pour le décider ainsi, sur la disposition expresse de la loi qui déclare l'abonnement irrévocable « *pour toute la durée de la société* ».

Or, en matière d'obligations, la loi édicte également cette irrévocabilité « *pour toute la durée des titres* ». Par conséquent on doit décider, par identité de motifs, que les modifications qui n'affectent pas cette durée, et qui ne font que diminuer le *montant du titre*, sont sans influence sur l'obligation résultant du contrat d'abonnement.

Nous pensons donc, contrairement à l'opinion de M. Demasure, que la solution du 18 juin 1879 doit être approuvée.

242. Amortissement résultant d'une délégation emportant novation. — Il est certain que les obligations d'une société pourraient se trouver amorties par une convention passée avec les obligataires, par laquelle la société déléguerait ou céderait à ces derniers, en payement de ce qu'elle leur doit, des créances contre des tiers. Mais il est entendu que ce résultat ne se produirait qu'autant que cette convention opérerait novation en libérant complètement la société de sa dette envers ses obligataires. Une simple indication de payement, n'opérant pas novation, et laissant la société dans les liens de son obligation primitive, ne pourrait être considérée comme mettant fin à la durée des titres, et par cela même à la durée de l'abonnement. Ces titres continueraient, par la même raison, à être passibles du droit de transmission et de la taxe sur le revenu. C'est ce qu'a décidé justement le tribunal de Marseille par un jugement du 6 juil. 1888, rendu dans les circonstances suivantes :

« Attendu que le traité du 6 déc. 1880, par lequel la compagnie, alors dénommée compagnie Valery frères et fils, a vendu douze bateaux à la compagnie générale transatlantique, à la charge par celle-ci d'acquitter en son lieu et place les obligations émises par la compagnie Valery, à concurrence de 5,900,000 fr., n'a constitué qu'une simple indication de payement, n'opérant point novation aux termes de l'art. 1277 du Code civil;

« Que peu importe que la compagnie transatlantique ait effectué en son nom ou au nom de la compagnie Morelli les payements semestriels nécessaires au service desdites obligations, et que la compagnie Morelli soit restée étrangère à ces payements;

« Que cette compagnie ayant continué à faire figurer la totalité desdites obligations au passif de ses bilans des années 1882, 1883, 1884, 1885, elle a, par ce fait, continué à considérer lesdites obligations comme étant une de ses dettes personnelles ;

« Attendu que, ni l'ordonnance rendue en référé par M. le président du tribunal civil de Marseille, le 31 mars 1887, qui, sur la demande de la compagnie Morelli, a enjoint à la compagnie transatlantique d'effectuer, dans les mêmes conditions que précédemment, le payement du coupon desdites obligations échéant le lendemain 1er avril, ni l'arrêt confirmatif de la cour d'Aix, du 18 du même mois, n'ont rien changé à cette situation des parties;

« Que la seule question posée dans ce litige était celle de savoir si le payement que la compagnie transatlantique devait effectuer au nom de la compagnie Morelli, le 1er avril 1887, en vertu du traité de vente susénoncé, devait profiter aux porteurs des obligations de 1878, à l'exclusion des porteurs des obligations de 1883 ;

« Qu'en demandant au juge de référé de statuer dans ce sens, la compagnie Morelli a par cela même reconnu être toujours obligée envers les obligataires de 1878 et que la solution de cette question, en faveur de ces derniers, n'a pas eu pour effet, en leur absence du débat, de libérer la Compagnie Morelli vis-à-vis d'eux;

« Qu'en admettant que ces mêmes obligataires aient, en acceptant les payements à eux faits avec des fonds fournis par la Compagnie transatlantique, tacitement accepté la délégation ou indication à eux faite par la compagnie Morelli, il n'en résulterait point, aux termes de l'art. 1275 du Code civil, qu'ils aient entendu décharger leur premier débiteur;

« Qu'il s'ensuit que la compagnie Morelli est toujours leur débitrice et qu'elle est tenue, comme telle, de payer les impôts afférents à ces obligations et mal fondée à demander la restitution de ceux qu'elle a volontairement payés à ce titre ... » 7138 R. p.

243. Société en faillite ou en liquidation. — L'article 24 de la loi du 5 juin 1850, d'après lequel la mise en liquidation ou la déclaration de faillite d'une société mettent fin à la taxe d'abonnement étant spéciale aux actions, et le chap. 2 du titre II, qui régit les obligations, ne renfermant aucune disposition semblable, l'Administration a toujours soutenu que l'abonnement pour les obligations, contracté pour toute la durée des titres, doit, dans tous les cas, être servi jusqu'à l'extinction de ces titres, encore que la société ait été mise en faillite ou en liquidation.

Cette prétention, admise d'abord par un jugement du tribunal de la Seine du 8 avril 1864 (1943 R. p.; Inst. 2326, § 1er) et par trois jugements du même tribunal du 18 avril 1868 (18,945 J.; 3194, R. p.; 14,181 Contr.), puis rejetée par deux arrêts de la Cour de cassation du 8 août 1870, qui ont annulé deux de ces derniers jugements (18,945 J.; 14,641 Contr.; 3194 R. p.; D. P., 71, 1, 29; 2861 Rev. not.; S., 70, 1, 434; P., 70, 1134), par une décision du tribunal de Versailles du 9 avril 1872, qui s'est prononcé dans le même sens que la Cour, enfin, par trois arrêts de la Chambre civile des 1er fév. 1875, 8 fév. 1875 et 15 mars 1875 (19,758 J.; 4053 R. p.; 21,153, 21,170 J. N.; 15,386 Contr.; Inst. 2592, § 1er; S., 75, 1, 233, 320; P., 75, 548, 757; D. P., 75, 1, 308, 309), a été définitivement consacrée par trois arrêts des chambres réunies du 27 déc. 1877, qui ont fixé la jurisprudence. 20,617 J.; 4853 R. p.; 15,875 Contr.; Inst. 2592, § 1er; 21,846 J. N.; 5713 Rev. not.; S., 78, 1, 225; P., 78, 550; D. P., 78, 1, 334.

Les objections que l'on fait à la doctrine de ces derniers arrêts se trouvent résumées dans les motifs suivants des décisions de la Chambre civile du 8 août 1870 et du 1er fév. 1875 : « Attendu qu'il résulte des dispositions des art. 31 de la loi du 5 juin 1850 et 6 et 7 de la loi du 23 juin 1857, ainsi que de l'ensemble des dispositions de ces deux lois, relatives aux sociétés, que l'abonnement pour le timbre, de même que la taxe annuelle établie par ces lois sur les actions et sur les obligations au porteur des sociétés ou compagnies, constituant un mode d'impôt sur les capitaux engagés dans l'industrie ou dans le commerce qui fait l'objet d'une société, ne peuvent être perçus que sur les titres d'une société en état de fonctionner ou d'agir, en se livrant à son commerce ou à son industrie, c'est-à-dire d'une société qui n'est pas arrivée au terme de son existence;

« Attendu que si les titres d'une société qui a pris fin peuvent conserver, jusqu'à leur extinction ou annulation, une valeur transmissible, cette circonstance ne saurait avoir pour effet de faire persister un droit qui, établi ou convenu à forfait pour toute la durée de la société, a pour condition non seulement la transmissibilité des titres, mais encore l'existence de la société qui les a émis;

« Attendu qu'il ne saurait y avoir, à cet égard, aucune distinction à établir entre le cas où la société prend fin par l'échéance de son terme conventionnel et celui où elle est dissoute par l'effet d'une mise en liquidation volontaire ou forcée, les sociétés cessant d'exister dans un cas comme dans l'autre, et la dissolution, quelle qu'en soit la cause, devant produire les mêmes effets;

« Attendu que si une société dissoute continue à subsister, comme personne civile, dans la mesure nécessaire à l'accomplissement des actes de la liquidation, cette circonstance reste sans application au cas particulier, en présence de l'art. 24 de la loi du 5 juin 1850, qui dispense du droit de timbre pour les actions les sociétés qui, depuis leur abonnement, se sont mises ou auraient été mises en liquidation; que si cet article ne s'applique directement qu'à l'abonnement pour le timbre des actions, il n'en indique pas moins que l'esprit de la loi est de subordonner l'exigibilité des droits qui sont l'objet d'un abonnement à l'existence et au fonctionnement de la société, sans tenir compte du temps pendant lequel la société ne se survit que pour les besoins de sa liquidation;... »

Ces motifs, qui ont encouru les critiques du Recueil périodique de Dalloz (71, 1, 129) et des rédacteurs du journal le Droit (5 mars 1875), peuvent en effet être facilement réfutés.

« 1° Et d'abord, disait l'Administration dans l'un des mémoires produits devant la Cour de cassation (V. 19,758 J.), il ne semble pas que les droits de timbre d'abonnement et la taxe annuelle de transmission constituent des impôts établis directement sur les capitaux engagés dans les sociétés.

« Les droits établis par les art. 14 et 27 de la loi du 5 juin 1850 sur les titres d'actions et d'obligations avaient à l'origine un caractère mixte. Ils représentaient à la fois le droit de timbre des titres émis par les sociétés et le droit d'enregistrement des cessions de ces titres, puisque, par l'effet de leur payement, ces cessions étaient, aux termes des art. 15 et 32, déclarées « exemptes de tous droits et de toute forma- « lité d'enregistrement ». Aussi un arrêt de la chambre civile du 19 fév. 1866 (18,138 J.; 2252 R. p.; Inst. 2355, § 2; 18,496 J. N.; 13,036 Contr.; 1549 Rev. not; S., 66, 1, 176; P., 66, 435; D. P., 66, 1, 121), exprime-t-il que la loi du 5 juin 1850 a eu en vue la constitution d'un impôt frappant la création et la circulation des titres.

« Plus tard, la loi du 23 juin 1857 ayant frappé d'un impôt spécial de transmission les titres d'actions ou d'obligations et abrogé les art. 15 et 32 de la loi du 5 juin 1850, l'impôt établi par cette dernière loi est devenu un impôt de timbre pur et simple, ainsi que le font ressortir deux arrêts de la Chambre civile des 2 mai 1865 (17,990 J.; 18,315 J. N.; 2111 R. p.; Inst. 2326, § 1er; 12,864 Contr.; S., 65, 1, 286; P., 65, 672; D. P., 65, 1, 270) et 9 août 1865 (18,067 J.; 2149 R. p.; 18,357 J. N.; Inst. 2326, § 1er; 12,943 Contr.; S., 65, 1, 424; P., 65, 1276; D. P., 65, 1, 311).

« Or il est de l'essence du droit de timbre, soit fixe, soit proportionnel, de représenter simplement le prix de l'apposition de l'empreinte matérielle du timbre sur les papiers qui y sont soumis. Il résulte en outre de la loi fondamentale du 13 brum. an 7 que le droit est dû, selon l'expression de Merlin (Rép., v° Timbre, n° 8), à raison de la susceptibilité de ces papiers d'être produits en justice et d'y faire foi.

« Loin donc de constituer une sorte d'impôt direct et permanent sur le capital des sociétés, et d'être subordonné dans son exigibilité à leur fonctionnement normal, le droit de timbre établi par la loi du 5 juin 1850 frappe les titres au moment même de leur émission, et, d'après les termes formels des arrêts précités des 2 mai et 9 août 1865, il est irrévocablement acquis au Trésor par le seul fait de l'apposition du timbre sur ces titres, soit que les compagnies payent au comptant le droit déterminé par les art. 14 et 27, soit qu'elles se libèrent de ce droit au moyen de payements périodiques, en vertu de l'abonnement autorisé par les art. 22 et 31.

« 2° En second lieu, l'argument tiré de ce que les droits de timbre d'abonnement et la taxe de transmission seraient établis ou convenus à forfait pour toute la durée de la société pèche par la base.

« En effet, l'impôt n'est établi ou convenu à forfait pour la durée de la société qu'en ce qui concerne les droits de timbre d'abonnement sur les actions. (L. 5 juin 1850, art. 22.)

« Quand il s'agit du droit de timbre applicable aux obligations, l'abonnement doit, d'après les termes formels de l'art. 31 de la loi, être contracté non pour la durée de la société, mais pour toute la durée des titres.

« Or la durée d'un titre d'obligation comprend tout le temps qui s'écoule entre le jour de sa création et le jour de son extinction selon l'un des modes déterminés par le droit commun (C. civ., 1234); cette durée est donc indépendante de la durée de la société, puisque la dissolution ne peut évidemment avoir pour effet de libérer la société débitrice. La durée des titres d'obligations se prolonge ainsi jusqu'à l'époque où, par l'effet des opérations de liquidation, le sort de ces titres se trouve définitivement fixé.

« 3° La troisième raison de décider invoquée par l'arrêt du 1er fév. 1875 n'est pas non plus concluante.

« Il est de jurisprudence constante, en effet, que les sociétés dissoutes, mais dont la liquidation n'est pas terminée, continuent, pour la perception des droits d'enregistrement, de subsister comme êtres moraux ayant la propriété des biens de la masse. Cass., civ., 9 mai 1864, 17,844 J.; 1898 R. p.; 18,042 J. N.; 993 Rev. not.; 12,668 Contr.; S., 64, 1, 239; P., 64, 736; D. P., 64, 1, 233; et 3 fév. 1868, 18,478 J.; 2600 R. p.; Inst. 2366, § 5; 2156 Rev. not.; 14,108 Contr.; 19,179 J. N.; S., 68, 1, 185; P., 68, 421; D. P., 68, 1, 226.

« Comme conséquence de ce principe, la Cour décide « que « le droit des associés ne se convertit pas, par la mise en liqui« dation de la société, en une propriété indivise de l'actif so« cial, et que jusqu'au partage, résultat final de la liquidation, « ce droit conserve sa nature mobilière ». (Arrêt précité 3 fév. 1868.) La mutation qui s'en opère, soit à titre gratuit, soit à titre onéreux, a donc pour objet un intérêt mobilier dans la société, et non pas la copropriété indivise des valeurs en nature composant le fonds social, et il s'ensuit nécessairement que, si cet intérêt mobilier est représenté par des titres d'actions ou d'obligations assujettis à une taxe spéciale de transfert, cette taxe demeure exigible, à l'exclusion des droits ordinaires de mutation.

« Pour échapper à cette conséquence directe de la jurisprudence, l'arrêt du 8 août 1870 invoque l'art. 24 de la loi du 5 juin 1850, qui dispense du droit de timbre d'abonnement les actions des sociétés mises en liquidation, et, généralisant cette disposition spéciale au timbre des actions, il en conclut que l'esprit de la loi est de subordonner l'exigibilité de tous les droits qui font l'objet d'un abonnement à l'existence et au fonctionnement de la société, sans tenir compte du temps pendant lequel la société ne se survit que pour les besoins de la liquidation.

« Mais cette déduction est inadmissible.

« Les actions et les obligations font, dans la loi du 5 juin 1850, l'objet de deux chapitres séparés, et l'art. 31 du chap. 2, relatif aux obligations, en indiquant expressément que les art. 15, 19, 23 et 25 du chap. 1er, relatifs aux actions, sont applicables aux titres d'obligations, exprime clairement l'intention d'écarter de cette application l'art. 24 du même chapitre concernant la dispense du droit. On s'explique d'ailleurs le motif de cette différence admise par le législateur entre les actions et les obligations d'une même société; la valeur des actions peut, en effet, être considérée comme entièrement perdue du moment que la société est mise en état de liquidation ou de faillite, tandis que les obligations, dont l'actif social forme le gage particulier, conservent ordinairement tout ou partie de leur valeur. »

Cette thèse a, comme nous l'avons déjà annoncé, définitivement triomphé, et il a été décidé, par trois arrêts rendus en audience solennelle le 27 déc. 1877, que ni la mise en liquidation d'une société (1er et 2e arrêt), ni sa mise en faillite (3e arrêt), ne mettent fin à l'exigibilité de la taxe d'abonnement pour le timbre de ses obligations, non plus qu'à l'exigibilité de la taxe annuelle de transmission.

« Attendu, porte le premier de ces arrêts, rejetant le pourvoi de la Compagnie immobilière, qu'aux termes de la loi du 5 juin 1850, l'abonnement contracté par une société pour droit de timbre sur ses actions et sur ses obligations doit être perçu : pour les actions, pendant toute la durée de la société (art. 22), et pour les obligations, pendant toute la durée des titres (art. 31); que la mise en liquidation d'une société n'éteint pas les obligations qu'elle a émises; que, par conséquent, elle laisse subsister la redevance annuelle attachée par la loi à la durée de ces titres;

« Attendu que si la loi précitée, dans le chapitre 1er de son titre 2, art. 24, dispense de l'abonnement contracté pour les actions toute société qui entre en liquidation, elle ne reproduit pas cette disposition dans le chap. 2 du même titre, qui traite de l'abonnement des obligations; qu'au contraire énumérant dans les art. 31 et 32 les dispositions du chapitre des actions, qu'elle rend communes à l'abonnement des obligations, elle ne comprend pas dans cette énumération l'art. 24 et le § 1er de l'art. 22, ce qui exclut l'application de ces textes aux obligations. »

244. Société improductive. Exemption non applicable. — La jurisprudence qui vient d'être rapportée met hors de doute la question de savoir si une société qui est restée deux années consécutives sans payer ni dividendes, ni intérêts, et qui, à raison de ce fait, est dispensée du payement de la taxe d'abonnement sur ses actions, peut invoquer la même dispense en faveur de ses obligations. La négative est évidente, puisque cette dispense a été édictée par l'art. 24 de la loi du 5 juin 1850, et que, d'après les arrêts des Chambres réunies du 27 déc. 1877, l'art. 24 est spécial aux actions et ne peut être étendu aux obligations. C'est ce qu'a reconnu un jugement du tribunal de la Seine du 9 août 1878, ainsi motivé :

« Attendu que la loi du 5 juin 1850 s'occupe du timbre des actions et du timbre des obligations dans deux chapitres successifs; que l'article final du second de ces chapitres qui énumère les articles du chapitre des actions applicables aux obligations, vise, entre autres, les art. 23 et 25 et omet l'art. 24; qu'en présence de cette omission l'intention du législateur ne saurait être douteuse, qu'il n'a point exempté les compagnies du payement de leur abonnement pour les obligations dans les cas prévus par ce dernier article;... » 20,982 J.; 5138 R. p.; 16,026 Contr.; — dans le même sens : Marseille, 6 juil. 1888; 7138 R. p.

Chapitre III. — RÈGLES RELATIVES AU RECOUVREMENT DES DROITS DE TIMBRE.

Art. 1er. — *Timbrage des titres.*

245. Création des titres. — Le droit proportionnel établi par la loi du 5 juin 1850 sur les actions et les obligations, est un droit de timbre. Le payement de ce droit, lorsqu'il est effectué au comptant, ou l'obligation souscrite par le redevable de l'acquitter par voie d'abonnement, donnent lieu au timbrage des titres. Grâce à cette formalité, chaque titre qui circule porte en lui-même la preuve de son assujettissement aux droits dont il est passible.

246. *Registre à souche.* En outre, pour assurer à cet égard l'exécution de ses prescriptions et faciliter le contrôle de l'Administration, la loi porte que les titres seront tirés d'un registre à souche, et que le timbre (timbre au comptant ou timbre d'abonnement) sera apposé sur la souche et sur le talon (art. 16, 1er alinéa, 22, 4e alinéa, et 28 loi du 5 juin 1850). Cette obligation d'extraire les titres d'un registre à souche est imposée, comme nous le verrons plus loin, sous la sanction d'une amende de 12 p. 100 du montant des actions, s'il s'agit d'actions, et de 10 p. 100 du montant des titres, s'il s'agit d'obligations (art. 18 et 29).

Enfin la loi complète ses prescriptions, en soumettant le registre à souche aux vérifications des préposés de l'enregistrement (art. 16).

247. Apposition du timbre. — Le mode d'apposition du timbre a été réglé, tant pour les actions que pour les obligations, par les art. 16, 22 *in fine*, 28 et 31 *in fine* de la loi du 5 juin 1850, et par les art. 3 à 6 du décret du 27 juil. 1850, rendu en exécution de l'art. 22 de la loi précitée. Il varie suivant qu'il s'agit de titres d'actions ou d'obligations dont le droit est payé immédiatement et au comptant, ou bien de titres pour lesquels le droit est payé par voie d'abonnement; mais, dans l'un et l'autre cas, les titres doivent être tirés d'un registre à souche, et le timbre doit être apposé sur la souche et sur le talon, conformément aux dispositions de l'art. 16 de la loi du 5 juin 1850. 14,980-3 J.; 8193, 8212, 8263, 8306 R.; Inst. 1873.

248. *Timbre au comptant.* Lorsque le droit de timbre est payé au comptant, les titres sont timbrés à Paris, à l'atelier général du timbre, et frappés d'un timbre noir et d'un timbre sec. Dans les départements autres que celui de la Seine, les sociétés qui ont à faire timbrer des titres doivent les remettre en feuilles détachées, et en payant les droits, au receveur du timbre extraordinaire au chef-lieu de chaque département. Les titres sont transmis par la poste à l'atelier général du timbre, à Paris, qui les timbre sur la souche et sur le talon, et les renvoie immédiatement, ainsi qu'il est pratiqué pour les formules d'effets de commerce. Décr. 27 juil. 1850, art. 4; 14,980 J.; 8193, 8212, 8241, 8263, 8306 R.; Inst. 1865, 1867, 1873.

249. *Timbre d'abonnement.* En cas d'abonnement, ces mêmes titres sont timbrés d'un timbre spécial, portant pour légende les mots : *Action-Abonnement*, ou *Obligation-Abonnement*, et qui est appliqué sur la souche et sur le talon. L'apposition du timbre a lieu au chef-lieu du département où l'abonnement a été souscrit; cette règle est de rigueur. (Sol. 17 nov. 1854.) La formalité est donnée après la souscription de l'abonnement. Décr. 27 juil. 1850, art. 5.

Art. 2. — *Payement des droits de timbre.*

250. **Payement du droit de timbre au comptant.** — *Lieu et époque du payement.* Le droit de timbre est payé par la société ou l'établissement qui a émis les titres. A défaut d'abonnement, il est acquitté, dans tous les cas, avant tout timbrage des titres. Ce payement est effectué, à Paris, au bureau de timbre extraordinaire désigné à cet effet, et, dans les départements, au bureau du timbre extraordinaire établi au chef-lieu de chaque département. (V. *supra*, n° 248.) Il y a, à ce point de vue, une différence entre le droit au comptant et la taxe d'abonnement qui, ainsi que nous le faisons remarquer plus loin, doit être acquittée au bureau du siège de la société ou de l'établissement qui a émis les titres. V. le n° suivant.

251. **Taxe d'abonnement.** — *Lieu de payement.* « Le payement de la taxe d'abonnement, porte l'art. 22, sera fait au bureau de l'enregistrement du lieu où se trouvera le siège de la société, de la compagnie ou de l'entreprise. »

L'art. 31, relatif aux obligations, s'exprime dans les mêmes termes : « Le payement sera fait au bureau d'enregistrement du lieu où les départements, communes, établissements publics et compagnies auront le siège de leur administration. »

252. *Époques de payement.* Les art. 22 et 31 précités déterminent également les époques de payement de la taxe annuelle d'abonnement. Cette taxe doit être acquittée en quatre termes égaux, *à la fin de chaque trimestre.* Il résulte de cette disposition que la taxe due pour chaque trimestre n'arrive à échéance et ne peut être réclamée par l'Administration que lorsque ce trimestre est écoulé, ce qui en reporte le payement aux premiers jours du trimestre suivant.

253. *Retards dans le payement. Absence de pénalité.* La loi n'a d'ailleurs fixé aucun délai pour le payement; d'où il suit qu'aucune amende ne peut être exigée des redevables, quel que soit le retard qu'ils apportent à se libérer.

254. *Calcul du droit pour la première et la dernière échéance.* Le premier payement est calculé au prorata du nombre de jours écoulés depuis le jour qui sert de point de départ à l'exigibilité du droit, et les payements suivants échoient le dernier jour de chacun des mois de mars, juin, septembre et décembre. Lorsque le droit cesse d'être exigible, on calcule également, s'il y a lieu, la fraction complémentaire, jour par jour. Sol. 29 mars et 30 avril 1858. — On suit, dans les calculs, l'année comptable de 360 jours. Sol. 19 juil. 1873.

255. *Payement de l'abonnement par anticipation.* Après avoir contracté un abonnement, les sociétés peuvent-elles acquitter par anticipation les termes à échoir de la taxe? Par exemple, une société formée pour quatre ans seulement peut-elle payer immédiatement quatre fois la taxe de 5 cent., soit 20 cent., et se mettre ainsi dans une situation identique à celle où elle aurait été, si, sans souscrire un abonnement, elle avait supporté sur ses actions le droit au comptant de 50 cent. p. 100? L'Administration a admis pendant longtemps l'affirmative. Mais ces payements anticipés ayant suscité des difficultés pour le recouvrement du double décime, l'Administration interdit de les accepter, attendu qu'il est illégal de recevoir d'avance et pour plusieurs années les impôts que le législateur doit voter chaque année. Note autographiée du 4 déc. 1872.

256. **Forme de la déclaration d'abonnement.** — L'abonnement est souscrit, avant le timbrage des titres, au bureau compétent pour recevoir la taxe (V. *supra*, n° 251), sur le registre de recette des droits de timbre. Aux termes de l'instruction du 23 nov. 1850, n° 1873, « la déclaration doit faire connaître le nom et l'objet de la société (ou de l'établissement), le siège de son administration, le nom et le domicile de ses gérants ou représentants, la date de l'acte de société et de sa publication, le nombre et la valeur des actions (ou obligations) que l'abonnement a pour objet, la durée de la société (ou des titres, s'il s'agit d'obligations), enfin l'indication des termes à échoir pour le payement du droit d'abonnement. » — Toutefois les receveurs ont été dispensés de la liquidation immédiate de tous les termes à échoir, par l'instruction du 21 déc. 1885, n° 2720. Les déclarations d'abonnement sont relevées à un sommier spécial, de manière à faciliter la surveillance.

257. **Payement des droits par la société.** — *Absence de recours contre les porteurs des titres.* Aux termes du deuxième alinéa de l'art. 14 de la loi du 5 juin 1850, « *l'avance* du droit de timbre (sur les actions) est faite par la compagnie, quels que soient les statuts ».

L'art. 27, relatif aux timbre des obligations, dispose également que « l'avance du droit sera faite par les départements, communes, établissements publics et compagnies. »

Ces dispositions régissent la taxe d'abonnement comme le droit au comptant.

En réalité le payement fait par la société ou l'établissement débiteur et que la loi qualifie d'*avance*, est un payement définitif qui n'ouvre, à moins de convention contraire passée avec les actionnaires ou les obligataires, aucun recours contre ces derniers. Le droit de timbre dû, soit sur les titres d'actions, soit sur les titres d'obligations, fait en effet partie des frais du contrat constitutif de la société, ou du contrat de prêt passé avec les obligataires. Il entre dans le premier cas dans les frais généraux de premier établissement, et il tombe de plein droit, dans le second cas, à la charge de l'emprunteur, c'est-à-dire de la société ou de l'établissement qui a émis les obligations. Arg. de l'art. 1248 C. civ. et art. 31 loi du 22 frim. an 7.

Ajoutons qu'en fait les compagnies et établissements qui ont payé le droit de timbre au comptant ou qui acquittent la taxe d'abonnement, ne s'en remboursent jamais sur les porteurs des titres. Ce recours n'est exercé, comme nous le verrons par la suite, que pour le droit de transmission et l'impôt sur le revenu. — V. *infra*, n° 466.

Art. 3. — *Des contraventions et des pénalités.*

258. Diverses natures de contraventions. Amendes applicables. — La loi du 5 juin 1850 a édicté diverses prescriptions que nos explications précédentes ont déjà fait connaître. Mais elle n'a pas établi de sanction à toutes ses dispositions, et, d'autre part, les pénalités dont sont passibles les contraventions qu'elles a prévues, ne sont pas toutes les mêmes. Il importe de préciser ici : 1° les diverses contraventions qui peuvent être commises et les peines dont sont passibles les contrevenants; 2° et les moyens dont l'Administration dispose pour constater les infractions à la loi et en poursuivre la répression.

259. Emission de titres non timbrés ou non extraits d'un registre à souche. — 1° *Actions. Amende de 12 p. 100.* Comme nous l'avons expliqué, chaque titre d'action émis par une société doit être timbré au comptant, ou être revêtu du timbre d'abonnement, après la déclaration d'abonnement souscrite au bureau du siège social (art. 14 et 22 loi de 1850). En outre, les titres émis doivent être tirés d'un registre à souche, et le timbre est apposé sur la souche et sur le talon (art. 16 et 22). La sanction de ces dispositions est écrite dans l'art. 18 de la loi portant : « Toute société, compagnie ou entreprise, qui sera convaincue d'avoir émis une action en contravention à l'art. 14 (c'est-à-dire non timbrée), et au premier paragraphe de l'art. 16 (c'est-à-dire non extraite d'un registre à souche, timbré sur la souche et sur le talon) sera passible d'une amende de 12 p. 100 du montant de cette action. »

Ces dispositions sont applicables même en cas d'abonnement. C'est ce qui résulte de l'art. 22, 4e paragraphe, qui le déclare expressément. Ainsi, une société qui a contracté un abonnement pour le payement du droit de timbre sur ses actions encourrait l'amende de 12 p. 100, si elle émettait des titres sans les extraire d'un registre à souche timbré sur la souche et sur le talon. Le motif de cette rigueur est facile à saisir: elle était commandée par la nécessité de faciliter le contrôle de l'Administration, qui eût été illusoire si, moyennant la déclaration d'abonnement, la société avait pu émettre des titres sans être astreinte à les faire timbrer et dans une forme qui n'aurait pas permis à l'Administration d'en vérifier le nombre et de s'assurer de leur assujettissement intégral à l'impôt édicté par la loi.

260. 2° *Obligations. Amende de 10 p. 100.* L'émission de titres d'obligations non timbrés ou non extraits d'un registre à souche timbré sur la souche et sur le talon a été également interdite, à peine d'amende, par l'art. 28 et par le paragraphe final de l'art. 31 de la loi de 1850. Seulement l'amende, au lieu d'être de 12 p. 100, comme en matière d'action (art. 18), a été fixée à 10 p. 100 du montant du titre par l'art. 29 de la loi précitée.

Il en est ainsi, d'ailleurs, même en cas d'abonnement, en ce sens que la société qui a contracté un abonnement ne peut émettre des obligations sans les extraire d'un registre à souche et sans les faire timbrer sur la souche ou sur le talon. C'est, nous le répétons, le seul moyen que possède l'Administration pour s'assurer que le nombre des titres émis ne dépasse pas celui qui se trouve indiqué dans la déclaration d'abonnement.

Toutefois, la disposition expresse prise sur ce point par le dernier paragraphe de l'art. 31 de la loi, a soulevé une difficulté d'interprétation en ce qui concerne la quotité de l'amende.

Cette disposition, en effet, porte « qu'en cas d'abonnement, le dernier paragraphe de l'art. 22 et l'art. 28 seront applicables».

On s'explique le renvoi ainsi fait par le législateur à l'art. 28, car cet article est celui qui oblige les sociétés à extraire leurs obligations d'un registre à souche, et à communiquer ce registre, à toute réquisition, aux préposés de l'enregistrement.

Mais le renvoi au dernier paragraphe de l'art. 22 ne se comprend que dans une certaine mesure. « Même en cas d'abonnement, porte ce dernier paragraphe, les art. 16 et 18 resteront applicables. Un règlement d'administration publique déterminera les formalités à suivre pour l'application du timbre sur les actions. » Un règlement a été en effet arrêté le 27 juil. 1850, et il a déterminé les conditions d'application du timbre, aussi bien sur les obligations que sur les actions (art. 4 et 5). A ce point de vue le dernier paragraphe de l'art. 22 précité a été étendu aux obligations comme il devait l'être, en vertu de la référence expresse contenue dans l'art. 31. Mais la première partie de ce paragraphe, qui elle-même renvoie aux art. 16 et 18 de la loi, doit certainement rester étrangère aux obligations.

L'art. 16 est relatif à l'obligation d'extraire les actions d'un registre à souche. Sa disposition a été expressément reproduite par l'art. 28, en ce qui concerne les titres d'obligations. Une référence au premier de ces articles devenait donc, par cela même, inutile.

Quant à l'art. 18, il punit d'une amende de 12 p. 100 toute société qui est convaincue d'avoir émis des actions non timbrées ou non tirées d'un registre à souche. Si donc on l'appliquait aux obligations en vertu de la référence contenue à l'art. 31, il en résulterait que, tandis que l'amende, en cas d'émission d'obligations faite en fraude de la loi, serait de 10 p. 100 pour une société qui n'aurait pas contracté d'abonnement, et cela conformément à la disposition expresse de l'art. 29, elle serait de 12 p. 100 lorsque la société serait abonnée. Ce résultat n'est pas admissible. Quand il s'agit d'actions, l'amende est la même, que la société soit ou ne soit pas abonnée. Il n'y a aucun motif pour qu'il en soit différemment en matière d'obligations. Au surplus, le chiffre de l'amende a été fixé expressément par l'art 29 à 10 p. 100, et cela sans qu'il ait été fait de distinction entre les sociétés abonnées et celles qui ne le sont pas. Cette disposition formelle doit évidemment prévaloir sur une disposition ambiguë et sans précision, comme celle qui résulte de la référence contenue dans le dernier paragraphe de l'art. 31. Cette référence à l'art. 22, qui contient, comme on l'a vu, deux dispositions distinctes, n'a eu certainement pour objet que la dernière de ces dispositions, et a eu pour but exclusif de renvoyer à un règlement d'administration publique le soin de compléter la loi, en édictant les formalités à suivre pour l'application du timbre, tant sur les obligations que sur les actions.

Concluons donc de ces explications que l'amende encourue par les sociétés ou établissements, pour émission de titres d'obligations non timbrés ou non extraits d'un registre à souche, est dans tous les cas, pour les sociétés abonnées comme pour celles qui ne le sont pas, de 10 p. 100 du montant de chaque titre.

261. *Preuve des émissions irrégulières.* Nous avons vu ce qui, d'après la jurisprudence, constitue l'émission. Tant que le fait à la fois juridique et matériel qui la caractérise n'est pas accompli, il ne saurait y avoir contravention à la loi du 5 juin 1850, et l'amende de 12 ou 10 p. 100 ne saurait être encourue. C'est ainsi qu'une solution du 5 oct. 1864 (21,303 J.; 2128 R. p.) a reconnu que l'Administration, pour exiger cette amende, devait établir le fait de la création matérielle des titres. — V. au surplus, sur ce point, *supra*, nos 83 et suiv.

Quant aux moyens de preuve auxquels elle est fondée à recourir, v. également nos précédentes explications, nos 98 et suiv.

262. Négociation d'un titre non timbré. Agent de change et courtier. — Indépendamment de l'amende établie contre la société en cas d'émission de titres non timbrés, la loi édicte une amende de 10 p. 100 du montant du titre contre « tout agent de change ou courtier qui aura concouru à la cession ou au transfert d'un titre ou certificat d'action non timbré ».

Cette disposition, prise par l'art. 19 de la loi à l'égard des actions, a été étendue aux obligations par l'art. 32.

263. Retard dans le payement de la taxe d'abonnement. — La loi, tout en disposant que la taxe d'abonnement devrait être acquittée à la fin de chaque trimestre (art. 22 et 31), n'a pas édicté d'amende pour le cas où les redevables auraient différé l'exécution de leur obligation. Comme, en matière pénale, il n'est pas permis de suppléer au silence de la loi, l'Administration, en cas de retard, n'a pas d'autre ressource que d'exercer des poursuites en recouvrement de la taxe exigible. Elle n'est certainement pas fondée à invoquer l'art. 23 de la loi, qui punit d'une amende de 50 francs toute contravention au règlement d'administration publique du 27 juil. 1850, puisque ce règlement ne contient aucune disposition relative au délai dans lequel la taxe trimestrielle d'abonnement doit être acquittée. (Vannes, 31 août 1874; 3938 R. p.; 15,393 Contr.) C'est là sans doute une lacune regrettable, qui s'explique d'autant moins que le décret du 27 juil. 1850, qui pouvait prendre les mesures réglementaires nécessaires à l'exécution de la loi, et sous la sanction de l'art. 23, n'édicte que des règles de manutention qui n'intéressent que l'Administration, et dont la violation ne paraît pas de nature à pouvoir jamais donner lieu à l'application de l'amende de 50 francs établie par cet article.

264. Communication du registre à souche. Autres documents de comptabilité.—Pour permettre à l'Administration de s'assurer de l'observation des prescriptions de la loi relatives au timbre des actions, l'art. 16 fait une obligation aux sociétés, compagnies, entreprises, de communiquer à toute réquisition le registre à souche d'où les actions ont dû être extraites aux préposés de l'enregistrement. « Le dépositaire du registre, porte cet article, sera tenu de le communiquer aux préposés de l'enregistrement, selon le mode prescrit par l'art. 54 de la loi du 22 frim. an 7, et sous les peines y énoncées. »

Pareille obligation est imposée, dans des termes identiques, par l'art. 28, aux sociétés, départements, communes et établissements publics, en ce qui concerne le registre à souche d'où les obligations émises par eux ont dû être extraites. — V. 14,980-3 J.; Inst. 1873.

265. D'après l'art. 54 de la loi de frimaire, la communication ne peut être demandée les jours de repos. La séance du préposé de l'enregistrement dans le lieu de dépôt du registre ne peut durer chaque jour plus de quatre heures.

Pour constater le refus, le préposé de l'enregistrement devait, aux termes de l'art. 54 précité, requérir l'assistance d'un officier municipal, du maire ou de l'adjoint de la commune du lieu, et dresser en sa présence procès-verbal du refus.

Enfin l'amende encourue était de 50 francs, plus les décimes en vigueur. Inst. 1873.

Ces dispositions ont reçu une notable extension et ont été partiellement modifiées. C'est ainsi que les investigations de l'Administration, qui, d'après la loi de 1850, ne pouvaient porter que sur le registre à souche des actions et des obligations, peuvent maintenant s'exercer, dans les sociétés par actions et dans tous les établissements soumis au droit de communication, sur tous les livres, pièces et documents de comptabilité. (Lois des 23 août 1871, art. 22, et 21 juin 1875, art. 7.) En outre, le simple procès-verbal de l'agent du Trésor suffit pour constater le refus de communication, sans qu'il soit besoin de l'assistance d'un officier municipal. — Enfin, l'amende encourue pour refus de communication est de 100 à 1,000 francs. (Art. préc.) — V. au Dictionnaire, v° Communication.

266. Constatation des contraventions. — La loi du 5 juin 1850 n'a rien innové en ce qui concerne le mode de constatation des contraventions. Il y a toujours nécessité pour l'Administration de produire la preuve matérielle ou, à défaut de celle-ci, la preuve légale de l'émission de titres non timbrés. V. *supra*, n°s 89 et 261.

La loi de 1850 ne contenant aucune disposition spéciale à ce sujet, les contraventions commises en matière d'actions et d'obligations doivent être constatées selon les règles générales portées par les art. 31 et 32 loi du 13 brum. an 7 et 76 loi du 28 avril 1816. Sol. 27 janv. 1863.

Art. 4. — *Privilège du Trésor pour le recouvrement des droits de timbre.*

267. Privilège des contributions directes. — L'art. 76 de la loi du 28 avril 1816 déclare que les droits de timbre et les amendes jouiront, dans les faillites et tous autres cas, du privilège des contributions directes. La loi du 5 juin 1850 ne contient aucune disposition semblable en ce qui concerne les droits spéciaux créés sur les actions et sur les obligations des sociétés. Néanmoins l'Administration n'a pas hésité à réclamer le privilège, comme s'appliquant de plein droit à toute espèce de droits de timbre. Sol. 26 avr. 1872.

La question à résoudre était de savoir si l'impôt créé par la loi du 5 juin 1850 constitue un droit de timbre ou un droit d'enregistrement. Nous avons analysé sous les n°s 57 et suivants les éléments de la discussion que cette question a soulevée, et nous nous sommes résolument prononcés en faveur de l'opinion qui considère l'impôt dont il s'agit comme un droit de timbre. La conclusion évidente qui s'en dégage est que l'Administration doit pouvoir invoquer pour son recouvrement le privilège des contributions directes, étendu d'une manière générale au payement de toute espèce de droits de timbre par l'art. 76 de la loi du 28 avr. 1816.

C'est, en effet, dans ce sens que la question a été résolue par un arrêt de la cour de Paris du 12 janv. 1874, rendu sur les remarquables conclusions de M. l'avocat général Benoist. 19,344 J.; 15,298 Contr.; 20,975 J. N.; Inst. 2509, § 4; S., 74, 2, 230; P., 74, 1007.

« Considérant, porte cet arrêt, que la loi du 5 juin 1850 (art. 14 et 27) assujettit les titres des actions et des obligations de compagnies financières ou industrielles à un droit de timbre proportionnel; que cette loi, comme son titre l'indique, est une loi de timbre;

« Que l'impôt établi par elle est un impôt de timbre et non de mutation;

« Que le caractère spécial de cet impôt a été mis en lumière par la loi du 23 juin 1857, qui a établi un droit de transmission qui n'existait pas avant elle sur toute cession d'actions, indépendamment du droit de timbre créé par la loi du 5 juin 1850;

« Que ce droit de timbre frappant les titres qui y sont soumis au moment de leur émission, le droit est irrévocablement acquis au Trésor par le fait de l'apposition du timbre sur les titres;

« Qu'il importe peu dès lors que les compagnies adoptent pour l'acquittement du droit l'un ou l'autre des deux modes admis par les art. 14 et 22 de la loi;

« Que la faculté accordée auxdites compagnies de s'affranchir des obligations imposées par les art. 14 et 27 de la loi, en contractant avec l'État un abonnement pour toute la durée desdites sociétés, n'a eu ni pour but ni pour effet de modifier la nature du droit, qui conserve son caractère propre, quelle que soit la manière dont il soit recouvré;

« Considérant qu'aux termes de l'art. 76 de la loi du 28 avril 1816, les droits et amendes de timbre jouissent, dans tous les cas, du privilège des contributions directes, et que, d'après l'art. 1er de la loi du 12 nov. 1808, le privilège du Trésor public, pour le recouvrement des contributions directes, s'exerce avant tout autre sur tous les meubles et autres effets mobiliers appartenant aux redevables, en quelque lieu qu'ils se trouvent, etc. »

268. Étendue du privilège. — L'étendue de ce privilège doit être déterminée par l'application des règles qui régissent le privilège accordé au Trésor en matière de contributions directes. (V. Loi du 12 nov. 1808.) Il en résulte, d'une part, qu'il n'atteint que les valeurs mobilières, et ne pourrait s'exercer, par exemple, sur des prix de ventes d'immeubles.

D'autre part, la loi du 12 nov. 1808 n'accordant privilège au Trésor, en matière de contributions directes, que pour l'année échue et l'année courante, c'est, semble-t-il, dans les mêmes limites que le droit du Trésor, quand il s'agit de la taxe annuelle d'abonnement, doit être admis au rang des créances privilégiées.

Cette solution nous paraît découler des motifs qui ont interdit au Trésor de laisser accumuler les termes arriérés de l'impôt, pour venir ensuite primer les autres créanciers, au moyen de son privilège, et leur faire subir les conséquences de sa négligence.

269. **Compétence.** — En cas de faillite, le tribunal de commerce est seul compétent pour statuer sur l'admission privilégiée au passif. Il ne s'agit pas en effet de la validité de la contrainte, sur laquelle le tribunal civil prononce, mais d'un mode d'exécution de cette contrainte, en matière commerciale. Seine, 18 avril 1868; 18,945 J.; 3194 R. p.; 14,181 Contr.

ART. 5. — *Des prescriptions en matière de droits de timbre sur les actions et les obligations.*

270. **Droits de timbre au comptant.** — Ainsi que nous l'avons fait observer dans notre ouvrage, v° Prescription, n°s 369 et 691, la prescription des droits de timbre n'a été réglementée ni par la loi du 13 brum. an 7, ni par les lois postérieures. La loi du 5 juin 1850 est également restée muette sur ce point. Il en résulte nécessairement que la prescription de ces droits est réglée par le droit commun. On ne saurait d'ailleurs, vu la différence d'origine et de nature qui existe entre les droits de timbre et les droits d'enregistrement, étendre aux premiers les prescriptions spéciales édictées par l'art. 61 de la loi du 22 frim. an 7 en matière d'enregistrement.

D'après ces principes, il a été constamment reconnu que la prescription trentenaire, qui s'applique de plein droit, à défaut de dispositions spéciales édictant une prescription plus courte (art. 2262 C. civ.), peut seule être invoquée contre une action ayant pour objet le recouvrement de droits de timbre au comptant. — 2586 et 3478 J.; D. m. f., 7 mars 1826; 9086 J.; 1464 R.; 5719 J. N.; Inst. 1189, § 10; — 12 sept. 1825; 1333 R.; Inst. 1180, § 10; — 4 nov. 1844; 7059 R.; 12,146 J. N.; Inst. 1721; — Cass., 11 nov. 1834; 11,081 J.; 4645 R.; 7613 Contr.; Inst. 1481, § 14; S., 35, 1, 158; — 2 janv. 1856; 16,212 J.; 9455 R.; 15,714 J. N.; 10,708 Contr.; 581 R. p.; Inst. 2078, § 5; S., 56, 1, 449; P., 56, 1, 140; D. P., 56, 1, 65; — Bordeaux, 7 mai 1873; 20,998 J. N.; 3658 R. p.; — Saint-Malo, 15 mai 1875; 20,914 J.

Cette règle gouverne incontestablement les droits de timbre établis sur les actions et les obligations par la loi du 5 juin 1850.

Ainsi jugé pour les droits de timbre applicables à des actions de jouissance reconstituées en actions de capital au moyen d'un nouveau versement de fonds. — Seine, 27 décembre 1861; 17,465 J.; 12,141 Contr.; 10,545 R.

271. **Insuffisance d'évaluation.** — Cette règle n'a été d'ailleurs nullement infirmée par un arrêt de la Cour de cassation du 19 fév. 1866, d'après lequel la poursuite que l'Administration est fondée à exercer à l'effet de constater l'insuffisance commise dans l'évaluation du capital réel des actions émises par une société sans expression de capital nominal (V. *supra*, n° 170), est soumise à la prescription biennale (18,138 J.; 18,496 J. N.; 2252 R. p.; Inst. 2355, § 2; 1549 Rev. not.; 13,036 Contr.; S., 66, 1, 176; P., 66, 435; D. P., 66, 1, 121). L'arrêt se fonde bien à la vérité sur ce motif que le droit créé par la loi du 5 juin 1850 tient à la fois de la nature du droit de timbre et du droit d'enregistrement, dont il emporte exemption, aux termes de l'art. 15 de la loi précitée : « Attendu que cet impôt trouvant sa base dans les lois d'enregistrement, et l'Administration puisant son droit d'exercice, de surveillance et de contrôle dans les règles relatives à la perception des droits d'enregistrement, et devant ainsi l'exercer de la même manière, la durée de la prescription, en ce qui touche le droit spécial établi par la loi du 5 juin 1850, doit être réglée conformément aux mêmes lois. »

C'est là sans doute un motif d'une portée générale, et qui semblerait devoir conduire, dans les cas prévus par l'art. 61, n° 1, de la loi de frimaire, à l'application de la prescription biennale pour les droits de timbre créés par la loi de 1850. Mais il ne faut pas perdre de vue que la Cour avait à statuer sur une difficulté tout à fait spéciale, et que le motif déterminant de sa décision a été puisé dans le texte de l'art. 14 de cette loi relatif à la détermination de la valeur imposable pour la perception du droit de timbre sur les actions créées sans expression de capital : « Attendu, dit-elle, que l'art. 14 décide qu'à défaut de capital nominal, le droit se calculera sur le capital réel, *dont la valeur sera déterminée d'après les règles établies par les lois sur l'enregistrement.* »

Or, d'après ces règles, quand une valeur n'est pas déterminée, les parties doivent fournir une déclaration estimative (art. 16). Cette déclaration est sujette à contrôle, et l'Administration a un délai de deux ans, aux termes de l'art. 61, pour exercer son contrôle et constater, s'il y a lieu, l'insuffisance d'évaluation. La Cour a donc pu, sans excéder les limites d'une sage interprétation, appliquer cet ensemble de règles, y compris celle qui détermine le délai de la prescription, à l'évaluation du capital réel des actions pour la perception et la liquidation du droit de timbre, et décider ainsi que, si une insuffisance d'évaluation a été commise, l'Administration n'a que deux ans pour la constater et exercer son action.

Mais il n'en résulte nullement qu'on doive étendre d'une manière générale au recouvrement du droit de timbre créé par la loi de 1850 les prescriptions spéciales de la loi de frim. an 7, et notamment la prescription biennale de l'art. 61. Pour arriver à cette conclusion, il faudrait démontrer que le droit établi par cette loi sur les actions et les obligations a le caractère d'un droit d'enregistrement, comme, par exemple, le droit de transmission créé par la loi du 23 juin 1857 et dont nous parlerons plus loin, ou comme la taxe sur les assurances, édictée par l'art. 6 de la loi du 23 août 1871. Or, nous avons, au contraire, démontré que le droit dont nous parlons est un véritable droit de timbre. (V. *supra*, n°s 57 et 267, et Cass., 20 août 1877, cité *infra*, n° 277.) Par conséquent, nous devons reconnaître que la prescription trentenaire est, en principe, seule applicable en cette matière. — Dans ce sens : Seine, 1er août 1868; 18,890 J.; 3144 R. p.; 14,241 Contr.; — Saint-Malo, 15 mai 1875; 20,914 J. — *Contra:* Seine, 10 avril 1869; 3144 R. p.; 2490 Rev. not.; 14,372 Contr.

272. **Taxe d'abonnement.** — Les principes que nous venons d'exposer conduisent à appliquer à la prescription des droits de timbre créés par la loi du 5 juin 1850 les règles du droit commun. Nous en avons conclu que la prescription trentenaire, qui est la prescription de droit commun à défaut d'un texte ayant établi une prescription plus courte (art. 2262 C. civ.), pouvait seule être opposée à la demande de l'Administration, lorsqu'il s'agissait de droits de timbre au comptant. Cette conséquence s'applique-t-elle également à la taxe d'abonnement, et doit-on décider que les termes échus de cette taxe, et non payés à l'échéance, peuvent être réclamés pendant trente ans?

Dans notre précédente édition (v° Actions et obligations, n° 114), nous avons émis l'avis que les taxes d'abonnement, étant périodiques et payables par annuités, paraissaient devoir rentrer sous l'application de l'art. 2277 C. civ., qui soumet à la prescription de cinq ans : « les arrérages de rentes perpétuelles et viagères; ceux des pensions alimentaires; les loyers des maisons, et le prix de ferme des biens ruraux; les intérêts des sommes prêtées, *et généralement tout ce qui est payable par année ou à des termes périodiques plus courts* ». — V. dans ce sens: Demasure, n° 158.

Remarquons que la même question se présente en ce qui concerne la prescription de la taxe annuelle de transmission et de l'impôt de 3 p. 100 sur le revenu. Sans entrer dans la discussion qu'elle soulève, et qui n'aurait plus aujourd'hui qu'un intérêt rétrospectif, en présence des nombreuses décisions qui ont fixé sur ce point la jurisprudence, nous devons reconnaître que notre opinion n'a pas été suivie. A l'exception d'un jugement du tribunal de Castres du 28 mai 1880, qui a appliqué la prescription quinquennale au recouvrement de la taxe sur le revenu (21,965 J.; 5644 R. p.; 16,531 Contr.; D. P., 81, 5, 391), les tribunaux et la Cour de cassation elle-même ont unanimement décidé que la prescription des taxes annuelles qui ne tombent pas sous l'application des prescriptions spéciales de la loi du 22 frimaire an 7, est régie par l'art. 2262 du Code civil. C'est ce qui a été reconnu, en matière d'impôt sur le revenu, par les arrêts de la Cour de cassation des 29 août 1881 (21,727 J.; 5854 R. p.; 16,521 Contr.; 22,622 J. N.; 6392 Rev. not.; Inst. 2664, § 5; S., 82, 1, 181; P., 82, 1, 414; D. P., 83, 1, 97), 18 avril 1883 (22,084 J.; 6172 R. p.; 16,763 Contr.; 22,999 J. N.; 6820, 6917 Rev. not.; Inst. 2683, § 6; S., 84, 1, 395; P., 84, 987; D.P., 84, 1, 131), 12 juin 1883 (22,125 J.; 6192 R. p.; 16,795 Contr.; 23,043 J. N.; 6820, 6918 Rev. not.; Inst. 2687, § 1er; S., 84, 1, 395; P., 84, 987; D. P., 84, 1, 132), 9 nov. 1886 (22,770 J.; 6796 R. p.; 23,779 J. N.; 17,283 Contr.; Inst. 2735, § 4; S., 88, 1, 33; P., 88, 52; D. P., 87, 1, 341), et 8 nov. 1887 (22,929 J.; 6953 R. p.; 17,393 Contr.; 23,986 J. N.; Inst. 2750, § 2; D. P., 88, 1, 109), et, en matière de taxes annuelles d'abonnement pour le payement du droit de timbre applicable aux polices d'assurances, par un arrêt du 28 juil. 1875 (19,912 J.; 4213 R. p.; 15,493 Contr.; 21,338 J. N.; Inst. 2531, § 7; S., 76, 1, 87; P., 76, 177; D.P., 75, 1, 425). Dans cette dernière affaire, les parties invoquaient la prescription biennale de l'art. 61 de la loi du 22 frimaire an 7, et, subsidiairement, la prescription quinquennale de l'art. 2277 C. civ. Pour repousser cette dernière prescription, l'Administration a fait valoir des arguments que nous avons exposés, en les résumant, au Dict. des Réd., v° Prescription, n° 692. Ils ont obtenu gain de cause devant la Cour qui a rendu l'arrêt suivant :

« Attendu que la prescription des droits d'enregistrement et celle des droits de timbre sont régies par des principes différents; que si elle est réglée, en ce qui concerne les droits d'enregistrement, par l'art. 61 de la loi du 22 frimaire an 7, sauf recours au droit commun pour les cas non prévus par cette loi, elle n'a été l'objet, relativement aux droits de timbre, d'aucune disposition, ni dans la loi fondamentale du 13 brumaire an 7, ni dans aucune des lois ultérieures relatives à cet impôt; que, par suite, l'action de la Régie en réclamation des droits ordinaires de timbre reste, quant à la prescription, sous l'empire du droit commun, d'après lequel toutes les actions, tant personnelles que réelles, sont prescrites par trente ans; que la règle est applicable au timbre de dimension imposé aux polices d'assurances par les art. 33 et suiv. de la loi du 5 juin 1850; qu'en effet, l'impôt auquel les polices d'assurances sont soumises par cette loi, même quand il est acquitté par abonnement dans les termes de l'art. 37, est un droit de timbre qui ne participe, en aucune manière, de la nature du droit d'enregistrement; que, dès lors, en l'absence d'une disposition renfermant l'action de la Régie dans un délai déterminé, cette action reste, pour sa durée, dans les termes du droit commun, en sorte qu'elle ne saurait être éteinte ni par la prescription biennale de l'art. 61 de la loi du 22 frimaire an 7, laquelle, ayant statué uniquement en vue des droits d'enregistrement proprement dits, est, par cela même, inapplicable aux droits de timbre, ni par la prescription de cinq ans, en cas d'abonnement, en ce que l'abonnement constitue un mode de payement par annuités équivalant au payement intégral au comptant, et que les annuités dues, nécessairement variables dans leur *quantum*, forment des créances distinctes dont chacune représente un capital particulier et n'a aucune analogie avec les intérêts, loyers, arrérages, etc., en vue desquels la prescription quinquennale est établie par l'art. 2277 C. civ. »

C'est par des motifs de même nature que l'arrêt du 18 avril 1883 (précité) a repoussé expressément la prescription quinquennale en matière d'impôt sur le revenu. — V. nos observations critiques sur cet arrêt, art. 22,084 J.

Tous ces motifs, à l'exception de celui qui est déduit de la variabilité des annuités, et qui n'a d'ailleurs qu'une importance secondaire, s'appliquent rigoureusement aux taxes d'abonnement des actions et obligations des sociétés. Aussi doit-on en conclure que ces taxes, dans l'état de la jurisprudence actuelle, qui paraît d'ailleurs définitive, sont exclusivement soumises à la prescription trentenaire. — Dans ce sens : Saint-Malo, 15 mai 1875; 20,914 J. — Pour la prescription biennale : Seine, 10 avril 1869; 2490 Rev. not.; 14,372 Contr.; 3144 R. p.

273. Amendes. — Quant aux amendes qui peuvent être encourues pour contravention aux dispositions de la loi du 5 juin 1850 (V. *supra*, nos 258 et suiv.), la prescription en est régie par l'art. 14 de la loi du 16 juin 1824, d'après lequel la prescription biennale de l'art. 61 de la loi du 22 frim. an 7 doit s'appliquer aux amendes de contravention aux lois sur le timbre. — Saint-Malo, 15 mai 1875; 20,914 J.

Le délai de deux ans court du jour où les préposés ont été mis à portée de constater la contravention. — Comp. Dict. des Rédacteurs, v° Prescription, nos 444, 472 et 693.

274. Restitution. — *Déchéance quinquennale.* Dès lors que les droits établis par la loi du 5 juin 1850 sur les actions et les obligations des sociétés constituent des droits de timbre auxquels on ne saurait appliquer les prescriptions spéciales édictées par les lois qui régissent les droits d'enregistrement, les demandes que les sociétés peuvent avoir à intenter pour obtenir la restitution de droits indûment perçus par le Trésor ne peuvent être repoussées par la prescription biennale qui résulte de l'art. 61, n° 1, 2e alinéa, de la loi du 22 frim. an 7.

Ces demandes ne sont donc, en principe, soumises qu'à la prescription trentenaire, sous la réserve toutefois du droit qui appartient au ministre d'opposer à la demande, le cas échéant, la déchéance quinquennale édictée par l'art. 9 de la loi du 29 janvier 1831 pour toutes les créances contre l'État. — D. m. f., 30 déc. 1868; Sol. 26 janv. et 27 mars 1869; Bordeaux, 31 mai 1886; 22,733 J.; 6840 R. p.

Quant aux conditions dans lesquelles cette déchéance peut être prononcée, et aux règles spéciales qui gouvernent cette matière, voyez Dictionnaire des droits d'enregistrement, vis Déchéance et Prescription, nos 635 à 645.

Nous rappellerons seulement que le ministre des finances est seul compétent, à l'exclusion du tribunal civil, pour statuer sur cette exception, quand elle est invoquée par l'Administration. Si donc, sur une demande en restitution de droits de timbre perçus sur les actions d'une société, l'Administration, tout en contestant le principe de la demande, prétend qu'une partie des droits réclamés se trouve atteinte par la déchéance quinquennale, le tribunal saisi de la demande doit se déclarer incompétent et renvoyer la décision à prendre au sujet de cette exception au ministre des finances. Corbeil, 3 mars 1882; 21,832 J.; 5963 R. p.; Bordeaux, 31 mai 1886; 22,733 J.

« Attendu, porte ce dernier jugement, que la loi du 29 janv. 1831 est une loi de finances portant règlement du budget définitif de l'exercice 1828; que les dispositions qu'elle renferme touchant la déchéance des créanciers de l'État ont été reproduites dans le décret du 31 mai 1862 (art. 136 et 137) sur la comptabilité publique; qu'elles ont, par suite, un caractère essentiellement financier, et que la déchéance édictée par l'art. 9 constitue un acte d'administration, une mesure de comptabilité, et non point une exception judiciaire assimilable aux déchéances ou aux prescriptions civiles; — que c'est donc au ministre, seul compétent pour opérer, le cas échéant, la liquidation, l'ordonnancement et le payement de la créance, qu'il appartient d'opposer la déchéance et de statuer, sauf recours au Conseil d'État, sur les difficultés que l'application de la loi peut présenter... » — Dans le même sens : Corbeil, 3 mars 1882; 21,832 J.; 5963 R. p.; 22,699 J. N.; 16,649 Contr.; D. P., 83, 5, 431. — Comp. v° Prescription, n° 641.

Un arrêt du Conseil d'Etat du 2 août 1889 (23,275 et 23,306 J.; 7309 R. p.), rendu à la suite de la déclaration d'incompétence prononcée par le jugement précité du tribunal de Bordeaux, a tracé en cette matière des règles très précises. Il en résulte notamment que les dispositions de la loi du 29 janv. 1831 sur la déchéance quinquennale sont générales et s'appliquent à toutes les créances contre l'Etat. Elles s'appliquent notamment à l'action en restitution des droits de timbre par abonnement payés sur ses actions par une société improductive, et, en supposant que ces droits aient été acquittés par une société remplissant les conditions voulues pour être exemptée de l'impôt, en vertu de l'art. 24 de la loi du 5 juin 1850, ces versements n'ont pas le caractère d'un dépôt et la demande en remboursement de la société n'est qu'une action en répétition de l'indû, à laquelle s'applique la déchéance édictée par la loi du 29 janv. 1831.

S'il appartient, dans cette hypothèse, à l'autorité judiciaire de statuer, en cas de contestation, sur la demande en restitution des droits de timbre, le ministre des finances n'en est pas moins compétent pour faire application de la déchéance aux droits faisant l'objet de la demande, et il peut le faire même au cours de l'instance, l'exercice de cette attribution n'impliquant de sa part aucun examen au fond du mérite de la demande.

La déchéance quinquennale ne peut être appliquée lorsque c'est par le fait de l'Administration que les droits perçus n'ont pas été restitués, notamment lorsque ces droits ont fait l'objet, avant l'expiration du délai de déchéance, d'une demande en restitution dans la forme administrative à laquelle il n'a pas été fait droit.

Le délai de la déchéance ne peut courir que du jour où les droits réclamés sont devenus restituables; mais, en cas de contestation sur ce point, c'est l'autorité judiciaire qui est compétente pour statuer et le litige doit lui être renvoyé.

« Considérant, porte la décision du Conseil d'Etat, que, quand même il serait reconnu par l'autorité compétente que les sommes payées par la compagnie d'assurances maritimes la Garonne, à titre d'abonnement au timbre pour les années 1875 et suivantes, n'étaient pas dues, il n'en résulterait pas que ces versements aient eu le caractère d'un dépôt; que la réclamation de la compagnie ne serait, dans cette hypothèse, qu'une action en répétition tombant sous l'application de la déchéance édictée par la loi du 29 janv. 1831;

« Considérant que les dispositions de ladite loi sont générales et s'appliquent à toutes les créances contre l'Etat; que, s'il appartient à l'autorité judiciaire de statuer, en cas de contestation, sur les demandes en restitution de droits de timbre, le ministre des finances n'en reste pas moins compétent pour faire application de la déchéance édictée par la loi précitée, l'exercice de cette attribution n'impliquant de sa part aucun examen au fond du mérite de la demande; qu'il y a donc lieu de rejeter les conclusions principales de la compagnie requérante tendant à faire décider que le ministre des finances ne pouvait appliquer la déchéance au cours de l'instance par elle engagée devant le tribunal de Bordeaux;

« Mais, considérant que la compagnie soutient subsidiairement que la demande par elle adressée à l'Administration le 2 juin 1882 fait obstacle à l'application de la déchéance en ce qui concerne les droits de timbre afférents aux années 1876, 1877 et 1878, attendu que, pour les deux premières de ces années, le droit à restituer n'est né, par application de l'art. 24 de la loi du 5 juin 1850, qu'en 1878 et 1879, et qu'en tout cas, pour les droits afférents à l'année 1878, la demande précitée a été formée dans les cinq ans de l'ouverture de cet exercice;

« Considérant que, comme le soutient la compagnie requérante, il doit être fait état de la réclamation par elle adressée à l'Administration, à qui il appartenait d'y faire droit préalablement à toute action judiciaire, et qu'ainsi c'est à tort que, par la décision attaquée, le ministre des finances a fait application de la déchéance à la demande en restitution des droits de timbre afférents à l'année 1878;

« Mais considérant que le ministre des finances soutient que la prétention de la compagnie, en ce qui concerne les droits afférents aux années 1876 et 1877, n'est pas fondée et qu'en tout cas la réclamation pouvait être formée, par application de l'art. 24 de la loi du 5 juin 1850, dès l'époque d'exigibilité des droits; qu'ainsi les parties sont contraires en fait et sur l'application de l'article précité; qu'il n'appartient qu'à l'autorité judiciaire de décider si et à partir de quelle époque la compagnie requérante a été fondée à réclamer, par application de l'art. 24 de la loi du 5 juin 1850, la restitution des droits de timbre afférents aux années 1876 et 1877; qu'il y a donc lieu de surseoir à statuer sur la question de savoir si la déchéance édictée par la loi du 29 janv. 1831 était applicable à la demande en restitution des droits dont il s'agit jusqu'à ce que l'autorité judiciaire ait prononcé sur le litige ci-dessus défini... »

Comme on peut le voir par la lecture des considérants qui précèdent, le Conseil d'Etat ne résout pas seulement la question de principe : il trace aussi les règles de compétence et de procédure à suivre lorsqu'il y a lieu, pour l'Administration, d'opposer la déchéance quinquennale à des demandes en restitution. Divers points, tous également importants, résultent de son arrêt :

1° C'est le ministre qui est seul compétent pour prononcer la déchéance, et le tribunal, saisi de la question de savoir si les droits ont été dûment ou indûment perçus, ne peut que se prononcer sur le fond, sans rien juger ni préjuger en ce qui concerne la déchéance.

2° L'arrêté de déchéance peut être provoqué et rendu, alors même qu'un tribunal serait déjà saisi de la question de fond. C'est même, à notre avis, la marche à suivre dans la plupart des cas; c'est celle que suit ordinairement l'Administration. Lorsqu'elle est assignée devant un tribunal en restitution de droits qui lui paraissent atteints par la déchéance, elle fait prendre immédiatement un arrêté par le ministre, et conclut ensuite, au moyen d'un déclinatoire déposé par le préfet, à l'incompétence du tribunal au sujet de la demande en restitution des sommes visées par cet arrêté.

3° Le Conseil d'Etat décide, avec raison, croyons-nous, que la déchéance ne peut être invoquée, lorsque les droits à restituer ont fait l'objet d'une demande dans la forme administrative avant l'expiration du délai fixé par la loi de 1831, et que cette demande a été rejetée. C'est là une application, difficilement contestable, de la disposition édictée par la loi précitée, et d'après laquelle la déchéance cesse de pouvoir être invoquée « lorsque c'est *par le fait* de l'Administration que l'ordonnancement et le payement des créances n'ont pu être effectués dans les délais déterminés ».

4° Enfin, quand il y a doute sur le point de savoir à partir de quelle date les droits réclamés sont devenus restituables, la question ne saurait être tranchée par le ministre. Cette question, qui nécessite l'interprétation d'une loi fiscale, est de la compétence exclusive de l'autorité judiciaire, et doit lui être renvoyée, sauf ensuite au ministre à faire une application de la déchéance conforme à la décision rendue sur le fond.

Rien ne s'opposerait même, semble-t-il, à ce que le ministre prît, dès l'origine, un arrêté de déchéance conditionnel et subordonné, quant à ses effets définitifs, à la décision à rendre par le tribunal. — 23,275 J.

Art. 6. — *Restitution des droits.*

275. **Droits indûment perçus.** — *Droits au comptant.* Il n'est pas douteux que, lorsque les droits de timbre établis par la loi du 5 juin 1850 ont été indûment payés par une société, soit au comptant, soit par voie d'abonnement, l'Administration ne soit obligée de les restituer, pourvu que la demande en restitution soit faite avant l'accomplissement

de la déchéance quinquennale (V. *supra*, n° 274). C'est ce qui aurait lieu, par exemple, si le timbre des obligations négociables des sociétés, au tarif de 1 p. 100, avait été indûment appliqué, par suite d'une erreur d'interprétation, à de simples effets de commerce, passibles seulement du droit de 5 cent. p. 100. Nous ne pensons pas que, pour refuser la restitution à laquelle les parties auraient droit, l'Administration pût se prévaloir, dans ce cas, de ce que les droits de timbre constituent un impôt de consommation, acquis irrévocablement au Trésor par le seul fait de l'emploi du papier sur lequel la formule est apposée. Ce motif est en effet spécial au timbre de la débite et ne saurait être étendu aux droits de timbre dont la perception est effectuée par l'Administration, au vu et d'après la nature des titres qui lui sont présentés. Il est évident que si alors elle se trompe dans l'application du tarif, son erreur ne saurait préjudicier au contribuable.

276. *Taxe d'abonnement.* Le droit du contribuable à demander, dans les délais de la prescription, la restitution de droits indûment perçus est encore moins contestable lorsqu'il s'agit de la taxe d'abonnement. Aucun motif, dans ce cas, ne saurait être invoqué par l'Administration pour se dispenser de réparer les erreurs qu'elle a pu commettre, au préjudice des parties, dans l'application du tarif.

277. Droits régulièrement perçus. — *Non application de l'art.* 60 *de la loi du* 22 *frim. an* 7. Une question beaucoup plus douteuse est celle de savoir si la disposition de l'art. 60 de la loi du 22 frim. an 7, qui prohibe en matière d'enregistrement toute restitution de droits régulièrement perçus, quels que soient les événements ultérieurs, peut être invoquée en matière de droits de timbre applicables aux actions et obligations des sociétés.

L'affirmative a été d'abord admise par deux décisions du ministre des finances des 20 juin et 26 oct. 1865, par une solution du 29 fév. 1868 et, enfin, par un jugement du tribunal de la Seine du 21 juin 1873. 19,276 J.; 3752 R. p.; 15,242 Contr.

Il s'agissait, dans l'espèce soumise à ce dernier tribunal, de droits de timbre par abonnement payés par une société étrangère sur la moitié de son capital-actions, conformément à la loi du 23 juin 1857, art. 9, et au décret du 11 déc. 1864. Le nombre des actions avait, lors de chaque payement, été déterminé d'après les déclarations de la compagnie; mais il s'est trouvé que ces déclarations étaient erronées et que la société avait acquitté la taxe d'abonnement sur un capital supérieur au véritable capital imposable. La restitution de l'excédent ayant été demandée, l'Administration a opposé l'art. 60 de la loi de frimaire, sur le fondement, très contestable d'ailleurs, qu'une perception établie d'après les déclarations des parties, celles-ci fussent-elles erronées, est régulière et ne comporte aucune restitution. Cette thèse a été accueillie par le tribunal de la Seine, le 21 juin 1873. Mais, sur le pourvoi de la compagnie, le jugement a été cassé par un arrêt de la Chambre civile du 20 août 1877, ainsi conçu :

« Vu les art. 1376 et 1377 C. civ. et 60 de la loi du 22 frimaire an 7 :

« Attendu qu'en principe, et dans les termes du droit commun, quiconque a par erreur ou sciemment reçu ce qui ne lui était pas dû est obligé à le restituer à celui de qui il l'a indûment reçu; que si, par une disposition spéciale à la matière de l'enregistrement, l'art. 60 de la loi du 22 frim. an 7 a dérogé à cette règle, c'est là une exception propre à la matière en vue de laquelle elle est établie, et qui ne saurait, sous prétexte d'analogie, être étendue aux droits de timbre; — Que le droit de timbre et le droit d'enregistrement, de nature essentiellement différente, sont régis respectivement par des lois fondamentales distinctes et indépendantes, et que l'une des deux législations spéciales ne peut être appliquée aux matières que régit l'autre, et sur lesquelles celle-ci serait muette; — Qu'il s'agit, dans l'espèce, de l'impôt établi par la loi du 23 juin 1857 sur les actions et obligations émises par les sociétés, compagnies ou entreprises étrangères; — Que c'est là un impôt de timbre qui ne participe en aucune manière du droit d'enregistrement; — Que, dès lors, en l'absence, soit dans la loi fondamentale du 13 brum. an 7 sur le timbre, soit dans les lois ultérieures relatives à cet impôt, de toute disposition reproduisant l'art. 60 de la loi du 22 frim. an 7 sur l'enregistrement ou s'y référant, le principe de la répétition de l'indû reste applicable à la matière dans les termes du droit commun : d'où il suit qu'en décidant le contraire et en déboutant, en conséquence, la société du Crédit mobilier espagnol et Delessert de leur demande en restitution ou en compensation de la somme représentant le droit de timbre indûment payé pour les titres annulés à la suite et en exécution des délibérations des 6 avril 1868 et 4 avril 1870, le jugement attaqué a violé les art. 1376 et 1377 C. civ. et faussement appliqué l'art. 60 de la loi du 22 frim. an 7; Casse. — 20,515 J.; 4774 R. p.; 15,838 Contr.; 20,754 J. N.; S., 78, 1, 41; P., 78, 64; D. P., 77, 1, 433.

Cet arrêt est incontestablement bien fondé; il confirme l'opinion que nous avons exprimée au sujet de la nature du droit créé par la loi du 5 juin 1850, lequel est avant tout un droit de timbre. V. *supra*, n°s 57, 267 et 271; *adde :* observations faites sous le n° 19,276 du Journal.

Il en résulte, en ce qui concerne la question qui nous occupe, que l'art. 60 de la loi du 22 frim. an 7, en tant qu'il déroge au droit commun, ne peut être invoqué par l'Administration pour refuser de rembourser un droit de timbre sujet à restitution d'après les principes ordinaires du droit.

278. Présentation des titres au timbrage. — *Liquidation des droits insuffisante. Restitution des droits et des titres. Demande non recevable. Contrainte en supplément.* D'après un arrêt de la Chambre civile du 13 juin 1864, la présentation à la formalité du timbre des titres d'une société implique l'obligation d'acquitter intégralement l'impôt auquel cette formalité donnera lieu. Par conséquent, si le receveur a commis une insuffisance dans la liquidation des droits exigibles, la société peut être contrainte à payer la différence, et elle n'est pas fondée à exiger, sous le prétexte que sa réquisition de timbrage était conditionnelle et subordonnée à l'exactitude de la liquidation faite par le receveur, que l'Administration lui restitue les titres dûment timbrés en échange de la somme versée au receveur, ou, à défaut, que cette somme lui soit restituée avec les titres non timbrés. — 17,838 J.; 1922 R. p.; Inst. 2288, § 7; 18,227 J. N.; 12,685 Contr.; S., 64, 1, 365; P., 64, 1221; D. P., 64, 1, 310.

« D'une part, en effet, porte cet arrêt, la restitution d'un impôt régulièrement perçu et porté en recette ne saurait être ordonnée qu'en vertu d'une disposition de la loi qui n'existe pas dans l'espèce; d'autre part, d'après les dispositions des art. 1er, 3 et 4 du décret du 23 juin 1850, combinées avec celles de la loi du 5 juin précédent, le timbre à apposer est toujours indicatif du droit légalement dû, et ne doit être appliqué qu'à la condition du payement préalable de l'intégrité de ce droit. »

TROISIÈME PARTIE. — DROIT DE TRANSMISSION.

CHAPITRE Ier. — EXIGIBILITÉ DE L'IMPOT. — RÈGLES GÉNÉRALES.

ART. 1er. — *Origines du droit de transmission. — Travaux préparatoires. — Législation.*

279. Origines du droit de transmission. — Les cessions d'actions dans les sociétés et d'obligations négociables ont été tarifées par l'art. 69, § 2, n° 6, de la loi du 22 frim. an 7, au droit proportionnel de 50 centimes p. 100.

Mais, sous l'empire de cette législation, le droit n'était exigible que dans le cas, tout à fait exceptionnel, où les cessions étaient constatées dans des actes soumis à l'enregistrement. Il en résultait qu'en fait la circulation des valeurs de cette nature, circulation qui, dès le milieu du siècle, avait acquis une importance considérable, restait indemne de tout impôt.

Cette immunité était trop peu justifiée pour être maintenue. Déjà, en 1850, le législateur, comme on l'a vu précédemment (V. 2e partie), s'était préoccupé d'atteindre la circulation des valeurs mobilières, en même temps que leur création, par l'établissement d'un droit de timbre proportionnel, dont la perception devait avoir pour effet, aux termes de l'art. 15 de la loi du 5 juin 1850, d'affranchir les cessions de tout droit et de toute formalité d'enregistrement. Le premier pas était fait vers l'établissement d'un impôt atteignant la négociation de ces valeurs.

Ce pas fut franchi par la loi de finances du 23 juin 1857, qui a fixé le budget général de l'exercice 1858, et dont les art. 6 à 11 ont été élaborés et votés sous l'influence de considérations diverses, que nous croyons devoir résumer d'après le rapport fait au Corps législatif, le 7 mai 1857, par M. Alfred Leroux, rapporteur de la commission.

280. Objet de la loi du 23 juin 1857. Rapport de la commission. — Le rapport commence par constater que les nouvelles dispositions ont pour but de compenser la perte que les produits de l'enregistrement étaient appelés à subir par suite de la suppression du second décime de guerre. Il ajoute que les ressources nécessaires n'ont pu être demandées à la propriété immobilière, déjà suffisamment grevée, et fait entendre qu'au contraire il paraissait indispensable, pour répartir les charges fiscales d'une manière équitable entre les divers éléments de la fortune publique, d'y faire contribuer dans une plus forte proportion les valeurs de Bourse.

« La première question à nous poser, disait le rapporteur, était celle-ci : Est-il juste d'imposer la circulation des valeurs mobilières? Ce point ne nous paraît pas contestable. Nous ne pensons pas, comme il a été affirmé quelquefois, que ces valeurs jouissent d'une immunité complète, qu'elles ne supportent aucune des charges qui sont dues à l'État. Nous savons, tout le monde sait aujourd'hui, et c'est peut-être pour elles un bénéfice de la question soulevée, qu'elles acquittent à divers titres des impôts dont le chiffre est assez considérable. Mais il en est un auquel ces valeurs échappent, c'est l'impôt de mutation dans les cas les plus fréquents, c'est-à-dire les cas autres que ceux de décès, d'échanges ou de donations.

« La loi de frimaire an 7 frappait d'un droit de 50 centimes toute cession de titres opérée dans les conditions que nous venons d'indiquer. Mais son application n'a jamais été que rare et incertaine. La loi de 1850, en touchant par le timbre proportionnel au droit de circulation, avait commencé à le mettre plus en harmonie avec la possibilité de réalisation et le développement de la fortune mobilière. La loi qui vous était proposée devait procéder de ces deux lois et compléter le système, en établissant le rapport légitime entre le droit à percevoir et le service rendu. L'immense accroissement et la prospérité des entreprises financières et industrielles ne permettaient pas de taxer le droit demandé d'exagération. L'État réclamait ainsi l'indemnité dont on n'a jamais contesté le principe, et qui lui revient en échange de la protection qu'il accorde. Loin de créer une exception, il faisait rentrer toute une classe de valeurs sous l'empire de la loi commune. Evidemment le principe de l'impôt était légitime, sa quotité modérée, son équité incontestable : il consacrait l'égalité, toujours si désirable en matière d'impôt, et faisait cesser un privilège qui ne se justifiait que par les conditions toutes différentes où se trouvaient les valeurs mobilières dans le passé... »

Après avoir ainsi exposé les motifs d'ordre économique qui ont paru à la commission justifier l'établissement du nouvel impôt, le rapporteur examine successivement et réfute les diverses critiques formulées par les adversaires du projet. Il passe ensuite à l'étude de ses dispositions et s'attache à en faire saisir l'économie générale. Cette partie du rapport pouvant présenter de l'utilité pour la solution des questions auxquelles donne lieu l'application du droit de transmission, nous la transcrivons textuellement :

« En laissant intacte, dit le rapporteur, en respectant la loi de 1850, en nous occupant exclusivement du droit d'enregistrement, nous écartons toute confusion, et l'incertitude laissée par cette loi dans quelques esprits disparaît entièrement.

« Ce point fondamental posé, une autre idée, que nous appellerons également fondamentale, caractérise le projet présenté par nous : nous voulons parler de la distinction entre les titres nominatifs et les titres au porteur. Les titres nominatifs ne peuvent se transmettre sans laisser de trace. Pour eux, la perception du droit est facile et n'entrave pas la circulation, car elle s'opère sur des transferts dont les registres des compagnies font foi. L'intérêt du Trésor n'est donc pas lésé; celui de la justice et de la vérité est servi par le nouveau système.

« La nature des titres au porteur rend impossible, au contraire, la perception directe du droit de mutation. La plupart échapperaient à l'impôt. On doit donc, pour eux, faire une sorte d'évaluation moyenne résumée en un abonnement annuel. Nous sommes tombés parfaitement d'accord avec le gouvernement de la nécessité de cet abonnement et de son caractère obligatoire.

« Expliquons plus clairement notre pensée :

« Le droit proposé est un droit de transmission; il faut donc saisir la transmission dans sa réalisation véritable toutes les fois que cela est possible, comme pour les titres nominatifs, ou par évaluation, quand on ne peut agir autrement, comme pour les titres au porteur. Ce double mode a l'avantage de rentrer entièrement dans l'esprit de la loi de l'an 7 et de la loi de 1850, et d'être conforme à la vérité des faits; il l'est en outre à l'équité, qui, pour de certaines entreprises, se trouverait singulièrement froissée par un abonnement uniforme et obligatoire.

« En effet, toutes les compagnies ne sont pas semblables entre elles. A côté des grandes compagnies financières ou de chemins de fer qui absorbent presque toute l'attention du public, nous pourrions même dire de l'impôt, il y a de nombreuses compagnies, les unes dans de bonnes conditions, mais dont les actions sont classées et presque immobilisées; les autres prospérant à peine, vivant modestement, difficilement parfois, toutes donnant lieu à peu de transactions par des motifs divers, comme vous venez de le voir. Une partie considérable de ces entreprises existe, non pas à Paris, ce centre du mouvement et de la circulation, mais en province, où l'amélioration est plus lente, l'esprit d'association moins audacieux, la circulation des valeurs presque nulle, et, dans tous les cas, toujours facile à constater. Et c'est à ces entreprises que l'on aurait demandé un droit annuel pour des faits qui ne se réalisent pas, droit onéreux par conséquent et injuste, qui eût ainsi directement atteint le revenu, parfois même le capital! Telle ne pouvait être la pensée du gouvernement et de la commission.

« Si la distinction est nécessaire pour les compagnies entre elles, elle ne l'est pas moins pour les porteurs de titres; il faut que leur option puisse s'exercer. Ceux qui, par des raisons de prudence, de famille, de stabilité, opteront pour des titres nominatifs, payeront le droit de mutation chaque fois qu'ils y donneront lieu. Ceux qui préféreront des titres au porteur sauront apprécier la somme d'avantages que leur confère ce droit d'abonnement, et faire leurs calculs en conséquence. Ceux-là désirent avoir des valeurs exemptes des lenteurs du transfert, se transmettant rapidement et, pour ainsi dire, sans généalogie, se prêtant mieux à ces emprunts à courts termes qu'on nomme reports, toujours disponibles, insaisissables, toujours faciles à réaliser. En énumérant ces avantages, nous venons de répondre à l'objection qui tendrait à faire croire que le système proposé nuirait à l'impôt et au mouvement des actions, en diminuant par trop le nombre des actions au porteur. Tel ne sera pas, nous le croyons, le résultat de la distinction indiquée. Les privilèges des titres au porteur sont considérables, et le droit d'abonnement n'est pas assez fort pour y renoncer.

« Vous le voyez, au lieu d'atteindre également celui qui transmet et celui qui ne transmet pas, la loi sera juste, elle frappera le fait partout où elle pourra le saisir; lorsqu'il lui échapperait, elle l'évaluera, et personne ne pourra se plaindre d'une situation où la liberté du choix sera complète.

« La distinction entre les titres nominatifs et les titres au porteur aurait manqué de consécration, et notre but n'aurait point été atteint si la loi n'avait donné aux porteurs d'actions et d'obligations le droit de demander aux compagnies la nature de titres pour laquelle ils opteraient. Cette faculté a été réclamée par nous et accordée par le Conseil d'État.

« Les statuts des principales compagnies renferment la plupart la faculté d'émettre les deux genres de titres. Si, d'ailleurs, des modifications étaient nécessaires, les compagnies les demanderaient, car elles ne sauraient avoir d'autres intérêts que les actionnaires, et elles les obtiendraient sans peine.

« Ainsi se trouvent évités les inconvénients auxquels nous avons voulu parer; ainsi nous assurons l'élément qui fait la force de notre système, à savoir : l'option libre entre les deux natures de titres, et, par conséquent, les deux natures de charges.

. . . .

« Les obligations des communes et des départements sont, vous le savez, exemptes du droit proposé. Il en est de même de celles émises par le Crédit foncier, qui sont régies par une loi spéciale, la loi de sa création. »

281. Législation. — Les diverses dispositions des lois qui régissent le droit de transmission devant donner lieu à une étude complète et approfondie, nous nous contenterons ici d'énumérer ces lois dans leur ordre chronologique, en indiquant sommairement leur objet.

282. *Loi du* 23 *juin* 1857. — La première est la loi du 23 juin 1857, qui a créé le droit de transmission et en a organisé la perception. C'est la loi fondamentale en cette matière, et nous aurons souvent l'occasion de nous y reporter. Elle a été suivie d'un règlement d'administration publique du 17 juil. 1857, dont les dispositions sont également très intéressantes à étudier.

283. *Loi du* 16 *septembre* 1871. — La loi du 23 juin 1857 n'avait établi le droit de transmission que sur les actions et obligations des sociétés et compagnies. La loi du 16 sept. 1871, art. 11, l'a étendu aux obligations des départements, communes, établissements publics, et du Crédit foncier.

Cette même loi a augmenté le tarif : le droit au comptant, qui avait été fixé à 20 centimes p. 100 par la loi de 1857, a été porté à 50 centimes p. 100, et la taxe annuelle, qui était de 12 centimes p. 100, a été élevée à 15 centimes p. 100, le tout avec addition des décimes en vigueur.

284. *Loi du* 30 *mars* 1872. — La loi du 30 mars 1872 a, d'une part, modifié le tarif de la taxe annuelle, qu'elle a fixé à 25 centimes p. 100 (plus les décimes en vigueur), et elle a, d'autre part, disposé que le droit au comptant ou la taxe annuelle seraient liquidés sur la valeur négociée des titres, déduction faite des versements restant à faire sur les titres non entièrement libérés (art. 1er).

285. *Loi du* 29 *juin* 1872. — Enfin, aux termes de l'art. 3 de la loi du 29 juin 1872, le droit au comptant a été fixé à 50 centimes p. 100, et la taxe annuelle à 20 centimes p. 100, sans décimes. C'est le tarif actuellement en vigueur.

286. Caractère du droit de transmission. Système adopté par la loi pour son application. — Le droit de transmission est certainement un droit d'enregistrement; c'est un droit de mutation d'une nature particulière, pour lequel la loi a organisé un système de perception absolument différent de ceux qui ont été établis par les diverses dispositions de la loi du 22 frim. an 7.

Le payement en est obligatoire et n'est nullement subordonné à la présentation d'un acte à la formalité. La loi entend frapper toutes les mutations dont les actions et obligations sont l'objet, et elle atteint son but par les moyens suivants :

Pour les titres dont la transmission ne peut s'opérer que par un transfert sur les registres de la société, ou de l'établissement débiteur, l'impôt est perçu au comptant, à raison de chaque transfert. Il n'est fait exception que pour les transferts qui ont déjà supporté, sous une autre forme, le droit de mutation, tels que ceux qui ont eu lieu à la suite d'un décès ou en vertu d'une donation entre vifs, et qui ont acquitté le droit de mutation par décès ou de donation.

Quant aux titres au porteur et, d'une manière plus générale, à tous ceux dont la transmission peut valablement s'effectuer sans un transfert sur les registres de la société, ils sont soumis à une taxe annuelle, qui est considérée comme l'équivalent du droit auquel les mutations dont ces titres sont l'objet devraient être assujetties.

Nous approfondirons plus loin cette distinction entre le droit au comptant et la taxe annuelle, car elle est d'une importance capitale dans la matière.

287. Taxe de mainmorte. — Le droit de transmission, comme nous aurons plus loin l'occasion de le constater, atteint les mêmes titres que le droit de timbre; il se cumule avec lui. Il se cumule également avec la taxe de 3 p. 100 sur le revenu, qui fait l'objet de notre quatrième partie. Sa perception n'exclut pas davantage celle de l'impôt de mainmorte, dont les sociétés anonymes sont tenues sur leurs biens immeubles. Cette dernière taxe, en effet, est destinée à tenir lieu des droits de mutation immobilière auxquels les personnes de mainmorte échappent par suite de l'immobilisation de leurs biens. Mais elle n'a aucun rapport avec le droit dont sont frappés les transferts d'actions d'une société anonyme. Les deux impôts peuvent donc être exigés cumulativement, sans qu'on puisse prétendre qu'ils font double emploi. C'est ce que décide un arrêt du Conseil d'Etat du 7 mai 1880, ainsi conçu :

« Vu la loi du 20 fév. 1849; — Considérant que cette loi a établi sur les immeubles passibles de la contribution foncière et appartenant à des sociétés anonymes une taxe annuelle représentative des droits de transmission entre vifs et par décès; — Considérant que, si les actions de la société anonyme *la Grande Brasserie de l'Est* sont soumises à des droits de timbre et de transfert, ces droits, qui frappent les actions de toute société, compagnie ou entreprise quelconque, ne sauraient être considérés comme faisant double emploi avec la taxe à laquelle doivent être assujetties les propriétés immobilières possédées par des sociétés anonymes; — Que, dans ces circonstances, c'est avec raison que le conseil de préfecture a rejeté la demande de décharge de la taxe représentative des droits de transmission entre vifs et par décès à laquelle la société anonyme *la Grande Brasserie de l'Est* a été imposée, pour 1879, sur le rôle de la commune de Maxéville. » — 21,985 J.; 22,780 J. N.

Art. 2. — *Titres assujettis au droit de transmission.*

288. Règle générale. — L'art. 6 de la loi du 23 juin 1857 pose le principe de l'exigibilité du droit de transmission dans les termes suivants : « *Indépendamment des droits établis par le titre 2 de la loi du 5 juin* 1850, toute cession de titres ou promesses d'actions et d'obligations dans une société, compagnie ou entreprise quelconque, financière, industrielle, commerciale ou civile, *quelle que soit la date de sa création*, est assujettie, à partir du 1er juil. 1857, à un droit de transmission de 20 centimes (50 cent.) par 100 francs de la valeur négociée. »

Les droits établis par cette disposition ont été déclarés, par l'art. 11 de la loi du 16 sept. 1871, applicables « à la transmission des obligations des départements, des communes, des établissements publics et de la société du Crédit foncier ».

Ces textes appellent immédiatement deux observations importantes :

289. *Titres antérieurs à la loi de* 1857. La première, c'est que, à la différence des art. 14 et 27 L. 5 juin 1850, qui ont laissé sous le régime antérieur les actions et obligations émises avant le 1er janv. 1851, l'art. 6 L. 23 juin 1857 soumet au droit de transmission tous les titres existants, *quelle que soit l'époque de leur création.* D'où il suit que les titres antérieurs au 1er janv. 1851 échappent à l'application de la loi de 1850, et sont cependant régis par la loi de 1857.

290. *Désignation des titres passibles des droits. Référence à la loi du 5 juin* 1850. La seconde remarque à faire, c'est que, pour la désignation des titres passibles du droit de transmission, la loi de 1857 emploie non seulement des expressions semblables à celles de la loi du 5 juin 1850, mais elle établit le nouveau droit par addition au droit de timbre (*Indépendamment des droits de timbre...* etc...), témoignant ainsi de l'intention où était le législateur d'atteindre par le droit de transmission les mêmes titres que ceux qui avaient fait l'objet de la loi de 1850. Nous verrons, par la suite de nos explications, que cette identité des titres visés par l'une et l'autre loi a été admise en thèse générale et a servi souvent de base aux décisions de la jurisprudence.

291. Il en résulte que, pour déterminer avec précision les titres assujettis au droit de transmission, il suffira le plus souvent de se reporter aux développements que nous avons consacrés, dans la deuxième partie de ce traité, chap. Ier, à faire connaître les titres passibles du droit de timbre. Nous signalerons seulement, dans ce chapitre, les difficultés spéciales au droit de transmission, et les solutions auxquelles elles ont donné lieu.

292. Parts d'intérêts. Actions et obligations non négociables. — Tout d'abord, il est hors de doute que la loi de 1857 n'atteint, comme celle de 1850, que les actions, à l'exclusion des parts d'intérêts. Le texte est formel à cet égard. V. *supra*, n° 65 : — Dans ce sens, Seine, 16 mars 1860; 17,114 J.; 10,280 R.; 11,770 Contr.

Elle n'atteint également que les actions et les obligations négociables, à l'exclusion de celles qui ne sont transmissibles que selon les formes du Code civil (art. 1690). — Pour le droit de timbre, V. *supra*, n° 66.

Il a été décidé, dans ce sens : 1° que les parts d'intérêts, représentées par des titres nominatifs, dont la cession ne peut s'opérer que conformément aux prescriptions du Code civil pour la cession des droits incorporels, et en outre avec l'autorisation d'un conseil de délégués des associés, ne sont pas régies par la loi du 23 juin 1857 et ne sont pas passibles du droit de transmission. Sol. 28 mars 1861;

2° Qu'il en est de même des obligations municipales qui ne peuvent être cédées que par un transport en forme notifié à la commune, conformément à l'art. 1690 du Code civil. Sol. 21 sept. 1878; 20,929 J.; 5389 R. p.; 16,059 Contr.;

3° Même décision au sujet d'emprunts souscrits de gré à gré par un établissement public et en représentation desquels il n'avait été délivré aux prêteurs que des quittances nominatives, constatant le versement des fonds à la caisse du receveur de l'établissement. Sol. 2 août 1883; 22,196 J.; 16,959 Contr. — V. *supra*, n° 143.

293. *Titres ne faisant pas mention du mode de transmission. Obligations émises par voie de souscription publique.* La loi de 1857, de même que la loi du 5 juin 1850, n'atteint pas les actions ou obligations qui ne sont transmissibles que selon les formes prescrites par l'art. 1690 C. civ. En général, le mode de transmission, pour les actions, est déterminé par les statuts de la société. S'il ne l'était pas, elles seraient, d'après la jurisprudence, transmissibles par tous les modes autorisés par la loi civile et commerciale. Cass., 4 déc. 1867; 18,462 J.; Inst. 2362, § 5; 19,123 J. N.; 2560 R. p.; 14,096 Contr.; 2097 Rev. not.; S., 68, 1, 39; P., 68, 63; D. P., 68, 1, 175; — 15 déc. 1869; 18,761, 18,884 J.; 3064 R. p.; 14,497 Contr.; 19,785 J. N.; Inst. 2398, § 6; S., 70, 1, 177; P., 70, 409; D. P., 70, 1, 410; — 15 mars 1870, 18,797—4, 18,922 J.; 3100 R. P.; 14,546 Contr.; 19,897 J. N.; Inst. 2402, § 5; 2685 Rev. not.; S., 70, 1, 271; P., 70, 673; D. P., 70, 1, 412; — 27 fév. 1884, 22,269 J.; 6316 R. p.; 16,892 Contr.; 23,180 J. N.; Inst. 2694, § 7; S., 85, 1, 321; P., 85, 775; D. P., 84, 1, 350.

Par conséquent, elles seraient incontestablement passibles du droit de transmission et donneraient, dans ce cas, comme nous le verrons plus loin, ouverture à la taxe annuelle.

Le mode de transmission des obligations est déterminé en général, soit par les statuts de la société qui les a émises, soit par le cahier des charges qui précède l'émission, soit par les énonciations portées sur le titre. A défaut d'indications à cet égard, la règle que nous venons de préciser à l'égard des actions ne leur est pas applicable de plein droit. Ainsi que nous l'avons expliqué *supra*, nos 144 et suiv., les obligations d'une société, d'une commune ou d'un établissement public, sont de plein droit négociables, à moins de clause contraire, lorsqu'elles ont été émises par voie de souscription publique. Mais si elles sont souscrites dans la forme des emprunts de simples particuliers, c'est la présomption de non négociabilité qui l'emporte, et, à défaut d'une clause formelle à cet égard, leur cession est soumise aux formalités de l'art. 1690 C. civ., et par conséquent elles ne tombent pas sous l'application des lois de 1850 et de 1857. — V. *supra*, nos 144 et 145.

294. *Obligations notariées à ordre.* Rappelons qu'aux termes d'une solution du 31 juillet 1883, l'obligation notariée à ordre, souscrite par une société, une commune ou un établissement public, n'est passible ni du droit de timbre de 1 p. 100 (L. 5 juin 1850, art. 27), ni de la taxe de transmission. — 22,197 J.; 6383 R. p.; 16,960 Contr.; 6827 Rev. not.; S., 85, 2, 168; P., 85, 848; D. P., 85, 3, 8. — V. les motifs de cette solution, *supra*, n° 146.

295. *Congrégations religieuses.* Les associations religieuses non autorisées sont fréquemment fondées sous une forme spéciale. Le fonds social est divisé, par exemple, en trente actions de 1,000 francs chacune. Aucun associé ne peut en posséder plus d'une; la société opère le retrait de toute action appartenant à un associé qui se retire ou qui décède, en remboursant 1,000 fr. à lui ou à ses héritiers. De telles actions sont incessibles et, à plus forte raison, non négociables. — Décidé en conséquence, avant les lois spéciales qui ont été édictées à l'égard des congrégations, que ces actions ne tombaient pas sous l'application de la loi du 23 juin 1857. Sol. 7 octobre 1858.

Actuellement, les mutations qui se réalisent lors de chaque décès ou retraite des membres de la congrégation donneraient lieu, ce semble, à l'application de l'impôt spécial créé par les lois des 28 décembre 1880 et 29 décembre 1884. — V. *infra*, 6° partie.

296. Actions et obligations négociables non représentées par des titres. — Nous avons vu que les actions et obligations négociables ne sont, en principe, sujettes au droit de timbre édicté par la loi du 5 juin 1850 que si elles sont représentées par des titres distincts et individuels, sur lesquels le timbre puisse être apposé. C'est, du moins, ce qui ressort, après une vive controverse, de la jurisprudence la plus récente. (V. *supra*, nos 78 et suiv.) On en conclut que le droit de timbre, soit au comptant, soit par abonnement, ne peut être exigé que du jour de la création des titres.

En est-il de même du droit de transmission ?

Cette question, malgré son importance, n'a donné lieu qu'à un petit nombre de décisions qui en laissent la solution encore incertaine.

Nous avons cité, dans notre précédente édition, v° Actions et obligations, n° 136, une solution du 21 octobre 1858, par laquelle la loi du 23 juin 1857 aurait été reconnue applicable à des actions dont la transmission était subordonnée par les statuts au consentement unanime des actionnaires, et cela lors même qu'aucun titre ne devait être délivré.

Un jugement du tribunal de la Seine du 16 mars 1860 porte, au contraire, dans ses motifs : « Attendu que ces deux lois (lois des 5 juin 1850 et 23 juin 1857) et le décret (17 juil. 1857) se réfèrent aux sociétés dont le capital est divisé en actions qui, formulées dans des titres individuels dont chaque actionnaire est porteur, peuvent être d'abord soumises au timbre de proportionnalité et être négociées et mises en circulation. » (17,114 J. ; 10,280 R.; 11,770 Contr.) Mais l'objet du litige était de savoir, dans l'espèce, si les parts d'intérêt, ainsi que le soutenait l'Administration, sont, comme les actions, atteintes par la loi de 1857. Le jugement qui, avec raison, a repoussé cette prétention, est donc sans autorité dans la question toute différente de savoir si cette loi atteint les actions négociables non représentées par des titres.

Sur ce dernier point, le même tribunal s'est prononcé explicitement par un jugement du 4 mai 1883 (22,194 J.; 16,782 Contr.; 23,143 J. N.). Il s'agissait d'une société qui avait émis, au cours d'un trimestre, 53,000 actions nouvelles au porteur, mais qui n'avait délivré aux souscripteurs les titres au porteur que deux mois après l'attribution définitive de leurs actions. La taxe annuelle était-elle due à partir du jour où les actions avaient eu leur existence légale, c'est-à-dire du jour de leur émission dans le sens juridique du mot, ou seulement du jour de la délivrance effective des titres aux actionnaires ? Le tribunal a décidé que la taxe devait courir du jour de l'émission, par les motifs suivants :

« Attendu que l'existence légale des actions date du 18 octobre 1881, jour auquel l'assemblée générale a constaté leur souscription, leur libération de moitié, et a décidé qu'elles seraient toutes établies sous forme de titres au porteur;

« Que la régie a fait application à ces titres de la règle tirée du paragraphe 4 de l'article 5 du même décret du 17 juillet 1857, lequel dispose que pour les compagnies qui seront créées à l'avenir après l'ouverture d'un trimestre, le droit ne sera liquidé, pour la première fois, que proportionnellement au nombre de jours écoulés depuis leur constitution ;

« Attendu que l'action soumise au droit de transmission par la loi de 1857 est la valeur même de la fraction du capital social divisé entre chaque actionnaire, en proportion de son intérêt dans la société, dans les termes de l'art. 34 C. comm., et non le titre ou certificat négociable formé pour constater la propriété individuelle de cette fraction ;

« Que c'est en raison de ce principe que le décret ci-dessus visé frappe de la taxe les actions ainsi définies, à partir de la constitution des sociétés, sans s'occuper de l'époque de la délivrance des titres qui les représentent;

« Qu'il est dès lors sans objet de rechercher si les certificats nominatifs délivrés par le Crédit de Paris à ses souscripteurs devaient être exempts de la taxe obligatoire jusqu'au jour de leur transformation en titres au porteur, puisque la liquidation de cette taxe doit être faite à partir de l'augmentation du capital, en vertu des nouveaux statuts, fait concomitant avec la création des actions, lesquelles devant être toutes au porteur sont immédiatement assujetties à l'impôt; en prévision de leur circulation éventuelle, et non à raison de leurs mutations constatées... » — V. dans le même sens les motifs d'une solution du 29 décembre 1884, 22,433 J.

297. Toutes ces décisions n'éclairent que faiblement la question. Pour nous, nous pensons qu'elle doit être résolue dans le sens de l'exigibilité du droit.

Et d'abord, tout en admettant que les deux lois de 1850 et de 1857 visent les mêmes titres, on doit reconnaître que le fait juridique qu'elles imposent n'est pas le même, ce qui doit amener nécessairement des différences dans les conditions d'exigibilité de l'impôt. En effet, le droit créé par la loi de 1850 est un droit de timbre qui, d'après les principes particuliers à cet impôt, frappe l'écrit destiné à servir de titre à l'action : la jurisprudence est autorisée à en conclure que l'exigibilité de l'impôt est subordonnée à la création matérielle des titres. Quant à la loi de 1857, tout en visant les mêmes actions et les mêmes obligations que celle de 1850, c'est-à-dire les actions et les obligations négociables, elle frappe, non l'écrit destiné à leur servir de titre, mais le fait juridique de leur transmission. Or, cette transmission, même dans les formes tracées par la loi commerciale, est indépendante de l'existence d'un titre. Il est incontestable, en effet, qu'une action n'a pas besoin d'être représentée par un titre distinct de l'acte de société pour être valablement cédée au moyen d'une déclaration de transfert sur les registres de la société. Elle peut même être cédée par acte sous signature privée, et sans l'accomplissement des formalités de l'article 1690 du Code civil, par cela seul que les statuts autorisent ce mode de cession (V. dans ce sens, solution du 29 décembre 1884, 22,433 J.), et même par cela seul qu'ils ne le prohibent pas. Cass., 4 décembre 1867 ; 18,462 J.; Inst. 2362, § 5 ; 19,123 J. N.; 2560 R. p.; 14,096 Contr.; 2097 Rev. not.; S., 68, 1, 39 ; P., 68, 63 ; D. P., 68, 1, 175 ; — 15 déc. 1869 ; 18,761, 18,884 J.; 3064 R. p.; 14,497 Contr.; 19,785 J. N.; Inst. 2398, § 6 ; S., 70, 1, 177 ; P., 70, 409 ; D. P., 70, 1, 410 ; — 15 mars 1870 ; 18,797-4, 18,922 J.; 3100 R. p.; 14,546 Contr.; 19,897 J. N.; Inst. 2402, § 5 ; 2685 Rev. not.; S., 70, 1, 271 ; P., 70, 673 ; D. P., 70, 1, 412 ; — 27 fév. 1884 ; 22,269 J.; 6316 R. p.; 16,892 Contr.; 23,180 J. N.; Inst. 2694, § 7 ; S., 85, 1, 321 ; P., 85, 775 ; D. P., 84, 1, 350.

Par conséquent, dès lors qu'il s'agit d'actions ou d'obligations transmissibles autrement que dans les formes tracées par l'art. 1690 du Code civil, il semble indifférent, pour l'exigibilité d'un impôt destiné à atteindre précisément ce fait de transmission, qu'il existe ou non des titres individuels représentatifs des droits des actionnaires ou des obligataires. On ne peut argumenter, en cette matière, de la loi de 1850, puisque, comme on l'a déjà dit, cette loi frappe un fait imposable tout différent, et qui suppose nécessairement la création matérielle des titres, tandis que le fait de la transmission atteint par la loi de 1857 n'est nullement subordonné à cette condition.

La question doit donc être résolue abstractivement et par le seul examen du texte de la loi de 1857 et du décret du 17 juillet rendu pour son exécution.

298. L'article 6 de la loi est ainsi conçu : « Indépendamment des droits établis par le titre 2 de la loi du 5 juin 1850, toute cession de titres ou promesses d'actions et d'obligations... est assujettie..., etc. » Si l'on rapproche cette rédaction de celle de l'art. 14 de la loi du 5 juin 1850, qui porte « chaque titre ou certificat d'action... émis... sera assujetti... etc. », on constate immédiatement une différence dans les termes, dont il est difficile de méconnaître la portée. Les deux expressions employées par la loi sur le timbre sont, sans aucun doute, synonymes ; mais il n'en est pas de même de celles dont la loi de 1857 s'est servie : car autrement le législateur, qui avait sous les yeux la loi de 1850, à laquelle il se référait, aurait usé de la même terminologie. On peut donc affirmer qu'en désignant les promesses d'actions ou d'obligations après les titres d'actions ou d'obligations, la loi avait en vue deux formes différentes de la même valeur. Or, les promesses d'actions, en tant qu'elles se distinguent des titres d'actions, ne peuvent s'entendre que dans le sens des promesses qui sont délivrées aux souscripteurs en attendant le résultat définitif de l'émission et la répartition des actions, ou bien dans le sens des actions elles-mêmes définitivement attribuées, mais dont les titres n'ont pas encore été délivrés. Ce n'est certainement pas avec la première de ces significations que le terme de promesse d'action a été employé ; car les titres provisoires qui sont délivrés aux souscripteurs ne sont pas des titres d'actions tant que la société n'est pas régulièrement constituée et les actions définitivement réparties, et ils ne tombent pas sous l'application de la loi de 1857. S'il en est ainsi, les valeurs que la loi a entendu désigner sous le nom de promesses d'actions, ne peuvent être que les actions elles-mêmes, non encore représentées par des titres, et ce qu'elle atteint, ce sont les transmissions dont ces actions sont l'objet pendant la période qui sépare leur émission définitive de la délivrance des titres destinés à les représenter. On peut dire, en effet, que, pendant cette période, l'actionnaire auquel le titre est promis possède une promesse d'action.

299. A cet argument de texte, qui suffit à démontrer que les actions et les obligations négociables tombent sous l'application de la loi de 1857, qu'elles soient ou non représentées par des titres, nous ajouterons les considérations suivantes :

Le législateur a certainement eu l'intention d'assujettir à un impôt de transmission toutes les valeurs mobilières connues sous le nom d'actions et d'obligations. Il n'en excepte même pas les actions et obligations qui ne se transmettent que suivant les formes lentes et compliquées du droit civil. Car, si la loi de 1850 (art. 25 et 27) et, par voie de conséquence, celle du 23 juin 1857, ont formellement soustrait ces valeurs à l'application de leurs dispositions, c'est, non pas pour créer en leur faveur une exemption qui n'eût pas été justifiée, mais pour ne pas les soumettre à une double perception. La transmission de ces actions et obligations est en effet assujettie par l'art. 1690 du C. civ. à des formes qui nécessitent l'enregistrement de l'acte de cession, et qui, par conséquent, rendent exigible le droit de 50 centimes p. 100 ou de 1 p. 100 établi par l'article 69, § 2, n° 6, et § 3, n° 3, de la loi du 22 frimaire an 7. La perception d'un droit de transmission se trouve donc assurée, en ce qui concerne cette nature d'actions et d'obligations, tout aussi bien que pour les valeurs visées par la loi de 1857, et cela indépendamment de l'existence des titres destinés à les représenter. Il est inadmissible qu'elle ne l'ait pas été pour les actions et obligations qui peuvent se négocier sans l'accomplissement des formalités prévues par l'art. 1690 C. civ., mais qui ne sont pas représentées par des titres individuels délivrés aux actionnaires et aux obligataires. S'il en était ainsi, la loi contiendrait une lacune que rien ne justifierait. Les actions et obligations émises par une société sont, en effet, le plus souvent, l'objet de négociations très actives aussitôt qu'elles ont été placées et avant que les titres n'aient été créés et délivrés. On ne voit pas pour quel motif ces négociations échapperaient à un impôt qui est destiné à atteindre la circulation des valeurs mobilières.

300. Enfin, cette interprétation se trouve confirmée par l'art. 5 du décret du 17 juillet 1857. Cet article oblige les sociétés, en vue du payement trimestriel de la taxe de transmission sur les titres au porteur, à déposer au bureau de l'enregistrement un état indiquant le nombre d'actions et d'obligations existant à la fin du trimestre. Il ajoute qu'en ce qui concerne les sociétés qui se seront créées dans le cours d'un trimestre, le droit sera liquidé, pour la première fois, proportionnellement au nombre des jours écoulés « depuis leur constitution ». Or, si la loi avait voulu que l'exigibilité du droit de transmission fût subordonnée à la création des titres représentatifs des actions ou des obligations, le décret aurait fait courir la taxe annuelle, non du jour de la constitution de la société, mais seulement du jour de la création des titres, lorsque, comme le cas se présente fréquemment, ces deux faits ne coïncident pas.

Concluons donc de cette argumentation que la création matérielle des titres, si importante pour l'exigibilité du droit de timbre, est un fait indifférent en ce qui concerne le droit de transmission. Représentées ou non par des titres, les actions et les obligations des sociétés, pourvu qu'elles soient transmissibles autrement que dans les formes prévues par l'article 1690 C. civ., tombent sous l'application de la loi de 1857, et sont assujetties au droit de transmission.

301. Sociétés coopératives. — V. *supra*, n° 75.

302. Obligations des départements, communes, établissements publics et du Crédit foncier. — La loi du 23 juin 1857 avait soumis au droit de transmission, en même temps que les actions, les obligations émises par les sociétés.

Les obligations des départements, communes, établissements publics, étaient restées exemptes de cet impôt, bien qu'elles fussent, comme les obligations des sociétés, assujetties au droit de timbre. La loi du 16 septembre 1871 a comblé cette lacune dans les termes suivants :

« A partir du 15 octobre 1871, les droits de 20 cent. p. 100 fr. de la valeur négociée, sur les titres nominatifs, et de 12 cent. p. 100 sur les titres au porteur, établis par l'art. 6 de la loi du 23 juin 1857, sont respectivement élevés à 50 cent. et 15 cent. (actuellement 50 cent. et 20 cent. sans décimes). Ces droits seront applicables à la transmission des obligations des départements, des communes, des établissements publics et de la société du Crédit foncier. »

De ce que cette loi semble opposer seulement les titres nominatifs aux titres au porteur, sans reproduire la distinction établie par la loi de 1857 entre les titres qui ne peuvent être transmis qu'au moyen d'un transfert sur les registres de la société et ceux qui comportent un autre mode de transmission, on avait voulu conclure que le législateur avait entendu innover et déterminer, pour les obligations des départements, communes, établissements publics et Crédit foncier, l'application respective du droit au comptant ou de la taxe annuelle d'après d'autres bases et d'autres distinctions que pour les obligations des sociétés. Mais cette interprétation, évidemment inexacte, de la loi de 1871, n'a pas été suivie. La Cour de cassation a décidé, par arrêt du 12 février 1877, que cette loi n'a fait qu'étendre aux titres qu'elle désigne les dispositions de la loi de 1857, et que ce sont ces dernières dispositions « qui régissent seules et sans distinction l'assiette et les bases du droit de transmission sur les valeurs mobilières ». — 20,330 J.; 4603 R. p.; 15,732 Contr.; 21,633 J. N.; Inst. 2575, § 1er ; S., 77, 1, 227 ; P., 77, 553 ; D. P., 77, 1, 256.

303. *Titres antérieurs à la loi du 16 septembre 1871. Mutations postérieures. Rétroactivité.* Ajoutons que la loi du 16 septembre 1871 est de plein droit applicable, sans que le principe de la non-rétroactivité des lois se trouve violé, aux titres créés avant sa promulgation. Ces titres doivent, à partir du 15 octobre 1871, jour fixé pour la mise à exécution de la loi, soit la taxe annuelle sur les titres au porteur et ceux dont la transmission peut s'opérer autrement que par un transfert sur les registres de la société, soit le droit au comptant à raison de chaque transmission ou conversion. — Montargis, 27 août 1878 ; 21,422 J.; 5151 R. p.

304. *Crédit foncier.* Les obligations du Crédit foncier sont restées, en ce qui concerne le droit de timbre, assujetties à un tarif spécial. — V. *supra*, n° 155.

Mais depuis la loi du 16 sept. 1871, dont le texte vient d'être transcrit, elles acquittent, comme les obligations des autres sociétés, le droit de transmission. — V. au Dictionnaire, v° Crédit foncier, nos 44 et suiv.

304 *bis. Exposition universelle de 1889. Bons à lots de 25 francs émis par le Crédit foncier. Loi du 4 avril 1889. Exemption.* V. *supra*, n° 157 *bis*.

305. Sociétés et établissements publics ou d'utilité publique dont les titres sont soumis au droit de transmission. — Pour savoir exactement quelles sont les sociétés, collectivités ou établissements publics ou d'utilité publique dont les titres sont soumis au droit de transmission, nos lecteurs n'ont qu'à se reporter aux explications que nous avons fournies au sujet de l'exigibilité du droit de timbre. — V. *supra*, nos 122 et suiv.

306. *Communauté d'huissiers.* Nous avons rappelé, *loc. cit.*, n° 123, un arrêt du 6 août 1878, décidant que les obligations négociables émises par la communauté des huissiers d'un arrondissement sont passibles du droit de transmission, ainsi que de la taxe sur le revenu. — 20,806 J.; 5068 R. p.; 15,980 Contr.; 21,943 J. N.; Inst. 2603, § 3; S., 79, 1, 474; P., 79, 1225; D. P., 79, 1, 291.

Nous avons analysé les motifs de cet arrêt, de manière à en faire ressortir le sens et la portée, tant au point de vue des règles d'exigibilité du droit de timbre qu'au point de vue du droit de transmission. Nous nous bornerons ici à en transcrire le texte :

« Vu les art. 6 de la loi du 23 juin 1857, 11 de la loi du 16 sept. 1871, 1er et 3 de celle du 29 juin 1872;

« Attendu qu'en établissant, par ces dispositions, l'impôt de transmission et la taxe annuelle et obligatoire de 3 p. 100 sur le revenu des valeurs mobilières, le législateur déclare soumettre à l'impôt non seulement les actions et les obligations des départements, communes, établissements publics, sociétés, compagnies et entreprises quelconques, financières, industrielles, commerciales ou civiles, mais encore les simples emprunts de même origine ; — Que par ces formules générales et compréhensives il a manifesté la volonté d'atteindre dans leur transmission et dans leurs produits les actions ou les obligations de toute association ou de toute collectivité créant des valeurs semblables à celles qu'émettent les sociétés d'actionnaires ; qu'il s'agit, dans l'espèce, de titres créés par la compagnie des huissiers de Périgueux, c'est-à-dire par une réunion d'officiers ministériels qui a une existence propre et subsiste indépendamment des mutations qui peuvent se produire dans son personnel ; — Que les obligations par elle émises sont productives d'un intérêt annuel et représentent un emprunt remboursable au moyen d'un amortissement, par voie de tirage au sort, dans un délai indéterminé ; qu'elles sont au porteur, et, par conséquent, essentiellement négociables ; que, dans ces circonstances, si la communauté dont il s'agit ne doit pas être considérée comme un établissement public, il est certain du moins que, comme collectivité ayant son existence propre, elle rentrait dans les prévisions de la loi, et que, par suite, l'opération d'emprunt par elle faite sous la forme préindiquée était atteinte par les dispositions susvisées; que dès lors, en décidant le contraire, le jugement attaqué a expressément violé les art. 6 de la loi du 23 juin 1857, 11 de la loi du 16 sept. 1871, et 1er et 3 de celle du 29 juin 1872 ; — Par ces motifs, casse, etc. »

307. *Corporation d'officiers ministériels.* — V. *supra*, n° 127.

308. *Chambres de commerce.* — V. *supra*, n° 128.

309. Distinction entre les obligations proprement dites et les effets de commerce. — Pour déterminer exactement les cas d'application de la loi du 23 juin 1857 aux obligations des sociétés, départements, communes et établissements publics, il est très important de distinguer entre les obligations proprement dites et les simples effets de commerce. Ces valeurs ont ce point de commun qu'elles sont également négociables, mais les premières sont sujettes au droit de timbre de 1 p. 100 édicté par la loi du 5 juin 1850 et au droit de transmission créé par la loi de 1857, tandis que les effets de commerce sont soumis à un droit de timbre beaucoup moins élevé (actuellement 5 cent. p. 100), et ne doivent pas le droit de transmission.

Les bases de cette distinction ont été posées et discutées d'une manière complète dans la partie de notre étude relative au droit de timbre. — V. *supra*, nos 130 et suiv. L'Administration en a fait tout récemment une application en matière de droit de transmission. Elle a décidé, par une solution du 30 octobre 1889, que les titres négociables remis par une ville à un entrepreneur pour régler, en trois annuités, le prix de travaux ou de fournitures, dû par elle, sont des titres d'un caractère privé qui rentrent dans la classe des effets de commerce et ne sont passibles ni du droit de timbre de 1 p. 100 spécial aux obligations proprement dites, ni du droit de transmission, ni de la taxe sur le revenu, motif pris, en ce qui concerne cette dernière taxe, de ce qu'ils ne sont pas des titres d'emprunt. Cette solution est ainsi conçue :

« Un marché de travaux publics intervenu entre la ville de Tlemcen et MM. Petit et Dufaut, entrepreneurs, le 4 juin 1881, porte que la ville devra se libérer du prix de tous les travaux et fournitures en *trois annuités* consécutives, et qu'il sera remis aux entrepreneurs, après la réception définitive, « des *titres* représentant les sommes dues en intérêt et capital. »

« Un autre marché, passé entre les mêmes parties le 24 août suivant, dispose que « la commune de Tlemcen devra se libérer du prix des travaux et fournitures en trois annuités consécutives », et qu'il sera remis à MM. Petit et Dufaut « des *obligations négociables* représentant les intérêts et le capital des sommes exigibles chaque année. »

Le prix total des deux marchés ayant été arrêté à 57,031 fr. 10, la ville a délivré aux entrepreneurs, le 21 juin 1883, en représentation de cette somme et des intérêts à courir (par dérogation aux traités qui fixaient la première échéance au 1er janvier 1888), sept titres payables du 1er janvier 1884 au 1er janvier 1890. Ces titres, revêtus du timbre de 1 p. 100, ont été souscrits par le maire et le receveur municipal, *à l'ordre* de MM. Petit et Dufaut; les quatre premiers ont pour objet des sommes variant de 2,281 fr. 24 à 2,281 fr. 74 ; le montant des trois derniers est de 21,291 fr. 61, 20,531 fr. 19, 19,770 fr. 18.

« La partie, après avoir acquitté, sur la réclamation d'un employé supérieur, le droit de transmission et l'impôt de 3 p. 100 sur les intérêts, réclame, d'après ce que vous faites connaître, la restitution des sommes acquittées pour ce double objet.

« Contrairement à votre avis, j'estime que sa demande est fondée.

« Le droit de transmission atteint, comme le droit de timbre de 1 p. 100 établi par la loi du 5 juin 1850, « les *titres d'obligations* négociables souscrits par les communes. » Se fondant sur la généralité de ce texte et sur les documents parlementaires qui l'ont précédé, l'Administration soutient que même les billets à ordre souscrits par une ville, en représentation d'un emprunt d'une somme déterminée, au profit des prêteurs, sont soumis au droit de timbre de 1 p. 100 et au droit de transmission. Déc. m. f., 16 sept. 1880, 21,453 J.

« Mais elle admet, en même temps, qu'en général les billets souscrits par une commune pour faire face à ses engagements envers ses fournisseurs sont des titres d'un caractère *privé* rentrant dans la classe des *effets de commerce*, et passibles seulement du droit de 0 fr. 05 p. 100 en vertu de l'art. 1er de la loi de 1850, et ne donnant pas lieu au droit de transmission (Inst. n° 2621, p. 79; — Sol. du 19 fév. 1869 concernant des mandats au porteur tirés sur la caisse municipale par un entrepreneur de *travaux publics*, et revêtus d'un visa du maire équivalant à une acceptation). — V. *supra*, n° 136.

« La Cour de cassation a reconnu, à la vérité, le caractère d'obligations sujettes au droit de timbre de 1 p. 100 et au droit de transmission à des titres d'annuités créés par la ville de Paris, en vue d'acquitter par fractions comprenant l'intérêt et l'amortissement du capital le *prix de rachat d'une concession immobilière* (V. *supra*, n° 132). Mais ces titres étaient non seulement remboursables à long terme (50 à 60 ans), mais encore uniformes, de valeur égale et au porteur; la plupart se trouvaient cotés à la Bourse; ils constituaient, dès lors, des valeurs essentiellement *publiques*, caractère qui ne se rencontre pas dans les effets souscrits par une commune à l'ordre d'un fournisseur en payement de marchandises ou de travaux.

« Les bons remis par la ville de Tlemcen à MM. Petit et Dufaut rentrent dans cette dernière catégorie de titres ; il convient dès lors de restituer, conformément à la demande de la ville, la taxe de transmission à laquelle ils ne sauraient donner ouverture. »

310. Obligations émises par une société en vue d'un prêt à faire ou d'avances faites par l'Etat. — V. *supra*, n° 151.

311. Compagnie de chemin de fer. Rachat du réseau par l'État. — Les droits de timbre, ainsi que la taxe de transmission et l'impôt sur le revenu exigibles sur les valeurs mobilières émises par une compagnie de chemin de fer dont le réseau a été racheté par l'État, continuent d'être dus après le rachat, en vertu de l'art. 9 de la loi du 22 déc. 1878.

Lorsque ces impôts ont été mis à la charge de l'État par la convention de rachat, il appartient au département des travaux publics d'en mandater le montant au profit de l'Administration de l'enregistrement. D. m. f., 8 août 1879, 21,604 J.; 5357 R. p. — V. nos explications sur l'objet de cette décision *supra*, n° 199.

312. Garde mobilisée. Emprunts des départements et des communes. — Les obligations émises en 1870 et 1871 par les départements et les communes, en vue de subvenir aux dépenses occasionnées par l'équipement et l'entretien de la garde nationale mobilisée, bien que le montant ait dû leur être remboursé par l'État, en vertu d'une loi du 11 sept. 1871, ont été reconnues passibles du droit de transmission, ainsi que de la taxe de 3 p. 100 sur le revenu. 19,511 J.

313. Exemptions. — Certains titres ont été exemptés du droit de transmission par des lois spéciales.

314. *Compagnies de canaux.* C'est ce qui a eu lieu notamment pour les actions des compagnies des Trois-Canaux, des Quatre-Canaux, du Canal de Bourgogne et du Canal d'Arles à Bouc, en vertu de traités homologués par des lois spéciales qui ont exonéré de tout impôt la transmission de ces valeurs. D. m. f., 25 mai 1858.

315. *Bons de liquidation de la ville de Paris, émis pour le règlement des indemnités allouées à la suite du siège de Paris.* Ces bons émis en vertu de la loi du 26 juil. 1873 ont été, par une disposition du décret du 23 août 1873, assujettis au timbre des effets de commerce et déclarés exempts du droit de transmission et de l'impôt sur le revenu. 19,349 J. — V. *supra*, n° 159.

316. Emprunts des départements, communes et établissements publics, à la Caisse des dépôts et consignations. Dispositions spéciales. — Les départements, communes et établissements publics, contractent quelquefois auprès de la Caisse des dépôts et consignations des emprunts, en représentation desquels il est souscrit des bons ou obligations à l'ordre de la Caisse. Ces obligations étant négociables sont passibles du droit de transmission.

Afin d'éviter à cet établissement le payement de la taxe annuelle sur des titres qu'il gardait en portefeuille, il a été pris des mesures, en 1871, pour lui permettre de convertir, d'une manière générale, en titres nominatifs tous les titres à ordre ou au porteur qu'il possédait à cette époque. L'instruction du 23 déc. 1871, n° 2430, qui fait connaître ces mesures, prescrit en même temps le mode à suivre pour le payement du droit de transmission dans le cas où la Caisse, usant de la faculté qu'elle a de convertir de nouveau ses titres nominatifs en titres à ordre ou au porteur, viendrait ensuite à les négocier.

« Pour éviter, porte cette instruction, à la Caisse des consignations les difficultés et les risques du déplacement qu'entraînerait la conversion des obligations dans chaque département et dans chaque commune, il a été décidé qu'on centraliserait à Paris les mesures à prendre afin de donner à ces obligations le caractère de titres nominatifs non sujets à la taxe annuelle de 15 cent. (20 cent.) p. 100, sans cependant en changer la forme actuelle.

« Ces mesures consistent en : 1° dépôt des titres dans une caisse spéciale; 2° remise d'états indiquant leur nombre et leur valeur à la fin de chaque trimestre; 3° remise de bordereaux spéciaux indiquant ceux de ces titres que la Caisse des consignations pourra, en cas de besoin, juger à propos de négocier à des tiers ; 4° faculté donnée aux agents de l'enregistrement, à Paris, de vérifier l'exactitude des états trimestriels, au vu tant des titres mêmes que des livres y relatifs, qui devront leur être représentés à toute réquisition.

« Par ce moyen, la Caisse des dépôts et consignations se trouve constituée comme une sorte de mandataire général des départements, communes et établissements publics, auxquels elle a fait des prêts, pour l'exécution des obligations qui leur sont imposées par les lois des 23 juin 1857 et 16 sept. 1871, ainsi que par le décret en forme de règlement d'administration publique du 17 juil. 1857.

« Les départements, communes et établissements publics, n'auront donc, quant à présent, ni droit à payer, ni relevé à fournir, dans les vingt premiers jours de chaque trimestre, pour les bons et obligations qu'ils ont souscrits au profit et à l'ordre de la Caisse des consignations. Mais celle-ci, tout en renonçant actuellement à la faculté de mettre ces titres en circulation, n'en conserve pas moins, comme l'art. 8 de la loi du 23 juin 1857 le reconnaît à tout détenteur de titres de même nature, la faculté de leur rendre ou faire rendre la forme au porteur ou à ordre, afin de pouvoir les négocier ensuite plus aisément. Si la Caisse des consignations vient à user ultérieurement de cette faculté, l'Administration de l'enregistrement en sera informée au moyen de la remise des bordereaux indiqués sous le n° 3 ci-dessus. Les directeurs en seront prévenus par leur collègue au département de la Seine, et ils auront soin alors de donner les ordres nécessaires pour faire payer les droits qui deviendront exigibles, et dont les départements, communes et établissements publics, devront faire l'avance, conformément à la loi, sauf leur recours contre les tiers entre les mains desquels seront passés les titres cédés. »

ART. 3. — *Conditions générales d'exigibilité du droit de transmission. Point de départ de cette exigibilité.*

317. Règle générale. Emission. — D'après les explications données précédemment (V. *supra*, n° 296), on comprend déjà que le droit de transmission, qui atteint les mêmes valeurs que le droit de timbre, n'est pas cependant soumis aux mêmes règles que ce dernier impôt, quant aux conditions générales d'exigibilité.

Le droit de timbre suppose l'existence d'un titre matériel créé pour représenter les actions ou obligations émises : il en est autrement du droit de transmission, dont l'exigibilité, en principe, n'est subordonnée qu'à une seule condition, à savoir qu'il existe des actions ou des obligations ayant fait l'objet de transmissions effectives (droit au comptant) ou simplement susceptibles de se transmettre autrement que par un transfert sur les registres de la société ou de l'établissement débiteur (taxe annuelle).

Il en résulte que pour que les prescriptions fiscales des lois du 23 juin 1857 et du 16 sept. 1871 soient applicables, et pour que l'Administration puisse en poursuivre l'exécution, il suffit qu'elle établisse l'existence juridique des actions ou obligations négociables que la loi a voulu atteindre.

Cette existence résulte pour les actions des sociétés nouvellement créées, de la constitution régulière de la société, qui coïncide nécessairement avec la souscription et la répartition définitive des actions. Elle résulte, pour les obligations, ainsi que pour les actions nouvellement émises par une société existante, de leur souscription suivie de leur répartition définitive. Dès ce moment, et indépendamment de toute délivrance matérielle de titres aux intéressés, les actions et les obligations remplissent toutes les conditions voulues pour être soumises aux dispositions de la loi de 1857, c'est-à-dire pour être assujetties à la taxe annuelle, si elles sont au porteur ou négociables autrement qu'au moyen d'une déclaration de transfert, ou pour que les transmissions dont elles sont l'objet, dans le cas contraire, soient assujetties à un droit au comptant de 50 cent. p. 100.

318. **Faits constitutifs de l'émission.**— Ainsi l'émission des actions et obligations, envisagée au point de vue de l'application de la loi de 1857, résulte de tout fait qui donne à ces valeurs une existence juridique.

319. *Titres non délivrés.* Il importe donc peu que des titres aient été ou non créés et délivrés aux souscripteurs. Décidé que la loi doit recevoir son application, bien que les titres n'aient pas été délivrés, ou lors même qu'ils seraient restés *en blanc* à la souche. Sol., 23 nov. 1859; 4 fév. 1865.

320. *Actions restées à la souche et attribuées au fondateur.* Lorsque le contrat de société et les livres tenus au siège social constatent que des actions ont été attribuées au fondateur en représentation de son apport, ces actions doivent être considérées comme émises, bien qu'elles soient restées à la souche. Sol., 22 sept. 1858; Valenciennes, 10 août 1865; 18,237 J.; 2165 R. p.; — Cass., 24 avril 1867; 18,426 J.; 2526 R. p.; Inst. 2358, § 5; 2026 Rev. not.; 13,255 Contr.; S., 67, 1, 265; P., 67, 663; D. P., 67, 1, 320; — Lyon, 28 mars 1868; 18,665 J.; — Rocroi, 21 juil. 1881; 22,269 J.; et sur pourvoi, Cass., 27 fév. 1884; 22,269 J.; 6316 R. p.; 16,892 Contr.; 23,180 J. N.; Inst. 2694, § 7; S., 85, 1, 321; P., 85, 775; D. P., 84, 1, 350.

321. *Actions réservées.* Mais on ne peut considérer comme étant émises des actions que la société a réservées et qu'elle a laissées à la souche pour en disposer ultérieurement et en affecter le prix à la libération du passif grevant les apports du gérant. Sol. préc. du 22 sept. 1858.

322. *Souscriptions annulées.* Des actions attribuées à diverses personnes qui les avaient souscrites, et conservées par la société parce que les titulaires n'ont pas rempli les conditions de leur souscription, qui a été annulée, doivent être considérées comme émises, à moins que l'annulation des actions elles-mêmes ne soit constatée par une mention mise sur les titres et sur les souches (Sol., 10 mars 1859), ou par tout autre moyen de preuve opposable à l'Administration.

323. *Tentative d'émission.* L'émission, d'ailleurs, ne saurait résulter de ce seul fait qu'une société de crédit s'est chargée de l'opérer et de faire souscrire les titres par le public ; elle n'a lieu que lorsque le public a réellement souscrit les titres, et l'on ne saurait la faire remonter à la date du contrat passé pour le placement de ces valeurs. Seine, 22 janv. 1870; 14,517 Contr.; 3295 R. p.

324. *Titres remis en nantissement.* Il arrive fréquemment qu'une société, n'étant pas en mesure de placer avantageusement ses obligations par souscription publique, obtient d'un banquier une avance, garantie par un nantissement de ces mêmes obligations au porteur. Les obligations ainsi données en gage sont réputées émises et sont passibles, dès ce moment, du droit de transmission. Seine, 26 déc. 1868; 18,639 J.; 14,413 Contr.; 2960 R. p.; Inst. 2402, § 8; — 8 (et non 22) janv. 1870; 3296 R. p.; Inst. 2405, § 4; — Cass., 6 avr. 1870; 18,923 J.; 14,568 Contr.; 3101 R. p.; Inst. 2402, § 8; S., 70, 1, 273; P., 70, 677; D. P., 70, 1, 412; — Seine, 11 juil. 1874; 19,613 J.; 15,487 Contr.; Inst. 2531, § 4; et sur pourvoi, Cass. (rejet), 19 juil. 1875; 19,844 J.; 4125 R. p.; 15,487 Contr.; 21,303 J. N.; Inst. 2531, § 4; P., 75, 62; D. P., 75, 1, 462.

Il est évident, en effet, que, pour pouvoir être données en nantissement, il est nécessaire que les obligations aient une existence juridique; or, c'est là la seule condition pour que les dispositions de la loi de 1857 soient applicables, et, par conséquent, pour que la taxe annuelle de transmission, s'il s'agit de titres au porteur, devienne exigible.

En vain invoquerait-on, dans le sens de l'opinion contraire, l'exemption accordée par l'art. 4 du décret réglementaire du 18 juil. 1857 aux transferts qui s'effectuent à titre de garantie. Cette exemption est spéciale aux titres qui payent le droit au comptant, lors de chaque transmission; mais elle ne peut être étendue aux titres aux porteurs, qui doivent la taxe annuelle par cela seul qu'ils existent, et quel que soit l'usage auquel ils sont affectés.

« Attendu, porte l'arrêt du 19 juil. 1875 (précité), qu'il résulte des dispositions de la loi du 23 juin 1857 que les causes, le mode de perception et la quotité du droit de transmission établi sur les actions et obligations des sociétés, diffèrent suivant qu'il s'agit de titres nominatifs, dont la cession s'opère par un transfert sur les registres de la société, ou de titres au porteur, dont la transmission peut s'opérer d'une autre manière; que le droit de 20 cent. p. 100, auquel sont soumis les titres de la première catégorie, est acquis au Trésor par le fait seul de la transmission, tandis que la taxe annuelle et obligatoire de 12 cent. p. 100 en laquelle ce droit a été converti pour les titres au porteur, en raison de l'impossibilité de constater leur transmission par l'inspection des registres, devient exigible comme forfait, par cela seul que les titres existent; que c'est en se conformant à cette distinction que le décret réglementaire du 17 juil. 1857, qui dispose (art. 4) qu'il ne sera pas tenu compte, dans la liquidation des droits, des transferts faits à titre de garantie et n'emportant pas transmission, ne reproduit pas cette exemption dans l'article suivant, relatif aux titres au porteur, et sur lesquels la taxe de 12 cent. p. 100 doit être liquidée et payée d'après l'état des actions et obligations existantes, état qui, à la fin de chaque trimestre, doit être fourni au receveur de l'enregistrement;

« Attendu que la condition de l'existence des titres de cette nature, à laquelle est subordonnée l'exigibilité du droit, se trouvant réalisée et constatée par le contrat de nantissement dont ils étaient l'objet, le jugement attaqué, loin d'avoir violé ou faussement appliqué la disposition de loi invoquée, en a fait une juste application;

« Rejette, etc. »

Rapp. *supra*, n° 153.

325. **Preuve de l'émission.**— Nous avons posé en principe, dans la seconde partie de cette étude, que les faits constitutifs de l'émission des actions ou des obligations passibles du droit de timbre peuvent être établis au moyen de toutes les preuves de droit commun compatibles avec la procédure spéciale que l'Administration est tenue d'employer. — V. *supra*, n°s 89 et suiv.

Nous avons même reproduit le texte d'un jugement du tribunal de Rennes du 3 mars 1874, et celui d'un arrêt de la chambre des requêtes du 23 février 1875, admettant, sur la foi de simples présomptions, l'existence d'une société par actions et l'émission par elle d'une série d'actions, et en déduisant la preuve de l'exigibilité du droit de timbre. Ces décisions ont en même temps reconnu, d'après ces faits, l'exigibilité en principe du droit de transmission et en ont déduit l'obligation, pour la société, de représenter son registre des transferts, conformément à l'art. 9 du décret du 17 juillet 1857.

Il résulte spécialement de leurs motifs que, si une société commerciale ne peut être établie et prouvée que par écrit, ce principe, applicable aux associés, reçoit exception à l'égard des tiers intéressés à prouver l'existence de la société, et qui sont autorisés à faire cette preuve par toutes les voies de droit;

Que l'Administration de l'enregistrement, quand elle poursuit le recouvrement de droits ou amendes établis ou prononcés par la loi en matière de société, est réellement un tiers vis-à-vis de la société dont elle a à prouver l'existence, sauf les conditions de preuve qui lui sont spéciales, mais qui n'impliquent aucunement pour elle l'obligation de prouver la société par la production de l'acte qui la constitue.

Le jugement décide, en outre, que l'émission d'une série d'actions, par exemple du n° 801 au n° 1200, prouve suffisamment, pour l'exigibilité du droit de timbre et du droit de transmission, l'émission de la première série, du n° 1 au n° 800, et l'amende pour refus de communication est encourue à défaut de représentation, soit du registre à souche de cette première série, soit du registre des transferts.

326. Si les règles, en ce qui concerne le mode de preuve à employer pour établir l'exigibilité, soit du droit de timbre, soit du droit de transmission, sont identiques, les faits que l'Administration est tenue d'établir, dans l'un et l'autre cas, ne sont pas les mêmes. Comme nous l'avons fait remarquer *supra*, n°s 78 et suiv., l'Administration, pour justifier l'exigibilité du droit de timbre, doit faire la preuve non seulement de l'existence de la société et de la souscription et du placement définitif de ses actions ou de ses obligations, mais elle doit en outre établir le fait de la création de titres distincts et individuels destinés à représenter les droits des actionnaires ou des obligataires.

Il n'en est pas de même lorsqu'il s'agit du droit de transmission, dont l'exigibilité, ainsi que nous l'avons établi *supra*, n° 296, n'est nullement subordonnée à la création et à la délivrance des titres destinés à représenter les actions ou les obligations. Il suffit que l'Administration fasse la preuve du fait qui, par lui-même, donne ouverture à l'impôt; il suffit donc qu'elle établisse l'existence juridique de ces actions et de ces obligations.

327. Point de départ de l'exigibilité de la taxe annuelle. — En principe, ainsi que nous venons de l'établir, le droit de transmission est dû à partir du jour où les actions ou obligations qu'il est destiné à frapper ont pris naissance : par conséquent, du jour de la constitution de la société, pour les actions d'une société nouvellement créée, ou du jour où l'émission est consommée par la souscription et la répartition définitive des titres, pour les nouvelles actions ou les obligations d'une société existante.

Toutefois, lorsqu'il s'agit de titres qui, à raison du mode de transmission, doivent acquitter l'impôt au comptant lors de chaque transfert, il est évident que l'exigibilité du droit est subordonnée, en outre, à la condition que des transferts se soient opérés : et c'est assurément à l'Administration qu'il appartient d'en faire la preuve, lorsque le fait n'est pas spontanément reconnu. Rennes, 3 mars 1874 (*précité*), 19,745 J.

Quant aux titres au porteur et à tous ceux qui, à raison des formes de transfert qu'ils comportent, sont soumis par la loi de 1857 au payement d'une taxe annuelle, le point de départ de l'exigibilité de cette taxe est celui que nous venons d'indiquer : à savoir, la constitution définitive de la société, pour les actions d'une société qui se fonde, ou l'émission des actions nouvelles ou des obligations par une société existante. Dans l'un ou l'autre cas, c'est à compter du jour où s'est accompli le fait juridique que nous signalons, et dont la date sera généralement facile à préciser, que la taxe annuelle commence à courir. C'est, d'ailleurs, ce que porte textuellement le décret du 17 juillet 1857 :

« En ce qui concerne les compagnies qui seront créées à l'avenir, après l'ouverture d'un trimestre, le droit ne sera liquidé, pour la première fois, que proportionnellement au nombre de jours écoulés depuis leur constitution. »

Bien que le texte ne parle que des sociétés nouvellement créées, la règle qu'il édicte est appliquée sans difficulté aux titres nouvellement émis par des sociétés existantes, avec cette différence que la date de l'émission définitive remplace la date de la constitution de la société comme point de départ de l'exigibilité de l'impôt.

Ces règles ont été judicieusement appliquées par un jugement du tribunal de la Seine du 4 mai 1888, aux termes duquel une société qui augmente son capital social au cours d'un trimestre et émet de nouvelles actions au porteur doit, à la fin du trimestre, la taxe annuelle sur toutes les actions provenant de la nouvelle émission, alors même que les certificats nominatifs provisoires délivrés aux souscripteurs n'auraient pas encore, à ce moment, été remplacés par des titres au porteur. La taxe, dans ce cas, doit être liquidée, comme nous l'expliquerons *infra*, n° 439, à compter du jour où l'émission est devenue définitive, c'est-à-dire où la société a été régulièrement constituée avec son nouveau capital social. — 22,194 J.; 16,782 Contr.; 23,145 J. N.

« Attendu, porte ce jugement, que l'action soumise aux droits de transmission par la loi de 1857 est la valeur même de la fraction du capital social divisé entre chaque actionnaire, proportionnellement à son intérêt dans la société, dans les termes de l'article 34 C. comm., *et non le titre ou certificat négociable formé pour constater la propriété individuelle de cette fraction*; que c'est en raison de ce principe que le décret du 17 juillet 1857 frappe de la taxe les actions ainsi définies, à partir de la constitution de la société, sans s'occuper de l'époque de la délivrance des titres qui les représentent; qu'il est dès lors sans objet de rechercher si les certificats nominatifs délivrés par le Crédit de Paris à ses souscripteurs devaient être exempts de la taxe obligatoire jusqu'au jour de leur transformation en titres au porteur, puisque la liquidation de cette taxe doit être faite à partir de l'augmentation du capital, en vertu des nouveaux statuts, fait concomitant avec la création des actions, lesquelles, devant toutes être au porteur, sont immédiatement assujetties à l'impôt, en prévision de leur circulation éventuelle, et non à raison de leurs mutations constatées. »

328. *Titres nominatifs ou au porteur au choix de l'actionnaire.* Une difficulté particulière se rencontre toutefois, pour fixer le point de départ de l'exigibilité de la taxe annuelle, lorsqu'il s'agit d'actions ou d'obligations qui, d'après les statuts ou les conditions de l'émission, doivent être nominatives ou au porteur, au choix du souscripteur.

Pour comprendre la difficulté, il faut savoir que, dans le cas où soit les statuts, soit les clauses de l'émission, réservent aux souscripteurs l'option entre des titres nominatifs ou des titres au porteur, cette option ne se manifeste généralement qu'au moment où les titres provisoires sont échangés contre les titres définitifs, c'est-à-dire, dans nombre de cas, plusieurs jours et même plusieurs mois après que l'émission a acquis sa perfection juridique et que les actions ou les obligations existent avec les conditions de validité qui donnent lieu, en principe, à l'application des dispositions de la loi du 23 juin 1857.

Quel est, pendant cette période intérimaire, le caractère des titres, au point de vue de l'exigibilité de l'impôt? Si on les considère provisoirement comme des titres nominatifs, la société ne doit que le droit au comptant sur les transferts dûment constatés, à la condition, bien entendu, que la validité de la transmission des titres nominatifs soit, d'après les statuts, subordonnée à une déclaration de transfert sur les registres de la société. Si, au contraire, on les considère comme étant au porteur, la taxe annuelle est exigible sur tous les titres du jour de la constitution de la société.

D'après un jugement du tribunal de la Seine du 21 juin 1878, les titres seraient réputés nominatifs jusqu'à l'option, et, par conséquent, la taxe annuelle ne serait due sur les titres délivrés au porteur qu'à partir du jour de cette délivrance. 20,989 J.; 5364 R. p.; 16,089, 16,204 Contr.; 22,004 J. N.

Le tribunal de Rouen, par jugement du 7 décembre 1886, s'est prononcé dans le même sens. 24,075 J. N.; 7213 R. p.

Les circonstances dans lesquelles ces décisions sont intervenues pourraient peut-être suffire à les expliquer : car le tribunal constate, en fait, que, jusqu'à l'option, les actions avaient dû demeurer et étaient demeurées nominatives. Mais, dans tous les cas, nous ne pensons pas que cette jurisprudence puisse être généralisée.

Sans doute, tant que l'option des souscripteurs n'a pas fixé le caractère des actions ou des obligations émises, l'Administration n'est peut-être pas fondée à exiger que les titres soient compris dans les états trimestriels que la société doit déposer au bureau pour le payement de la taxe annuelle. Une solution du 29 décembre 1884 le reconnaît implicitement, et nous partageons à cet égard l'opinion de l'Administration. — 22,433 J.

Mais, du jour où cette option s'est manifestée, le caractère du titre se trouve déterminé, non seulement pour l'avenir, mais encore dans le passé. La délivrance au souscripteur d'un titre au porteur, par exemple, le fait considérer rétroactivement comme ayant eu, dès l'origine, la propriété d'un titre de cette nature. Il a pu, par conséquent, dans l'intervalle, le transférer valablement, sans se soumettre à la formalité de la déclaration de transfert sur les registres de la société.

En vain objecterait-on qu'un titre au porteur, dont le privilège serait de pouvoir se transmettre par la simple tradition, suppose nécessairement la délivrance d'un titre matériel pouvant se remettre de la main à la main. Cet argument serait concluant si la tradition était le seul moyen de transmission ouvert aux titres aux porteurs. Mais la prémisse est certainement erronée; car de ce que les titres au porteur jouissent de cet avantage particulier de pouvoir être transmis de la main à la main, il ne résulte pas que les autres modes de transmission leur soient fermés. Ils comportent, au contraire, tous les modes de cession autorisés par le droit commun, et peuvent, notamment, se transmettre par acte sous seing privé. C'en est assez pour que la taxe annuelle soit exigible, puisqu'elle est due, aux termes de la loi, sur tous les titres dont la cession n'est pas soumise aux formes de la déclaration de transfert sur les registres de la société.

Nous en concluons que, dans l'hypothèse où nous nous sommes placés, l'option des souscripteurs pour des titres au porteur rend la taxe annuelle rétroactivement exigible sur tous ces titres à partir de la constitution définitive de la société.

329. C'est ce qu'a reconnu formellement une solution du 29 décembre 1884 (22,433 J.), dont les motifs sont ainsi conçus :

« La société anonyme des papeteries de Roupéroux et Pontcharra a été constituée définitivement le 1er juillet 1881, au capital de 3,500,000 fr., divisé en 7,000 actions, dont 5,400 entièrement libérées ont été attribuées à M. Neyret, fondateur, en représentation de son apport.

« D'après les statuts, les actions sont nominatives ou au porteur, au choix des actionnaires (art. 7). Les actions nominatives sont transmissibles par voie de transfert opéré sur le registre à ce destiné et tenu au siège de la société. L'acte de transfert est signé par le cédant et le cessionnaire, il est visé par un administrateur (art. 8). La cession des actions au porteur s'opère par la simple tradition du titre (art. 9).

« M. Neyret n'a été mis en possession des titres négociables que le 1er avril 1882, époque à laquelle on lui a délivré 1,940 titres au porteur et un certificat nominatif de 3,460 actions.

« La question s'est élevée de savoir à partir de quelle date doit être calculée la taxe annuelle et obligatoire de 20 cent. p. 100 sur les 1,940 titres au porteur; en d'autres termes, si cette taxe est due à compter du jour de la constitution de la société ou à partir du 1er avril 1882.

« C'est la première des deux solutions qui paraît devoir être adoptée.

« Dans l'intervalle qui s'écoule entre la constitution définitive de la société et la délivrance effective des certificats d'actions, quelle est la situation de l'actionnaire auquel les statuts offrent le choix immédiat entre des titres nominatifs et des titres au porteur ?

« Tout d'abord, il semble qu'à son égard l'on doit regarder les actions comme émises, dans le sens de la loi du 23 juin 1857, du moment qu'il peut à son gré exiger la remise des certificats constatant sa propriété. En d'autres termes, s'il n'est pas encore en possession de son titre, il n'en est pas moins d'ores et déjà propriétaire, puisque la société s'est engagée à le lui livrer. La délivrance ou la création matérielle du titre n'est pas, en effet, ce qui en transfère la propriété à l'ayant droit : ce n'est que l'exécution du contrat antérieur par lequel la société s'est obligée à remettre des titres. Toutefois, le caractère du certificat reste en suspens jusqu'à l'option de l'actionnaire. Le certificat sera nominatif ou au porteur, à la volonté de ce dernier ; mais cette circonstance n'empêche pas qu'il soit négociable, car la loi du 24 juil. 1867 ne subordonne nullement la validité de la négociation à la préexistence matérielle du titre. Si donc l'actionnaire opte pour un titre au porteur, il pourra le céder, ou, si l'on veut, céder le droit d'en demander la délivrance en son nom, et la cession sera valable sans qu'il soit nécessaire de la constater sur le registre des transferts, ce mode de procéder ne pouvant être imposé que pour les titres nominatifs. Rien d'ailleurs n'impose à l'actionnaire l'obligation de signifier son option à la compagnie, préalablement à toute cession, quand il opte pour un titre au porteur.

« De cette possibilité de négocier des titres au porteur, même avant leur rédaction, découle la conséquence que l'actionnaire, auquel un titre de cette espèce est délivré, est censé en avoir eu la possession et la disposition à compter du jour de la constitution de la société, lorsqu'il pouvait, comme dans l'espèce, en exiger la délivrance dès ce moment, en vertu de la loi et des statuts.

« Le système contraire ouvrirait la porte à la fraude. L'Administration, n'ayant aucun moyen de savoir exactement quand se produit l'option, serait le plus souvent dans l'impossibilité de vérifier l'exactitude de la date indiquée comme devant servir de point de départ à la liquidation de l'impôt ; elle devrait s'en rapporter à cet égard à la déclaration que lui ferait la société au nom du redevable. D'autre part, pour permettre au cessionnaire d'un titre au porteur non encore délivré d'en effectuer le retrait, le cédant n'aurait qu'à lui remettre une procuration en blanc, et cette procuration, susceptible de passer de main en main, pourrait servir ainsi à dissimuler un grand nombre de cessions.

« D'après le jugement du tribunal de la Seine du 21 juin 1878 (1879), 20,989 J.; 22,004 J. N.; 16,089, 16,204 Contr.; 5364 R. p., « il est difficile de comprendre l'existence d'ac- « tions au porteur, sans que des titres aient été détachés de « la souche, alors qu'il est de la nature de ces actions de se « transmettre par la tradition. » Cette doctrine aurait pour conséquence de subordonner l'application de la loi à la délivrance matérielle des titres, en ce qui concerne les actions au porteur ; or, la Cour de cassation s'est formellement prononcée en sens contraire par un arrêt du 24 avril 1867. 18,426 J.; 2026 Rev. not.; 13,255 Contr.; 2526 R. p.; Inst. 2358, § 5 ; S., 67, 1, 265 ; P., 67, 663 ; D. P., 67, 1, 320. En outre, s'il est de la nature des titres au porteur de se transmettre par tradition, ce mode de transmission n'est pas le seul qui puisse être employé. La cession par acte sous seing privé, notamment, ne semble prohibée par aucune disposition législative, et, si le possesseur du titre en est présumé propriétaire, cette présomption, qui n'a que le caractère d'une présomption simple, doit céder devant la preuve contraire, lorsqu'elle est administrée.

« La prétention de la Régie, ajoute le tribunal de la Seine, aboutirait à cette conséquence : « que des actions no- « minativement attribuées aux fondateurs d'une société sont « légalement présumées avoir le caractère de titres au porteur « jusqu'à l'option expresse entre cette forme et celle des titres « nominatifs. » La conclusion ne paraît pas rigoureusement exacte. L'Administration se borne à soutenir que l'actionnaire ayant la faculté d'opter entre des titres nominatifs et des titres au porteur a, par là même, tant qu'il ne lui a pas été délivré de certificat nominatif, le droit de céder son titre sans que la cession soit nécessairement inscrite sur le registre des transferts. A cet effet, il lui suffit d'opter pour un titre au porteur et de le céder par acte sous seing privé. La cession sera valable entre les parties, bien que l'option n'ait pas été préalablement signifiée à la société. Cette possibilité de transmettre le titre autrement que par une déclaration de transfert inscrite sur le registre, motive l'application de la taxe annuelle et obligatoire de 20 cent. p. 100, aux termes de l'art. 6 de la loi du 23 juin 1857. Vainement on objecterait que la cession d'un titre d'action tombe sous l'empire de l'art. 1690 C. civ. quand elle a lieu par acte sous seing privé (C. Montpellier, 4 mars 1853; D. P., 54, 2, 171), et que, dès lors, elle doit nécessairement parvenir à la connaissance de l'Administration, lorsque les parties emploient la forme dont il s'agit pour constater leur convention. Cette doctrine, fût-elle fondée, ne saurait avoir d'influence sur la solution du point litigieux. En effet, les titres qui, d'après les statuts sociaux, sont cessibles par acte authentique ou sous seing privé, exclusivement, n'en sont pas moins soumis à la taxe annuelle de transmission (Cass., 28 nov. et 3 déc. 1866; 18,291 J.; 1915 Rev. not.; 18,664, 18,712 J. N.; 13,193 Contr.; 2385, 2386 R. p.; Inst. 2356, §§ 2 et 3; S., 67, 1, 39, 40; P., 67, 59, 60; — Seine, 18 août 1866; 18,537 J.; 2366 R. p.; Inst. 2362, § 5). Au surplus, l'acceptation authentique prescrite par l'art. 1690 C. civ. est exigée seulement à l'égard des tiers autres que le débiteur cédé; par conséquent la cession sous signature privée d'une action au porteur serait parfaite non seulement entre les parties, mais encore à l'égard de la société, du moment que celle-ci l'aurait acceptée d'une manière quelconque, Dalloz, C. civ. annoté, art. 1690, n°s 146 et suiv.; Cass., 6 fév. 1878; D. P., 78, 1, 275.

« Les souscripteurs des actions d'une société, dit encore « le tribunal de la Seine, sont investis de la propriété nomi- « native de ces actions, et ne peuvent cesser de l'être que de « deux manières : en aliénant leurs droits personnels ou en « les convertissant en droits au porteur. »

« Cette affirmation ne paraît pas conforme à la réalité des faits. Sans doute, le contrat de société confère un droit personnel et nominal aux souscripteurs d'actions, mais le titre ou certificat d'action, indépendant du pacte social, et qui, seul, tombe sous l'application de la loi de 1857, n'est pas nécessairement nominatif, tant que l'ayant droit n'a pas opté pour un titre au porteur.

« Il semble plus exact de dire que le caractère du certificat est incertain jusqu'à ce que l'option ait eu lieu. L'actionnaire est propriétaire d'un titre, voilà ce que l'on sait; ce titre sera nominatif ou au porteur, à sa volonté, mais il n'est pas de plein droit nominatif, et ce n'est pas une conversion qui s'opère lorsque la société délivre un certificat au porteur au souscripteur d'une action.

« En résumé, le jugement du tribunal de la Seine ne paraît pas devoir être pris pour règle, et, dans l'espèce, la taxe annuelle de 20 cent. p. 100 doit être calculée, en ce qui concerne les 1940 titres au porteur délivrés à M. Neyret, à compter du jour de la constitution définitive de la société, et non à compter du jour de l'option de l'ayant droit. » V. aussi dans ce sens : Seine, 4 mai 1883, 22,194 J.; 16,782 Contr.; 23,145 J. N. — V. *supra*, n° 327.

330. *Option différée jusqu'à la libération des titres.* La règle qui précède ne s'applique, toutefois, qu'au cas où le choix des souscripteurs pour la forme nominative ou la forme au porteur leur est ouvert à partir de la constitution de la société. Il est évident, par exemple, que nos observations sont étrangères au cas où la faculté d'option est différée jusqu'au jour où les actions seront libérées de moitié, ou complètement libérées. Tant que cette libération n'a pas eu lieu, la délivrance de titres au porteur est interdite; par conséquent, jusque-là, les actions sont nécessairement nominatives, et l'option qui intervient plus tard, après libération, ne produit pas d'effet rétroactif. La taxe annuelle n'est exigible que du jour où cette option, se manifestant, a substitué des titres au porteur aux titres nominatifs qui, à l'origine, avaient été attribués à l'actionnaire. Il y a lieu, dès lors, de les comprendre dans les états qui, comme nous le verrons plus loin, doivent être déposés au bureau dans les vingt premiers jours de chaque trimestre et qui font connaître le nombre de titres au porteur existant à la fin du trimestre précédent et sur lesquels la taxe doit être liquidée (art. 5, décret 17 juil. 1857). Mais, pour la période antérieure, ces titres n'ont pu être atteints que par le droit au comptant, qui frappe les titres nominatifs lors de chaque transmission.

Art. 4. — *Temps pendant lequel les actions et obligations restent soumises au droit de transmission.*

331. Principe. — Le droit établi par la loi du 23 juin 1857, qu'il soit perçu au comptant ou sous forme de taxe annuelle, est destiné à atteindre toutes les transmissions dont sont l'objet les actions et les obligations des sociétés, départements, communes et établissements publics.

Il en résulte que la cause d'exigibilité de ce droit reste entière et qu'il y a lieu à sa perception tant que les titres qui y ont donné ouverture subsistent avec leur caractère originaire d'actions ou d'obligations négociables de sociétés, départements, communes ou établissements publics.

La loi de 1857 n'a d'ailleurs édicté en cette matière aucune exemption analogue à celle qu'on trouve écrite dans l'art. 24 de la loi de 1850, sur le timbre, en faveur des sociétés en faillite ou en liquidation, ou de celles qui ont suspendu pendant deux ans tout payement de dividendes et intérêts. V. *supra*, n° 200.

332. Liquidation ou faillite. — La mise en liquidation d'une société, ou sa déclaration de faillite, entraînent sa dissolution; mais elles n'anéantissent pas *ipso facto* les actions qui continuent à subsister pour les besoins de la liquidation et représentent utilement encore, surtout dans le cas de liquidation volontaire, les droits de l'actionnaire au partage des bénéfices et du fonds social. Quant aux obligations, elles subsistent avec toutes leurs utilités juridiques, tant qu'elles ne sont pas remboursées entièrement ou au marc le franc à la suite des opérations de la liquidation ou de la faillite. Jusque-là, actions ou obligations demeurent juridiquement négociables, bien qu'en fait elles soient le plus souvent dans de mauvaises conditions pour être négociées. Elles réunissent donc encore, dans cet état, toutes les conditions exigées par la loi de 1857 pour être assujetties au droit de transmission. Il faudrait un texte pour les en exempter, et, à la différence de ce qui a lieu pour le droit de timbre d'abonnement, ce texte n'existe pas. On doit par conséquent décider que ces titres continuent à être soumis au payement des droits établis par la loi de 1857, à savoir : du droit de 50 cent. p. 100 au comptant sur la valeur négociée, lors de chaque transmission, s'il s'agit de titres exclusivement transmissibles par une déclaration de transfert sur les registres de la société, et de la taxe annuelle sur leur valeur négociable s'il s'agit de tous autres titres.

Cette solution a cependant été contestée. Quatre arrêts de la chambre civile, rendus aux dates des 1er fév. 1875 (19,758 J.; 4053 R. p.; 21,153 J. N.; 15,386 Contr.; Inst. 2592, § 1er; P., 75, 548; S., 75, 1, 233; D. P., 75, 1, 308), 8 fév. 1875 (19,758 J.; 4053 R. p.; 15,386 Contr.; 21,170 J. N.; Inst. 2592, § 1er; S., 75, 1, 233; P., 75, 548; D. P., 75, 1, 308), 15 mars 1875 (19,758 J.; 15,386 Contr.; Inst. 2592, § 1er; S., 75, 1, 320; P., 75, 757; D. P., 75, 1, 308), et 16 juin 1875 (19,843 J.; 15,439 Contr.; 21,246 J. N.; S., 76, 138; P., 76, 61; D. P., 75, 1, 455), ont même formellement reconnu que la liquidation, volontaire ou forcée, ainsi que la mise en faillite d'une société, mettaient fin à l'exigibilité de la taxe annuelle sur les titres au porteur.

Mais cette jurisprudence ne pouvait longtemps prévaloir. La question est revenue devant les chambres réunies, à la suite d'un nouveau pourvoi formé contre un jugement rendu, le 27 août 1875, par le tribunal de Chartres, qui, sur le renvoi de la chambre civile, s'était prononcé pour la thèse de l'Administration. Elle y a été examinée avec toute l'ampleur désirable. M. le procureur général de Raynal a signalé avec une très grande force les motifs qui militent en faveur de notre opinion. Après avoir fait remarquer la différence qui existe entre l'impôt créé par la loi de 1850 et celui de la loi du 23 juin 1857, et établi ainsi l'impossibilité d'emprunter des dispositions à la première de ces lois pour compléter et interpréter celles de la seconde, il pose en principe que le droit de transmission étant destiné à frapper les mutations dont les actions et les obligations sont l'objet, et devant suivre d'ailleurs, pour sa liquidation, toutes les variations de la valeur négociée, la durée de la taxe ne doit avoir d'autres limites que la durée de la transmissibilité des titres.

Il démontre ensuite que cette transmissibilité n'est nullement affectée dans son principe par la mise en liquidation de la société, non plus que par sa mise en faillite. Et il en conclut que la taxe annuelle continue, nonobstant ces faits, à courir jusqu'à l'extinction complète des actions ou des obligations, c'est-à-dire jusqu'à la clôture des opérations de la liquidation ou de la faillite. Ces conclusions ont été admises par trois arrêts rendus, le 27 déc. 1877, par les chambres réunies. 20,617 J.; 4833 R. p.; 15,875 Contr.; Inst. 2592, § 1er; 21,846 J. N.; 5713 Rev. not.; S., 78, 1, 225; P., 78, 550; D. P., 78, 1, 354.

Voici le texte de l'un de ces arrêts, rendu dans l'affaire de la société du Crédit des paroisses, déclarée en faillite : « Attendu que la loi du 23 juin 1857 soumet à la taxe qu'elle établit les actions et les obligations au porteur et celles dont la transmission peut s'opérer autrement que par un transfert sur les registres de la société ; que la mise en liquidation d'une société ne change pas la nature de ses titres et ne fait pas qu'un transfert sur les registres devienne nécessaire pour en opérer la mutation, lorsque cette mutation pouvait jusque-là s'effectuer autrement; que les actions et les obligations, qui restent négociables sans ce transfert, restent par cela même soumises à la taxe annuelle de transmission ;

« Attendu que l'art. 24 de la loi du 5 juin 1850 a été édicté au sujet de l'abonnement à un droit de timbre calculé sur le capital nominal des actions, et à raison de la rigueur que présenterait, dans les cas qu'il prévoit, la perception de cette taxe, immuable dans sa quotité ; que cette disposition ne peut être étendue, par voie d'interprétation et sous prétexte d'analogie, à la taxe annuelle établie par la loi du 23 juin 1857, qui est un droit de transmission qui a pour objet la circulation présumée des actions et des obligations et qui tient compte des variations de leur valeur vénale ;

« Attendu que vainement le demandeur oppose que les sociétés qui, comme le Crédit des paroisses, sont en état de faillite, doivent être soumises à d'autres règles que celles qui sont entrées en liquidation sans tomber en faillite ; que, si l'admission à la faillite d'un titre au porteur peut en rendre, en fait, la circulation moins libre et moins facile, elle n'en opère pas l'extinction et ne rend pas nécessaire, pour en effectuer la transmission à l'avenir, une déclaration de transfert sur les registres de la société ; que le titre reste donc, dans ce cas encore, soumis à l'abonnement au timbre, qui a été souscrit pour toute sa durée, et à la taxe annuelle de transmission, dont la loi exempte seulement les actions et les obligations qui se négocient par voie de transfert sur les registres de la société ;

« Attendu qu'il résulte de ce qui précède que la société du Crédit des paroisses de France est tenue de payer l'abonnement au timbre sur ses obligations jusqu'à leur annulation, et la taxe de transmission sur ses actions et sur ses obligations jusqu'à la clôture des opérations de la faillite ; qu'en validant par ce motif les contraintes décernées contre le syndic Beaufour et en le condamnant, en sa qualité, à payer les annuités de ces deux impôts échues depuis le jugement déclaratif du 17 juin 1868 et celles à échoir jusqu'à la clôture de la faillite, le jugement attaqué, loin de violer les textes de loi ci-dessus visés, en a fait, au contraire, une exacte application ;

« Rejette. »

V. dans le même sens : Seine, 27 janv. 1888, 7059 R. p.

333. **Liquidation terminée.** — *Simple indivision. Annuités à répartir entre les anciens actionnaires.* Les droits des associés dans une société par actions ne subsistent avec leur caractère d'actions qu'autant que l'être moral continue à exister, ne fût-ce que pour les besoins de la liquidation. C'est là ce qui explique et justifie les arrêts cités sous le numéro précédent, d'après lesquels les actions au porteur continuent à être passibles de la taxe annuelle de transmission jusqu'à la clôture des opérations de la liquidation ou de la faillite.

Mais la fin de ces opérations met un terme à l'existence de la société, qui n'a été prolongée que pour les besoins de la liquidation. L'être moral disparaissant, les anciens associés, en supposant qu'il existe encore des valeurs non distribuées, ne sont plus, à l'égard de ces valeurs, que dans l'indivision, et, par cela même, leurs droits cessent d'avoir le caractère d'actions négociables passibles de la taxe de transmission.

C'est ce que la Cour de cassation a reconnu par un arrêt de la chambre civile du 23 mai 1870, dans une espèce qui mérite de fixer l'attention. 18,898 J.; 3149 R. p.; Inst. 2405, § 3; 14,604 Contr.; S., 71, 1, 106; P., 71, 255; D. P., 70, 1, 415.

Pour l'exploitation de la concession, qui lui avait été faite, de l'exécution du canal de la Sensée, le sieur Honorez avait formé, par acte notarié du 19 janv. 1820, une compagnie anonyme, au capital de 1,750,000 fr. divisé en 175 actions de 10,000 fr. chacune. La durée de la société était de 99 ans, durée de la concession. Ces actions, étant transmissibles par l'endossement et la tradition du titre, ont acquitté régulièrement la taxe de 12 cent. par 100 fr. établie par la loi du 23 juin 1857. Une loi du 1er août 1860 a ordonné qu'il serait procédé au rachat du canal de la Sensée. Par dépêches des 16 mai 1861 et 7 mars 1862, le ministre des finances annonça à la société que le gouvernement entendait payer au moyen d'annuités le capital qui serait fixé pour le rachat du canal ; que ces annuités seraient inscrites chaque année au budget ; qu'aucun titre ne serait émis par le Trésor comme représentation de cet engagement, sauf à la compagnie à en faire ensuite la répartition entre tous les ayants droit comme elle le jugerait à propos. L'annuité, fixée à 224,012 fr. 50 c. pendant trente ans, étant acquise à la compagnie et non aux actionnaires, ces derniers ont organisé un personnel chargé de recevoir les annuités et d'en faire la répartition. En cet état de choses, la société, se considérant comme dissoute, a cessé, à partir du 1er août 1863, d'acquitter les droits de transmission établis par la loi du 23 juin 1857.

Mais, sur la réclamation de l'Administration, une instance s'est engagée devant le tribunal de Valenciennes. Par jugement du 28 août 1868, le tribunal a constaté, en fait, qu'à compter du mois d'août 1865 la liquidation de la société était entièrement terminée; « que l'actif était complètement dégagé du passif, les créances recouvrées, le fonds de caisse réalisé, le matériel lui-même vendu ou remis à l'Etat, et que tout, pour l'avenir, se bornait à toucher de l'Etat les annuités trentenaires de l'indemnité votée par la loi du 20 mai 1863, pour les répartir, sans aucune retenue et dans des proportions alors certaines, entre tous les anciens actionnaires. » Il en a conclu que les titres de ces derniers avaient cessé d'exister avec leur caractère d'actions à partir du mois d'août 1865, date de la clôture des opérations de liquidation, et qu'à partir de cette époque la taxe avait cessé d'être exigible. 18,898 J.; 3149 R. p.; Inst. 2405, § 3.

L'Administration a déféré ce jugement à la Cour de cassation ; elle a soutenu que la liquidation devait durer et que, par conséquent, l'être moral devait survivre jusqu'à la répartition et au payement de la dernière annuité. Mais son pourvoi a été rejeté par l'arrêt précité du 23 mai 1870, qui nous paraît exactement motivé.

« Attendu, porte cet arrêt, que la société formée le 19 janv. 1820, pour l'exploitation du canal de la Sensée, a été dissoute par l'effet des lois qui ont ordonné le rachat et fixé le prix du rachat à une annuité acquise à la compagnie pendant trente ans, à partir du 1er sept. 1861 ; — Attendu que la société dissoute a été immédiatement en liquidation, et que des constatations du jugement attaqué il résulte que les opérations de la liquidation proprement dite étaient terminées dès le mois d'août 1865, l'actif étant alors complètement dégagé du passif, les créances recouvrées, le fonds de réserve réalisé, le matériel lui-même vendu ou remis à l'Etat, en sorte que tout se bornait, pour l'avenir, à toucher de l'Etat les annuités trentenaires de l'indemnité, pour les répartir, sans retenue et dans des proportions dès lors certaines, entre les anciens associés; — Attendu, d'après cela, que la taxe annuelle et obligatoire, établie par l'art. 6 de la loi du 23 juin 1857, et à laquelle les actions de ladite société étaient soumises d'après les statuts, a cessé d'être due à partir du mois d'août 1865 ; que si cette taxe a été exigible jusque-là, c'est que, même après la dissolution et tant que la société industrielle a continué d'exister comme personne morale pour les besoins de la liquidation, ses actions sont restées dans le mouvement commercial et susceptibles d'être transmises dans les conditions en vue desquelles la taxe annuelle est établie par la loi de 1857; mais qu'il n'en a plus été ainsi dès que, la liquidation étant définitivement consommée, la société a cessé d'exister comme un être moral et a fait place à une simple indivision ayant pour objet une créance à échéance fixe, dont la répartition n'a été suspendue que par une circonstance indépendante de la volonté des parties ; qu'à partir de ce moment la créance a été soustraite aux chances et au mouvement des valeurs industrielles, et que les cessions qui en auraient été faites n'auraient pu tomber que sous l'application de la loi générale édictée pour les cessions de créances par l'art. 69, § 3, n° 3, de la loi du 22 frim. an 7; — D'où il suit qu'en décidant ainsi et en annulant, en conséquence, la contrainte, le jugement attaqué, loin d'avoir violé l'art. 6 de la loi du 23 juin 1857, a justement refusé de faire l'application de cet article dans les circonstances de la cause ; — Rejette. »

334. Actions sans valeur. Absence de bénéfices. — Il est hors de doute qu'une société ne peut se dispenser d'obéir aux prescriptions de la loi du 23 juin 1857, et d'acquitter, soit le droit au comptant, soit la taxe annuelle sur ses actions ou obligations, d'après les bases et les conditions exigées et déterminées par cette loi :

Ni sous le prétexte que ses actions sont sans valeur, et cela lors même que la société serait en liquidation, si les opérations de cette liquidation ne sont pas terminées (Seine, 13 août 1858, 16,833 J. ; 10,030 R. ; 11,492 Contr. ; 1,116 R. p. ; D. P., 59, 3, 24);

Ni par le motif tiré de l'absence de toute répartition de bénéfice ou de tout payement d'intérêts aux obligataires, quelle que soit l'époque depuis laquelle la société a cessé de réaliser des bénéfices et de distribuer des dividendes. Sol., 19 déc. 1857 ; — Seine, 1er août 1884, 22,435 J. ; 16,997 Contr. ; — Marseille, 6 juill. 1888, 7138 R. p.

D'une part, en effet, l'art. 24 de la loi du 5 juin 1850, qui accorde la dispense du droit de timbre aux sociétés en faillite ou en liquidation, ainsi qu'aux sociétés qui n'ont, depuis deux ans, distribué ni dividendes ni intérêts, est spécial au droit de timbre par abonnement, et, comme nous l'avons vu, ne doit pas être étendu au droit de transmission.

D'autre part, la loi tient compte, dans une juste mesure, des dépréciations que les actions peuvent subir par suite de l'absence de bénéfices ou du mauvais état des affaires sociales, en n'établissant le droit au comptant que sur la valeur négociée, et la taxe annuelle sur la valeur déterminée par le cours moyen de l'année précédente ou par une évaluation (art. 1er, loi du 30 mars 1872 ; art. 6, loi du 23 juin 1857).

Comme le faisait observer M. le procureur général de Raynal, dans ses conclusions sur l'affaire qui a donné lieu aux arrêts des chambres réunies du 27 déc. 1877 (V. *supra*, n° 332), « de même que la loi de 1850 avait introduit, pour les actions au moins, le tempérament de son art. 24, la loi de 1857 en a introduit un autre qui s'applique aux obligations comme aux actions : la taxe ne sera due que sur leur valeur, déterminée par le cours de la Bourse pendant l'année précédente ou, à défaut de cours, conformément aux règles suivies en matière d'enregistrement.

« Le système est donc à la fois complet et équitable. Les actions et les obligations ne devront jamais qu'une taxe proportionnée à leur valeur réelle. Si la spéculation n'a pas réussi, que le capital qui représente dans l'actif social les actions ou même les obligations soit amoindri, la taxe le sera également ; si ce capital a disparu entièrement, la taxe s'évanouira, et l'Etat n'aura rien à réclamer.

« Qui ne voit dès lors que la durée de la taxe est nécessairement identique à la durée de la transmissibilité ? » 20,617 J.

335. Amortissement des actions et des obligations. — Il est à peine besoin d'ajouter que l'exigibilité du droit de transmission, ayant pour mesure l'existence juridique des actions et des obligations, cesse par le fait même de leur amortissement, soit que cet amortissement résulte de leur remboursement, soit qu'il soit la conséquence de leur rachat effectué par la société.

Ce résultat est d'ailleurs indépendant de l'annulation matérielle des titres, puisque, comme nous l'avons vu, l'exigibilité du droit est elle-même indépendante de la création de ces titres. — V. *supra*, n° 317.

336. *Rachat*. Nous devons rappeler toutefois que le rachat par une société de ses actions ou de ses obligations n'entraîne pas toujours leur extinction juridique. Pour plus amples explications, nous renvoyons nos lecteurs à ce que nous avons enseigné précédemment en parlant des causes qui font cesser le service de l'abonnement pour le payement du droit de timbre. (V. *supra*, n° 240.) Quand le rachat s'effectuera dans des conditions telles que la taxe d'abonnement demeure exigible, on devra décider, par les mêmes motifs, que la taxe annuelle de transmission devra continuer à être acquittée.

337. *Actions de jouissance. Parts de fondateurs.* Les actions de jouissance demeurent, après le remboursement du capital nominal, passibles de l'impôt de transmission, d'après le cours moyen qui leur est propre ou, à défaut de cours moyen, d'après la valeur déclarée. Inst. 2104, n° 3. — Rapp. Cass., 10 juin 1874 ; 19,523 J.; 3858 R. p.; 15,324 Contr.; 21,021 J. N.; Inst. 2495, § 1er; P., 74, 1118 ; S., 74, 1, 445 ; D. P., 75, 1, 25 ; — Seine, 17 fév. 1882, 21,855 J.; 5942 R. p.; 22,834 J. N.; 16,565 Contr.; D. P., 83, 3, 55.

Art. 5. — *Tarif. Mode de payement. Distinction suivant la nature des titres. Droit au comptant et taxe annuelle.*

338. Droit au comptant. Taxe annuelle. — Le payement du droit de transmission s'effectue de deux manières différentes :

Pour les titres dont le mouvement est susceptible d'être constaté et surveillé, il est dû, par chaque transmission et sur le prix stipulé, un droit de 50 cent. p. 100. C'est l'application directe des principes ordinaires de l'enregistrement. Le même droit est dû pour la conversion des titres au porteur en titres nominatifs, et réciproquement.

Pour les titres dont la circulation échappe à toute surveillance, le droit de 50 cent. p. 100 est remplacé par une taxe annuelle et obligatoire de 20 cent. p. 100.

339. *Tarif*. Le tarif des deux droits a été plusieurs fois modifié. En voici le tableau :

	DROIT PERÇU sur les transferts.	TAXE annuelle et obligatoire.	DÉCIMES.
L. 23 juin 1857.	» fr. 20 c.	» fr. 12 c.	d'après les lois en vigueur.
L. 16 sept. 1871.	» 50	» 20	Id.
L. 30 mars 1872.	» 50	» 25	Id.
L. 29 juin 1872.	» 50	» 20	sans addition de décimes.

Les règles de la perception se trouvent dans la loi du 23 juin 1857, dans le décret portant règlement d'administration publique du 17 juillet suivant, et dans les lois des 16 sept. 1871, 30 mars et 29 juin 1872.

340. Conditions respectives de l'exigibilité du droit au comptant ou de la taxe annuelle. — D'après ce qui vient d'être dit on comprend qu'il est très important de déterminer avec précision les cas dans lesquels le droit de transmission se perçoit au comptant, lors de chaque négociation, au taux de 50 cent. p. 100, et ceux dans lesquels la taxe annuelle de 20 cent. p. 100 doit être payée au Trésor.

La distinction à faire à cet égard est établie par l'art. 6 de la loi du 23 juin 1857. Après avoir posé en principe que toute transmission de titres est assujettie à un droit de 20 cent. (50 cent.) p. 100, cet article ajoute :

« Ce droit, *pour les titres au porteur, et pour ceux dont la transmission peut s'opérer sans un transfert sur les registres de la société*, est converti en une taxe annuelle et obligatoire de 12 cent. (20 cent.) par 100 francs... etc. »

Ainsi, la condition pour que les titres imposés par la loi de 1857 n'aient à payer que le droit au comptant, lors de chaque transmission, et ne soient pas soumis à la taxe annuelle, est qu'ils soient nominatifs et qu'en outre ils ne puissent être transmis qu'au moyen d'un transfert sur les registres de la société ou de l'établissement débiteur.

La jurisprudence a rendu de nombreuses décisions pour préciser les cas dans lesquels cette condition se trouve ou non remplie, et, par cela même, les cas dans lesquels la taxe annuelle n'est pas, ou est exigible. Nous allons les résumer, en distinguant celles qui sont d'une application générale et concernent toute espèce de titres, et celles qui sont intervenues spécialement au sujet de titres d'obligations.

§ 1er. — Actions et obligations.

341. Titres au porteur. — Nous n'avons rien à dire des titres au porteur. En ce qui les concerne, aucune difficulté ne peut naître puisque, d'une part, il est de leur essence d'être transmissibles autrement que par une déclaration de transfert, c'est-à-dire par simple tradition, et que, d'autre part, l'art. 6 les désigne expressément comme étant soumis à la taxe annuelle.

342. Titres nominatifs transmissibles par endossement. — Pour que les titres soient dispensés du payement de la taxe annuelle, il faut, aux termes de la loi, que le transfert soit pour eux le seul mode légal de transmission. Il en résulte nécessairement que cette taxe est exigible dès lors que les titres peuvent être transmis soit par endossement, soit par actes publics ou sous signature privée. Il importe peu, d'ailleurs, dans ce cas, que la transmission puisse s'effectuer également au moyen d'un transfert, ou que la formalité du transfert soit exigée pour régulariser l'endossement et le porter à la connaissance de la société ou de l'établissement débiteur, si, d'ailleurs, la transmission a pu s'opérer valablement, abstraction faite de cette formalité.

343. Il a été décidé, par application de cette règle, que la taxe annuelle et obligatoire est exigible :

1° Sur les actions nominatives transmissibles par voie *de cession ou de simple endossement*, alors même qu'il aurait été déclaré que la transmission ne serait parfaite, *vis-à-vis de la société*, qu'avec les formalités suivantes : « Approbation du président du comité des censeurs, émargement y relatif, visa sur la souche de l'action, et, enfin, inscription sur un registre *ad hoc*, désigné sous le nom de registre des transferts. » Cass., 2 fév. 1863; 17,609 J.; 1735 R. p.; Inst. 2244, § 2; 17,640 J. N.; 12,396 Contr.; S., 63, 1, 215; P., 63, 480; D. P., 63, 1, 31;

2° Sur des actions nominatives et transmissibles par endossement et par une déclaration de transfert sur les registres de la société, alors que cette déclaration n'a été prescrite que comme mesure d'ordre intérieur et dans le but de faire connaître à la société le nouveau titulaire. Cass., 27 fév. 1866; 18,142 J.; 2270 R. p.; Inst. 2348, § 5; 13,052 Contr.; S., 66, 1, 174; P., 66, 431; D. P., 66, 1, 121; — Cognac, 11 juin 1861; 17,378 J.; 1571 R. p.; — Laon, 9 juin 1888; 7145 R. p.;

3° Sur des actions déclarées transmissibles « par endossement et au moyen d'un transfert sur les registres de la société », si cette clause a été appliquée par la société en ce sens que les actionnaires ont l'option entre les deux modes de cession indiqués, et si, d'ailleurs, la formalité du transfert consiste uniquement dans une mention sommaire faite sur les registres de la société, sans les signatures ni du cédant, ni du cessionnaire, ni des directeurs gérants; « de telles mentions étant, au point de vue de la cession, dépourvues de toute efficacité juridique, et ne pouvant être considérées que comme de simples mesures d'ordre intérieur, destinées à faire connaître à la société les nouveaux titulaires des actions déjà cédées en vertu de l'endossement ». Cass., 8 déc. 1869; 18,887 J.; 19,815 J. N.; 14,493 Contr.; 3038 R. p.; Inst. 2398, § 4; 2685 Rev. not.; S., 70, 1, 177; P., 70, 407; D. P., 70, 1, 409;

4° Sur les actions nominatives d'une société dont les statuts portent que l'endossement transmet la propriété de l'action, et que cependant l'acheteur ne peut exercer ses droits qu'après que l'endossement aura été visé par le conseil d'administration et transcrit sur un registre tenu au siège social. Il importe peu qu'en fait ce registre ait été régulièrement servi. Sol., 17 août et 22 sept. 1858; — Cass., 4 avril 1860; 17,135 J.; 16,832 J. N.; 11,753 Contr.; 1331 R. p.; Inst. 2174, § 3; 10,280 R.; S., 60, 1, 811; P., 60, 468; D. P., 60, 1, 260; — Seine, 13 août 1859; 17,039 J.; 16,214 R.; Inst. 2174, § 3; — 16 mars 1860; 17,135 J.; 11,766 Contr.; 1340 R. p.; 10,280 R.; — Cognac, 11 juin 1861; 17,378 J.; 1571 R. p.; — Auxerre, 22 janv. 1862; 17,431 J.; 10,566 R.; — Dunkerque, 25 juin 1864; 17,907 J.; — Saint-Malo, 4 fév. 1865; 17,960 J.; 2038 R. p.:

« Attendu, porte l'arrêt du 4 avril 1860, qu'aux termes de l'art. 44 des statuts de la Compagnie de la houillère de l'Aveyron, les titres des actions de cette société sont stipulés à ordre; qu'ils sont aliénables par la voie de l'endossement, et que cet endossement transmet à l'acquéreur la propriété de l'action ou des actions; qu'il suit de là que la transmission des titres de ladite société s'opère sans qu'il soit besoin d'une déclaration de transfert sur les registres de la société, l'endossement ayant, pour ce cas, l'effet que, d'après l'art. 136 C. comm., il a pour la lettre de change, celui d'en transférer la propriété;

« Attendu que si le même article des statuts veut que l'acquéreur de l'action ne puisse exercer le droit d'actionnaire qu'après le visa de l'endossement par le comité d'administration et sa transcription sur un registre, cette mesure d'ordre intérieur n'est nullement nécessaire à la transmission des actions, laquelle s'est effectuée avant l'accomplissement de cette double formalité, etc... »;

5° Lorsque, les actions étant au porteur ou nominatives, celles-ci se transmettent par simple endossement, lequel doit être mentionné sur le registre à souche à la diligence du cessionnaire, et signifié à l'un des gérants au siège social. Sol. 4 fév. 1859;

6° Ou lorsque l'endossement doit être notifié par lettre aux gérants, qui doivent en faire mention sur le registre à souche. Sol., 8 et 12 fév. 1859; 26 avril 1859; 27 juin 1860; — Mulhouse, 14 nov. 1861; 17,407 J.; 12,127 Contr., 1625 R. p.

Voyez toutefois, dans un sens contraire aux décisions qui précèdent : Cass., deux arrêts du 5 mars 1867; 18,338, 18,342 J.; 2438 R. p.; 13,213 Contr.; 18,800 J. N.; 1935 Rev. not.; S., 67, 1, 136; P., 67, 306; D. P., 67, 1, 116; deux arrêts du 26 janv. 1869; 18,669, 18,673 J.; 2836, 2898 R. p.; 14,341 Contr.; 19,491, 19,546 J. N.; 2237 Rev. not.; S., 69, 1, 321; P., 69, 792; D. P., 69, 1, 354; — Béthune, 23 fév. 1866; 18,273 J.; 2836 R. p.; 13,258 Contr.; — Marseille, 3 juin 1862; 17,988 J.

344. Titres transmissibles par actes publics ou sous seing privé. — Il a été décidé, dans le même ordre d'idées, que la taxe annuelle est exigible sur des actions nominatives stipulées transmissibles par acte sous seing privé ou notarié, dont un double ou une expédition doit être remis sur récépissé au conseil d'administration, lorsque la remise des actes au conseil n'est qu'une mesure d'ordre intérieur sans influence sur la perfection de la cession entre les parties, et que les statuts n'ont pas même exigé la tenue du registre servant à l'inscription des transferts. Cass., 28 nov. 1866; 13,193 Contr.; 18,664 J. N.; 1915 Rev. not.; S., 67, 1, 39; P., 67, 59; 18,291 J.; 2385 R. p., Inst. 2356, § 2.

345. Il en est ainsi, d'ailleurs, bien que le conseil d'administration, auquel un double de la cession doit être remis, ait le droit d'exercer le retrait au profit de la société, et que sa déclaration à cet effet doive être transcrite sur un registre, si cette réserve constitue une simple condition résolutoire de la cession, et si la transcription n'est pas nécessaire pour la validité de la transmission entre les parties. Cass., 3 déc. 1866; 18,291 J.; 2386 R. p.; 18,712 J. N.; 13,193 Contr.; Inst. 2356, § 3; S., 67, 1, 40; P., 67, 60.

346. Jugé de même qu'on ne saurait considérer comme étant exclusivement transmissibles au moyen d'un transfert sur les registres de la société les actions qui, aux termes des statuts, peuvent être transmises par acte notarié, et seulement à des cessionnaires agréés par les administrateurs, lors même que toute cession devrait être mentionnée sur le titre à la souche et au talon, sous peine d'être non avenue à l'égard de la société.

Il en est ainsi, bien que de nouveaux statuts aient institué un livre de transferts sur lequel doit être inscrite toute mutation, et aient expressément disposé que cette inscription et la mention sur le titre seraient une preuve de l'admission du cessionnaire.

Ces diverses formalités n'étant pas essentielles à la validité de la cession entre les parties, les actions de la société doivent être assujetties à la taxe annuelle de transmission, conformément à l'art. 6 de la loi du 23 juin 1857. Saint-Quentin, 5 mars 1884; 22,342 J.; 16,893 Contr.

346 *bis*. Enfin, d'après un arrêt de la chambre des requêtes du 10 juil. 1889, la taxe annuelle est exigible, à l'exclusion du droit au comptant, lorsque, d'après les statuts, les actionnaires ont la faculté de transmettre leurs actions, soit au moyen d'une déclaration de transfert signée du cédant et du cessionnaire sur les registres de la société, soit par adjudication ou de gré à gré par acte notarié ou sous seing privé, et cela alors même que les statuts auraient prescrit dans ce dernier cas la mention des actes sur le registre des transferts; cette mention n'est, en effet, qu'une mesure d'ordre intérieur qui, à raison même de l'alternative laissée aux parties, ne saurait se confondre avec la déclaration prévue par l'art. 36 du Code de commerce, surtout si les statuts reconnaissent la validité de la transmission avant tout transfert et ne prescrivent la mention que pour permettre au cessionnaire de prendre part aux délibérations de l'assemblée générale. 23,259 J.; 7288 R. p.; 17,620 Contr.

347. Titres dont le mode de transmission n'a pas été déterminé par les statuts. — On vient de voir, par les décisions que nous avons rapportées, que le Code de commerce, en mentionnant la tradition, pour les titres au porteur (art. 35), et la déclaration de transfert, pour les titres nominatifs (art. 36), comme les moyens légaux de transmettre les actions des sociétés, n'a pas exclu les autres modes de cession autorisés par le droit commun, puisque la jurisprudence admet la possibilité de céder ces titres soit par voie d'endossement, soit au moyen d'actes publics ou sous seing privé. La Cour de cassation décide même, d'accord avec la doctrine, que, dans le silence des statuts, les actions peuvent être cédées par tous les moyens usités en matière civile ou commerciale.

C'est, en effet, ce qu'enseigne M. Paul Pont :

« L'art. 36 du Code de commerce, dit-il, n'est pas limitatif. Donc, de ce qu'il indique un mode spécial de transmission, on ne peut pas justement conclure qu'il soit exclusif des modes autres que celui qu'il prévoit. Or, l'endossement est précisément l'un de ces modes. C'est un moyen de droit commun pour la transmission, non pas de telles ou telles valeurs, mais des valeurs commerciales en général. Et, dès lors, on ne voit pas pourquoi l'usage ou l'emploi n'en serait pas permis pour le transport des droits et valeurs que représentent les actions d'une société aussi bien que pour le transport des titres de créances. Ce sont là, en définitive, des valeurs ou des droits mobiliers dont la transmission, dès qu'elle n'est pas réglementée par une disposition expresse de la loi ou par les conventions sociales, doit pouvoir s'opérer suivant les modes admis dans la pratique du commerce. » Sociétés civ. et comm., II, n° 911.

La jurisprudence est fixée dans le même sens : « Attendu, porte l'arrêt de la chambre des requêtes du 4 déc. 1867, qu'en concluant du silence des statuts que la transmission des actions pouvait s'opérer valablement sans transfert sur les registres de la société et par tous les modes du droit commun..., le jugement attaqué a fait une exacte application de la loi. » Sir., 68, 1, 39; 18,462 J.; 2560 R. p.; 19,123 J. N.; 14,096 Contr.: 2097 Rev. not; Inst. 2362, § 5; P., 68, 63; D. P., 68, 1, 175.

« Dans le silence des statuts, dit également la chambre civile, la transmission des actions pouvait avoir lieu non seulement en cette forme (un transfert sur les registres), mais encore suivant tous les autres modes autorisés par le droit commun. » Arrêt du 15 mars 1870; Sir., 70, 1, 271; 18,922 J.; 3100 R. p., 14,546 Contr., 19,897 J. N.; 2685 Rev. not.; Inst. 2402, § 5; P., 70, 673; D. P., 70, 1, 412; — *Adde :* Cass., 15 déc. 1869; Sir., 70, 1, 177; 18,884 J.; 14,497 Contr.; 19,785 J. N.; 3064 R. p.; Inst. 2398, § 6; P., 70, 409; D. P., 70, 1, 410; — 27 fév. 1884; 22,269 J.; 6316 R. p.; 16,892 Contr.; 23,180 J. N.; Inst. 2694, § 7; S., 85, 1, 321; P., 85, 775; D. P., 84, 1, 350.

Il en résulte que, lorsque les statuts sont muets sur le mode de transmission des actions, la taxe annuelle est par cela même exigible.

348. Il en est ainsi, bien que l'aliénation de ces actions doive, d'après les statuts, être accompagnée de certaines formalités, au nombre desquelles se trouvent le visa des représentants de la compagnie et la transcription du transfert sur les registres, lorsque ces formalités n'ont pour but que de mettre la société en demeure d'exercer le droit de retrait qu'elle s'est réservé, et surtout lorsque certaines transmissions d'actions déterminées par les statuts peuvent s'effectuer sans l'accomplissement de ces formalités. Cass., 27 fév. 1884; 22,269 J.; 6316 R. p.; 16,892 Contr.; 23,180 J. N.; Inst. 2694, § 7; S., 85, 1, 321; P., 85, 775; D. P., 84, 1, 350.

« Attendu, porte cet arrêt, que, aux termes des art. 6 et 7 de la loi du 23 juin 1857, le droit de 20 cent. p. 100 n'est applicable qu'aux transmissions d'actions ou d'obligations qui s'effectuent au moyen d'un transfert opéré dans la forme que détermine l'art. 36 C. comm., et que ce droit proportionnel est remplacé par une taxe annuelle de 12 cent. p. 100 pour les transmissions dont le mode ne donne pas à la Régie une connaissance également certaine des mutations;

« Attendu que les actions de la Compagnie des Ardoisières de Rimogne et de Saint-Louis-sur-Meuse sont nominatives; que de l'ensemble des statuts de la compagnie, notamment des art. 7, 11, 12 et 13, il résulte que si, pour éviter l'introduction d'étrangers dans la société, l'aliénation des actions est accompagnée de l'accomplissement de certaines formalités qui permettent à la société de reprendre pour son compte les cessions d'actions faites à des tiers, aucune disposition, toutefois, n'exige la déclaration de transfert signée sur les registres sociaux par le cédant;

« Attendu que les cessions d'actions de la société de Rimogne, cessions dont la forme n'est pas déterminée par les statuts dans les rapports du cédant et du cessionnaire, et qui, par conséquent, deviennent parfaites entre eux du moment qu'elles se sont opérées suivant l'un quelconque des modes autorisés par la loi, sont définitives vis-à-vis de la société elle-même par l'expiration du délai de soixante jours qu'a ladite société pour exercer le droit de retrait qu'elle s'est réservé; que si les actes de transfert ou aliénations doivent être visés par le comité, scellés du sceau social et transcrits sur le registre, tous ces visas, appositions de sceau et transcriptions sont l'œuvre des agents de la société et n'ont rien de commun avec la déclaration translative de propriété signée par le cédant sur les registres sociaux, dont parle l'art. 36 C. comm., puisque ces formalités n'interviennent qu'après que la transmission est un fait accompli, et seulement pour mettre la société à même de reprendre le marché aux mêmes prix, clauses et conditions, en remboursant les frais; que cela suffit pour que la taxe de 12 cent. p. 100 soit exigible;

« Attendu, d'ailleurs, qu'aux termes de l'art. 16 des statuts, les donations d'actions entre les personnes désignées à l'art. 26, c'est-à-dire celles qu'unissent aux associés des liens déterminés de parenté ou d'alliance, peuvent s'accomplir, sous quelque dénomination que ce soit, sans donner ouverture au droit de retrait; que toutes les actions de la société sont susceptibles d'être transmises de cette manière, et que les statuts n'assujettissent ces transmissions à aucune espèce de transfert sur les registres sociaux; — Qu'en décidant, dans ces conditions, que la taxe de 20 cent. p. 100 par chaque mutation n'était pas applicable, et qu'il y avait lieu à la perception de la taxe annuelle de 12 cent. p. 100, le jugement attaqué, loin de violer la loi, n'en a fait qu'une exacte application. » — V. sur cet arrêt les observations de la Revue critique, 1886, p. 80.

349. Titres exclusivement transmissibles par voie de transfert. — D'après les arrêts qui viennent d'être rapportés, ce n'est que dans le cas où les statuts n'ont pas déterminé le mode de transmission, que les actions d'une société sont transmissibles par tous les modes de droit commun. Il est évident, en effet, que lorsque l'acte de société a déterminé avec précision le mode de cession, lorsque, par exemple, il a été déclaré que les cessions s'effectueront au moyen d'une déclaration de transfert signée du cédant et du cessionnaire, l'indication de ce mode de transmission est exclusive de tous les autres modes autorisés par le droit commun. « Autrement, ainsi que le fait justement remarquer l'Administration, une clause de cette nature n'aurait pas de sens, puisqu'elle ne produirait pas plus d'effets que si l'acte était resté muet à cet égard. » Inst. n° 2716, § 3, p. 74.

On doit en conclure que, dans le cas où les statuts ont ainsi déterminé le mode de transmission, les titres ne sont pas soumis à la taxe annuelle, mais qu'ils doivent être assujettis au droit au comptant lors de chaque transfert. Cass., 30 décembre 1884; 22,396 J.; 6407 R. p.; 17,017 Contr.; 23,416 J. N.; Inst. 2716, § 3; S., 86, 1, 321; D. P., 85, 1, 201.

350. Remarquons, toutefois, qu'il y a, avant tout, dans les questions de cette nature, un point de fait à résoudre, et que la clause déterminant le mode de cession pourrait très bien, d'après les circonstances, être interprétée comme n'ayant rien d'exclusif et comme autorisant l'emploi des autres formes de cession. On ne peut, sur ce point, tracer aucune règle précise en dehors des règles que le Code civil a formulées pour l'interprétation des conventions. (Art. 1156 et suiv.)

350 *bis*. *Obligation du transfert déduite des circonstances.* Réciproquement, bien que les statuts soient muets sur le mode de cession, l'Administration ne fait qu'user du pouvoir d'appréciation que nous venons de reconnaître au juge du fait, en décidant que les obligations nominatives d'une société, d'après la volonté des parties résultant des circonstances, ne sont réellement transmissibles qu'au moyen d'un transfert. Une solution du 28 septembre 1887 a été rendue dans ce sens. 17,618 Contr.

Elle est ainsi motivée :

« Six mille obligations ont été émises en 1885 par la société anonyme pour l'éclairage au gaz de la ville de Tours, sans que ni les statuts de la société ni les titres aient fait mention de la forme dans laquelle les obligations nominatives pourraient être transférées.

« Il est de principe, lorsque des actions ou des obligations sont émises en l'absence de toute clause déterminant la forme des cessions, que leur transmission peut valablement être opérée, non seulement au moyen d'une déclaration de transfert sur les registres de la société, mais par tous les moyens autorisés par le droit commun. Il en résulte que, dans ce cas, la taxe annuelle de 20 cent. pour 100 est exigible, à l'exclusion du droit de transmission au comptant, conformément à l'art. 6 de la loi du 23 juin 1857.

« Ce principe n'est pas contestable, et, dans l'espèce, il n'est pas contesté; mais la société en repousse l'application, en prétendant qu'en fait le mode de transmission des obligations a été déterminé, sinon par une clause expresse, tout au moins par un accord tacite entre elle et les obligataires. Cet accord, elle le fait résulter des circonstances dans lesquelles a eu lieu l'émission de 1885. Il est dit, en effet, dans la délibération du 2 février 1885, que l'émission des 6,000 obligations nouvelles a eu lieu en vue d'unifier la dette de la société, et qu'une partie de ces titres (soit plus de la moitié) est destinée à remplacer dans les mains des obligataires anciens les titres ayant fait l'objet des émissions antérieures. Or, lors des émissions précédentes, qui ont eu lieu en 1871, en 1875 et 1879, le mode de transmission des obligations nominatives a été formellement prévu; le transfert ne pouvait avoir lieu que par une déclaration signée du cédant et du cessionnaire sur les registres de la société. Par conséquent, on peut admettre, sans excéder les limites d'une saine interprétation, qu'en créant, en 1885, de nouvelles obligations destinées pour partie à remplacer les anciennes, la société et les obligataires ont entendu, quant au mode de négociation, se référer aux conditions exprimées lors des précédentes émissions. Cette interprétation est confirmée d'ailleurs par les faits qui ont suivi l'émission; il est constant, en effet, que toutes les cessions intervenues jusqu'à ce jour ont eu lieu exclusivement par voie de transfert sur les registres de la société. Sans doute cette circonstance, prise isolément, ne pourrait prévaloir contre le droit, mais il n'en est pas moins vrai que, quand il s'agit de déterminer la portée d'un contrat dont le sens est resté douteux, on doit avoir égard à l'interprétation que, dans le fait, ce contrat a reçue des parties. (Demolombe, 11, 36.)

« La thèse contraire serait certainement exacte s'il n'existait aucune clause, aucun indice permettant d'établir que les parties ont réglé le mode de transmission de leurs obligations. Dans ce cas, les parties doivent être réputées avoir admis la validité de toutes les formes de cession autorisées par le droit commun. C'est à cette hypothèse que s'appliquent les arrêts de la Cour de cassation cités dans l'instruction 2692, § 7, p. 420. Mais, dans l'espèce, l'intention de déterminer le mode de cession des titres est révélée par cette circonstance particulière que les nouvelles obligations ont été créées tant pour remplacer les anciennes que pour procurer de nouvelles ressources à la société. En se bornant à déclarer que ces obligations seront nominatives, sans faire mention du mode de transfert, les parties paraissent donc s'être référées, pour régler ce point, plutôt à leurs précédentes déclarations qu'aux règles du droit commun. C'est vraisemblablement dans ce sens que le doute serait résolu, si la difficulté s'élevait entre parties. Il est présumable qu'une décision semblable prévaudrait si le débat était porté par l'Administration devant un tribunal. »

351. **Caractère que doit revêtir le transfert pour écarter la perception de la taxe annuelle.** — Il résulte des décisions analysées sous les articles précédents que, pour que la taxe annuelle ne soit pas due, il ne suffit pas que le transfert soit exigé comme mesure d'ordre destinée à faire connaître la transmission : il faut, de plus, que le transfert soit la condition de la validité de cette transmission.

La jurisprudence refuse même de tenir compte, dans cet ordre d'idées, du transfert qui est exigé pour valider la transmission à l'égard de la société ou de l'établissement débiteur. Si la transmission peut s'opérer valablement *inter partes*, au moyen de l'endossement ou de tout autre mode de cession, et que le transfert ne soit imposé que pour rendre la cession opposable à la société, la taxe annuelle est exigible.

352. Cette règle a été contestée (V. Demasure, n°s 161 et suiv.).

« Il nous est impossible, dit Demasure, d'admettre cette théorie. Nous avouerons même que nous avons quelque peine à la comprendre. Le législateur de 1857 n'avait pas à se préoccuper de la question de translation de propriété des actions entre le cédant et le cessionnaire. Ce ne sont pas eux, en effet, qui sont directement débiteurs des droits envers le Trésor ; la loi a mis l'impôt à la charge de la société (Art. 7).

« Il a donc dû se préoccuper uniquement de la question de savoir quelles seraient les mutations dont la trace se trouverait nécessairement sur les livres des sociétés. Et, d'ailleurs, qu'est-ce qu'une cession d'actions qui ne produit aucun résultat utile au profit du cessionnaire, puisqu'elle ne lui confère ni le droit de participer aux délibérations sociales, ni celui de toucher les dividendes ?

« Tel est bien le sort de la cession qui n'a pas été régularisée au regard de la société par les procédés indiqués aux statuts. Elle est tout aussi inopérante que la cession d'une créance, tant que le transport n'a pas été notifié au débiteur ou accepté par lui. Comment peut-on dire dès lors que c'est là une transmission parfaite ? » — Voy. dans ce sens le jugement du tribunal de Lille du 25 février 1887 (6898 R. p.) et Cass., 15 janvier 1890, cité *infra*, n° 355 *bis*.

353. Ces motifs ne sont pas sans valeur. On peut ajouter que, dans les principes du droit commun, la propriété d'une action ou d'une obligation se transmet par le simple consentement. Le transfert, lorsqu'il constitue le mode exclusif de transmission prévu par les statuts ou par le titre, paraît n'être une condition de validité de la transmission qu'à l'égard des tiers, et surtout à l'égard de la société, mais non entre parties. Il n'y a, croyons-nous, que pour les rentes sur l'Etat que le transfert soit indispensable à la validité de la transmission *inter partes* ; cela tient d'ailleurs à des considérations spéciales tirées des lois qui régissent le crédit de l'Etat et la comptabilité publique, et qui ne peuvent être étendues aux actions et obligations des sociétés. (V. Cass., 5 juillet 1870 ; Sir., 72, 1, 184.) Aussi, alors qu'il est admis que, pour les rentes sur l'Etat, un jugement validant une cession entre parties ne pourrait valoir transfert, faute par le cessionnaire d'exécuter la cession (V. la note sous l'arrêt précité du 5 juillet 1870, Sir., 72, 1, 184 ; Rolland de Villargues, Rép. du notariat, v° Transfert, n° 43 ; Mollot, Bourses de commerce, t. 1, n° 258), M. Buchère n'hésite pas à décider que, pour les actions nominatives de la Banque de France, la Banque ne pourrait refuser d'opérer le transfert en vertu d'un jugement qui aurait validé une cession entre parties. (Traité des valeurs mobilières n° 1252.)

354. Quoi qu'il en soit, et malgré ces motifs qui nous portent à douter de l'exactitude du principe que nous avons formulé au commencement de cette discussion, on doit reconnaître, contrairement aux appréciations de M. Demasure (*loc. cit.*), que ce principe est bien celui qui a inspiré jusqu'à ces derniers temps les arrêts de la Cour de cassation que nous venons de citer. C'est ce que l'Administration fait très bien ressortir dans un mémoire déposé à l'appui d'un pourvoi formé contre un jugement du tribunal de Lille du 25 février 1887 (6898 R. p.).

355. « Les arrêts, dit-elle, distinguent avec soin le transfert qui est l'instrument et le titre de la transmission entre le cédant et le cessionnaire, et le transfert pour ordre qui a seulement pour but de faire connaître à la société le nouveau titulaire de l'action et de le faire admettre à exercer les droits résultant pour lui de la cession. L'obligation imposée dans ce cas aux parties de provoquer le transfert ou à la société de l'effectuer ne peut avoir pour effet de dispenser cette dernière de la taxe annuelle, dès que l'inaccomplissement de la formalité n'affecte en rien la validité de la cession entre les contractants. Arrêts précités des 4 avril 1860, 2 février 1863, 27 février, 28 novembre et 3 décembre 1865, 8 décembre 1869 et 27 février 1884.

« Attendu, porte l'arrêt de la Chambre des requêtes du « 4 avril 1860, que si le même article des statuts veut que « l'acquéreur de l'action *ne puisse exercer les droits d'actionnaire* qu'après le visa de l'endossement par le comité d'administration et sa transcription sur un registre, cette mesure « d'ordre intérieur n'est nullement nécessaire à la transmission des actions, laquelle s'est effectuée avant l'accomplissement de cette double formalité. » L'arrêt rendu par la chambre civile, le 2 février 1863, dit également « que si, « *pour obtenir effet vis-à-vis de la société*, l'endossement doit « être suivi de certaines conditions et formalités indiquées « dans les statuts, aucune de ces formalités ne constitue un « transfert sur les registres de la société, mais seulement « des indications, approbations et visas émanant des agents « de la société ; que la transmission ne résulte donc pas « d'un transfert sur les registres de la société, mais de l'endossement qui a précédé ces formalités et qui est un titre « légal de mutation de propriété pour les titres qui en sont « l'objet. »

« Il en est encore ainsi lorsque le transfert qui doit suivre l'acte d'aliénation a lieu pour mettre les associés à même d'exercer, en vertu des statuts, le retrait de l'action cédée à un tiers, ce droit de préemption « créant seulement une condition résolutoire, qui suppose une transmission parfaite, « quoique résoluble sous condition. » Cass. (req.), 3 décembre 1866, 18,291 J.

« On ne saurait invoquer, comme ayant admis une interprétation contraire, deux arrêts de la chambre civile du 5 mars 1867 ; 18,338, 18,342 J. ; 2438 R. p. ; 13,213 Contr. ; 18,800 J. N. ; 1935 Rev. not. ; S., 67, 1, 36 ; P., 67, 306 ; D. P., 67, 1, 316.

« Dans la première espèce (Japy), les statuts portaient que la transmission des actions s'effectuerait par voie d'endossement et par un transfert signé sur le registre. La société se réservait, en outre, un droit de préemption. La Cour a pu, dans ces circonstances, décider, en fait, « que la clause relative au mode de transmission devait être prise dans son « ensemble et qu'elle ne pouvait être divisée ; que si elle permettait la transmission par l'endossement, elle ajoutait « immédiatement « et par un transfert sur le registre », soumettant ainsi la transmission de la propriété de l'action à « une double opération, l'endossement d'abord et le transfert « ensuite ». L'arrêt se fonde, en outre, mais subsidiairement, sur le droit de préemption réservé à la société pour établir que l'endossement n'opérait par lui-même qu'une transmission provisoire. — Dans le même sens : Sol. 22 janv. 1868.

« Dans la seconde affaire (Muller), le mode de cession des actions était réglé par cette clause des statuts : « Les actions « sont nominatives et transmissibles par voie d'endossement ; « le transfert par voie d'endossement ne *produit d'effet* qu'après « déclaration inscrite sur un registre spécial de la société et « signée du cédant et du cessionnaire. » Dans ces conditions, il était permis de penser que, comme dans l'affaire Japy, le transfert formait le complément de l'endossement et n'était pas moins nécessaire que ce dernier acte à la perfection de la cession entre les parties. L'arrêt est du reste fondé sur ce que « la transmission ne pouvait avoir lieu, *soit à l'égard des* « *parties*, soit à l'égard de la société, que par un transfert « sur les registres. »

« Les arrêts du 5 mars 1867 ne constituent donc que des décisions d'espèce dans lesquelles la Cour s'est bornée à interpréter les statuts en ce sens que le transfert étant indispensable à la validité de la cession entre les contractants, la taxe annuelle ne pouvait être exigée. Mais la conclusion contraire est seule admissible toutes les fois que, d'après le pacte social, le transfert n'est pas nécessaire pour consommer, entre les parties, la transmission de la propriété.

« La chambre civile a décidé, il est vrai, par deux arrêts du 26 janv. 1869 (18,669, 18,673 J.; 2836, 2898 R. p.; 14,341 Contr.; 19,491, 19,546 J. N.; 2237 Rev. not.; S., 69, 1, 322, 324 ; P., 69, 792; D. P., 69, 1, 354), que les actions nominatives transmissibles par acte authentique ou par endossement, dont la cession doit être mentionnée sur le livre des transferts, sont sujettes seulement au droit de 20 cent. p. 100 à chaque mutation, et non pas à la taxe annuelle de 12 centimes p. 100, quand la mention sur le registre est une condition essentielle pour rendre la transmission efficace *à l'égard de la société* et conférer au cessionnaire la qualité d'actionnaire.

« Mais la Cour n'a pas persisté dans cette jurisprudence.

« Sans parler des arrêts des 8 et 15 déc. 1869 et 15 mars 1870, qui indiquent déjà, de la part de la Cour, une tendance très marquée à répudier la doctrine des deux décisions du 26 janv. 1869 (Voir Sir., 70, 1, 177 ; D. P., 70, 1, 409), il suffit de citer les arrêts plus récents rendus aux dates des 28 février 1876 (19,995 J.; 15,576 Contr.; 4367 R. p.; 21,436 J. N.; Inst. 2546, § 8 ; P., 76, 408 ; S., 76, 1, 178 ; D. P., 76, 1, 276) et 27 fév. 1884 (22,269 J.; 16,892 Contr.; 6316 R. p.; 23,180 J. N.; Inst. 2694, § 7 ; P., 85, 775 ; Sir., 85, 1, 321 ; D. P., 84, 1, 350). Dans ces deux affaires, pour repousser l'exigibilité de la taxe annuelle reconnue par les tribunaux de première instance, les demandeurs en cassation soutenaient, en s'appuyant sur les arrêts de 1869, que cette taxe n'est pas due quand la cession des titres est assujettie à l'inscription sur les registres, ne fût-ce que pour être opposable à la société. La chambre civile n'en a pas moins maintenu les jugements attaqués, affirmant ainsi, de la manière la plus formelle, le principe qui fait dépendre la perception de la taxe annuelle de la possibilité pour les parties d'opérer entre elles une cession valable sans une déclaration sur les registres sociaux. — V. le texte de l'arrêt du 27 fév. 1884 cité *supra*, n° 348.

« Dans l'état actuel de la jurisprudence, l'exigibilité de la taxe annuelle est donc incontestable toutes les fois que la perfection de la transmission entre le cédant et le cessionnaire ne dépend pas d'une déclaration sur les registres de la société. Si l'inscription sur les registres sociaux a seulement pour but de rendre la cession opposable à la société, elle est sans influence sur l'application de la loi.

« C'est ce que reconnaît l'annotateur de Sirey et du Journal du Palais dans les termes suivants, qui précisent exactement la portée doctrinale de l'arrêt du 27 fév. 1884 :

« Notre arrêt reconnaît d'abord que, lorsque les statuts « d'une société n'ont pas déterminé la forme de la cession « des actions, ces titres sont transmissibles suivant l'un « quelconque des modes autorisés par la loi. C'est ce que « tous les arrêts antérieurs avaient décidé.

« Ensuite, la Cour interprète l'art. 6 de la loi du 23 juin « 1857 dans un sens tout différent de celui qui avait été « admis par les arrêts du 26 janv. 1869. D'après la doctrine « du nouvel arrêt, la déclaration translative, signée par le « cédant sur les registres sociaux et nécessaire pour opérer « la transmission *du cédant au cessionnaire*, est la seule qui « puisse soustraire les titres à la taxe annuelle. Peu importe « que l'effet de la cession à l'égard de la société soit subor- « donné à des transcriptions, visas et approbations; peu « importe encore que la mutation doive nécessairement être « dénoncée à la société pour la mettre à même d'exercer le « retrait des actions ; du moment que, dans les rapports du « cédant et du cessionnaire, la mutation de propriété peut « s'opérer sans la déclaration dont parle l'art. 36 du Code de « commerce, c'est la taxe annuelle qui est exigible. Dans « l'espèce, les statuts portent que le nouvel intéressé n'est « admis à exercer ses droits qu'après l'accomplissement des « formalités exigées pour mettre la société en mesure d'exer- « cer son droit de préemption. Cette circonstance, dans les « affaires qui ont donné lieu aux arrêts du 26 janv. 1869, « avait paru décisive à la Cour de cassation contre la demande « de la taxe annuelle. L'arrêt ci-dessus du 27 fév. 1884 porte, « au contraire, que les formalités dont il s'agit, bien qu'elles « comprennent notamment une inscription du transfert sur « les registres de la société, n'ont rien de commun avec la « déclaration mentionnée par l'art. 36 du Code de commerce, « parce qu'elles interviennent lorsque la transmission est un « fait accompli entre le cédant et le cessionnaire. En ce point, « qui était le point capital du pourvoi, la décision de la Cour « a une portée qui élargit considérablement le champ d'ap- « plication de la taxe annuelle, et qui mérite, dès lors, une « attention particulière de la part de ceux qui ont à rédiger « les statuts d'une société ou les conditions d'un emprunt « émis, sous forme de titres négociables, par les communes, « départements, établissements publics et compagnies, visés « par l'art. 27 de la loi du 5 juin 1850. Il est indispensable, « pour écarter l'application de la taxe annuelle, d'exprimer « que la cession des titres nominatifs ne pourra avoir lieu « *entre les parties* qu'au moyen d'un transfert signé par le « cédant sur les registres sociaux. » S., 85, 1, 321 ; J. P., 85, 1, 775.

355 *bis*. Si, jusqu'à présent, la Cour, dans les arrêts cités par l'Administration à l'appui de sa thèse, paraît n'avoir tenu compte, pour repousser la perception de la taxe annuelle, que des transferts obligatoires pour la validité de la transmission *inter partes*, à l'exclusion des transferts qui ne sont prescrits qu'à l'égard de la société, un revirement semble s'être opéré dans son esprit, autant que nous pouvons en juger par les termes de l'arrêt qu'elle a rendu à la date du 15 janv. 1890, et par lequel elle a rejeté, malgré l'argumentation qu'on vient de lire, le pourvoi formé par l'Administration contre le jugement du tribunal de Lille du 25 fév. 1887. 23,341 J.; 6898 R. p.

Cet arrêt est ainsi conçu :

« Attendu que, d'après les art. 6 et 7 de la loi du 23 juin 1857 et l'art. 3 de la loi du 29 juin 1872, toute cession d'actions ou d'obligations d'une compagnie industrielle est assujettie à un droit de transfert qui est de 50 cent. par 100 francs de la valeur négociée, et que ce droit est converti en une taxe annuelle et obligatoire de 20 cent. par 100 francs du capital desdits titres, lorsqu'ils sont au porteur, ou que la transmission peut en être opérée sans un transfert sur les registres de la société ;

« Attendu que le droit de 50 cent. par 100 francs de la valeur négociée est seul exigible toutes les fois que la validité de la transmission est subordonnée à l'existence du transfert régulier ;

« Attendu, en fait, que, d'après l'art. 13 des statuts de la Société des Manufactures de produits chimiques du Nord, les actions de ladite société sont transmissibles, mais que nul transfert ne sera valable à l'égard de la société et reconnu par elle qu'autant que, conformément à l'art. 36 du Code de commerce, il aura été fait sur un registre de transfert par une déclaration signée du cédant et du cessionnaire ou de leurs mandataires; que cette déclaration sera signée par l'administrateur délégué ou, à son défaut, par l'un des administrateurs; qu'enfin, toute cession d'actions qui pourra être faite à l'avenir devra être notifiée au siège social, et que la cession ne sera définitive qu'autant que le cessionnaire aura été agréé par le conseil d'administration de la société;

« Attendu que la propriété des actions de la compagnie, lesquelles sont nominatives, se trouve ainsi résulter du fait de l'inscription sur les registres de la société; que l'Administration de l'enregistrement objecte vainement que le transfert régulier n'est exigé qu'à l'égard de la société, et que l'art. 13 des statuts ne fait pas obstacle à ce que les titres passent librement de main en main, sauf au porteur à faire régulariser le transfert quand il aura besoin de faire reconnaître son droit par la société;

« Attendu, en effet, que ces transmissions irrégulières de titres nominatifs sont impuissantes à rendre propriétaires les nouveaux acquéreurs tant qu'elles ne sont pas complétées par un transfert; que si les conventions passées entre les parties peuvent les obliger l'une envers l'autre, notamment pour la perception des revenus, elles sont inefficaces en ce qui concerne la transmission de la propriété de l'action;

« Attendu, dès lors, qu'en décidant que, dans ces circonstances, les actions de la Société des Manufactures de produits chimiques du Nord étaient passibles du droit de 50 cent. par 100 francs sur chaque transfert, et non de la taxe annuelle de 20 cent. par 100 francs du capital des titres, le jugement attaqué, loin de violer les art. 6 et 7 de la loi du 23 juin 1857 et l'art. 3 de la loi du 29 juin 1872, en a fait, au contraire, une juste application;

« Par ces motifs... »

Ainsi que nous le faisions observer sous l'art. 23,341 du Journal, cet arrêt, qui fait entrer la jurisprudence dans une voie toute nouvelle, a d'autant plus de portée pour la solution de la question en litige que, dans l'espèce, le transfert n'était prescrit par les statuts, pour la transmission des titres, *qu'à l'égard de la société*. « Les actions, portait l'art. 13 de ces statuts, seront transmissibles, mais nul transfert *ne sera valable à l'égard de la société et reconnu par elle* qu'autant qu'il aura été fait, conformément à l'art. 36 du Code de commerce, par une déclaration signée du cédant et du cessionnaire, ou de leurs mandataires. »

On ne saurait être plus explicite, et il résulte incontestablement de cette clause que les statuts, en supposant qu'ils pussent utilement le faire, ne subordonnaient pas à la formalité du transfert la validité des cessions *inter partes*. La Cour n'en a pas moins décidé que le transfert pouvait seul rendre propriétaires les nouveaux acquéreurs, et consommer la transmission de la propriété des actions. Ou ce considérant n'a pas de sens, ou il signifie, dans l'esprit de la Cour, que la transmission n'est parfaite que quand elle est opposable à la société, et quand elle transporte à l'acquéreur tous les droits et avantages résultant de l'action, notamment le droit de se présenter aux assemblées générales et de toucher directement les dividendes. Il signifie aussi que, dans tous les cas où le transfert est nécessaire pour opérer cette transmission parfaite, en un mot toutes les fois qu'il est obligatoire pour consommer la transmission *à l'égard de la société*, on rentre dans l'hypothèse prévue par le 1er § de l'art. 6 de la loi du 23 juin 1857, et le seul impôt exigible est le droit au comptant à 50 cent. p. 100 lors de chaque transfert, à l'exclusion de la taxe annuelle.

La perception de la taxe annuelle est réservée pour le cas où la transmission peut s'effectuer valablement et rendre l'acquéreur propriétaire de l'action à l'égard de la société, sans qu'une déclaration de transfert soit nécessaire, ou pour le cas encore où cette déclaration de transfert n'est prescrite que comme une formalité extrinsèque, sans effet sur la validité de la cession, comme une mesure d'ordre destinée seulement à porter la cession à la connaissance de la société et la mettre en demeure de reconnaître pour actionnaire le nouvel acquéreur, et d'exercer au besoin, lorsque les statuts le permettent, le droit de *veto* ou de retrait qu'elle a pu se réserver. V. Cass., 10 juil. 1889, 23,259 J.; 7288 R. p.; 17,620 Contr.

Cette décision est d'ailleurs trop précise, et elle est trop bien justifiée, selon nous, pour que l'Administration conserve l'espoir de faire revenir la Cour sur sa nouvelle interprétation. Soit qu'elle y acquiesce spontanément, soit qu'elle préfère réserver l'avenir, elle sera tôt ou tard amenée à y conformer sa propre jurisprudence.

356. Forme du transfert. — *Feuilles volantes.* Aucune loi n'a déterminé la forme, ni des déclarations de transfert faites conformément à l'art. 36 du Code de commerce, ni du registre sur lequel elles doivent être inscrites. Chaque société se conforme, sur ce point, à ses usages particuliers. L'essentiel, pour que la perception de la taxe annuelle se trouve écartée, d'après les règles que nous venons d'indiquer, est que la formalité à remplir au siège de la société soit la condition de validité de la transmission, quel que soit d'ailleurs le mode particulier d'accomplissement de cette formalité.

Aussi décide-t-on, avec raison, qu'il y a lieu de considérer comme transmissibles exclusivement par un transfert sur les registres sociaux, et exemptes, dès lors, de la taxe annuelle et obligatoire, les actions dont le transfert s'opère au moyen de déclarations sur feuilles volantes, signées du cédant et du cessionnaire, et remises à la société, qui mentionne l'opération sur ses livres et inscrit un certificat au bas du titre. — V. dans ce sens : trois sol., 12 avril 1867. — Cass. (civ.), 30 déc. 1884; 22,396 J.; 6407 R. p.; 17,017 Contr.; 23,416 J. N.; Inst. 2716, § 3; S., 86, 1, 321; D. P., 85, 1, 201.

357. *Certificats nominatifs remis aux cessionnaires.* A plus forte raison, il en est de même pour les transferts, sur feuilles volantes, des certificats nominatifs de titres émis par les compagnies de chemins de fer; attendu que, dans les usages de ces compagnies, le certificat nominatif de l'ancien titulaire est détruit, et qu'un certificat entièrement nouveau est remis à l'acheteur.

358. Titres restés à la souche. — Nous avons vu *supra*, n° 320, que la taxe annuelle, dans le cas où les titres d'une société y sont soumis par suite de leur mode de transmission, est exigible à partir de leur émission, et cela alors même que les titres émis, c'est-à-dire définitivement attribués, seraient restés à la souche. Il en résulte que la société ne pourrait se dispenser d'acquitter la taxe sur des titres au porteur, ou sur des titres transmissibles autrement que par une déclaration de transfert, sous prétexte qu'étant restés à la souche, ces titres ne comporteraient pas, dans cet état, les facilités de circulation qui ont motivé l'établissement de cet impôt. — Sol. 4 fév. 1865; — Valenciennes, 10 août 1865; 18,237 J.; 2175 R. p.; — Cass., 24 avril 1867; 18,426 J.; 2526 R. p.; Inst. 2358, § 5; 2026 Rev. not.; S., 67, 1, 265; 13,255 Contr.; P., 67, 663; D. P., 67, 1, 320. — Lyon, 28 mars 1868; 18,665 J.

« Attendu, porte le jugement du tribunal de Valenciennes, que les demandeurs se bornent à prétendre que la taxe annuelle n'atteint que les titres d'actions qui peuvent circuler de main en main, et non ceux qui, comme dans l'espèce, sont restés annexés à la souche;

« Considérant qu'un pareil système n'est pas admissible, parce que, sous prétexte d'interpréter la loi, il la transforme et la dénature, en y introduisant une distinction qu'elle n'a pas faite; au contraire, le décret du 17 juil. 1857 est en parfaite harmonie avec la loi du 23 juin précédent, pour l'exécution de laquelle il a été rendu, lorsque, dans les art. 1er, 7 et 8, il prend pour point de départ de l'exigibilité de la taxe annuelle, non la délivrance des actions, mais la date de la constitution de la société; qu'en vain, pour soutenir le contraire, les demandeurs arguent de ce que disait le rapporteur de la commission de 1857, en parlant de la taxe annuelle : « C'est la circulabilité qu'on veut atteindre indirectement »; qu'autre chose est la circulabilité, autre chose est la circulation; l'un de ces mots indique un fait possible, l'autre un fait réalisé, et par conséquent, en s'expliquant de la sorte, M. Alfred Leroux n'a fait qu'indiquer la seule distinction qui se trouve dans la loi, c'est-à-dire celle entre les titres dont la transmission peut s'opérer sans un transfert sur les registres de la société, et ceux dont la transmission ne peut s'opérer sans ledit transfert; — Que, plus vainement encore, les demandeurs arguent de la loi du 5 juin 1850, d'après laquelle (art. 14, 16, 17 et 20) les titres passibles d'un droit ne sont que ceux délivrés, c'est-à-dire ceux tirés d'un registre à souche et mis en circulation, puisqu'à la différence de la loi de 1857, qui crée un droit à forfait sur des mutations effectives ou présumées, la loi de 1850 n'établit qu'un droit de timbre, c'est-à-dire un droit qui, étant le prix d'une empreinte spéciale sur les titres, n'a aucun rapport avec celui qui grève la transmission de la propriété de ces mêmes titres. »

359. *Titres déclarés inaliénables.* L'Administration a cependant admis une exception à la règle qui vient d'être énoncée, au profit de titres au porteur restés à la souche, et qui, formant le cautionnement du gérant d'une société en commandite, ou des administrateurs d'une société anonyme, ont été, en vertu des statuts, déclarés inaliénables. Sol. 22 sept. 1858; V. 17,378 et 18,238 J.

360. Modifications apportées aux formes exigées pour la transmission des titres. — Les sociétés peuvent, sans aucun doute, modifier, au cours de leur existence, le mode de transmission de leurs actions et de leurs obligations. Nous verrons plus loin quelles sont les conditions requises pour que cette modification, en ce qui concerne les obligations, soit opposable au Trésor. Quant aux actions, la modification, pour entraîner un changement dans le mode de perception de l'impôt, doit être sérieuse, c'est-à-dire être obligatoire non seulement pour les porteurs des actions, mais aussi pour les tiers qui s'en rendraient cessionnaires. Il en résulte que, d'une part, elle doit être votée par l'assemblée générale des actionnaires constituée dans les conditions prescrites par les statuts pour pouvoir valablement délibérer sur cet objet; et que, d'autre part, la délibération portant modification du mode de transmission des actions doit être exécutée au moyen du retrait des anciens titres et de leur remplacement par des titres nouveaux portant l'indication de leur nouveau caractère et des conditions exigées pour la validité de leur transmission.

361. C'est ainsi que pour affranchir de la taxe annuelle des titres au porteur ou tous autres titres d'actions transmissibles autrement que par un transfert sur les registres de la société, il ne suffirait pas de modifier la forme et les énonciations des titres; il faut, en outre, que les dispositions des statuts qui ont réglé le mode de transmission soient modifiées par l'assemblée des actionnaires ayant pouvoir à cet effet. Sol. 3 fév. 1859.

362. Réciproquement, une modification statutaire, régulièrement votée, et ayant pour objet de transformer les actions d'une société, émises primitivement au porteur, en obligations nominatives et transmissibles seulement par une déclaration de transfert, ne suffit pas pour exonérer ces titres de la taxe annuelle, si cette délibération, non notifiée, d'ailleurs, à l'Administration, conformément à l'art. 1er du décret du 17 juil. 1857, n'a pas été suivie d'exécution et si les titres non renouvelés ont continué à circuler sous leur ancienne forme de titres au porteur. Cass. (civ.), 28 fév. 1876; 19, 995 J.; 4367 R. p.; 15,576 Contr.; 21,436 J. N.; Inst. 2546, § 8; S., 76, 1, 178; P., 76, 408; D. P., 76, 1, 276.

Les circonstances dans lesquelles ce dernier arrêt a été rendu méritent d'être rapportées :

La compagnie d'Eclairage au gaz de la ville de Brest a été constituée par acte notarié du 12 juil. 1842. Les actions de cette compagnie ont été créées au porteur et mises en circulation sous cette dénomination. L'art. 10 des statuts porte qu'elles sont transmissibles par la simple tradition manuelle.

Par une délibération du 5 fév. 1843, cet art. 10 fut modifié en ce sens que la société imposa au vendeur l'obligation de donner au gérant connaissance par écrit de la cession par lui faite.

Lors de la loi du 23 juin 1857, et en exécution de l'art. 1er du décret du 17 juil. 1857, le gérant de la compagnie fit au bureau de l'enregistrement de Brest, le 12 août 1857, la déclaration que les actions de la société étaient nominatives, bien qu'elles n'eussent pas cessé d'être au porteur, conformément à la qualification que leur donnaient les statuts.

Pour régulariser cette situation, une nouvelle délibération intervint, le 6 août 1868, qui déclara les actions nominatives et prescrivit la tenue d'un registre de transferts. Mais les titres anciens ne furent point modifiés et restèrent dans la circulation avec la mention de leur nature de titres au porteur. En outre, la délibération du 6 août ne fut point portée à la connaissance de l'Administration de l'enregistrement, ainsi que le prescrivait le dernier alinéa de l'art. 1er du décret du 17 juil. 1857.

Dans ces circonstances, et l'Administration ayant acquis, par deux actes notariés des 17 mars et 23 juin 1873, la preuve que les actions de la compagnie étaient réellement des actions au porteur, une contrainte fut décernée, le 15 sept. 1873, pour avoir payement de la taxe annuelle sur le capital des titres pendant les deux dernières années écoulées, la prescription biennale étant acquise pour les années antérieures.

Opposition du 21 oct. 1873, avec assignation devant le tribunal de Brest, qui, par jugement du 27 mai 1874, a statué en ces termes :

« Attendu que, pour déterminer le véritable caractère des actions émises, il est indispensable de rechercher, en consultant le texte et l'esprit des art. 6 et 7 de la loi de finances du 23 juin 1857, si elles satisfont pleinement aux exigences de l'art. 7 pour ne différer en rien, quant au fond, des actions nominatives;

« Attendu que la loi de finances dont s'agit a eu pour but de faire supporter à la propriété mobilière, qui a pris en France de si grands développements, une part dans les charges publiques; que, pour y faire contribuer dans une juste mesure les actions et obligations diverses, elle les a rangées en deux catégories : la première comprenant les titres nominatifs, qu'elle a assujettis au payement d'un droit fixe pour chaque transmission; la seconde, les titres au porteur, qu'elle a frappés d'une sorte de contribution annuelle et plus onéreuse que le droit fixe, par ce motif que la transmission des titres au porteur, dont la simple possession peut conférer la propriété, à la différence des titres nominatifs, qui sont la propriété du nom qui y est inscrit, peut difficilement être constatée et échappe, par conséquent, à la surveillance du Trésor; qu'il suit de là qu'un titre ne saurait être réputé nominatif si la propriété peut en être transmise sans le concours effectif de la société de laquelle il émane; qu'il suffit, au contraire, et c'est dans ce sens que paraît être fixée la jurisprudence, que ce concours effectif de la société ne soit pas nécessaire, indispensable même afin que la propriété du titre soit valablement acquise, pour qu'il doive être réputé au porteur;

Or, attendu que la société du Gaz n'a point converti les titres de ses actions au porteur en titres nominatifs; qu'elle n'a pas même pris soin, ainsi que le prescrivait le décret du 17 juil. 1857, de donner connaissance de la délibération du 6 août 1868 à l'Administration de l'enregistrement; que l'obligation imposée par cette délibération, à tous cédants et à tous cessionnaires d'actions, d'en déclarer la transmission au gérant de la société et de signer leur déclaration sur un registre destiné à mentionner les transferts, n'est pas connue des tiers, puisque le libellé des titres n'en fait aucune mention; qu'elle ne peut dès lors apporter un obstacle insurmontable à la transmission des titres sans le concours de la société; qu'on conçoit, en effet, que le cédant, qui n'a aucun intérêt à faire connaître au gérant qu'il a cessé d'être propriétaire de l'action qu'il a aliénée et dont il a touché le prix, et que le cessionnaire, qui sera nanti de son titre et qui recevra sans difficulté les dividendes y afférents, alors même que ce dernier

13

BIBLIOTHÈQUE NATIONALE R.F. IMPRIMÉS

aurait eu connaissance de la délibération du 6 août, puissent l'un et l'autre se dispenser de faire la déclaration prescrite par l'art. 10; qu'il est en même temps difficile d'admettre que, cette déclaration étant omise, la transmission du titre opérée par la tradition manuelle ou toute autre voie de droit, et sans l'intervention de la société, fût insuffisante pour en conférer la propriété; que, dès lors, le transfert inscrit sur les registres de la société n'est pas le seul mode de transmission possible des actions émises par elle, et que cela suffit pour qu'elles ne puissent être, suivant le vœu de l'art. 7 de la loi du 23 juin 1857, assimilées à des actions nominatives. »

La société du Gaz de Brest s'est pourvue en cassation contre ce jugement, pour fausse application des art. 6 et 7 de la loi du 23 juin 1857. Mais ce pourvoi a été rejeté par un arrêt de la chambre civile du 28 fév. 1876, conçu en ces termes :

« Attendu que la loi du 23 juin 1857, après avoir frappé toute cession de titres ou promesses d'actions dans une société d'un droit de 20 cent. p. 100 de la valeur négociée, convertit ce droit en une taxe annuelle et obligatoire de 12 cent. p. 100 du capital desdites actions, lorsque la transmission des titres peut s'opérer sans transfert sur le registre de la société; qu'il résulte de là que le droit de 20 cent., établi exclusivement en vue des titres dont la cession s'effectue au siège social au moyen de la déclaration portée sur des registres de la société, cesse d'être applicable et est remplacé par la taxe annuelle de 12 cent. relativement aux titres qui peuvent être cédés par des voies différentes ou d'autres actes qui ne sont pas également susceptibles de donner à la Régie une connaissance certaine des mutations;

« Que, dans l'espèce, les actions de la compagnie d'Eclairage au gaz de la ville de Brest ont été créées au porteur par les statuts sociaux et déclarées transmissibles par la simple tradition manuelle; qu'à la vérité, une délibération du 5 fév. 1843 imposait aux actionnaires, en cas de cession de leurs actions, la condition de donner connaissance, par écrit et à leurs frais, de la transmission au gérant, qui devait consigner immédiatement le transfert sur un registre spécial; mais que, d'une part, l'avis à donner au gérant par le cédant ne suspendait pas l'exercice des droits du cessionnaire, et avait ainsi uniquement pour objet de renseigner la compagnie sur les détenteurs du titre en circulation, et que, d'un autre côté, le transfert imposé au gérant après la réception de l'avis n'avait rien de commun avec la déclaration translative de propriété exigée pour l'application du tarif de 20 cent. (50 cent.), puisqu'il n'intervenait qu'après la transmission et était accompli par un tiers, sans la participation du cédant et du cessionnaire;

« Que, si la société a voulu plus tard, par sa délibération du 6 août 1868, changer l'état de choses en décidant, par une modification aux statuts originaires, que les actions étaient nominatives et que le transfert en serait effectué par une déclaration signée du cédant et du cessionnaire, sur un registre spécial de la société, cette délibération, outre qu'elle n'a pas été déclarée à l'Administration dans les termes et suivant les formes déterminées par l'art. 1er du décret du 17 juil. 1857, n'a été suivie ni du retrait des anciens titres émis au porteur, ni de leur remplacement par des titres nominatifs; qu'ainsi la délibération n'a pas été exécutée, et qu'il n'est resté dans la circulation que des actions au porteur, dont la transmission, par suite, a continué d'être régie par les statuts originaires de la société... » — Rapp. dans le même sens : Compiègne, 10 janv. 1877; R. p., table 1878, p. 750.

363. *Modification statutaire non déclarée à l'Administration.* L'arrêt que nous venons de transcrire paraît attacher, dans ses motifs, une certaine importance, pour refuser de tenir compte de la délibération qui avait modifié le mode de transmission des actions, à ce fait que cette délibération n'avait pas été portée à la connaissance de l'Administration dans le délai d'un mois fixé par l'art. 1er du décret du 17 juil. 1857. Il paraît certain, cependant, que cette omission ne peut avoir aucune influence sur le mode de perception de l'impôt. Dès lors que le mode de transmission des titres a été régulièrement changé et que les titres ne sont plus cessibles qu'au moyen d'un transfert sur les registres de la société, la taxe annuelle cesse de plein droit d'être exigible.

D'une part, en effet, l'art. 1er du décret du 17 juil. 1857, qui prescrit, en cas de modifications statutaires, d'en faire la déclaration dans le délai d'un mois à l'Administration, n'a pas d'autre sanction que l'amende édictée par l'art. 12 de ce décret. Ce serait exagérer les rigueurs de la loi que d'ajouter à cette pénalité l'obligation pour la société de continuer à payer l'impôt sur la base des anciens statuts.

En outre, la déclaration dont il s'agit ne sert pas de base à la perception des droits; elle n'est qu'un moyen de contrôle. L'impôt se perçoit pour les titres au porteur et ceux qui leur sont assimilés, d'après l'état des actions et obligations existant au dernier jour de chaque trimestre. L'Administration est tenue d'accepter cette base de perception, sauf à en établir, au besoin, l'inexactitude; mais il n'est nullement nécessaire, pour que les modifications statutaires déterminent la perception des droits, qu'elles aient date certaine ou qu'elles soient régulièrement portées à la connaissance de l'Administration. — Dans ce sens : Mulhouse, 14 nov. 1861 ; 17,407 J.; 12,127 Contr.; 1625 R. p.; — Sol. 4 mai 1866.

§ 2. — Obligations.

364. Base de la distinction à observer pour l'application du droit au comptant ou de la taxe annuelle. — *Loi du 16 sept.* 1871. La distinction que la loi du 23 juin 1857 fait, pour déterminer le mode de perception du droit de transmission, entre les titres qui ne peuvent être transmis qu'au moyen d'une déclaration de transfert et ceux qui comportent d'autres modes de transmission, s'applique aussi bien aux obligations qu'aux actions. C'est ce qui résulte, du moins en ce qui concerne les obligations des sociétés, des articles 6 et 7 de la loi précitée.

Quant aux obligations émises par les départements, les communes, les établissements publics et le Crédit foncier, dont l'assujettissement à l'impôt n'a été édicté que par la loi du 16 septembre 1871, on avait essayé de soutenir, en s'appuyant sur le texte de cette loi, que la distinction devait être faite simplement entre les titres *nominatifs* et les titres *au porteur*, les premiers devant tous payer le droit au comptant, quel que fût le mode adopté pour leur transmission, tandis que la taxe annuelle n'aurait atteint que les seconds. Mais, ainsi que nous l'avons vu *supra*, n° 302, cette interprétation de la loi de 1871 a été condamnée par un arrêt de la Chambre des requêtes du 12 fév. 1877, qui a décidé que ce sont les dispositions de la loi de 1857 qui régissent seules l'assiette et les bases du droit de transmission, aussi bien sur les obligations assujetties à l'impôt par la loi du 16 sept. 1871 que sur les actions et les obligations des sociétés. 20,330 J. ; 4603 R. p. ; 15,732 Contr. ; 21,633 J. N. ; Inst. 2575, § 1er ; S., 77, 1, 227 ; P., 77, 553 ; D. P., 77, 1, 256.

« Attendu, porte cet arrêt, que la loi du 23 juin 1857, après avoir assujetti toute cession de titres ou promesses d'actions et d'obligations dans une société ou entreprise quelconque au droit de 20 c. p. 100 de la valeur négociée, convertit immédiatement ce droit en une taxe annuelle de 12 c. p. 100 du capital des actions et des obligations, tant sur les titres au porteur que sur les titres nominatifs, à l'exception de ceux dont le transfert ne peut s'opérer que par une déclaration sur les registres sociaux; et qu'ainsi, en dehors de cette exception, il n'y a point dans les sociétés civiles ou commerciales, suivant la loi de 1857, d'actions et d'obligations qui échappent au régime de la taxe;

« Attendu que si, sans s'exprimer dans les mêmes termes, la loi du 16 sept. 1871 fixe à 50 c. au lieu de 20 c. pour les titres nominatifs, et à 15 c. au lieu de 12 c. pour les titres au porteur, les droits de circulation sur les valeurs mobilières, et si, sans s'expliquer davantage, elle déclare que ces droits s'appliqueront également aux obligations des départements, des communes, des établissements publics et du Crédit foncier, il résulte toutefois de son propre texte, comme aussi de son objet et de ses motifs, qu'elle n'a rien changé au système de l'abonnement;

« Que, d'après son texte, elle se borne, en se référant aux droits précédemment établis, à les élever respectivement pour chaque espèce de titres, et à les étendre ensuite à des obligations qui n'y avaient pas encore été soumises; qu'il n'a été question de rien de plus dans l'énonciation de ses motifs et dans sa discussion, et qu'il est inadmissible que le législateur, qui ne songeait qu'à accroître les ressources du budget, ait eu l'idée de renoncer, en tout ou partie, à un mode de perception facile et sûr, pour en adopter un autre moins efficace et moins favorable aux intérêts du Trésor; que c'est donc la loi de 1857 qui régit seule et sans distinction l'assiette et les bases du droit de transmission sur les valeurs mobilières. »

Il résulte de ces explications que toutes les règles que nous avons exposées dans le paragraphe précédent pour déterminer le champ d'application du droit au comptant et de la taxe annuelle, régissent de plein droit la perception à faire sur les obligations des sociétés, des départements, communes, des établissements publics et du Crédit foncier.

365. Modes divers de transmission des obligations. — *Droit commun.* Ainsi, d'une part, les divers moyens légaux de transmission que nous avons indiqués pour les actions s'appliquent aux obligations. Ce point n'a jamais été mis en doute, et, bien que la déclaration de transfert et la tradition n'aient été prévues par les art. 35 et 36 du Code de commerce que relativement aux actions, on n'a jamais fait difficulté d'admettre la légalité de ces modes de transmission pour les obligations, du jour où les sociétés, les départements, les communes et les établissements publics ont émis des titres de cette nature, en adoptant pour eux la distinction, en usage pour les actions, entre les titres nominatifs et les titres au porteur.

D'autre part, la jurisprudence d'après laquelle les actions, dans le silence des statuts sur ce point, sont présumées transmissibles par tous les modes de droit commun, ce qui entraîne l'exigibilité de la taxe annuelle (V. *supra*, n° 347), s'applique également aux obligations. Un arrêt du 15 déc. 1869 le décide de la manière la plus expresse. 18,884 J.; 3064 R. p.; 14,497 Contr.; 19,785 J. N.; Inst. 2398, § 6; S., 70, 1, 177; P., 70, 409; D.P., 70, 1, 410. — *Adde:* Vervins, 15 juil. 1881; 5937 R. p.; 16,699 Contr.; — Auxerre, 29 mai 1884; 6374 R. p.; 17,018 Contr.; 23,351 J. N.

Toutefois, ce ne sont pas seulement les statuts qui sont appelés à déterminer obligatoirement pour les parties le mode de transmission des obligations. Il est même à remarquer qu'il ne peut être question de statuts lorsqu'il s'agit d'obligations émises par un département, une commune ou un établissement public. En pareil cas, le mode de transmission est déterminé, soit par le cahier des charges qui précède l'émission, soit par le titre lui-même, et ce n'est, par conséquent, qu'à défaut de l'une ou l'autre de ces indications que le droit commun est applicable.

366. *Obligations de sociétés. Statuts déterminant le mode de transmission des actions.* Lorsque le mode de transmission des obligations émises par une société n'a été déterminé ni par les statuts, ni par le contrat d'émission, ni par le titre, elles doivent être réputées transmissibles par tous les modes de droit commun, et, par conséquent, elles sont passibles de la taxe annuelle, bien qu'une clause des statuts réglant le mode d'aliénation des actions ait disposé que ces derniers titres ne pourraient être transmis qu'au moyen d'une déclaration de transfert sur les registres sociaux. Ce règlement, édicté pour les actions, ne peut, en effet, être étendu de plein droit aux obligations. 18,819-1 J.; — Montpellier, 9 déc. 1867; 18,537 J.; 2677 R. p.; Inst. 2398, § 6; 2256 Rev. not.; — Cass., 15 déc. 1869 (précité); — Vervins, 15 juill. 1881; 5937 R. p.; 16,699 Contr.

367. *Détermination tacite du mode de transmission.* Cependant, il ne faudrait pas exagérer la règle qui vient d'être indiquée. Le mode suivant lequel les obligations émises par une société, une commune ou un établissement public, peuvent être transférées, est une des clauses du contrat passé entre l'établissement emprunteur et les obligataires. Elle est, comme telle, susceptible d'interprétation; toute la question revient à déterminer quelle a été la volonté des contractants. Or, cette volonté, sans avoir été formulée d'une manière expresse dans le contrat d'émission, peut cependant résulter des circonstances dans lesquelles l'émission a eu lieu. S'il en était ainsi et s'il apparaissait, soit de certaines clauses des statuts de la société débitrice, soit de tout autre document, que le mode de transmission des obligations émises a été réellement déterminé et est obligatoire pour les parties, il faudrait s'y conformer, et, dans le cas où ce mode de transmission consisterait dans une déclaration de transfert, l'exigibilité de la taxe annuelle se trouverait écartée.

C'est ce que l'Administration n'a pas hésité à reconnaître par une solution du 28 sept. 1887, textuellement rapportée *supra*, n° 350 *bis*.

Il a été décidé, dans ce sens, que la taxe annuelle n'est pas exigible sur les certificats nominatifs de dépôt qu'une ville délivre à ceux de ces obligataires qui en font la demande, en échange de leurs titres au porteur qu'elle reçoit et immobilise temporairement dans la caisse municipale, lorsque la cession de ces certificats nominatifs ne devient parfaite, au regard de la ville, que par la formalité du transfert, encore bien que la nécessité de ce transfert n'ait pas été spécialement prévue par le cahier des charges de l'emprunt et ne résulte que des dispositions réglementaires, qui gouvernent la matière des emprunts municipaux. Marseille, 21 janv. 1890; 7385 R. p.

368. Changements apportés au mode de transmission d'obligations précédemment émises. — Le mode de transmission des obligations émises par une société, un département, une commune, un établissement public, constitue, avons-nous dit, une clause du contrat passé entre l'établissement emprunteur et les obligataires. Il en résulte qu'il ne peut être modifié sans le consentement de ces derniers, et que, par conséquent, les changements qu'on prétendrait avoir été opérés dans le mode légal de transfert ne pourraient, en l'absence de ce consentement, être opposés à l'Administration pour arrêter le cours de la taxe annuelle.

C'est ainsi que, si des obligations au porteur ont été émises par une société, en vertu d'une clause de ses statuts qui n'autorise que l'émission de cette classe de valeurs, la déclaration faite par le gérant au bureau de l'enregistrement et portant que toutes ces obligations ont été converties en titres nominatifs, exclusivement transmissibles par une déclaration de transfert, est insuffisante pour dispenser la société du payement de la taxe annuelle, dès lors que la clause statutaire en vertu de laquelle l'émission des titres au porteur a eu lieu n'a pas été régulièrement modifiée. Belfort, 27 avril 1864; 18,338 J.; 2438 R. p.

369. *Obligations communales. Arrêté du maire modifiant le mode de transmission.* De même, si des obligations émises par une commune ont été déclarées transmissibles par voie d'endossement, la commune ne saurait se soustraire au payement de la taxe annuelle en créant un registre de transferts et en faisant ajouter sur les titres qu'en cas de transmission il doit en être fait déclaration à la recette municipale. Ces mesures d'ordre d'intérieur, prises postérieurement à l'émission, ne lient pas les porteurs et ne peuvent avoir pour effet de rendre à leur égard les titres exclusivement transmissibles au moyen d'une déclaration de transfert. — Montargis, 27 août 1878; 21,422 J.; 5151 R. p.

Enfin il a été décidé, dans le même ordre d'idées, que si, postérieurement à l'émission d'obligations communales, les unes au porteur et les autres nominatives et transmissibles dans les formes du droit commun, le maire prend un arrêté pour disposer que les transferts seront désormais opérés à la mairie, en présence d'un agent de change, cette mesure, qui ne subordonne pas à la formalité qu'elle prescrit la validité de cette transmission, et qui d'ailleurs ne saurait avoir cet effet sans l'assentiment des obligataires, est insuffisante pour exonérer les titres de la taxe annuelle et obligatoire. Cass. (req.), 12 fév. 1877; 20,330, J.; 4603 R. p.; 15,732 Contr.; 21,633 J. N.; Inst. 2575, § 1er; S., 77, 1, 227; P., 77, 553; D. P., 77, 1, 256.

« Attendu, porte cet arrêt, qu'il ressort du jugement que, sauf la neuvième émission et une partie de la huitième, les obligations de la ville de Rouen ont été créées et n'ont point cessé d'être: les unes au porteur, les autres nominatives et transmissibles conformément aux règles du droit commun; qu'il est vrai l'arrêté du maire de Rouen du 14 mars 1862 dispose que désormais les transferts des obligations de la ville ne seront plus opérés à la mairie qu'en présence d'un agent de change;

« Mais qu'il est constant que la ville n'a voulu, par là, que se renseigner sur les détenteurs des titres en circulation; que l'arrêté ne subordonne point à la formalité qu'il prescrit la validité de la transmission; que le prix de la négociation n'est point indiqué dans les déclarations de transfert remises à la mairie, et que cette formalité ne constitue qu'une mesure d'ordre intérieur qui laisse subsister les titres avec leur caractère propre et originaire, sans modifier les divers modes de cession dont ils sont susceptibles de leur nature;

« D'où il suit qu'en décidant que les obligations sur lesquelles portaient le litige sont passibles de la taxe annuelle, le tribunal, bien loin de se mettre en contradiction avec les lois de la matière, les a, au contraire, judicieusement interprétées et appliquées. »

Chapitre II. — RÈGLES CONCERNANT L'EXIGIBILITÉ ET LA LIQUIDATION DU DROIT AU COMPTANT SUR LES TRANSFERTS ET LES CONVERSIONS.

370. Division. — Nous venons de faire connaître, dans le chapitre précédent, les règles générales qui gouvernent l'exigibilité de l'impôt établi, sous le nom de droit de transmission, par les lois du 23 juin 1857 et du 16 sept. 1871. Nous avons indiqué notamment les deux formes de perception de cet impôt et précisé les cas dans lesquels le droit doit être perçu au comptant lors de chaque transmission, et ceux dans lesquels cette perception est remplacée par une taxe annuelle et obligatoire à payer par la société ou l'établissement qui a émis les actions ou les obligations.

Nous devons, dans ce chapitre, nous occuper plus spécialement de l'exigibilité et de la liquidation du droit au comptant. Nous préciserons les cas dans lesquels les transferts et les conversions donnent ouverture au droit, et ceux dans lesquels ils en sont exceptionnellement affranchis. Enfin nous ferons connaître les règles d'après lesquelles la valeur imposable des actions et obligations doit être établie.

Art. 1er. *Des transferts qui sont soumis à la perception au comptant du droit de transmission et de ceux qui en sont exempts.*

371. Principe. — Après avoir soumis au droit de 20 centimes p. 100 (50 cent.) toute cession d'actions ou d'obligations dans les sociétés (art. 6), la loi du 23 juin 1857 dispose (art. 7) que ce droit pour les titres nominatifs, dont la transmission ne peut s'opérer *que par un transfert sur les registres de la société*, sera perçu au moment du transfert, pour le compte du Trésor, par les sociétés, qui en seront constituées débitrices par le fait du transfert. Ainsi, ce qui est atteint par l'impôt, c'est la *transmission* des actions ou obligations, réalisée au moyen du transfert. Il en résulte, d'une part, que le transfert d'un titre de l'espèce ne donne ouverture au droit que s'il a lieu en vertu d'une transmission. Cette règle est, comme nous le montrerons plus loin, la base de nombreuses exceptions apportées par la loi à l'exigibilité du droit de 50 cent. p. 100 sur les transferts.

Il en résulte, d'autre part, que, parmi les transmissions de titres, les seules qui donnent ouverture au droit de 50 centimes p. 100 sont celles qui se réalisent au moyen d'un transfert. La raison en est que les titres dont la transmission pourrait valablement s'opérer d'une autre manière sont soumis à la taxe annuelle et excluent la perception du droit au comptant. Le transfert est donc, pour les titres dont nous nous occupons dans ce chapitre, la cause unique de l'exigibilité du droit, en même temps que l'occasion de sa perception. On verra plus loin que ce principe n'a pas toujours été respecté.

372. Double condition de l'exigibilité du droit. Transmission et transfert. Preuve. — L'exigibilité du droit de 50 cent. est donc soumise à une double condition : celle de la cession des titres, d'abord, et celle de sa réalisation par la voie du transfert, qui seul est capable de consommer la transmission de propriété.

373. *Cession des titres.* Conformément à cette règle, le tribunal de Rennes a décidé, le 3 mars 1874, que l'Administration ne peut réclamer le droit de transfert à 50 cent. p. 100 sur des actions exclusivement transmissibles par un transfert sur les registres de la société qu'en prouvant que des mutations ont réellement eu lieu. 19,745 J.; 4066 R. p.; Inst. 2516, § 2.

« Attendu, porte ce jugement, que l'Administration ne justifie d'aucune transmission d'actions véritablement effectuée; qu'elle articule, il est vrai, que 40 actions inscrites sous le nom de M. Blaize ont été transférées à M. le Plomelec; mais que le fait et les circonstances caractéristiques d'un transfert ne ressortent pas avec une suffisante évidence des pièces produites à l'appui du mémoire de la Régie... etc. »

374. *Nécessité du transfert.* Nous avons dit que le transfert étant, dans l'économie de la loi du 23 juin 1857, la cause juridique de l'exigibilité du droit de 50 cent. p. 100, l'Administration ne peut, en principe, réclamer ce droit qu'en établissant que le transfert a été effectué. Voici cependant une espèce qui a donné lieu à un arrêt de la Cour de cassation (Ch. civ., 30 déc. 1884; 22,396 J.; 6407 R. p.; 17,017 Contr.; 23,416 J. N.; Inst. 2716, § 3; S., 86, 1, 321; D. P., 85, 1, 201), et dans laquelle cette règle paraît avoir été méconnue.

375. Le Crédit général français ayant décidé l'émission d'actions nouvelles, un syndicat s'est formé, par acte sous seing privé du 1er mai 1879, entre les porteurs de parts de fondateurs auxquels les statuts réservaient un droit de préférence dans la souscription des actions, et d'autres personnes, en vue : 1° de l'achat avec prime des actions réservées aux porteurs de parts de fondateurs; 2° de la souscription des actions non reprises, en vertu d'un droit de préférence de même nature, par les porteurs des anciens titres; 3° enfin de la revente de toutes les actions à un prix déterminé, la différence entre ce prix et le taux de l'émission devant constituer le bénéfice à répartir entre tous les participants, au prorata de leurs mises.

Le syndicat a été divisé en quarante-deux parts de 100,000 francs chacune, 25,000 fr. payables immédiatement et le surplus dans les trois mois, sur l'appel des directeurs.

L'opération pour laquelle la société s'était formée s'est réalisée; les actions ont été souscrites, et le syndicat devenu propriétaire : 1° des 12,840 actions provenant des porteurs de parts de fondateurs; 2° et de 4,536 titres non souscrits par les anciens actionnaires, soit, en tout, de 17,376 titres, les a revendus, par l'intermédiaire de ses directeurs et des administrateurs du Crédit général français lui-même, chargé du placement, à MM. d'Erlanger et Berthier, au prix qui avait été déterminé dans l'acte du 1er mai 1879. Mais les conditions de cette vente ont paru désavantageuses aux membres du syndicat, qui ont contesté la régularité de la cession et se sont refusés à l'exécuter.

Le tribunal de la Seine a dû rendre, à la date du 7 oct. 1879, un jugement pour les y contraindre.

Il a paru que ce jugement reconnaissait l'existence d'une double cession d'actions, savoir : entre les fondateurs et les membres participants du syndicat, et entre ces derniers et MM. d'Erlanger et Berthier, et qu'il en prescrivait l'exécution. Le droit de transfert à 50 cent. p. 100 a été perçu, lors de l'enregistrement du jugement, à raison de cette double transmission, alors que le transfert n'avait pas encore été effectué. Sur la demande en restitution des parties, le tribunal de la Seine, par jugement du 14 avril 1882, a cru devoir, sauf quelques rectifications de détail, approuver cette perception. 22,000 J.; 6001 R. p.; 16,610 Contr.

Pourvoi en cassation, et arrêt du 30 déc. 1884, par lequel la chambre civile rejette le pourvoi dans les termes suivants :

« Sur les 2e et 3e moyens du pourvoi : — Attendu que le jugement attaqué a justement déduit des termes de l'acte du 1er mai 1879, et de l'exécution que cet acte avait reçue, l'existence de cessions d'actions nouvelles du Crédit général français, intervenues entre les membres du syndicat constitué pour l'achat de ces actions ;

« Qu'en effet l'art. 1er du traité porte que le syndicat a pour objet l'achat de 12,840 actions sur les 14,000 qui auraient été souscrites par les porteurs de parts de fondateurs, membres du syndicat, et fixe la prime qui sera payée à ces fondateurs sur chaque action cédée ;

« Que, d'un autre côté, ces 12,840 actions ayant été cédées dans une proportion égale par tous les participants à Erlanger et Berthier frères, il a bien fallu que les participants non fondateurs acquissent des participants fondateurs la quantité d'actions nécessaire pour leur donner un intérêt égal dans l'opération faite avec Erlanger et Berthier frères ;

« Attendu que les statuts du Crédit général français portent, d'une part, que les actions qui ne sont pas encore libérées de moitié ne peuvent être que nominatives, et, d'autre part, que la cession des titres nominatifs s'opère par un transfert rédigé sur deux feuilles dont l'une est signée par le cédant et l'autre par le cessionnaire (art. 6 des statuts) ;

« Attendu que cette dernière clause indique d'une manière claire et précise le transfert comme la formalité à laquelle est nécessairement soumise la cession des titres nominatifs ;

« Que lorsque le transfert a été ainsi indiqué comme l'acte par lequel s'opérerait la cession, on ne saurait admettre, sans enlever à l'art. 6 des statuts tout sens et toute portée, que la cession pût s'opérer par tout autre mode ;

« Qu'il importe peu, d'ailleurs, que le transfert soit rédigé sur deux feuilles détachées, dès lors que ces feuilles portent une déclaration signée du cédant et du cessionnaire, c'est-à-dire réalisent les conditions essentielles de l'acte de transfert ;

« Attendu que de ce qui précède il résulte que les actions cédées par les participants fondateurs à leurs coparticipants ne pouvant être que nominatives, puisqu'elles n'étaient pas encore libérées de moitié, et leur cession nécessitant un transfert, un droit de transmission de 50 cent. p. 100 était dû sur les cessions opérées, en vertu des art. 6 de la loi du 23 juin 1857 et 3 de la loi du 29 juin 1872 ;

« Attendu que si, aux termes de l'art. 7 de la loi de 1857, le droit doit être perçu au moment du transfert, pour le compte du Trésor, par les sociétés, compagnies ou entreprises, qui en sont constituées débitrices par le fait du transfert, ce mode de perception suppose que le transfert a été régulièrement opéré ; mais qu'il n'en saurait être ainsi lorsque, comme dans l'espèce, on a cherché à échapper à l'obligation du transfert et à frauder ainsi la loi fiscale ;

« Attendu que dans ces conditions, d'une part, le Trésor retrouve dans la constatation judiciairement faite des cessions son droit à la perception de la taxe ; — Que, d'autre part, la société sur les registres de laquelle le transfert n'a pas eu lieu ne saurait être reconnue débitrice vis-à-vis du Trésor d'un impôt qu'elle n'a pas été en situation de percevoir pour lui ; — Que le Trésor se trouvant ainsi placé directement et sans intermédiaire en regard du contribuable débiteur, c'est à ce dernier qu'il doit demander le payement du droit, au moment de l'enregistrement du jugement qui a constaté les cessions ;

« Attendu, dès lors, que le droit de 50 cent. p. 100 perçu sur les cessions intervenues entre les participants l'a été légalement, et que c'est à bon droit qu'on l'a réclamé lors de l'enregistrement du jugement du 7 oct. 1879... »

376. Il résulte de cet arrêt que, lorsque des titres uniquement transmissibles par une déclaration de transfert ont fait l'objet d'une cession constatée par un acte ou un jugement, comme dans l'espèce, et rendant le transfert obligatoire entre les parties, l'Administration est autorisée à percevoir immédiatement le droit de 50 cent. p. 100, sans attendre que la formalité qui doit régulariser la cession et la rendre parfaite à l'égard de tous soit accomplie. Une solution du 22 déc. 1880 (21,637 J. ; 16,500 Contr.) faisait déjà pressentir l'appréciation de l'Administration sur ce point. Nous l'avons approuvée, en la rapportant sous le n° 21,637 du Journal. Néanmoins, une nouvelle étude de la question nous fait concevoir des doutes sérieux sur l'exactitude de la décision rendue par la Cour suprême.

Antérieurement à la loi du 5 juin 1850, qui a établi un droit de timbre proportionnel sur les actions des sociétés, la cession de ces actions était régie, au point de vue de l'enregistrement, par l'art. 69, § 2, n° 6, de la loi du 22 frim. an 7. L'acte qui la constatait donnait ouverture, au moment de la formalité, au droit de 50 cent. p. 100.

Mais, après la loi de 1850, ces cessions se trouvent exemptées de tout droit d'enregistrement. « Au moyen du droit (de timbre) établi par l'article précédent, porte l'art. 15 de cette loi, les cessions de titres ou de certificats d'actions seront exemptes de tout droit et de toute formalité d'enregistrement. »

Cette immunité, il est vrai, n'a pas été entièrement respectée par la loi du 23 juin 1857. Mais on ne peut pas dire non plus qu'elle ait complètement disparu. Elle continue, à notre avis, à subsister, sauf l'exception qui y a été apportée par la loi de 1857 et dans les limites de cette exception. Cela résulte, en effet, de ce que cette loi a non pas fait revivre l'ancienne disposition de la loi du 22 frim. an 7, mais institué à côté du droit de timbre, auquel les actions avaient été soumises par la loi de 1850, un droit d'enregistrement d'une nature spéciale, soumis à des conditions d'exigibilité particulières et nettement désignées par le législateur. Lors donc que ces conditions ne se trouvent pas remplies, il ne nous semble pas que l'Administration puisse invoquer les règles ordinaires du droit fiscal pour y suppléer et percevoir les droits de transmission.

Personne ne fait difficulté de l'admettre, lorsqu'il s'agit d'actions soumises au payement de la taxe annuelle. Les actes qui constatent leurs cessions sont incontestablement affranchis de tout droit proportionnel, et cela lors même que la société ne se trouverait pas complètement en règle avec le Trésor pour le payement de la taxe. Le seul droit de l'Administration, dans ce cas, est de poursuivre la société pour l'obliger à faire régulièrement ses versements trimestriels. Pourquoi en serait-il autrement lorsqu'il s'agit du droit de 50 cent. p. 100? Sa perception est, comme celle de la taxe, soumise à des règles particulières. Son exigibilité notamment se rattache au fait du transfert sur les registres, et, en l'absence de ce transfert, non seulement toute occasion manque à la perception, puisqu'elle doit avoir lieu lors du dépôt trimestriel des transferts effectués au cours du trimestre précédent, mais on est en droit d'ajouter que c'est la base même de l'impôt, le fondement de son exigibilité, qui, dans ce cas, font absolument défaut.

Mais, dira-t-on, lorsque la cession des titres est dûment constatée, le Trésor ne peut être déclaré impuissant à recouvrer des droits exigibles par cela seul que les parties négligent d'accomplir la formalité du transfert. A cela nous répondrons que, dans cette hypothèse, il ne peut être question de recouvrement, puisque les droits ne sont pas dus. Tant que le transfert n'a pas été régularisé, la transmission n'est pas parfaite ; la cession peut bien être obligatoire entre les parties, mais elle ne transfère pas la propriété des titres. S'il en était autrement, c'est que les titres seraient transmissibles par une autre voie que celle du transfert, et c'est alors la taxe annuelle qui devrait être réclamée à la société, d'après la jurisprudence que nous avons résumée *supra*, n°s 331 et suivants.

Il en est ainsi, selon nous, même lorsqu'un jugement a déclaré, comme dans l'espèce, que, faute par les parties d'opérer le transfert, sa décision vaudrait transfert. Le demandeur qui a obtenu gain de cause n'est pas pour cela immédiatement investi de la propriété des titres. S'il ne parvient pas, malgré l'injonction des juges, à triompher de la résistance de son adversaire, il n'a d'autre ressource que de faire signifier le jugement à la société, qui le transcrira alors sur ses registres et consommera ainsi définitivement la transmission de propriété au profit du cessionnaire. Que si la société se refusait à accomplir cette formalité et si le délai fixé par le jugement expirait sans que le transfert fût opéré, nous admettrions alors que ce jugement pourrait suppléer au transfert et en opérer tous les effets. Mais, dans ce cas, la société serait tenue de comprendre ce transfert dans l'état qu'elle doit fournir à la fin du trimestre et de payer le droit de 50 cent. p. 100 devenu exigible.

Telle est, selon nous, la seule règle de perception qu'autorisent les dispositions précises de la loi du 23 juin 1857.

Ajoutons, et cette considération nous paraît décisive, qu'en élevant la prétention de percevoir le droit sur les actes qui constatent la transmission des titres sans attendre que le transfert en soit opéré, l'Administration arrive ainsi à faire payer un impôt qui n'est pas encore exigible. Un principe de droit porte que « *qui a terme ne doit rien* ». Or, le droit de 50 cent. p. 100 sur les cessions de titres intervenues pendant un trimestre, en supposant même que ces cessions soient devenues définitives par le transfert, n'est exigible que dans les vingt premiers jours du trimestre suivant (art. 7, loi précitée, et art. 2 du décret du 17 juil. 1857). En l'exigeant au moment de l'enregistrement de l'acte de cession passé entre les parties, l'Administration outrepasse son droit, puisqu'elle contraint le redevable à une anticipation de payement qu'aucun texte n'autorise.

Bien plus, elle encaisse ainsi un impôt qui, peut-être, n'aurait jamais pu être exigé. Il suffit, pour s'en convaincre, de supposer, par exemple, que l'acte passé entre les parties ne soit pas susceptible d'exécution, parce que la cession aura été faite au mépris des statuts, ou, pour rentrer dans notre espèce, que le jugement rendu en premier ressort ait été frappé d'appel et soit ensuite annulé. Dans ce cas, le transfert ne sera jamais fait, la propriété des titres n'aura jamais été transmise au cessionnaire, et cependant l'Administration aura perçu un droit qui n'a son fondement que dans cette transmission et qu'elle refusera ensuite de restituer, en s'abritant derrière les dispositions de l'art. 60 de la loi du 22 frim. an 7.

Pour nous, cette prétention est inadmissible. Sans le transfert ou sans un acte qui réellement en tienne lieu et en produise tous les effets, il n'y a pas de cause à la perception du droit de 50 cent. p. 100. Par conséquent, l'Administration doit en principe attendre que le transfert ait été effectué pour exiger le payement de l'impôt.

Il a été décidé, par une solution du 20 mai 1868 (V. *infra*, n° 395), que le droit de 3 francs est seul exigible lors de l'enregistrement de l'acte qui constate une cession de titres soumis, soit à la taxe annuelle, soit au droit de 50 cent. p. 100, par le motif que ce droit, devant être perçu par la société au moment du transfert et versé au Trésor à la fin de chaque trimestre, ne peut être régulièrement exigé des parties tant que le transfert n'est pas effectué.

Cette interprétation nous paraît beaucoup plus juridique que celle à laquelle la Cour a donné son adhésion.

377. Titres divers en vertu desquels le transfert peut être effectué. — Les transferts qui sont effectués sur les registres de la société et qui consomment la transmission de propriété des actions ou des obligations peuvent avoir lieu en vertu des titres les plus divers : en vertu de négociations réalisées par l'intermédiaire d'un agent de change ou directement entre les parties, c'est le cas le plus ordinaire ; à titre d'échange ; à la suite d'une mutation par décès ou d'une transmission entre vifs à titre gratuit ; en vertu d'un partage, ou, plus généralement, en vertu d'actes notariés ou sous seing privé dressés pour constater les conventions diverses des parties.

Nous allons passer en revue ces différentes causes de transmissions et les questions spéciales qu'elles soulèvent au point de vue de la perception du droit de transfert. Nous parlerons ensuite des transferts qui ne sont pas la conséquence d'une transmission de propriété, tels que les transferts en garantie et les transferts pour ordre.

378. Négociations de titres. — La vente des titres est le contrat qui, le plus fréquemment, donne lieu aux transferts. Elle s'effectue par l'intermédiaire des agents de change pour les titres cotés à la Bourse (Buchère, Traité des valeurs mobilières, n°s 1164, 1205 et suiv.). Elle peut avoir lieu de toute autre manière, même verbalement, pour les autres titres. Mais comme, dans l'hypothèse où nous nous plaçons, il s'agit de titres dont la propriété ne peut être valablement transmise, tout au moins à l'égard des tiers et de la société, que par une déclaration de transfert, cette formalité est indispensable pour que la vente produise tous ses effets légaux. « Il ne faut pas, dit M. Buchère, confondre la vente ou la cession d'un titre nominatif avec le transfert. Les valeurs mobilières, rentes sur l'Etat, actions ou obligations des compagnies ou autres valeurs, peuvent être aliénées sans aucune formalité spéciale, sous la réserve du privilège réservé aux agents de change en cas de négociation à la Bourse. La vente est parfaite entre les parties dès que la cession a eu lieu ; mais la mutation de propriété qui en résulte ne peut être constatée que par le transfert qui forme le titre de l'acquéreur. » *Loc. cit.*, n° 1249.

D'après les principes que nous avons exposés, c'est la déclaration de transfert faite au siège de la société ou de l'établissement débiteur qui rend le droit de 50 cent. p. 100 exigible. Comme nous le verrons plus loin, ce droit doit être payé par les parties à la société, qui en est ainsi constituée comptable vis-à-vis du Trésor.

379. *Cessions par un prête-nom.* Bien qu'en principe les transferts qui sont faits en vertu d'une convention translative de propriété soient les seuls qui donnent ouverture à l'impôt, à l'exclusion notamment des transferts à titre de garantie ou des transferts pour ordre, ainsi qu'on le verra plus loin, néanmoins on doit incontestablement décider que toute déclaration de transfert inscrite sur les registres, faisant présumer la transmission du titre, doit être assujettie au droit de 50 cent. p. 100, à moins de justifications contraires. Cette justification peut résulter de ce que le transfert a été expressément fait à titre de garantie, par exemple, ou de ce qu'il a eu lieu soit en vertu d'une mutation ou d'un acte qui ont acquitté l'impôt, comme dans le cas de mutation par décès ou de donation, soit en vertu d'une convention non translative comme le partage. V. *infra*, n° 387.

A défaut de justifications de cette nature, le droit de 50 cent. p. 100 doit être exigé.

Décidé, dans ce sens, que le droit est dû sur le transfert consenti par un prête-nom en faveur des héritiers du véritable propriétaire. (Sol. 6 mars 1858.) C'est là une application particulière des principes qui régissent, en matière d'enregistrement, les mutations de la propriété apparente. — V. au Dict. des Rédacteurs, v° Mutations, n°s 30 et 467.

380. Échange. — L'échange est une convention évidemment translative. Par conséquent, le transfert qui est effectué en vertu d'une acquisition faite à titre d'échange donne incontestablement ouverture au droit, sauf toutefois ce qui sera expliqué plus loin en ce qui concerne le cas où l'acquisition du titre reçu en échange ne serait que la disposition corrélative d'une autre transmission ayant subi la perception d'un droit de mutation.

Une solution du 30 novembre 1863 a statué sur l'espèce suivante, qui n'est pas de nature à se présenter fréquemment : Deux moitiés d'actions ont été échangées contre une action entière de la même société. L'opération a été constatée par deux transferts inscrits simultanément sous le même numéro. Il a été décidé, par application de la règle générale suivie en matière d'enregistrement (art. 10 et 11, loi du 22 frimaire an 7), que le droit de 50 cent. p. 100 ne devait être exigé que sur l'un des transferts.

381. **Donations.** — La loi du 23 juin 1857 n'a fait que rendre obligatoire la perception du droit de transmission à titre onéreux édicté par l'article 69, § 2, n° 6, de la loi du 22 frimaire an 7, sur l'enregistrement des actes portant cession d'actions et d'obligations négociables. Elle est restée étrangère tant aux mutations par décès qu'aux transmissions à titre gratuit dont ces valeurs peuvent être l'objet, et qui sont atteintes par les dispositions générales de la loi fiscale établissant sur les mutations de cette nature, abstraction faite de leur objet, des droits variables suivant le degré de parenté du défunt avec ses héritiers, du donateur avec le donataire. Il en résulte, d'une part, en ce qui concerne les donations entre vifs, que toute transmission à ce titre d'actions ou d'obligations de la nature de celles que vise la loi du 23 juin 1857 donne ouverture au droit proportionnel, d'après le tarif fixé pour les donations. Il en était ainsi, d'ailleurs, sous l'empire de la loi du 5 juin 1850, qui avait exempté les cessions d'actions et d'obligations de tout droit et de toute formalité d'enregistrement (art. 15). Cette exemption ne profitait qu'aux cessions à titre onéreux. V. dans ce sens : Valenciennes, 16 juin 1857; 16,584 J.; 9784 R.; 16,143 J. N.; 859 R. p.; — Cass. (ch. civ.), 23 mai 1859; 16,962 J.; 10,133 R.; 16,591 J. N.; 11,546 Contr.; 1177 R. p.; Inst. 2160, § 7; S., 59, 1, 693; P., 59, 1150; D. P., 59, 1, 215.

Il en résulte, d'autre part, que le droit établi par la loi du 23 juin 1857 étant un droit d'enregistrement de même nature que celui que la loi du 22 frimaire an 7 avait établi par son article 69, § 2, n° 6, sa perception est gouvernée par les règles générales que cette dernière loi a édictées, et notamment par les articles 10 et 11, relatifs aux dispositions indépendantes. Le droit de 50 cent. p. 100, malgré son caractère obligatoire, ne peut donc se cumuler avec le droit de donation qui est exigible sur toute transmission d'action ou d'obligation effectuée à titre gratuit. C'est, en effet, un principe certain que la même mutation ne peut être atteinte deux fois par l'impôt : « *non bis in idem* ». De là cette conséquence que, lorsqu'un transfert est requis en vertu d'un acte de donation, ayant acquitté les droits d'enregistrement auxquels sa nature l'assujettit, les parties sont dispensées d'acquitter le droit de 50 cent. p. 100, et la société, par conséquent, n'a pas à tenir compte de ce droit au Trésor.

On se conforme, dans ce cas, aux règles posées par l'Administration dans son instruction du 11 décembre 1857 (Inst. n° 2111, § 3). — V. *infra*, n° 382.

382. **Succession.** — En vertu du principe que nous venons de formuler, et d'après lequel la même mutation ne peut être assujettie deux fois à l'impôt, une décision du ministre des finances du 4 novembre 1857 a reconnu que le droit de 50 cent. p. 100 établi par la loi du 23 juin 1857 n'est pas dû sur les transferts effectués en vertu d'une mutation par décès qui a subi l'impôt, en vertu d'une donation ayant acquitté le droit de transmission à titre gratuit, et, d'une manière générale, en vertu de toute cession constatée par un acte enregistré et ayant supporté, lors de son enregistrement, le droit de cession à titre onéreux.

Afin d'assurer, à tout événement, la perception du droit acquis au Trésor, l'Administration, en notifiant la décision ministérielle du 4 novembre 1857, a, par son instruction du 11 décembre suivant (n° 2111, § 3), tracé les règles à suivre dans les termes suivants :

« Le droit établi par la loi du 23 juin 1857, pour les transferts de titres nominatifs opérés en vertu de conventions verbales, est un droit de transmission comme celui auquel est assujettie, d'après les lois antérieures, une mutation par décès, une donation ou une cession constatée par un acte. On ne saurait donc exiger ces droits cumulativement, sans violer le principe qui prohibe la perception de deux droits pour une seule et même transmission.

« Ainsi, lorsqu'un héritier ou légataire, un donataire ou un cessionnaire aura payé au bureau de l'enregistrement, pour des titres nominatifs, le droit de mutation par décès, le droit de donation ou le droit déterminé par l'art. 69 de la loi du 22 frimaire an 7 pour les cessions à titre onéreux, le transfert de ces titres, qui sera inscrit en son nom sur les registres de la compagnie, ne donnera lieu à la perception d'aucun droit.

« Dans le cas où le transfert serait fait avant le payement des droits d'enregistrement, le droit de 20 cent. (50 cent.) par 100 francs devrait être perçu, mais il en serait tenu compte par voie d'imputation, lors de l'enregistrement des actes ou des déclarations de succession. »

383. **Certificat de payement.** — La décision du 4 novembre 1857 porte en outre :

1° Que des certificats sur papier non timbré seront délivrés soit par les receveurs de l'enregistrement, soit par les agents des compagnies, à l'effet de justifier du payement du droit d'enregistrement, ou du droit de transfert à 50 cent. p. 100 ;

2° Que les transferts opérés par les compagnies sans la perception du droit de 50 cent. p. 100, à la suite de transmissions ayant déjà subi le droit d'enregistrement, seront portés *distinctement* sur l'état trimestriel qui, comme nous l'expliquerons plus loin, doit être fourni en exécution de l'art. 2 du décret réglementaire du 17 juillet 1857, et que les certificats des receveurs de l'enregistrement remis par les parties lors des transferts seront joints à cet état. Inst. précitée, n° 2111, § 3.

384. *Titres au porteur.* Il est à peine besoin de faire remarquer que la décision qui vient d'être rapportée ne concerne pas les titres au porteur et tous ceux qui sont transmissibles autrement que par une déclaration de transfert. La taxe dont ces titres sont frappés est une sorte d'abonnement qui s'applique aux mutations de toute nature qu'ils peuvent subir. Elle doit, dès lors, être perçue intégralement, sans qu'il y ait lieu de tenir compte, lors des payements trimestriels, des droits d'enregistrement exclusivement relatifs à une certaine catégorie de mutations. Inst. préc., n° 2111, § 3.

385. *Titres non libérés.* Sous l'empire de l'art. 6 du décret du 17 juil. 1857, on décidait que la perception du droit de mutation entre vifs ou par décès devait seule avoir lieu, même pour les titres non libérés, bien que ce droit, à la différence du droit de transfert, dût porter seulement sur la valeur négociable, déduction faite de la somme restant à verser. Sol. 4 juin 1858 ; — 20 juill. 1870. Aujourd'hui que le droit de mutation et l'impôt de transmission sont liquidés l'un et l'autre sous déduction des versements restant à faire pour libérer les titres, cette question ne peut plus s'élever.

386. *Délivrance du certificat de payement. Gratuité.* Il n'est dû aucune rétribution aux receveurs pour les certificats délivrés par eux afin de constater le payement des droits de mutation par décès, soit sur les rentes sur l'État, soit sur les valeurs industrielles. Les duplicatas de ces certificats, requis postérieurement à la déclaration, doivent aussi être délivrés gratuitement. Sol. 2 avril 1874; 19,409 J.; 3914 R. p.; 21,101 J. N.; — dans le même sens : 7250 R. p.

Cette solution s'applique, sans aucun doute, par identité de motifs, à tous certificats de payement délivrés par les receveurs, en vue de constater que la transmission des actions ou des obligations a acquitté le droit d'enregistrement et ne doit pas donner lieu à la perception du droit de transfert.

387. Partage. — Nous avons posé en principe que le droit de 50 cent. p. 100 établi par la loi du 23 juin 1857 n'atteint que les transferts qui sont opérés en vertu d'une transmission de propriété. — V. *supra*, n° 371.

Il en résulte que ce droit ne peut être exigé, en thèse générale, sur un transfert qui est opéré en vertu d'un partage effectué sans soulte entre les copropriétaires indivis de valeurs parmi lesquelles se trouvent des actions ou des obligations de sociétés. Le partage est en effet déclaratif, et le copartageant dans le lot duquel les actions ou obligations à transférer ont été placées est réputé les avoir reçues directement de l'auteur commun. Il suffit donc que la transmission qui s'est opérée de la tête de l'auteur commun sur celle des copartageants ait subi soit le droit de mutation par décès, quand la transmission s'est effectuée à ce titre, soit le droit de donation, soit le droit de transfert, pour que le lotissement soit lui-même exempt de tout droit, et pour que le transfert qui est demandé au nom du copartageant loti puisse s'effectuer sans que la compagnie ait à exiger le versement du droit de 50 cent. p. 100.

388. *Attribution à l'époux survivant. Reprises. Convention de mariage.* Il a été décidé, dans ce sens, qu'il n'est rien dû pour le transfert de titres au profit d'une veuve, lorsqu'il est constaté par un partage notarié que ces valeurs lui ont été attribuées en représentation de ses reprises sur la communauté ou en vertu d'une convention de mariage qui attribue la totalité des acquêts au survivant. Sol. 12 août 1858.

389. *Partage. Communauté.* Même décision pour le transfert de valeurs acquises par la veuve en qualité d'administratrice des biens de la communauté dissoute, et attribués par un partage sans soulte aux héritiers du mari. Sol. 20 déc. 1867.

390. *Partage sans soulte.* N'oublions pas toutefois que, pour que le partage soit considéré comme déclaratif, dans les principes de la loi du 22 frim. an 7, et pour qu'il échappe à la perception du droit proportionnel, il faut qu'il soit justifié des causes et de l'origine de l'indivision, et que le lotissement soit fait sans soulte et conformément aux droits des parties (art. 68, § 3, n° 2, loi précitée).

Concluons-en que toute réquisition de transfert portant sur des actions ou des obligations indivises entre plusieurs personnes, lorsqu'elle est faite au profit d'une seule de ces personnes, ou même au profit de toutes, mais dans des proportions non conformes à leurs droits respectifs de copartageants, est réputée, comme en matière de licitation, contenir une soulte, et, par conséquent, donne ouverture au droit de transfert sur tout ce qui, dans les attributions, excède la part virile de chaque copartageant dans l'ensemble des valeurs faisant l'objet du transfert, à moins qu'il ne soit justifié d'un partage fait sans soulte.

Ainsi, une succession comprenant trente et une actions d'une société est échue à trois héritiers. Sans partage préalable, il est transféré dix titres à deux des héritiers et onze titres au troisième. Décidé que le droit de 50 cent. p. 100 est dû sur la valeur de deux tiers d'action. Sol. 29 avril 1859.

391. *Justification du partage.* L'Administration admet d'ailleurs que la justification du caractère purement déclaratif de l'attribution en vertu de laquelle le transfert d'actions ou d'obligations indivises est demandé à son profit exclusif par un des cohéritiers ou copropriétaires, peut résulter d'un partage sous seing privé, même non enregistré, produit à la compagnie. C'est ce qu'a reconnu une solution du 1er juin 1887, approuvée par une décision du ministre des finances du 14 juin 1887 ; 6883 R. p.

La solution de l'Administration est ainsi motivée :

« La taxe établie par l'art. 6 de la loi du 23 juin 1857 sur les transmissions de titres ou promesses d'actions et d'obligations dans les sociétés, compagnies et entreprises, s'applique exclusivement aux cessions entre vifs à titre onéreux. Elle ne frappe en aucune manière les mutations qui s'opèrent par décès. Celles-ci restent soumises au droit commun.

« On admet, en conséquence, sans difficulté que le transfert au nom de l'héritier unique du défunt peut s'effectuer sans donner ouverture au droit de 50 cent. p. 100, quand le droit de succession a été payé.

« Mais, s'il existe plusieurs héritiers, la question devient délicate. Le droit de mutation par décès ne couvre pas, en effet, les cessions que les héritiers peuvent se consentir entre eux. Lors donc que l'un des héritiers requiert l'inscription à son propre nom de valeurs immatriculées au nom du défunt, et sujettes par leur nature à la taxe de 50 cent. p. 100, il est tenu, s'il veut éviter le payement de cette taxe sur ce qui excède sa part héréditaire dans les valeurs dont il demande le transfert, de justifier que cet excédent lui est advenu, non par voie de cession, mais par voie d'attribution à titre de partage pur et simple, c'est-à-dire sans soulte.

« Cette justification peut-elle résulter d'un partage sous signature privée non enregistré ?

« Le tiers auquel un acte sous seing privé est opposé, — et l'Administration est un tiers, — peut toujours l'écarter en se bornant à déclarer qu'il n'en reconnaît pas l'écriture ou la signature. Il en est ainsi, encore bien qu'il s'agisse d'un acte sous seing privé enregistré, car l'enregistrement n'ajoute rien à la force probante de l'écrit, si ce n'est en ce qui concerne la date.

« L'acte sous seing privé dont l'écriture est reconnue a la même force probante que l'acte authentique, sauf à l'égard de la date (C. Pau, 18 fév. 1837 ; D. P., 38, 2, 139 ; Conf. Gand, 10 avril 1849, Pasicrisie belge, 50, 2, 310). C'est également l'avis de MM. Aubry et Rau (t. 8, p. 248 ; — Conf. Laurent, t. XXIX, nos 217 et suiv. ; Demolombe, t. XXIV, n° 381 ; Larombière, art. 1322-5).

« De ces principes découlent les conséquences suivantes :

« Deux partis s'offrent à l'Administration lorsqu'on lui oppose un acte sous seing privé, enregistré ou non enregistré.

« Ou bien elle n'a pas de motifs pour suspecter la sincérité de l'acte dont il est excipé, et alors, en thèse générale, elle n'a pas non plus de raison pour refuser d'en tenir compte.

« Ou bien elle a lieu de craindre que l'acte soit frauduleux, et, dans ce cas, il lui suffira, pour l'écarter, d'en méconnaître l'écriture.

« Mais, dans cette dernière hypothèse, il appartient aux intéressés de faire reconnaître l'acte en justice et d'obliger ensuite l'Administration à l'accepter, sauf application, bien entendu, s'il y a lieu, de l'art. 60, loi du 22 frim. an 7.

« Au cas actuel, la veuve et les héritiers L... produisent un acte sous signatures privées duquel il résulte que chacun d'eux possède, par l'effet d'un partage pur et simple, les valeurs actuellement inscrites au nom du défunt, et dont ils poursuivent le changement d'immatricule.

« La sincérité de ce partage ne peut être mise en doute, et, par conséquent, l'Administration est en droit de le tenir pour reconnu, sans violer aucune loi ni aucun principe. A la vérité, il n'est pas enregistré, mais par sa nature même il est exempt d'enregistrement dans un délai déterminé, et, d'autre part, la formalité n'ajouterait rien à sa force probante, soit entre les parties contractantes, soit envers les tiers, sauf, en ce qui touche ces derniers, la question de date, qui n'est pas en jeu dans la circonstance, et dont il n'y a pas lieu de se préoccuper.

« Dans ces conditions, il y a lieu de décider que le transfert demandé par les consorts L... peut être effectué sans donner ouverture à aucun droit de transmission. »

392. Nous concevons des doutes sérieux sur l'exactitude de cette décision.

Nous avons dit et nous répétons que le droit de transfert est un droit d'enregistrement dont la perception a été rendue obligatoire par la loi du 23 juin 1857 ; il est donc soumis à toutes les règles établies par la loi du 22 frim. an 7.

Or, il est de principe, en matière de partage, que tout acte par lequel un copartageant reçoit dans son lot des biens indivis pour une valeur excédant sa part virile dans les biens faisant l'objet du partage soumis à l'enregistrement, est passible du droit de soulte sur cet excédent. En vain, pour éviter ce droit, le copartageant loti produirait-il un autre partage non enregistré dans lequel cet excédent d'attribution se trouverait compensé par les lotissements faits sur d'autres biens de la masse au profit de ses copartageants. Le partage soumis à l'enregistrement n'en donnerait pas moins ouverture au droit de soulte à raison des dispositions qu'il contient. C'est là une conséquence du principe exprimé par l'art. 68, § 3, n° 2, de la loi du 22 frim. an 7.

La jurisprudence a fait de nombreuses applications de cette règle aux licitations, qui ne sont, en droit civil, que des partages partiels. Le colicitant qui s'est rendu adjudicataire de l'objet licité est réputé acquéreur de tout ce qui excède sa part virile dans cet objet, et doit le droit de mutation sur les parts acquises, à moins qu'on ne soumette à l'enregistrement en même temps que la licitation un partage lui attribuant cet excédent à titre de lotissement pur et simple. — V. au Dict., v° Partage-licitation, n°s 239 et suiv. — Il suit de là que la loi fiscale, pour déterminer la perception à faire sur les licitations ou les partages soumis à l'enregistrement, ne tient compte, en dehors des dispositions contenues dans ces actes, que des partages *enregistrés* avant ces derniers ou en même temps qu'eux. En l'absence de cette justification, elle tarife l'acte d'après ses effets apparents et immédiats.

Or, au cas particulier, la compagnie ayant à appliquer la loi d'enregistrement aux transferts qu'elle est chargée d'opérer, doit suivre la même règle. Elle doit asseoir l'impôt d'après les effets apparents et immédiats du transfert qui lui est demandé, et, s'il en résulte une mutation, une acquisition de parts pour l'un des copartageants sur la tête duquel les titres sont transférés, elle doit percevoir le droit, sans se préoccuper des actes plus ou moins sincères passés entre les parties et qui, n'étant pas enregistrés, sont à l'égard du Trésor réputés inexistants.

393. TRANSFERTS EN VERTU D'ACTES SOUMIS A L'ENREGISTREMENT. — Les transferts, même à titre onéreux, d'actions et d'obligations des sociétés, sont souvent requis et effectués en vertu de conventions translatives constatées par des actes soumis à l'enregistrement.

La combinaison des règles générales qui gouvernent la perception des droits sur les actes enregistrés, et des règles spéciales concernant la perception du droit de transfert, donne naissance à un certain nombre de difficultés dont la solution a manqué jusqu'à présent de netteté et de précision.

Nous allons essayer d'envisager les diverses hypothèses qui peuvent se présenter et de dégager les règles de perception qui nous paraissent devoir être suivies.

Nous distinguerons tout d'abord : 1° le cas où la cession des actions ou obligations constitue la disposition principale de l'acte à enregistrer, celle qui, dans les principes de la loi du 22 frimaire an 7 (art. 10 et 11), doit servir à déterminer le tarif du droit à percevoir ; 2° et le cas où, au contraire, la cession des titres n'est qu'une disposition accessoire et dépendante, dans le sens de l'art. 10 de la loi précitée, ne pouvant, d'après cet article, donner lieu à la perception d'un droit particulier, en dehors de celui qui atteint, d'après sa nature, la disposition principale.

394. Première hypothèse. Cession des titres constituant la disposition principale de l'acte soumis à l'enregistrement. — Remarquons que, pour étudier les questions qui peuvent être soulevées en cette matière, nous nous plaçons dans l'hypothèse d'actions ou d'obligations qui ne sont transmissibles qu'en vertu d'une déclaration de transfert, et pour lesquelles l'acte de cession passé entre les parties et soumis à l'enregistrement n'est qu'un acte préparatoire qui ne crée que des obligations personnelles et n'opère pas par lui-même transmission de propriété, tout au moins à l'égard des tiers et de la société. (V. *supra*, n°s 344 et 351.) Car, s'il en était autrement, la société serait assujettie à la taxe annuelle, et l'acte de cession devrait incontestablement être enregistré moyennant la perception du droit fixe seulement. — V. *supra*, n°s 344 et suiv.

C'est ce qui a été formellement reconnu par deux jugements du tribunal de la Seine du 20 août 1858 (16,826 J.; 10,062 R.; 16,377 J. N.; 11,553 Contr.; 1100 R. p.), et du 23 juin 1860 (17,174 J.; 16,871 J. N.; 10,398 R.; 11,940 Contr.; 1358 R. p.; Inst. 2201, § 4), et par un arrêt de la Cour de cassation du 12 février 1861 (17,276 J.; Inst. 2201, § 3 ; 17,041 J. N.; 1456 R. p.; 11,940 Contr.; S., 61, 1, 459 ; P., 61, 246 ; D. P., 61, 1, 221).

Ceci posé, il y a lieu de se demander, lorsque l'acte notarié ou sous seing privé, dressé pour constater entre les parties la cession des titres non passibles de la taxe annuelle, est présenté à l'enregistrement, à quel droit cet acte doit être assujetti.

L'Administration a tenté de soutenir que les dispositions de la loi du 23 juin 1857 n'avaient porté aucune atteinte à celles de la loi du 22 frimaire an 7, portant fixation du droit d'enregistrement à percevoir sur les cessions d'actions ou d'obligations négociables (art. 69, § 2, n° 6), et que le droit de 50 cent. p. 100 (avec addition de décimes), établi par cette dernière loi, devait continuer à être appliqué aux actes de cession soumis à l'enregistrement. Mais cette prétention qu'elle avait émise à l'égard de titres acquittant régulièrement la taxe annuelle, a été condamnée par les deux jugements du tribunal de la Seine du 20 août 1858 et du 23 juin 1860, et par l'arrêt du 12 février 1861, ci-dessus rapportés, par des motifs dont la généralité exclut la perception du droit de 50 cent. pour 100 lors de l'enregistrement de l'acte de cession, aussi bien lorsqu'il s'agit de titres sujets à la perception du droit de transfert au comptant que lorsqu'il s'agit de titres passibles de la taxe annuelle.

Il suffit, d'ailleurs, pour se convaincre de l'exactitude de ces décisions, de suivre la genèse de la loi du 23 juin 1857 : elle est très bien décrite dans les considérants de l'arrêt du 12 février 1861 (précité).

« Attendu, porte cet arrêt, que si la loi du 22 frimaire an 7 soumettait au droit de 50 cent. par 100 fr. les cessions d'actions dans les sociétés, ce droit n'était exigible que lors de l'enregistrement facultatif des actes constatant les cessions, et qu'à raison des divers modes de transmission permettant de soustraire ces cessions à la formalité de l'enregistrement, l'impôt restait improductif;

« Attendu qu'afin de remédier à cet état de choses si préjudiciable au Trésor public, en présence de la création de nombreuses compagnies industrielles et de valeurs mobilières considérables, les législateurs de 1850 ont établi, sous la dénomination d'impôt de timbre proportionnel, le droit de 50 cent. par 100 fr. sur les actions et le droit de 1 fr. sur les obligations à émettre par les compagnies industrielles, droits obligatoires par la seule émission des titres et remplaçant ceux établis par la loi du 22 frimaire an 7 sur les cessions d'actions et obligations, puisqu'aux termes de l'art. 15 de la loi du 5 juin 1850, au moyen du payement du timbre proportionnel, les cessions de ces divers titres étaient exemptes de tout droit et formalité d'enregistrement ;

« Attendu que la loi du 23 juin 1857, en maintenant le timbre proportionnel, assujettit de plus toute cession de ces titres à un droit de transmission; qu'en l'absence de distinction entre les divers modes de transmission, la généralité de ces termes embrasse toutes les cessions, aussi bien celles qui s'opèrent par actes publics ou sous seing privé que toutes autres ;

« Attendu qu'à la vérité, en ajoutant au timbre proportionnel ce droit de transmission, cette loi est revenue plus ouvertement au principe de l'impôt édicté en l'an 7 ; mais que l'ensemble de ses dispositions présente sur la mise en action de ce principe un système nouveau et inconciliable avec le maintien de celui de la loi du 22 frimaire an 7 ; — Qu'en effet, après avoir rétabli expressément le principe des droits proportionnels de cession décrétés en l'an 7, la loi du 23 juin 1857 en modifie la quotité, en rend la perception certaine, d'incertaine qu'elle était auparavant, et, pour atteindre ce but, va jusqu'à présumer la cession des titres au porteur et des titres nominatifs transmissibles sans inscription des transferts sur les registres des compagnies, et convertit pour ces titres le droit de transmission en une taxe annuelle de 12 cent. par 100 fr.;

« Attendu que l'impôt établi par cette loi sur la présomption de cession des titres de cette nature est évidemment substitué à celui auquel la réalisation constatée de cette cession donnait lieu sous l'empire de la loi du 22 frimaire an 7 ; qu'une interprétation contraire conduirait à la perception de deux droits proportionnels sur la même transmission. »

395. Ainsi, la disposition de la loi du 22 frimaire an 7, qui fixait à 50 cent. p. 100 le droit à percevoir lors de l'enregistrement des actes portant cession d'actions ou d'obligations négociables, n'est plus aujourd'hui susceptible d'application. Elle a été abrogée par l'art. 15 de la loi du 5 juin 1850, qui, en établissant un droit de timbre proportionnel sur les titres de cette nature, a formellement exempté leur cession de tout droit et de toute formalité d'enregistrement. Cette exemption, il est vrai, n'a pas été maintenue ; mais la loi du 23 juin 1857, en y portant atteinte dans ses dispositions et en abrogeant l'art. 15 de la loi du 5 juin 1850 précitée, n'a pas pour cela fait revivre l'art. 68, § 2, n° 6, de la loi du 22 frimaire an 7, en ce qui concerne les actes portant cession d'actions et d'obligations. Elle a institué de toute pièce, sur les transferts de ces titres, un nouveau droit de 20 cent. p. 100, porté depuis lors à 50 cent. p. 100 (sans décimes), dont elle a rendu la perception obligatoire, en la soumettant toutefois à des conditions précises, parmi lesquelles se trouve, pour les titres nominatifs, la déclaration de transfert sur les registres de la société. Il en résulte, d'une part, que le tarif de ce droit, lorsque les conditions de son exigibilité se trouvent remplies, se distingue de l'ancien tarif édicté par la loi de frimaire, puisqu'il a été d'abord de 20 cent. p. 100, et qu'il est aujourd'hui de 50 cent. p. 100 (sans décimes), à la différence du droit fixé par la loi de frimaire, qui, s'il devait être appliqué, devrait être augmenté des décimes institués par les lois postérieures.

Il en résulte, d'autre part, que son exigibilité est subordonnée à la condition que la transmission des actions ou des obligations ait été consommée, en ce qui concerne les titres non soumis à la taxe annuelle, par le transfert effectué sur les registres de la compagnie. Quant à l'acte notarié ou sous seing privé qui contient la cession entre les parties, il ne constitue qu'un acte préparatoire de transfert, et ne peut donner lieu au droit proportionnel tant que les conditions mises à son exigibilité par la loi de 1857 ne se trouvent pas remplies.

L'Administration a reconnu l'exactitude de ces déductions à l'égard des actes de cession ayant pour objet des titres soumis à la taxe annuelle. Sol. 20 mai 1868.

Nous n'apercevons aucune raison plausible d'admettre une décision différente lorsqu'il s'agit de titres qui donnent lieu, à raison de leur mode de transmission, à l'application du droit au comptant. — V. *supra*, n° 374.

396. *Perception du droit sur l'acte de cession.* Cependant l'Administration a cru pouvoir se prononcer en sens contraire et prescrire à ses agents, lorsqu'un acte de cession est présenté à l'enregistrement, de percevoir immédiatement le droit de transmission, d'après le tarif de la loi du 23 juin 1857, sans attendre la réalisation du transfert. Sol. 22 décembre 1880 ; 21,637 J.; 16,500 Contr.

Sa décision se fonde sur les motifs suivants :

« Lorsqu'un acte constatant la cession de titres nominatifs d'une société industrielle, telle qu'une compagnie de chemin de fer, est présenté à l'enregistrement, le receveur ne doit pas se borner à percevoir un droit fixe de 3 fr., comme salaire de la formalité, sous prétexte que le droit de 50 cent. p. 100 sera versé entre les mains de la compagnie ; il doit d'ores et déjà exiger ce droit proportionnel. — La perception immédiate de ce dernier impôt peut se justifier par différentes considérations. — D'abord, il est rationnel que le droit proportionnel soit exigé sur l'acte constatant la mutation et en formant le véritable titre, plutôt que lors du transfert opéré dans les bureaux de la société, transfert qui se réduit alors à une pure formalité d'ordre. — En deuxième lieu, quand les parties recourent à la rédaction d'un acte, spécialement d'un contrat notarié, le plus souvent leurs conventions, au lieu de se présenter sous la forme de cessions pures et simples, renferment des clauses compliquées, d'une interprétation parfois difficile, telles que des partages avec soulte, liquidations de communauté, dations en payement, constitutions de rentes, ventes de nues propriétés, ventes simultanées d'immeubles et de valeurs industrielles. Or, par la nature de ses fonctions, le receveur est bien mieux à même que le représentant de la compagnie d'en fixer les caractères et d'appliquer à chacune d'elles le tarif qu'elle comporte. — Enfin, si le droit proportionnel, au lieu d'être exigé sur les actes constatant les cessions, ne l'était que sur les transferts d'ordre ultérieurs, il échapperait souvent au Trésor, car il arrive fréquemment que les cessionnaires de titres en vertu d'actes notariés s'abstiennent de les faire inscrire en leur nom sur les registres sociaux, et se contentent de notifier à la compagnie les contrats établissant leur qualité d'acquéreur.

Rapp. Cass., 30 déc. 1884 ; V. *supra*, n°s 374 et suiv.

397. Aucun de ces motifs ne saurait nous satisfaire. Ils supposent tous que la transmission des titres peut s'accomplir valablement, abstraction faite du transfert, qui, dans cette hypothèse, ne serait qu'une simple formalité. (V. le premier motif.) Mais, s'il en était ainsi, ce n'est pas, d'après la jurisprudence, le droit au comptant, mais la taxe annuelle qui serait exigible. — V. *supra*, n°s 351 et suiv.

Dès lors qu'il s'agit de titres pour lesquels le droit doit être acquitté au comptant, il est constant que ces titres ne peuvent être valablement transmis que par la déclaration de transfert, et, par conséquent, tant que cette déclaration n'est pas intervenue, la transmission, qui est le fait générateur de l'impôt, ne s'est pas effectuée et la perception manque de base. Exiger le droit sur l'acte de cession, avant le transfert, c'est le percevoir avant qu'il ne soit devenu exigible, et alors qu'il n'est pas certain qu'il le devienne jamais. C'est ce que nous avons fait observer dans nos critiques sur l'arrêt du 30 déc. 1884. (V. *supra*, n°s 374 et suiv.) Nous ne pouvons que persister dans notre opinion, qui d'ailleurs a été pendant longtemps celle de l'Administration. Sol. 20 mai 1868. — V. dans ce sens : Demasure, *loc. cit.*, n° 167.

Nous pensons donc que l'acte de cession doit être enregistré au droit fixe, comme s'il avait pour objet des titres soumis à la taxe annuelle. La solution de l'Administration ne nous paraît devoir être suivie que comme un expédient destiné à simplifier et à faciliter la liquidation des droits ; mais il doit être entendu, dans ce cas, que la perception qui est faite sur l'acte de cession a un caractère provisoire et qu'il y aurait lieu de restituer le droit, si la cession n'était pas complétée par le transfert, qui seul peut consommer la transmission et rendre l'impôt définitivement exigible.

398. *Dispositions corrélatives de la cession d'actions ou d'obligations.* Quoi qu'il en soit, dans le cas où la cession d'actions ou d'obligations est la disposition principale de l'acte soumis à l'enregistrement, celle qui, dans les principes des art. 10 et 11 de la loi du 22 frim. an 7, doit servir à déterminer le tarif applicable, les dispositions corrélatives et dépendantes, telles que l'obligation pour le cessionnaire de payer le prix de la cession, ne donnent ouverture à aucun droit. Il en est ainsi d'ailleurs, soit qu'on perçoive immédiatement le droit de transfert sur l'acte de cession, conformément à la solution précitée du 22 déc. 1880, soit que cette perception soit différée jusqu'à la réalisation du transfert et que l'acte de cession ne soit assujetti qu'au droit de 3 francs. Il en est encore ainsi, à plus forte raison, lorsque la cession soumise à l'enregistrement a pour objet des titres au porteur ou tous autres titres assujettis à la taxe annuelle.

Décidé dans ce sens que lorsqu'une adjudication publique d'actions nominatives ou au porteur a été tranchée au profit d'un créancier, même gagiste, du vendeur, l'Administration n'est pas autorisée à percevoir sur l'acte le droit de quittance, à raison de la libération qui résulte de cette dation en payement au profit du vendeur. Cette libération n'est, en effet, qu'une disposition corrélative et dépendante de la cession des titres, qui constitue la disposition à tarifer, et qui supporte en effet le droit, soit au moment du transfert, soit par le payement de la taxe annuelle. Sol. 4 mai 1866.

399. Deuxième hypothèse. Cession de titres constituant une disposition accessoire et dépendante de l'acte soumis à l'enregistrement. — Il peut arriver qu'à l'inverse de l'hypothèse que nous venons de prévoir dans les explications qui précèdent, la cession des actions et obligations, au lieu d'être la disposition principale de l'acte soumis à l'enregistrement, ne soit qu'une disposition corrélative et dépendante. Ainsi, on peut supposer qu'un immeuble soit vendu, qu'une créance soit cédée, qu'une rente perpétuelle ou viagère soit créée moyennant la cession au vendeur, au cédant ou au débirentier, d'un certain nombre d'actions ou d'obligations. Si l'on applique à cet acte les règles générales qui gouvernent la perception des droits d'enregistrement, c'est la vente, la cession de créance ou la constitution de rente qui, le plus généralement, constituera la disposition principale, et qui, par conséquent, servira à déterminer le tarif applicable à l'acte. Dans ce cas, il est bien certain que le droit déterminé par la nature de cette disposition devra être perçu sur l'acte, nonobstant l'exemption dont jouit la cession des titres, qui n'est que la disposition accessoire.

S'il s'agit de titres soumis à la taxe annuelle, la perception du droit sur l'acte ne pourra avoir aucune influence sur la liquidation ultérieure de la taxe. Mais il en est tout autrement si les titres cédés en payement de l'immeuble, de la créance ou de la rente, sont de ceux qui acquittent au comptant le droit de 50 cent. p. 100 lors du transfert. La perception qui a été faite, lors de l'enregistrement de l'acte, sur la disposition principale, entraîne l'exemption de tous droits sur la disposition dépendante, et, par conséquent, a pour effet d'exonérer le transfert des titres du droit de 50 cent. p. 100. Autrement une convention unique subirait le droit proportionnel du chef de chacune des dispositions corrélatives qui la constituent : ce qui serait contraire aux principes qui gouvernent la perception des droits d'enregistrement.

400. *Constitution de rente viagère.* Une solution du 23 janv. 1869 a fait application de cette règle en décidant que l'acte notarié par lequel un associé fondateur cède ses actions à la société, moyennant une rente viagère, doit être tarifé comme contenant une constitution de rente, et est, par conséquent, passible du droit de 2 p. 100 sur le capital aliéné ; la solution ajoute que, dans ce droit, se trouve compris l'impôt de transmission des actions.

401. *Quittance.* La question de savoir si la cession des actions ou des obligations constitue la disposition principale de l'acte à enregistrer, ou une disposition dépendante, peut quelquefois présenter de sérieuses difficultés. Elle doit être résolue d'après les principes qui ont été exposés au Dictionnaire des rédacteurs, v° Acte contenant plusieurs dispositions.

Nous avons cité *supra*, n° 398, une solution du 4 mai 1866 dans laquelle l'Administration a considéré la cession de titres comme étant la disposition principale, dans un cas où elle avait eu lieu, par voie d'adjudication publique, au profit d'un créancier, moyennant un prix qui a été compensé avec ce qui était dû à ce dernier. Voici, au contraire, une espèce où, dans une circonstance à peu près semblable, si ce n'est que la cession des titres avait eu lieu à l'amiable et en dehors de toute adjudication, la Cour de cassation a jugé que cette cession ayant été effectuée en vue d'opérer l'extinction d'une dette du cédant envers le cessionnaire, n'était qu'une disposition dépendante du payement, objet principal de l'acte, et que, par conséquent, cet acte devait être tarifé au droit de 50 cent. p. 100, nonobstant l'exemption dont jouissent, en vertu de la loi de 1857, les actes de cession d'actions ou d'obligations soumises à la taxe annuelle de transmission.

Un particulier, pour se libérer d'une somme de 324,000 fr. qu'il devait à un tiers, lui a cédé, jusqu'à due concurrence, des actions industrielles soumises à la taxe annuelle de transmission qui atteint les titres au porteur. L'acte ayant été présenté à l'enregistrement, l'Administration a pensé que la disposition qu'il contenait avait le caractère principal d'une quittance, et, par conséquent, devait être assujettie au droit proportionnel de 50 cent. p. 100. La partie a repoussé cette prétention, en invoquant l'exemption dont jouissent, en vertu de la loi de 1857, les cessions de titres que leur nature rend passibles de la taxe annuelle de transmission. Mais l'Administration, ayant obtenu gain de cause devant le tribunal, a justifié sa thèse devant la Cour de cassation, à laquelle le jugement avait été déféré, dans les termes suivants :

« L'art. 6 de la loi du 23 juin 1857 est ainsi conçu : Indépendamment, etc. »

« Ce droit spécial de transmission est destiné, dans la pensée de la loi, à tenir lieu de l'impôt proportionnel auquel donnaient ouverture, sous l'empire de la loi du 22 frim. an 7 et des lois subséquentes, les cessions à titre onéreux des certificats d'actions ou d'obligations. La jurisprudence a reconnu qu'en l'absence de distinction entre les divers modes de transmission, la généralité des termes de la loi embrasse toutes les cessions, aussi bien celles qui s'opèrent par actes publics ou sous seing privé que toutes autres. Elle a décidé, par conséquent, que le payement de la taxe établie par l'art. 6 de la loi du 23 juin 1857 exempte du droit ordinaire de cession les actes notariés ou sous seing privé dans lesquels ces transferts sont réalisés. Cass., req. 12 fév. 1861 ; 17,276 J.; 1456 R. p.; 10,398 R.; 17,041 J. N.; 11,940 Contr.; Inst. 2201, § 3 ; S., 61, 1, 459 ; P., 61, 246 ; D. P., 61, 1, 221.

« Mais, comme toutes les dispositions exceptionnelles, la dispense dont il s'agit est limitative. Elle s'applique exclusivement, d'une part, aux actes qui ont pour objet principal de constater la cession des titres entre les parties, et, d'autre part, au droit proportionnel dû pour la cession. Ni les termes de la loi ni surtout son esprit ne peuvent avoir pour effet d'étendre l'exemption à toutes les stipulations auxquelles les transferts de titres se trouvent plus ou moins directement mêlés. Ils ne sauraient davantage faire appliquer la dispense à d'autres droits que ceux de cession. Ce principe a été catégoriquement reconnu par la Cour de cassation, à propos de la cession des inscriptions de rentes sur l'Etat. L'art. 70, § 3, n° 3, de la loi du 22 frim. an 7, exempte de la formalité de l'enregistrement les transferts et les mutations de ces titres. Les actes notariés ou sous seing privé qui constatent ces transmissions sont, comme ceux qui réalisent la cession des titres régis par l'art. 6 de la loi du 23 juin 1857, passibles d'un droit fixe. Mais l'exemption est limitative ; elle ne s'étend pas à toutes les conventions dont les transferts de rentes peuvent être les éléments.

« La chambre civile a exprimé cette règle dans un arrêt du

7 nov. 1826 (8584 J.; 1672 R.; 6032 J. N.; Inst. 1205, § 12). Quand la cession dispensée du droit n'est pas pure et simple, mais qu'elle est la conséquence ou la suite d'autres stipulations passibles de l'impôt, ces stipulations restent soumises à la loi générale et doivent être assujetties à la taxe qui leur est propre.

« Dans l'espèce, la clause en litige a été interprétée par le jugement attaqué comme une véritable quittance servant de titre libératoire au débiteur, et cette appréciation n'est pas contredite par le pourvoi. Or, toute quittance donne lieu au droit proportionnel de 50 cent. p. 100 fr. (L. 22 frim. an 7, art. 69, § 2, n° 11). Peu importe que la libération se soit opérée par une cession de valeurs exemptes du droit de transmission, car cette exemption ne peut pas être étendue à d'autres droits ni à des stipulations qui ne sont pas, selon l'expression de l'arrêt du 5 mai 1840 (12,537 J.; 6021, 6305 R.; 10,657 J. N.; 5768 Contr.; Inst. 1630, § 5 ; S., 40, 1, 537), une suite naturelle et nécessaire de la cession, c'est-à-dire à des stipulations qui interviennent entre les parties pour produire des effets particuliers indépendants de ceux de la cession. — Tous les motifs qui ont déterminé la jurisprudence de la Cour de cassation, au sujet de l'interprétation de l'art. 70, § 3, n° 3, de la loi du 22 frim. an 7, sur la dispense d'enregistrement accordée aux cessions de rentes sur l'Etat, sont applicables à l'exemption analogue dont profitent les cessions de titres d'actions en vertu de la loi du 23 juin 1857. Le jugement attaqué était, dès lors, autorisé à reconnaître, comme il l'a fait, que l'exonération acquise à la transmission des titres ne pouvait entraîner celle du droit de quittance, lorsque ces titres n'avaient été cédés que pour opérer la libération d'une dette antérieure. »

Par un arrêt du 29 juil. 1879, la chambre civile a adopté cette interprétation par les motifs suivants :

« Attendu que les art. 6 et 7 de la loi du 23 juin 1857, substitués à l'art. 15 de celle du 5 juin 1850, en assujettissant les certificats d'actions des sociétés à un droit spécial de transmission, ont disposé, à la vérité, que, moyennant le payement de ce droit, les actions pourront être cédées à titre onéreux, par acte public ou sous signature privée, sans donner lieu à la perception d'un nouveau droit proportionnel de cession ; mais que l'exemption, nécessairement limitée aux actes ayant pour objet principal une cession de ces titres et au droit proportionnel pour la cession, ne saurait profiter à toutes les stipulations dont les titres peuvent être l'objet ou l'occasion, ni être étendue à d'autres droits que celui de cession ; que dès lors, si, au lieu d'une cession pure et simple, la transmission ou la remise du titre est la suite d'une convention particulière et passible de l'impôt, cette convention, tombant sous l'application des règles générales de la matière, donne lieu à la perception du droit qui lui est propre ; et attendu, dans l'espèce, que la disposition de l'acte du 30 juin 1872, par laquelle le demandeur a abandonné à la maison de banque Simon les actions qui lui appartenaient dans la société des Fonderies d'Evreux, a le caractère d'une dation en payement destinée à compléter le payement de la somme de 324,000 fr. dont le demandeur s'était reconnu débiteur ; que cette disposition constituait ainsi une quittance servant de titre libératoire au débiteur, et que toute quittance rendant exigible le droit proportionnel de 50 cent. par 100 fr., aux termes de l'art. 69, § 3, n° 11, de la loi du 22 frim. an 7, le jugement attaqué, en autorisant la perception de ce droit sur la disposition précitée de l'acte du 30 juin 1872, s'est conformé aux principes de la matière et n'a violé aucune disposition de loi. » 21,110 J.; 5328 R. p.; 16,166 Contr.; 22,173 J. N.; 5959 Rev. not.; Inst. 2637, § 3; S., 80, 1, 180; P., 80, 395 ; D. P., 79, 1, 453.

402. Dans cette hypothèse, et le principe de l'arrêt que nous venons de transcrire étant admis, il est bien entendu que, si la dation en payement avait pour objet des actions ou des obligations soumises par leur nature à la perception du droit de transfert au comptant, la perception du droit de quittance sur la libération du débiteur considérée comme la disposition principale de l'acte devrait entraîner l'exemption du droit de transfert.

C'est ce que nous nous sommes attachés à établir dans le commencement de nos explications. — V. *supra*, n° 399.

403. *Certificat du receveur*. Ajoutons, pour compléter notre étude sur ce point, que le receveur qui a enregistré l'acte et perçu sur la disposition principale le droit proportionnel dont l'exigibilité est exclusive de toute perception sur le transfert des titres, considéré comme disposition dépendante, a le devoir de délivrer, suivant la règle prescrite par l'instruction n° 2111, § 3, rapportée *supra*, n° 383, le certificat destiné à attester que la transmission des titres a subi tous les droits dont elle est susceptible et à permettre à la société d'effectuer le transfert sans la perception d'un nouveau droit de 50 centimes p. 100.

404. TRANSFERTS A TITRE DE GARANTIE. — Nous avons expliqué *supra*, n° 371, que le droit de 50 cent. p. 100 édicté par la loi du 23 juin 1857 n'atteint que les transferts qui opèrent la transmission des actions ou des obligations. C'est un droit qui a sa cause génératrice dans le fait juridique de la mutation de propriété réalisée par le transfert. Il en résulte qu'il n'est pas dû sur les tranferts qui n'opèrent aucun déplacement de propriété, tels que les transferts effectués à titre de garantie.

C'est d'ailleurs ce qui résulte de la manière la plus expresse de l'art. 4 du décret du 17 juil. 1857, ainsi conçu :

« Les transferts faits à titre de garantie, et n'emportant pas transmission de propriété, feront l'objet d'un état spécial joint au relevé trimestriel qui doit être remis au receveur de l'enregistrement, conformément à l'art. 2 du présent règlement. Il ne sera pas tenu compte de ces transferts dans la liquidation des droits. »

405. *Banque de France*. Cette disposition est applicable aux transferts, même purs et simples en la forme, qui sont faits à la Banque pour garantir les avances qu'elle est autorisée à faire par la loi du 17 mai 1834. Sol. 15 oct. 1859.

406. *Titres au porteur*. Il est à peine besoin de faire remarquer que l'art. 4 du décret du 17 juil. 1857 est complètement étranger aux titres au porteur et à tous ceux qui sont soumis au payement de la taxe annuelle. Lors même que ces titres ou quelques-uns d'entre eux seraient donnés en nantissement et retirés ainsi, momentanément, de la circulation, la taxe annuelle, qui constitue une sorte d'abonnement, n'en continuerait pas moins à être exigible intégralement. C'est ce que la Cour de cassation a formellement reconnu par un arrêt du 19 juil. 1875, que nous avons rapporté textuellement. V. *supra*, n° 324.

407. TRANSFERTS D'ORDRE. — « Il existe, dit M. Buchère (Traité des valeurs mobilières, n° 1244), une opération connue sous le nom de transfert d'ordre, qui a pour objet de faciliter le transfert réel et les opérations des agents de change. Elle est peu usitée aujourd'hui, les titres nominatifs étant presque toujours convertis en titres au porteur avant la négociation, de manière à éviter toutes difficultés aux agents intermédiaires. Cependant il est utile de faire connaître en quoi elle consiste et d'exposer les contestations auxquelles elle a donné naissance.

« Le vendeur d'un titre de rente ou de toute autre valeur nécessitant la mutation de l'inscription sur les registres d'une société, est obligé de faire la déclaration de la vente avant d'en avoir reçu le prix. Cette déclaration est faite par l'intermédiaire de l'agent de change, et il serait impossible d'exiger le concours simultané des deux agents vendeur et acheteur. Leur déclaration concomitante serait contraire au secret imposé sur les opérations dont ils sont chargés. De là pouvaient naître certaines difficultés. Si l'inscription était mise au nom de l'acheteur avant que le prix eût été versé, celui-ci pouvait refuser le payement, en désavouant l'acquisition faite en son nom. Un nouveau transfert fût devenu nécessaire, et le premier acheteur, s'il était de mauvaise foi, pouvait s'y refuser.

« Pour éviter ces difficultés, la chambre syndicale des agents de change de Paris a prescrit, par un arrêté en date du 28 avril 1828, l'emploi du procédé qui a reçu le nom de transfert d'ordre. L'agent de change vendeur signe sur les registres du Trésor (ou de la société) un premier transfert au nom de l'agent de change acheteur, après l'accomplissement de toutes les formalités légales. Lorsque ce dernier a payé à son confrère le prix de la négociation, il signe un nouveau transfert au nom de son client acheteur. Ces deux transferts, qui doivent être opérés dans un délai de cinq jours, se font sans augmentation de frais et sans que l'agent de change acheteur ait connu les noms du client vendeur, et réciproquement. » — V. aussi Mollot, Bourses de commerce, n° 235.

L'opération n'est qu'incomplètement décrite dans ce passage de M. Buchère ; car, pour que l'agent de change acheteur ne connaisse pas le nom du client vendeur, il est nécessaire que ce dernier, au lieu de faire directement une déclaration de transfert au profit de l'agent de change acheteur, la fasse d'abord au profit de son propre agent de change, qui fera lui-même une déclaration au profit de son confrère. Il y a ainsi trois transferts successifs : l'un opéré entre le vendeur et son agent de change, le second entre ce dernier et l'agent de change de l'acheteur, et le troisième entre cet agent et son client.

Remarquons toutefois qu'il n'y a que deux transferts lorsque le vendeur et l'acheteur des titres ont, ce qui arrive assez souvent, le même agent de change.

408. Formes de déclarations de transfert. — Ces déclarations sont passées et signées soit au siège de la société sur le registre *ad hoc* destiné à les recevoir, soit chez l'agent de change sur des feuilles volantes, qui sont ensuite déposées au siège de la société pour être enliassées et tenir lieu du registre des transferts. C'est ce dernier procédé, beaucoup plus commode que le premier, qui est suivi dans la plupart des grandes compagnies, notamment au Crédit foncier. Le conseil général de la Banque de France l'a adopté par une délibération du 20 oct. 1881.

409. Les agents de change ne sont que de simples mandataires. — Il est admis que, dans ces différentes opérations, les agents de change au nom desquels le transfert est opéré sont présumés ne jouer que le rôle de simples mandataires légaux et que, par conséquent, la propriété des titres ne se fixe pas sur leur tête et passe au contraire directement de la tête du vendeur sur celle de l'acheteur.

Ainsi, lorsqu'un agent de change au nom duquel un transfert a été opéré vient à décéder ou à tomber en faillite, avant d'avoir renouvelé le transfert au profit de son client, les tribunaux n'hésitent pas à ordonner la restitution du titre au profit du véritable acheteur. C. Paris, 15 déc. 1832 ; — Cass., 23 juil. 1833; Sir., 33, 1, 680 ; — C. Paris, 6 juillet 1870; Sir., 70, 2, 234; D. P., 71, 2, 182 ; 14,869 Contr.; 3320 R. p.

De même, lorsque la cession d'actions non libérées de la moitié de leur prix d'émission a été opérée au moyen d'un transfert d'ordre, la société qui agit en libération des titres contre les cessionnaires intermédiaires, n'est pas fondée à considérer l'agent de change comme responsable et à l'impliquer dans la poursuite. Ce dernier est responsable de l'opération, mais il ne peut être garant à aucun titre des versements ultérieurs à faire sur les actions non libérées, ni de la solvabilité de son client. C. Paris, 2 juin 1876; Sir., 79, 2, 33; — Buchère, *loc. cit.*, n° 1246.

410. *Agent de change considéré comme cessionnaire.* Toutefois, la présomption d'après laquelle l'agent de change qui a participé à un transfert ne doit être considéré que comme un simple mandataire, n'est pas absolue. Elle cède devant la preuve contraire, et cette preuve peut résulter de ce que l'agent de change a fait acte de propriétaire, soit en prenant un bénéfice dans l'opération et en effectuant, par exemple, le prétendu transfert d'ordre au profit de son client pour un prix différent de celui qui a été stipulé par le vendeur (C. Paris, 28 avril 1883 ; 22,262 J.; 6198 R. p.) ; soit même en restant nanti des titres pendant un certain laps de temps, excédant le temps jugé nécessaire pour la régularisation des opérations. C'est ce qui a été jugé à l'égard d'un agent de change qui avait conservé les actions transférées à son nom pour attendre que son client fût en mesure de régler son compte. On a pu considérer, dans ce cas, que le transfert d'ordre avait créé une sorte de nantissement au profit de l'agent, qui était ainsi resté propriétaire des titres jusqu'au remboursement de leur valeur. C. Paris, 8 mars 1850 ; S., 50, 2, 311 ; 14,048 J. N.; — Cass., 16 mars 1852 ; D., 52, 1, 321.

La Cour de Paris s'est même fondée, pour le décider ainsi, sur ce que le transfert définitif n'avait pas été réalisé dans le délai de dix jours, que des solutions administratives ont fixé, ainsi que nous le verrons plus loin, comme étant le délai maximum dans lequel l'opération doit être régularisée pour que les transferts d'ordre échappent à la perception du droit de 50 cent. p. 100. La Cour a en même temps relevé, à l'appui de sa décision, diverses circonstances, notamment ce fait que l'agent de change avait réalisé le transfert au nom de son client acheteur pour un prix supérieur à celui moyennant lequel les titres lui avaient été transférés par son client vendeur. C. Paris, 28 avril 1883 ; 22,262 J.

« Considérant, porte cet arrêt, qu'il résulte des documents fournis à la Cour que Ramel, agent de change, a vendu, le 23 sept. 1869, au cours de 530 fr., pour le compte de Fayet, dix actions du Crédit rural non libérées, portant les n°s 1688 à 1697; — Que le transfert a été effectué par Fayet à la date du 30 sept., au nom de Ramel personnellement, ainsi que cela résulte de la rédaction du transfert et du modèle imprimé spécial qui a été employé par les parties ; que c'est seulement à la date du 12 oct. 1869 que Ramel a accepté le transfert en sa qualité d'agent de change, et que le 26 oct. suivant, il a transféré les mêmes titres au sieur Garzend, par suite d'une négociation, au cours de 540 fr., effectuée le 9 oct. précédent ; que le délai de dix jours, autorisé pour les transferts d'ordre sans perception de droits, a donc été dépassé, et que Ramel ne saurait, en aucun cas, se prévaloir, tant à l'égard du fisc qu'à l'égard des tiers, d'une tolérance dont les conditions sont directement limitées ; qu'en fait, depuis la date du premier jusqu'à celle du second transfert, la propriété des actions, qui ne pouvait demeurer incertaine, a reposé sur sa tête ; que Ramel a, d'ailleurs, fait acte de propriétaire, puisqu'il a revendu les titres avec une différence de 10 fr. dans le prix des cours, et que, dans l'intervalle des deux négociations Fayet et Garzend, il paraît avoir opéré, pour le compte d'un sieur Gilbert, une autre négociation sans transfert régulier ; que tous les souscripteurs et cessionnaires d'actions nominatives sont obligés indivisément à la libération des titres dont ils ont été ou sont encore propriétaires ; que le syndic du Crédit rural est donc fondé à réclamer à Ramel la somme de 2,000 fr. nécessaire pour la libération des titres dont il a été propriétaire... »

411. Délai de 10 jours pour la réalisation du transfert, sans perception du droit de 50 cent. p. 100. — Dès lors que les transferts d'ordre ne transmettent pas la propriété des titres aux agents de change par l'intermédiaire desquels ils sont effectués, on doit décider qu'ils n'encourent pas le droit de transmission édicté par la loi de 1857 sur les transferts ayant un caractère et des effets translatifs. Il n'est dû qu'un seul droit pour la mutation qui s'opère de la tête du vendeur des titres sur celle du véritable acheteur. Ce droit est perçu sur le transfert consenti par le vendeur à son agent de change d'après le prix qui s'y trouve indiqué : les autres transferts sont exempts de tout impôt.

Mais il ressort des explications précédentes que cette exemption ne peut être invoquée que si les transferts d'ordre s'accomplissent dans le délai et dans les conditions tracées par la jurisprudence pour qu'ils conservent leur caractère et pour que les agents de change qui y ont participé ne soient pas considérés comme ayant acquis et rétrocédé la propriété des titres. Il résulte notamment de plusieurs solutions rendues aux dates des 10 fév. 1858, 11 fév. 1858, 21 mars 1862 et 4 janvier 1872, que les transferts d'ordre ne bénéficient de l'exemption qu'à la condition expresse qu'ils soient effectués dans le délai de dix jours, à partir du premier transfert consenti par le vendeur à son agent de change.

Ce délai de dix jours a paru suffisant pour l'accomplissement de toutes les opérations destinées à régulariser le transfert définitif, et il a été maintenu par l'Administration, malgré les tentatives qui ont été faites dernièrement pour le faire proroger.

Il semble que ce délai doit courir, non du jour de la négociation, mais du jour de la signature du premier transfert, soit sur les registres de la société, soit sur les feuilles volantes qui sont destinées à être remises au siège social pour former le registre de transferts.

Toutefois si, comme il arrive généralement dans la pratique, le vendeur signe le transfert d'avance sur une feuille volante au moment où il donne l'ordre de bourse à l'agent de change, il nous paraît certain que le délai ne doit courir dans ce cas que de la date de la négociation.

412. *Marchés à terme*. Ces règles, en ce qui concerne le point de départ du délai, ne peuvent s'appliquer que dans le cas où la négociation des titres a lieu au comptant. Dans les marchés à terme, le délai ne peut courir que du jour où, suivant les usages de la Bourse, la négociation devient ferme et reçoit son exécution. Ce jour est celui qui est fixé pour la liquidation des opérations à terme par le règlement de la Compagnie des agents de change de Paris, à moins cependant que l'acheteur ne déclare par anticipation son intention de lever les titres avant la liquidation, auquel cas c'est le jour de cette exécution du marché qui sert de point de départ au délai accordé pour la régularisation des transferts d'ordre.

L'Administration a posé à cet égard les règles suivantes :

« On appelle liquidation à la Bourse l'opération par laquelle les contrats s'accomplissent et les engagements s'éteignent. (Courcelle-Seneuil, Traité des Opérations, 4e édition, p. 131.)

« D'après Ruben de Couder, « le terme de *liquidation*, en langage de Bourse, signifie la réalisation ou l'abandon, au moment de l'échéance stipulée, des marchés à terme, fermes ou à primes, contractés dans le courant du mois. » (Dict. Dr. comm., v° Marché à terme, n° 45.)

« Mais, tandis que les marchés fermes ou définitifs, c'est-à-dire auxquels aucune partie ne s'est réservé la faculté de renoncer, doivent être exécutés au terme convenu, en tout état de cause, quelle que soit la variation survenue dans le cours des titres, les marchés libres ou à primes sont conditionnels, en ce sens que l'acheteur conserve la faculté de se soustraire à l'exécution de la convention, en abandonnant la *prime* ou l'acompte qu'il a versé sur le prix stipulé au moment même de la vente. (*Ibid.*, n° 5 (1)).

« La déclaration de l'acheteur qu'il entend résoudre le marché ou l'accepter se nomme la *réponse des primes*. Cette déclaration s'effectue le dernier jour de la bourse du mois (pour les rentes françaises, les actions de la Banque de France et du Crédit foncier, et celles des chemins de fer français), à une heure et demie, dans un délai de cinq minutes, durant lequel toutes les autres opérations sont suspendues. Les marchés à prime deviennent des marchés fermes après que l'acheteur a déclaré qu'il entend lever la prime, ce qui veut dire exécuter le marché et recevoir les titres, en comptant le prix convenu, déduction faite de la prime payée à valoir.

« Pour les titres autres que les rentes françaises, les actions de la Banque de France et du Crédit foncier et celles des chemins de fer français, il y a deux liquidations par mois, l'une à la date du 15, l'autre à l'époque du 30 ou du 31 ; en conséquence, la réponse des primes a lieu pour ces titres à la bourse du 15 et à celle du dernier jour du mois (art. 107 du règlement des agents de change ; Foyot, Guide du rentier sur l'État, p. 268 ; Ruben de Couder, *loc. cit.*, 26 et 49-51).

« Quant à la liquidation elle-même, elle s'opère à la première bourse qui suit le 15 pour les valeurs qui se négocient deux fois par mois ; le second et le troisième jours sont consacrés aux travaux d'ordre intérieur chez les agents de change, et le quatrième est celui de la livraison des titres et du payement des capitaux. La même marche est suivie pour la liquidation de fin de mois ; mais celle-ci dure cinq jours au lieu de quatre, le premier jour étant employé à la liquidation des fonds d'Etat français et le second à celle de toutes autres valeurs : la livraison des titres et le payement des capitaux ont lieu ainsi le cinquième jour.

« Enfin, comme « l'acheteur a toujours la faculté de se faire livrer à sa volonté et par anticipation les effets vendus contre le payement du prix convenu » (art. 104 du règlement des agents de change), il peut arriver que la propriété des titres négociés à terme soit définitivement fixée avant la liquidation de quinzaine ou de fin de mois (cette exécution anticipée du marché est connue sous le nom d'escompte).

« Il résulte de cet exposé qu'en principe les marchés à terme (fermes ou à prime) sont translatifs de propriété dès le jour de la négociation. Pour les premiers, le terme ne peut affecter l'existence de la mutation : il ne fait qu'en retarder la réalisation effective. Quant aux marchés libres ou à prime, ils ne sont pas suspendus jusqu'à la date fixée pour la réponse des primes ; ils existent dès le premier jour, et la condition de l'acceptation ultérieure des titres par l'acheteur est purement résolutoire.

« Cela posé, on pourrait soutenir, au point de vue du droit strict, et en se fondant sur les règles générales de la perception en matière d'enregistrement, que le délai de dix jours pour consommer les transferts doit courir, dans l'espèce, comme pour les marchés au comptant, du jour de la négociation.

« Mais cette prétention serait inconciliable, en fait, avec les besoins de la spéculation et les règlements de la Bourse. Il paraît impossible, en effet, d'exiger que la même valeur vendue et rachetée parfois à plusieurs reprises par la même personne dans l'intervalle de deux liquidations de quinzaine, fasse l'objet d'autant de transferts que de ventes ou d'achats. La situation des parties étant périodiquement fixée par la liquidation, c'est seulement aux résultats de la liquidation, aux mutations qui en sont la conséquence, que l'on peut raisonnablement appliquer l'impôt de transmission. Jusqu'au

(1) Ces explications trouvent leur confirmation dans une étude que M. Buchère (Traité des valeurs mobilières, n° 1186) consacre aux marchés à terme. Cet auteur s'exprime à ce sujet dans les termes suivants :

« Les marchés à terme sont de deux natures. Ils sont appelés *fermes* lorsqu'ils doivent nécessairement s'exécuter à l'échéance convenue, par la livraison des titres qui en sont l'objet et le payement du prix, quelle que soit la différence survenue entre le cours du jour de la vente et celui de la livraison. Ils prennent le nom de marchés *à prime* lorsque, au moyen d'une somme payée comptant, l'acheteur se réserve le droit d'annuler la vente en abandonnant cette somme ou prime au vendeur. Le vendeur ne peut jamais rompre le contrat en restituant la prime. Si le marché s'exécute, le vendeur doit imputer sur le prix la somme qu'il avait reçue comptant.

« Dans les marchés à terme conclus à la Bourse de Paris, il est d'usage de permettre à l'acheteur de prendre livraison des valeurs avant le terme fixé, à la charge d'en payer immédiatement le prix. Cette exécution anticipée porte le nom d'*escompte*.

« Cet usage est consacré par un règlement de la chambre des agents de change de Paris, approuvé par le ministre des finances. Les vendeurs ne peuvent, en conséquence, à moins de stipulation expresse, se soustraire à la demande de remise des titres avant l'échéance du terme convenu, le droit d'escompter existant toujours au profit de l'acheteur. »

terme fixé pour l'exécution des marchés, il n'y a le plus souvent que de simples paris se résolvant en payement de différences, et non de véritables cessions de titres.

« Il y a donc lieu d'admettre que, pour tous les marchés à terme, le délai de dix jours ne court qu'à partir de la liquidation, puisque la réalisation du marché reste en suspens jusque-là ; par conséquent : à partir de la première bourse qui suit le 15 de chaque mois, pour les valeurs qui font l'objet des liquidations de quinzaine, et à partir de la deuxième bourse qui suit le 30 ou le 31 de chaque mois, pour les autres valeurs.

« Toutefois, en cas d'escompte, le délai doit commencer à courir du jour où l'acheteur a fait connaître par anticipation son intention de lever les titres. » Solution du 20 oct. 1886 (Bureau central).

Art. 2. — *Des Conversions.*

413. Conversions. Droit de 50 cent. p. 100. — L'art. 8 de la loi du 23 juin 1857 assujettit les conversions de titres nominatifs en titres au porteur, ou de titres au porteur en titres nominatifs, au même droit que les transferts. Cette assimilation était nécessaire pour enlever aux parties la possibilité d'éluder, au moyen d'une double conversion, la perception du droit de transfert sur les cessions.

La disposition que nous avons à interpréter est ainsi conçue : « Dans les sociétés qui admettent le titre au porteur, tout propriétaire d'actions et d'obligations a toujours la faculté de convertir ses titres au porteur en titres nominatifs, et réciproquement. — Dans l'un et l'autre cas, la conversion donne lieu à la perception du droit de transmission. » Art. 8 de la loi.

414. Il est bien entendu que la distinction que la loi fait ici entre les titres nominatifs et les titres au porteur est la même que celle que l'art. 6 établit pour régler la perception du droit au comptant ou de la taxe annuelle. Par conséquent, la conversion d'un titre nominatif transmissible par exemple par voie d'endossement en un titre nominatif exclusivement transmissible par un transfert sur les registres de la société, en même temps qu'elle aurait pour résultat de soustraire le titre converti à l'application de la taxe annuelle, donnerait ouverture au droit de conversion. Il en serait de même de la conversion faite en sens inverse. Cette interprétation de l'article 8 n'a pas besoin, croyons-nous, de démonstration.

415. Disposition transitoire. — Pendant un délai de trois mois à compter de la promulgation de la loi du 23 juin 1857, la conversion des actions et obligations au porteur en actions et obligations nominatives a été affranchie de tout droit.

C'est ce que portait l'art. 8 de la loi, qui n'est plus aujourd'hui susceptible d'application.

416. Conversions statutaires. — La conversion que la loi du 23 juin 1857 assujettit au droit est uniquement celle que le propriétaire d'actions ou d'obligations fait opérer en vertu de la faculté qu'il a d'opter entre la forme nominative ou la forme au porteur. Il faut donc avant tout que cette faculté lui appartienne, c'est-à-dire, en premier lieu, que les deux formes de titres existent concurremment. C'est en effet la première condition posée par la loi pour que la faculté d'option puisse s'exercer : « Dans les sociétés, porte l'art. 8, qui *admettent le titre au porteur*..... » Il faut en outre que la conversion ne soit que l'exercice de cette faculté, c'est-à-dire qu'elle ait lieu volontairement et non en vertu d'une disposition générale prise par la société, le département, la commune, l'établissement public, en vue de modifier la forme de ses titres.

Ces deux conditions résultent du texte de la loi ; elles résultent aussi de son esprit. Nous avons vu en effet qu'en prévoyant, pour les assujettir au droit de 50 cent. p. 100, les conversions de titres nominatifs en titres au porteur, et réciproquement, le législateur de 1857 a voulu empêcher les parties de se soustraire au payement du droit de transmission en déguisant les transferts sous la forme de conversions. Or cette fraude n'est pas à craindre lorsqu'il s'agit de conversions opérées, par mesure générale, par une société qui change la forme de ses titres, ou qui, après n'avoir admis d'abord qu'une seule espèce de titres, se décide à créer des titres d'une autre espèce et à les mettre à la disposition de ses actionnaires ou de ses obligataires, en remplacement de ceux dont ils sont nantis.

Nous devons en conclure que les conversions de cette nature, qu'on désigne sous le nom de conversions statutaires, ne sont pas assujetties au droit de 50 cent. p. 100.

En général, et sauf quelques décisions d'espèce, la jurisprudence est fixée dans ce sens.

417. *Conversion effectuée à la suite et en vertu d'une modification des statuts.* Ainsi le droit de conversion a été reconnu non exigible sur un échange de titres nominatifs contre des titres au porteur, opéré en exécution d'une modification des statuts et d'une réduction du capital social. Sol. 4 fév. 1859.

418. *Conversion par suite de fusion. Titres nouveaux.* Une société qui en absorbe une autre fusionnée avec elle, qui, à cette occasion, modifie ses statuts et qui délivre des titres nouveaux aux actionnaires des deux anciennes sociétés fusionnées dans la nouvelle, peut donner des titres nominatifs en échange d'anciens titres au porteur, et réciproquement, sans que le droit de conversion devienne exigible. Il s'agit, à vrai dire, d'une émission d'actions nouvelles. Sol. 6 sept. 1866.

419. *Titres au porteur non délivrés. Titres nominatifs donnés en échange. Banque de France.* La Banque de France, s'étant chargée de placer les obligations émises par les compagnies de chemins de fer, délivrait aux souscripteurs qui demandaient des titres nominatifs un bulletin contenant les numéros des obligations au porteur qu'ils avaient souscrites, avec indication de leur demande et invitation de se présenter à la caisse de la compagnie dans un délai de rigueur de trois jours.

Il a été décidé que cette opération constituait une annulation de titres au porteur non souscrits et une délivrance de titres nominatifs directement émis au profit des souscripteurs. Le droit de conversion n'a pas été exigé. Sol. 11 août 1858.

420. *Titres nominatifs refusés lors de la délivrance et remplacés par des titres au porteur.* Lorsque, à défaut d'indications suffisantes, le maire d'une commune a délivré aux souscripteurs des titres nominatifs qui sont refusés par ces derniers et en remplacement desquels ils demandent des titres au porteur, le droit proportionnel de transmission établi par l'art. 8 de la loi du 23 juin 1857 n'est pas dû. D. min. des fin., 22 juin 1880 ; 5765 R. p. ; 16,580 Contr.

421. *Titres passibles de la taxe annuelle rendus exclusivement transmissibles par voie de transfert. Obligations.* Le principe qui sert de fondement aux décisions que nous venons de rapporter nous paraît avoir été méconnu par la Cour de cassation, dans un arrêt du 15 déc. 1869. 18,884 J. ; 14,497 Contr. ; 19,785 J. N. ; 3064 R. p. ; Inst. 2398, § 6 ; S., 70, 1, 177 ; P., 70, 409 ; D. P., 70, 1, 410.

Après avoir reconnu que des obligations émises par une société, sans que le mode de transmission ait été déterminé ni par les statuts, ni par le titre, sont présumées transmissibles par tous les modes de droit commun, et, par conséquent, sont passibles de la taxe annuelle (V. *supra*, n° 365), la Cour décide que, si la société remplace les obligations ainsi émises par des titres nominatifs exclusivement transmissibles par voie de transfert sur les registres de la société, cet échange constitue une conversion passible du droit de 50 cent. p. 100.

Ce qui atténue la portée de cette décision, c'est que la question de savoir si les conversions statutaires tombent ou non sous l'application de l'art. 8 de la loi du 23 juin 1857 n'a pas même été soulevée. Le débat a exclusivement porté sur le point de savoir si les obligations anciennes remplacées par les nouvelles étaient, à défaut d'une clause expresse, susceptibles de tous les modes de transmission de droit commun. On soutenait, du côté de la société, que ces titres ne pouvaient se transmettre que par une déclaration de transfert, et que, par conséquent, leur échange contre de nouveaux titres déclarés expressément transmissibles dans la même forme n'avait pas opéré de conversion.

Au fond, l'arrêt, en assujettissant au droit de 50 cent. p. 100 une conversion qui avait éminemment le caractère d'une conversion statutaire, nous paraît avoir fait une fausse application de l'art. 8 de la loi de 1857. C'est ce qui résulte de l'interprétation que nous avons donnée précédemment à cette disposition. On objecterait en vain que, s'agissant dans l'espèce d'obligations, la société ne pouvait modifier leur forme et le mode de leur transmission sans l'assentiment des obligataires (V. *supra*, n° 368), et que cet assentiment a imprimé à la conversion le caractère d'une conversion volontaire.

Ce motif, en effet, n'est pas spécial aux obligations, et on pourrait aussi l'invoquer pour les changements apportés au mode de transmission d'actions précédemment émises : car ces changements ne peuvent légalement s'effectuer sans que les porteurs y aient donné leur consentement, sinon individuellement, du moins par la voix de leurs représentants légaux, c'est-à-dire par le vote des actionnaires réunis en assemblée générale. Il ne saurait donc servir de justification à la décision rendue par la Cour de cassation.

L'arrêt du 15 déc. 1869 n'est pour nous qu'un accident de jurisprudence ; sa doctrine est inconciliable avec les principes qui paraissent avoir définitivement prévalu au sujet des conversions statutaires, et qui sont d'ailleurs acceptés par l'Administration, ainsi qu'on le verra par la suite de nos explications. V. en ce sens : Demasure, *loc. cit.*, n° 171.

422. Titres provisoires échangés contre des titres définitifs. — On admet sans difficulté que l'échange d'un titre provisoire délivré dans la forme nominative contre un titre définitif au porteur ne donne pas ouverture au droit de conversion. On considère que, dans ce cas, le certificat provisoire était une simple promesse, et que la délivrance du titre définitif constitue seule une véritable émission. Sol. 11-13 août 1858. — D. m. f., 14 déc. 1871.

Toutefois, pour faire une application judicieuse de cette jurisprudence, il importe d'être fixé sur ce que l'on doit entendre par *titre provisoire*. Comme nous l'expliquions sous l'art. 19,509 du Journal, le titre provisoire est celui qui est remis au souscripteur au moment même de l'émission, pour constater le premier versement par lui effectué et la demande par lui faite d'un certain nombre d'actions ou d'obligations. Ce certificat, dont les effets peuvent se trouver subordonnés au résultat de l'ensemble de la souscription, à une réduction proportionnelle, etc., est de la forme la plus simple ; communément, il n'est pas revêtu des garanties que présentent les titres destinés à rester dans la circulation. Créé uniquement pour faciliter les opérations rapides et complexes de l'émission, il est destiné à être échangé contre un titre définitif, dans le plus bref délai possible : aussitôt que la société est constituée, s'il s'agit d'actions ; aussitôt que le résultat de la souscription est connu, s'il s'agit d'obligations.

Le certificat provisoire que nous venons de décrire est presque toujours nominatif. A raison de cette considération, de la brève durée du titre provisoire, et aussi de ce que ce titre n'implique pas une attribution irrévocable de la valeur souscrite, l'Administration a admis de tout temps qu'au moment de l'échange contre un titre définitif, le souscripteur peut obtenir, s'il le désire, un titre au porteur sans payer le droit de conversion.

423. *Titres improprement qualifiés de provisoires, échangés contre des titres définitifs d'une nature différente.* Mais il est évident qu'il n'en saurait être de même des titres qui sont délivrés aux actionnaires ou aux obligataires après la répartition définitive des titres aux souscripteurs, et qui sont improprement qualifiés de *provisoires*, à raison de ce qu'ils sont destinés à être échangés contre d'autres titres lorsque les souscriptions auront été complètement libérées. Ces titres ont, en effet, les mêmes caractères, et confèrent aux porteurs les mêmes avantages que les titres définitifs : la qualification qui leur est donnée ne répond nullement à leur nature juridique. En principe, ils peuvent être nominatifs ou au porteur, à moins que les statuts ou les clauses de l'émission ne s'y opposent, ou à moins qu'il ne s'agisse d'actions non encore libérées de moitié (art. 3, loi du 24 juillet 1867). Si donc, dans ces conditions, des actionnaires ou des obligataires reçoivent, sur leur demande, des titres au porteur, en échange des titres nominatifs qui leur avaient été précédemment délivrés, cet échange constitue bien certainement une conversion passible du droit de 50 cent. p. 100. — V. dans ce sens : Melun, 17 juil. 1874 ; 19,509 J. ; et un jugement très fortement motivé du tribunal de Vassy du 27 décembre 1888 ; 23,225 J.

« Attendu, porte ce dernier jugement, qu'aux termes des statuts de la Compagnie anonyme des forges de Champagne et du canal de Vassy à Saint-Dizier, dressés le 7 fév. 1881, le capital social a été fixé à 14 millions de francs et divisé en 28,000 actions de 500 francs chacune, dont 2,400 ont été émises contre numéraire ; qu'aux termes de l'art. 10 de ces statuts, les titres devaient être nominatifs ou au porteur, à la volonté des détenteurs, sous les conditions de l'art. 3 de la loi du 24 juil. 1867 ; — Que, d'après l'art. 14, la cession des actions nominatives devait se faire par un transfert opéré sur le registre de la société et signé par le cédant ou son fondé de pouvoir ;

« Attendu que, le 20 fév. 1881, après l'accomplissement des prescriptions exigées par la loi, la société a été définitivement constituée ; — Que, le 27 décembre même année, la société a souscrit au bureau de l'enregistrement de Saint-Dizier la déclaration exigée par l'art. 1er du décret du 17 juill. 1857 ; — Que cette déclaration porte notamment « que les actions sont nominatives ou au porteur, selon le « désir du propriétaire du titre ; — Qu'il a été délivré 400 « titres nominatifs aux administrateurs, commissaire et di- « recteur ; — Que 27,600 actions sont au porteur et émises à « partir du 1er déc. 1881 » ;

« Attendu que l'Administration de l'enregistrement prétend qu'antérieurement à cette émission des 27,600 titres au porteur et sous la date des 21, 28 fév. et 12 mai 1881, la Compagnie a délivré, en représentation des 28,000 actions composant son capital, des titres nominatifs, intitulés certificats provisoires d'actions, savoir : 25,600 actions libérées à la Banque européenne, à la Société des forges de Champagne et Vve Becquey, à la Compagnie des transports et à la société Desforges et Ce, et 2,800 actions aux administrateurs, commissaire et directeur, et à la Banque européenne pour la souscription en numéraire ;

« Attendu que l'Administration soutient que les détenteurs des 25,600 actions libérées, ayant opté pour des titres nominatifs, ne pouvaient plus les échanger contre des titres au porteur sans supporter le droit de conversion, et qu'enfin la société, n'ayant pas mentionné ces conversions dans le relevé trimestriel déposé le 1er janv. 1882, a encouru pour cette omission un droit en sus ;

« Attendu que la Compagnie soutenant, de son côté, qu'il n'y a pas eu conversion des actions en titres au porteur, a formé opposition à la poursuite et demande que le commandement à elle signifié soit déclaré nul ; qu'une somme de 100 francs lui soit allouée à titre de dommages-intérêts ;

« Attendu que le fait du procès dépend du point de savoir

dans quels cas l'échange des titres provisoires nominatifs en titres au porteur constitue une conversion et sous quelles conditions la conversion est soumise à l'impôt, conformément à l'art. 8 de la loi du 23 juin 1857 ;

« Attendu, en droit, d'une part, que, pour déterminer le caractère d'un titre, il ne suffit pas de s'attacher à l'appellation ; que si le titre doit être considéré comme provisoire, s'il n'a été créé que pour faciliter les opérations de l'émission, s'il est destiné à être échangé dans un délai déterminé, et s'il n'est pas susceptible, jusque-là, d'être cédé d'après les formes commerciales, il doit au contraire être considéré comme un titre définitif, quel que soit le nom qu'on lui donne, lorsque la société a été définitivement constituée, que les actions ont été libérées, qu'il n'est plus assujetti à aucun échange obligatoire et est devenu transmissible tout aussi bien dans la forme commerciale que dans la forme civile ;

« Attendu, d'autre part, que la conversion prévue par l'art. 8 de la loi du 23 juin 1857 s'applique au cas où le propriétaire d'actions ou d'obligations, après avoir exercé son droit d'option entre les titres au porteur et les titres nominatifs, use de la faculté qui lui est accordée par la loi et les statuts de convertir ses titres, soit en titres au porteur, soit en titres nominatifs ;

« Attendu, en fait, d'une part, que les 21, 28 février et 12 mai 1881, la société étant constituée, le droit des actionnaires étant devenu certain et irrévocable, la Compagnie des forges de Champagne et du canal de Saint-Dizier à Vassy a délivré les titres nominatifs qu'elle a intitulés certificats provisoires d'actions ; que ces titres n'étaient provisoires que de nom ; qu'en effet, ils étaient revêtus de toutes les garanties que présentent les titres destinés à rester dans la circulation, c'est-à-dire qu'ils étaient classés, répartis, et consacraient le droit désormais certain, irrévocable, des titulaires à la propriété d'une ou plusieurs parts sociales, et qu'enfin ils étaient négociables ;

« Attendu, d'autre part, que ces titres nominatifs ont été délivrés, aux dates sus-indiquées, en vertu de l'option qui a été faite par les titulaires ; qu'en effet ceux-ci pouvaient, conformément aux dispositions de l'art. 10 des statuts, exiger, au moment où les titres leur ont été remis, des titres au porteur, et qu'il ne leur appartenait plus, l'option faite, d'user de la faculté qui leur était accordée par l'art. 8 de la loi précitée, sans payer l'impôt ; — Qu'il est bien évident qu'il ne s'agit pas, dans ces conditions, d'une opération d'émission ; qu'il n'y a pas là, en effet, une substitution de titres nouveaux à des titres primitifs, mais bien un changement de la forme nominative en la forme au porteur ; — Qu'il importe peu enfin que les titres définitifs aient été remis à ceux-là mêmes qui détenaient les certificats provisoires ; qu'en effet, que la transmission soit réelle ou non, la loi, pour éviter toute fraude, a fait du passage d'une forme de titre à une autre une présomption de transmission et l'a soumise au droit. »

424. Echange opéré à la suite de la création des deux natures de titres. Option des propriétaires pour l'une ou l'autre forme. — D'après les principes que nous avons exposés, et qui semblent prévaloir en jurisprudence, la règle de perception que nous venons d'énoncer suppose que l'actionnaire ou l'obligataire qui échange des titres nominatifs contre des titres au porteur avait déjà, au moment où cet échange se produit, pu exercer son droit d'option entre les deux natures de titres, et que c'est à la suite de cette option, expresse ou présumée, qu'il possédait les titres nominatifs échangés.

S'il en était autrement, et si cet échange n'avait lieu qu'à la suite et en vertu d'une résolution autorisant pour la première fois les deux formes de titres, nous pensons, ainsi que nous en avons émis l'avis sous l'art. 22,712 du Journal, que cet échange constituerait une conversion statutaire et échapperait, en conséquence, à la perception du droit de 50 cent. p. 100.

Le tribunal de la Seine l'a très justement décidé, par jugement du 19 fév. 1886, à propos d'un échange opéré pour les actions de la société du canal de Panama, à la suite d'une délibération de l'assemblée générale des actionnaires qui avait autorisé, après le versement de moitié du capital (art. 3, loi du 24 juil. 1867), la mise au porteur des actions libérées. 22,712 J.; 6742 R. p.; 17,189 Contr.; 23,743 J. N.

En effet, tant que la mise au porteur n'a pas été autorisée par une délibération de l'assemblée générale des actionnaires prise conformément aux prescriptions de la loi de 1867, la forme des titres remis à chaque associé n'est pas encore fixée. Si le titre est définitif, sa forme de titre nominatif ou de titre au porteur ne l'est pas : elle est subordonnée à l'option de chaque actionnaire. Celui-ci n'ayant pas, dès la constitution de la société, le choix entre un titre nominatif et un titre au porteur, et étant astreint par la loi à accepter la forme nominative, on ne peut pas dire, lorsqu'il opte ensuite, alors que la faculté lui en est accordée, pour la forme au porteur, qu'il fasse un échange, une conversion volontaire, rentrant dans les prévisions de la loi du 23 juin 1857. Il ne fait qu'assigner pour la première fois à son action la forme qui lui convient, et ce n'est que plus tard, lorsqu'il voudra modifier cette forme et remplacer le titre au porteur pour lequel il a opté par un titre nominatif, ou réciproquement, qu'il devra être réputé avoir opéré une véritable conversion volontaire, passible de l'impôt.

425. Cependant, il existe une opinion qui considère comme une conversion passible du droit de 50 cent. p. 100 tout échange qui n'est pas l'exécution pure et simple d'une résolution statutaire obligatoire pour tous les porteurs. Par cela seul que les actionnaires ou les obligataires restent libres de conserver leurs anciens titres, ou d'en réclamer de nouveaux dans la forme nouvellement admise, leur option pour des titres différents de ceux qu'ils possédaient antérieurement constitue, dit-on, une conversion volontaire, et, par conséquent, rentre dans les termes de l'art. 8 de la loi du 23 juin 1857. Cette opinion a même été admise par un jugement du tribunal de Melun du 17 juil. 1874 (19,509 J.), et par un jugement de Marseille du 28 mai 1886 ; 22,712 J.; 6766 R. p.; 23,743 J. N.; D. P., 87, 3, 56.

Nous attachons peu d'importance au premier de ces jugements : car il peut s'expliquer par des considérations de fait, notamment par cette circonstance que l'échange de titres nominatifs contre des titres au porteur n'avait pas eu lieu immédiatement après la délibération qui avait autorisé la mise au porteur, ce qui permettait de supposer que les actionnaires avaient déjà, au moment où ils ont demandé l'échange de leurs titres, exercé leur droit d'option et manifesté implicitement leur préférence pour la forme nominative.

Quant au jugement du tribunal de Marseille, la doctrine sur laquelle il se fonde est certainement contraire à celle que nous soutenons. Mais, après ce que nous avons dit, il nous paraît inutile d'entreprendre la réfutation des motifs de cette décision, d'autant que nous trouvons cette réfutation dans une solution du 14 fév. 1887, par laquelle l'Administration, autorisant l'exécution du jugement du tribunal de la Seine du 19 fév. 1886 (précité), a formellement consacré notre interprétation.

426. Voici dans quels termes la Direction générale a tranché, d'une manière que nous croyons définitive, cette délicate question :

« L'article 8 de la loi du 23 juin 1857, qui est le siège de la difficulté, est ainsi conçu : « Dans les sociétés qui admet-
« tent le titre au porteur, tout propriétaire d'actions et d'obli-
« gations a toujours la faculté de convertir ses titres au porteur
« en titres nominatifs, et réciproquement. Dans l'un et l'autre
« cas, la conversion donne lieu à la perception du droit de
« transmission. »

« Il résulte du texte de cette disposition que la conversion que le législateur assujettit au droit de 50 cent. p. 100 est la conversion facultative, celle qui implique la liberté, pour chaque actionnaire, de changer la forme de son titre et qui n'est que l'exercice de cette faculté. Jusqu'à ce jour, cette interprétation a toujours prévalu et l'Administration s'est constamment abstenue d'appliquer le droit de 50 cent. p. 100 aux conversions statutaires, c'est-à-dire à celles qui reposent sur une modification des statuts, et qui s'opèrent en vertu d'une disposition générale prise par la société.

« Cette règle est trop conforme au texte et à l'esprit de la loi pour qu'il y ait lieu de s'en départir. La question à résoudre, dans l'espèce, est donc de savoir si la conversion dont il s'agit rentre dans la classe des conversions volontaires ou dans celle des conversions statutaires.

« Dans une société qui n'admet pas la forme des titres au porteur, et c'est forcément le cas de toute société dont les actions ne sont pas entièrement libérées, ou dont les actions libérées de moitié n'ont pas donné lieu à la déclaration prévue par l'art. 3 de la loi du 24 juillet 1867, il ne peut être question de conversion volontaire. La faculté que la loi du 23 juin 1857 accorde aux actionnaires est, en effet, limitée expressément aux sociétés *qui admettent la forme au porteur*. Si donc, dans une société de cette nature, il intervient une modification des statuts ou une délibération prise en conformité de la loi de 1867 pour décider que les actions qui jusqu'alors ne comportaient que la forme nominative seront mises au porteur et qu'il sera délivré, en conséquence, de nouveaux titres aux actionnaires, il est impossible de voir dans cet échange autre chose qu'une conversion statutaire. L'opération n'est pas celle que prévoit le texte de l'article 8 de la loi de 1857 : ce n'est pas une conversion opérée *dans une société qui admet le titre au porteur*; c'est plutôt la création de titres au porteur dans une société qui, jusque-là, n'admettait pas ce mode de division du capital social (dans ce sens, Sol. 4 fév. 1859).

« En doit-il être autrement parce que, au lieu de décider que tous les titres, jusque-là nominatifs, seront désormais au porteur, on aura délibéré, comme dans l'espèce, que ces titres seront nominatifs ou au porteur, au choix de l'actionnaire ?

« La négative est évidente.

« L'échange des titres nominatifs contre des titres au porteur, pour être partiel et ne porter que sur un certain nombre de titres, n'en a pas moins lieu en vertu d'une modification statutaire qui, dans ce cas comme dans l'autre, crée pour la première fois des titres qui n'existaient pas, et les met, pour la première fois aussi, à la disposition des actionnaires. L'opération constitue donc, à proprement parler, une délivrance par la société de titres au porteur au profit de ceux de ses actionnaires qui le requièrent. Ce n'est pas une conversion volontaire dans le sens de la loi de 1857.

« Il n'en résulte pas, toutefois, que tout échange de titres nominatifs contre des titres au porteur, effectué pour la première fois postérieurement à la libération intégrale des actions, ou à la délibération qui a régulièrement autorisé cette forme de titres, doive, en principe, être considéré comme une conversion statutaire et échapper à la perception du droit de 50 cent. p. 100. La loi du 23 juin 1857 n'entraîne pas une conséquence aussi absolue. On ne doit envisager comme une conversion statutaire que celle qui s'opère en vertu et comme conséquence directe de la modification apportée aux statuts par l'acte ou le fait qui ont autorisé la délivrance de titres au porteur. Or, pour qu'elle ait ce caractère, il faut que l'actionnaire n'ait pas eu encore, au moment où elle s'opère, à opter entre la délivrance des nouveaux titres au porteur ou la conservation de ses titres sous leur forme nominative. Si, au contraire, il peut être considéré comme ayant déjà opté pour la forme nominative, depuis que la forme au porteur est permise, l'échange qu'il requiert est une véritable conversion volontaire. Il y a là une question préjudicielle qui ne peut être résolue qu'en fait, d'après les circonstances particulières à chaque espèce.

« Si cet échange a eu lieu, comme dans l'espèce actuelle, dans le délai fixé aux actionnaires par la délibération de l'assemblée générale pour retirer les nouveaux titres au porteur mis à la disposition des actionnaires, aucun doute n'est possible : la délivrance des titres au porteur aux associés qui la requièrent n'est évidemment que l'exécution pure et simple de la délibération de l'assemblée générale qui autorise la création de cette espèce de titres ; elle a éminemment, dans ce cas, le caractère d'une conversion statutaire.

« Mais si aucun délai n'a été fixé aux actionnaires pour exercer leur droit d'option et s'il s'est écoulé un certain temps entre l'acte qui a autorisé la forme au porteur et la réquisition d'échange par l'un ou quelques-uns des associés, il est naturel d'admettre que ces derniers, en conservant pendant ce temps leurs anciens titres sous la forme nominative et en n'usant pas immédiatement de la faculté de requérir la délivrance de titres au porteur, ont ainsi manifesté leur préférence pour la forme nominative. On doit donc en conclure que l'échange opéré dans ces conditions résulte d'un changement de volonté ; qu'il n'est que l'exercice du droit que l'article 8 de la loi de 1857 accorde aux actionnaires, dans les sociétés qui admettent les deux formes de titres, de passer d'une forme à l'autre ; qu'ainsi l'opération constitue à proprement parler la conversion volontaire prévue par cette loi et donne ouverture au droit de 50 cent. p. 100. C'est dans une espèce semblable que paraît avoir été rendu le jugement du tribunal de Melun du 17 juil. 1874 (19,509 J.), et sa décision se concilie très bien avec celle du tribunal de la Seine.

« Sous le bénéfice de ces observations, il y a lieu d'exécuter le jugement rendu par le tribunal de la Seine le 19 fév. 1886, et d'en accepter la doctrine. » 22,931 J.; 6931 R. p. — V. dans le même sens le jugement précité du tribunal de Vassy du 27 déc. 1888, 23,225 J. (*supra*, n° 423).

427. *Obligations.* Nous n'apercevons aucun motif de distinguer, pour l'application de la règle consacrée par la solution du 14 fév. 1887, entre les actions et les obligations. L'art. 3 de la loi du 24 juil. 1867 est, sans aucun doute, inapplicable aux obligations, en ce sens qu'il n'est pas nécessaire qu'une obligation soit libérée de moitié pour pouvoir être mise au porteur. Mais, à défaut de la loi, l'interdiction de la forme au porteur peut résulter des clauses et conditions de l'émission. En fait, il arrive souvent que les obligations sont émises d'abord sous la forme nominative, à l'exclusion de la forme au porteur. L'hypothèse inverse peut même se réaliser, et le cas s'est déjà présenté dans les émissions du Crédit foncier. — V. Rép. pér., n° 6,929.

Lors donc qu'une société émet des obligations dans une forme déterminée, par exemple des obligations nominatives, et qu'ultérieurement elle autorise, après la réalisation de certaines conditions, l'échange des titres émis contre des titres au porteur, cet échange est soumis, au point de vue de l'exigibilité du droit de 50 cent. p. 100, à toutes les règles que nous venons d'énoncer.

Si l'échange a lieu immédiatement et dans des conditions qui permettent de le considérer comme l'exercice pur et simple du nouveau droit conféré aux obligataires, c'est une conversion statutaire qui échappe à la perception du droit de 50 cent. p. 100. Dans le cas contraire, et si les obligataires ont déjà eu antérieurement la faculté d'opter entre les deux natures de titres, ils sont réputés avoir usé de leur droit d'option par cela même que, pouvant demander la délivrance de titres au porteur, ils ont conservé leurs anciens titres dans leur forme primitive. Il en résulte que l'échange qu'ils demandent ultérieurement constitue de leur part un changement de volonté, c'est-à-dire une conversion volontaire, passible du droit de 50 cent. p. 100. —V. sur ce point, Dissertation, Rép. pér., n° 6,929.

428. **Conversions par les donataires ou les héritiers.** — Nous avons expliqué, sous les n°s 381 et 382, que quand un héritier, un légataire, un donataire ou un cessionnaire a acquitté sur les titres nominatifs qui lui ont été transmis en ladite qualité, le droit proportionnel d'enregistrement

afférent à cette mutation, le transfert des titres doit être ensuite opéré en son nom sans que le droit spécial de transmission édicté par la loi du 23 juin 1857 puisse être exigé. Si le transfert a lieu avant le payement des droits de mutation, le droit de 50 cent. p. 100 est perçu ; mais il est imputé ensuite sur le montant de l'impôt exigible lors de l'enregistrement de l'acte ou de la déclaration de succession.

Il importe de remarquer, dans ce cas, ainsi que le porte une solution du 17 déc. 1886, que le droit de mutation ne couvre que la transmission réalisée entre le défunt, le donateur ou le cédant, et l'héritier, le donataire ou le cessionnaire, c'est-à-dire la transmission des titres nominatifs inscrits au nom du précédent propriétaire. Il ne dispense par conséquent le nouveau titulaire que du droit afférent à cette mutation. Si donc ce dernier, tout en faisant opérer le transfert en son nom, requiert en même temps l'échange des titres nominatifs contre des titres au porteur, cet échange constitue une opération distincte de la mutation et donne incontestablement ouverture à un droit spécial de conversion. Il en est ainsi d'ailleurs même dans le cas où, sans faire opérer le transfert en son nom, le nouveau titulaire requiert directement la conversion des titres, sur la justification de ses qualités. Il en résulte que les compagnies doivent, à raison de cette opération, non seulement exiger le *droit de conversion* pour en tenir compte au Trésor, mais encore se faire justifier du payement des droits de mutation dans la forme indiquée *supra*, n° 383, ou, à défaut, exiger un droit de transfert, indépendamment du droit de conversion. Sol. 17 déc. 1886, 22,881 J.; 7002 R. p.; — Sol. 26 janv. 1864.

428 *bis*. **Conversion opérée par erreur. Reconversion à opérer sans payement d'un nouveau droit.** — Il arrive quelquefois qu'une conversion a été opérée par erreur, et que la partie requiert une nouvelle conversion pour annuler la première et effacer les conséquences de l'erreur commise. L'Administration admet, dans ce cas, lorsqu'il est justifié de la réalité du motif invoqué, que la reconversion peut être autorisée sans payement d'un nouveau droit.

« Le droit de transfert, porte sur ce point une solution du 28 nov. 1888, n'est exigible, en principe, qu'autant que l'opération de transfert effectuée par la compagnie a lieu en vertu d'une mutation de titres réellement accomplie. C'est ce qui explique que le droit n'est pas dû lorsque le transfert a lieu à titre de garantie (art. 4 du décret du 17 juil. 1857), ou en vertu d'un partage purement déclaratif (Déc. min. fin. 14 juin 1887, 6,883 R. p.). C'est d'après le même principe que les transferts d'ordre sont exonérés de tout impôt.

« Le droit de conversion n'est pas soumis à d'autres règles. Ce n'est pas l'opération matérielle de la conversion qui est la base de l'exigibilité de l'impôt, mais plutôt le consentement du propriétaire des titres à ce que cette conversion soit effectuée. Aussi l'Administration a-t-elle souvent admis que dans le cas où une conversion a été effectuée par erreur par une compagnie, sans le consentement des intéressés, l'opération peut être annulée, sans que la seconde conversion qui en résulte soit soumise à un nouveau droit de 50 cent. p. 100. (Sol. 22 fév. 1858 ; 12 nov. 1859; 7 fév. 1860.) Il n'y a pas, en effet, dans ce cas, de véritable conversion, mais une simple opération d'ordre qui doit profiter, par identité de motifs, de l'exemption admise en faveur des transferts d'ordre et autres de même nature. Si le droit perçu sur la première conversion n'est pas restitué, malgré l'erreur reconnue, c'est que cette restitution, fondée sur un événement ultérieur, est prohibée par l'art. 60 de la loi du 22 frim. an 7. Mais il n'en résulte pas qu'un droit puisse être exigé sur l'opération de pure forme qui est nécessaire pour réparer les conséquences de l'erreur commise.

« Ces principes étant admis, la question de savoir s'il y a lieu d'autoriser la seconde conversion sans payement d'un nouveau droit, est une question de fait qui ne peut être résolue que d'après les circonstances de chaque affaire. C'est aux parties qu'incombe, sans aucun doute, la preuve de l'erreur qu'elles allèguent et sur laquelle elles se fondent pour demander l'annulation de l'opération. Si les faits qu'elles invoquent ne paraissent pas suffisamment probants à l'Administration, la difficulté ne peut être tranchée que par la voie judiciaire. Mais rien ne paraît s'opposer à ce que l'Administration, usant de son pouvoir d'appréciation, reconnaisse, d'après les circonstances de la cause, que la première conversion a été faite par erreur et sans le consentement des intéressés, et renonce, par suite, à exiger le droit de 50 cent. à raison de l'annulation de l'opération.» — Rapp. *infra*, n° 513.

Art. 3. — *Liquidation du droit de transfert et de conversion.*

429. **Valeur imposable. 1° Transfert.** — La détermination des titres passibles du droit de transfert, ainsi que de la valeur sur laquelle ce droit est assis, a été soumise par la loi à des règles précises qui ne soulèvent aucune difficulté d'interprétation.

Ainsi que nous l'expliquerons dans notre quatrième chapitre, le droit pour les titres nominatifs dont la transmission ne peut s'opérer que par un transfert est perçu, au moment du transfert, pour le compte du Trésor, par les sociétés, compagnies et entreprises, qui en sont constituées débitrices par le fait même du transfert. Art. 7, loi du 23 juin 1857.

Après l'expiration de chaque trimestre et dans les vingt premiers jours du trimestre suivant, les sociétés doivent tenir compte au Trésor des droits qu'elles ont perçus, et, à cet effet, elles doivent déposer au bureau un relevé énonçant, entre autres choses, la désignation et le nombre des actions et obligations transférées ou converties, ainsi que le prix de chaque transfert ou la valeur des actions et obligations converties. Art. 2, décret du 17 juil. 1857.

Il résulte de ces dispositions que le droit de 50 centimes porte, en ce qui concerne les transferts, sur tous les titres transférés pendant le trimestre, et doit être liquidé sur le prix de ces transferts.

Les déclarations faites à cet égard par la société sont soumises au contrôle de l'Administration, et les omissions et les insuffisances sont punies des peines édictées par l'art. 10 de la loi du 23 juin 1857. Nous compléterons l'étude de ces dispositions lorsque nous parlerons des règles relatives au recouvrement. — V. notre quatrième chapitre, *infra*, n°s 462 et suivants.

430. *Titres non libérés.* On sait que, d'après un usage invariable, le prix de négociation et la cote de la Bourse sont indiqués, pour les titres non libérés, sans déduction des versements restant à faire. Ainsi, quand une action de 500 francs, par exemple, libérée de moitié seulement, soit de 250 francs, est vendue au cours de 550 francs, ce cours comprend à la fois la somme restant à verser, à savoir 250 francs, et le prix réel à payer par l'acquéreur, soit 300 francs.

D'après la disposition formelle de l'art. 6 du décret du 17 juil. 1857, le droit de transfert devait porter sur le prix de la négociation, sans déduction des sommes restant à verser. Mais cette règle, qui était appliquée même aux titres non cotés (Sol. 20 mai 1868, 18,504-1 J.; 2707 R. p.), a été abrogée par l'art. 1er de la loi du 30 mars 1872. D'après cet article, c'est « la valeur négociée, déduction faite des versements restant à faire », c'est-à-dire le prix réel payé par l'acheteur, qui doit servir de base à l'impôt. Dans l'hypothèse que nous avons présentée plus haut, le droit ne devrait porter que sur 550 — 250, soit sur 300 francs.

431. **2° Conversion.** — Le droit de 50 cent. p. 100, applicable aux conversions, est assis, pour les titres cotés à la Bourse, sur le dernier cours moyen *constaté avant le jour de la conversion*, et, pour les autres, d'après la déclaration des parties, conformément à l'art. 16 de la loi du 22 frimaire, et sauf le contrôle de l'Administration. Art. 3, décret précité.

431 *bis*. *Évaluation.* Décidé toutefois qu'il n'y a lieu de re-

courir à une évaluation, à défaut du cours de la Bourse, qu'autant que la valeur des titres convertis n'est pas constatée par des déclarations ou autres documents opposables aux parties. Si, par exemple, des titres provenant de la même émission ont été compris par la société dans un relevé de ses transferts et conversions pour le trimestre pendant lequel le droit de conversion réclamé s'est ouvert, l'Administration est fondée à liquider ce droit sur la valeur constatée par le relevé, sans que la société puisse être admise à fournir une évaluation inférieure. Vassy, 27 déc. 1888; 23,225 J.

432. *Titres non libérés.* Il est bien entendu que, d'après la règle énoncée ci-dessus, n° 430, il y a lieu, en ce qui concerne les titres non entièrement libérés, de déduire du cours de la Bourse le montant des versements restant à faire.

433. **Liquidation du droit sur les sommes de 20 en 20 francs.** — D'après l'instruction du 18 août 1857, n° 2104, § 4, les compagnies chargées de la perception du droit de transfert à 50 cent. p. 100, doivent le faire de la manière indiquée par les lois sur l'enregistrement. Il en résulte notamment : 1° que la perception doit être établie, pour chaque transfert ou conversion, *sur les sommes et valeurs de vingt en vingt francs*, inclusivement et sans fraction; 2° qu'il ne peut être perçu moins de 25 centimes pour chaque transfert ou conversion dont les sommes ou valeurs ne produiraient pas 25 centimes de droit proportionnel. Art. 2 et 3, loi du 27 vent. an 9.

CHAPITRE III. — RÈGLES CONCERNANT L'EXIGIBILITÉ ET LA LIQUIDATION DE LA TAXE ANNUELLE DE TRANSMISSION.

434. **Observations préliminaires.** — Nous avons expliqué *supra*, n°s 274 et suiv., les deux modes de payement organisés par la loi du 23 juin 1857 pour la perception du droit de transmission. Tandis que, pour les titres nominatifs qui ne peuvent valablement se transmettre que par une déclaration de transfert, le droit est payé au comptant pour chaque transfert constaté, la loi a créé, pour les autres titres que leur mode de transmission soustrait à la surveillance de l'Administration, une sorte d'abonnement grâce auquel ces titres supportent des charges équivalentes à celles qui pèsent sur les titres nominatifs.

Nous connaissons déjà les conditions respectives d'application de ces deux modes de perception du même impôt. Nous n'avons pas à revenir sur les explications qui ont été fournies sur ce point. Il nous reste seulement à compléter notre étude en exposant les règles spéciales qui gouvernent l'exigibilité et la liquidation de la taxe annuelle de 20 centimes p. 100.

ART. 1er. — *Titres passibles de la taxe annuelle.*

435. **Renvoi.** — En faisant connaître, dans le premier chapitre de cette troisième partie, les titres qui, sous la désignation d'actions et d'obligations des sociétés, compagnies, entreprises, départements, communes et établissements publics, ont été atteints par les dispositions générales de la loi du 23 juin 1857, en précisant d'autre part les conditions d'exigibilité de cet impôt, et enfin en expliquant dans quels cas les titres atteints par la loi doivent acquitter l'impôt sous la forme d'une taxe obligatoire et annuelle, nous avons examiné et résolu toutes les questions relatives à l'exigibilité de cette taxe. Nous ne pouvons ici que nous référer à ce que nous avons dit précédemment.

436. **Tarif.** — *Propositions d'augmentation.* Après avoir été fixé d'abord à 12 cent. p. 100 par l'art. 6 de la loi du 23 juin 1857, et avoir subi diverses modifications (Lois, 16 sept. 1871, art. 11, 30 mars 1872, art. 1er), le tarif de la taxe annuelle est actuellement de 20 cent. p. 100 (Loi du 29 juin 1872, art. 3). — V. *supra*, n° 339.

Des propositions récentes ont été faites au Parlement pour relever ce droit, dont le taux a paru trop modéré, eu égard aux impôts qui, en fait, atteignent les titres nominatifs. On a fait remarquer que le taux de 20 cent. p. 100 n'est pour les titres au porteur que l'équivalent du droit de 50 cent. p. 100 dû sur les transferts des titres nominatifs; mais que, pour mettre les deux natures de titres sur le pied d'une parfaite égalité, il y aurait lieu d'augmenter la taxe annuelle applicable aux titres au porteur d'une quotité correspondante à l'impôt des successions qui grève les titres nominatifs et qui, en fait, n'atteint presque jamais les titres au porteur. S'appuyant sur ces motifs, M. Fernand Faure, lors de la discussion générale du budget de 1887 (séance de la Chambre des députés du 11 nov. 1886), a proposé de doubler la taxe annuelle de transmission et de la porter à 40 cent. p. 100. Son amendement a été rejeté, mais le principe en est accepté par de bons esprits et l'Administration de l'enregistrement elle-même n'aurait pas été très éloignée, si nous sommes bien renseignés, de s'y rallier. Aussi doit-on s'attendre à ce que la proposition soit renouvelée et c'est pour ce motif que nous avons tenu à la signaler à nos lecteurs. — V. sur cette question, n°s 6635 et 6758 R. p. (1).

ART. 2. — *Liquidation de la taxe annuelle.*

437. **Nombre de titres passibles de la taxe.** — Nous verrons plus loin que la taxe annuelle de transmission est payable par trimestre, sur le dépôt d'un relevé, que les sociétés ou établissements doivent effectuer au bureau de l'enregistrement dans les vingt premiers jours des mois de janvier, avril, juillet et octobre. Ce relevé doit comprendre tous les titres passibles de la taxe pour le trimestre écoulé, et, d'après la disposition formelle du décret du 17 juil. 1857, art. 5, ces titres sont tous ceux existant au dernier jour de ce trimestre. Il en résulte que les titres qui existaient au commencement d'un trimestre et qui ont été amortis ou convertis avant son expiration, fût-ce le dernier jour, n'entrent pas dans le compte de la masse imposable, et, réciproquement, qu'un titre au porteur provenant d'une conversion effectuée à la fin du trimestre supporte le droit pour le trimestre entier. Le décret établit donc une espèce de forfait, basé sur le nombre de titres en circulation au dernier jour du trimestre écoulé. Sol. 9 oct. 1857, 19 juil. 1873.

438. *Compagnies créées dans le courant d'un trimestre. Émission de titres dans le cours d'un trimestre.* En ce qui concerne les compagnies créées dans le courant d'un trimestre, le droit n'est liquidé, pour la première fois, que proportionnellement au nombre de jours écoulés depuis leur constitution. Art. 5, dernier al., du décret.

Cette disposition, d'après ses termes littéraux, n'est relative qu'aux actions d'une compagnie nouvellement fondée. Mais elle doit être étendue, par identité de motifs, aux actions et obligations qu'une compagnie déjà existante émet dans le courant d'un trimestre. L'impôt sur ces titres n'est dû qu'en raison du nombre de jours écoulés depuis leur émission. Sol. 18 juin 1870.

D'après ce que nous avons dit précédemment, c'est la constitution définitive de la société qui, donnant leur existence juridique aux actions, indépendamment de toute délivrance matérielle des titres, donne ouverture à l'impôt, et, par conséquent, sert de point de départ pour le calcul des jours à

(1) Une proposition semblable, tendant à porter à 30 cent. p. 100 le taux de la taxe annuelle, a été faite lors de la discussion de la loi du budget de 1890; mais elle a été rejetée. (V. séance de la Chambre des députés du 5 juillet 1889; J. off. du 6 juillet 1889, p. 1823.)

raison desquels la taxe afférente au premier trimestre est exigible. — V. *supra*, nos 317 et 327.

Quant aux titres émis par une société existante, le point de départ doit être fixé au jour où l'émission est juridiquement accomplie par l'attribution définitive des titres souscrits. — V. *supra*, n° 327.

439. *Augmentation de capital. Émission d'actions nouvelles.* C'est ce qui a lieu notamment lorsqu'une société, au cours d'un trimestre, augmente son capital social et émet en conséquence de nouvelles actions au porteur. Décidé que, pour ces nouveaux titres, la taxe exigible à la fin du trimestre n'est due qu'à partir de l'émission, c'est-à-dire à partir du jour où la société est définitivement constituée au nouveau capital. Seine, 4 mai 1883 ; 22,194 J.; 16,782 Contr.; 23,145 J. N.

Ce jugement ajoute, conformément à la doctrine que nous avons soutenue *supra*, nos 317 et suiv., que l'émission doit s'entendre du fait juridique qui donne naissance à l'action, indépendamment de la délivrance matérielle des titres au porteur aux actionnaires : « Attendu, dit le tribunal, que l'action soumise au droit de transmission par la loi de 1857 est la valeur même de la fraction du capital social divisé entre chaque actionnaire, proportionnellement à son intérêt dans la société, dans les termes de l'art. 34 C. comm., et non le titre ou certificat négociable formé pour constater la propriété individuelle de cette fraction ; — Que c'est en raison de ce principe que le décret ci-dessus visé frappe de la taxe les actions ainsi définies à partir de la constitution des sociétés, sans s'occuper de l'époque de la délivrance des titres qui les représentent ; qu'il est dès lors sans objet de rechercher si les certificats nominatifs délivrés par le Crédit de Paris à ses souscripteurs devaient être exempts de la taxe obligatoire jusqu'au jour de leur transformation en titres au porteur, puisque la liquidation de cette taxe doit être faite à partir de l'augmentation du capital, en vertu des nouveaux statuts, fait concomitant avec la création des actions, lesquelles, devant toutes être au porteur, sont immédiatement assujetties à l'impôt, en prévision de leur circulation éventuelle, et non à raison de leurs mutations constatées. » — V. *supra*, n° 327.

440. *Émission commencée au cours d'un trimestre et continuée pendant le trimestre suivant.* Remarquons que la règle édictée par l'art. 5, dernier alinéa, du décret du 17 juil. 1857, en ce qui concerne les sociétés créées dans le cours d'un trimestre, ne doit être étendue, par voie d'analogie, aux sociétés existantes qui émettent de nouveaux titres, que pour le trimestre pendant lequel l'émission a commencé. Si l'on suppose, par exemple, qu'une émission d'obligations commencée pendant un trimestre au moyen du placement définitif d'un certain nombre de titres se continue pendant le trimestre suivant, la perception de la taxe annuelle devra se faire sur les titres existants à la fin de chacun de ces trimestres, d'après des règles différentes, savoir : d'après la règle prescrite par la disposition précitée du décret, c'est-à-dire proportionnellement au nombre de jours écoulés depuis l'émission des premiers titres placés, pour le premier trimestre, et d'après la règle ordinaire pour le second. Sol. 9 oct. 1857.

441. *Titres convertis.* Pour l'application de la règle de liquidation ci-dessus énoncée aux titres existants à la fin du trimestre, la cause des modifications survenues au cours du trimestre dans la consistance des titres passibles de la taxe annuelle, n'est pas à considérer. Ces modifications peuvent résulter soit de ce que des titres nominatifs ont été convertis en titres au porteur, ou réciproquement, ce qui, dans l'un ou l'autre cas, augmente ou diminue le nombre des titres passibles à la fin du trimestre de la taxe annuelle, soit de ce que de nouveaux titres ont été émis, ou de ce que des titres anciens ont été amortis. Quelles que soient les causes d'augmentation ou de diminution dans le nombre des titres imposables, la taxe est due d'une manière invariable sur les titres existants à la fin du trimestre et n'est due que sur ceux-là ; sauf toutefois, en ce qui concerne les titres nouvellement émis, l'application de la règle spéciale de liquidation rappelée sous les numéros qui précèdent.

Le tribunal de la Seine s'est conformé à ces principes en décidant, par jugement du 4 mai 1883 (22,194 J.; 16,782 Contr.; 23,145 J. N.), que lorsqu'une société, au cours d'un trimestre, convertit toutes ses actions, émises sous la forme nominative, en actions au porteur, la taxe annuelle de transmission est due, pour le trimestre entier, d'après le nombre de titres existants au dernier jour de ce trimestre, et non pas seulement proportionnellement au nombre de jours écoulés depuis la conversion, comme s'il s'agissait de titres nouvellement émis.

Il n'est pas douteux, d'ailleurs, que si la conversion s'effectuait dans un sens opposé, la taxe annuelle ne serait pas due à la fin du trimestre sur les titres convertis.

442. *Titres amortis.* Les titres amortis au cours d'un trimestre ne doivent pas être compris à la fin de ce trimestre au nombre des titres passibles de la taxe annuelle. C'est là un point incontestable, en présence du texte formel de la loi. — Quant à la question de savoir dans quels cas les titres doivent être considérés comme amortis, V. *supra*, nos 237 à 242, et, pour les actions, nos 189 à 199.

443. *Amortissement intégral.* L'Administration a tenté toutefois d'établir en cette matière une distinction entre le cas où quelques titres seulement ont été amortis, et le cas où il s'est opéré un amortissement total. Elle a soutenu que ce remboursement total équivalait à une dissolution ; qu'aux termes de l'arrêt des chambres réunies du 27 déc. 1877 (20,617 J.; 4853 R. p.; 15,875 Contr.; Inst. 2592, § 1er; 5713 Rev. not.; 21,846 J. N.; S., 78, 1, 225; P. 78, 550; D. P., 78, 1, 354), la taxe reste due tant que les titres peuvent circuler ; que, par conséquent, dans cette hypothèse d'un remboursement intégral, à laquelle le texte de l'art. 5 du décret de 1857 ne paraissait pas applicable, il y avait lieu d'exiger de la société le reliquat de la taxe, couru depuis le premier jour du dernier trimestre jusqu'au jour de l'extinction des titres.

On ajoutait que l'interprétation contraire s'écartait de l'esprit de la loi, en ce qu'elle ne rentrait pas dans le système de compensation qui paraît avoir dicté les dispositions du décret. Puisque, en effet, les sociétés créées au cours d'un trimestre ne doivent la taxe que proportionnellement au nombre de jours écoulés depuis leur création, il est juste que, par voie de réciprocité, celles qui se dissolvent au cours d'un trimestre acquittent le prorata de la taxe jusqu'au jour de cette dissolution ou du remboursement des titres.

Ces motifs n'ont pas prévalu et le tribunal de Lyon, par un jugement du 27 juin 1883, auquel l'Administration paraît avoir acquiescé, s'est prononcé pour l'interprétation littérale de l'art. 5 du décret précité. 22,282 J.; 6251 R. p.; 23,207 J. N.; 17,038 Contr.

« Attendu, porte cette décision, que la ville de Lyon ayant, dans le courant du mois de janvier 1880, contracté un emprunt à l'aide duquel elle a amorti toutes ses obligations précédentes, l'Administration de l'enregistrement, se fondant sur la loi du 23 juin 1857 et sur celle du 16 sept. 1871, lui a réclamé la somme de 15,287 fr. 72, comme représentation du droit annuel de 20 cent. p. 100 établi par les lois précitées ; — Attendu que la ville de Lyon, se fondant sur les termes de l'art. 7 de la loi de juin 1857 et sur ceux de l'art. 5 du décret rendu le 17 juillet suivant pour le règlement de la loi, se refuse à la demande de l'Enregistrement et soutient que les obligations, sur lesquelles cette Administration veut percevoir le droit de 20 cent. p. 100, étant éteintes dans le courant d'un trimestre, le droit afférent à ce trimestre ne peut plus lui être réclamé ; — Attendu que l'Enregistrement, à l'appui de sa prétention, explique que le droit créé par la loi de 1857 est un droit de transmission qui est dû tant que cette transmission est possible et ne doit être éteint que lorsque le titre lui-même a cessé d'exister ; qu'en conséquence, les anciennes obligations de la ville de Lyon n'ayant été éteintes que successivement dans le courant de février et de mars 1880; le droit est dû depuis le premier jour du trimestre en cours (ici le 1er janvier) jusqu'aux dates de l'extinction de chacune d'elles; — Qu'à la vérité, la loi a bien dit que les obligations éteintes dans le courant du trimestre ne payeraient pas le droit pour le trimestre entier, mais qu'en décidant de la sorte, le législateur n'a eu en vue que des obligations s'éteignant régulièrement, successivement, par le moyen des tirages prévus lors de l'émission des titres et nullement celles qui sont éteintes par un remboursement anticipé; — Que le législateur ne s'était décidé de la sorte que pour établir en faveur du contribuable une compensation au droit perçu pour le premier trimestre entier sur les obligations émises au cours de ce trimestre; que c'était ainsi une sorte de forfait qui avait été établi, soit pour créer cet équilibre, soit en vue de faciliter la perception de la taxe, mais que ce forfait ne pouvait exister que pour les titres s'éteignant régulièrement;

« Attendu que, même en admettant que le décret de 1857 crée une espèce de forfait, la prétention de l'Enregistrement n'en serait pas plus soutenable, puisque, aux termes mêmes de ce forfait, la Ville ne serait pas obligée de payer le droit que lui réclame l'Administration; qu'il résulte, en effet, des termes de la loi de 1857 que le receveur est tenu de remettre à la fin de chaque trimestre l'état des obligations soumises à la taxe annuelle; que ceci implique déjà que, seules, les obligations encore existantes à la fin du trimestre, et devant, par conséquent, être portées sur cet état, sont soumises encore à la taxe; mais que cette interprétation résulte encore plus clairement du décret du 17 juillet suivant portant règlement pour l'exécution de la loi précitée; qu'il est dit, en effet: « Pour « l'acquittement de la taxe sur les titres au porteur, les sociétés « (ici le receveur municipal) formeront un état des actions et « des obligations existantes au dernier jour de chacun des tri- « mestres de janvier, avril, juillet et octobre, et le déposeront « entre les mains du receveur de l'Enregistrement. La taxe sera « payée dans les vingt jours qui suivront l'expiration de chaque « trimestre et perçue pour le trimestre entier, d'après la situa- « tion établie, conformément au premier paragraphe du présent « article »; — Qu'il résulte d'une façon évidente des termes ci-dessus, que la taxe ne doit être perçue que sur les obligations encore existantes à la fin du trimestre; — Qu'il n'est fait aucune distinction entre les obligations amorties toutes à la fois et celles qui ne le sont que successivement; — Qu'en conséquence, la ville de Lyon ayant éteint ses obligations anciennes dans le courant du premier trimestre de l'année, ces obligations ne pouvaient être portées sur les états fournis par le receveur et n'étaient donc plus soumises à la taxe; — Attendu encore que, si la loi avait dû être entendue ainsi que le veut l'Administration de l'enregistrement, il eût été facile à la ville de Lyon de conserver encore quelques obligations sur lesquelles une taxe insignifiante aurait été perçue, ce qui lui aurait permis d'échapper ainsi aux réclamations qui lui sont faites aujourd'hui; — Mais qu'entendre ainsi la loi eût été lui prêter, en quelque sorte, un sens ridicule, et qu'il est bien plus conforme à sa dignité de l'entendre ainsi que le demande la ville de Lyon; — Attendu enfin qu'il est de principe que les lois fiscales, eu égard à leur nature, doivent être appliquées dans le sens le plus étroit; que lui donner le sens que demande ici l'Administration de l'enregistrement serait non seulement en étendre la portée, mais même, en quelque sorte, violer la lettre même de la loi. »

444. Valeur imposable. — La taxe annuelle frappant les titres au porteur, à raison de leur circulation présumée et indépendamment de toute négociation constatée, il était impossible de prendre pour base de sa liquidation les différents prix de cessions, comme pour les titres nominatifs. La loi a dû recourir à un équivalent et elle a prescrit de liquider la taxe sur la valeur des titres, déterminée, comme nous le verrons ci-après, par leur cours moyen, ou par une évaluation des redevables.

445. *Titres non libérés.* Cette valeur s'établit, d'ailleurs, comme pour les titres nominatifs, d'après le prix moyen des négociations, déduction faite, pour les titres non libérés, des sommes restant à verser. (V. *supra*, n° 430.) C'est ce qui résulte de l'art. 1er de la loi du 30 mars 1872, qui a abrogé sur ce point la disposition contraire de l'art. 6 du décret du 17 juil. 1857.

Ce mode d'opérer produit des conséquences remarquables lorsque les titres non libérés sont cotés au-dessous de la valeur nominale. Il en résulte qu'une action de 500 fr., libérée de 300 fr. et cotée 200 fr., est exempte d'impôt, puisque, sur le cours de 200 fr., il faut déduire 200 fr. restant à verser, et que la valeur imposable se trouve ainsi réduite à néant.

446. *Titres libérés au cours d'un trimestre.* Il résulte de nos explications précédentes, d'une part, que la taxe annuelle est due trimestriellement sur les titres existants à la fin du trimestre précédent, et, d'autre part, qu'elle doit être liquidée sur la valeur négociable de ces titres, telle qu'elle est constatée par le cours moyen de l'année précédente, ou par une déclaration estimative, déduction faite des versements restant à faire.

Toutefois cette règle comporte une exception lorsque les titres ont été libérés, en tout ou en partie, au cours du trimestre. Il y a lieu, dans ce cas, aux termes d'une solution du 23 mai 1888 (23,072 J.), de déterminer leur valeur imposable distinctement pour chaque période antérieure et postérieure à cette libération, et de déduire, pour établir cette valeur, conformément à l'art. 1er de la loi du 30 mars 1872, les versements restant à faire pendant chacune de ces périodes.

« Le forfait établi par le décret du 17 juil. 1857, qui règle la perception d'après la situation existante à la fin du trimestre, ne paraît, en effet, porter que sur la quantité des titres à imposer. L'hypothèse admise par le décret est que le nombre des titres au porteur existants le dernier jour du trimestre se trouve être exactement celui des titres au porteur qui ont circulé durant le trimestre entier. Mais là s'arrête la fiction. Ainsi le droit de 0,20 p. 100, dont le quantum se détermine d'après la situation des titres en fin de trimestre, n'est pas cependant censé prendre naissance en une seule fois le dernier jour du trimestre: il a paru qu'il s'acquérait jour par jour. C'est ce qui résulte implicitement de l'accord intervenu entre le gouvernement et la commission du budget au sujet de la mise à exécution de la loi du 30 mars 1872. Bien que cette loi, promulguée le 24 mai, dût se trouver en vigueur lors de la première situation à établir par les sociétés le 30 juin suivant, il a été décidé que la taxe annuelle ne serait calculée au nouveau tarif que pour la fraction du trimestre d'avril postérieure à la promulgation (Inst., n° 2445, p. 3). De même, s'il s'agit de titres non cotés à la Bourse durant l'année précédente, la perception n'est pas assise sur la valeur fixée à forfait, mais sur une déclaration estimative qui peut varier pour chaque trimestre, suivant la valeur réelle des titres. Ce n'est là, du reste, qu'une application du principe d'après lequel le droit d'enregistrement est assis sur les valeurs, et spécialement, en cas de cession, sur le prix stipulé (sauf pour les créances l'application de l'art. 14, § 2, de la loi du 22 frim. an 7); et c'est précisément parce que l'art. 6 du décret de 1857 s'était écarté de ce principe qu'il a été abrogé par la loi du 30 mars 1872...

« Or, si l'on considère, conformément à la fiction créée par le décret de 1857, les titres au porteur existants le dernier jour d'un trimestre, comme étant exactement les titres de l'espèce qui ont circulé durant le trimestre entier, il serait tout à fait contraire au vœu de la loi de ne déduire de la valeur nominale de ces titres que le montant des versements restant à faire le dernier jour, sans tenir compte d'autres versements qui restaient à effectuer durant une grande partie du trimestre pour lequel l'impôt est liquidé. Ce serait perpétuer, dans des cas déterminés, « l'iniquité » que le législateur a voulu « faire cesser » en thèse générale.

« Un autre argument, non moins décisif, est à invoquer dans ce sens. Le tarif de la taxe annuelle a été fixé de manière à constituer une charge à peu près équivalente au droit accidentel, mais plus élevé, imposé aux cessions de titres nominatifs. Le législateur a entendu maintenir «l'équilibre entre «ces deux natures de titres», au point de vue de l'impôt (19,108 J., rapport précité de M. Mathieu-Bodet). Or, cet équilibre serait rompu, contre le gré de la loi, si les titres au porteur payaient la taxe, pour le trimestre entier, sur le montant du capital qui se trouve être appelé à la fin du trimestre, alors que les titres nominatifs cédés durant le trimestre, avant le dernier versement, profitent nécessairement de la déduction prescrite par la loi de 1872.

« Enfin, s'il faut admettre que la taxe est acquise au Trésor jour par jour sur le nombre des titres qui existeront à la fin du trimestre, il est de conséquence forcée que cette taxe ne peut atteindre le montant des versements dont les titres ne sont pas libérés, pendant la partie du trimestre antérieure à la libération. L'Administration s'est prononcée deux fois, le 7 sept. 1874 et le 8 avril 1880, pour l'interprétation la plus libérale. »

447. Indépendamment des motifs invoqués par l'Administration, on peut faire remarquer qu'au point de vue de la loi fiscale, les versements effectués sur des titres non libérés constituent une opération complémentaire de l'émission; ils opèrent en quelque sorte la substitution à un titre déterminé d'un titre représentant un capital supérieur. Or, il est admis qu'en ce qui concerne les titres émis au cours d'un trimestre, la taxe n'est due, pour le premier trimestre, que proportionnellement au nombre de jours écoulés depuis l'émission. S'il n'y a pas, à proprement parler, dans l'espèce, une émission nouvelle, il y a création d'une valeur nouvelle, et l'impôt, par analogie, ne paraît pouvoir être exigé sur ce supplément de valeur qu'à partir de sa création.

De là la conséquence que, pendant la partie du trimestre antérieure au versement qui donne naissance à cette valeur, il ne doit pas en être tenu compte pour la liquidation de l'impôt; et de là aussi la nécessité de déduire, pour la détermination de la valeur imposable pendant cette période, les versements restant à faire sur les titres ultérieurement libérés. — 23,072 J.

448. *Actions amorties partiellement. Rachat des coupons par la compagnie. Émission de délégations en représentation de ces coupons.* On voit, par ce qui vient d'être dit, que la taxe annuelle de transmission n'est due en principe que sur la valeur négociable des titres, à la différence du droit de timbre qui porte invariablement sur leur capital nominal, tant que la société subsiste et malgré les modifications et les amortissements partiels dont les actions peuvent être l'objet. Ainsi, toute modification apportée dans les titres et dans les droits qu'ils représentent réagit sur la liquidation de l'impôt. Si l'on suppose, par exemple, que des actions soient dédoublées au cours d'un exercice, ou qu'elles soient partiellement remboursées, on devra en tenir compte pour établir la valeur imposable et cela lors même qu'il s'agirait de titres cotés, dont la valeur doit, aux termes du décret du 17 juil. 1857, être fixée par le cours moyen de l'année précédente: car, il est évident que, dans ce cas, la cote de l'année précédente s'applique à des titres différents de ceux qui subsistent après les modifications réalisées par la société; elle ne peut plus servir de base légale de perception et elle est réduite à n'être plus qu'un terme de comparaison qui pourra permettre de contrôler l'évaluation des redevables.

Il a été fait une application intéressante de ces principes dans l'espèce suivante:

Aux termes d'une convention des 23 avril et 14 juil. 1869, le vice-roi d'Egypte a remis à la Compagnie du canal maritime de Suez, pour se libérer envers elle d'une dette de 30 millions de francs, 8,830,100 coupons à échoir détachés des 176,602 actions appartenant au gouvernement égyptien sur les 400,000 formant le capital social de la Compagnie.

La Compagnie, ainsi rentrée en possession d'une partie considérable des revenus du canal, a songé à en tirer parti. Elle a émis, par voie de souscription publique, jusqu'à concurrence de 30 millions de francs, représentant la valeur dont la société était redevenue propriétaire, 120,000 titres, appelés *délégations*, et donnant droit à la copropriété des deux cinquièmes environ des produits de l'entreprise pendant vingt-cinq ans.

Dès leur émission, les titres dont il s'agit ont été admis à la cote officielle de la Bourse de Paris, où figuraient déjà les actions et les obligations de la société.

L'Administration avait pensé d'abord que les titres dont il s'agit étaient de véritables obligations, dont la totalité était passible du droit de timbre et du droit de transmission en vertu de l'art. 1er du décret du 11 déc. 1864, alors applicable aux titres des sociétés étrangères. Mais elle n'a pas persisté dans ce système; elle s'est déterminée à assimiler les délégations à des actions, dont la moitié seulement était imposable (même décret).

Elle a admis, en outre, que la valeur vénale des actions du vice-roi, dépourvues de leurs coupons pendant vingt-cinq ans, était bien inférieure à la valeur des actions complètes, et elle a reconnu que la Compagnie était autorisée à déclarer, pour la perception du droit de transmission, la valeur estimative des actions du khédive, bien qu'elles fussent cotées à la Bourse et que leur cours moyen dût en principe servir de base à l'impôt. De cette manière, si l'Administration insistait pour la perception de l'impôt de transmission sur la valeur *cotée* des délégations, elle consentait en même temps à une atténuation correspondante de ce même impôt sur les actions du khédive.

Ce mode de liquidation a été entièrement approuvé par un jugement du tribunal de la Seine du 31 août 1872 (19,243 J; 3331 R. p.; 15,076 Contr.; 21,021 J. N.): «Attendu que, malgré le détachement des coupons, les actions du khédive continuent à présenter une valeur susceptible d'être négociée; qu'en ce qui concerne le droit de transmission, l'Administration a tenu compte, dans une juste mesure, de la dépréciation pouvant résulter pour les actions du khédive de la coexistence des délégations; qu'il a ainsi évité de percevoir deux fois la même nature de droits sur la même valeur; qu'aux termes des art. 16 de la loi de frim. an 7, et 6 de la loi du 23 juin 1857, l'Administration était en droit de procéder par voie d'estimation, à défaut de cote officielle des cours... »

Le pourvoi formé contre ce jugement a été rejeté par un arrêt de la chambre civile du 10 juin 1874. 19,523 J.; 3858 R. p.; 15,324 Contr.; 21,021 J. N.; Inst. 2495, § 1er; S., 74, 1, 445; P., 74, 1118; D. P., 75, 1, 25. — Comp. en ce qui concerne le timbre, *supra*, n° 165.

448 *bis*. *Titres distincts émis pour le capital et pour les intérêts d'obligations d'une commune.* Il a été décidé dans le même ordre d'idées, par une solution du 11 oct. 1889, que si une ville a émis, en représentation d'un emprunt, des titres transmissibles par endossement et distincts pour le capital et pour les intérêts, ces deux natures de titres sont, l'une et l'autre, passibles de la taxe annuelle de transmission. Toutefois, comme il s'agissait de titres non cotés à la Bourse, l'Administration a reconnu que la ville pouvait être admise à évaluer les titres représentant soit le capital, soit les intérêts, et qu'en ce qui concerne les premiers, il pouvait être tenu compte dans l'évaluation de ce que les titres n'étaient, par eux-mêmes, productifs d'aucun intérêt, ce qui permettait de fixer leur valeur, pour la perception de l'impôt, à un taux inférieur au capital nominal, de telle sorte que les deux estimations réunies du capital et des intérêts fussent égales au montant du capital prêté.

Nous nous empressons de faire remarquer que la solution serait différente s'il s'agissait de l'application du droit de timbre. Ce droit, en effet, devrait être calculé sur le capital nominal exprimé dans le titre, tant pour les obligations souscrites pour le capital que pour les obligations souscrites pour les intérêts. — V. *supra*, nos 150 et 177.

La solution précitée est ainsi conçue:

« Les titres émis par les villes de Lunel et de Vendargues, soit pour le remboursement du capital, soit pour le payement des intérêts des emprunts qu'elles ont contractés en 1878 et

1881, étant tous transmissibles par endossement, sont passibles sans distinction de la taxe annuelle et obligatoire de transmission à 0,20 p. 100 (art. 6 de la loi du 23 juin 1857, 11 de celle du 16 sept. 1871 et 3 de celle du 29 juin 1872).

« Le droit de transmission est dû, en effet, pour « *toute* « *cession de titres* ou promesses d'actions et d'obligations dans « les sociétés, compagnies ou entreprises quelconques » (loi du 23 juin 1857, art. 6), et la généralité des termes employés dénote que le législateur n'a pas eu l'intention de distinguer entre les titres émis pour le remboursement du capital et ceux créés pour le payement des intérêts.

« Il est vrai que, d'après le même article, l'impôt de transmission a été converti « pour les titres au porteur et pour ceux « dont la transmission peut s'effectuer sans un transfert sur les « registres de la société, en une taxe annuelle et obligatoire de « 0 fr. 12 par 100 fr. du *capital* desdites actions et obligations »; mais ces dernières expressions indiquent simplement *la base* de la liquidation des droits, et non la *nature des valeurs* soumises à l'impôt.

« Toutefois, les obligations souscrites pour le remboursement du capital seul n'ont pas la même valeur que si les porteurs de ces titres avaient droit, en outre, aux intérêts annuels de ce capital. Il suit de là que, pour l'acquittement de la taxe dont les villes de Lunel et de Vendargues doivent faire l'avance, elles sont fondées, à défaut de cours coté officiellement dans une bourse publique, à évaluer séparément les obligations souscrites pour le capital et les obligations représentatives des intérêts, de manière que les estimations réunies ne dépassent pas un chiffre égal au capital prêté; et quoique la déclaration estimative ainsi faite soit, pour les obligations de capital, d'une valeur inférieure au capital nominal exprimé, on ne saurait néanmoins la considérer comme insuffisante ou l'écarter pour asseoir l'impôt sur le capital nominal, car ce n'est pas ce capital qui est établi comme base légale de la perception du droit, c'est, au contraire, le cours moyen des négociations faites à la Bourse, et, à défaut de cote officielle, la déclaration des parties (art. 6, *in fine*, de la loi du 23 juin 1857). »

449. Mode légal de détermination de la valeur imposable. — La taxe annuelle de transmission est assise, pour les titres cotés, d'après le cours moyen de la Bourse pendant l'année précédente, et, pour les titres non cotés dans le cours de cette année, d'après la déclaration estimative faite conformément à l'art. 16 de la loi de frimaire (art. 6 de la loi, et 5, 2e alinéa, du décret).

Il va de soi que ce dernier mode est suivi pour toute société nouvelle jusqu'au 1er janvier de l'année qui suit la date de sa constitution. Art. 8 du décret.

450. *Cours moyen. Bourse de Paris. Bourses départementales.* Le cours moyen qui, suivant l'art. 6 de la loi, doit servir de base à la perception de la taxe sur les titres au porteur, est établi en divisant la somme des cours moyens de chacun des jours de l'année par le nombre de ces cours. Si une valeur est cotée à la fois dans les bourses des départements et à la Bourse de Paris, il n'est tenu compte que des cours cotés à Paris. Art. 7 du décret. Inst. n° 2104, § 3.

Les cours moyens annuels sont établis, sans la participation de l'Administration, par la chambre syndicale des agents de change de Paris, qui en est responsable, et transmet chaque année un relevé au directeur de la Seine. Ce fonctionnaire notifie des extraits de ce relevé soit aux receveurs sous ses ordres, soit à ses collègues dans les départements. Il est procédé d'une manière analogue pour les valeurs cotées seulement aux bourses départementales. Inst. 2104, n° 4.

Le cours moyen d'un exercice sert de base à la perception pendant toute la durée de l'exercice suivant. Mais, pour les titres non cotés et dont la valeur doit être déclarée par les parties, la perception n'a pas la même fixité, et les estimations peuvent varier d'un trimestre à l'autre. Sol. 17 août 1858.

451. *Déclaration estimative.* La déclaration estimative, quand elle doit servir de base légale à l'impôt, est faite lors de chaque payement trimestriel. Elle est même placée par le décret du 17 juil. 1857 au nombre des énonciations que doivent contenir les relevés à déposer au bureau en vue de ce payement. — V. *infra*, n° 470, 3°.

Si une déclaration estimative fournie pour un trimestre n'a été ni renouvelée, ni modifiée pour les trimestres suivants, il y a présomption que la valeur des titres n'a pas varié, et, jusqu'à preuve du contraire, c'est cette estimation qui sert de base à l'impôt. Cass. (req.), 18 mars 1879; 20,996 J.; 5210 R. p.; 16,069 Contr.; 22,094 J. N.; Inst. 2621, § 4; S., 79, 1, 278; P., 79, 672; D. P., 79, 1, 294.

451 *bis*. Il résulte des règles qui précèdent que la perception de la taxe effectuée sur une évaluation faite d'office par le receveur, est irrégulière, et doit donner lieu à une rectification basée sur l'évaluation des parties. Toutefois cette rectification, qu'elle aboutisse à un supplément de droit ou à une restitution, doit avoir lieu dans les deux ans de la perception par application de l'art. 61 de la loi du 22 frim. an 7.

Ainsi décidé par une solution du 11 nov. 1889, conçue dans les termes suivants :

« Vous pouvez, selon vos propositions, faire rectifier, d'après les évaluations fournies par les liquidateurs de la société la Céruserie française (sauf contrôle, Inst. n° 2621-5), la perception du droit de transmission à 0,20 p. 100 établie sur une évaluation des actions faite *d'office* par le receveur, à défaut de déclaration estimative dans les états trimestriels déposés par la société.

« Mais la restitution, qui sera vraisemblablement la conséquence de la rectification demandée par la partie, ne devra pas s'étendre à la portion de la taxe perçue le 14 avril 1887, c'est-à-dire plus de deux ans avant l'assignation du 15 mai 1889.

« Il est admis, en effet, que la taxe de transmission est soumise, en ce qui concerne la prescription, aux mêmes règles que les droits d'enregistrement. Jugements de Brioude, 10 avril 1878, 5151 R. p.; — Montargis, 27 août 1878, 5151 R. p.; — D. m. f., 23 mai 1881.

« Une de ces règles est que les parties ne sont plus recevables, pour toute demande en restitution, « après deux an- « nées à compter du jour de l'enregistrement ». Art. 61, loi du 22 frim. an 7.

« Or, dans l'espèce, le receveur a entendu opérer une perception définitive, et non la recette d'un acompte, car il a considéré comme équivalant à une véritable déclaration la remise faite, par la société, d'un état portant qu'il existait 1,200 actions de 500 francs.

« De son côté, la société, lors du payement du 14 avril 1887, a vraisemblablement eu l'intention de payer tout ce qu'elle devait à cette date, et nullement d'effectuer un versement provisoire à valoir sur le droit auquel une déclaration ultérieure pourrait donner ouverture.

« On peut donc admettre qu'il y a eu réellement payement d'impôt, formalité donnée, enregistrement, dans le sens de l'art. 61 de la loi du 22 frim. an 7, et que, par suite, deux années s'étant écoulées, la taxe ne peut plus être restituée.

« La solution du 20 avril 1868 (2652 R. p.; 18,498 J.; 19,254 J. N.; Dict., v° Prescription, n° 632) est sans application au cas particulier, car elle vise les droits de mutation par décès, et nullement les droits de transmission, qui ne peuvent jamais faire l'objet de payements par acompte. »

452. *Cours unique pendant l'année précédente.* Aux termes de l'art. 7 du décret du 17 juil. 1857, le cours moyen qui, ainsi que nous venons de l'exposer, doit servir de base à la liquidation de la taxe annuelle de 20 cent. p. 100, s'obtient en divisant le total des cours moyens de chacun des jours de l'année précédente par le nombre de ces cours.

Décidé que cette règle est applicable même lorsqu'il n'y a eu qu'un seul cours pendant l'année précédente. Dans ce cas, ce cours unique forme le cours moyen qui doit servir de base à la taxe. Sol. 10 août 1886; 22,752 J.

CHAPITRE IV. — RÈGLES RELATIVES AU PAYEMENT DES DROITS ET DE LA TAXE DE TRANSMISSION.

453. **Observation.** — Sous ce titre, nous groupons toutes les explications qui nous restent à fournir, pour compléter notre étude, au sujet des mesures prises par le législateur en vue d'assurer le payement du droit ou de la taxe annuelle de transmission. Ces explications sont relatives : 1° aux déclarations à passer par les sociétés ou établissements débiteurs de l'impôt, pour mettre les agents du Trésor en demeure d'en préparer et d'en surveiller le recouvrement; 2° à l'obligation et aux époques de payement des droits et aux états à fournir par les sociétés et établissements pour servir de base à leur liquidation; 3° aux diverses sortes de contraventions qui peuvent être commises et aux pénalités qui les atteignent; 4° aux communications que les redevables sont tenus de faire aux agents de l'Administration; 5° aux restitutions de droits que la loi autorise; 6° et enfin aux prescriptions auxquelles sont soumises les diverses actions du Trésor contre les redevables et de ceux-ci contre le Trésor.

ART. 1er. — *Des déclarations à faire par les sociétés et autres débiteurs de l'impôt.*

454. **Déclaration d'existence des sociétés.** — La première condition pour que les agents du Trésor soient en mesure de constater l'exigibilité des droits dus par une société en vertu de la loi du 23 juin 1857 et d'en assurer le recouvrement, est qu'ils aient connaissance de sa constitution et de l'émission des titres passibles de l'impôt. L'art. 1er du décret du 17 juillet 1857 a pourvu à cette nécessité dans les termes suivants :

« Les compagnies, sociétés et entreprises dont les actions et obligations sont assujetties au droit de transmission établi par l'art. 6 de la loi du 23 juin 1857, seront tenues de faire, au bureau du lieu où elles auront le siège de leur principal établissement, une déclaration constatant : 1° l'objet, le siège et la durée de la société ou de l'entreprise; 2° la date de l'acte constitutif et celle de l'enregistrement de cet acte; 3° les noms des directeurs ou gérants; 4° le nombre et le montant des titres émis, en distinguant les actions des obligations et les titres nominatifs des titres au porteur.

455. *Délai de la déclaration.* Cette déclaration a dû être faite avant le 15 août 1857 pour les compagnies et entreprises existantes au jour de la promulgation de la loi du 23 juin 1857. Pour les compagnies qui se sont formées depuis lors et qui se formeront à l'avenir, la déclaration a dû ou doit être passée dans le mois de leur constitution.

456. *Modifications. Émission de nouveaux titres.* Une déclaration semblable est prescrite, et doit être passée dans le même délai d'un mois, pour « les modifications apportées dans la constitution sociale, les changements de siège, les remplacements du directeur ou gérant, et les émissions de nouveaux titres ». Art. 1er, § 3, du décret précité.

457. *Départements, communes et établissements publics.* L'art. 1er du décret du 17 juil. 1857 n'a eu à s'occuper que des sociétés, puisque leurs actions et leurs obligations étaient seules soumises aux dispositions de la loi du 23 juin, dont le décret avait à assurer l'exécution. Mais, depuis lors, la loi du 16 sept. 1871 a assujetti au droit de transmission les obligations des départements, communes, établissements publics, et du Crédit foncier.

Pour ces établissements, il ne saurait être question d'une déclaration de constitution. Sur ce point, l'art. 1er du décret ne leur est pas applicable. Mais ils sont tenus, sans aucun doute, de déclarer, comme les sociétés, leurs émissions d'obligations. Il n'y avait pas besoin d'un texte spécial pour étendre à ces établissements la disposition prise à cet égard par le 3e paragraphe de l'art. 1er du décret de 1857.

458. *Pénalité.* Le défaut de déclaration, dans les cas prévus par la disposition que nous venons d'analyser, est punie par l'art. 12 du décret, dans les termes suivants :

« En cas d'infraction aux dispositions du présent règlement, ou de retard, soit dans le payement des droits, soit dans le dépôt des états, relevés et *déclarations* prescrits par les articles précédents, les sociétés, compagnies et entreprises seront passibles de l'amende prononcée par l'art. 10 de la loi du 23 juin 1857. » (Amende de 100 à 5,000 francs.)

L'Administration tient la main à ce que la disposition relative à la déclaration d'existence des sociétés soit exécutée dans le délai prescrit; mais il paraît qu'elle est moins stricte sur l'accomplissement des autres formalités. Spécialement, en ce qui concerne les émissions nouvelles effectuées par une société ou un établissement déjà imposé, elle se contente de la déclaration implicite contenue dans les états trimestriels déposés pour la perception des droits.

459. *Bureau où la déclaration doit être faite.* Aux termes de l'art. 1er du décret du 17 juil. 1857, les déclarations que cet article prescrit doivent être faites au bureau de l'enregistrement du lieu où les compagnies, entreprises, communes ou établissements publics ont leur siège social, ou, comme l'exprime le décret, *leur principal établissement*.

Lorsqu'il existe plusieurs bureaux dans la localité, le bureau compétent est désigné par les instructions administratives. V. Inst. n° 2102.

460. *Forme de la déclaration.* La déclaration est portée sur le registre des actes sous signature privée. Inst. 2102. — V. pour les règles de manutention à suivre par les receveurs, Inst. n° 2104.

461. *Sociétés étrangères.* L'art. 1er du décret du 17 juil. 1857, dont nous venons d'analyser les dispositions, n'est pas applicable aux sociétés étrangères, qui sont régies par l'art. 9 de la loi du 23 juin 1857, et qui, aux termes de l'art. 10 du décret, doivent faire agréer par le ministre des finances un représentant responsable en France. Inst. 2104, § 1er.

ART. 2. — *Obligation et époques de payement des droits. États à fournir.*

462. **Payement des droits.** — *Obligation de payer les droits.* L'obligation de verser au Trésor les droits exigibles sur les transferts et les conversions, aussi bien que de payer la taxe annuelle aux époques fixées par la loi, incombe aux sociétés, entreprises, communes et établissements publics.

Les droits dus sur les transferts sont perçus, porte l'art. 7 de la loi du 23 juin 1857, « au moment de chaque transfert (ou conversion), pour le compte du Trésor, par les sociétés, compagnies, etc., qui en sont constituées débitrices par le fait même du transfert (ou de la conversion) ».

Quant aux droits sur les titres au porteur et autres titres passibles de la taxe annuelle, « ils sont payables par trimestre, et avancés par les sociétés, compagnies et entreprises, sauf recours contre les porteurs des titres ».

463. *Payement du droit en sus. Avance par les compagnies.* La règle qui rend les sociétés débitrices envers le Trésor des droits de transmission est absolue, et s'applique même en cas d'insuffisance des prix mentionnés dans les déclarations de transferts de titres nominatifs. Sol. 26 mars 1858.

464. *Dette sociale.* L'obligation de payer les droits constitue pour les sociétés, d'après les dispositions précises de la

loi que nous venons de mentionner, une véritable dette sociale, dont la société est tenue comme de toutes ses autres obligations. Il en résulte que dans les sociétés en commandite par actions, par exemple, les associés en nom sont obligés solidairement vis-à-vis du Trésor, qui a ainsi une action personnelle contre eux, indépendamment de celle qu'il peut exercer contre la société, en sa qualité d'être moral.

465. *Contraventions. Amendes.* Il en résulte également que, dans une société anonyme, les administrateurs étant solidairement responsables de toutes les fautes commises dans leur gestion, peuvent être poursuivis solidairement pour le payement des amendes dues à raison de contraventions aux dispositions de la loi et du décret de 1857, notamment de l'amende de 100 à 5,000 francs encourue pour omission de la déclaration prescrite par l'art. 1er du décret précité. Rennes, 3 mars 1874; 19,745 J.; 4066 R. p.; Inst. 2516, § 2.

466. *Recours.* La société n'est tenue d'ailleurs du payement des droits que sauf son recours contre les parties, qui, en définitive, doivent les supporter. C'est là une différence à signaler entre les règles de recouvrement du droit de timbre et celles qui régissent le droit de transmission. V. *supra*, n° 257.

Ce recours s'exerce, soit contre les parties qui n'ont pas acquitté la totalité des droits exigibles au moment du transfert ou de la conversion, soit, quand il s'agit de la taxe annuelle, contre les porteurs des titres. Dans ce dernier cas, la taxe est généralement retenue lors du payement des coupons.

En ce qui concerne le droit de transmission, comme cet impôt a incontestablement le caractère d'un droit d'enregistrement, nous pensons que la société subrogée, par le fait du payement, à l'action du Trésor, doit pouvoir recourir solidairement contre le cédant et le cessionnaire, conformément à la jurisprudence qui prévaut en cette matière. V. au Dict., v° Payement des droits, nos 35 et suiv.

467. *Obligation de supporter les droits. Cessionnaire.* Dans tous les cas, c'est au cessionnaire qu'incombe, à moins de convention contraire, la charge définitive de l'impôt. Sol. 6 mars 1858.

468. Epoques de payement. Payements trimestriels. — Le versement au Trésor par les sociétés, compagnies, entreprises, etc., du droit de 50 cent. p. 100 perçu par elles sur les transferts et sur les conversions, doit avoir lieu au bureau du siège social ou du lieu principal de leur établissement, à l'expiration de chaque trimestre, et dans les vingt premiers jours du trimestre suivant (art. 7, § 3, loi du 23 juin 1857; art. 2, décret du 17 juil. 1857).

C'est à la même époque et dans le même délai que doit être acquitté le quart trimestriel de la taxe annuelle établie sur les titres au porteur et ceux qui peuvent se transmettre autrement que par un transfert régulier (art. 7, §§ 2 et 3, loi précitée; art. 5, § 3, décret précité).

469. *Délai de vingt jours. Jour férié.* Il a été décidé que ce délai de vingt jours, à partir du commencement de chaque trimestre, dans lequel doivent être acquittés le droit de transmission ou la taxe annuelle, ne doit pas être prorogé, bien que le dernier jour soit un dimanche ou un jour férié. Sol. 25 mars 1886; 22,670 J.; 6749 R. p. — L'art. 25 de la loi du 22 frim. an 7, qui établit une règle différente pour les délais d'enregistrement, est spécial aux délais fixés par cette loi et ne peut être étendu par voie d'analogie. Il y a lieu d'appliquer ici la règle générale d'après laquelle les délais fixés par une formule inclusive, comme dans l'espèce, ne sont pas susceptibles d'extension, à raison des jours fériés qui s'y trouvent renfermés. Chauveau, t. II, p. 82; Inst., n° 2368, § 3, p. 20; — Cass., 4 déc. 1865; 18,117 J.; 1636 Rev. not.; 18,426 J. N.; 13,010 Contr.; 2198 R. p.; Inst. 2368, § 3; S., 66, 1, 31; P., 66, 49; D. P., 66, 1, 135; — 27 avril 1868; 2943 R. p.; Inst., 2368, § 3; — 31 déc. 1883; 22,250 J.; 6865 Rev. not.; 23,142 J. N.; 16,862 Contr.; 6295 R. p.; Inst. 2694, § 2; S., 84, 1, 445; P., 84, 1086; D. P., 84, 1, 179.

470. Etats à déposer au bureau. — Aux termes de l'art. 7, 3e alinéa, de la loi du 23 juin 1857, les sociétés, compagnies, entreprises, etc., doivent déposer au bureau, lors des payements trimestriels qu'elles ont à effectuer, les états et relevés ci-après :

1° Un relevé des transferts et conversions opérés pendant le trimestre et soumis à l'impôt.

Ce relevé doit énoncer : 1° la date de chaque opération; 2° les noms, prénoms et domicile du cédant et du cessionnaire ou du détenteur des titres convertis; 3° la désignation et le nombre des actions et obligations transférées ou converties; 4° le prix de chaque transfert ou la valeur des actions et obligations converties; 5° le total, en toutes lettres, de la somme soumise au droit de 50 centimes par 100 francs (art. 2 du décret du 17 juill. 1857);

2° Un relevé des transferts à titre de garantie et exempts d'impôt (art. 4 du décret). Ce relevé doit comprendre également les transferts dits d'ordre, et, aussi sans doute, tous les transferts qui, d'après ce que nous avons expliqué *supra*, nos 381 et suiv., ont lieu sans payement du droit de transmission;

3° Enfin, un état des titres au porteur existant au dernier jour du trimestre et passibles de la taxe obligatoire de 20 cent. p. 100. Cet état doit mentionner le cours moyen pendant l'année précédente des actions et obligations cotées à la Bourse. A l'égard de celles non cotées dans le cours de cette année, il contient une déclaration estimative, faite conformément à l'art. 16 de la loi du 22 frim. an 7. (V. *supra*, n° 449.) — Art. 5 du décret précité.

471. *Disposition transitoire.* A l'égard des actions et des obligations dont la conversion a pu être opérée sans payement de droits, en exécution de l'art. 8, 3e alinéa, de la loi du 23 juin 1857, les sociétés ont dû remettre au receveur de l'enregistrement un état indicatif du nombre de ces titres, dans les vingt jours qui ont suivi l'expiration du délai accordé pour la conversion gratuite. (Art. 3, 2e alinéa, du décret précité.) Cette disposition ne présente plus aujourd'hui aucun intérêt.

472. *Certification des états et déclarations.* Tous les états, relevés et déclarations qui sont fournis au receveur conformément aux dispositions qui précèdent et à celles que nous avons analysées sous les nos 454 et suivants, doivent être certifiés véritables par les directeurs ou gérants des sociétés, compagnies ou entreprises, par les préfets pour les obligations des départements, par les maires pour celles des communes, et par les administrateurs des établissements publics. Art. 6, 1er alinéa, décret préc. — V. Inst. gén. n° 2104, § 4.

473. *Moyen de contrôle.* Ces tableaux isolés ne fournissent aucun moyen de contrôle et, si l'on s'en contentait, il s'introduirait, même involontairement, de nombreuses erreurs dans les déclarations des compagnies. Aussi l'usage s'est-il généralement répandu de suivre, au moyen d'un cinquième tableau, le mouvement des titres de trimestre en trimestre, et de le décrire comme l'indique l'exemple suivant :

Titres nominatifs existant à l'expiration du précédent trimestre.	1000
Titres nominatifs émis pendant le trimestre.	200
Titres au porteur convertis en nominatifs pendant le trimestre.	50
Total.	1250

A déduire :

Titres amortis	25	150
Titres nominatifs convertis en titres au porteur	125	
Reste à l'expiration du trimestre		1100

Même tableau pour le mouvement des titres au porteur.

474. **Pénalités.** — En cas d'infraction aux dispositions du décret du 17 juil. 1857, et, notamment, « en cas de retard, soit dans le payement des droits, soit dans le dépôt des états, relevés et déclarations prescrits, les sociétés, compagnies, entreprises, etc., sont passibles de l'amende de 100 à 5,000 francs édictée par l'art. 10 de la loi du 23 juin 1857, sans préjudice des peines portées par l'art. 39 de la loi du 22 frim. an 7, pour omission ou insuffisance de déclaration ». Art. 12, décret précité.

Nous reprendrons l'étude de cette disposition dans le cours de l'art. 3 ci-après. Nous nous bornerons actuellement à faire remarquer que la contravention qui consiste à ne pas déposer les états et relevés en temps utile se confond avec celle qui résulte du défaut de payement des droits, et quand les deux infractions à la loi sont simultanément commises, ce qui est le cas le plus fréquent, il n'est dû qu'une seule amende.

475. *Dépôt des états en cas d'inexigibilité de l'impôt.* Il peut arriver qu'à l'échéance du trimestre aucun droit ne soit dû. Dans ce cas, la contravention résultant du défaut de payement dans le délai ne peut être commise. Mais la société est-elle tenue néanmoins d'effectuer le dépôt des états prescrits par les art. 2, 4 et 5 du décret?

Il faut distinguer.

476. *Certificat négatif.* Pour les titres soumis à la perception du droit au comptant et pour lesquels le décret prescrit le dépôt de relevés indiquant les transferts et les conversions qui ont eu lieu au cours du trimestre, la société n'est tenue d'aucune obligation lorsqu'au cours du trimestre elle n'a effectué aucune des opérations (transferts passibles du droit, transferts gratuits, ou conversions), que la loi l'oblige à porter, au moyen de relevés, à la connaissance de l'Administration. Elle ne pourrait, en effet, en pareil cas, que produire un certificat négatif. Or, le dépôt de cette pièce n'est exigé par aucun texte, et, en matière pénale, il n'est pas permis de suppléer au silence du législateur. — V. Demasure, *loc. cit.*, n° 174.

Une société n'encourt donc aucune amende lorsque, n'ayant effectué ni transfert, ni conversion pendant un trimestre, elle s'abstient de déposer une pièce quelconque au bureau de l'enregistrement. L'Administration a rendu une solution dans ce sens, le 21 mars 1866; 18,251 J.

477. *Titres soumis à la taxe annuelle. Titres sans valeur. Dépôt d'un état obligatoire dans tous les cas.* Mais il en est différemment en ce qui concerne l'obligation pour les sociétés, compagnies, etc., de déposer l'état des titres soumis à la taxe annuelle à raison de leur forme et de leur mode de transmission. Une solution du 20 mai 1884 porte que cette obligation existe dans tous les cas et lors même que, les titres ayant perdu toute valeur, la taxe ne pourrait plus être exigée. 22,340 J.

« L'art. 5 du décret, porte cette solution, dispose que « les sociétés formeront *un état* distinct des actions et obligations de cette nature *existantes* au dernier jour de chaque trimestre, et le déposeront entre les mains du receveur de l'enregistrement du lieu de l'établissement. » Il ajoute que « cet état mentionnera le cours moyen pendant l'année précédente des titres cotés à la Bourse, et qu'à l'égard de ceux non cotés il contiendra une déclaration estimative faite conformément à l'art. 16 de la loi du 22 frim. an 7 ».

« Ce texte est général et absolu, il ne fait aucune distinction pour les cas où les titres sont sans valeur; dès l'instant qu'il existe des actions ou des obligations susceptibles d'être transmises autrement que par voie de transfert sur les registres de l'établissement, un état doit être déposé, sous peine d'amende, et sans préjudice du droit en sus qui serait exigible par suite d'omission ou d'*insuffisance* de déclaration (LL. 23 juin 1857, art. 10; 22 frim. an 7, art. 39; Décret 17 juil. 1857, art. 12).

« Il n'y a aucun argument à tirer contre cette conclusion de ce que les déclarations de mutation par décès, lorsqu'elles sont négatives, ne donnent lieu à aucune peine, même après l'expiration du délai légal. La pénalité, en cette matière, étant d'une somme égale à la moitié des droits simples, est évidemment nulle quand il n'est pas dû de droits simples. Mais le décret de 1857 ne se borne pas, comme la loi du 22 frim. an 7, à édicter une peine proportionnelle à l'impôt acquitté hors délai; il frappe les sociétés d'une amende de 100 à 5,000 francs en principal, « en cas de retard, soit dans le payement des droits, *soit dans le dépôt des états* prescrits » (art. 12), ce qui implique qu'à défaut de remise des états en temps utile, l'amende est exigible, indépendamment de la question de savoir si le payement des droits a eu lieu ou s'il n'y a point de payement à effectuer ».

Dans le même sens: Seine, 1er août 1884; 22,435 J.; 16,997 Contr. — Seine, 27 janv. 1888; 7059 R. p.

ART. 3. — *Contraventions. Insuffisances et omissions. Pénalités. Preuves.*

478. **Législation.** — Aux termes de l'art. 10 de la loi, toute contravention à ses dispositions et à celles des règlements qui seront faits pour leur exécution est punie d'une amende de 100 à 5,000 francs, sans préjudice des peines portées par l'art. 39 de la loi du 22 frim. an 7 pour omission ou insuffisance de déclaration.

L'art. 12 du décret est un peu plus précis; il porte : « En cas d'infraction aux dispositions du présent règlement, ou de retard soit dans le payement des droits, soit dans le dépôt des états, relevés et déclarations prescrits par les articles précédents, les sociétés seront passibles de l'amende prononcée par l'art. 10 de la loi, sans préjudice des peines portées par l'art. 39 de la loi du 22 frim. an 7 pour omission ou insuffisance de déclaration. »

479. **Contraventions diverses.** — Les principales dispositions de la loi du 23 juin 1857 et du décret du 17 juil. 1857, auxquelles les sociétés, compagnies, entreprises, etc., sont tenues de se soumettre, sous peine de l'amende de 100 à 5,000 francs édictée par l'art. 10 précité, sont relatives :

1° Aux déclarations d'existence, de modifications des statuts, d'émission de titres, prescrites par l'art. 1er du décret. Nous avons traité ce sujet d'une manière complète sous les nos 454 et suivants;

2° Aux délais dans lesquels les droits exigibles à l'expiration de chaque trimestre doivent être payés et dans lesquels les états et relevés, soit des transferts et conversions opérés pendant le trimestre, soit des titres soumis à la taxe annuelle, doivent être déposés au bureau de l'enregistrement (V. *supra*, nos 468 et suivants);

3° A l'obligation, imposée aux sociétés, compagnies, etc., par l'art. 9 du décret, de communiquer aux agents de l'enregistrement les registres à souche des actions et des obligations et les registres de transferts et de conversions. Nous consacrons à l'étude de cette disposition un article spécial (V. *infra*, nos 500 et suiv.);

4° Aux prescriptions particulières édictées par l'art. 9 de la loi et par les art. 10 et 11 du décret à l'égard des sociétés, compagnies, entreprises, villes, provinces, corporations et établissements publics étrangers. Cette matière fera l'objet de notre examen dans la 5e partie de ce traité;

5° Enfin aux omissions et insuffisances qui peuvent être commises dans les états et relevés fournis pour le payement du droit au comptant et de la taxe annuelle. Ce dernier point est le seul dont nous ayons actuellement à nous occuper.

480. Amende de 100 à 5,000 francs et droit en sus. Distinction. — Malgré l'ambiguïté des termes dont s'est servi le législateur, on n'a jamais fait difficulté d'admettre que les deux genres de pénalités prévus par l'art. 10 de la loi et par l'art. 12 du décret, à savoir l'amende de 100 à 5,000 francs et le droit en sus, ne se cumulent pas pour la même contravention.

La loi prévoit, pour leur appliquer des peines différentes, deux sortes d'infractions bien distinctes : d'une part, les diverses contraventions aux dispositions réglementaires, telles que celles qui sont énumérées sous les trois premiers alinéas du n° 479 qui précède, et, d'autre part, les omissions de titres dans les relevés et les insuffisances d'évaluation commises par les redevables pour la perception des droits.

Ainsi, si une déclaration trimestrielle, faite en temps utile, contient une omission de titres ou une estimation insuffisante de la valeur des titres, le droit en sus porté par l'art. 39 précité est exigible; l'amende de 100 à 5,000 francs n'est pas applicable. — Si la déclaration est faite tardivement, c'est cette amende qui est encourue, et le droit en sus n'est pas dû. — Enfin, l'amende de 100 à 5,000 francs est également encourue pour toute autre infraction aux dispositions de la loi ou du décret.

481. *Quotité de l'amende.* La quotité de l'amende est fixée par l'Administration (Inst. 2104, n° 6), et, en cas d'instance, par les tribunaux. (Cognac, 8 avril 1867; — Seine, 5 déc. 1867; 2607 R. p.; 13,281 Contr.; — Lyon, 28 mai 1868; 3024 R. p.) L'instruction n° 2104, n° 6, précitée, prescrit de ne commencer des poursuites qu'après la fixation de l'amende par l'Administration centrale. Cette règle n'est pas observée; en fait, on décerne contrainte pour une somme fixée tantôt au minimum tantôt au maximum de l'amende, sauf à augmenter ou à diminuer.

482. *Poursuites. Procédure.* La constatation des contraventions et les poursuites à exercer contre les contrevenants ont lieu dans les formes tracées par la loi sur l'enregistrement. La loi du 23 juin 1857 a, en effet, pour objet la perception d'un véritable droit d'enregistrement. On doit donc, en cette matière, procéder par voie de contrainte, sans qu'il y ait lieu pour les préposés de dresser un procès-verbal de la contravention relevée par eux. Il n'y a d'exception, à cet égard, qu'en ce qui concerne le refus de communication des registres soumis par l'art. 9 du décret aux investigations de l'Administration. (Inst. n° 2104, § 6.) Nous indiquerons plus loin la forme dans laquelle ce refus doit être constaté. — V. *infra*, n°s 500 et suiv.

483. Omissions et insuffisances. — L'omission, dans les états ou relevés que les sociétés doivent fournir, des transferts ou conversions effectués pendant le trimestre, ou des titres soumis à la taxe annuelle, est punie par la loi, non de l'amende de 100 à 5,000 francs, mais du droit en sus. Vassy, 27 déc. 1888; 23,225 J.

Il en est de même de l'insuffisance commise dans les évaluations que les redevables doivent faire pour la perception de l'impôt. Le droit en sus est en effet la peine édictée, en matière d'omissions et d'insuffisances commises dans les déclarations de successions, par l'art. 39 de la loi du 22 frim. an 7, auquel la loi et le décret de 1857 se réfèrent.

484. Preuve des omissions ou des insuffisances. — Aux termes de l'art. 12 du décret du 17 juil. 1857, « en cas d'omission ou d'insuffisance dans les états, relevés et déclarations, la preuve en sera faite comme en matière d'enregistrement ».

A titre d'interprétation de cette disposition, l'instruction n° 2104, § 6, rappelle la règle admise par un arrêt de cassation du 24 mars 1846. (13,984 J.; 7333, 9341, R.; 12,656 J. N.; 7448 Contr.; Inst. 1767, § 8; S., 46, 1, 317; P., 46, 2, 510; D. P., 46, 1, 321.) Or cet arrêt, qui autorise l'Administration à recourir à toutes les preuves du droit commun, même à la commune renommée, ne doit plus être suivi. La doctrine sur laquelle il se fonde a été condamnée par deux arrêts des 29 fév. 1860 (17,099 J.; 10,238 R.; 16,790 J. N.; 11,701 Contr.; 1284 R. p.; Inst. 2185, § 4; S., 60, 1, 475; P., 60, 681; D. P., 60, 1, 139) et 19 mars 1862 (17,447 J.; 10,529 R.; 17,381 J. N.; 12,194 Contr.; Inst. 2223, § 4; 1600 R. p.; S., 62, 1, 537; P., 62, 587; D. P., 62, 1, 223), aux termes desquels l'Administration n'est admise à user des preuves de droit commun qu'autant qu'elles ne sont pas incompatibles avec la procédure écrite organisée par la loi du 22 frim. an 7 et par la loi du 17 vent. an 9.

Mais, si les preuves comme le serment, la preuve testimoniale, la commune renommée, l'interrogatoire sur faits et articles, qui exigent, pour être administrées, la comparution des parties ou de témoins, sont interdites à l'Administration, à raison de leur incompatibilité avec la procédure écrite, il n'en est pas de même des présomptions, même des simples présomptions de fait, qui se déduisent des actes opposables aux parties, ou de faits constants au procès ou légalement parvenus à la connaissance de l'Administration. Le principe, à cet égard, reconnu implicitement par de nombreux arrêts, dans les espèces les plus diverses (V. le mémoire inséré au n° 22,126 du Journal), a été formellement consacré, après une remarquable discussion, par un arrêt du 27 juin 1883. 22,126 J.; 6188 R. p.; 16,794 Contr.; 6748 Rev. not.; Inst. 2687, § 2; S., 85, 1, 33; P., 85, 52; D. P., 84, 1, 239.

Aujourd'hui il n'est plus contesté. La jurisprudence en a fait dans la matière qui nous occupe de nombreuses applications. Nous rappellerons ici, à titre d'exemple, les plus intéressantes. Chaque décision n'a d'ailleurs que la valeur d'une décision d'espèce et aucune ne saurait être interprétée comme posant une règle absolue. Les présomptions de fait sont en effet laissées à l'appréciation des magistrats (art. 1353 C. civ.) qui se déterminent, dans chaque affaire, d'après les inspirations de leur conscience et par l'examen de circonstances diverses qui échappent à l'analyse. Ajoutons qu'en cette matière la Cour de cassation n'use de son droit de revision qu'avec une grande réserve et seulement lorsque la décision des juges du fait trahit une erreur de raisonnement ou fait des documents invoqués à titre de présomption une appréciation manifestement inexacte.

485. Preuves d'insuffisance tirées des ventes ou des évaluations dont les titres ont été l'objet entre parties. — Le propre des présomptions est de pouvoir se déduire, non seulement d'actes passés entre les parties contre lesquelles elles sont invoquées, mais de tout fait constant au procès, ou admis par le tribunal comme étant légalement établi. Les juges peuvent donc, en cette matière, fonder leur conviction sur des actes auxquels les défendeurs sont restés étrangers: ils peuvent notamment faire résulter la preuve d'une insuffisance commise par une société, dans la déclaration du prix d'un transfert, ou dans l'évaluation des titres faite pour la perception du droit de conversion ou de la taxe annuelle, soit du prix que les mêmes titres ont atteint dans des ventes publiques, passées à la même époque ou à des époques rapprochées, soit des estimations dont ces titres ont été l'objet dans des déclarations de succession. Seine, 5 août 1859; 17,036 J.; 10,214-2 R.; — Comp. Nancy, 1er mars 1887; 6857 R. p.

486. *Comparaison des prix.* Ces prix de ventes ou ces évaluations ne sont jamais, d'ailleurs, pour le tribunal, que des termes de comparaison, dont la valeur peut se trouver infirmée par d'autres éléments d'appréciation, par exemple par d'autres ventes ou d'autres estimations dans lesquelles le prix ou la valeur des mêmes titres sont restés au-dessous de l'évaluation arguée d'insuffisance. Dans ce cas, la demande de l'Administration tendant à faire reconnaître l'insuffisance du prix d'une action, déclaré par la société pour la perception du droit de transfert, doit être repoussée. Angers, 23 déc. 1865; 2460 R. p.

487. *Bilan de société.* Décidé que l'insuffisance d'évaluation d'actions passibles de la taxe annuelle peut être établie au moyen des énonciations du bilan d'une société, principale actionnaire, qui les fait figurer à son actif pour une valeur notablement supérieure au montant de l'évaluation. Seine, 3 mai 1878 ; 20,787 J. ; 4976 R. p. ; 16,001 Contr. ; 22,083 J. N.

488. **Preuves tirées de la cote à la Bourse.** — Nous savons que le droit de 50 cent. p. 100 exigible sur les transferts doit être liquidé sur le prix de chaque transfert, déclaré par la société dans le relevé qu'elle fournit à la fin du trimestre. Pour les titres cotés, qui ne peuvent légalement être transférés que par le ministère des agents de change, le prix déclaré ne peut être autre que l'un des cours inscrits à la cote officielle le jour de la négociation. Il y aurait donc insuffisance démontrée, par le seul fait que le prix déclaré serait inférieur au cours le plus bas inscrit ce jour-là à la cote.

489. *Titres nouvellement cotés.* En ce qui concerne les évaluations faites pour la perception de la taxe annuelle, il résulte de nos explications qu'elles ne sont admises que lorsque les titres ne sont pas cotés à la Bourse, ou lorsqu'il n'existe pas de cours moyen pendant l'année précédente. Le cas se présente notamment pour les actions ou les obligations nouvellement émises, ou même pour les titres anciens nouvellement inscrits à la cote. Malgré cette inscription, c'est néanmoins, à défaut de cours moyen pendant l'année précédente, une évaluation à faire par la société qui constitue la base légale de l'impôt. Mais il est évident que la cote de ces titres est un excellent terme de comparaison, qui permet de contrôler d'une manière très efficace l'évaluation qui a pu être fournie. Dès l'instant que les présomptions sont admises pour la recherche des insuffisances, la cote de la Bourse constitue une présomption de premier ordre, dont la valeur pourrait difficilement, à moins de circonstances exceptionnelles, être récusée par un tribunal. Plusieurs solutions ont été rendues dans ce sens. Sol. 10 déc. 1859 ; — 21 avril 1860 ; — 7 mai 1863.

490. *Actions nouvelles. Cote des anciennes actions supérieure à l'évaluation ou au prix déclaré des nouveaux titres.* Une compagnie émet une nouvelle série d'actions auxquelles sont assurés les mêmes avantages qu'aux titres de la 1re série, et qui, dès lors, ont nécessairement la même valeur. Néanmoins, bien que les actions anciennes soient cotées 750 fr., les transferts d'actions de la 2e série sont déclarés sur le pied du capital nominal de 500 fr. seulement. L'insuffisance est démontrée ; un supplément de droits doit être réclamé. Sol. 26 mai 1858. — V. dans le même sens : Vassy, 27 déc. 1888 ; 23,225 J.

491. *Parts de fondateurs. Cote des actions.* Lorsque les parts de fondateurs d'une société ne sont pas cotées à la Bourse, l'évaluation qui en a été donnée pour l'assiette du droit de transmission peut être contrôlée au moyen de la comparaison avec le cours des actions. Toutefois la valeur de ces parts n'est pas nécessairement représentée par la différence entre le cours des actions et leur valeur nominale ; elle ne peut être déterminée que par un calcul dans lequel il est tenu compte du caractère aléatoire des droits de jouissance que ces parts représentent. Seine, 17 fév. 1882 ; 21,855 J. ; 5942 R. p. ; 22,834 J. N. ; 16,565 Contr. ; D. P., 83, 3, 55.

492. **Preuves tirées de la situation de la société et de l'examen de sa comptabilité.** — Tous les faits constants au procès qui sont de nature à révéler la situation plus ou moins prospère de la société, qui font connaître sa situation active et passive, les bénéfices qu'elle réalise, peuvent servir à contrôler les déclarations et évaluations faites pour la perception du droit ou de la taxe de transmission sur les actions de cette société.

493. *Plus-value de l'actif. Création d'actions nouvelles.* C'est ainsi qu'un inventaire social, qui constate une plus-value très considérable de l'actif et sert de base à une modification des statuts portant création d'actions nouvelles pour représenter cette plus-value, autorise l'Administration à relever une insuffisance d'évaluation des anciens titres, faite sur le pied de l'ancien actif social. Sol. 5 août 1869.

494. *Preuve tirée du revenu.* Il arrive que des sociétés dont les titres ne sont pas cotés à la Bourse évaluent leurs actions au pair, alors qu'elles sont très prospères, et distribuent des dividendes de 20, 25 p. 100 du capital nominal. Ces revenus sont portés à la connaissance de l'Administration pour la perception de la taxe sur le revenu. Il semble qu'ils peuvent servir pour établir l'insuffisance des évaluations dont il s'agit. On peut bien admettre, en effet, qu'à raison des risques d'une entreprise, les actions se négocient moyennant un prix dont le dividende distribué représente le revenu à 10 p. 100. Mais, même dans l'état actuel du crédit public, cette proportion représente la limite extrême, et l'on peut affirmer que toute action dont le produit est de 20, 25 p. 100 du capital nominal a une valeur vénale supérieure au montant de ce capital.

495. *Délibérations de l'assemblée générale des actionnaires.* Les délibérations des assemblées générales d'actionnaires peuvent sans doute fournir des éléments d'appréciation suffisants pour établir une insuffisance commise dans l'évaluation des actions ou même des obligations de la société. Mais les présomptions qui en résultent doivent être rejetées si elles manquent de précision, et surtout si elles sont infirmées par d'autres présomptions tirées de faits constants au procès. Seine, 9 fév. 1877 ; 15,733 Contr.

496. *Preuve résultant des écritures de la société. Taux d'émission des actions. Documents soumis à l'exercice du droit de communication.* L'exercice du droit de communication dans la société, tel qu'il est organisé par les lois du 23 août 1871 (art. 22) et du 21 juin 1875 (art. 7), est un moyen de contrôle auquel l'Administration a souvent recours pour constater les insuffisances commises dans l'évaluation des titres soumis au droit ou à la taxe de transmission. Le droit de se prévaloir à cet effet des documents de comptabilité qui parviennent ainsi à sa connaissance est incontestable : la Cour de cassation le lui a formellement reconnu dans l'espèce suivante :

Au cours d'une vérification dans les écritures d'une société anonyme, l'Administration a constaté que des actions évaluées 50 francs pour la perception du droit de transmission avaient été émises au taux de 450 francs et n'avaient pu, depuis lors, à raison de l'état de prospérité des affaires sociales accusé par les écritures et par des distributions régulières de dividendes, subir qu'une très faible dépréciation. Elle a en conséquence conclu, devant le tribunal de la Seine, à ce que ces actions fussent imposées sur une valeur de 350 francs. Ces conclusions ont été admises par un jugement du 22 février 1878, que la société a déféré à la Cour de cassation (20,996 J.).

M. le conseiller Dareste a proposé le rejet du pourvoi, en s'appuyant sur les considérations suivantes :

« Sans doute, disait-il, l'impôt est assis sur la valeur vénale des titres, et non sur la valeur d'émission ; mais, lorsqu'il s'agit de déterminer la valeur vénale, en l'absence de toute transmission constatée, il n'est pas interdit au juge de prendre en considération la valeur d'émission, non pas sans doute comme base de ses calculs, mais comme élément d'appréciation. C'est tout au moins une des données dont il peut et doit tenir compte. Or, dans l'espèce, il n'a pas fait autre chose, puisque la valeur des titres a été fixée par lui à 350 francs, tandis que la valeur d'émission a été de 450 francs. Il a donc admis que les actions émises et placées avaient subi une dépréciation de 100 francs. D'ailleurs, en faisant cette appréciation, le tribunal avait sous les yeux les pièces d'où il résulte que la société a constamment fait des bénéfices, et qu'elle a distribué chaque année des dividendes sous forme d'intérêts à 6 p. 100. »

Conformément à ces observations, la Chambre des requêtes a rejeté le pourvoi aux termes d'un arrêt du 18 mars 1879, ainsi conçu :

« Attendu que, d'après la loi du 23 juin 1857, art. 6, le droit de transmission établi sur les actions des sociétés a pour base la valeur négociée, mais que, pour les valeurs non cotées à la Bourse, l'évaluation a pour base une déclaration estimative que l'Administration a le droit de contrôler au moyen des indications fournies par la comptabilité de la société; que, dans ces circonstances, il ne pouvait être interdit aux juges de prendre en considération le prix d'émission des actions dont il s'agit; qu'en procédant ainsi le jugement n'a violé aucune loi, et qu'en fixant à 350 francs la valeur des actions émises à 450, il paraît avoir fait une juste appréciation de ces titres... » 20,996 J.; 5210 R. p.; 16,069 Contr ; 22,094 J. N.; Inst. 2621, §4; S., 79, 1, 278; P., 79, 672; D. P., 79, 1, 294.

497. Sur une nouvelle contestation de la société, le tribunal de la Seine, par jugement du 2 mai 1879, a de nouveau fixé la valeur des actions, pour servir de base à la taxe applicable à l'exercice 1876, au chiffre de 350 francs précédemment adopté, pour l'exercice 1875, par le jugement du même tribunal en date du 22 fév. 1878 (précité).

« Attendu, porte cette décision, qu'un jugement de ce tribunal en date du 28 fév. 1878, lequel a acquis l'autorité de la chose jugée, a déjà fixé à 350 francs, pour l'année 1875, la valeur de chacune desdites actions; — Que le compte rendu fait à l'assemblée générale des actionnaires le 26 juin 1877 constate que, dans le courant de 1876, la société n'a pas cessé de prospérer, et a pu porter à 88,359 francs son fonds de réserve, qui ne s'élevait l'année précédente qu'à 68,834 francs; — Que le bilan de la société, arrêté au 31 déc. 1876, démontre que les actions émises dans le cours de cette année l'ont été au prix de 450 francs l'une; que les actions de la société ont été cotées à la Bourse dans le courant de 1877 et que leur valeur est restée fixée à 375 francs; — Que, dans de telles conditions, et en présence des constatations ci-dessus relevées sur les pièces de comptabilité de la société et faisant preuve contre elle, la valeur de 50 francs déclarée par le gérant de la société pour base de la taxe de transmission pendant l'année 1876 est évidemment inexacte, et que le chiffre de 350 francs, comme prix moyen sur lequel l'Administration de l'enregistrement établit le supplément d'impôt qu'elle réclame, n'a rien d'exagéré; — Qu'aux termes de l'art. 10 de la loi du 23 juin 1857, les insuffisances d'évaluation dans les déclarations entraînent la perception d'un droit en sus à titre de pénalité. » 21,178 J.

498. *Moyenne. Pouvoir d'appréciation du tribunal.* On voit, par les décisions que nous venons de rapporter, que le tribunal a qualité, non seulement pour apprécier si les présomptions invoquées par l'Administration pour établir une insuffisance d'évaluation rentrent dans les conditions déterminées par l'article 1353 du Code civil et si elles sont suffisamment graves, précises et concordantes; mais encore qu'il peut, en les admettant, en peser la valeur, tenir compte à cet effet de tous les faits qui sont portés légalement à sa connaissance, et, finalement, faire lui-même, avec tous les éléments d'appréciation soumis à son examen, une véritable évaluation, différente à la fois de celle des parties et de celle de l'Administration. En un mot, il joue, en cette matière, un rôle analogue à celui qui incombe aux experts, dans les procédures qui ont pour objet de constater les insuffisances commises dans les déclarations de prix de ventes, ou dans les évaluations de revenus d'immeubles. — V. dans ce sens : jugement du tribunal de la Seine du 5 août 1859, cité *supra*, n° 485, et l'arrêt de la Chambre des requêtes du 18 mars 1879 (précité).

499. **Bonne foi.** — *Droit en sus. Omission ou insuffisance résultant d'une erreur.* La peine du droit en sus est d'ailleurs applicable par le seul fait de la contravention et lors même qu'une omission ou une insuffisance aurait été commise par suite d'une erreur de comptabilité. Seine, 26 déc. 1868; 18,639 J.; 14,413 Contr.; 2960 R. p.; Inst. 2402, § 8.

ART. 4. — *Communication des registres et écritures.*

500. **Communication du registre à souche et des registres de transferts.** — *Décret du 17 juillet 1857, art. 9.* Nous avons vu, dans la partie de notre traité relative au droit de timbre (V. *supra*, n° 264), que les compagnies, sociétés ou entreprises, départements, communes ou établissements publics, ont été astreints par les art. 16 et 28 de la loi du 5 juin 1850 à communiquer, à toute réquisition, aux préposés de l'Enregistrement le registre à souche d'où les actions ou les obligations émises par eux ont dû être extraites.

L'art. 9 du décret du 17 juill. 1857 renouvelle cette prescription en ce qui concerne les registres à souche, et étend la même obligation au registre des transferts et conversions.

Aux termes de cet article, les dépositaires des registres à souche et des registres de transferts et conversions de titres sont tenus de les communiquer sans déplacement, ainsi que toutes les pièces et documents relatifs auxdits transferts et conversions, aux préposés de l'Enregistrement, à toute réquisition, et de leur laisser prendre, sans frais, les renseignements, extraits et copies qui sont nécessaires dans l'intérêt du Trésor, à peine de l'amende prononcée par l'art. 10 de la loi. — Le refus de la société ou de ses agents est établi, jusqu'à inscription de faux, par le procès-verbal du préposé, affirmé dans les vingt-quatre heures.

501. *Forme du procès-verbal pour refus de communication.* Le procès-verbal constatant le refus de communication est dressé sans l'intervention de l'autorité municipale, à la différence de celui que la loi du 5 juin 1850 prescrivait de dresser dans la forme tracée par l'art. 54 de la loi du 22 frim., an 7. Il doit seulement être affirmé dans les vingt-quatre heures; cette formalité ne serait même pas nécessaire, porte l'instruction n° 2104, § 6, si le dépositaire des registres consentait à reconnaître la sincérité du procès-verbal par sa signature.

502. *Pénalité.* L'art. 17 du décret du 17 juil. 1857 punit le refus de communication des registres à souche et des registres de transferts et conversions de l'amende édictée par l'art. 10 de la loi du 23 juin 1857. Cette amende est de 100 à 5,000 francs.

503. **Communication des autres registres et pièces de comptabilité.** — *Lois des 23 août 1871, art. 22, et 21 juin 1875, art. 7.* Le droit pour les préposés de se faire communiquer, dans les sociétés par actions et dans les établissements qui émettent des obligations, le registre à souche des titres émis et le registre des transferts, a été étendu, par l'art. 22 de la loi du 23 août 1871 et par l'art. 7 de la loi du 21 juin 1875, à tous les livres, registres, pièces de recette, de dépense et de comptabilité. Ces communications peuvent être demandées par les agents, pour surveiller non seulement l'exécution des lois du 5 juin 1850 et du 23 juin 1857, mais encore celle de toutes les lois sur le timbre, l'enregistrement, et même la taxe sur le revenu. Sol. 21 oct. 1885; 22,560 J.

Ce n'est pas ici, d'ailleurs, le lieu de nous expliquer sur l'étendue du droit de communication, sur l'objet en vue duquel l'Administration est fondée à recourir à ce moyen d'investigation, sur les règles qui en limitent et en précisent l'exercice. On trouvera ce sujet amplement traité au Dictionnaire des Rédacteurs, v° Communication. Nous nous bornerons à quelques observations qu'il nous paraît utile de présenter.

504. *Pénalité en cas de refus de communication.* L'amende édictée par les lois du 23 août 1871 et du 21 juin 1875, pour

punir le refus de communication, est de 100 à 1,000 francs. Nous avons vu que celle que le décret du 17 juil. 1857 a fixée, pour refus de communication des registres à souche et des registres de transferts, est de 100 à 5,000 francs. V. *supra*, n° 502.

505. *Procès-verbal*. Autre différence : Le procès-verbal qui est dressé pour constater le refus d'une des communications spécialement prescrites par le décret du 17 juil. 1857, doit être affirmé dans les vingt-quatre heures; c'est ce que porte le 2° paragraphe de l'art. 7 du décret précité. Cette formalité n'est nullement nécessaire, lorsque le préposé a requis la communication en vertu des art. 22 de la loi du 23 août 1871 et 7 de la loi du 21 juin 1875. Ces deux lois, en effet, n'ont pas reproduit sur ce point la disposition du décret de 1857, et ce silence doit être interprété comme emportant dispense pour le préposé d'employer des formes qui, en principe, n'ont rien de substantiel et ne sont pas indispensables à la validité d'un procès-verbal. Seine, 1er août 1884; 22,542 J.; 16,994 Contr.; 6398 R. p.; 23,452 J. N.

506. **Combinaison des deux législations.** — Il résulte de ces explications que chacune des législations qui ont réglementé le droit de communication dans les sociétés par actions et autres établissements dont les titres sont soumis aux droits de timbre et aux droits de transferts, demeure, dans l'état actuel, susceptible d'application.

Les préposés ne peuvent, il est vrai, invoquer que les dispositions générales des lois de 1871 et de 1875, lorsqu'ils requièrent communication des registres et documents de comptabilité autres que les registres à souche et les registres de transferts; ils doivent donc nécessairement, dans ce cas, constater la contravention dans la forme tracée par ces lois et appliquer l'amende de 100 à 1,000 francs qu'elles édictent.

Mais, quand la communication a pour objet les registres à souche ou de transferts, ils ont la faculté, croyons-nous, d'invoquer, soit les dispositions spéciales du décret de 1857, soit les dispositions générales des lois de 1871 et de 1875; car il est incontestable que ces registres rentrent dans l'énumération des documents assujettis par ces deux dernières lois aux investigations de l'Administration.

S'ils agissent en vertu de la législation spéciale, ils devront conclure au payement de l'amende de 100 à 5,000 francs, et, dans ce cas, remplir pour leur procès-verbal la formalité de l'affirmation prescrite par le décret de 1857.

Si, au contraire, ils agissent en vertu de la législation générale, ils ne devront conclure qu'au payement de l'amende de 100 à 1,000 francs, et, dans ce cas, leur procès-verval sera dispensé de l'affirmation.

507. **Renvoi.** — Pour plus amples explications, V. au Dictionnaire, v° Communication.

508. **Registre des transferts.** — *Timbre*. Le registre des transferts tenu par les sociétés, départements, communes et établissements publics, pour y inscrire toutes les transmissions d'actions ou d'obligations dont la validité est subordonnée à cette formalité, est sujet au timbre de dimension. C'est ce qui résulte d'une solution du 27 avril 1881, dont les motifs ont été résumés au Dictionnaire des Rédacteurs, v° Livres de commerce, n° 15. — Voir aussi au même ouvrage, v° Timbre, n° 351.

Nous n'avons admis d'exception à cette règle que pour le cas où le registre des transferts a le caractère d'un simple registre d'ordre, et où l'inscription sur ce livre, des cessions de titres, n'ajoute rien à leur validité. Dans ce cas, en effet, il semble qu'on peut étendre à ce registre, tout au moins dans les sociétés commerciales, la dispense de timbre qui a été accordée aux livres de commerce par l'art. 4 de la loi du 20 juil. 1837.

Art. 5. — *Des restitutions.*

509. **Droits régulièrement perçus, non restituables.** — Le droit de transmission établi par la loi du 23 juin 1857 a incontestablement, ainsi que nous l'avons déjà répété plusieurs fois, le caractère d'un droit d'enregistrement. Il est donc soumis à toutes les règles générales qui gouvernent la perception des droits d'enregistrement et auxquelles il n'a pas été dérogé par les dispositions spéciales de la loi de 1857. On doit en conclure qu'il y a lieu d'appliquer aux droits perçus en vertu de cette loi le principe édicté par l'art. 60 de la loi du 22 frim. an 7, d'après lequel « tout droit régulièrement perçu ne peut être restitué, quels que soient les événements ultérieurs ».

510. *Évaluation exagérée des titres. Demande en restitution non recevable.* Le tribunal de la Seine a rendu, dans ce sens, deux jugements aux dates du 21 juin 1873 (3752 R. p.; 19,276 J.; 15,242 Contr.) et du 23 janv. 1885 (6445 R. p.; 23,592 J. N.; 17,035 Contr.).

D'après ces décisions, les droits de transmission perçus sur les titres d'une société, en conformité de la déclaration du gérant, sont définitivement acquis au Trésor et ne peuvent être restitués sous le prétexte qu'une exagération a été commise dans l'évaluation des titres.

« Attendu, porte le jugement du 23 janv. 1885, que, d'après les art. 6 de la loi du 23 juin 1857 et 5, § 2, du décret du 17 juil. 1857, la taxe annuelle à laquelle sont assujettis les titres au porteur, est établie sur le capital de ces titres, évalué par leur cours moyen pendant l'année précédente, et, à défaut de cours dans cette année, conformément aux règles établies par les lois sur l'enregistrement, c'est-à-dire par une déclaration estimative faite conformément à l'art. 16 de la loi du 22 frim. an 7 ;

« Attendu que cette déclaration estimative a été faite le 7 sept. 1882, pour les premier et deuxième trimestres de 1882, par l'administrateur délégué de la compagnie, et qu'elle a fixé la valeur des actions à 500 francs et celle des parts de fondateur à 25 francs; qu'une lettre du même administrateur, en date du 18 oct. 1882, par laquelle celui-ci s'excusait de n'avoir pu remplir encore la formalité de la déclaration pour le trimestre suivant, contenait le passage suivant : « Il n'y a « rien de changé dans la situation du Crédit central, les der« nières quittances représentent donc réellement les sommes « dues pour le trimestre suivant » ;

« Attendu que les droits de transmission pour les trois premiers trimestres de 1882 ont été liquidés d'après ces déclarations, émanées du représentant de la société ;

« Attendu que celle-ci se borne à soutenir que lesdites déclarations auraient été entachées d'une erreur matérielle, en ce que l'employé chargé du travail aurait cru que, pour le droit de transmission comme pour le timbre, l'impôt se percevait sur la valeur nominale des titres, et non sur leur valeur réelle établie par le cours moyen des négociations; qu'elle justifie, en effet, que ce cours n'a pas dépassé, pendant l'exercice 1882, le taux de 300 francs; qu'elle réclame, en conséquence, la restitution d'une somme de 2,453 fr. 62, qu'elle aurait payée en trop de ce chef pour les trois premiers trimestres de 1882, et qu'elle émet la prétention de se libérer par compensation avec cette somme des droits dus pour les trimestres suivants ;

« Que l'Administration de l'enregistrement oppose à cette demande en restitution et en compensation les termes de l'art. 60 de la loi du 22 frim. an 7, d'après lequel les droits régulièrement perçus ne peuvent être restitués; qu'elle reconnaît cependant qu'il a été perçu en trop, pendant le quatrième trimestre de 1881, une somme de 19 fr. 87, pour soixante-quinze actions nominatives déclarées à tort comme titres au porteur, et qu'elle en a tenu compte dans la liquidation du droit de transmission ;

« Mais attendu, quant à l'erreur que la société allègue avoir été commise dans les déclarations, qu'elle aurait constitué plutôt une erreur de droit qu'une erreur de fait, et qu'il n'est même pas démontré qu'elle n'ait pas été volontaire, puisque, dans les déclarations relatives aux trimestres précédents, les titres avaient été portés non pour leur valeur nominale, mais pour leur valeur réelle en banque, laquelle était alors supérieure au taux d'émission, que la société n'a à s'en prendre qu'à sa propre négligence, si elle a volontairement payé les droits sans rectifier sa déclaration primitive, et qu'il ne saurait appartenir au tribunal de la relever des conséquences légales de ce payement... »

511. *Transferts et conversions pour rectifications d'erreurs.* Par application du même principe, il a été reconnu que les transferts et conversions demandés pour opérer la rectification d'erreurs antérieurement commises, sont passibles du droit de 50 cent. p. 100, et que les droits perçus sur les opérations primitives entachées d'erreur ne sont pas restituables. Sol. 17 déc. 1857; — 13 mars 1858; — 26 août 1858; — 9 fév. 1859.

512. **Erreurs de fait.** — Il ne faudrait pas, cependant, exagérer l'application de la règle que nous venons d'indiquer. L'art. 60 ne prohibe que les restitutions de droits *régulièrement* perçus, et, dans la pensée de la loi, un droit est régulièrement perçu dès qu'il a été fait une application exacte du tarif à une convention ou à une mutation, d'après leurs effets actuels; elle refuse ainsi de tenir compte des événements ultérieurs qui ont pu, depuis la perception, modifier ou même anéantir la convention ou la mutation tarifées.

Mais il ne résulte pas de ces dispositions qu'une perception soit nécessairement régulière, dès lors qu'elle est établie conformément à une déclaration des parties. Si cette déclaration est erronée, si elle accuse une mutation qui n'existe pas, nous pensons que la perception des droits, qui est faite en conformité de cette déclaration, n'a pas de base légale et, par conséquent, n'est pas régulière. Comme nous l'avons expliqué, tant au Dict. des Réd., v° Restitution, n° 198, que sous l'art. 22,459 du Journ. de l'Enreg., le véritable fondement des droits de mutation, c'est la mutation elle-même, et non la déclaration des parties. Cette déclaration n'est qu'une formalité imposée aux contribuables à l'effet de fournir au Trésor les moyens d'établir sa perception, sauf l'exercice de son droit de contrôle. Elle n'est pas, comme les actes qu'on soumet à l'enregistrement, le titre de l'exigibilité des droits. Par conséquent, c'est moins aux énonciations qu'elle contient qu'à la réalité des faits qu'elle a pour objet de faire connaître, que l'on doit s'attacher pour déterminer les droits exigibles. Sans doute, la déclaration lie les parties, et fait preuve à leur égard du fait imposable qu'elle accuse, mais elle ne les lie que sauf preuve contraire, et celles-ci doivent être admises à prouver l'erreur qu'elles ont commise, et à se faire restituer contre les conséquences de cette erreur (art. 1109 et 1110 C.civ.).

513. L'Administration, qui, en matière de droits de mutation par décès, persiste, du moins en principe, à ne pas vouloir tenir compte des erreurs de fait pour consentir à des restitutions (Seine, 20 juil. 1883; 22, 217 J.; 6746 Rev. not.; 16,866 Contr.; 6228 R. p.; — Cass., 5 mai 1885; 22,459 J.; 7158 Rev. not.; 23,463 J. N.; 17,059 Contr.; 6488 R. p.; D. P., 85, 1, 449; — Seine, 19 fév. 1886; 22,667 J.; 7441 Rev. not.; 17,293 Contr.), se montre moins rigoureuse en ce qui concerne les droits de transmission.

Ainsi, tout en soutenant que les transferts et conversions demandés pour opérer la rectification d'erreurs précédemment commises sont passibles du droit de 50 cent. p. 100, elle déroge à cette règle dans le cas où il est prouvé, par une réquisition écrite d'un agent de change, ou par d'autres pièces d'une sincérité certaine, que l'erreur, purement matérielle, était le fait de la compagnie et non des possesseurs de titres. Sol. 22 fév. 1858; — 12 nov. 1859; — 7 fév. 1860; — Sol. 28 nov. 1888, rapportée *supra*, n° 428 *bis*.

Les rectifications sont opérées gratuitement. Toutefois, dans cette hypothèse, l'Administration semble vouloir opposer l'art. 60 à la demande en restitution des droits perçus sur le transfert effectué par erreur. (V. les motifs de la solution du 28 nov. 1888, précitée.) Mais voici d'autres espèces dans lesquelles la restitution a été admise :

514. *Titres nominatifs déclarés comme étant au porteur.* Dans le cas où il est justifié qu'un certain nombre de titres ont été, par erreur, déclarés comme au porteur, bien qu'ils fussent nominatifs, la taxe annuelle est restituable dans les deux ans de la perception. Sol. 24 juil. 1861. — V. dans le même sens le jugement précité du tribunal de la Seine du 23 janv. 1885 (*supra*, n° 510).

515. *Titres non émis déclarés comme émis.* Est restituable dans les deux ans de la perception la taxe annuelle perçue sur des titres déclarés comme émis, alors qu'ils ne l'étaient pas encore. Sol. 6 déc. 1859; 24 juil. 1861.

516. *Titres amortis déclarés comme existants.* Est restituable la taxe perçue sur des titres déclarés par erreur comme encore existants, tandis qu'ils étaient amortis. Sol. 6 déc. 1859.

517. *Observations.* Il est bien entendu que ces décisions et l'opinion conforme que nous avons exprimée ne visent que le cas où l'erreur invoquée pour demander la restitution des droits porte sur les déclarations faites en vue de la perception. La règle ne serait plus la même s'il s'agissait d'une erreur commise par les parties dans la cession des titres, et qui serait invoquée pour faire prononcer l'annulation de leur convention, en vertu des art. 1109 et 1110 du Code civil. L'annulation du transfert qui en résulterait, ou qui serait la conséquence de tout autre fait analogue, serait un événement ultérieur dans le sens de l'art. 60 de la loi du 22 frim. an 7, et ne pourrait, par conséquent, servir de fondement à une demande de restitution.

518. **Compensation.** — L'Administration semble disposée à admettre que des droits indûment perçus et, par conséquent, sujets à restitution peuvent se compenser légalement avec des droits exigibles. Nous reconnaissons volontiers que cette compensation est possible lorsqu'il s'agit de droits de même nature, par exemple lorsqu'une société a, d'une part, payé plus qu'elle ne devait sur les transferts et conversions opérés au cours d'un trimestre, et est restée débitrice d'une fraction de la taxe annuelle échue sur les titres au porteur. On pourrait également admettre la compensation d'un trimestre à l'autre entre les droits perçus en trop sur une déclaration trimestrielle et ceux perçus en moins pour le trimestre suivant, et réciproquement. Mais, s'il en est ainsi, c'est parce qu'il s'agit plutôt d'une imputation que d'une compensation. V. au Dict. des Réd., v° Compensation, n°s 21 et suiv.

Lorsqu'au contraire les erreurs de perception en trop ou en moins portent sur des taxes différentes, telles que, par exemple, les droits de transmission et la taxe sur le revenu ou le droit de timbre, nous ne pensons pas que la compensation soit possible. Nous avons fait connaître, *supra*, n°s 53 et 54, les obstacles légaux qui s'opposent, dans ce cas, à toute compensation. Nous prions nos lecteurs de se reporter à cette partie de notre étude.

519. *Faillite de la société. Absence d'exigibilité ou de liquidité pour l'une des créances. Compensation non admissible.* D'après les motifs qui viennent d'être exposés, il semble qu'on doive repousser toute possibilité de compensation, dès lors qu'il s'agit de taxes de nature différente.

Quoi qu'il en soit, il est certain qu'il ne peut être question de compensation lorsque l'une des deux dettes n'est pas liquide ou exigible.

Ainsi, lorsque la taxe sur le revenu acquittée par une société sur les dividendes distribués devient restituable par suite de l'annulation judiciaire de la délibération qui a autorisé cette distribution (on verra, en effet, que la règle de l'art. 60 de la loi de frimaire n'est pas applicable en matière d'impôt sur le revenu), la créance qui en résulte au profit de la société contre le Trésor ne devient liquide et exigible qu'à partir de cette annulation. Par conséquent, si la société était tombée en faillite avant que cette annulation fût prononcée, le Trésor ne pourrait plus opposer au syndic la compensation de sa dette avec une autre somme qui lui serait due par la société pour droits de transmission ou autres taxes. Seine, 23 juil. 1886; 22,727 J.; 6756 R. p.; 17,330 Contr. — Rapp. *infra*, n° 999.

Art. 6. — *Des prescriptions.*

520. Principe. — Le droit de transmission étant un droit d'enregistrement, toutes les règles édictées par la loi du 22 frim. an 7 et les autres lois sur l'enregistrement en matière de prescription ont été, avec raison, reconnues applicables à cet impôt.

521. *Des insuffisances de perception.* Aux termes de l'art. 61, n° 1, de la loi du 22 frim. an 7, les actions qui tendent à compléter une perception insuffisamment faite sont soumises à la prescription de deux ans. Nous avons expliqué au Dict. des Réd., v° Prescription, n°s 371 et suiv., ce qui caractérise l'insuffisance de perception et le critérium auquel on reconnaît que la prescription biennale édictée en cette matière est applicable, à l'exclusion des autres prescriptions spéciales et à l'exclusion de la prescription de droit commun (art. 2262 C. civ.). Ce critérium est des plus simples. Le receveur a-t-il été mis en demeure, par un acte présenté à l'enregistrement ou par une déclaration, de percevoir le droit régulièrement exigible? S'il ne le perçoit pas, ou s'il perçoit moins que ce qui est dû, la prescription biennale est applicable à toute réclamation qui a pour objet de réparer son erreur ou son omission et de compléter sa perception. Dans le cas contraire, la demande à laquelle peuvent donner lieu les droits non payés, à défaut d'une prescription spéciale, comme celle de cinq ans, qui a été établie pour les omissions dans les déclarations de succession, ou celle de dix ans, établie en matière de successions non déclarées dans le délai, ou enfin celle de deux ans, spéciale aux insuffisances d'évaluation, ne peut être atteinte que par la prescription trentenaire.

Cette règle, dont on trouvera les développements au Dictionnaire des Rédacteurs (V. Prescription), gouverne, en thèse générale, la prescription des droits et de la taxe de transmission. Nous le verrons plus loin par les applications que la jurisprudence en a faites.

522. *Insuffisances d'évaluation.* Par les mêmes motifs, il y a lieu d'étendre à la perception de ces droits les explications présentées dans le même ouvrage (*loc. cit.*, n° 539) au sujet de la durée et du point de départ de la prescription des actions tendant à la recherche des insuffisances commises dans les évaluations non susceptibles d'être contrôlées par la voie de l'expertise.

523. *Amendes et droits en sus.* Même observation en ce qui concerne les amendes et droits en sus qui peuvent être encourus pour contravention aux dispositions de la loi du 23 juin 1857 et du décret du 17 juil. 1857. Ces pénalités sont soumises à la prescription de deux ans édictée par l'art. 14 de la loi du 16 juin 1824. Rappelons ici que cette prescription ne court que du jour où les préposés ont été mis à même de constater la contravention, sans recherches ultérieures, au vu des actes ou documents qui leur sont présentés ou des déclarations qui leur sont faites. — V. au Dict. des Réd., v° Prescription, n°s 441 et suiv., et spécialement n°s 450 et 479.

Il a été décidé, dans cet ordre d'idées, que le payement tardif du droit de transmission mettant l'Administration à même de constater la contravention et de réclamer l'amende, la prescription biennale applicable à cette amende court du jour même du payement effectué hors délai. Sol. 9 mars 1876; 19,997 J.; 15,648 Contr.

Aux termes d'une solution du 12 mars 1888 (V. *infra*, n° 524, *in fine*), la constatation faite par un employé supérieur, lors de sa vérification au siège d'une société, d'une série de titres émis et non déclarés par la société, fait courir la prescription biennale contre la demande des amendes de contravention encourues dès cette époque, soit pour défaut de déclaration, soit pour défaut de payement des termes échus de la taxe de transmission. Mais la prescription ne saurait courir, dans ce cas, en ce qui concerne les amendes encourues postérieurement à cette constatation.

524. *Omissions de titres. Droit simple.* La question la plus sérieuse qui se soit élevée en cette matière est relative à la durée de la prescription applicable aux omissions de titres commises par les compagnies dans les déclarations qu'elles ont à fournir pour obéir aux dispositions du décret du 17 juil. 1857.

Quatre systèmes ont été présentés.

Le premier auquel l'Administration s'est d'abord ralliée, après la promulgation de la loi du 23 juin 1857, consiste à appliquer la prescription de cinq ans (art. 61, n° 2, de la loi de frimaire et 11 L. 18 mai 1850). L'art. 9 de la loi du 23 juin 1857 et l'art. 12 du décret du 17 juil. 1857, dit-on, ayant frappé les omissions de titres des peines portées par l'art. 39 de la loi de frimaire pour les omissions dans les déclarations de succession, ont par là même assimilé ces infractions les unes aux autres, et dès lors elles sont soumises à la même prescription. Ce raisonnement est des plus hasardés. Il méconnaît cette règle fondamentale, qu'en matière d'impôt tout est de droit étroit, et que l'on n'y procède pas par analogie. Il confond deux ordres de faits juridiques parfaitement distincts, la pénalité et la prescription.

Le second système, qui est généralement celui des redevables, consiste a étendre aux omissions la prescription biennale, sous le prétexte qu'elle régit les perceptions erronées. Il y a dans ce raisonnement le même vice que dans le premier système. Ainsi que nous l'avons expliqué, la prescription de deux ans édictée par l'art. 61, n° 1, de la loi du 22 frim. an 7, suppose que le receveur a été mis en mesure, par les énonciations des actes ou les déclarations des parties, de percevoir les droits réellement exigibles. L'action qui appartient à l'Administration pour compléter la perception, n'étant subordonnée qu'à la vérification des faits de son comptable, a pu justement être renfermée dans un délai très court. Mais il est évident, d'après les motifs qui ont fait édicter cette courte prescription, qu'elle est inapplicable au cas où l'insuffisance de perception provient du fait de la partie qui n'a pas fourni au receveur les moyens légaux d'asseoir sa perception.

Nous avons, dans notre précédente édition, proposé un troisième système, consistant à appliquer la prescription quinquennale, non en vertu de la loi du 22 frim. an 7, mais en vertu de l'art. 2277 C. civ., qui déclare éteintes après cinq ans toutes les dettes d'intérêts et d'autres sommes payables par annuités. Les droits de transmission, disions-nous, paraissent rentrer dans cette catégorie, puisque la taxe de 20 c. p. 100 est *annuelle*, et que les droits de 50 c. p. 100 sur les transferts et conversions sont payables par trimestre.

Mais cette opinion a été virtuellement condamnée par les arrêts de la Cour de cassation intervenus pour fixer le délai de la prescription applicable tant au droit de timbre qu'à la taxe sur le revenu. — V. *supra*, n° 272, et *infra*, n° 1023. Ces arrêts écartent la prescription quinquennale de l'art. 2277 C. civ., et décident qu'en l'absence de dispositions précises dans la loi spéciale, relativement au délai de la prescription, le recouvrement des taxes d'abonnement au timbre et de l'impôt sur le revenu est soumis à la prescription de droit commun, c'est-à-dire à la prescription trentenaire (art. 2262 C. civ.).

Cette jurisprudence dicte la décision à rendre au sujet de la fixation de la durée de la prescription en matière d'omissions de titres commises par les compagnies, dans les relevés produits ou les déclarations faites pour la perception soit du droit de transfert ou de conversion à 50 c. p. 100, soit de la taxe annuelle de 20 c. p. 100. Puisque ni la prescription biennale de l'art. 61 de la loi du 22 frim. an 7, ni la prescription quinquennale édictée par ce même article pour les omissions commises dans les déclarations de succession, ni celle de l'art. 2277 du Code civil, ne trouvent ici leur place, on est conduit à reconnaître que la seule prescription applicable en cette matière est la prescription trentenaire. V. dans ce sens : 22,568 J. N.; 16,642 Contr.; D. P., 82, 3, 15.

Rappelons toutefois que l'Administration n'accepte pas notre opinion et qu'elle continue à appliquer la prescription quinquennale aux omissions. C'est ce qui résulte implicitement d'une solution du 12 mars 1888, dans laquelle elle établit la distinction à faire entre les omissions de titres et la contravention qui consiste à ne pas déclarer une émission nouvelle faite par une société au cours de son existence, et à s'abstenir de tout payement de droits sur ces nouveaux titres.

« Pour qu'il y ait omission, dit-elle, dans le sens des art. 39 de la loi du 22 frim. an 7 et 10 de celle du 23 juin 1857, il faut évidemment qu'une déclaration ait été souscrite.

« En ce qui concerne spécialement une série de titres émis par une société, il ne peut y avoir omission, pour la perception des droits de transmission, si les titres de cette série n'ont fait l'objet ni d'une déclaration d'émission, ni de relevés trimestriels.

« Il en est ainsi lors même que la société a fourni des relevés relatifs à d'autres séries de titres.

« Par ces motifs, il y a lieu de décider que le défaut de payement des droits de transmission sur une catégorie de titres émis par la société « l'Hypothèque foncière », qui n'ont pas donné lieu à une déclaration d'émission et ne figurent pas dans les états trimestriels déposés par cette société, ne procède pas d'une omission.

« La prescription quinquennale n'est donc pas applicable. »

La solution ajoute que cette règle ne peut être modifiée sous le prétexte qu'un employé supérieur aurait, dans une vérification au siège de la société, constaté l'émission nouvelle non déclarée à l'Administration. Cette constatation ne saurait, en effet, être considérée comme tenant lieu de la déclaration à souscrire par la société, et comme étant le point de départ de la prescription de cinq ans. Elle n'a pour effet que de faire courir la prescription biennale applicable aux amendes de contravention encourues dès l'époque où elle a eu lieu, soit pour défaut de déclaration de l'émission, soit pour défaut de payement des termes échus. — V. *supra*, n° 523.

525. *Absence de déclaration.* La règle que nous avons établie, d'après laquelle la prescription trentenaire est seule applicable, en principe, aux droits exigibles sur les titres omis, ne saurait dans tous les cas être contestée, lorsqu'une compagnie s'est abstenue complètement de fournir, pendant plusieurs années, les déclarations trimestrielles prescrites par la loi et le décret de 1857; lorsque, par exemple, elle n'a pas fait connaître son existence à l'Administration et que celle-ci, l'ayant découverte, réclame les droits échus depuis l'émission de ses titres. — Voir dans ce sens : Brioude, 10 avril 1878, 20,705 J.; 5151 R. p.; D. P., 79, 3, 14; — Charleville, 29 juil. 1880, 5689 R. p.; 22,568 J. N.; 16,642 Contr.; D. P., 82, 3, 15; — Auxerre, 29 mai 1884, 6374 R. p.; 17,018 Contr.; 23,351 J. N.

526. Applications. Cas dans lesquels la prescription biennale a été reconnue applicable ou non applicable. — D'après ce qui vient d'être dit, et la prescription quinquennale étant écartée, les seules prescriptions opposables à l'Administration, agissant pour le recouvrement des droits ou de la taxe annuelle de transmission, en dehors de celles qui concernent les amendes ou droits en sus et les insuffisances d'évaluation, sont, d'une part, la prescription biennale pour les insuffisances de perception, et la prescription trentenaire pour toutes les autres réclamations. La difficulté, dans chaque espèce, est de décider si, oui ou non, l'Administration a été mise en demeure de percevoir les droits qu'elle réclame. Si oui, son action a pour objet de compléter une perception insuffisante et, par conséquent, est soumise à la prescription de deux ans à compter du jour où les droits auraient dû être exigés. Dans le cas contraire, il s'agit d'une demande principale à laquelle on ne peut opposer que la prescription trentenaire, sauf toutefois à appliquer la jurisprudence de l'Administration en ce qui concerne les omissions. V. *supra*, n° 524.

527. Prescription trentenaire. — *Obligations communales. Absence de déclaration. États non fournis.* Ainsi, il est certain que si une commune, ayant émis des obligations au porteur, passibles par conséquent de la taxe annuelle de transmission, n'a fait aucune déclaration d'émission et s'est abstenue de déposer au bureau les états trimestriels de ses titres, comme la loi et le décret de 1857, dont les dispositions ont été étendues aux obligations des départements, communes et établissements publics, lui en faisaient un devoir, l'Administration n'ayant pas été mise en demeure de percevoir les droits exigibles, a un délai de trente ans pour les réclamer, et son action ne peut être repoussée par la prescription biennale. Auxerre, 29 mai 1884; 6374 R. p.; 17,018 Contr.; 23,351 J. N.

528. *Payement par la commune des droits de timbre et de la taxe sur le revenu. Non-payement des droits de transmission.* Il en serait ainsi, d'ailleurs, lors même que la commune aurait régulièrement acquitté sur ses obligations les droits de timbre et la taxe sur le revenu. Ce payement ne constitue pas en effet l'Administration en demeure de percevoir les droits de transmission, et, en l'absence de la déclaration et de la remise de l'état trimestriel, prescrites par le décret de 1857 pour servir de base à l'impôt, la prescription biennale ne peut courir. Brioude, 10 avril 1878; 20,705 J.; 5151 R. p.; D. P., 79, 3, 14.

« Attendu, porte ce jugement, que les obligations émises pour les trois emprunts étaient assujetties à trois droits différents : le droit de timbre, la taxe sur le revenu des valeurs mobilières et le droit de transmission; que, bien que perçus par la même Administration, ces droits sont entièrement distincts; que l'assiette et les bases du droit de transmission étendu aux emprunts des communes par l'art. 11 de la loi du 16 sept. 1871 sont régies par la loi du 23 juin 1857, et que, par voie de conséquence, les prescriptions du règlement d'administration publique rendu, en vertu de la loi du 23 juin 1857, le 17 juillet suivant, sont applicables aux emprunts communaux; que, l'art. 11 de la loi du 16 sept. 1871 n'excluant point en faveur des communes, et d'une manière expresse, les formalités indiquées par les loi et décret des 23 juin et 17 juil. 1857, on doit conclure de ce silence, contrairement aux prétentions de la ville de Brioude, que ces formalités doivent être remplies par les communes comme par les sociétés;

« Attendu que, pour la perception du droit de transmission, la loi du 23 juin 1857, ainsi que le décret du 17 juil. 1857, exigent impérieusement la remise, à la fin de chaque trimestre, au préposé du Trésor, de l'état des obligations soumises à la taxe annuelle, état composé et formalisé suivant les prescriptions du décret du 17 juillet; que l'art. 1er de ce décret exigeait aussi, dans l'espèce, certaines déclarations spéciales, au bureau de l'enregistrement de Brioude;

« Attendu que ces déclarations n'ont pas été faites et que cet état trimestriel n'a, à aucune époque, été déposé entre les mains du receveur de l'enregistrement de Brioude; que, d'autre part, de ce que l'Administration a régulièrement et exactement perçu le droit de timbre et la taxe sur le revenu, on ne saurait induire qu'elle a eu à sa disposition des actes et des déclarations de nature à remplacer les actes spéciaux et les déclarations pareillement spéciales lui permettant de percevoir le droit de transmission, droit distinct et entièrement séparé des deux autres : d'où il suit que l'Administration n'a pas été mise en situation de réclamer, de liquider et de percevoir, soit en totalité, soit en partie, le droit de transmission; que, par conséquent, l'omission ou l'insuffisance prévues par l'art. 61, n° 1, de la loi du 22 frim. an 7, ne se rencontrent point dans l'espèce;

« Attendu, dès lors, que la demande de l'Administration a pour objet non point le recouvrement d'un droit supplémentaire résultant d'une omission ou d'une insuffisance, mais le recouvrement d'un droit simple ou principal;

« Attendu que la prescription est de droit étroit; que l'art. 61, n° 1, de la loi de frimaire doit donc être rigoureusement restreint aux droits supplémentaires et ne saurait être étendu au droit principal, lequel, n'ayant été soumis à une prescription particulière par aucune loi fiscale, doit rester à cet égard sous l'empire du droit commun et n'être soumis qu'à la prescription trentenaire. »

529. *Déclarations inexactes au sujet de la nature des titres et de leur mode de transmission.* Une déclaration inexacte au sujet de la nature des titres émis et de leur mode de transmission, lorsqu'elle entraîne une fausse application du tarif, est inefficace pour constituer régulièrement le receveur en demeure de percevoir les droits exigibles. Elle ne peut donc servir de fondement et de point de départ à la prescription biennale. Par exemple, si le maire d'une commune qui a émis des obligations au porteur, et des obligations nominatives, mais transmissibles autrement que par une déclaration de transfert, a souscrit au bureau de l'enregistrement, pour la perception des droits, une déclaration exprimant faussement que la cession des titres nominatifs ne peut avoir lieu que par une déclaration signée sur un registre, une pareille déclaration, ne mettant pas l'Administration en demeure de percevoir la taxe annuelle de transmission, ne peut être invoquée pour opposer la prescription biennale à la réclamation ultérieure de cette taxe. Charleville, 29 juil. 1880; 5689 R. p.; 22,568 J. N.; 16,642 Contr.; D. P., 82, 3, 15.

Ainsi que l'exprime une solution de l'Administration du 11 nov. 1886, citée dans les observations que nous avons présentées, art. 22,843 du Journal de l'Enregistrement, *in fine:*

« Lorsque le mode de transmission des titres nominatifs n'a été indiqué ni dans la déclaration souscrite en exécution de l'art. 1er du décret du 17 juil. 1857, ni dans les relevés déposés en fin de trimestre, on peut admettre que le receveur n'a pas eu entre les mains un titre complet. La perception effectuée en vertu de ce titre doit, dès lors, être considérée comme irrégulière, et, par suite, comme tombant sous l'application de la prescription de deux ans. — V. *infra,* n° 533.

« Mais si la déclaration d'émission ou les relevés trimestriels expriment que la transmission des titres nominatifs ne peut avoir lieu que par un transfert sur un registre tenu à cet effet, on doit reconnaître, au contraire, qu'en réglant sa perception d'après ces indications, le receveur a opéré régulièrement. Il en résulte que, dans cette hypothèse, l'Administration a un délai de trente ans pour établir l'inexactitude de la déclaration relative au mode de cession des titres nominatifs, et pour réclamer les suppléments de droits exigibles. C'est ce qu'a décidé le tribunal de Charleville par un jugement du 29 juil. 1880 (précité). »

530. Prescription biennale. — *Déclarations exactes.* L'action de l'Administration a, au contraire, pour objet de compléter une perception insuffisante, et est, par conséquent, soumise à la prescription biennale toutes les fois que le receveur a été mis à même, par les déclarations des redevables et le dépôt des états prescrits, d'effectuer une perception régulière. Il est évident, par exemple, qu'il en est ainsi lorsque, la déclaration d'émission faisant connaître exactement le mode de transmission des titres nominatifs, le receveur a considéré ces titres comme n'étant passibles que de la taxe au comptant alors qu'ils étaient transmissibles autrement que par une déclaration de transfert, et a négligé de les soumettre à la taxe annuelle.

531. Déclarations incomplètes au sujet de la nature des titres et de leur mode de transmissio[n]. — La règle est la même, au surplus, lorsque le receveur établi une perception erronée en se fondant sur une décla[ra]tion incomplète qui ne fait pas connaître le mode de tra[ns]mission des titres.

532. *Obligation de compléter la déclaration.* Lorsque la d[é]claration d'émission, par exemple, se borne à indiquer [le] nombre des titres au porteur, d'une part, et celui des tit[res] nominatifs, d'autre part, sans exprimer le mode de transmi[s]sion prescrit pour ces derniers, le receveur doit la refuser [ou] exiger tout au moins que ce renseignement lui soit fourni lo[rs] du dépôt des états trimestriels. Le tribunal de Châteaulin contesté ce point dans un jugement du 18 juin 187[.] 21,029 J.; 5151 R. p.; 16,139 Contr.

Se fondant sur le texte littéral du décret du 17 juil. 185[7] le tribunal a décidé que les sociétés, communes et établiss[e]ments publics se conforment aux prescriptions de ce décr[et] dès l'instant qu'ils déclarent à l'Administration, dans le mo[is] de l'émission de leurs actions ou obligations, le nombre exa[ct] des titres souscrits, en distinguant les titres nominatifs d[es] titres au porteur.

L'Administration en a jugé différemment. Elle a fait rema[r]quer avec raison, croyons-nous, que les seuls titres nomina[]tifs au regard de la loi fiscale et passibles du droit de 50 cen[t.] p. 100, lors de chaque cession, sont ceux dont la transmis[]sion ne peut s'opérer soit à l'égard de la société ou des tier[s] soit même entre les parties, que par un transfert signé du cé[]dant, ou de son fondé de pouvoir, sur le registre de l'établis[]sement débiteur (C. comm., art. 36; — L. 23 juin 1857, art. 6 — L. 16 sept. 1871, art. 11). Elle en a conclu que, pou[r] fournir au receveur un titre complet de perception, les so[]ciétés, villes, etc., doivent déclarer non seulement le nombr[e] des titres nominatifs émis, mais encore le mode de cessio[n] prévu pour cette catégorie de titres par les statuts, délibéra[]tions, décrets, arrêtés ou cahiers des charges relatifs à l'émis[]sion. Sol. 9 mai 1885; 22,843 J.; 6935 R. p.

Cette conclusion nous paraît fondée.

Le décret du 17 juil. 1857 ayant pour objet de pourvoir [à] l'exécution de la loi du 23 juin précédent, il faut évidemmen[t] en entendre les dispositions de telle sorte qu'elles at[]teignent ce but, c'est-à-dire qu'elles assurent le dépôt au[x] mains du receveur d'un titre suffisant pour servir de base [à] la liquidation du droit de transmission. Or, il n'en serait pa[s] ainsi du moment où les sociétés, villes, etc., pourraient s[e] borner à déclarer l'existence de titres nominatifs, sans autr[e] indication. Pour asseoir régulièrement la perception, l'Administration se trouverait dans la nécessité de faire des recherches extérieures, et cette conséquence serait contraire à la règle générale posée par l'art. 16 de la loi du 22 frim. an 7, qui veut que les parties fournissent à l'agent de recette tous les éléments nécessaires pour l'exacte liquidation des droits. Par ces motifs, nous pensons, avec l'Administration, que les sociétés par actions qui souscrivent, lors de leur constitution, une déclaration d'existence ou, plus tard, la déclaration d'une émission nouvelle d'actions ou d'obligations, sont tenues de faire connaître, non pas seulement le nombre de titres nominatifs dans l'acception générale du mot, mais le nombre des titres nominatifs dans le sens de la loi du 23 juin 1857, c'est-à-dire dont la transmission ne saurait s'opérer que par un transfert conforme au vœu de l'art. 36 C. comm.

533. *Perception erronée établie d'après une déclaration incomplète. Prescription biennale.* Ceci posé, il est incontestable que lorsque les redevables ne font pas connaître, soit dans la déclaration d'émission des titres, soit lors du dépôt des états trimestriels, le mode de transmission des titres nominatifs, leur déclaration est manifestement incomplète et ne peut servir de base à une perception régulière. Si donc, au lieu d'exiger qu'elle soit complétée, le receveur se contente des énonciations qu'elle contient et applique inexactement l'impôt, en considérant par exemple les titres nominatifs comme n'étant soumis qu'à la perception du droit au comptant, bien que ces titres soient en fait transmissibles par tous les modes de droit commun, il fait une opération incomplète; il commet une erreur de perception qui engage sa responsabilité et dont l'Administration est certainement fondée à opérer le redressement, mais à la condition d'exercer son action dans le délai que la loi lui accorde pour compléter les perceptions insuffisantes, c'est-à-dire dans le délai de deux ans.

Le tribunal de Châteaulin s'est conformé à ces principes en décidant que lorsque, dans la déclaration faite pour la perception du droit de transmission, le maire d'une commune a exactement indiqué le nombre et le montant des obligations nominatives et au porteur émises, mais n'a point fait connaître le mode de transfert adopté pour les obligations nominatives, la prescription biennale court à partir de cette déclaration si, par suite de l'absence de ce renseignement, le receveur, qui aurait dû le demander, a fait une perception insuffisante. — Jug. du 18 juin 1878; 21,029 J.; 5151 R. p.; 16,139 Contr.

Seulement le tribunal a commis une erreur dans les motifs de sa décision, ainsi que nous l'avons déjà fait remarquer, en prétendant que le maire n'était pas tenu de faire connaître, dans la déclaration d'émission, le mode de transmission des titres nominatifs. V. *supra*, n° 532. — Rapp. Montargis, 27 août 1878; 21,422 J.; 5151 R. p.

534. L'Administration a elle-même admis, dans notre hypothèse, le principe de la prescription biennale par deux solutions du 9 mai 1885 et du 19 fév. 1887. 22,843 J.; 6935 R.p.; D. P., 88, 3, 40.

La première de ces solutions est fondée sur les motifs suivants :

« Il est de règle que lorsqu'un acte ou une déclaration sont présentés à la formalité, le receveur est fondé à exiger tous renseignements, évaluations ou déclarations nécessaires pour la liquidation des droits, et à refuser l'enregistrement de l'acte ou [illegible]a déclaration, si la partie ne défère pas à la réquisition qu[illegible]est faite. Cass., 3 déc. 1873; 19,317 J.; 3776 R. p.; [illegible]03 Contr.; 4533 Rev. not.; 20,855 J. N.; Inst. 2482, § 6; [illegible]., 74, 1, 84; D. P., 74, 1, 257; P., 74, 173.

« La conséquence de cette doctrine est que l'agent de l'Administration, en omettant d'exiger les déclarations utiles pour établir la perception d'une manière complète et régulière, commet une insuffisance de perception soumise à la prescription biennale: car la perception, en matière d'enregistrement, comprend l'appréciation de la convention, la détermination de la valeur imposable (qu'il faut chercher dans l'acte et faire estimer au besoin) et de sa nature (mobilière, immobilière, etc...), l'application du tarif, et en dernier lieu le calcul des droits et la recette.

« Enfin, les droits de transmission sont des droits d'enregistrement dont le titre de perception est tout d'abord dans la déclaration à fournir, en vertu de l'art. 1er du décret de 1857, par les sociétés ou établissements qui émettent des actions ou des obligations: les états trimestriels sont les compléments de cette déclaration, en ce qu'ils fixent les variations survenues depuis dans les titres et par conséquent les quantités ou valeurs à imposer à chaque tarif. En d'autres termes, le titre de la perception, pour chaque trimestre, se trouve dans la déclaration d'émission complétée par l'état ou le relevé trimestriel.

« En combinant ces principes, on est amené à reconnaître que le receveur a fait une opération qui équivaut à une perception insuffisante, quand il a accepté le titre incomplet fourni par la Société Jackson et Cie, le 14 août 1857, et qu'à la fin de chaque trimestre il a liquidé les droits de transmission en conséquence.

« A un autre point de vue, on pourrait soutenir que la déclaration du 14 août 1857 mentionnant des actions nominatives, sans autre indication, contenait les éléments nécessaires pour la liquidation régulière des droits; que le receveur devait réputer les actions transmissibles suivant les modes du droit commun, notamment par endossement ou par actes authentiques et privés, et leur appliquer la taxe annuelle de 20 cent. p. 100. Cette argumentation conduirait, ainsi que la première, à admettre l'existence d'une perception insuffisante effectuée à la fin de chaque trimestre. »

535. Ce dernier motif est très contestable; car le droit que la solution reconnaît à l'Administration de réputer transmissibles par toutes les formes de droit commun les titres dont la déclaration d'émission ne fait pas connaître le mode de cession, ne repose sur aucun fondement. Ce motif est d'ailleurs surabondant, puisque le premier suffit amplement à caractériser l'insuffisance de perception que le receveur commet lorsque, négligeant de faire compléter la déclaration qui lui est fournie, il applique faussement à des titres cessibles par tous les moyens de droit commun et passibles en conséquence de la taxe annuelle, le régime fiscal des titres transmissibles exclusivement par une déclaration de transfert sur les registres de l'établissement.

536. *Point de départ de la prescription biennale.* Dans l'hypothèse qui motive nos explications, les droits à répéter consistent dans la différence entre le droit au comptant perçu sur les transferts portés dans chaque relevé trimestriel, et la taxe annuelle qui aurait dû être perçue sur les titres existants à la fin de chaque trimestre, ou réciproquement; la prescription biennale applicable aux suppléments de droits afférents à chaque trimestre court du jour où l'insuffisance de perception a été commise, par exemple, du jour où le droit au comptant sur les transmissions effectuées a été perçu au lieu de la taxe annuelle sur les titres existants.

537. *Certificat négatif des transferts.* Il en est ainsi, d'ailleurs, ainsi que l'exprime la solution précitée du 19 fév. 1887 (22,843 J.; 6935 R. p.; D. P., 88, 3, 40), lors même qu'aucun transfert n'ayant été effectué pendant un trimestre, la société ou l'établissement redevable de l'impôt aurait déposé un certificat négatif et n'aurait ainsi acquitté aucun droit de transfert. « Quoique ce dépôt, fait observer l'Administration, ne soit pas exigé par la loi, il suffirait, s'il était dûment constaté par un enregistrement régulier, à faire courir la prescription biennale, attendu que, dans ces conditions, il aurait été de nature à mettre en mouvement l'action du Trésor. »

538. **Restitution.** — Les actions à intenter contre le Trésor en restitution de droits de transmission indûment perçus sont incontestablement soumises à la prescription biennale édictée, pour tous les droits d'enregistrement, par l'art. 61 de la loi du 22 frim. an 7. Cette prescription court invariablement du jour où l'indue perception a été effectuée. Elle est, d'ailleurs, soumise à toutes les règles qui ont été développées dans le Dict. des Réd., v° Prescription, nos 611 et suivants.

538 *bis. Évaluation faite d'office pour la perception de la taxe annuelle sur des titres non cotés. Perception irrégulière. Restitution. Prescription biennale.* — V. *supra*, n° 451 *bis*.

QUATRIÈME PARTIE. — IMPOT SUR LE REVENU.

539. **Division.** — Notre étude sur l'impôt sur le revenu, que la loi du 29 juin 1872 a juxtaposé aux deux taxes de timbre et de transmission dont nous avons parlé dans notre deuxième et notre troisième parties, sera divisée en trois chapitres, dans lesquels nous exposerons successivement les règles qui gouvernent :

1° L'exigibilité;
2° La liquidation;
3° Et le payement de cet impôt.

CHAPITRE Ier. — EXIGIBILITÉ DE L'IMPOT.

ART. 1er. — *Historique. Textes législatifs.*

§ 1er. — Historique.

540. Si notre traité n'était pas avant tout un traité pratique destiné à présenter sous une forme rapide, en même temps que complète, les règles qui doivent éclairer les agents de perception et les contribuables sur leurs devoirs et leurs obligations, nous pourrions nous livrer à une étude rétrospective des différentes tentatives qui ont été faites pour établir en France l'impôt sur le revenu (Voir, sur ce point, les renseignements intéressants contenus dans l'introduction historique du traité de la taxe de 3 p. 100, par M. Besson). Mais les limites étroites dans lesquelles nous sommes tenus de nous renfermer nous obligent à élaguer de notre étude tout ce qui ne peut que servir à satisfaire la curiosité, d'ailleurs légitime, des érudits. Nous nous bornerons à constater qu'avant la loi du 29 juin 1872, de nombreuses propositions tendant à imposer directement les revenus mobiliers avaient été présentées, mais sans obtenir le succès que méritait l'ardente conviction de leurs auteurs. La principale objection qui, chaque fois, fit échouer ces tentatives, fut que cet impôt ne pouvait être utilement organisé et rester fructueux sans l'établissement de mesures sévères de surveillance qu'on craignait de voir dégénérer en recherches vexatoires et inquisitoriales. En vain citait-on l'exemple de l'Angleterre, où ce mode de taxation fonctionne régulièrement, sous le nom d'*income-tax*, depuis 1842, celui de l'Italie, qui l'a introduit dans sa législation fiscale par une loi du 14 juin 1864. Les adversaires de cette réforme répondaient en alléguant les susceptibilités de race, qui, en France, disaient-ils, se seraient mal accommodées des mesures de contrôle sans lesquelles la taxe serait improductive.

541. Ces objections, qui étaient loin d'être décisives, ainsi que l'expérience l'a démontré, se reproduisirent lorsque, après les malheureux événements de 1870, il fallut faire appel à toutes les ressources du pays pour rétablir l'équilibre du budget. Elles eurent un interprète éloquent et convaincu dans la personne de M. Thiers, qui combattit jusqu'au dernier moment le principe de l'impôt sur le revenu, que l'Assemblée nationale était fermement disposée à établir.

Nous empruntons à M. Demasure (Traité du régime fiscal des sociétés, n° 193) le récit des phases diverses par lesquelles les projets alors présentés durent passer pour aboutir à la loi du 29 juin 1872, qui nous régit actuellement :

« La commission du budget rectifié de l'exercice 1871, dit-il, était saisie de plusieurs projets tendant à l'établissement en France de l'impôt sur le revenu, appliqué depuis longtemps en Angleterre, et plus ou moins complètement en Prusse, en Autriche, en Russie, en Italie. L'*income-tax* anglais, créé comme impôt de guerre, aboli pendant la paix, repris en 1842 par Robert Peel, servait principalement de type aux combinaisons proposées. M. Thiers s'était à la tribune énergiquement prononcé contre un impôt de ce genre, affectant l'ensemble des revenus. Ce fut cependant à cette idée que la commission s'arrêta, en la mitigeant par des tempéraments susceptibles, d'après elle, de l'adapter aux mœurs nationales. Le grand écueil, à ce point de vue, c'était l'inquisition dans les fortunes privées. La commission n'admettait la déclaration et le contrôle que lorsqu'il lui était impossible d'y échapper : pour les créances chirographaires, les rentes servies par des particuliers, le produit des offices et professions, les bénéfices du commerce et de l'industrie. Elle ne frappait pas les rentes sur l'Etat, ni les revenus immobiliers, et elle exemptait les revenus au-dessous de 1,500 francs, les traitements des militaires en activité, les salaires des ouvriers dispensés de la patente. M. Casimir Périer, dans son rapport (31 août 1871), ne dissimulait pas les objections très énergiques de la minorité, qui considérait ce premier pas comme un acheminement au régime de l'impôt progressif. Le projet de la commission formait quatre classes de revenus et de projets, d'après la classification des cédules de l'*income-tax*. V. ce projet, J. E. 19,237 et 19,241.

« Lorsqu'il vint en discussion, M. Léonce de Lavergne, nouveau rapporteur, expliqua de nouveau comment, tout en conservant le principe des cédules anglaises, on avait restreint autant que possible les valeurs imposées. Arrivant à la cédule D (revenus du commerce et des professions), il dit : « Nous sommes bien obligés, dans ce cas, d'imposer au con- « tribuable la déclaration de ses revenus et de faire contrôler « cette déclaration par un jury spécial que nous proposons « d'établir et dans lequel nous avons essayé d'établir toutes les « garanties possibles. Nous vous proposons tristement, mais « fermement, d'en venir à ce que nous considérons comme une « véritable extrémité, parce que nous ne croyons pas possible » d'augmenter l'impôt sur les douanes ou tout autre impôt, de « telle sorte qu'on parvienne à se passer des 60 millions que « nous demandons aux revenus dont il s'agit et aux créances « hypothécaires. Nous vous demandons avec douleur de subir « comme nous l'inexorable loi. » (J. off. du 23 déc. 1871.)

« Un amendement tendant à l'établissement de l'impôt général sur le revenu fut alors défendu par M. Wolowski. M. Thiers intervint pour le combattre. Il fut rejeté le 27 déc. 1871. (J. off. des 23, 24, 27 et 28 déc.)

« L'Assemblée passa alors à l'examen des propositions relatives à l'impôt sur les matières premières. On sait avec quelle opiniâtreté M. Thiers défendit cet impôt, et comment, à la suite d'un vote qui en rejetait le principe, il donna sa démission, le 20 janv. 1872.

« L'Assemblée n'accepta pas cette démission et adopta différentes taxes et augmentations d'impôts. Puis, la question de l'impôt sur le revenu étant toujours en suspens, elle se trouva en présence des propositions formulées par la commission du budget de 1872 pour fournir la somme de cent millions nécessaire aux besoins de l'exercice 1873. Le 28 juin 1872, l'Assemblée vota l'établissement d'une taxe (abrogée depuis) de 2 p. 100 sur le revenu des créances hypothécaires. La commission du budget de 1872 et le ministre des finances étaient d'accord pour établir un impôt sur le revenu des valeurs mobilières. Le gouvernement avait repoussé l'impôt sur le revenu, et même l'impôt sur certains revenus, parce qu'ils auraient exigé l'un et l'autre une déclaration des contribuables et le contrôle des agents de l'Administration; mais il acceptait une contribution sur les dividendes et intérêts des valeurs mobilières, qui, perçue pour le compte du Trésor par les sociétés et établissements publics, ne nécessitait ni déclaration ni contrôle.

« M. Desseilligny fit un rapport sommaire (J. off. 26 juin, p. 4382), et la loi fut votée le 29 juin. On s'était péniblement mis d'accord sur le principe. Personne dans l'Assemblée, on peut le dire, ne s'occupa du texte législatif destiné à poser les bases d'un impôt entièrement nouveau.

« M. Casimir Périer, ayant repris en son nom personnel les propositions légèrement modifiées de la commission du budget de 1871, ne réussit pas à faire accepter l'impôt sur les revenus professionnels, industriels et commerciaux. » (6 juillet 1872.)

542. La loi du 29 juin 1872, qui est née, comme on le voit, d'une transaction entre les partisans et les adversaires du principe de l'impôt sur le revenu, est aujourd'hui acceptée sans restriction par ces derniers; mais les premiers n'y ont vu qu'un acheminement vers la réalisation de leurs idées réformatrices. Nous n'en finirions pas, si nous voulions énumérer tous les projets qui, depuis 1872, ont été proposés, en cette matière, soit par l'initiative parlementaire, soit même par le gouvernement. L'idée émise en 1871 par M. Casimir Périer de répartir les divers revenus en plusieurs cédules, suivant leur nature, pour les assujettir à une taxe directe, fut reprise, notamment en 1877, par Gambetta, et plus tard, en 1887, par la commission du budget. Ce dernier projet, que le Répertoire périodique a longuement analysé et commenté (art. 6746), atteignait, indépendamment des valeurs mobilières déjà frappées par la loi de 1872, les intérêts des fonds d'États français et étrangers payés en France, ceux des créances résultant de titres authentiques, les pensions et les traitements de toute nature à l'exception des salaires des ouvriers, les bénéfices des professions libérales, enfin les profits commerciaux et industriels.

Jusqu'à ce jour toutes les tentatives faites pour élargir la base de l'impôt créé par la loi de 1872 ont échoué devant l'indifférence des uns et la résistance opiniâtre des autres. Les tendances de la Chambre actuelle sont plutôt hostiles que favorables au principe de cette réforme. Tout au plus est-il question d'augmenter le taux de la taxe qui atteint les lots et les primes de remboursement. Le moment est donc propice pour étudier une législation qui paraît devoir échapper pour longtemps aux fluctuations du parlementarisme.

§ 2. — Textes.

543. Loi du 29 juin 1872. — Art. 1er. — Indépendamment des droits de timbre et de transmission établis par les lois existantes, il est établi, à partir du 1er juillet 1872, une taxe annuelle et obligatoire :

1° Sur les intérêts, dividendes, revenus et tous autres produits des actions de toute nature, des sociétés, compagnies ou entreprises quelconques, financières, industrielles, commerciales ou civiles, quelle que soit l'époque de leur création;

2° Sur les arrérages et intérêts annuels des emprunts et obligations des départements, communes et établissements publics, ainsi que des sociétés, compagnies et entreprises ci-dessus désignées;

3° Sur les intérêts, produits et bénéfices annuels des parts d'intérêt et commandites dans les sociétés, compagnies et entreprises dont le capital n'est pas divisé en actions.

Art. 2. — Le revenu est déterminé :

1° Pour les actions, par le dividende fixé d'après les délibérations des assemblées générales d'actionnaires ou des conseils d'administration, les comptes rendus ou tous autres documents analogues;

2° Pour les obligations ou emprunts, par l'intérêt ou le revenu distribué dans l'année;

3° Pour les parts d'intérêt et commandites, soit par les délibérations des conseils d'administration des intéressés, soit, à défaut de délibération, par l'évaluation à raison de 5 p. 100 du montant du capital social ou de la commandite, ou du prix moyen des cessions de parts d'intérêt consenties pendant l'année précédente.

Les comptes rendus et les extraits des délibérations des conseils d'administration ou des actionnaires seront déposés, dans les vingt jours de leur date, au bureau de l'enregistrement du siège social.

Art. 3. — La quotité de la taxe établie par la présente loi est fixée à 3 p. 100 du revenu des valeurs spécifiées en l'art. 1er. — Le montant en est avancé, sauf leur recours, par les sociétés, compagnies, entreprises, villes, départements ou établissements publics. Pour l'année 1872, les revenus, intérêts et dividendes seront sujets à la taxe pour moitié seulement de leur montant, quelle que soit d'ailleurs l'époque à laquelle le payement aura lieu. Cette taxe n'est pas soumise aux décimes.

Art. 4. — Les actions, obligations, titres d'emprunts, quelle que soit d'ailleurs leur dénomination, des sociétés, compagnies, entreprises, corporations, villes, provinces étrangères, ainsi que tout autre établissement public étranger, sont soumis à une taxe équivalente à celle qui est établie par la présente loi sur le revenu des valeurs françaises.

Les titres étrangers ne pourront être cotés, négociés, exposés en vente ou émis en France qu'en se soumettant à l'acquittement de cette taxe, ainsi que des droits de timbre et de transmission.

Un règlement d'administration publique fixera le mode d'établissement et de perception de ces droits, dont l'assiette pourra reposer sur une quotité déterminée du capital social.

Le même règlement déterminera les époques de payement de la taxe, ainsi que toutes les autres mesures nécessaires pour l'exécution de la présente loi.

Art. 5. — Chaque contravention aux dispositions qui précèdent et à celles du règlement d'administration publique qui sera fait pour leur exécution sera punie conformément à l'art. 10 de la loi du 23 juin 1857. — Le recouvrement de la taxe sur le revenu sera suivi, et les instances seront introduites et jugées comme en matière d'enregistrement. — J. off. du 30 juin 1872; Inst. 2451.

544. Décret du 6 décembre 1872. — Le règlement d'administration publique prévu par l'art. 4 de la loi du 29 juin 1872 est intervenu le 6 décembre de la même année et renferme les dispositions suivantes :

Art. 1er. — La taxe de 3 p. 100 établie par la loi du 29 juin 1872 est avancée par les sociétés, compagnies, entreprises, départements, communes et établissements publics, et payée au bureau de l'enregistrement du siège social ou administratif désigné à cet effet, savoir :

1° Pour les obligations, emprunts et autres valeurs dont le revenu est fixé et déterminé à l'avance, en quatre termes égaux, d'après les produits annuels afférents à ces valeurs;

2° Pour les actions, parts d'intérêt, commandites et emprunts à revenu variable, en quatre termes égaux déterminés provisoirement d'après le résultat du dernier exercice réglé, et calculés sur les quatre cinquièmes du revenu s'il en a été distribué, et, en ce qui concerne les sociétés nouvellement créées, sur le produit évalué à 5 p. 100 du capital appelé.

Chaque année, après la clôture des écritures relatives à l'exercice, il est procédé à une liquidation définitive de la taxe due pour l'exercice entier. Si de cette liquidation il résulte un complément de taxe au profit du Trésor, il est immédiatement acquitté. Dans le cas contraire, l'excédent versé est imputé sur l'exercice courant, ou remboursé, si la société est arrivée à son terme ou si elle cesse de donner des revenus.

Art. 2. — Les payements à faire en quatre termes doivent être effectués dans les vingt premiers jours des mois de janvier, avril, juillet et octobre de chaque année.

La liquidation définitive a lieu au moment du dépôt, prescrit par l'art. 2 de la loi du 29 juin 1872, des comptes rendus et extraits des délibérations des assemblées générales d'actionnaires ou des conseils d'administration, ou de tous autres documents analogues fixant le dividende distribué.

Cette liquidation doit être établie dans les vingt premiers jours du mois de mai pour les sociétés auxquelles leurs statuts n'imposent pas l'obligation de prendre des délibérations sur cet objet. Dans ce cas, la liquidation définitive est opérée à raison de 5 p. 100 du prix moyen des cessions de parts d'intérêt consenties pendant l'année précédente et dûment enregistrées, et, à défaut de cessions, d'après l'évaluation à 5 p. 100 du montant du capital social ou de la commandite.

Art. 3. — Toutes les dispositions des deux articles précédents sont applicables aux sociétés, compagnies, entreprises, corporations, villes, provinces étrangères, ainsi qu'à tous autres établissements publics étrangers dont les titres sont cotés ou circulent en France, ou qui ont pour objet des biens, soit mobiliers, soit immobiliers, situés en France.

La taxe sur le revenu, pour les titres cotés à la Bourse ou émis en France, est assise sur la même base que les droits de timbre et de transmission; elle est déterminée en la forme prévue au règlement d'administration publique du 24 mai 1872.

Les sociétés, compagnies et entreprises étrangères dont les titres ne sont pas cotés, mais qui ont pour objet des biens meubles ou immeubles situés en France, doivent la taxe sur le revenu, à raison des valeurs françaises qui en dépendent, et acquittent cette taxe d'après une quotité du capital social fixée par le ministre des finances, sur l'avis préalable de la commission instituée par le règlement ci-dessus indiqué. Elles doivent, à cet effet, faire agréer par le ministre des finances, avant le 1er déc. 1872, si elles existent actuellement, et, dans le cas contraire, avant toute opération en France, un représentant français personnellement responsable des droits et amendes.

Art. 4. — Aucune émission ou souscription de titres étrangers ne peut avoir lieu en France qu'après qu'un représentant responsable a été agréé par le ministre des finances.

Dans le mois qui suit la clôture de l'émission ou de la souscription, le ministre des finances détermine le nombre des titres qui doivent servir de base à la perception des droits de timbre et de transmission, ainsi qu'à l'assiette de la taxe sur le revenu. Ce nombre est fixé conformément aux dispositions des règlements d'administration publique des 17 juil. 1857 et 24 mai 1872.

Art. 5. — La Caisse des dépôts et consignations est autorisée à payer directement à Paris, au bureau qui sera désigné, la taxe annuelle due à raison des prêts de toute nature qu'elle a faits à des départements, communes et établissements publics.

Art. 6. — Les dispositions des art. 1, 2, 3 et 5 qui précèdent sont applicables à la taxe due, pour l'année 1872, sur la moitié des revenus, intérêts et dividendes distribués, quelle que soit d'ailleurs l'époque du payement.

Le premier versement aura lieu dans les vingt jours de la promulgation du présent décret.

A cette époque, les sociétés qui n'auront pas encore effectué le dépôt prescrit par l'art. 2 de la loi du 29 juin 1872 devront remettre au receveur de l'enregistrement les extraits ou comptes rendus des délibérations des assemblées générales d'actionnaires ou des conseils d'administration, ou de tous autres documents analogues qui ont fixé le chiffre total du dividende distribué pour le dernier exercice. — J. off., 11 déc. 1872; Inst. 2457.

545. **Décret du 23 août 1873.** — Un décret du 23 août 1873, promulgué au Journal officiel du 28 du même mois, affranchit, en ces termes, de la taxe de 3 p. 100 les intérêts des bons de liquidation émis par la ville de Paris, en vertu de la loi du 26 juil. 1873 :

Art. 1er. — Le nombre de bons de liquidation de 500 francs que la ville de Paris est autorisée à émettre en vertu de la loi du 26 juil. 1873 est fixé à 277,300 bons.

Art. 2. — Ces bons seront délivrés par le préfet de la Seine et visés par le caissier-payeur central et par le contrôleur du Trésor public. — Ils sont exempts du payement des droits de transmission et de l'impôt sur le revenu, mais ils sont assujettis au timbre de 1 p. 1000 établi pour les effets de commerce.

Art. 3. — Chaque bon portera un numéro d'ordre de 1 à 277,300, et une série numérotée de 51 coupons d'une valeur de 12 fr. 50. . . Inst. 2326.

546. **Loi du 21 juin 1875.** — Les lots et primes de remboursement payés, indépendamment des intérêts, aux porteurs ou créanciers d'obligations, effets publics et autres titres d'emprunts énumérés dans la loi du 29 juin 1872, n'étant pas visés par cette loi, échappaient ainsi à son application, bien que l'idée générale qui avait présidé à l'établissement de l'impôt sur le revenu eût été de les atteindre. L'omission signalée a été réparée par l'art. 5 de la loi du 21 juin 1875 ainsi conçu :

Sont assujettis à la taxe de 3 p. 100 établie par la loi du 29 juin 1872 les lots et primes de remboursement payés aux créanciers et aux porteurs d'obligations, effets publics et tous autres titres d'emprunt.

La valeur est déterminée, pour la perception de la taxe, savoir :

1° Pour les lots, par le montant même du lot en monnaie française;

2° Pour les primes, par la différence entre la somme remboursée et le taux d'émission des emprunts.

Un règlement d'administration publique déterminera le mode d'évaluation du taux d'émission, ainsi que toutes autres mesures d'exécution.

Sont applicables à la taxe établie par le présent article les dispositions des art. 3, 4 et 5 de la loi du 29 juin 1872. J. off., 23 juin 1875; Inst. 2517.

547. **Décret du 15 décembre 1875.** — Le règlement d'administration publique auquel renvoie la disposition précitée a été rendu le 15 déc. 1875 et détermine comme il suit le mode d'établissement et de perception de la taxe sur les lots et primes de remboursement :

Art. 1er. — Lorsque les obligations, les effets publics et tous autres titres d'emprunts dont les lots et primes sont assujettis à la taxe de 3 p. 100 par l'art. 5 de la loi du 21 juin 1875 auront été émis à un taux unique, ce taux servira de base à la liquidation du droit sur les primes.

Si le taux d'émission a varié, il sera déterminé, pour chaque emprunt, par une moyenne établie en divisant par le nombre de titres correspondant à cet emprunt le montant brut de l'emprunt total, sous la seule déduction des arrérages courus au moment de chaque vente.

A l'égard des emprunts dont l'émission faite à des taux variables n'est pas terminée, la moyenne sera établie d'après la situation de l'emprunt au 31 décembre de l'année qui a précédé celle du tirage.

Art. 2. — Lorsque le taux d'émission ne pourra être établi conformément à l'art. 1er, ce taux sera représenté par un capital formé de vingt fois l'intérêt annuel stipulé, lors de l'émission, au profit du porteur du titre.

A défaut de stipulation d'intérêt, il sera pourvu à la fixation du taux d'émission dans la forme tracée par l'art. 16 de la loi du 22 frim. an 7.

Art. 3. — La taxe, avancée par les sociétés, compagnies, entreprises, départements, communes et établissements publics, conformément à l'art. 3 de la loi du 29 juin 1872, est payée dans les vingt jours qui suivront le jour fixé pour le payement des lots et primes de remboursement, au bureau de l'enregistrement du siège social ou administratif désigné, conformément à l'art. 1er du décret du 6 déc. 1872, pour recevoir la taxe sur le revenu.

Pour l'acquittement de cette taxe, il sera remis au receveur, lors du payement, une copie certifiée du procès-verbal de tirage au sort, avec un état indiquant pour chaque tirage :

1° Le nombre des titres amortis; 2° le taux d'émission de ces titres, déterminé conformément aux art. 1er et 2, s'il s'agit de primes de remboursement; 3° le montant des lots et des primes échus aux titres sortis; 4° la somme sur laquelle la taxe est exigible.

Art. 4. — Les sociétés, compagnies, entreprises et tous autres assujettis au payement de la taxe seront tenus de communiquer aux agents de l'enregistrement, tant au siège social que dans les succursales ou agences, les documents et écritures relatifs aux lots et aux primes de remboursement, afin qu'ils s'assurent de l'exécution de toutes les dispositions qui précèdent.

Art. 5. — Les dispositions des articles ci-dessus sont applicables aux sociétés, compagnies, entreprises, corporations, villes et provinces étrangères, ainsi qu'à tous autres établissements publics étrangers assujettis à la taxe de 3 p. 100 sur le revenu.

La taxe sur les lots et primes de remboursement est assise, comme la taxe de 3 p. 100 établie par la loi du 29 juin 1872, sur la même base que les droits de timbre et de transmission, d'après le nombre des titres déterminé en la forme prévue par le règlement d'administration publique du 24 mai 1872.

Les représentants responsables devront produire les documents dont le dépôt est prescrit par l'art. 3, vérifiés et certifiés par les agents diplomatiques ou consulaires français, conformément à l'art. 1er du décret du 28 mars 1868.

Art. 6. — Dans le mois de la promulgation du présent décret, tous les assujettis à la taxe établie par l'art. 5 de la loi du 21 juin 1875 seront tenus de déposer au bureau de l'enregistrement désigné pour la recette du droit : 1° la copie certifiée des tableaux d'amortissement de tous leurs emprunts; 2° le bordereau détaillé, certifié conforme aux écritures, indiquant, pour chaque emprunt entièrement émis, le nombre des titres, le montant brut porté en recette sur le capital, le taux fixe ou le taux moyen de l'émission, le taux de remboursement et le montant de la prime ou des lots. — J. off., 16 déc. 1875; Inst. 2536.

548. **Loi du 1er décembre 1875.** — Cette loi, dont nous aurons plus tard l'occasion de faire connaître les origines, a pour objet de restreindre, dans une certaine mesure, la portée générale de l'art. 1er de la loi du 29 juin 1872. Elle est ainsi conçue :

Art. 1er. — Les dispositions de l'art. 1er, § 3, de la loi du 29 juin 1872, ne sont pas applicables aux parts d'intérêt dans les sociétés commerciales en nom collectif, et elles ne s'appliquent, dans les sociétés en commandite dont le capital n'est pas divisé par actions, qu'au montant de la commandite.

Art. 2. — La même exception s'applique aux parts d'intérêt dans les sociétés de toute nature, dites de coopération, formées exclusivement entre des ouvriers ou artisans au moyen de leurs cotisations périodiques. — J. off., 10 déc. 1875; Inst. 2534.

549. **Loi du 4 avril 1889.** — *Exposition universelle de 1889. Bons émis par le Crédit foncier.* Une loi du 4 avril 1889, qui a approuvé la convention passée entre le Gouvernement et le Crédit foncier et ayant pour objet l'émission de 1 million 200,000 bons de 25 francs, munis chacun de 25 tickets d'entrée à l'Exposition universelle de 1889, porte ce qui suit :

« Ces bons seront dispensés de tout impôt, à l'exception de la taxe de 3 p. 100 établie sur les lots par la loi du 21 juin 1875... » — 23,183 J.; Inst. 2772.

550. **Algérie. Martinique.** — Un décret du 18 mai 1874 (Bull., n° 206, p. 832) a rendu exécutoire en Algérie, à partir du 1er juil. 1874, la loi du 29 juin 1872 et le décret réglementaire du 6 décembre suivant.

551. Une délibération du conseil général de la Martinique, du 18 juil. 1883, approuvée par décret du 15 octobre de la même année, a déclaré applicable à cette colonie les lois du 29 juin 1872, du 1er déc. 1875, du 21 juin 1875 (art. 5), et les décrets rendus en exécution.

552. **Statistique.** — Voici, d'après les renseignements publiés par le bulletin statistique du ministère des finances, le produit de la taxe de 3 p. 100 pour chacune des années comprises entre 1872 et 1885 :

ANNÉES	PRODUIT DE LA TAXE SUR LES		PRODUIT TOTAL
	VALEURS FRANÇAISES	VALEURS ÉTRANGÈRES	
1872	5,740,896	334,732	6,075,628
1873	29,682,051	2,062,782	31,744,833
1874	32,122,059	2,054,409	34,176,468
1875	32,329,295	2,346,143	34,675,438
1876	32,827,499	2,144,884	34,972,383
1877	32,097,006	2,042,573	34,139,579
1878	32,172,022	2,103,806	34,275,828
1879	34,198,316	2,249,541	36,447,857
1880	36,658,532	2,442,560	39,101,092
1881	41,498,902	2,956,833	44,455,735
1882	43,757,859	4,100,424	47,858,283
1883	44,035,757	3,944,276	47,980,033
1884	42,919,074	3,907,020	46,826,094
1885	41,901,000	3,966,000	45,867,000

Les produits recouvrés en 1885 se répartissent, ainsi qu'il suit, entre les diverses natures de valeurs :

Valeurs françaises	Actions des sociétés	16,883,400
	Obligations et emprunts. . .	22,601,600
	Parts d'intérêt et commandites.	2,416,000
	Total. . . .	41,901,000
Valeurs étrangères	Actions	1,848,600
	Obligations	1,797,400
	Sociétés ayant des biens en France.	320,000
	Total. . . .	3,966,000

Le tableau des voies et moyens de l'exercice 1889 porte l'évaluation totale de cet impôt à 48,878,000 francs pour la France et à 204,500 francs pour l'Algérie.

553. **Renvoi.** — Le principe de l'exigibilité de la taxe de 3 p. 100 a été développé et l'assiette de l'impôt modifiée par deux lois des 28 déc. 1880 et 29 déc. 1884, relatives aux congrégations, communautés et associations religieuses, autorisées ou non autorisées, ainsi qu'aux sociétés ou associations, même de fait, dont l'objet n'est pas de distribuer leurs produits en tout ou en partie entre leurs membres.

Ces lois spéciales exigent un commentaire particulier qui fera l'objet de la 6e partie de cette étude, où nos lecteurs trouveront le texte des dispositions exceptionnelles dont il s'agit.

ART. 2. — *Généralités. Titres atteints par la loi.*

554. **Tarif.** — La loi du 29 juin 1872 fixe à 3 p. 100 du revenu la taxe qu'elle établit sur les diverses valeurs mobilières désignées par son art. 1er. (Art. 3, loi précitée.)

555. *Décimes.* Ce droit n'est pas sujet aux décimes. (Même article.)

556. **Liquidation du droit.** — Cette taxe se liquide sur le revenu déterminé comme nous l'expliquerons dans notre deuxième chapitre, sans qu'il y ait lieu d'arrondir les sommes de vingt en vingt francs. La loi de 1872 n'a pas reproduit à cet égard la disposition exceptionnelle édictée, en matière d'enregistrement, par l'art. 2 de la loi du 27 vent. an 9.

557. **Caractère de la taxe.** — La taxe édictée par la loi du 29 juin 1872 est un impôt spécial, qui ne rentre dans aucune des classifications adoptées par la doctrine en matière de contributions publiques.

Elle ne constitue ni un droit de timbre, ni un droit d'enregistrement, ainsi que l'ont reconnu de nombreuses décisions qui ont refusé d'étendre à la perception de cette taxe les règles admises par les lois sur le timbre et l'enregistrement. Grasse, 18 fév. 1878; 21,727 J.; 5050 R. p.; D. P., 81, 5, 391; — Cass., civ., 3 avril 1878; 20,729 J.; 4929 R.p.; Inst. 2597, § 5; S., 78, 1, 279; — Seine, 22 juil. 1881; 21,806 J.; 5884 R. p.; D. P., 82, 5, 422; — Cass., civ., 29 août 1881; 21,727 J.; 5854 R. p.; Inst. 2664, § 5; S., 82, 1, 181; — Req., 18 avr. 1883; 22,084 J.; 6172 R. p.; Inst. 2683, § 6; S., 84, 1, 395. La loi nouvelle ne s'est référée à la loi du 22 frim. an 7 que pour autoriser l'Administration à employer, pour le recouvrement de la taxe et l'instruction des instances y relatives, les formes de procédure suivies en matière d'enregistrement. Nous ferons connaître plus loin les conséquences que la doctrine et la jurisprudence ont déduites de cette interprétation.

558. La taxe du revenu, en supposant que les économistes soient autorisés à la classer, à raison de certains de ses ca-

ractères, au nombre des impôts directs, n'emprunte rien non plus aux règles qui gouvernent la perception des impôts appartenant à cette dernière catégorie. C'est ainsi que l'on a décidé avec raison que son payement n'est pas garanti par le privilège attribué au Trésor pour le recouvrement des contributions directes. Sol. 18 août 1880; 22,429 J.; 23,472 J. N.; 17,185 Contr.

C'est en se fondant sur les mêmes motifs qu'on a refusé d'étendre à cette taxe la prescription triennale édictée par les lois qui régissent la perception de la contribution foncière, des portes et fenêtres, de la contribution personnelle et mobilière, des patentes, c'est-à-dire des taxes que l'on est habitué à considérer comme le type des contributions directes. Castres, 28 mai 1880; 21,965 J.; 5644 R. p.; D. P., 81, 5, 391; — Seine, 22 avril 1881; 5751 R. p.; S., 81, 2, 248; 22,130 J.; 16,530 Contr.; 22,915 J. N.; D. P., 82, 3, 63; P., 81, 1152. Ce n'est donc pas tout à fait sans motifs, bien que notre doctrine ait été qualifiée d'originale (M. Vavasseur, De l'impôt sur le revenu, p. 11), que nous avons pu émettre l'avis que la taxe de 3 p. 100 [« est un impôt *sui generis*, d'une nature mixte, qui tient à la fois des contributions directes, en ce qu'elle saisit directement une portion du revenu des citoyens, et que, dans certains cas, elle est due nominativement par le contribuable; et des impôts indirects, en ce que son exigibilité est subordonnée en général au fait du payement des intérêts ou de la distribution des dividendes, et que le plus souvent elle est réclamée à des intermédiaires responsables (sociétés, communes), et non pas directement aux débiteurs définitifs (associés ou prêteurs) ». 22,428 J.

La Cour de cassation n'exprime pas une autre idée lorsqu'elle décide que la taxe dont nous parlons est *une sorte* d'impôt direct, voulant par là écarter les déductions forcées qu'on aurait pu tirer de ses décisions, si elle avait commis l'imprudence de classer formellement notre impôt au nombre des contributions directes. V. Cass., 3 avril 1878; 20,729 J.; 4929 R. p.; Inst. 2597, § 5; S., 78, 1, 279; — 29 août 1881; 21,727 J.; 5854 R. p.; 16,521 Contr.; 22,622 J. N.; 6392 Rev. not.; Inst. 2664, § 5; S., 82, 1, 181; D. P., 83, 1, 97; — 18 avril 1883; 22,084 J.; 6172 R. p.; 16,763 Contr.; 22,999 J. N.; 6820 et 6917 Rev. not.; Inst. 2683, § 6; S., 84, 1, 395; D. P., 84, 1, 131; P., 84, 987. — V. *infra*, n° 997.

559. Différence avec les droits de timbre et de transmission établis sur les actions et obligations. — Ainsi qu'on peut le constater en lisant son art. 1er, la loi du 29 juin 1872 atteint tous les titres que nous avons désignés, dans notre deuxième et notre troisième parties, comme étant passibles du droit de timbre et du droit de transmission.

Mais elle n'a pas pour cela les caractères de ces deux impôts, qui constituent incontestablement, le premier un droit de timbre, le second un droit d'enregistrement, et sont soumis, sauf les dispositions spéciales, à toutes les règles qui gouvernent la perception de ces deux sortes de taxes. C'est l'observation que nous venons déjà de faire sous les nos précédents.

Une autre différence à noter, c'est que la loi du 29 juin 1872 est beaucoup plus compréhensive que les lois du 5 juin 1850 et du 23 juin 1857, dont nous avons donné précédemment le commentaire. En effet, tandis que les droits de timbre et de transmission atteignent seulement les actions et obligations *négociables* des sociétés, départements, communes et établissements publics, la taxe sur le revenu frappe, d'après l'énumération qu'en fait l'art. 1er de la loi du 29 juin 1872, les revenus :

1° Des actions de toute nature des sociétés, compagnies ou entreprises quelconques, financières, industrielles, commerciales ou civiles, quelle que soit l'époque de leur création;

2° Des *emprunts* et obligations des départements, communes et établissements publics, ainsi que des sociétés, compagnies et entreprises ci-dessus désignées;

3° Et des parts d'intérêt et commandites dans les sociétés, compagnies et entreprises, dont le capital n'est pas divisé en actions.

560. Enumération. — Avant d'aborder l'étude de cet disposition, nous croyons utile de faire ici l'énumération tous les titres représentatifs de valeurs mobilières, pour le quels la question se pose de savoir s'ils sont ou non ass jettis à la taxe de 3 p. 100. Cette énumération fera, par ce même, connaître l'ordre dans lequel nous comptons prése ter nos explications et servira de division à notre sujet.

Ces valeurs se groupent tout d'abord en deux catégori bien distinctes : d'une part, les actions et parts d'intér dans les sociétés, qui feront l'objet de notre art. 3; d'autre par les obligations des emprunts des sociétés, départements, com munes et établissements publics, dont nous parlerons da notre art. 4.

Les titres de la première catégorie comprennent les a tions ou parts d'intérêt dans :

Les sociétés par actions (sociétés anonymes et sociétés commandite par actions);

Les sociétés en commandite simple;

Les sociétés civiles, qui se divisent elles-mêmes en sociét civiles par actions et en sociétés civiles simples;

Les sociétés en nom collectif;

Les sociétés coopératives;

Les associations religieuses;

Les sociétés ayant pour objet exclusif l'exploitation d'i meubles;

Les entreprises n'ayant pas le caractère de sociétés;

Les sociétés en participation;

Les associations syndicales, autorisées ou non autorisée

Les sociétés en liquidation;

Les sociétés verbales ou de fait.

Les titres de la seconde catégorie embrassent les oblig tions et emprunts des sociétés, entreprises ou autres collec vités que nous venons d'énumérer, ainsi que ceux des dépa tements, communes et établissements publics. Il y aura li de rechercher, dans le cours de nos explications sur ces v leurs, quelles sont celles qui sont passibles de la taxe, et distinguer à cet égard entre les titres d'obligations ou d'e prunts proprement dits et les autres créances, telles que cel qui résultent des dépôts, comptes courants, ouvertures crédit et autres, qui n'ont pas ce caractère et échappent à taxe de 3 p. 100.

561. Généralité des dispositions de la loi. — « loi du 29 juin 1872, dit l'Administration dans un mémo présenté par elle à la Cour de cassation, a été édictée en v d'atteindre, partout où l'on pourrait les constater sans n sures inquisitoriales, les revenus des différentes vale mobilières.

« Éviter de tomber sous le coup des objections élev « contre les propositions d'un impôt général sur le reve « disait M. Deseilligny, dans un rapport général fait au n « de la Commission du budget de 1872, à la séance de l'A « semblée nationale du 18 mai 1872 (J. off., 6 juin 18 « p. 3785), chercher à atteindre les différents revenus p « tout où on peut les constater, en ôtant autant que possi « à l'impôt le caractère inquisitorial qu'on lui avait reproc « atteindre les fortunes dans les éléments très divers et t « indépendants qui les composent le plus souvent, sans q « le secret du total même de ces fortunes ou des reve « puisse être dévoilé; tel avait été l'objet des recherches « M. Casimir Périer dans son si remarquable rapport, te « été aussi le nôtre. »

« Ce programme, qui comportait l'établissement d'un im distinct sur les trois principales classes de revenus mobili à savoir : 1° l'impôt sur le chiffre des affaires; 2° l'impôt le revenu des créances hypothécaires ou chirographaires les particuliers; 3° enfin la taxe sur le revenu des vale représentées par des actions et des parts d'intérêt dans sociétés, ou par des obligations contre les sociétés, les Ét départements, villes, communes et établissements publi n'a été réalisé qu'en ce qui concerne cette dernière catég de revenus. Les difficultés d'application ont, en effet, dét miné le législateur à renoncer à taxer le chiffre des affa et les créances contre les particuliers. Mais il a maintenu l'impôt applicable au revenu des capitaux versés dans les sociétés, ou remis aux départements, communes et établissements publics, et il en a organisé la perception en conservant aux dispositions originaires la portée générale et éminemment compréhensive qui résultait des intentions de la commission. Il y a été déterminé, d'une part, par la facilité qu'offrent la recherche et la constatation des valeurs de cette nature, et, d'autre part, par les avantages particuliers que ces valeurs présentent à ceux qui veulent faire un emploi de leurs capitaux.

« Cette origine de la loi du 29 juin 1872 suffit à attester son caractère de généralité.

« Il est démontré par là que l'énumération de son art. 1er, qui d'ailleurs est aussi large que possible, ne laisse en dehors de ses dispositions, sauf les exceptions qui y ont été apportées par la loi du 1er déc. 1875, aucune des valeurs mobilières représentatives de capitaux versés dans les sociétés, ou remis aux départements, communes et établissements publics.

« C'est dans ce sens, en effet, que la loi a été constamment, depuis sa promulgation, interprétée par la Cour de cassation.

« Se fondant sur les dispositions précises et absolues qu'elle contient, la Cour a décidé que la loi atteint « les so- « ciétés, quels qu'en soient le caractère et la nature » (Cass., civ., 23 août 1875; S., 75, 1, 441); que, « sans se préoc- « cuper en aucune manière des controverses du droit civil « touchant la personnalité des sociétés, suivant qu'elles sont « commerciales ou civiles, elle a déclaré les soumettre les « unes et les autres indistinctement à l'impôt établi » (Cass., civ., 9 janv. 1887; S., 77, 1, 134; req., 9 nov. 1886; D. P., 87, 1, 341); que « la loi purement fiscale du 29 juin « 1872 ne s'est nullement attachée à la composition de « l'actif des sociétés dont elle voulait atteindre les actions » (Cass. civ., 9 janv. 1877, précitée; req., 18 nov. 1878; S., 79, 1, 81; req., 28 janv. 1879; S., 80, 1, 87); qu'il « n'y a pas « lieu de soustraire à l'application de la taxe le revenu des « sociétés civiles dont le capital est immobilier » (Cass. req., 18 nov. 1878, précitée); que « l'art. 1er de la loi du 29 juin « 1872, en établissant une taxe annuelle sur les produits des « obligations, etc., dans les sociétés, compagnies ou entre- « prises, est général et n'a entendu faire aucune exception; « le premier paragraphe atteint expressément toutes les so- « ciétés commerciales ou civiles » (même arrêt); que cet article « est général et n'a entendu faire aucune exception; « qu'il s'applique à toutes sociétés commerciales et civiles, « sans distinguer entre les capitaux mobiliers et immobi- « liers...; que les sociétés civiles sont soumises à la taxe, « alors même qu'elles sont universelles... » (arrêt précité du 28 janv. 1879).

« La jurisprudence a également repoussé toutes les distinctions que les contribuables cherchaient à établir, pour écarter l'application de la taxe, entre les divers produits et bénéfices annuels des sociétés et compagnies, de même qu'entre les intérêts et arrérages des capitaux formant l'objet d'emprunts ou d'obligations des sociétés, des départements, communes et établissements publics. Sous ce rapport encore, les arrêts de la Cour ont déclaré que la loi embrasse, dans une portée très générale, les intérêts, revenus et produits de toute nature. La Cour a décidé que la loi atteint, « sans exception « ni réserve, toutes les actions et toutes les parts d'intérêt « dans les sociétés, quels qu'en soient le caractère et la « nature » (arrêts précités du 23 août 1875); que, « en assu- « jettissant à cet impôt les produits des actions de toute « nature des sociétés ou entreprises quelconques, financières, « industrielles, commerciales ou civiles, et en s'abstenant de « restreindre d'une manière quelconque le sens éminemment « général de ces expressions, le législateur a indiqué nette- « ment que, dans sa pensée, les actions des sociétés rentrent « toutes, sans distinction, dans la catégorie des valeurs im- « posées » (arrêt du 9 janv. 1877, déjà cité); que les bons productifs d'intérêts, remis aux prêteurs en échange des fonds déposés par eux, « qu'ils aient la forme d'une valeur à « ordre ou d'un effet au porteur, ont, en réalité, tous les « caractères distinctifs des titres qui, sous le nom d'em- « prunts, sont, aussi bien que les obligations proprement « dites, compris dans la classe de ceux qui sont frappés « de l'impôt de 3 p. 100 par les art. 1 et 3 de la loi du « 29 juin 1872 » (Cass., civ., 12 déc. 1877; S., 78, 1, 81; civ., 3 avril 1878; S., 78, 1, 279; civ., 9 avril 1879; S., 79, 1, 477); « que, par ces formules générales et com- « préhensives (LL. 23 juin 1857, art. 6; 16 sept. 1871, « art. 11; 29 juin 1872, art. 1er), le législateur a manifesté « la volonté d'atteindre, dans leur transmission et leur « produit, les actions ou les obligations de toute association « ou de toute collectivité créant des valeurs semblables à « celles qu'émettent les sociétés d'actionnaires... » (Cass., civ., 6 août 1878; S., 79, 1, 474); qu'il ne faut se préoccuper, pour la perception de l'impôt, ni de l'origine du bénéfice distribué (Cass., civ., 18 mars 1879; S., 79, 1, 278; req., 21 juin 1880; S., 81, 1, 130), ni de l'affectation que ce bénéfice peut recevoir dans l'intérêt de l'associé, attendu que « cette disposition (l'art. 1er de la loi du 29 juin « 1872) est générale et n'a entendu faire aucune exception » (Cass., req., 7 juin 1880, deux arrêts; S., 80, 1, 973; req., 21 avril 1879; S., 79, 1, 327); que « la disposition de la « loi est générale et que, en visant les emprunts des départe- « ments, des communes, des sociétés, elle atteint toute « opération par laquelle une commune, un département, « une société se procure par un moyen quelconque, par une « souscription publique ou autrement, les fonds dont il a « besoin » (Cass., civ., 8 nov. 1880; S., 81, 1, 87; civ., 28 août 1882; S., 83, 1, 184; req., 6 mars 1882; S., 83, 1, 278; 14 nov. 1882; S., 83, 1, 379; civ., 2 août 1886; D. P., 86, 1, 446; req., 4 avril 1887; S., 88, 1, 386); que la taxe de 3 p. 100 établie d'une manière générale par la loi du 29 juin 1872 sur les intérêts, revenus, dividendes et autres produits de toute nature des sociétés, compagnies ou entreprises quelconques, atteint l'intégralité de ces produits, sur le montant desquels elle doit être calculée (Cass., civ., 6 juil. 1880; S., 80, 1, 478); enfin que, « prise dans ses « termes, dont la portée ne saurait être restreinte par voie « d'interprétation, la disposition embrasse, pour les sou- « mettre à l'impôt, non seulement les obligations proprement « dites, émises à la suite d'un emprunt par une société com- « merciale ou civile, mais encore les simples emprunts de « même origine, même non représentés par des obligations « négociables, c'est-à-dire toutes opérations au moyen des- « quelles une société commerciale se procure, d'une manière « quelconque, par souscription publique ou autrement, les « fonds dont elle a besoin » (Cass., civ., 24 juil. 1883; D. P., 84, 1, 132).

« Ainsi, dans toutes les circonstances où elle a été appelée à se prononcer sur le sens des termes divers de l'art. 1er de la loi du 29 juin 1872 (actions, obligations, emprunts, sociétés, établissements publics), la Cour a reconnu que ces expressions ont été employées par le législateur dans leur acception la plus étendue, et elle a repoussé toutes les restrictions que les redevables ont tenté d'y apporter par voie d'interprétation. »

Art. 3. — *Actions et parts d'intérêt dans les sociétés.*

562. Définition. Distinction entre les actions et les parts d'intérêt. — D'après la définition que nous en avons donnée (*supra*, n° 13), l'action, comme l'intérêt, sert à désigner le droit que chaque associé acquiert dans la société en échange de son apport, droit éventuel aux bénéfices, tant que la société existe, et à une part du fonds social, quand elle est dissoute.

Nous avons également (*loc. cit.*) précisé les caractères qui servent à distinguer l'action de la part d'intérêt et signalé en même temps l'intérêt de cette distinction. Nous n'avons pas à revenir sur ces explications générales, dont nous trouverons maintes fois, dans le cours de cette étude, l'occasion de faire l'application.

§ 1er. — Sociétés par actions.

563. Titres passibles de la taxe. — Dans les sociétés par actions, l'élément personnel ne joue aucun rôle. Ce sont des associations de capitaux, ainsi que nous l'avons fait observer sous les nos 14 et suiv. de ce traité, et, par conséquent, les revenus distribués aux associés sont essentiellement des revenus de capitaux, que la loi du 29 juin 1872 atteint indistinctement. On verra plus loin qu'il a été apporté une exception aux dispositions générales de cette loi, en ce qui concerne les parts d'intérêts dans les sociétés en nom collectif et les parts des gérants dans les sociétés en commandite simple. Mais cette exception ne concerne pas les sociétés par actions. Toutes les actions, quelle que soit leur nature, les actions de jouissance comme les actions de capital, les actions mobilières et les actions immobilières, les actions possédées par les fondateurs, les directeurs, administrateurs ou gérants, comme celles des autres associés, les actions au porteur comme les actions nominatives, toutes doivent la taxe sur les bénéfices, dividendes ou autres produits qui leur sont attribués et distribués à leurs titulaires.

I. — Sociétés anonymes.

564. Sociétés anonymes. — La généralité de cette règle n'est pas contestable en ce qui concerne les sociétés anonymes, puisque ces sociétés ne comportent en général que des gérants ou directeurs salariés sur les frais généraux.

565. Actions de jouissance. Parts de fondateur. Actions industrielles.—*Employés intéressés.* Il en résulte que les actions appartenant aux directeurs ou administrateurs subissent la taxe, comme toutes les autres, sur les bénéfices ou dividendes qui leur sont attribués.

Il en est de même des parts ou certificats de fondateurs, des actions de jouissance, et même des actions industrielles. (V. *supra*, nos 24, 25 et 26.) Bien que ces dernières notamment soient destinées à rémunérer un apport d'industrie, et ne donnent droit qu'à une part dans les bénéfices, elles sont néanmoins passibles de la taxe au même titre que les actions de capital. Sol. 24 mars 1873.

566. Bénéfices alloués aux directeurs, administrateurs ou employés intéressés, en ladite qualité. — Il ne faudrait pas confondre les bénéfices qui sont attribués aux directeurs, administrateurs ou fondateurs, comme porteurs d'actions de jouissance, avec ceux qui leur sont alloués, abstraction faite de leur qualité d'actionnaires, pour les rémunérer de leur travail et de leurs services. L'attribution faite à ce titre d'une certaine quotité à prélever sur les bénéfices, échappe à la taxe, attendu que les sommes ainsi touchées ne sont pas des revenus d'actions, mais constituent le prix du contrat de louage de services passé avec la société. Ce point n'est pas douteux lorsque cette attribution a lieu au profit d'employés qu'on intéresse ainsi à la prospérité de la société, mais qui ne sauraient être pour ce fait considérés comme ayant la qualité d'associés. Il est incontestable également dans le cas où les sommes allouées à un directeur ou à des administrateurs doivent être prélevées sur les frais généraux et leur être payées en tout état de cause, quels que soient les résultats des exercices sociaux. Mais des doutes s'élèvent lorsque l'attribution faite à ces derniers porte exclusivement sur des bénéfices acquis et n'a pour effet que de leur permettre d'exercer un prélèvement, avant tous autres actionnaires, sur les dividendes à distribuer. Il semble que dans ce cas cette attribution a pour objet de rémunérer un véritable apport d'industrie, puisque les services ainsi promis à la société restent soumis à toutes les chances sociales, en ce sens qu'ils ne donneront lieu à une rémunération qu'autant que la société aura des excédents à distribuer. Il y a beaucoup d'analogie entre cette allocation de bénéfices et celle qui est faite au profit des porteurs d'actions industrielles (V. *supra*, n° 26), à l'égard desquels l'exigibilité de la taxe n'est pas contestée.

Aussi le tribunal d'Épinal a-t-il pu décider justement, selon nous, que lorsque, dans l'acte constitutif d'une société anonyme, il est attribué à l'un des associés, en représentation de son apport d'industrie, un certain nombre d'actions et, en outre, 10 p. 100 des bénéfices au minimum de 25,000 francs, avec stipulation que ce minimum sera pris sur les frais généraux, la somme que cet associé reçoit annuellement en sus des 25,000 francs ainsi garantis par la société, constitue un revenu de son apport, c'est-à-dire un bénéfice passible de la taxe de 3 p. 100. Jugement du 14 août 1889; 7312 R. p.; 23,350 J.

« Attendu que, en réalité, aux termes des deux art. 7 et 8, MM. Gros, Roman, Marozeau et Ce ont pris un engagement unique, celui d'apporter à la société de Thaon, en ce qui concerne le blanchiment et l'apprêt des tissus, leur industrie, dont la nature et l'exigibilité sont déterminées avec précision et, en représentation de cet apport, il leur est attribué tout à la fois cent actions du capital et 10 p. 100 des bénéfices;

« Attendu qu'il s'agit bien ici d'un apport d'industrie, d'un apport successif qui s'effectue jour par jour, tant que dure la société, ainsi que l'enseigne Pont (n° 304);

« Attendu que l'associé industriel est intéressé, aussi bien que ceux qui ont contribué de leurs deniers ou de leurs propriétés à la constitution du fonds social, et sa part dans les bénéfices, en représentation de sa mise, ne constitue pas un salaire, mais résulte de sa qualité d'associé;

« Que le mot action employé dans la loi ne signifie pas le titre représentatif d'une quote-part du fonds social, il désigne l'ensemble des droits qu'on peut acquérir en échange d'un apport dans une société dont le capital est divisé en actions;

« Attendu que c'est à titre d'associé que la maison de Wesserling reçoit la portion qui, dans le dixième des bénéfices, excède 25,000 francs, aussi bien que le dividende afférent à ses cent actions;

« Attendu, dès lors, que cette part d'intérêts de MM. Gros, Roman, Marozeau et Ce, dans la Blanchisserie et Teinturerie de Thaon, est sujette à l'impôt de 3 p. 100 établi par la loi du 29 juin 1872;... »

II. — Sociétés en commandite.

567. Titres passibles de la taxe dans les sociétés en commandite par actions. — *Actions des gérants.* Les sociétés en commandite par actions ont un caractère mixte, en ce sens que l'élément personnel se joint aux capitaux versés par les actionnaires, pour assurer la marche de l'entreprise. Le législateur n'ayant voulu, en définitive, atteindre que les revenus des capitaux, à l'exclusion de ceux du travail, ainsi qu'il résulte de la combinaison de la loi du 1er décembre 1875, dont nous parlerons plus loin, avec la loi du 29 juin 1872, il eût été logique de n'assujettir à l'impôt, dans les sociétés de l'espèce, que les bénéfices attribués aux actions appartenant aux associés autres que les associés responsables. Mais le législateur a été empêché d'admettre, dans les sociétés dont le capital est divisé par actions, la distinction qu'il a consacrée pour les sociétés en commandite simple, par des considérations que M. Dareste a très bien mises en lumière dans le rapport qu'il a présenté à la chambre des requêtes sur un pourvoi formé par la Belle-Jardinière. Arrêt du 27 mars 1878; 20,701 J.; 4913 R. p.; 5633 Rev. not.; 21,878 J. N.; 15,907 Contr.; Inst. 2597, § 6; S., 78, 1,277; P., 78,686; D. P., 78, 1, 308.

« Rappelons, dit-il, d'abord les termes de la loi interprétative du 1er déc. 1875. L'art. 1er de cette loi est ainsi conçu : « Les dispositions de l'art. 1er, § 3, de la loi du 29 juin 1872 « ne sont pas applicables aux parts d'intérêts dans les sociétés

« commerciales en nom collectif, et elles ne s'appliquent, dans « les sociétés en commandite dont le capital n'est pas divisé « par actions, qu'au montant de la commandite. »

« Si l'on se reporte aux discussions qui ont précédé le vote de ces deux lois du 29 juin 1872 et du 1er déc. 1875, et si on lit attentivement les arrêts de votre chambre civile du 23 août 1875, qui ont provoqué la loi interprétative du 1er décembre suivant, on peut facilement se rendre compte de l'idée qui a conduit le législateur à distinguer, au point de vue de l'impôt, entre la commandite simple et la commandite par actions. L'exposé des motifs du projet qui est devenu la loi de 1872 s'exprimait ainsi : « L'art. 8 laisse en dehors de la taxe les « revenus produits par les sociétés en nom collectif, coopé- « ratives ou autres, dans lesquelles le bénéfice réalisé n'est, « le plus souvent, que le fruit du travail et de l'intelligence « des associés, qui, en outre, engagent dans ces entreprises « leur fortune entière, leur crédit, et même leur honneur. »

« L'impôt est donc établi sur le revenu des capitaux de placement dans les sociétés. Le commerçant qui travaille avec son capital est affranchi du droit. Or ces deux éléments se trouvent réunis dans la société en commandite; seulement il il est facile de les distinguer dans la commandite simple, tandis que la distinction est impossible dans la société par actions. Dans ce dernier cas, en effet, le gérant, l'associé en nom n'est plus, en général, qu'un actionnaire qui est investi par la société d'une fonction et qui est rémunéré par un traitement. Si le gérant se démet ou cesse ses fonctions pour une cause quelconque, il sera remplacé par un autre actionnaire. La ligne de démarcation entre l'associé en nom et le commanditaire n'est plus aussi tranchée que dans la commandite simple. Les actions qui appartiennent au gérant sont transmissibles comme toutes autres; elles peuvent, comme toutes autres, devenir un objet de spéculation. Elles peuvent, dès lors, être considérées comme constituant des capitaux de placement.

. . . .

« ... Quand la loi affranchit la portion du capital social qui n'est pas la commandite, c'est qu'elle suppose le chiffre de la commandite déterminé par l'acte social ou par des conventions modificatives de l'acte social ayant leur fondement dans cet acte. Si cette détermination n'existe pas, si tout le capital est réuni en une seule masse et ne forme qu'une seule série d'actions pouvant être indistinctement possédées par tous les associés, solidaires ou commanditaires, le bénéfice de la loi de 1875 ne peut plus être invoqué par ces associés solidaires. Le système du pourvoi conduirait, en certains cas, à des conséquences inadmissibles. Qu'arriverait-il en effet si les associés solidaires devenaient acquéreurs de toutes les parts du capital? Ne serait-ce pas un résultat bizarre, pour le moins, que l'existence d'une société en commandite dans laquelle il n'y aurait plus, à proprement parler, de commandite, et où tous les revenus se trouveraient, par suite, affranchis de l'impôt? Admettre un pareil résultat, ne serait-ce pas ouvrir la porte à la fraude? ne serait-il pas facile de mettre un grand nombre d'actions sous le nom des associés solidaires, et d'échapper ainsi à l'impôt? » — 20,701 J.

568. Ainsi, dans les sociétés dont nous parlons, comme dans les sociétés anonymes, toutes les actions, aussi bien celles appartenant aux gérants que celles détenues par les autres actionnaires, sont indistinctement passibles de la taxe sur les bénéfices qui leur sont distribués. C'est ce que décide une jurisprudence invariable. Cass., req., 27 mars 1878; 20,701 J.; 4913 R. p.; 5633 Rev. not.; 21,878 J. N.; 15,907 Contr.; Inst. 2597, § 6; S., 78, 1, 277; P., 78, 686; D. P., 78, 1, 308; — 13 mars 1882; 21,854 J.; 5906 R. p.; 16,573 Contr.; 22,734 J. N.; 6709 Rev. not.; Inst. 2668, § 3; S., 83, 1, 327; D. P., 83, 1, 83; P., 88, 786; — 2 août 1886; 22,726 J.; 6747 R. p.; 17,266 Contr.; 23,755 J. N.; 7561 Rev. not.; Inst. 2729, § 7; S., 87, 1, 329; D. P., 87, 1, 167; P., 87, 788; — 5 nov. 1888; 23,123 J.; 7167 R. p.; 24,174 J. N.; 17,539 Contr.; Inst. 2768, § 1er; S., 89, 1, 437; P., 89, 1071; — Seine, 13 avril 1877; 20,393 J.; 4704 R. p.; 5487 Rev. not.; 15,794 Contr.; Inst. 2597, § 6; — Lille, 1er avril 1881; 21,854 J.; 5906 R. p; — Seine, 22 avril 1881; 22,130 J.; 5751 et 6045 R. p.; 22,915 J. N.; 16,530 Contr.; S., 81, 2, 248; D. P., 82, 3, 63; P., 81, 1152; — Laon, 14 juin 1884; 6452 R. p.; 23,469 J. N.; — Lille, 21 nov. 1884; 22,726 J.; 6394 R. p.; 23,535 J. N.; 7661 Rev. not.; — Seine, 18 mars 1887; 23,123 J.; 7167 R. p.; D. P., 89, 1, 453; — Belfort, 13 août 1889; 7373 R. p.

568 *bis*. *Inaliénabilité des actions possédées par le gérant.* Ce dernier jugement décide en outre que les titres dont la possession est imposée aux gérants d'une société en commandite par actions conservent leur caractère d'actions, encore qu'ils soient inaliénables et adhérents au registre à souche pendant toute la durée de la gestion des gérants, cette inaliénabilité temporaire n'étant nullement inhérente à la nature des titres. Par conséquent, ces titres sont passibles, comme les autres actions, de la taxe de 3 p. 100. 7373 R. p.; — Dans le même sens : Angers, 2 avril 1886; 6707 R. p.

569. Distinction entre les sociétés en commandite par actions et les sociétés en commandite simple. — *Renvoi.* L'application de la règle que nous venons de préciser entraîne la nécessité de distinguer avec soin les sociétés en commandite par actions des sociétés en commandite simple. Cette distinction est une des graves difficultés que soulève la perception de la taxe de 3 p. 100. Elle a donné lieu à de nombreux arrêts, parmi lesquels ceux que nous venons de citer sous le n° précédent. Mais cette question a été étudiée sous tous ses aspects dans notre première partie, nos 13 à 17. Nous nous permettrons donc d'y renvoyer nos lecteurs.

§ 2. — Sociétés en commandite simple.

570. Parts des gérants. Parts des commanditaires. — A la différence de la règle admise pour les sociétés en commandite par actions, le législateur a tenu, dans les sociétés en commandite simple, à distinguer les revenus dus à l'industrie et au crédit personnel des associés des revenus des capitaux placés dans la société. Comme nous le verrons plus loin, la loi du 29 juin 1872 ne faisait pas cette distinction: elle assujettissait indistinctement à la taxe les bénéfices des sociétés de toute nature. Les parts de tous les associés, dans les sociétés en nom collectif, les parts des associés responsables dans les sociétés en commandite simple, aussi bien que celles des commanditaires, toutes se trouvaient donc atteintes par la nouvelle loi. C'est là, en effet, l'interprétation qui, après quelques hésitations de l'Administration (V. Inst. 2457, § 1er), avait fini par prévaloir (quatre arrêts du 23 août 1875 cités *infra*, n° 578).

Mais la loi du 1er décembre 1875 est venue restituer à la pensée primitive du législateur, qui avait été mal traduite par le texte de la loi de 1872, son véritable sens, en exceptant expressément de la taxe les parts d'intérêt dans les sociétés en nom collectif, et en n'y soumettant, dans les sociétés en commandite dont le capital n'est pas divisé en actions, que le montant de la commandite.

Ainsi, dans les sociétés de l'espèce, les revenus, bénéfices ou dividendes, attribués aux parts des commanditaires, sont seuls passibles de l'impôt, à l'exclusion de ceux revenant aux associés en nom.

571. Transformation de la société, au cours de son existence. — Cette différence de traitement entre les diverses sociétés impose à l'Administration la nécessité de surveiller attentivement toutes les modifications qu'une société peut subir au cours de son existence.

572. *Société en commandite simple convertie en une société en commandite par actions ou réciproquement.* Si, par exemple, une société en commandite simple se transforme en société en commandite par actions, l'exemption accordée par la loi du 1er déc. 1875 aux parts des gérants cesse d'être applicable, et tous les bénéfices distribués deviennent, sans exception, passibles de la taxe. Dans l'hypothèse inverse, c'est le résultat contraire qui se produit, c'est-à-dire que les parts des gérants, jusque-là passibles de la taxe, s'en trouvent exonérées. Ainsi décidé par un arrêt rendu par la Cour de cassation, le 10 août 1887, au sujet d'une société en commandite par actions qui s'était transformée en commandite simple. La Cour, après avoir jugé, par interprétation des clauses de l'acte modificatif, que la transformation était sérieuse et avait eu réellement pour effet de convertir les actions en parts d'intérêt, en a déduit les conséquences que nous indiquons, à savoir que la taxe de 3 p. 100 n'était plus exigible à l'avenir que sur les parts appartenant aux commanditaires. 22,907 J.; 6903 R. p.; 17,391 Contr.; 23,941 J. N.; D. P., 87, 1, 440; S., 89, 1, 33; P., 89, 52.

Le chambre des requêtes avait, quelque temps auparavant, fait une application implicite du même principe, en décidant que la transformation dont les parties se prévalaient n'ayant pas changé le caractère de la société, dont le capital avait été à l'origine divisé par actions, la taxe devait continuer à être perçue sur tous les bénéfices, y compris ceux attribués aux actions possédées par les gérants. Arrêt du 2 août 1886; 22,726 J.; 6747 R. p.; 17,266 Contr.; 23,755 J. N.; 7661 Rev. not.; Inst. 2779, § 7; S., 87, 1, 329; P., 87, 788; D. P., 87, 1, 167.

573. *Société en nom collectif convertie en société en commandite simple.* De même, si une société en nom collectif se transforme, pour une cause ou pour une autre, en une société en commandite simple, la taxe devient immédiatement exigible sur le montant de la commandite.

Décidé en ce sens que, lorsqu'il a été stipulé dans les statuts d'une société en nom collectif que, le décès de l'un des associés arrivant, ses héritiers auraient la faculté de continuer la société à titre de commanditaires, le fait que la dissolution de la société n'a été prononcée entre les associés survivants et les héritiers du prédécédé que longtemps après le décès, suffit pour établir, à moins de preuve contraire résultant d'un acte régulièrement publié, que les héritiers ont usé de la faculté qui leur appartenait et que la société s'est continuée à titre de société en commandite, conformément aux prévisions des statuts. En conséquence, l'Administration est fondée à réclamer la taxe de 3 p. 100 sur la commandite, et les parties sont tenues, pour lui permettre d'établir exactement le chiffre de cette commandite, de lui représenter le dernier inventaire social, faute de quoi elles doivent être condamnées à acquitter les droits provisoirement arbitrés dans la contrainte. Saint-Quentin, 13 avril 1888; 23,174 J.; 7175 R. p.;

« Attendu qu'aux termes de l'art. 16 de l'acte de société, daté du 7 août 1878, régulièrement publié, constituant entre les sieurs Troemé, père et fils, une société en nom collectif, il a été stipulé qu'en cas de prédécès du sieur Troemé père, ses héritiers ou représentants auraient la faculté de continuer la société avec ledit Paul Troemé, mais à titre de simples commanditaires;

« Attendu que le décès de Troemé père étant survenu le 25 déc. 1881, sa veuve et ses héritiers déclarèrent, par acte reçu par Clin, le 26 janv. 1883, vouloir dissoudre purement et simplement, à partir du 1er janv. 1883, la société fondée le 7 août 1878;

« Qu'il suit de là que ladite société s'était continuée du jour de la mort, c'est-à-dire du 25 déc. 1881 au 1er janv. 1883;

« Attendu que toute société prenant fin de plein droit par la mort d'un de ses membres, sauf convention contraire, l'Administration de l'enregistrement en conclut avec juste raison que la société Troemé n'a pu, dès lors, continuer qu'en exécution et aux termes de la convention expressément portée en l'art. 16 du pacte social, c'est-à-dire à titre de société en commandite;

« Attendu qu'il est vrai que les héritiers, maîtres de leurs droits, auraient pu s'affranchir de cette convention à laquelle ils n'étaient pas partie, et continuer entre eux et l'associé survivant une société d'une nature différente;

« Mais attendu qu'ils doivent en rapporter la preuve;

« Attendu qu'à l'égard des tiers intéressés, cette preuve ne saurait résulter que d'un acte écrit régulièrement publié;

« Attendu que la Régie est un tiers pour la perception de l'impôt;

« Qu'elle ne peut asseoir ses perceptions que sur des actes régulièrement portés à sa connaissance;

« Qu'il est de jurisprudence qu'on ne saurait lui opposer les conventions verbales, encore moins les accords tacites ayant pour effet de modifier la situation légale des parties, telle qu'elle résulte desdits actes;

« Que c'est donc à bon droit que l'Administration de l'enregistrement réclame à Troemé, en sa qualité de liquidateur, les impôts afférents à la commandite qui se dégage des actes rendus publics de 1878 et de 1883. »

574. *Cession ou legs de la commandite à un des associés en nom.* A l'inverse, et par les motifs que nous venons d'exposer, la taxe cesse d'être exigible sur la commandite qui est transmise, par voie de cession ou de legs ou de toute autre manière, à un des associés en nom. Sol. 12 déc. 1883.

§ 3. — Sociétés en nom collectif.

575. Les sociétés en nom collectif ont été successivement régies, au point de vue de l'application de la taxe de 3 p. 100, par la loi du 29 juin 1872 et par celle du 1er déc. 1875. Nous devons faire connaître l'interprétation que ces deux lois, en ce qui concerne cette catégorie de sociétés, ont reçue de la jurisprudence.

I. — Loi du 29 juin 1872.

576. **Application de la loi du 29 juin 1872 aux sociétés en nom collectif.** — Au lendemain de la promulgation de cette loi, l'Administration crut devoir l'interpréter en ce sens qu'elle n'atteignait pas les sociétés en nom collectif. (Inst. 2437, § 1er.)

« La désignation, disait-elle, contenue sous le n° 3 de l'art. 1er (intérêts, produits et les bénéfices annuels des parts d'intérêt et commandites dans les sociétés, compagnies et entreprises dont le capital n'est pas divisé en actions), comprend les sociétés civiles divisées en parts d'intérêt, mais elle exclut les sociétés commerciales en nom collectif et les parts y afférentes, à moins que la société ne comprenne une commandite, auquel cas la taxe n'est due que sur le montant de cette commandite. »

Cette interprétation était conforme à la pensée primitive des rédacteurs de la loi, qu'on trouve exprimée dans l'exposé des motifs du budget de 1872, présenté par M. Pouyer-Quertier en ces termes : « L'art. 8 de ce projet laisse en dehors de la taxe les revenus produits par *les sociétés en nom collectif, coopératives et autres*, dans lesquelles le bénéfice réalisé n'est le plus souvent que le fruit du travail et de l'intelligence des associés, qui, en outre, engagent dans ces entreprises leur fortune tout entière, leur crédit et même leur honneur. L'actionnaire ou le détenteur de parts d'intérêt, au contraire, ne risque que des capitaux sollicités par l'appât d'une large rémunération. Il en est de même de l'associé commanditaire, qui n'est qu'un bailleur de fonds. »

Ajoutons, ainsi que nous le disions dans notre précédente édition, que c'est au moyen d'un impôt spécial qu'on voulait atteindre les bénéfices du commerce et de l'industrie en général et les produits du travail personnel des associés en nom collectif. L'impôt proposé à cet effet, en même temps que la taxe du revenu, devait porter sur le chiffre des affaires. Mais la discussion à laquelle il a donné lieu a eu pour résultat d'en faire abandonner purement et simplement la proposition, et d'y substituer une augmentation de 60 p. 100 sur les patentes. Il n'en résulte pas moins très clairement que la loi qui établissait la taxe sur le revenu laissait en dehors de ses dispositions les sociétés en nom collectif.

577. Quoi qu'il en soit, les remaniements successifs dont la proposition primitive fut l'objet au cours de la discussion conduisirent à l'adoption d'un texte qui, littéralement interprété, embrassait toutes les sociétés sans exception.

Aussi, peu de temps après la promulgation de la loi, vit-on l'Administration, abandonnant sa première jurisprudence, s'efforcer d'atteindre les sociétés en nom collectif. Par trois jugements du même jour (13 juil. 1874), le tribunal d'Angers décidait, sur ses conclusions, qu'une société dont l'objet est commercial, qui n'est pas qualifiée dans son acte constitutif, qui n'a pas de raison sociale, qui est régie par une direction et un conseil d'administration, devait, quoique pouvant être assimilée à une société en nom collectif, être assujettie à la taxe de 3 p. 100, et le tribunal ajoutait, pour réfuter l'objection que les parties tiraient de l'instruction n° 2457, § 1er, que les juges ne sont pas liés par l'interprétation administrative d'après laquelle les sociétés en nom collectif seraient exemptes de tout impôt. 19,524 J.

Le tribunal de Saint-Affrique aboutissait aux mêmes conclusions, dans un jugement du 22 juil. 1874, en décidant qu'une société de l'espèce est une société *sui generis* et qu'elle doit l'impôt sur le revenu, sans pouvoir invoquer l'exemption accordée aux sociétés en nom collectif. 19,524 J.

Ces décisions étaient un acheminement vers la solution que l'Administration tentait de faire prévaloir et dont, un an après, elle obtenait la consécration, en portant la question devant la Cour de cassation.

578. Par quatre arrêts rendus à la date du 23 août 1875, la chambre civile a en effet reconnu que les dispositions précises et absolues de l'art. 1er, nos 1 et 3, de la loi du 29 juin 1872, atteignent, sans exception ni réserve, toutes les actions et toutes les parts d'intérêt dans les sociétés, quels qu'en soient le caractère et la valeur, et, par conséquent, qu'elles ne comportent aucune exemption en faveur des parts d'intérêt afférentes aux sociétés commerciales en nom collectif. 19,868 J.; 4201 R. p.; 21,290 J. N.; 15,490 Contr.; 5006 Rev. not.; Inst. 2525; S., 75, 1, 441; D. P., 75, 1, 347; P., 75, 1137.

II. — *Loi du 1er décembre* 1875.

579. Exemption des sociétés en nom collectif. — Les décisions que nous venons de rapporter soulevèrent dans le monde commercial et industriel de vives protestations, qui se traduisirent par le dépôt d'un projet de loi destiné à interpréter les dispositions de la loi de 1872 dans un sens favorable aux sociétés en nom collectif. Ce projet, dû à l'initiative de M. Féray et de plusieurs de ses collègues, fut attaqué par M. Hervé de Saisy, mais défendu avec éloquence par M. Gouin, rapporteur, dans la séance de l'Assemblée nationale du 1er déc. 1875.

« La raison principale, disait ce dernier, sur laquelle s'appuyait la commission du budget de 1872, en demandant de n'imposer que le capital-commandite ou le capital-actions, était celle-ci : « Frapper d'un impôt de 3 p. 100 le revenu « produit par le capital du commanditaire ou bailleur de fonds « qui ne fait pas valoir lui-même ce capital. Exempter au con- « traire l'industriel ou le commerçant qui, travaillant ou seul « ou en société en nom collectif, engage dans une entreprise sa « fortune tout entière, son crédit, et même son honneur. »

« En établissant l'impôt d'après ces principes-là, nous savons exactement ce que nous faisons et où nous allons. Il peut y avoir contestation sur le plus ou moins de vérité du principe ; mais, une fois le principe admis, toutes les conséquences en découlent naturellement. Si au contraire vous n'acceptez pas cette théorie et si vous voulez frapper également les capitaux en nom collectif et les capitaux par actions, est-il nécessaire de faire ressortir les inégalités qui se produisent non seulement entre les commerçants en nom collectif qui sont frappés et le commerçant travaillant seul qui ne le serait pas, mais entre les sociétés en nom collectif elles-mêmes, les unes ayant un capital et le déclarant, les autres ayant un capital et ne le déclarant pas? Tout est livré à l'arbitraire, vous ne savez plus où vous arrêter.

« Une foule de considérations pourraient être invoquées à l'appui de l'opinion de la commission du budget de 1872, qui était, je le répète, celle de l'Assemblée; mais, pour ne pas fatiguer votre attention, je crois inutile d'insister et je me borne à vous demander au nom de la commission, par un article de loi nouveau, bien clair, bien précis, de remettre les choses dans l'état où nous avions l'intention de les placer le 29 juin 1872. »

580. A la suite d'une longue délibération, l'Assemblée nationale adopta la disposition suivante, qui est devenue la loi du 1er déc. 1875 :

« Les dispositions de l'art. 1er, § 3, de la loi du 29 juin 1872 ne sont pas applicables aux parts d'intérêt dans les sociétés commerciales en nom collectif, et elles ne s'appliquent, dans les sociétés en commandite dont le capital n'est pas divisé par actions, qu'au montant de la commandite. »

La même exemption est accordée, par l'art. 2 de cette loi, aux parts d'intérêt dans les sociétés dites de coopération, formées exclusivement entre des ouvriers ou artisans, au moyen de leurs cotisations périodiques.

Nous reviendrons sur cette dernière disposition. Actuellement nous n'avons à nous occuper que des sociétés en nom collectif.

581. Interprétation administrative. — *Inst. n°* 2534. L'Administration, en notifiant à ses agents le texte de la nouvelle loi, en a précisé la portée dans les termes suivants :

« D'après l'art. 1er, les dispositions de l'art. 1er, § 3, de la loi du 29 juin 1872 ne sont pas applicables aux parts d'intérêt dans les sociétés commerciales en nom collectif, elles ne s'appliquent, dans les sociétés en commandite dont le capital n'est pas divisé en actions, qu'au montant de la commandite.

« Les sociétés dont il s'agit se trouvent ainsi replacées exactement, à l'égard de l'exigibilité du droit de 3 p. 100, dans la situation exceptionnelle qui leur avait été faite par l'instruction n° 2457, avant l'interprétation consacrée par les arrêts de la Cour de cassation.

« On continuera à percevoir la taxe sur les emprunts et obligations des sociétés en nom collectif ou des sociétés en commandite, ainsi que sur les actions des sociétés en commandite, même sur celles attribuées aux associés responsables. Sont seules exemptées du droit les parts d'intérêt appartenant aux associés en nom collectif ou aux associés indéfiniment responsables dans les commandites. Mais tout ce qui est attribué à ces associés responsables profite de l'exonération, sans distinction entre les parts d'intérêt correspondant aux apports en capitaux ou en valeurs assimilables aux capitaux et celles qui leur sont allouées à raison de leur gestion.

« La loi du 1er déc. 1875 n'ayant pas d'effet rétroactif, la taxe de 3 p. 100 aurait pu être réclamée à toutes les sociétés en nom collectif ou en commandite à partir de la mise à exécution de la loi du 29 juin 1872. Mais ce résultat a paru rigoureux. Par une première décision du 23 sept. 1875 (Inst. n° 2525), le ministre des finances a prescrit de s'abstenir de toute réclamation à l'égard des échéances trimestrielles antérieures aux arrêts de la Cour de cassation. En présence du vote de la nouvelle loi, il a été décidé qu'il y a lieu d'abandonner le recouvrement de tous les droits dus en vertu des arrêts de la Cour de cassation du 23 août 1875, et même de restituer ceux qui auraient été acquittés. Les directeurs prendront immédiatement les mesures nécessaires pour assurer l'exécution de cette décision.

« L'art. 1er de la loi du 1er déc. 1875 n'accorde l'exonération du droit qu'aux sociétés commerciales. Les sociétés civiles restent donc assujetties à l'application entière de la taxe. Un amendement ayant pour but d'étendre à ces sociétés les dispositions exceptionnelles admises à l'égard des sociétés commerciales a été rejeté par l'Assemblée nationale dans la séance du 1er déc. 1875 (Journ. off. du 2 déc. 1875, n° 918). »

582. Limites de l'exemption. — La loi du 1er déc. 1875, ainsi qu'il résulte de son texte sainement interprété, ne s'applique qu'aux sociétés commerciales en nom collectif et aux parts d'intérêt dans les sociétés en commandite simple.

L'exemption ne peut donc être invoquée par les sociétés civiles : c'est ce que nous établirons plus loin. — V. *infra*, n° 586.

583. *Société en nom collectif par actions.* On a élevé la question de savoir si l'immunité édictée par la loi de 1875 peut être invoquée par une société en nom collectif, lorsque son capital a été divisé par actions. En droit, une telle question ne peut même pas se poser, car il est évident que le caractère éminemment personnel de la société en nom collectif et la responsabilité solidaire et indéfinie de ses membres sont des faits juridiques absolument exclusifs de toute division du capital en actions. Société par actions et société en nom collectif sont deux termes inconciliables.

Il peut arriver toutefois qu'une société ayant véritablement le caractère d'une société en nom collectif ait divisé son capital en parts improprement qualifiées du nom d'actions et, réciproquement, qu'une société dont le capital est réellement divisé en actions ait été faussement désignée sous le nom de société en nom collectif. Il est évident que ni l'Administration ni les parties ne sont irrévocablement liées par ces fausses qualifications. Il suffit que le caractère de la société soit juridiquement déterminé pour qu'il soit permis d'en déduire les conséquences fiscales qu'entraîne cette détermination.

C'est ce qui a été décidé par le tribunal de Laon, dans une espèce où une société qui s'était constituée *en nom collectif* à l'égard de tous les associés, sous la raison sociale « Prudhomme, Galland et Cie », avait néanmoins divisé son capital, fixé à 700,000 francs, en 700 *actions* de 1,000 francs chacune.

Le tribunal, reconnaissant, par interprétation des statuts, que tous les associés qualifiés d'associés en nom collectif étaient réellement tenus des obligations indéfinies qui incombent aux associés de l'espèce, en a justement conclu que la désignation d'actions donnée aux divisions du capital social était impropre, et que ces parts constituaient réellement des parts d'intérêt dans une société en nom collectif et devaient bénéficier des dispositions de la loi du 1er déc. 1875. — Jugement du 15 mars 1883, cité par M. Besson, dans son Traité pratique de la taxe sur le revenu.

« Attendu, porte cette décision, que la Société sucrière de Nouvion s'est constituée entre vingt-huit personnes, suivant un contrat authentique des 10 et 18 mai 1868, dont l'art 1er est ainsi conçu : « Il est formé entre tous les comparants une « société commerciale en nom collectif à l'égard de tous les « associés ; » — Attendu que la répétition de ces derniers mots montre que l'attention des contractants a été appelée et sur leur grand nombre et sur l'étendue des obligations ; — Attendu qu'en présence d'un engagement aussi clairement et aussi précisément formulé, si l'un quelconque de ces associés était actionné par un tiers en payement d'une dette sociale, il ne saurait certainement se soustraire à la responsabilité personnelle et indéfinie d'un collectiviste ; — Attendu que c'est en raison même de cette situation, et en s'inspirant de l'esprit de la loi du 1er déc. 1875, que les associés de Nouvion se croient compris dans l'exception apportée par l'art. 1er de cette loi ; — Attendu, en effet, que la loi de 1875, en exonérant de l'impôt les collectivistes, a voulu établir une sorte de compensation équitable et laisser, le cas échéant, la totalité des bénéfices à ceux qui, s'exposant à la ruine pour la garantie des engagements sociaux, concourent puissamment au crédit public ; — Attendu que la Régie, au contraire, rapprochant la lettre des statuts de la lettre de la loi, constate que, quelle que soit la forme de la société de Nouvion, le fonds social est divisé en titres *expressément dénommés actions*, et dit que la loi n'a pas cessé d'atteindre indistinctement et sans exception toutes les sociétés par actions ; — Attendu, cependant, que la Régie ne saurait soutenir sa prétention en ces termes ; que, si elle reconnaît la société de Nouvion pour être en nom collectif, à responsabilité illimitée de ses membres, elle ne peut, sans contradiction manifeste, admettre que le fonds social soit, en même temps, divisé en actions véritables, c'est-à-dire en titres dont l'essence même est de limiter à leur montant la responsabilité des titulaires ; — Attendu que, dans un autre système, elle prétend démontrer que les associés de Nouvion se sont qualifiés à tort « en nom collectif » ; que les statuts contiennent des clauses qui modifient le caractère attribué dans l'art. 1er à la société, laquelle constituerait, en réalité, une commandite par actions ; — Attendu que l'ensemble des circonstances invoquées par la Régie serait impuissant à délier les associés de l'engagement si formellement pris pas eux à l'égard des tiers dans l'art. 1er ; — Attendu qu'il est manifestement contraire à l'esprit de la loi de 1875 de frapper ceux qui sont dans cette situation vis-à-vis des tiers, de l'impôt sur le revenu établi par la loi de 1872. »

L'Administration a acquiescé à la doctrine de ce jugement par une solution du 27 mai 1883, ainsi motivée :

« Il ressort des travaux préparatoires de la loi de 1875 que le législateur a eu l'intention d'affranchir de la taxe toutes les sociétés en nom collectif. La proposition de loi, émanée de l'initiative de M. Féray, se composait d'un article unique ainsi conçu : « Les dispositions de la loi du 29 juin 1872 ne « sont pas applicables aux sociétés de commerce en nom col- « lectif, ni aux associés gérants des sociétés en commandite. » (J. off., 7 nov. 1875.) M. Gouin, dans son rapport sur cette proposition, rappelait que la commission de la loi de 1872 avait voulu laisser en dehors de la taxe « les revenus pro- « duits par les sociétés en nom collectif ». M. Gouin ajoutait que l'impôt de 3 p. 100 doit frapper seulement les revenus produits par le capital des commanditaires ou bailleurs de fonds, et que la commission avait décidé à l'unanimité qu'il fallait « excepter de la taxe les associés en nom collectif. » (J. off., 27 nov. 1875, p. 9730 et 9731.)

« C'est dans cet esprit qu'a été voté l'art. 1er de la loi du 1er déc. 1875, portant que « les dispositions de l'art. 1er, § 3, « de la loi du 29 juin 1872 ne sont pas applicables aux parts « d'intérêt dans les sociétés commerciales en nom collectif. » Par cette formule, le législateur a voulu, comme l'exprimait le rapporteur, exempter de la taxe les parts quelconques des associés en nom collectif. Telle est, du reste, l'interprétation adoptée par l'Administration dans les instructions nos 2457, p. 2, et 2534.

« Il y a donc lieu de reconnaître qu'il ne faut pas s'arrêter, pour l'application de la loi du 1er déc. 1875, à la qualification que les associés en nom collectif ont pu donner aux fractions du capital réparti entre eux. Que l'acte de société les désigne sous le nom d'actions ou sous celui d'intérêts, ces fractions ne sont toujours au fond que des parts d'intérêt. »

584. Détermination du caractère civil ou commercial de la société. — Entre la société civile, qui est restée soumise aux dispositions de la loi de 1872, et la société commerciale en nom collectif, qui est exempte de l'impôt, il y a ce point de commun que les associés sont personnellement tenus sur tous leurs biens des obligations de la société (sauf toutefois ce que nous disons *infra*, n° 587, des sociétés civiles qui se constituent dans la forme des sociétés commerciales). Seulement, tandis que, dans la société commerciale, les associés sont tenus solidairement des dettes sociales, cette solidarité n'existe pas, en thèse générale, dans la société civile (art. 1862 et suiv. C. civ.). Pour la perception de la taxe, il y a un grand intérêt à reconnaître le caractère civil ou commercial d'une société. La distinction à cet égard ne peut être faite que par application des principes du droit commun. Le caractère d'une société est déterminé par son objet, et c'est en recherchant si cet objet consiste dans des opérations classées par la loi et la jurisprudence au nombre des actes de commerce, que l'on peut savoir si la société doit bénéficier ou non des dispositions de la loi du 1er déc. 1875.

585. *Entreprise de travaux publics.* Une solution du 18 oct. 1881 (21,821 J.) a fait une application intéressante de cette distinction, en décidant qu'une société formée entre deux personnes, et ayant pour but l'entreprise et l'exécution de travaux publics, constitue non une société civile, mais une association de nature commerciale, échappant à l'application de la loi du 29 juin 1872, qu'on la considère comme une société en nom collectif ou comme une association en participation.

Nous nous expliquerons sur ce dernier point lorsque nous parlerons des sociétés en participation. Mais, en ce qui concerne le caractère commercial de la société, que l'Administration avait à définir, nous ne pouvons que nous référer aux motifs de la solution, ainsi conçue :

« Par un acte notarié du 19 juin 1881, les sieurs P... et D... ont déclaré que, depuis le 15 nov. 1879, il existait entre eux deux « une association ayant pour but l'entreprise et « l'exécution de travaux publics », et ils ont fixé les règles qui serviraient de base à cette convention. Le receveur a réclamé aux parties la taxe de 3 p. 100 et les amendes de retard, en se fondant sur ce que leur association constituait une société civile tombant sous l'application de la loi du 29 juin 1872. Cette appréciation ne paraît pas exacte.

« Les associations formées pour l'entreprise de travaux publics sont, en effet, généralement considérées comme ayant un caractère commercial, parce que ceux qui se chargent d'élever des constructions ou d'exécuter des travaux analogues sur le terrain d'autrui, spéculant sur la main-d'œuvre et les matériaux, c'est-à-dire sur des choses mobilières, font, par là même, des actes habituels de commerce. « Si l'entreprise, « enseigne M. Pont, avait pour objet des constructions « à élever sur des terrains appartenant à autrui, la société « revêtirait alors le caractère commercial. » (Sociétés civiles, I, p. 84, n° 116, dernier alinéa.) « L'opinion la plus accré- « ditée, dit M. Vavasseur, incline pour la commercialité « de ces entreprises. » (Traité des Sociétés, I, p. 10, n° 18. V., dans le même sens, Boistel, Précis de droit commerc., p. 31, n° 39.) La jurisprudence est également fixée dans ce sens. Cass., 29 nov. 1842; S., 42, 1, 85; — 29 juin 1853; S., 55, 1, 495; P., 55, 1, 478; D. P., 54, 1, 288; — 5 juin 1867; 18,391 J.; 18,994 J. N.; 13,295 Contr.; 2519 R. p.; Inst. 2358, § 7; S., 67, 1, 336; P., 67, 888; D. P., 67, 1, 492; — Saint-Brieuc, 19 fév. 1866; 2287 R. p.; — Seine, 18 août 1866; 2367 R. p.

« La convention intervenue entre les sieurs P... et D... ne rentre donc pas dans la catégorie des sociétés civiles : c'est une association de nature commerciale. A ce titre, elle ne peut être atteinte par la taxe de 3 p. 100. En effet, si on la considère comme une société en nom collectif, elle est exempte de l'impôt, par application de l'art. 1er de la loi du 1er déc. 1875 (Inst. 2534), et, si on l'envisage comme une association en participation, il est prudent de ne pas exiger la taxe, car la jurisprudence incline à admettre que la loi du 29 juin 1872 est inapplicable aux conventions de ce genre ». Lille, 20 mars 1880; 21,764 J.; 16,322 Contr.; 5501 R. p.; D. P., 80, 5, 389.

§ 4. — Sociétés civiles.

586. **Les sociétés civiles sont assujetties à la taxe.** — Les sociétés civiles ont été intentionnellement exclues du bénéfice des dispositions édictées par la loi du 1er déc. 1875, qui n'a en effet exempté de la taxe que les sociétés commerciales en nom collectif, les parts des associés en nom dans les sociétés en commandite simple, et certaines sociétés coopératives.

Si le texte de la loi pouvait laisser subsister un doute sur ce point, il serait levé par la discussion à laquelle a donné lieu le vote de cette loi. Dans la séance de l'Assemblée nationale du 1er déc. 1875, M. Clément avait proposé un amendement ainsi conçu :

« Elle (la même exception) s'applique également aux sociétés civiles de personnes, constituées conformément aux art. 1832 et suiv. du Code civil. Les sociétés civiles constituées sous une forme commerciale seront assujetties à la taxe de la même manière et dans la même mesure que les sociétés commerciales elles-mêmes. »

L'orateur fit valoir, à l'appui de son amendement, les considérations suivantes :

« Le simple énoncé de l'amendement que j'ai l'honneur de proposer vous en fait connaître l'esprit. Cependant l'Assemblée me permettra quelques observations brèves, mais qui, dans une matière délicate comme celle-ci, sont absolument nécessaires pour faire comprendre ce qu'il y a d'indispensable dans mon amendement. Je n'insisterai pas, du reste, sur les termes mêmes.

« Quel a été le but à atteindre? celui que s'est proposé le législateur de 1872? Il était expliqué tout à l'heure par M. le rapporteur de la loi du 29 juin 1872. Ce but était également indiqué dans le rapport et dans les instructions de l'Administration elle-même.

« Cette désignation, disait l'Administration de l'enregistrement, comprend les sociétés civiles divisées en parts d'intérêt; mais elle exclut les sociétés commerciales en nom collectif et les parts y afférentes, à moins que la société ne comprenne une commandite, auquel cas la taxe n'est due que sur le montant de la commandite. »

« Et M. le rapporteur, dans son travail, vous expliquait avec beaucoup de justesse, que le principe de la loi était celui-ci :

« Frapper d'un impôt de 3 p. 100 le revenu produit par le capital du commanditaire ou bailleur de fonds qui ne fait pas valoir lui-même le capital. Exempter au contraire l'industriel ou le commerçant qui, travaillant ou seul, ou en société en nom collectif, engage dans une entreprise sa fortune tout entière, son crédit et même son honneur.

« Ainsi, Messieurs, les capitaux qui deviennent une valeur mobilière, qui sont placés dans des entreprises, dans des sociétés, dans les fonds étrangers, dans les prêts aux communes, aux départements et dans des sociétés ou entreprises particulières, tous ces capitaux, et c'est justice, sont frappés d'un impôt de 3 p. 100.

« Mais l'effort personnel, le travail individuel du commerçant ou du cultivateur, travaillant avec son frère ou son ami, n'est pas frappé et ne peut pas l'être.

« C'est ce que vous disait M. le rapporteur.

« Le commerçant isolé ne peut pas être frappé. Eh bien, je dis que la raison veut que les cultivateurs, que les intérêts civils, soient protégés de la même manière que les commerçants et que les intérêts commerciaux.

« Ici, Messieurs, j'aborde le vif de la question.

« Pourquoi mon amendement est-il indispensable? Et d'abord, sur quoi porte-t-il exactement?

« Mon amendement est indispensable, parce que, contrairement à votre pensée, par une rédaction incomplète comme celle qu'on veut faire ajourd'hui, la loi de 1872 a obligé la Cour de cassation, interprétant les textes tels qu'ils étaient rédigés, de déclarer — entendez bien ceci, là est toute la question — que les sociétés de toute nature, quel qu'en soit le caractère, civil ou commercial, étaient frappées par la loi de 1872.

« Eh bien, c'est en présence de cette jurisprudence qu'on vient vous proposer une loi nouvelle, une loi rectificative, qui vous dit qu'à cette règle générale, que toutes les sociétés civiles et commerciales sont frappées par la loi, il y aura une exception, une seule, au profit des sociétés commerciales indiquées au texte du projet.

« Eh bien, que résulte-t-il de là? Il en résulte incontestablement que toutes les autres sociétés, et, par conséquent, toutes les sociétés de l'ordre civil, seront désormais frappées par la loi.

« Il y a dans le droit civil des sociétés qui sont analogues aux sociétés en nom collectif, qui sont régies, au fond, par les mêmes principes. Je veux pour elles la même immunité, l'égalité de traitement.

« La jurisprudence a décidé, — et je prie l'Assemblée de vouloir bien retenir ce point qui est acquis, — que le caractère des sociétés dépend non de la forme, mais de l'objet des sociétés. Une société qui a pour objet les produits du sol, une société qui a pour objet l'exploitation d'une ferme, une société qui a pour objet dans certains cas l'exploitation d'eaux thermales, les distributions d'eaux dans une ville, l'exploitation d'une prise d'eau pour l'irrigation : voilà en général des sociétés civiles. Voilà, Messieurs, des sociétés que vous abandonnez au fisc, toutes sans exception. Je ne crois pas que cela soit juste, et, pour mieux me faire comprendre, je vais spécialiser ce que je vous propose par un exemple.

« Deux frères exploitent un moulin; ils forment une société commerciale, et, en conséquence, les deux frères qui exploitent ce moulin vont échapper, d'après le projet de loi, à l'impôt de 3 p. 100. Mais deux frères qui sont à côté exploitent une ferme, ils sont fermiers : c'est une société civile. Eh bien, si vous ne corrigez pas la loi, si vous n'adoptez pas mon amendement, ou une disposition analogue, ces deux fermiers seront frappés.

« On me dit qu'on ne les fera pas payer. Je réponds que, si vous ne voulez pas qu'ils soient frappés, il faut l'écrire dans la loi; il faut nous donner à cet égard une garantie législative ! Je dis qu'il y a des garanties indispensables à établir. Mais qu'on ne donne pas à mes paroles une portée qu'elles n'ont pas ; je n'entends pas soustraire à l'impôt les sociétés civiles qui sont administrées par des mandataires, comme les sociétés de mines, fractionnées en parts : ces sociétés tombent sous le coup de la loi. Cela est évident. Ce que je veux, c'est que les sociétés civiles en nom collectif, — si cela était une expression juridique, je m'en sers pour mieux faire comprendre ma pensée, c'est-à-dire les sociétés civiles dans lesquelles les associés sont responsables vis-à-vis des tiers, — je veux que ces sociétés soient exemptes de l'impôt, comme les sociétés commerciales en nom collectif. »

Malgré ces motifs, l'amendement de M. Clément, combattu par le rapporteur de la loi et par le ministre des finances, M. Léon Say, a été rejeté. Il en résulte incontestablement que les sociétés civiles sont restées soumises aux dispositions éminemment générales et compréhensives de la loi du 29 juin 1872, et qu'elles doivent supporter la taxe de 3 p. 100 sur les bénéfices qu'elles distribuent à leurs membres.

Cette règle est aujourd'hui consacrée par une jurisprudence variée et imposante, qui a eu l'occasion de s'affirmer à l'égard des sociétés civiles de toute nature.

587. Formes commerciales dans les sociétés civiles. — Nous avons vu précédemment que, pour déterminer le caractère civil ou commercial d'une société, c'est exclusivement à la nature des opérations dont elle fait sa profession habituelle qu'il faut s'attacher. La forme adoptée pour sa constitution est indifférente : car, après quelques hésitations, la jurisprudence a admis, et aujourd'hui la règle n'est plus contestée, qu'une société civile peut valablement emprunter, pour sa constitution, l'une des trois formes prévues par le Code de commerce pour la création des sociétés commerciales.

Une société civile peut donc être en nom collectif, en commandite ou anonyme ; son capital peut être divisé en parts d'intérêt, ou par actions.

D'ailleurs, il est de principe que l'adoption d'une forme commerciale rend applicables à la société civile les règles des sociétés de commerce, qui tiennent à leur forme plutôt qu'à la qualité des associés. Ainsi, d'après MM. Lyon-Caen et Renault (Précis de droit commercial, n° 536), « on doit se référer au Code de commerce pour déterminer l'étendue des obligations des associés envers les tiers. Si donc la société civile est en nom collectif, les associés sont tenus personnellement et solidairement; si elle est en commandite, les commanditaires ne sont tenus que jusqu'à concurrence de leurs mises; enfin, si elle est anonyme, les obligations de tous les associés sont ainsi limitées. C'est aussi la forme adoptée qui détermine les conditions exigées pour la constitution de la société; la loi de 1867 régit donc les sociétés civiles en commandite par actions ou anonymes. »

La forme commerciale adoptée pour la constitution d'une société civile ne pouvant, d'après ces principes, en modifier le caractère, il en résulte qu'une société civile reste soumise à la taxe, quelle que soit la forme qu'elle ait revêtue, puisque l'exemption édictée par l'art. 1er de la loi du 1er déc. 1875 ne concerne que les sociétés *commerciales* en nom collectif, et les parts des associés en nom dans les sociétés en commandite de même nature.

Par conséquent, la taxe est due sur toutes les parts d'intérêt ou actions, sans distinction entre les parts des gérants et celles des autres associés, soit dans les sociétés anonymes ou en commandite par actions, soit dans les sociétés en commandite simple, soit même dans les sociétés en nom collectif, dès lors que leur objet ne permet pas de les classer au nombre des sociétés commerciales.

Nous allons voir, par l'examen de la jurisprudence, que ce principe domine toute la matière des sociétés civiles.

588. Sociétés par actions. — En ce qui concerne les sociétés civiles par actions, la règle ne saurait être douteuse, puisque ces sociétés, lors même que leur objet serait commercial, ne jouissent d'aucune exemption et doivent la taxe sur tous les bénéfices distribués, sans distinction entre les actions des associés en nom et celles des autres associés. Un jugement du tribunal de la Seine du 22 juin 1877 (20,898 J.) et un arrêt de la Cour de cassation du 9 janv. 1877, que nous analysons plus loin, ont été rendus au sujet de sociétés civiles dont le capital était divisé par actions. — V. *infra*, n° 590.

589. Sociétés immobilières. — La loi a soumis à l'impôt les parts d'intérêt et les actions de toutes les sociétés, sans autre exception que celles dont nous avons précisé les limites en ce qui concerne les sociétés commerciales en nom collectif et en commandite simple. Il n'y a donc lieu de se préoccuper ni de la nature de leur exploitation, ni de la composition de leur actif, ni de la question de savoir si elles constituent ou non un être moral, et si, par cela même, les parts des associés sont ou non mobilières par la détermination de la loi (art. 529 C. civ.). Il est indifférent notamment que l'objet de leur exploitation, ou leur actif soit purement immobilier et soit déjà frappé, comme tel, de la contribution foncière et de celle des portes et fenêtres.

Tous ces points sont aujourd'hui résolus par une jurisprudence constante.

590. *Actif purement immobilier. Société constituée pour l'administration et l'exploitation d'immeubles appartenant aux associés. Société par actions.* Une solution du 14 fév. 1873 a posé le principe à cet égard, en décidant que la perception de l'impôt ne peut être empêchée par cette considération que l'actif d'une société civile, lorsqu'il consiste uniquement en immeubles, se trouve déjà frappé de la contribution foncière et de celle des portes et fenêtres. L'impôt nouveau, en effet, atteint les sociétaires personnellement, indépendamment et en outre des autres impôts préexistants établis sur les biens de la société.

L'universalité de cette règle ayant été contestée, le tribunal de la Seine, par jugement du 23 juil. 1874 (19,552 J.; 3887 R. p.; 4766 Rev. not.; 15,347 Contr.; Inst. 2570, § 5; P., 75, 111), crut pouvoir décider que la taxe de 3 p. 100 n'est pas due sur les revenus des actions d'une société civile ayant pour unique objet l'administration et l'exploitation d'immeubles appartenant indivisément aux fondateurs de la société, et composant la galerie Véro-Dodat. Entre autres motifs, les parties avaient allégué que la société formée entre les héritiers Véro et les héritiers Dodat n'avait aucun caractère de spéculation; qu'elle n'avait pour but et pour résultat que la perception des loyers des immeubles mis en société; que ces immeubles étaient déjà grevés, comme toutes les propriétés immobilières, de l'impôt foncier; qu'il serait donc injuste de faire peser sur ces immeubles une nouvelle charge; enfin, que la loi du 29 juin 1872 a voulu atteindre seulement les sociétés créées dans un but de spéculation.

Ces motifs avaient été admis dans le jugement précité, qui s'exprimait ainsi :

« Attendu que la loi du 29 juin 1872 a pour titre : « Loi re-« lative à un impôt sur le revenu des valeurs mobilières » ; que cette loi, réservant la propriété foncière comme une suprême ressource pour les besoins du Trésor, n'a voulu atteindre dans leur revenu que les seules valeurs mobilières qui y sont désignées; — Que les rapports et la discussion qui en ont préparé le vote attestent, aussi bien que le titre lui-même, son but, son esprit et ses limites; — Que, par suite, quelle que soit la généralité des termes de l'art. 1er, le revenu des valeurs immobilières échappe à l'application de cette loi ;

« Attendu que telle est la nature des actions de la société civile de la galerie Véro-Dodat; que cette société, formée entre les copropriétaires de cet immeuble pour éviter les inconvénients d'un partage soit entre eux, soit entre leurs héritiers respectifs, a pour objet unique l'administration de l'immeuble commun et pour unique revenu le revenu de cet immeuble; que, pour avoir dans ces circonstances pris le titre et la forme d'actions, les droits des copropriétaires n'ont pas changé de nature et ont gardé, après la formation de la société comme auparavant, leur caractère immobilier; que, dès lors, le revenu desdites actions n'est pas soumis à la taxe de 3 p. 100 établie par la loi de 1872. »

Mais l'Administration, ayant déféré ce jugement à la Cour de cassation, a combattu la thèse sur laquelle il s'appuyait dans les termes suivants :

« L'art. 1er de la loi du 29 juin 1872, qui a établi l'impôt de 3 p. 100 sur le revenu des valeurs mobilières, atteint trois catégories de valeurs :

« 1° Les actions dans les sociétés (n° 1 de l'article);

« 2° Les emprunts et obligations des sociétés, départements, communes et établissements publics (n° 2);

« 3° Les parts d'intérêt et commandites dans les sociétés dont le capital n'est pas divisé en actions (n° 3).

« Le texte relatif à la première catégorie, et dont l'interprétation fait l'objet du présent débat, est conçu dans les termes les plus généraux et les plus absolus. Il exprime, en effet, que l'impôt de 3 p. 100 est dû « sur les intérêts, dividendes, re-« venus et tous autres produits des actions de toute nature, « des sociétés, compagnies ou entreprises quelconques, finan-« cières, industrielles, commerciales ou civiles, quelle que « soit l'époque de leur création ».

« En accumulant ainsi les diverses expressions par lesquelles on désigne ordinairement soit les revenus produits par les actions dans les sociétés, soit les sociétés dont ces actions représentent le capital, le législateur a clairement exprimé son intention d'atteindre indistinctement et sans aucune exception toutes les sociétés par actions et tous les produits de ces actions, sans qu'il y ait à tenir compte de l'objet spécial des sociétés, de la nature mobilière ou immobilière de leur capital, ni de l'origine ou du mode de réalisation des revenus que les actions procurent aux actionnaires.

« Plusieurs considérations s'opposent spécialement à ce que l'on admette une distinction tirée de la nature mobilière ou immobilière du capital des sociétés.

« D'une part, en effet, il est notoire qu'un très grand nombre de sociétés par actions possèdent, pour les besoins de leur exploitation, des immeubles considérables, dont la valeur locative figure, en définitive, concurremment avec les bénéfices proprement dits, dans les dividendes périodiquement distribués aux actionnaires. Certaines sociétés, telles que les compagnies d'assurance, sont même propriétaires d'immeubles étrangers à l'exploitation sociale et destinés simplement à constituer une garantie au profit des tiers avec lesquels elles contractent; ces immeubles sont affermés purement et simplement à des particuliers, et les loyers qu'ils produisent sont compris dans les dividendes annuels.

« En cet état, il est manifeste que si le législateur avait entendu soustraire à l'impôt les dividendes ou portions de dividendes représentant le produit d'immeubles, il n'eût pas manqué de l'exprimer, son attention étant appelée, par les faits eux-mêmes, sur les conséquences de la loi à cet égard.

« D'un autre côté, le rapport fait à l'Assemblée nationale par M. Desseilligny, au nom de la commission du budget, relativement au projet de la loi du 29 juin 1872, contient des énonciations qui révèlent d'une manière explicite l'intention d'établir une taxe indépendante de la nature immobilière du capital de certaines sociétés. Tout en proposant, en effet, l'établissement de cette taxe, rendue nécessaire par les besoins exceptionnels du Trésor, le rapporteur faisait ressortir les divers impôts déjà acquittés par les sociétés en vertu de la législation antérieure, et il mentionnait spécialement ceux de ces impôts qui atteignent les immeubles des compagnies. « On « ne sait pas assez, disait-il, que les valeurs mobilières, avant « d'arriver au revenu qui se distribue, ont acquitté large-« ment leur part dans les contributions publiques. On ignore « qu'une houillère, par exemple, a payé, outre tous les autres « impôts, une redevance à l'État de 5 p. 100 de son produit « net. Une usine est soumise à une patente très élevée; elle « paye les contributions foncières et autres sur toutes ses « propriétés et ses bâtiments... Quand le titre mobilier, qui « représente une partie de la propriété de ces industries, « vient s'acquitter entre les mains du porteur, pourrait-on « donc oublier sans injustice quelle quantité d'impôts a été « payée avant d'arriver à cette distribution pour l'actionnaire « ou l'obligataire?

« Les mêmes observations s'appliquent avec non moins de « force à toutes les valeurs mobilières qui représentent le ca-« pital de nos chemins de fer et de la plupart de nos entre-« prises... » (Journal officiel du 7 juin 1874, p. 3824.)

« C'est donc intentionnellement et en parfaite connaissance de cause que le législateur a assujetti à la taxe de 3 p. 100 le revenu de toutes les actions dans les sociétés, sans admettre une exception en faveur des revenus produits par des immeubles.

« La réclamation faite par l'Administration à la société de la galerie Véro-Dodat était ainsi conforme à l'esprit de la loi aussi bien qu'à son texte. »

L'Administration ajoutait que, dans l'espèce, la société civile ayant adopté la forme commerciale, en se constituant par actions, avait incontestablement donné naissance à un être moral et que, par conséquent, les actions devaient être classées, aux termes de l'art. 529 C. civ., dans la catégorie des biens meubles.

Mais la chambre civile ne s'est pas arrêtée à cet argument subsidiaire, et, par arrêt du 9 janv. 1877, elle a généralisé la thèse de l'Administration, en décidant que les actions de toutes les sociétés civiles, quelle que soit la composition de leur actif, sont passibles de la taxe de 3 p. 100.

« Attendu, porte cet arrêt, que, par l'acte des 25-28 fév. 1837, les parties contractantes, copropriétaires des immeubles connus sous le nom de galerie Véro-Dodat, ont arrêté entre elles une convention dont le caractère et la nature ressortent tant de la pensée qui a présidé à la rédaction de l'acte que de l'ensemble de ses dispositions; qu'il en résulte nettement que, pour éviter les inconvénients et les embarras d'un partage, les parties ont constitué, en vue de tirer le meilleur parti possible des immeubles dont elles étaient propriétaires, une véritable société qui, civile par son objet, a été revêtue de l'une des formes des sociétés de commerce, et se sont distribué, dans la proportion de leurs apports à la société, les actions représentatives de la valeur de ces apports; que, par cela même, ces actions ont été soumises à l'impôt de 3 p. 100 établi par la loi du 29 juin 1872, dont l'art. 1er, rangeant les actions dans les sociétés parmi les valeurs que ladite loi a voulu atteindre, déclare en termes généraux et absolus que le droit de 3 p. 100 est dû « sur les intérêts, dividendes, re-« venus et tous autres produits des actions de toute nature « des sociétés, compagnies ou entreprises quelconques, finan-« cières, industrielles, commerciales ou civiles, quelle que soit « l'époque de leur création » ; — Que c'est donc à tort que le jugement attaqué, s'attachant au caractère immobilier du fonds social, a déclaré que la formation de la société n'avait pas enlevé ce caractère au droit des copropriétaires associés, et que les actions représentant ce droit constituaient des valeurs immobilières dont le revenu ne saurait être atteint par une loi faite en vue du revenu des valeurs mobilières; — Qu'en effet, la loi purement fiscale du 29 juin 1872 ne s'est nullement attachée à la composition de l'actif des sociétés dont elle voulait atteindre les actions; que, sans se préoccuper en aucune manière des controverses du droit civil touchant la personnalité des sociétés, suivant qu'elles sont commerciales ou civiles, elle a déclaré les soumettre les unes et les autres indistinctement à l'impôt établi; et qu'en assujettissant à cet impôt les produits de toute nature des sociétés ou entreprises quelconques, financières, industrielles, commerciales ou civiles, et en s'abstenant de restreindre d'une manière quelconque le sens éminemment général de ces expressions, le législateur a indiqué nettement que, dans sa pensée, les actions des sociétés rentrent toutes sans distinction dans la catégorie des valeurs imposées; — D'où il suit qu'en décidant le contraire, le jugement attaqué a créé une distinction repoussée par les termes absolus de la loi, et expressément violé, par suite, l'article ci-dessus visé;

« Casse... » — 20,267 J.; 4559 R. p.; 21,600 J. N.; 15,714 Contr.; Inst. 2570, § 5; P., 77, 304; S., 77, 1, 134; D., 77, 1, 400. — V. dans le même sens : Lille, 2 déc. 1876; 20,282 J.; — Seine, 22 juin 1877; 20,898 J.; 5077 R. p.

591. *Société minière.* La règle posée par la Cour de cassation, dans son arrêt précité du 9 janv. 1877, à l'occasion d'une société civile dont le capital était divisé par actions, a été affirmée de nouveau à l'égard d'une société civile formée purement et simplement entre divers propriétaires, concessionnaires d'une mine à exploiter sur des terrains leur appartenant, qui avaient réuni leurs intérêts sous une clause de solidarité vis-à-vis de l'État et des particuliers, et avaient mis en commun leurs terrains et leurs concessions, en vue de partager les bénéfices de l'exploitation au prorata de leurs apports. Il a été décidé qu'une convention de cette nature donnait naissance à une véritable société civile, soumise à l'impôt de 3 p. 100 sur le revenu, sans qu'on pût objecter que les concessionnaires étaient restés personnellement copropriétaires par indivis de la mine et que la société n'était pas une personnalité distincte de celle des associés. Ch. civ., 9 nov. 1886; 22,770 J.; 6796 R. p.; 23,779 J. N.; 17,283 Contr.; Inst. 2735, § 4; P., 88, 52; S., 88, 1, 33; D. P., 87, 1, 341.

« Attendu, porte cet arrêt, que, par les actes des 22 janv., 9 nov., 10 déc. 1824, les demandeurs primitifs de la concession de Beaubrun ont déclaré se réunir et ont réuni leurs intérêts pour former leur demande avec clause de solidarité, soit à l'égard de l'État pour l'acquittement des contributions, soit à l'égard des particuliers; — Que l'ordonnance du 10 août 1825 a accordé la concession aux demandeurs constitués en société par les actes notariés des 22 janv., 9 nov. et 10 déc. 1824; — Qu'aux termes de l'art. 1er du traité du 9 avril 1857 les parties, se reconnaissant constituées en société, ont déclaré comprendre dans cette société tous les droits de concession, d'exploitation cédés par les consorts Lemarchant dans les limites de la concession de Beaubrun, ainsi que ceux que posséderaient les dames Brunier dans le hameau des basses villes, et réunir, jusqu'à épuisement complet de la houille, l'exploitation de ces terrains avec celle des périmètres constituant la concession même des mines de Beaubrun; — Qu'il a été dit dans ce même article que cette exploitation serait effectuée par les soins et aux risques et périls de la société; que ses résultats actifs et passifs feraient partie des résultats généraux obtenus par la société, pour être répartis par les soins de Locard, chargé de la direction de toutes les affaires communes, dans la proportion suivante : $\frac{620,588}{1,000,000}$, plus 75 centièmes de millionième à la Société des mines de la Loire et $\frac{379,411}{1,000,000}$, plus 25 centièmes de millionième aux consorts Descours;

« Attendu qu'il résulte nettement de ces divers actes et traités que les parties, mettant en commun les diverses concessions de mines à elles faites dans la vue de partager les bénéfices qui pourraient résulter de leur exploitation, ont constitué une véritable société, civile par son objet, et ont fixé, dans la proportion de leurs apports à ladite société, les parts d'intérêt représentatives de la valeur de ces apports; — Que, par là même, ces parts d'intérêt ont été soumises à l'impôt de 3 p. 100 établi par la loi du 29 juin 1872, dont l'art. 1er, § 3, rangeant les parts d'intérêt dans les sociétés parmi les valeurs que ladite loi a voulu atteindre, déclare en termes généraux et absolus que le droit de 3 p. 100 est dû « sur les intérêts, produits et bénéfices annuels des parts « d'intérêts et commandites dans les sociétés... dont le capital « n'est pas divisé en actions »;

« Attendu que vainement les exposants refusent le caractère de société au contrat intervenu entre les parties, à raison de ce que les concessionnaires primitifs ou leurs ayants droit seraient restés personnellement copropriétaires par indivis et de ce que la prétendue société constituée n'aurait pas une personnalité distincte de celle des associés; — Qu'en effet, la loi purement fiscale du 29 juin 1872 ne s'est nullement attachée à la composition de l'actif des sociétés dont elle voulait atteindre les parts d'intérêts; — Que, sans se préoccuper en aucune manière des controverses du droit civil touchant la personnalité des sociétés, suivant qu'elles sont commerciales ou civiles, elle a déclaré les soumettre les unes et les autres indistinctement à l'impôt établi, et qu'en assujettissant à cet impôt les produits des parts d'intérêt de toute nature des sociétés, sans restreindre d'une manière quelconque le sens éminemment général de ces expressions, le législateur a nettement indiqué que, dans sa pensée, les parts d'intérêts des sociétés rentrent toutes sans distinction dans la catégorie des valeurs imposées, sauf les exceptions formellement prévues par la loi du 1er déc. 1875, pour les sociétés commerciales en nom collectif et les sociétés dites de coopération, etc. »

592. *Société civile ayant pour objet des spéculations immobilières. Parts d'intérêts.* De même que la nature mobilière ou immobilière des biens composant l'actif d'une société civile est indifférente pour résoudre la question d'exigibilité de la taxe, de même une société ne peut se soustraire à l'impôt sous prétexte que son objet doit consister uniquement en spéculations immobilières, telles que l'achat d'immeubles en bloc, leur revente en plusieurs parcelles. La société objecterait en vain qu'elle n'a pas d'autres bénéfices à espérer que ceux résultant de la plus-value de son capital; ou que son capital est divisé en parts d'intérêt, et non par actions : ce sont là des considérations auxquelles le législateur est demeuré absolument étranger, et la généralité de ses dispositions n'autorise aucune de ces distinctions et permet d'atteindre toutes les sociétés civiles sans exception. Seine, 14 déc. 1877 (20,876 J.; 5077 R. p.; 16,017 Contr.; D. P., 79, 1, 229) et, sur pourvoi, arrêt de rejet de la chambre des requêtes du 18 nov. 1878; 20,911 J.; 5122 R. p.; 22,001 J. N; 5959 Rev. not.; 16,017 Contr.; Inst. 2619, § 2; P., 79, 166; S., 79, 1, 81; D. P., 79, 1, 229.

« La principale question soulevée par les demandeurs, disait M. le conseiller Dareste dans ses observations sur cette affaire, a déjà été résolue en principe et dans un sens contraire au pourvoi par un arrêt de cassation du 9 janv. 1877. (V. *supra*, n° 590.) La solution doit-elle être différente dans l'espèce actuelle, parce que le capital de la société est divisé en parts d'intérêt? On a essayé de la soutenir, mais les efforts du pourvoi vous paraîtront peut-être inutiles en présence du texte de l'art. 1er de la loi de 1872, qui, après avoir assis l'impôt sur les actions (§ 1er) et sur les obligations (§ 2) de toutes les sociétés, le fait porter (§ 3) « sur les intérêts, produits et « bénéfices annuels des parts d'intérêt en commandite dans les « sociétés, compagnies et entreprises dont le capital n'est pas « divisé en actions. » Le législateur n'a pas répété ici : « commerciales ou civiles »; mais il est évident que les trois paragraphes de l'art. 1er s'expliquent l'un par l'autre, et que l'intention du législateur a été d'assujettir à l'impôt tous les revenus sociaux, sans aucune exception. C'est, au surplus, ce qui a été législativement déclaré par la loi interprétative du

1er déc. 1875, qui a fait au principe deux exceptions, à savoir : 1° pour les parts d'intérêt dans les sociétés commerciales en nom collectif, et pour tout ce qui dépasse la commandite dans les sociétés en commandite dont le capital n'est pas divisé par actions; et 2° pour les parts d'intérêt dans les sociétés de toute nature dites de coopération. Ces exceptions ne s'appliquent pas aux sociétés civiles autres que les sociétés de coopération. Donc ces sociétés restent soumises à la règle générale. Un amendement avait été proposé tendant à faire une exception en leur faveur, mais cet amendement a été repoussé. Il a été entendu qu'à l'égard des sociétés civiles les choses resteraient en l'état. Or nous venons de montrer que la loi de 1872 ne fait aucune distinction. »

593. Par application de la même règle, un jugement du tribunal de la Seine du 29 déc. 1882 (22,183 J.; 6178 R. p.; 23,122 J. N.; 16,751 Contr.) et, sur pourvoi, un arrêt de la chambre civile du 13 avril 1886 (22,659 J.; 6665 et 6816 R. p.; 23,607 J. N.; 17,160 Contr.; 7372 Rev. not.; S., 87, 1, 181; D. P., 86, 1, 185; P., 87, 415) ont reconnu que le contrat par lequel plusieurs personnes, après avoir déclaré former entre elles une société civile et particulière ayant pour objet la mise en valeur de deux immeubles contigus leur appartenant, l'ouverture d'une ou plusieurs rues, la construction de plusieurs maisons et leur vente, ont déterminé les apports de chacun des contractants et réglé le partage des bénéfices à réaliser, présente tous les caractères essentiels du contrat de société et donne naissance à une véritable société civile, bien qu'il n'y ait ni raison sociale, ni siège social, et que l'acte constitutif n'ait pas été publié, les sociétés civiles n'étant pas soumises à ces conditions. En conséquence, les parties ne peuvent se soustraire au payement de la taxe, sous prétexte que la société constitue une société en participation.

Nous reviendrons sur cet arrêt lorsque nous étudierons la question d'exigibilité de l'impôt dans les sociétés en participation. (V. *infra* n° 621.) Notons ici, seulement, qu'il consacre, comme les décisions que nous venons de citer précédemment, l'assujettissement des sociétés civiles ayant un objet purement immobilier aux dispositions de la loi du 29 juin 1872.

594. *Exploitation d'une forêt indivise entre les associés.* Décidé, dans le même ordre d'idées, que l'impôt sur le revenu est dû par une société civile formée entre les copropriétaires indivis d'une forêt pour la gestion et l'exploitation des coupes à y faire. Évreux, 25 mai 1883; 22,315 J.; 6265 R. p.; 23,243 J. N.; P., 85, 474; S., 85, 2, 24; — Thonon, 21 déc. 1887; 23,050 J.; 7047 R. p.

595. Société universelle de tous biens. — Puisque, d'après les règles que nous venons d'exposer, toutes les sociétés civiles sont soumises à la taxe, il n'y a aucun motif pour en excepter soit les sociétés universelles de tous biens, soit les sociétés universelles de gains que le Code civil définit dans ses articles 1837 à 1840. Ces sociétés tombent, aussi bien que les sociétés particulières, sous l'application de la loi du 29 juin 1872.

On ne peut opposer à cette solution, ni que les sociétés de l'espèce n'ont pas de capital exprimé, ni qu'elles ne sont pas divisées en parts d'intérêt, ni qu'elles ne distribuent ordinairement aucuns revenus en dehors des sommes nécessaires aux besoins et aux dépenses personnelles des associés. Ces diverses objections n'ont pas empêché le tribunal de la Seine de déclarer soumise à la taxe une société universelle de tous biens formée entre deux frères, dans laquelle ces derniers avaient fait entrer tous leurs biens présents et tous les gains à réaliser pendant l'existence de l'association. Jugement du 8 juin 1877; 20,432 J.; 4726 R. p.; 15,813 et 16,037 Contr.

Sur le pourvoi formé contre ce jugement, M. le conseiller Dareste a affirmé la généralité des dispositions de la loi et réfuté les objections que nous venons de préciser dans les termes suivants :

« Il s'agit, dit le pourvoi, d'une société universelle de tous biens et de tous gains, attribuant à chacun des deux associés les pouvoirs les plus étendus pour gérer, administrer et aliéner les biens meubles et immeubles de la société. Or l'exemption d'une semblable société doit résulter *a fortiori* de l'exemption accordée par la loi de 1875 aux sociétés commerciales en nom collectif. Cet argument est sans valeur, attendu qu'en se servant de ces expressions « sociétés commer- « ciales en nom collectif », le législateur a manifestement voulu exclure les sociétés *civiles*.

« Quant à l'objection consistant à dire que cette société n'est divisée ni en actions, ni en parts d'intérêt, elle est formellement démentie par l'art. 5 du pacte social, qui fixe à *la moitié* la part de chacun dans les bénéfices comme dans les pertes de la société.

Enfin, on prétend qu'il n'a pas été et qu'il ne pouvait pas être distribué de dividende, l'art. 6 de l'acte social n'ayant d'autre objet que d'assurer une égalité parfaite entre les deux associés au moyen de prélèvements avant partage ; mais l'art. 2 de la loi du 29 juin 1872 répond à cet argument en déterminant le mode suivant lequel doit être évalué le revenu pour les parts d'intérêt et commandites. Peu importe que la société n'ait pas de capital déterminé : on supplée à cette détermination par une déclaration estimative que l'Administration peut contrôler par tous les moyens que la loi met à sa disposition. Le chiffre du capital étant ainsi arrêté, on calcule sur cette base le revenu annuel à 5 p. 100, comme le veut la loi de 1872. En vain allègue-t-on que les parties se sont interdit à elles-mêmes toute distribution de revenus, et qu'elles ont résolu de mettre ces revenus en réserve pour les ajouter au capital : la loi n'a pas voulu entrer dans l'examen des faits; elle a réglé à forfait le revenu annuel de l'impôt, pour couper court à toutes difficultés et pour déjouer les combinaisons de la fraude. »

Conformément à ces conclusions, le pourvoi a été rejeté, le 28 janv. 1879, par un arrêt ainsi conçu :

« Attendu que l'art. 1er de la loi du 29 juin 1872, qui établit une taxe annuelle sur les produits des actions, des obligations et des parts d'intérêt dans les sociétés, compagnies et entreprises, est général et n'a entendu faire aucune exception; qu'il s'applique à toutes sociétés, commerciales ou civiles, sans distinguer entre les capitaux mobiliers ou immobiliers; — Attendu que si, aux termes de la loi du 1er déc. 1875, ces dispositions ne sont pas applicables aux parts d'intérêt dans les sociétés commerciales en nom collectif, les sociétés civiles restent par là même soumises à la taxe, alors même qu'elles sont universelles; — Attendu, d'ailleurs, qu'aux termes de l'art. 2 de la loi du 29 juin 1872, le revenu des parts d'intérêt est déterminé, à défaut de délibération des conseils d'administration, par l'évaluation à raison de 5 p. 100 du capital social; que, dans le cas où le capital social est indéterminé, il doit être fait une déclaration estimative, conformément à l'art. 16 de la loi du 22 frim. an 7; — Attendu, dès lors, qu'en assujettissant à la taxe le produit des parts d'intérêt de la société civile formée entre les deux frères Pereire, sans s'arrêter aux objections tirées soit du caractère universel de ladite société, soit de l'indétermination du capital, soit de l'absence de produit, le jugement attaqué, loin de violer les dispositions invoquées par le pourvoi, en a fait, au contraire, une juste application;

« Par ces motifs, etc... » — 20,979 J.; 5157 R. p.; 22,029 J. N.; 16,037 Contr.; Inst. 2619, § 3; S., 80, 1, 87; P., 80, 176; D. P., 79, 1, 293.

596. Société civile entre époux. — La question s'est posée de savoir si une société civile formée entre époux doit être assujettie à la taxe de 3 p. 100. L'Administration l'a résolue dans le sens de l'affirmative, à propos d'une société formée entre époux séparés de biens, par une solution du 27 fév. 1884, dont les motifs méritent d'être rapportés.

« Aucune disposition législative, porte cette solution, ne prohibant les sociétés entre mari et femme, les époux ont, en thèse générale, la capacité nécessaire pour former entre eux une société après le mariage. (Rodière et Pont, Du Contr. de mariage, 2e édit., n° 1357; P. Pont, Des Soc. civ. et comm., t. Ier, nos 37 et 38, t. II, n° 827; Laurent, t. XXVI, n° 140.) Il est sensible, d'ailleurs, qu'une société ainsi constituée ne peut être valable qu'à la condition de maintenir les conventions matrimoniales dans leur intégrité et de respecter les restrictions que la loi a apportées à la liberté de disposer. Aussi a-t-il été décidé que des sociétés de commerce établies entre mari et femme étaient entachées de nullité, soit parce qu'elles portaient atteinte au principe de l'incommutabilité des conventions matrimoniales, soit parce qu'elles avaient été formées en vue d'assurer à l'un des époux des avantages excédant la portion dont son conjoint pouvait disposer en sa faveur. (Cass. (crim.), 9 août 1851; S., 52, 1, 281; — C. Paris, 14 avril 1856; S., 56, 2, 369; — Cass., req., 7 févr. 1860; S., 60, 1, 414; — C. Metz, 22 août 1861; S., 62, 2, 330; — C. Paris, 24 mars 1870; S., 71, 2, 71.)

« Ces causes de nullité n'existent pas lorsqu'il ne résulte de la convention aucun avantage indirect ou réciproque et qu'il s'agit, comme dans l'espèce, d'une société civile entre époux séparés de biens. Sous ce régime, la femme conserve l'entière administration de sa fortune et la libre disposition de son mobilier; elle a, de plus, le droit d'aliéner ses immeubles avec le consentement de son mari ou l'autorisation de la justice. (C. civ., 1536 et 1538.) Dans ces limites, elle a incontestablement qualité pour s'engager dans les liens d'une société, et, par conséquent, pour s'associer avec son mari. Une pareille association ne portant pas atteinte au contrat de mariage, les deux contrats peuvent coexister sans se contrarier, et rien ne s'oppose à ce qu'ils produisent l'un et l'autre les effets qui leur sont propres.

« La validité de la société formée entre les époux G..., aux termes de l'acte notarié du 9 août 1853, paraît, dès lors, certaine.

« On objecte en vain que l'acte de société a apporté une dérogation importante au contrat de mariage en transférant au mari la gestion d'une portion des biens dont la femme s'était réservé l'administration, et que la faculté accordée au survivant de conserver les valeurs sociales sous certaines conditions a eu pour but de permettre au sieur G..., le cas échéant, de s'approprier les immeubles de sa femme, sans avoir à recourir à une vente publique. La prétendue dérogation apportée au contrat de mariage n'est que l'exercice d'une faculté légale, puisque si, en principe, la femme séparée de biens a le droit de jouir et d'administrer, il lui est permis de déléguer ce droit à son mari. (C. civ., 1539, 1577 et 1578.) Quant à la clause relative à la conservation des valeurs sociales, on pourrait peut-être y voir une vente entre époux, prohibée par l'art. 1595 C. civ. Mais son inefficacité reste sans influence sur les autres stipulations du pacte social et n'empêche pas celles-ci de recevoir leur exécution.

« Il importerait peu, au surplus, que la société dont il s'agit renfermât des causes de nullité. C'est un principe reconnu que l'Administration, n'étant pas juge de la validité des actes, doit régler la perception d'après leur forme extérieure, sans avoir à rechercher si la convention est susceptible d'être annulée et quelle est la nature de la nullité. (Inst. 2664, § 4.) Au cas particulier, l'acte du 9 août 1853 présente bien les caractères distinctifs du contrat de société : une mise en commun et l'intention de partager des bénéfices (art 4 et 6 des statuts). Cela suffit pour qu'il tombe sous l'application des dispositions de l'art. 1er de la loi du 29 juin 1872, « lesquelles « atteignent, sans exception, ni réserve, toutes les parts d'in- « térêt dans les sociétés, quels qu'en soient les caractères et « la nature » (Cass., 23 août 1875, quatre arrêts; 18 nov 1878 et 28 janv. 1879, arrêts précités). » 22,344 J.; 6301 R. p.

597. Peut-être y aurait-il lieu de contester quelques-uns des motifs sur lesquels s'appuie cette solution. En soutenant notamment qu'une société civile peut valablement se former entre époux, l'Administration se met en opposition avec un arrêt très formel de la Cour de cassation, du 7 mars 1888, qui décide en principe que la constitution d'une société entre époux, même séparés de biens, est incompatible avec la règle fondamentale de l'immutabilité des conventions matrimoniales. 7955 Rev. not.

Mais ce même arrêt fournit un appui à la doctrine de l'Administration, dans un autre de ses considérants, où il déclare que la nullité de la société ne fait pas disparaître en fait les rapports d'affaires qui ont pu exister entre les prétendus associés. Chacun d'eux peut donc, le but de l'association ayant d'ailleurs été licite, demander le partage de l'actif et du passif résultant des opérations faites en commun.

Or, ainsi que nous l'établissons plus loin, il suffit que l'Administration puisse établir l'existence d'une société de fait pour que, nonobstant l'absence de toute constitution régulière et nonobstant la nullité dont la société peut être entachée, elle soit fondée à exiger la taxe de 3 p. 100. — V. *infra*, nos 640 et suiv.

Ce motif, à défaut de ceux qui ont été invoqués dans la solution du 27 fév. 1884, suffit à justifier la jurisprudence de l'Administration.

598. Sociétés agricoles. Pactes de famille. — Il est certain qu'à s'en tenir à la rigueur du droit, la jurisprudence que nous venons d'analyser conduit à décider que la taxe est due par les sociétés civiles constituées dans un but exclusivement agricole, de même que par les sociétés créées en vue de spéculations immobilières (*supra*, n° 592), ou de l'exploitation d'immeubles urbains (*supra*, n° 589), ou, enfin, de l'exploitation d'une forêt (*supra*, n° 594). Mais l'interprétation touche ici au *summum jus*, et la plus grande prudence s'impose, en cette matière, à l'Administration. Sans parler de certaines associations que la loi civile a prévues, tout en s'abstenant de leur donner la qualification de société, telles que le bail à cheptel, le bail à colonage et autres contrats de même nature, et qui échappent incontestablement aux dispositions de la loi de 1872, l'industrie agricole donne lieu à la création de nombreuses sociétés de fait qu'il serait excessif, malgré l'exactitude du principe formulé sous le n° 597, de soumettre à la taxe de 3 p. 100.

C'est ce que l'Administration a compris et ce sont, sans doute, des motifs de cette nature qui l'ont déterminée à ne pas étendre l'application de l'impôt aux associations ou pactes de famille formés entre parents ou alliés en ligne directe, entre frère et sœurs ou alliés au même degré, pour l'exploitation en commun d'immeubles ruraux appartenant respectivement aux associés, ou affermés conjointement ou par l'un deux. Sol. 21 janv. 1881; 30 sept. 1881; 21,652 J.; 5959 R. p.; 16,644 Contr.; D. P., 82, 5, 422.

Tout en faisant cette concession aux considérations d'équité, l'Administration a tenu à la renfermer dans les limites les plus étroites, et elle décide que le bénéfice des solutions précitées ne peut être étendu à une association comprenant des immeubles urbains, des valeurs incorporelles, des meubles ou des capitaux autres que les immeubles ruraux faisant l'objet de l'exploitation commune. Sol. 15 mars 1882; — 21 fév. 1883; — 3 mars 1884; — 19 juil. 1884, citées par M. Besson, Traité de la taxe de 3 p. 100, n° 49.

C'est ainsi qu'elle a rendu plusieurs décisions, non publiées, qui ont reconnu l'exigibilité de la taxe à la charge de certaines sociétés en usage dans les Charentes et dans d'autres départements du midi, formées entre les membres de la même famille, pour la fabrication et la vente des eaux-de-vie provenant de leurs récoltes. Ces sociétés qui se constituent ordinairement, par contrat de mariage, entre les futurs époux et les père et mère de l'un d'eux, comportent à la fois des apports immobiliers et des apports en argent. Elles ont un siège social, une administration et sont pourvues en un mot de tous les rouages qu'on rencontre dans les sociétés civiles. Nous croyons devoir transcrire ici une de ces clauses à l'égard desquelles l'Administration a reconnu l'exigibilité de la taxe.

« Il est formé entre M. J. G. père et Mme J. B., son épouse, M. J. G., leur fils, futur époux, et Mlle M. T., future épouse, une société de biens présents dans laquelle ils confondent, savoir : Mlle M. T., la dot qui vient de lui être constituée par ses père et mère, M. J. G., fils, le tiers qui lui a été constitué dans les immeubles de ses père et mère, et les époux G., père et mère, tout le surplus de leurs biens immeubles. — Comme les futurs époux iront, aussitôt la célébration du mariage projeté, faire leur demeure en la maison et compagnie des époux G., il s'établira, par le seul fait de cette demeurance entre eux quatre, à partir d'aujourd'hui, une société universelle de gains et profits par quart entre eux. — Cette société comprendra tous les objets mobiliers, capitaux placés, denrées et eaux-de-vie, que possèdent actuellement J. G. et J. B. — Ladite société de gains et bénéfices comprendra aussi les revenus de tous les biens des sociétaires, le produit de leur travail et de leur industrie, le résultat de leurs économies, les acquêts, augmentations et améliorations de toute sorte.— Cette société commencera aujourd'hui; sa durée sera illimitée; son siège est fixé à X, en la demeure des parties; MM. J. G. père et J. G. fils en seront les seuls chefs et administrateurs, et elle ne sera engagée que par le consentement des deux à la fois. — Les charges de cette société de gains et bénéfices seront notamment: les impôts et frais de culture des biens des sociétaires, les frais du ménage commun, ceux d'entretien et d'éducation des enfants à naître de l'union projetée. — Lors de dissolution des associations qui précèdent, tous les biens présents des quatre sociétaires et toutes les choses qui composeront l'actif de la société de gains et bénéfices plus haut stipulée seront partagés par quart. »

Les parties, dans cette clause et dans toute autre clause semblable, manifestent trop expressément leur volonté de former entre elles une véritable société, selon toutes les règles du droit civil, pour qu'il soit possible de les soustraire à l'application de la taxe. Ce serait créer une exception qu'aucune considération juridique ne peut justifier et énerver dans son principe la loi que l'Administration est chargée d'appliquer.

599. Indivision ou communauté. Distinction avec la société civile.—Il est certain que la loi du 29 juin 1872, malgré la généralité de ses expressions, n'atteint que les collectivités qui ont le caractère de sociétés ou qui comportent la création de valeurs semblables à celles qu'on rencontre dans les sociétés. — V. *infra*, n° 645. On ne doit donc pas confondre avec une société civile la convention par laquelle les parties établissent entre elles une communauté d'intérêts, ou conviennent de rester un certain temps dans l'indivision.

Nous avons, d'après Pothier et Paul Pont, fait ressortir dans notre Dictionnaire, v° Société, n° 19, les différences qui séparent la société de la convention de communauté ou d'indivision. « La société et la communauté, dit Pothier, ne sont pas même chose. La société est un contrat... Lorsque, en exécution de ce contrat, les contractants ont effectivement mis en commun ce qu'ils sont convenus d'y mettre, c'est une communauté qui se forme entre eux. Mais cette espèce de communauté s'appelle société, parce qu'elle est formée en exécution d'un contrat de société. Il y a aussi une communauté qui se forme entre plusieurs personnes, sans qu'il soit intervenu entre elles aucune convention ni, par conséquent, aucun contrat de société, comme lorsqu'une succession est échue à plusieurs héritiers, ou qu'un legs a été fait conjointement à plusieurs légataires : il y a une communauté de succession entre ces héritiers; il y a entre ces légataires une communauté des choses qui leur ont été léguées, mais il n'y a pas entre eux de société. Cette communauté n'est pas un contrat, mais c'est un quasi-contrat. »

« Cependant, ajoute M. Pont, pour compléter ces observations, bien qu'elle soit vraie en elle-même, la différence que signale ici Pothier n'est pas absolument caractéristique. Sans doute, la société et la communauté ont très habituellement une origine différente. Mais le texte même d'Ulpien, auquel Pothier emprunte ses exemples, montre qu'en quelques cas la société et la communauté peuvent avoir la même origine (cette dernière pouvant procéder, comme la société, d'un accord de volontés).

« Il faut donc, sans s'attacher spécialement à la question d'origine, envisager la communauté et la société quand elles existent déjà, et rechercher en quoi elles diffèrent. Or, un fonds commun, des intérêts communs, des droits, se rencontrant dans la chose qui en est l'objet, voilà sans doute ce qui existe pour la communauté, aussi bien que pour les associés : *res communis*. Mais pour les premiers, entre eux, il y a cela seulement, tandis qu'entre les associés, il y a cela et quelque chose de plus : l'*affectio societatis*, selon l'expression d'Ulpien. Ainsi, nous reconnaissons la communauté à cette copropriété simple, à cette indivision immobile, à ce rapprochement, à cette coexistence des intérêts plutôt qu'à leur mélange et à leur union, tandis que la société apparaît dans l'action, dans le mouvement, dans l'intention des parties, qui, prenant l'état de communauté non plus comme un état de jouissance calme et de repos, mais comme un instrument de gain, l'emploient et s'en servent pour réaliser les bénéfices convoités. En un mot, la communauté et la société se distinguent par l'esprit qui les anime, le but qu'elles poursuivent. Y a-t-il un état actif, la poursuite d'une pensée de lucre par la mise en communauté de la chose commune, c'est la société; y a-t-il un état passif, transitoire, dont l'existence inévitable n'a d'autre raison d'être que de conduire à l'état contraire, le partage, c'est la communauté. » P. Pont, Des Sociétés, I, 75.

600. Il est parfois assez difficile de distinguer, dans une convention, si l'*affectio societatis* prédomine assez pour caractériser l'état de société. Cependant le doute n'est guère possible lorsque les parties ont mis en commun des biens leur appartenant, en adoptant, pour la gestion et l'exploitation de ces biens, des mesures qui prouvent que leur but est de réaliser des bénéfices. C'est sur une convention de cette nature qu'ont statué le jugement de Saint-Etienne du 26 déc. 1883, et l'arrêt de la Chambre des requêtes du 9 nov. 1886, rapportés *supra*, n° 591. Il s'agissait, comme nous l'avons vu, de divers propriétaires, concessionnaires d'une mine, qui avaient mis en commun leurs concessions pour partager les bénéfices qui résulteraient de cette exploitation commune, au prorata de leurs apports. Les parties niaient que cette convention constituât une véritable société; mais leur prétention devait échouer et a échoué, en effet, devant les constatations de fait du jugement, duquel il résultait notamment qu'en 1824 les demandeurs primitifs de la concession de Beaubrun avaient déclaré se réunir en vue de la concession à obtenir et de l'exploitation qui devait en être la suite; qu'en 1825 cette concession avait été accordée aux demandeurs *constitués en société;* qu'en 1857, les nouveaux titulaires de la concession, à la suite de nombreux procès, et pour y mettre fin, s'étaient reconnus réunis et constitués *à l'état de société;* qu'enfin, en 1858, les parties avaient nommé un gérant, qui pendant vingt années avait toujours pris la qualité de directeur de la compagnie des mines de Beaubrun, et avait, en cette qualité, non seulement dirigé les travaux d'exploitation, mais encore figuré dans de nombreux actes relatifs à des transmissions de droits de propriété...

L'interprétation du tribunal reposait donc sur des faits trop précis et trop caractéristiques pour n'être pas approuvée par la Cour de cassation, et on ne saurait s'étonner que le pourvoi formé contre son jugement ait été rejeté.

601. Le tribunal d'Evreux, dans son jugement précité du 25 mai 1883 (22,315 J.; 6265 R. p.; 23,243 J. N.; P., 85, 474; S., 85, 2, 24), a eu également de justes motifs, selon nous, pour reconnaître le caractère de société à un contrat par lequel plusieurs personnes copropriétaires par indivis d'une forêt, avaient 1° déclaré expressément former entre elles une société civile pour l'exploitation des coupes à faire dans cette forêt; 2° fait apport à la société, chacune, de la superficie lui appartenant; 3° nommé un gérant; 4° et enfin fixé le mode de répartition des bénéfices.

« Attendu, il est vrai, que Mme Charpentier nie que l'acte du 5 janv. 1869 ait constitué une véritable société; qu'elle soutient que c'est à tort et imprudemment que la forme et les dénominations des sociétés ont été employées; qu'il n'y a là qu'une fausse apparence, démentie par le fond et l'objet même de la convention; qu'on n'a voulu organiser autre chose qu'une exploitation, qu'une administration en commun, existant en fait depuis l'acquisition du 10 mai 1859, et que l'acte notarié n'a fait que réaliser par écrit;

« Attendu que l'art. 1832 C. civ. donne du contrat de société la définition suivante : « La société est un contrat par « lequel deux ou plusieurs personnes conviennent de mettre « quelque chose en commun, dans la vue de partager le bé- « néfice qui pourra en résulter »; que, par conséquent, les deux éléments essentiels de la société sont : 1° des apports mis en commun; 2° l'intention de réaliser des bénéfices;

« Attendu que Mme Charpentier nie l'existence des apports, en se fondant sur ce que chacune des parties demeurait propriétaire de son lot et libre de l'aliéner; mais attendu que l'art. 3 des statuts contient l'énumération des apports et que, s'il est vrai que l'art. 7 prévoit la possibilité de l'aliénation, par l'un des associés, du fonds des coupes qui lui appartiennent, il lui impose l'obligation de céder au même acquéreur ses droits dans la société, et que, réciproquement, il ne peut céder ses droits à aucun autre qu'à l'acquéreur du fonds des coupes; si bien que la qualité d'associé et celle de propriétaire du fonds sont indissolublement liées pour toute la durée de la société, et qu'il en résulte que chacun des associés s'est dessaisi de la jouissance de son lot au profit du gérant qui, seul, a le pouvoir d'administrer et ne peut être révoqué que sous certaines conditions;

« En ce qui concerne les bénéfices : Attendu que Mme Charpentier nie que telle ait été l'intention des parties; qu'elle soutient que les parties ne se sont associées que pour éviter des pertes; que les coupes exploitées n'étaient pas à proprement parler des bénéfices, mais des produits de la terre, et qu'en réalité l'association était une mutualité ne tombant pas sous le coup de la loi du 29 juin 1872; — Mais attendu que, si l'art. 5 des statuts fixe le mode de répartition des bénéfices, il n'est au contraire nulle part, dans l'acte, question de pertes à éviter qui seraient l'objet principal de la convention; que l'on conçoit très bien, au contraire, que les parties aient vu un avantage dans la mise en commun de leurs lots; qu'outre le produit des coupes, il en résulte pour elles des avantages incontestables, tels que la location du droit de chasse, la diminution des frais d'exploitation, la suppression de la concurrence résultant d'entreprises séparées. »

V. dans le même sens : Thonon, jugement précité du 21 déc. 1887; 23,050 J.; 7047 R. p.

602. Il nous semble d'ailleurs difficile de contester à une convention le caractère de société, quel que soit au fond le véritable but que les parties se proposent, lorsqu'elles ont déclaré expressément se constituer en société, pour une durée déterminée (soixante ans par exemple), avec une raison sociale; qu'elles ont organisé une administration, divisé le fonds mis en commun en un certain nombre de parts d'intérêt, et réglé le mode de répartition des bénéfices; et cela alors même que la société n'aurait pas d'autre fonds social que des actions d'une compagnie appartenant indivisément aux contractants, et pas d'autre objet que le recouvrement et la distribution entre eux des dividendes de ces actions. Le tribunal de Nancy, par jugement du 30 juil. 1883, s'est prononcé en sens contraire et a refusé de reconnaître à l'Administration le droit de réclamer la taxe à une société de cette nature. 22,467 J.; 23,534 J. N.; D. P., 84, 3, 79.

Mais cette décision, ainsi que nous l'avons fait observer sous le n° 22,467 du Journal, soulève les plus sérieuses critiques.

En effet, disions-nous, le principe qui prévaut en jurisprudence, et d'après lequel les sociétés civiles, quel que soit leur objet, sont assujetties à la taxe sur le revenu (V. J., nos 22,183, 22,315 et 22,344), n'était pas en cause et n'a pas été contesté dans l'instance. Le point litigieux consistait uniquement dans la question de savoir si la convention passée entre les parties avait créé entre elles un simple état d'indivision, ou une véritable société.

Il n'est pas nécessaire, pour qu'il y ait société, que le bénéfice en vue duquel la convention est passée consiste en une somme d'argent; il suffit que ce soit un avantage commun, appréciable à prix d'argent. Ulpien cite comme exemple deux voisins qui s'associent pour faire construire un mur de soutènement destiné à supporter les ouvrages de l'un et de l'autre. (L. 52, § 13, ff. *Pro socio.*) Pothier donne également le nom de société à la convention de deux personnes qui achètent en commun un équipage pour en jouir chacune à leur tour. (Pand. Just., lib. XVII, tit. II, n° 133.) C'est ainsi encore que, d'après Troplong (n° 16), on doit voir une société dans la convention par laquelle les habitants d'une ville achètent en commun un jardin, afin que chacun puisse s'y promener avec sa famille, et créent un certain nombre d'actions qui sont réparties entre les acquéreurs. V. Dalloz, Jur. gén., v° Société, n° 94.

Ces exemples suffisent à montrer à quel point de vue on doit se placer pour distinguer la société de la simple communauté. Ils font toucher du doigt l'erreur commise par le tribunal de Nancy. Les parties poursuivaient, dans l'espèce, en mettant en commun leurs actions, un avantage parfaitement déterminé et appréciable en argent. Il s'agissait pour elles d'être représentées aux assemblées de la société dont les actions leur appartenaient, d'être en mesure d'y discuter utilement leurs intérêts. Sans doute, elles auraient pu prendre une voie différente pour atteindre leur but; il eût peut-être suffi de confier un mandat collectif à la personne qu'elles ont chargée de l'administration de leur société : mais peut-être aussi ce moyen leur a-t-il paru insuffisant et dépourvu des garanties qu'elles entendaient s'assurer. Dans tous les cas, ce n'est pas ce qu'elles ont fait : les clauses de l'acte sont trop explicites à cet égard pour que cette interprétation de leur volonté soit admissible. Il ne serait permis de s'y rallier que si l'objet de leur convention résistait en fait et en droit à la qualification qui lui a été donnée. Or, il n'en est pas ainsi, puisque, comme nous venons de le démontrer, le but poursuivi par elles peut très bien faire la matière d'un contrat de société.

Pour repousser la réclamation de l'Administration, il a fallu que le tribunal ne tînt aucun compte des différentes clauses de l'acte, qui toutes caractérisent la société et sont exclusives de l'état d'indivision. Ainsi, c'est en vain que les parties ont divisé le fonds social en parts d'intérêt; cette clause devrait, dans l'esprit du tribunal, rester lettre morte; car la simple communauté, ne créant pas d'être moral, ne peut donner naissance à de véritables parts d'intérêt.

Il faut en dire autant de la clause qui fixe à soixante ans la durée de la société. Étant donné que l'acte n'a fait que régler l'état d'indivision des communistes, cette clause est nulle comme étant contraire à la règle posée par l'art. 815 du Code civil.

Ainsi les qualifications expresses données par les parties à leurs conventions, les rapports d'intérêts qu'elles ont entendu créer entre elles, les effets juridiques qu'elles ont prévus et déterminés, tout est méconnu par le tribunal. Sa décision efface les déclarations du contrat et leur substitue une interprétation non seulement contraire à ces déclarations, mais encore incompatible avec les effets que la volonté des parties, clairement exprimée, y avait attachés.

Ce jugement n'aurait pas échappé à la censure de la Cour de cassation, si l'Administration s'était déterminée à former un pourvoi. Il est vraisemblable que l'exécution n'en a été ordonnée qu'à raison du peu d'intérêt doctrinal de la question, le tribunal ayant statué en fait, et les difficultés de cette nature n'étant pas susceptibles de se reproduire fréquemment.

603. Absence d'être moral. — Pour que la loi de 1872 soit applicable, il faut sans doute qu'il y ait une société formée entre les parties; une simple indivision, ainsi que nous venons de le dire, ne tombe pas sous le coup de ses dispositions. Mais il n'est nullement nécessaire que la société donne naissance à un être moral distinct de la personne des associés. C'est là une condition que la Cour de cassation n'a jamais exigée, et qu'elle a au contraire repoussée dans de nombreux arrêts. — V. notamment : Cass., 9 janv. 1877; 20,267 J.; 21,600 J. N.; 15,714 Contr.; 4559 R. p., Inst. 2570, § 5; S., 77, 1, 134; P., 77, 304; D. P., 77, 1, 400; — Ch. civ., 9 nov. 1886 ; 22,770 J.; 6796 R. p.; 23,779 J. N.; 17,283 Contr.; Inst. 2735, § 4; P., 88, 52; S., 88, 1, 33; D. P., 87, 1, 341. — Comp. Cass., arrêt du 30 déc. 1884, rendu en matière de droit gradué dans les sociétés en participation ; 22,396 J.; 6407 R. p.; 23,416 J. N.; 17,017 Contr.; Inst. 2716, § 3; S., 86, 1, 321; D. P., 85, 1, 201.

D'après ces décisions, il importe peu de rechercher, pour l'application de la taxe, s'il existe un être moral au profit duquel les associés ont aliéné les biens formant leur apport, ou s'ils sont simplement restés copropriétaires par indivis de ces biens.

Ainsi que le faisait observer M. le conseiller Voisin dans son rapport sur l'affaire des mines de la Loire, qui a donné lieu à l'arrêt du 9 nov. 1886, cité *supra*, n° 591, « Pothier (Sociétés, n° 3) présente les associés, dans une société civile, comme copropriétaires par indivis des choses apportées en société. M. Pont (Soc., n° 126) partage la même opinion, et M. Bravard, établissant les différences qui séparent la société, personne morale, de la société n'ayant pas ce caractère, dit dans son Traité de droit commercial (t. I, n° 170) : « ... Suivant que pour les sociétés on admettra ou qu'on rejettera « le caractère de personne morale, on arrivera à des conséquences toutes différentes : effectivement, si on ne l'admet pas, il s'ensuivra que .. la société constituera à « l'égard des associés une indivision conventionnelle, que le « fonds social ne sera qu'un fonds commun, dont ils seront « copropriétaires par indivis. »

« Il est donc tout à fait inutile de rechercher s'il y a ou non indivision entre les associés ; car cette indivision n'est pas du tout exclusive de l'idée de société en général; elle est exclusive de la société personne morale, mais la personnalité morale n'est pas la condition *sine qua non* de toute société; « concluons donc, dit M. Pont (t. I, n° 126), que la « fiction de l'être moral est, aujourd'hui comme dans le « passé, étrangère aux sociétés civiles, et que, sauf le cas « où elles affectent l'une des formes commerciales, ces so- « ciétés continuent à n'être que des réunions d'individus. »

« Ainsi il y a des sociétés qui n'ont pas de personnalité civile et qui sont cependant des sociétés : comme telles, elles tombent sous le coup des termes très généraux de la loi du 29 juin 1872, et il est dès lors, nous le répétons, sans aucun intérêt de rechercher si la société actuelle est ou n'est pas une personne morale, si ceux qui la composent ont ou n'ont pas des droits indivis sur ce qui a été mis en commun, si, dans certaines circonstances et pour des transmissions de parts d'intérêt dans les mines de Beaubrun, le droit immobilier a été perçu au lieu du droit mobilier! Nous avons montré qu'elle était une société, ce qui suffit pour qu'elle soit atteinte par la loi du 29 juin 1872. » — 22,770 J. V. dans le même sens : Cass., 13 avril 1886 (solution implicite); 22,659 J.; 6665 et 6816 R. p.; 23,607 J. N.; 17,160 Contr.; 7372 Rev. not.; S., 87, 1, 181 ; D. P., 86, 1, 185; P., 87, 415.

§ 5. — Sociétés coopératives.

604. Caractère des sociétés coopératives. Principes généraux. — Les sociétés coopératives ou sociétés à capital variable ont été réglementées par les art. 48 à 54 de la loi du 24 juil. 1867.

Nous résumerons en peu de mots les principes qui les régissent.

Ces sociétés présentent trois types principaux : 1° les sociétés de production, 2° les sociétés de crédit, et 3° les sociétés de consommation. Mais, en thèse générale, leur objet n'est pas limité et la forme prévue par la loi pour les sociétés coopératives peut s'appliquer à toute espèce d'associations, quels qu'en soient l'objet et la nature. C'est ainsi que, bien que ces sociétés soient ordinairement commerciales, elles peuvent aussi, à raison de la nature de leurs opérations, avoir le caractère de sociétés civiles.

Leur caractère distinctif réside dans la variabilité du capital, et consiste en ce que, d'une part, chaque associé a la faculté, sauf certaines restrictions mises à cette faculté par les art. 51 et 52 de la loi de 1867, et sauf convention contraire dans les statuts, de se retirer de la société en reprenant sa mise; en ce que, d'autre part, les statuts peuvent accorder à l'assemblée générale le droit d'exclure des membres de l'association ; et, enfin, en ce que le capital social reste susceptible soit d'augmentation au moyen des versements successifs des associés ou de l'admission d'associés nouveaux, soit de diminution par la reprise partielle des apports effectués.

Cette variabilité du capital n'est d'ailleurs, ainsi que le font observer MM. Lyon-Caen et Renault (Précis de droit commercial, n° 504), qu'une modalité des sociétés de toute nature, soit à forme civile, soit en nom collectif, soit en commandite, soit anonymes. Il résulte de là que les sociétés à capital variable sont soumises à toutes les règles inhérentes à la forme qu'elles ont adoptée, sauf les dérogations apportées à ces règles par les statuts, dans les limites permises par la loi du 24 juil. 1867.

Il n'est pas nécessaire, pour qu'une société puisse être considérée comme étant à capital variable, que le capital social soit à la fois susceptible d'augmentation et de diminution; il suffit qu'il ait été stipulé susceptible seulement soit de diminution, soit d'augmentation par l'accession de nouveaux associés ou par de nouveaux versements. Lyon-Caen et Renault, *loc. cit.*, n° 517.

Quant au caractère civil ou commercial de ces sociétés, il dépend, comme pour les autres sociétés, de la nature de leurs opérations. « Voici, disent MM. Lyon-Caen et Renault (n° 518, note 2), les décisions que nous adoptons sur les trois principales espèces de sociétés à capital variable. Les sociétés de production sont des sociétés civiles quand elles ont pour but l'exploitation d'une des industries extractives et agricoles ; elles sont commerciales, quand elles se rattachent à l'industrie commerciale ou manufacturière. Les sociétés de consommation sont civiles quand elles ne vendent pas au public, mais seulement aux associés. Il est vrai que ces sociétés font des achats de marchandises dans le but de les revendre aux associés ; mais il n'y a pas l'intention de spéculer nécessaire pour que l'achat fait pour revendre constitue un acte de commerce. Quant aux sociétés de crédit mutuel, il est difficile de ne pas leur reconnaître le caractère commercial, puisqu'elles font des opérations de banque et que ces opérations sont des actes de commerce, indépendamment de l'intention des parties. »

Nos lecteurs pourront compléter cet aperçu sur les sociétés coopératives ou à capital variable par ce qui a été exposé dans notre Dictionnaire, v^is Société, n°s 138 à 145, et Sociétés et Associations particulières, n°s 75 à 78.

605. Exemption. — *Loi du 1er décembre* 1875. Les sociétés coopératives, ayant incontestablement le caractère de sociétés, tombaient sous le coup des dispositions générales de la loi du 29 juin 1872, et devaient toutes sans exception la taxe de 3 p. 100. Sol. 29 janvier et 17 fév. 1873.

Une exception a été édictée en faveur de quelques-unes d'entre elles par l'art. 2 de la loi du 1er déc. 1875, qui porte que l'exemption accordée par l'art. 1er aux sociétés commerciales en nom collectif, s'applique aussi « aux *parts d'intérêt* dans les sociétés de toute nature, dites de coopération, *formées exclusivement entre des ouvriers ou artisans, au moyen de leurs cotisations périodiques* ».

606. Limites de l'exemption. — Toutes les sociétés coopératives, autres que celles spécifiées par la disposition qu'on vient de lire, restent soumises au droit commun, et, par conséquent, doivent la taxe, à moins que, par leur objet et par leur forme, elles ne rentrent dans la classe des sociétés commerciales en nom collectif. Il importe donc de bien préciser les conditions spéciales mises par la loi à l'exemption qu'elle édicte.

607. *Caractère de l'association.* La première condition pour que le bénéfice de la loi puisse être invoqué est qu'il s'agisse d'une véritable société coopérative.

L'instruction n° 2534 pose à cet égard la règle suivante :

« Les préposés remarqueront que les sociétés dites de coopération ne forment pas une classe particulière d'associations. Elles peuvent se constituer en sociétés civiles ou en sociétés commerciales, et elles peuvent prendre, dans chacune de ces deux catégories de sociétés, la forme qui convient le mieux à leurs intérêts. Elles se distinguent principalement des autres sociétés par leur objet, qui est de favoriser le travail personnel des ouvriers ou des artisans, en leur assurant des moyens de crédit mutuel, ou en augmentant leurs salaires par la suppression des entrepreneurs et intermédiaires, ou encore en leur faisant obtenir à prix réduits les choses nécessaires à la vie ou à l'exercice de leur profession. C'est donc par l'examen des statuts de chaque société qu'il est possible d'en déterminer le caractère pour l'application de l'art. 2 de la loi du 1er déc. 1875. »

Cette définition des sociétés coopératives est à la fois trop compréhensive et trop limitative : trop limitative, en ce qu'il peut exister des sociétés coopératives ayant un autre objet que celui qu'indique l'instruction ; trop compréhensive, en ce que la forme de la coopération suppose nécessairement la variabilité du capital social, ainsi que nous l'avons expliqué *supra*, n° 604. Une société dans laquelle cette variabilité n'existerait pas ne serait donc pas une société coopérative et ne rentrerait pas, selon nous, dans les prévisions de la loi de 1875.

608. *Parts d'intérêt. Actions. Emprunts et obligations.* L'exemption n'est accordée qu'aux *parts d'intérêt* dans les sociétés de coopération. Il en résulte incontestablement, ainsi que l'enseigne l'Administration (Inst. 2534), que la dispense d'impôt ne profite ni aux sociétés *par actions*, ni aux emprunts souscrits ou aux obligations émises par les sociétés coopératives, même par celles qui, étant divisées en parts d'intérêt et remplissant les autres conditions prévues par la loi, sont exonérées de la taxe sur le revenu de ces parts d'intérêt.

Il a été décidé, dans ce sens, que les sociétés coopératives formées entre cochers, lorsqu'elles sont constituées par actions et au moyen de versements qui n'ont pas le caractère de cotisations périodiques (autre condition exigée par la loi), ne bénéficient pas de l'exemption et doivent, en conséquence, la taxe de 3 p. 100 sur les intérêts et dividendes distribués aux actionnaires. Déc. min. fin., 7 avril 1887 ; 22,989 J.

« Les sociétés dont il s'agit, porte cette décision, ne remplissent pas toutes les conditions exigées par la loi pour échapper à l'application de la taxe du revenu. Si elles sont formées exclusivement entre ouvriers (cochers), leur capital n'est pas divisé en parts d'intérêt, mais en actions, et leurs statuts n'indiquent pas qu'il soit constitué, même pour partie, au moyen de cotisations périodiques.

« Parmi celles de ces sociétés dont les statuts portent expressément que le capital est divisé en actions, il faut citer : ...

« D'autres statuts disposent que le capital est divisé en parts de 500 francs chacune, « nominatives », ou représentées par des « récépissés nominatifs », transmissibles dans le cas d'exclusion, de décès ou de démission du titulaire, avec l'agrément de l'assemblée générale, c'est-à-dire de la majorité des associés. Malgré la qualification de parts d'intérêt donnée aux droits des sociétaires, cette circonstance, jointe à la division du capital en un grand nombre de fractions égales, suffit, d'après la jurisprudence de la Cour de cassation, à caractériser des actions (Inst. nos 2597-6, 2668-3, 2729-7).

« D'un autre côté, dans les onze sociétés précitées, les parts ou actions souscrites sont toutes libérées, soit du quart, soit de moitié de leur valeur nominale. Le capital initial n'est donc pas formé au moyen de cotisations.

« Enfin, les statuts ne prévoient pas le mode de libération des titres. Il est donc loisible au conseil d'administration de chaque société d'appeler le complément du capital social dans telles conditions qu'il le juge convenable. Rien ne l'oblige à faire compléter ce capital à l'aide de cotisations ; et, comme les versements complémentaires ont lieu nécessairement au fur et à mesure des besoins de la société, rien ne prouve surtout qu'ils seront effectués au moyen de cotisations périodiques.

« On objecte que les droits des associés ne présentent pas les véritables caractères des actions, attendu qu'ils ne sont pas représentés par des titres. Mais l'argument est inexact en fait, car la plupart des actions doivent donner lieu, d'après les statuts, à la délivrance de récépissés nominatifs ; d'autres font même l'objet de véritables certificats d'actions tirés d'un registre à souche. Le même argument manque en droit, car il n'est pas indispensable qu'une part sociale soit représentée par un titre pour réunir les caractères de l'action (C. comm., art. 36).

« Les pétitionnaires ne seraient pas mieux fondés à prétendre que leurs sociétés, créées en considération des personnes, ne sauraient être assimilées à des sociétés par actions, c'est-à-dire à des associations de capitaux. Dans les sociétés à capital variable autorisées par la loi du 24 juillet 1867 (art 48), et spécialement dans les associations coopératives qui sont constituées à personnel et à capital variables, « l'élément per- « sonnel joue toujours un rôle prédominant », quelle que soit leur constitution, c'est-à-dire « lors même qu'elles affectent la « forme de l'anonymat ou de la commandite par actions » (Pont, Soc. comm., 1769, 1752). Mais cette circonstance n'empêche pas qu'elles constituent en même temps des associations de capitaux : « Ce sont encore, a dit M. Ernest Picard dans la « discussion de la loi, des associations de capitaux, mais su- « bordonnées à des associations de personnes » (Pont, 1752, note 3).

« Au surplus, les associations des pétitionnaires ne sont pas seulement des sociétés de production en commun (Pont, 1729) ; elles constituent, en outre, des sociétés de placement. Il résulte en effet de la plupart des statuts produits que ces associations comprennent des sociétaires « actifs », c'est-à-dire travaillant pour la société, et d'autres associés qui ne paraissent fournir que leurs capitaux.

« Or, tous les statuts stipulent, au profit du capital versé par les associés, un intérêt annuel de 5 p. 100 à prélever sur les bénéfices, outre les dividendes, s'il y a lieu : pour les sociétaires non « actifs », ces intérêts et dividendes sont des produits d'actions, réalisés en dehors de tout travail personnel (19,935 J.), ce qui justifie d'autant mieux, à leur égard, la perception de la taxe. »

609. *Sociétés civiles. Sociétés commerciales.* « L'art. 2 de la loi comprenant, d'une manière générale, les sociétés de toute nature, et n'ayant pas, comme l'art. 1er, limité l'exemption aux sociétés commerciales, il y a lieu de reconnaître que les sociétés civiles de coopération doivent profiter de la dispense aussi bien que les sociétés commerciales. » — Inst. 2534.

610. *Ouvriers ou artisans.* La dispense d'impôt ne s'applique, aux termes de la loi, qu'aux sociétés formées *entre ouvriers ou artisans*, au *moyen de leurs cotisations périodiques.*

Il en résulte, ainsi que l'exprime l'instruction 2534, que, pour que l'exemption puisse être invoquée, « il est indispensable que la société soit formée exclusivement entre des ouvriers ou des artisans. Si l'un ou quelques-uns des membres avaient une qualité différente, l'association rentrerait sous l'empire du droit commun. »

610 *bis*. *Société de panification*. C'est ainsi que les sociétés de panification ouvertes non seulement aux ouvriers et artisans, mais aux personnes de toute condition, ont été reconnues passibles de la taxe sur les intérêts, dividendes, distribués à leurs membres, même sous forme de fournitures. Sol. 4 mai 1882, 21,899 J.; 16,668 Contr.

611. *Cotisations périodiques*. Il résulte encore des termes exclusifs de la loi qu'une société coopérative, fût-elle constituée entre ouvriers et artisans et divisée en parts d'intérêt, devrait néanmoins la taxe, si elle n'était pas formée au moyen de cotisations périodiques fournies par les ouvriers ou artisans qui en font partie. « Par conséquent, porte l'instruction 2534, lorsque la société reçoit d'autres cotisations, ou bien que ses cotisations ne sont pas périodiques, il n'y a pas lieu à dispense du droit. »

La décision du ministre des finances du 7 avril 1887, que nous avons rapportée en entier sous le nº 608, a confirmé cette interprétation.

612. *Sociétés de consommation*. Les sociétés coopératives de consommation, lorsqu'elles ne sont pas constituées exclusivement entre ouvriers et artisans, sont en principe assujetties à la taxe sur les bénéfices qu'elles distribuent à leurs membres. — V. *supra*, nº 611.

Mais on ne saurait considérer comme des bénéfices passibles de la taxe les sommes que les sociétés de l'espèce, constituées dans le but exclusif de procurer à leurs membres des denrées alimentaires au meilleur marché possible, remettent à ces derniers à la fin de chaque exercice, au prorata de leurs achats, et qui représentent la différence entre le prix de revient et le prix de vente des denrées. Sol. 4 mai 1882, 21,899 J.; 16,668 Contr.; — 5 mai 1882, 22,016 J.; 6142 R. p.; 23,089 J. N.; 16,744 Contr.; D. P., 83, 3, 128.

Cette dernière solution est ainsi conçue :

« Il existe à T., sous la dénomination de *Boucherie coopérative*, une association dont les statuts présentent les dispositions suivantes : — Art. 1er. La Société est constituée pour procurer à ses membres de la viande au meilleur marché possible. Les soussignés renoncent donc à toute idée de gain, à toute spéculation commerciale. — Art. 4. Le conseil d'administration approuve ou rejette les propositions d'admission. — Art. 5. Pour installer la boucherie, faire les dépenses de premier établissement, ainsi que l'achat des marchandises et objets nécessaires, les sociétaires s'engagent à verser une somme de 50 fr... La cotisation atteindra le chiffre de 100 fr. par l'excédent des recettes sur les dépenses partagé entre chaque sociétaire au prorata de sa consommation. Cet excédent sera porté au compte de chaque sociétaire, tous les ans, jusqu'à concurrence de 100 fr. Arrivé à ce chiffre, le sociétaire touchera son excédent annuel. — Le fonds de prévoyance est formé à l'aide de 5 cent. par kilog. ajoutés au prix de revient de la viande... Le surplus des excédents restera dans la caisse et sera partagé entre les sociétaires au prorata de leur consommation annuelle...

« Une société, telle que l'Association coopérative de la boucherie de T., qui a pour but exclusif de procurer à ses membres de la viande au meilleur marché possible (art. 1er), ne paraît pas susceptible de donner des bénéfices. Si parfois il arrive qu'elle procède à des répartitions entre les personnes qui en font partie, comme le prévoient les art. 5 et 18, les sommes qu'elle distribue ainsi ne peuvent représenter que des restitutions, car elles ont nécessairement pour origine les mises d'entrée et les différences entre le prix de revient et le prix de vente de la viande. Les sociétaires qui reçoivent ces sommes rentrent dans leurs avances, mais ne touchent pas un bénéfice. — L'impôt établi par la loi du 29 juin 1872 sur les intérêts, dividendes, revenus, produits et bénéfices des sociétés, ne peut donc être appliqué à l'Association coopérative de la boucherie de T. Cette association ne tombe pas non plus sous l'application des lois des 5 juin 1850 et 23 juin 1857. »

613. Certaines de ces sociétés de consommation se composent d'actionnaires ou associés ordinaires, qui fournissent le capital, et de simples adhérents, qui, sans verser aucun capital, alimentent les opérations par leurs achats de denrées. Les bénéfices sont répartis, dans une certaine proportion, entre le capital-actions et les adhérents qui participent aux gains réalisés suivant l'importance de leurs achats. Décidé, dans cette hypothèse, que la première portion des bénéfices, constituant un revenu d'action ou de part d'intérêt, est passible de la taxe; mais la seconde portion de bénéfices est exempte de la taxe, attendu qu'elle constitue moins un dividende ou revenu d'action qu'une restitution de partie du prix des achats faits à la société. Sol. 17 fév. 1873.

614. Société coopérative de production, constituée sous forme de commandite simple. — Une société coopérative de production, qui ne remplit pas d'ailleurs toutes les conditions exigées par la loi pour bénéficier de l'exemption, doit la taxe de la même manière et sur les mêmes bases que les sociétés ordinaires. Il en résulte notamment que, si elle a un caractère commercial et si elle est constituée sous forme de société en commandite simple, la part de bénéfices revenant aux gérants à un titre quelconque est exempte de la taxe. Mais la part de bénéfices revenant aux associés commanditaires pour le capital qu'ils ont apporté, est sujette à la taxe, bien qu'indépendamment de leur apport en capital ces derniers doivent fournir leur travail à l'association, attendu que cette obligation n'a pas pour effet de leur attribuer le caractère d'associés en nom et leur laisse au contraire leur qualité de commanditaires. Toutefois, la taxe n'est due que sur la part des bénéfices destinés à rémunérer leur apport en capital, à l'exclusion de celle qui leur est allouée en représentation de leur travail. Sol. 29 janv. 1873.

§ 6. — Associations religieuses.

615. Renvoi. — Après la promulgation de la loi du 29 juin 1872, on s'est demandé si les associations ou congrégations religieuses constituées dans la forme des sociétés tombaient sous le coup des dispositions de cette loi. La question a été diversement résolue. — V. deux dissertations publiées par nous sous les art. 19,891 et 20,619 J. — V. aussi les jugements suivants : Le Blanc, 2 mars 1875, 19,891 J.; 4179 R. p.; 15,562 Contr.; P., 75, 1135. — Seine, 6 juil. 1877, 20,459 J.; 4753 R. p.; 21,834 J. N.; 15,826 Contr.; — Alger, 14 fév. 1880; 21,421 J.; 5560 R. p.; 22,414 J. N.; 16,366 Contr.; — Amiens, 3 juin 1880, 21,840 J.; 5559 R. p.; 22,414 J. N.; 16,726 Contr.

Actuellement, la question n'a plus qu'un intérêt rétrospectif. Deux lois, en effet, en date du 28 déc. 1880 et du 29 déc. 1884, ont fixé la situation des associations religieuses vis-à-vis de l'impôt. Nous renvoyons nos lecteurs à la 6me partie de ce traité, où les dispositions de ces lois seront l'objet d'une étude approfondie. — V. *infra*, nos 1278 et suiv.

§ 7. — Sociétés en participation.

616. Définition et caractères de la société en participation. — L'Administration, dans un mémoire produit devant la Cour de cassation, dans l'affaire qui a donné lieu à un arrêt du 13 avril 1886 (V. *infra*, nº 621), a résumé en quelques lignes les différentes appréciations de la doctrine au sujet des sociétés en participation.

« Le caractère de ces sortes d'associations, disait-elle, est en général mal défini. Selon quelques auteurs, on devrait ranger dans cette classe d'associations les sociétés dont le but est de faire une *opération de commerce*, ou *quelques-unes* seulement. Cet objet limité serait leur caractère distinctif. Bravard, Traité des sociétés commerciales, p. 221 et suiv.; Pardessus, t. IV, nº 1046; Molinier, t. 1er, nº 564.

« D'après une autre opinion, l'objet limité de l'association n'est pas le trait caractéristique de la participation. Ce qui distingue cette espèce de société, c'est qu'elle n'a pas d'existence à l'égard des tiers, les opérations devant être faites sous le nom personnel d'un des associés, et non pas *en nom commun*. D'après cette doctrine, qui est la plus universellement admise, l'association en participation ne forme pas une personne juridique, comme les autres sociétés commerciales. Les participants qui n'ont pas traité avec les tiers ne peuvent être poursuivis par suite de l'engagement contracté par leur coassocié, car ils ne sont pas juridiquement représentés au contrat dans lequel cet engagement a été souscrit. Le plus souvent, d'ailleurs, ces sortes d'associations sont constituées en vue d'opérations déterminées ; mais rien ne s'oppose à ce qu'elles embrassent une série d'opérations, et, réciproquement, il n'est pas impossible qu'une société constituée pour une opération unique et de courte durée ait le caractère d'une société en nom collectif. Delamarre et Lepoitvin, t. II, nº 245; Troplong, Sociétés, nºs 499 et 500; Rivière, Répétitions écrites, p. 127.

« Ainsi, l'accord est loin de se faire sur les caractères essentiels qui distinguent les sociétés en participation. Le seul point qui paraisse hors de controverse, c'est qu'elles constituent des associations qui, ne rentrant pas dans le cadre des trois classes de sociétés dont les règles ont été tracées par le Code de commerce (sociétés en nom collectif, en commandite et anonymes), sont néanmoins reconnues par la loi et restent soumises, au point de vue de la forme, des droits et des obligations qu'elles entraînent et de la preuve de leur existence, aux règles du droit commun, soit commercial, soit civil, suivant l'objet de l'association. Art. 47, 48, 49 et 50 C. com.

« En un mot, la participation n'a pas été classée, ni rigoureusement définie par le législateur ; elle constitue un contrat de droit commun qui admet toutes sortes de combinaisons, y compris celles qui peuvent la faire rentrer dans la définition générale que l'art. 1832 du Code civil donne du contrat de société. Quelques auteurs soutiennent même, en principe, qu'on doit lui reconnaître le caractère de société (Delamarre et Lepoitvin, Traité de droit commercial, t. VI, nº 104 ; Paul Pont, des Sociétés commerciales, nº 1791). La jurisprudence n'hésite pas de son côté, dans les difficultés auxquelles le contrat peut donner lieu, à faire l'application des règles qui régissent les sociétés en général. Cass., 7 déc. 1836, S., 37, 1, 650, et 4 déc. 1839, S., 39, 1, 897 ; — C. de Paris, 2 août 1860, S., 62, 2, 145 ; — req., 29 déc. 1858, S., 57, 1, 600. »

617. Cette définition du caractère et des effets de l'association en participation concorde avec celle qui a été donnée dans diverses parties du Dictionnaire. — V. notamment, vis Société, nºs 175 et suiv., et Sociétés et associations particulières, nºs 1 et suiv.

618. Ajoutons que l'Administration a soutenu devant la Cour de cassation, qui a admis sa thèse par un arrêt du 30 déc. 1884, que les associations en participation rentrent en principe dans la définition que la loi donne des contrats de société, et, comme telles, doivent être assujetties au droit gradué établi par l'art. 1er de la loi du 28 fév. 1872. — 21,396 J.; 6407 R. p.; 23,416 J. N.; 17,017 Contr.; Inst. 2716, § 3; S., 86, 1, 321; D. P., 85, 1, 201.

619. Les associations en participation sont-elles assujetties à l'impôt sur le revenu ? — Ceci posé, les associations en participation rentrent-elles dans les termes très compréhensifs de la loi du 29 juin 1872 et doivent-elles la taxe de 3 p. 100 sur le revenu ?

620. Jurisprudence administrative. — La question n'a pas encore été définitivement résolue par la jurisprudence. L'Administration s'est tout d'abord prononcée pour une solution négative, dans une espèce dont les circonstances de fait ont été relatées par le Dictionnaire des Rédacteurs, vº Sociétés et associations particulières, nºs 8 et 32.

Les sieurs Dreyfus et Cie avaient conclu avec le gouvernement du Pérou un contrat d'achat de deux millions de tonnes de guano, avec diverses stipulations financières concernant des avances de fonds à faire à ce gouvernement. Par un acte ultérieur, une association en participation a été formée pour l'exécution de ce contrat entre les sieurs Dreyfus et divers banquiers, qui se sont engagés à remettre à ces derniers les fonds nécessaires à l'exécution de l'opération. De leur côté, MM. Dreyfus devaient exécuter le traité pour le compte de la participation, à laquelle il était attribué 40 p. 100 dans les bénéfices.

L'Administration a décidé que la taxe ne pouvait être exigée d'une association de cette nature, dont le caractère essentiel était d'être occulte et de ne pas exister à l'égard des tiers. Sol. 23 août 1879.

Une solution rendue à la date du 18 oct. 1881 (21,821 J.) trahit l'hésitation, qu'elle éprouvait encore à cette époque, à assujettir les associations de l'espèce à la taxe de 3 p. 100. « La convention passée entre les sieurs P. et D., dit-elle, ne peut être atteinte par les dispositions de la loi de 1872. En effet, si on la considère comme une société en nom collectif, elle est exempte de l'impôt par application de l'art. 1er de la loi du 1er déc. 1875, et, si on l'envisage comme une association en participation, *il est prudent de ne pas exiger la taxe*, car la jurisprudence incline à admettre que la loi du 29 juin 1872 est inapplicable aux conventions de ce genre. »

Cependant, dans l'affaire qui a donné lieu à l'arrêt du 13 avril 1886 (V. *infra*, nº 621), l'Administration semble avoir voulu se départir de sa réserve, car elle a tenté de faire reconnaître, en thèse générale, l'exigibilité de la taxe sur les sociétés en participation.

« L'Administration soutient, disait-elle, en se fondant sur les caractères essentiels qui appartiennent à la société en participation et qui, d'après elle, en font une véritable société, dans le sens juridique du mot, que ce contrat tombe sous l'application des dispositions fiscales auxquelles sont soumises les sociétés en général, et spécialement doit être assujetti au droit gradué établi par l'art. 1er, nº 1, de la loi du 28 fév. 1872 sur les actes de formation et de prorogation de société. C'est la thèse qu'elle a défendue dans une affaire actuellement déférée à l'examen de la chambre civile (Blanchard, C. Enregistrement). Les mêmes principes conduisent à la même solution, en ce qui concerne l'interprétation de l'art. 1er de la loi du 29 juin 1872. Cette disposition, en édictant la taxe de 3 p. 100 sur le revenu des sociétés civiles et commerciales, embrasse, en l'absence de toute restriction de texte autre que celle de la loi du 1er déc. 1875, toute espèce de sociétés, à l'exception des sociétés en nom collectif exemptées par cette dernière loi, et atteint, par conséquent, dans sa formule générale, les sociétés en participation. »

Mais ce passage du mémoire n'est, selon nous, qu'un argument de prétoire plutôt que l'expression d'une conviction bien arrêtée, et la preuve c'est qu'immédiatement la Direction générale s'empresse de passer au développement des moyens tendant à démontrer que la société dont il s'agissait au procès avait tous les caractères d'une véritable société civile.

621. Jurisprudence de la Cour de cassation. — La Cour de cassation a pu jusqu'à ce jour se dispenser de faire connaître son avis sur la question. En effet, dans les deux seules espèces qui lui aient été soumises, il s'agissait de sociétés qui, bien que qualifiées de participation, avaient incontestablement tous les caractères, l'une de la société civile, et l'autre des sociétés par actions. Elle a donc pu se fonder et elle s'est en effet fondée sur cet unique motif, qui était décisif dans l'espèce, pour donner gain de cause à l'Administration.

Elle a jugé ainsi que le contrat par lequel plusieurs personnes, après avoir déclaré former entre elles *une société civile* et particulière ayant pour objet la mise en valeur et l'exploitation de plusieurs immeubles leur appartenant, ont déterminé les apports de chacun des contractants et réglé le partage des bénéfices à réaliser, présente tous les caractères essentiels du contrat de société, bien qu'il n'y ait ni raison sociale, ni siège social, et que l'acte constitutif n'ait pas été publié. En conséquence, les parties ne peuvent se soustraire au payement de la taxe sous prétexte que la société constitue une société en participation. Ch. civ., 13 avril 1886 (Klein et Duclos), 22,659 J.; 6665 et 6816 R. p.; 23,607 J. N.; 17,160 Contr.; 7372 Rev. not.; S., 87, 1, 181; D. P., 86, 1, 185; P., 87, 415.

« Attendu que l'art. 1er de la loi du 29 juin 1872 assujettit à la taxe de 3 p. 100 sur le revenu toutes les sociétés, compagnies ou entreprises quelconques;

« Attendu que, par acte notarié en date du 2 juin 1880, les sieurs Klein et Duclos et le comte de Grammont ont déclaré former entre eux une société civile et particulière ayant pour objet la mise en valeur de deux immeubles contigus leur appartenant, l'ouverture d'une ou plusieurs rues, la construction de plusieurs maisons et la vente desdites constructions ou des terrains; que le même acte détermine les apports des associés et règle le partage des bénéfices à réaliser; — Qu'ainsi le contrat formé entre les parties présente tous les caractères essentiels du contrat de société;

« Attendu qu'il importe peu que la société dont il s'agit n'ait ni raison sociale ni siège social, et qu'elle n'ait pas été publiée; qu'en effet les sociétés civiles ne sont point soumises à ces conditions ni à ces formalités; que, si le comte de Grammont s'est engagé par l'art. 6 à fournir son concours et celui de sa femme pour les actes d'emprunt et d'aliénation, il ne suit pas de là qu'il se soit réservé la propriété exclusive de son apport; que le contraire résulte de tous les articles du contrat où il est parlé de l'administration et du partage de l'actif social;

« Attendu, dès lors, qu'en statuant ainsi qu'il l'a fait, le jugement attaqué, loin de violer l'art. 1er de la loi du 29 juin 1872, en a fait au contraire une juste application... »

622. Dans la seconde espèce soumise à la Cour, la solution était encore plus évidente. Il s'agissait d'une société civile, dite en participation, ayant pour objet les travaux d'étude pour le percement de l'isthme de Panama; constituée au capital de 300,000 fr., divisé en 60 parts ayant le véritable caractère d'actions, ainsi que l'arrêt l'a reconnu; administrée par un comité de direction agissant sous le contrôle de l'assemblée générale des porteurs de parts; ayant un siège social et un nom social sous lequel elle devait fonctionner dans ses rapports avec les tiers; pourvue en un mot de tous les organes essentiels à la constitution d'un être moral et à la formation d'une société civile par actions. La chambre des requêtes, à laquelle avait été soumise la question de savoir si cette société devait la taxe de 3 p. 100, ne pouvait se dispenser de la résoudre affirmativement. Arrêt du 9 fév. 1887, 22,807 J.; 6829 R. p.; 23,819 J. N.; 17,299 Contr.; Inst. 2750, § 1er; S., 88, 1, 177; D. P., 87, 1, 439; P., 88, 407.

« Attendu, en fait, porte l'arrêt précité, que, par acte sous seing privé en date du 19 août 1876, les sieurs Reinach, Rampon, Tiver et Cousin, ont formé entre eux une société civile ayant un nom social : *Société du Canal interocéanique de l'isthme de Panama*, ainsi qu'un siège social, 4, rue de la Bourse, à Paris, et dont l'objet était : 1° de faire faire le tracé général et le devis d'un canal interocéanique; 2° de prendre toutes les mesures nécessaires à la constitution d'une société anonyme d'exploitation ou à la cession à une autre société des études et travaux de la présente; — Que le même acte détermine les apports des associés, la constitution d'un capital social, crée un comité de direction auquel il donne pouvoir d'engager les associés dans les limites de leur souscription; — Qu'aux termes de l'art. 5 des statuts, il est dit que les associés convoqués en assemblée générale décideront à la majorité des voix des conditions et avantages à stipuler pour la présente société; qu'ainsi, le contrat formé entre les parties présente tous les caractères essentiels du contrat de société;

« Attendu qu'il importe peu que la société dont s'agit ait été qualifiée par les parties de simple société en participation; que la nature des contrats se détermine, non par les termes avec lesquels ils sont dénommés, mais par l'objet même des conventions qu'ils renferment;

« Attendu, en fait, qu'aux termes de deux délibérations de l'assemblée générale des associés, il a été décidé qu'une somme de 7,500,000 fr., prix de la cession par la première société civile de tous ses droits et actions à la Société universelle de Panama, serait distribuée, tant en espèces qu'en actions de ladite société, aux porteurs des cent parts de la société civile; qu'il est constant que cette distribution a eu lieu suivant procès-verbal du 28 juil. 1881; d'où il suit qu'en appliquant la taxe de 3 p. 100 à la distribution du bénéfice net de 7 millions provenant de la cession susdite, le jugement attaqué, loin d'avoir violé ou faussement appliqué les articles visés au pourvoi, a fait une juste application des principes de la matière. »

623. Jurisprudence des tribunaux. — Les tribunaux de première instance se sont montrés plus affirmatifs sur la question, lorsqu'elle leur a été soumise. Un jugement du tribunal de Lille du 20 mars 1880 décide formellement que les sociétés en participation, ne donnant pas naissance à un être moral, sont affranchies de la taxe sur le revenu. — 21,764 J.; 5501 R. p.; 16,322 Contr.; D. P., 80, 5, 389.

Le motif sur lequel se fonde ce jugement nous paraît peu décisif; car il pourrait tout aussi bien être invoqué, dans l'opinion de ceux qui refusent la personnalité juridique aux sociétés civiles, pour soustraire à la taxe ces sociétés qui, cependant, y sont incontestablement assujetties. Il est d'ailleurs en opposition avec la doctrine qui se dégage des arrêts de la Cour de cassation cités *supra*, n° 603.

Le tribunal de la Seine, en statuant sur l'affaire qui a donné lieu à l'arrêt de la chambre des requêtes du 9 fév. 1887 (V. *supra*, n° 622), tout en reconnaissant en fait, comme la Cour, que la société dont il s'agissait dans l'espèce constituait une véritable société par actions et ne pouvait par ce seul motif se soustraire au payement de l'impôt, a tenu néanmoins, dans ses considérants, à faire connaître son opinion sur la question que nous examinons. Son jugement, en date du 18 déc. 1885 (22,580 J.; 6623 R. p.; 17,119 Contr.; Inst. 2750, § 1er), porte ce qui suit :

« Attendu, quant au premier point, qu'il est de l'essence de l'association en participation que ses membres agissent individuellement, et chacun en son propre nom, sauf à se tenir compte des résultats, profits ou pertes de leurs opérations; que la participation ne se manifeste pas au public; qu'elle ne produit aucun effet au regard des tiers, et reste concentrée dans les rapports des participants entre eux; qu'elle n'engendre pas un être moral distinct des participants; qu'elle n'a pas, à proprement parler, de patrimoine ou de capital social, la mise de chacun restant la propriété de celui qui la fournit; que c'est pour ces divers motifs, et à raison surtout de l'absence de personnalité, qu'elle est dispensée d'avoir un nom, une raison et un siège sociaux, et d'être constatée par un acte civil et public; que, pour les mêmes raisons, elle n'est pas atteinte par la loi de 1872, laquelle ne frappe de l'impôt sur le revenu que les capitaux dont les propriétaires se dessaisissent au profit et entre les mains d'une société constituant un être moral et ayant une personnalité juridique distincte;

« Attendu que ces caractères ne se rencontrent pas dans la société dont il s'agit... » V. aussi jugement du même tribunal du 29 déc. 1882 (aff. Klein et Duclos), 22,183 J.; 6178 R. p.; 23,122 J. N.; 16,751 Contr.

624. Doctrine. — Les auteurs ne sont pas d'accord sur la solution à donner à cette importante question. Tandis que M. Besson (Traité de la taxe de 3 pour 100, n° 73) et M. Naquet (Dissertation insérée au Rép. pér., art. 6816) soutiennent que la loi du 29 juin 1872 est applicable aux associations en participation, la négative est enseignée par MM. Demasure (Régime fiscal des sociétés, n° 200), Vavasseur (Impôt sur le revenu, n° 17), Tanquerey (Impôt sur le revenu, n° 27) et Testoud (Revue critique de législation, années 1887, p. 79, et 1889, p. 178).

Ce dernier auteur est celui qui a donné les meilleures raisons en faveur de son opinion. Les opérations de ces sociétés, dit-il en substance, ne se présentent pas aux tiers comme des opérations sociales, mais comme des opérations individuelles, personnelles aux associés qui agissent en nom. Au contraire, les actes d'une société civile se présentent aux tiers avec le caractère social. L'impôt sur le revenu peut bien atteindre les profits d'une opération sociale; il ne peut atteindre les profits d'une opération personnelle à une ou plusieurs personnes, ces personnes fussent-elles d'autre part unies ensemble par le lien d'un contrat de société.

De ce que le droit gradué a été reconnu exigible sur les sociétés en participation, on ne saurait en conclure qu'elles sont également assujetties à la taxe de 3 pour 100.

L'exigibilité du droit gradué se fonde en effet sur ce qu'il existe un acte de société soumis à l'enregistrement et que le préposé, chargé d'appliquer le tarif, n'a pas à rechercher le caractère particulier de l'association; il ne peut que soumettre l'acte au droit auquel la loi fiscale a tarifé les actes de société.

Mais il n'en est pas de même lorsqu'il s'agit de l'impôt sur le revenu. Il faut alors, indépendamment de l'existence d'une société dans le sens compréhensif du mot, qu'il y ait un fonds social, servant d'instrument aux opérations de la société. Peu importe que ce fonds social soit la propriété de la société ou soit indivis entre les associés. La question de personnalité civile est indifférente. Mais encore faut-il qu'il y ait un fonds social mis en commun, et la société en participation n'en comporte pas.

Cette interprétation de la loi n'a rien de téméraire. Réglant la détermination des conditions d'exigibilité de la taxe, le § 3 de l'art. 2 de la loi prescrit en effet de l'établir, à défaut de délibération, sur l'évaluation à raison de 5 pour 100 du montant du capital social ou de la commandite. Il faut donc qu'il y ait des valeurs réunies, constituées en fonds social.

625. **Conclusion.** — Pour nous, nous croyons devoir nous rallier à cette dernière interprétation. A l'argument de texte fourni par M. Testoud, nous ajouterons que la loi du 29 juin 1872 atteint, non pas les bénéfices des sociétés, mais les bénéfices des *actions, parts d'intérêt et commandites* dans les sociétés. C'est le revenu de l'actionnaire qu'elle frappe et la perception de l'impôt est subordonnée au fait de la remise des bénéfices entre ses mains. Or, les actions, les parts d'intérêt ou de commandites, supposent nécessairement l'existence d'un fonds social dans lequel chaque associé a sa part. Cette désignation ne saurait convenir aux droits des participants dans une association qui ne crée entre ses membres que des obligations personnelles. Le participant, dans une association en participation qui répond réellement aux définitions de la doctrine, n'a qu'une créance, une action en reddition de compte contre celui qui s'est chargé de faire les opérations communes en son nom personnel. Il n'est pas copropriétaire du fonds destiné à ces opérations, ou, s'il l'est, c'est qu'il existe véritablement un fonds social, formé des apports réciproques des participants, constituant le gage spécial des créanciers sociaux, et, dans ce cas, la société ne constitue pas une société en participation, dans la pure acception du mot, et c'est comme société civile, ou comme société en commandite, qu'elle doit la taxe de 3 pour 100.

Ces observations démontrent qu'il faut se défier, en cette matière, d'une formule trop générale. Tout en soutenant qu'en principe les associations en participation ne tombent pas sous l'application de la loi de 1872, nous devons ajouter immédiatement que nous n'entendons parler que des participations qui ne créent que des rapports d'obligations personnelles et sont exclusives de toute constitution d'un fonds social appartenant en commun aux participants. Cette restriction est d'autant plus nécessaire que la désignation de société en participation est loin, comme nous l'avons vu, d'avoir un sens précis et déterminé en doctrine et en jurisprudence (V. au Dict., v° Société, n°s 175 et suiv.). La différence qui sépare une participation d'une société ordinaire est aisément franchie : il suffit, par exemple, que les participants fassent un apport soit en propriété, soit en jouissance, pour en former un fonds commun. Par cela même, tous les éléments constitutifs de la société, à savoir : 1° la volonté de s'associer; 2° un apport fourni en vue de constituer un fonds commun; 3° et l'intention de faire valoir ce fonds pour en partager les bénéfices, se trouveraient aussitôt réunis, et nous ne voyons pas sur quel motif on se fonderait pour soustraire une association de cette nature à la taxe sur le revenu.

S'il nous fallait poser une règle de perception, nous dirions que l'association en participation n'échappe à la taxe sur le revenu que lorsqu'elle ne renferme pas les éléments nécessaires pour constituer une véritable société, selon la définition de l'art. 1832 du Code civil. Lorsqu'au contraire ces éléments se rencontrent dans le contrat qui est formé entre les parties, ni la qualification que l'association a reçue des parties, ni sa courte durée, ni son objet limité, ne peuvent être un motif d'exemption.

§ 8. — Associations syndicales.

626. **Définition.** — Ainsi que nous l'avons expliqué dans notre Dictionnaire, v° Sociétés et associations particulières, n° 87, les associations syndicales ont pour objet l'exécution et l'entretien de travaux ayant un caractère collectif. Elles sont libres ou autorisées.

Les associations libres, pour la formation desquelles le consentement unanime de tous les intéressés est nécessaire, constituent, depuis la loi du 21 juin 1865, des personnalités morales distinctes de leurs membres, aussi bien que les associations autorisées (art. 3 de la loi précitée). Mais ces dernières, qui peuvent être créées par la seule volonté de la majorité des intéressés, jointe à l'approbation préfectorale, jouissent de certains avantages qui sont refusés aux premières. Elles peuvent notamment recourir à la voie de l'expropriation pour cause d'utilité publique pour l'exécution de leurs travaux.

La loi du 21 juin 1865 a indiqué limitativement les diverses espèces de travaux pour lesquels il est permis de constituer une association syndicale; ses dispositions sur ce point ont été complétées par l'art. 1er de la loi du 22 déc. 1888 (23,148 J.), qui porte ce qui suit :

« Peuvent être l'objet d'une association syndicale entre propriétaires intéressés l'exécution et l'entretien de travaux :

« 1° De défense contre la mer, les fleuves, les torrents et rivières navigables ou non navigables; 2° de curage, approfondissement, redressement et régularisation de canaux et cours d'eaux non navigables ni flottables et des canaux de dessèchement et d'irrigation; 3° de dessèchement des marais; 4° des étiers et ouvrages nécessaires à l'exploitation des marais salants; 5° d'assainissement des terres humides et insalubres; 6° d'assainissement dans les villes et faubourgs, bourgs, villages et hameaux; 7° d'ouverture, d'élargissement, de prolongement et de pavage de voies publiques, et de toute autre amélioration ayant un caractère d'intérêt public, dans les villes et faubourgs, bourgs, villages ou hameaux; 8° d'irrigation et de colmatage; 9° de drainage; 10° de chemins d'exploitation et de toute autre amélioration agricole et d'intérêt collectif. »

Une loi du 15 déc. 1888 a permis également aux propriétaires de vignobles menacés par le phylloxéra de se constituer en associations syndicales autorisées pour combattre plus efficacement le fléau. 23,147 J.; S., 89, 5, 563; P., 89, 968.

Des travaux autres que ceux qui viennent d'être énumérés peuvent sans doute être entrepris par des propriétaires qui pour cela se forment en syndicat. Mais les conventions de cette nature restent soumises aux règles du droit commun et ne peuvent invoquer le bénéfice des dispositions spéciales édictées par les lois du 21 juin 1865 et du 22 déc. 1888. C'est ainsi que ces associations ne peuvent ester en justice par leurs syndics, acquérir, transiger, en un mot jouir de la personnalité civile qu'à la condition de constituer de véritables sociétés civiles et dans la mesure où la jurisprudence reconnaît à ces sociétés la qualité de personne morale.

De même, on ne saurait appliquer à ces associations l'article 4 de la loi du 21 juin 1865, qui permet aux représentants des mineurs et autres incapables d'adhérer à l'association sous la seule autorisation du tribunal, donnée sur simple requête en la chambre du conseil.

I. — Associations syndicales autorisées.

627. **Impôt sur le revenu.** — S'il est un point qui nous paraisse incontestable, c'est que les associations syndicales autorisées ne constituent pas de véritables sociétés. D'abord le but qu'elles se proposent n'est jamais de réaliser un bénéfice en commun pour être partagé entre tous les intéressés : c'est plutôt un but de défense contre des chances de destruction menaçant la propriété, de préservation contre des causes d'insalubrité, ou tout au moins un but d'intérêt public. Il résulte, en effet, de l'art. 3 de la loi du 22 déc. 1888, qui a complété l'art. 9 de la loi du 21 juin 1865, que la faculté de constituer une association de cette nature n'est accordée que pour des travaux spécifiés, qui ont tous ce caractère.

D'un autre côté, le pouvoir de coercition qui est accordé à la majorité vis-à-vis des propriétaires dissidents est exclusif de l'idée de société, qui, étant fondée sur l'*affectio societatis*, ne peut se passer du consentement volontaire de tous les intéressés.

Il en résulte que ces associations ne peuvent, en aucun cas, être contraintes d'acquitter la taxe de 3 pour 100 établie par la loi de 1872 sur les bénéfices des sociétés.

Les auteurs sont d'accord sur ce point. V. Demasure, Régime fiscal des sociétés, n° 202; Vavasseur, Impôt sur le revenu, n° 16; Tanquerey, n° 29; Besson, n° 64.

628. *Emprunts.* Toutefois, ces motifs d'exemption en ce qui concerne l'application de la taxe aux bénéfices des sociétés, n'existent plus pour les emprunts. La loi de 1872, en effet, a assujetti à l'impôt non seulement les emprunts et obligations des sociétés, mais aussi ceux des établissements publics ou d'utilité publique. Or, ce dernier caractère ne peut être contesté aux associations syndicales autorisées. C'est l'opinion que nous avons émise (v° Sociétés et associations particulières, n° 89), d'accord en cela avec M. Ducrocq (édition de 1877, vol. 2, n° 1574) et avec un arrêt de la Cour de cassation du 1er déc. 1886 (22,937 J.). Il en résulte, ainsi que nous l'établirons plus loin, que ces associations doivent la taxe sur les intérêts des emprunts qu'elles souscrivent ou des obligations qu'elles émettent. V. *infra*, n° 691.

II. — Associations syndicales libres.

629. **Impôt sur le revenu.** — *Prétendus bénéfices.* La question de savoir si les associations syndicales *libres* doivent la taxe de 3 pour 100 sur les bénéfices qu'elles réalisent est beaucoup plus complexe. Nous nous sommes déjà prononcés pour la négative (V. au Dict. des Réd., v° Sociétés et associations particulières, n° 87). Étant donné le but que ces associations poursuivent, nous croyons que cette solution, qui a été contestée (V. Besson, n° 63), est néanmoins justifiée et doit être maintenue.

Tout d'abord, il est douteux que ces associations répondent à la définition que le Code civil donne de la société. Les intéressés ne mettent pas en effet en commun leurs propriétés en vue de partager le bénéfice qui pourra en résulter : ils réunissent, ce qui est bien différent, leurs efforts et leurs travaux sous une direction commune, pour défendre leurs propriétés contre certaines causes de destruction ou même, dans certains cas, nous voulons bien en convenir, pour augmenter la valeur de leurs propriétés. Cette plus-value est sans doute un bénéfice, mais c'est un bénéfice personnel, et non un bénéfice social. Le bénéfice en un mot n'est pas réalisé en commun, avec un fonds commun, pour être partagé entre les associés. « Les associations de cette espèce, fait observer M. Demasure (*loc. cit.*, n° 202), ont pour but la création de bénéfices directs apportés à la propriété privée par des travaux d'utilité collective, et non la création de produits ou de revenus représentant au profit de chacun des membres le fruit de capitaux engagés. »

En second lieu, en supposant que le caractère de société doive être reconnu aux associations de l'espèce, le motif qui nous a fait déclarer les sociétés en participation exemptes de la taxe conduit ici à la même solution. La loi, en effet, atteint directement les parts d'intérêt dans les sociétés, ce qui suppose l'existence d'un fonds social formé de la réunion des apports des associés, et appartenant soit à l'être moral, soit collectivement tout au moins aux associés. Or, ici, rien de pareil. Les intéressés conservent la propriété et la jouissance privative de leurs immeubles et profitent directement de la plus-value obtenue par les travaux : d'où il ressort que non seulement il n'y a pas de fonds social, par conséquent pas de parts d'intérêt à soumettre à l'impôt, mais qu'en outre il n'y a pas non plus de bénéfices réalisés en commun à distribuer aux associés.

Ces motifs nous paraissent suffisants pour permettre de décider en principe que les associations syndicales libres ne sont pas assujetties à la taxe de 3 pour 100 à raison de la plus-value qu'elles sont susceptibles de procurer aux propriétés de leurs adhérents.

630. Sans doute, il en serait autrement et notre règle comporterait une exception si les membres d'une association syndicale, en vue de l'exécution des travaux, mettaient des biens ou des capitaux en commun et formaient ainsi un véritable fonds social susceptible de s'accroître et de produire des bénéfices qui devraient être partagés entre les associés. Mais c'est qu'alors on se trouverait en présence d'une véritable société greffée sur l'association syndicale, et il n'y aurait plus dès lors aucun motif pour se dispenser d'appliquer les dispositions de la loi du 29 juin 1872. Mais c'est là une hypothèse toute particulière, et la solution qu'elle comporte ne fait que confirmer la règle que nous avons cru devoir enseigner.

631. Après quelques hésitations, l'Administration s'est ralliée à notre opinion. Une solution du 15 avril 1887, fondée sur les motifs que nous venons de développer, a reconnu en principe qu'une association syndicale formée entre des copropriétaires d'immeubles pour le dessèchement de leur propriété, n'a pas le caractère d'une société; que la plus-value obtenue par la propriété, grâce au dessèchement, n'est pas un bénéfice; que par conséquent la taxe de 3 pour 100 n'est pas applicable à cette plus-value. 22,901 J.; 6944 R. p.; D. P., 88, 3, 24.

Cette solution est ainsi conçue :

« Après nouvel examen de la difficulté qui s'est élevée entre l'Administration et l'Association syndicale des communes au sujet de l'application à cette société de l'impôt de 3 p. 100 sur le revenu, j'estime qu'il n'y a pas lieu de suivre l'instance engagée sur la question devant le tribunal de Saint-Omer.

« Aux termes de l'art. 1er des statuts, « le but de l'association est le dessèchement de la propriété des communes, « avec ses moyens et ses conséquences ». — Cette disposition, arrêtée entre les copropriétaires du domaine des communes, seuls membres de l'association, implique une idée de défense, autant qu'un but de spéculation. L'association paraît avoir été constituée autant *ad damnum vitandum* que *ad lucrum captandum*. Or, les associations qui n'ont pas pour objet de réaliser des bénéfices, mais de réparer des pertes, comme les sociétés de secours mutuels (Inst. 2651-5), ou de procurer des économies, comme certaines associations coopératives (J. E., 21,899, 22,016), « ne sont pas des sociétés

« proprement dites » (Inst. précitée) soumises à l'impôt sur le revenu.

« Sans doute, l'objet du syndicat est aussi d'améliorer le rendement de la propriété des communes, de donner ainsi une plus-value aux terrains des associés. Mais ce n'est pas l'association qui recueillera, le cas échéant, les bénéfices résultant de ses travaux, pour les répartir ensuite entre les associés. Chaque copropriétaire profitera directement des fruits ou de la plus-value à provenir des efforts du syndicat. Or, le fait générateur de l'impôt sur le revenu, c'est la distribution réelle ou présumée, entre les associés, du bénéfice réalisé par l'être moral société. Et puisque, dans l'espèce, toute distribution est impossible à raison de la nature même de l'association, la présomption légale de distribution qui motive l'application de l'impôt sur le revenu évalué à forfait se trouve être inapplicable.

« Il en serait autrement si la plus-value résultant des travaux de desséchement à entreprendre devait appartenir à une société concessionnaire, comme celle des marais de la Basse-Ailette, et que « la répartition de cette plus-value entre les « associés constituât le bénéfice en vue duquel la société « était contractée ». Cass., 29 août 1883; 22,154 J.; 6221 R. p.; 23,096 J. N.; 16,821 Contr.; S., 84, 1, 444; D. P., 84, 1, 134; P., 84, 1, 1084.

632. Comme le fait pressentir l'observation qui termine la solution que nous venons de rapporter, on ne peut rien induire de contraire à notre thèse de l'arrêt de la Cour de cassation du 29 août 1883 (précité), qui, tout en repoussant la demande de la taxe de 3 p. 100 sur de prétendus emprunts contractés par une association syndicale de desséchement de marais, sous le nom de société de la Basse-Ailette, a reconnu, dans ses motifs, à cette association le caractère de société. Il s'agissait en effet d'une association qui, avec les ressources dont elle disposait, devait faire des travaux de desséchement non seulement dans les propriétés de ses membres, mais pour le compte de tous les propriétaires compris dans son périmètre, et qui devait percevoir à son profit les indemnités dues par les propriétaires pour la plus-value apportée à leurs immeubles. Les bénéfices résultant de cette opération devaient être partagés entre les associés. En présence de ces faits, la Cour a pu reconnaître implicitement à cette association le caractère de société, en disant que la répartition des 4/5 de la plus-value lui revenant, d'après le décret de concession, constituait le bénéfice en vue duquel la société était contractée.

Mais on voit par cet exposé que la Cour se trouvait en présence d'une espèce toute particulière et que son arrêt, quel qu'il soit, ne peut servir à caractériser, en principe, les associations syndicales.

Nous reviendrons sur cet arrêt lorsque nous étudierons les conditions d'application de la taxe aux emprunts des associations syndicales. V. *infra*, n° 691.

633. *Emprunts*. La solution reproduite *supra*, n° 631, après avoir reconnu, conformément à notre opinion, que la loi du 29 juin 1872 n'est pas applicable, en principe, aux parts des adhérents dans les associations syndicales libres, ajoute qu'il n'en est pas de même des emprunts qu'elles contractent ou des obligations qu'elles émettent. « Si l'association des communes contractait des emprunts, ceux-ci rentreraient dans les termes de la loi du 29 juin 1872 (collectivités ayant une existence propre). »

La même thèse sert de fondement à une solution du 14 août 1880, à un jugement du 25 août 1881 (21,805 J.), et, bien que ce dernier jugement ait été cassé par l'arrêt du 29 août 1883, rendu dans l'affaire de la société de la Basse-Ailette (précité), la doctrine de l'Administration n'a pas été contredite par la chambre civile, qui, dans son arrêt, n'a fait que refuser le caractère d'emprunt aux avances faites à la société et sur les intérêts desquelles la taxe était réclamée.

Nous examinerons plus loin, en parlant des emprunts contractés par certaines collectivités n'ayant pas le caractère de sociétés ni d'établissements d'utilité publique, si cette interprétation de la loi du 29 juin 1872 est justifiée. V. *infra*, art. 4 du présent chapitre, nos 645 et suiv. et n° 692.

§ 9. — Sociétés en liquidation et sociétés dissoutes.

634. **Principe de l'exigibilité de l'impôt.** — La taxe établie par la loi du 29 juin 1872 n'est due que sur les revenus et bénéfices produits par les parts d'intérêt ou les actions dans les sociétés. Quand une société est dissoute et a fait place à une simple communauté d'intérêts, à une indivision dont chaque ancien associé peut demander le partage, il n'y a plus, en thèse générale, de cause à l'exigibilité de l'impôt: car les revenus que les biens restés dans l'indivision peuvent encore produire ne sont plus des bénéfices de parts d'intérêt ou d'actions dans une société.

Toutefois, cette règle doit être combinée avec les principes qui gouvernent la liquidation des sociétés; il y a lieu, d'autre part, de tenir compte des opérations de partage qui, en répartissant le fonds social entre les associés, opère la distribution des bénéfices confondus avec le capital social et réalisés au cours de la société. Enfin, on doit prévoir le cas où une société n'est dissoute que légalement et continue en fait ses opérations. Ce sont là autant d'hypothèses qui réagissent sur la perception de l'impôt.

635. **Société en liquidation.** — Il est de principe que la dissolution d'une société n'opère pas *ipso facto* l'extinction de l'être moral. La société dissoute subsiste au contraire pour les besoins de sa liquidation. Dans cet état transitoire, qui en général dure jusqu'au partage, la persistance de l'être moral empêche les parts d'intérêts ou les actions des sociétés d'être juridiquement anéanties pour faire place à une part indivise dans les biens composant le fonds social. Ce principe est affirmé par une jurisprudence constante. — V. notamment, Cass., 3 fév. 1868; 18,478 J.; 2156 Rev. not.; 19,179 J. N.; 14,108 Contr.; 2600 R. p.; Inst. 2366, § 5; S., 68, 1, 185; P., 68, 421; D. P., 68, 1, 226. — V. aussi Dict. des Réd., v° Société, nos 975 et suiv.

Il est assez difficile de déterminer le moment précis auquel cesse l'état de liquidation d'une société. C'est avant tout une question de fait, pour la solution de laquelle nous prions nos lecteurs de se reporter aux explications données au Dictionnaire des Rédacteurs, v° Société, nos 988 et suivants.

Quoi qu'il en soit, puisque la société, pendant sa liquidation, subsiste *erga omnes*, que sa personnalité juridique est opposable aux tiers et notamment à l'Administration de l'enregistrement, qui, dans ce cas, doit appliquer aux cessions, que les associés font de leurs droits, le tarif des cessions d'actions ou de parts d'intérêt dans les sociétés (Cass., 6 mars 1872; 19,170 J.; 3418 R. p.; 20,418 J. N.; 14,879 Contr.; Inst. 2447, § 6; S., 72, 1, 88; P., 72, 178; D.P., 72, 1, 169); il en résulte que les produits de ces actions ou parts d'intérêt, même ceux afférents à la période de liquidation, doivent la taxe de 3 p. 100 sur le revenu.

Cette règle, à laquelle la jurisprudence des tribunaux n'a pas hésité à se rallier (Lyon, 29 juil. 1881; 22,175 J.; 6127 R. p.; 22,964 J. N.; 16,784 Contr.;— Bordeaux, 27 fév. 1884; 22,420 J.; 23,653 J. N.;— Nice, 20 juil. 1885; 22,558 J.; 6532 R. p.; 23,744 J. N.; 17,107 Contr.; — Lyon, 16 avril 1886, 22,682 J.; 6731 R. p.; S., 87, 2, 69; P., 87, 347; — Bordeaux, 18 mai 1887; 6993 R. p.; — Le Havre, 8 nov. 1888, 7188 R. p.), a été mise hors de contestation par un arrêt de la chambre civile du 8 janv. 1889. 23,153 J.; 7206 R. p., 24,285 J. N.; 17,565 Contr.; Inst. 2768, § 3; D. P., 89, 1, 131.

Ces décisions ont été rendues au sujet de distributions faites par une société au cours de sa liquidation et paraissant avoir eu surtout pour objet des bénéfices réalisés avant la dissolution. Mais les motifs sur lesquels elles se fondent ne font, à cet égard, aucune distinction, et s'appliquent aussi bien aux produits réalisés postérieurement à la dissolution, tels que les revenus des biens à liquider, qu'aux produits antérieurs.

« Attendu, porte l'arrêt du 8 janv. 1889 (précité), en droit, que les termes généraux et absolus des art. 1 et 2 de la loi précitée assujettissent à la taxe de 3 p. 100 la distribution, par les sociétés, sous quelque forme et à quelque époque de leur existence qu'elle ait lieu, de tous les produits et bénéfices qu'elles ont réalisés, sans faire aucune distinction à raison, soit de l'origine, soit de la nature de ces produits ;...

« Attendu, d'autre part, que la taxe est exigible quand la répartition a lieu, quel que soit le moment de la durée de la société où elle s'effectue ; que toute société subsiste comme être moral, pour les besoins de sa liquidation, tant que cette liquidation n'est pas terminée ; qu'ainsi, la Cie des Dombes, quand la distribution des obligations que la Cie P.-L.-M. lui avait remises et que la Cie des Dombes a reçues en payement du prix de son réseau et de tous ses autres biens a été faite entre ses actionnaires par les soins de ses liquidateurs, continuait d'exister ;

« Qu'il suit de là que la taxe de 3 p. 100 à laquelle la loi du 29 juin 1872 assujettit les bénéfices et tous autres produits des actions des sociétés était exigible sur la répartition aux actionnaires de la Cie des Dombes des obligations sus-énoncées, pour toute la valeur dont le montant du fonds social a augmenté et excédait le montant de l'apport originaire des associés.... »

636. On doit donc poser en principe que la taxe de 3 p. 100 continue à courir, après la dissolution d'une société, jusqu'à la clôture de la liquidation, et qu'elle est exigible soit sur les sommes distribuées en sus des apports originaires, ainsi que nous l'établirons plus loin dans le chapitre relatif à la liquidation de l'impôt, soit sur le 5 p. 100 du capital social constituant l'évaluation à forfait du revenu imposable, dans les sociétés dont le capital n'est pas divisé par actions et qui n'ont pas de conseil d'administration chargé de fixer les répartitions à faire.

Rapp. arrêt de cass. du 19 janv. 1887, rendu au sujet des intérêts d'emprunt payés par une société en liquidation. V. *infra*, n° 682.

637. *Société en faillite ou en déconfiture.* Cependant, par un esprit de modération qu'on ne saurait blâmer, l'Administration n'applique pas ce principe dans toute sa rigueur et elle s'abstient généralement d'exiger la taxe sur le forfait de 5 p. 100 dans une société en état de liquidation, qui lui justifie de la perte de son capital. Sol. 2 mai 1885 ; Comp. 22,428 J., p. 273.

Cette règle devrait, à plus forte raison, être appliquée à une société déclarée en faillite.

Elle trouverait d'ailleurs, même dans le cas où la société justifierait seulement de son improductivité, son appui dans un arrêt du 13 avril 1886 dont nous parlerons plus loin et dont, au surplus, nous n'acceptons pas la doctrine. 22,659 J. ; 6665 et 6816 R. p. ; 23,607 J. N. ; 17,160 Contr. ; 7372 Rev. not. ; S., 87, 1, 181 ; D. P., 86, 1, 185 ; P., 87, 415.

638. Société dissoute et liquidée. Absence de liquidation. Distribution de bénéfices réalisés antérieurement. — Une société dissoute n'est pas en état de liquidation par cela seul qu'il reste quelques valeurs à répartir entre les associés. Tout d'abord, les coassociés peuvent renoncer d'un commun accord à opérer ou à continuer la liquidation, et cette renonciation résulte, d'après un arrêt de cassation du 22 déc. 1868 (18,629 J. ; 2360 Rev. not. ; 19,513 J. N. ; 14,306 Contr. ; 2821 R. p. ; Inst. 2384, § 2 ; S., 69, 1, 279 ; P., 69, 672 ; D. P., 69, 1, 156), de ce qu'ils ont agi individuellement et ont pris ou reçu dans les actes les qualités de copropriétaires et de coïntéressés.

En outre, il a été jugé que l'adjudication des biens sociaux met nécessairement fin à la liquidation, si toutes les opérations relatives au règlement du passif sont terminées et s'il ne reste plus qu'à répartir le prix, d'après des bases fixées, entre les associés. Cass., 23 mai 1870 ; 18,898 J. ; 14,604 Contr. ; 3149 R. p. ; Inst. 2405, § 3 ; S., 71, 1, 106 ; P., 71, 225 ; D. P., 70, 1, 415.

Dans ces différentes hypothèses, on ne peut plus invoquer le principe de la persistance de l'être moral pour justifier l'exigibilité de la taxe sur les produits distribués entre les associés postérieurement à la dissolution ou aux faits qui ont mis fin à la liquidation.

Néanmoins le droit de l'Administration à faire payer, dans ce cas, la taxe de 3 p. 100 sur tout ce qui, dans les distributions effectuées, représente des bénéfices réalisés par la société, nous paraît incontestable. Ces bénéfices, en effet, par cela seul qu'ils ont été réalisés au cours de la société, constituent véritablement des produits d'actions ou de parts d'intérêt, puisque c'est comme actionnaires, comme associés, et en rémunération de leurs apports, que les ayants droit les reçoivent. Ils rentrent donc textuellement dans l'énumération de la loi du 29 juin 1872, qui assujettit à l'impôt les produits quelconques des actions et parts d'intérêt dans les sociétés. Qu'importe, dès lors, qu'ils soient répartis alors que la société n'existe plus ? Cette circonstance ne peut en changer le caractère, et il est impossible, d'ailleurs, d'admettre qu'elle n'ait pas été prévue par le législateur, puisque cette distribution effectuée postérieurement à la dissolution, c'est-à-dire alors que les bénéfices sont définitivement acquis, est le but normal auquel doit tendre la constitution de toute société qui tient à prévoir toutes les éventualités et à ne pas enrichir ses membres au détriment de ses créanciers, et aussi parce que si la loi n'avait voulu atteindre que les distributions de dividendes effectuées avant la dissolution, elle aurait ouvert une large porte à la fraude, en permettant aux associés, ainsi que l'observe justement le tribunal de Bordeaux (jugement précité du 27 fév. 1884), de se soustraire à l'impôt au moyen de l'accumulation des derniers dividendes.

Nous reviendrons sur cette question, dont la solution nous paraît défier toutes les critiques, lorsque nous aurons à déterminer la base imposable, et à caractériser les bénéfices qui, d'après la loi, doivent être assujettis à la taxe. V. *infra*, n° 773.

639. Société dissoute légalement et continuant en fait ses opérations. — Enfin, nous avons dit qu'il fallait prévoir le cas, non improbable d'ailleurs, où une société légalement dissoute continue néanmoins ses opérations. S'il est vrai, comme nous le démontrons plus loin, que les sociétés de fait sont passibles de la taxe comme les sociétés régulièrement constituées, on doit incontestablement décider, dans notre hypothèse, que l'impôt doit continuer à être payé par une société qui survit en fait à sa dissolution.

§ 10. — Sociétés nulles. Sociétés verbales ou de fait.

640. Société de fait. — Nous avons été des premiers à soutenir que les sociétés verbales, les sociétés de fait, les sociétés irrégulièrement constituées, doivent, en principe, la taxe au même titre que les sociétés régulièrement formées.

« La loi du 29 juin 1872, disions-nous, sous l'art. 22,436 du Journal, à l'appui de cette opinion, a imposé le revenu des capitaux placés soit à titre d'apport, soit à titre de prêt dans les sociétés en général, sans distinction aucune.

« D'autre part, il est de règle que, lorsqu'une société non constatée par écrit a fonctionné en fait, les tiers intéressés peuvent invoquer contre les associés l'existence de la société, pourvu qu'ils fournissent la preuve de cette existence, soit au moyen d'actes opposables aux parties, soit même par témoins, ou à l'aide de simples présomptions. Dall., Jur. gén., v° Société, n°s 874 et suiv. — Pont, Soc. civ., n° 158 ; Soc. comm., n° 1117. — Bédarride, n° 354.

« Spécialement, en matière fiscale, les arrêts décident que l'Administration de l'enregistrement est un tiers pour le recouvrement des droits dont la perception lui est confiée (Cass., 11 juil. 1814 ; 4935 J. ; — 17 nov. 1847 ; 14,388 J. ;

Inst. 1814, § 1er; D. P., 47, 4, 80; — 20 juil. 1859; 16,990 J.; S., 59, 1, 947; D. P., 59, 1, 324; — 14 janv. 1873; 19,208 J.; Inst. 2468, § 2; S., 73, 1, 138; D. P., 73, 1, 308), et ils l'autorisent à prouver l'existence de la société par tous les moyens dont elle dispose, attendu qu'elle ne saurait établir l'exigibilité de l'impôt s'il lui fallait démontrer l'existence de la société par la production de l'acte constitutif que les parties ont intérêt à lui cacher (Cass., req., 23 fév. 1875 précité; Pont, Soc. comm., n° 1118). — Ce dernier arrêt, que nous avons textuellement rapporté, avec les circonstances de fait qui en font ressortir la portée (V. *supra*, n° 90), a été rendu pour le recouvrement de droits de timbre et de transmission sur les actions d'une société; toutefois, comme il se fonde non pas sur un principe spécial aux droits de timbre et d'enregistrement, mais sur une règle de droit commun, il est hors de doute que sa doctrine s'applique également à la perception de l'impôt sur le revenu.

« Cette conclusion n'a rien de contraire à l'arrêt de la Cour de cassation du 19 janv. 1881 (21,559 J.; 6248 Rev. not.; 22,507 J. N.; 16,391 Contr.; 5649 R. p.; Inst. 2650, § 1er; S., 82, 1, 275; D. P., 81, 1, 265; P., 82, 1, 651), qui permet à l'Administration de l'enregistrement de ne tenir aucun compte d'une société commerciale de fait, lorsqu'elle n'a pas déjà reconnu cette société pour percevoir un impôt et que l'existence d'un être moral doit porter préjudice à ses droits. Comme l'a fait observer la Direction générale dans la requête présentée à la Cour, l'Administration peut méconnaître, si c'est son avantage, une société commerciale irrégulièrement constituée qui lui est opposée par les associés. Mais elle est fondée aussi, quand l'intérêt du Trésor l'exige, à user du droit que la loi accorde à tout intéressé de prouver contre les associés l'existence de la société verbale. Telle est, pour les sociétés commerciales, la sanction du défaut de rédaction d'un écrit : ces sociétés sont nulles « à l'égard des intéressés; « mais la nullité ne peut être opposée à des tiers par les « associés ». Art. 42 C. comm.; L. 24 juil. 1867, art. 65 et 56; Pont, Soc. comm., n° 1110.

« Mais, dira-t-on, en imposant les revenus et intérêts payés par les sociétés, le législateur n'a eu en vue que les fruits et bénéfices produits par les sociétés ayant une personnalité indépendante de celle des associés. On en trouverait la preuve, au besoin, dans les termes mêmes de la loi : « Art. 3. Le « montant de la taxe est avancé par les sociétés, sauf leur « recours... » Obliger, en effet, les sociétés à faire l'avance de l'impôt, sauf leur recours contre les associés, n'est-ce pas désigner implicitement celles qui forment un être moral distinct des associés ? Or, les associations de fait ne constituent pas des entités juridiques ; par suite, elles ne rentrent pas dans les prévisions de la loi du 29 juin 1872.

« Raisonner de la sorte, c'est faire, selon nous, une véritable pétition de principe : nous croyons aisé de le démontrer.

« Tout d'abord, lorsqu'en fait une société existe et marche vers son but, si elle ne constitue pas un être moral, c'est parce qu'elle n'est pas constatée par un écrit régulièrement publié, ou que l'acte qui en forme le titre est tenu secret par les parties. En d'autres termes, l'absence de personnalité civile est la conséquence directe de l'inobservation de la loi qui prescrit la rédaction d'un écrit pour prouver l'existence d'une société. Admettre que l'absence d'être moral peut être opposée aux tiers intéressés, ce serait donc permettre aux associés de se prévaloir de leur propre faute (*nemo auditur turpitudinem suam allegans*), ce serait violer, par conséquent, la règle, universellement admise, que le défaut de production de l'acte constitutif ne saurait nuire aux tiers.

« Quant à l'argument de texte qui serait tiré de l'art. 3 de la loi du 29 juin 1872, il nous paraît également facile à détruire. Le législateur, dans cet article, n'a pu prévoir toutes les hypothèses ; en ordonnant aux sociétés de faire l'avance de la taxe qui doit être supportée en définitive par les associés, il a statué *de eo quod plerumque fit*, pour le cas ordinaire où la société est constatée par écrit (C. civ., 1341, 1834; C. comm., 39) et forme une personne morale ou une collectivité ayant une existence propre. Mais il ne s'ensuit nullement qu'il ait exclu les sociétés dont l'existence est établie en dehors de l'acte constitutif... »

Enfin, ajouterons-nous pour compléter cette démonstration, l'objection tirée de l'absence d'être moral, dans les sociétés de fait, ne peut avoir aucune portée depuis que les arrêts de la Cour de cassation ont formellement reconnu que la personnalité juridique des sociétés n'est pas une condition indispensable pour l'exigibilité de la taxe. V. *supra*, n° 603.

Nous pouvons donc conclure de ce qui précède que l'Administration est fondée à établir l'existence de fait d'une société pour lui réclamer la taxe de 3 p. 100, et on ne peut opposer à sa réclamation ni que la société n'a pas d'existence légale faute d'avoir été constatée par écrit, ni à plus forte raison qu'elle n'a pas été publiée, ni qu'on n'a pas observé, pour sa constitution, les formes prescrites à peine de nullité par la loi pour la formation des diverses catégories de sociétés commerciales ou autres.

Quant au mode de preuve que l'Administration est autorisée à employer pour établir l'existence de fait d'une société soumise à l'impôt, V. *supra*, n° 89.

641. *Société anonyme. Émission occulte d'actions.* L'arrêt précité du 23 fév. 1875, rendu au sujet de l'exigibilité des droits de timbre et de transmission, mais dont le principe s'applique, par identité de motifs, à la taxe sur le revenu, a reconnu, conformément à notre thèse, que l'Administration peut, par toutes les voies de droit, établir, d'une part, l'existence d'une société par actions qui, bien que constituée dans des conditions irrégulières, a cependant commencé à fonctionner, et, d'autre part, l'émission des actions et leur délivrance aux actionnaires, pour en déduire l'exigibilité des droits et l'obligation pour la société de communiquer aux agents du Trésor le registre à souche d'où les actions ont dû être extraites conformément à l'art. 16 de la loi du 5 juin 1850.

642. Dans un jugement du 25 janv. 1875, que nous trouvons rapporté dans l'ouvrage de M. Besson, n° 68, le tribunal de Rennes s'est inspiré des mêmes principes en condamnant au payement de la taxe de 3 p. 100 une société constituée pour la publication du journal « l'Avenir », et qui objectait qu'en l'absence de statuts régulièrement dressés et publiés, elle devait être considérée comme n'ayant pas d'existence légale.

« Attendu, porte ce jugement, que, nonobstant les dénégations formulées, il est démontré qu'une société a été fondée en 1869 pour l'exploitation du journal « l'Avenir de Rennes »; qu'elle s'est constituée sous la forme d'une société anonyme avec un capital divisé par actions, et mis en commun par les actionnaires dans la vue de partager le bénéfice qui pourrait en résulter; qu'elle se réunit annuellement en assemblée générale ; qu'elle est pourvue d'un conseil d'administration et d'un rédacteur en chef, gérant du journal, qui fait partie de ce conseil; — Attendu que cette société ainsi constituée tombait sous le coup des prescriptions des art. 1, 2, 3 et 5 de la loi du 29 juin 1872, 1, 2 et 6 du règlement du 6 déc. 1872; qu'il est constaté qu'aucun des versements exigés par la loi n'a été effectué; que cette omission est implicitement reconnue par M. R... lui-même, parce qu'il prétend qu'à aucun titre il n'était tenu de remplir les obligations de gérant d'une société dont il nie l'existence; mais qu'il résulte au contraire de ce qui précède qu'en sa qualité de gérant de la société anonyme, il se trouve passible de huit amendes distinctes de 100 à 5,000 francs; — Attendu qu'aux termes des loi et décret précités, la société était, en outre, tenue de déposer au bureau d'enregistrement, dans les vingt jours de leur date, les comptes rendus ou extraits des délibérations de l'assemblée générale des actionnaires qui devaient servir à la liquidation de la taxe; — Qu'il est établi par les documents signifiés dans la cause et qu'il est implicitement reconnu par M. R... lui-même que le dépôt de ces extraits n'a pas eu lieu; que le défaut de ce double dépôt constitue deux contraventions distinctes passibles chacune d'une amende de 100 à 5,000 francs; — Attendu que les diverses omissions ci-dessus constatées ne sont pas le résultat d'une simple négligence, qu'elles sont la suite et la conséquence d'un système prémédité dès l'abord par le gérant de la société pour empêcher le contrôle de l'Administration et pour se soustraire au payement des sommes légitimement dues au Trésor; — Qu'en fait et en droit la taxe sur le revenu est due... »

643. *Société en nom collectif. Emprunt.* Enfin l'Administration, qui a rendu dans le même sens plusieurs solutions non publiées (15 mars 1883, 23 fév. 1884, 14 oct. 1884), a exposé très nettement les principes qui justifient cette jurisprudence dans une autre solution du 7 fév. 1885, rendue au sujet d'emprunts contractés par deux frères se présentant, dans l'acte d'obligation, comme associés *de fait* en nom collectif. 22,436 J.

Cette décision est ainsi conçue :

« Par un acte notarié du 5 juil. 1876, les frères Guinard, « associés de fait en nom collectif, sous la raison sociale « Joannès et Joseph Guinard, pour la vente et la fabrication des « rubans, tissus, etc., et ayant leur siège social à Saint-Étienne », ont emprunté sur hypothèque, au nom de leur société, et en stipulant toute solidarité soit entre eux deux, soit entre eux et ladite société, une somme de 60,000 francs, remboursable le 5 juil. 1881 et productive d'intérêts à 5 pour 100 par an, à compter du jour de l'acte.

« Il a paru que les intérêts de cet emprunt étaient passibles de l'impôt de 3 p. 100 (L. 29 juin 1872). Mais la société refuse le payement de la taxe, et vous pensez que sa résistance est fondée.

« Je ne crois pas devoir partager votre manière de voir.

« L'impôt de 3 pour 100 établi par la loi du 29 juin 1872 atteint « les arrérages et intérêts annuels des emprunts et obli« gations des sociétés, compagnies ou entreprises quelconques, « financières, commerciales, industrielles ou civiles ». De telles expressions sont générales et absolues. Elles ne distinguent pas entre les sociétés de fait et celles qui sont constatées par écrit; il s'ensuit que les emprunts de toutes les sociétés, sans exception, sont passibles de la taxe.

« Cette conclusion est conforme, d'ailleurs, à la jurisprudence de la Cour de cassation, d'après laquelle la loi du 29 juin 1872 doit être appliquée strictement suivant son texte (Cass., 23 août 1875); et elle trouve sa confirmation dans les arrêts des 12 déc. 1877, 8 nov. 1880 et 24 juil. 1883, portant que la loi vise les sociétés en général, sans distinction aucune.

« Au surplus, l'impôt frappe non seulement les emprunts des sociétés, mais encore ceux des entreprises quelconques, financières, industrielles, commerciales ou civiles; et l'on ne saurait contester que la société existant à Saint-Étienne sous la raison « Joannès et Joseph Guinard » constitue une entreprise commerciale. Comp. Cass., 6 août 1878; 20,806 J.; 21,943 J. N., 15,980 Contr.; 5068 R. p.; Inst. 2603, § 3; S., 79, 1, 474; P., 79, 1225; D. P., 79, 1, 291.

« Vous faites valoir, en sens contraire, qu'une loi nouvelle, celle du 28 déc. 1880, a été nécessaire pour soumettre à la taxe édictée en 1872, sur le revenu des sociétés, les simples associations de fait. Vous ajoutez que la loi de 1880 vise les produits des actions, parts d'intérêt et commandites dans les sociétés de fait, sans parler des emprunts des mêmes sociétés; et il vous paraît que si l'impôt créé en 1872 sur le revenu des *sociétés* ne s'appliquait pas, avant la loi de 1880, aux associations *de fait*, il n'atteint pas davantage, à défaut de prescriptions nouvelles, le revenu des emprunts de ces associations.

« Cette argumentation repose sur une erreur.

« L'objet de la loi de 1880 a été d'imposer non pas spécialement les associations de fait, mais bien, d'une manière générale, les sociétés dont « les produits ne doivent pas être « distribués entre leurs membres ». En spécifiant que, dans le cas où les statuts prohibent la distribution des bénéfices, la taxe de 3 p. 100 serait exigée des sociétés, même de fait, le législateur a manifesté l'intention expresse de soumettre au même régime toutes les sociétés sans exception, y compris les associations de fait. Ainsi, loin de justifier votre opinion, la loi de 1880 vient plutôt à l'appui de la réclamation. Vous remarquerez, d'ailleurs, que, même avant la loi de 1880, l'Administration était autorisée à établir par les moyens de preuve dont elle dispose l'existence des sociétés verbales donnant lieu à l'impôt. Inst. 2651, § 8.

« La Cour de cassation lui avait reconnu ce droit par un arrêt du 23 fév. 1875. (V. *supra*, n°s 640 et 641.) Dans l'espèce, l'existence de la société de fait formée entre les frères Guinard résulte des énonciations mêmes de l'acte constatant l'emprunt qu'ils ont contracté.

« Cette société est sans doute exempte de l'impôt sur le revenu des parts d'intérêt, comme affectant le caractère d'une association en nom collectif (L. 1er déc. 1875; Inst. n° 2534). Mais l'exemption prononcée par cette loi ne vise nullement les emprunts des mêmes sociétés; et, à défaut de toute disposition législative créant une exception pour les cas de l'espèce, les intérêts de ces emprunts tombent sous l'application de la règle générale posée par l'art. 1er de la loi du 29 juin 1872. Béthune, 28 déc. 1877; 21,085 J.; 5749 Rev. not.; 16,315 Contr.; 4862 R. p.; — Remiremont, 20 mai 1880; 21,420 J.; 22,500 J. N.; 16,134, 16,367 Contr.; 5514 R. p.; S., 81, 1, 221; P., 81, 1147; D. P., 80, 5, 387. »

644. Société nulle. Société irrégulièrement constituée. — Les principes qui viennent d'être exposés ne laissent planer aucun doute sur la question de savoir si la taxe peut être réclamée à une société irrégulièrement constituée, ou, plus généralement, à une société entachée d'un vice quelconque affectant sa validité.

Indépendamment, en effet, de ce que l'Administration n'est pas juge de la validité des actes, une considération décisive justifie, dans cette hypothèse, l'exigibilité de l'impôt; c'est que la société, malgré sa nullité, a une existence de fait qui, d'après les règles ci-dessus établies, est suffisante pour la faire tomber sous l'application de la loi du 29 juin 1872. V. *supra*, n° 597.

§ 11. — Entreprises n'ayant pas le caractère de sociétés. Collectivités.

645. Entreprises autres que les sociétés. — La loi, dans une pensée évidente de généralisation, car on ne peut expliquer autrement son texte, porte que la taxe de 3 p. 100 est due sur les intérêts, dividendes et autres produits des actions, des parts d'intérêt, et des emprunts et obligations « des sociétés, compagnies ou *entreprises quelconques*, financières, industrielles, commerciales ou civiles ».

Il est assez difficile de déterminer ce que le législateur a entendu atteindre, en dehors des sociétés, par ce mot d'*entreprises*, dont il s'est servi. L'Administration a tenté cette définition dans un mémoire produit à la Cour de cassation dans l'affaire de la communauté des huissiers de Périgueux, qui a donné lieu à un arrêt de cassation du 6 août 1878. — 20,806 J.; 5068 R. p.; 21,943 J. N.; 15,980 Contr.; Inst. 2603, § 3; S., 79, 1, 474; D. P., 79, 1, 291; P., 79, 1225.

« On reconnaît, disait-elle, en se reportant aux textes, que le législateur a employé des formules éminemment générales, qui comprennent dans une énumération complète non seulement les sociétés ou compagnies, les départements et les communes, de qui émanent souvent les actions ou obligations, mais encore les établissements publics et les entreprises quelconques, financières, industrielles, commerciales ou civiles. Cette accumulation d'expressions révèle clairement l'intention d'atteindre les actions ou les obligations de toute association, de tout établissement, de toute entreprise quelconque dont l'organisation ou le fonctionnement peut comporter une création de valeurs semblables à celles que les sociétés introduisent dans la fortune publique...

« En résumé, les lois de 1850, 1857, 1871 et 1872, présentent ce caractère commun qu'elles sont destinées à atteindre à des degrés divers, dans leur création, dans leur transmission ou dans leurs produits, les valeurs directement engagées dans les sociétés, ainsi que les capitaux confiés par les particuliers aux sociétés d'actionnaires, départements, communes, établissements et entreprises assimilables. Ces capitaux se distinguent ordinairement des capitaux placés entre les mains des simples particuliers par la sécurité du placement, l'éloignement de l'échéance, le taux régulier de l'intérêt, et, dans la plupart des cas, par les facilités accordées au créancier pour la négociation publique ou privée de sa créance. C'est à ces divers titres que le législateur leur demande, sous diverses formes, un impôt qu'il s'abstient d'exiger lorsqu'il s'agit de fonds consacrés à des opérations ou entreprises purement privées, suivies isolément par des particuliers qui, en général, ne sauraient offrir aux capitaux des conditions de placement aussi sûres et aussi avantageuses. »

Cette interprétation a servi de base à l'arrêt du 6 août 1878, qui l'a résumée dans une formule plus précise, en décidant que le législateur a, par les termes compréhensifs qu'il a employés, « manifesté la volonté d'atteindre dans leur transmission et dans leurs produits les actions ou les obligations de *toute association ou de toute collectivité créant des valeurs semblables à celles qu'émettent les sociétés d'actionnaires* », et que les prescriptions de la loi s'appliquent à toute *collectivité* qui, comme une communauté d'huissiers spécialement, « a une existence propre et subsiste indépendamment des mutations qui peuvent se produire dans son personnel ».

646. Il est difficile de savoir si ces définitions rendent exactement la pensée du législateur. Une loi qui se contente d'expressions aussi vagues et aussi peu juridiques que celle dont il s'agit, au cas particulier, de délimiter la portée, autorise toutes les interprétations et laisse forcément à la jurisprudence le soin exclusif de préciser sa signification. Aussi le plus sage, à notre avis, dans la solution des difficultés auxquelles peut donner lieu sur ce point l'application de notre texte, est de s'en tenir, jusqu'à plus ample informé, aux termes de l'arrêt précité, en tenant compte toutefois de l'esprit général de la loi de 1872.

647. Nous exclurons donc de la définition à laquelle il convient, selon nous, de s'arrêter, toutes les entreprises qui ne constituent pas des associations, ou tout au moins des collectivités ayant une existence propre indépendante des mutations qui se produisent dans leur personnel.

648. En outre, parmi ces associations ou collectivités, nous ne retenons, pour les soumettre à la taxe, que celles qui comportent la création de valeurs semblables à celles qu'on rencontre dans les sociétés proprement dites, c'est-à-dire celles dans lesquelles il existe soit des actions, soit des parts d'intérêt, soit des emprunts ou obligations. Sans doute il n'est pas nécessaire que l'association réunisse les caractères juridiques qui sont indispensables à l'existence d'une véritable société ou d'un établissement public ou d'utilité publique: car, s'il en était ainsi, le terme d'*entreprises* dont la loi s'est servie ne serait plus qu'une vaine redondance. Mais du moins faut-il, selon nous, pour que l'impôt puisse atteindre des revenus d'actions, des parts d'intérêt, d'obligations ou d'emprunt, qu'il y ait des actions, des parts d'intérêt ou des obligations. Or, cette catégorie de valeurs, à l'exception des obligations, ne peut se rencontrer que dans une association qui, sans avoir tous les caractères distinctifs du contrat de société, en réunit cependant les traits principaux, à savoir des apports réciproques destinés à former un fonds commun et effectués en vue de partager les bénéfices qui pourront en résulter. Ce n'est qu'à cette condition que les membres de l'association peuvent être considérés comme étant propriétaires d'actions ou de parts d'intérêt : car ces termes ne conviennent ni aux droits de créance qu'un particulier peut avoir à faire valoir contre un autre, ce qui exclut, comme nous l'avons vu, la société en participation (V. *supra*, n° 616), ni aux droits qu'un copropriétaire peut avoir dans des biens indivis, ce qui soustrait la simple communauté ou la simple indivision à l'application de la loi (V. *supra*, n° 599), ni enfin à l'intérêt qu'une personne peut posséder dans une entreprise qui n'est pas destinée à faire valoir un fonds commun pour réaliser des bénéfices en commun et les partager entre tous les cointéressés : ce qui se rencontre généralement dans les associations syndicales et doit les faire, selon nous, exempter de la taxe de 3 p. 100. V. *supra*, nos 626 et suiv.

649. Ces explications ne s'appliquent d'ailleurs qu'aux actions ou parts d'intérêt. En ce qui concerne les emprunts et les obligations, la portée de la loi est certainement plus compréhensive. Tandis, en effet, que les actions ou parts d'intérêt supposent nécessairement une association ayant tout au moins les apparences de la société à laquelle elle emprunte ses formes, la souscription d'un emprunt ou l'émission d'obligations se conçoivent très bien de la part d'une collectivité qui n'a, ni au fond ni dans la forme, aucun des caractères de la société. Ces collectivités, qui tiennent une place intermédiaire entre la société et l'établissement public, sont précisément celles qui, d'après l'arrêt du 6 août 1878, sont assujetties à la taxe de 3 p. 100 sur leurs emprunts ou leurs obligations.

La Cour y met toutefois une condition, et nous croyons qu'il faut s'y tenir sous peine de donner à la loi une extension abusive, c'est qu'il s'agisse d'une collectivité ayant une existence propre et subsistant indépendamment des mutations qui se produisent dans son personnel.

650. Ainsi la personnalité juridique, qui n'est pas une condition d'exigibilité de la taxe pour les sociétés et les associations qui leur sont assimilées, en est une pour toutes les autres collectivités comprises dans le terme d'entreprise dont s'est servi le législateur. D'après cette règle, on doit reconnaître que l'impôt qui n'est pas dû sur les parts des membres des associations syndicales, est dû sur leurs emprunts et leurs obligarions, même dans les associations syndicales libres, puisque la personnalité morale leur a été reconnue par les lois du 21 juin 1865 et du 22 déc. 1888. V. *supra*, n° 633.

Elle est due également, comme la Cour l'a décidé par son arrêt de principe du 6 août 1878, sur les emprunts et obligations des corporations d'officiers ministériels, lesquelles, en supposant qu'elles ne constituent pas des établissements d'utilité publique, sont dans tous les cas des collectivités ayant une existence propre.

Mais elle ne serait pas due, du moins en thèse générale, sur les emprunts ou obligations d'un cercle, ni des nombreuses associations littéraires ou scientifiques, qui, n'ayant pas été reconnues d'utilité publique, ne constituent pas des personnes morales, et qui, d'autre part, ne rentrent pas dans la classe des associations assimilées aux sociétés comme comportant la création d'actions ou de parts d'intérêt.

651. Établissements publics ou d'utilité publique. — D'après les principes que nous venons d'exposer, la taxe de 3 p. 100 n'atteint pas, cela est de toute évidence, les revenus des collectivités qui, sous le nom d'hospices, bureaux de bienfaisance, caisses d'épargne, monts-de-piété, chambres de commerce, etc., constituent des établissements publics ou d'utilité publique. On ne rencontre, en effet, dans ces collectivités ni actions, ni parts d'intérêt, et elles ne sont pas constituées pour produire et distribuer des bénéfices. (Inst. n° 2651-5). Mais les intérêts de leurs emprunts et de leurs obligations sont assujettis à l'impôt, d'après le texte formel de la loi, ainsi d'ailleurs que nous l'expliquerons plus amplement sous l'art. 4 du présent chapitre.

652. Sociétés de secours mutuels. — Les sociétés de secours mutuels, malgré leur qualification, ne constituent pas de véritables sociétés. (Dict. des Réd., v° Société, n° 11.) D'ailleurs, comme elles ne sont pas formées en vue de réaliser et de distribuer des bénéfices, les droits de leurs membres n'ont pas le caractère d'actions ni de parts d'intérêt. Elles échappent dès lors à l'application de la loi du 29 juin 1872. Inst. n°s 2651-5, et 2712, p. 3.

653. Sociétés d'assurances mutuelles. — Il faut en dire autant des sociétés d'assurances mutuelles, dont les membres ne poursuivant pas la réalisation de bénéfices à répartir entre eux, mais stipulant simplement en vue de faire supporter par l'association les dommages personnels qu'ils peuvent éprouver, ne sont pas réellement propriétaires d'actions ni de parts d'intérêt. — V. Dict. des Réd., v° Société, n° 12.

C'est ce que l'Administration a reconnu par une solution du 17 nov. 1877, ainsi conçue :

« La loi du 29 juin 1872 fait partie d'un ensemble de lois ou de projets qui avaient pour but de frapper de l'impôt les revenus et profits mobiliers sous toutes leurs formes ; elle atteint spécialement les bénéfices distribués ; le Trésor retient et prélève une partie du revenu encaissé par l'actionnaire. Or, les sociétaires de la Vinicole ne se sont pas réunis dans la vue d'un bénéfice, d'une spéculation, mais simplement afin de mettre leurs pertes en commun et de les rendre par là plus légères. Aussi, les mutualités ne constituent pas de véritables sociétés (P. Pont, Soc., p. 52, n° 71 ; Pardessus, Droit comm., t. IV, n° 970 ; Bravard-Verrières, Manuel de dr. comm., p. 43). Quant au fonds de réserve qui pourra exister à la dissolution, sa répartition est incertaine, puisque l'emploi ne pourra en être fait qu'avec l'approbation du ministre du commerce. » — Conf. Inst. n°s 2651-5 et 2712, p. 3.

654. *Sociétés d'assurances à primes.* Au contraire, les compagnies d'assurances à primes constituent de véritables sociétés donnant lieu à des actions dont les revenus sont certainement passibles de la taxe. Dict. des Réd., *loc. cit.*, n° 13.

655. Tontines. — Voici ce que nous disions au Dictionnaire, v° Société, n° 14, au sujet des tontines :

« Les tontines, auxquelles on donne fréquemment dans la pratique le nom de sociétés, ne constituent pas de véritables sociétés ; elles ne sont pas, ainsi que le dit Dalloz (v° Société, n° 146), comme les sociétés, créées pour l'action ; elles ne tendent pas à accroître la puissance productive par l'union des forces individuelles et à conquérir ainsi un bénéfice commun qui doive être partagé. Ce sont des associations purement passives, dont le capital, toujours identique, se répartit diversement au fur et à mesure des décès qui diminuent le nombre des parties prenantes. — Pardessus, IV, 970 ; Troplong, Sociétés, I, 54 ; Vavasseur, II, 1054. » — V. aussi la définition de la tontine dans un avis du Conseil d'État du 25 mars — 4 avril 1809 ; Dict., *loc. cit.*, et Dalloz, v° Tontine, n° 7.

Merlin (Rép., v° Tontine) ne définit qu'une classe particulière de tontines lorsqu'il dit : « C'est une société de créanciers de rentes perpétuelles ou viagères, formée sous la condition que les rentes des prédécédés accroîtront aux survivants, soit en totalité, soit jusqu'à une certaine part convenue. » La Cour de cassation a, en effet, reconnu le caractère de tontine à une association autorisée, formée pour l'acquisition d'immeubles avec clause de réversion. (Cass., deux arrêts, 1er juin 1858 ; 16,747 J. ; 9918 R. ; 16,332 J. N. ; 11,309, 11,331 Contr. ; 1009 R. p. ; Inst. 2150, § 2 ; S., 58, 1, 614 ; P., 58, 1213 ; D. P., 58, 2, 251.) Et un autre arrêt du 25 fév. 1873 (S., 73, 1, 241) porte que « ce qui caractérise les associations de la nature des tontines, c'est l'organisation d'une opération financière fondée sur les combinaisons aléatoires dans lesquelles entrent comme base principale des chances de mortalité ». — V. aussi Méline, n° 3099-8 Rev. not.

656. *Pacte tontinier.* La véritable tontine, pour exister légalement, a besoin de l'autorisation du gouvernement. Mais, en dehors de cette association d'une nature toute particulière, il se forme chaque jour des pactes tontiniers dans lesquels les parties mettent en commun des biens meubles ou immeubles, avec clause de réversion jusqu'au décès du dernier vivant.

657. *Pactes aléatoires. Mutualités. Remplacement militaire. Bourse commune.* Enfin nous devons rappeler comme se rapprochant du pacte tontinier, sans en avoir toutefois tous les caractères, les conventions par lesquelles plusieurs personnes s'associent pour répartir entre elles les conséquences d'un risque auquel elles sont individuellement soumises. Elles se distinguent du pacte tontinier en ce qu'elles sont fondées sur des combinaisons aléatoires autres que des chances de mortalité. Telles étaient, au temps du remplacement militaire, les conventions formées entre jeunes gens pour fournir, au moyen d'une bourse commune, les fonds nécessaires au remplacement de ceux que le sort n'avait pas favorisés.

658. *Ces associations ne doivent pas la taxe sur le revenu.* Toutes ces associations ont ceci de caractéristique qu'elles ne sont pas constituées en vue d'un bénéfice à réaliser en commun et à répartir entre tous les membres, mais que chacun y stipule en vue d'un profit personnel à atteindre, ou d'un dommage à éviter, au moyen des ressources fournies par l'association. Elles ne rentrent donc pas dans la classe des sociétés ou entreprises assimilées, que la loi a voulu atteindre. C'est ce qu'ont décidé, à l'égard du pacte tontinier, trois solutions du 24 fév. 1882 (21,818 J. ; 6033 R. p. ; 22,970 J. N. ; 6465 Rev. not.), du 14 juin 1882 et du 6 juil. 1882. 21,951 J.

Ces solutions reconnaissent que l'acquisition immobilière faite en commun par plusieurs membres d'une congrégation religieuse, avec clause d'accroissement au profit des survivants de la part des prémourants, ne donne pas naissance à une société. Par suite, sous l'empire de la loi du 28 déc. 1880 et avant la loi du 29 déc. 1884, qui a créé pour les congrégations religieuses un régime particulier, sur lequel nous nous expliquerons dans notre 6e partie, l'association ainsi formée entre les acquéreurs et leurs cessionnaires manquait d'une des conditions essentielles pour être assujettie à la taxe de 3 p. 100.

« La jurisprudence admet, dit l'Administration, comme la doctrine, que les acquisitions faites par plusieurs personnes, avec clause d'accroissement au profit des survivants, ne créent pas entre celles-ci de véritables contrats de société. (V. Lourdes, 10 juin 1880 ; 21,834 J. ; 16,337 Contr. ; 5518 R. p. ; — Grenoble, 28 août 1880 ; 22,648 J. N. ; 16,463 Contr. ; 5771 R. p. ; — Nancy, 23 août 1884 ; 16,666 Contr. ; 5843 R. p.) Ainsi le fait que les sieurs C., R., A. et autres ont acheté conjointement et avec clause d'accroissement des immeubles, à titre de pacte tontinier et de contrat aléatoire, sans stipuler qu'ils seraient unis par une société, n'a pas eu, par lui-même, pour résultat d'établir entre eux ce dernier contrat. Ce sont des coacquéreurs, des copropriétaires, des communistes, mais ce ne sont pas des associés. La taxe établie sur les associations par la loi du 28 déc. 1880 ne peut donc atteindre leur convention, ni les bénéfices qu'ils ont réalisés par suite de la revente de leurs immeubles.

659. Société avec pacte tontinier. — Il est bien entendu que si une véritable société était formée en vue de réaliser des bénéfices en commun et de les partager, la circonstance qu'un pacte tontinier serait ajouté à la convention en vue de transmettre au dernier vivant le fonds commun n'empêcherait pas la taxe d'être exigible. Et si les bénéfices devaient, d'après les statuts, être tenus en réserve pour appartenir avec le fonds social au dernier vivant, l'association tomberait alors, ainsi que nous l'expliquerons ailleurs, sous l'application de la loi du 29 décembre 1884.

Dans tous les cas, on ne saurait admettre, avec le tribunal d'Amiens, qu'une convention tontinière constitue forcément une société, par cela seul qu'elle n'a pas obtenu l'autorisation du gouvernement. Jug. du 3 juin 1880 ; 21,840 J. ; 5539 R. p. ; 22,414 J. N. ; 16,726 Contr.

L'autorisation du gouvernement, en effet, n'est nécessaire que pour les tontines proprement dites et pour leur donner l'existence légale. Mais aucune loi ne subordonne à cette autorisation la formation d'un pacte tontinier, tel que ceux que nous venons de définir.

660. Sociétés philanthropiques, artistiques, littéraires, etc. — « Il est de l'essence du contrat de société, avons-nous dit au Dictionnaire, v° Société, n° 9, d'être fait en vue de bénéfices à réaliser. Cette condition est formellement exigée par l'art. 1832 C. civ., d'où la conséquence que le caractère de société ne peut appartenir aux associations formées pour un intérêt purement moral ou philanthropique, comme pour soulager les malheureux, instruire les ouvriers. Laurent, XXVI, 145 et 146; Boistel, 113 et 114.

« Il en est de même des réunions artistiques, littéraires, scientifiques, agricoles, puisque dans aucune d'elles les associés n'ont l'intention de faire un bénéfice. P. Pont, 1, 69.

« Mais il en serait autrement et il y aurait société si la réunion avait un but de spéculation, par exemple de donner des concerts non gratuits, dont le produit devrait être réparti entre les associés. » V. Cass., 25 juin 1866; S., 56, 1, 358; — 18 nov. 1865, S., 66, 1, 415; D. P., 66, 1, 455.

On doit donc incontestablement décider, d'après cette distinction, qu'en principe les associations de l'espèce, et sauf le cas exceptionnel où elles seraient constituées dans un but de spéculation, ne sont pas assujetties à la taxe de 3 p. 100 sur leurs revenus. Il en est ainsi soit que, comme la plupart des cercles, elles soient dépourvues de personnalité juridique, soit que, comme certaines associations littéraires, artistiques ou philanthropiques, elles jouissent de cette personnalité en vertu du décret qui les a autorisées ou reconnues d'utilité publique.

661. *Emprunts et obligations.* Notons en passant que cette reconnaissance, indifférente au point de vue de l'application de la taxe aux revenus de ces associations, semble avoir pour effet, en ce qui concerne les emprunts qu'elles pourraient contracter et des obligations qu'elles pourraient émettre, de les ranger dans la catégorie de ces collectivités, ayant une existence propre, que la loi désigne sous le nom générique d'*entreprises*, et dont l'arrêt du 6 août 1878 (V. *supra*, n° 645) assujettit les emprunts à la taxe de 3 p. 100. La question ne paraît pas encore avoir été résolue. Mais, le jour où elle sera posée, la Cour devra, si elle maintient sa jurisprudence, la trancher dans le sens que nous venons d'indiquer.

Art. 4. — *Obligations et emprunts.*

662. Division. — Nous devons examiner sous cet article :

1° Quelles sont les sociétés et établissements dont les obligations et emprunts tombent sous l'application de la loi du 29 juin 1872;

2° Quels sont, parmi les titres de ces sociétés ou établissements, ceux qui, ayant les caractères définis par ladite loi, sont assujettis à la taxe de 3 p. 100.

§ 1er. — Sociétés et établissements dont les titres sont assujettis à la taxe de 3 p. 100.

663. Généralités. — La loi, comme nous l'avons déjà fait remarquer, est conçue dans les termes les plus compréhensifs. L'art. 1er, § 2, soumet à l'impôt de 3 p. 100 « les arrérages et intérêts annuels des emprunts et obligations des départements, communes et établissements publics, ainsi que des sociétés, compagnies et entreprises *ci-dessus désignées* », c'est-à-dire « des sociétés, compagnies ou entreprises quelconques, financières, industrielles, commerciales ou civiles », dont les actions ou les parts d'intérêt sont, d'autre part, assujetties à la taxe par les nos 1 et 3 du même article.

Il résulte de ce texte : 1° que toutes les sociétés, compagnies ou entreprises dont les actions ou parts d'intérêt ont été reconnues passibles de l'impôt d'après les explications fournies sous l'article précédent (V. *supra*, nos 562 et suivants) doivent également la taxe sur le revenu de leurs emprunts ou de leurs obligations; 2° que la loi atteint en outre les emprunts et obligations des départements, communes et établissements publics; 3° enfin qu'elle reste applicable aux emprunts et obligations des sociétés en nom collectif qui se trouvaient comprises dans le texte de l'art. 1er précité, et n'ont été dispensées du payement de l'impôt, par la loi du 1er déc. 1875, qu'en ce qui concerne les revenus des parts d'associés.

C'est avec cette signification générale que la loi de 1872, ainsi qu'on va le voir par les développements subséquents, a constamment été interprétée par la jurisprudence.

Mais, avant de passer en revue les diverses sociétés et les établissements au sujet desquels cette jurisprudence s'est formée, il est nécessaire de poser quelques principes d'une application générale.

664. Novation par changement de débiteur. — L'impôt créé par la loi de 1872 ne frappe que les emprunts ou obligations des sociétés, des départements, communes et établissements publics. Elle ne frappe pas les emprunts des simples particuliers, ni ceux des établissements qui ne rentrent pas dans l'énumération faite par la loi. Il en résulte que, pour l'application de cette loi, la détermination du débiteur est d'une importance capitale. Or, il arrive souvent, lorsqu'un emprunt a été contracté, que des changements s'effectuent, avant son extinction, dans la personne du débiteur. Ces changements réagissent nécessairement sur les conditions d'exigibilité de l'impôt.

Les difficultés qui peuvent se présenter en cette matière doivent être résolues par application des principes qui régissent la novation en droit civil.

665. *Emprunt souscrit par un particulier. Société ou établissement public légataire.* Nous avons exprimé l'avis au Journal, art. 22,672, que si un emprunt contracté par un particulier et non soumis à la taxe de 3 p. 100 tombe à la charge d'une société ou d'un établissement public, institué légataire de l'emprunteur, cette circonstance n'entraîne, en ce qui concerne le prêteur, aucune modification dans la nature de la dette et ne peut rendre exigible la taxe de 3 p. 100. C'est en effet le contrat primitif qui se continue entre le prêteur et l'établissement public, et, ce dernier n'étant tenu que comme continuateur de la personne de l'emprunteur, il est vrai de dire qu'il s'agit toujours, après comme avant le décès, d'un emprunt souscrit par un particulier, auquel la loi du 29 juin 1872 n'est pas applicable.

C'est ce que l'Administration a décidé par une solution du 10 avril 1886, ainsi motivée :

La loi du 29 juin 1872 a établi l'impôt de 3 p. 100 notamment « sur les arrérages et intérêts annuels des emprunts et obligations des départements, communes et établissements publics, ainsi que des sociétés, compagnies et entreprises... » Le sens de ces expressions n'est pas douteux : la loi vise les emprunts contractés par les départements, communes, établissements publics et sociétés, à l'exclusion de ceux qui sont souscrits par des particuliers. Dans une requête présentée à la Cour de cassation, l'Administration a indiqué les motifs qui ont inspiré cette disposition : on a voulu atteindre le revenu des capitaux confiés à des sociétés, communes et établissements publics, parce que ces capitaux se distinguent, en général, des sommes placées entre les mains de simples particuliers par la sécurité du placement, l'éloignement de l'échéance, et le service régulier de l'intérêt (Inst. 2603, § 3).

Lorsqu'un emprunt est contracté par un particulier, et qu'une société ou un établissement public en devient débiteur, soit comme tiers détenteur des biens affectés à la garantie du prêt, soit comme légataire universel succédant à tous les droits actifs et passifs de l'emprunteur, cette circonstance ne change pas le caractère de la dette qui est toujours celui d'un emprunt souscrit par un particulier et exempt, à ce titre, de l'application de la taxe de 3 p. 100 (Comp. 21,641 J.;

5990 R. p.). — 22,672 J.; 6778 R. p.; S., 87, 2, 224; D. P., 88, 3, 24; P., 87, 1120.

666. La situation ne serait modifiée et la taxe ne deviendrait exigible que s'il intervenait entre l'établissement public et le prêteur une conversion opérant novation dans la dette. Mais n'oublions pas que la novation ne se présume pas et que, dans le doute sur la portée des conventions passées entre les parties, on doit présumer que c'est l'ancienne dette qui se continue.

667. *Société ou établissement public débiteur, comme détenteur des immeubles hypothéqués à la dette d'un simple particulier.* La règle posée par l'Administration, dans la solution précitée, est susceptible de nombreuses applications. Ainsi, par identité de motifs, on devra décider que l'impôt n'atteint pas les intérêts de créances pour prêt, dont une société ou un établissement public peuvent être tenus, non comme emprunteurs directs, mais comme détenteurs des immeubles hypothéqués à la dette d'un simple particulier. C'est ce que reconnaît une solution inédite du 28 août 1874, et c'est ce que confirme la solution précitée du 10 avril 1886.

668. *Obligation par une société de payer la dette d'un tiers. Délégation.* La même règle est-elle applicable lorsqu'une société, par exemple, en vertu d'un contrat passé avec un particulier, emprunteur, prend à sa charge la dette, en principal et intérêts, incombant à ce dernier?

Une distinction est nécessaire, ainsi que nous l'expliquions à l'art. 22,672 du Journal.

Si le prêteur n'intervient pas au contrat pour accepter la société comme débitrice au lieu et place de la personne avec laquelle il avait contracté, c'est la même dette qui se continue. Le créancier n'a pas changé de débiteur ; la convention passée entre l'emprunteur et la société est, à son égard, *res inter alios acta*: il est inadmissible qu'elle aggrave ses obligations envers le Trésor, et c'est cependant ce qui arriverait si l'impôt était reconnu exigible, puisqu'il serait tenu de le rembourser à la société qui en aurait fait l'avance.

Mais la solution est nécessairement différente, lorsque la société est entièrement substituée à l'emprunteur dans ses obligations envers le prêteur, et lorsqu'il résulte soit des conventions expressément arrêtées entre les parties, soit des circonstances de la cause, que ce dernier a accepté la société comme débitrice. Dans ce cas, une nouvelle dette remplace l'ancienne, et cette dette, ayant son origine dans un prêt consenti au profit d'une société, tombe évidemment sous le coup des dispositions de la loi du 29 juin 1872.

669. *Délégation imparfaite.* Entre ces deux hypothèses que nous venons d'examiner, il en est une autre pour laquelle la solution présente des doutes plus sérieux : c'est celle dans laquelle le prêteur, tout en intervenant au contrat par lequel la société se charge du payement de la dette de l'emprunteur, ne consent pas cependant à libérer ce dernier, et se trouve ainsi avoir deux débiteurs au lieu d'un.

Nous ne pensons pas que cette modification apportée au contrat primitif rende la taxe de 3 p. 100 exigible sur le prêt qui en faisait l'objet. Ce prêt, en effet, n'a pas changé de nature ; c'est toujours le souscripteur primitif, c'est-à-dire un particulier, qui reste tenu de la dette et des intérêts. Si la société s'oblige à acquitter cette dette et à en servir les intérêts, c'est en vertu d'un contrat distinct, qui, suivant les cas, présentera le caractère soit d'un mandat, soit d'une ouverture de crédit, soit d'une délégation dite imparfaite. Dans les deux premiers cas, l'obligation prise par la société de payer la dette pour le compte de l'emprunteur, soit avec des fonds que celui-ci doit lui remettre à cet effet, soit à titre d'avance et à charge de remboursement, ne dérive pas d'un prêt : elle échappe incontestablement à la taxe de 3 p. 100. Dans le cas de délégation, la dette de la société envers le délégant est préexistante ; suivant sa nature, elle acquitte déjà la taxe de 3 p. 100, ou s'en trouve affranchie ; mais, quoi qu'il en soit, la délégation imparfaite dont elle est l'objet au profit d'un tiers, créancier lui-même du délégant, n'exerce aucune modification sur elle et, par conséquent, n'ajoute ni ne retranche rien aux obligations fiscales auxquelles elle se trouvait assujettie. 22,672 J.

Dans cet ordre d'idées, il a été justement décidé que si une compagnie, débitrice d'une somme déterminée pour prêt garanti par une hypothèque, délègue à son créancier inscrit le prix de la vente de l'immeuble hypothéqué, la taxe ne cesse pas d'être exigible si la délégation n'est pas parfaite et n'a pas produit l'extinction de la dette du délégant. Il en est ainsi notamment, dans le cas même où la délégation a été acceptée par le créancier délégataire, si ce dernier n'a pas entendu, par cette acceptation, décharger entièrement son débiteur.

La solution du 11 oct. 1889 qui s'est prononcée dans ce sens et qui n'a pas encore été publiée, est ainsi conçue :

« Aux termes d'un acte notarié du 20 déc. 1877, la compagnie franco-algérienne a vendu à la société de l'Habra et de la Macta le domaine du même nom, moyennant 8 millions, dont 1,780,895 francs payés comptant; le surplus stipulé « payable pour le compte de la compagnie franco-algérienne « aux créanciers inscrits sur les immeubles vendus, au profit « desquels toute délégation a été consentie. »

« Parmi ces créanciers, M. X. figure pour une somme de 3 millions, réduite, au 31 déc. 1888, à 2,841,043 fr. 42, par suite d'un remboursement (somme due à titre de prêt).

« La délégation a été ultérieurement acceptée par le créancier délégataire, mais celui-ci ne paraît pas avoir déchargé son débiteur, la compagnie franco-algérienne, délégante, et, dès lors, aucune novation ne s'est produite.

« La délégation, porte l'art. 1275 du Code civil, par la- « quelle un débiteur donne au créancier un autre débiteur « qui s'oblige envers le créancier, n'opère point de novation, « si le créancier n'a expressément déclaré qu'il entendait « décharger son débiteur qui a fait la délégation. » « Autre chose est la novation, autre chose est la délégation, a dit Jaubert dans son rapport au Tribunat (Locré, Lég., XII, p. 481, n° 40). Quoique le créancier ait accepté l'obligation contractée à son profit par le tiers délégué et que la délégation soit ainsi devenue parfaite comme telle, elle n'opère pas novation tant que le créancier n'a pas expressément déclaré qu'il entendait décharger son débiteur. A défaut d'une pareille déclaration, le créancier est censé n'avoir agréé le délégué pour débiteur que comme moyen de toucher plus facilement ce qui lui est dû, et non dans l'intention de libérer le délégant. » Rapp. Aubry et Rau, t. IV, § 324, p. 219.

« La dette n'a donc pas changé de nature, la novation seule ayant pour effet de substituer une obligation nouvelle à l'ancienne. (V. Aubry et Rau, t. IV, § 324, p. 213.) Le débiteur primitif reste toujours tenu de payer le principal et les intérêts sous la seule modification qu'un nouveau débiteur, le délégué, s'est obligé concurremment avec lui à remplir ses engagements envers le créancier. V. Mourlon, t. II, p. 745, n° 1420.

« En conséquence, et puisque la dette procédait d'un emprunt contracté par une société, la taxe de 3 p. 100 reste exigible sur les intérêts, par application de la loi du 29 juin 1872. »

669 *bis*. Par application des mêmes principes, un jugement du tribunal de Marseille du 6 juil. 1888 (7138 R. p.) reconnaît très justement que la charge imposée au tiers acquéreur d'une partie de l'actif d'une société, en dehors du concours des obligataires, d'amortir les obligations de cette compagnie jusqu'à concurrence du prix de la cession, constitue une simple indication de payement et n'a pas pour effet de libérer, par voie de novation, la société venderesse de sa dette vis-à-vis des obligataires. En conséquence, ces titres d'obligations restent passibles des taxes de timbre, de transmission et de l'impôt de 3 p. 100 sur le revenu.

670. *Substitution de l'État à une compagnie de chemin de* *fer, comme débiteur des obligations émises par elle. Rachat du réseau. Art. 9, loi du 22 déc.* 1878. D'après ces principes, la taxe devrait cesser d'être exigible sur les obligations d'une compagnie de chemin de fer, lorsque l'Etat, rachetant son réseau, est subrogé à ses droits et obligations. Mais une loi du 22 déc. 1878 a dérogé à cette règle en disposant expressément (art. 9) que les chemins de fer exploités par l'Etat sont soumis, en ce qui concerne les droits, taxes et contributions de toute nature, au même régime que les chemins de fer concédés. Une décision du ministre des finances du 8 août 1879 en a déduit cette conséquence que les droits de timbre, ainsi que la taxe de transmission et l'impôt sur le revenu exigibles sur les valeurs mobilières émises par une compagnie de chemin de fer dont le réseau a été racheté par l'Etat, continuent d'être dus après ce rachat. Et la même décision ajoute que, lorsque ces impôts ont été mis à la charge de l'Etat par la convention de rachat, il appartient au ministre des travaux publics d'en mandater le montant au profit de l'Administration de l'enregistrement. 21,604 J. ; 5357 R. p.

671. Novation par changement de créancier. — La novation qui se produit par suite de la substitution d'un créancier à un autre ne peut avoir aucune influence sur la question d'exigibilité de la taxe, puisque la qualité de débiteur a seule été prise en considération par la loi du 29 juin 1872 pour l'application de ses dispositions.

Ce point ne saurait être contesté.

671 *bis. Prêt réalisé par le Crédit foncier. Subrogation d'un tiers.* Voici cependant un cas dans lequel le changement de créancier a paru devoir exercer une influence sur l'exigibilité de la taxe. Le Crédit foncier ayant fait un prêt à une congrégation religieuse reconnue, la taxe de 3 p. 100 a été réclamée à cette dernière sur les intérêts de cet emprunt. Mais elle a soutenu que le Crédit foncier payant lui-même l'impôt sur les obligations qu'il émet en représentation de ses prêts, la taxe ne pouvait être de nouveau exigée, à peine de double emploi, de la congrégation. On sait que c'est là en effet une prétention du Crédit foncier qui n'a pas encore donné lieu à une solution définitive.

Quoi qu'il en soit, l'Administration a combattu, dans l'espèce, l'objection qui lui était faite, en faisant observer que l'emprunt avait été remboursé par un tiers qui se trouvait ainsi subrogé aux droits du Crédit foncier. Et le tribunal de Versailles a, en effet, décidé, par jugement du 11 janv. 1889, qu'en admettant comme plausible le moyen invoqué par la congrégation pour se soustraire à l'impôt, ce moyen manquait en fait du moment que l'emprunt ayant été remboursé par un particulier, ce dernier avait été substitué au Crédit foncier comme créancier de la congrégation. 23,224 J.

« Attendu que si le Crédit foncier est, en effet, généralement affranchi de la taxe de 3 p. 100 sur les intérêts de ses prêts hypothécaires, cela tient à ce que la caisse des fonds qu'il prête est alimentée par la souscription d'obligations foncières ou communales sur lesquelles se perçoit déjà la taxe de 3 p. 100 lors du payement des intérêts ; — Que telle est l'unique raison d'une dispense spéciale au Crédit foncier, librement consentie par la Régie, en l'absence des textes de loi qui en constituent le droit incontestable ; — Mais qu'il n'y a pas identité de situation entre le Crédit foncier, premier prêteur, et le second prêteur qui lui est subrogé, puisqu'avec ce dernier la somme prêtée n'est plus représentée par des obligations passibles de l'impôt sur le revenu ;

« Attendu que, s'agissant non d'un droit, mais d'une faveur spéciale, la dispense du Crédit foncier n'est donc pas opposable à la Régie de la part du tiers cessionnaire inhabile à en profiter, quoique investi des actions du Crédit foncier, par conséquent de la part de la congrégation tenue à faire l'avance des droits et amendes.... »

672. Novation par changement dans la nature de la dette. — Mais il n'en est pas de même de la novation qui s'opère lorsqu'à une dette causée pour prêt le consentement des parties substitue une dette d'un autre nature, ou réciproquement. Comme les obligations proprement dites et les titres d'emprunts ont seuls été assujettis à la taxe, à l'exclusion des dettes résultant d'autres contrats, tels que la vente, le dépôt, etc., ainsi que nous l'établirons plus loin, la novation dont nous parlons, en changeant la nature de la dette, a nécessairement pour effet soit de donner naissance, soit de mettre un terme à l'exigibilité de l'impôt. — V. dans ce sens : Seine, 4 mai 1888 ; 23,104 J. ; 7089 R. p. ; 17,508 Contr.

Mais, pour qu'il en soit ainsi et pour que la taxe, par exemple, cesse d'être exigible sur les intérêts de la dette d'une société résultant d'un emprunt, il faut une novation parfaite qui ne laisse rien subsister de la dette primitive. — V. *supra*, n° 669.

673. Personnalité du créancier. — *Société française. Emprunt souscrit à l'étranger et hypothéqué sur des immeubles sis à l'étranger.* Nous l'avons dit déjà (V. *supra*, n° 671), la personnalité du créancier n'est d'aucune importance pour l'application de la taxe. Dès l'instant qu'il s'agit d'un emprunt souscrit ou d'obligations émises par une société française, un département, une commune ou un établissement public français, la taxe est due, quel que soit le créancier et quels que soient les changements opérés dans la personne de ce dernier. — Quant aux emprunts souscrits ou aux obligations émises par les sociétés, villes et corporations étrangères, V. notre 5e partie.

Il résulte du principe que nous venons de poser qu'une société française ne saurait se dispenser d'acquitter la taxe sur les intérêts d'un emprunt, sous le prétexte que cet emprunt a été contracté à l'étranger et hypothéqué sur des immeubles que la société possède à l'étranger.

Cette règle, qui a été contestée, a été établie par des motifs indiscutables, dans une solution de l'Administration du 3 juil. 1888, que nous croyons nécessaire de transcrire textuellement.

« La loi du 29 juin 1872 (art. 1er) a établi la taxe de 3 p. 100 « sur les arrérages et intérêts annuels des emprunts et « obligations des sociétés, compagnies et entreprises quel- « conques, financières, industrielles, commerciales ou civiles ».

« Elle atteint, par ces termes généraux, toute opération par laquelle un des contribuables désignés dans cette loi se procure, « par un moyen quelconque », les fonds dont il a besoin (Cass., 9 avril 1879 ; 21,016 J. ; 5212 R. p. ; Inst. 2621, § 5 ; — 8 nov. 1880 ; 21,478 J. ; 5617 R. p. ; Inst., 2673, § 2 ; — 6 mars 1882 ; 21,839 J. ; 5907 R. p. ; Inst. 2668, § 4 ; — 4 avril 1887 ; 22,287 J. ; 6878 R. p. ; Inst. 2741, § 3) et, par conséquent, tous les emprunts, sans distinction, contractés par une société française. Elle ne tient compte ni de la qualité du prêteur, qui peut être indifféremment un particulier ou une autre société (Cass., 14 nov. 1882 ; 21,990 J. ; 4 avril 1887, précité), ni du mode de réalisation de l'emprunt, lequel peut être représenté par des obligations négociables ou par un titre civil (mêmes arrêts et Cass., 24 juil. 1883 ; 22,133 J.), ni de la nature des garanties, gage ou hypothèque, stipulées par le créancier (Cass., 8 nov. 1880, précité), 28 août 1882 ; 21,962 J.), ni, enfin, de la durée du délai convenu pour le remboursement (Cass., 3 avril 1878 ; 20,729 J.).

« La loi ne se préoccupe pas davantage de l'origine des deniers empruntés, et il importe peu, dès lors, que les capitaux prêtés soient français ou étrangers ; deux conditions seulement sont exigées pour la perception de la taxe : 1° l'existence d'un prêt fait à une société française, et 2° le payement (direct ou indirect) des intérêts aux créanciers (J. E., 22,673, 22,877) ; or, ces conditions peuvent se trouver remplies, de quelque pays que proviennent les fonds prêtés.

« Au résumé, la loi ne distingue pas entre les emprunts contractés en France et ceux émis à l'étranger par une société française : il n'y a pas lieu, dès lors, de distinguer pour l'application de la taxe du revenu.

« Que, s'il devenait nécessaire de justifier la demande de la taxe (sur les intérêts d'un emprunt contracté à l'étranger) par des considérations d'un autre ordre, il serait facile de soutenir que les capitaux étrangers prêtés à une société française, confondus dans son actif, travaillent et fructifient sous la protection des lois françaises, et que, par une juste réciprocité, les prêteurs doivent supporter l'impôt établi par ces lois sur le revenu des prêts consentis aux sociétés (Comp. Inst. nos 2385-6, 2421-1).

« Il n'y a aucun argument à tirer contre cette conclusion du principe de la territorialité de l'impôt.

« La taxe de 3 p. 100 frappe le revenu de tous les capitaux engagés dans les sociétés françaises, soit à titre de *prêt*, soit à titre d'*apport*. D'après la jurisprudence, lorsque le fonds social comprend des biens étrangers, l'impôt est exigible sur le revenu distribué aux actionnaires, qu'il provienne des biens français ou des biens étrangers (Cass., 21 juin 1880; 21,373 J.; 5558 R. p.; 22,359 J. N.; 16,288 Contr.; 6178 Rev. not.; Inst. 2643, § 4; S., 81, 1, 130; D. P., 80, 1,465; P., 81,281). L'exception de territorialité invoquée devant la Cour n'a pas prévalu contre les termes absolus de la loi du 29 juin 1872.

« Les fonds empruntés par une société pour les besoins d'une entreprise forment « un capital supplémentaire » (Courtois, Traité des opérations de bourse, 8e édition, p. 241), un capital additionnel au capital social. Puisque le législateur a également imposé le revenu du capital social ou capital-apports, et celui du capital accessoire ou capital-emprunts, sans distinction quant à l'origine ou à la situation des biens, on est fondé à penser que la Cour, qui applique l'impôt au revenu provenant des biens étrangers compris dans le capital ou dans l'actif social, n'hésiterait pas à consacrer de même l'exigibilité de la taxe sur le revenu du capital-emprunts réalisé par une société française à l'étranger.

« S'il en était autrement, on arriverait à cette conséquence inadmissible que les obligations négociables émises par une société française, souscrites à l'étranger, et inscrites au nom des souscripteurs, ou encore les fonds versés à titre de commandite par l'étranger, doivent échapper à l'impôt sur le revenu; c'est-à-dire que les taxes françaises n'atteindraient pas les valeurs *possédées en France* par des étrangers, et c'est ce résultat qui serait incompatible avec la règle de la territorialité de l'impôt. (Comp. décret 6 déc. 1872, art. 3.) On peut ajouter que les créanciers français des gouvernements étrangers sont soumis, à l'égal des nationaux, au payement des impôts édictés sur le revenu de ces valeurs: tels l'income-tax en Angleterre, et l'impôt de 13,20 p. 100 établi sur la rente italienne. » — 23,071 J.

I. — Sociétés de toute nature.

674. Les obligations et emprunts des sociétés de toute nature sont assujettis à la taxe. A cette règle générale, qui résulte du texte de l'art. 1er, no 2, de la loi, la jurisprudence n'a admis aucune exception. C'est ce que nous allons établir en passant en revue les diverses espèces de sociétés au sujet desquelles elle a eu à se prononcer.

675. Sociétés par actions. — Il ne peut s'élever aucun doute en ce qui concerne l'application de la loi aux titres d'obligations ou d'emprunts des sociétés par actions. Aussi ne peut-on citer aucune décision qui ait eu à statuer sur la question.

676. Sociétés dont le capital n'est pas divisé en actions. — Il n'en est pas de même des sociétés dont le capital n'est pas divisé par actions. On a soutenu que leurs obligations ou leurs emprunts échappaient à la taxe de 3 p. 100. Le tribunal de Saint-Omer qui a admis cette thèse, par jugement du 26 juil. 1883 (22,725 J.), s'est fondé sur les motifs suivants :

« Attendu que la loi du 29 juin 1872 frappe de l'impôt, par le § 1er de son art. 1er, les produits des actions des sociétés, et, par le § 3 de ce même article, les produits des parts d'intérêts et commandites dans les sociétés dont le capital n'est pas divisé en actions; qu'il y a donc entre ces deux parties de l'article une évidente opposition;

« Attendu que le paragraphe intermédiaire, qui soumet les emprunts à la taxe, se réfère formellement aux sociétés visées dans le § 1er, c'est-à-dire à celles dont le capital est divisé en actions, à l'exclusion de toutes autres;

« Attendu, en outre, que l'art. 2 de la même loi, par l'arrangement matériel des dispositions qui y sont contenues, accentue encore la pensée du législateur à cet égard; que chacune des trois parties qui le composent correspond exactement aux divisions de l'art. 1er et offre avec celles-ci un étroit parallélisme; qu'il est à remarquer que le § 1er de l'art. 2 se rapporte expressément aux seules sociétés dont le capital est divisé en actions, d'où ressort une nouvelle preuve que le § 1er de l'art. 1er atteint uniquement les sociétés de cette nature;

« Attendu, enfin, que les deux ordres d'arguments qui précèdent s'imposent au juge avec d'autant plus de force qu'il est impossible de recourir, pour déterminer le sens et la portée d'une loi, à des considérations étrangères à son texte, et qu'en matière fiscale l'interprétation stricte et littérale est de rigueur. »

677. Mais l'Administration a déféré ce jugement à la Cour de cassation et elle a réfuté l'argument de texte sur lequel il s'était appuyé dans les termes suivants :

« Les motifs invoqués par le tribunal seraient concluants si le premier paragraphe de chacun des art. 1 et 2 ne visait réellement que les sociétés par actions. Alors il serait vrai de dire qu'en assujettissant à la taxe des emprunts les sociétés « ci-dessus désignées », le § 2 n'a atteint que les emprunts des sociétés par actions.

« Mais il est certain que la distinction toute nouvelle établie par le tribunal de Saint-Omer entre les emprunts des sociétés par actions et ceux des autres sociétés est arbitraire. Non seulement elle n'est justifiée ni par l'esprit, ni par le texte de la loi, mais encore elle y est manifestement contraire.

« Si l'on interroge l'esprit, on ne saurait admettre que le législateur, alors qu'il imposait les parts d'intérêt dans les sociétés civiles et commerciales, ainsi que les simples commandites, ait épargné les emprunts et les obligations de ces mêmes sociétés. Son dessein, constaté par les travaux préparatoires, était d'atteindre tous les revenus facilement saisissables. Or, il est évident que les revenus des emprunts réalisent cette condition mieux encore que ceux des parts d'intérêt et des commandites, puisqu'aux moyens de constatation qui existent pour ces derniers s'ajoutent ceux qui résultent de l'acte même d'emprunt, dans lequel ces revenus sont déterminés d'une manière invariable.

« Au fond, en envisageant la loi du 29 juin 1872 dans son ensemble, on acquiert la certitude que le législateur a entendu, ainsi que l'indique le titre de la loi, « relative à un « impôt sur le revenu des valeurs mobilières », atteindre toutes les valeurs de placement (autres que les fonds d'État), sans se préoccuper de la nature particulière de l'établissement ou de la société qui reçoit les capitaux, à charge de payer un intérêt ou un dividende. Il n'est pas admissible que son application comporte une distinction quelconque entre deux capitalistes qui, faisant des placements de même nature, ont traité avec des sociétés ou des établissements différents. S'ils s'adressent à une société, peu importe notamment que le capital soit ou non divisé par actions, l'intention manifeste du législateur ayant été d'atteindre, par ses formules générales, le revenu des fonds engagés, à un titre quelconque, dans les sociétés de toute nature.

« Il est, dès lors, incontestable que la prétention de l'Administration est entièrement conforme à l'intention du législateur.

« Serait-elle, comme l'affirme le tribunal de Saint-Omer, contraire au texte?

« La négative n'est pas douteuse.

« L'art. 1er de la loi, dont l'objet était d'énumérer les revenus soumis à l'impôt, l'a fait dans un ordre logique, permettant d'indiquer ensuite, dans un ordre identique, les différents modes de liquidation à employer, suivant la nature des valeurs, pour l'établissement de la taxe. Aussi les divisions de l'art. 2, qui s'occupe de cet objet, correspondent-elles exactement à celles de l'art. 1er.

« Dans un premier paragraphe spécial à chaque article, la loi assujettit à la taxe les actions et dispose ensuite que le revenu imposable sera déterminé, en ce qui les concerne, par les délibérations des assemblées générales d'actionnaires.

« Un second paragraphe s'occupe des obligations et des emprunts, et assoit la taxe sur l'intérêt distribué dans l'année.

« Enfin, dans un troisième paragraphe, la loi atteint les parts d'intérêt et les commandites dans les sociétés qui ne comportent pas la division par actions, et établit, pour déterminer leur revenu imposable, des moyens spéciaux en rapport avec la nature de ces valeurs.

« Or, dans cette désignation des valeurs sujettes à l'impôt, la loi ne se préoccupe nullement du caractère particulier des sociétés d'après les définitions de la loi civile ou commerciale, et n'en fait pas dépendre l'exigibilité de la taxe. Ce sont les valeurs elles-mêmes qu'elle vise, abstraction faite du caractère des sociétés qui les émettent. En effet, la loi prend soin de faire une énumération assez générale pour que non seulement toute espèce de société s'y trouve comprise, mais pour que sa disposition atteigne même des entreprises qui, sans avoir le caractère de sociétés, émettraient des actions ou des titres équivalents.

« Il n'y aurait pas matière à interprétation, et l'objection tirée du texte par le tribunal tomberait d'elle-même si la loi avait dit : « Il est établi une taxe annuelle sur les revenus « des actions de toute nature et sur les intérêts annuels des « emprunts et obligations des sociétés, compagnies ou entre- « prises quelconques, etc. » Or, c'est exactement le sens de la formule qui a été employée, et la division en deux paragraphes n'a eu pour but, ainsi qu'on l'a déjà fait observer, que de faire concorder les dispositions de l'art. 1er avec celles de l'art. 2, dont la division était nécessitée par la distinction qu'il y avait à faire, au point de vue de la liquidation de la taxe, entre les actions et les obligations.

« C'est le même motif qui a fait rejeter dans un troisième paragraphe spécial la disposition relative aux parts d'intérêt dans les sociétés non divisées en actions. Dans le projet primitif du Gouvernement, elle était confondue avec la disposition relative aux actions. Le projet portait en effet : « Il est établi une « taxe annuelle : 1° sur les intérêts et tous autres produits « des parts d'intérêt dans les sociétés civiles, et des actions « de toute nature, etc. »

« Le second paragraphe visait, comme dans la loi qui a été votée, les revenus des emprunts et obligations « des sociétés, « compagnies et entreprises ci-dessus désignées ». Son application aux emprunts des sociétés non divisées par actions n'était donc pas contestable.

« Lors de la rédaction définitive, les parts d'intérêt ont cessé de figurer dans le premier paragraphe et ont fait, avec les commandites simples, l'objet d'un paragraphe spécial. Mais cette nouvelle rédaction n'implique nullement que le législateur ait voulu soustraire les sociétés non divisées par actions à l'application de la taxe sur les emprunts. Elle trouve son explication dans l'opportunité, reconnue au dernier moment, de grouper chacune des valeurs imposables dans un paragraphe distinct, suivant le mode particulier de liquidation qui leur convenait, et d'adopter, dans le premier article, l'ordre méthodique qui s'imposait pour le second.

« A raison de la portée compréhensive de l'énumération faite par le premier paragraphe, et embrassant toute espèce de sociétés, la transposition a pu se faire sans qu'il fût nécessaire de modifier les termes de la référence contenue au deuxième paragraphe. Cette dernière disposition n'a ainsi rien perdu de sa généralité et a continué, après comme avant le changement de texte, à régir les emprunts des sociétés civiles aussi bien que ceux des sociétés par actions.

« Cette appréciation est absolument conforme à la déclaration faite à la tribune, au moment du vote, par M. Pouyer-Quertier, qui avait pris une large part aux travaux préparatoires, et d'après lequel les remaniements opérés à la dernière heure ont eu pour but d'élargir et non de restreindre la portée de la loi. »

678. Conformément à cette argumentation, la Chambre civile a cassé le jugement du tribunal de Saint-Omer et posé en principe, par un arrêt du 2 août 1886, que toutes les sociétés sans distinction doivent la taxe de 3 p. 100 sur leurs obligations ou leurs emprunts. 22,725 J.; 6734 R. p.; 23,729 J. N.; 17,237 Contr.; Inst. 2729, § 6; S., 87, 1, 231; D. P., 86, 1, 446; P., 87, 546.

« Attendu, porte cet arrêt, que la loi du 29 juin 1872, en établissant une taxe annuelle et obligatoire sur le revenu des valeurs mobilières, a soumis à cette taxe, dans le n° 2 de l'art. 1er, les intérêts et arrérages annuels des emprunts et obligations des départements, communes et établissements publics, ainsi que des sociétés, compagnies et entreprises désignées dans le paragraphe précédent;

« Attendu que la disposition de ce premier paragraphe est absolument compréhensive; qu'elle s'applique à toutes les sociétés, compagnies ou entreprises quelconques, financières, industrielles, commerciales ou civiles, sans faire aucune distinction entre les sociétés d'après le mode de division de leur capital; qu'elle les englobe toutes sans distinction dans une formule éminemment générale... »

679. Sociétés civiles. — D'après la règle posée par la Cour, la loi de 1872 atteint donc les emprunts des sociétés civiles non divisées par actions. C'est en effet au sujet d'une société civile dite Société civile de Saint-Bertin, fondée entre plusieurs ecclésiastiques, pour l'exploitation d'établissements d'éducation, que l'arrêt précité est intervenu.

Une décision dans le même sens a été rendue par le tribunal de la Seine, le 4 mai 1888; 7089 R. p.; 23,104 J.; 17,508 Contr. — V. aussi Seine, 17 janv. 1890, 7386 R. p.

Aux termes de ce dernier jugement, l'exigibilité de la taxe ne saurait être écartée par le motif que la société débitrice ne constituerait qu'une association en participation, lorsque ce dernier caractère lui a été dénié par un jugement antérieur rendu entre elle et l'Administration, et devenu définitif.

680. Sociétés en nom collectif. — Les mêmes principes conduisent à admettre l'exigibilité de la taxe sur les emprunts et obligations des sociétés en nom collectif. Il y a même en faveur de cette solution un argument de texte très puissant tiré de la loi du 1er déc. 1875, qui, tout en voulant soustraire les sociétés en nom collectif aux dispositions éminemment générales de la loi du 29 juin 1872, a pris soin de limiter cette exemption aux parts d'intérêt, à l'exclusion des parts de commandite, et, à plus forte raison, des emprunts.

Ainsi que le fait observer très judicieusement l'Administration dans une décision du ministre des finances du 15 mars 1879 (21,086 J.; 5192 R. p.; D. P., 80, 3, 40), « du moment que l'impôt dont il s'agit s'applique aux intérêts des sommes versées à titre de commandite dans les sociétés en nom collectif, sommes qui sont soumises à toutes les chances de bonne ou mauvaise fortune des sociétés, il n'y a aucune raison pour en exempter les intérêts des sommes simplement prêtées à ces sociétés, et pour lesquelles les bailleurs de fonds ne sont nullement associés aux chances de perte que courent les commanditaires. A ce point de vue même, loin de mériter l'intérêt et l'exception dont les associés en nom collectif ont seuls paru dignes, et de pouvoir leur être assimilés, les prêteurs sont au contraire dans une situation moins favorable que les commanditaires; il n'y a point lieu dès lors, semble-t-il, de leur accorder une exemption d'impôt refusée à ces derniers. »

L'exigibilité de la taxe sur les emprunts des sociétés en nom collectif est actuellement reconnue par une jurisprudence constante. Indépendamment de l'arrêt du 2 août 1886 (*supra*, n° 678) qui a été rendu au sujet d'une société civile, mais dont les motifs s'appliquent aux sociétés en nom collectif, on peut citer les jugements suivants qui se sont formellement prononcés pour l'application de la taxe aux emprunts de ces sociétés : Béthune, 28 déc. 1877; 21,085 J.; 4862 R. p.; 16,315 Contr.; 5749 Rev. not.; — Remiremont, 20 mai 1880; 21,420 J.; 5514 R. p.; 22,500 J. N.; 16,134 Contr.; S., 81, 2, 221; D. P., 80, 5, 387; P., 81, 1147; — Clermont, 18 juin 1885; 22,736 J.; 6546 R. p.; 23,759 J. N; — Chaumont, 23 fév. 1886; 22,631 J.; 7192 R. p.; 23,757 J. N.; — Seine, 29 avril 1887, 7003 R. p. — V. aussi les décisions rendues en matière d'emprunts réalisés à la suite d'ouvertures de crédits, *infra*, n°s 727 et suiv. — Comp. Revue critique de législation, 1882, p. 422.

681. **Sociétés de fait.** — Nous avons établi *supra*, n°s 640 et suivants, que les sociétés verbales, les sociétés de fait et les sociétés irrégulièrement constituées doivent la taxe sur les bénéfices distribués aux associés. Par les mêmes motifs, la taxe est applicable aux intérêts de leurs emprunts. C'est ce qu'a reconnu une solution du 7 fév. 1885 (22,436 J.) textuellement rapportée sous le n° 643 qui précède.

682. **Société dissoute. Société en liquidation.** — Nous avons également posé en principe (*supra*, n°s 634 et suivants) qu'une société dissoute doit la taxe sur les bénéfices réalisés pendant son existence et distribués postérieurement à sa dissolution, et qu'une société dissoute mais survivant pour les besoins de sa liquidation doit la taxe même sur les bénéfices réalisés postérieurement à sa dissolution.

Cette règle s'applique aux intérêts des emprunts des mêmes sociétés.

Elle n'est guère contestable en ce qui concerne les intérêts échus avant la dissolution et payés postérieurement par les liquidateurs. Ces intérêts constituent, en effet, des revenus d'obligations ou d'emprunts de sociétés, et, à ce titre, tombent évidemment sous l'application de la loi du 29 juin 1872, quelle que soit l'époque de leur payement. Le retard apporté dans ce payement ne saurait être en effet une cause légitime d'exemption d'impôt.

Quant aux intérêts courus après la dissolution et pendant la période de liquidation, l'exigibilité de la taxe se justifie par des considérations que nous avons développées, sous l'art. 22,805 du Journal, dans les termes suivants :

« La taxe de 3 p. 100 est établie notamment sur les arrérages et intérêts annuels « des emprunts et obligations des « départements, communes, établissements publics, ainsi que « des sociétés, compagnies ou entreprises quelconques, financières, industrielles, commerciales ou civiles » (art. 1, n° 2, loi du 29 juin 1872). Si compréhensive que soit cette dernière disposition, il est certain qu'elle n'atteint pas les intérêts des obligations et emprunts des simples particuliers. Par conséquent, lorsque les obligations d'une société tombent, pour un motif ou pour un autre, à la charge personnelle des particuliers entre lesquels cette société était formée, lorsqu'elles cessent ainsi de constituer des obligations de sociétés, les seules que la loi du 29 juin 1872 ait entendu atteindre, il est indubitable que l'impôt cesse lui-même d'être exigible. La novation qui s'opère alors par changement de débiteur enlève toute cause à la perception (V. 22,672 J.).

« Cette règle étant admise, il en résulte qu'en principe la dissolution d'une société restée débitrice du montant total ou partiel d'un emprunt, en substituant les associés pris individuellement à la société dans les liens du contrat d'obligation, devrait avoir pour effet de mettre fin à l'exigibilité de la taxe de 3 p. 100.

« Ce serait là, en effet, une conséquence inévitable de la dissolution, si la jurisprudence n'avait pas admis, pour le cas où la société dissoute est mise en liquidation, que l'être moral survit pour les besoins de cette liquidation. Cette fiction juridique ne gouverne pas seulement les rapports des associés entre eux; comme l'Administration l'a fait remarquer dans un mémoire soumis à la Cour de cassation, « elle s'impose aux tiers, qui continuent à contracter avec la société, représentée par ses liquidateurs comme si elle existait encore ». Si donc la dissolution ne modifie pas *ipso facto* le caractère des droits des associés et de leurs rapports avec les tiers, si elle n'a pas notamment pour effet de transformer leurs actions en un droit de copropriété indivise, ce que la jurisprudence décide tant en matière fiscale qu'en matière civile (Cass., 9 mai 1864; S., 64, 1, 239; 17,844 J.; 1898 R. p.; 18,042 J. N.; 993 Rev. not.; D. P., 64, 1233; — 6 mars 1872; 19,170 J.; 3418 R. p.; Inst. 2447, § 6; 20,418 J. N.; 14,879 Contr.; S., 72, 1, 88; D. P., 72, 1, 169; P., 72, 178), elle est *à fortiori* sans influence sur le caractère des obligations émises par la société avant sa dissolution. Ces obligations conservent leur nature d'obligations de sociétés, et, à ce titre, continuent à être soumises à toutes les charges fiscales établies sur cette classe spéciale de valeurs par les lois du 5 juin 1850, du 23 juin 1857 et du 29 juin 1872. C'est ce que la Cour de cassation avait déjà décidé, toutes chambres réunies, le 27 déc. 1877 (20,617 J.; 4853 R. p.; 15,875 Contr.; Inst. 2592, § 1er; 5713 Rev. not.; 21,846 J. N.; S., 78, 1, 225; D. P., 78, 1, 354; P., 78, 550), au sujet du droit de timbre et du droit de transmission. Les mêmes motifs doivent conduire à la même solution, en ce qui concerne la taxe sur le revenu. »

Conformément à ces principes, il a été décidé que la taxe de 3 p. 100 est due sur les intérêts payés aux obligataires par les liquidateurs d'une société dissoute, lors même que la dissolution aurait précédé la promulgation de la loi du 29 juin 1872. Elle est due même sur les intérêts échus antérieurement à cette promulgation, s'ils n'ont été payés aux obligataires que postérieurement. Cass., 19 janv. 1887; 22,805 J.; 6819 R. p.; 23,885 J. N.; 17,450 Contr.; Inst. 2737, § 2; S., 87, 1, 487; D. P., 87, 1, 501; P., 87, 1186.

Nous reviendrons sur cet arrêt quand nous déterminerons les revenus qui doivent servir de base à la perception de l'impôt. Ce que nous retenons dès à présent, c'est le principe de l'exigibilité de la taxe sur les intérêts courus et payés pendant la période de liquidation.

« Attendu, porte l'arrêt précité, que, par la loi du 29 juin 1872, une taxe de 3 p. 100 a été établie, à partir du 1er juil. suivant, sur les arrérages et intérêts annuels des emprunts et obligations des sociétés, compagnies ou entreprises quelconques, plus amplement désignées en ladite loi, quelle que soit l'époque de leur création;

« Attendu qu'une fois cette loi devenue exécutoire, la taxe nouvelle grevait les intérêts de toutes obligations précédemment émises par les sociétés dont il s'agit, sans qu'il y eût lieu d'en excepter celles qui, comme la Compagnie immobilière, se seraient trouvées à cette époque en état de liquidation; qu'en effet, la mise en liquidation d'une société non seulement n'éteint pas les obligations qu'elle a contractées, mais n'empêche même pas, si la société est solvable, que ces obligations ne puissent continuer à produire des revenus et que ces revenus ne soient distribués aux obligataires; que les conditions d'exigibilité de l'impôt se trouvent, en ce cas, pleinement réunies et que le Trésor est en droit de le percevoir, sans pour cela faire produire à la loi de 1872 un effet rétroactif. »

Dans le même sens : Bordeaux, 18 mai 1887, 6,993 R. p.

682 *bis*. **Société improductive.** — Une société dont les emprunts sont assujettis à la taxe ne peut se dispenser d'acquitter cet impôt sur les intérêts payés aux emprunteurs, sous prétexte qu'elle est improductive et qu'elle n'a réalisé aucun bénéfice. Seine, 17 janv. 1890; 7386 R. p.

II. — Départements et communes.

683. **Emprunts et obligations des départements et des communes.** — L'exigibilité de la taxe sur les revenus des emprunts et obligations des départements et des

communes est consacrée par le texte formel de l'art. 1er, n° 2, de la loi du 29 juin 1872.

Des mesures ont été prises par les instructions nos 2552 et 2571 pour que tous les emprunts de l'espèce soient portés par les préfets à la connaissance de l'Administration. Des états semestriels, dont la forme a été déterminée par une circulaire du 16 mars 1877 (Inst. 2571), doivent être fournis par ces magistrats aux directeurs, dans le courant des mois de février et d'août de chaque année.

684. **Bons de liquidation émis à la suite des événements de 1871 par la ville de Paris. Exemption.** — Une loi du 26 juil. 1873 a alloué à la ville de Paris une somme de 140 millions, payable par annuités, à la charge d'indemniser toutes les personnes qui ont souffert des opérations du premier et du second siège.

En représentation des indemnités, la ville de Paris a été autorisée à émettre des titres spéciaux, garantis par l'État, et qualifiés *bons de liquidation.*

Un décret du 23 août 1873 contient, au sujet de ces titres, les dispositions suivantes :

« Art. 1er. — Le nombre des bons de 500 francs que la ville de Paris est autorisée à émettre, en vertu de la loi du 26 juil. 1873, est fixé à 277,300.

« Art. 2. — Ces bons seront délivrés par le préfet de la Seine et visés par le caissier-payeur central et par le contrôleur central du Trésor public.

« Ils sont exempts du payement des droits de transmission et de l'impôt sur le revenu, mais ils sont assujettis au timbre de 1 p. 1000 établi pour les effets de commerce. » 19,349 J.

685. **Garde mobilisée. Emprunts pour son équipement.** — La question s'est posée, après la promulgation de la loi de 1872, de savoir si les emprunts contractés en 1870 et 1871, par les départements et les communes, pour subvenir aux dépenses occasionnées par l'équipement et l'entretien de la garde nationale mobilisée, et dont le montant devait leur être remboursé par l'État en vertu d'une loi du 11 sept. 1871, tombaient sous l'application de la nouvelle loi. L'Administration s'est prononcée pour l'affirmative par plusieurs solutions rendues de concert avec le ministère de l'intérieur, desquelles il résulte : 1° que les emprunts mentionnés ci-dessus sont assujettis à la taxe de 3 p. 100; 2° qu'indépendamment de cette taxe, les mêmes emprunts, qui ont donné lieu à l'émission d'obligations, doivent les droits de transmission établis par les lois des 23 juin 1857 et 11 sept. 1871. 19,511 J.

686. **Prêts aux communes par la Caisse des écoles.** — On lit dans l'instruction du 23 septembre 1878, n° 2601 :

« Une loi du 1er juin 1878 a créé, sous la garantie de l'État, pour faciliter la construction des écoles, une caisse spéciale, administrée par la Caisse des dépôts et consignations. La Caisse des écoles a notamment pour mission de faire aux communes autorisées à emprunter pour l'amélioration ou la construction des maisons d'école, ou pour l'acquisition du mobilier scolaire, des avances réalisées au moyen des fonds du Trésor et remboursables avec intérêt et amortissement.

« Les intérêts des emprunts faits, dans ces conditions, par les communes à la Caisse, pour la construction des écoles, sont exempts de la taxe de 3 p. 100, ces intérêts s'appliquant à un prêt fait par l'État.

« L'art. 8 de la loi du 1er juin 1878 autorise, en outre, la Caisse des écoles à se procurer des ressources indépendantes de celles qui lui sont fournies par le Trésor, en faisant des émissions de titres négociables dans les formes et aux conditions déterminées par le ministre des finances. Ces émissions, qui doivent préalablement être autorisées par décret, sont soumises à la perception des droits de timbre, de transmission, et, le cas échéant, de la taxe de 3 p. 100 sur le revenu. »

687. **Formes prescrites pour les emprunts et l'émission des obligations des départements, communes et établissements publics.** — V. *supra*, nos 37 et suiv.

III. — *Établissements publics et d'utilité publique.*

688. **Établissements publics et établissements d'utilité publique. Distinction.** — Les établissements publics, selon la définition adoptée par nous au Dict. des Réd., v° Etablissement public, n° 1, sont des personnes civiles créées ou reconnues par l'autorité publique, distinctes des différents corps appartenant à la hiérarchie administrative proprement dite, et ayant pour but de pourvoir à certains besoins d'utilité générale auxquels les corps administratifs ne pourvoient pas directement par eux-mêmes.

La doctrine a grand soin de distinguer les établissements publics des établissements d'utilité publique. Nous avons nous-mêmes cherché à préciser les bases de cette distinction dans notre Dictionnaire, v° Etablissement public, nos 14 et 15. Mais, ainsi que nous l'établissons *supra*, nos 125 et suiv., le législateur a rarement tenu compte de cette distinction dans les diverses dispositions qu'il a édictées au sujet des établissements de l'une ou l'autre catégorie. Nous avons soutenu, dans tous les cas, et nous croyons avoir démontré qu'il n'en a pas tenu compte dans la loi du 29 juin 1872, et que, sous la désignation générique d'établissements publics, il a entendu soumettre à l'impôt aussi bien les établissements d'utilité publique que les établissements publics proprement dits.

Ainsi que le fait remarquer l'Administration dans un mémoire produit devant la Cour de cassation pour établir l'exigibilité de la taxe sur les emprunts du Mont-de-piété de Paris (V. Inst. 2597, § 5), « l'expression établissements publics n'exclut nullement les établissements d'utilité publique. En envisageant la loi du 29 juin 1872 dans son ensemble, on acquiert la certitude que le législateur a entendu, ainsi que l'indique le titre de la loi, atteindre toutes les valeurs de placement autres que les fonds d'Etat, sans se préoccuper de la nature particulière ou de la destination des établissements qui en font l'émission. Il répugne d'admettre que son application comporte une distinction quelconque entre deux capitalistes qui, faisant des placements *de même nature*, ont traité avec des établissements différents, mais placés, à des degrés divers, sous la surveillance de l'autorité. Les mots *établissements publics*, employés dans la loi du 29 juin 1872, sont donc susceptibles d'être interprétés dans un sens large et compréhensif, et ils peuvent notamment être appliqués aux monts-de-piété. » — V. dans le même sens : Dict. des Réd., v° Etablissement public, n° 75.

En supposant d'ailleurs qu'il ne soit pas permis de faire rentrer les établissements d'utilité publique dans la classe des établissements publics au sens propre du mot, ces établissements n'en tombent pas moins sous l'application de la loi du 29 juin 1872 comme étant compris dans la désignation générale d'*entreprises* dont cette loi s'est servie dans le but évident de donner le plus d'extension possible à ses dispositions. Ce sont même, à notre avis, ces établissements dont le caractère n'est pas bien défini, mais qui ont reçu l'existence civile de l'acte de l'autorité administrative qui les a déclarés d'utilité publique ou simplement reconnus, ce sont, disons-nous, ces établissements que la loi paraît avoir voulu spécialement désigner sous le terme très compréhensif d'*entreprises*, pour soumettre leurs emprunts à la taxe de de 3 p. 100.

La jurisprudence peut être considérée comme étant fixée dans le sens de cette interprétation. C'est ce qui ressort des décisions rendues au sujet des divers établissements dont nous donnons ci-après l'énumération.

689. **Monts-de-piété.** — Les monts-de-piété sont-ils des établissements publics ou des établissements d'utilité

publique? Bien que nous ayons cru devoir les rattacher à la première de ces deux catégories (v° Dict. des Réd., v° Etablissement public, n° 13) et que l'Administration ait soutenu la même thèse devant la Cour de cassation (Inst. n° 2597, § 5, p. 63), nous reconnaissons que la question est susceptible de controverse.

Quoi qu'il en soit, ces établissements tombent certainement sous l'application de la loi de 1872, soit comme ayant incontestablement le caractère d'établissements d'utilité publique, soit comme rentrant dans la classe de ces collectivités, ayant une existence propre, que le législateur a désignées sous le nom d'*entreprises*.

Cet assujettissement des monts-de-piété à la taxe de 3 p. 100 a été expressément reconnu par un arrêt de la chambre civile, du 3 août 1878, sur le fondement que « ces établissements sont des établissements publics, et que si, par leur destination, ils constituent en même temps des établissements d'utilité publique, ce caractère ne saurait les soustraire à l'application de la loi, qui frappe sans distiction tous les établissements publics, *quelle que soit leur nature* ». 20,729 J.; 4929 R.p.; 21,898 J. N.; 15,928 Contr.; Inst. 2597, § 5; S., 78, 1, 279; D. P., 78, 1, 178; P., 78, 688.

Le même arrêt décide que les exonérations des droits de timbre, d'enregistrement et de contributions directes accordées à ces établissements par diverses dispositions législatives ne sont pas applicables à la taxe de 3 p. 100.

« Attendu, dit la Cour, que si l'art. 43 du décret du 8 therm. an 13 exempte des droits de timbre tous les registres et pièces du Mont-de-piété, et si l'art. 8 de la loi du 24 juin 1851 exempte des droits de timbre et d'enregistrement les obligations, reconnaissances et tous actes concernant l'administration du Mont-de-piété, ces dispositions ne peuvent être étendues à l'impôt établi par la loi du 29 juin 1872, qui ne constitue ni un droit de timbre, ni un droit d'enregistrement, mais une sorte d'impôt direct établi sur le revenu de certains titres d'emprunts ou d'obligations, et que, si l'ordonnance du 19 janv. 1844, interprétant les art. 105 de la loi du 3 frim. an 7 et 5 de la loi du même mois, relatifs aux contributions foncière et des portes et fenêtres, déclare les immeubles du Mont-de-piété exempts de ces deux contributions, cette exemption ne peut être étendue à un impôt d'une autre nature établi sur des valeurs mobilières; — Qu'il suit de là que les intérêts et arrérages des emprunts et obligations contractés par le Mont-de-piété tombent en principe sous l'application de la loi du 29 juin 1872... »

Dans le même sens : D. m. fin. 14 fév. 1873; —Seine, 11 avril 1874; 19,489 J.; 3896 R. p.; 21,898 J. N.; Inst. 2597, § 5; S., 74, 2, 154; D. P., 76, 3, 16; P., 74, 621.

690. Chambres de discipline des officiers ministériels. — La question que nous venons d'examiner à propos des monts-de-piété s'est présentée également au sujet des chambres de discipline des officiers ministériels, et spécialement au sujet de la communauté des huissiers de l'arrondissement de Périgueux.

Devant la Cour de cassation, l'Administration a soutenu en principe que les chambres de discipline constituent des établissements publics. — 20,806 J., p. 514.

« Le ministre de la justice, disait-elle, a été appelé à résoudre administrativement la question de savoir si les chambres de notaires constituent des établissements publics et à quelles règles elles doivent, à ce titre, se conformer, en ce qui concerne le timbre des registres constatant leurs délibérations et leurs opérations. Le ministre a résolu cette question affirmativement, de concert avec son collègue des finances, aux termes d'une décision rappelée dans une instruction de l'Administration de l'enregistrement du 3 nov. 1812, n° 608.

« Une autre décision, prise par le ministre des finances le 25 juin 1823 (Inst. n° 1099, § 2), a assimilé les chambres des huissiers aux chambres des notaires, et leur a appliqué les mêmes règles au point de vue du timbre.

« En outre, il a toujours été admis sans conteste que les agents de l'enregistrement sont autorisés à demander au secrétariat des chambres de discipline des notaires et des huissiers la communication prévue par l'art. 54 de la loi du 22 frim. an 7, suivant lequel « tous dépositaires... chargés des archives et dépôts de titres publics sont tenus de les communiquer, sans déplacer, aux préposés de l'enregistrement pour l'exercice du droit de contrôle qui appartient à l'Administration. »

« Ces décisions ministérielles et l'interprétation donnée dans la pratique à l'art. 54 de la loi du 22 frim. an 7 sont pleinement justifiées. L'institution des huissiers pour le service des cours et tribunaux a eu lieu, en effet, dans un intérêt public incontestable, puisqu'elle a pour objet d'assurer la bonne administration de la justice et l'exécution de ses décisions. Le décret réglementaire et organique du 14 juin 1813, qui a établi cette institution, en fixant son personnel (art. 1er à 19), ses attributions (art. 20 à 38), les droits et obligations de ses membres (art. 39 à 48), en les réunissant en communauté d'arrondissements (art. 49 et suiv.), en créant des chambres de discipline (art. 53 et suiv.), et en attribuant à ces chambres des pouvoirs spéciaux, tant administratifs que judiciaires, dont les actes sont soumis à l'approbation de l'autorité supérieure des cours et tribunaux, les a érigées en véritables établissements publics, ayant une existence propre et une personnalité civile indépendante de la personnalité particulière des membres de la communauté. Ce caractère d'établissements publics résulte encore de ce que cette organisation a été imposée par l'autorité publique, et non faite par l'accord seul des parties intéressées. Cela ressort aussi des dispositions qui ont exempté certains de leurs actes de l'enregistrement et du timbre, ou en ont expressément assujetti d'autres à ces impôts (art. 89 et 102), et enfin de l'attribution de certaines amendes à la bourse commune de la communauté (art. 100).

« Le tribunal de Périgueux n'était donc pas fondé à décider que l'expression « établissements publics », employée dans les lois de 1850, 1871 et 1872, ne peut comprendre les communautés ou les chambres de discipline des huissiers. »

La Cour de cassation n'a pas cru devoir partager l'opinion de l'Administration sur le caractère d'établissements publics que celle-ci attribuait aux chambres de discipline. Mais elle n'en a pas moins reconnu l'exigibilité de la taxe sur les emprunts contractés par ces corporations, en les rangeant dans la classe de ces collectivités ayant une existence propre, que la loi a entendu désigner par le terme général d'*entreprises*. — Cass., 6 août 1878, 20,806 J.; 5068 R. p.; 21,943 J. N.; 15,980 Contr.; Inst. 2603, § 3; S., 79, 1, 474; D. P., 79, 1, 291; P., 79, 1225.

691. Associations syndicales. — *Associations syndicales autorisées.* Les associations syndicales autorisées constituent des établissements publics, ou tout au moins des établissements d'utilité publique, ainsi que nous l'avons déjà fait observer *supra*, n° 628. C'est l'opinion généralement enseignée par la doctrine et admise par la jurisprudence. — Ducrocq, éd. 1877, vol. 2, n° 1574; — Dict. des Réd., v° Sociétés et associations particulières, n° 89; — Cass., 20 fév. 1844; S., 44, 1, 302; — 1er déc. 1886, 22,937 J.

Il en résulte que les emprunts souscrits ou les obligations émises par ces associations sont sujets à la taxe de 3 p. 100. Il en serait ainsi d'ailleurs, par les motifs que nous avons précédemment exprimés, alors même que ces associations ne devraient être considérées que comme de simples entreprises. Les motifs généraux de l'arrêt du 6 août 1878 (V. *supra*, n° 690) leur seraient, en effet, certainement applicables.

L'exigibilité de l'impôt sur les emprunts des associations syndicales autorisées a été reconnue par un arrêt du 28 août 1882, qui, à la vérité, n'a statué explicitement que sur la question de savoir si les emprunts hypothécaires tombent, comme les obligations négociables, sous l'application de la loi, la seule qui eût été soulevée par le pourvoi. Mais comme, en fait, il s'agissait d'emprunts contractés par une association syndicale, et que, dans ses motifs, la Cour a constamment invoqué la disposition qui assujettit à l'impôt les emprunts des établissements publics, on peut dire qu'elle a virtuellement résolu dans notre sens la question que nous examinons. 21,962 J.; 6017 R. p.; 22,886 J.N.; 16,682 Contr.; Inst. 2673, § 3; S., 83, 1, 184; D. P., 83, 1, 422; P., 83, 1, 420.

On ne saurait invoquer contre cette solution un arrêt du 29 août 1883 qui a refusé d'assujettir à la taxe les avances faites à une association syndicale par ses membres, pour subvenir aux frais de l'entreprise ayant pour objet le desséchement de marais. 22,154 J.; 6221 R. p.; 23,096 J. N.; 16,821 Contr.; S., 84, 1, 444; D. P., 84, 1, 134; P., 84, 1, 1084.

La Cour, en effet, a motivé uniquement sa décision sur ce que ces avances n'avaient pas le caractère de prêts faits à l'association et sur ce que les sommes ainsi versées étaient dues par les propriétaires des marais desséchés.

692. *Associations syndicales libres.* Les associations syndicales libres ne sont pas des établissements publics ni des établissements d'utilité publique, ce sont des associations privées, auxquelles nous avons refusé le caractère de sociétés (V. *supra*, n° 629), mais qui ont toutefois ceci de particulier qu'elles ont une existence propre indépendante des mutations qui se produisent dans la personne de leurs membres, en vertu de la personnalité civile qui leur est reconnue par les lois des 21 juin 1865 et 22 déc. 1888.

A ce titre, elles paraissent rentrer dans la classe de ces collectivités que, d'après l'arrêt du 6 août 1878, précité (*supra*, n° 690), la loi de 1872 a soumises à la taxe sur leurs emprunts, sous la désignation générique d'*entreprises*. — V. dans ce sens : Sol. 26 mars 1875; — Dict. des Réd., v° Sociétés, n° 232; — Sol. 14 août 1880; 21,805 J.; — Laon, 25 août 1881; 21,805 J.; 5832 R. p.; 16,596 Contr.; — Sol. 15 avril 1887; 22,901 J.; 6944 R. p.; D. P., 88, 3, 24.

693. **Congrégations religieuses.** — *Congrégations reconnues.* L'Administration a cru devoir décider que les congrégations religieuses reconnues ont le caractère d'établissements publics proprement dits. Note au ministre du 29 mai 1882; Déc. min. des fin. 22 août 1882; 21,963 J.; 6032 R. p.; — Sol. 9 déc. 1882; 22,144 J.; — D. m. fin. 21 mars 1884; 22,453 J.; 6319 R. p.; 23,544 J. N.; 16,915 Contr.

Nous engageons nos lecteurs à se reporter à la note du 29 mai 1882 qui expose magistralement tous les motifs qu'on peut invoquer à l'appui de cette opinion. 21,963 J.

La question peut être controversée. Nous croyons pour notre part que les traditions historiques sur lesquelles l'Administration s'appuie n'ont plus grande valeur aujourd'hui que l'État a rompu entièrement les liens qui rattachaient les congrégations à l'ancienne organisation sociale. (V. Dict. des Réd., v° Établissement public, n° 13.) Notre avis est que, si les congrégations ont joué dans l'ancien ordre de choses le rôle de véritables établissements publics, ce rôle a entièrement disparu par le fait de la sécularisation de la société moderne. Elles n'ont conservé, à raison de la reconnaissance de l'autorité administrative à laquelle elles sont restées soumises, que le caractère d'établissements d'utilité publique, justifié d'ailleurs par le but qu'elles poursuivent.

Quoi qu'il en soit, cette question offre peu d'intérêt pour l'application de la loi de 1872, puisque, d'après les règles que nous avons exposées, si les congrégations de l'espèce ne tombent pas sous le coup de cette loi comme *établissements publics*, elles n'en doivent pas moins l'impôt sur leurs emprunts, soit comme ayant le caractère d'*établissements d'utilité publique*, soit tout au moins comme rentrant dans la classe de ces collectivités, ayant une existence propre, que le législateur a voulu atteindre sous le nom d'*entreprises*. Déc. min. des fin. 13 avril 1883; — Sol. 23 janv. 1883.

C'est ce qu'a justement décidé un jugement du tribunal de Versailles du 11 janv. 1889, ainsi motivé :

« Attendu que la loi du 29 juin 1872, sans distinguer, vise toute société, compagnie ou entreprise; par conséquent même une congrégation religieuse autorisée, quand on peut l'envisager, comme dans l'espèce, soit comme établissement d'utilité publique destiné à l'instruction et à l'éducation, soit comme simple collectivité ayant son existence proprement dite, tout au moins une personne juridique, un corps de mainmorte indépendamment des personnes qui le composent. » — 23,224 J.

694. *Congrégations non reconnues.* Quant aux congrégations non reconnues, non seulement elles ne constituent pas des établissements publics ou d'utilité publique, mais encore elles n'existent pas légalement comme collectivités. L'arrêt du 6 août 1878 (V. *supra*, n° 690) qui déclare soumis à l'impôt les emprunts « des collectivités ayant une existence propre et subsistant indépendamment des mutations qui peuvent se produire dans leur personnel », ne saurait donc leur être appliqué. — V. *infra*, n° 701.

Leurs emprunts ne sont, en principe, que des emprunts de simples particuliers et ne sont pas assujettis à la taxe. Il n'en serait autrement que si ces congrégations se constituaient sous la forme de véritables sociétés civiles et dans des conditions telles que le caractère de société pût leur être reconnu.

695. **Établissements publics proprement dits.** — Il ne peut s'élever de difficultés en ce qui concerne l'application de la loi aux emprunts des établissements auxquels la loi et la jurisprudence ont reconnu le caractère d'établissements publics proprement dits. Ainsi, doivent être incontestablement soumis à la taxe les obligations ou les emprunts :

696. *Fabriques.* 1° Des fabriques (Sol. 29 mars 1882; 22,004 J. — Rapp. circ. min. int. 23 déc. 1879, Lettre commune, n° 97);

697. *Hospices et autres établissements de bienfaisance.* 2° Des hospices, bureaux de bienfaisance et autres établissements de même nature;

698. *Séminaires.* 3° Des séminaires et autres établissements publics religieux, tels que chapitres, menses épiscopales, consistoires protestants ou israélites, etc. (Sol. 26 déc. 1885; 22,560 J.; 6541 R. p.);

699. *Chambres de commerce.* 4° Des chambres de commerce, auxquelles un arrêt de la Cour de cassation du 28 octobre 1885 a expressément reconnu le caractère d'établissement public. 22,554 J.; 6581 R. p.; 17,105 Contr.; 23,555 J. N.; 7254 Rev. not.; Inst. 2724, § 1er; S., 86, 1, 436; P., 86, 1053; D. P., 85, 1, 397.

Avant cet arrêt, l'Administration avait déjà décidé que les emprunts des chambres de commerce sont passibles de la taxe, en se fondant d'une part sur la portée générale des dispositions de la loi de 1872, et, d'autre part, sur ce que la doctrine et la jurisprudence classent ces établissements au nombre des établissements publics. Sol. 9 mai 1881; 21,786 J.; 16,660 Contr.; D. P., 82, 3, 120.

« L'art. 19, porte cette solution, du décret du 3 sept. 1851, relatif à l'organisation des chambres de commerce, est ainsi conçu : — « Sont déclarées établissements d'utilité publique « les chambres de commerce actuellement existantes et celles « qui seront constituées à l'avenir. » — Prise à la lettre, cette disposition pourrait faire supposer que les emprunts des chambres de commerce ne tombent pas sous l'application de la loi du 29 juin 1872, puisque cette loi vise les emprunts des établissements publics et ne mentionne pas ceux des établissements d'utilité publique. Mais cette interprétation ne serait pas rationnelle. L'Administration a démontré, en effet, dans les inst. 2597, § 5, p. 61, et 2603, § 3, p. 39, spécialement dans la première, concernant le Mont-de-piété de Paris, que ces dénominations d'établissements publics et d'établissements d'utilité publique sont fréquemment confondues, non seulement dans le langage usuel, mais même dans les textes législatifs (V. Ducrocq, titre des Personnes civiles), et qu'en général la loi du 29 juin doit être appliquée aux uns comme aux autres de ces établissements. — D'ailleurs, les chambres de commerce présentent bien les véritables caractères de l'établissement public. Ce qui distingue, en effet, l'établissement public de l'établissement d'utilité publique c'est qu'il est en quelque sorte une « partie intégrante de l'organisation « administrative », tandis que l'établissement d'utilité publique « ne fait pas partie de l'organisation publique, du pays ». (Ducrocq, II, 1333.) Or les chambres de commerce se rattachent incontestablement à l'organisation administrative du pays, puisqu'elles ont pour attribution d'éclairer le gouvernement sur les intérêts commerciaux et industriels, de présenter des vues sur les réformes à opérer dans la législation et les règlements relatifs au commerce, de fournir des avis sur l'exécution de certains travaux publics (V. art. 11 du décret du 3 sept. 1851 ; D. P., 51, 4, 177), et qu'elles sont entretenues à l'aide d'une contribution directe prélevée sur les patentables et recouvrée dans la même forme que les quatre grandes contributions directes. (Vignes, I, p. 82 et 83.)

« Le caractère d'établissement public leur est, du reste, reconnu par un certain nombre de jurisconsultes. (V. Aucoc, Confér. sur le Droit admin., I, 184.) Les chambres de commerce rentrent, au surplus, dans les prévisions de la loi du 29 juin, en tant que « collectivité ayant une existence propre». (V. arrêt 6 août 1878; Inst., 2603, § 3.) Ainsi, à quelque point de vue qu'on se place, l'emprunt est sujet à la taxe de 3 p. 100 sur les intérêts. »

700. Emprunts des communes et établissements publics au Crédit foncier. — Les obligations émises par le Crédit foncier en représentation des prêts qu'il fait aux communes et aux établissements publics sont incontestablement passibles de la taxe de 3 p. 100. Mais on a soutenu que les prêts ainsi faits aux communes et aux établissements publics sont exempts de l'impôt. On a invoqué, pour justifier cette dispense, un motif tiré de la maxime *non bis in idem*, qui serait violée, dit-on, si ces emprunts, réalisés avec des fonds provenant des obligations communales émises par le Crédit foncier, étaient assujettis, dans la personne de la commune ou de l'établissement emprunteur, à une taxe qui frappe déjà les obligations émises. Le Crédit foncier, ajoute-t-on, n'est, d'après la loi de son institution, qu'un intermédiaire entre l'établissement public emprunteur et les tiers souscripteurs des obligations communales : ce sont ces derniers qui sont censés prêter directement à l'établissement. Par conséquent, la taxe ne peut être exigée qu'une fois.

L'Administration paraît s'être prononcée en ce sens dans l'instruction n° 2457, p. 7.

Ces motifs pourraient être admis s'il s'agissait de justifier une proposition de loi tendant à exonérer les emprunts dont il s'agit du payement de l'impôt. Mais, au point de vue de l'interprétation juridique, ils sont sans valeur.

Il y a, en effet, dans la double opération du Crédit foncier, deux prêts bien distincts, l'un consenti par cet établissement aux communes, et l'autre par les souscripteurs d'obligations communales au Crédit foncier. Ces deux prêts doivent donc donner ouverture, chacun distinctement, à la taxe de 3 p. 100, conformément à la jurisprudence qui résulte de deux arrêts de la Cour de cassation du 9 nov. 1886 (22,770 J.; 6796 R. p.; 23,779 J. N.; 17,283 Contr.; Inst. 2735, § 4; S., 88, 1, 33; P., 88, 52; D. P., 87, 1, 341), et du 4 avril 1887 (22,827 J.; 6878 R. p.; 17,324 Contr.; 23,907 J. N.; Inst. 2741, § 3; S., 88, 1, 386; P., 88, 938; D. P., 88, 1, 232).

La question n'a pas encore été résolue, car nous ne saurions considérer comme une solution l'observation non motivée faite à ce sujet dans l'inst. n° 2457, p. 7. En fait, les prêts faits par le Crédit foncier aux communes et établissements publics avec les fonds qu'alimentent les émissions d'obligations communales n'ont encore, jusqu'à présent, acquitté aucun impôt.

Pour le cas où l'emprunt fait à une commune ou un établissement public est remboursé par un tiers qui se trouve ainsi subrogé aux droits du Crédit foncier, V. *supra*, n° 671 *bis*.

IV. Collectivités désignées sous le nom d'entreprises.

701. Entreprises. Collectivités ayant une existence propre. — Aux obligations et emprunts des sociétés, départements, communes et établissements publics, que la loi désigne, pour les assujettir à la taxe, la loi ajoute ceux des *entreprises quelconques*, financières, industrielles, commerciales ou civiles. Nous avons déjà tenté (*supra*, n°s 645 et suiv.) de préciser le sens de cette disposition, en ce qui concerne l'application de la taxe aux revenus des actions et parts d'intérêt. A notre avis, la loi n'atteint, par cette dénomination, que les associations qui, sans avoir tous les caractères des sociétés, comportent néanmoins, comme elles, la création d'actions ou de parts d'intérêt. En réalité, ce sont les sociétés de fait, ou les sociétés incomplètement ou irrégulièrement constituées, qui se trouvent ainsi visées par cette disposition.

Pour les emprunts et les obligations, le criterium ne saurait être le même. La règle à suivre en cette matière a d'ailleurs été posée par la Cour de cassation, dans son arrêt du 6 août 1878. 20,806 J.; 5068 R. p.; 21,943 J. N.; 15,980 Contr.; Inst. 2603, § 3; S., 79, 1, 474; D. P., 79, 1, 291; P., 79, 1225.

D'après cet arrêt, les entreprises autres que les sociétés et établissements publics ou d'utilité publique qui sont ainsi assujetties à la taxe sur leurs emprunts doivent s'entendre des collectivités ayant *une existence propre et qui subsistent indépendamment des mutations qui peuvent se produire dans leur personnel*. Ce sont, en un mot, les établissements, corporations ou associations, qui, sans constituer à proprement parler des sociétés ou des établissements publics, ont ceci de commun avec eux qu'ils jouissent d'une personnalité civile indépendante de celle de leurs membres. En général, cette personnalité résulte de l'acte de l'autorité administrative qui les a reconnus. Pour certains d'entre eux, cependant, tels que les associations syndicales libres, elle résulte de la loi (V. *supra*, n° 692). Dans tous les cas c'est là une condition qui nous paraît indispensable à remplir pour que la collectivité qui a contracté un emprunt ou émis des obligations doive la taxe de 3 p. 100. Car, à son défaut, ce n'est pas l'*entreprise* considérée dans son individualité qui est débitrice, ce sont des particuliers entre lesquels l'obligation se divise de plein droit.

Cette règle, à laquelle il faut s'en tenir sous peine de donner à la loi une extension contraire à son esprit, se trouve nettement posée dans les considérants de l'arrêt du 6 août 1878, que nous ne saurions nous dispenser de reproduire.

« Attendu, porte cette décision, qu'en établissant la taxe annuelle et obligatoire de 3 p. 100 sur le revenu des valeurs mobilières, le législateur déclare soumettre à l'impôt non seulement les actions et obligations des départements, communes, établissements publics, sociétés, compagnies et entreprises quelconques, financières, industrielles, commerciales ou civiles, mais encore les simples emprunts de même origine; que, par ces formules générales et compréhensives, il a manifesté la volonté d'atteindre dans leurs produits les actions ou les obligations de toute association ou de toute collectivité créant des valeurs semblables à celles qu'émettent les sociétés d'actionnaires; qu'il s'agit, dans l'espèce, de titres créés par la compagnie des huissiers de Périgueux, c'est-à-dire par une réunion d'officiers ministériels *qui a une existence propre et subsiste indépendamment des mutations qui peuvent se produire dans son personnel;* que les obligations par elle émises sont productives d'un intérêt annuel et représentent un emprunt remboursable au moyen d'un amortissement, par voie de tirage au sort, dans un délai indéterminé; qu'elles sont au porteur et, par conséquent, essentiellement négociables; que, dans ces circonstances, si la communauté dont il s'agit ne doit pas être considérée comme un établissement public, il est certain du moins que, comme collectivité ayant son existence propre, elle rentrait dans les prévisions de la loi et, par suite, que l'opération d'emprunt par elle faite sous la forme préindiquée était atteinte par les dispositions de la loi. »

§ 2. — Titres et valeurs assujettis à la taxe.

702. Généralité de la loi. — *Obligations et emprunts.* La loi du 29 juin 1872 assujettit à la taxe les arrérages et intérêts annuels des *emprunts et obligations* des départements, communes, établissements publics, sociétés et autres collectivités dont nous avons précisé le caractère dans nos explications précédentes.

La désignation ainsi faite des valeurs soumises à l'impôt a donné lieu, dès le lendemain de la promulgation de la loi, à une longue controverse qui actuellement se trouve tranchée, comme nous le verrons plus loin, par des arrêts très catégoriques de la Cour de cassation. Néanmoins, il n'est pas sans intérêt d'indiquer dans quel sens restrictif quelques auteurs ont tenté d'interpréter la loi.

Nous avons, dans les considérations générales qui servent d'introduction à ce traité, fait connaître les différents modes de réalisation des emprunts contractés par les sociétés, les départements, les communes et les établissements publics. Tantôt ces emprunts sont réalisés par voie d'appel au public, au moyen de l'émission de titres négociables cotés à la Bourse ou susceptibles de l'être. Ces titres sont ceux que nous avons désignés sous le nom d'*obligations d'émission* : ce sont les obligations proprement dites. Tantôt la société traite de gré à gré avec des particuliers qui lui fournissent les fonds dont elle a besoin et auxquels elle souscrit soit une reconnaissance nominative, soit une obligation notariée garantie par une hypothèque. — V. *supra*, n°s 34 et suiv., et 130 et suivants.

On a soutenu que les titres de la première catégorie, c'est-à-dire les obligations proprement dites, sont les seuls titres d'emprunts que la loi du 29 juin 1872 ait voulu atteindre. Un auteur très recommandable, M. Demasure (Régime fiscal des sociétés, n°s 230 et suiv.), s'est fait l'interprète de cette opinion.

« Si l'on applique, dit-il, littéralement le texte, il n'y a pas ici de distinction, par suite pas de difficulté possible. Car, d'une part, la loi a employé le mot *obligation* avec la signification pratique consacrée déjà par la loi de 1850 : titre cessible comme l'action, remis pour constater son droit au créancier d'une société, d'une ville, d'un département ou de l'Etat. D'autre part, elle ajoute à cette expression le mot *emprunts*, auquel ne se rattache l'idée de la création d'aucun titre matériel, négociable ou autre.

« Après avoir visé ainsi l'espèce, et une espèce nettement limitée par l'usage et les précédents législatifs, le texte aurait visé ensuite le genre, c'est-à-dire le contrat de prêt en général ; de telle sorte que tous les emprunts, sous quelque forme qu'ils soient contractés, même quand ils ne donnent lieu, comme dans le cas de l'ouverture de crédit ou du compte courant, à la création d'aucun titre, tomberaient sous le coup de l'art. 1er, § 2. Tel est le système de l'Administration, qui en poursuit graduellement la consécration devant les tribunaux, sans avoir osé cependant jusqu'ici le pousser jusqu'à ses extrêmes conséquences.

« Ce système doit-il être suivi ? Nous ne le pensons pas. Nous reconnaissons toute la valeur qui s'attache aux mots, surtout en matière fiscale, et nous comprenons jusqu'à un certain point que, pour l'application des lois récentes où la pensée du législateur reste parfois si incertaine, la Cour suprême se confine dans l'interprétation purement littérale. Mais le texte ne nous paraît pas ici tellement impératif. Nous croyons même pouvoir démontrer, par l'histoire des origines de la loi, que sa généralité n'est qu'apparente.

« Le mot *emprunt* ne désigne pas en effet uniquement le contrat de prêt envisagé *ex parte mutuantis*. Il s'applique aussi, avec une nuance toute spéciale qui est passée du langage financier dans celui de la pratique et des affaires, à des prêts consentis sous une forme déterminée par le public aux Etats, aux départements, aux sociétés. Cette acception, si elle rentre grammaticalement dans la première qui est plus générale, s'en distingue nettement au fond. Les circonstances dans lesquelles le mot *emprunt* a été introduit dans la loi montrent que c'est cette seconde acception que le législateur a eue en vue.

« La commission du budget rectificatif de 1871 avait proposé de taxer quatre classes de revenus et profits mobiliers, désignés par les lettres A, B, C, D, de la manière suivante (J. off. du 4 oct. 1871, p. 3809) :

« Art. 14. La classe A comprend les revenus de valeurs « mobilières françaises et étrangères représentées par des ti- « tres de rentes, d'obligations et d'autres valeurs nominati- « ves ou au porteur, émis par des Etats, des départements, « des villes, des sociétés anonymes ou en commandite par « actions et par des parts dans les sociétés commerciales ou « civiles, à l'exception des rentes françaises 3, 4, 4 1/2 et 5 « p. 100, et de tous les effets publics français. »

« Il est bien évident, d'après la rédaction de cet article, qu'on se proposait alors d'atteindre les revenus de ce qu'on appelle sur le marché financier les *valeurs mobilières* répandues dans le public au moyen d'émissions faites par l'Etat, les communes, les départements, les sociétés. C'est un point qui ne peut pas être contesté.

« Le projet ainsi présenté par la commission du budget de 1871 fut ajourné et repris par la commission du budget de 1872, qui en détacha seulement l'art. 14 que nous venons de rappeler. La loi du 29 juin 1872 fut alors votée. On sait qu'elle fut improvisée, sinon dans son principe au moins dans son texte, au cours d'une séance de l'Assemblée nationale (séance du 26 juin. J. off., p. 4315), à la suite d'un rapport sommaire ne contenant aucun développement (J. off., p. 4382). La question était bien connue ; sa solution avait été préparée par la commission précédente, dont on reprenait le projet, et discutée déjà par l'Assemblée. Ainsi s'explique la rapidité de la délibération.

« Convient-il dès lors d'attacher, comme le voudrait la Régie, une importance capitale à l'introduction, dans le texte de l'ancien article 14, du mot *emprunt*, qui ne s'y trouvait pas ? Evidemment non.

« De deux choses l'une, en effet. Ou bien on entendait, comme le soutient la Régie, élargir considérablement la portée de l'ancien art. 14, et alors comment une innovation aussi grave a-t-elle pu être proposée à la Chambre et adoptée par elle sans qu'on en trouve la moindre trace dans le rapport ou dans la discussion ? Ou bien (et c'est la seule hypothèse admissible) on a entendu suivre les errements de la première commission, reprendre purement et simplement, en le modifiant dans la forme, le projet préparé par elle. Alors tout s'explique, et le silence du rapport et l'absence de débat dans la Chambre. Il reste ce fait, que le mot *emprunt* a pris place dans la loi sans qu'on sache pourquoi. Mais l'esprit qui inspirait l'Assemblée en 1872 était le même que celui qui guidait la commission en 1871, et, par suite, le mot *emprunt* ne peut avoir ici d'autre portée que celle qui lui est attribuée dans le langage technique du monde financier, où il est venu depuis longtemps et à la suite de certaines opérations faites par l'Etat, par des villes et par des départements, prendre place avec une signification toute particulière à côté du mot *obligations*. Il désigne alors ces appels au crédit public qui se manifestent sous la forme d'émission de titres nominatifs ou au porteur, et qui attirent par masses plus ou moins considérables les capitaux dont la loi de 1872 a voulu atteindre le revenu. »

703. Comme on le verra plus loin, cette argumentation n'a pas prévalu. L'Administration lui a opposé le texte de la loi, qui est trop formel et trop explicite au sujet des emprunts pour qu'il soit possible d'en restreindre la portée par voie d'interprétation.

Aux motifs tirés des travaux préparatoires, elle a répondu

par un exposé très complet des diverses phases par lesquelles a passé le projet d'établissement d'un impôt sur le revenu, et qui démontrent que l'addition du mot « *emprunts* » au mot « obligations » a été intentionnelle et ne constitue pas une simple redondance. Nous détachons, en effet, du mémoire en défense produit à la Cour de cassation dans l'affaire qui a donné lieu à l'arrêt du 24 juil. 1883 (22,133 J.) le passage suivant :

« Le projet de la commission du budget rectificatif de l'exercice 1871, déposé à la séance de l'Assemblée nationale du 31 août 1871 (J. off. du 4 oct. 1871, p. 3809), comprenait un ensemble de dispositions destinées à frapper d'un impôt les divers revenus produits par : les valeurs mobilières (classe A), les traitements et salaires (classe B), les intérêts des créances (classe C) et les bénéfices commerciaux (classe D). L'art. 14, relatif aux valeurs mobilières (classe A), invoqué par le pourvoi, était ainsi conçu : « Art. 14. La classe A « comprend les revenus de valeurs mobilières françaises et « étrangères représentées par des titres de rentes, d'obliga- « tions et d'autres valeurs nominatives ou au porteur, émis « par des États, des départements, des villes, des communes, « des sociétés anonymes ou en commandite par actions, et « par des parts dans les sociétés commerciales ou civiles, à « l'exception des rentes françaises 3, 4, 4 1/2 et 5 p. 100 et « de tous les effets publics français. » Mais les diverses dispositions de ce projet sont restées sans suite. Aucune d'elles ne se rencontre dans la loi du 16 sept. 1871, qui contient fixation du budget rectificatif de cet exercice. Il est vrai que, plus tard, la commission du budget de 1872 a repris, comme l'indique le pourvoi, la disposition de l'art. 14, spécial aux valeurs mobilières; elle en a fait l'objet d'une proposition nouvelle, qui était conçue dans les mêmes termes que cet art. 14 et qui a donné lieu à un rapport déposé à l'Assemblée nationale le 25 mai 1872. (J. off., 8 juin 1872, p. 3846.) Cette proposition portait : « Art. 1er. Un im- « pôt de 2 p. 100 est prélevé sur les revenus des valeurs mo- « bilières françaises et étrangères représentées par des titres « de rentes, d'obligations et d'autres valeurs nominatives ou « au porteur émis par des Etats, des villes, des communes, « des sociétés anonymes ou en commandite par actions et « par des parts d'intérêt dans les sociétés commerciales ou « civiles, à l'exception des rentes françaises 3, 4, 4 1/2 et « 5 p. 100 et de tous les effets publics français. » Mais cette proposition était combattue par le Gouvernement, qui, dans le projet de loi du budget de 1872, déposé dès le 9 déc. 1871 (J. off. du 28 déc. 1871, p. 5300), avait introduit sur le même objet la disposition suivante :

« Art. 8. — A partir du... il est établi une taxe annuelle « et obligatoire : 1° Sur les intérêts, dividendes, revenus, « bénéfices et tous autres produits des parts d'intérêt dans les « sociétés civiles et des actions de toute nature, cotées ou « non cotées aux bourses françaises, émises par les sociétés, « compagnies ou entreprises quelconques, financières, com- « merciales, industrielles ou civiles; — 2° Sur les arrérages « et intérêts annuels des rentes, obligations et emprunts des « départements, communes et établissements publics, ainsi « que des sociétés, compagnies et entreprises ci-dessus dé- « signées; — 3° Sur les intérêts, produits et bénéfices an- « nuels des fonds et valeurs apportés à titre de commandite « dans les sociétés et entreprises dont le capital n'est pas « divisé en actions. »

« Les divergences d'opinions qui divisaient ainsi le Gouvernement et la commission du budget sur cette question de l'impôt sur le revenu se sont prolongées. Un accord ne s'est produit qu'à la dernière heure. Dans la séance du 28 juin 1872, le rapporteur de la commission annonça brièvement à l'Assemblée nationale qu'une transaction venait d'intervenir entre le Gouvernement et la commission, et qu'après remaniement du projet présenté par celle-ci, il soumettait à l'Assemblée un nouveau projet, voté le lendemain, qui est devenu la loi du 29 juin 1872. Or, le texte définitivement adopté s'écarte considérablement du projet de l'art. 14 de la commission du budget rectificatif de 1871 et du projet identique de la commission de 1872. On y trouve, au contraire, la reproduction textuelle de la plupart des dispositions du projet du Gouvernement que la commission avait tout d'abord refusé d'adopter. Ce n'est donc pas, comme le voudrait le pourvoi, au projet de la commission de 1871 qu'il faut se reporter pour rechercher l'intention du législateur; c'est bien plutôt au projet du Gouvernement, qui était conçu dans des termes beaucoup plus compréhensifs, et qui comprenait notamment les emprunts en même temps que les obligations dans l'énumération des valeurs mobilières à assujettir à la taxe de 3 p. 100.

« Au surplus, alors même que l'on envisagerait le texte primitif de l'art. 14 proposé en 1871, à l'exclusion du projet tout différent proposé par le Gouvernement pour figurer dans le budget de 1872, il faudrait encore reconnaître que les changements apportés à ce texte doivent être pris en considération. Il s'agit, en effet, selon les expressions du rapporteur, d'un texte remanié pour amener une transaction. Dans ces conditions, tout changement apporté à la rédaction prend de l'importance, puisqu'il est l'expression même des volontés qui ont présidé à l'arrangement. L'addition du mot « emprunts » faite au projet de la commission, qui n'atteignait que les titres d'obligations, a, d'ailleurs, une signification particulière. Il avait semblé, en effet, au Gouvernement, comme l'a rappelé M. Pouyer-Quertier, ministre des finances, dans la séance du 28 juin 1872, que quelques taxes devaient être plus étendues. (J. off., 29 juin 1872, p. 4383.) C'est assurément dans cette pensée que le mot « emprunts », qui ne figurait pas au projet de la commission, y a été ajouté. Ce terme ne constitue donc pas une pure redondance. Il a une signification propre tout à fait distincte de celle du mot obligation. »

704. C'est à ce dernier système que la jurisprudence s'est complètement et définitivement ralliée, ainsi qu'on le verra par l'examen des nombreux arrêts et jugements que nous allons analyser.

Il résulte de cette jurisprudence que la taxe atteint tous les titres d'emprunts, sous quelque forme qu'ils soient réalisés, c'est-à-dire, pour rappeler une formule que nous retrouverons dans la plupart des arrêts rendus par la Cour de cassation, « toute opération par laquelle une société (département, commune ou établissement public, etc.) se procure les fonds dont elle a besoin, par voie de souscription publique ou autrement ».

Mais, d'autre part, elle n'atteint que les titres d'emprunts, à l'exclusion de tous autres titres obligatoires qui ont leur origine dans un contrat d'une autre nature.

Toute la jurisprudence que nous allons mettre sous les yeux de nos lecteurs n'est que l'application de ces deux règles essentielles.

705. **Obligations proprement dites.** — Aucun doute ne peut s'élever au sujet de l'application de la loi de 1872 aux obligations proprement dites, c'est-à-dire aux titres négociables qui sont émis par voie d'appel au public et qui sont destinés à circuler de mains en mains comme valeurs de placement. La société ou l'établissement qui les émet ne s'engage pas, ainsi que nous l'avons déjà fait observer, envers telle ou telle personne déterminée, mais envers toute personne qui justifiera de la propriété du titre. C'est une sorte d'engagement impersonnel qui distingue très nettement ces obligations des autres titres de créances personnels qu'un particulier peut avoir contre une société. — V. *supra*, nos 34, 144 et 240.

Il en résulte que ces obligations ont toujours, et quelle que soit l'origine de la dette qu'ils sont destinés à représenter, le caractère de titres d'emprunts. Si, par exemple, elles sont émises au profit d'un créancier de la société en représentation d'un prix de vente, de marché ou toute autre dette, elles éteignent cette dette et lui substituent, par l'effet d'une novation, un titre d'une nature différente, qui a son fondement dans l'appel au crédit public fait par la société, et qui contient ainsi le moyen par lequel une société se procure les fonds dont elle a besoin pour ses opérations, c'est-à-dire l'instrument d'un véritable emprunt.

Il est d'ailleurs impossible de nier le fait de la novation: car elle résulte de la nature du moyen que la société emploie pour désintéresser son créancier, et on ne saurait méconnaître cet effet de l'opération sans maintenir au profit de ce créancier et de ses ayants cause successifs des droits, tels que le privilège du vendeur, s'il s'agit d'une vente, ou le privilège du constructeur, s'il s'agit d'un marché de travaux, qui sont incompatibles avec le fractionnement de la dette en autant de dettes distinctes qu'il y a de titres émis, et avec la circulabilité de ces titres. Pour qu'il en fût autrement, il faudrait, selon nous, que l'intention de conserver à la dette originaire son ancien caractère et les prérogatives résultant de sa nature spéciale, fût manifeste et résultât d'une clause expresse du cahier des charges de l'émission. On ne saurait d'ailleurs justifier autrement que par ces considérations les deux arrêts rendus par la chambre civile le 9 avril 1879 (21,016 J.; 5212 R. p.; 22,095 J. N.; 16,083 Contr.; Inst. 2621, § 5; S., 79, 1, 477; D. P., 79, 1, 289; P., 79, 1229), et par la chambre des requêtes le 6 mars 1882 (21,839 J.; 5907 R. p.; 22,717 J. N.; 16,562 Contr.; 6709 Rev. not.; Inst. 2668, § 4; S., 83, 1, 278; D. P., 82, 1, 291; P., 83, 657), par lesquels il a été décidé que le droit de transmission et la taxe de 3 p. 100 sont exigibles sur les titres émis par la ville de Paris, sous le nom d'annuités, en payement du prix de rachat du péage de certains ponts et de l'acquisition d'un établissement industriel. Le tribunal de la Seine avait refusé de considérer ces titres comme des titres d'emprunts passibles de la taxe de 3 p. 100. Jugement, 6 juin 1874; 19,499 J.; 4070 R. p.; 15,476 Contr.

« Attendu, porte cette décision, qu'aux termes des traités passés avec les compagnies concessionnaires, la ville de Paris s'est engagée à servir des annuités comprenant l'intérêt du prix du rachat et l'amortissement du capital; — Que ces annuités sont représentées par des titres ou bons de liquidation émis soit par la ville de Paris, soit par les compagnies, contrôlés par un délégué du préfet et payables à la caisse municipale entre les mains des porteurs; — Que la Régie prétend que ces annuités, étant des obligations souscrites par une commune ou émises par une société, sont à la fois assujetties au droit de transmission et à la taxe sur le revenu;

« Mais attendu, d'une part, que ces annuités ont pour origine et pour cause non des emprunts contractés par la Ville, mais des ventes opérées à son profit; — Que, d'autre part, du texte comme de la discussion de la loi de 1857 il résulte que cette loi, en soumettant à un droit de transmission de 20 cent. p. 100 toutes cessions de titres ou promesses d'actions et d'obligations dans une société, compagnie ou entreprise quelconque, n'a pas entendu atteindre, sans distinction de cause ou de forme, toutes les obligations quelconques de sommes qui pourraient être souscrites par une société, mais seulement les obligations entendues *stricto sensu*, cotées à la Bourse ou susceptibles de l'être, et émises en représentation d'emprunts, sous la forme et dans les conditions ordinaires de ces opérations financières; — Qu'il est constant que la loi de 1872, en frappant de la taxe de 3 p. 100, en même temps que les dividendes des actions, les intérêts des obligations, n'a pas donné au mot « obligation » un autre sens que le sens consacré par l'usage et les lois antérieures; — Qu'ainsi, à tous les points de vue, et qu'on considère les susdites annuités comme émises par la Ville ou par les compagnies, la prétention de la Régie sur ce point ne saurait être accueillie. »

Mais la chambre civile a cassé ce jugement (arrêt précité du 9 avril 1879), et le tribunal de Versailles, devant lequel l'affaire avait été renvoyée, ayant jugé dans le même sens que la Cour (jugement du 20 juil. 1880; 21,839 J.), le nouveau pourvoi formé contre cette décision a été rejeté par l'arrêt précité de la chambre des requêtes du 6 mars 1882, dans lequel on lit les motifs suivants :

« Attendu que les titres émis en 1862 par la Compagnie concessionnaire du canal Saint-Martin, en représentation du prix moyennant lequel la ville de Paris rachetait ses droits sur ledit canal, ont été visés par les représentants de la Ville comme étant remboursables par la caisse municipale dans un délai de soixante ans; — Qu'ils ont été admis à la cote officielle de la Bourse, sous la dénomination de bons de liquidation du canal Saint-Martin; qu'ils représentent ainsi une dette municipale; — Attendu qu'il est constaté, en fait, par le jugement attaqué, qu'aux termes du traité passé avec la compagnie concessionnaire, lesdites annuités comprenaient l'intérêt du prix de rachat et l'amortissement du capital; — Attendu que ces titres procédant d'obligations contractées par la ville de Paris, pour l'acquit des dépenses non couvertes par les ressources ordinaires de son budget, rentraient par là même dans les prévisions de la loi du 29 juin 1872, laquelle, en établissant une taxe annuelle et obligatoire de 3 p. 100 sur le revenu des valeurs mobilières qu'elle désigne, a entendu atteindre toute opération par laquelle une commune se procure les fonds dont elle a besoin par un moyen quelconque, par une souscription publique ou autrement; — D'où il suit que le tribunal de Versailles, en décidant que l'impôt de 3 p. 100 prévu par la loi du 29 juin 1872 serait perçu sur la part d'intérêts afférente aux annuités de rachat du canal Saint-Martin et calculés au taux de 5 p. 100, loin de violer les articles visés au pourvoi, en a fait une saine application... »

Cet arrêt a été rendu sur le rapport de M. Voisin, qui a développé, sous une autre forme, les considérations que nous avons nous-mêmes présentées pour soutenir que les obligations proprement dites, lorsqu'elles sont émises en représentation d'un prix de vente, opèrent novation et par conséquent constituent des titres d'emprunts passibles de la taxe.

« La ville de Paris, disait le savant magistrat, s'est libérée de fonds qu'elle devait par des titres qui ont été émis, qui ont eu cours à la Bourse et qui ont été acceptés en représentation du prix de rachat, pour nous servir des termes mêmes de l'arrêt de 1879; elle s'est donc, pour nous servir encore des termes de cet arrêt, procuré les fonds dont elle avait besoin, non par une souscription publique, mais autrement. Elle s'est indirectement procuré les fonds. — Il ne peut, en effet, y avoir aucune différence entre l'hypothèse de la Ville acquittant son obligation envers la Compagnie du canal Saint-Martin au moyen de bons de liquidation qui sont acceptés sous la garantie de son crédit, et l'hypothèse où cette même ville serait allée négocier directement ces titres chez un banquier, de qui elle aurait reçu des fonds qu'elle aurait ensuite portés chez les concessionnaires du canal. — De quelque façon que nous envisagions la question, il nous paraît impossible de ne pas voir le jugement attaqué pleinement d'accord avec l'arrêt de 1879, arrêt de principe. » 21,839 J.

706. **Titres négociables.** — De même que les obligations proprement dites, les titres ou effets négociables de toute nature souscrits par une société, un département, une commune, un établissement public, en représentation des fonds qui lui sont remis à titre de prêt, sont passibles de la taxe.

707. *Bons nominatifs à ordre ou au porteur*. C'est ce qui a été décidé :

1° Pour des bons, nominatifs ou au porteur, extraits d'un registre à souche, remboursables à des échéances diverses, depuis 6 mois jusqu'à 5 ans, munis de coupons d'intérêts dont le taux varie suivant l'échéance, émis par la société du Crédit agricole, et délivrés au guichet de la Société à quiconque en fait la demande, en représentation des fonds qui lui sont déposés. Seine, 31 juil. 1875; 19,927 J.; 4216 R. p.; 21,780 J. N.; 15,892 Contr.; Inst. 2592, § 4; et, sur pourvoi : Cass., ch. civ., 12 déc. 1877; 20,609 J.; 4844 R. p.; 21,780 J. N.; 15,892 Contr.; Inst. 2592, § 4; S., 78, 1, 81; D. P., 78, 1, 105; P., 78, 166.

708. 2° Pour des bons à ordre ou au porteur, de coupures variables, à échéances de 3 mois à un an, productifs d'intérêts à un taux variable suivant l'échéance, émis par le Mont-

de-piété de Paris, pour se procurer les fonds nécessaires à ses opérations. Seine, 11 avril 1874; 19,489 J.; 3896 R. p.; 21,898 J. N.; Inst. 2597, § 5; S., 74, 2, 154; D. P., 76, 3, 16; P., 74, 621; et, sur pourvoi : Cass., ch., civ., 3 avril 1878; 20,729 J.; 4929 R. p.; 21,898 J. N.; 15,928 Contr.; Inst. 2597, § 5; S., 78, 1, 279; D. P., 78, 1, 178; P., 78, 688.

« Attendu, porte cet arrêt, qu'il est constant, en fait, que le Mont-de-piété de Paris, pour se procurer les sommes nécessaires à ses opérations, émet des bons au porteur ou à ordre, détachés d'un registre à souche, qui sont délivrés aux tiers, véritables prêteurs, qui en font la demande, en échange des fonds par eux versés dans la caisse de cet établissement, lesquels bons sont productifs d'intérêts payables comme les bons eux-mêmes, à des époques déterminées; que ces bons constituent dès lors de véritables titres d'emprunt, compris, ainsi que les obligations proprement dites, dans la classe de ceux dont les intérêts sont frappés d'un impôt par la loi du 29 juin 1872;

« Attendu qu'il importe peu que les bons, et par conséquent les intérêts qu'ils comportent, soient quelquefois payables à des termes plus courts qu'une année; que, quelle que soit la durée de l'emprunt, et alors même qu'elle est moindre qu'une année, l'intérêt qu'il comporte est toujours calculé d'après l'intérêt annuel, dont il est une fraction, ce qui suffit pour qu'il doive être atteint par la loi qui établit un impôt sur l'intérêt annuel du titre dont il s'agit... ».

709. 3° Pour les bons nominatifs, à ordre ou au porteur, comprenant à la fois le capital et les intérêts, remboursables à diverses époques échelonnées de 1871 à 1878, émis en 1871 par la Compagnie des chemins de fer de Paris-Lyon à la Méditerranée. Ni la courte durée des prêts en représentation desquels ces bons ont été émis, ni la circonstance qu'ils auraient été émis par la Compagnie en vue d'escompter ses propres créances et de lui permettre de payer ses fournisseurs, ne sont des causes d'exemption de la taxe, alors qu'il est constant en fait que les bons ainsi créés n'ont pas été remis directement aux fournisseurs à titre de payement, comme auraient pu l'être des billets à ordre. Seine, 7 mars 1879; 21,376 J.; 5347 R. p.; 22,256 J. N.; 16,101 Contr.; D. P., 80, 3, 24. — Rapp. Seine, 4 mai 1888; 23,104 J.; 7089 R. p.; 17,508 Contr.

710. 4° Pour les bons à coupures variables, remboursables à différents termes, depuis six mois jusqu'à cinq ans, productifs d'intérêts à un taux plus ou moins élevé, suivant l'éloignement de l'échéance, et émis par la ville de Paris, soit directement, soit indirectement, par l'intermédiaire d'une institution dite Caisse des travaux de Paris, en vue de se procurer des ressources de trésorerie. Seine, 6 juin 1874; 19,499 J.; 4070 R. p.; 15,476 Contr.; et, sur pourvoi, Cass., ch. civ., 9 avril 1879:

« Attendu que la loi du 29 juin 1872, en établissant une taxe annuelle et obligatoire de 3 p. 100 sur le revenu des valeurs mobilières, a soumis à cette taxe, entre autres valeurs, « les arrérages et intérêts annuels des emprunts et « obligations des départements, communes, établissements « publics et sociétés »; — Que la disposition de la loi est générale, et qu'en visant les emprunts des départements, des communes, etc., elle atteint toute opération par laquelle une commune, un département, se procure par un moyen quelconque, par souscription publique ou autrement, les fonds dont il a besoin; qu'à ce titre, les intérêts annuels des bons, soit de la Caisse des travaux de la ville de Paris, soit de la Caisse municipale, constituent des valeurs imposables dans les termes de la loi précitée; — Qu'en effet, lesdits bons ont été souscrits sous la garantie solidaire de la ville de Paris, soit pour faire face aux besoins du service de trésorerie dont était chargée l'ancienne Caisse spéciale des travaux, soit pour procurer à la Ville les fonds nécessaires à l'acquit des dépenses non couvertes par les ressources ordinaires de son budget; — Qu'à tous égards, dès lors, et notamment au point de vue de la dette que les bons dont il s'agit représentent ou expriment à la charge de la Ville, ces bons ont les caractères essentiels de titres d'emprunt ou d'obligation dans le sens de la loi du 29 juin 1872, en sorte que la taxe de 3 p. 100 établie par cette loi est applicable aux intérêts annuels qu'ils produisent au profit des porteurs..» 21,016 J.; 5212 R. p.; 22,095 J. N.; 16,083 Contr.; Inst. 2621, § 5; S., 79, 1, 477; D. P., 79, 1, 289; P., 79, 1229. — V. également dans ce sens l'arrêt rendu le 6 août 1878 au sujet des obligations au porteur émises par la Compagnie des huissiers de Périgueux et souscrites par les membres de la corporation. 20,806 J.; 5068 R. p.; 21,943 J. N.; 15,980 Contr.; Inst. 2603, § 3; S., 79, 1, 474; D. P., 79, 1, 291; P., 79, 1225.

711. *Distinction avec les effets de commerce.* Nous avons vu que, pour l'application des lois du 5 juin 1850 et du 23 juin 1857, relatives au droit de timbre et de transmission, il y avait lieu de distinguer, parmi les titres négociables émis par les sociétés, départements, communes et établissements publics, ceux qui, rentrant dans la catégorie des simples effets de commerce, ne donnent ouverture qu'au droit de 5 cent. p. 100 établi par l'art. 1er de la loi du 5 juin 1850, et ceux qui ayant plutôt le caractère d'*obligations*, dans le sens de l'art. 27 de la loi précitée, sont assujettis au droit de timbre de 1 p. 100 édicté par cet article, en même temps qu'au droit de transmission de la loi du 23 juin 1857. — V. *supra*, nos 130 et suiv.

Pour faire cette distinction, la Cour de cassation s'est placée à un point de vue différent du nôtre. Elle a décidé que les lois de 1850 et de 1857 n'atteignent, sous le nom d'*obligations*, que « les titres cotés à la Bourse ou susceptibles de l'être, c'est-à-dire les obligations émises en représentation d'emprunts d'une somme déterminée, offertes au public par fractions égales et ordinairement remboursables à long terme ou amortissables par voie de tirage au sort ». — V. *supra*, n° 131.

Nous avons soutenu, de notre côté, que le terme d'obligations a été pris par les lois précitées avec une acception beaucoup plus générale. « Pour que les titres émis par une société, disions-nous, aient le caractère d'obligations proprement dites, il n'est pas nécessaire qu'ils rentrent dans la catégorie des titres cotés à la Bourse ou susceptibles de l'être; il suffit qu'étant émis en représentation d'un emprunt ou d'une dette à long terme, ils n'aient pas pour objet exclusif, comme les effets de commerce, de réaliser une des opérations courantes et transitoires auxquelles donnent lieu le fonctionnement de la société ou des services de la commune, le payement de leurs dépenses ou l'accomplissement de leurs opérations de trésorerie. » — V. *supra*, n° 134.

Quel que soit le système qui doive prévaloir, il est un point aujourd'hui acquis en jurisprudence, c'est que la distinction qu'il est nécessaire de faire entre les effets de commerce et les obligations proprement dites, pour la perception des droits de timbre et de transmission, doit rester étrangère à l'application de la loi de 1872. En désignant à la fois les obligations et les *emprunts* comme étant passibles de la taxe, et en prenant, ainsi qu'on vient de l'établir, le mot *emprunts* dans son acception la plus générale, cette loi écarte toute distinction fondée sur la forme et la nature des titres émis ou souscrits par une société pour se procurer les fonds dont elle a besoin. Il importe peu, par conséquent, que ces titres rentrent ou non dans la classe des titres cotés à la Bourse ou susceptibles de l'être; dès lors qu'ils sont créés en représentation d'un emprunt, la taxe est exigible.

C'est ce qu'a décidé la Cour de cassation, par l'arrêt précité du 9 avril 1879 (V. *supra*, n° 710), au sujet des bons émis par la ville de Paris, et qui avaient été reconnus par l'Administration exempts du droit du timbre et de transmission, comme rentrant dans la catégorie des effets de commerce.

« Il a été admis, il est vrai, disait l'Administration dans sa défense au pourvoi de la ville de Paris, que les bons de la

Caisse des travaux et les bons de la Caisse municipale, d'après les conditions particulières dans lesquelles ils ont été originairement émis, pouvaient être considérés comme exempts du droit de timbre spécial de 1 p. 100 et du droit de transmission, par application de la doctrine des arrêts du 17 août 1869; mais le pourvoi n'est nullement autorisé à en conclure que ces valeurs soient pareillement exemptes de la taxe de 3 p. 100 sur le revenu établie par la loi du 29 juin 1872. Ainsi qu'on l'a fait ressortir dans la partie du pourvoi de l'Administration rappelée ci-dessus, il est constant que l'impôt direct créé par la loi du 29 juin 1872 sur le revenu des valeurs mobilières est complètement indépendant, par sa nature et par son objet, des impôts indirects de timbre et de transmission créés par les lois de 1850 et de 1857, et que, comme l'a dit très exactement le tribunal de la Seine, le législateur de 1872, en se servant des termes *emprunts* et *obligations*, a clairement exprimé son intention d'étendre la perception de la taxe de 3 p. 100 au delà du cercle dans lequel les lois de 1850 et 1857 avaient renfermé celle des droits de timbre de 1 p. 100 et du droit de transmission. L'autorité des arrêts du 17 août 1869, rendus en matière de droit de timbre et de transmission, ne peut donc être invoquée, même indirectement, pour combattre la demande en payement de l'impôt sur le revenu... » — 21,016 J., p. 301.

La même interprétation, défendue par l'Administration dans l'affaire qui a donné lieu à l'arrêt du 12 déc. 1877 (V. art. 20,609 J., p. 47), a été implicitement consacrée par cette décision, citée *supra*, n° 707.

« Attendu, porte ce dernier arrêt, qu'il est constaté, en fait, par le jugement attaqué, que les bons délivrés par le Crédit agricole sont extraits d'un registre à souche; qu'ils sont, à bureaux ouverts, remis aux tiers, véritables prêteurs, qui en font la demande, en échange de fonds déposés par eux aux guichets de la société; — Qu'ils produisent des intérêts payables à des époques déterminées; que même ceux qui sont à plus de six mois d'échéance portent, à droite du titre, des coupons d'intérêts que l'emprunteur détache à chaque semestre, et sur la présentation desquels la caisse du Crédit agricole paye le montant des intérêts échus, et enfin que, par l'émission permanente de ces bons, le Crédit agricole a emprunté successivement des sommes qui au 30 sept. 1872 s'élevaient à 66,706,400 fr., réduites au 30 juin 1873 à 55,578,600 fr.;

« Attendu qu'en présence de ces constatations il est manifeste que ces bons, qu'ils aient la forme d'une valeur à ordre ou d'un effet au porteur, ont en réalité tous les caractères des titres qui, sous le nom d'*emprunts*, sont, aussi bien que les obligations proprement dites, compris dans la classe de ceux dont les intérêts sont frappés de l'impôt de 3. p. 100 par les art. 1er et 3 de la loi du 29 juin 1872... »

712. *Effets de commerce souscrits pour dettes n'ayant pas le caractère d'emprunts.* Toutefois, on ne doit pas perdre de vue la règle que nous avons posée au début de ces explications à savoir que la loi n'atteint que les titres d'emprunts, à l'exclusion de tous autres titres obligatoires ayant leur origine dans un contrat d'une autre nature. (V. *supra*, n° 704.) Il en résulte que les bons nominatifs à ordre ou au porteur et, d'une manière générale, tous les titres négociables, échappent à la taxe lorsqu'ils sont souscrits pour règlement d'un prix de vente, par exemple, ou en vertu de tout autre contrat, n'ayant pas le caractère d'un emprunt. La règle différente que nous avons enseignée *supra*, n° 705, ne concerne que l'émission d'obligations proprement dites, à laquelle nous avons reconnu, en thèse générale, des effets novatoires. Mais, en dehors de ce cas tout spécial, on rentre dans la règle ordinaire qui veut que l'application de la taxe soit faite exclusivement aux titres d'emprunts.

C'est ce que décide une solution du 30 oct. 1889, partiellement rapportée *supra* n° 309, et d'après laquelle les titres négociables, remis par une ville à un entrepreneur pour régler, en trois annuités, le prix de travaux ou de fournitures dû par elle, sont des titres d'un caractère privé, qui rentrent dans la classe des effets de commerce, et ne sont passibles ni du droit de timbre de 1 p. 100 spécial aux obligations proprement dites, ni du droit de transmission, ni de la taxe sur le revenu, motif pris, en ce qui concerne cette dernière taxe, de ce qu'ils ne constituent pas des titres d'emprunts.

« Etant admis, en effet, que les bons dont il s'agit sont des effets de commerce, représentant le prix de travaux exécutés pour la ville, la taxe de 3 p. 100 ne saurait atteindre l'intérêt compris dans le montant de chaque bon. (21,641 J.)

« Pour soutenir l'exigibilité de l'impôt sur le revenu, l'Administration devrait établir que la créance de MM. P. et D. a été transformée en prêt, en d'autres termes qu'il s'agit d'un *emprunt* contracté par la ville. Mais, à défaut d'une convention formelle, il ne paraît pas possible de soutenir que l'acceptation par les créanciers d'effets en payement de ce qui leur est dû emporte novation dans la cause de la dette. Les auteurs les plus autorisés enseignent formellement le contraire. Demolombe, t. XXVIII, n° 297; Zachariæ, Aubry et Rau, t. IV, § 324, p. 218; V. également Cass., 22 juin 1841, et autres décisions judiciaires citées par M. Demolombe, t. XXVIII, n° 297.

« Or, non seulement il n'existe pas dans l'espèce de convention pouvant faire présumer une intention de novation, mais il y a lieu de remarquer au contraire que les bons ont été remis aux entrepreneurs en vertu des stipulations mêmes du traité relatif à l'exécution des travaux. »

713. Il en serait autrement toutefois si les titres émis par une société pour payer ses fournisseurs, au lieu d'être remis directement à ces derniers à titre de payement, étaient négociés dans le public. Bien que les sommes provenant de cette négociation et versées dans la caisse sociale, fussent destinées à payer les fournisseurs, elles n'en constitueraient pas moins le produit d'un emprunt et seraient passibles, dans ce cas, de la taxe de 3 p. 100. Seine, 7 mars 1879, jugement cité *supra*, n° 709.

« Attendu, porte cette décision, que le mot *emprunt* inséré dans la loi du 29 juin 1872 à côté du mot *obligation* indique clairement que la taxe édictée par cette loi est applicable aux revenus de toutes les sommes dont les sociétés et compagnies sont constituées débitrices par des titres susceptibles de négociation; que le tribunal n'a pas à vérifier si, comme elle le prétend, la compagnie créancière d'une somme considérable qu'elle ne pouvait toucher, cherchait uniquement à escompter sa créance pour payer les fournisseurs de l'exploitation, puisqu'il est constant en fait que les bons ainsi créés n'ont pas été remis directement et à titre de payement à ces fournisseurs comme auraient pu l'être des billets à ordre, mais qu'ils ont été négociés et que les sommes provenant de cette négociation ont été versées dans la caisse sociale et confondues avec le produit des obligations; que les bons en question, eu égard à la forme qu'ils ont revêtue, ne sont d'ailleurs en réalité que de véritables obligations dont ils diffèrent seulement par la durée et le mode de remboursement. »

714. Obligation notariée à ordre. — Une solution du 31 juil. 1883 a fait une application exacte des règles que nous venons d'exposer, en décidant que l'obligation notariée à ordre, souscrite par une société, une commune ou un établissement public, n'est passible ni du droit de timbre de 1 p. 100 (L. 5 juin 1850, art. 27), ni de la taxe de transmission; mais l'impôt de 3 p. 100 sur le revenu est exigible sur les intérêts d'une obligation de cette nature. 22,197 J.; 6385 R. p.; 16,960 Contr.; 6827 Rev. not.; S., 85, 2, 168; D. P., 85, 3, 8; P., 85, 848.

715. Titres non négociables. Emprunts simples. — Le caractère général de la loi du 29 juin 1872 a été affirmé également par la jurisprudence qui est intervenue au sujet des simples emprunts non représentés par des titres négociables. La Cour de cassation et les tribunaux secondaires sont unanimes aujourd'hui pour décider que ces emprunts, dans quelque forme qu'ils soient réalisés, sont passibles de la taxe de 3 p. 100.

« Attendu, porte l'arrêt du 6 août 1878 (cité *supra*, n° 710), que le législateur a soumis à l'impôt non seulement les obligations des départements, communes, établissements publics, sociétés, etc., mais encore les simples emprunts de même origine. »

716. *Avances à une ville par un entrepreneur pour la construction d'un marché.* Le même principe a été reconnu par l'arrêt du 9 avril 1879 (V. *supra*, n° 710), dans une espèce qui mérite de fixer l'attention.

En vertu d'un acte administratif du 20 janv. 1865, la société l'Approvisionnement est devenue adjudicataire de la régie intéressée du marché aux bestiaux de la Villette. Cette société s'est en même temps engagée à faire toutes les avances nécessaires pour la construction de ce marché, avances qui devaient lui être remboursées en un certain nombre d'annuités comprenant l'intérêt et l'amortissement du capital. Cette stipulation du contrat, dans laquelle l'Administration avait vu un marché de travaux, a été, au contraire, qualifiée de simple prêt, par un jugement du tribunal de la Seine du 2 mars 1867, passé en force de chose jugée.

L'Administration, considérant dès lors comme établi que la ville de Paris avait emprunté à la Société de l'approvisionnement les sommes nécessaires pour la construction du marché de la Villette, a réclamé la taxe de 3 p. 100 sur les intérêts de cette créance, qui n'avait donné lieu à aucune émission de titres négociables et résultait simplement du contrat administratif passé entre la ville et la société.

Cette réclamation n'a pas été accueillie par le tribunal de la Seine. (Jugement du 6 juin 1874 ; 19,499 J.; 4070 R. p.; 15,476 Contr.)

Mais, sur le pourvoi de l'Administration, ce jugement a été cassé par l'arrêt précité du 9 avril 1879 :

« Attendu que ces annuités, représentant une dette municipale, remboursable par fractions annuelles dans un délai de cinquante ans, rentrent dans les prévisions de la loi du 29 juin 1872, laquelle, « en établissant une taxe de 3 p. 100 « sur le revenu des valeurs mobilières qu'elle désigne, a « entendu atteindre spécialement l'opération par laquelle « une commune, un département, etc., se procure les fonds « dont il a besoin par une souscription publique *ou autrement.* »

717. *Avances à une ville, remboursables sur la part de la ville dans les bénéfices d'une exploitation faite en commun avec le prêteur.* Voici une autre espèce tout aussi caractéristique que la précédente et dans laquelle l'exigibilité de la taxe sur les simples emprunts de toute origine a été reconnue par la Cour :

En exécution d'un traité intervenu, le 27 avril 1872, entre la ville de Paris et la Compagnie parisienne d'éclairage et de chauffage par le gaz, cette Compagnie a avancé à la Ville, sur la moitié qui pourra revenir ultérieurement à celle-ci dans les bénéfices de l'exploitation, une somme de 7,500,000 fr. qui ont été versés, savoir : 3,000,000 de fr. le 15 nov. 1872 ; 1,500,000 fr. le 27 janv. 1873, et 3,000,000 de fr. le 15 février suivant. Ces versements ont été effectués par la Compagnie à l'aide de fonds provenant de l'émission d'obligations remboursables en trente-trois ans, en nombre suffisant pour représenter le capital fourni à la Ville, dont l'intérêt et l'amortissement, calculés à 520,792 fr. par annuités, ont été portés aux charges de l'exploitation. Par l'art. 4 du traité, il a été stipulé que le payement de la moitié de ces annuités, soit 260,396 fr., serait à la charge de la Ville, qui rembourserait la Compagnie du gaz au moyen du payement, le 31 décembre de chaque année, d'une somme maxima de 50,000 fr. pendant trente-trois ans, et d'une somme, fixée à forfait, de 600,000 fr. à partir du 1er janv. 1888 jusqu'au 31 déc. 1905. Il a été convenu par l'art. 5 que ces annuités seraient payées par la Ville sur sa part dans la moitié des bénéfices de l'exploitation, et que, dans le cas où cette somme ne produirait qu'une somme inférieure à une de ces annuités, l'excédent restant dû ou la totalité exigible, dans le cas où il n'y aurait aucun bénéfice, serait porté au débit d'un compte spécial ouvert à la Ville, productif d'intérêts à 5 p. 100, payables le 31 décembre de chaque année. Le même article du traité porte que, si la part de bénéfices revenant à la Ville était insuffisante pour compléter sa libération avant la fin de la concession, le montant des annuités arriérées serait imputé par privilège sur la moitié à laquelle elle aurait droit, en 1905, dans le partage de l'actif de la Compagnie. Enfin, l'art. 6, en prévision d'un impôt qui serait établi sur la consommation du gaz, ou de la création autorisée d'un nouveau système d'éclairage, stipule que le traité serait considéré comme non avenu, que la dette de la Ville deviendrait immédiatement exigible, et qu'elle en payerait le solde, conformément à un règlement comprenant : 1° le compte des sommes dues par elle sur chacune des demi-annuités maxima de 260,396 fr. à sa charge et déduction faite des sommes déjà versées ; 2° le compte des annuités totales restant à payer jusqu'au 31 déc. 1905.

Ces diverses stipulations ont paru constituer un véritable emprunt souscrit par la ville de Paris au profit de la Compagnie du gaz et il a été décidé que les sommes comprises dans les annuités à payer par la Ville, et représentant les intérêts de l'emprunt, devaient être assujetties à la taxe de 3 p. 100, sans qu'on pût valablement objecter que la Compagnie payait déjà l'impôt sur les obligations émises par elle pour se procurer les fonds employés à la réalisation du prêt. Seine, 27 mai 1881 ; 21,990 J.; 3780 R. p.; 22,659 J. N.

La ville de Paris a déféré ce jugement à la Cour de cassation en soutenant : d'une part, que l'opération passée avec la Compagnie du gaz ne constitue pour cette société qu'un versement anticipé de la portion de ses bénéfices revenant à la Ville d'après les traités antérieurs, la convention nouvelle n'établissant qu'une modification aux échéances antérieurement convenues pour ce versement ; — Que, d'autre part, ledit versement ne constitue pas actuellement un payement d'intérêts, auquel ladite taxe pouvait seulement être applicable ; — Qu'enfin, la taxe en question se trouve être déjà effectivement et doublement perçue, tant sur les obligations émises par la Compagnie du gaz pour se procurer les sommes versées par anticipation à la Ville, que sur les dividendes distribués par elle à ses actionnaires, et dans lesquels figure nommément le versement annuel effectué par la Ville.

Mais ces moyens ont été rejetés par un arrêt de la chambre des requêtes du 14 nov. 1882 (21,990 J.; 6069 R. p.; 22,904 J. N.; 16,716 Contr.; 6600 Rev. not.; Inst. 2680, § 1er ; S., 83, 1, 379 ; D. P., 83, 1, 422 ; P., 83, 961), ainsi conçu :

« Attendu, sur le premier grief du pourvoi, que s'il est dit, dans l'art. 1er de la convention susdite, que la Compagnie s'oblige à avancer à la ville de Paris une somme de 7 millions 500,000 fr. sur la moitié qui pourra lui revenir ultérieurement dans les bénéfices de l'exploitation, c'est là non un versement anticipé de la part de bénéfices revenant à la Ville d'après les traités antérieurs, mais un des modes de libération fixé et accepté par les parties contractantes ; qu'en effet, l'art. 5, prévoyant le cas où la moitié revenant à la ville de Paris dans les bénéfices de la Compagnie ne produirait qu'une somme inférieure à l'annuité de l'emprunt, a décidé : 1° qu'en ce cas, l'excédent de l'annuité, ou la totalité dans le cas où il n'y aurait aucuns bénéfices, serait porté au débit d'un compte spécial ouvert à la Ville et qui produirait des intérêts à 5 p. 100 payables le 31 décembre de chaque année ; 2° que si la part de bénéfices revenant à la Ville était insuffisante pour compléter sa libération avant la fin de la concession, le montant des annuités arriérées serait imputé par privilège sur la moitié à laquelle la Ville aurait droit en 1905, dans le cas de partage de l'actif de la société ; — Qu'il en résulte que la ville de Paris n'a pas reçu, par l'effet de cette convention, un versement anticipé de la part de bénéfices pouvant lui revenir d'après les traités antérieurs, mais a contracté un véritable emprunt productif d'intérêts, au remboursement duquel elle s'est engagée d'une manière absolue, qu'elle eût ou qu'elle n'eût pas ultérieurement de bénéfices;

« Attendu, sur le deuxième grief du pourvoi, que la somme de 50,000 fr. versée annuellement par la ville de Paris depuis le 31 déc. 1873 est inférieure aux intérêts compris dans chaque demi-annuité de 260,396 fr. que la Ville a prise à sa charge; qu'aux termes de l'art. 1254 C. civ., et en l'absence de stipulations relatives à l'imputation des payements, le payement qui n'est point intégral s'impute d'abord sur les intérêts; qu'il s'ensuit que la taxe de 3 p. 100 frappe ladite somme de 50,000 fr., représentative des intérêts annuels du capital dont la ville de Paris avait besoin et qu'elle s'est procuré par la convention du 27 août 1872;

« Attendu, sur le troisième grief du pourvoi, qu'on ne saurait confondre l'opération par laquelle la ville de Paris s'est procuré, en 1872 et en 1873, les fonds dont elle avait besoin, avec l'emprunt fait à la même époque, par voie de souscription publique, par la Compagnie parisienne du gaz; que la débitrice du capital et des intérêts est, dans l'une, la ville de Paris, et, dans l'autre, la Compagnie parisienne du gaz; que, dans l'emprunt contracté par ladite Compagnie le remboursement par voie d'amortissement se fait par annuité intégrale de 520,792 fr. depuis l'émission même des obligations, et que, dans l'autre, le remboursement se fait par une somme maxima de 50,000 fr. pendant trente-trois ans jusqu'au 31 déc. 1905, et, en outre, par une somme fixée à forfait à 600,000 fr. pendant dix-huit années, du 1er janv. 1888 au 31 déc. 1905; qu'il y a donc là deux opérations soumises à des conditions différentes et, par suite, entièrement distinctes l'une de l'autre; — Attendu qu'il importe peu que la taxe de 3 p. 100 soit également perçue sur ladite somme de 50,000 fr., répartie comme dividende par la Compagnie du gaz à ses actionnaires; que c'est là encore un payement tout à fait distinct du payement des intérêts annuels payés par la ville de Paris pour son emprunt; qu'en effet, ladite taxe est alors perçue en vertu du principe posé par l'art. 1er, § 1er, de la loi du 29 juin 1872, sur les dividendes d'une société industrielle; — D'où il suit que le jugement attaqué, en décidant que la somme annuelle de 50,000 fr. représentait, jusqu'en 1888, l'intérêt d'un emprunt communal; que la taxe de 3 p. 100 prévue par l'art. 1er, § 2, de la loi du 29 juin 1872 était exigible sur cette somme; que ladite taxe avait été régulièrement calculée sur sept échéances de 1873 à 1879, ainsi que sur les deux premiers trimestres de 1880, et en condamnant, en conséquence, la ville de Paris au payement de la somme de 11,250 fr., loin de violer les articles visés au pourvoi, en a fait une juste application... »

V. sur cet arrêt les observations de la Revue critique de législation, année 1883, p. 386.

718. *Emprunts constatés par de simples reconnaissances remises aux prêteurs pour des sommes variables.* Décidé, par application des mêmes principes, que l'art. 1er de la loi du 29 juin 1872 atteint l'emprunt d'une société civile (Société houillère de Liévin) représenté par de simples reconnaissances remises aux prêteurs, alors même que ces reconnaissances auraient pour objet des sommes différentes et seraient remboursables à des époques variables. — Béthune, 28 août 1879, 21,232 J, ; 5368 R. p. ; 16,251 Contr. ; et, sur pourvoi, arrêt de rejet de la chambre civile du 24 juil. 1883; 22,133 J.; 6222 R. p.; 23,065 J. N.; 16,807 Contr.; 6,988 Rev. not.; Inst. 2687, § 5; S., 86, 1, 135; D. P., 84, 1, 133; P., 86, 289.

« Attendu que, prise dans ses termes, dont la portée ne saurait être restreinte par voie d'interprétation, la disposition embrasse, pour les soumettre à l'impôt, non seulement les obligations proprement dites émises à la suite d'un emprunt par une société commerciale ou civile, mais encore les simples emprunts de même origine, même non représentés par des obligations négociables, c'est-à-dire toutes opérations au moyen desquelles une société commerciale ou civile se procure, d'une manière quelconque, par souscription publique ou autrement, les fonds dont elle a besoin; que dès lors il y avait lieu, dans l'espèce, de considérer comme rentrant dans les prévisions de la loi les deux emprunts de 5,000,000 de fr. qui, successivement réalisés, du mois de janv. 1876 au mois d'août 1877, au moyen de versements effectués par les prêteurs dans la caisse de la société houillère de Liévin, avaient été contractés par ladite société, aux termes des délibérations des 9 déc. 1875 et 14 déc. 1876, en vue de pourvoir au payement des travaux extraordinaires d'exploitation de ses mines. »

719. *Prêt fait par une maison de banque. Caractère commercial de l'opération.* Nous avons déjà fait observer que la qualité du créancier n'a pas été prise en considération pour l'application de la taxe de 3 p. 100 aux emprunts des sociétés. (V. *supra*, n° 671.) Pourvu qu'il s'agisse d'un emprunt souscrit par une des sociétés ou des établissements visés par la loi, la taxe est exigible.

Il importe peu, par conséquent, que le prêteur soit un simple particulier ou un banquier, dont l'industrie consiste précisément à prêter de l'argent. Bien qu'à son égard le prêt soit une opération purement commerciale, une simple opération de banque, la taxe n'en est pas moins due, dès lors que le prêt est fait à une société.

720. C'est ce qu'a décidé la chambre des requêtes, par un arrêt du 4 avril 1887 (22,827 J.; 6878 R. p.; 23,907 J. N.; 17,324 Contr.; Inst. 2741, § 3; S., 88, 1, 386; D. P., 88, 1, 232; P., 88, 938), en rejetant le pourvoi formé par la Société des bateaux à vapeur du Nord contre un jugement du tribunal de Dunkerque du 25 mars 1886 (22,827 J.; 6878 R. p.; Inst., 2741, § 3), et qui s'était fondé sur les considérations que nous venons d'analyser.

La compagnie prétendait que la loi de 1872, ayant établi un impôt sur le revenu des capitaux, était inapplicable à l'espèce, attendu qu'on ne rencontrait dans les avances de fonds faites par la Banque maritime à la Société des bateaux à vapeur ni le placement d'un capital, ni un revenu dans le sens de la loi de 1872. C'est, disaient les demandeurs, une pure opération de banque. La Banque maritime agit ici, vis-à-vis de la société emprunteuse, comme elle agirait vis-à-vis d'un commerçant quelconque, auquel elle ferait soit une avance de fonds pure et simple, soit une ouverture de crédit. « Elle ne fait pas un placement, elle ne touche pas de revenus : elle se borne à faire acte de son commerce, la question de savoir si ce commerce aura produit un revenu demeurant subordonnée à un compte général des recettes et des dépenses de l'année courante. »

La Cour n'a tenu aucun compte de ces objections, et elle a rejeté le pourvoi en reproduisant les motifs de ses précédents arrêts, tirés de la généralité des dispositions de la loi.

721. *Jurisprudence des tribunaux.* Les tribunaux, après les hésitations de la première heure, ont dû se conformer à la jurisprudence de la Cour de cassation, et aujourd'hui le caractère de généralité de la loi de 1872 n'est plus contesté; on ne discute que sur des questions d'interprétation. — V. Béthune, 28 déc. 1877; 21,085 J.; 4862 R. p.; 5749 Rev. not.; 16,315 Contr.; — Béthune, 28 août 1879; 21,232 J.; 5368 R. p.; 16,251 Contr.; — Remiremont, 20 mai 1880; 21,420 J.; 5514 R. p.; 22,500 J. N.; 16,134 Contr.; S., 81, 2, 221; D. P., 80, 5, 387; P., 81, 1147; — Le Mans, 23 mai 1884; 22,523 J.; 6371 R. p.; 23,341 J. N.; 16,993 Contr.; — Lyon, 10 août 1887; 23,047 J.; 7040 R. p. — V. également dans le même sens tous les jugements et arrêts qui ont reconnu l'exigibilité de la taxe sur les emprunts hypothécaires, sur ceux résultant d'ouvertures de crédit, et sur ceux qui, malgré leurs apparences, n'ont le caractère ni de dépôts ni de comptes-courants. — *Infra*, nos 722 et suivants.

722. Emprunts hypothécaires. — D'après ce que nous venons de dire de la généralité des dispositions de la loi de 1872, la taxe de 3 p. 100 atteint tous les emprunts, quelle que soit leur nature et quel que soit le mode suivant lequel ils sont réalisés. Elle s'applique donc aux emprunts consentis par actes notariés et garantis par une hypothèque.

Cependant, cette règle, qui aujourd'hui est devenue incontestable en jurisprudence, ne s'est pas établie sans discussion. A la prétention élevée par l'Administration de soumettre à la taxe les emprunts hypothécaires, on a opposé divers motifs fondés principalement sur le rapprochement de la loi du 29 juin 1872 avec celle votée la veille (28 juin), pour assujettir à un impôt direct de 2 p. 100 les créances hypothécaires.

En combinant ces deux lois, disait-on, on acquiert la conviction que les taxes qu'elles ont créées ne sauraient être perçues cumulativement sur les mêmes valeurs. Ces lois, en effet, ont été présentées simultanément, dans une pensée unique qui était de soumettre à un impôt sur le revenu toutes les valeurs mobilières.

Or, le législateur a assujetti, le 28, à une taxe fixée à 2 p. 100 toutes les créances hypothécaires, sans autre exception que « les créances en représentation desquelles sont émises des obligations, valeurs ou titres ayant à acquitter l'impôt de 3 p. 100 ». On ne peut admettre, dès lors, en l'absence d'un texte formel, qu'il ait, dès le lendemain, assujetti à la taxe de 3 p. 100 partie de ces mêmes créances, à savoir celles dues par des sociétés, départements, communes ou établissements publics, et n'ayant donné lieu à la délivrance d'aucun titre en dehors de l'acte de prêt. On est donc forcé de reconnaître que les emprunts de cette dernière catégorie étaient régis par la loi du 28 juin 1872, à l'exclusion de celle du 29. L'abrogation de la loi du 28 n'a pu rien ajouter à la loi du 29, qui a subsisté telle qu'elle était à l'origine, avec son sens restrictif et forcément exclusif des emprunts visés par la loi votée la veille, c'est-à-dire des emprunts hypothécaires. Le motif de cette abrogation, tiré de l'énormité des droits grevant les prêts hypothécaires, prouve d'ailleurs surabondamment que le législateur a voulu affranchir tous les prêts de cette nature de l'impôt sur le revenu.

Le tribunal de Lyon, dans un jugement du 17 août 1875, s'est fait l'écho de cette interprétation. 19,996 J.; 4217 R. p.

« Attendu, dit-il, que la loi du 28 juin 1872, votée la veille de celle qui est invoquée par l'Administration de l'enregistrement, avait frappé d'un impôt de 2 p. 100 le revenu des créances hypothécaires, et cela dans son art. 1er, qui ne faisait aucune distinction entre les créances hypothécaires des particuliers et celles des sociétés, compagnies ou autres établissements publics : « A partir du 1er janv. 1873, dit cet ar- « ticle, il sera prélevé une contribution de 2 p. 100 sur le re- « venu des créances hypothécaires » ; — Qu'il est inadmissible que le législateur, après avoir, le 28 juin, frappé d'un impôt de 2 p. 100 toutes les créances hypothécaires, ait, par une loi du lendemain, frappé d'une contribution de 3 p. 100 partie de ces mêmes créances hypothécaires, celles existant contre les sociétés et établissements publics ; que, pour admettre un résultat semblable, il faudrait un texte formel qui ne se rencontre pas dans la loi du 29 juin ; qu'en réalité chacune de ces lois, qui ont été conçues ou préparées en même temps, a son domaine propre et distinct ; que la première frappe toutes les créances hypothécaires, et la seconde certaines valeurs mobilières plus facilement imposables que les autres, les emprunts et obligations des communes, départements et sociétés, emprunts nécessairement chirographaires, puisque les hypothécaires avaient été l'objet d'une autre loi ; — Que la loi du 28 juin 1872 ayant été abrogée sans réserve aucune par la loi du 15 déc. 1872, cette abrogation ne peut rien ajouter à la loi du 29 juin, qui subsiste telle qu'elle était à son origine, avec son sens précédemment défini ;

« Attendu, surabondamment, que les raisons qui ont déterminé le législateur à abroger la loi du 28 juin 1872 paraissent repousser de plus fort la prétention de l'Administration de l'enregistrement ; que, non seulement, dans le rapport de la commission qui a préparé l'abrogation de ladite loi, on ne trouve aucune trace de l'intention de maintenir l'impôt sur certains prêts hypothécaires, mais qu'on y lit au contraire que la commission, enveloppant dans sa sollicitude tous les prêts hypothécaires, « a reconnu que cette franchise pouvait se justifier en équité, en considération des droits énormes auxquels les prêts hypothécaires sont soumis » ;

« Attendu que vainement l'Administration de l'enregistrement se prévaut des art. 4 de la loi du 29 juin 1872 et 3 du décret du 6 déc. de la même année ; que ces textes n'ont d'autre portée que de rendre applicables aux sociétés étrangères les dispositions de la loi du 29 juin précitée, sans infirmer la raison qui suffit à rejeter la prétention de l'Administration défenderesse, à savoir l'abrogation sans réserve de l'unique loi qui imposait les créances hypothécaires. »

V. dans ce sens : Demasure, Régime fiscal des Sociétés, n° 230 ; Rapp. Revue critique de législation, année 1882, p. 417.

723. L'Administration a combattu cette thèse dans les termes suivants :

« Il est facile de démontrer d'abord que la loi du 29 juin 1872, telle qu'elle a été votée par l'Assemblée nationale, a eu pour effet de soustraire les emprunts hypothécaires des sociétés, des communes, des départements ou des établissements publics, à l'application de la taxe de 2 p. 100 créée par la loi du 28 juin 1872 sur les créances hypothécaires en général. — Ce point résulte clairement du texte et de l'esprit de la loi. — Le texte de l'art. 1er assujettit formellement à la taxe de 3 p. 100 sur le revenu les intérêts des obligations et des *emprunts*. Ainsi qu'on l'a expliqué précédemment, le mot emprunt est pris dans son acception la plus générale. Il s'applique à toute opération par laquelle une société ou un établissement public reçoit un prêt d'argent non représenté par des titres négociables d'obligations, que ce prêt soit garanti par un nantissement ou par une affectation hypothécaire. Il atteint, par conséquent, dans sa formule compréhensive et absolue, les emprunts hypothécaires comme les autres prêts. — D'un autre côté, il est bien évident que la taxe sur le revenu ne pouvait pas être perçue cumulativement avec le droit établi sur les créances hypothécaires. Ces deux taxes n'étaient, en effet, que deux variétés différentes du même impôt sur les revenus. Ainsi que la commission du budget l'a exprimé à propos des emprunts hypothécaires représentés par des titres négociables, une même valeur ne saurait être sujette aux deux taxes : il faut supprimer l'une ou l'autre. (J. off., 11 juin 1872, p. 3918, col. 2.) Or, qu'a fait la loi du 29 juin 1872 au sujet des emprunts hypothécaires purs et simples? Elle a décidé, en termes formels, qu'ils seraient passibles de la taxe de 3 p. 100 sur le revenu. Elle a donc abrogé, d'une manière virtuelle mais très certaine cependant, la disposition générale de la loi du 28 juin 1872, en tant que cette disposition pouvait s'appliquer aux emprunts dont il s'agit. Les deux taxes étant inconciliables et celle de 3 p. 100 ayant été établie la dernière, il en résulte nécessairement que la première est supprimée. C'est l'application pure et simple du principe de droit que toute loi nouvelle abroge nécessairement, lors même qu'elle ne l'exprime pas, les lois précédentes dont elle contrarie les dispositions (Merlin, Rép., v° Loi, § 11, n° 1). Si ce résultat était contesté dans l'espèce, on aboutirait à cette conséquence inadmissible que les deux lois des 28 et 29 juin 1872 prévoyant, l'une les créances hypothécaires en général, et l'autre tous les emprunts des sociétés sans distinction, ceux de ces emprunts qui seraient hypothécaires tomberaient à la fois sous le coup du droit de 2 p. 100 créé par la loi du 28 juin et sous l'empire de la taxe de 3 p. 100 établie par celle du lendemain ! — L'esprit de la loi, sainement entendu, conduit inévitablement d'ailleurs à la même conclusion. En effet, il est constant que les emprunts hypothécaires représentés par des titres négociables acquittent la taxe de 3 p. 100 à l'exclusion de celle de 2 p. 100. La loi du 28 juin 1872 a été amenée, par suite de circonstances qui seront indiquées ci-après, à le déclarer en termes positifs. Comment se ferait-il que des emprunts de même origine, également garantis par une hypothèque et produisant le même revenu, ne seraient soumis qu'au droit réduit de 2 p. 100? Une telle anomalie n'est évidemment pas dans la pensée du législateur. Au point de vue de l'application de l'impôt sur le revenu, les emprunts hypothécaires des sociétés ou des établissements publics constituent, en quelque forme qu'ils soient contractés, une matière imposable de la même nature, qui ne peut être, dès lors, traitée différemment.

« Mais, dit-on, la loi du 28 juin 1872 n'a excepté de la taxe de 2 p. 100 que les emprunts représentés par des titres négociables. Pourquoi n'a-t-elle pas également parlé des autres emprunts? — La raison en est simple. — Lorsque la commission du budget a présenté à l'Assemblée nationale les deux projets de lois sur les créances hypothécaires et sur le revenu des valeurs mobilières, le projet de loi sur le revenu était limité aux valeurs mobilières représentées par des titres négociables. Il ne comprenait pas les emprunts ordinaires. (Séance du 25 mai 1872, J. off., p. 3848.)

« La commission, se préoccupant alors, dans la rédaction de la loi sur les créances hypothécaires, de prévenir la possibilité d'une double perception, et voulant exprimer cette pensée dans un texte, n'avait à formuler la dispense d'un droit spécial de 2 p. 100 qu'au profit des emprunts hypothécaires représentés par des titres, puisque ces valeurs seules étaient atteintes par le premier projet. C'est ce qui a, en effet, donné lieu à l'art. 2 du projet, tel qu'il a été présenté à l'Assemblée nationale quatre jours après celui de la taxe du revenu. (Séance du 29 mai 1872, J. off., p. 3915.) — La situation était encore la même lorsque ce second projet de loi, plus avancé que le premier, est venu en discussion dans les séances de l'Assemblée nationale des 26, 27 et 28 juin 1872. La commission maintenait la rédaction de son projet sur le revenu des valeurs mobilières, qui ne comprenait pas les « emprunts ». Il n'y avait donc pas à insérer de disposition spéciale dans la loi du 28 juin pour déclarer que ces emprunts, étant sujets à la taxe sur le revenu, seraient dispensés du droit de 2 p. 100 sur les créances hypothécaires. La commission était alors persuadée que les emprunts non représentés par des obligations ne seraient pas atteints par la taxe du revenu, et qu'ils resteraient, par conséquent, sous l'application du droit de 2 p. 100. Mais ses prévisions ne se sont pas réalisées. Après le vote de la loi du 28 juin 1872, et à la suite d'une dernière conférence entre la commission et le gouvernement, un accord s'est établi entre eux au sujet du texte définitif du projet de loi sur le revenu des valeurs mobilières. Le rapporteur l'a immédiatement présenté à la Chambre. Or, parmi les modifications auxquelles la commission avait consenti, se trouvait précisément l'extension du droit de 3 p. 100 à tous les emprunts sans distinction. La rédaction ainsi amendée n'était plus en harmonie avec l'art. 2 de la loi qui venait d'être adoptée et qui avait été préparée sous l'influence d'un projet limitant la perception de la taxe de 3 p. 100 aux emprunts représentés par des titres d'obligations. Mais la chose était sans importance. Dès lors, en effet, qu'on votait la loi du 29 juin, qui atteignait nommément tous les emprunts sans distinction, ces emprunts se trouvaient *de plano* dispensés de l'impôt de 2 p. 100 applicable aux créances hypothécaires, à raison de l'incompatibilité des deux taxes. Le résultat était le même que si la dispense avait été prévue dans la loi antérieure, comme elle l'avait été spécialement à l'égard des emprunts représentés par des obligations. Dans ces conditions, il est évidemment impossible d'argumenter du silence gardé par l'art. 2 de la loi du 28 juin 1872 sur les emprunts hypothécaires ordinaires pour en conclure que le législateur a eu l'intention de les exclure de l'application de la taxe sur le revenu. La vérité est que la loi du 29 juin, modifiant les bases du projet de la commission, a, au contraire, atteint, sans exception aucune, tous les emprunts des sociétés et des établissements publics. Elle a donc expressément assujetti au droit de 3 p. 100 les emprunts hypothécaires, en les dispensant par là même virtuellement de la première taxe. »

724. Conformément à cette argumentation, la chambre civile, par un arrêt du 8 nov. 1880, a décidé que la loi du 29 juin 1872 atteint sans distinction les emprunts de toute forme et de toute origine, y compris les emprunts hypothécaires (Société de la rue de la Bourse) :

« Attendu que la loi du 29 juin 1872, en établissant une taxe annuelle et obligatoire sur le revenu des valeurs mobilières, a soumis à cette taxe, entre autres valeurs, les intérêts et arrérages annuels des emprunts et obligations des départements, communes, établissements publics et sociétés; que cette disposition de la loi est générale et qu'en visant les emprunts des sociétés elle atteint toute opération par laquelle une société se procure par un moyen quelconque, par une souscription publique ou autrement, les fonds dont elle a besoin; — Attendu que les emprunts garantis par un gage ou une hypothèque n'ont point été exceptés de cette disposition; que la taxe de 3 p. 100 les frappe comme tous les emprunts de même origine; — Attendu que l'abrogation de la loi du 28 juin 1872, qui avait frappé d'une autre taxe les créances hypothécaires, et qui n'atteignait pas les emprunts des sociétés soumis par la loi du 29 juin à la taxe de 3 p. 100, n'a pu modifier en rien ce dernier impôt et en exempter les sociétés qui y avaient été expressément assujetties... » 21,478 J.; 5617 R. p.; 22,439 J. N.; 16,363 Contr.; 6234 Rev. not.; Inst. 2673, § 2; S., 81, 1, 87, D. P., 81, 1, 87; P., 81, 176.

La Cour a, depuis lors, confirmé sa jurisprudence en reproduisant les motifs que nous venons de transcrire, par deux arrêts de la chambre civile, l'un en date du 28 août 1882, rendu au sujet de rentes annuelles et perpétuelles dues par des associations syndicales aux hospices d'Aix, constituées à prix d'argent et garanties par des hypothèques (21,962 J.; 6017 R. p.; 22,886 J. N.; 16,682 Contr.; Inst. 2673, § 3; S., 83, 1, 184; D. P., 83, 1, 422; P., 83, 1, 420); l'autre du 2 août 1886, rendu à l'égard de divers emprunts hypothécaires, souscrits par actes notariés par la société civile dite de Saint-Bertin, formée entre plusieurs ecclésiastiques pour l'exploitation d'établissements d'éducation. 22,725 J.; 6734 R. p.; 23,729 J. N.; 17,237 Contr.; Inst. 2729, § 6; S., 87, 1, 231; D. P., 86, 1, 446; P., 87, 546.

725. Les tribunaux secondaires sont aujourd'hui complètement ralliés à la doctrine de l'Administration. — V. dans ce sens : Saint-Etienne, 9 août 1881; 21,732 J.; 5812 R. p.; — 26 avril 1882; 21,910 J.; 5980 R. p.; Inst. 2673, § 2; — Clermont, 18 juin 1885; 6546 R. p.; 22,736 J.; 23,759 J. N.; — Seine, 21 mai 1886; 6701 R. p.; 22,702 J.; 23,895 J. N.; 17,249 Contr.; — Seine, 14 janv. et 18 mars 1887; 6872 R. p.; — Seine, 29 avril 1887; 7003 R. p.; — Bordeaux, 18 mai 1887; 6993 R. p.; — Seine, 4 mai 1888; 23,104 J.; 7089 R. p.; 17,508 Contr.; — V. aussi les décisions rendues en matière d'ouvertures de crédit garanties par une hypothèque, *infra*, n° 727.

Contra: Lyon, jugement précité du 17 août 1875 (*supra*, n° 722); — Tarascon, 28 déc. 1877; 21,962 J.; 4861 R. p.; 15,906 Contr.; 5749 Rev. not.

726. *Hypothèque maritime.* L'arrêt du 3 avril 1887, cité *supra*, n° 719, est intervenu au sujet d'un prêt réalisé en vertu d'une ouverture de crédit, *garantie par une hypothèque maritime*.

Une solution du 23 oct. 1884 a en effet reconnu, ce qui d'ailleurs ne pouvait guère être contesté en présence de la jurisprudence établie, que les prêts consentis à une société et garantis par une hypothèque sur un navire, tombent sous l'empire de la loi du 29 juin 1872, « attendu que la loi sur l'hypothèque maritime ne contient rien d'incompatible avec les dispositions générales de cette dernière loi ».

727. Ouverture de crédit. — L'ouverture de crédit est l'acte par lequel une personne, le créditeur, s'oblige à prêter ou à fournir à une autre, le crédité, des sommes d'argent ou des objets spécifiés, jusqu'à concurrence d'un chiffre déterminé, mais sans que le crédité soit tenu de faire usage du crédit qui lui est ouvert. — Dict. des Réd., v° Crédit, n° 1.

L'ouverture de crédit n'est pas autre chose qu'une promesse de prêter lorsqu'elle a pour objet des avances à faire en argent, ou même au moyen de l'escompte d'effets de commerce, par le créditeur au crédité, et remboursables à des époques déterminées. P. Pont, Priv. et hyp., t. II, n° 711; Championnière et Rigaud, Traité des droits d'enregistrement, t. II, n°s 928, 930 et 938.

« Les promesses de prêter, disent ces derniers auteurs, sont des actes assez fréquents dans le commerce, où elles ont lieu sous la dénomination d'ouverture de crédit. On entend par ce nom l'obligation que contracte un négociant de fournir à un autre des fonds ou des effets négociables, jusqu'à concurrence d'une certaine somme, à la charge par ce dernier d'en rembourser le montant avec intérêts. — L'objet que se proposent les parties est un prêt: car l'un doit livrer à l'autre ou payer pour lui une certaine somme, que celui-ci devra lui rendre. Mais le prêt n'existe pas actuellement, la livraison de la somme promise n'étant pas opérée. Ainsi, l'existence du prêt que les parties se proposent de contracter est subordonnée à celle de la livraison, et la livraison elle-même est soumise à un événement futur et incertain, qui est le besoin ou la volonté ultérieure de l'emprunteur. Le prêt ou l'ouverture de crédit, qui en est l'équivalent, comporte nécessairement l'obligation de rendre la chose prêtée. »

V. dans ce sens les arrêts rendus en matière d'enregistrement aux dates des 31 déc. 1862 (17,612 J.; 1734 R. p.; 17,624 J. N.; 12,383 Contr.; Inst. 2244, § 6.; S., 63, 1, 157; D. P., 63, 1, 217; P., 63, 521); — 28 déc. 1864 (17,943 J.; 2003 R. p.; 20,746 J. N.; 12,786 Contr.; 1260 Rev. not.; Inst., 2324, § 5; S., 65, 1, 50; D. P., 65, 1, 71; P., 65, 182); — 15 juil. 1868 (18,569 J.; 2763 R. p.; 14,211 Contr.; Inst. 2372, § 5; S., 68, 1, 414; D. P., 68, 1, 450; P., 68, 1103); — 16 janv. 1872 (19,136 J.; 3401 R. p.; Inst. 2434, § 6; S., 72, 1, 41; 3401 R. p.; 20,288 J. N.; 14,861 Contr.; Inst. 2434, § 6; S., 72, 1, 41; D. P., 72, 1, 103; P., 72, 65); — 22 nov. 1875 (19,921 J.; 4290 R. p.; 21,355 J. N.; 15,524 Contr.; Inst. 2542, § 1er; S., 76, 1, 182; D. P., 76, 1, 108; P., 76, 415); — et 6 juin 1882 (21,908 J.; 5956 R. p.; 22,793 J. N.; 16,611 Contr.; 6526 Rev. not.; Inst. 2673, § 6; S., 83, 1, 39; D. P., 82, 1, 428; P., 83, 1, 63).

728. Si l'ouverture de crédit est une promesse de prêter, sa réalisation constitue évidemment pour le crédité un véritable emprunt. Il en résulte qu'en thèse générale le crédit ouvert et réalisé au profit d'une société, d'un département, commune ou établissement public, doit donner ouverture à la taxe de 3 p. 100, conformément à la jurisprudence ci-dessus relatée, d'après laquelle la loi de 1872 atteint les emprunts de toute nature.

C'est en effet ce qui a été décidé par un arrêt de la chambre des requêtes du 4 avril 1887, qui a rejeté un pourvoi formé contre un jugement du tribunal de Dunkerque, du 25 mars 1886. La Société des bateaux à vapeur à hélice du Nord avait obtenu de la Banque maritime deux ouvertures de crédit, l'une de 620,000 fr. et l'autre de 550,000 fr., garanties par une hypothèque sur deux navires, aux termes de deux actes sous signatures privées des 28 déc. 1882 et 29 mars 1883. Le capital à prêter par la Banque devait être remboursé en 15 annuités. L'Administration ayant acquis la preuve de la réalisation de ces crédits a réclamé la taxe de 3 p. 100. Cette réclamation a été reconnue fondée tant par le jugement précité du tribunal de Dunkerque que par l'arrêt de la Cour de cassation du 4 avril 1887, ainsi conçu :

« Attendu, en droit, qu'aux termes des art. 1, § 2, et 3, § 1, de la loi du 29 juin 1872, il est établi une taxe annuelle et obligatoire de 3 p. 100 sur les arrérages et intérêts annuels des emprunts des sociétés; que la disposition de la loi est générale et qu'en visant les emprunts des sociétés, elle atteint toute opération par laquelle une société se procure par un moyen quelconque, par souscription publique ou autrement, les fonds dont elle a besoin;

« Attendu qu'il est constant, en fait, que la Société anonyme des bateaux à vapeur à hélice du Nord a, par deux actes sous seings privés en date du 28 déc. 1882 et 29 mars 1883, emprunté à la Banque maritime une somme totale de 1,170,000 francs; qu'aux termes de ces deux actes, la Compagnie devait se libérer, dans le délai de quinze années, en capital, intérêts et commission, moyennant le versement d'une annuité payable moitié de six mois en six mois; d'où il suit... » 22,827 J.; 6878 R. p.; 23,907 J. N.; 17,324 Contr.; Inst. 2741, § 3; S., 88, 1, 386; D. P., 88, 1, 232; P., 88, 938. — V. dans le même sens: arrêts cités *infra*, n°s 744 et 745.

729. La jurisprudence des tribunaux est également fixée dans ce sens : Clermont, 18 juin 1885; 22,736 J.; 6546 R. p.; 23,759 J. N.; — Seine, 21 mai 1886; 22,702 J.; 6701 R. p.; 23,895 J. N.; 17,249 Contr.; — 12 nov. 1886; 22,878 J.; 6780 R. p.; 23,895 J. N.

730. Toutefois, la règle qui se dégage de ces décisions doit être rigoureusement limitée au cas où l'ouverture de crédit et sa réalisation ont pour objet des avances en argent à faire à titre de prêt par le créditeur au crédité. Nous verrons, en effet, dans la suite de nos explications, que l'ouverture de crédit ne se résout pas nécessairement en un prêt. Elle peut avoir pour objet soit des marchandises à livrer au crédité, soit des avances à faire en compte courant. Dans le premier cas le contrat qui résulte de la réalisation du crédit constitue une vente et nul doute que, dans ce cas, la loi de 1872 ne soit inapplicable. Dans la seconde hypothèse, on est en présence d'un compte courant et dans notre opinion, dont les motifs seront déduits ultérieurement, la taxe n'est pas non plus exigible. — V. *infra*, n° 737.

731. Rente perpétuelle. — Les rentes perpétuelles sont ou constituées ou réservées. (Aubry et Rau, IV, § 397.)

Les rentes réservées sont celles qui sont stipulées comme prix de la vente, ou comme charge de la donation d'un immeuble (art. 530 C. civ.). Comme elles ne dérivent pas d'un contrat de prêt, il ne peut être question de les assujettir à la taxe de 3 p. 100.

Les rentes constituées, au contraire, ne sont autre chose que des prêts de sommes dont le prêteur s'interdit d'exiger le remboursement. Art. 1909 C. civ. — Aubry et Rau, *loc. cit.*, §§ 397 et 398, note 6; P. Pont, Du prêt, n° 326.

Il en résulte que ces rentes, lorsqu'elles sont dues par des sociétés auxquelles le capital constitué a été versé, ont pour ces dernières le caractère de véritables emprunts et sont, par conséquent, passibles de la taxe de 3 p. 100.

L'arrêt du 28 août 1882 (V. *supra*, n° 724) a été précisément rendu au sujet d'un emprunt de cette nature. Il s'agissait de rentes perpétuelles dues par des associations syndicales aux hospices de la ville d'Aix, constituées à prix d'argent et garanties par des hypothèques. Le point de savoir si ces contrats avaient donné naissance à de véritables emprunts n'a pas, il est vrai, été soulevé, ni discuté. Mais, en déclarant les rentes ainsi constituées passibles de la taxe, la Cour a implicitement résolu la question, qui, d'ailleurs, ne paraît guère contestable.

732. Rentes viagères. — La règle que nous venons de poser est spéciale aux rentes perpétuelles et ne saurait être étendue aux rentes viagères. Ce dernier contrat, en effet, n'a aucun des caractères du prêt. Même lorsque la rente est constituée à prix d'argent, le crédi-rentier n'est pas un prêteur, puisqu'en échange de la rente qui lui est promise, il aliène définitivement le capital, et que le débi-rentier ne pourrait se soustraire au payement des arrérages en offrant le remboursement de ce capital. Le contrat de rente viagère est un contrat aléatoire, d'une nature particulière, qui a ses règles propres et qui ne saurait être considéré comme une variété du prêt à intérêt. Il ne peut donc rentrer, à aucun titre, dans la classe des emprunts de toute nature que la loi de 1872 assujettit à la taxe de 3 p. 100.

La jurisprudence administrative est établie dans ce sens, ainsi qu'il résulte de plusieurs solutions (20 août 1879, 13 mars 1883, 7 mai 1883, 7 août 1883), et de ce fait que l'Administration n'a jamais tenté de réclamer la taxe aux sociétés anonymes d'assurances sur les rentes viagères qu'elles servent en échange des capitaux versés dans leurs caisses.

733. **Dépôts.** — On est d'accord pour décider que le contrat de dépôt, même le dépôt irrégulier qui a pour objet une somme d'argent, se distingue du prêt, et ne tombe pas, comme ce dernier, sous l'application de la loi du 29 juin 1872. L'Administration l'a spontanément reconnu peu de temps après la promulgation de cette loi. Sol. 3 fév. 1876; 19,961 J.

Les contestations qui se sont élevées et les décisions auxquelles elles ont donné lieu n'ont porté que sur la difficulté de discerner en fait le dépôt du prêt à intérêt.

Entre le prêt et le dépôt proprement dit, la différence est sensible, puisque, d'après la définition du contrat, le dépositaire est tenu de rendre identiquement la chose qu'il a reçue et que, quand il a reçu de l'argent, il ne saurait par conséquent employer cet argent à son usage. Mais cette obligation n'est pas essentielle au contrat dont nous parlons. En effet, l'art. 1930 C. civ. suppose que le dépositaire peut être autorisé par le déposant à se servir de la chose déposée, sans que la nature du contrat s'en trouve altérée, et les auteurs admettent que, quand cette autorisation se rencontre dans un dépôt qui a pour objet des choses fongibles, comme de l'argent comptant, elle a pour conséquence de transférer la propriété des espèces au dépositaire et de ne l'astreindre qu'à la restitution d'objets de même nature, en mêmes quantité et qualité.

Cette variété du contrat de dépôt est connue, dans la doctrine, sous le nom de dépôt irrégulier.

Nous avons déjà cherché à préciser les règles qui doivent servir à distinguer le prêt du dépôt irrégulier (V. art. 22,523, 22,631 et 22,753 J.).

D'après les anciens jurisconsultes qui ont écrit sur la matière (Domat, Lois civiles, liv. I, vii; Pothier, Du dépôt, n° 83), « la différence entre les deux contrats procède uniquement de la différence de la fin que se sont proposée les parties contractantes. Le prêt, *mutuum*, se fait uniquement en faveur de l'emprunteur, qui a besoin de la somme qui lui est prêtée par ce contrat; c'est uniquement pour lui faire plaisir que le prêteur la lui prête.

« Au contraire, le dépôt irrégulier se fait principalement en faveur de celui qui donne son argent à garder, dans la crainte qu'il ne soit pas en sûreté chez lui. Ce contrat n'intervient pas en faveur du dépositaire qui ne demande pas cet argent et pourrait s'en passer; ce n'est qu'*ex accidente* qu'on permet au dépositaire de se servir de l'argent qui lui est confié, jusqu'à ce qu'on le lui redemande, parce que, pourvu que celui qui a confié l'argent soit assuré que la somme lui sera rendue lorsqu'il la redemandera, il lui est indifférent que jusqu'à ce temps le dépositaire se serve de l'argent, ou que cet argent demeure oisif. » Pothier, *loc. cit.*

C'est d'après ces principes que la distinction doit être faite entre le prêt et le dépôt, pour l'application de la loi de 1872.

Ainsi que nous l'avons enseigné, art. 22,753 du Journal, « l'objet du prêt est de conférer à l'emprunteur l'usage des sommes remises entre ses mains; le but principal et direct du dépôt est, au contraire, la garde des fonds remis au dépositaire. L'emprunteur stipule en vue de l'utilité que l'usage des sommes prêtées doit lui procurer, et c'est pour s'assurer cette utilité qu'il se fait attribuer par le contrat le droit de conserver les fonds pendant un temps déterminé. C'est aussi à raison de cette même utilité qu'il s'engage à payer au prêteur un intérêt, pour prix de la jouissance que celui-ci lui concède.

« Dans le dépôt irrégulier, l'objet du contrat est tout différent. Le dépositaire contracte plutôt en vue de rendre un service au déposant, en s'obligeant à recevoir ses fonds et à les garder à sa disposition. Pour prix de son service, il se réserve le droit de faire usage des sommes qui lui sont versées, soit gratuitement, soit moyennant un intérêt minime, offert, dans la pratique, en vue d'attirer les dépôts à la caisse de l'établissement. L'usage des fonds, au lieu d'être, comme dans le prêt, l'objet principal de la convention, a ainsi le caractère d'une stipulation accessoire destinée à rémunérer le dépositaire des engagements et de la responsabilité qu'il prend envers le déposant. Si aux avantages qui résultent pour lui de ce contrat, le dépositaire ajoute la faculté de ne rembourser qu'après un certain délai, afin d'éviter les dangers et les embarras d'une restitution trop prompte, cette circonstance ne suffit pas, à elle seule, pour changer le caractère de la convention et pour la transformer en un prêt véritable. Il est certain cependant que ces stipulations accessoires sont de nature à jeter des doutes sur l'intention des contractants; la difficulté, en pareil cas, ne peut être résolue qu'en fait, par le rapprochement des différentes clauses de l'acte et par l'examen des circonstances dans lesquelles l'opération est intervenue. »

La jurisprudence s'est, en général, inspirée de ces principes.

734. *Dépôts de sommes remboursables à échéances fixes avec intérêts variables suivant l'éloignement de l'échéance.* Ainsi, il a été décidé que les sommes déposées dans une maison de banque, remboursables à échéance fixe ou après un terme déterminé, et productives d'un intérêt plus ou moins élevé suivant l'éloignement de l'échéance, doivent être assujetties à la taxe de 3 p. 100. Sol. 3 fév. 1876; 19,961 J.

Les trois arrêts des 12 déc. 1877 (Crédit agricole), 3 avril 1878 (Mont-de-piété de Paris), 9 avril 1879 (ville de Paris), et le jugement du tribunal de la Seine du 7 mars 1879 (V. ces décisions *supra*, n°s 707, 708, 709 et 710), ont été rendus dans le même ordre d'idées, puisqu'ils ont reconnu l'exigibilité de la taxe sur des bons émis en représentation de sommes déposées, remboursables à des termes éloignés et productifs d'intérêts variables suivant l'échéance.

Le tribunal du Mans a très explicitement résolu la question dans le même sens, en considérant comme des titres d'emprunts les récépissés qu'une société de crédit (le Comptoir d'escompte de la Sarthe) délivre aux personnes qui lui versent des fonds remboursables à diverses échéances et productifs d'intérêts dont le taux varie entre 3 et 5 p. 100 suivant l'époque du remboursement. Jug. du 23 mai 1884, 22,523 J.; 6371 R. p.; 23,341 J. N.; 16,993 Contr.

Le tribunal a invoqué deux motifs à l'appui de sa décision : le premier tiré de ce que la société n'était pas tenue de restituer identiquement les espèces qu'elle avait reçues, le second de ce qu'il avait été stipulé un terme pour le remboursement. Le premier de ces motifs n'a aucune valeur, puisque, ainsi que nous l'avons expliqué, l'obligation imposée au dépositaire par l'art. 1932 du Code civil ne concerne pas le dépôt irrégulier. Quant au second motif, il a pu être valablement invoqué, attendu que la fixation d'un délai pour le remboursement, surtout quand elle est jointe à une stipulation d'intérêts à un taux relativement élevé, est en général de nature à établir que la remise des fonds ayant eu lieu principalement dans l'intérêt de celui qui les reçoit et pour lui en procurer la jouissance, est faite à titre de prêt, et non à titre de dépôt.

« Attendu, dit le tribunal, que le Comptoir d'escompte, en déterminant, dans les récépissés de versement qu'il délivre aux tiers, la date du remboursement, entend bien lier ces derniers et leur enlever le droit de réclamer leurs fonds avant l'époque fixée, puisque le taux de l'intérêt que le Comptoir d'escompte paye aux déposants varie suivant ladite époque et est d'autant plus élevé que l'époque de remboursement est plus éloignée; que d'ailleurs la Cour de cassation (15 août 1856; D. P., 1857, 1, 22) a même reconnu le caractère de prêt, et non de dépôt, à l'opération dans laquelle le déposant s'est réservé le droit de retirer à sa volonté les sommes versées... »

735. *Intérêt minime. Remboursement à vue ou quelques jours après avis.* D'après les décisions qui viennent d'être rapportées, la stipulation d'un intérêt, ainsi que la fixation d'un terme pour le remboursement, seraient en général

des clauses caractéristiques du prêt et exclusives du contrat de dépôt.

Toutefois il faut se garder de toute exagération dans l'application de cette règle. On ne doit pas perdre de vue que la solution de chaque difficulté repose sur l'interprétation de l'intention qu'ont eue les contractants. Si la stipulation d'un terme en faveur de la personne qui reçoit les fonds fait présumer que le contrat a été passé dans son intérêt et en vue de lui conférer l'usage d'une somme d'argent dont elle a besoin, cette présomption n'est pas absolue. Le dépositaire peut, lui aussi, tout en recevant les fonds en dépôt dans l'intérêt du déposant et dans le but exclusif d'en assurer la garde et la conservation, stipuler un délai pour éviter les embarras d'une restitution trop prompte qui risquerait de porter le trouble dans ses affaires. Il peut également, à raison de l'autorisation qui lui est donnée de se servir des fonds pendant la durée du dépôt, promettre un intérêt minime à titre de compensation. C'est ce que font toutes les banques de dépôt, ne fût-ce qu'en vue de s'attirer la clientèle des déposants.

Dans ce cas, le délai stipulé n'est pas à proprement parler un terme assigné à la jouissance de l'emprunteur; c'est un délai de grâce accordé pour faciliter le remboursement. Quant à l'intérêt, il ne représente pas non plus le prix de la jouissance des sommes remises en dépôt; c'est une prime promise par le banquier pour attirer les dépôts dans son établissement. Le contrat n'en conserve donc pas moins son caractère de dépôt.

L'Administration a reconnu, dans cet ordre d'idées, que la taxe n'atteint pas les intérêts, d'ailleurs minimes, alloués aux fonds qui sont déposés dans un établissement de crédit et qui peuvent être retirés, soit à première réquisition, soit même après un simple avis donné un certain nombre de jours à l'avance. Sol. 3 fév. 1876; 19,961 J.

« Décidé également que les dépôts, effectués dans les établissements de crédit, de sommes versées en compte, productives d'un intérêt minime (2 et demi p. 100), remboursables après un avis donné quelques jours à l'avance (dans l'espèce sept jours), et sous la condition qu'elles resteront déposées un mois au moins, ne doivent pas être considérés comme des emprunts contractés par des sociétés et donnant ouverture à la taxe de 3 p. 100. Sol. 14 août 1886, 22,753 J.; 24,377 J. N.; S., 88, 2, 224; P., 88, 1119.

« La Société des dépôts et comptes courants, porte cette solution, reçoit des fonds « versés en compte », remboursables après sept jours de préavis, et productifs d'un intérêt de 2 et demi p. 100, à la condition qu'ils demeurent déposés un mois au moins.

« On a émis l'avis que ces opérations constituent des emprunts et on propose, en conséquence, de réclamer la taxe de 3 p. 100 sur les intérêts.

« Cette proposition ne saurait être adoptée.

« Le prêt de consommation ou simple prêt est défini par l'art. 1892 C. civ. « un contrat par lequel l'une des parties « livre à l'autre une certaine quantité de choses qui se consom- « ment par l'usage, à la charge par cette dernière de lui en « rendre autant de même espèce et qualité » (Comp. art. 1905).

« L'art. 1930 du même Code prévoit un autre contrat qui, lorsqu'il s'applique à une chose fongible, se rapproche sensiblement du prêt de consommation : c'est le dépôt effectué avec autorisation expresse ou tacite de se servir de la chose déposée. La loi n'a pas nommé ce contrat; mais les auteurs le désignent généralement sous le nom de *dépôt irrégulier*.

« Chacune de ces deux conventions a pour effet de transférer à l'emprunteur ou au dépositaire la propriété des sommes fongibles qui lui sont remises. Mais il existe entre elles une différence notable : c'est que le prêt suppose toujours un délai exprès (art. 1899, 1901) ou tacite (1900), tandis que le dépositaire doit rendre la chose à première demande, quand même le contrat aurait fixé un délai pour la restitution (art. 1944). La raison en est que, dans le dépôt, à la différence des autres contrats, le terme est toujours présumé stipulé en faveur du créancier (Pont, Petits contrats, I, 494. — Comp. C. civ. 1187).

« Les principes ainsi posés entraînent la conséquence suivante : il n'y a pas prêt, mais dépôt irrégulier, toutes les fois qu'une somme d'argent (ou toute autre valeur fongible) est remise par une partie à une autre avec faculté de la consommer, mais à la charge de rendre à toute réquisition pareille somme ou valeur. Dans cette hypothèse, en effet, la valeur fournie est toujours à la disposition du bailleur, et c'est cette circonstance qui caractérise le dépôt, à l'exclusion du prêt (V. en ce sens Dalloz, Jur. gén., v° Dépôt, n° 27; Laurent, XXVII, 72; Aubry et Rau, IV, p. 618, n° 4; Pont, *loc. cit.*, n° 445).

« Toutefois, cette règle n'a rien d'absolu. De même que l'on peut concevoir un prêt sans terme stipulé (C. civ. 1900; Comp. Chaumont, 23 fév. 1886; V. *infra*, n° 735), de même les auteurs interprètent l'art. 1944 C. civ. en ce sens que, si le délai accordé au dépositaire pour la restitution du dépôt a été stipulé « en prévision de ce que celui-ci ne pourrait « faire la remise avant un certain moment, le déposant ne serait « pas fondé à exiger la restitution avant l'expiration du délai ». (Pont, *loc. cit.*, n° 494; Comp. Naquet, 5905 R. p.) Dalloz enseigne également que, « si l'intérêt du dépositaire se trou- « vait accidentellement engagé au maintien du délai, il pour- « rait réclamer l'exécution du contrat. » « Encore pensons- « nous, ajoute ce jurisconsulte, que, dans ce cas, le déposant « devrait obtenir la restitution de sa chose en offrant de désin- « téresser le dépositaire, à moins que la stipulation ne soit de « telle nature qu'elle présente manifestement le mélange du « prêt et du dépôt » (Jur. gén., v° Dépôt-séquestre, n° 106).

« Dans l'espèce, on peut admettre que la concession d'un délai de sept jours pour la restitution des fonds confiés à la Société des dépôts et comptes courants a été faite, suivant l'expression de M. Pont, en prévision de ce que la société ne pourrait faire la remise avant ce délai; par suite, que la stipulation de ce court terme et son observation par les déposants ne sont pas incompatibles avec le contrat de dépôt.

« D'autre part, si les remettants entendaient faire un prêt véritable, c'est-à-dire aliéner positivement pour une durée déterminée la jouissance de leurs fonds, ils exigeraient, selon toute apparence, un intérêt supérieur à 2 1/2 p. 100.

« On peut ajouter encore que le dépôt doit être présumé quand les sommes remises le sont à une société de crédit spécialement instituée pour recevoir des fonds à ce titre (V. Naquet, *loc. cit.*, p. 203).

« A supposer, enfin, que les versements dont il s'agit présentent le mélange du prêt et du dépôt (Dalloz, précité), ils ne rentreraient pas dans les termes de la loi du 29 juin 1872 qui impose les intérêts des prêts purs et simples consentis aux sociétés.

« D'après ces motifs, il y a lieu d'appliquer au cas actuel cette disposition de la solution du 3 fév. 1876, publiée à l'art. 19,961 J. : « On ne saurait considérer comme ayant le « caractère d'un prêt ou d'un emprunt les dépôts qui « peuvent être retirés à toute réquisition, ou même après « un simple avis donné un certain nombre de jours à « l'avance, les sommes déposées étant toujours à la dispo- « tion des déposants. »

735 *bis*. *Absence de délai. Autres circonstances caractéristiques du prêt. Emploi de deniers dotaux.* Puisque c'est surtout l'intention des parties qui doit servir à distinguer le prêt du dépôt, il en résulte qu'en dehors du terme de remboursement et de la stipulation d'un intérêt plus ou moins élevé, il peut se rencontrer telle circonstance qui permette d'assigner à la remise des fonds son véritable caractère.

Ainsi, il a été décidé que la remise par une femme mariée à une société en nom collectif d'une somme provenant de sa dot et à titre d'emploi, lorsqu'il est stipulé que ladite somme produira des intérêts à 5 p. 100 jusqu'à la dissolution de la société, ou jusqu'au remboursement de la somme si elle est retirée auparavant, ne saurait avoir le caractère d'un dépôt et être affranchie, à ce titre, de la taxe de 3 p. 100, bien qu'aucun délai pour le retrait de la somme n'ait été expressément convenu. Chaumont, 23 fév. 1886; 22,631 J.; 7192 R. p.; 23,757 J. N.

Il s'agissait, dans l'espèce, d'une femme mariée qui, en versant les fonds provenant de sa dot dans la caisse d'une société, avait entendu en faire l'emploi déterminé par son contrat de mariage. C'était là une circonstance décisive, à notre avis, pour la solution de la question soumise à l'appréciation du tribunal. Il est évident, en effet, que cet emploi avait le caractère d'un véritable placement de fonds; que l'intention de la femme était bien d'aliéner la jouissance de ses deniers dotaux en échange d'un intérêt annuel qui constituait, dans sa pensée, le prix de cette aliénation. Ce n'était pas là le dépôt de sommes, qui est effectué principalement en vue de la garde et de la conservation des fonds, et dans lequel la jouissance conférée au dépositaire n'est qu'une conséquence accessoire, et non l'objet même du contrat. Nous pensons donc que le tribunal a fait une interprétation exacte de la convention en lui reconnaissant le caractère d'un prêt dont les intérêts sont passibles de la taxe de 3 p. 100.

736. *Dépôts dans les caisses d'épargne.* Par application des règles qui précèdent, il a été décidé que les dépôts faits dans les caisses d'épargne, inscrits sur les livrets et remboursables à la volonté des déposants, ne tombent pas sous l'application de la loi du 29 juin 1872. Déc. min. des fin. 27 sept. 1878; 21,538 J.; 5207 R. p.

737. Compte courant. — Un contrat qui se rapproche à la fois du prêt et du dépôt, mais qui se distingue de l'un et de l'autre, c'est le compte courant. L'Administration a reconnu que la taxe de 3 p. 100 n'est pas due par une société sur les intérêts du solde débiteur d'un compte courant, pourvu, bien entendu, qu'il n'y ait pas eu novation. (Déc. min. fin. du 15 mars 1879; 21,086 J.; 5192 R. p.; D. P., 80, 3, 40.) A plus forte raison serait-il interdit d'exiger la taxe sur les intérêts des divers articles portés au débit de la société, à quelque titre que soit effectuée la remise des fonds portés au compte débiteur.

C'est là un point mis hors de contestation non seulement par la décision précitée du 15 mars 1879, à laquelle il faut joindre une solution inédite du 2 oct. 1884, mais encore par toutes les discussions de fait auxquelles l'Administration s'est livrée et se livre encore devant les tribunaux pour démontrer que certaines opérations, qualifiées de comptes courants, n'en ont que l'apparence et constituent de véritables prêts.

738. *Définition. Caractères distinctifs du compte courant.* Il est donc essentiel, pour faire une exacte application de la loi de 1872, de définir le contrat de compte courant et d'en préciser les traits caractéristiques.

Nous avons tenté cette définition dans l'art. 22,573 du Journal, et nous avons eu, depuis lors, la bonne fortune de voir notre théorie acceptée par l'Administration et faisant la base de son argumentation dans plusieurs affaires portées devant la Cour de cassation. Nous demandons à nos lecteurs de reproduire ici cette étude, à laquelle, après mûre réflexion et après un examen approfondi des objections qu'elle a soulevées (V. M. Besson, Traité de la taxe de 3 p. 100, n° 191), nous ne croyons devoir apporter aucun changement.

738 *bis*. MM. Lyon-Caen et Renault, disions-nous en commençant, donnent du compte courant la définition suivante : « C'est un contrat par lequel deux personnes, en prévision des opérations qu'elles feront ensemble et qui les amèneront à se remettre des valeurs, s'engagent à laisser perdre aux créances qui pourront en naître leur individualité, en les transformant en articles de crédit ou de débit, de façon à ce que le solde final résultant de la compensation de ces articles soit seul exigible. » — Précis de droit commercial, n° 1421.

Cette définition se précise et s'éclaire lorsqu'on examine, avec les auteurs qui l'ont donnée, les principaux effets du compte courant.

Ce contrat contient un consentement réciproque de la part de chacun des contractants à ce qu'ils se fassent l'un à l'autre, pendant un temps déterminé et dans des limites fixées, des remises de valeurs, espèces, effets de commerce ou marchandises. Ces remises emportent transmission de propriété du remettant au récepteur, qui acquiert ainsi la libre disposition de ce qui lui a été remis, à charge de créditer son correspondant d'une somme égale à la valeur reçue.

A toute remise, disent MM. Lyon-Caen et Renault (*loc. cit.*, n° 1443), correspond pour le remettant une créance. Mais, par l'effet de son entrée dans le compte, cette créance est novée, c'est-à-dire qu'elle est considérée comme éteinte et remplacée par un crédit donné au remettant, crédit qui plus tard entrera comme élément dans la créance du solde.

Nous appelons l'attention de nos lecteurs sur cet effet remarquable du compte courant : car c'est surtout à ce signe particulier qu'on le distinguera le plus souvent des autres conventions. Indiquer les conséquences de la novation, c'est faire connaître les moyens qui permettront, dans la pratique, de discerner si des remises de fonds faites à une société l'ont été pour entrer dans un compte courant, ou ont été consenties à titre de prêt ou à tout autre titre. Les principales, disent en substance les auteurs que nous avons déjà cités, sont les suivantes : « Les diverses sûretés attachées à la créance s'éteignent, à moins que les correspondants ne les réservent pour les attacher au solde du compte courant. Par suite, le privilège et l'action résolutoire sont perdus pour le vendeur, quand une créance de prix de vente est portée dans le compte...

« La prescription spéciale applicable à la créance entrée dans le compte courant est interrompue et remplacée par la prescription qui s'appliquera au solde définitif...

« Les créances civiles sont commercialisées par leur entrée dans un compte courant commercial, et, à l'inverse, les créances commerciales perdent ce caractère par leur entrée dans un compte courant civil. »

Ce contrat n'a pas seulement pour effet de nover les créances qui entrent en compte. Il leur fait perdre leur individualité, en ce sens qu'elles ne forment plus qu'un ensemble d'articles de crédit et de débit dont la comparaison, à la clôture du compte, formera le solde à la charge de l'un des correspondants. Ce solde exigible est seul une véritable dette; jusqu'à ce qu'il soit fixé, il n'y a que des articles de crédit et de débit, il n'y a pas de créances ayant une individualité propre et distincte du compte final. Il en résulte que le payement séparé de l'un de ces articles ne peut être exigé par le correspondant au crédit duquel il est porté; que des créanciers ne peuvent pratiquer sur la somme qui en est l'objet une saisie-arrêt, laquelle n'est possible que sur le solde du compte; que les remises faites par le correspondant débiteur ne sont pas des payements et n'opèrent pas la libération des articles dont il est débité; que les articles de débit et de crédit ne peuvent être compensés avec d'autres dettes, tant que le compte est courant, la compensation n'étant qu'un mode de payement; que chacun de ces articles porte intérêt séparément à partir de son inscription au compte; qu'enfin la prescription ne court pas contre eux et qu'elle ne peut courir que contre le solde à partir de la clôture du compte.

A la clôture du compte, ajoutent MM. Lyon-Caen et Renault, auxquels nous avons emprunté cette description des effets du compte courant, « la créance du solde, que fait connaître le règlement, remplace tous les articles de crédit et de débit. Cette créance, à moins que, d'après la convention des parties, elle ne soit reportée dans un nouveau compte courant, est exigible, soit immédiatement, soit après un certain délai, selon les conventions. Il y a lieu, par suite, d'admettre, en ce qui la concerne, un grand nombre de solutions tout opposées à celles qui sont admises pour les créances transformées en articles de crédit pendant la durée du compte. Ainsi, les créanciers de celui au profit duquel existe le solde, peuvent former saisie-arrêt sur son montant; il peut être l'objet d'une compensation et, si le débiteur du solde a d'autres dettes envers le même créancier, il y a lieu d'appliquer les règles de l'imputation des payements; il est soumis à la prescription, et cette prescription s'accomplit par trente ans à partir de la clôture du compte. D'après les usages du commerce, le solde produit des intérêts de plein droit. Ces intérêts sont prescriptibles par cinq ans à partir du règlement. Si une hypothèque a été constituée pour garantir le solde, les intérêts sont garantis au même rang que le capital seulement pour deux années et pour l'année courante » (n° 1459).

739. Nous croyons en avoir assez dit pour permettre à nos lecteurs, dans la plupart des cas, de discerner si la somme dont une société est débitrice envers un particulier provient d'un véritable emprunt et doit donner ouverture à la taxe de 3 p. 100 sur les intérêts qu'elle produit, ou si elle constitue, soit le solde débiteur, soit un article porté au débit d'un compte courant.

C'est là, avant tout, une question de fait à résoudre d'après la situation respective des parties, les actes qui ont été passés pour régler cette situation et, à défaut d'actes, les opérations diverses que les parties font entre elles. Le compte courant peut en effet résulter d'une convention expresse ou tacite. On peut l'induire, ainsi que le font remarquer avec raison MM. Lyon-Caen et Renault (*loc. cit.*, 1423), de ce que deux correspondants se sont fait de nombreuses remises à l'occasion desquelles le remettant a régulièrement débité le récepteur et celui-ci a crédité l'envoyeur. On décide que la question de savoir s'il est intervenu entre les parties une convention expresse ou tacite constituant un compte courant est une question de fait dont l'examen échappe à la Cour de cassation (Cass., req., 16 mars 1858; D. P., 58, 1, 199). Il est bien entendu, toutefois, qu'il en serait autrement et que la Cour suprême serait fondée à exercer son contrôle sur la décision des juges du fait si la question se posait et était résolue en vue de l'application des lois sur l'enregistrement ou l'impôt sur le revenu. (V. au Dict. des Réd., v° Instance, n° 270.)

740. En général, le caractère du compte courant sera facile à vérifier, lorsqu'il s'agira d'un compte courant que la doctrine qualifie de *réciproque,* c'est-à-dire qui existe entre deux particuliers, deux banquiers, par exemple, faisant entre eux des opérations qui peuvent les constituer tantôt créanciers, tantôt débiteurs l'un de l'autre. (V. sur la distinction entre le compte courant *réciproque* et le compte courant *simple:* MM. Lyon-Caen et Renault, *loc. cit.*, n° 1418.) La variabilité de la balance au profit de l'un ou de l'autre correspondant, quand elle se combine avec une série de remises impliquant entre les parties des rapports d'affaires continus, est un indice à peu près certain de l'existence d'un compte courant. La seule difficulté qui pourra se présenter sera de savoir si telle ou telle remise entre ou non dans le compte courant : elle sera aisément résolue par les principes que nous avons posés lorsque nous avons défini les effets novatoires du compte courant sur les créances qui y sont portées. Ainsi, il peut arriver, par exemple, qu'un banquier, en compte courant avec une société, lui fasse une avance avec l'intention arrêtée de la laisser en dehors du compte courant : cette intention peut résulter soit d'une déclaration expresse, soit de ce que le banquier stipule pour cette avance des garanties particulières, un terme de payement spécial. Dans ce cas, il est évident que la créance du banquier ne se confondrait pas avec les autres articles du compte pour constituer le solde final; elle aurait plutôt le caractère d'un prêt, et, à ce titre, pourait donner lieu à l'application de la loi du 29 juin 1872.

741. Le compte courant est simple quand il résulte de la convention expresse ou tacite qui lui donne naissance que l'un des correspondants ne sera jamais en avance sur l'autre.

Une de ses formes les plus ordinaires c'est le dépôt en compte courant. Un banquier reçoit de son client des fonds en dépôt; il encaisse ses effets, et s'engage, en outre, dans la limite des sommes dont le client est crédité, à faire pour lui ses payements, à escompter ses valeurs. C'est là un véritable compte courant, bien que le solde débiteur doive toujours et à toute époque être en faveur du déposant. S'il arrivait que ce compte existât entre un particulier et une société de banque dont les emprunts sont passibles de la taxe de 3 p. 100, ni le solde débiteur ni les divers articles portés au débit de cette société ne donneraient ouverture à la taxe, et cela pour deux motifs : le premier fondé sur les principes que nous venons d'exposer et qui ne permettent pas de confondre les obligations résultant d'un compte courant avec celles qui sont contractées à titre d'emprunt; le second tiré de ce que dans tous les cas, et même en supposant qu'il n'y ait pas compte courant, il s'agit, dans l'espèce, d'une dette résultant d'un dépôt irrégulier et échappant, ainsi que nous l'avons précédemment expliqué, à l'application de la loi du 29 juin 1872.

Il est bien entendu que la taxe serait au contraire exigible si, sous la dénomination de dépôt en compte courant, il avait été fait à la société un véritable prêt, dont la nature se trouverait révélée notamment par la stipulation d'un terme à longue échéance pour le remboursement. Ainsi, dans une espèce où des versements avaient été faits à une société par un des associés, conformément à la faculté qu'il s'était réservée par les statuts, et où il était stipulé que les sommes versées produiraient intérêt à 5 p. 100 et ne pourraient être retirées avant l'expiration de la société, l'Administration a décidé, avec raison, que ces versements, bien que donnant lieu à une sorte d'inscription en compte courant sur les livres de la société, constituaient de véritables prêts et étaient passibles de la taxe de 3 p. 100 (Sol. 26 août 1885).

742. Une autre forme du compte courant simple est le compte qui s'établit à la suite d'une ouverture de crédit, et qu'on qualifie quelquefois de compte-avance, parce que l'une des parties seulement s'oblige à faire à l'autre des avances.

Il s'en faut que toute ouverture de crédit donne naissance à un compte courant. Par elle-même, l'ouverture de crédit n'est qu'une promesse par le créditeur de fournir des fonds au crédité dans une limite déterminée; or, ces fonds peuvent être fournis soit à titre de simple prêt, soit en compte courant. Dans le premier cas, les diverses remises qui sont faites constituent autant de prêts successifs, et, si elles sont faites à une société, nul doute que la taxe ne devienne au fur et à mesure exigible sur les intérêts des sommes prêtées.

Mais la règle est différente lorsqu'à la suite de l'ouverture de crédit il s'établit entre le créditeur et le crédité un véritable compte courant. C'est ce qui arrive notamment lorsque le créditeur est un banquier qui autorise le crédité à tirer sur lui au fur et à mesure de ses besoins, à faire escompter ses valeurs, et en même temps à lui faire des remises d'argent, en espèces ou en effets à encaisser, qui sont portées au crédit de son compte. Le compte courant n'existe réellement, dans ce cas, que si ces remises peuvent, eu égard aux rapports d'affaires qui s'établissent entre les deux correspondants, être considérées non comme des payements à imputer sur les avances, mais comme des articles de crédit, dont la balance avec les articles du débit formera, à la clôture du compte, le solde débiteur. Le véritable caractère du contrat est, nous en convenons, assez difficile à apprécier ; mais il n'existe pas, pour trancher la difficulté, d'autres règles d'interprétation que celles que nous avons tracées au début de cette étude.

Quoi qu'il en soit, nous ne pensons pas que l'Administration soit fondée à soutenir que l'ouverture de crédit, parce qu'elle ne doit constituer en avance qu'une seule des parties, soit exclusive de l'idée de compte courant. Il faudrait pour cela démontrer que le compte courant qui n'est pas réciproque n'est pas un véritable compte courant. Or, la négative résulte des explications que nous avons présentées, en résumant les enseignements de la doctrine sur la définition et les caractères de ce contrat.

« Le compte courant, disent MM. Lyon-Caen et Renault

(*loc. cit.*, n° 1418), est réciproque ou simple. Il est réciproque quand, d'après les conventions des correspondants, chacun peut être en avance à l'égard de l'autre, selon le hasard des opérations. Le compte courant est le plus souvent réciproque entre banquiers. Il est, au contraire, simple, quand un des correspondants ne doit jamais être en avance sur l'autre. Le compte courant a, par exemple, ce dernier caractère quand un banquier consent à recevoir des effets de commerce de son client, à le débiter des fonds encaissés, mais sans s'engager à lui remettre des sommes à découvert. Il est aussi le plus souvent simple quand il accompagne une ouverture de crédit, car alors ordinairement l'une des parties seulement s'engage à faire à l'autre des avances. »

Cependant, malgré ces principes, qui sont incontestables, on a soutenu que l'existence d'un compte courant est liée à l'idée d'un crédit réciproque, et par conséquent est incompatible avec un contrat qui généralement ne comporte pas cette réciprocité. (Besson, *loc. cit.*, n° 191.) Nous ne croyons pas que cette opinion soit fondée. Elle confond la réciprocité des remises, qui en effet est essentielle au compte courant, avec la réciprocité du crédit. Nous avons vu que ce qui caractérise le compte courant, c'est le consentement à ce que les remises réciproques que se font deux correspondants ne donnent jamais naissance, tant que dure le compte, à des créances distinctes susceptibles d'être payées, compensées ou saisies par un tiers créancier, mais ne forment que des articles de crédit ou de débit, destinés à entrer comme éléments dans la balance du compte final. Or, cette convention peut très bien se combiner avec une clause accessoire par laquelle l'une des parties entend ne jamais rester à découvert vis-à-vis de son correspondant et stipule au contraire de ce dernier qu'il ne pourra refuser de satisfaire à ses demandes de remises jusqu'à concurrence d'un découvert d'une somme déterminée. Au fond de cette clause, il n'y a pas autre chose, de la part du créditeur, que la promesse de rester en compte courant tant que le montant du crédit ne sera pas dépassé. Les remises que le créditeur fait au crédité ne sont pas des prêts et ne constituent pas des créances distinctes; celles qu'il reçoit ne sont pas des payements qui s'imputent sur les avances : ce sont les articles divers du compte qui sera dressé à la clôture des opérations. Ces remises ne peuvent donc être considérées comme des emprunts passibles, le cas échéant, de la taxe de 3 p. 100.

Nous n'ignorons pas qu'on peut opposer à cette solution les arrêts de la Cour de cassation qui ont statué sur l'exigibilité du droit de 1 p. 100 au sujet de crédits réalisés dans la forme des comptes courants (Cass., 23 janv. 1867; 18,303 J.; 1886 Rev. not.; 13,220 Contr.; 2430 R. p.; Inst. 2357, § 2; S., 67, 1, 88; P., 67, 179; D. P., 67, 1, 165; — 15 juil. 1868; 18,569 J.; 14,211 Contr.; 2763 R. p.; Inst. 2372, § 5; S., 68, 1, 514; P., 68, 1103; D. P., 68, 1, 450; — 16 janv. 1872; 19,136 J.; 20,288 J. N.; 14,861 Contr.; 3401 R. p.; Inst. 2434, § 6; S., 72, 1, 41; P., 72, 65; D. P., 72, 1, 103). Mais ces décisions peuvent se justifier par des considérations particulières. La loi de frimaire an 7 tarife au droit de 1 p. 100 toute promesse de sommes, indépendamment du caractère spécial de cette promesse. Une ouverture de crédit contenant incontestablement une promesse de cette nature, soumise à une condition suspensive, il suffit que cette condition se réalise, sous une forme ou sous une autre, pour que le droit devienne exigible. Cette conclusion est encore moins contestable, aujourd'hui que la loi du 23 août 1871 a tarifé au droit de 50 cent. p. 100 les ouvertures de crédit et assujetti expressément leur réalisation au complément du droit proportionnel exigible sur les obligations de sommes.

Dans tous les cas, la jurisprudence qui a prévalu en cette matière ne saurait faire préjuger la question de savoir si l'impôt sur le revenu peut être exigé sur les sommes dues par une société en vertu d'un compte courant accessoire à une ouverture de crédit. Cet impôt, en effet, n'atteint que les emprunts, et il reste par conséquent à décider si les sommes portées au débit de la société ou si le solde de son compte ont le caractère d'un emprunt. Cette question doit être évidemment résolue par la négative, si les explications que nous avons fournies sur la nature du compte courant sont, comme nous le croyons, conformes à la loi et aux données de la jurisprudence.

743. Il arrive souvent qu'à la suite d'une ouverture de crédit les parties adoptent la forme du compte courant pour constater leur situation au fur et à mesure de sa réalisation. Il est essentiel, pour la perception, de ne pas se laisser duper par une fausse apparence. Pour cela, il y a lieu de rechercher si les opérations faites entre les parties impliquent des remises réciproques; si ces remises ont bien le caractère que nous avons essayé de définir et qui en font de simples articles de compte jusqu'à la clôture des opérations; si elles ne constituent pas, dans la réalité des choses, de véritables avances de la part du créditeur, faites en conformité de sa promesse, et des remboursements partiels de la part du crédité.

Nous n'avons pas la prétention de résoudre ici toutes les difficultés que la pratique pourra révéler. Ces difficultés soulèvent des appréciations extrêmement délicates; nous espérons toutefois qu'en posant les principes de la matière, nous aurons facilité aux agents de la perception l'accomplissement de leur tâche et limité le champ de la discussion, en précisant les points sur lesquels elle doit porter.

744. *Applications. Compte courant formé en exécution d'une ouverture de crédit.* Le tribunal de la Seine a rendu sur la question que nous venons d'examiner cinq jugements, dont quatre favorables au Trésor ont été déférés à la Cour de cassation. Un cinquième jugement, qui a rejeté la demande de la taxe de 3 p. 100, a été exécuté par l'Administration. Les quatre premiers sont aux dates des 21 mai 1886 (Société de la rue Monge; 22,702 J.; 6700 R. p.; 17,249 Contr.; 23,895 J. N.); — 21 mai 1886 (Société des nouveaux quartiers de Paris, inédit); — 14 janv. 1887 (Société des terrains du parc Monceau; 23,895 J. N.; 6821 R. p.); — et 13 avril 1888 (Société Claparède et Cie; 17,511 Contr.); et le dernier à la date du 20 mai 1887 (Chemins de fer du Nord-Est; 22,898 J.; 6997 R. p.; 17,378 Contr.; 24,376 J. N.)

Des quatre pourvois formés contre les jugements qui ont admis l'interprétation de l'Administration, trois ont été rejetés par arrêts identiques du 2 juil. 1890, dont les motifs sont rapportés ci-après. Le quatrième jugement (Société Claparède et Cie) a été cassé par un arrêt du même jour, dont on trouvera également le texte transcrit *infra*, n° 745.

Pour apprécier la portée de ces décisions, il est nécessaire d'analyser chacune des espèces sur lesquelles il a été statué

Dans l'espèce du premier jugement (Société de la rue Monge), un crédit de 1,150,000 fr. avait été ouvert par le Crédit lyonnais à la Société anonyme des terrains de la rue Monge, en vertu de deux actes notariés qui contenaient notamment les clauses suivantes :

Le crédit est ouvert pour permettre à la société créditée d'élever diverses constructions sur des terrains lui appartenant. Ces constructions doivent être terminées dans le délai de dix-huit mois.

Le montant du crédit sera versé au fur et à mesure de l'exécution des travaux, le solde, soit 2/10, devant n'être versé qu'après leur achèvement complet.

Le crédit aura une durée de trois années, et les versements successifs seront faits contre de simples reçus de caisse.

Il est stipulé, à partir de la remise des fonds : 1° un intérêt ou escompte égal à celui de la Banque de France, taxe minimum de 5 p. 100; 2° une commission de banque de 1/2 p. 100 par 90 jours.

L'art. 5 du traité est relatif aux traites que le Crédit lyonnais se réserve le droit d'exiger, à toute époque, en représentation des parties réalisées du crédit; traites à 90 jours et indéfiniment renouvelables. Il est ainsi conçu :

« En représentation des parties réalisées du crédit, le Crédit lyonnais aura le droit de demander à toute époque des traites à 90 jours, renouvelables pendant toute la durée du crédit, ainsi qu'il va être dit :

« Ces traites seront tirées par une tierce personne sur la société créditée, acceptées par elle et passées à l'ordre du Crédit lyonnais par le tireur.

« Pour le renouvellement de ces traites, les crédités devront, cinq jours avant l'échéance, déposer les effets de renouvellement et ils devront en même temps, si le crédit est épuisé ou insuffisant, acquitter les droits de commission et le montant de l'escompte.

« A défaut de ce payement, les créditeurs auront le droit de refuser les effets offerts en renouvellement.

« Les effets non renouvelés devront être payés à l'échéance, sinon le remboursement en sera immédiatement poursuivi.

« Et jusqu'au remboursement ces effets continueront de produire les mêmes escompte et commission que ceux spécifiés sous l'art. 4.

« Les créditeurs seront dispensés de faire tous protêts, dénonciations et citations, les comparants, d'autre part, reconnaissant dès à présent la société créditée obligée au payement des effets remis au Crédit lyonnais solidairement avec tous souscripteurs, tireurs et endosseurs, nonobstant l'inexécution de ces formalités ou de l'une d'elles. »

Sous l'art. 7, on lit ce qui suit :

« La dissolution ou la faillite de la société créditée, la saisie des immeubles ci-après hypothéqués, le défaut de payement des droits d'escompte et de commission aux échéances, le défaut de renouvellement d'une seule des traites remises au créditeur, mettront fin au crédit, et le montant du découvert du Crédit lyonnais deviendra immédiatement exigible, le tout si bon semble à ce dernier. »

D'après l'art. 8 :

« Le présent crédit venant à cesser pour une des causes énoncées aux présentes, les sommes qui seront dues en principal, escompte, commission et accessoires, deviendront de plein droit immédiatement exigibles. »

Aux termes de l'art. 9, l'effet des présentes conventions doit subsister, en cas de prorogation du crédit jusqu'au remboursement des sommes dues.

Les art. 10 et 11 déterminent les conditions de l'affectation hypothécaire ainsi que du transport d'assurance consenti « pour la sûreté et garantie des sommes en principal, escompte, commission et autres accessoires, dont le Crédit lyonnais pourra se trouver créancier en vertu des présentes ».

Enfin l'art. 12 porte textuellement ce qui suit :

« En cas de vente d'une ou plusieurs des maisons à élever, l'hypothèque conférée au Crédit lyonnais se limitera par le seul fait de la vente et sur chaque maison vendue à une somme qui, réunie au montant en principal du prix du terrain (prix encore dû et garanti, aux termes de l'art. 13, par une hypothèque antérieure à celle du Crédit lyonnais), sera égale au prix de vente.

« Le prix de la vente sera employé d'abord à acquitter le prix du terrain et subsidiairement à éteindre jusqu'à due concurrence le présent crédit, moyennant quoi le Crédit lyonnais dégrèvera de son hypothèque l'immeuble vendu.

« Sur les sommes ainsi remboursées en extinction du crédit, la société créditée payera au Crédit lyonnais une indemnité de demi pour cent.

« Sauf le cas de vente, qui vient d'être prévu, la société créditée ne pourra rembourser au Crédit lyonnais ses avances avant le terme fixé pour l'expiration du crédit. »

Les clauses de l'ouverture du crédit dans l'affaire de la Société des nouveaux quartiers de Paris et dans celle de la Société anonyme des terrains du parc Monceau sont de tous points semblables à celles que nous venons d'analyser.

Il semble qu'en présence de ces diverses stipulations, les parties n'étaient pas fondées à soutenir, comme elles l'ont fait devant le tribunal, que la réalisation du crédit avait donné naissance, non à un prêt par le créditeur au crédité, mais à un véritable compte courant.

Tout d'abord l'acte est resté muet sur la prétendue intention qu'auraient eue les contractants de régler leurs rapports conformément aux principes qui régissent le compte courant. Or l'existence de ce contrat ne se présume pas; à défaut de convention expresse, elle doit tout au moins pouvoir s'induire des circonstances. Dans l'espèce, l'objet que se proposait la compagnie créditée, et les diverses clauses de l'acte tendent à démontrer que cette compagnie voulait faire un emprunt à l'effet de se procurer les ressources dont elle avait besoin pour l'exécution des travaux. La création d'un compte courant fonctionnant entre les parties dans la limite du crédit ouvert ne répondait à aucun besoin réel et n'est nullement d'ailleurs entrée dans leurs prévisions. Plusieurs articles du traité l'établissent. C'est d'abord l'art. 12, qui, prévoyant le cas de vente de l'une des maisons à élever avec les fonds du Crédit lyonnais, dispose que cette vente rendra exigible une partie des avances, et que le Crédit lyonnais, en recevant ce payement partiel, sera tenu de donner mainlevée de son hypothèque sur l'immeuble vendu; ce qui implique que l'hypothèque garantit la créance résultant des avances envisagée dans son individualité, et non pas seulement le solde créditeur du compte; ce qui implique également que ces versements de fonds constituent de véritables payements emportant extinction jusqu'à due concurrence de la créance hypothécaire, et non, comme dans le compte courant, de simples remises à porter au crédit de la Compagnie de la rue Monge.

En outre, la compagnie créditée s'est interdit, sauf le cas de vente des maisons construites, de rembourser au Crédit lyonnais ses avances avant le terme fixé pour l'expiration du crédit. Cette interdiction exclut de sa part toute possibilité de remise, puisque toute remise portée à son crédit aurait pour effet de diminuer son compte débiteur et par conséquent équivaudrait à un remboursement anticipé. Or, ainsi que nous l'avons expliqué dans la partie théorique de cette étude, il n'y a pas de compte courant sans réciprocité de remises.

Ces diverses considérations, jointes à d'autres que nous suggère l'examen de la convention, mais qu'il serait trop long de développer, nous font penser que dans les trois premières espèces soumises au tribunal de la Seine et à la Cour de cassation, les éléments caractéristiques du compte courant faisaient défaut, et, en admettant que les parties eussent, pour constater la réalisation successive du crédit et les remboursements partiels opérés par le crédité, adopté la forme en usage dans les comptes courants commerciaux, il n'en résulte nullement qu'un contrat de cette nature se soit formé entre elles par suite de la réalisation du crédit.

C'est, en effet, ce qu'a décidé le tribunal de la Seine. Les trois jugements précités, sans s'expliquer d'ailleurs sur le sens des différentes clauses de l'acte, résument notre appréciation, en disant « que le caractère du compte courant, *à savoir la réciprocité des dettes*, n'existe pas dans l'espèce; qu'on y rencontre, au contraire, ceux du prêt à intérêts, tels qu'ils sont déterminés par la loi civile; que la durée des prêts et la nature ou la forme des garanties stipulées importent peu en présence des termes généraux de la loi; qu'au surplus l'opération dont il s'agit a été qualifiée d'emprunt par l'article même des statuts qui l'a prévue et autorisée ».

Cette interprétation a été confirmée par trois arrêts rendus par la chambre civile dans son audience du 2 juil. 1890, conformément aux conclusions de M. l'avocat Desjardins (1). L'un de ces arrêts, qui sont conçus en termes identiques, porte ce qui suit :

« Attendu que la disposition de l'art. 1er, 2°, de la loi du 29 juin 1872 embrasse dans la généralité de ses termes toutes les opérations à l'aide desquelles les sociétés se procurent, par la voie de l'emprunt, les fonds dont elles ont besoin;

« Attendu que des constatations du jugement attaqué il ré-

(1) Ces conclusions seront rapportées au Journal (livraison du mois de septembre 1890).

sulte que, suivant actes notariés des 29 juin 1878, 29 oct. et 12 nov. 1879, le Crédit lyonnais a ouvert à la Société des terrains de la rue Monge, pour lui permettre de faire construire sur des terrains lui appartenant un certain nombre de maisons d'habitation, deux crédits hypothécaires productifs d'intérêts et s'élevant ensemble à 1,150,000 fr.; que ces crédits ont été réalisés et ont donné lieu au payement par le crédité au créditeur d'une somme de 137,256 fr.; que le jugement attaqué a constaté que ce payement a été effectué à titre d'intérêt d'un emprunt, et qu'il l'a, en conséquence, déclaré passible de la taxe de 3 p. 100 sur le revenu;

« Attendu que ces opérations intervenues entre la Société des terrains de la rue Monge et le Crédit lyonnais ont été qualifiées d'emprunt, ainsi que le constate encore le jugement attaqué, par l'article même des statuts de ladite société, qui les a prévues et autorisées, et que cette qualification est exacte;

« Attendu, en effet, que la convention par laquelle un banquier s'est engagé envers un tiers à lui fournir des fonds soit sous forme de prêt, soit sous forme d'escompte, constitue à partir du moment où le crédité a usé du crédit ouvert un véritable prêt; que si les parties, pour régler le fonctionnement de la convention intervenue, ont eu recours à la forme d'un compte courant, et si les opérations du compte courant proprement dit, contrat juridiquement distinct du contrat d'emprunt, envisagées en elles-mêmes, ne tombent pas sous l'application de la loi du 29 juin 1872, la forme adoptée par les parties ne saurait changer ni le caractère intime ni les effets propres de la convention;

« Attendu que, dans l'espèce, on était bien en présence d'une opération d'emprunt qui n'avait du compte courant que l'apparence;

« Que sans doute c'est à tort que le jugement attaqué, pour le décider ainsi, s'est fondé dans un de ses motifs sur ce que la réciprocité des avances serait de l'essence du compte courant; que le compte courant ne change pas de nature quand même une des parties seulement s'est engagée à faire des avances à l'autre, mais que l'essence du compte courant suppose nécessairement une réciprocité de remises se traduisant en articles de crédit et de débit destinés à se balancer en un solde définitif à la clôture du compte;

« Attendu que, dans l'espèce, les traites à quatre-vingt-dix jours que le Crédit lyonnais était en droit de demander à la Société des terrains de la rue Monge, en représentation des parties réalisées du crédit, ne constituent pas des remises en compte courant; qu'en effet, sauf l'exception unique prévue par l'art. 12 du traité de vente des immeubles construits par la Société de la rue Monge avec les fonds avancés par le Crédit lyonnais, auquel cas le crédit lui-même était éteint jusqu'à concurrence de la portion du prix des immeubles immédiatement exigible par le Crédit lyonnais et touchée par lui, la Société de la rue Monge s'était, aux termes de l'article précité, expressément interdit de rembourser au Crédit lyonnais ses avances avant le terme fixé pour l'expiration du crédit; qu'ainsi, les remises par la Société de la rue Monge d'effets uniquement destinés à fournir au Crédit lyonnais le moyen de toucher tous les trois mois l'intérêt stipulé, n'étaient pas susceptibles de modifier en sa faveur la balance du compte, le Crédit lyonnais devant, jusqu'à l'expiration du crédit, rester constamment, sauf l'exception unique prérappelée, créancier de la totalité de ses avances; qu'une telle situation est absolument incompatible avec le fonctionnement d'un véritable compte courant;

« Attendu que ce motif, sans qu'il y ait à faire état du motif erroné prémentionné, suffit à justifier le dispositif du jugement attaqué; d'où il suit qu'en décidant que l'opération intervenue entre la Société des terrains de la rue Monge et le Crédit lyonnais constituait un véritable emprunt et que la taxe de 3 p. 100 était due sur les intérêts de cet emprunt, le jugement attaqué n'a fait qu'une exacte application de la loi;

« Rejette, etc. »

745. L'affaire qui a donné lieu au jugement du tribunal de la Seine du 13 avril 1888 (affaire Claparède) se présentait dans des conditions beaucoup moins favorables que les précédentes pour permettre à l'Administration de soutenir que la réalisation du crédit n'avait pu donner naissance à un véritable compte courant.

La Société générale avait ouvert successivement par actes sous seings privés à la Société Claparède et Cie quatre crédits s'élevant au total à 4,500,000 francs. La durée de ces crédits n'a pas été limitée. On lit dans chacun de ces actes, tous conçus dans des termes identiques, les clauses suivantes :

1° Il est stipulé au profit de la Société générale une commission de 1 p. 100 par trois mois, à prendre, pour le premier trimestre, sur le montant total du crédit ouvert, et, pour les trimestres subséquents, sur les découverts effectifs, et, en outre, une commission de 1/4 p. 100 sur le montant de chaque remboursement effectué moins de quinze jours après la date du prélèvement;

2° Le *compte courant* doit être réglé, au crédit et au débit, au taux des avances de la Banque de France, au minimum de 6 p. 100, et il devra être donné crédit à MM. Claparède de leurs versements, valeur du lendemain;

3° MM. Claparède et Cie prennent l'engagement de remettre à la Société générale, à sa première réquisition, des effets à 90 jours et à deux signatures pour le montant intégral des découverts. Ces effets seront renouvelables, en tout ou en partie, jusqu'à l'expiration du crédit;

4° Dès que, pour quelque cause que ce soit, le crédit aura cessé, il sera fait un compte des sommes dues à la Société générale, et le solde deviendra immédiatement exigible et produira de plein droit, à défaut de payement, des intérêts à 6 p. 100;

5° Pour assurer à la Société générale le remboursement des sommes qui pourront lui être dues par suite de l'exécution du crédit, MM. Claparède et Cie lui transportent, à titre de garantie et comme nantissement, toutes les sommes dont ils sont ou dont ils pourront devenir créanciers pour travaux et fournitures faits ou à faire, en conformité de divers marchés passés avec le ministre de la marine et des colonies et dont les titres, décrits dans l'acte de nantissement, ont été remis à la société créditrice; sont également compris dans le nantissement tous les matériaux dont MM. Claparède se sont approvisionnés pour l'exécution de ces travaux;

A cet effet, tous pouvoirs sont donnés à la Société générale pour recevoir du ministre des finances ou des trésoriers-payeurs généraux les sommes ainsi transportées, hors la présence et sans le concours des crédités;

6° Le découvert de MM. Claparède et Cie vis-à-vis de la Société générale ne devra jamais excéder le chiffre du crédit ouvert, mais pourra, après remboursement des sommes avancées, être de nouveau porté à ce chiffre. Toutefois, il est expressément convenu que le crédit cessera de fonctionner, *à titre de compte courant*, dès que la garantie stipulée se trouvera réduite à un chiffre déterminé.

Comme dans les affaires précédentes, le tribunal de la Seine, par son jugement du 13 avril 1888, a décidé que la réalisation du crédit constituait un emprunt, et non un compte courant, « attendu que les caractères essentiels du compte courant, à savoir la réciprocité des dettes, n'existait pas dans l'espèce ».

En présence des diverses stipulations du contrat, il est permis d'hésiter sur la solution: car, d'une part, les parties ont expressément manifesté l'intention d'établir entre elles un compte courant, et, d'autre part, on ne rencontre pas dans l'acte, comme dans les espèces précédentes, des clauses incompatibles avec la réciprocité des remises et avec les effets novatoires du compte courant.

Le litige se réduit donc à une question d'interprétation. A l'appui de la décision rendue par le tribunal, on peut faire remarquer que la Société Claparède n'a traité avec la Société générale qu'en vue de se procurer les avances dont elle avait besoin pour l'exécution de ses travaux, c'est-à-dire en vue d'un emprunt à réaliser. Toutes les opérations qui s'en sont suivies se sont bornées aux opérations nécessaires à la réalisation et aux remboursements successifs de cet emprunt, et les articles du prétendu compte courant établi entre les parties n'ont pas eu d'autre objet que les sommes avancées par la société créditrice et les sommes remboursées par la société créditée. Or, un compte qui n'est ainsi dressé que pour constater les mouvements de fonds résultant des réalisations successives et des remboursements partiels d'un emprunt est un compte de doit et d'avoir, ce n'est pas un compte courant. « Un compte courant suppose, en effet, ainsi que l'enseignent MM. Lyon-Caen et Renault (Précis de droit commercial, vol. 1, n° 1417), des opérations nombreuses, le plus souvent variées, conclues entre les parties; et une succession d'opérations n'implique pas forcément qu'il y ait compte courant. »

Il faudrait sans doute admettre la formation de ce contrat à la suite d'une ouverture de crédit, si la convention prévoyait que le créditeur aurait, en dehors des avances qu'il s'oblige à faire au crédité, des encaissements à effectuer pour son compte, des effets à escompter, des marchandises ou autres valeurs à recevoir et à inscrire à son crédit. Mais rien de pareil ne se rencontrait dans l'espèce. Ainsi que l'Administration l'a fait observer dans la discussion à laquelle elle a dû se livrer pour défendre son interprétation, « la Société générale doit, il est vrai, effectuer des encaissements; mais ces encaissements n'ont pour objet que les sommes qui lui sont dues comme ayant été avancées par elle en vertu de l'ouverture de crédit. Elle doit également recevoir des effets de commerce de la Société Claparède; mais la délivrance de ces effets de commerce est une condition de l'emprunt auquel ils servent de garantie supplémentaire, et n'est ainsi qu'un mode de réalisation de cet emprunt ».

Quoi qu'il en soit, la chambre civile n'a pas cru devoir partager, sur ce point, l'appréciation du tribunal de la Seine. Elle a relevé ce fait que, d'une part, les parties ont expressément manifesté l'intention de faire fonctionner entre elles pour la réalisation du crédit un véritable compte courant, et que, d'autre part, leurs conventions ne contenaient rien d'incompatible avec l'exécution de leurs intentions. Elle en a conclu que leurs rapports d'affaires étaient soumis aux règles du compte courant.

« Attendu, porte l'arrêt du 2 juil. 1890, qui a cassé le jugement du tribunal de la Seine, que des constatations du jugement attaqué il résulte que la Société générale pour favoriser le développement du commerce et de l'industrie en France a, depuis le 28 janv. 1879 jusqu'au 28 avril 1882, successivement ouvert à la Société Claparède et Cie quatre crédits qui devaient fonctionner en compte courant;

« Attendu que, dans les stipulations des actes qui ont réglementé les rapports des parties, rien n'est de nature à prouver qu'elles n'ont pas établi entre elles un véritable compte courant susceptible de produire tous ses effets légaux;

« Attendu qu'il importe peu que, dans l'espèce, le compte courant n'ait pas été réciproque, mais simple, c'est-à-dire que la Société générale n'ait consenti les ouvertures de compte que sous le bénéfice des garanties qu'elle a stipulées à son profit, à savoir, notamment, de l'engagement pris par Claparède et Cie de lui remettre à première réquisition des effets à quatre-vingt-dix jours pour le montant intégral des découverts;

« Attendu que le contrat intervenu, qui n'exclut pas la réciprocité des remises et dont aucune clause n'empêche chacun des correspondants d'être alternativement créancier et débiteur de l'autre, a gardé les caractères propres du compte courant, puisqu'il se résolvait en une série d'opérations dans lesquelles les créances et les dettes réciproques, remplacées par des articles de crédit et de débit, ont perdu leur individualité pour produire, lors de la clôture du compte, au moyen d'une compensation effectuée entre elles, un solde seul exigible;

« D'où il suit que la Société Claparède et Cie ne pouvait légalement être considérée comme un emprunteur, ni les intérêts portés en compte comme les intérêts d'un emprunt passibles de la taxe de 3 p. 100, et que, en décidant le contraire, le jugement attaqué a violé l'article susvisé;

« Par ces motifs, casse. »

746. *La réciprocité des crédits n'est pas, comme la réciprocité des remises, de l'essence du compte courant.* Il faut bien se garder de confondre la réciprocité des remises qui, comme nous venons de l'expliquer, est de l'essence du compte courant, avec la réciprocité des crédits. La réciprocité des crédits n'existe pas dans les comptes courants unilatéraux, tels que le dépôt en compte courant, ou le compte-avance qui est susceptible de se former à la suite et en exécution d'une ouverture de crédit (V. *supra*, n°s 741 et 742). Et cependant les conventions de cette nature, pourvu qu'on y rencontre la réciprocité des remises, telle que nous l'avons définie précédemment (*supra*, n° 742), ont bien le caractère et produisent les effets du compte courant, et échappent certainement à la perception de la taxe de 3 p. 100. C'est ce que nous avons démontré en nous appuyant sur l'autorité des principaux auteurs de droit commercial. L'opposition que notre doctrine a rencontrée n'a d'ailleurs pas eu d'écho. Le tribunal de la Seine, dont l'opinion sur ce point pouvait paraître douteuse après les jugements que nous avons cités et dans lesquels il fait de *la réciprocité des dettes* une condition d'existence du compte courant, expression qui peut aussi bien s'entendre de la réciprocité des crédits que de la réciprocité des remises, a précisé sa pensée dans un jugement du 20 mai 1887. — 22,898 J.; 6997 R. p.; 24,376 J. N.; 17,378 Contr.

Ce jugement décide que la taxe n'est pas due sur les intérêts des sommes avancées à une société, en vertu d'une ouverture de crédit, lorsqu'il existe entre les deux parties pour la réalisation du crédit un véritable compte courant, donnant lieu de la part du créditeur à des avances et à des encaissements, qui sont portés au crédit et au débit de l'une ou l'autre partie pour se fondre dans le compte et former les divers éléments du solde.

Nous n'avons pas sous les yeux les clauses qui ont paru au tribunal constitutives du contrat de compte courant; il ne nous est donc pas permis de nous prononcer sur l'exactitude de l'interprétation de fait que les juges ont cru devoir admettre. Mais, sur la question de principe, leur décision est formelle et confirme notre théorie.

« Attendu, porte ce jugement, que, dans ces conditions, l'Administration de l'enregistrement n'est pas fondée à réclamer la taxe de 3 p. 100 sur les intérêts des avances faites à la Compagnie du Nord-Est par le Comptoir d'escompte; que cette taxe n'est applicable, aux termes de la loi du 29 juin 1872, qu'aux intérêts des emprunts des compagnies; que, par l'effet de l'ouverture d'un compte courant, la créance du Comptoir d'escompte a perdu son individualité propre pour se fondre dans le compte et former un des éléments du solde; qu'il s'est opéré ainsi une véritable novation et que le principe de l'indivisibilité du compte courant ne permet pas de considérer la Compagnie du Nord-Est comme un emprunteur, ni les intérêts portés en compte comme des intérêts distribués; qu'il importe peu que le compte courant n'ait pas été réciproque, aucune opération n'ayant été faite par la Compagnie du Nord-Est pour le Comptoir d'escompte; *que cette réciprocité n'est pas de l'essence du compte courant et qu'il se produit novation toutes les fois qu'une série d'opérations faisant naître des créances et des dettes réciproques est destinée à se résoudre par voie de compensation dans le résultat final, que ces opérations soient le fait des deux parties ou de l'une d'elles seulement...* »

747. L'Administration elle-même n'a pas hésité à accepter notre doctrine, non seulement en exécutant le jugement que nous venons de transcrire, mais encore en faisant de notre théorie sur les comptes courants résultant d'une ouverture de crédit la base de sa discussion devant la Cour de cassation.

Voici en effet la déclaration très explicite qu'elle a faite sur ce point dans les quatre affaires actuellement déférées à la Cour.

« Sur le fond même de la question, la Direction générale

admet qu'un véritable compte courant peut se former entre deux correspondants, dont un seul consent à faire des remises *à découvert*, c'est-à-dire à faire crédit à l'autre. Tel est le cas d'un commerçant qui entre en relations d'affaires avec un banquier, en vue de faire effectuer par son intermédiaire les opérations d'escompte, de recouvrements d'effets, de recettes et de payements qui sont nécessaires à l'exercice de son commerce. Il est possible que, sur cette convention, qui constitue véritablement le compte courant, se greffe une autre convention accessoire d'ouverture de crédit, par laquelle le banquier s'engage à faire, au besoin, des remises à découvert, dans une limite déterminée, et stipule, pour le payement du solde à la clôture du compte, des garanties particulières, telles qu'une hypothèque. Cette stipulation, qui fait donner au compte le nom de compte courant *unilatéral*, parce que le solde créditeur ne doit finalement exister, dans les prévisions du contrat, qu'en faveur de l'un des deux correspondants, ne change pas le caractère de la convention, dont l'objet principal est, non de régler les conditions d'un emprunt à faire par le crédité, mais de déterminer les conditions dans lesquelles les parties doivent « travailler en compte courant », et de prévoir les conséquences finales de cette coopération.

« *La Direction générale reconnaît que, lorsque des rapports de cette nature existent entre un banquier et une société, la dette qui peut en résulter à la charge de cette dernière échappe à l'application de la loi du* 29 *juin* 1872.

« Mais il en est autrement lorsque l'objet principal de la convention est un emprunt, lorsque cette convention ne comporte pas entre les parties d'autres rapports d'affaires que ceux résultant de la réalisation de l'emprunt et de son remboursement. Le compte qui est dressé, dans ce cas, entre le prêteur et l'emprunteur n'est pas un compte courant; c'est un compte de créancier à débiteur, dans lequel l'on fait entrer d'un côté les sommes versées à l'emprunteur, et de l'autre les effets ou les sommes que celui-ci remet à titre de garantie ou de remboursement. Il est manifeste que l'ouverture d'un compte de cette nature ne peut suffire pour changer le caractère de l'opération principale, dont le but direct et certain est, pour la société créditée, d'emprunter les fonds nécessaires à l'exécution de son entreprise. »

On ne saurait préciser en meilleurs termes le principe qui doit servir à résoudre, en cette matière, les difficultés d'interprétation qui peuvent se présenter. Cette thèse a d'ailleurs reçu de la Cour de cassation la consécration la plus expresse, ainsi qu'il résulte des motifs des quatre arrêts dont le texte a été ci-dessus rapporté, et, par conséquent, la question de droit en ce qui concerne les comptes courants *unilatéraux*, paraît définitivement résolue dans le sens de notre opinion.

748. *Dépôt en compte courant.* Le dépôt en compte courant ne fait pas naître les mêmes difficultés d'interprétation que le compte courant formé en exécution d'une ouverture de crédit, en ce sens que la question de savoir s'il existe réellement une convention de compte courant greffée sur le contrat de dépôt, n'est d'aucune importance pour l'application de la loi du 29 juin 1872. Il suffit, en effet, que le caractère de dépôt irrégulier, à l'exclusion de celui du prêt, soit reconnu à la convention, pour que la taxe ne soit pas exigible. — V. *supra*, n° 741.

La circonstance qu'il existe en outre un compte courant entre le déposant et le dépositaire n'est qu'un motif de plus pour que les intérêts des fonds déposés soient dispensés de la taxe.

749. *Novation.* La règle que nous venons d'exposer et d'après laquelle la taxe de 3 p. 100 n'atteint ni les intérêts des divers articles portés, dans un véritable compte courant, au débit d'une société, ni les intérêts du solde débiteur, n'est applicable qu'autant que la dette de la société ne subit aucune novation. Cette novation peut résulter soit de ce qu'un des articles portés au compte en est extrait par une convention expresse, pour former une créance distincte (Boistel, n° 881, p. 607), dont la nature est caractérisée par son objet primitif ou par les nouvelles stipulations des parties, soit d'une convention de même nature portant sur le solde débiteur.

Si, par exemple, alors que le solde débiteur à la charge d'une société est immédiatement exigible, les parties conviennent entre elles que la société conservera moyennant intérêt la somme dont elle est redevable pendant un temps déterminé, cette convention est de nature à changer le titre de la dette et à la convertir en un véritable prêt. Mais, d'une part, elle ne saurait être présumée; d'autre part, elle exige, comme tous les contrats, le concours de deux volontés, celle du créancier et celle du débiteur.

Dans une espèce soumise au tribunal de Vouziers, l'Administration établissait que le créancier avait consenti à laisser entre les mains de la société le solde de son compte courant, au lieu de l'exiger immédiatement, comme il en avait le droit; mais elle ne prouvait pas que la société avait accepté ce placement et substitué ainsi un nouvel engagement à l'obligation qui résultait pour elle de la clôture du compte. Le tribunal a justement décidé que dans ces conditions la taxe de 3 p. 100 ne pouvait être réclamée. Le point de fait dominait le point de droit et ne permettait pas aux juges de rendre une autre décision. Jug. du 13 juil. 1887; 22,899 J.; 6937 R. p.; 17,412 Contr.

« Considérant que l'Administration prétend que la somme de 410,604 fr. 10 due à la succession Legrand par la Société Cotelle et Drouot en compte courant a été, depuis le décès de la dame Legrand, consolidée en un placement et que, par conséquent, les intérêts de cette somme doivent être soumis à la taxe de 3 p. 100 établie par la loi du 29 juin 1872;

« Qu'elle prétend trouver la preuve de cette consolidation dans le testament susvisé de la dame Legrand et dans un acte du 8 déc. 1883, reçu par Me Lamy, notaire à Nancy, par lequel Drouot, associé de la maison Cotelle et Drouot, a donné pouvoir d'autoriser sa femme à recueillir la succession de son aïeule et à compléter les dispositions du testament en déterminant le taux et l'exigibilité des intérêts; enfin, dans un acte reçu par Me Couet, notaire à Vouziers, le 14 déc. 1883, par lequel la dame Drouot a déclaré consentir à l'exécution du testament et accepter l'emploi des valeurs lui revenant dans la succession, dans les termes indiqués au testament;

« Mais considérant que, pour que la transformation du dépôt dont s'agit en un placement ou emprunt puisse être considérée comme établie, il faut nécessairement qu'il soit prouvé que la société débitrice a donné son consentement à cette transformation;

« Considérant que, si le testament précité contient une stipulation imposée à ses héritiers par la veuve Legrand en faveur de la banque Cotelle et Drouot, rien n'établit que cette dernière ait accepté le bénéfice de cette disposition;

« Que l'Administration ne produit aucun acte pouvant prouver cette acceptation, qui a toujours été niée par la Société Cotelle et Drouot;

« Considérant que si, par l'acte du 14 déc. 1883, la dame Drouot a déclaré accepter l'emploi des valeurs lui revenant en placement dans la banque, cette dernière est restée étrangère audit acte, qui, par conséquent, ne peut lui être opposé;

« Considérant que si, le 8 déc. 1883, dans la procuration qu'il a donnée pour autoriser sa femme, Drouot a été qualifié d'associé de la maison Cotelle et Drouot, il ressort de cet acte qu'il n'y a pas agi comme associé de Cotelle, mais que cette qualification lui a été uniquement donnée pour indiquer sa profession;

« Considérant que, si ledit acte contenait pouvoir par Drouot d'autoriser sa femme à compléter les dispositions du testament en convenant du taux et de l'exigibilité des intérêts, rien ne démontre, dans la cause, que les pourparlers qui ont pu avoir lieu à ce sujet aient définitivement abouti et qu'un accord soit intervenu entre les parties;

« Que l'existence d'une convention à cet égard est si peu

démontrée que rien n'indique quel serait le taux des intérêts;

« Qu'il résulte de ce qui précède que, l'Administration ne faisant pas la preuve de la transformation dont elle se prévaut et qu'il lui incombait d'établir, l'opposition de Cotelle, de Legrand et de la veuve Drouot doit être accueillie. »

750. **Dettes diverses.** — Le principe d'après lequel la taxe de 3 p. 100 n'est due que sur les dettes des sociétés, départements, communes et établissements publics, qui ont leur titre dans un emprunt, a été, en dehors de ce que nous venons de dire des dépôts et des comptes courants, l'objet de nombreuses applications.

751. **Prix de vente, de marché, etc.** — Plusieurs solutions ont décidé, dans ce sens, que les intérêts des dettes contractées pour prix de vente ou de marché, ne tombent pas sous l'application de la loi. Sol. 21 mai 1873; 24 juil. 1882; 5990 R. p.; 17 nov. 1882; 27 fév. 1884; 28 sept. 1884; 30 juil. 1885. — 21,641 J.

752. *Payement avec subrogation.* Il en est ainsi, d'ailleurs, bien que la dette ait été payée par la société avec des fonds empruntés à un tiers, qui a été subrogé dans les droits du créancier, conformément à l'art. 1250, n° 2, du Code civil. La subrogation, en effet, n'emporte pas novation et laisse subsister la dette avec le caractère de prix de vente qui lui appartenait dès l'origine, et qui s'opposait à ce que la loi du 29 juin 1872 lui fût applicable.

Trois solutions rendues aux dates des 24 juil. 1882 (5990 R. p.), 4 oct. 1887 et 28 nov. 1888 (23,140 J.), se sont prononcées dans ce sens, et elles se justifient par les considérations suivantes que nous avons exposées sous l'art. 23,140 du Journal.

MM. Aubry et Rau définissent la subrogation « une fiction juridique, admise ou établie par la loi, en vertu de laquelle une obligation, éteinte au regard du créancier originaire, par suite du payement qu'il a reçu d'un tiers ou du débiteur lui-même, mais avec des deniers qu'un tiers lui a fournis à cet effet, est regardée comme continuant de subsister au profit de ce tiers, qui est autorisé à faire valoir, dans la mesure de ce qu'il a déboursé, les droits et actions de l'ancien créancier ». T. IV, § 321, p. 168.

Dans cette opinion, la subrogation diffère du transport de la créance, principalement en ce que, « dans le cas de subrogation, la créance est éteinte de fait, et ce n'est que par la vertu d'une fiction légale qu'elle est censée subsister encore au profit du subrogé; tandis qu'en cas de cession-transport, ce n'est pas seulement par fiction, mais en réalité, que la créance continue de subsister ». — Aubry et Rau, t. IV, § 321, p. 173.

La Cour de cassation suit un autre système; elle n'admet pas que la subrogation, même lorsqu'elle a lieu dans les conditions prévues par le n° 2 de l'art. 1250 C. civ., éteigne la dette primitive. Elle l'assimile à un transport et déclare « que le débiteur n'est pas libéré; qu'il ne fait que changer de créancier ». Cass., 19 janv. 1858; 16,674 J.; 962 R. p.; 16,234 J. N.; 11,194 Contr.; Inst. 2118, § 3; S., 58, 1, 219; D. P., 58, 1, 26; P., 58, 558.

Quoi qu'il en soit de ces différentes interprétations, un fait est certain dans la subrogation, c'est que la dette subsiste, ou tout au moins est censée subsister avec son caractère originaire et avec tous les droits et garanties accessoires qui en découlent. Que ce soit le résultat de la nature même du contrat, ou la conséquence d'une fiction légale, peu importe. Il n'en ressort pas moins que la dette de la société reste, après la subrogation, ce qu'elle était avant, c'est-à-dire une dette ayant son titre dans une vente, un marché, et non dans un emprunt. Par conséquent, elle doit continuer, comme le décide avec raison l'Administration, à être affranchie de la taxe de 3 p. 100.

753. *Novation.* Mais il en serait autrement s'il résultait d'une convention passée entre la société et son créancier que la dette primitive a été novée et convertie en une créance pour prêt. Il est évident, par exemple, que si le prix d'une vente d'immeuble consentie à une société a été payé comptant et a été ensuite remis à la société à titre de prêt, la taxe est due sur les intérêts de cette somme sans qu'on puisse objecter qu'elle a le caractère d'un prix de vente. Seine, 4 mai 1888; 23,104 J.; 7089 R. p.; 17,508 Contr.

Nous avons fait remarquer précédemment que l'émission publique par une société, département, commune, etc., d'obligations en représentation d'un prix de vente ou de marché, opérait en général novation dans la dette, et ces obligations remises au créancier éteignent la dette primitive et subsistent avec le caractère de titres d'emprunt, qui les rend passibles de la taxe de 3 p. 100. V. *supra*, n° 705.

754. **Opérations de reports.** — Certaines sociétés de crédit reçoivent des fonds de leurs clients, avec charge de les faire fructifier en les employant à des opérations de reports.

Ces opérations s'effectuent généralement dans les conditions suivantes :

La société accorde aux personnes qui lui confient des capitaux pour un terme convenu, de quinze jours ou d'un mois, le taux moyen qu'elle aura elle-même obtenu pour chacune de ces deux échéances, sous déduction de 1/7 de ce taux moyen. Le versement minimum que la société accepte à ce compte est de 5,000 francs. Les versements doivent être effectués dans la caisse de la société au plus tard le 15 et le dernier jour de chaque mois. Les mêmes dates sont applicables aux avis de retraits. Les remboursements doivent avoir lieu le surlendemain du jour fixé pour le règlement officiel de chaque liquidation. Le produit du report est porté au crédit des déposants (comptes de dépôt); ils sont chaque fois informés après la liquidation. Toutes les opérations sont faites aux risques et périls de la société. A titre de renseignement, elle fait connaître à ses déposants : 1° la somme totale des reports effectués par la société; 2° la nature des valeurs prises en report; 3° et les différents taux obtenus.

Ces sociétés doivent-elles être considérées comme empruntant les fonds qui leur sont remis, moyennant un intérêt variable suivant le produit des reports pendant la quinzaine ou pendant le mois, et comme étant, à ce titre, débitrices de la taxe de 3 p. 100 établie par la loi du 29 juin 1872 sur les intérêts et revenus des emprunts de toute nature contractés par les sociétés?

Une décision du ministre des finances, en date du 7 mai 1883 (22,856 J.), a résolu cette intéressante question dans les termes suivants:

« Dans le sens de l'affirmative, on fait le raisonnement suivant :

« On rencontre dans l'opération qui intervient entre la société et les capitalistes tous les éléments du contrat de prêt, savoir : la tradition d'une somme d'argent (art. 1899 C. civ.), la concession d'un délai pour sa restitution (art. 1899), la faculté pour celui qui la reçoit de s'en servir à ses risques et périls (art. 1893), la stipulation en faveur de celui qui la livre d'une indemnité appelée intérêt (art. 1905).

« L'opération a lieu dans l'intérêt réciproque des deux parties; la société a, pendant un délai déterminé, la libre disposition des fonds et n'est pas tenue de les rendre. Ces caractères sont exclusifs du contrat de dépôt, qui n'a lieu que dans l'intérêt d'une seule des parties, le déposant, et qui oblige le dépositaire à conserver les fonds sans pouvoir en disposer et à les restituer à première réquisition (C. civ. 1917, 1930 et 1944).

« La société ne peut non plus être considérée comme mandataire, car elle n'agit pas au nom de ses clients, mais en son nom personnel, ce qui est inconciliable avec la définition que l'art. 1984 C. civ. donne du mandat. D'autre part, elle fait les opérations de report à ses risques et périls, en ce sens que la somme engagée doit, dans tous les cas, être rendue à la personne qui en a effectué le versement. Cette conséquence est en opposition avec les règles du mandat, qui obligent le mandant à indemniser le mandataire de toutes les pertes que celui-ci a éprouvées à l'occasion de sa gestion (C. civ., 2000).

« Mais ce raisonnement comporte plusieurs réponses qui paraissent décisives :

« L'obligation où est la société d'employer les fonds qui lui sont remis à des opérations de report et de partager le bénéfice en résultant avec les déposants est exclusive du contrat de prêt, attendu qu'un des effets essentiels de ce contrat est de rendre l'emprunteur propriétaire de la chose prêtée et de lui permettre, par conséquent, d'en disposer à son gré, sans autre obligation que celle de la rendre, en mêmes quantité et qualité, au terme convenu (art. 1893 et 1902 C. civ.).

« D'un autre côté, le but de la société est moins de se procurer des fonds nécessaires à son exploitation que d'offrir ses services aux capitalistes, et de faire pour eux les opérations de report, moyennant une rétribution proportionnelle au bénéfice obtenu. Recevoir de l'argent et le faire fructifier pour le compte de ses clients, telle est sa mission ; c'est le but en vue duquel elle s'est constituée. Elle remplit un office de même nature que le banquier qui reçoit des fonds en compte courant et qui n'est pas réputé emprunteur, bien qu'il serve l'intérêt des sommes dont il est débiteur. Le motif qui, dans cette dernière hypothèse, a fait écarter l'application de la taxe de 3 p. 100 (Déc. min. fin. 15 mars 1879 ; 21,086 J. ; 5192 R. p. ; D. P., 80, 3, 40), s'oppose également à ce qu'elle soit exigée dans l'espèce actuelle.

« En résumé, la société reçoit les fonds qui lui sont remis par ses clients plutôt pour les conserver et les employer dans l'intérêt de ces derniers que pour les faire servir à son usage personnel. En les plaçant en reports, elle fait l'affaire de ses clients, et non la sienne propre. Elle est, en un mot, leur mandataire plutôt que leur emprunteur.

« On objecte en vain que la société n'agit pas au nom de ses clients, mais en son nom personnel, ce qui est inconciliable avec la définition que l'art. 1984 C. civ. donne du mandat. Cette définition, en effet, n'est exacte qu'en ce qui concerne le mandat civil. Le mandat commercial, qui, dans le langage du droit, prend le nom de commission, comporte très bien la possibilité pour le mandataire de traiter directement avec les tiers en son nom personnel, pourvu que ce soit dans l'intérêt et pour le profit du mandant (V. Boistel, Précis de droit commercial, n° 510 ; Rivière, Rép. écrites, 5e édit., p. 221). C'est même, d'après quelques auteurs, ce qui distingue le mandat-commission du mandat ordinaire.

« Par conséquent, bien que, dans les opérations de report, la société se mette directement en rapport avec les tiers et traite avec eux à ses risques et périls, elle n'en doit pas moins être considérée comme mandataire de ses clients, puisqu'elle agit pour leur compte et dans leur intérêt, et avec l'obligation de leur communiquer le bénéfice de l'opération.

« Il est vrai qu'elle reste seule responsable des placements, et qu'elle doit en toute hypothèse rembourser à ses clients les sommes qui lui ont été déposées. En cela, le contrat s'écarte des règles tracées par l'art. 2000 du C. civ., d'après lesquelles le mandant doit indemniser le mandataire des pertes que celui-ci a éprouvées à l'occasion de sa gestion. Mais la règle édictée par cette dernière disposition n'est pas absolue ; on peut y déroger, surtout lorsque le mandat est intéressé de part et d'autre. La société, pour attirer des clients et donner plus de prix à ses services, offre de les garantir contre toute perte que les placements effectués par ses soins pourraient occasionner. Il semble qu'il y a là uniquement une clause accessoire qui n'est pas exclusive des caractères essentiels du mandat (V. Paul Pont, sur l'art. 2000, n° 1116). »

L'Administration a cru devoir ajouter à ces motifs d'ordre juridique quelques considérations fondées sur l'intérêt du crédit public, que les opérations de reports tendent à favoriser. Mais nous estimons que la partie de son argumentation que nous avons reproduite suffisait à justifier sa décision.

Pour faire l'application de la loi du 29 juin 1872 aux intérêts des sommes remises aux sociétés de report, dans les conditions que la décision précitée fait connaître, il faudrait établir que l'obligation contractée par la société qui les reçoit a le caractère d'un emprunt. Or, ce caractère ne saurait lui être reconnu. Le prêt de consommation, tel que les art. 1892 et 1893 C. civ. le définissent, est essentiellement translatif de propriété ; il confère au prêteur la libre disposition des fonds qui lui sont remis et lui permet de les employer à son usage, comme il lui convient, et sans avoir à rendre compte de leur emploi. Si donc le propriétaire des fonds, en les remettant à une société financière, spécifie l'emploi qui doit en être fait dans son propre intérêt, s'il est fondé à se faire rendre compte de cet emploi et à prétendre aux bénéfices qui pourront en résulter, il est évident qu'en se dessaisissant des sommes qu'il verse dans la caisse de la société il n'entend nullement en aliéner la propriété : car cette aliénation serait incompatible avec les droits qu'il se réserve, et qui ne peuvent appartenir qu'à un véritable propriétaire. La tradition des fonds à la société ne lui en confère que la possession précaire, comme celle qui appartient au dépositaire ou au mandataire. La société les reçoit en vue d'un usage déterminé et pour les faire fructifier dans l'intérêt et conformément aux intentions du déposant. Il importe peu qu'elle prenne à sa charge exclusive les risques de l'emploi qu'elle en fait : c'est là une garantie promise en vue d'attirer la clientèle, une clause accessoire qui ne peut suffire à caractériser la convention.

Envisagé dans son objet principal, le contrat n'est pas un prêt ; c'est plutôt un louage d'industrie, par lequel la société qui reçoit les fonds de son client s'engage à les faire valoir en les appliquant à des opérations de report dont le bénéfice sera remis au déposant, sous déduction d'une fraction de ce bénéfice, qui constitue la rétribution de la société.

L'Administration a donc fait une application rigoureusement exacte de la loi en décidant que les intérêts des sommes ainsi versées ne sont pas passibles de la taxe de 3 p. 100. — 22,856 J.

755. Avances sur dépôt de titres. Mises en pension. Avals en pension. — Les grandes compagnies de chemins de fer, les compagnies d'assurances et d'autres sociétés importantes, telles que la Banque de France, le Crédit foncier, sont dans l'usage de prêter aux sociétés de crédit leurs fonds disponibles sur nantissement d'effets de commerce, de bons du Trésor et autres valeurs négociables.

Ces prêts sont généralement faits à court terme, le plus souvent à 90 jours ; ils sont constatés par une simple reconnaissance dans laquelle l'intérêt stipulé est liquidé et déduit d'avance, sous forme d'escompte, du montant de la somme remise à l'emprunteur.

Nul doute que ces prêts, connus dans la pratique sous le nom d'*avals en pension*, de *mises en pension* ou de *mises en dépôt*, ne tombent sous l'application des dispositions générales de la loi de 1872. On a essayé toutefois d'assimiler ces prêts à de simples escomptes commerciaux et de prétendre qu'à ce titre ils échappent à la taxe. Il est évident que théoriquement l'assimilation n'est pas exacte, puisque les effets et les titres remis en nantissement ne deviennent pas la propriété du bailleur de fonds.

Nous croyons savoir, en effet, qu'une décision du ministre des finances, dont nous ne pouvons indiquer la date, a reconnu qu'en principe ces opérations donnent ouverture à la taxe de 3 p. 100. Mais il paraîtrait que cette décision, relativement récente, aurait rencontré de vives résistances : car, si nous sommes bien informés, l'Administration ne se serait pas encore déterminée à en poursuivre l'application.

756. Commission payée aux intermédiaires pour l'émission d'un emprunt. — Les sommes payées annuellement par une société ou une ville aux établissements de crédit qui lui ont servi d'intermédiaires pour l'émission d'un emprunt sont le prix du service rendu par ces établissements. Elles ont leur fondement dans un contrat de mandat salarié ou de louage d'industrie ; elles ne constituent pas des intérêts d'emprunt, et, par conséquent, échappent à la taxe de 3 p. 100.

757. Cautionnements. — Le cautionnement déposé par le gérant d'une société, en exécution des statuts, n'est pas un emprunt, et les intérêts qu'il produit ne tombent pas sous l'application de la loi de 1872. Sol. 22 juil. 1884.

758. Preuve de la nature de la dette. — Il est à peine besoin de faire remarquer que l'Administration, pour réclamer la taxe sur les intérêts d'une dette contractée par une société, doit non seulement prouver l'existence de la dette, mais encore établir qu'elle a le caractère d'un emprunt. En l'absence d'une preuve positive sur ce point, sa réclamation devrait être rejetée. Sol. 5 déc. 1884, rapportée dans le traité de M. Besson, n° 194.

Cette preuve peut d'ailleurs être faite par tous les moyens établis par la loi civile, et qui ne sont pas incompatibles avec la procédure spéciale à laquelle l'Administration est tenue d'avoir recours. Elle peut donc résulter de simples présomptions. V. *supra*, n° 89.

759. Crédit foncier. Exposition universelle de 1889. Bons de 25 francs munis de tickets d'entrée. — Les bons de 25 francs munis de tickets d'entrée à l'Exposition universelle de 1889, que le Crédit foncier a été autorisé à émettre, ont été dispensés de tout impôt par la loi du 4 avril 1889.

La taxe est due toutefois sur les lots sortis aux tirages. (Art. 1er loi précitée.) — 23,183 J.

CHAPITRE II. — LIQUIDATION DE L'IMPOT. — REVENUS IMPOSABLES.

760. Division. — La taxe de 3 p. 100 édictée par la loi du 29 juin 1872 porte, aux termes de l'art. 1er de cette loi :

1° Sur les intérêts, dividendes, revenus et tous autres produits des actions de toute nature des sociétés, compagnies ou entreprises quelconques, etc.;

2° Sur les arrérages et intérêts annuels des emprunts et obligations des départements, communes, etc.;

3° Sur les intérêts, produits et bénéfices annuels des parts d'intérêt et commandites dans les sociétés, compagnies, etc.

L'art. 2 fait connaître les différents modes à suivre, suivant la nature des valeurs, pour la détermination du revenu imposable.

Il résulte de ces dispositions que le législateur a voulu atteindre, non pas les produits et revenus des sociétés, compagnies, départements, communes, etc., mais les produits et revenus des actions, parts d'intérêt, commandites, titres d'emprunts ou d'obligations, en un mot le revenu de l'actionnaire ou du créancier, c'est-à-dire des particuliers qui confient leurs capitaux à ces établissements. De là la règle, que nous verrons consacrée par une jurisprudence constante : c'est que les produits, dividendes et intérêts passibles de la taxe ne sont que les produits distribués, c'est-à-dire passés du patrimoine de la société ou de l'établissement dans celui de l'actionnaire ou du créancier.

Nous devons donc examiner successivement : 1° quels sont les produits passibles en principe de l'impôt établi par la loi; 2° en quoi consiste la distribution qui fait passer ces produits dans le patrimoine de l'associé ou du créancier et donne ainsi ouverture à la taxe.

Nous aurons à résoudre ces deux questions en ce qui concerne : 1° les produits et bénéfices des sociétés; 2° les intérêts et autres revenus (lots et primes de remboursement) des obligations et emprunts. Nos explications sur ce point feront l'objet des deux premiers articles de ce chapitre. Un troisième article sera consacré à faire connaître les différents modes de détermination du revenu imposable.

ART. 1er. — *Produits et bénéfices des sociétés.*

§ 1er. — Détermination des produits et bénéfices passibles de la taxe.

761. Principe général. — La taxe est due, dit la loi : 1° sur les intérêts, dividendes, revenus et *tous autres produits* des actions, etc... 3° sur les intérêts, *produits et bénéfices annuels* des parts d'intérêt et commandite, etc...

L'énumération est aussi générale que possible. Elle accuse visiblement l'intention de la part du législateur de comprendre dans la matière imposable tous les profits que l'action ou la part d'intérêt est susceptible de procurer à l'associé, non seulement les produits distribués en numéraire (*intérêts et dividendes*), mais encore ceux qui consistent en valeurs d'une autre nature, les produits extraordinaires comme les produits périodiques (*revenus*).

Cette portée générale de la loi est d'ailleurs conforme à la pensée qui a présidé à son élaboration et qui faisait dire à M. Deseilligny, rapporteur de la commission du budget (J. off., 6 juin 1872, p. 3786, col. 1), « que la commission s'était attachée à rechercher les différents revenus *partout où on peut les constater*... et à atteindre les fortunes dans les éléments *très divers* et très indépendants qui les composent, etc... »

L'impôt atteint donc toute espèce de produits, quels que soient leur dénomination, leur origine ou leur caractère juridique.

La seule condition exigée par la loi est qu'il s'agisse bien d'un produit de l'action ou de la part d'intérêt, c'est-à-dire de sommes et valeurs provenant des bénéfices réalisés par la société: car, si elles étaient prises sur le capital social, elles ne constitueraient plus un produit, mais une fraction de l'action elle-même, considérée comme élément producteur.

762. Définition des bénéfices dans les sociétés. — L'Administration a donné une définition très exacte des bénéfices sociaux dans deux mémoires présentés devant la Cour de cassation dans l'affaire des Mines d'Anzin (arrêt du 29 avril 1884; 22,313 J.; 6322 R. p.; 23,239 J. N.; 16,909 Contr.; Inst. 2700, § 3; S., 85, 1, 225; D. P., 84, 1, 421; P., 85, 535) et dans celle de la Compagnie des Dombes (arrêt du 8 janvier 1889; 23,153 J.; 7206 R. p.; 24,285 J. N.; 17,565 Contr.; Inst. 2768, § 3; D. P., 89, 1, 131).

« La réalisation, dit-elle, d'un bénéfice est de l'essence de tout contrat de société (C. civ., art. 1832). C'est le but de toutes les associations de même nature que la Compagnie des Dombes et des chemins de fer du Sud-Est.

« Or, le bénéfice consiste, en fait et en droit, suivant la « définition des auteurs, dans la différence qui existe entre la « valeur du fonds social au moment où la société a com- « mencé et cette même valeur à un moment donné de sa « durée » (Dalloz, v° Société, n° 384).

« La même explication est fournie par Pardessus (t. IV, n° 999), Duvergier (n° 220) et par M. Paul Pont (n° 428). « Il « y a bénéfice, enseigne ce dernier auteur, lorsque, compa- « raison faite de l'actif au jour de la formation de la société « avec l'ensemble des valeurs sociales au moment de la liqui- « dation, on trouve une différence en plus, un excédent. Cet « excédent, sauf, bien entendu, déduction des frais de ges- « tion et des dettes communes, constitue les bénéfices réa- « lisés, le profit auquel chaque associé a le droit de parti- « ciper. »

« Le bénéfice comprend donc tout ce qui, dans l'actif d'une société, excède les apports originaires ou supplémentaires des associés.

« Pour le déterminer, il importe essentiellement de distinguer avec soin le *capital* social du *fonds* social.

« Dans le sens juridique du mot, le capital social ne s'entend que des apports effectués personnellement par les associés pour être employés aux affaires de l'entreprise. Il sert de garantie aux tiers qui traitent avec l'association, et ne saurait être augmenté sans le consentement des associés, manifesté expressément, soit dans les statuts, soit dans une résolution ultérieure.

« Le fonds social, au contraire, peut recevoir une extension plus grande que le capital, notamment par le seul effet des actes de la société agissant en son nom comme personne civile. Il comprend non seulement les choses mises en commun par les associés, c'est-à-dire le capital social, mais encore la plus-value des apports ainsi que toutes les acquisitions faites à un titre quelconque par la société.

« C'est la différence existant, à un moment donné, entre le capital social et le fonds social, tels qu'ils viennent d'être définis, qui constitue le bénéfice réalisé.

« Les bénéfices peuvent avoir des origines diverses. Ils se composent de tous les gains, profits ou avantages pécuniaires ou appréciables en argent que le travail, la spéculation, des combinaisons favorables, retirent d'une affaire ou d'une entreprise quelconque, aussi bien que de la plus-value que le cours naturel des choses et le développement de la fortune publique peuvent donner au fonds commun. A ce titre, le fonds de réserve, l'accroissement de valeur du capital social sont des produits qui ont le caractère de bénéfices. Il en est ainsi également de tous les biens meubles ou immeubles qui entrent dans le patrimoine de la société par suite d'acquisitions. Peu importe que l'acquisition ait eu lieu à titre gratuit ou à titre onéreux. Dès qu'elle augmente le fonds social, elle procure un bénéfice dans le sens juridique du mot. »

763. Nous verrons que de nombreuses décisions ont consacré cette interprétation. Il résulte de la jurisprudence que nous allons analyser : 1° que toutes les distributions aux associés de sommes ou valeurs représentant un excédent du fonds social sur le capital social constituent des distributions de bénéfices passibles de la taxe de 3 p. 100. Mais il en est autrement quand les distributions étant faites au détriment du capital social opèrent ainsi l'amortissement de ce capital, la restitution des apports ou le remboursement des actions ;

2° Que la distribution de l'excédent du fonds social sur le capital social a le caractère d'une distribution de bénéfices, à quelque époque qu'elle ait lieu, soit au cours de la société, soit après sa dissolution ;

3° Que, lorsque les sommes ou valeurs distribuées ont bien le caractère de bénéfices d'après la définition qui vient d'en être donnée, leur défaut de périodicité et le fait que la distribution a pour objet des produits accumulés qui ont cessé de constituer des revenus et sont devenus, en fait et en droit, pour les actionnaires, de véritables capitaux, n'est pas un obstacle à l'exigibilité de la taxe ;

4° Qu'il n'y a pas à se préoccuper, pour l'application de l'impôt, ni de la nature ni de la provenance des sommes ou valeurs qui sont employées à la distribution des bénéfices, et que le caractère de bénéfices passibles de la taxe appartient aux valeurs distribuées à ce titre, alors même qu'elles consisteraient dans les biens ou dans le produit des biens ayant servi à constituer le capital social, et que leur distribution aurait ainsi l'apparence d'une restitution d'apports ;

5° Qu'enfin ce caractère doit être également reconnu à toute somme ou valeur distribuée en représentation de l'excédent du fonds social sur le capital social, quelle que soit l'origine de cet excédent, soit qu'il provienne de l'exploitation commerciale ou industrielle qui fait l'objet de la société, soit qu'il ait pour unique cause une augmentation naturelle de la valeur des biens apportés par les associés et ayant servi à constituer le capital social ; soit enfin qu'il résulte d'une opération accomplie en dehors du fonctionnement normal de la société ou d'un événement quelconque, tel qu'une libéralité faite à la société, un gain non prévu et exceptionnel, etc., etc.

Toutes ces règles, dont nous trouverons l'application dans les diverses décisions que nous avons à examiner, ont été magistralement résumées dans un arrêt de principe rendu par la chambre civile le 8 janvier 1889, dans l'affaire de la Compagnie des Dombes, et sur lequel nous aurons souvent l'occasion de revenir, attendu qu'il tranche souverainement la plupart des questions auxquelles a donné lieu la détermination des bénéfices passibles de la taxe de 3 p. 100. — 23,153 J. ; 7206 R. p. ; 24,285 J. N. ; 17,565 Contr. ; Inst. 2768, § 3 ; D. P., 89, 1, 131.

Cet arrêt décide que le caractère de bénéfices distribués appartient à toutes sommes ou valeurs réparties entre les associés en excédent du capital social : quelles que soient la nature et l'origine de ces sommes ou valeurs, alors même qu'elles auraient fait partie intégrante du fonds social et n'auraient pas le caractère de fruits et revenus périodiques ; quelle que soit aussi la cause de la plus-value du fonds social qui a permis cette distribution de bénéfices, soit qu'elle provienne du fonctionnement normal de la société, soit qu'elle ait une autre cause, comme, dans l'espèce, la vente de son actif consentie par la société ; quelle que soit enfin l'époque de cette distribution, alors même qu'elle serait effectuée par des liquidateurs après la dissolution de la société et qu'elle comprendrait à la fois, confondus dans le fonds social, les apports des associés et les bénéfices.

Cet arrêt, qui fait clairement connaître, dans ses considérants, tous les faits de la cause, est ainsi conçu :

« Sur le premier moyen :

« Attendu que des constatations du jugement attaqué il résulte que le 28 juil. 1881 la Compagnie des Dombes et des chemins de fer du Sud-Est a cédé à la Compagnie des chemins de fer de Paris-Lyon-Méditerranée toutes les lignes de son réseau, à la condition notamment par cette compagnie : 1° de prendre à sa charge le service de 80,000 obligations émises par la Compagnie des Dombes ; 2° de remettre aux actionnaires de cette compagnie un certain nombre d'obligations du type fusion nouvelle de la Compagnie des chemins de fer de Paris-Lyon-Méditerranée, nombre à déterminer ultérieurement d'après les bases fixées au traité ;

« Attendu que le traité de cession du 28 juil. 1881 a été approuvé par une loi du 20 nov. 1883, par une assemblée générale extraordinaire des actionnaires de la Compagnie des chemins de fer de Paris-Lyon-Méditerranée, et enfin par une assemblée générale extraordinaire des actionnaires de la Compagnie des Dombes et des chemins de fer du Sud-Est ; que cette dernière assemblée a nommé liquidateurs les sieurs Lucien et Daniel Mangini, en leur conférant les pouvoirs les plus étendus pour réaliser les valeurs de la société et en faire la répartition entre les actionnaires ainsi que pour représenter la société devant les tribunaux et exercer tous ses droits ; qu'elle a décidé que, dans le mois qui suivrait la remise des obligations de la Compagnie Paris-Lyon-Méditerranée, il serait fait aux actionnaires une première répartition qui comprendrait pour chaque action une attribution de trois obligations et un tiers, sous réserve d'une nouvelle répartition à faire après la réalisation des biens et valeurs non compris dans la cession consentie à la Compagnie Paris-Lyon-Méditerranée ;

« Attendu que la Compagnie Paris-Lyon-Méditerranée ayant remis à celle des Dombes et des chemins de fer du Sud-Est, le 12 février 1884, les obligations du type fusion nouvelle formant le prix de la cession du réseau de cette dernière, il a été procédé entre les actionnaires de la Compagnie des Dombes à la première répartition prévue dans l'assemblée générale du 23 janv. 1884 ;

« Attendu que le nombre des actions étant de 25,000 et chaque action devant recevoir 3 obligations et 1/3 de la Compagnie Paris-Lyon-Méditerranée, le nombre de ces obligations attribuées aux actionnaires de la Compagnie des Dombes a été de 83,333 et 1/3, représentant, d'après les cours de la Bourse au jour de la remise des titres, soit 363 fr. 125, une valeur totale de 30 millions 260,415 fr. 45 ;

« Attendu que les actionnaires de la Compagnie des Dombes n'ayant versé que 500 francs par action, soit, en tout, 12,500,000 francs, et les liquidateurs ayant mis en réserve, d'autre part, les sommes nécessaires pour acquitter les dettes sociales, il s'est trouvé que le fonds social avait augmenté de valeur et que cette augmentation de valeur était égale au montant de la différence entre la somme de 30 millions 260,415 fr. 45 et celle de 12,500,000 francs, soit 17 millions 760,415 fr. 45;

« Attendu que, dans cet état des faits, la double condition à laquelle la loi du 29 juin 1872 soumet l'exigibilité de la taxe sur le revenu, à savoir l'existence d'un bénéfice social et la distribution de ce bénéfice social aux associés, s'est réalisée dans l'espèce, puisque la distribution aux actionnaires de la Compagnie des Dombes de la plus-value que le fonds social avait acquise a bien constitué la répartition du bénéfice passible de la taxe;

« Attendu, en effet, en droit, que les termes généraux et absolus des art. 1er et 2 de la loi précitée assujettissent à la taxe de 3 p. 100 la distribution par les sociétés, sous quelque forme et à quelque époque de leur existence qu'elle ait lieu, de tous les produits et bénéfices qu'elles ont réalisés, sans faire aucune distinction à raison soit de l'origine, soit de la nature de ces produits; qu'il importe peu que les obligations distribuées aient fait partie intégrante du fonds social de la Compagnie des Dombes; que les bénéfices et produits que la loi du 29 juin 1872 a voulu atteindre ne consistent pas seulement dans les fruits et revenus périodiques, mais aussi dans l'augmentation même du patrimoine commun, du moment que la société fait volontairement passer dans le patrimoine personnel des associés l'excédent de valeur que le fonds social a obtenu;

« Attendu qu'il n'y a pas à se préoccuper du point de savoir si l'accroissement de valeur du fonds social provient du fonctionnement normal de la société ou d'une cause étrangère; que ce serait rechercher l'origine et la nature des bénéfices et produits pour arriver à faire des distinctions que la loi n'a pas faites et que, par conséquent, elle a interdites;

« Attendu qu'il n'importe pas davantage que la répartition du bénéfice n'ait eu lieu qu'après la dissolution de la société et qu'elle ait coïncidé avec la première opération de partage des valeurs sociales; que ce partage n'a été, pour les intéressés, en même temps qu'ils reprenaient leurs apports, que le moyen de faire passer dans leur propre patrimoine les bénéfices jusque-là compris dans le patrimoine de la société;

« Attendu, d'autre part, que la taxe est exigible quand la répartition a lieu, quel que soit le moment de la durée de la société où elle s'effectue; que toute société subsiste comme être moral pour les besoins de sa liquidation tant que cette liquidation n'est pas terminée; qu'ainsi, la Compagnie des Dombes, quand la distribution des obligations que la Compagnie Paris-Lyon-Méditerranée lui avait remises et que la Compagnie des Dombes a reçues en payement du prix de son réseau et de tous ses autres biens a été faite entre ses actionnaires par les soins de ses liquidateurs, continuait d'exister; qu'il suit de là que la taxe de 3 p. 100 à laquelle la loi du 29 juin 1872 assujettit les bénéfices et tous autres produits des actions des sociétés était exigible sur la répartition aux actionnaires de la Compagnie des Dombes des obligations sus-énoncées pour toute la valeur dont le montant du fonds social augmenté excédait le montant de l'apport originaire des associés..... etc. »

764. BÉNÉFICES SOCIAUX. CARACTÈRES DISTINCTIFS. — Toute distribution ayant pour objet un excédent du fonds social sur le capital social constitue une distribution de bénéfices. — Nous avons dit que toute distribution qui a pour objet de remettre aux associés des biens et valeurs quelconques en représentation de l'excédent du fonds social sur le capital social constitue une distribution de bénéfices qui donne ouverture à la taxe de 3 p. 100. Cette règle est consacrée par une jurisprudence constante, dont l'examen fera l'objet des explications qui vont suivre: V. Cass., req., 7 juin 1880 (2 arrêts); 21,364 et 21,365 J.; 5505 et 5532 R. p.; 22,358 et 22,392 J. N.; 16,273 et 16,274 Contr.; 6178 Rev. not.; Inst. 2643, §§ 1 et 2; S., 80, 1, 473; D. P., 80, 1, 467; P., 80, 1175; — Ch. civ., 29 avril 1884; 22,313 J.; 6322 R. p.; 23,239 J. N.; 16,909 Contr.; Inst. 2700, § 3; S., 85, 1, 225; D. P., 84, 1, 421; P., 85, 535; — Ch. des req., 9 fév. 1887; 22,807 J.; 6829 R. p.; 23,819 J. N.; 17,299 Contr.; Inst. 2750, § 1er; S., 88, 1, 177; D. P., 87, 1, 439; P., 88, 407; — Ch. civ., 8 janvier 1889; 23,153 J.; 7206 R. p.; 24,285 J. N.; 17,565 Contr.; Inst. 2768, § 3; D. P., 89, 1, 131; — Lyon, 29 juil. 1881; 22,175 J.; 6127 R. p.; 22,964 J. N.; 16,784 Contr.; — Bordeaux, 27 fév. 1884; 22,420 J.; 23,653 J. N.; — Nancy, 19 août 1884; 22,422 J.; 6424 R. p.; 23,653 J. N.; 17,278 Contr.; — Seine, 13 fév. 1885; 22,421 J.; 23,653 J. N.; — Nice, 20 juil. 1885; 22,558 J.; 6532 R. p.; 23,744 J. N.; 17,107 Contr.; — Seine, 18 déc. 1885; 22,580 J.; 6623 R. p.; 17,119 Contr.; Inst. 2750, § 1er; — Lyon, 16 avril 1886; 22,682 J.; 6731 R. p.; S., 87, 2, 69; P., 87, 347; — Pont-Lévêque, 14 déc. 1886; 22,884 J.; 6865 R. p.; — Seine, 22 avril 1887; 6873 R. p.; — Seine, 13 juil. 1888; 23,067 J.; 7120 R. p.; 17,640 Contr.; — Le Havre, 8 nov. 1888; 7188 R. p.

765. Distributions faites au cours de la société. — En thèse générale, toute distribution faite aux associés au cours de la société doit être présumée avoir pour objet un excédent du fonds social sur le capital social, c'est-à-dire un bénéfice réalisé passible de la taxe de 3 p. 100. Ce n'est qu'exceptionnellement, en effet, qu'une société procède, au cours de son existence, au remboursement du capital social. Ce remboursement est même interdit, à moins qu'il n'ait été expressément prévu par les statuts, ou qu'il soit consenti par l'unanimité des associés, auquel cas, d'ailleurs, il doit être publié pour être opposable aux tiers.

« En principe, dit Buchère, le capital social doit être fixé par les statuts d'une manière immuable, puisqu'il garantit les droits des actionnaires et des tiers vis-à-vis de la société. » — Traité des valeurs mobilières, nº 492.

M. Paul Pont définit les obligations du commanditaire de la manière suivante: « Ce n'est pas tout que le commanditaire réalise le versement de sa mise. Il faut que la mise versée reste engagée dans la société et y demeure soumise à toutes les chances de l'affaire sociale... Serait nulle et sans effet toute convention qui, intervenue entre le gérant et les actionnaires ou commanditaires, aurait pour résultat soit d'affranchir ces derniers de l'obligation de verser tout ou partie de la commandite, soit de leur procurer le remboursement des sommes qu'ils auraient versées. Ces commanditaires n'en seraient pas moins tenus soit d'effectuer les payements à faire, soit de rapporter les sommes dont ils auraient été remboursés. C'est qu'en effet les mises versées ou promises deviennent la propriété de la société et n'en peuvent pas être distraites par le fait du gérant; elles sont en même temps le gage annoncé aux tiers par les statuts, et il ne saurait être rien fait qui en diminue l'importance. Tel est le principe. » Traité des sociétes, II, nº 1452.

Ces principes sont si bien ceux qui régissent les sociétés, surtout celles dans lesquelles les associés n'engagent que leurs capitaux, que la loi du 24 juil. 1867 a cru devoir prendre des précautions contre les remboursements anticipés du capital social, en prohibant et en punissant même de peines correctionnelles les distributions de dividendes *fictifs*, c'est-à-dire des dividendes pris sur le capital social. V. Vavasseur, Traité des sociétés par actions, nos 166 et suiv.

L'Administration n'a donc, en thèse générale, pour établir l'exigibilité de l'impôt sur les sommes ou valeurs distribuées au cours de la société, qu'à prouver le fait de la distribution. Par cela seul qu'une somme ou valeur quelconque est répartie entre les actionnaires, elle est réputée, jusqu'à preuve du contraire, provenir des gains et bénéfices réalisés par la société pendant l'année ou accumulés depuis un certain temps, et, par conséquent, elle doit être soumise à la taxe de 3 p. 100.

766. Amortissement du capital social. — *Restitution des apports.* Cependant la règle que nous venons d'énoncer n'a rien d'absolu. Les statuts et, à défaut des statuts, le consentement unanime de tous les associés, peuvent rendre possibles pendant l'existence de la société des distributions qui sont prises sur le capital social. Or, si les répartitions qui opèrent la remise aux associés de sommes ou valeurs représentant l'excédent du fonds social sur le capital social constituent des distributions de bénéfices, puisqu'elles ont pour objet un produit des actions, il n'en est pas de même de celles qui sont faites au détriment du capital social, et qui en opèrent l'amortissement total ou partiel. Dans ce cas les associés ne font que rentrer dans la propriété de leurs apports, ils ne touchent pas un produit de leurs actions.

La distinction à faire à cet égard n'a pas été perdue de vue par la jurisprudence. Plusieurs solutions de l'Administration ont été rendues dans ce sens : 18 nov. 1874; 21 juin 1875; 1er juin 1877; 3 mai 1881; 5 déc. 1882; 24 oct. 1884; 22,410 J.; 28 mai 1889; 23,223 J.; 7299 R. p.

767. Après avoir reconnu que les réserves provenant de primes versées par les souscripteurs d'une série déterminée d'actions, en sus du capital nominal, constituent des apports en société au même titre que les sommes directement affectées à la constitution du capital social proprement dit, la solution du 24 oct. 1884 décide très justement que l'emploi de ces réserves à la libération des mêmes actions n'a pas le caractère d'une distribution de produits, mais d'un amortissement ou d'une restitution d'apports qui ne donne pas ouverture à la taxe de 3 p. 100.

« En principe, porte cette solution, les fonds versés par les associés pour être mis en réserve ont le caractère d'apports au même titre que ceux destinés à former le capital social. (Cass., req., 2 avril 1883; 22,066 J.; 22,978 J. N.; 16,755 Contr.; 6143 R. p.; Inst. 2683, § 5; S., 84, 1, 244; P., 84, 573; D. P.; 84, 1, 60. — Comp. Cass., 24 janv. 1876; 19,982 J.; 21,429 J. N.; 15,530 Contr.; 4293 R. p.; Inst. 2546, § 2; S., 76, 1, 137; P., 76, 297; D. P., 76, 1, 215; Soissons, 3 janv. 1883; 6178 R. p.) Si donc une société emploie une partie de la réserve, constituée au moyen de sommes fournies par les actionnaires, à payer la dette des mêmes associés, elle ne fait en réalité que leur restituer, sous une forme indirecte, une partie de leur apport. Et il est bien établi qu'une telle opération n'a pas les caractères d'une distribution de bénéfices, c'est-à-dire d'un excédent d'actif acquis par la société en sus des apports réunis des associés. (Seine, 4 janvier 1878; 20,649 J.; 21,978 J. N.; 15,949 Contr.; 4959 R. p.; P., 78, 1164; Apt, 14 mars 1876.) D'où la conséquence que les sommes ainsi distribuées, à titre d'amortissement du capital, ne sauraient être soumises à l'impôt de 3 p. 100.

« Il en serait autrement, ajoute l'Administration, si la portion de la réserve employée à la libération des actions provenait de bénéfices accumulés par la société (Seine, 21 déc. 1877; 20,648 J.; 15,918 Contr.; 4958 R. p.; — 3 juin 1881; 16,578 Contr.; 5779 R. p.; — Cass., 28 mai 1884 (implic.); 22,326 J.; 23,278 J. N.; 16,921 Contr.; 6337 R. p.; D. P., 84, 1, 465; Inst. 2700, § 7; S., 85, 1, 230; P., 85, 544), ou encore si la prime versée par les souscripteurs des actions émises en 1880 servait à libérer partiellement des titres appartenant à d'autres actionnaires plus anciens. »

768. La solution du 28 mai 1889 décide, par des motifs identiques, qu'on ne doit pas considérer comme une distribution de bénéfices, passible de la taxe, le remboursement effectué aux mains des actionnaires d'une somme déterminée, à titre d'amortissement du capital social, lorsque ce remboursement a pour effet de réduire d'autant le montant du capital appelé et le chiffre nominal des actions libérées, et que les actionnaires restent tenus de reverser, à la première demande, les sommes qu'ils ont ainsi touchées. Ce remboursement opéré dans les conditions prévues par les statuts n'a pas besoin, d'ailleurs, d'être publié pour être opposable aux tiers, et notamment à l'Administration de l'enregistrement.

« En principe, fait observer l'Administration, toute distribution faite par une société à ses actionnaires donne ouverture à l'impôt. Mais cette règle souffre exception quand la répartition a lieu à titre de remboursement d'apport, d'amortissement du capital social, c'est-à-dire quand la répartition a pour conséquence de réduire la valeur nominale des droits sociaux des actionnaires.

« Tel paraît être le cas actuel.

« Sans doute, le capital social n'est pas réduit : puisque la société peut rappeler la somme de 100,000 francs dont elle s'est dessaisie sur le montant des mises des associés, le capital formant la garantie des tiers reste le même. Seulement, au lieu de se trouver en entier aux mains de l'être moral, il est dû en partie (pour 100,000 fr.) par les actionnaires. Mais le droit social représenté par chaque action est ramené de 1,000 fr. à 900 fr., en valeur nominale; les droits sociaux, dans leur ensemble, sont réduits, en valeur nominale, d'une somme égale à celle touchée par les actionnaires; et s'il n'y a pas réduction du capital social de la somme offerte en garantie aux tiers, il y a réduction du capital versé, des apports réalisés, et, par suite, des droits des associés contre la société. — En résumé, si la situation de la société n'est pas changée à l'égard des tiers, elle a varié dans les rapports de l'être moral avec les actionnaires. »

Nous avons exprimé l'avis (art. 23,223 J.) que cette décision faisait une application exacte des principes qui régissent la perception de l'impôt sur le revenu sur les produits et bénéfices des sociétés par actions.

Lorsque dans une société le capital social a été versé dans les conditions prévues par les statuts et que notamment il n'a été appelé que la partie du capital nécessaire pour la constitution régulière de la société, le conseil d'administration ou l'assemblée générale des actionnaires restent libres de faire ou de ne pas faire de nouveaux appels de fonds, aussi longtemps du moins que la société ne tombe pas en déconfiture et que les tiers ne sont pas fondés à intervenir dans ses affaires. Réciproquement, lorsque le capital entier a été versé, sans que les statuts en aient fait une obligation, le remboursement aux actionnaires de la partie du capital dont le versement n'était pas obligatoire constitue une mesure d'administration, qui n'affecte en rien les rapports de la société avec les tiers et qui peut être prise par conséquent sans qu'il y ait nécessité de la porter à leur connaissance par la voie des publications légales.

Ceci posé, il est incontestable qu'en remboursant à ses actionnaires une partie du capital appelé, tout en se réservant le droit de le faire reverser dans la caisse sociale si le besoin s'en fait ultérieurement sentir, la société n'effectue pas une distribution de bénéfices. L'opération constitue en réalité un partage anticipé du fonds social, une restitution partielle d'apports. Cette restitution laisse intacte les fonds disponibles qui pouvaient, au moment où elle est faite, être régulièrement affectés à une distribution de bénéfices; par conséquent, elle ne constitue pas elle-même une distribution de ces bénéfices.

Une simple hypothèse permettra de se rendre compte de l'exactitude de ces déductions. Supposons une société constituée avec un capital de 1 million entièrement versé et possédant à un moment donné un fonds social d'une valeur de 1,200,000 fr., ayant par conséquent 200,000 fr. de bénéfices pouvant être un jour ou l'autre distribués.

Si la société rembourse, comme dans l'espèce, à ses actionnaires une somme de 100,000 fr. sur le capital appelé, cette opération ne diminue nullement le montant des bénéfices à distribuer. S'il ne reste plus en effet que 1,100,000 fr. dans la caisse sociale, le capital réalisé et à imputer sur le fonds social pour dégager le chiffre des bénéfices est lui-même réduit à 900,000 fr., ce qui laisse toujours la même somme de 200,000 fr. comme bénéfices disponibles, pouvant être affectés à des distributions de dividendes, sauf, bien entendu, les exigences du fonds de réserve.

On voit par ce simple calcul que la restitution d'une partie des apports, lorsqu'elle est faite dans les conditions que nous venons de déterminer, ne peut servir de fondement à la réclamation de la taxe de 3 p. 100, et qu'en outre elle n'est pas de nature à compromettre, pour l'avenir, les droits du Trésor, qui trouveront toujours à s'exercer lors des distributions ultérieures, et au plus tard au moment de la dissolution de la société et du partage du fonds social.

769. Le tribunal de la Seine a fait application des mêmes principes, en décidant que la taxe sur le revenu n'est pas due sur les répartitions faites aux actionnaires d'une société en liquidation lorsque les deniers en sont fournis uniquement par les termes, successivement échus, du prix de la vente de l'actif social, et qu'il est constant, d'ailleurs, que la plus grande partie du capital originaire a été perdue. Jugement du 4 janv. 1878; 20,649 J.; 4959 R. p.; 21,978 J. N.; 15,917 et 15,949 Contr.; P., 78, 1164.

Le tribunal ajoute, ce qui est d'ailleurs évident, que la taxe n'est pas due non plus sur les intérêts de son prix payés par l'acquéreur de l'actif social.

770. *Société pour le recouvrement d'une créance.* Une solution du 2 juil. 1885 reconnaît, dans le même ordre d'idées, que lorsqu'une société constituée pour le recouvrement d'une créance répartit entre ses membres les sommes recouvrées, ces distributions constituent des restitutions d'apports et échappent à l'impôt, tant qu'elles n'excèdent pas la valeur intrinsèque qu'avait la créance lors de sa mise en commun. — Besson, n° 83.

771. *Sociétés coopératives de consommation.* Enfin les solutions des 17 fév. 1873, 4 mai 1882 et 5 mai 1882, rapportées *supra*, n° 612, ne font que déduire les conséquences du principe que nous venons d'exposer, en affranchissant de la taxe les restitutions qui sont faites aux membres de certaines sociétés coopératives de consommation sur le montant des achats effectués par ces derniers. — V. *supra*, n°s 612 et 613.

772. Distribution opérant à la fois l'amortissement du capital social et la répartition de sa plus-value. — Il peut arriver que la distribution faite entre les associés, soit au cours de la société, soit à son expiration, ait pour objet le capital social et les bénéfices qui l'ont accru et qui composent avec lui le fonds social. Tandis que ce fait est exceptionnel pendant l'existence de la société, ainsi que nous l'avons fait observer *supra*, n°s 765 et suiv., c'est au contraire le fait normal des sociétés qui viennent à se dissoudre. Dans l'un ou l'autre cas, il faut distinguer, dans les valeurs faisant l'objet de la répartition, celles qui sont attribuées à titre d'amortissement du capital social et celles qui représentent des bénéfices. L'importance de ces dernières est seule passible de la taxe.

La distinction est d'ailleurs facile à faire, et elle résulte de la définition du bénéfice, telle qu'elle a été donnée par la jurisprudence. D'après cette définition, il suffit, pour dégager le bénéfice passible de la taxe, d'établir la valeur totale du fonds social réparti et d'en déduire le chiffre du capital social, tel qu'il a été fixé par les statuts, ou, à défaut de fixation, tel qu'il résulte de l'évaluation des apports au moment où ils ont été effectués. L'excédent constitue, à proprement parler, le bénéfice sur lequel la taxe doit être assise.

Nous rencontrerons par la suite de nombreux cas dans lesquels ce mode de détermination du produit imposable a été suivi. Voici une espèce très caractéristique qui a permis au tribunal de la Seine d'appliquer la règle que nous venons d'exposer, à l'occasion d'une répartition faite par une société non encore dissoute.

La Société anonyme du canal de Beaucaire a été constituée en 1808 au capital de 2,500,000 francs, divisé en 500 actions de 5,000 francs chacune. Le capital social a été porté plus tard à 3,210,000 francs et divisé en 642 actions de 5,000 francs entièrement libérées. A la suite de diverses ventes de terrain et du rachat opéré par l'Etat, en vertu de la loi du 18 juillet 1881, des canaux de Beaucaire et de Pradelle, formant la partie la plus importante de la concession, il a été distribué aux actionnaires, les 1er avril 1880, 1er avril 1882 et 3 janvier 1883, *en amortissement du capital*, différentes sommes s'élevant à 3,819,900 francs, à raison de 5,950 francs par action. A la suite de cette distribution, l'Administration a réclamé le payement de la taxe sur la somme de 609,900 francs, représentant la différence entre celle de 3,819,900 francs versée aux actionnaires et celle de 3,210,000 francs montant du capital social.

Cette réclamation a été reconnue fondée par un jugement du tribunal de la Seine du 13 fév. 1885 (22,421 J.; 23,653 J. N.), ainsi conçu :

« Attendu que la Société du canal de Beaucaire soutient, à l'appui de son refus de payement, que les répartitions dont il s'agit ne constitueraient pas des distributions de revenus annuels destinés à être consommés, mais un véritable partage de capital, et qu'elles échapperaient, à ce titre, à l'application de la loi du 29 juin 1872; — Attendu que cette loi est, il est vrai, intitulée : Loi relative à un impôt sur le revenu des valeurs mobilières; mais qu'il résulte de son art. 1er que la taxe qu'elle établit frappe non seulement les intérêts, dividendes et revenus des actions, mais tous les autres produits de ces actions; qu'en se servant de cette formule générale, tous autres produits, le législateur a manifestement voulu atteindre tous les gains, avantages ou bénéfices quelconques que l'actionnaire retire de son titre, toutes les sommes ou valeurs qu'il reçoit en dehors et au delà de sa mise, quelle que soit leur origine, et qu'elles soient ou non distribuées annuellement ou à des intervalles périodiques; — Attendu qu'il importe peu que les produits ainsi répartis soient prélevés sur le fonds social et que la distribution en soit qualifiée, comme dans l'espèce, d'amortissement du capital; que la partie du fonds social qui correspond au capital, c'est-à-dire à l'ensemble des apports faits par les actionnaires, échappe, sans doute, à l'impôt, même lorsqu'elle est mise en distribution; — Que l'Administration de l'enregistrement l'a d'ailleurs reconnu dans l'espèce, puisqu'elle s'est abstenue de percevoir la taxe de 3 p. 100 sur la somme distribuée, à concurrence des mises, mais qu'il n'en est pas de même de l'excédent du fonds social sur les apports; que cet excédent constitue un produit; que si ce produit échappe à l'impôt tant qu'il reste confondu dans le patrimoine commun, il devient imposable du moment où il passe dans le patrimoine personnel des associés; — Attendu que la Société du canal de Beaucaire objecte vainement que les distributions opérées en 1880, 1882 et 1883, auraient été opérées à titre de partage; que l'argument qu'elle tire de cette circonstance manque de base, en fait, puisque la société n'est pas dissoute et qu'il n'échoit pas, dès lors, d'y statuer... »

772 *bis*. Décidé dans le même sens que, quand une société qui a pour objet la vente totale ou partielle et la perception des revenus d'une propriété immobilière, et qui distribue annuellement aux associés, indépendamment des dividendes, leur part dans le produit des ventes de terrains, a effectivement distribué à ce titre une somme égale à la valeur des apports, les répartitions ultérieures qui sont faites ont pour le tout le caractère de distributions de bénéfices passibles de la taxe de 3 p. 100. Seine, 22 avril 1887; 6873 R. p.

« Attendu que chaque actionnaire ayant reçu, au même titre, antérieurement à la mise en application de la loi du 29 juin 1872, une somme bien supérieure à la valeur nominale de l'action, laquelle s'est ainsi transformée en action de jouissance, l'Administration considère que les distributions effectuées depuis le 1er juil. 1872 ont représenté, pour la totalité, des bénéfices ou des produits d'actions sur lesquels elle réclame la taxe de 3 p. 100;

« Attendu que la société opposante soutient que cette réclamation est prématurée, les distributions dont il s'agit ayant constitué, aux termes des délibérations qui les ont autorisées, des restitutions ou des remboursements du capital;

« Attendu que tout excédent du fonds social sur le capital social constitue un produit, et que sa distribution, dans quelque forme et sous quelque titre que ce soit, rend l'impôt exigible au moment même où elle se réalise;

« Qu'il ne saurait appartenir aux contribuables de s'y

soustraire en donnant à ce produit la fausse qualification de capital... »

773. **DISTRIBUTION EN FIN D'ENTREPRISE.** — Du moment que la taxe atteint tous les bénéfices des sociétés, par cela seul qu'ils sont distribués, et du moment que le bénéfice doit s'entendre de la différence en plus existant à un moment donné entre le capital social et le fonds social, il importe peu que la distribution qui met cet excédent aux mains des actionnaires ait lieu au cours de la société ou après sa dissolution. Le caractère de bénéfice qui appartient aux sommes distribuées ne saurait dépendre de l'époque à laquelle cette distribution a lieu. Ce caractère est en effet déterminé par le résultat d'une simple opération de calcul qui peut se faire aussi bien quand une société est dissoute que quand elle est en plein exercice.

774. **Société dissoute. Partage de son actif.** — Nous avons déjà démontré que la taxe est due sur les bénéfices distribués non seulement par une société en cours d'opération, mais aussi par une société dissoute, soit que l'être moral ait survécu pour les besoins de la liquidation, soit même qu'il n'y ait pas lieu à liquidation. V. *supra*, nos 635 et 638.

On a fait contre cette solution diverses objections; mais il est facile de démontrer qu'aucune n'est fondée. La distribution, dit-on, étant le fait générateur de l'impôt, la taxe ne saurait être exigible sur une distribution qui est faite par une société dissoute, c'est-à-dire à un moment où la société débitrice de l'impôt n'existe plus. On peut répondre, pour les sociétés en liquidation, que la société subsiste, d'après une jurisprudence constante, pour les besoins de sa liquidation. Mais d'autres motifs d'une portée plus générale justifient pleinement l'exigibilité de la taxe, même à l'égard des répartitions faites à un moment où la société est entièrement anéantie.

Ce que la loi a voulu atteindre, ce ne sont pas les produits et bénéfices réalisés par les sociétés, ce sont les revenus et produits des actions ou des parts d'intérêt dans ces sociétés. Or ces produits doivent s'entendre de tout ce que l'actionnaire retire de son titre en sus de la somme qu'il a versée dans la société pour l'acquérir. Qu'importe dès lors à quelle époque il est mis en possession de ce produit? Du moment que la distribution qui lui est faite n'entame pas son apport initial, elle a par cela même pour objet le produit de cet apport, c'est-à-dire de l'action qui en est la représentation.

Comment d'ailleurs pourrait-on admettre que le législateur ait excepté de la taxe les produits distribués à l'expiration de la société, puisque c'est précisément à ce moment que le bénéfice social est définitivement fixé et mis à l'abri de tous les retours de fortune auxquels il reste sujet tant que la société existe? On aurait compris plutôt qu'il eût exempté, provisoirement tout au moins, les bénéfices distribués au cours de la société, puisque ces produits demeurent jusqu'à la dissolution susceptibles d'être entamés par les pertes. La distribution en fin d'entreprise doit d'autant moins échapper à l'impôt qu'elle est en définitive le but final de la société, l'objet direct et principal de la convention passée entre les associés.

« En principe, enseigne en ce sens M. Paul Pont, la part de chacun des associés dans les bénéfices et dans les pertes ne peut être sûrement calculée qu'au moment où la société arrive à son terme. Alors, il n'y a plus d'éventualité à craindre ou à espérer. On peut envisager l'affaire sociale dans son ensemble; on connaît le résultat définitif, et l'on peut dire avec certitude, en cas de déficit, ce qu'est la perte et dans quelle mesure chacun des associés doit y contribuer, ou, en cas de profit, quels sont les bénéfices et quelle part en revient à chacun. C'est donc à la dissolution de la société qu'il y a lieu de faire la répartition du gain et des pertes entre les parties. » (T. I, no 430; Conf. t. II, nos 1477 et suiv.)

Or, c'est cette répartition faite conformément au droit commun des sociétés, c'est-à-dire la plus régulière de toutes, qui serait exempte de l'impôt, d'après la thèse que nous combattons, tandis qu'on y assujettirait les répartitions annuelles, qui ne sont en réalité que des anticipations, consacrées par l'usage et tolérées par la loi, sur la répartition définitive. Le législateur aurait manqué de logique, s'il avait admis un pareil système. Bien plus, il aurait consacré la plus injuste des inégalités dans l'application de l'impôt, puisque des sociétés auraient pu ou non se soustraire à ses prescriptions, suivant qu'elles auraient ou non différé jusqu'à leur dissolution la répartition de leurs bénéfices.

L'interprétation rationnelle de la loi de 1872, consultée dans son texte comme dans son esprit, conduit donc à décider que le partage de son actif par une société dissoute donne ouverture à la taxe sur tout ce qui, dans les valeurs partagées, représente un excédent du fonds social sur le capital social. Peu importe que l'opération ait pour le tout le caractère d'un partage et soit comme telle assujettie, en ce qui concerne l'enregistrement, au droit gradué. Ce droit est complètement indépendant de la taxe de 3 p. 100 établie par la loi du 29 juin 1872, et, comme il n'a pas le même objet que ce dernier impôt, sa perception ne saurait faire double emploi avec celle de la taxe. Quant au caractère juridique de la répartition, il n'est d'aucune influence sur la solution de la question. La loi de 1872 ne considère que le résultat, et, si ce résultat consiste dans une distribution aux associés de valeurs représentant des produits ou bénéfices sociaux, les conditions d'exigibilité de l'impôt se trouvent remplies, quelle que soit d'ailleurs la nature de l'acte qui a opéré cette distribution. Voy. en sens contraire : Demasure, Régime fiscal des sociétés, no 211.

775. La jurisprudence a été unanime jusqu'à ce jour pour adopter notre opinion.

« Attendu, porte un jugement du tribunal de Lyon du 29 juil. 1881, que les opposants soutiennent que la loi du 29 juin 1872 ne s'appliquant qu'aux sociétés ne peut être invoquée contre eux, parce qu'au moment des distributions la Lyonnaise n'existait plus; sa dissolution avait été prononcée, elle était en liquidation, c'est-à-dire qu'elle ne constituait plus une société, mais seulement une indivision, dont les répartitions ne peuvent donner lieu qu'à des droits gradués de partage; — Attendu que ce système n'est pas fondé; qu'une société ne prend réellement fin que quand les opérations de sa liquidation sont terminées; que si, après sa dissolution, elle n'existe plus, en ce sens qu'elle ne peut plus se livrer à de nouvelles entreprises et poursuivre le but pour lequel elle avait été créée, elle existe toujours au point de vue du règlement de ses derniers intérêts et de l'apurement de ses comptes; qu'il serait d'autant plus contraire à la pensée de la loi de soustraire à l'application de l'impôt la période de la liquidation des sociétés que c'est précisément alors que se font en général les principales distributions, et que la fraude deviendrait facile par le retard systématiquement apporté à la date des répartitions... — 22,175 J.; 6127 R. p.; 22,964 J. N.; 16,784 Contr. — Dans le même sens : Bordeaux, 27 fév. 1884; 22,420 J.; 23,653 J. N.; — Seine, 13 fév. 1885 (cité *supra*, no 772); — Nice, 20 juil. 1885; 22,558 J.; 6532 R. p.; 23,744 J. N.; 17,107 Contr.; — Seine, 18 déc. 1885; 22,580 J.; 6623 R. p.; 17,119 Contr.; Inst. 2730, § 1er; — Lyon, 16 avril 1886; 22,682 J.; 6731 R. p.; S., 87, 2, 69; P., 87, 347; — Pont-Lévêque, 14 déc. 1886; 22,884 J.; 6863 R. p.; — Seine, 13 juil. 1888; 23,067 J.; 7120 R. p.; 17,640 Contr.; — Le Havre, 8 nov. 1888; 7188 R. p.

Le jugement du tribunal de Nice du 20 juil. 1885 (précité) reconnaît le caractère de bénéfices distribués aux sommes ou valeurs réparties entre les associés par le liquidateur d'une société anonyme dissoute, en excédent du capital social. Il en est ainsi spécialement, d'après cette décision, lorsque les sommes distribuées consistent en espèces et en actions libérées attribuées à la société dissoute en échange de l'apport qu'elle a fait de son actif à une société nouvelle.

Même solution rendue par le tribunal de Pont-Lévêque (jugement précité du 14 déc. 1886) à l'égard de répartitions faites par le liquidateur d'une société plusieurs années après la dissolution et établies par des quittances données par des actionnaires et produites par l'Administration.

« Attendu, porte ce jugement, que la loi a frappé d'une taxe annuelle de 3 p. 100 non seulement les revenus périodiques des actions, mais encore tous leurs produits et bénéfices ; que les termes absolus de l'art. 1er ne permettent de soustraire à l'impôt aucune augmentation acquise des fonds versés, aucun profit retiré par les actionnaires du fonctionnement de la société ;

« Attendu qu'il est certain que la taxe ne peut s'appliquer aux augmentations de l'actif social, tant qu'il reste soumis à toutes les alternatives de diminution et d'accroissement, mais qu'elle atteint les valeurs distribuées aux actionnaires ou intéressés en dehors de leur apport primitif et prenant, par suite de cette distribution, le caractère de produits ou revenus ;

« Attendu que, même après la dissolution d'une société et pendant la période de liquidation, il est vrai de dire que la société, qui a cessé de poursuivre son œuvre pour l'avenir, continue de subsister comme personne morale propriétaire du fonds social en liquidation, et qu'à ce moment surtout se font, en dehors de leur apport primitif, les principales distributions, se réalisent les bénéfices et produits des actions que la loi fiscale a voulu frapper... »

Le jugement de la Seine du 13 juil. 1888 (précité) décide que lorsqu'une société fusionne avec une autre société à laquelle elle fait apport de tout son actif, en échange d'actions libérées émises par cette dernière et réparties entre les actionnaires de la société dissoute, tout ce qui, dans la valeur de ces actions, excède la valeur des apports originaires constitue un bénéfice distribué donnant ouverture à la taxe de 3 p. 100.

Enfin, d'après le jugement du tribunal du Havre du 8 nov. 1888 (précité), la même règle est applicable à une société anonyme en liquidation qui cède son établissement industriel à une autre société moyennant un prix consistant en argent et en actions libérées de la compagnie cessionnaire, dont la répartition est faite, au prorata de leurs droits, entre les actionnaires de la société dissoute. Le tribunal ajoute que la perception de la taxe de 3 p. 100 sur les valeurs mises en distribution ne fait pas obstacle à l'exigibilité du droit gradué lors de l'enregistrement de l'acte qui opère cette répartition.

776. La Cour de cassation a joint sa grande autorité à celle des tribunaux pour consacrer de la manière la plus formelle l'interprétation que nous avons défendue.

Un arrêt de la chambre des requêtes du 9 fév. 1887 reconnaît, en effet, que la taxe de 3 p. 100 atteint, comme ayant le caractère de bénéfices distribués, les sommes et valeurs qui sont réparties, même après la dissolution de la société et pendant la période de liquidation, entre les associés, en sus du capital originairement versé, et qui proviennent de la cession par la société de son actif à une société en voie de formation, moyennant un prix fourni en espèces et en actions de la nouvelle société. 22,807 J.; 6829 R. p.; 23,819 J. N.; 17,299 Contr.; Inst. 2750, § 1er; S., 88, 1, 177; D. P., 87, 1, 439; P., 88, 407.

Cet arrêt est ainsi motivé :

« Attendu que des qualités et des constatations du jugement attaqué il résulte que, par délibération des 11 juin et 11 juil. 1879, l'assemblée générale des associés de la Société civile interocéanique a décidé que le prix de cession de tous ses droits sur la concession du canal de Panama serait distribué, tant en espèces qu'en actions libérées de la Société anonyme universelle de Panama, aux porteurs de ses cent parts de capital, au prorata des droits de chacun ;

« Attendu que la répartition ainsi faite entre les associés de la Compagnie civile interocéanique constitue une distribution de bénéfices donnant ouverture à la taxe de 3 p. 100 ; qu'il est vainement articulé, d'une part, que la distribution des espèces et des actions a eu lieu après la dissolution de la société, survenue le 2 juil. 1881 ; qu'il est, en effet, constant que la remise des titres définitifs des dix mille actions n'a eu lieu que postérieurement à cette date ; que les pouvoirs du comité de direction ont été prorogés pour les besoins de la liquidation, et qu'à la date du 15 janv. 1884 ledit comité les exerçait encore ; qu'il importe peu, d'autre part, que les fonds et les actions distribués aient pu faire partie intégrante de l'actif social de la Compagnie interocéanique ; qu'en effet, les bénéfices et produits que la loi du 29 juin 1872 a voulu atteindre, ne consistent pas seulement dans les fruits et revenus périodiques, mais aussi dans l'augmentation du patrimoine commun, du moment que la société fait volontairement passer dans le patrimoine personnel des associés l'excédent de valeur que le patrimoine social a obtenu ; d'où il suit qu'en appliquant la taxe de 3 p. 100 à cette distribution de bénéfices le jugement attaqué a fait une juste application des articles visés au pourvoi... »

Enfin, la chambre civile, dans son arrêt précité du 8 janv. 1889 (V. *supra*, n° 763), a définitivement résolu la question, en décidant que le caractère de bénéfice appartient à toute somme ou valeur distribuée aux actionnaires en excédent du capital social, quelle que soit d'ailleurs l'époque de la répartition, et alors même qu'elle résulterait du partage de son actif par une société dissoute.

Aux termes de cet arrêt, qui sur ce point est conforme au jugement précédemment cité du tribunal du Havre, en date du 8 nov. 1888 (*supra*, n° 775), la taxe est due sur les bénéfices ainsi distribués, indépendamment du droit gradué perçu lors de l'enregistrement de l'acte de partage qui a opéré cette distribution.

777. *Société dissoute. Absence de liquidation.* Nous croyons d'ailleurs, ainsi que nous l'avons déjà démontré, qu'il n'y a pas lieu, pour l'application de cette règle, de distinguer entre le cas où la répartition est faite par une société en liquidation, et le cas où la dissolution a eu lieu dans des conditions qui ont rendu la liquidation inutile et ont fait disparaître immédiatement l'être moral. Indépendamment des motifs que nous avons déjà donnés à l'appui de cette opinion (V. *supra*, nos 638 et 774), il y a, pour achever de la justifier, un motif péremptoire : c'est que, dans l'hypothèse où nous nous plaçons, la distribution des bénéfices est une conséquence directe et immédiate de la dissolution, en ce sens que le même fait qui met fin à la société opère en même temps cette appropriation individuelle des associés, qui est, avec l'existence même d'un bénéfice, la condition de l'exigibilité de l'impôt. En effet, ainsi que nous l'expliquons plus loin, la distribution qui rend la taxe exigible doit s'entendre de tout fait qui fait passer les bénéfices du patrimoine de la société dans le patrimoine personnel des associés. Or la dissolution dont nous parlons produit cet effet *ipso facto*, puisqu'elle substitue aux droits de la collectivité, considérée comme être moral, les droits individuels qui reviennent à chaque associé et qui portent directement sur les biens composant l'actif social.

En résumé, c'est la dissolution même qui, dans ce cas, opère la distribution et rend exigible la taxe de 3 p. 100. Le partage qui intervient ensuite n'est qu'un acte d'exécution destiné à régler les droits des parties et à mettre fin à l'indivision qui existe entre elles au sujet de la propriété des biens et des valeurs dont la dissolution les a directement investies, et, rigoureusement, l'Administration n'aurait pas à attendre ce partage pour exiger la taxe sur tout ce qui, dans les biens dont les associés sont ainsi devenus propriétaires, excède la valeur du capital social.

778. Détermination des bénéfices compris avec le capital social dans le partage de l'actif social. — *Mode de calcul.* Le bénéfice passible de la taxe, avons-nous dit, consiste dans l'excédent de l'actif social partagé ou distribué sur le capital social.

Le principe étant ainsi posé, la règle à suivre pour déterminer, dans chaque espèce, le montant des bénéfices à assujettir à l'impôt est des plus simples.

Il faut, d'une part, estimer, d'après les procédés admis en

matière fiscale, la valeur, au jour de la distribution, des biens remis aux associés, et en déduire soit le chiffre nominal du capital social, lorsqu'il a été déterminé par les statuts, soit, dans le cas contraire, le montant des apports d'après leur valeur au moment où ils ont été réalisés. Le résultat de ce calcul constitue le bénéfice passible de la taxe de 3 p. 100.

779. *Évaluation des biens distribués aux associés.* Il a été décidé, conformément à la règle que nous venons d'énoncer :

Que, dans le cas où la répartition faite par les liquidateurs d'une société dissoute a pour objet des obligations de chemins de fer attribuées à cette société pour prix de la cession de son actif à une autre compagnie, la valeur des obligations attribuées et réparties entre les actionnaires doit, pour le calcul du bénéfice imposable, être déterminée, non d'après le taux nominal d'émission, mais d'après le cours de la Bourse, qui représente réellement la valeur pour laquelle ces obligations ont été attribuées à la société dissoute pour prix de la cession de son actif, et distribuées ensuite aux actionnaires. La perception de la taxe effectuée sur la valeur des obligations ainsi fixée ne peut d'ailleurs être arguée de double emploi, sous le prétexte que la prime de remboursement comprise dans cette valeur devra être ultérieurement frappée de la taxe de 3 p. 100 entre les mains des porteurs. — Arrêt de cassation du 8 janv. 1889, cité *supra*, n° 763.

« Attendu, porte cet arrêt, qu'aux termes de la seconde convention passée, le 28 juil. 1881, entre la Compagnie P.-L.-M. et celle des Dombes, la Compagnie P.-L.-M. devait solder l'annuité de rachat de la Compagnie des Dombes en capital, en remettant à la cédante le nombre d'obligations de 500 francs à 3 p. 100, du type fusion nouvelle, nécessaire pour lui assurer, à raison de 15 francs par obligation, un revenu annuel égal au montant de l'annuité;

« Attendu que l'opération ainsi arrêtée n'était autre chose qu'un payement fait en obligations au lieu de l'être en espèces, et que c'est à bon droit que le jugement attaqué a dit que le prix de la cession consistait, non en un capital déterminé, mais en un revenu égal à l'annuité que le prix devait solder et qui a été procuré par la remise à la Compagnie des Dombes du nombre d'obligations nécessaire pour produire ce revenu;

« Attendu que le payement du prix ainsi réglé en obligations a nécessairement fait entrer dans la caisse de la Compagnie des Dombes une somme égale au produit du nombre des obligations à elle remises, multiplié par le chiffre de la cote officielle au jour de la cession; que le jugement attaqué constate, en fait, que ce jour-là, c'est-à-dire le 12 fév. 1884, la cote à la Bourse de Paris des obligations dont il s'agit de la Compagnie Paris-Lyon-Méditerranée était de 363 fr. 125, et que cette Compagnie en trouvait la vente tous les jours à ses guichets pour une somme égale au chiffre de la cote officielle; qu'ainsi, c'est bien le produit de 83,333 et 1/3 multiplié par 363 fr. 125, soit donc la somme de 30,260,415 fr. 45, qui a été versée, le 12 fév. 1884, dans la caisse de la Compagnie des Dombes et qui a été ensuite répartie entre ses actionnaires par les soins des liquidateurs, à raison de trois obligations et 1/3 par action; que c'est avec non moins de raison que le jugement attaqué fait observer qu'il est d'ailleurs certain que si le prix de la cession avait consisté en un capital déterminé, la Compagnie Paris-Lyon-Méditerranée n'aurait pas cédé pour 300 francs des obligations cotées 363 fr. 125; qu'ainsi l'Administration a été fondée à percevoir la taxe de 3 p. 100 en faisant entrer dans ses calculs la valeur des obligations pour le chiffre de 363 fr. 125;

« Attendu, d'autre part, que l'Administration a perçu cette taxe, dans l'espèce, sur les bénéfices et produits des actions de la Compagnie des Dombes que celle-ci a distribués à ses actionnaires; que cette perception n'a absolument rien de commun avec l'impôt qu'aux termes de la loi du 21 juin 1875 les porteurs des obligations que la Compagnie Paris-Lyon-Méditerranée a remises à celle des Dombes auront à payer sur la prime de remboursement, quand ces titres seront remboursés; qu'ainsi il ne peut y avoir double emploi entre la taxe sur les bénéfices et produits due par les actionnaires de la Compagnie des Dombes et celle dont les obligataires de la Compagnie Paris-Lyon-Méditerranée pourront se trouver ultérieurement débiteurs... »

780. Le cours de la Bourse, quand la répartition a pour objet des valeurs inscrites à la cote, est, sans doute, dans la plupart des cas, le plus sûr mode d'évaluation à adopter. Mais des considérations de fait peuvent le faire écarter. C'est ainsi que le jugement du tribunal de la Seine du 13 juil. 1888, cité *supra*, n° 775, a décidé que, quand deux sociétés fusionnent et que des actions nouvelles sont attribuées aux actionnaires de la société dissoute pour une valeur excédant son capital social, il y a lieu, si le nombre de ces actions est tel que leur émission sur le marché et leur mise en vente simultanée soient de nature à leur faire subir une dépréciation, de recourir à une déclaration estimative, et l'Administration n'est pas fondée, dans ce cas, à prendre la cote de la Bourse pour base de son évaluation.

781. Il va sans dire que c'est à une déclaration estimative qu'il y a lieu de recourir si les actions faisant l'objet de la répartition entre les membres de la société dissoute ne sont pas cotées à la Bourse. Le Havre, 8 nov. 1888, cité *supra*, n° 775.

782. *Évaluation du capital social ou des apports originaires.* Après avoir déterminé la valeur des biens distribués, il faut, avons-nous dit, déterminer celle que les associés avaient mise en société et dont la distribution ne constitue qu'une restitution d'apports, un amortissement du capital social. Quand le capital social est d'une somme fixe, c'est cette somme qui doit être déduite de la valeur des biens répartis; l'excédent, s'il y en a, constitue le bénéfice passible de la taxe.

Dans le cas contraire, les parties sont admises à l'évaluer, sauf le droit de contrôle qui est toujours réservé à l'Administration.

Ce droit de contrôle, elle l'exerce par les moyens d'informations et de preuves que la loi fiscale met à sa disposition. L'art. 5 de la loi du 29 juin 1872 renvoie en effet à la loi du 22 frim. an 7 pour tout ce qui concerne les formes de recouvrement et la procédure à suivre en cas d'instance. La preuve des apports peut donc, au cas particulier, être administrée à l'aide des actes opposables aux parties, et, conformément à la jurisprudence de la Cour de cassation, au moyen des simples présomptions résultant de ces actes et des faits constants au procès. Cass., 27 juin 1883; 22,126 J.; 6748 Rev. not.; 16,794 Contr.; 6188 R. p.; Inst. 2687, § 2; D. P., 84, 1, 239; S., 85, 1, 33; P., 85, 52.

L'Administration est fondée notamment à déterminer l'importance des apports originaires au moyen des évaluations faites dans les actes passés entre les parties, et plus spécialement encore au moyen des estimations qui ont été fournies, à une époque contemporaine de la constitution de la société, pour le payement du droit de timbre sur ses actions. Bordeaux, 27 fév. 1884; 22,420 J.; 23,653 J. N.

783. *Société antérieure à la loi du 29 juin 1872.* C'est d'ailleurs la valeur à l'époque de la constitution de la société qui doit toujours être prise pour base du calcul à faire pour la détermination du bénéfice imposable. Il importe peu que cette valeur se soit accrue déjà avant la promulgation de la loi du 29 juin 1872. Il est de principe, en effet, ainsi que nous le verrons plus loin, que le bénéfice réalisé antérieurement à cette loi est intégralement passible de la taxe, s'il n'est distribué que postérieurement à cette loi. Il en résulte incontestablement, dans notre hypothèse, que les bénéfices passibles de la taxe doivent être établis en comparant la valeur du fonds social distribué aux associés avec la valeur qu'il avait, non pas au moment de la promulgation de la loi de 1872, mais au moment de la constitution de la société. C'est

ce qu'a très justement décidé le tribunal de Bordeaux par son jugement du 27 fév. 1884 (*supra*, n° 782).

784. *Preuve des distributions.* La preuve des distributions aux actionnaires de sommes et valeurs excédant leur apport originaire et donnant ainsi ouverture à la taxe peut être faite par tous les moyens de droit commun compatibles avec la procédure spéciale suivie en matière d'enregistrement. Elle peut donc être faite, ainsi que nous venons de le dire sous le n° 782, au moyen des simples présomptions de l'art. 1353 du C. civil.

En fait, elle résulte suffisamment d'actes notariés portant quittance par quelques-uns des actionnaires, en remboursement de leurs actions, de sommes supérieures à la valeur nominale des titres. Pont-Lévêque, 14 déc. 1886; 22,884 J.; 6865 R. p.;

« Attendu qu'il est certain que la taxe ne peut s'appliquer aux augmentations de l'actif social tant qu'il reste soumis à toutes les alternatives de diminution et d'accroissement, mais qu'elle atteint les valeurs distribuées aux actionnaires ou intéressés en dehors de leur apport primitif, et prenant, par suite de cette distribution, le caractère de produits ou revenus;

« Attendu que, même après la dissolution d'une société et pendant la période de liquidation, il est vrai de dire que la société qui a cessé de poursuivre son œuvre pour l'avenir continue de subsister comme personne morale propriétaire du fonds social en liquidation, et qu'à ce moment surtout se font, en dehors de leur apport primitif, les principales distributions, se réalisent les bénéfices et produits des actions que la loi fiscale a voulu frapper;

« Attendu, quant à la preuve de la fraude, qu'elle peut se faire au moyen des comptes rendus des assemblées générales d'actionnaires ou des conseils d'administration, ou même de tous autres documents analogues (art. 2 de la loi de 1872), et peut résulter de simples présomptions; — Qu'en effet, en matière de fraude, ce genre de preuve est admissible, ainsi qu'il ressort des dispositions de l'art. 1353 C. civ.;

. . . .

« Attendu qu'il est établi par les pièces analysées dans le mémoire que la société a été dissoute à la date du 1er janv. 1880; que l'actif social a été réalisé par suite d'une adjudication du 20 déc. 1880; que le passif hypothécaire a été réglé suivant quittance reçue par Me Champion, notaire à Trouville, le 21 avril 1881;

« Attendu qu'il s'est écoulé plusieurs années depuis la dissolution, pendant lesquelles les liquidateurs ont dû nécessairement déterminer l'émolument afférent à chaque action et procéder à la distribution définitive; — Qu'en effet, premièrement, d'après leur quittance du 29 janv. 1884, dressée par Me Petit, notaire à Trouville, les héritiers du duc de Maillé ont reçu des liquidateurs une somme de 8,700 francs pour le remboursement d'une part ou action nominative de 1,500 francs et d'une demi-part de 750 francs; deuxièmement, suivant leur quittance du 4 juin 1884, reçue par le même notaire, les héritiers Juteau ont touché une somme de 5,800 francs pour le remboursement d'une action;

« Attendu qu'il est suffisamment prouvé qu'une distribution des produits de la liquidation a été faite aux sociétaires conformément aux statuts, à raison d'une somme égale de 5,800 francs par action, sur laquelle, déduction faite de la mise initiale, la taxe de 3 p. 100 doit être acquittée..... »

785. **PRODUITS PÉRIODIQUES OU NON PÉRIODIQUES. — Distribution de réserves capitalisées.** — Les divers arrêts que nous venons de citer, en reconnaissant le caractère de bénéfices passibles de la taxe à toutes les sommes ou valeurs distribuées en excédent du capital social, quelle que soit l'époque de la distribution, démontrent surabondamment qu'il n'y a pas lieu, pour l'application de la loi, de distinguer entre les produits périodiques, qui ont pour les associés le caractère de revenus, et les produits non périodiques, tels que les bénéfices accumulés, qui ont pu revêtir, en droit et en fait, le caractère de capitaux.

On a contesté cette interprétation, en se prévalant, d'une part, de ce que la taxe édictée par la loi du 29 juin 1872 constitue, d'après son titre même et d'après l'esprit qui a présidé à son élaboration, un impôt sur le revenu. On ajoute, dans cette opinion, que la périodicité de la taxe suppose une périodicité correspondante dans les revenus qu'elle atteint. Demasure, Traité du régime fiscal des sociétés, n° 206.

Ces motifs ne sont pas admissibles. A l'argument de texte on peut opposer un argument de même nature tiré de ce que, dans l'art. 1er, la loi a atteint non seulement les dividendes et les revenus des actions, mais aussi *tous autres produits*.

Quant à la périodicité de la taxe, elle n'existe qu'en ce qui concerne le mode et les époques de payement; mais sa liquidation suit nécessairement toutes les variations qui se produisent dans la production des bénéfices, et, s'il n'y a pas de bénéfices, elle cesse d'être exigible.

D'ailleurs, comme nous l'avons déjà dit, la loi aurait consacré la plus flagrante des injustices, et la règle de la péréquation de l'impôt serait constamment faussée si l'exigibilité de la taxe devait dépendre du plus ou moins de régularité que les associés mettent à distribuer entre eux les produits réalisés par la société.

Aussi l'interprétation que nous combattons n'a jamais prévalu en jurisprudence. Toutes les décisions précédemment citées la rejettent, tout au moins implicitement, puisqu'elles font porter l'impôt sur tout excédent du fonds social sur le capital social, quelles que soient la nature de cet excédent et les époques de sa distribution.

786. La question a d'ailleurs été expressément soumise à la Cour de cassation dans une affaire dont les circonstances méritent d'être rapportées.

La Compagnie des mines d'Anzin a été fondée en 1757, entre plusieurs propriétaires de mines de charbon, pour l'exploitation de ces mines et de toutes celles qui seraient ultérieurement concédées à la compagnie. Son capital, non évalué, a été divisé en 24 *sols* de 12 *deniers* chacun, soit en tout 288 deniers. Au cours de son exploitation, la société s'est rendue acquéreur de 1,000 actions de la Compagnie des mines de Vicoigne, et elle a conservé ces titres dans son portefeuille jusqu'au 31 mars 1874, date à laquelle elle a décidé, vu la grande valeur que ces actions avaient acquise, de les répartir entre ses associés, à raison de trois actions pour chaque denier.

L'Administration a pensé que cette répartition constituait une distribution de bénéfices, et elle a réclamé la taxe sur la valeur totale des actions remises aux associés d'Anzin.

Le tribunal de Valenciennes, par un jugement du 8 juil. 1881 (22,313 J.; 5795 R. p.; 16,548 Contr.), a rejeté cette demande, en se fondant sur les motifs suivants:

La loi de 1872 n'atteint que les revenus et produits des actions et parts d'intérêt dans les sociétés. La taxe n'est donc pas exigible lorsqu'une société distribue entre les associés une fraction de son capital social. Les actions de Vicoigne, réparties entre les porteurs des deniers d'Anzin, constituent non un produit de ces deniers, mais une fraction détachée du capital social.

En effet:

1° Il n'est pas même allégué par l'Administration que les actions de Vicoigne aient été acquises au moyen de bénéfices réalisés et mis en réserve en vue de cette acquisition.

2° Les faits démontrent le contraire. La Compagnie des mines d'Anzin est devenue propriétaire des actions de Vicoigne au moyen de la subrogation qui lui a été consentie en 1843 par la Compagnie d'Hasnou tant dans la concession d'Hasnou que dans la concession des mines de Vicoigne. C'est en un mot une concession nouvelle, qui est venue se fondre dans le patrimoine de la société. Or, c'était là une opération prévue par les statuts, d'après lesquels la Compagnie d'Anzin, qui a été fondée avec un capital indéterminé, peut toujours accroître ce capital par l'adjonction de nouvelles concessions.

Il en résulte qu'en distribuant aux actionnaires les actions des mines de Vicoigne, la société n'a fait que partager une partie du fonds social.

3° C'est ainsi d'ailleurs que l'opération a été caractérisée par des décisions judiciaires rendues entre parties, et qui ont considéré les actions des mines de Vicoigne non comme des bénéfices arrivés tardivement à distribution et pouvant être revendiqués par le légataire en usufruit d'un denier d'Anzin, mais comme une fraction du capital social revenant exclusivement au légataire de la nue propriété.

On doit donc en conclure que la distribution de ces actions ne constitue pas une distribution de *produits* et ne donne pas ouverture à la taxe de 3 p. 100.

Ces objections ne pouvaient prévaloir.

787. 1° L'Administration n'avait pas à alléguer ni à prouver que les actions de Vicoigne avaient été acquises au moyen de bénéfices réalisés antérieurement. Il lui suffisait d'établir: 1° que la distribution qui en a été faite en 1874 impliquait légalement l'existence de bénéfices dans la caisse sociale; 2° qu'en fait, c'est à ce titre que la distribution de ces actions a été autorisée par l'assemblée générale des actionnaires.

On a démontré précédemment (V. *supra*, n° 765) que toute distribution faite au cours de la société est présumée avoir pour objet des bénéfices. Si la société avait subi des pertes ou était restée stationnaire depuis sa fondation, elle n'aurait pu répartir les actions de Vicoigne entre ses membres et les soustraire ainsi aux chances sociales et à l'action des créanciers sociaux sans contrevenir à la loi d'ordre public qui régit les sociétés. Elle n'aurait pu, dans tous les cas, le faire que du consentement unanime des associés et à la condition de porter à la connaissance des tiers cette dérogation au pacte social.

On doit donc présumer qu'en distribuant ces actions au cours de son existence, elle a fait une distribution de bénéfices réalisés et dont il lui était permis de disposer au profit de ses propres actionnaires. Quant à l'origine de ces bénéfices, l'Administration n'avait pas à s'en préoccuper, ainsi qu'on le démontrera ultérieurement (V. *infra*, n° 793. Il suffisait qu'elle en eût fait ressortir et l'existence et la distribution. D'ailleurs, le texte de la délibération prouvait en fait, dans l'espèce, que la société avait entendu distribuer de véritables bénéfices. Il était dit, en effet, dans cette délibération: « Considérant que les actions de Vicoigne ont pris *une grande valeur;* qu'il est à propos de remettre aux associés la majeure partie de *cet accroissement du fonds social.* » Ainsi, c'est parce que le patrimoine de la société s'est enrichi par suite de l'augmentation de valeur des actions de Vicoigne, parce que l'opération a réussi et a donné un profit constaté par l'administration des mines d'Anzin, que celle-ci a proposé de répartir la plus grande partie de ces actions entre les associés. Le motif invoqué pour justifier la distribution est caractéristique. Il démontre évidemment que cette distribution a eu pour objet un gain réalisé par la société, c'est-à-dire un véritable bénéfice, dans le sens strict du mot.

788. 2° Le second motif du jugement n'est pas plus concluant.

De ce que les actions de Vicoigne représentaient de nouvelles concessions qui ont augmenté le champ d'exploitation de la compagnie et ont accru son fonds social, il n'en résulte pas qu'elles aient augmenté le capital social et que leur distribution constitue un amortissement de ce capital, une restitution d'apports.

Comme nous l'avons dit, il est essentiel, en cette matière, de ne pas confondre le capital social avec l'actif social.

L'actif social comprend tout ce qui appartient à la société. Il est susceptible sans cesse d'accroissement ou de diminution. Les bénéfices en font partie et y restent confondus avec le *capital social* proprement dit, tant qu'ils ne sont pas distribués.

Le capital social au contraire est, en principe, fixe et immuable. C'est la somme ou valeur que les associés se sont engagés à verser et à maintenir dans la société pour la garantie des tiers qui traitent avec elle. Sauf dans les sociétés à capital variable qui sont soumises à des règles particulières, il ne peut jamais être diminué du fait des associés. Il ne peut être augmenté qu'en vertu du consentement exprès des associés, ou de l'assemblée à laquelle ceux-ci ont donné pouvoir à cet effet.

Chaque année, lorsque la société fait son inventaire, tous les biens et valeurs composant l'actif social sont évalués; on en déduit le passif, et le reliquat net opposé au chiffre du capital primitivement versé, c'est-à-dire du capital social, sert à faire connaître le montant des bénéfices. C'est la différence entre les deux sommes qui constitue les bénéfices (P. Pont, Société, I, 428; II, 1478 et 1479). Ces derniers appartiennent aux associés, qui, n'ayant d'autre obligation que de maintenir dans la société le capital versé, sont par là même fondés à exiger la distribution des bénéfices régulièrement constatés. « Dès qu'ils sont constatés, dit Paul Pont (II, 1481), les bénéfices appartiennent aux associés commanditaires ou actionnaires. Ceux-ci en peuvent exiger le payement contre le gérant qui tarderait à en faire la distribution. L'assemblée générale elle-même ne pourrait pas, sans l'assentiment de tous, faire de ces dividendes un emploi qu'ils ne consentiraient pas. »

Toutefois, la volonté des actionnaires, exprimée d'avance dans les statuts, ou manifestée ultérieurement dans les assemblées générales, peut retarder la distribution de ces bénéfices, et faire qu'ils soient ou mis en réserve pour recevoir un emploi qui sera ultérieurement déterminé, ou employés immédiatement à un accroissement des opérations sociales, ou même, enfin, versés au capital social et affectés à son augmentation. Dans ces différents cas, ils accroissent toujours l'actif social, mais on voit qu'ils n'accroissent pas toujours le *capital social.* Pour cela, il faut une volonté expresse de la part des actionnaires; il faut en outre que l'augmentation soit publiée conformément aux art. 55 et 56 de la loi du 24 juil. 1867 (Vavasseur, Traité des sociétés par actions, n° 414). Enfin, la résolution qui augmente le capital social entraîne des résultats bien différents de ceux qui sont produits par une simple mise en réserve des bénéfices. Elle est, en effet, irrévocable et lie la société vis-à-vis des tiers, qui ont désormais un droit acquis à ce que le capital ainsi augmenté ne soit plus diminué. Les bénéfices ainsi capitalisés deviennent désormais indisponibles, et les associés ne peuvent plus en demander la répartition, comme ils pourraient le faire pour ceux qui sont mis en réserve.

Aussi la jurisprudence considère cette attribution des bénéfices au capital social comme un acte de disposition impliquant leur appropriation de la part des associés, et elle décide que cette appropriation, équivalant à une distribution, donne ouverture à l'impôt de 3 p. 100 (V. les arrêts qui seront cités *infra,* n° 820).

Ces explications permettent d'apprécier la valeur du motif invoqué par le jugement de Valenciennes pour soustraire la distribution des actions de Vicoigne à l'application de l'impôt de 3 p. 100. Evidemment le tribunal s'est trompé en affirmant que ces actions se sont incorporées au capital social du jour de leur acquisition. Comme tout ce qui est acquis pendant l'existence de la société, elles ont fait dès ce jour-là partie de l'actif social, du fonds commun. Elles ont dû, chaque année, figurer dans l'inventaire pour leur valeur au moment de sa rédaction, et ont ainsi contribué, comme tous les autres revenus, à faire ressortir le bénéfice annuel. Mais il n'en résulte nullement que le capital social se soit accru *ipso facto* du montant de leur valeur. Il aurait fallu pour cela le consentement exprès des associés, et, du jour où ce consentement aurait été donné, il aurait produit des effets irrévocables et se serait opposé à ce que le capital d'accroissement pût être mis ultérieurement en distribution. Il est à remarquer, du reste, que, si ce consentement s'était manifesté sous l'empire de la loi du 29 juin 1872, il aurait donné ouverture à l'impôt de 3 p. 100 sur le montant de la valeur versée au capital social, conformément à la doctrine des arrêts du

7 juin 1880 (*infra*, n° 793); mais, ce qui est certain en fait, c'est qu'aucune résolution de cette nature n'a été prise par la compagnie d'Anzin ni avant ni après la loi de 1872. C'est seulement en 1874 que le conseil de régie de cette compagnie constate le succès de l'opération des mines de Vicoigne; c'est à ce moment seulement qu'il règle l'emploi des bénéfices en provenant. Il pouvait ou bien en proposer le versement au capital social, ou les laisser en réserve, ou les mettre en distribution. C'est à ce dernier parti qu'il s'est arrêté. En le faisant, la compagnie a évidemment disposé d'un produit disponible, et non d'une fraction de son capital. Ce produit, en arrivant aux mains des actionnaires, est devenu un produit de leurs actions dans l'acception la plus rigoureuse du mot, et l'Administration n'a fait que demander l'application littérale de la loi de 1872 en proposant de l'assujettir à la taxe de 3 p. 100.

789. 3° Quant au troisième motif invoqué par le tribunal, il tombe devant cette considération que la loi de 1872 a frappé de l'impôt non pas seulement les revenus et dividendes distribués par les sociétés, mais les bénéfices et tous autres produits. Or, comme on vient de le démontrer, les bénéfices sociaux ne cessent pas d'être des bénéfices par cela seul qu'ils sont mis en réserve et capitalisés. Sans doute, il peut arriver que, par l'effet de cette capitalisation, ils perdent, dans le patrimoine de l'actionnaire, leur nature de fruits ou de revenus, pour prendre le caractère de capitaux et que cette transformation exerce une influence sur le règlement civil des droits des intéressés. Mais, au point de vue de l'application de la loi du 29 juin 1872, ces faits juridiques ne sont d'aucune importance. Ils ne peuvent faire que la distribution de ces réserves capitalisées soit une restitution d'apports, un amortissement du capital social, puisque, ainsi qu'on l'a expliqué précédemment, leur incorporation au capital social n'aurait pu s'accomplir que par une volonté expresse et unanime de tous les associés et que cette incorporation d'ailleurs, si elle avait lieu, équivaudrait à une véritable distribution et rendrait la taxe exigible.

En résumé, les bénéfices ne se confondent jamais avec le capital social, à moins qu'ils n'y soient versés par la volonté expresse et unanime des associés, ce qui constituerait, nous le répétons, une distribution passible de la taxe.

Il en résulte que leur mise en réserve ne peut jamais avoir pour effet de leur faire perdre leur caractère, et, par conséquent, leur distribution, à quelque époque et de quelque manière qu'elle ait lieu, doit incontestablement donner ouverture à la taxe.

790. Cette thèse a été expressément consacrée par l'arrêt de la chambre civile du 29 avril 1884, qui a cassé le jugement du tribunal de Valenciennes dans les termes suivants (22,313 J.; 6322 R. p.; 23,239 J. N.; 16,909 Contr.; Inst. 2700, § 3; S., 85, 1, 225; D. P., 84, 1, 421; P., 85, 535) :

« Attendu que les termes de ces articles (art. 1er et 2, loi du 29 juin 1872) sont généraux et absolus et qu'ils assujettissent à la taxe de 3 p. 100 la distribution, sous quelque forme qu'elle ait lieu, de tous les produits et bénéfices réalisés par les sociétés, sans faire aucune distinction à raison soit de l'origine, soit de la nature de ces produits;

« Attendu que des constatations du jugement attaqué il résulte que, par délibération en date du 31 mars 1874, la régie de la Compagnie des mines d'Anzin a décidé que les actions de la Compagnie des mines de Vicoigne attribuées à la Compagnie d'Anzin comme propriétaire de la concession d'Hasnou ayant pris une grande valeur, il convenait de remettre aux mains des associés de la Compagnie la majeure partie de cet accroissement du fonds social, et qu'il serait fait à chaque associé attribution de titres nominatifs de Vicoigne à raison de trois actions par chaque denier de la Compagnie d'Anzin;

« Attendu que la répartition ainsi faite entre les associés de la Compagnie d'Anzin des actions de la Compagnie des mines de Vicoigne constitue une distribution de bénéfices donnant ouverture à la perception de la taxe de 3 p. 100; qu'il importe peu que les actions distribuées aient fait partie intégrante du fonds social de la Compagnie d'Anzin; qu'en effet, les bénéfices et produits que la loi du 29 juin 1872 a voulu atteindre ne consistent pas seulement dans les fruits et revenus périodiques, mais aussi dans l'augmentation même du patrimoine commun, du moment que la société fait volontairement passer dans le patrimoine personnel des associés l'exédent de valeur que le fonds social a obtenu;

« Attendu que le caractère de bénéfices peut, dans l'espèce, être d'autant moins contesté qu'il ressort de la délibération même du 31 mars 1874, puisque c'est à raison de ce que le fonds social s'est enrichi par suite de l'acquisition et de l'augmentation de valeur des actions de Vicoigne que le conseil d'administration de la Compagnie d'Anzin a décidé de distribuer aux associés, sous la forme d'une répartition entre eux de la plus grande partie de ces actions, une portion du bénéfice ainsi constaté; d'où il suit... » — V. sur cet arrêt les observations de la Revue critique de législation, année 1886, p. 68.

791. La même doctrine résulte de l'arrêt du 9 fév. 1887 (22,807 J.; 6829 R. p.; 23,819 J. N.; 17,299 Contr.; Inst. 2750, § 1er; S., 88, 1, 177; D. P., 87, 1, 439; P., 88, 407), de l'arrêt du 8 janv. 1889 rendu dans l'affaire de la Compagnie des Dombes, de deux arrêts du 7 juin 1880 qui seront rapportés *infra*, n° 803, et, en général, de toutes les décisions que nous avons rappelées précédemment sous les nos 775 et 776.

792. NATURE ET PROVENANCE DES BIENS ET VALEURS DISTRIBUÉS EN REPRÉSENTATION DES BÉNÉFICES. — **Biens ayant servi à constituer le capital social.** — On voit clairement par les décisions que nous venons d'analyser que le bénéfice d'une société, que la loi assujettit à l'impôt, doit s'entendre non pas de telle ou telle somme, de telle ou telle valeur déterminée, qui est entrée dans la caisse sociale ou est venue s'adjoindre à l'actif par le résultat des acquisitions ou des spéculations plus ou moins heureuses de la société. Le bénéfice, d'après la définition que nous en avons donnée d'accord avec la jurisprudence, consiste dans la plus-value de l'actif mis en commun; c'est en quelque sorte le résultat d'une opération mathématique. Il est déterminé par la comparaison de la valeur de l'actif social, à un moment donné, avec la valeur des apports originaires.

D'un autre côté, la distribution du bénéfice réalisé résulte, comme nous le verrons, de toute opération qui a pour objet de faire passer, du patrimoine de la société dans celui des actionnaires, des biens pour une valeur égale au bénéfice obtenu. Il importe peu, par conséquent, que ces biens employés à mettre aux mains des actionnaires les bénéfices disponibles, consistent en sommes d'argent, en valeurs mobilières ou en immeubles, qu'ils proviennent d'acquisitions faites par la société depuis sa constitution ou des apports mis en commun par les associés pour constituer le capital social. Quelles que soient la nature et la provenance de ces biens, leur distribution constitue une répartition de bénéfices, dès lors que leur valeur sert à remplir les actionnaires du bénéfice qui leur est acquis et qu'elle laisse intact le chiffre du capital social. Les apports des associés n'entrent pas, en effet, dans la société avec une affectation déterminée. Ils se confondent dans le patrimoine commun avec tous les biens qui viennent s'y adjoindre par voie d'acquisition ou autrement et la société peut en disposer comme elle l'entend pour tous les besoins de ses opérations, et les employer notamment, si elle le juge utile, à remplir les associés des bénéfices mis en distribution. C'est là une opération très licite, et qui n'aurait le caractère d'amortissement que si elle entamait le capital social. Dès lors que ce capital reste intact, tel qu'il a été fixé par les statuts, la distribution constitue une distribution de bénéfices et donne ouverture à la taxe de 3 p. 100.

Il a été décidé dans ce sens que la répartition faite entre les associés d'une partie des immeubles composant originairement le capital social, lorsqu'elle laisse intact le chiffre de ce capital et a pour cause un accroissement du patrimoine commun, constitue une distribution de bénéfices passible de la taxe de 3 p. 100. Nancy, 19 août 1884; 22,422 J.; 6424 R. p.; 23,653 J. N.; 17,278 Cont.

« Attendu qu'il y a bénéfice dès que, comparaison faite de l'actif social au jour de la formation de la société avec l'ensemble des valeurs sociales à un moment quelconque de son existence, on trouve un excédent, déduction faite des frais de gestion et des dettes communes;

« Attendu que le caractère de bénéfice des biens distribués entre les membres de la Société de Tantonville, par l'acte des 4 et 13 mai 1882, peut être d'autant moins contesté qu'il résulte de la délibération prise le 25 mars précédent, par l'assemblée générale des actionnaires, et que la répartition de ces biens n'a été décidée qu'à raison même de l'enrichissement et de l'augmentation du fonds social;

« Que ce point de fait ne saurait faire l'objet d'un doute, puisqu'il résulte de l'acte de société et de la délibération ci-dessus visée que le capital social primitif, qui présentait une valeur nette de 1,600,000 francs, non seulement ne s'est pas trouvé diminué par l'effet de la répartition, mais présente, au contraire, malgré la répartition de ces immeubles, une valeur nette de 2,400,000 francs, soit une augmentation de 800,000 francs;

« Qu'il importe peu que plusieurs de ces immeubles aient, dès l'origine, fait partie intégrante de la Société de Tantonville, telle qu'elle a été constituée par l'acte du 17 janv. 1873;

« Q'en effet les bénéfices et produits que la loi du 29 juin 1872 a voulu atteindre ne consistent pas seulement dans les fruits et revenus périodiques, mais aussi dans l'augmentation même du fonds social ou patrimoine commun, du moment que la société fait volontairement passer dans le patrimoine personnel des associés une partie quelconque de l'excédent de valeur que le fonds social a obtenu;

« Attendu, d'autre part, qu'aucune disposition légale n'exige que la distribution des produits ou bénéfices des actions d'une société ait eu lieu en espèces pour que l'Administration de l'enregistrement soit fondée à percevoir la taxe qui lui est afférente;

« Que ces produits ou bénéfices doivent être considérés comme distribués lorsque, sortis du fonds social, ils sont entrés dans le patrimoine personnel de chaque associé; qu'en un mot, la répartition des produits de la société est accomplie lorsque des bénéfices étant constatés et attribués aux associés ou actionnaires, ceux-ci ont acquis un droit privatif sur les valeurs ainsi réparties;

« Que les consorts Tourtel ne peuvent dénier que, par suite de la répartition qui a été opérée, la fortune personnelle de chacun d'eux s'est trouvée augmentée, sans que sa mise sociale ou que le capital social se soit amoindri... »

On peut citer aussi comme ayant consacré implicitement cette doctrine les arrêts qui ont reconnu le caractère de bénéfices distribués, passibles de la taxe, aux sommes réparties entre les associés, soit effectivement, soit par voie de versement au capital social, soit pendant l'existence de la société, soit après sa dissolution, et provenant de la réalisation des biens ayant fait l'objet des apports des associés. Cass., 7 juin 1880 (Société métallurgique de Tarn-et-Garonne); 21,365 J.; 5505 R. p.; 22,358 J. N.; 16,274 Contr.; 6178 Rev. not.; Inst. 2643, § 2; S., 80, 1, 473; D. P., 80, 1, 467; P., 80, 1175; — 9 fév. 1887 (Société du canal de Panama); 22,807 J.; 6829 R. p.; 23,819 J. N.; 17,299 Contr.; Inst. 2750, § 1er; S., 88, 1, 177; D. P., 87, 1, 439; P., 88, 407; — 8 janv. 1889, cité *supra*, n° 763; V. aussi les décisions rapportées sous le n° 775.

793. CAUSE ET ORIGINE DES BÉNÉFICES DISTRIBUÉS. — Le caractère de bénéfice appartient également à toute somme ou valeur distribuée en représentation de la plus-value obtenue par les apports originaires, quelle que soit la cause de cette plus-value, soit qu'elle provienne de l'exploitation commerciale ou industrielle qui fait l'objet de la société, soit qu'elle ait pour origine une augmentation naturelle dans la valeur des biens composant le fonds social, soit enfin qu'elle résulte d'une opération accomplie en dehors du fonctionnement normal de la société ou d'un événement quelconque, tel qu'une libéralité faite à la société, un gain non prévu et exceptionnel, etc. Toutes ces hypothèses ont été successivement soumises à la Cour de cassation et résolues uniformément dans le sens de l'exigibilité de la taxe.

794. Plus-value des biens composant le capital social. — Ainsi la taxe serait due lors même que les bénéfices distribués proviendraient uniquement de la plus-value naturelle des biens ayant servi à constituer le capital social. Comme nous le faisions remarquer sous l'art. 23,153 du Journal, ce que la loi du 29 juin 1872 a voulu atteindre, ce ne sont pas les produits et bénéfices réalisés par les sociétés, ce sont les revenus et produits des actions ou des parts d'intérêt dans ces sociétés. Or, ces produits doivent évidemment s'entendre de tout ce que l'actionnaire retire de son titre en sus de la somme qu'il a versée dans la société. Qu'importe dès lors de quelle manière les sommes et valeurs qui lui sont distribuées ont été obtenues par la société? Du moment que cette distribution n'entame pas l'apport initial, elle a par cela même pour objet le produit de cet apport, c'est-à-dire de l'action qui en est la représentation.

D'ailleurs c'est bien certainement à titre de bénéfice que la société en opère la répartition. Supposons, pour le démontrer, le cas le plus défavorable, c'est-à-dire le cas où une société commerciale n'a fait au cours d'un exercice aucune opération fructueuse, mais dont le fonds social a acquis, par suite de circonstances particulières et anormales, ou par le seul jeu des forces économiques, une plus-value notable. Cette société, lors de son inventaire annuel, n'opérera-t-elle pas très régulièrement en faisant figurer à l'actif les différents biens composant le fonds social pour leur valeur actuelle, et non pour leur valeur initiale? D'autre part, le capital social figurera au passif pour son chiffre nominal. Dès lors, la balance donnera nécessairement un excédent, qui constituera un bénéfice, et que la société sera incontestablement fondée à employer à la distribution d'un dividende. Et si, par mesure de prudence et pour parer à toutes les éventualités, elle ne tient pas compte dans l'établissement de son bilan de la plus-value obtenue par les biens composant les apports sociaux, si elle continue à les y porter pour leur valeur initiale, dira-t-on que cette plus-value n'existe pas? Enfin, que cette plus-value tenue en réserve par ce sage procédé de comptabilité se maintienne jusqu'à la dissolution de la société, il faudra bien que, lors du partage social, elle soit distribuée. Comment soutenir, dès lors, que cette distribution échappe à l'application de l'impôt, sous prétexte qu'elle n'a pas eu lieu, *à titre de dividende*, pendant l'existence de la société, puisqu'en droit elle aurait pu très régulièrement être effectuée à ce titre, et que c'est uniquement par mesure de prévoyance qu'elle ne l'a pas été? Une pareille interprétation se heurte aux principes les plus clairs et les plus élémentaires qui gouvernent la matière des sociétés.

Les deux arrêts du 29 avril 1884 (22,313 J.; 6322 R. p.; 23,239 J. N.; 16,909 Contr.; Inst. 2700, § 3; S., 85, 1, 225; D. P., 84, 1, 421; P., 85, 535) et du 9 fév. 1887 (22,807 J.; 6829 R. p.; 23,819 J. N.; 17,299 Contr.; Inst. 2750, § 1er; S., 88, 1, 177; D. P., 87, 1, 439; P., 88, 407), décident, dans ce sens, que les bénéfices atteints par la loi de 1872 ne consistent pas seulement dans les fruits et revenus périodiques, mais aussi dans l'augmentation du patrimoine commun, « du moment que la société fait volontairement passer dans le patrimoine personnel des associés *l'excédent de valeur* que le patrimoine social a obtenu. »

Un arrêt de la chambre des requêtes du 18 nov. 1878 (20,911 J.; 5122 R. p.; 22,001 J. N.; 16,017 Contr.; 5959 Rev. not.; Inst. 2619, § 2; S., 79, 1, 81; D. P., 79, 1, 229; P., 79, 166) déclare la taxe applicable à une société constituée pour l'acquisition et la revente d'un domaine, « sans qu'il y ait lieu de rechercher, dit la Cour, si, d'après les statuts, la société *n'avait pas d'autre bénéfice à espérer que l'augmentation de son capital* ».

Enfin, dans l'affaire de la Compagnie des Dombes, un des moyens du pourvoi se fondait précisément sur ce que les bénéfices provenaient de la plus-value du fonds social, pour prétendre que cette plus-value n'étant pas susceptible de répartition, du moins pendant l'association, devait échapper à l'application de la loi.

« S'il est interdit, a répondu l'Administration, aux associés, pendant l'existence de la société, de diminuer le capital social, garantie des tiers, il leur est parfaitement permis de se partager la plus-value des apports originaires, qu'elle résulte d'opérations heureuses ou du seul effet du temps. Un tel partage n'aura rien d'illicite du moment qu'il laissera le capital social intact. Il nécessitera sans doute la réalisation préalable d'une partie des apports, mais il appartiendra aux associés de rechercher si cette réalisation est opportune; en droit, rien ne s'opposera à ce qu'elle soit résolue et effectuée. Il n'est donc pas exact de prétendre, en fait, que l'accroissement de valeur du fonds social n'est pas de nature à être distribué durant l'entreprise; les associés, au contraire, sont libres de se l'approprier à toute époque, par tel procédé de leur choix, sous la seule condition de ne pas réduire l'actif social à un chiffre inférieur au capital social. »

La Cour a consacré cette thèse dans son arrêt du 8 janv. 1889 (23,153 J.; 7206 R. p.; 24,285 J. N.; 17,565 Contr.; Inst. 2768, § 3; D. P., 89, 1, 131), par des motifs décisifs :

« Attendu que les bénéfices et produits que la loi du 29 juin 1872 a voulu atteindre ne consistent pas seulement dans les fruits et revenus périodiques, mais aussi dans l'augmentation même du patrimoine commun, du moment que la société fait volontairement passer dans le patrimoine personnel des associés *l'excédent de valeur* que le fonds social a obtenu :

« Attendu qu'il n'y a pas à se préoccuper du point de savoir si l'accroissement de valeur du fonds social provient du fonctionnement normal de la société ou d'une cause étrangère; que ce serait rechercher l'origine et la nature des bénéfices et produits pour arriver à faire des distinctions que la loi n'a pas faites, et que, par conséquent, elle a interdites. »

795. **Bénéfices provenant de biens situés à l'étranger.** — Par application du même principe, il a été décidé qu'une société ayant son siège en France, mais possédant des immeubles à l'étranger, doit la taxe, sans distinction d'origine, sur la totalité des bénéfices distribués à ses actionnaires. Annecy, 3 avril 1879, et, sur pourvoi, Cass. (ch. des req.), 21 juin 1880; 21,373 J.; 5558 R. p.; 22,359 J. N.; 16,288 Contr.; 6178 Rev. not.; Inst. 2643, § 4; S., 81, 1, 130; D. P., 80, 1, 465; P., 81, 281.

« Attendu, porte l'arrêt précité, que ces dispositions (art. 1, 2, 4, loi du 29 juin 1872, et le décret du 6 déc. 1872), applicables aux sociétés françaises, sont générales et absolues, qu'elles comprennent tous les revenus desdites sociétés, et, par conséquent, toutes les sommes, sans distinction d'origine, entrées dans la caisse sociale, distribuées ensuite comme produits; — Attendu qu'il résulte du jugement attaqué que le siège social de la manufacture d'Annecy et Pont est fixé en France, à Annecy; que toutes les opérations d'administration générale ont lieu en France, que les assemblées générales des actionnaires ont fixé les dividendes distribués pour les années 1873 à 1877, en ayant égard soit aux bénéfices réalisés dans l'usine de Pont (Italie), soit à ceux qui ont été obtenus dans l'usine d'Annecy (France) ; — D'où il suit... » — V. sur cet arrêt : Revue critique de législation, année 1881, p. 712.

795 *bis*. **Bénéfices provenant d'une libéralité.** — De même, l'impôt sur le revenu doit être acquitté sur le montant de l'intérêt statutaire payé par une société à ses actionnaires, alors même que ce payement n'a pu être effectué que grâce au don d'une somme considérable abandonnée par un tiers à la société. — Seine, 22 fév. 1878, et, sur pourvoi, Cass. (req.), 18 mars 1879; 20,996 J.; 5210 R. p.; 22,094 J. N.; 16,069 Contr.; Inst. 2621, § 4; S., 79, 1, 278; D. P., 79, 1, 294; P., 79, 672.

« Attendu que, d'après les statuts, les actions de la société la Pantographie voltaïque devaient produire un intérêt de 6 p. 100, prélevé sur les bénéfices; qu'en fait cet intérêt a été payé; que, si la société n'a pu effectuer ce payement que grâce au don d'une somme considérable qui lui a été abandonnée par un tiers, il n'en est pas moins vrai que cette somme est entrée dans la caisse sociale, et qu'elle a dû figurer dans les comptes comme un bénéfice, et qu'en le décidant ainsi, le jugement attaqué n'a violé aucune loi... »

796. **Dividendes fictifs.** — De ce que les bénéfices distribués sont passibles de la taxe, quelles que soient leur cause et leur origine, il ne résulte pas que l'impôt soit exigible sur toute distribution, sans qu'il y ait lieu de rechercher si, oui ou non, elle a pour objet de véritables bénéfices.

Nous avons déjà vu que les sommes distribuées échappent à la taxe, lorsqu'elles sont réparties en représentation et à titre de restitution des apports. — V. *supra*, n° 766.

Nous expliquons également (V. *infra*, n° 799) que la taxe n'est pas due sur les distributions qui ont pour objet certains émoluments n'ayant pas le caractère de bénéfices.

De même, s'il est établi que des répartitions, bien que faites à titre de distribution de dividendes, ont été en réalité prises sur le capital social, nous croyons que la taxe n'a pas de fondement et que la réclamation de l'Administration tombe devant la preuve, régulièrement administrée, du caractère frauduleux de la distribution.

En outre, si la taxe avait été perçue, elle devrait être restituée.

Cette règle paraît admise par l'Administration (Sol. 22 oct. 1884), et nous en trouvons une application dans un jugement du tribunal de Senlis du 14 juin 1889 qui, sans avoir à statuer sur le principe que l'Administration ne contestait pas, a jugé en fait qu'il n'y avait pas lieu d'admettre au passif de la faillite d'une société la taxe restée due sur des dividendes distribués par cette société, alors qu'il était établi que ces dividendes avaient été frauduleusement prélevés sur le capital. 7290 R. p.

Le même jugement décide qu'une distribution de cette nature ne met pas obstacle à ce que la société soit déclarée improductive au sens de l'art. 24 de la loi du 5 juin 1850 et bénéficie, aux conditions définies par cet article, de la dispense du droit de timbre d'abonnement.

797. **Bénéfices provenant du revenu d'actions ou d'obligations dans une autre société ou établissement assujetti à la taxe. Double taxe.** — Il arrive souvent qu'une société qui doit et acquitte régulièrement la taxe sur les dividendes qu'elle distribue, ou sur les intérêts de ses emprunts, a au nombre de ses actionnaires ou de ses obligataires une autre société pour laquelle ces dividendes ou ces intérêts distribués sont une source de produits et de bénéfices.

La première de ces sociétés doit incontestablement la taxe même sur les dividendes ou intérêts payés à la seconde. Aucun motif ne saurait l'en dispenser.

Mais on a prétendu que la seconde devait être exonérée de l'impôt en vertu du principe que l'impôt ne saurait frapper deux fois la même valeur : *Non bis in idem.*

Cette prétention a été justement repoussée, comme étant contraire à la règle que nous venons d'exposer sous les numéros précédents, et d'après laquelle tous les bénéfices distribués sont passibles de la taxe, quelle que soit leur origine et quelle que soit leur provenance. Saint-Etienne, 24 déc. 1883, et, sur pourvoi, Cass. (req.), 9 nov. 1886; 22,770 J.; 6796 R. p.; 23,779 J. N.; 17,283 Contr.; Inst. 2735, § 4; S., 88, 1, 33; D. P., 87, 1, 341; P., 88, 52.

« Attendu, porte l'arrêt du 9 nov. 1886, qu'aux termes des art. 1 et 3 de la loi du 29 juin 1872, il est établi une taxe annuelle et obligatoire de 3 p. 100 sur le produit des actions de toute nature des sociétés et sur les produits des parts d'intérêt dans les sociétés dont le capital n'est pas divisé en actions; que chaque société est tenue, sauf son recours, d'avancer le montant de la taxe due sur les produits par elle distribués, sans qu'il y ait lieu de faire aucune distinction à raison de l'origine des produits;

« Attendu que la Société des mines de Beaubrun ayant, de 1872 à 1880, distribué des bénéfices aux propriétaires des parts d'intérêt, et, parmi eux, à la Société des mines de la Loire, la taxe de 3 p. 100 a été régulièrement perçue sur lesdits produits; que ces produits sont ainsi entrés pour partie dans la caisse de la Société anonyme des mines de la Loire et ont dû figurer dans ses comptes comme un bénéfice;

« Attendu que la distribution postérieure par ladite société de bénéfices à ses propres actionnaires, et cela pendant la même période, a constitué une opération entièrement distincte de la distribution faite par la Société des mines de Beaubrun; que ces bénéfices ont dû dès lors être soumis à la perception de la taxe de 3 p. 100; qu'ainsi, la Société anonyme des mines de la Loire n'a pas été condamnée à payer deux fois le même impôt, et qu'en décidant qu'il n'y avait pas eu, dans la cause, violation de la règle *non bis in idem*, le jugement attaqué a fait une juste application des principes de la matière. »

798. *Emprunt souscrit par une ville auprès d'une société qui émet des obligations pour le service de cet emprunt.* La même règle a été appliquée dans l'hypothèse d'un emprunt contracté par une société, une ville ou un établissement public, auprès d'une société qui, pour réaliser ce prêt, a émis elle-même des obligations. Il s'agissait, dans l'espèce, d'un prêt fait par la Compagnie du gaz à la ville de Paris, remboursable par annuités, et en représentation duquel la Compagnie avait émis des obligations. Il a été décidé que la taxe était due tant sur les intérêts de l'emprunt de la ville de Paris que sur les intérêts des obligations émises par la société, sans qu'on pût objecter que celle-ci supportait déjà la taxe sur les annuités reçues par elle à titre d'intérêt de son emprunteur et qui se trouvaient comprises soit dans les intérêts payés à ses propres obligataires, soit dans les dividendes distribués à ses actionnaires. Seine, 27 mai 1881, et, sur pourvoi, Cass., req., 14 nov. 1882; 21,990 J.; 6069 R. p.; 22,904 J. N.; 16,716 Contr.; 6600 Rev. not.; Inst. 2680, § 1er; S., 83, 1, 379; D. P., 83, 1, 422; P., 83, 961. — V. sur cet arrêt, textuellement rapporté sous le n° 717 *supra*, les observations de la Revue critique de législation, année 1883, p. 836.

Nous reviendrons sur cet arrêt, quand nous déterminerons les règles de liquidation de la taxe sur les intérêts des emprunts. — V. *infra*, n° 836.

Dans le même sens : Sol. 11 déc. 1883; D. m. f., 7 fév. 1884; 8 mai 1884; 14 oct. 1884, citées par M. Besson, n° 89.

799. **ÉMOLUMENTS DISTRIBUÉS AUX ASSOCIÉS ET N'AYANT PAS LE CARACTÈRE DE BÉNÉFICES.** — S'il est vrai qu'on ne doit considérer, pour l'application de la taxe aux bénéfices des sociétés, ni l'époque de leur distribution (*supra*, n° 773), ni le caractère qui leur appartient, suivant qu'ils constituent pour les actionnaires des fruits et revenus périodiques ou des capitaux (*supra*, n° 785), ni la nature et la provenance des biens distribués à ce titre (*supra*, n° 792), ni la cause et l'origine de leur réalisation (n° 793), il n'en résulte pas que toutes sommes distribuées aux associés soient passibles de la taxe. Il faut encore que ces sommes aient le caractère de bénéfices d'après la définition que nous en avons donnée, nos 762 et suiv.

En dehors de l'hypothèse de la restitution d'apports, dont nous avons parlé (nos 766 et suiv.), ou de la distribution de dividendes fictifs (n° 796), il arrive souvent que les associés ou quelques-uns d'entre eux reçoivent de la société des sommes qui leur sont dues en vertu d'un contrat spécial passé avec elle. Il est incontestable que ces sommes échappent à la perception de la taxe. La difficulté est seulement, dans certains cas, de discerner le véritable titre en vertu duquel ces allocations et ces payements sont effectués.

800. **Prix de fournitures faites par les associés.** — Décidé, dans cet ordre d'idées, que la taxe de 3 p. 100 n'est pas due sur la portion des bénéfices d'une société qui est attribuée, suivant les statuts, aux actionnaires qui ont fourni des marchandises, dans la proportion de l'importance de ces fournitures. C'est là un supplément du prix de vente des denrées fournies, et non un supplément de dividende des actions appartenant aux fournisseurs. Cognac, 26 janv. 1875; 20,120 J.; 4371 R. p.; 15,651 Contr.; P., 75, 830.

801. **Part de bénéfices allouée en représentation d'un apport de jouissance. Bail ou apport. Distinction.** — De même, si un associé consent à la société le bail d'une propriété lui appartenant, moyennant un prix, le payement de ce prix ne saurait être considéré comme une distribution de bénéfices passibles de la taxe.

Mais la règle est différente si l'associé fait abandon de cette jouissance à la société, non à titre de bail, mais à titre d'apport, moyennant un équivalent consistant uniquement en droits sociaux, c'est-à-dire dans une part à prélever sur les bénéfices. Dans ce cas, les sommes qui lui sont allouées en représentation de la jouissance de son immeuble sont une rémunération de son apport, et elles ont certainement le caractère de bénéfices passibles de l'impôt.

C'est ce qu'a reconnu une solution du 31 mars 1884, dans une espèce où le fondateur d'une société avait fait apport à cette société de la jouissance d'un terrain moyennant une part dans les bénéfices. 22,239 J. La société refusait de payer la taxe sous prétexte que les sommes ainsi attribuées au fondateur avaient le caractère d'un loyer, et non de bénéfices distribués. L'Administration a combattu cette interprétation par les motifs suivants :

« L'impôt de 3 p. 100 atteint le revenu de tous les capitaux engagés dans les sociétés, ou, en termes juridiques, le revenu de tous les apports.

« Suivant l'art. 1832 C. civ., il y a apport en société quand une chose est mise en commun, en vue de partager le bénéfice qui peut en résulter.

« Lorsqu'un associé abandonne à la société la jouissance temporaire de son immeuble, comme le permet l'art. 1851 C. civ., et qu'en retour il stipule des droits sociaux, une part dans les bénéfices, cet abandon a évidemment le caractère d'un apport dont l'objet est soumis aux chances de bonne ou de mauvaise fortune de la société.

« Il y a bail, au contraire, et non apport, quand la cession de jouissance n'est pas un des éléments constitutifs de la société, mais qu'elle est le résultat d'une convention conclue entre la société et l'associé, lequel stipule, en échange de la jouissance cédée, une somme à l'abri des chances sociales, c'est-à-dire qui sera due par la société dans tous les cas, que celle-ci soit en bénéfice ou en perte. (V. Inst. 1156, § 1; 1336, § 3.)

« Cela posé, il est hors de doute que, dans l'espèce, le sieur B... a abandonné la jouissance de son immeuble, en qualité, non pas de bailleur, mais d'associé. D'une part, le fondateur de la société a déclaré expressément apporter la jouissance dont il s'agit, et non pas la céder à titre de bail; en second lieu, la valeur de cette jouissance forme une partie du capital social, ce qui n'aurait pas lieu en cas de simple location. De même, si le sieur B... n'était qu'un bailleur, il n'aurait pas voix délibérative, dans l'assemblée des actionnaires, à raison de la jouissance immobilière qu'il a transmise à la société, et, au lieu d'une part dans les bénéfices éventuels de l'association, il recevrait une redevance dont le recouvrement pourrait être suivi, même en l'absence de bénéfices, c'est-à-dire sur les capitaux de la société (C. civ., 2093). Enfin, les créanciers sociaux pourraient priver le sieur B... de la jouissance de son immeuble, pendant tout le temps fixé pour la durée de la société, et cela sans compensation aucune (l'hypothèse est formellement prévue par les statuts), tandis que ces créanciers ne sauraient s'emparer de la jouissance d'un immeuble simplement loué à la société, sans payer régulièrement, au lieu et place de l'association, le fermage stipulé par le preneur (C. civ., 1166).

« En conséquence, la taxe de 3 p. 100 est exigible sur les sommes distribuées au sieur B... pour sa part dans les bénéfices. »

801 *bis. Apport ou louage d'industrie.* Dans les divers émoluments qui sont souvent attribués par les statuts d'une société à l'un des associés en échange des services que celui-ci s'oblige à rendre à la société, il est nécessaire de distinguer ceux qui constituent le prix d'un véritable louage de services, et ceux qui constituent la rémunération d'un apport spécial consistant précisément dans l'industrie de cet associé. Cette distinction ne peut être faite que par l'application aux circonstances de chaque affaire des principes de la législation civile.

Il a été décidé, dans cet ordre d'idées, que, lorsqu'en échange de l'apport de son industrie, il est attribué à l'un des membres d'une société anonyme 10 p. 100 des bénéfices, au minimum de 25,000 fr., la part de bénéfices que cet associé reçoit annuellement en sus de la somme de 25,000 fr., est assujettie à la taxe de 3 p. 100 établie par la loi du 29 juin 1872. 23,350 J.

802. Compagnies d'assurances. Remises accordées aux actionnaires sur les primes des contrats passés par eux avec la Compagnie. — Voici une espèce intéressante dans laquelle la Cour de cassation nous paraît avoir tracé exactement les règles d'interprétation à suivre dans les difficultés de cette nature.

Aux termes des statuts de la Compagnie d'assurances l'Union bordelaise, les actionnaires ont droit à une remise de 5 p. 100 sur le montant des primes des assurances souscrites personnellement par eux. L'Administration a pensé que ces remises constituaient un bénéfice passible de la taxe de 3 p. 100, et dont la distribution empêchait en outre la société d'être considérée comme improductive et d'être exonérée du droit de timbre par abonnement, conformément à l'art. 24 de la loi du 5 juin 1850. Son opinion a été partagée par le tribunal de Bordeaux, qui, par jugement du 11 mai 1887, a statué, en ce qui concerne l'exigibilité de l'impôt sur le revenu, dans les termes suivants :

« Attendu que, de ce qui précède, il résulte que l'Union bordelaise n'a pas été improductive et que certains actionnaires ont bénéficié de remises supérieures à l'intérêt à 5 p. 100 des sommes par eux engagées dans l'entreprise;

« Attendu que, si le montant de ces remises avait été versé à la caisse sociale, il eût été possible de distribuer un dividende à tous les actionnaires, et que ce dividende aurait été sans aucun doute atteint par la taxe de 3 p. 100;

« Attendu que ce dividende, bien qu'il n'ait pas été touché en espèces, n'en a pas moins été distribué dans le sens de la loi;

« Attendu que les remises dont les actionnaires assurés ont profité constituent pour eux un revenu, un produit de leur action ;

« Que cet avantage est bien attaché à leur qualité d'actionnaires, puisque, s'ils n'avaient été que des assurés sans être en même temps des actionnaires, ils auraient versé l'intégralité des primes souscrites;

« Attendu, au surplus, que les termes de la loi sont généraux et absolus; qu'ils atteignent sans distinction tous les produits des actions des sociétés financières et industrielles, et qu'il importe peu que ces produits intéressent tous les actionnaires ou seulement certains d'entre eux. » 22,955 J.; 6930 R. p.; D. P., 89, 1, 405.

Malgré l'approbation que cette décision a reçue du Répertoire périodique (6936 et 7270), nous croyons qu'elle est erronée.

En consentant une remise aux assurés qui pouvaient revendiquer le bénéfice du tarif spécial établi au profit des actionnaires, la compagnie, dans l'espèce, faisait sans doute un avantage à ces derniers. Mais cet avantage ne pouvait être considéré comme un bénéfice : car, d'une part, il n'était accordé qu'à un certain nombre d'actionnaires, c'est-à-dire à ceux qui joignaient à cette dernière qualité celle d'assurés. D'autre part, la société ne réalisait aucun gain par l'effet de cette remise, que ses statuts l'obligeaient à consentir, et qui, nécessairement, rendait chaque opération d'assurance moins fructueuse. Cette clause, d'ailleurs, s'imposait à elle, quel que fût son état de prospérité, et, eût-elle été à la veille de la faillite, qu'elle n'aurait pu se dispenser de l'exécuter. Comment dès lors admettre que la société, qui subissait ainsi une charge à laquelle elle ne pouvait se soustraire, dût par cela seul être considérée comme étant *in bonis* et comme réalisant et distribuant des bénéfices?

Conformément à notre opinion, la chambre civile a cassé le jugement du tribunal de Bordeaux, par un arrêt du 13 mai 1889, dont le texte a été rapporté *supra*, n° 215. 23,213 J.; 7270 R. p.; 17,608 Contr.; D. P., 89, 1, 405.

§ 2. — Distribution des produits et bénéfices des sociétés. Faits caractéristiques de la distribution.

803. Condition de l'exigibilité de l'impôt. Distribution. — La première condition pour que la taxe de 3 p. 100 soit due par une société sur ses produits et bénéfices, c'est que ces bénéfices existent. Le paragraphe qui précède a été consacré à préciser les cas dans lesquels cette condition se trouve remplie.

La seconde condition, non moins impérieuse que la première, est que les bénéfices aient été distribués.

Comme le fait observer judicieusement l'Administration dans le mémoire produit à la Cour dans l'affaire de la Compagnie des Dombes (arrêt du 8 janv. 1889, cité *supra*, n° 763) :

« L'impôt sur le revenu frappe directement non pas les bénéfices et produits de la société, mais les produits de l'action, de la part d'intérêt ou de la commandite. C'est, en effet, le profit personnel de l'actionnaire que la loi a voulu atteindre. Il en résulte que les bénéfices et produits de la société ne donnent ouverture à l'impôt qu'autant qu'ils sont distribués. Jusque-là, ils constituent bien des bénéfices et produits de l'entreprise commune, mais non des produits de l'action ou de la part d'intérêt. Tant que la distribution n'est pas effectuée, le sociétaire n'a pas de gain qui lui soit acquis, il n'a que l'espérance d'en acquérir, espérance que la mauvaise fortune de la société peut faire évanouir. La taxe ne peut donc être exigée que lorsque les bénéfices passent du patrimoine de la société dans le patrimoine personnel de l'associé. »

Cette interprétation est celle qui sert de base à tous les arrêts et jugements que nous allons successivement examiner. — V. notamment : Cass., 21 avril 1879; 21,039 J.; 5229 R. p.; 22,106 J. N.; 16,084 Contr.; Inst. 2626, § 7; S., 79, 1,327; P. 79, 801; — 7 juin 1880 (2 arrêts cités n° 764); — 21 juin 1880; 21.373 J.; 5558 R. p.; 22,359 J. N.; 16,288 Contr.; 6178 Rev. not.; Inst. 2643, § 4; S., 81, 1, 130; D. P., 80, 1, 465; P., 81, 281; — 29 avril 1884 (arrêt cité n° 764); — 28 mai 1884; 22,326 J.; 6337 R. p.; 23,278 J. N.; 16,921 Contr.; Inst. 2700, § 7; S., 85, 1, 230; D. P., 84, 1, 465; P., 85, 544; — 26 déc. 1887; 22,952 J.; 7006 R. p.; 24,027 J. N.; 17,439 Contr.; Inst. 2750, § 4; S., 89, 1, 87; D. P., 88, 1, 265; P., 89, 178.

804. Fonds de réserve. — D'après ces principes, il est évident que le prélèvement sur les bénéfices réalisés de sommes destinées à constituer ou augmenter le fonds de réserve, ne conférant aucun droit privatif à l'actionnaire sur les sommes ainsi mises en réserve, ne donne pas ouverture à la taxe de 3 p. 100. — Sol. 8 fév. 1873 et 21 avril 1873; V. dans ce sens la déclaration faite au Sénat par le rapporteur de la loi du 28 déc. 1880 (séance du 23 déc. 1880, J. off. du 24; Contrôleur, année 1888, p. 24).

805. Prélèvement au profit de personnes autres que les associés. — De même lorsque la société effectue, en vue de satisfaire à des besoins généraux ou particuliers, certains prélèvements qui ne profitent pas personnellement aux actionnaires, lorsque, par exemple, elle emploie des sommes à des œuvres de bienfaisance, la taxe n'est pas exigible. Si, en effet, des prélèvements de cette nature opèrent le dessaisissement de la société, ils ne réalisent pas, dans la personne des associés, le fait juridique de l'appropriation, sans lequel les associés ne peuvent être considérés comme ayant touché le produit de leur action. Sol. 1er déc. 1882.

806. Dividendes fixés, mais non distribués. — Tant que la société n'est pas dissoute, le droit privatif des associés sur les bénéfices acquis, est subordonné aux résolutions de l'assemblée à laquelle les statuts ont conféré le droit de fixer les dividendes à distribuer. Or, quand une résolution de cette nature a été prise, rien ne s'oppose en principe à ce que, avant son exécution et lorsque les choses sont encore entières, elle soit rapportée.

On peut en conclure que l'appropriation définitive des associés, en ce qui concerne les bénéfices mis en distribution, ne résulte que de leur payement effectif. Aussi, l'Administration, se fondant sans doute sur des motifs de cette nature, a-t-elle décidé plusieurs fois qu'il n'y a pas lieu de réclamer l'impôt lorsqu'il est établi que les dividendes mis en distribution n'ont pas été touchés par les ayants droit et ne le seront pas. Sol. 6 sept. 1878; — 11 avril 1881; — 18 janv. 1883.

Nous verrons plus loin que semblable décision a été prise à l'égard des intérêts des emprunts, qui cependant sont acquis aux obligataires par le fait de leur échéance.

Mais il est à peine besoin de faire observer qu'il en serait autrement et qu'il y aurait une véritable distribution donnant irrévocablement ouverture à l'impôt, si les dividendes, au lieu d'être touchés en espèces par les ayants droit, étaient portés à leur crédit dans un compte ouvert entre eux et la société. Sol. 10 juin 1884; — 30 août 1885.

807. Bilans semestriels. — L'impôt est exigible par le seul fait de la distribution d'un dividende et quels que soient d'ailleurs pour la société les résultats de l'exercice. Ainsi, une société qui arrête son bilan tous les six mois, distribue un dividende pour le premier semestre; le second semestre fait ressortir une perte supérieure au montant du dividende distribué pour les six premiers mois : l'impôt n'en est pas moins acquis sur ce dividende. Sol. 31 janv. 1873.

808. Preuve de la distribution. — Puisque la distribution est une condition *sine qua non* de l'exigibilité de la taxe, la preuve de ce fait incombe nécessairement à l'Administration, demanderesse en payement de cet impôt. C'est une règle indiscutable dont le tribunal de Vannes a fait une application dans un jugement du 31 août 1874; 3938 R. p.; 15,395 Contr.

Notons toutefois que cette preuve n'a pas besoin d'être fournie lorsqu'il s'agit d'une société dont la loi a déterminé le revenu distribué au moyen d'une évaluation à forfait basée sur le chiffre du capital social ou le prix moyen des cessions de parts. — V. ci-après, art. 3 du présent chapitre.

809. FAITS CONSTITUTIFS DE LA DISTRIBUTION. — « La distribution, explique l'Administration dans le mémoire de la Compagnie des Dombes (arrêt du 8 janv. 1889, cité *supra*, n° 763), résulte de tout événement qui fait passer une valeur quelconque du patrimoine de la société dans le patrimoine distinct de l'associé. Elle peut avoir lieu de plusieurs manières.

« Le plus souvent elle se fait en nature, c'est-à-dire par voie de payement en espèces de la somme représentant des bénéfices. Elle procède également de toute résolution ou opération par l'effet de laquelle les bénéfices sont l'objet d'une appropriation individuelle de la part des associés. « La perception, porte un arrêt de la chambre civile du 28 mai 1884 « (*supra*, n° 803), a pour cause déterminante la répartition « qui fait passer *du patrimoine social dans l'avoir personnel* « *des associés ou actionnaires* les intérêts, dividendes, revenus et tous autres produits des actions de toute nature « des sociétés financières, industrielles, commerciales et « civiles. »

« La Cour s'était déjà prononcée en ce sens par plusieurs décisions en date des 27 avril 1879, 7 juin 1880 et 21 juin 1880 (*supra*, n° 803).

« En résumé, il suffit, pour l'application de la taxe, que les associés aient touché ou se soient approprié d'une manière quelconque, en leur qualité d'actionnaires ou d'associés, les bénéfices ou produits réalisés par la société. »

810. Conformément à ces principes, la jurisprudence a fait résulter notamment la distribution, qui donne ouverture à la taxe, de l'emploi des bénéfices acquis :

1° A l'extinction du passif grevant les apports des associés;

2° A la libération de leurs actions;

3° Au payement des impôts et spécialement de la taxe de 3 p. 100 elle-même, effectué à la décharge des actionnaires;

4° A l'augmentation du capital social et à la création au profit des associés de nouvelles actions.

Nous allons examiner successivement ces quatre hypothèses.

811. Bénéfices employés à l'extinction du passif grevant les apports. — La société qui, au lieu de remettre directement aux associés les bénéfices qu'elle a réalisés, les emploie à payer en leur acquit les sommes dont ils sont débiteurs envers des tiers, fait une double opération qui a pour effet, d'une part, de la dessaisir au profit des actionnaires des bénéfices auxquels ils ont droit, et de libérer ces derniers des sommes dont ils sont débiteurs. Pour être complexe, l'opération n'en produit pas moins une distribution de bénéfices, puisqu'elle réalise au profit des associés cette appropriation des produits sociaux, qui, ainsi que nous l'avons vu, est le fait caractéristique de la distribution.

La Cour de cassation n'a pas hésité à consacrer cette solution dans l'espèce suivante :

La société l'Approvisionnement s'est rendue adjudicataire, le 20 janvier 1865, de la régie intéressée du Marché aux bestiaux de la Villette. Cette société, ayant emprunté des sommes considérables au Crédit agricole, se vit bientôt dans l'impossibilité de supporter les charges de cet emprunt. Sa dissolution fut prononcée le 31 juil. 1869, et M. Anquetil en fut nommé liquidateur.

Celui-ci proposa au Crédit agricole de fonder une société nouvelle qui serait chargée d'acquitter les dettes de l'ancienne. Cette proposition fut acceptée, et les parties convinrent du mode de remboursement de la créance et du payement des intérêts.

C'est dans ces circonstances que fut fondée, au mois d'octobre 1869, sous la dénomination de Société parisienne du crédit de régie du Marché aux bestiaux, une société anonyme par actions, à laquelle M. Anquetil, en qualité de liquidateur de l'Approvisionnement, apporta la régie intéressée du Marché de La Villette et les opérations s'y rattachant. Cet apport, évalué 3,600,000 fr., devait, avec une somme de 100,000 fr. à verser par de nouveaux actionnaires, constituer le capital social, qui fut divisé en 7,400 actions de 500 fr. chacune, sur lesquelles 7,200 furent attribuées à M. Anquetil ès nom.

En outre, il fut convenu que la direction de la société nouvelle prélèverait, sur le montant de chaque répartition, pour intérêts, dividendes ou répartition d'actif revenant aux actions attribuées à M. Anquetil, les sommes nécessaires pour faire face à l'exécution de l'accord intervenu entre le Crédit agricole et le liquidateur de l'ancienne société.

En vertu de ces conventions, la Société du Marché aux bestiaux a payé, pour le compte de l'Approvisionnement, depuis le second trimestre de 1872 jusqu'à la fin de l'année 1876, la somme totale de 507,896 fr. 05 c.

L'Administration a réclamé, sur cette somme, la taxe de 3 p. 100. Sa réclamation a été accueillie par un jugement du tribunal de la Seine du 7 juin 1878; 21,039 J.; 5152 R. p.; 16,005 Contr.

A l'appui du pourvoi formé contre ce jugement, la société a prétendu que la nouvelle société était devenue directement débitrice des sommes dont était grevé l'apport de l'ancienne, en vertu d'une délégation stipulée dans les statuts, et qu'ainsi, en acquittant ces sommes sur ses bénéfices, elle ne faisait qu'acquitter sa propre dette, ce qui empêchait que ce payement pût être considéré comme une distribution de bénéfices passible de la taxe de 3 p. 100.

Après avoir démontré que cette interprétation du contrat passé entre les parties était inexacte, M. le conseiller Dareste, abordant la question de principe, a soutenu que, même au cas de délégation, la taxe n'en était pas moins due.

« Allons plus loin, disait-il, et supposons qu'il y ait eu délégation, comme le prétend le pourvoi. La nouvelle société s'est engagée à payer la dette de l'ancienne, sans même que le montant de cette dette fût connu. Admettons pour un instant cette hypothèse. Est-ce que, dans ce cas, la nouvelle société n'aura pas un recours contre l'ancienne? Elle n'a payé, il est vrai, que ce qu'elle devait à l'ancienne; mais ce qu'elle devait, c'était la part de bénéfices afférents à 7,200 actions de 500 fr. représentant l'apport de l'ancienne société, apport estimé 3,600,000 fr., sans déduction à raison du passif. L'ancienne société était garante de cet apport; elle est donc tenue d'indemniser la nouvelle société si celle-ci a éteint en tout ou en partie le passif dont cet apport était grevé; autrement l'opération aurait eu pour effet de permettre à l'ancienne société de retirer une partie de son apport, ce qui est contraire à tous les principes. — Mais, s'il en est ainsi, si en payant les dividendes au Crédit agricole la nouvelle société n'a fait à l'ancienne société qu'une avance remboursable, on arrive encore au résultat admis par le jugement attaqué; il faudra toujours, entre les deux sociétés, un règlement de comptes par lequel l'ancienne société donnera quittance de sa part dans les bénéfices. Cela ne suffit-il pas pour justifier l'application de la loi de 1872?

« L'hypothèse d'une délégation est donc impuissante à justifier le pourvoi, puisqu'en admettant même que la nouvelle société soit devenue personnellement débitrice du Crédit agricole, rien n'a été changé dans les rapports de l'ancienne et de la nouvelle société. » 21,039 J.

Conformément aux conclusions de ce rapport, le pourvoi a été rejeté par un arrêt du 21 avril 1879, qui est ainsi conçu :

« Sur le moyen unique du pourvoi, tiré de la fausse application et violation des art. 1er, 2 et 3 de la loi du 29 juin 1872, et de l'art. 1275 C. civ. : — Attendu qu'il est constant, en fait, que la Société de la régie du Marché aux bestiaux, au moment où il lui était fait un apport d'un actif de 3,600,000 fr., appartenant à l'ancienne société l'Approvisionnement, s'est fait donner, dans son intérêt, le mandat irrévocable d'employer à l'extinction du passif qui grevait cet apport toute part de dividende afférente audit apport; — Attendu que la société, en faisant cette stipulation, n'a nullement entendu prendre à sa charge la dette de l'ancienne; — Que, dès lors, le jugement attaqué, en décidant que les sommes payées par la société nouvelle au créancier de la société ancienne, en l'acquit de celle-ci, devaient être considérées comme des dividendes, et, dès lors, soumises à l'impôt de 3 p. 100 établi par la loi du 29 juin 1872, a fait une saine appréciation de l'acte qui lui était soumis et n'a violé ni la loi de 1872, ni l'art. 1275 C. civ.;

« Par ces motifs.....» 21,039 J.; 5229 R. p.; 22,106 J. N.; 16,084 Contr.; Inst. 2626, § 7; S., 79, 1, 327; P., 79, 801.

812. Bénéfices employés à la libération d'actions. — Un arrêt rendu par la chambre civile, entre parties, le 5 juil. 1883 (22,293 J.; 6257 R. p.), pose en principe que l'emploi des bénéfices à la libération d'actions antérieurement souscrites constitue une distribution de dividendes, par voie de compensation, et que l'opération rentre, à ce titre, dans les termes des art. 15, § 3, et 45 de la loi du 24 juil. 1867.

« Attendu que la répartition de dividendes est accomplie lorsque des bénéfices étant constatés et attribués aux associés et aux actionnaires, ceux-ci ont acquis un droit privatif sur la valeur répartie;

« Qu'il n'est point nécessaire que la distribution ait eu lieu matériellement; qu'elle peut s'effectuer par voie de compensation, et spécialement par l'affectation des valeurs à la libération d'actions antérieurement souscrites; que ce mode d'attribution n'enlève pas aux bénéfices distribués le caractère légal de dividendes, et que, si la valeur ainsi employée n'est que fictive, l'opération rentre dans les termes des art. 15, § 3, et 45 de la loi du 24 juil. 1867. »

Cette décision, incontestable d'ailleurs, s'applique directement à la perception de la taxe sur le revenu. Il est évident que les dividendes utilisés par la société à libérer chaque actionnaire de sa dette envers elle doivent être considérés comme distribués et comme étant passibles de l'impôt. La jurisprudence est unanime à le reconnaître.

« Attendu, porte un jugement du tribunal de la Seine du 21 déc. 1877 (20,648 J.; 4958 R. p.; 15,918 Contr.), que les fonds qui ont été employés, à la suite des liquidations des exercices 1872, 1873 et 1874 de la caisse Lemaire et Cie, à libérer partiellement les actions sur lesquelles les titulaires n'avaient payé que 125 fr., sont des produits de ces mêmes actions; que les statuts de la société eux-mêmes, dans leur art. 8, les qualifient de dividendes afférents auxdites actions, en dehors de l'intérêt à 5 p. 100 de la somme versée sur leur valeur nominale; que ces dividendes ont été distribués entre les actionnaires, puisqu'ils ont été appliqués au compte individuel de chacun d'eux et utilisés à les libérer d'autant; que la société en était débitrice envers les actionnaires, qui, de leur côté, étaient débiteurs envers elle d'une portion égale de leurs apports, devenue exigible, de par les conventions sociales, du jour de la constatation des bénéfices excédant l'intérêt à 5 p. 100 du capital réalisé; qu'il s'est donc opéré une compensation emportant libération des deux parties et équivalant à payement de la part de chacune d'elles... »

Dans le même sens : Sol. 26 juil. 1884; — Seine, 3 juin 1881; 5779 R. p., 16,578 Contr.; — Seine, 10 déc. 1886; 6805 R. p; 22,885 J.

813. *Fusion de deux sociétés. Création de nouvelles actions. Bénéfices résultant de la fusion employés à libérer les anciennes actions.* Ce dernier jugement, rendu à la suite de la fusion de la Banque hypothécaire avec le Crédit foncier, décide que lorsque sur l'actif apporté à une société par une autre société qui fusionne avec elle, une partie est employée à augmenter le capital social et donne lieu à la délivrance au profit des auteurs de l'apport d'un certain nombre d'actions nouvelles entièrement libérées, et qu'une autre partie est versée dans la société et employée à libérer d'une somme correspondante les titres des anciens actionnaires, cette somme représente pour ces derniers un bénéfice distribué par voie de compensation et est passible, en conséquence, de la taxe de 3 p. 100. Seine, 10 déc. 1886; 6805 R. p.; 22,885 J. — Il suffit de se rendre compte de l'opération accomplie entre le Crédit foncier et la Banque hypothécaire, et au sujet de laquelle le jugement précité a été rendu, pour ne conserver aucun doute sur l'exactitude de cette décision.

Au moment de la fusion, les actions du Crédit foncier avaient une valeur supérieure à leur chiffre nominal, attendu qu'elles représentaient un actif également supérieur à la valeur nominale du capital social. Pour entrer dans la société et y avoir les mêmes droits que les anciens actionnaires, il fallait, d'une part, que les actionnaires de la Banque hypothécaire fissent le versement d'une somme égale au chiffre nominal des 50,000 actions qui leur étaient attribuées, soit de 25 millions; ils devaient, en outre, fournir le prix de la plus-value de l'actif social sur le capital nominal, puisque, par le fait même de leur entrée dans la société, ils prenaient, pour chacune de leurs actions nouvelles, une part de cette plus-value égale à celle des anciens actionnaires. C'est ce qu'ils ont fait en versant, en sus des 25 millions appliqués à l'augmentation du capital social, une somme de 26 millions, qui, au lieu d'être distribuée effectivement aux anciens actionnaires auxquels elle revenait, a été immédiatement employée à payer en leur nom les 26 millions qu'ils redevaient encore pour que leurs actions fussent entièrement libérées.

Ainsi, dans l'espèce, il existait bien un bénéfice : c'est la plus-value du fonds social sur le capital social primitif, plus-value que les anciens actionnaires du Crédit foncier ont consenti à partager avec les nouveaux actionnaires, moyennant le versement d'une somme de 26 millions. D'autre part, ce bénéfice a été réellement distribué entre les ayants droit, puisqu'il a servi à les libérer d'une dette personnelle. C'est là la distribution *brevi manu* que la jurisprudence assimile avec raison à la distribution réelle, pour l'application de la taxe de 3 p. 100. 22,885 J.

814. Bénéfices employés au payement des impôts à la décharge des actionnaires. — Il suffit d'appliquer les principes que nous avons développés pour décider que l'emploi par une société de ses bénéfices à payer, sans recours, les impôts que la loi met à la charge personnelle des actionnaires, constitue une distribution dont l'objet doit être assujetti à la taxe de 3 p. 100.

Parmi les trois espèces d'impôt dont nous nous occupons dans ce traité : droit de timbre, droit de transmission et impôt sur le revenu, le premier est le seul que la loi ait laissé à la charge de la société (V. *supra*, n° 257).

Pour les deux autres, la société n'est tenue que d'en faire l'avance, sauf son recours contre les associés (*supra*, n° 466, et *infra*, n° 966).

Cette distinction dicte la règle de perception à suivre en cette matière.

815. *Payement par la société de la taxe de 3 p. 100. Dividende distribué net d'impôt.* Si une société prend à sa charge la taxe de 3 p. 100, et paye cette taxe en renonçant au recours qu'elle a le droit d'exercer contre les associés, il y a lieu d'ajouter, comme ayant le caractère d'un bénéfice distribué, les sommes qu'elle a employées à ce payement.

Cette règle est consacrée par la jurisprudence : Lyon, 31 mai 1877; 21,113 J.; 4734 R. p.; 15,916 et 15,948 Contr.; — Lyon, 27 déc. 1881 ; — Laon, 14 juin 1884 ; 6452 R. p.; 23,469 J. N.; — Seine, 13 fév. 1885 ; 22,421 J. ; 23,653 J. N. ; — Belfort, 13 août 1889; 7373 R. p. ; — Sol. 25 juil. 1885; 22,519 J. ; — 3 juil. 1888 ; 23,071 J. ; 7158 R. p.; — Cass. (ch. civ.), 6 juil. 1880; 21,395 J.; 5539 R. p.; 22,379 J.N.; 16,312 Contr.; 6178 Rev. not.; Inst. 2643, § 3; S., 80, 1, 478; D. P., 80, 1, 393 ; P., 80, 1183.

« Attendu, porte l'arrêt précité, que la taxe de 3 p. 100 établie d'une manière générale sur les intérêts, dividendes, revenus et autres produits des actions de toute nature des sociétés, compagnies ou entreprises quelconques, atteint l'intégralité de ces produits, sur le montant desquels elle doit être calculée; — Attendu qu'il résulte de l'art. 3 de la loi précitée que cette taxe est une charge de l'action ou de l'actionnaire contre lequel cet article accorde un recours à la société, tenue, pour la facilité du recouvrement, d'en faire l'avance et de la payer au Trésor à la décharge de l'actionnaire; — Attendu que ce payement, qui, lorsque la société exerce son recours, vient en déduction du dividende distribué aux actionnaires, vient au contraire accroître ce dividende et constitue un produit de l'action lorsque la société, au lieu d'exercer son recours, prend à sa charge le payement de la taxe et en fait profiter l'actionnaire en l'acquit duquel le payement a été effectué, et qui reçoit alors son dividende sans aucune déduction; que, dans ce cas, le revenu de l'action se trouvant augmenté du montant de la taxe dont la société a fait remise à l'actionnaire, ce montant doit entrer en ligne de compte pour la liquidation de l'impôt et donner lieu, par conséquent, à une perception supplémentaire lorsque, par suite d'une déclaration inexacte ou incomplète, l'impôt a été insuffisamment liquidé et perçu... » V. dans le même sens Demasure, Régime fiscal des sociétés, n° 225; — Rapp. observations de la Revue critique de législation, année 1881, p. 709.

816. *Liquidation de la taxe.* Lorsqu'une société distribue un dividende net d'impôt, la liquidation de la taxe doit, d'après le principe que nous venons d'établir, être établie d'après les règles suivantes.

Soit un bénéfice à distribuer de 100 fr. par action, passible par conséquent d'un droit de 3 p. 100; en prenant ce droit à sa charge, la société ne distribuera plus que la différence, soit 97 francs.

Il en résulte qu'étant donné un dividende quelconque distribué net d'impôt, soit 4,850 francs, par exemple, la somme à percevoir est déterminée par l'équation suivante :

$$97 : 3 :: 4850 : X ; \text{ ou } X \text{ (la taxe à percevoir)} = \frac{3 \times 4850}{97} = 150 \text{ fr.}$$

En effet, le revenu net (4,850 fr.) augmenté de l'impôt (150 fr.) payé par la société donne un produit de 5,000 francs, représentant le total du bénéfice que la société aurait distribué si elle n'eût pas pris l'impôt à sa charge. Or, la taxe de 3 p. 100 liquidée sur 5,000 fr. aurait été de 150 fr., chiffre précisément égal à la somme que nous obtenons au moyen de notre équation.

817. *Droit de transmission sur les actions payé par la société à la décharge de ses actionnaires.* Ce que nous venons de dire du payement par la société de la taxe de 3 p. 100 s'applique également au payement du droit de transmission sur les actions, effectué à la décharge des actionnaires et sans recours contre eux. Comme cet impôt constitue une dette qui doit, ainsi que la taxe de 3 p. 100, être supportée par les actionnaires, il y a lieu, lorsque la société l'a prise à sa charge, de l'ajouter au montant des bénéfices distribués pour liquider la taxe de 3 p. 100. — D. m. f., 24 sept. 1883; 22,382 J.; 6270 R. p.; 23,404 J. N.; S., 84, 2, 88; P., 84, 767; — Sol. 23 juil. 1885; 22,519 J.; 6568 R. p.

818. *Droit de timbre sur les actions.* Mais la règle est différente pour le droit de timbre payé par les sociétés sur leurs actions. Qu'il ait lieu au comptant ou par voie d'abonnement, ce payement constitue une charge de la société, et non une dette personnelle aux associés, et, par conséquent, il n'y a pas lieu d'ajouter la somme ainsi acquittée aux dividendes distribués pour la liquidation de la taxe sur le revenu. — Sol. 23 juil. 1885; 22,519 J.; 6568 R. p.

« Le droit de timbre par abonnement, porte cette solution, ne forme pas une dette de l'actionnaire, mais une charge sociale. En effet, le droit est exigible pendant toute la durée de la société sur le capital primitif des actions abonnées, sans égard à la réduction de ce capital opérée par voie d'annulation (Cass., civ., 2 mai 1865; 17,990 J.; 18,315 J. N.; 12,864 Contr.; 2111 R. p.; Inst. 2326, § 1er; S., 65, 1, 286; P., 65, 672; D. P., 65, 1, 270; — req., 11 nov. 1879; 21,226 J.; 5397 R. p.; Inst. 2637, § 4; S., 80, 1, 229, P.; 80, 525; D. P., 80, 1, 117; — 14 mars 1881 ; 21,590 J.; 22,523 J. N.; 16,415 Contr.; 5698 R. p.; Inst. 2650, § 7; S., 81, 1, 228; P., 81, 539; D. P., 81, 1, 372) ou d'amortissement des actions (Cass., req., 23 juil. 1868 ; 18,602 J.; 2350 Rev. not.; 19.581 J. N.; 14,215 Contr.; 2806 R. p.; Inst. 2372, § 6; S., 69, 1, 231; P., 69, 546; D. P., 65, 5, 387). Or, les droits qui viennent à échéance sur les actions annulées ne peuvent évidemment être recouvrés sur les titulaires de ces actions puisqu'il n'en existe pas. Cette considération paraît déterminante, et l'on doit reconnaître, d'une manière générale, que le droit de timbre des actions est une charge personnelle de la société, et qu'en effectuant ce payement la société n'acquitte pas une dette des actionnaires. Il en résulte qu'il n'y a pas lieu d'en tenir compte pour la liquidation de l'impôt sur le revenu.

« La question ne comporte pas, d'ailleurs, une solution différente dans le cas où la société acquitte le droit de timbre de ses actions au comptant.

« A la vérité, l'art. 14 de la loi du 5 juin 1850 porte que les compagnies feront l'avance du droit, quels que soient les statuts; mais cette disposition, sainement entendue, signifie que les compagnies sont tenues d'acquitter le droit de timbre en toute hypothèse, alors même que, suivant les statuts, il devrait être supporté par les porteurs des titres (Comp. L. 22 frim. an 7, art. 29 et 31).

« Cette interprétation trouve un appui dans les travaux préparatoires de la loi de 1850. Ayant prévu l'argument qui serait tiré contre le projet de loi de ce que le droit de timbre frappe la société à sa naissance, au moment où elle a le plus besoin de ses ressources, et qu'il constitue ainsi une sorte de prélèvement sur le capital social, le rapporteur, M. Émile Leroux, l'a écarté en ces termes :

« Cette objection est sérieuse. Il est vrai qu'on pourrait « répondre que les compagnies ne manqueront pas de faire « payer le droit de timbre par les actionnaires au moment de « l'émission de l'action et que, dès lors, le premier capital versé « ne sera pas diminué; mais la Commission ne veut pas s'arrêter à cette réponse qui a cependant sa valeur... » (D. P., 50, 4, 118, col. 3.)

« De ces explications, il résulte que si le législateur de 1850 a imposé aux sociétés l'obligation de verser au Trésor les droits de timbre des actions, il les a laissées entièrement libres de réclamer ou de ne pas réclamer ces droits aux actionnaires. Il n'a pas créé, comme l'ont fait les lois des 23 juin 1857 et 29 juin 1872, un droit de *recours* au profit des compagnies; d'où l'on doit inférer que ce droit, lorsqu'il existe, ne procède pas de la loi, mais des statuts ou des conventions intervenues entre les parties au moment de l'émission. A défaut de convention, les porteurs des titres paraissent être à l'abri de toute action en répétition.

« Ces considérations, qui s'appliquent quel que soit le mode de payement adopté par la compagnie, paraissent démontrer que le droit de timbre acquitté par elle, soit au comptant, soit par abonnement, sans recours contre les actionnaires, ne peut être considéré comme un produit d'action passible de l'impôt de 3 p. 100. »

819. *Intérêts des obligations et emprunts. Charge de l'impôt.* Les règles que nous venons d'énoncer demeurent étrangères à la liquidation de la taxe sur les intérêts des obligations ou des emprunts. Ces intérêts ne doivent, en aucun cas, être augmentés des impôts que la société a acquittés à la décharge de ses obligataires et sans recours contre eux; ils ne doivent donc pas être augmentés de la taxe de 3 p. 100 qui leur est afférente, lorsqu'ils ont été distribués nets d'impôts. D. min. des fin. 28 août 1878; 21,980 J.; — 24 sept. 1883; 22,382 J.; 6270 R. p.; — Sol. 3 juil. 1888, 23,071 J.

On saisira mieux les motifs de cette différence avec les revenus des actions lorsque nous préciserons les règles de liquidation de la taxe sur les intérêts des obligations et des emprunts. V. *infra*, n° 849.

820. Bénéfices employés à augmenter le capital social, ou à créer de nouvelles actions. — Nous croyons avoir fait suffisamment comprendre au cours de cette étude la différence essentielle qui existe entre le capital social et le fonds social. Le fonds social se compose de tout ce qui appartient à la société; le capital social consiste exclusivement dans la somme ou valeur que les associés se sont engagés à mettre et à laisser en commun pour remplir le but de l'association et répondre de ses engagements envers les tiers. En principe, le capital social est immuable, puisque toute augmentation ou toute diminution dont il serait l'objet constituerait une modification essentielle aux engagements pris par les associés les uns envers les autres et à l'égard des tiers. Ces modifications ne peuvent donc avoir lieu qu'avec le consentement unanime des associés et à la condition d'être portées à la connaissance des tiers par les voies légales.

Ces explications font comprendre que tout acte par lequel les associés consentent à l'attribution au capital social de sommes et valeurs dépendant du fonds social et représentant des bénéfices réalisés, constitue de leur part un acte de disposition qui implique l'appropriation préalable de ces bénéfices, et, par conséquent, leur distribution. C'est, en effet, de leur volonté personnelle, et non d'une volonté générale exprimée conformément aux statuts, que la société reçoit ces nouveaux apports. Les associés disposent ainsi, au mieux de leurs intérêts, de ce qui leur appartient privativement. La somme qui fait l'objet de leur apport passe en effet dans leur patrimoine avant de rentrer, à un titre différent, dans celui de la société. Ce qui le prouve, c'est qu'immédiatement l'augmentation de capital est portée, dans les écritures, au passif de la société, et que les actionnaires se trouvent ainsi crédités du montant du nouvel apport.

Il est impossible, d'ailleurs, d'assimiler cette opération à celle qui a lieu lorsque les bénéfices réalisés sont attribués au fonds de réserve. Dans ce dernier cas, le fonds de réserve est à la vérité crédité de la somme qui lui est attribuée; mais c'est là un simple jeu d'écritures : car cette attribution ne change pas le caractère des sommes qui en sont l'objet et ne met réellement aucun passif à la charge de la société. Ces sommes restent dans la caisse sociale avec leur caractère de bénéfices et peuvent être distribuées comme telles aux associés, pour tout ce qui excède la réserve obligatoire, dès qu'il plaît au gérant et à l'assemblée générale des actionnaires.

Il n'en est pas de même des sommes versées au capital social. Elles perdent, par cela même, leur caractère de bénéfices; car elles se trouvent aussitôt grevées d'un passif égal envers les associés qui en ont fait l'apport, et même envers les tiers, puisque ceux-ci ont le droit d'exiger que le capital social reste intact. Désormais, dans les bilans annuels, il faudra les déduire de l'actif social pour savoir si la société est en gain ou en perte, et si une distribution peut être faite légalement aux actionnaires. Or, un tel changement dans leur caractère et dans leur affectation n'a pu évidemment se produire que par le consentement exprès des associés qui se les sont appropriées pour en disposer selon leur volonté, et qui ont versé d'une main à la société, sous forme de capital social, ce qu'ils sont censés avoir reçu de l'autre à titre de bénéfices.

On objecte qu'une opération de cette nature, qui se réduit pour chaque actionnaire à un changement dans la valeur nominale de son titre, ne l'enrichit pas et n'ajoute aucune valeur nouvelle à son patrimoine personnel. Ainsi, dit-on, une société au capital de 100,000 fr., divisé en 200 actions de 500 fr., possède une réserve de 50,000 fr. Il est manifeste que chaque action vaut réellement 750 fr. Que si, en représentation de la réserve, on crée de nouvelles actions de 250 fr., les actions primitives redescendront à 500 fr.; après l'opération comme avant, chaque actionnaire possédera 750 fr., et il importe peu que ces 750 fr. soient représentés par deux titres au lieu d'un seul. Le premier titre a été dédoublé, voilà tout. Quant à la société, elle a conservé intact son actif total de 150,000 fr. sans aucune diminution, puisque les porteurs des nouveaux titres de 250 fr. ne sont pas devenus ses créanciers. — Demasure, Régime fiscal des sociétés, n° 209.

Notre recueil s'est lui-même associé à ces réflexions, à une époque, il est vrai, où la jurisprudence n'avait pas encore bien fixé le sens général des dispositions de la loi de 1872. — 20,231 J.

Aujourd'hui, il ne nous coûte nullement de reconnaître que nous nous sommes trompés et que l'objection que nous venons de résumer manque de portée.

Il est très vrai que le dédoublement de son action n'enrichit pas l'actionnaire. Aussi n'est-ce pas parce que cette opération l'enrichit que la taxe est exigible, mais parce qu'elle réalise à son profit l'appropriation personnelle des bénéfices qui ont produit cet enrichissement et ont successivement augmenté la valeur de son action au fur et à mesure qu'ils se sont formés. La valeur passible de l'impôt s'est formée antérieurement à la distribution; mais, comme cette distribution est une condition indispensable de l'exigibilité de l'impôt, il en résulte que le moment où l'actionnaire s'enrichit, en voyant son action augmenter de valeur par suite de l'accumulation des bénéfices réalisés, n'est pas nécessairement celui où l'impôt devient exigible. L'Administration doit attendre, pour le réclamer, que ces bénéfices, qui s'augmentent chaque jour, sortent de la caisse sociale et que les associés se les soient appropriés, soit en les touchant directement, soit en en disposant suivant leur volonté.

Par conséquent, on fait une objection sans valeur en alléguant que, par suite de l'augmentation du capital social et de la délivrance des nouvelles actions, les associés ne se sont pas enrichis. Le fait est certain, mais il est sans influence sur la question en litige, puisque l'exigibilité de l'impôt dépend, comme on vient de le dire, non de la création des bénéfices, mais de leur distribution.

D'après ces motifs, on doit donc reconnaître que l'affectation par une société de ses bénéfices à l'augmentation du capital social, sous quelque forme qu'elle se réalise, équivaut à une distribution de ces bénéfices et donne par conséquent ouverture à la taxe de 3 p. 100.

C'est en effet ce que décide la jurisprudence.

Le principe a été posé par deux arrêts de la Cour de cassation, rendus à la date du 7 juin 1880, qui sont intervenus dans des circonstances différentes qu'il est nécessaire de préciser.

821. *Bénéfices réservés et portés à un compte d'accroissement du capital social. Distribution par voie d'attribution de nouvelles parts.* La société en commandite formée pour l'exploitation de l'établissement de la Belle Jardinière a eu, dès l'origine, son capital social divisé en soixante parts d'intérêts; en 1856, ce capital avait été fixé à 3,000,000 de fr. Chaque part était donc au capital nominal de 50,000 fr. — En 1869, le capital social a été élevé à 7,500,000 fr., et la valeur nominale de chacune de ces soixante parts s'est trouvée portée à 125,000 fr. — En outre, l'assemblée générale des actionnaires a décidé qu'à l'avenir une retenue serait opérée annuellement sur les profits de la société, afin de créer un compte spécial intitulé : Compte d'accroissement du capital. « Ce nouveau compte, est-il dit dans les statuts, jouira d'un intérêt annuel de 6 p. 100, et toutes les fois que le montant, en principal et intérêts, de ce compte d'accroissement atteindra un chiffre de 600,000 fr., cette somme profitera comme valeur supplémentaire à chacune des soixante parts entre lesquelles se divise le fonds social, de manière à augmenter de 10,000 fr. le chiffre nominal de chacune d'elles, et, par suite, à mesure que cette augmentation de 10,000 fr. par part sociale se produira, de nouveaux titres seront créés et remis aux titulaires des parts, en échange des anciens qui seront annulés. »

L'éventualité prévue par cette disposition des statuts s'est réalisée, et, à la suite de prélèvements successifs effectués au profit du compte d'accroissement, le capital social s'est trouvé porté à 10,200,000 fr. et la valeur de chaque part à 170,000 fr. Chacun de ces prélèvements a donné lieu à la création de nouveaux titres remis aux actionnaires, en échange des anciens, et comprenant dans une expression unique le capital initial et les bénéfices capitalisés.

Cette opération, qui avait augmenté de 2,700,000 fr. le capital social et de 45,000 fr. la valeur nominale de chaque part, a paru à l'Administration présenter tous les caractères d'une distribution, et, en conséquence, la taxe a été réclamée sur le bénéfice ainsi distribué, c'est-à-dire sur la somme de 2,700,000 fr.

Le tribunal de la Seine, par jugement du 22 août 1879 (21,364 J.; 5532 R. p.; 22,392 J. N.), a donné gain de cause à l'Administration, et le pourvoi formé contre le jugement a été rejeté par un arrêt de la chambre des requêtes du 7 juin 1880, qui a consacré la thèse que nous défendons dans les termes suivants :

« Attendu qu'il ressort de ces faits que la somme de 2,700,000 fr. a le caractère de bénéfices sociaux ; que, si elle n'a pas été effectivement touchée en espèces, elle n'en a pas moins été distribuée; que l'affectation toute volontaire de ces bénéfices à l'accroissement du fonds social, de manière à augmenter de 10,000 fr., par 600,000 fr. prélevés, le chiffre nominal de chacune des soixante parts, et la remise de titres nouveaux aux titulaires desdites parts, en échange des anciens devant être annulés, constituent essentiellement une distribution; d'où il suit... » 21,364 J.; 5532 R. p.; 22,392 J. N.; — V. Revue critique de législation, année 1881, p. 705.

822. *Bénéfices provenant de la réalisation d'une partie des apports employés à l'augmentation du capital social. Répartition de nouvelles actions créées en représentation de cette plus-value.* Le second arrêt, rendu à la date du 7 juin 1880, est intervenu à l'égard de la Société métallurgique de Tarn-et-Garonne, qui, ayant aliéné une partie des apports originaires jugée inutile à la marche de l'exploitation et ayant réalisé de ce chef un bénéfice important, a employé une partie de ce bénéfice, soit 700,000 fr., à augmenter d'autant son capital social. Ce capital, qui était de 1,400,000 fr., s'est ainsi trouvé porté au chiffre nominal de 2,100,000 fr. En représentation de la différence, la Société a émis 4,200 actions nouvelles de 500 fr., qui ont été réparties entre les associés proportionnellement au nombre des anciennes actions dont chacun était porteur.

Le tribunal de la Seine, par jugement du 11 juill. 1879, a décidé que la somme de 700,000 fr. ainsi affectée à l'augmentation du capital social, constituait un bénéfice distribué et donnait ouverture à la taxe de 3 p. 100. 21,302 J.; 5505 R. p.; 16,220 Contr.

Sur le pourvoi de la Société, la chambre des requêtes, par arrêt du 7 juin 1880, a confirmé cette interprétation, en reproduisant les motifs de son arrêt du même jour rendu dans l'affaire de la Belle-Jardinière (*supra*, n° 821). Elle a décidé en outre, très justement selon nous, que la taxe devait porter, dans l'espèce, sur la somme affectée à l'augmentation du capital social, c'est-à-dire sur 700,000 fr., et non, comme le prétendaient les parties, sur une évaluation des actions réparties entre les associés. — 21,365 J.; 5532 R. p.; 22,392 J. N.; 16,273 Contr.; 6178 Rev. not.; Inst. 2643, § 1er; S., 80, 1, 473; D. P., 80, 1, 467; P., 80, 1179.

823. *Emploi des réserves à l'augmentation du capital social et à la création de nouvelles actions réparties entre les associés.* Le tribunal de Lunéville (jugement du 4 nov. 1886, 22,880 J.; 7,006 R. p.; Inst. 2750, § 4), et, sur pourvoi, la chambre des requêtes (arrêt du 26 déc. 1887, 22,932 J.; 7006 R. p.; 24,027 J. N.; 17,439 Contr.; Inst. 2750, § 4; S., 89, 1, 87; D. P., 88, 1, 265; P., 89, 178), se sont inspirés des mêmes principes pour décider que, lorsqu'une société par actions emploie les sommes versées au fonds de réserve à augmenter d'autant le capital social, et répartit entre les actionnaires les actions nouvellement créées en représentation de cette augmentation de capital, cette opération constitue une distribution de bénéfices et rend exigible la taxe de 3 p. 100 sur le montant des bénéfices ainsi distribués, quelle que soit l'époque de leur réalisation et de leur attribution à la réserve, et lors même que cette attribution aurait été effectuée antérieurement à la loi du 29 juin 1872 et aurait donné lieu à une inscription privative de ces sommes au compte des actionnaires, ainsi qu'au payement d'un intérêt annuel au profit de ces derniers. — Sur ce dernier point, V. *infra*, n° 829.

824. *Répartition des réserves sous forme d'attribution de parts de fondateurs.* Constitue une distribution effective, passible de l'impôt sur le revenu des actions, l'opération coïncidant avec l'augmentation du capital par l'émission de nouveaux titres d'actions, qui consiste, d'une part, à transférer les bénéfices précédemment mis en réserve au compte-capital, dans lequel ils remplacent des valeurs qui sont considérées comme amorties; d'autre part, à attribuer aux actionnaires primitifs de la société, en compensation des bénéfices réservés, des parts de fondateurs donnant droit à une partie des profits futurs de l'entreprise. Seine, 1er déc. 1876; 20,231 J.; 4870 R. p.; R. p., t. 1877, p. 780; 15,704 Contr.

825. DISTRIBUTION DE BÉNÉFICES RÉALISÉS ANTÉRIEUREMENT A LA LOI DU 29 JUIN 1872. — Deux principes également certains ressortent des nombreuses décisions par lesquelles la jurisprudence a déterminé les conditions d'exigibilité de la taxe sur le revenu : 1° la loi de 1872 atteint tous les bénéfices sociaux quelle que soit leur origine ; 2° elle ne les assujettit toutefois au payement de la taxe que du jour où ils sortent du patrimoine de la société pour entrer dans celui des actionnaires, c'est-à-dire du jour où étant distribués à ces derniers ils deviennent par cela même un produit de leurs actions.

De la combinaison de ces deux règles découle cette conséquence : c'est que, du moment que les bénéfices d'une société sont distribués à ses actionnaires, il n'y a pas plus à se préoccuper de l'époque à laquelle ils ont été réalisés que de leur origine et de la manière dont ils se sont formés. Tant que les bénéfices restent dans la caisse sociale, il n'existe pas de matière imposable, puisque jusque-là l'action n'a rien produit et que c'est uniquement le produit de l'action que la loi assujettit à la taxe.

Le droit du Trésor ne s'ouvre que lorsque l'action donne à l'actionnaire le revenu qu'il en attendait, c'est-à-dire lorsque le bénéfice social est distribué. Par conséquent, dès lors que cette distribution a lieu sous l'empire de la loi du 29 juin 1872, la taxe est exigible, quand bien même elle aurait pour objet des bénéfices réalisés antérieurement à la promulgation de cette loi.

« On ne saurait, dit l'Administration, faire exception à cette règle pour le cas où le dividende ordinaire ou extraordinaire a été fourni au moyen d'un prélèvement sur les réserves accumulées pendant les exercices antérieurs à la loi de 1872. C'est un point facile à démontrer. En effet, le fonds de réserve, destiné à pourvoir aux éventualités de l'avenir, ne saurait être considéré comme un bénéfice définitivement acquis aux actionnaires. Tant que les réserves ne sont pas comprises dans une distribution, elles font partie du patrimoine de la société, demeurent soumises à toutes les chances sociales et forment le gage des créanciers, de même que tous les autres biens de la société. Elles ne peuvent donc devenir passibles de la taxe de 3 p. 100 que le jour où une répartition les fait passer du patrimoine de la société dans le patrimoine particulier de chacun de ses membres. C'est alors seulement que se trouve accomplie la condition à laquelle la loi soumet l'exigibilité de la taxe. Cette opération, en effet, a pour résultat de créer, au profit de l'actionnaire ou de l'associé, un revenu, et c'est l'existence de ce revenu qui justifie la perception. Jusque-là, il n'y avait qu'un bénéfice dont la propriété continuait à appartenir à la société; par le fait de la distribution, ce bénéfice s'est converti en un produit, en un revenu passible de l'impôt. Il importe peu, dès lors, que les réserves mises en distribution aient été réalisées avant ou après la promulgation de la loi. Les termes de la loi étant généraux, ses effets doivent avoir le même caractère. » Mémoire produit à la Cour de cassation dans l'affaire du Comptoir d'Orléans, art. 22,326 J., p. 475.

826. On fait à cette solution deux objections, l'une fondée sur le principe de la non-rétroactivité des lois qui serait violé, dit-on, si la loi de 1872 atteignait des bénéfices réalisés antérieurement à sa promulgation ; l'autre tirée du texte de l'art. 3, § 3, de la loi précitée, portant que « pour l'année 1872, les revenus, intérêts et dividendes, seront sujets à la taxe pour *moitié* seulement de leur montant, quelle que soit l'époque à laquelle le payement aura lieu » ; ce qui suppose que, dans la pensée du législateur, tous les bénéfices sociaux antérieurs à la loi échappent à l'application de l'impôt.

L'Administration a réfuté ces deux objections dans les termes suivants :

« Le 3e alinéa de l'art. 3 de la loi de 1872 n'a pas le sens qu'on lui attribue. Il suffit, pour s'en convaincre, de remarquer que la loi qui a créé la taxe de 3 p. 100 sur les valeurs mobilières a été promulguée seulement le 30 juin 1872, et, d'autre part, que cette loi atteint en principe toute distribution de sommes à titre de revenu. Sans la disposition précitée, voici ce qui se serait produit : les sociétés qui sont dans l'usage de faire avant le 1er juillet la répartition annuelle de leurs dividendes n'auraient rien eu à payer pour l'année 1872, puisque cette répartition eût été un fait accompli avant la loi. Celles, au contraire, dont les distributions ne se font habituellement qu'à une époque postérieure au 1er juillet, auraient dû acquitter la taxe, pour cette même année, sur la totalité du revenu distribué. De telle sorte que, dans le cours de l'année 1872, les unes auraient supporté intégralement un impôt dont les autres se seraient trouvées entièrement exonérées, sans autre raison de cette différence que la circonstance, toute fortuite, de la diversité des époques de distribution. Il fallait prévenir un résultat aussi peu équitable et aussi contraire au principe de l'égalité dans la répartition de l'impôt. C'est ce qu'a fait le législateur en décidant, par une disposition transitoire, que les produits distribués en 1872 ne seraient assujettis à la taxe que sur la moitié seulement de leur montant. Tel est le véritable but du 3e alinéa de l'art. 3, qui, en réalité, a apporté une exception au principe général de la loi, d'après lequel toute distribution d'un revenu quelconque, opérée postérieurement à la promulgation de cette loi, donne naissance à l'impôt. Cette exception a été introduite en faveur d'un certain nombre de sociétés pour lesquelles l'application de la nouvelle taxe aurait eu, en 1872, des conséquences trop rigoureuses. Elle se trouve, au surplus, justifiée par cette considération que la loi n'a été promulguée qu'au milieu de l'année 1872, et qu'il était, dès lors, juste de ne frapper que la moitié des revenus distribués dans le cours de cette même année. C'est ce qui a fait dire à un tribunal, dont l'Administration s'approprie ici les expressions, que la disposition dont il s'agit était due à « un esprit de bienveillante équité » (Trib. de la Seine, 22 juin 1877, *infra*, n° 827).

« Il ne peut, d'ailleurs, être question ici de violation du principe de la non-rétroactivité des lois. Ainsi que la jurisprudence le reconnaît, c'est le fait de la distribution des bénéfices aux associés ou actionnaires, et non celui de leur réalisation, qui sert de fondement à la taxe. Par conséquent, du moment que l'Administration se borne à asseoir le droit sur les payements effectués postérieurement à la loi, on ne saurait lui reprocher de donner au texte un effet rétroactif. Elle ne méconnaîtrait le principe de la non-rétroactivité que si elle élevait la prétention d'appliquer l'impôt à des distributions antérieures à l'année 1872. En matière fiscale comme en matière civile, les lois ne touchent pas aux droits acquis, mais elles atteignent tous les autres. Donc, toutes les fois qu'un droit est ouvert au profit du Trésor au moment où survient une modification de tarif, cette modification reste étrangère à la créance, si d'ailleurs la loi ne dit rien de contraire ; mais la disposition nouvelle s'étend à tous les droits dont l'exigibilité est le résultat d'un fait ou d'un acte postérieur à sa promulgation. — Cass., 4 fév. 1834; 10,852 J.; 4357 R.; 8357 J. N.; 2836 Contr.; Inst. 1454; S., 34, 1, 97 ; — 31 janv. 1876; 19,974 J.; 5149 Rev. not.; 21,413 J. N.; 13,558 Contr.; 4314 R. p.; Inst. 2542, § 3; S., 76, 1, 425; D. P., 76, 1, 209; P., 76, 1079; — 26 juin 1878 ; 20,775 J.; 21,910 J. N.; 15,956 Contr.; 5017 R. p.; 5802 Rev. not.; Inst. 2603, § 2 ; S., 78, 1, 384; D. P., 78, 1, 426.

827. A l'exception d'un jugement du tribunal d'Orléans du 31 janv. 1881, qui, d'ailleurs, a encouru la cassation (22,326 J.), la jurisprudence a consacré sans réserve la théorie de l'Administration.

Aux termes d'un jugement du tribunal de la Seine du 22 juin 1877 (20,431 J.; R. p., t. 1877, p. 780 ; 4870 R. p.; S., 78, 2, 91), la taxe de 3 p. 100 établie sur les intérêts, dividendes, revenus et tous autres produits des actions des sociétés, doit être acquittée sur la distribution extraordinaire faite aux actionnaires au moyen d'un prélèvement opéré sur les réserves, alors même que ces réserves auraient été constituées avant la loi du 29 juin 1872.

Un jugement du tribunal de Nîmes, du 20 nov. 1879, décide que les bénéfices réalisés avant la loi de 1872, et distribués aux actionnaires postérieurement à la promulgation de cette loi, sont passibles de la taxe de 3 p. 100. 21,233 J.; — Dans le même sens : Seine, 3 juin 1881; 5779 R. p.; 16,578 Contr.

Le tribunal de Bordeaux, dans un jugement du 27 fév. 1884 (22,420 J.; 23,653 J. N.), après avoir reconnu que la répartition, faite au profit des associés après la dissolution de la société, des sommes et valeurs composant le fonds social, constitue une distribution de bénéfices passible de la taxe pour tout ce qui, dans les valeurs distribuées, excède le montant du capital social, décide en outre qu'il n'y a pas lieu de tenir compte, pour le calcul du bénéfice imposable, de la plus-value que les apports avaient acquise avant la promulgation de la loi de 1872, cette plus-value donnant ouverture à la taxe par cela seul que la distribution en est faite sous l'empire de la nouvelle loi.

828. L'arrêt de la chambre civile du 28 mai 1884, qui a cassé le jugement précité du tribunal d'Orléans, du 31 janv. 1881, consacre la même thèse et réfute l'objection qu'on a tenté de déduire du texte de l'art. 3, 3e alinéa de la loi, dans les termes suivants :

« Sur le moyen unique : — Vu l'art. 1er de la loi du 29 juin 1872; — Attendu que la loi du 29 juin 1872 a établi, sur le revenu des valeurs mobilières, un impôt dont la perception a pour cause déterminante la répartition qui fait passer du patrimoine social dans l'avoir personnel des associés ou actionnaires les intérêts, dividendes, revenus et tous autres produits des actions de toute nature des sociétés financières, industrielles, commerciales et civiles; — Qu'ainsi, pour décider quand il y a ouverture à la perception de la taxe susénoncée, il faut s'attacher uniquement au fait de la distribution des bénéfices sociaux, sans se préoccuper du moment où a eu lieu leur réalisation ;

« Attendu que si le 3e alinéa de l'art. 3 de la loi précitée porte que, pour l'année 1872, les revenus, intérêts et dividendes seront sujets à la taxe pour moitié seulement de leur montant, quelle que soit d'ailleurs l'époque où le payement en aura été effectué, cette disposition transitoire, qui n'était applicable que pour l'année 1872, ne fait nullement obstacle à ce que la totalité de la taxe soit due sur une répartition de bénéfices qui a eu lieu postérieurement au 31 déc. 1872;

« D'où il suit qu'en refusant de soumettre à l'impôt la distribution de bénéfices faite, en 1874, aux actionnaires de la société en commandite par actions dénommée le Comptoir d'escompte d'Orléans, sous le prétexte que ces bénéfices avaient été acquis antérieurement à la loi du 29 juin 1872, le jugement attaqué a violé l'article de loi susvisé.

« Par ces motifs, casse. » 22,326 J.; 6337 R. p.; 23,278 J. N.; 16,921 Contr.; Inst. 2700, § 7; S., 85, 1, 230; D. P., 84, 1, 465; P., 85, 554. — V. Revue critique de législation, fév. 1886, p. 78.

829. *Inscription privative aux noms des associés des sommes portées au fonds de réserve antérieurement à la loi de 1872.* Enfin, aux termes d'un arrêt de la chambre des requêtes du 26 déc. 1887 (22,952 J.; 7006 R. p.; 24,027 J. N.; 17,439 Contr.; Inst. 2750, § 4; S., 89, 1, 87; D. P., 88, 1, 265; P., 89, 178), rejetant le pourvoi formé contre un jugement du tribunal de Lunéville du 4 nov. 1886 (22,880 J.; 7006 R. p.; Inst. 2750, § 4), lorsqu'une société par actions emploie les sommes versées au fonds de réserve à augmenter d'autant le capital social et répartit entre les actionnaires les actions nouvellement créées en représentation de cette augmentation de capital, cette augmentation constitue une distribution de bénéfices et rend exigible la taxe de 3 p. 100 sur les bénéfices ainsi distribués, quelle que soit l'époque de leur réalisation et de leur attribution à la réserve, et lors même que cette attribution aurait été effectuée antérieurement à la loi du 29 juin 1872 et aurait donné lieu à une inscription privative de ces sommes au compte des actionnaires, ainsi qu'au payement d'un intérêt annuel au profit de ces derniers.

« Attendu, porte cet arrêt, qu'il est constant, en fait, que la Société anonyme des verreries et cristalleries de Baccarat, fondée en 1824 et renouvelée en 1842, au capital de deux millions de francs, divisé en cent actions de 20,000 fr. chacune, avait, aux termes des art. 4, 5 et 7 de ses statuts, un fonds de réserve dont le minimum devait être de 200,000 fr., et qui pouvait être élevé jusqu'à un maximum d'un million; que ce fonds de réserve dut être augmenté dès l'année 1856, à raison de l'extension de la société, et qu'il le fut par un prélèvement annuel sur le dividende affecté à chaque action; que, lors de la promulgation de la loi du 29 juin 1872, il avait été ainsi porté à la somme de trois millions, et s'élevait en 1881 à la somme de 4,000,000 de francs; que, suivant acte notarié du 21 sept. 1881, ladite société fut prorogée jusqu'au 30 juin 1941, sous la raison sociale de Compagnie des cristalleries de Baccarat; que le capital social représenté par tout l'actif de l'ancienne société, soit capital de 2,000,000 et réserve de 4,000,000 de francs, fut fixé à 6,000,000 de francs et divisé en 400 actions de 15,000 fr. chacune, entièrement libérées; que ces 400 actions furent réparties entre les actionnaires dans la proportion de quatre actions nouvelles pour une ancienne;

« Attendu qu'il ressort de ces faits que la somme de trois millions composant la réserve statutaire et extra-statutaire formée avec des bénéfices sociaux jusqu'en 1872 a été distribuée en 1881 seulement, postérieurement à la promulgation de la loi du 29 juin 1872, et s'est trouvée par là même assujettie à la taxe de 3 p. 100 établie par cette loi;

« Attendu que c'est vainement que la Compagnie des cristalleries de Baccarat soutient qu'à raison de l'inscription au crédit de chaque actionnaire des sommes prélevées annuellement sur les dividendes, leur distribution réelle a eu lieu avant la promulgation de ladite loi, et a échappé ainsi à son application; qu'il résulte, en effet, des délibérations mêmes du conseil général des actionnaires que les prélèvements sur les dividendes devaient être appliqués à l'accroissement de la réserve; que l'inscription invoquée par la compagnie exposante, et motivée sans doute par cette circonstance que la réserve statutaire primitivement prévue était complète, n'a été qu'une attribution purement éventuelle, mais n'a pu avoir pour effet et pour conséquence d'enlever aux fonds mis en réserve jusqu'en 1881 leur caractère de fonds sociaux, appartenant à l'être moral société, et destinés à parer aux éventualités diverses pouvant se produire dans une exploitation industrielle; que, d'ailleurs et enfin, il résulte de la lettre même écrite par l'administrateur aux actionnaires, pour porter à leur connaissance les décisions du conseil général de la société, que les sommes ainsi prélevées ne devaient pas être effectivement distribuées; d'où la conséquence que, malgré l'inscription et conformément à l'intention même des parties, elles ne sortaient pas du patrimoine social pour passer dans l'avoir personnel de chacun des actionnaires, ce qui est la condition essentielle de toute distribution;

« D'où il suit que, en décidant que la taxe de 3 p. 100 établie par la loi du 29 juin 1872 était exigible sur la réserve de 3,000,000 de francs distribuée en 1881 aux actionnaires de ladite compagnie, sous forme d'actions nouvelles, le jugement attaqué, loin de violer les articles visés au pourvoi, en a fait une juste application;

« Par ces motifs, rejette..... »

On voit, par le texte de cet arrêt, que le principe d'après lequel la taxe atteint tout produit distribué postérieurement à la loi de 1872, fût-il réalisé auparavant, n'était pas contesté. Mais la société prétendait que le versement des bénéfices au fonds de réserve, avec inscription privative des sommes ainsi versées au nom de chaque associé, en avait opéré la distribution, et qu'ainsi l'opération postérieure à la promulgation de la loi, consistant uniquement dans le payement de sommes déjà passées dans le patrimoine des associés, ne pouvait donner ouverture à la taxe de 3 p. 100.

Cette interprétation était inadmissible, et elle a été justement repoussée par la Cour de cassation. Il résultait, en effet, des délibérations de l'assemblée générale des actionnaires que les bénéfices réalisés avant la loi de 1872 avaient été non pas distribués aux actionnaires, mais attribués au fonds de réserve. Or, cette attribution, à moins d'en méconnaître le caractère légal, a nécessairement imprimé à ces bénéfices la destination qui appartient à toutes les sommes qu'une société verse dans son fonds de réserve. Par conséquent, ces sommes sont restées la propriété de la société et le gage commun de ses créanciers, ce qui exclut le droit privatif que, d'après la prétention du pourvoi, les actionnaires auraient eu sur elles. Tant qu'elles sont restées à ce titre dans la caisse sociale, l'être moral en a eu la libre disposition et a pu les employer aux opérations sociales et les engager au profit de ses créanciers. De tels effets sont incompatibles avec l'existence d'un droit personnel et privatif au profit des actionnaires. En vain invoquait-on en sens contraire l'inscription au crédit de chacun d'eux des sommes ainsi réservées. Nous ne voyons dans cette inscription qu'une opération de comptabilité intérieure, inopposable aux tiers et impuissante à enlever aux sommes qui en étaient l'objet le caractère et la destination qu'elles ont reçus légalement de leur attribution expresse au fonds de réserve.

Le tribunal de Lunéville et la Cour de cassation ont donc eu raison de décider que les sommes dont il s'agit ne sont pas sorties, jusqu'en 1881, du patrimoine social pour entrer dans le patrimoine individuel des actionnaires. Ce fait d'appropriation ne s'est réalisé que lors de la transformation de la société, lorsque, avec le consentement de tous les actionnaires, consentement qui était indispensable pour cette opération, les 4 millions de la réserve ont été employés à augmenter le capital social et à créer de nouvelles actions. Cet emploi équivaut, en effet, de la part des associés, à un nouvel apport dans la société des sommes dont ils auraient pu demander la répartition; il constitue essentiellement un acte de disposition qui suppose de la part de chaque associé l'appropriation préalable des sommes dont il consent ainsi un emploi déterminé. Rien n'est donc plus exact que de considérer cette opération comme une distribution de bénéfices qui, ayant eu lieu sous l'empire de la loi du 29 juin 1872, a donné ouverture à la taxe de 3 p. 100 sur la totalité des sommes qui en ont fait l'objet. 22,952 J.

829 *bis*. *Intérêts d'obligations échus avant la loi de* 1872 *et payés postérieurement à cette loi*. — V. *infra*, n° 842.

ART. 2. — *Revenus et produits des obligations et emprunts.*

830. Textes. Division. — L'art. 1er de la loi du 29 juin 1872, qui a soumis à la taxe de 3 p. 100 (§§ 1 et 3) les revenus et produits des actions et des parts d'intérêt et commandites dans les sociétés, a assujetti au même impôt, dans son § 3, « *les arrérages et intérêts annuels* des emprunts et obligations des départements, communes et établissements publics, ainsi que des sociétés, compagnies et entreprises désignées par le § 1 ».

Ce texte est certainement moins compréhensif que celui qui concerne les *produits* des sociétés. Aussi l'Administration dut-elle, après la promulgation de la loi, reconnaître que ces dispositions, n'ayant visé que les arrérages et intérêts annuels des obligations et des emprunts, ne pouvaient être étendues à d'autres produits, tels que les lots et primes de remboursement. Mais la loi, ainsi comprise, manquait de logique, attendu que les lots et primes de remboursement ne sont fournis qu'au moyen de la réduction du taux des intérêts. Une loi du 1er déc. 1875 est venue combler cette lacune de la loi de 1872, en assujettissant expressément à l'impôt « les lots et primes de remboursement payés aux créanciers et aux porteurs d'obligations, effets publics et tous autres titres d'emprunts ».

Ces deux éléments de la matière imposable: 1° les intérêts, 2° les lots et primes de remboursement, vont faire successivement l'objet de nos explications.

§ 1er. — Intérêts et arrérages des obligations et des emprunts.

831. Définition des intérêts et des arrérages. — Les difficultés que soulève la détermination des produits imposables des actions ou parts d'intérêt dans les sociétés ne se représentent pas en ce qui concerne les intérêts des obligations et des emprunts.

La signification des mots « intérêts et arrérages » est, en effet, très claire et ne prête pas à la discussion. Les intérêts d'un emprunt sont les fruits civils produits par une somme d'argent due à titre de prêt, et remboursable soit à la volonté du débiteur, soit à celle du créancier. Si le débiteur n'est pas obligé au remboursement, il y a un contrat de constitution de rente, et les fruits s'appellent des arrérages. Dict. des Réd., v° Intérêts, n° 1.

Les intérêts d'une obligation sont ou conventionnels, quand ils ont été stipulés par l'acte d'emprunt, ou moratoires, quand, en l'absence de toute stipulation à cet égard, ils ne courent qu'à partir et en vertu d'une demande en justice.

832. *Intérêts moratoires*. Les uns et les autres, car la loi ne distingue pas, sont passibles de la taxe de 3 p. 100. Sol. 17 janv. 1878.

833. *Commission. Frais de courtage*. On ne saurait d'ailleurs considérer comme des intérêts passibles de l'impôt les sommes payées annuellement à un banquier qui a émis des obligations pour le compte d'une société, d'une ville ou d'un établissement public. Ce sont là des frais de courtage, dus et payés en vertu d'un contrat de louage de services et échappant ainsi aux dispositions de la loi de 1872, qui n'atteint que les intérêts des emprunts. Sol. 22 sept. 1882.

834. *Annuités*. Certains emprunts sont remboursables par annuités comprenant cumulativement, d'après un tableau d'amortissement dressé d'avance, une partie du capital et les intérêts de la portion non amortie de ce capital.

Il va sans dire que, dans ce cas, la taxe n'est due que sur la portion des annuités représentative des intérêts.

835. Taux des intérêts. — La taxe est due sur les intérêts distribués, sans qu'il y ait lieu de rechercher s'ils dépassent le taux légal. Les parties ne sauraient, en effet, être admises à se prévaloir de la fraude qu'elles commettent pour se soustraire à leurs obligations fiscales. Seine, 4 mai 1888; 23,104 J.; 7089 R. p.; 17,508 Contr.

836. Obligations émises en représentation d'un emprunt. Double taxe. — Le principe d'après lequel l'impôt est dû sur les produits des actions et parts d'intérêt dans les sociétés, quelle que soit leur origine, est applicable aux intérêts des obligations (V. *supra*, n° 797). Il en résulte notamment qu'une société qui, pour se procurer les moyens de réaliser un prêt qu'elle fait à une autre société, à une ville ou un établissement public, émet elle-même des obligations dont elle sert les intérêts avec les annuités qu'elle touche de son propre emprunteur, doit la taxe sur les intérêts distribués à ses obligataires, sans qu'elle puisse objecter qu'elle supporte déjà la taxe sur les annuités qui lui sont servies.

Un jugement du tribunal de la Seine du 27 mai 1881 et un arrêt de la chambre des requêtes du 14 novembre 1882, rapportés *supra*, n° 798, se sont prononcés dans ce sens.

La même solution a été admise par un jugement du tribunal de Dunkerque du 25 mars 1886 (22,827 J.; 6878 R. p.; Inst. 2741, § 3) et par un arrêt de la chambre des requêtes du 4 avril 1887, qui a rejeté le pourvoi formé contre ce jugement

(22,827 J.; 6878 R. p.; 23,907 J. N.; 17,324 Contr.; Inst. 2741, § 3; S., 88, 1, 386; D. P., 88, 1, 232; P., 88, 938), au sujet d'un emprunt contracté par acte sous seing privé, en vertu d'une ouverture de crédit garantie par une hypothèque maritime et remboursable en quinze annuités, bien que les fonds eussent été fournis à la société emprunteuse par une société de crédit dont l'industrie consistait à prêter de l'argent, au moyen des sommes que cette dernière avait elle-même empruntées et sur lesquelles elle acquittait déjà la taxe de 3 p. 100. — V. dans le même sens, Seine, 17 janv. 1890; 7386 R. p.

837. *Obligations communales du Crédit foncier.* Il est toutefois apporté, dans la pratique administrative, une exception à la règle que nous venons d'énoncer en ce qui concerne les obligations communales que le Crédit foncier émet en représentation des prêts qu'il fait aux communes et aux établissements publics.

Le Crédit foncier acquitte l'impôt sur les intérêts des obligations et s'en rembourse sur les obligataires; mais la taxe n'est pas exigée des communes à raison des intérêts qu'elles servent au Crédit foncier. Nous avons exposé *supra*, n° 700, les motifs qui nous font penser que cette exemption n'est pas justifiée.

Dans tous les cas, l'exonération des droits sur les prêts communaux n'est admise que jusqu'à concurrence du capital des obligations en circulation. Inst. 2457.

838. DISTRIBUTION. — **Fait générateur de l'impôt.** — De même que, pour les produits des actions et parts d'intérêt dans les sociétés, la taxe n'est due qu'autant que les produits sont distribués, c'est-à-dire sont sortis de la caisse de la société pour entrer dans le patrimoine individuel des associés, de même, pour les intérêts des obligations, leur distribution est une condition indispensable à l'exigibilité de l'impôt. C'est dans ce sens que l'Administration s'est prononcée par une solution du 13 avril 1886 (22,673 J.; 6708 R. p.; 23,897 J. N.; D. P., 88, 3, 72), et le principe sur lequel elle s'est appuyée a été formellement consacré par l'arrêt de la Cour de cassation du 19 janv. 1887, cité *infra*, n° 842.

839. **Payement effectif des intérêts.** — *Restitution de la taxe à défaut de payement.* Ce n'est pas qu'il y ait analogie complète entre la situation des actionnaires et celle des obligataires. Tant que les produits d'une société ne sont pas distribués, les actionnaires n'ont qu'un droit éventuel sur eux, tandis que les obligataires ont un droit certain et définitif sur les intérêts de leurs obligations du jour où ils sont arrivés à échéance.

Toutefois, comme l'Administration décide que les dividendes des actions restent exempts de l'impôt, même lorsqu'une délibération régulière en a ordonné la répartition, tant qu'ils n'ont pas été effectivement payés (V. *supra*, n° 806), il est rationnel d'adopter la même règle à l'égard des intérêts. On doit donc reconnaître que les intérêts échus des obligations échappent en principe à la taxe de 3 p. 100, si une circonstance quelconque, telle que la faillite des débiteurs, en empêche le payement effectif. Par conséquent, la taxe qui aurait été acquittée aux échéances trimestrielles devrait être restituée en totalité ou partiellement, s'il était établi que le payement des intérêts n'a pas eu lieu, ou n'a eu lieu qu'en partie, par suite de l'insuffisance d'actif.

La solution précitée du 13 avril 1886 pose le principe dans les termes suivants :

« Si le décret du 6 déc. 1872 (art. 1er) ne prévoit que la restitution de la taxe de 3 p. 100 payée à titre provisoire sur le revenu présumé des actions, parts d'intérêt, commandites et emprunts à revenu variable, la loi du 29 juin dispose, art. 2, que l'impôt est assis « pour les obligations et emprunts » sur « l'intérêt ou le revenu *distribué* dans l'année ». En présence de ce texte, le Trésor ne saurait conserver la taxe acquittée par anticipation à raison des intérêts revenant aux obligataires, mais dont le service n'a pas été fait. Il est clair, d'ailleurs, que l'impôt de 3 p. 100 étant établi sur le revenu, l'État ne peut en devenir créancier qu'autant qu'il existe une matière imposable, c'est-à-dire lorsque les obligataires touchent le montant de leurs coupons d'intérêt.

« L'art. 60 de la loi du 22 frim. an 7 est spécial aux droits d'enregistrement, dont il déclare la perception définitive au même titre que la formalité donnée par l'Administration. Il ne saurait s'appliquer à l'impôt sur le revenu provisoirement avancé par une société, et dont l'inexigibilité est démontrée par suite d'événements ultérieurs (22,394 J., p. 87).

« Dans ce sens, le tribunal de la Seine a jugé, le 22 juil. 1881 (21,806 J.; 22,763 J. N.; 16,522 Contr.; 5884 R. p.; D. P., 82, 5, 422), que « l'impôt de 3 p. 100 liquidé et payé à titre provisoire sur les revenus et intérêts présumés des obligations et emprunts des sociétés et compagnies, n'est définitivement acquis au Trésor que lorsque ces revenus et intérêts ont été réellement payés aux créanciers des sociétés; qu'il est restituable lorsque ce payement effectif n'a pas eu lieu. »

840. **Payement de l'impôt sur les intérêts échus sauf restitution s'il y a lieu.** — Disons toutefois que cette règle ne dispense nullement les sociétés de se conformer aux prescriptions du décret du 6 déc. 1872, qui les oblige (art. 1er, n° 1) à payer la taxe, en quatre termes égaux, dans les vingt premiers jours de chaque trimestre, sur le chiffre « *déterminé à l'avance* » des intérêts échus et à distribuer. Elles ne pourraient suspendre l'exécution de cette obligation, en prétendant que les intérêts n'ont pas encore été payés aux obligataires. Seulement, et c'est là toute la portée de la solution précitée, le payement de la taxe, que la société effectue, a un caractère provisoire, comme celui qu'elle fait sur les produits de ses actions, en prenant pour base, d'après le § 2, art. 1er du même décret, les quatre cinquièmes des dividendes distribués pendant le dernier exercice, et les droits versés au Trésor sont sujets à restitution, s'il est établi ultérieurement que les intérêts échus, soumis provisoirement à l'impôt, n'ont pu être payés. 22,673 J.

841. **Preuve du non-payement des intérêts à la charge des parties.** — En outre, c'est à la société qui excipe de la non-distribution des intérêts d'un emprunt au sujet duquel la taxe de 3 p. 100 est réclamée, de prouver cette non-distribution par la production des délibérations, comptes rendus ou tous autres documents analogues.

« Attendu, porte à cet égard un jugement du tribunal de Marseille du 6 juil. 1888, que le montant de cette taxe, avancé provisoirement à chaque trimestre par les sociétés, doit être chaque année, après la clôture des écritures relatives à l'exercice, déterminé par une liquidation définitive de la taxe due pour l'exercice entier, dont les résultats donnent lieu au payement du complément qui serait dû, ou à la restitution du droit perçu ;

« Que les dispositions susvisées exigent, pour cette liquidation définitive, le dépôt sous peine d'amende, au bureau de l'Enregistrement, des comptes rendus ou extraits des délibérations des assemblées générales d'actionnaires ou des conseils d'administration, ou de tous autres documents analogues fixant le dividende distribué ;

« Qu'il n'appartient pas à l'Administration d'affranchir la Compagnie Morelli de cette obligation légale;

« Que, dès lors, l'offre faite par l'Administration d'imputer sur les sommes qui lui sont dues la taxe de 3 p. 100 acquittée par anticipation à raison des intérêts dus aux obligataires, sous la condition que la Compagnie Morelli lui fournisse la preuve légale du non-payement desdits intérêts, doit être accueillie. » 7138 R. p.

842. **Distribution d'intérêts échus avant la promulgation de la loi de 1872.** — Une conséquence certaine de la règle que nous venons de préciser est que, dans les réclamations que l'Administration a quelquefois l'occasion d'élever au sujet d'intérêts arriérés et payés par une société, notamment au moment de sa liquidation, elle n'a pas à se préoccuper de la date à laquelle ces intérêts sont arrivés à

échéance. Fussent-ils échus antérieurement à la loi du 29 juin 1872, pourvu que leur distribution ait eu lieu postérieurement à cette loi, la taxe doit les atteindre. C'est ce que l'Administration a fait reconnaître contre la Compagnie immobilière par un jugement du tribunal de la Seine du 12 décembre 1884 (6819 R. p.) et par un arrêt de la Cour de cassation (ch. civ.) du 19 janv. 1887. 22,805 J.; 6819 R. p.; 23,885 J. N.; 17,450 Contr.; Inst. 2737, § 2; S., 87, 1, 487; D. P., 87, 1, 501; P., 87, 1186.

« Attendu, porte cet arrêt, que l'art. 2 de la loi du 29 juin 1872, qui fixe l'assiette de l'impôt sur le revenu de certaines valeurs mobilières, dispose que, pour les obligations ou emprunts, le revenu est déterminé par l'intérêt ou le revenu distribué dans l'année; que cette expression ne comporte aucune ambiguïté; qu'elle fait clairement comprendre que le législateur s'attache, pour la perception de l'impôt, non à l'existence du droit du créancier, mais au payement de ce qui lui est dû; que le mode de perception institué par l'art. 3 manifeste la même pensée avec non moins d'évidence, puisque le montant de la taxe est avancé par les sociétés, compagnies ou entreprises, sauf leur recours, qui s'exerce au moyen de la retenue qu'elles font de leurs avances sur le revenu par elles distribué; que, d'ailleurs, si l'impôt était indépendant de la distribution effectuée du produit, il se résoudrait en un impôt sur le capital, soit de la société, soit des obligations, et non sur le revenu; qu'il s'ensuit qu'il importe peu, dans l'espèce, que les intérêts des obligations de la Compagnie immobilière, sur lesquels la taxe est réclamée, fussent, jusqu'à concurrence de la somme de 696,000 fr., échus avant le 1er juillet 1872, puisqu'il est constant et reconnu qu'ils n'ont été distribués que postérieurement à cette date;

« Qu'à la vérité, le troisième alinéa de l'art. 3 précité dispose que, pour l'année 1872, les revenus, intérêts et dividendes, seront sujets à la taxe pour moitié seulement de leur montant, quelle que soit d'ailleurs l'époque à laquelle le payement aura lieu; mais que cette disposition transitoire, applicable seulement à l'année 1872, et dont l'Administration défenderesse a tenu compte dans ses calculs, ne saurait réagir sur l'application des principes ci-dessus exposés et faire obstacle à ce que la taxe soit due intégralement sur toute distribution d'intérêts non afférente à l'année 1872 et opérée après le 31 décembre de la même année. »

Cet arrêt est d'ailleurs conforme à la jurisprudence qui a prévalu en ce qui concerne les bénéfices des sociétés réalisés avant la loi de 1872 et distribués postérieurement à cette loi. — V. *supra*, nos 825 et suiv.

843. Obligations détenues par la société qui les a émises. — *Attribution d'intérêts non passible de la taxe.* Nous avons expliqué *supra*, nos 240 et suiv., en étudiant les règles d'exigibilité du droit de timbre des obligations, qu'une société qui détient ses propres titres, soit qu'elle les ait émis, soit qu'elle les ait rachetés, pour les affecter à la dotation d'un service spécial, ou même pour les conserver dans sa caisse en attendant une circonstance favorable pour les revendre, continue à être débitrice de la taxe d'abonnement sur ces titres tant que ceux-ci conservent leur existence juridique. Une solution a été rendue dans ce sens le 30 juin 1886 (6755 R. p.), et un jugement du tribunal de la Seine du 18 juil. 1890, qui sera publié au Journal (livraison de septembre ou d'octobre 1890), a approuvé cette interprétation.

Mais la même solution décide avec raison que la taxe de 3 p. 100 n'atteint les obligations ainsi détenues par la société qui les a émises qu'autant qu'elles sont affectées à des services ayant une individualité et des intérêts distincts de ceux de la compagnie, tels que caisses de retraite, caisses de prévoyance pour les employés, à l'exclusion des titres attribués aux caisses spéciales qui font partie intégrante de la société et ne constituent que des services d'ordre.

Cette décision se fonde principalement sur ce que les intérêts attribués à ces derniers services ne font pas l'objet d'une distribution réelle, et sur ce que, par conséquent, une des conditions indispensables à l'exigibilité de l'impôt fait, en ce qui les concerne, entièrement défaut.

« Les conditions d'exigibilité de l'impôt sur le revenu, fait observer l'Administration, diffèrent de celles auxquelles est attachée l'exigibilité du droit de timbre. Pour que la taxe soit due sur les obligations émises par une compagnie, il ne suffit pas que ces obligations aient une existence juridique, il faut encore qu'elles soient productives d'intérêts au profit des tiers porteurs et que ces intérêts soient distribués.

« Il en résulte que la solution de la difficulté soulevée par la compagnie comporte, en ce qui concerne cet impôt, une distinction entre les titres attribués à des services dont les intérêts se confondent absolument avec ceux de la compagnie, tels que le domaine privé, la réserve spéciale des actionnaires, la caisse des annuités et le prix S., et les titres attribués à des services constitués pour représenter des intérêts particuliers et distincts de ceux de la compagnie, tels que les deux caisses de retraite de 1862 et de 1879, la caisse de prévoyance et la fondation G...

« Les uns et les autres sont, il est vrai, productifs d'intérêts. Mais, pour les premiers de ces titres, les intérêts produits ne peuvent être considérés comme distribués. Il n'y a aucun fait d'appropriation, aucune transmission de la part de la compagnie débitrice des intérêts au profit d'un tiers créancier, par conséquent, aucune distribution.

« Il n'en est pas de même des titres de la seconde catégorie. Il est certain que les caisses des retraites de 1862 et de 1879, la caisse de prévoyance et la fondation G..., qui n'est qu'une dépendance de la caisse des retraites, puisque l'excédent de ses revenus sur ses charges doit être reversé dans cette caisse, ont été constituées en vue d'intérêts particuliers et absolument distincts des intérêts généraux de la compagnie ou de ceux des actionnaires. Les agents qui participent aux retraites et qui sont désignés dans le règlement de 1879 ont, sur les fonds qui forment la dotation et qui se composent des versements personnels des agents, du produit des dons et legs et des allocations de la compagnie, un droit incontestable que la compagnie est tenue de respecter et qu'elle méconnaîtrait si elle détournait les fonds de leur destination. La collectivité des agents participants est ainsi constituée créancière de la compagnie, à l'effet d'exiger que celle-ci maintienne intact le fonds de garantie qui doit servir à assurer le payement régulier des retraites. Elle a, par cela même, un droit privatif sur les obligations qui composent ce fonds et sur les intérêts qu'elles produisent. L'art. 2 des statuts comprend, en effet, parmi les divers articles de la dotation, le produit des placements des fonds disponibles. Il en résulte qu'en versant ces intérêts à la caisse des retraites, la compagnie se libère d'une véritable dette; elle opère donc une distribution d'intérêts au même titre que lorsqu'elle paye les intérêts des obligations détenues par des particuliers. Cette considération paraît suffisante pour justifier l'exigibilité de la taxe de 3 p. 100. » 6755 R. p.

Le tribunal de la Seine, par son jugement précité du 18 juil. 1890, a admis le principe de la distinction formulée par l'Administration. Mais, en se fondant sur les clauses des statuts qui ont organisé les caisses visées par la solution, il a décidé, en fait, que cette organisation n'avait conféré aucun droit privatif aux employés intéressés au fonctionnement des services dotés par la compagnie; que les valeurs destinées à les alimenter restaient la propriété de la société et étaient gérées, comme le surplus de son patrimoine, par ses administrateurs; qu'enfin les fonds restant disponibles après le payement des dépenses incombant aux services affectataires, devaient, après la dissolution de la société, faire retour à ses actionnaires, à l'exclusion des employés. Il en a conclu, très justement, selon nous, que l'attribution auxdites caisses des intérêts des obligations affectées à leur dotation n'en opérait pas le transport du patrimoine collectif de la société dans le patrimoine individuel des porteurs des titres, et que, par conséquent, cette opération n'avait pas le caractère d'une distribution donnant ouverture à la taxe de 3 p. 100.

Nous ne pouvons qu'approuver ces conclusions d'une interprétation de fait qu'une lecture attentive des statuts permettrait seule de vérifier.

844. Obligations remises en nantissement par la compagnie qui les a émises. — En résumé, d'après la règle que nous venons d'énoncer, la taxe n'est pas due sur les intérêts des obligations appartenant à la compagnie qui les a émises lorsque celle-ci en a la jouissance exclusive; elle est due au contraire lorsque cette jouissance revient à des tiers ou à des collectivités distinctes de la société elle-même.

Cette règle nous amène à reconnaître, avec un jugement du tribunal de la Seine du 22 juil. 1881 (21,806 J.; 5884 R. p.; 22,763 J. N.; D. P., 82, 5, 422), que la taxe est due sur les intérêts d'obligations de cette nature remises en nantissement par la compagnie qui les a émises à ses créanciers, dès lors que ceux-ci sont autorisés à toucher ces intérêts.

845. *Interdiction au créancier gagiste de détacher les coupons.* Au contraire, la taxe n'est pas due si le créancier gagiste s'est interdit, par le contrat, de détacher les coupons des titres déposés entre ses mains. Seine, 11 juil. 1874; 19,613 J.; 15,487 Contr.; Inst. 2531, § 4.

846. Différents modes de distribution. — Nous avons, sous les nos 809 et suivants de ce traité, passé en revue les différents faits juridiques qui emportent distribution des bénéfices des actions dans les sociétés, et donnent ainsi ouverture à la taxe de 3 p. 100. Les principes que nous avons exposés sont en général applicables à la distribution des intérêts des emprunts et obligations. La distribution résulte non seulement du payement réel et direct des intérêts entre les mains des obligataires, ce qui est sans doute le cas le plus ordinaire, mais encore de toute opération qui a pour effet de faire bénéficier directement ou indirectement les obligataires des sommes qui leur sont dues à ce titre et de libérer la société.

C'est ainsi que la distribution qui donne ouverture à la taxe résulterait incontestablement de l'emploi des intérêts échus qui serait fait par la société, du consentement de l'obligataire, à acquitter une dette à la charge de ce dernier (comp. *supra*, n° 811), ou à payer par voie de compensation la somme restant due sur l'obligation elle-même non complètement libérée. — Comp. *supra*, n° 812.

847. *Capitalisation.* Il a été décidé également, par application de principes analogues à ceux que nous avons exposés nos 812 et suiv., que, lorsque les intérêts échus d'une somme due à titre de prêt par une société ou un établissement public sont, du consentement des parties, capitalisés pour produire eux-mêmes des intérêts, cette opération équivaut, en ce qui concerne les intérêts capitalisés, à une véritable distribution et rend exigible la taxe de 3 p. 100. En consentant à ce que les intérêts échus soient laissés à la société pour produire de nouveaux intérêts, le créancier fait à leur égard un acte de disposition qui implique une appropriation préalable; l'opération équivaut à un véritable payement, suivi d'un nouveau prêt. La solution du 29 avril 1887 (22,877 J.; D. P., 88, 3, 135), qui s'est prononcée dans ce sens, est ainsi conçue :

« Lorsque le créancier et le débiteur d'un prêt d'argent consentent, le premier à ne pas poursuivre immédiatement le payement des intérêts échus, le second à capitaliser ces intérêts et à les rendre productifs d'intérêts à leur tour, il y a, sans aucun doute, convention nouvelle de prêt (C. civ. 1154). — Par le fait même, il s'opère une novation, car la dette des intérêts échus, prescriptible par cinq ans (C. civ. 2277) et non susceptible de produire intérêt (C. civ. 1154), est éteinte et remplacée par une dette en capital (C. civ. 1271-1) productive d'intérêts et soumise à la prescription trentenaire (C. civ. 2262). — Conf. Cass., 23 mai 1854; 15,854 J.; 9217 R.; 15,267 J. N.; 10,292 Contr.; 93 R. p.; Inst. 2019, § 3; S., 54, 1, 479; P., 54, 2, 318; D. P., 54, 1, 195.

« En d'autres termes, l'emprunteur donne en payement de sa dette d'intérêts au prêteur une nouvelle créance en capital; ou encore il y a payement fictif suivi d'une rétrocession à titre de prêt. — Comp. jug. Seine, 22 août 1879; 21,364 J.; 5532 R. p.; 22,392 J. N.; Inst. 2643, § 1er.

« D'autre part, quand une société est débitrice à titre de prêt, l'impôt de 3 p. 100 est exigible sur tous les intérêts « distribués » (V. 22,673 J.), c'est-à-dire sur tous ceux qu'elle acquitte, de quelque façon que ce soit, aux mains ou pour le compte du prêteur. La capitalisation emportant payement des intérêts convertis en capital, la taxe est applicable aux intérêts dus par une société emprunteuse et qui sont capitalisés pour produire eux-mêmes intérêt.

« On peut invoquer dans ce sens la jurisprudence d'après laquelle « l'affectation volontaire de bénéfices ou produits sociaux à l'augmentation du fonds social et la remise d'actions nouvelles aux actionnaires proportionnellement aux actions anciennes par eux possédées constituent essentiellement une distribution » (Cass., 7 juin 1880, V. *supra*, n° 821 et 822). Il y a, en effet, même raison de décider que l'affectation volontaire des intérêts échus d'un prêt à l'augmentation de la créance, et la remise au prêteur d'un titre nouveau représentant ces intérêts, constituent une distribution. »

848. *Inscription en compte courant au crédit de l'obligataire.* Il n'est pas douteux que la distribution résulterait encore de ce fait que la société débitrice des intérêts, au lieu de les payer directement à l'obligataire, les porterait au crédit de ce dernier dans un compte courant existant entre eux.

849. *Payement d'impôts à la décharge de l'obligataire.* Logiquement, l'application des principes que nous venons d'exposer devrait conduire à décider que, quand une société prend à sa charge les impôts dus sur les obligations dont elle sert les intérêts à ses obligataires, le payement qu'elle fait, en libérant ces derniers d'une dette qui leur incombe, constitue une distribution passible de la taxe de 3 p. 100. On ne conteste pas cette solution, lorsque l'intérêt étant fixé à un taux déterminé, 5 p. 100 par exemple, la société qui fait l'avance de la taxe de 3 p. 100 en retient le montant sur l'intérêt échu, et ne paye que la différence, soit 4 fr. 85 p. 100 à ses obligataires. La taxe, dans ce cas, doit être perçue, non pas seulement sur la somme réellement payée, mais sur le chiffre nominal de l'intérêt. La pratique est universellement établie en ce sens.

Et cependant cette même société ne payera la taxe que sur la somme de 4 fr. 85, si, tenant compte par avance de la somme à prélever pour le payement de l'impôt, elle a fixé à ce chiffre le taux de l'intérêt à payer, sans retenue, à ses obligataires. Telle est du moins la règle qui résulte de plusieurs décisions administratives. Bien qu'on s'explique difficilement cette différence de traitement à l'égard de deux situations exactement semblables, le texte de la loi justifie cette jurisprudence. L'impôt est, en effet, aux termes de l'art. 1er, n° 2, de la loi de 1872, établi *sur les intérêts*.

Or, ainsi que l'explique le Ministre des finances dans une décision du 24 sept. 1883 : « Le terme « intérêts » a un sens précis et bien déterminé. C'est la somme que le débiteur s'engage à payer périodiquement à son créancier pour prix de la jouissance des fonds prêtés. Ces prestations périodiques sont soumises à des règles particulières, elles se prescrivent par cinq ans (C. civ. 2277), elles ne peuvent, sans que la stipulation dégénère en prêt usuraire, dépasser un certain taux. L. du 3 sept. 1807.

« Ces caractères spéciaux ne permettent pas de confondre les intérêts proprement dits avec d'autres charges ou prestations souvent imposées accessoirement à l'emprunteur au profit du prêteur, telle que celle qui peut être prise par une société de supporter l'impôt de 3 p. 100 applicable à ses titres d'obligations. Sans doute, le créancier tire un bénéfice de cette convention, puisqu'il est déchargé de l'obligation d'acquitter personnellement la taxe. Mais il n'a jamais paru possible d'assimiler ce bénéfice à un supplément d'intérêt dans l'acception juridique et nettement déterminée que comporte cette expression.

« C'est pourquoi la taxe spécialement assise sur l'intérêt du titre ne saurait être exigible.

« Cette interprétation a d'ailleurs reçu la consécration législative.

« En effet, la même question s'est posée lorsqu'il s'est agi de savoir si les lots et primes de remboursement tombaient sous le coup de la loi de 1872. Comme on l'a fait observer, les lots et primes « ne sont autres que des intérêts réservés et distribués sous une autre forme ». (Exposé des motifs de la loi du 21 juin 1875.) Si la loi de 1872 avait une portée compréhensive et absolue permettant d'atteindre non seulement les intérêts proprement dits, mais les prestations accessoires de la même nature, les lots et primes eussent été assujettis à l'impôt. On a dû reconnaître qu'il n'en pouvait être ainsi. Le mot « intérêt » ayant un sens légal très précis, on a considéré que ce terme n'embrassait pas les lots et primes de remboursement. Il a été nécessaire, en conséquence, pour atteindre ces valeurs, de recourir à l'intervention du législateur. L. du 21 juin 1875.

« On ne peut rien induire, pour la solution de la question, de ce qui a été décidé au sujet des actions des sociétés. En effet, la loi du 29 juin 1872 contient des dispositions très différentes, relativement à l'application de la taxe du revenu, selon qu'il s'agit d'obligations dont le revenu est fixe et déterminé, ou d'actions dont le revenu est variable. Pour les obligations, la taxe, ainsi qu'on l'a fait observer, est établie seulement sur les intérêts annuels, et la loi n'exprime pas qu'elle doit atteindre le produit intégral de ces titres. Au contraire, pour les actions, l'art. 1er, no 1, de la loi de 1872 dispose que l'impôt sera perçu « sur les intérêts, dividendes, revenus et tous autres produits ».

« Cette formule est très générale. Elle embrasse tout revenu d'action, quel qu'il soit et sous quelque dénomination qu'il puisse être déguisé; en un mot, elle atteint tous les profits possibles de l'actionnaire. La taxe de 3 p. 100 afférente au revenu des actions étant une charge de l'action ou de l'actionnaire, il s'ensuit que, si une société ou compagnie supporte la taxe applicable aux actions, le payement de cette taxe, qu'elle effectue pour le détenteur des titres, représente un véritable supplément de dividende, un accroissement du produit de l'action, sujet à l'impôt. C'est dans ce sens que la chambre civile de la Cour de cassation s'est prononcée par un arrêt du 6 juil. 1880 (*supra*, no 815). Cet arrêt, il importe de le faire remarquer, est basé sur le texte même de l'art. 1er, no 1, de la loi du 29 juin 1872 : « Attendu, dit la Cour, que la « taxe de 3 p. 100 est établie d'une manière générale sur les « intérêts, dividendes, revenus et autres produits, sur lesquels elle doit être calculée. » L'arrêt dont il s'agit est, par conséquent, spécial aux actions, il est motivé exclusivement sur un texte qui n'existe pas pour les obligations. Il ne paraît pas possible, dès lors, de soutenir que la règle consacrée par cette décision doit être étendue aux obligations. »

Dans le même sens : Déc. min. des fin. 28 août 1878; 21,980 J.; 5627 R. p.; 16,406 Contr.; D. P., 81, 5, 390; — Sol. 3 juil. 1888; 23,071 J.; 7158 R. p.; — Comp. Revue critique de législation, année 1885, p. 147.

§ 2. — Lots et primes de remboursement.

850. Loi du 21 juin 1875, art. 5. — Nous avons dit *supra*, no 830, que le texte de la loi du 29 juin 1872, qui assujettit à la taxe de 3 p. 100 les intérêts et arrérages annuels des emprunts et obligations, avait paru trop précis pour pouvoir être appliqué aux lots et primes de remboursement, bien que les sommes touchées à ce titre par les obligataires fussent de véritables produits de leurs obligations. Sol. 20 mars 1873.

La loi du 21 juin 1875 a comblé cette lacune par son article 5, ainsi conçu :

« Sont assujettis à la taxe de 3 p. 100 établie par la loi du 29 juin 1872, les lots et primes de remboursement payés aux créanciers et aux porteurs d'obligations, effets publics et tous autres titres d'emprunt.

« La valeur est déterminée pour la perception de la taxe, savoir :

« 1o Pour les lots, par le montant même du lot en monnaie française;

« 2o Pour les primes, par la différence entre la somme remboursée et le taux d'émission des emprunts. »

Inst. 2517.

851. Décret du 15 décembre 1875. — Le mode d'établissement et de perception de la taxe sur les lots et primes de remboursement a été déterminé par un règlement d'administration publique du 15 déc. 1875, dont voici les dispositions :

« Art. 1er. Lorsque les obligations, les effets publics et tous autres titres d'emprunts dont les lots et primes de remboursement sont assujettis à la taxe de 3 p. 100 par l'art. 5 de la loi du 21 juin 1875, auront été émis à un taux unique, ce taux servira de base à la liquidation du droit sur les primes.

« Si le taux d'émission a varié, il sera déterminé, pour chaque emprunt, par une moyenne établie en divisant par le nombre de titres correspondant à cet emprunt le montant brut de l'emprunt total, sous la seule déduction des arrérages courus au moment de chaque vente.

« A l'égard des emprunts dont l'émission faite à des taux variables n'est pas terminée, la moyenne sera établie d'après la situation de l'emprunt au 31 décembre de l'année qui a précédé celle du tirage.

« Art. 2. Lorsque le taux d'émission ne pourra pas être établi conformément à l'art. 1er, ce taux sera représenté par un capital formé de vingt fois l'intérêt annuel stipulé, lors de l'émission, au profit du porteur du titre.

« A défaut de stipulation d'intérêt, il sera pourvu à la fixation du taux d'émission dans la forme tracée par l'art. 16 de la loi du 22 frim. an 7.

« Art. 3. La taxe, avancée par les sociétés, compagnies, entreprises, départements, communes et établissements publics, conformément à l'art. 3 de la loi du 29 juin 1872, est payée dans les vingt jours qui suivront le jour fixé pour le payement des lots et primes de remboursement, au bureau de l'enregistrement du siège social ou administratif désigné, conformément à l'art. 1er du décret du 6 déc. 1872, pour recevoir la taxe sur le revenu.

« Pour l'acquittement de cette taxe, il sera remis au receveur, lors du payement, une copie certifiée du procès-verbal de tirage au sort, avec un état indiquant pour chaque tirage :

« 1o Le nombre des titres amortis; 2o le taux d'émission de ces titres, déterminé conformément aux art. 1er et 2, s'il s'agit de primes de remboursement; 3o le montant des lots et des primes échus aux titres sortis; 4o la somme sur laquelle la taxe est exigible.

« Art. 4. Les sociétés, compagnies, entreprises et tous autres assujettis au payement de la taxe seront tenus de communiquer aux agents de l'enregistrement, tant au siège social que dans les succursales ou agences, les documents et écritures relatifs aux lots et aux primes de remboursement, afin qu'ils s'assurent de l'exécution de toutes les dispositions qui précèdent.

« Art. 5. Les dispositions des articles ci-dessus sont applicables aux sociétés, compagnies, entreprises, corporations, villes et provinces étrangères, ainsi qu'à tous autres établissements publics étrangers assujettis à la taxe de 3 p. 100 sur le revenu.

« La taxe sur les lots et primes de remboursement est assise, comme la taxe de 3 p. 100 établie par la loi du 29 juin 1872, sur la même base que les droits de timbre et de transmission, d'après le nombre de titres déterminé en la forme prévue par le règlement d'administration publique du 24 mai 1872.

« Les représentants responsables devront produire les documents dont le dépôt est prescrit par l'art. 3, vérifiés et certifiés par des agents diplomatiques ou consulaires français, conformément à l'art. 1er du décret du 28 mars 1868.

« Art. 6. Dans le mois de la promulgation du présent décret, tous les assujettis à la taxe établie par l'art. 5 de la loi du 21 juin 1875 seront tenus de déposer au bureau de l'enregistrement désigné pour la recette du droit : 1° la copie certifiée des tableaux d'amortissement de tous leurs emprunts; 2° le bordereau détaillé, certifié conforme aux écritures, indiquant, pour chaque emprunt entièrement émis, le nombre des titres, le montant brut porté en recette sur le capital, le taux fixe ou le taux moyen de l'émission, le taux de remboursement et le montant de la prime ou des lots. »

852. **Lots des bons de l'Exposition universelle de 1889 émis par le Crédit foncier.** — *Loi du 4 avril 1889.* Enfin une loi du 4 avril 1889, en autorisant une convention financière passée avec le Crédit foncier pour l'émission de 1,200,000 bons de 25 francs, munis de tickets d'entrée à l'Exposition universelle de 1889, a exempté ces bons de tout impôt, à l'exception toutefois de la taxe de 3 p. 100 qui doit, aux termes de l'art 1er, atteindre les lots sortis ou à sortir aux tirages de ces bons. 23,183 J.; Inst. 2772.

853. **Observation.** — Les dispositions de la loi du 21 juin 1875 et du décret du 15 déc. 1875 sur les lots et primes de remboursement, se rattachent aux différentes parties de notre étude. Mais, comme il s'agit d'une matière spéciale, qui n'a donné lieu jusqu'à présent à aucune décision judiciaire et qui est restée entièrement dans le domaine de l'interprétation administrative, nous nous bornerons à citer le texte même de l'instruction du 17 déc. 1875, n° 2536, qui a tracé d'une manière complète les règles de perception à suivre; et, pour ne pas scinder notre sujet, nous reproduirons ici toutes les dispositions de cette instruction, au lieu de renvoyer l'étude de quelques-unes à la partie de notre traité où elles auraient trouvé logiquement leur place.

854. **Primes de remboursement.** — *Taux d'émission des emprunts.* « Les emprunts, sous quelque forme qu'ils se produisent, se divisent en deux classes : ceux qui ont lieu moyennant un taux d'émission unique pour tous les titres souscrits et attribués, et ceux qui sont réalisés successivement à des cours différents, selon la date de la souscription des titres.

855. *Taux unique.* « Toutes les fois que l'emprunt a été fait à un taux unique, c'est ce taux qui doit nécessairement déterminer la valeur servant de base à la perception de la taxe. Il n'y a pas à se préoccuper des moyens employés par la société ou par l'établissement public pour réaliser cet emprunt, ni à tenir compte des conventions passées dans ce but avec les intermédiaires. Le taux d'émission dont il s'agit est celui qui règle les souscriptions publiques. Il est représenté par la somme en capital que chaque souscripteur paye ou s'engage à payer pour obtenir la délivrance d'une obligation.

« Telle est la disposition du premier paragraphe de l'art. 1er du décret.

856. *Taux variable. Emprunts terminés.* « Certains emprunts sont réalisés successivement, moyennant des taux divers d'émission. La souscription reste ouverte jusqu'à ce que toutes les obligations soient placées, et les titres du même emprunt sont souvent divisés en séries distinctes. Il s'écoule quelquefois plusieurs années avant que l'emprunt ou qu'une série de l'emprunt soit entièrement souscrit, et, durant cette période, les taux d'émission suivent les variations du marché.

« Il y avait lieu, dans cette hypothèse, de déterminer, conformément à l'art. 5 de la loi du 21 juin 1875, un taux moyen d'émission servant de base à la liquidation de la taxe de 3 p. 100.

« Le deuxième paragraphe de l'art. 1er du règlement d'administration publique décide que ce taux moyen sera déterminé pour chaque emprunt, c'est-à-dire pour toutes les obligations du même type faisant, le cas échéant, l'objet d'une seule inscription à la cote de la Bourse, et sans distinction entre les différentes séries dont l'emprunt peut se composer.

« Ce taux moyen doit être établi en divisant par le nombre de titres correspondant à cet emprunt le montant brut de l'emprunt total, sous la seule déduction des arrérages courus au moment de chaque vente. Il n'y a donc lieu de tenir compte, dans ce calcul, que des sommes représentant le capital emprunté. En effet, quand le titre est émis avec jouissance des intérêts à partir d'une époque antérieure à l'émission, la souscription comprend le montant des intérêts courus, et ces intérêts, classés à part de l'emprunt, sont restitués au souscripteur lors de la première échéance, avec les arrérages postérieurs à la souscription. Dans ce cas, les intérêts courus ne font pas partie de la somme réellement empruntée, et il convient de ne tenir compte, pour le calcul du taux d'émission, que du capital porté en recette par l'emprunteur.

857. *Taux variable. Emprunts non terminés.* « Des règles spéciales ont dû être adoptées à l'égard des emprunts qui sont encore en cours d'émission au moment du tirage. Le décret du 15 déc. 1875 décide (art. 1er, § 3) que la moyenne sera établie d'après la situation de l'emprunt au 31 déc. de l'année qui a précédé celle du tirage. Mais, sauf cette disposition, il est procédé, en ce qui concerne les emprunts non terminés, de la même manière que pour les emprunts terminés.

858. *Taux d'émission inconnu.* « L'art. 2 du règlement d'administration publique prévoit le cas où le taux d'émission des titres ne peut être déterminé d'après les moyens qui précèdent, soit parce que les emprunteurs seraient dans l'impossibilité absolue de faire connaître exactement le produit réel des anciennes souscriptions, soit pour toute autre cause. Il y a lieu alors d'admettre que le titre a été émis moyennant un capital représentant vingt fois l'intérêt annuel stipulé au profit du porteur du titre. Cet intérêt est celui qui est fixé lors de la souscription. L'Administration n'a pas à se préoccuper des conventions ultérieures à la suite desquelles l'intérêt peut se trouver modifié.

« En outre, comme il est possible que le taux de l'intérêt n'ait pas été indiqué, ou que cet intérêt n'ait pas été stipulé payable par annuités, ou encore qu'il se présente une combinaison financière ne se prêtant pas à l'application des mesures ci-dessus, le second paragraphe de l'art. 2 du règlement d'administration publique ajoute qu'il sera pourvu à la fixation du taux d'émission dans la forme tracée par l'article 16 de la loi du 22 frim. an 7. En conformité de cet article, les sociétés, établissements publics et autres redevables chargés du versement de l'impôt, doivent déposer au receveur, au moment du payement de la taxe, une déclaration certifiée et signée par leurs représentants légaux, et fixant le taux de l'émission de chacun des titres sortis au tirage avec prime de remboursement. Cette déclaration est conservée au bureau avec les autres pièces relatives à l'emprunt.

« Il y a lieu de remarquer que les dispositions de l'art. 2 du décret du 15 déc. 1875 ne sont applicables que s'il y a impossibilité de se conformer à l'art. 1er. En cas de doute, les receveurs doivent en référer au directeur, qui prend, le cas échéant, les ordres de l'Administration.

859. **Lots.** — « Le règlement d'administration publique n'a édicté aucune mesure en ce qui concerne la détermination de la valeur des lots. L'art. 5 de la loi du 21 juin 1875 porte que cette valeur est représentée par le montant même du lot en monnaie française.

« S'il s'agit d'un lot payé en monnaie étrangère, c'est à la société ou à l'établissement public à indiquer au receveur, lors du payement de la taxe, la valeur représentative du lot en monnaie française. Sa déclaration est contrôlée, soit par les énonciations des décrets rendus en exécution de la loi du 13 mai 1863 sur la conversion des monnaies étrangères

(Inst. 2250), soit par celles des bulletins authentiques du cours de la Bourse, ou par d'autres moyens analogues. »

860. Nous ajouterons, pour compléter les dispositions de l'Inst. 2536, en ce qui concerne les lots, qu'aux termes d'une solution du 20 nov. 1875, la taxe de 3 p. 100 due sur les lots ne doit être liquidée que déduction faite, sur le montant brut du lot, de la somme versée par le souscripteur du titre, toutes les fois que le lot comprend le remboursement de la somme versée pour prix de la souscription, et n'est pas payé intégralement, indépendamment de ce remboursement. 19,923 J.; 4657 R. p.

« De même, porte cette solution, que la loi de 1872 n'atteint que le revenu réel des valeurs, de même la loi de 1875 n'atteint que le revenu ou, en d'autres termes, le bénéfice réel résultant des lots ou des primes de remboursement.

« Il est vrai qu'aux termes de l'art. 5 de la loi du 21 juin 1875, la valeur des lots et primes de remboursement sujette à la taxe est déterminée distinctement : « 1° pour les lots, « par le montant même du lot en monnaie française; 2° pour « les primes, par la différence entre la somme remboursée et « le taux d'émission des emprunts. » Mais on doit tenir pour constant que le législateur n'a voulu assujettir à la taxe que le bénéfice réalisé sur la souscription. Il n'y a lieu, dès lors, de considérer comme lot passible de la taxe sur son montant intégral que celui qui est payé en outre du remboursement de la somme versée pour la souscription du titre.

« Lorsque, au contraire, le lot payé comprend, comme dans l'espèce, le remboursement de la somme versée pour prix de la souscription, c'est sur l'excédent seulement que la taxe est exigible, cet excédent constituant alors une véritable prime. Et, en effet, c'est cet excédent qui représente seul le bénéfice réalisé et imposé. »

861. Payement de la taxe. — « L'art. 3 du règlement d'administration publique rappelle, comme l'avait indiqué l'art. 1er du décret du 6 déc. 1872, rendu pour l'exécution de la loi du 29 juin précédent, que le droit applicable aux lots et aux primes de remboursement est avancé par les sociétés, compagnies, entreprises, départements, communes ou établissements publics. Il ajoute que ce droit sera payé au bureau de l'enregistrement du siège social ou administratif désigné par l'art. 1er du décret du 6 déc. 1872, pour recevoir la taxe sur le revenu. Cette désignation a été faite au § 2 de l'Inst. 2457.

« La taxe doit être acquittée dans les vingt jours qui suivent le jour fixé pour le payement des lots et des primes de remboursement. Toutes les dispositions de l'Inst. n° 2457, relatives à la recette de ces droits, sont applicables à la taxe sur les lots et primes de remboursement.

862. *Justifications.* « D'après le dernier paragraphe de l'art. 3 du décret, le versement de la taxe doit être accompagné de certaines justifications propres à servir de titre de la recette, et à faciliter la liquidation et le contrôle de la perception. Il doit être remis au receveur une copie certifiée du procès-verbal de tirage au sort et un état indiquant, pour chaque tirage : 1° le nombre des titres amortis; 2° le taux d'émission de ces titres, déterminé conformément aux art. 1 et 2 du règlement d'administration publique, s'il s'agit de primes de remboursement; 3° le montant des lots et des primes échus aux titres sortis; 4° la somme sur laquelle la taxe est exigible. Le receveur établit la liquidation de la taxe au vu de ces documents, qui sont conservés au bureau et qui sont vérifiés par lui, ainsi que par les employés supérieurs, au moyen du rapprochement des pièces déposées en exécution de l'art. 6 du décret du 15 déc. 1875, et à l'aide de tous autres renseignements.

« L'art. 6 du décret précité, dans le but de préparer les éléments du contrôle et afin de permettre aux receveurs de s'assurer de l'exactitude de la liquidation du droit, lors du versement de la taxe, oblige les redevables à déposer au bureau : 1° la copie certifiée des tableaux d'amortissement de tous leurs emprunts; 2° le bordereau détaillé, certifié conforme aux écritures, indiquant, pour chaque emprunt entièrement émis, le nombre de titres, le montant brut porté en recette sur le capital, le taux fixe ou le taux moyen de l'émission, le taux de remboursement et le montant de la prime ou des lots. Ce dépôt doit avoir lieu, à peine d'une amende de 100 francs à 5,000 francs, dans le mois de la promulgation du décret.

863. *Droit de communication.* « Pour assurer plus efficacement encore l'exécution des dispositions qu'il renferme, le décret du 15 déc. 1875 décide (art. 4) que les sociétés, compagnies, entreprises et tous autres assujettis au payement de la taxe, seront tenus de communiquer aux agents de l'Enregistrement, tant au siège social que dans les succursales ou agences, les documents et écritures relatifs aux lots et aux primes de remboursement. L'exercice du droit de communication est soumis aux règles établies par les art. 22 de la loi du 23 août 1871 et 7 de la loi du 21 juin 1875. Le refus, constituant une contravention au règlement d'administration publique, tombe, d'après le dernier paragraphe de l'art. 5 de la loi du 21 juin 1875, sous l'application de l'art. 5 de la loi du 29 juin 1872, et donne lieu, par conséquent, à l'amende de 100 francs à 5,000 francs fixée par l'art. 10 de la loi du 23 juin 1857 (Inst. 2104).

864. Sociétés étrangères. — « L'art. 5 du règlement d'administration publique étend aux sociétés, compagnies, entreprises, corporations, villes et provinces étrangères, ainsi qu'à tous autres établissements publics étrangers, les dispositions édictées au sujet des sociétés et des établissements publics français.

« La taxe est assise sur la même base que pour les intérêts annuels. Cette base est fixée d'après une quotité du capital-obligations, en vertu de l'art. 3 du décret du 6 déc. 1872, par la commission spéciale instituée conformément au décret du 24 mai 1872 (Inst. 2445).

« Si une société étrangère acquitte, par exemple, pour les intérêts annuels, la taxe sur la moitié de ses obligations, elle doit payer le droit de 3 p. 100 sur la moitié également des lots et des primes de remboursement sortis aux tirages, sans distinction entre les porteurs français et les porteurs étrangers.

« La comptabilité des sociétés et établissements publics étrangers ne pouvant être, en général, consultée par les agents de l'Administration, le troisième paragraphe de l'art. 5 exige que les documents dont le dépôt est prescrit par l'art. 3 soient vérifiés et certifiés par les agents diplomatiques ou consulaires français. Cette disposition, indispensable pour donner au Trésor des garanties, est empruntée au décret du 28 mars 1868, concernant la dispense du droit de timbre accordée aux sociétés étrangères improductives (Inst. 2373).

865. Pénalités. Poursuites. — « La loi du 21 juin 1875 se réfère à l'art. 10 de la loi du 23 juin 1857 pour les pénalités relatives à l'inexécution de ses dispositions ou aux infractions au décret réglementaire qui la complète (Inst. 2104 et 2517).

« L'amende de 100 francs à 5,000 francs est donc encourue en cas de retard de payement de la taxe. Mais le recouvrement de cette amende peut être suspendu dans les conditions indiquées par l'Inst. 2457 au sujet de la perception du droit sur les intérêts annuels.

« Le droit en sus est, en outre, exigible, d'après le même art. 10 de la loi du 23 juin 1857, pour les omissions ou les insuffisances résultant soit des déclarations souscrites par les redevables, soit des documents déposés par eux pour servir de base à la liquidation de la taxe, en exécution de l'art. 3 du décret du 15 déc. 1875.

« Les poursuites tendant au recouvrement de la taxe applicable aux lots et primes de remboursement doivent avoir lieu dans les mêmes formes que celles relatives à l'impôt direct sur les intérêts annuels (art. 5 de la loi du 29 juin 1872). »

ART. 3. — *Différents modes de détermination du revenu imposable.*

866. Texte. — L'art. 2 de la loi du 29 juin 1872 est ainsi conçu :

« Le revenu est déterminé :

« 1° Pour les actions, par le dividende fixé d'après les délibérations des assemblées générales d'actionnaires ou des conseils d'administration, les comptes rendus ou tous autres documents analogues ;

« 2° Pour les obligations ou emprunts, par l'intérêt ou le revenu distribué dans l'année ;

« 3° Pour les parts d'intérêt et commandites, soit par les délibérations des conseils d'administration des intéressés, soit, à défaut de délibération, par l'évaluation à raison de 5 p. 100 du montant du capital social ou de la commandite, ou du prix moyen des cessions de parts d'intérêt consenties pendant l'année précédente.

« Les comptes rendus et les extraits des délibérations des conseils d'administration ou des actionnaires seront déposés, dans les vingt jours de leur date, au bureau de l'enregistrement du siège social. »

866 *bis. Timbre.* Ces documents ne sont pas sujets au timbre.

867. Intérêts des obligations des emprunts. — La détermination du revenu imposable pour les obligations et emprunts ne peut donner lieu à aucune difficulté. Ce sont, comme nous l'avons dit, les intérêts distribués qui sont passibles de la taxe. Or, ces intérêts sont faciles à connaître, leur taux étant toujours fixé soit par l'acte d'emprunt ou le titre d'obligation, soit par la loi, à défaut de convention spéciale, et notamment en ce qui concerne les intérêts moratoires.

868. Actions et parts d'intérêt dans les sociétés. — Il n'en est pas de même des produits et bénéfices distribués par les sociétés. Cet élément de la matière imposable est essentiellement variable ; il n'est pas déterminé d'avance, et résulte d'opérations qui échappent, en fait, à la connaissance des agents du Trésor. La loi a dû, par conséquent, fournir à l'Administration les moyens légaux nécessaires pour établir le chiffre du revenu passible de l'impôt.

Ces moyens diffèrent suivant qu'il s'agit d'actions ou de parts d'intérêt, et, en ce qui concerne cette dernière classe de valeurs, suivant que les sociétés dont elles dépendent ont ou n'ont pas un conseil d'administration chargé de fixer chaque année le montant des bénéfices à distribuer.

De là la nécessité de distinguer tout d'abord entre les sociétés par actions et les sociétés dont le capital est divisé en parts d'intérêt.

En effet, pour les premières, la taxe, comme nous le verrons, est toujours assise sur le revenu réellement distribué, et le chiffre de ce revenu est déterminé par les documents qu'on rencontre nécessairement dans toutes les sociétés de l'espèce, c'est-à-dire par les délibérations des assemblées générales d'actionnaires ou des conseils d'administration, les comptes rendus ou tous autres documents analogues. Le législateur a pensé que ces sociétés vivant de publicité et ayant une organisation qui les oblige à faire connaître périodiquement leur situation à leurs actionnaires, il serait toujours possible d'établir le chiffre réel des bénéfices distribués. D'ailleurs, les facilités que ce système pourrait donner à la fraude ont leur correctif dans le droit d'investigation des agents du Trésor, auquel ces sociétés sont soumises.

En ce qui concerne les sociétés dont le capital n'est pas divisé par actions, la loi ne fait porter la taxe sur le revenu réel qu'autant qu'il s'agit de sociétés pourvues d'un organisme analogue à celui des sociétés par actions, c'est-à-dire ayant un conseil d'administration appelé, par les statuts, à délibérer sur les répartitions de dividendes. Dans le cas contraire, la loi détermine le revenu imposable au moyen de l'évaluation à forfait de ce revenu à 5 p. 100 du capital social ou du prix moyen des cessions de parts pendant l'année précédente.

Une autre différence entre les sociétés par actions et les sociétés à parts d'intérêt, sur laquelle nous avons d'ailleurs donné à nos lecteurs toutes les explications nécessaires (V. *supra*, n°s 567 à 570), c'est que, dans les premières, l'impôt est dû sur tous les bénéfices distribués aux actions, même à celles appartenant aux gérants des sociétés en commandite ; tandis que, dans les sociétés en commandite simple, la taxe n'est pas due sur les bénéfices attribués aux parts des gérants.

869. Quant aux caractères distinctifs de l'action et de la part d'intérêt, nous les avons précisés dans une autre partie de ce traité. V. *supra*, n°s 14 et suiv.

La jurisprudence qui s'est formée sur ce point est précisément intervenue au sujet de questions ayant pour objet la détermination des titres ou des revenus imposables. Parmi les décisions que nous avons citées, les unes ont jugé que les bénéfices attribués aux parts des gérants devaient être ou non assujettis à la taxe, suivant que, d'après l'interprétation des statuts, on devait reconnaître à la société le caractère d'une commandite par actions ou d'une commandite par intérêts. — Cass., 27 mars 1878, 13 mars 1882, 2 août 1886, 5 nov. 1888 ; Seine, 13 avril 1877 ; Lille, 1er avril 1881 ; Seine, 22 avril 1881 ; Laon, 14 juin 1884 ; Seine, 18 mars 1887 ; Belfort, 13 août 1889 (V. toutes ces décisions citées *supra*, n° 568) ; Cass., 10 août 1887 (*supra*, n° 572), 5 nov. 1888 ; 23,123 J. ; 7167 R. p. ; 24,174 J. N. ; 17,539 Contr. ; Inst. 2768, § 1er ; S., 89, 1, 437 ; P., 89, 1071.

D'autres, comme les arrêts du 9 fév. 1887 et celui du 10 août 1887 (*supra*, n° 15), et comme un jugement du tribunal de Péronne du 29 août 1884 (6402 et 6426 R. p. ; 23,518 J. N. ; 16,992 Contr.), se sont fondés sur ce que la société constituait soit une société par actions, soit une société en commandite simple, pour décider, dans le premier cas, qu'elle devait l'impôt sur les bénéfices réellement distribués (1er arrêt), et, dans le second, que le revenu imposable devait être évalué à forfait à 5 p. 100 du capital social ou du prix moyen des cessions de parts pendant l'année précédente, abstraction faite des bénéfices touchés par les associés. (2° arrêt et jugement du tribunal de Péronne précité.)

870. Ces préliminaires établis, nous pouvons aborder l'étude des règles à suivre pour la détermination des bénéfices distribués, ou présumés distribués, sur lesquels la taxe de 3 p. 100 doit être établie : 1° dans les sociétés par actions ; 2° dans les sociétés à parts d'intérêt pourvues d'un conseil d'administration ; 3° dans les sociétés de même nature non pourvues d'un conseil d'administration.

§ 1er. — Sociétés par actions.

871. Bénéfices réels. — Il résulte du texte de l'article 2 (précité) de la loi du 29 juin 1872 que la seule base imposable, pour les actions, consiste dans le dividende réellement distribué, tel qu'il est fixé par les délibérations des assemblées générales d'actionnaires ou des conseils d'administration, les comptes rendus ou tous autres documents analogues.

872. *Dépôt des documents fixant le dividende à distribuer.* A cet effet, les sociétés sont tenues de déposer au bureau de l'enregistrement du siège social, dans les vingt jours de leur date, les comptes rendus et les extraits des délibérations des conseils d'administration ou des assemblées générales d'actionnaires, sous peine d'une amende de 100 à 5,000 francs par chaque contravention.

873. *Extrait des délibérations. Copie textuelle du compte rendu.* D'après les termes de la loi, c'est seulement un extrait de la délibération qui doit être déposé, tandis que les comptes rendus doivent être remis en entier à l'Administration. Seine, 21 déc. 1877; 20,648 J.; 4958 R. p.; 15,918 Contr.

874. *Délibération négative.* Les délibérations négatives doivent, comme celles qui fixent un dividende à distribuer, être déposées au bureau. Sol. 18 fév. 1885.

875. **Documents divers pouvant servir à déterminer le dividende.** — En règle générale, c'est l'extrait de la délibération soit de l'assemblée générale, soit des conseils d'administration, appuyé de la copie textuelle du compte rendu, qui, en déterminant le dividende à distribuer, sert de base légale à l'impôt. Toutefois, pour qu'il en soit ainsi et que le dépôt de ces documents soit obligatoire, il faut non seulement qu'ils aient été prévus par les statuts, mais encore qu'en fait le compte rendu ait été dressé et que la délibération ait été prise. La loi fiscale, en effet, n'intervient pas dans le mode d'administration des sociétés; elle accepte celui qui, en fait, est adopté par chaque société et le prend pour base de la liquidation de l'impôt.

Il en résulte qu'à défaut de délibération de l'assemblée générale des actionnaires ou du conseil d'administration, c'est le compte rendu, s'il en existe un, qui doit servir d'assiette à l'établissement de la taxe, et, dans le cas où aucun de ces documents n'a été dressé, il y a lieu de liquider la taxe exigible d'après tout autre document *analogue*.

Par là, on doit entendre tout document servant de base, à défaut d'une délibération régulière, à la répartition des bénéfices entre les associés.

876. *Délibérations.* Les délibérations visées par la loi de 1872 sont celles qui sont prises, conformément aux statuts, soit par l'assemblée générale des actionnaires, soit par le conseil d'administration, pour fixer le chiffre des dividendes à distribuer.

Lorsqu'une délibération de cette nature constate effectivement une distribution de bénéfices, la société est débitrice de l'impôt sur le montant de ces bénéfices, sans qu'elle puisse être admise à établir par la production et la discussion de ses comptes qu'aucun bénéfice n'a été réalisé. Cass. (req.), 18 mars 1879; 20,996 J.; 5210 R. p.; 22,094 J. N.; 16,069 Contr.; Inst. 2621, § 4; S., 79, 1, 278; D. P., 79, 1, 294; P., 79, 672.

Cette règle s'applique même aux sociétés étrangères par actions, et il a été décidé que ces sociétés, lorsque les dividendes sont fixés par les délibérations des assemblées générales d'actionnaires, doivent payer la taxe d'après le revenu réel accusé par ces délibérations, à raison de la quotité du capital social déterminée par le ministre des finances, et non d'après le revenu évalué à 5 p. 100 des biens qu'elles possèdent en France. Cass. (civ.), 22 avril 1879; 21,028 J.; 5243 R. p.; 22,121 J. N.; 16,082 Contr.; 5959 Rev. not.; Inst. 2621, § 6; S., 79, 1, 325; D. P., 83, 1, 97; P., 79, 797.

877. *Comptes rendus.* Les comptes rendus qui, aux termes de la loi, doivent être déposés au bureau, avec l'extrait de la délibération de l'assemblée générale ou du conseil d'administration, pour servir de base à la liquidation de la taxe, ou qui sont destinés à suppléer à l'absence de ce dernier document, doivent s'entendre des comptes que les associés chargés de la gestion rendent à leurs coassociés réunis soit en assemblée générale, soit en conseil d'administration, soit de toute autre manière, et non des rapports des commissaires. Sol. 15 oct. 1879 et 8 juin 1881, citées par M. Besson, n° 119.

878. *Compte rendu verbal.* Les comptes rendus dont parle la loi doivent d'ailleurs s'entendre exclusivement des comptes rendus écrits. Quant aux comptes rendus verbaux, l'Administration est sans action pour en connaître la teneur : elle pourrait seulement, le cas échéant, établir par les moyens de preuve dont elle dispose, le fait de la rédaction d'un écrit et en déduire ensuite toutes les conséquences légales.

879. *Documents analogues.* Nous avons dit *supra*, n° 875, que par les « documents analogues » qui doivent suppléer à l'absence de délibérations régulières ou de comptes rendus pour l'établissement de la taxe, la loi a voulu désigner tout document servant de base à la répartition des bénéfices entre les associés.

Au nombre de ces documents figurent incontestablement les livres de commerce, les bilans et les inventaires. La société peut donc les produire en l'absence de toute délibération ou de compte rendu conforme aux statuts, soit pour établir le chiffre des dividendes réellement distribués, soit pour démontrer qu'elle n'a pas distribué de bénéfices. Vannes, 31 août 1874; 3938 R. p.; 15,395 Contr.

880. *Déclaration estimative. Délibération irrégulière.* Réciproquement, l'Administration est fondée, dans le même cas, à en exiger la représentation pour établir le chiffre véritable des bénéfices distribués, et la société ne pourrait s'y refuser en offrant de suppléer à l'absence d'une délibération régulière prise conformément aux statuts, soit par la production d'une délibération prise uniquement en vue de la détermination du bénéfice imposable, soit par une déclaration estimative.

La déclaration de la société, comme base imposable, a été rigoureusement écartée par la loi de 1872.

Nous verrons plus loin, en effet, en parlant des sociétés dont le capital n'est pas divisé par actions, que, lorsque la détermination du bénéfice réel ne peut être sûrement faite au vu des documents sociaux, le législateur évalue d'office le revenu distribué au moyen d'un forfait, et manifeste ainsi l'intention formelle de ne pas s'en rapporter à la déclaration des parties.

Le même esprit a certainement présidé à la rédaction de la disposition qui régit les sociétés par actions, puisque la loi, prévoyant le cas où il n'existerait ni délibération ni compte rendu régulier, dispose que la taxe sera établie d'après les autres documents *analogues*. Or, si l'inventaire, le bilan, ou d'une manière générale les livres sociaux peuvent être considérés comme des documents analogues, en ce qu'ils renferment, comme les délibérations et les comptes rendus, les éléments nécessaires pour dégager le bénéfice imposable, il est évident qu'il n'en saurait être de même d'une simple déclaration estimative, ou, ce qui revient au même, d'une délibération extra-statutaire prise uniquement pour les besoins de la cause. Ces documents n'offrent aucune garantie de sincérité, et la loi ne pouvait les accepter comme base imposable sans mettre la perception de la taxe à la discrétion des contribuables.

Le jugement rendu en sens contraire par le tribunal de Lille, le 12 mai 1888, nous paraît donc avoir fait une fausse application de la loi, et, bien que l'Administration n'ait pas jugé à propos de le déférer à la censure de la Cour de cassation, nous savons qu'elle n'en accepte pas la doctrine. 7095 R. p.

881. Toutefois, si la déclaration estimative des parties doit être rigoureusement écartée, lorsqu'il s'agit de fixer les bénéfices réellement distribués, il n'en est pas de même lorsque, ces bénéfices étant connus et déterminés, il s'agit uniquement de dégager la valeur en argent des biens qui sont distribués à ce titre aux associés. Nous avons cité plusieurs cas dans lesquels ce procédé d'évaluation a dû être employé. Dans ces diverses espèces, sa régularité n'était pas contestable, et il suffira à nos lecteurs, pour s'en convaincre et faire en cette matière les distinctions nécessaires, de se reporter aux n°s 778 à 783 de notre traité.

882. **Défaut de production des documents servant de base à l'impôt.** — *Moyen de coercition de l'Administration. Evaluation approximative.* Il peut arriver que les parties se refusent à représenter à l'Administration les documents qui doivent servir de base légale à la perception et dont l'existence est cependant établie. Il est évident que, dans ce cas, le Trésor n'est pas désarmé. Indépendamment

des amendes que l'Administration est fondée à réclamer pour non-payement de la taxe et pour défaut de dépôt des documents prescrits, la jurisprudence qui s'est formée en matière d'enregistrement lui fournit un moyen indirect de contraindre les parties à l'exécution de la loi. Ce moyen consiste à décerner contre les redevables une contrainte en payement d'une somme arbitrairement fixée d'après les renseignements connus, sauf à augmenter ou à diminuer suivant les résultats des documents prescrits, dans le cas où il seraient représentés. Cass., 5 déc. 1866; 18,362 J.; 2391 R. p.; 18,659 J. N.; Inst. 2356, § 4; 13,205 Contr.; S., 67, 1, 87; P., 67, 177; D. P., 67, 1, 127; — 30 déc. 1884; 22,417 J.; 6421 R. p.; 17,026 Contr.; 23,429 J. N.; Inst. 2716, § 4; S., 85, 1, 387; P. 85, 934; D. P., 85, 1, 261; — 28 mars 1859; 16,920 J.; 10,109 R.; 16,551 J. N.; 11,529 Contr.; 1220 R. p.; Inst. 2160, § 1er; S., 59, 1, 945; P., 59, 703; D. P., 59, 1, 370.

Le tribunal de Lyon a fait une application de cette règle par un jugement du 10 août 1887, dans lequel il décide que l'Administration, à défaut des documents dont la représentation est prescrite par la loi, est fondée à évaluer arbitrairement, dans la contrainte, le montant de la taxe présumée exigible, sauf la faculté pour la société de faire réduire cette évaluation en produisant les justifications nécessaires. 23,047 J.; 7040 R. p.

§ 2. — Sociétés à parts d'intérêt pourvues d'un conseil d'administration.

883. Parts d'intérêt. — La règle à suivre pour la liquidation du revenu imposable dans les sociétés dont le capital n'est pas divisé par actions, a été tracée par le n° 3 de l'art. 2, dans les termes suivants:

« Le revenu est déterminé: ...

« 3° Pour les parts d'intérêt et commandites, soit par les délibérations des conseils d'administration des intéressés, soit, à défaut de délibération, par l'évaluation à raison de 5 p. 100 du montant du capital social ou de la commandite, ou du prix moyen des cessions de parts d'intérêt consenties pendant l'année précédente. »

Il résulte de cette disposition que la loi n'établit l'impôt sur les bénéfices réellement distribués qu'autant qu'ils sont fixés par une délibération d'un conseil d'administration, prise conformément aux statuts.

Dans le cas contraire, la loi renonce à atteindre le produit réel des parts d'intérêt, et elle détermine le produit imposable au moyen d'une présomption basée sur la valeur vénale de ces parts ou, à défaut de cession, sur le chiffre du capital social.

884. Délibération des conseils d'administration. — Les conseils d'administration dont parle la loi, et dont les délibérations servent de base à la perception de la taxe, sont uniquement ceux qui sont constitués par les statuts pour gérer les affaires de la société, et qui ont qualité pour fixer obligatoirement, à l'égard de tous les associés, le chiffre des bénéfices à répartir.

Il est certain, par exemple, que l'Administration n'aurait pas à tenir compte, pas plus qu'elle ne pourrait s'en prévaloir, de délibérations prises par un conseil de surveillance auquel les statuts ne confient ni la gérance de la société, ni la mission de déterminer le chiffre des dividendes à distribuer.

885. *Preuve de l'existence des délibérations.* C'est d'ailleurs à l'Administration qu'il appartient d'établir non seulement qu'il existe un conseil d'administration chargé de délibérer sur la répartition des dividendes, mais encore que les délibérations prévues par les statuts ont été prises. Comme nous l'avons dit *supra*, n° 875, la loi fiscale n'intervient pas dans le mode d'administration des sociétés; elle règle la perception d'après celui qu'il plaît aux sociétés d'adopter. Par conséquent si, dans une société pourvue d'un conseil d'administration, aucune délibération n'a été prise, l'Administration, qui ne peut établir par ce moyen le chiffre des bénéfices réellement distribués, est tenue de liquider la taxe sur le montant des bénéfices présumés d'après le forfait édicté par la loi. Elle n'a aucune action contre la société, soit pour l'obliger à prendre les délibérations prévues par ses statuts, soit pour exiger, sous peine de l'amende, le dépôt de délibérations dont elle ne peut prouver l'existence. Lille, 27 juin 1874; 19,496 J.; 3866 R. p.; P., 74, 1182.

« Attendu, porte ce jugement, qu'on ne saurait assimiler à une obligation légale une règle que les associés se sont spontanément imposée eux-mêmes dans un intérêt d'ordre intérieur, et qu'il leur est loisible de modifier à leur gré;

« Attendu que les délibérations en assemblée générale n'étant pas, dans l'espèce, prescrites par la loi, c'est à l'Administration de l'enregistrement qu'incombe l'obligation de prouver que ces délibérations ont eu lieu; — Que, dans le cas seulement où cette preuve serait fournie, le gérant pourrait être poursuivi pour n'avoir point déposé un extrait de la délibération, conformément à l'art. 2 de la loi de 1872, précitée; — Que les contraventions à la loi ne se présument pas, et que les peines édictées sont essentiellement de droit étroit;

« Et attendu, en fait, que l'Administration ne prouve pas que les délibérations dont elle réclame les extraits ont eu lieu; — Que le défaut de dépôt ne saurait, en conséquence, donner lieu aux deux amendes pour lesquelles elle a fait décerner contrainte; — Qu'il en est de même en ce qui concerne la somme de 300 francs fixée arbitrairement par la Régie comme supplément de taxe pouvant être dû;

« Attendu qu'à défaut de délibération la loi de 1872 évalue elle-même à 5 p. 100 du capital social les bénéfices annuels des commandites; — Que c'est sur cette base que la taxe du revenu doit être calculée, et que Decottignies justifie en avoir acquitté le montant... »

886. *Présomptions.* Nous n'avons pas besoin d'ajouter que l'Administration n'est pas tenue d'établir l'existence d'une délibération par une preuve directe et complète. Elle peut invoquer, à cet effet, de simples présomptions dont la force probante est laissée à l'appréciation des magistrats, et le fait que les statuts prescrivent des délibérations annuelles dont ils fixent la date peut, dans certains cas, être considéré comme une preuve suffisante de l'existence de ces délibérations.

887. Absence de délibérations des conseils d'administration. Documents analogues. — La loi a précisé très nettement, et par une formule exclusive, les deux modes de liquidation de l'impôt dans les sociétés non divisées par actions. Ces deux modes consistent : 1° dans les délibérations des conseils d'administration; 2° et, *à défaut de délibérations*, dans l'évaluation à forfait du revenu à 5 p. 100 du capital social ou du prix moyen des cessions de parts. Cette disposition est d'autant plus significative qu'elle vient à la suite de la disposition relative aux actions, et dans laquelle le législateur, après avoir désigné comme devant servir de base à l'impôt les délibérations des assemblées générales et des conseils d'administration et les comptes rendus, ajoute, pour compléter son énumération et montrer qu'elle n'a rien d'exclusif : « *Et tous autres documents analogues.* »

On doit donc décider, en ce qui concerne les parts d'intérêt, qu'entre les délibérations des conseils d'administration et le forfait légal il n'y a place pour aucun autre mode de détermination des bénéfices imposables.

L'Administration a, pendant quelque temps, soutenu une opinion différente (Sol. 7 fév. 1873; — 31 juil. 1873; — 20 mars 1873); mais elle n'a pas tardé à revenir à une interprétation plus exacte de la loi, et la jurisprudence des tribunaux s'est peu à peu, sous son impulsion, fixée dans le sens que nous venons d'indiquer. —V., indépendamment des jugements cités sous les numéros ci-après : Seine, 29 mars 1878; 20,830 J.; 4957 R. p.; —Valenciennes, 23 août 1878, 20,970 J.; 5108 R. p.; —Amiens, 3 juin 1888; 21,840 J.; 5539 R. p.; — Marseille, 11 fév. 1881; 22,184 J.; 5701 R. p.; 16,752 Contr.; — Soissons, 3 janv. 1883; 6178-2 R .p.; — Lettre au ministre des finances, 15 juin 1882; 21,966 J.; 5974 R. p.; 16,753 Contr.; — Cass., 18 nov. 1878; 20,911 J.; 5122 R. p.; 22,001 J. N.; 16,017 Contr.; 5959 Rev. not.; Inst. 2619, § 2; S., 79, 1, 81; D. P., 79, 1, 229; P., 79, 166; — Cass., 28 janv. 1879; 20,979 J.; 5157 R. p.; 22,029 J. N.; 16,037 Contr.; Inst. 2619, § 3; S., 80, 1, 87; D. P., 79, 1, 293; P., 80, 176; — Cass., 9 nov. 1886, rapporté *infra*, n° 897.

888. *Inventaires annuels.* Ainsi, il a été décidé :

1° Que la taxe sur le revenu des commandites simples ne doit être assise sur le produit réel que lorsque les statuts organisent un conseil d'administration appelé à fixer, au nom de tous les intéressés, le dividende à distribuer; mais qu'au contraire la taxe se liquide d'office sur un produit fixé à raison de 5 p. 100 de la commandite, lorsque tous les commanditaires arrêtent par eux-mêmes, et contradictoirement avec le gérant, l'inventaire social d'où résulte le dividende à répartir. Seine, 31 janv. 1874; 19,392 J.; 3809 R. p.; 15,262 Contr.; S., 74, 2, 154;

2° Qu'il en est de même lorsque les commanditaires n'ont pas d'autre droit que de recevoir copie de l'inventaire annuel qui sert de base à la fixation des bénéfices, et de prendre communication des écritures et autres documents de la société. Montbéliard, 30 juil. 1874; 19,610 J.; 3920 R. p.;

3° Qu'en l'absence de délibérations d'un conseil d'administration fixant les dividendes à répartir conformément aux statuts, la taxe est établie sur le forfait, et l'Administration ne peut demander la justification des bénéfices réels par la production des inventaires. Lyon, 20 août 1874; 19,772 J.; 3939 R. p.; 4792 Rev. not.; — Saint-Dié, 16 avril 1875; 19,828 J.; 4091 R. p.

889. Le jugement précité du tribunal de la Seine du 31 janv. 1874 précise très nettement les motifs qui justifient cette jurisprudence.

« Attendu, dit-il, que la loi du 29 juin 1872 (art. 1er) a établi, à partir du 1er juillet suivant, une taxe annuelle et obligatoire sur les intérêts, produits et revenus quelconques des actions, obligations, parts d'intérêt et commandites des sociétés; — Qu'elle déclare (art. 2) que le revenu serait déterminé : 1° pour les actions, par le dividende fixé d'après les délibérations des assemblées générales d'actionnaires ou des conseils d'administration, les comptes rendus ou tous documents analogues; 2° pour les obligations, par le revenu distribué dans l'année; 3° pour les parts d'intérêt et commandites, soit par les délibérations des conseils d'administration des intéressés, soit, à défaut de délibérations, par l'évaluation à raison de 5 p. 100 du montant du capital social ou de la commandite; — Que, par le même article, elle ordonne que les comptes rendus et les extraits des délibérations des conseils d'administration ou des actionnaires seront déposés dans les vingt jours de leur date au bureau de l'enregistrement du siège social; — Que l'art. 2 du règlement d'administration publique rendu le 6 déc. 1872, pour l'exécution de cette loi, édicte que la liquidation définitive de la taxe aura lieu au moment du dépôt desdits documents fixant le dividende distribué, pour les sociétés auxquelles leurs statuts imposent l'obligation de prendre des délibérations sur cet objet, et, pour les autres, dans les vingt premiers jours du mois de mai de chaque année; — Que ces dispositions sont claires, précises et concordantes; que la loi, voulant imposer le revenu des sociétés sans déclaration ni investigation, a divisé, au point de vue de l'assiette de l'impôt, les sociétés en commandite en deux catégories distinctes, celles dont la commandite est en actions ou qui ont un conseil d'administration, et celles qui ne présentent ni l'une ni l'autre de ces conditions; — Que, s'inspirant de cette considération essentielle, que les unes vivent de publicité, tandis que les opérations des autres sont et doivent demeurer secrètes, elle a assis la taxe, pour les premières, sur le revenu réel et connu de la commandite, et, pour les secondes, sur le revenu présumé d'après l'importance du capital; — Que les termes du règlement d'administration publique, sainement entendus, ne sont pas, sur ce point, en opposition avec ceux de la loi; et qu'eussent-ils un sens différent et une portée plus étendue, ils seraient, à cet égard, sans force ni valeur; — Que vainement la Régie soutient que le mode de liquidation de la taxe sur le revenu des sociétés en commandite varie suivant que les statuts de ces sociétés imposent ou non aux intéressés l'obligation de prendre des délibérations sur la fixation des dividendes, et que l'inventaire est un de ces documents faisant, aux termes de la loi, preuve desdites délibérations;

« Attendu, d'une part, que la loi, parmi les sociétés en commandite, n'assimile aux sociétés par actions que celles-là seulement qui ont un conseil d'administration; — Que, d'autre part, dans toute société en commandite, on fait un inventaire annuel, d'après lequel on fixe le revenu de la commandite; — Que, si la prétention de la Régie était fondée, la loi n'aurait pas eu besoin de diviser ces sortes de sociétés en deux catégories, puisque toutes seraient nécessairement comprises dans la première; — Qu'enfin la loi n'aurait pas de sanction si, pour des sociétés en commandite ordinaires, elle avait déterminé le revenu imposable non d'après le capital, mais d'après une prétendue délibération dont la Régie n'aurait aucun moyen de contrôler la sincérité. »

890. *Société entre un associé en nom collectif et un seul commanditaire.* Aux termes d'un jugement du tribunal de la Seine du 27 mai 1876, une société formée entre un associé en nom collectif et un seul commanditaire, et dont le revenu n'est, par conséquent, pas susceptible d'être déterminé par la délibération d'un conseil d'administration, doit la taxe de 3 p. 100, à forfait, sur le pied d'un revenu calculé à 5 p. 100 de la commandite, et le gérant n'est pas recevable à établir que la société est en perte. 20,177 J.; 4426 R. p. — Sur ce dernier point, V. *infra*, n° 901.

891. *Livres sociaux.* La taxe sur le revenu des commandites simples doit être liquidée sur le forfait de 5 p. 100, lorsqu'il n'existe pas de conseil d'administration appelé à fixer le dividende à distribuer, sans que la société puisse être admise à prouver son improductivité par la production de ses livres, écritures et inventaires. Boulogne, 9 janv. 1879; 21,773 J.; 5533 R. p.; D. P., 80, 5, 389.

« Attendu que cette prétention de l'Administration est en effet conforme aux dispositions de la loi, et qu'elle se justifie aussi par les motifs qui ont déterminé le législateur à soumettre, quant à la preuve de l'importance du revenu, à des régimes différents les sociétés dont le capital est divisé en actions et les sociétés dont le capital n'est pas divisé en actions; — Attendu que le législateur, voulant éviter les recherches et les investigations auxquelles l'Administration eût été amenée à avoir recours pour contrôler utilement les déclarations des intéressés, a imposé une sorte d'abonnement basé sur un revenu présumé d'après l'importance du capital ou du prix moyen des cessions de parts d'intérêt consenties pendant l'année précédente, à celles de ces sociétés qui, voulant conserver le secret de leurs affaires, ne justifieraient pas de leurs revenus par des délibérations du conseil d'administration; — Tandis qu'il a pu se dispenser de recourir à la même mesure pour celles de ces sociétés qui, mettant leur capital en actions, ne peuvent dissimuler leur revenu; — Que la possibilité d'un contrôle pour celles-ci et l'impossibilité pour les autres expliquent et justifient la différence des moyens employés pour la détermination du revenu frappé de l'impôt; — Que si le législateur n'eût établi un forfait pour la détermination du revenu imposable des sociétés dont le capital n'est pas mis en actions, il serait arrivé qu'elles auraient gardé leurs livres et leur secret quand le revenu aurait excédé 5 p. 100 et qu'elles ne les auraient livrés que lorsque ce revenu aurait été inférieur, ce qui eût été conférer à ces sociétés une sorte de privilège au détriment du Trésor et contre toute justice; — Attendu, d'ailleurs, que la volonté du législateur est exprimée avec précision et clarté, et que, quand même elle serait moins bien justifiée qu'elle ne l'est par les motifs qui l'ont inspirée, il n'appartiendrait pas aux tribunaux de la méconnaître; —

Qu'il faut en dire autant des décrets portant règlement d'administration publique, parce que l'autorité dont ils émanent n'a pas compétence pour étendre ou pour restreindre les dispositions d'une loi, et que s'il arrive qu'il y ait opposition entre le texte d'un décret et celui d'une loi, c'est celui de la loi qui doit prévaloir. »

En ce qui concerne la preuve de l'improductivité, V. *infra*, nº 901.

892. *Délibération de l'assemblée générale.* Une question beaucoup plus délicate que toutes celles que nous venons d'examiner, est celle de savoir si les délibérations prises par l'assemblée générale des associés, dans les sociétés divisées en parts d'intérêt, pour fixer les dividendes à distribuer, peuvent être assimilées aux délibérations du conseil d'administration et servir, comme ces dernières, de base légale à l'impôt.

Pour l'affirmative, on peut dire que la loi, en ce qui concerne les sociétés par actions, met sur le même pied les délibérations des assemblées générales et celles qui émanent des conseils d'administration. On peut ajouter que l'assemblée générale, dans le cas où il n'y a pas de conseil d'administration, résume tous les pouvoirs et, par conséquent, que ses délibérations ont le même caractère que celles qui émanent d'un véritable conseil d'administration.

« Le second § de l'art. 2, dit-on dans cette opinion, emploie le mot délibérations dans un sens général. A la vérité il l'applique aux conseils d'administration, mais il se pourrait que l'on décidât que cette application n'a pas d'effet exclusif et qu'elle a eu lieu *de eo quod plerumque fit.* C'est l'interprétation consacrée par le décret du 6 déc. 1872 qui parle des « délibérations des assemblées générales d'actionnaires ou des con- « seils d'administration », faisant ainsi entendre que les documents dont il s'agit se réfèrent également aux conseils ou aux assemblées. D'autre part, il est impossible de méconnaître l'analogie à peu près complète qui existe entre les délibérations des assemblées générales des sociétés en commandite, quand ces dernières assemblées sont chargées par les statuts de fixer le dividende annuel. Le législateur de 1872 a maintes fois affirmé que, dans tous les cas où le revenu est publiquement établi par des documents certains, c'est ce revenu qui doit être atteint par la taxe. La délibération de l'assemblée générale de la commandite remplit précisément ce but. Ce serait donc rentrer directement dans l'esprit de la loi de la prendre pour base de la perception. » 5921 R. p.; en ce sens : V. Besson, nº 136.

893. L'Administration s'est tout d'abord ralliée à cette interprétation. Sol. 23 mars 1882; 5921 R. p.; — 5 juil. 1882; — 17 déc. 1883; — 23 mars 1885.

« Sans doute, portent ces solutions, si l'on prenait à la lettre l'art. 2, nº 3, de la loi du 29 juin 1872, il faudrait admettre qu'une société dont le capital n'est pas divisé en actions et qui n'a pas de conseil d'administration doit acquitter la taxe sur le forfait de 5 p. 100; mais cette interprétation ne serait pas rationnelle. Du moment où les délibérations des conseils d'administration peuvent légalement servir de base à la liquidation de l'impôt, il doit, évidemment, en être de même des délibérations des assemblées générales, quand les statuts confèrent à ces assemblées le pouvoir de fixer le chiffre des dividendes. Le décret réglementaire de 1872 les place, en effet, au même rang, lorsqu'il décide, dans son art. 2, que la liquidation définitive a lieu au moment du dépôt des comptes rendus et extraits des délibérations des assemblées générales ou des conseils d'administration. »

L'Administration a même reconnu que l'inventaire annuel d'une société en commandite simple peut servir de base à la liquidation de la taxe, lorsqu'il est soumis par les statuts à l'approbation d'une assemblée générale. Elle a admis que, dans ce cas, la détermination du revenu imposable émane de l'assemblée des commanditaires elle-même, ce qui exclut l'application du forfait de 5 p. 100. Sol. 5 mai 1884.

V. dans le même sens : Seine, 18 mars 1887; 23,123 J.; 7167 R. p.; D. P., 89, 1, 453.

894. Mais, à la suite d'un jugement rendu en sens contraire par le tribunal de Senlis, le 2 juin 1886 (22,828 J.; 6890 R. p.), la question a été soumise à un nouvel examen, et une solution du 5 fév. 1887 a autorisé l'exécution de ce jugement et a reconnu en principe que les délibérations prises, conformément aux statuts, par l'assemblée générale des associés à l'effet de déterminer, dans les sociétés dont le capital n'est pas divisé par actions, le montant des dividendes à répartir, ne sauraient être assimilées, pour l'application de la taxe sur le revenu, aux délibérations des conseils d'administration et ne peuvent, comme ces derniers documents, nommément et exclusivement désignés par la loi, servir de base à la liquidation de l'impôt. Dans ce cas, et à défaut de délibération émanant d'un conseil d'administration proprement dit, le revenu imposable doit être évalué à forfait à 5 p. 100 du capital social.

895. Ainsi que nous en avons exprimé l'avis sous l'art. 22,828 de notre Journal, cette décision doit être approuvée.

Elle s'appuie sur le texte de la loi du 29 juin 1872. Après avoir admis, dans les sociétés par actions, les délibérations des assemblées générales, celles des conseils d'administration, les comptes rendus et tous autres documents analogues, à déterminer le revenu réel sur lequel la taxe de 3 p. 100 doit être établie, la loi consacre un paragraphe spécial aux sociétés dont le capital n'est pas divisé par actions, et elle dispose que le revenu imposable sera fixé « soit par les délibérations des conseils d'administration des intéressés, soit, à défaut de délibérations, par l'évaluation à raison de 5 p. 100 du montant du capital social ou de la commandite... »

Ainsi, pour les sociétés par actions, le législateur pose en principe que le revenu réel, pouvant toujours être fixé au moyen des documents sociaux, doit dans tous les cas servir de base à la liquidation de la taxe de 3 p. 100. Pour les autres sociétés, au contraire, le revenu réellement distribué n'est pris en considération qu'autant qu'il est constaté par une délibération d'un conseil d'administration. A défaut de cette délibération, la base de l'impôt est déterminée au moyen d'une présomption légale qui exclut tout autre mode de liquidation.

Telle est la règle qui ressort du jugement rendu par le tribunal de Senlis. Cette règle est conforme à la jurisprudence. Si, en effet, la disposition de la loi relative aux sociétés non divisées par actions ne devait pas être interprétée littéralement, si ce qu'elle dit des délibérations des conseils d'administration pouvait être étendu, par voie d'analogie, aux délibérations des assemblées générales, il n'y aurait plus aucun motif pour refuser de l'étendre aussi aux comptes rendus, aux inventaires et à tous autres documents analogues. Les sociétés devraient être admises, dans tous les cas et par tous les moyens en leur pouvoir, à établir le véritable chiffre de leurs bénéfices distribués, et la même faculté, par une juste réciprocité, appartiendrait à l'Administration. Or, toutes les décisions rendues jusqu'à ce jour protestent contre cette interprétation. (V. les décisions citées *supra*, nºˢ 887 à 891.)

Les motifs qui ont inspiré ces décisions et qui ont fait exclure les inventaires, les déclarations des gérants, et tous documents autres que la délibération du conseil d'administration, s'opposent également à ce que le chiffre du revenu imposable puisse être déterminé au moyen d'une délibération prise par l'assemblée générale des associés.

On ne pourrait en effet soutenir le contraire, dans l'état actuel de la jurisprudence, qu'en prétendant assimiler ces deux sortes de documents : or, cette assimilation est contraire à la nature des choses. Tandis que le conseil d'administration est institué pour diriger la gérance de la société, pour prendre les mesures que comporte la conduite des opérations sociales, l'assemblée générale des associés n'a qu'un pouvoir de contrôle; composée de tous les associés, y compris les commanditaires, elle reste étrangère à l'administration, dans laquelle il lui est interdit de s'immiscer, sous peine pour les commanditaires d'encourir la responsabilité personnelle que la loi commerciale édicte contre eux en cas d'infraction (art. 27 et 28 C. comm.).

Le conseil d'administration et l'assemblée générale des associés constituent ainsi, dans les sociétés civiles ou en commandite simple, deux organes différents, ayant chacun leur composition particulière, des pouvoirs et des droits entièrement distincts. Les délibérations qu'ils prennent ne sauraient donc être confondues. Dès lors que la loi fiscale ne désigne spécialement que les délibérations des conseils d'administration, pour servir de base à l'établissement de l'impôt, il n'est pas permis, sans méconnaître son texte, d'en étendre les dispositions aux délibérations des assemblées générales.

On risquerait d'ailleurs, par cette extension, de s'écarter des intentions du législateur. L'organisation d'un conseil d'administration, avec des pouvoirs définis, ne se rencontre guère que dans les sociétés importantes formées entre un très grand nombre de membres; elle implique de la part des associés une délégation de leurs droits à quelques-uns d'entre eux, et, de la part de ces derniers, une responsabilité définie qui nécessite chaque année une reddition de comptes. Cette situation particulière crée entre les associés et le conseil une opposition d'intérêts qui appelle la surveillance et garantit, par cela même, la régularité et la sincérité des actes de gestion et des délibérations prises par les administrateurs dans la sphère de leurs attributions. C'est sans doute pour ce motif que la loi de 1872 a cru pouvoir accepter ces délibérations comme une base sérieuse de liquidation pour l'établissement de l'impôt sur le revenu.

Mais on conçoit qu'elle n'ait pas accordé la même confiance aux délibérations des assemblées générales. La loi donnerait ainsi aux sociétés une trop grande facilité pour fixer arbitrairement le chiffre des revenus passibles de l'impôt. Une entente entre tous les associés, d'autant plus facile à obtenir que la société serait composée d'un moins grand nombre de membres, suffirait, dans ce cas, pour fournir au Trésor, sans aucun péril pour les intérêts particuliers de chacun, une délibération fictive qui échapperait à tout contrôle. C'est donc justement que le législateur a écarté ce mode d'imposition dans les sociétés qui ne sont pas soumises, comme les sociétés par actions, aux investigations des agents du Trésor.

Ainsi s'explique la disposition limitative de la loi du 29 juin 1872, et le tribunal de Senlis, en s'en tenant au texte de cette disposition, nous paraît s'être fidèlement associé aux vues qui l'ont fait édicter.

§ 3. — Sociétés à parts d'intérêt non pourvues d'un conseil d'administration. Forfait.

896. Détermination du revenu imposable. Forfait. — Il résulte de nos explications précédentes que dans les sociétés divisées en parts d'intérêt qui ne sont pas pourvues d'un conseil d'administration, la taxe doit être établie non sur les bénéfices réels, mais sur le revenu présumé et évalué à forfait par la loi à 5 p. 100 du prix moyen des cessions de parts consenties pendant l'année précédente ou du capital social.

La règle est la même pour les sociétés pourvues d'un conseil d'administration, si, en fait, aucune délibération n'est prise pour déterminer le chiffre des bénéfices à répartir.

Le législateur, voulant d'une part éviter les mesures inquisitoriales, et répugnant d'autre part à admettre comme base imposable la déclaration des parties, qui aurait mis la perception de l'impôt à la discrétion des contribuables, a eu recours à un procédé d'évaluation fréquent en matière fiscale, en déterminant le revenu passible de la taxe d'après la moyenne des produits des capitaux versés dans les sociétés et en appliquant cette moyenne, fixée à 5 p. 100, à toutes les sociétés dont l'organisation ne permet pas de connaître sûrement le véritable produit.

On ne peut qu'approuver ces dispositions, et, bien qu'elles aient soulevé quelques protestations, il est peu probable que le Trésor renonce aux garanties que leur application lui procure.

« Le jour où le forfait de 5 p. 100 serait abandonné, lit-on dans une réponse de l'Administration à une pétition renvoyée au ministre par la Chambre des députés, les déclarations des parties deviendraient la seule base de l'impôt. Or, les agents du Trésor n'auraient aucun moyen de s'assurer de leur exactitude, puisque, dans l'état actuel de la législation, ils n'ont pas le droit de procéder à des vérifications au siège des sociétés qui n'ont pas émis de titres. » Lettre du ministre des finances, du 15 juin 1882; 21,996 J.; 5974 R. p.; 16,753 Contr.

897. La règle de perception que nous venons d'énoncer, outre qu'elle résulte du texte formel de l'art. 2, n° 3, de la loi du 29 juin 1872, a été consacrée par une jurisprudence constante.

Deux des arrêts du 23 août 1875, qui ont, avant la loi du 1er déc. 1875, reconnu l'exigibilité de la taxe sur les bénéfices des sociétés en nom collectif, en ont fait l'application dans les termes suivants :

« Attendu que, d'après l'art. 2 de la loi, le revenu est déterminé, pour les parts d'intérêt et commandites, soit par les délibérations des conseils d'administration des intéressés, soit, à défaut de délibération, par l'évaluation à raison de 5 p. 100 du montant du capital social ou de la commandite, ou du prix moyen des cessions de parts d'intérêt consenties pendant l'année précédente; que les bénéfices annuels de la société *la Paperie* n'étant pas constatés par une délibération du conseil d'administration des intéressés, il y avait lieu, dans l'espèce, de recourir au moyen subsidiaire indiqué par la loi, c'est-à-dire à l'évaluation à raison de 5 p. 100 du montant du capital social; et que cette évaluation a été faite par le gérant de la société dans la déclaration par lui déposée au bureau de l'enregistrement, le 28 déc. 1872, et acceptée par l'Administration; qu'ainsi le moyen manque en fait. » 19,868 J.; 4201 R. p.; 21,290 J. N.; 15,490 Contr.; 5006 Rev. not.; Inst. 2525; S., 75, 1, 441; D. P., 75, 1, 347; P., 75, 1137.

La même doctrine résulte des arrêts du 18 nov. 1878 (20,911 J.; 5122 R. p.; 22,001 J. N.; 16,017 Contr.; 5959 Rev. not.; Inst. 2619, § 2; S., 79, 1, 81; D. P., 79, 1, 229; P., 79, 166); — du 28 janv. 1879 (20,979 J.; 5157 R. p.; 22,029 J. N.; 16,037 Contr.; Inst. 2619, § 3; D. P., 79, 1, 293; S., 80, 1, 87; P., 80, 176); — du 2 avril 1883 (22,066 J.; 6143 R. p.; 22,978 J. N.; 16,755 Contr.; Inst. 2683, § 5; S., 84, 1, 244; D. P., 84, 1, 60; P., 84, 573); — et du 9 nov. 1886 (22,770 J.; 6796 R. p.; 23,779 J. N.; 17,283 Contr.; Inst. 2735, § 4; S., 88, 1, 33; D. P., 87, 1, 341 ; P., 88, 52) ; ainsi que des nombreuses décisions que nous avons citées sous les nos 887, 888, 889, 890, 891, 894 et 895.

898. L'arrêt du 9 nov. 1886 surtout est décisif. Il condamne en effet très catégoriquement la prétention émise quelquefois par les sociétés et sur laquelle nous nous sommes déjà expliqués *supra*, nos 887 et suiv., de suppléer à l'absence de délibération des conseils d'administration par des justifications d'une autre nature, afin de ne pas subir le forfait et de ne payer la taxe que sur les bénéfices réellement distribués.

Le pourvoi formé contre le jugement rendu dans ce sens par le tribunal de Saint-Etienne le 24 déc. 1883 (22,770 J.; 6367 R. p.; 23,432 J. N.; 17,033 Contr.; Inst. 2735, § 4), soutenait que l'évaluation à forfait établie par la loi ne doit servir de base à l'impôt que dans le cas où les revenus réels ne peuvent être connus. Et en effet, disait-on, l'art. 2 de la loi de 1872, en ce qui concerne les actions, ne fait pas une énumération limitative des documents devant servir à fixer le revenu. Il admet à cet effet les délibérations des assemblées générales d'actionnaires ou des conseils d'administration, les comptes rendus ou tous autres documents analogues. Pourquoi le législateur aurait-il adopté une autre règle en ce qui concerne les parts d'intérêt et décidé qu'en l'absence des délibérations d'un conseil d'administration établissant le revenu réel, la taxe doit être définitivement liquidée d'après un revenu fictif? La constatation des bénéfices par un inventaire auquel concourent tous les membres de la société, présente les mêmes conditions d'exactitude et de sincérité qu'une délibération d'actionnaires ou de conseil d'administration. Aussi l'art. 2 du règlement d'administration publique statue-t-il sur la liquidation de l'impôt, sans distinguer entre les actions, d'une part, et les parts d'intérêt et commandites, de l'autre. Il stipule que la liquidation définitive a lieu au moment du dépôt... des comptes rendus et extraits des délibérations générales des actionnaires ou des conseils d'administration ou de tous autres documents analogues fixant le dividende distribué. Il décide donc que, dans tous les cas, la fixation du dividende peut résulter d'un document autre qu'une délibération d'actionnaires ou de conseil d'administration. Enfin, si le revenu devait être définitivement évalué à forfait à 5 p. 100 du capital social, la société ne serait même pas admise à prouver l'improductivité absolue de la part d'intérêt ou de la commandite. Or, un arrêt tout récent de la chambre civile du 13 avril 1886 (22,659 J.; 7372 Rev. not., 23,607 J. N.; 17,160 Contr.; 6665 et 6816 R. p.; D. P., 86, 1, 185; S., 87, 1, 181; P., 87, 415), condamne cette doctrine, conséquence nécessaire de la thèse du jugement attaqué. — V. cet arrêt *infra*, n° 904.

La Cour n'a pas admis ce système. En le repoussant, elle précise, par cela même, la portée de l'arrêt du 13 avril 1886, dans les termes mêmes où nous le faisons plus loin *infra*, n°s 907 et 908, et elle empêche ainsi que cette décision, dont nous contestons d'ailleurs le principe, ne reçoive une extension contraire à la pensée de la Cour.

M. le conseiller Voisin, dans son rapport, s'est livré à un examen très approfondi de la question et a réfuté point par point tous les arguments du pourvoi (V. art. 22,770 J., p. 97). Et c'est à la suite de son argumentation et conformément à ses conclusions que la chambre des requêtes a rendu, le 9 nov. 1886, son arrêt ainsi conçu :

« Attendu, en droit, que l'art. 2, § 3, de la loi du 29 juin 1872 s'applique au cas où il s'agit de fixer le chiffre du revenu des sociétés dont le capital n'est pas divisé en actions; — Qu'il prescrit les seules règles à suivre pour la détermination dudit revenu; qu'aux termes de cet article, le revenu est déterminé, pour les parts d'intérêt et commandites, soit par les délibérations des conseils d'administration des intéressés, soit, à défaut de délibération, par l'évaluation à raison de 5 p. 100 du montant du capital social ou de la commandite ou du prix moyen des cessions de parts d'intérêt consenties pendant l'année précédente ; — Qu'aux termes de l'art. 2, 3e alinéa, du décret du 6 déc. 1872, la liquidation définitive pour les sociétés auxquelles leurs statuts n'imposent pas l'obligation de prendre des délibérations sur la fixation du dividende distribué est opérée à raison de 5 p. 100 du prix moyen des cessions de parts d'intérêt consenties pendant l'année précédente, et, à défaut de cessions, d'après l'évaluation à 5 p. 100 du montant du capital social ou de la commandite;

« Attendu, en fait, que la Société des mines de Beaubrun est constituée avec des parts d'intérêt et sans conseil d'administration pouvant délibérer sur la fixation du dividende distribué dans l'année; — Qu'aucune clause des statuts de ladite société n'impose même à la totalité de ses intéressés réunis de prendre une délibération sur cet objet;

« D'où il suit qu'en liquidant définitivement, pour l'année 1877, la taxe établie par la loi du 29 juin 1872 sur le revenu à 5 p. 100 du capital déterminé à raison du prix de la cession Schneider, de l'année précédente (22 nov. 1876), le jugement attaqué, non seulement n'a violé aucun des articles visés au pourvoi, mais en a fait au contraire une juste application... »

899. « Attendu, porte également un jugement du tribunal de la Seine du 14 déc. 1877 (20,876 J.; 5077 R. p.; 16,017 Contr.; D. P., 79, 1, 229), confirmé par l'arrêt de la chambre des requêtes du 18 nov. 1878 (cité *supra*, n° 887), que pour les sociétés dont le capital n'est pas divisé en actions, le revenu servant de base à la taxe est déterminé par les délibérations des conseils d'administration des intéressés; qu'à défaut de délibérations de cette nature, ou à plus forte raison si, comme dans l'espèce, il n'existe pas de conseil d'administration, l'évaluation du revenu est en principe de 5 p. 100 du capital social; que peu importe pour l'exigibilité de la taxe annuelle, payable par trimestres, que les revenus réels de la société soient supérieurs ou inférieurs à cette évaluation adoptée comme base à forfait par le législateur en vue de concilier les droits du Trésor avec les intérêts des redevables, auxquels il a voulu éviter des investigations gênantes dans le cas de société dont les opérations sont sans publicité; qu'à moins de cessions de parts d'intérêt pendant l'année précédente, dont on prendrait alors le prix moyen, cette base de 5 p. 100 du capital social est absolue et doit servir d'assiette à l'impôt pour toute association dont le but est la production de gains distribuables entre les associés personnellement... »

900. Bénéfices inférieurs ou supérieurs au forfait de 5 p. 100. — La règle qui résulte de cette jurisprudence est trop bien précisée par les décisions que nous avons rapportées, pour qu'il soit nécessaire d'en faire ressortir les conséquences. La principale, sur laquelle aucun doute n'est possible, est que, dans les sociétés qui, faute des délibérations prévues par la loi, doivent la taxe sur le 5 p. 100 du capital social ou des cessions de parts consenties pendant l'année précédente, les parties ne peuvent être admises à prouver que le revenu réellement distribué est resté inférieur à ce chiffre. Le fait fût-il certain et reconnu par l'Administration, que la taxe n'en devrait pas moins être liquidée conformément à la règle que nous avons établie.

Réciproquement l'Administration ne pourrait élever la prétention de liquider la taxe sur d'autres bases, lors même qu'il serait avéré que la société distribue à ses associés des dividendes supérieurs au forfait légal.

Ainsi, si l'acte de société stipule que le commanditaire aura droit à un intérêt de 6 p. 100, plus à une part de bénéfices, la taxe n'en doit pas moins être liquidée sur le pied de 5 p. 100 de la commandite, ce mode de liquidation étant, à défaut de délibération, expressément imposé par la loi.

901. Sociétés improductives. Preuve de l'absence complète de revenus. — En est-il de même et notre règle est-elle applicable lorsqu'une société non seulement n'a distribué qu'un chiffre de bénéfices inférieur au forfait de 5 p. 100, mais encore n'a réalisé aucun bénéfice? Cette société peut-elle être admise à justifier de son improductivité pour se soustraire au payement de la taxe?

L'affirmative a été soutenue, non sans succès d'ailleurs, comme nous le verrons plus loin, par M. Demasure (Traité du régime fiscal des sociétés, n° 221). L'interprétation proposée par cet auteur ayant été admise par la Cour de cassation, nous reproduisons textuellement, pour ne pas l'affaiblir, la partie principale de son argumentation.

Après avoir rappelé et approuvé le système consacré par la jurisprudence, d'après lequel les sociétés par actions doivent invariablement la taxe sur les bénéfices réels dont elles sont toujours à même de préciser l'importance, tandis que les sociétés divisées en parts d'intérêt ne sont soumises à cette règle de liquidation que si elles sont pourvues d'un conseil d'administration fixant chaque année le chiffre des dividendes à répartir, et après avoir enseigné que les sociétés dans lesquelles cette organisation n'existe pas ne peuvent être admises à discuter le chiffre de leurs revenus, et sont astreintes, en thèse générale, à payer l'impôt sur un revenu présumé et fixé par la loi à 5 p. 100 du capital social, M. Demasure pose et résout la question que nous étudions dans les termes suivants :

« Mais cette présomption légale doit-elle continuer à s'appliquer s'il n'a été distribué aucun revenu? Nous ne le pensons pas, et nous croyons que la société doit être admise en ce cas à prouver l'improductivité absolue de la part d'intérêt ou de la commandite. Le tribunal de la Seine (27 mai 1876) et le tribunal de Marseille (11 fév. 1881; V. *supra*, n° 887) ont jugé le contraire. Les arrêts de la chambre des requêtes du 18 nov. 1878 et du 20 janv. 1879 (*supra*, n° 887) ont été parfois présentés à tort comme tranchant la question qui nous occupe.

« D'après les jugements précités, la loi de 1872 ne contient aucune exemption pour le cas d'improductivité. Voulant imposer le revenu sans déclaration ni investigations, elle a, en l'absence de documents d'une authenticité et d'une exactitude indiscutables, fixé à forfait le revenu à 5 p. 100 du capital social. Cela est-il bien décisif? Sans doute il n'y a pas d'exception *écrite* pour le cas d'improductivité; mais cette exception n'est-elle pas de droit? La loi du 29 juin 1872 a établi une taxe sur le revenu. La matière imposable, c'est donc le revenu, le produit qui de la caisse de la société passe dans celle de l'actionnaire ou de l'intéressé. Là où ce produit fait défaut, sur quoi l'impôt pourrait-il être perçu?

« On insiste cependant et on fait remarquer que l'art. 1er du décret du 6 déc. 1872, réglant le payement de la taxe sur le revenu des actions, prévoit formellement le cas où la société cessera d'être productive, et dispose qu'alors les sommes avancées lui seront restituées. Au contraire, l'art. 2 du même décret ne prévoit rien de semblable lorsqu'il règle dans ses deux derniers alinéas le payement de la taxe par les sociétés sans conseil d'administration. Voilà, dit-on, une différence bien significative.

« Cet argument n'est pas sans valeur. Mais il suffit, pour y répondre, de bien considérer le but de l'art. 1er de la loi du 29 juin 1872 et les art. 1 et 2 du décret du 6 déc. 1872. Ces dispositions ont été édictées pour déterminer le mode de calcul du revenu passible de la taxe. Ils présupposent donc l'existence de ce revenu : *Prius est esse quam esse tale*. L'article fondamental, celui qui établit la base de la nouvelle taxe, c'est l'art. 1er. Comment s'exprime-t-il? « Il est établi une taxe « annuelle et obligatoire sur... les intérêts, produits et béné- « fices annuels des parts d'intérêt et commandites. »

« Qu'est-ce à dire, sinon qu'il confirme ainsi, en tant que de besoin, la règle de bon sens que nous avons formulée : Pas d'impôt sur le revenu sans revenu. Le texte bien compris se retourne donc contre le système du tribunal de la Seine. La loi n'a pas établi une présomption *juris et de jure* en vertu de laquelle toutes les sociétés seraient réputées fructueuses.

« Mais, objectera-t-on encore, comment les sociétés qui n'ont ni actions, ni conseils d'administration prouveront-elles leur improductivité? En produisant des inventaires ou autres documents analogues? Or, il est admis, malgré les termes de l'art. 2 du décret du 6 déc. 1872, que ces documents ne peuvent pas servir de base à la liquidation de la taxe. Il y a donc contradiction. Si les documents dont il s'agit peuvent être employés par la société pour prouver l'improductivité, pourquoi ne le seraient-ils pas par la Régie pour établir l'existence d'un revenu supérieur au 5 p. 100 du capital social?

« Cette critique perd toute sa force, et la contradiction signalée disparaît si l'on accepte la distinction déjà proposée entre deux opérations qui ne peuvent pas être confondues : la fixation de l'assiette de l'impôt et le calcul de sa quotité, en d'autres termes la preuve de l'exigibilité et la liquidation. L'improductivité fait exception à tout. Elle rend impossible une perception quelconque, ainsi que le reconnaît, pour les sociétés par actions, l'art. 1er *in fine* du décret du 6 déc. 1872. Or, lorsqu'un fait entraîne de semblables conséquences, on ne concevrait pas que les contribuables fussent mis dans l'impossibilité de l'établir.

« Il est bien vrai que la loi a voulu éviter les investigations vexatoires. Mais ces investigations ne sont à craindre pour le contribuable qu'autant qu'elles sont exercées malgré lui par les préposés de la Régie. Ici la loi lui offre le moyen de s'en préserver. Il peut d'abord constituer un conseil d'administration, auquel cas il est assuré de payer seulement sur le revenu réel. A défaut de conseil d'administration, il peut payer sur le 5 p. 100 du capital, même si le revenu effectif est moindre. Est-il las de ce sacrifice? C'est lui-même qui appelle la lumière sur la situation de la société, et qui demande à établir son improductivité. Ce n'est pas là sans doute l'idéal de la justice. Mais que de fois, en matière d'impôt, la loi n'est-elle pas assise sur des présomptions inexactes? La souveraine injustice consisterait à percevoir une taxe sur un revenu qui n'existe pas. Il faut qu'elle soit évitée.

« Et que la Régie ne se plaigne pas de voir ainsi tourner à son désavantage le forfait de l'art. 2-3°. Étant donné qu'on voulait lui interdire les investigations qui eussent été nécessaires pour arriver dans tous les cas à la connaissance du revenu réel, il fallait établir une limite, et cette limite est le 5 p. 100 du capital. Cette présomption lui profite tant que le revenu est inférieur à 5 p. 100. Elle ne peut pas raisonnablement demander autre chose.

« Percevoir une prétendue taxe sur le revenu en présence d'une société improductive, ce serait atteindre le capital, et les auteurs de la loi du 29 juin 1872 ont témoigné de la manière la plus certaine leur volonté de ne le frapper en aucun cas... »

902. M. Testoud, dans la Revue critique de législation (fév. 1887, p. 79), défend la même opinion. Mais son argumentation repose sur une interprétation que la jurisprudence est unanime à condamner et qui a été repoussée même par l'arrêt de la Cour de cassation que nous transcrivons plus loin. Il soutient, en effet, que le forfait établi par la loi de 1872 admet toujours la preuve contraire, non seulement pour établir que la société est improductive, mais aussi pour démontrer que le bénéfice réel est inférieur au revenu présumé (*loc. cit.*, p. 86).

903. M. Naquet se prononce, au contraire, très nettement en faveur du système de l'Administration, qui fait du forfait établi par la loi une présomption *juris et de jure*, contre laquelle aucune preuve n'est admise, soit pour établir que le revenu réel est inférieur au revenu présumé, soit pour justifier de l'improductivité absolue de la société. V. Dissertation insérée au Rép. pér., n° 6816.

904. C'est aussi dans ce sens que nous avons toujours cru devoir interpréter les dispositions de la loi de 1872. Bien que la Cour se soit prononcée contre notre doctrine, notre conviction reste entière, car elle repose sur des motifs que l'arrêt du 13 avril 1886 n'a pas réfutés. Mais, avant de les soumettre à nos lecteurs, nous devons faire connaître dans quelles circonstances cet arrêt est intervenu.

Une société civile a été constituée le 2 juin 1880 entre le comte de Grammont et MM. Klein et Duclos, pour la mise en valeur et l'exploitation d'immeubles appartenant aux associés, l'ouverture de nouvelles rues, la démolition des constructions existantes et l'édification de nouvelles maisons sur les terrains mis en commun. L'apport en nature de M. le comte de Grammont a été évalué à 1,600,000 fr. et celui de MM. Klein et Duclos à 1,550,000 fr. Ces derniers devaient avoir seuls l'administration de la société, avec pouvoir d'agir ensemble ou séparément.

Il a paru que ces différentes clauses étaient constitutives d'une société civile, donnant ouverture à l'impôt de 3 p. 100 en vertu du n° 3 de l'art. 1er de la loi du 29 juin 1872. Comme la société ne possédait pas de conseil d'administration chargé de fixer annuellement les bénéfices à distribuer, l'Administration a liquidé la taxe exigible depuis le 2 juin 1880, date de la constitution de la société, jusqu'au moment de la réclamation, en fixant à forfait le revenu imposable à 5 p. 100 du capital social, conformément au n° 3 de l'art. 2 de la loi précitée, et, pour obtenir le payement de cet impôt, elle a décerné, le 27 août 1881, contre MM. Klein et Duclos, une contrainte, à laquelle ces derniers ont fait opposition par exploit du 2 septembre suivant.

Deux motifs ont été présentés à l'appui de cette opposition :

1° l'acte passé entre les parties, le 2 juin 1880, ne constituait pas, d'après les opposants, une véritable société, attendu qu'il n'y avait ni raison sociale, ni domicile social, ni fonds social ; il avait donné naissance à une simple association en participation, non atteinte par les dispositions de la loi de 1872 ; 2° en supposant qu'il en fût autrement, la taxe devait être liquidée non sur un revenu fixé à 5 p. 100 du capital social, mais sur les bénéfices réellement obtenus, lesquels, en l'absence de délibérations statutaires, pouvaient être justifiés par la représentation de documents analogues, tels qu'une délibération prise *ad hoc* par les administrateurs de la société.

Ces motifs n'ont pas paru fondés, et le tribunal de la Seine les a rejetés par un jugement du 29 déc. 1882 ; 22,183 J.; 6178 R. p. ; 23,122 J. N.; 16,751 Contr.

Dans le pourvoi formé contre ce jugement, les parties ont reproduit les deux moyens qui avaient servi de fondement à leur opposition. Par arrêt du 13 avril 1886, rendu sur les conclusions conformes de M. l'avocat général Desjardins (V. ces conclusions, art. 22,659 J.), la chambre civile a rejeté le premier moyen (V. *supra*, n°s 593 et 621). Mais, accueillant le second moyen, elle a formellement condamné la thèse que nous défendons, dans les termes suivants :

« Attendu que l'art. 2 s'applique uniquement au cas où il s'agit de fixer le chiffre du revenu ; qu'il ne saurait faire obstacle au droit qui appartient à la société de prouver *par tous les moyens légaux qu'elle n'a eu aucune espèce de revenus;*

« Attendu qu'en décidant le contraire, le jugement attaqué a violé la disposition précitée. » 22,659 J.; 6665 et 6816 R. p.; 23,607 J. N.; 17,160 Contr.; 7372 Rev. not.; S., 87, 1, 181; D. P., 86, 1, 185; P., 87, 415.

Sur le renvoi de la cause, le tribunal de Versailles, malgré tous les efforts tentés par l'Administration pour réagir contre cette doctrine, a adopté l'opinion de la chambre civile par un jugement du 10 juin 1887 dans lequel on lit ce qui suit :

« Attendu que la société n'ayant pas de conseil d'administration, ni, par suite, de délibération de conseil à produire, il pourrait, en effet, y avoir lieu de recourir, pour fixer le revenu imposable de la société, au moyen subsidiaire indiqué par l'art. 2 de la loi du 29 juin 1872, c'est-à-dire à l'évaluation à 5 p. 100 du montant du capital social ;

« Mais attendu que la loi, relative seulement à l'impôt sur le revenu des valeurs mobilières, ainsi que l'énonce la rubrique de la loi au Bulletin des lois, ne saurait s'appliquer à une société qui justifierait n'avoir aucun revenu ;

« Que l'improductivité de la société, si tant est qu'elle existe, rend impossible une perception quelconque, comme le reconnaît pour les sociétés par actions l'art. 1er *in fine* du décret du 6 déc. 1872 ;

« Que le système de perception de la Régie atteindrait le capital, sous prétexte de frapper le revenu, ce qui est contraire au principe du droit fiscal ; qu'en outre, ce système a pour inconvénient de viser directement le contrat même de société plutôt que les bénéfices issus du contrat, ce qui est encore contraire aux intentions du législateur, qui s'est généralement montré favorable au développement des contrats de société ;

« Qu'il est certain que les textes de la loi invoqués n'édictent aucune disposition permettant à la Régie de percevoir un impôt sur le revenu, alors qu'il n'y a pas de revenu, et cela faute d'une délibération d'un conseil d'administration ;

« Que, s'il en était autrement, la Société Klein et consorts, dépourvue de cet organe, et ne pouvant produire l'extrait d'une délibération d'un conseil d'administration, serait nécessairement astreinte, au cas d'improductivité, même au cas de perte, à payer sur son capital un impôt établi sur son revenu, ce qui est inadmissible ;

« Qu'en conséquence, ladite société conserve le droit de prouver par tous les moyens légaux que, dans l'exercice qui s'est écoulé depuis le 2 juin 1880, date de sa formation, elle n'a bénéficié d'aucune espèce de revenu. » 23,049 J.; 6912 R. p.; D. P., 88, 3, 72.

905. Faut-il croire que la jurisprudence ait dit son dernier mot sur cette importante question ? Nous ne le pensons pas. Car l'arrêt de la chambre civile et le jugement du tribunal de Versailles méconnaissent absolument, à notre avis, non seulement le texte, mais encore l'esprit de la loi de 1872, dont ils détruisent toute l'économie.

Rappelons d'abord les diverses décisions judiciaires qui sont intervenues depuis la loi du 29 juin 1872, et qui toutes se sont inspirées de tendances contraires à celles de l'arrêt du 13 avril 1886.

La jurisprudence des tribunaux secondaires est fixée en ce sens que l'impôt de 3 p. 100 ne doit être assis sur le revenu réellement distribué, dans les sociétés autres que les sociétés par actions, que dans le seul cas où la société possède, d'après ses statuts, un conseil d'administration appelé à fixer le dividende à répartir entre les associés, et où une délibération de cette nature a été prise. Il ne peut être suppléé à l'absence de cette délibération par aucun autre document, notamment par la production de l'inventaire social. Cette règle s'impose tant à l'Administration, qui ne peut demander à justifier des bénéfices réels au moyen des énonciations de cet inventaire, qu'à la société elle-même qui ne peut s'en prévaloir pour faire établir la taxe sur un chiffre inférieur au 5 p. 100 du capital social. Tels sont les principes qui résultent des diverses décisions rapportées *supra*, n°s 887 et suiv.

Quelques-unes de ces décisions se sont même spécialement prononcées sur la difficulté que nous examinons. Le tribunal de la Seine, en effet, dans un jugement du 27 mai 1876 (20,177 J.; 4426 R. p.), décide qu'une société formée entre un associé en nom collectif et un seul commanditaire, et dont le revenu, par conséquent, n'est pas susceptible d'être déterminé par les délibérations d'un conseil d'administration, doit invariablement la taxe de 3 p. 100 sur le forfait, sans que le gérant puisse être admis à établir que *la société est en perte.* La même règle ressort d'un jugement du tribunal de Marseille du 11 fév. 1881 (22,184 J.; 16,752 Contr.; 5701 R. p.), portant expressément que l'improductivité de la société ne peut être alléguée par elle pour se dispenser du payement de la taxe sur le revenu fixé à forfait à 5 p. 100 de la commandite, lorsqu'elle n'a pas de conseil d'administration déterminant annuellement le chiffre exact des bénéfices à distribuer.

La Cour de cassation a elle-même adopté cette interprétation dans ses arrêts (précités) des 23 août 1875, 18 nov. 1878 et 28 janv. 1879 (V. *supra*, n°s 887 et 897). S'il est vrai que les deux premiers de ces arrêts n'aient pas résolu la question d'une manière très catégorique, il n'en est pas de même du troisième. Les parties se prévalaient, en effet, de l'absence de produits pour contester l'exigibilité de la taxe. La chambre des requêtes a répondu : « Attendu, dès lors, qu'en assujettissant à la taxe le produit des parts d'intérêt de la société civile formée entre les deux frères Pereire, sans s'arrêter aux objections tirées soit du caractère universel de ladite société, soit de l'indétermination du capital, soit de l'absence de produits, etc... »

La chambre civile, en rendant l'arrêt qui fait l'objet de notre examen, s'est donc mise en opposition avec une jurisprudence qui n'a pas varié depuis la promulgation de la loi de 1872, et qui semblait à l'abri de toute discussion. Notre conviction est que ce revirement n'est nullement justifié.

906. Ainsi que nous le disions dans nos observations sur cette décision (22,659 J.), l'art. 2 de la loi, qui est le siège de la difficulté, s'occupe, dans deux paragraphes distincts (n°s 1 et 3), de la détermination du revenu dans les sociétés par actions, d'une part, et dans les sociétés civiles et les sociétés en commandite simple, d'autre part. Pour les premières, le revenu doit être déterminé par le dividende fixé d'après les délibérations des assemblées générales d'actionnaires ou des conseils d'administration, les comptes rendus ou tous autres documents analogues. Pour les secondes, la loi porte que le revenu est fixé, « soit par les délibérations des conseils d'administration, soit, à défaut de délibération, par l'évaluation à 5 p. 100 du montant du capital social ou de la commandite, ou du prix moyen des cessions de parts d'intérêt consenties pendant l'année précédente. » Cette différence de rédaction est caractéristique. Si la loi avait voulu que le mode de détermination du revenu fût le même pour toutes les sociétés, elle ne se serait pas servie, comme elle l'a fait, d'expressions différentes. En disposant qu'à défaut de délibérations du conseil d'administration, le revenu serait évalué à forfait à 5 p. 100 du capital social, le législateur a manifesté clairement son intention d'écarter, pour les sociétés visées par le § 3, tout autre document que ces délibérations.

L'esprit dans lequel ces dispositions ont été conçues conduit à la même conclusion. Il est clair, en effet, que si la loi a établi un forfait pour fixer le revenu imposable, c'est qu'elle voulait écarter toute investigation pouvant avoir le caractère d'une mesure inquisitoriale. Or, il était impossible d'admettre les sociétés à opposer leurs inventaires et leurs écritures privées à l'Administration, sans autoriser en même temps celle-ci à s'en prévaloir pour déterminer la matière imposable. C'est précisément ce résultat qu'on a voulu éviter. La loi a indiqué limitativement les documents qui, à raison de leur caractère, peuvent sans inconvénient être pris pour base de la taxe. En l'absence de ces documents, le revenu imposable est déterminé au moyen d'une présomption légale, qui, comme toutes les présomptions, doit prévaloir contre les chiffres les mieux établis. Admettre que cette présomption peut être discutée, sous prétexte que la société n'a pas produit de revenus, c'est autoriser l'Administration à pénétrer dans le secret des opérations de la société, afin de lui permettre de combattre les preuves qui sont invoquées contre elle. C'est par conséquent méconnaître la pensée fondamentale qui a fait établir le forfait.

D'après la Cour, il faudrait distinguer le cas où la société est improductive, et celui où elle produit un revenu quelconque. Dans le premier cas, le principe même d'exigibilité de l'impôt fait défaut, et, par conséquent, il ne peut être question de liquider la matière imposable soit au moyen du forfait, soit autrement.

Ce raisonnement pèche, à notre avis, par trop de subtilité. Établir l'improductivité de la société, c'est faire une opération de même nature que lorsqu'il s'agit d'établir le revenu qu'elle a produit. Dans l'un et l'autre cas, c'est toujours le revenu qu'on cherche à déterminer. Or, la loi a fixé les règles de cette liquidation. Quand il n'y a pas de conseil d'administration, le revenu est présumé être égal à 5 p. 100 du capital social, et la loi ne permet pas qu'on cherche ailleurs que dans cette présomption légale les éléments d'une liquidation. Par conséquent, c'est faire une véritable pétition de principe que d'invoquer l'absence de revenu pour prétendre que la taxe n'est pas exigible. Cette exception ne serait recevable que si l'absence de revenu résultait d'une délibération d'un conseil d'administration. A défaut de ce document, il y a un revenu imposable déterminé par la loi, et il est interdit de puiser dans un autre document un élément différent de liquidation. Notre esprit se refuse, d'ailleurs, à concevoir que la société puisse être admise à démontrer, contrairement à la présomption légale, qu'elle n'a pas produit de revenu, alors qu'il lui serait également impossible de prouver qu'elle n'a produit qu'un revenu inférieur au forfait de 5 p. 100. La raison de cette différence nous échappe entièrement, et nous ne saurions croire que la loi l'ait sanctionnée.

La doctrine de la Cour entraîne des conséquences qui suffiraient, à notre avis, pour la faire condamner. Personne n'ignore que les produits des sociétés sont soumis à des fluctuations incessantes. Il arrive bien souvent, par exemple, qu'à leur début elles ne réalisent aucun bénéfice. Souvent, au contraire, elles dépensent leur capital en travaux d'installation, en constructions, en achat de marchandises. C'était précisément le cas de la société sur laquelle la Cour a statué. Ce n'est que quelques années plus tard que les bénéfices apparaissent et sont distribués aux associés. Un seul exercice peut se solder ainsi par un bénéfice qui représente le produit de plusieurs années.

Or, si la jurisprudence de la Cour devait prévaloir, on arriverait, dans cette hypothèse, à ce résultat que, pendant les années improductives, la société n'aurait aucune taxe à acquitter. Puis, lorsqu'elle recueillerait en une seule fois le fruit de ses opérations, elle s'abriterait derrière le texte de l'art. 2 de la loi de 1872 pour ne payer l'impôt que sur un revenu fixé à 5 p. 100 du capital social. Est-ce là un résultat équitable? Personne n'oserait le soutenir. C'est cependant celui auquel on aboutirait inévitablement si l'on appliquait la règle posée par la chambre civile. L'établissement du forfait a eu précisément pour but de compenser les bonnes années avec les mauvaises. Si donc les sociétés sont en droit d'en bénéficier lorsque le revenu est supérieur aux prévisions du législateur, elles doivent aussi le subir dans le cas contraire. Toute autre interprétation viole les droits du Trésor et, sous prétexte d'équité, aboutit à une flagrante injustice.

907. *Preuve de l'improductivité.* Quoi qu'il en soit, en attendant que la Cour, mieux éclairée, revienne à une interprétation plus exacte de la loi, nous devons préciser la portée de l'arrêt du 13 avril 1886. Car il est vraisemblable que l'Administration, bien qu'elle n'en accepte pas la doctrine, sera forcée, au moins pendant un certain temps, d'en subir en fait les conséquences.

Si nous comprenons bien la pensée de la chambre civile, on doit distinguer entre l'exigibilité de l'impôt et sa liquidation. La disposition de l'art. 2, n° 3, de la loi de 1872 est spéciale au mode de liquidation de la taxe, et son application suppose que la taxe a été reconnue exigible. Quant à la question de savoir si la taxe est due ou non au Trésor, elle doit être résolue uniquement par les principes généraux qui ont déterminé le législateur à établir un impôt sur certains revenus. Or, il est certain que la loi n'a voulu atteindre que les sociétés productives, c'est-à-dire celles qui sont en état de distribuer des intérêts ou dividendes à leurs membres. C'est ce qui résulte de son art. 1er, d'après lequel l'impôt est établi sur « les intérêts, produits et bénéfices annuels des parts d'intérêt, etc. » Là où il n'y a pas de produit ni de revenu à distribuer aux associés, il ne peut y avoir de cause pour l'exigibilité de l'impôt, et, si l'impôt n'est pas dû, il ne saurait être question de le liquider ; d'où il suit que, dans ce cas, l'art. 2, qui détermine le mode de liquidation, n'est pas applicable.

Quelle que soit l'exactitude de cette argumentation, il nous paraît que c'est bien celle qui sert de base à notre arrêt; par conséquent, la règle qu'il sanctionne et qui permet à une société d'établir sa véritable situation au moyen de documents autres qu'une délibération du conseil d'administration, est spéciale au cas où la société est complètement improductive.

Elle ne peut être étendue, ni au cas où la société n'a distribué qu'un revenu inférieur au forfait, ni au cas où la société, bien qu'ayant réalisé des produits, n'a fait néanmoins aucune distribution. Dès lors qu'elle est productive, elle est passible de la taxe, et, par conséquent, comme il ne s'agit plus que de déterminer la base imposable, la règle de liquidation édictée par l'art. 2 de la loi redevient applicable et oblige la société à payer la taxe sur le forfait de 5 p. 100, quel que soit le chiffre des revenus réellement distribués. Telle est, selon nous, la signification exacte de l'arrêt, telle qu'elle ressort de son unique considérant : « Attendu que cet article (art. 2) s'applique uniquement au cas où il s'agit de fixer le chiffre du revenu ; qu'il ne saurait faire obstacle au droit qui appartient à la société de prouver par tous les moyens légaux *qu'elle n'a aucune espèce de revenus.* »

908. *Bénéfices réalisés, mais non distribués.* On a toutefois contesté cette interprétation et on a prétendu que, pour bénéficier de l'exemption accordée par l'arrêt aux sociétés improductives, une société n'a pas à faire la preuve de l'absence de tous bénéfices, mais seulement à établir l'absence de toute distribution.

Au point de vue de la taxe de 3 p. 100, dit-on, une société est improductive, cesse de donner des revenus, lorsqu'elle ne procède à aucune distribution de produits, alors même qu'elle continuerait à en réaliser. Ce n'est pas, en effet, le produit réalisé et mis en réserve que frappe la loi du 29 juin 1872, mais le revenu attribué privativement à l'associé, à savoir le revenu distribué. La société produit des bénéfices, elle donne des revenus, lorsqu'elle en distribue. Que si elle ne procède à aucune répartition, elle est improductive, au sens de la loi du 29 juin 1872. 6912 R. p.

Cette solution, si elle était admise, aggraverait considérablement les conséquences de l'arrêt du 13 avril 1886. Elle aboutirait, en fait, à supprimer à peu près entièrement la perception de l'impôt dans les nombreuses sociétés civiles qui ne distribuent leurs bénéfices qu'à l'expiration de leurs opérations. Il est évident, en effet, que ces sociétés dépourvues de conseil d'administration ne pourraient être astreintes à payer la taxe, pour le dernier exercice, le seul pour lequel l'impôt serait exigible, que d'après les bases de liquidation adoptées par la loi, c'est-à-dire sur un revenu évalué à 5 p. 100 du capital social, et, comme, d'autre part, elles auraient joui d'une exemption absolue pendant les exercices antérieurs, il en résulterait que, pour elles, la taxe ne frapperait effectivement que les revenus d'une seule année.

Il suffit de signaler cette conséquence pour démontrer l'erreur du système que nous combattons.

909. CALCUL DU FORFAIT. — L'évaluation à forfait du revenu imposable, dans les cas où ce mode de procéder doit être admis, se calcule, d'après l'art. 2, n° 3, de la loi, «sur le montant du capital social ou de la commandite, *ou* du prix moyen des cessions de parts consenties pendant l'année précédente. »

910. **Prix moyen des cessions de parts.** — Les deux modes de calcul du forfait ne doivent pas être appliqués indifféremment au gré de l'Administration ou des contribuables. Le règlement d'administration publique du 6 déc. 1872 dispose en effet, par son art. 2, que la liquidation définitive de la taxe, dans les sociétés auxquelles leurs statuts n'imposent pas l'obligation de prendre des délibérations sur la répartition des dividendes, devra être opérée à raison de 5 p. 100 du prix moyen des cessions de parts d'intérêt consenties pendant l'année précédente et *dûment enregistrées*, et, à *défaut de cessions*, d'après l'évaluation à 5 p. 100 du montant du capital social ou de la commandite.

Ainsi, ce n'est qu'à défaut de cession de parts pendant l'année précédente que le forfait est calculé sur le montant du capital social ou de la commandite. Saint-Dié, 16 avril 1875; 19,828 J.; 4091 R. p.; — Valenciennes, 23 août 1878; 20,970 J.; 5108 R. p.; — Cass., ch. civ., 9 nov. 1886; 22,770 J.; 6796 R. p.; 23,779 J. N.; 17,283 Contr.; Inst. 2735, § 4; S., 88, 1, 33; D. P., 87, 1, 341 ; P., 88, 52.

911. *Enregistrement des cessions.* Nous appelons l'attention de nos lecteurs sur la disposition du décret du 6 déc. 1872, d'après lequel les cessions de parts ne peuvent être opposées à l'Administration, pour le calcul du forfait, qu'autant qu'elles ont été enregistrées.

912. *Détermination du prix moyen.* Le prix moyen des cessions de parts consenties pendant l'année précédente nous paraît devoir être établi en divisant le total des prix obtenus par le nombre des cessions.

D'après M. Besson (*loc. cit.*, n° 140), le prix moyen doit s'entendre de la moyenne du prix de l'unité de part aux différentes époques de l'année, et non du prix moyen de toutes les parts vendues. Ce système, si rationnel qu'il soit, n'est pas justifié par les termes de la loi, et nous ne pensons pas qu'il doive être suivi.

913. *Cession unique.* Dans tous les cas, il est admis qu'une cession unique suffit à déterminer le prix moyen sur lequel doit être basée l'évaluation du revenu imposable. Ce mode de calcul a été suivi dans les affaires qui ont donné lieu à un jugement du tribunal de Valenciennes du 23 août 1878 (20,970 J.; 5108 R. p.), et à l'arrêt de la Cour de cassation du 9 nov. 1886 (*supra*, n° 910). Sa régularité a été expressément reconnue par une solution du 10 août 1886; 22,752 J.

914. **Capital social ou commandite.** — A défaut de cessions de parts consenties pendant l'année précédente et permettant d'établir le revenu présumé passible de l'impôt, le calcul se fait en prenant pour base le montant « du capital social ou de la commandite ».

915. *Capital originaire.* C'est le capital social, et non le fonds social, qui, d'après les termes de la loi, sert de base au calcul du forfait. Comme ce capital est, en principe, immuable, et ne subit pas les fluctuations de l'entreprise, puisqu'il se compose, ainsi que nous l'avons souvent expliqué, du montant des sommes ou valeurs que les associés ont consenti à mettre et à laisser en commun pendant toute la durée de la société, il en résulte que le forfait doit être déterminé d'après le montant de ce capital, tel qu'il a été fixé par les statuts, sans égard à la plus-value ou à la dépréciation ultérieure du fonds commun.

« Quand la loi, disait M. le conseiller Dareste devant la chambre des requêtes (20,911 J.), prend pour base de l'impôt le capital social, il est bien évident qu'elle s'attache uniquement au capital tel qu'il est fixé par l'acte de société; son but a été précisément d'éviter toute difficulté et de faire un règlement à forfait; s'il en était autrement, les difficultés d'exécution seraient inextricables. La détermination devrait être précédée d'un compte de gestion, et, presque toujours, de vérifications et d'expertises. Ce n'est pas dans cette voie que le législateur a voulu entrer. »

La chambre des requêtes a rendu, le 18 nov. 1878, un arrêt conforme à ces observations :

« Attendu, porte cette décision, qu'en fixant le revenu des sociétés à 5 p. 100 du capital social, la disposition dont il s'agit a entendu s'attacher au capital tel qu'il est déterminé par l'acte de société, sans avoir égard à la plus-value ni à la dépréciation ultérieure de ce capital. » 20,911 J.; 5122 R. p.; 22,001 J. N.; 16,017 Contr.; 5959 Rev. not.; Inst. 2619, § 2; S., 79, 1, 81; D. P., 79, 1, 229; P., 79, 166.

916. *Variations du capital.* La règle que nous venons d'énoncer ne s'oppose pas à ce qu'il soit tenu compte, pour le calcul du forfait, des augmentations ou des diminutions dont le capital social peut être l'objet pendant le cours de la société, à la condition, bien entendu, qu'il s'agisse de modifications statutaires opérées dans des conditions régulières qui les rendent opposables à l'Administration.

917. *Sociétés à capital variable.* C'est pour ce motif, notamment, que, dans les sociétés à capital variable, l'évaluation doit être renouvelée chaque trimestre, et se conformer aux variations du capital social.

Il en est de même lorsqu'il s'agit d'une commandite à fournir au fur et à mesure des besoins de l'entreprise. — Sol. 29 avril 1884; 22,302 J.; 17,020 Contr.

918. *Commandite.* Dans les sociétés en commandite simple, la taxe n'atteint que les revenus de la commandite, à l'exclusion des bénéfices attribués aux parts des gérants, associés en nom. (V. *supra*, n°s 570 et suiv.) La conséquence indiscutable de cette règle est que, pour la détermination du revenu présumé, le forfait établi par la loi ne doit se calculer que sur le montant de la commandite, et non sur le capital social tout entier. C'est d'ailleurs la disposition expresse de la loi (art. 3, n° 3).

919. *Capital appelé.* Dans tous les cas, que ce soit le capital social ou la commandite qui serve de base à l'évaluation du revenu imposable, il est de règle certaine qu'il ne doit être tenu compte que du capital appelé, de la commandite versée. Quant à la portion du capital ou de la commandite qui reste à appeler, comme elle n'est pas encore productive de revenus,

il n'est pas possible de la faire entrer en ligne de compte pour l'évaluation, même à forfait, des bénéfices passibles de l'impôt. Plusieurs solutions ont été rendues dans ce sens : Sol. 25 juin 1873; — 5 sept. 1877; — 7 août 1878; — 26 déc. 1881; — 16 nov. 1882; — 7 mars 1884; — 29 avril 1884; 22,302 J.; — 25 juin 1884.

920. *Sommes versées en sus du capital social ou de la commandite, pour constituer un fonds de réserve.* La loi a désigné comme devant servir de base au calcul du forfait le capital social et la commandite, qui se composent, en général, de ce que les associés mettent en commun pour constituer la société, par opposition au fonds social, qui comprend, confondus dans une masse unique, les apports originaires et les bénéfices qui sont venus s'y adjoindre. Elle a tenu ainsi à établir une base fixe et non soumise à toutes les fluctuations de l'entreprise. Ce serait toutefois méconnaître sa pensée que d'entendre l'expression dont elle s'est servie dans un sens trop exclusif, et de refuser, par exemple, de tenir compte, pour le calcul du forfait, d'une partie des apports originaires des associés, sous prétexte qu'ils n'ont pas servi à constituer le capital social proprement dit, et qu'ils ont été immédiatement versés au fonds de réserve. Malgré cet emploi exceptionnel, que le législateur ne pouvait prévoir, les sommes ainsi mises en commun n'en sont pas moins destinées à contribuer à la production des bénéfices sociaux, et nous ne pensons pas que l'argument de texte qu'on pourrait invoquer soit suffisant pour exclure cette partie des apports de l'évaluation qui doit servir à déterminer le revenu imposable.

D'ailleurs, cet argument de texte fait même défaut lorsqu'il s'agit d'une société en commandite, puisque la loi fait reposer son évaluation sur le montant de la commandite, et que les sommes ainsi versées en font certainement partie, malgré l'emploi spécial qu'elles reçoivent. —V., dans ce sens, observations de M. le conseiller Voisin, art. 22,066 J., p. 346.

Aussi a-t-il été décidé par la chambre des requêtes, conformément aux conclusions de l'éminent magistrat, que l'évaluation du revenu imposable doit être calculée sur les sommes versées, en sus de la commandite, au moment de la création de la société, par les associés commanditaires d'un agent de change, pour être employées à constituer immédiatement, en dehors du capital social, un fonds de réserve destiné à faire face aux pertes accidentelles et imprévues. — Arrêt du 2 avril 1883; 22,066 J.; 6143 R. p.; 22,978 J. N.; 16,755 Contr.; Inst. 2683, § 5; S., 84, 1, 244; D. P., 84, 1, 60; P., 84, 573.

Dans le même sens : Soissons, 3 janv. 1883; 6178 R. p.; — Seine, 24 fév. 1882; 21,857 J.; 5969 R. p.; 22,824 J. N.; 16,564 Contr.; D. P., 82, 5, 421.

« Attendu, porte l'arrêt précité du 2 avril 1883, que, par acte sous signatures privées du 26 sept. 1877, Legrand a formé, pour l'exploitation d'un office d'agent de change à Paris, une société entre lui et huit capitalistes qu'il s'est adjoints à titre de bailleurs de fonds intéressés, passibles des pertes seulement jusqu'à concurrence des fonds qu'ils auront engagés; — Que les bailleurs de fonds ont versé, d'une part, pour l'acquisition de l'office et son exploitation, la somme de 1,800,000 francs; d'autre part, pour la constitution d'un fonds de réserve et chacun pour sa part contributive, la somme de 450,000 francs; — Que ledit acte, constitutif d'une société en commandite, n'a prévu la formation d'aucun conseil d'administration; — Attendu qu'aux termes de l'art. 1er, § 3, et de l'art. 3, § 1, de la loi du 29 juin 1872, il est établi une taxe annuelle et obligatoire de 3 p. 100 sur les intérêts, produits, bénéfices annuels des commandites dans les sociétés dont le capital n'est pas divisé en actions; — Qu'aux termes de l'art. 2, § 3, le revenu est déterminé, pour les commandites, soit par les délibérations des conseils d'administration des intéressés, soit, à défaut de délibération, par l'évaluation à raison de 5 p. 100 du montant de la commandite; — Attendu que la commandite comprend tous les capitaux apportés par les bailleurs de fonds pour servir à composer le fonds de la société, et destinés, jusqu'à due concurrence, à couvrir les pertes; — Qu'il n'y a aucune différence à faire entre les fonds spécialement apportés pour l'acquisition et l'exploitation d'un office d'agent de change et ceux spécialement apportés par les commanditaires, chacun en raison de sa part contributive, pour la création d'un fonds de réserve; — Que tous, quel que soit leur emploi pendant la durée de la société, demeurent, en fin de compte, affectés au payement des dettes et charges sociales; qu'ils ont ainsi, en réalité, la même nature et la même destination; — D'où il suit... »

921. *Capital indéterminé. Déclaration estimative.* Lorsque le capital social n'est pas d'une somme fixe, et se compose d'apports dont la valeur est indéterminée, il doit y être suppléé par une déclaration estimative, conformément à l'art. 16 de la loi du 22 frim. an 7. Cass. (deux arrêts), 23 août 1875; 19,868 J.; 4201 R. p.; 21,290 J. N.; 15,490 Contr.; 5006 Rev. not.; Inst. 2535; S., 75, 1, 441; D. P., 75, 1, 347; P., 75, 1137; — Lille, 2 déc. 1876; 20,282 J.; — Seine, 8 juin 1877; 20,432 J.; 4726 R. p.; 15,813 et 16,037 Contr.; — et, sur pourvoi formé contre ce dernier jugement, Cass., req., 28 janv. 1879; 20,979 J.; 5157 R. p.; 22,029 J. N.; 16,037 Contr.; Inst. 2619, § 3; S., 80, 1, 87; D. P., 79, 1, 293; P., 80, 176; — Alger, 14 fév. 1880; 21,421 J.; 5560 R. p.; 22,414 J. N.; 16,301 Contr.; — Amiens, 3 juin 1880; 21,840 J.; 5559 R. p.; 22,414 J. N.; 16,726 Contr.; — Saint-Étienne, 24 déc. 1883; 6367 R. p.; 22,770 J.; 23,432 J. N.; 17,033 Contr.; Inst. 2735, § 4.

« Attendu, porte l'arrêt du 28 janv. 1879, qu'aux termes de l'art. 2 de la loi du 29 juin 1872, le revenu des parts d'intérêt est déterminé, à défaut de délibérations des conseils d'administration, par l'évaluation à raison de 5 p. 100 du capital social; que, dans le cas où le capital social est indéterminé, il doit être fait une déclaration estimative, conformément à l'art. 16 de la loi du 22 frim. an 7; — Attendu, dès lors, qu'en assujettissant à la taxe le produit des parts d'intérêt de la société civile formée entre les deux frères Pereire, sans s'arrêter aux objections tirées de l'indétermination du capital... le jugement attaqué, loin de violer les dispositions de la loi, en a fait, au contraire, une juste application. »

La régularité de ce mode de procéder ne peut être contestée, en présence de l'art. 5 de la loi du 29 juin 1872, d'après lequel le recouvrement de la taxe doit être suivi comme en matière d'enregistrement.

922. *Évaluation dans la contrainte.* Le jugement précité du tribunal de Lille décide en outre que, faute par les parties de fournir l'estimation à laquelle la loi les oblige, l'Administration peut, dans la contrainte, liquider provisoirement l'impôt d'après les documents de la cause.

Il en résulte, contrairement à un jugement de la Seine du 1er déc. 1876 (15,704 Contr.; 20,231 J.; 4870 R. p.; R. p., table 1877, p. 780), qu'un tribunal violerait la loi en dispensant les parties de la déclaration estimative qu'elles sont tenues de fournir, et en fixant lui-même, d'office, la valeur des apports, non déterminée par l'acte constitutif de la société.

923. *Époque de la déclaration.* La déclaration doit être faite à l'époque fixée pour le payement du premier terme échu de la taxe, et, sauf dans les sociétés à capital variable, elle doit servir de base pour toute la durée de la société. Sol. 13 août 1883; — 7 nov. 1883.

Il en est ainsi, notamment, lorsqu'il s'agit d'un apport dont la valeur diminue de jour en jour, par exemple, d'un apport de jouissance. Cet apport doit être évalué en capital à l'époque de la constitution de la société, et cette évaluation sert de base de liquidation pour tous les payements ultérieurs. Sol. 6 nov. 1884.

924. *Déclaration spéciale.* La déclaration estimative doit être faite spécialement pour la perception de la taxe de 3 p. 100, et l'Administration a décidé qu'une évaluation faite pour la perception des droits d'enregistrement sur l'acte constitutif de société n'était pas opposable aux parties ni, par conséquent, à l'Administration. Sol. 6 nov. 1884.

925. *Contrôle*. Nous n'avons pas besoin d'ajouter que la déclaration estimative ne sert de base à la perception de l'impôt que sous réserve du droit de contrôle qui appartient à l'Administration et que celle-ci est fondée à exercer par tous les moyens de preuve compatibles avec la procédure suivie en matière fiscale.

§ 4. — Dispositions transitoires. — Revenus de l'année 1872. — Revenus antérieurs.

926. **Texte.** — L'art. 3, § 3, de la loi du 29 juin 1872 porte que, « pour l'année 1872, les revenus, intérêts et dividendes seront sujets à la taxe pour moitié seulement de leur montant, quelle que soit d'ailleurs l'époque à laquelle le payement aura lieu ».

Cette disposition, assez ambiguë, a été interprétée par l'Administration en ce sens que les revenus, non pas réalisés, mais *distribués* pendant l'année 1872, c'est-à-dire pendant le second semestre de 1872 (car la loi, n'ayant été déclarée exécutoire qu'à partir du 1er juillet, n'a pu, de toute évidence, atteindre les revenus distribués pendant le premier semestre), ne doivent être assujettis à la taxe que sur la moitié de leur montant, sans qu'il y ait lieu de se préoccuper s'ils ont été réalisés avant ou depuis la promulgation de la loi. La loi a voulu, dit l'Administration, atténuer le résultat qui se serait produit, sans cette disposition, au détriment des sociétés qui ont fait les distributions de leurs bénéfices annuels pendant le second semestre de 1872, et qui auraient ainsi été redevables de l'impôt sur la totalité des bénéfices répartis, alors que les autres sociétés, dont les distributions ont eu lieu dans le premier semestre, n'ont eu, de ce chef, aucun impôt à supporter. On a voulu, en un mot, rendre moins sensible la différence de traitement entre deux situations qui ne se distinguaient l'une de l'autre que par la circonstance, toute fortuite, de la diversité des époques de distribution. — V. *supra*, n° 826.

Cette explication de la disposition transitoire contenue dans l'art. 3, § 3, de la loi du 29 juin 1872, a été admise par la jurisprudence (V. *supra*, n°s 827 à 829), et consacrée notamment, d'une manière explicite, par les motifs de deux arrêts de la Cour de cassation du 28 mai 1884 (n° 828) et du 19 janv. 1887 (*supra*, n° 842).

« Attendu, portent ces décisions, que si le troisième alinéa de l'art. 3 de la loi précitée porte que, pour l'année 1872, les revenus, intérêts et dividendes, seront sujets à la taxe pour moitié seulement de leur montant, quelle que soit d'ailleurs l'époque où le payement en aura été effectué, cette disposition transitoire, qui n'était applicable que pour l'année 1872, ne fait nullement obstacle à ce que la totalité de la taxe soit due sur une répartition de bénéfices qui a lieu postérieurement au 31 déc. 1872. »

Les conséquences de cette interprétation se déduisent facilement.

927. **Distributions postérieures à l'année 1872 de bénéfices réalisés soit pendant cette dernière année, soit antérieurement.** — En ce qui concerne les distributions faites postérieurement à l'année 1872, elles tombent entièrement sous l'application de la taxe, sans qu'il y ait lieu de se préoccuper de l'époque à laquelle appartiennent soit les bénéfices sociaux, soit les intérêts d'emprunts ou d'obligations qu'elles ont pour objet. C'est ce qui résulte formellement des deux arrêts précités du 28 mai 1884 et du 19 janv. 1887.

Ainsi, une distribution faite en 1873, et ayant pour objet des bénéfices réalisés ou des intérêts échus pendant l'exercice 1872, soit avant, soit après la promulgation de la loi, a dû être assujettie à la taxe pour la totalité des sommes qui s'y trouvaient comprises.

928. **Distributions effectuées pendant le 2e semestre de 1872.** — Au contraire, les distributions qui ont été effectuées pendant le deuxième semestre de 1872 n'ont donné ouverture à l'impôt que sur moitié des bénéfices répartis ou des intérêts payés, quelle qu'ait été l'époque de leur réalisation ou de leur échéance, et lors même qu'il se serait agi, par exemple, de bénéfices réalisés exclusivement pendant le second semestre.

Toutefois, cette règle ne s'applique qu'aux sociétés constituées et aux emprunts souscrits avant le 1er janv. 1872.

929. *Sociétés constituées et emprunts souscrits pendant le premier semestre de* 1872. Ainsi, si une société, créée dans le cours du premier semestre de 1872, a fait une distribution pendant le second semestre, il y a lieu de liquider la taxe au prorata du nombre de jours écoulés avant ou depuis le 1er juillet. Par exemple, une société créée le 1er avril 1872, et ayant par conséquent, au 31 décembre, neuf mois d'existence, a dû payer ou doit payer la taxe, à raison d'une distribution qu'elle aurait faite dans le cours du second semestre, sur les six neuvièmes, et non sur la moitié du dividende par elle distribué. Sol. 18 mars 1873.

La même règle s'applique, par identité de motifs, à l'emprunt qui aurait été souscrit par une société dans le cours du premier semestre de 1872.

930. *Sociétés fondées pendant le second semestre de* 1872. De même, une société fondée seulement pendant le second semestre de 1872, et qui a fait une distribution au cours de ce semestre, a dû acquitter la taxe sur la totalité du bénéfice distribué. Il est impossible, en effet, d'admettre, dans cette hypothèse, que la distribution a partiellement pour objet des bénéfices acquis avant la promulgation de la loi. Seine, 28 fév. 1874; 19,472 J.; 4588 R. p.; — Seine, 19 juin 1875; 4588 R. p.

« Attendu, porte le premier de ces jugements, que cette loi, après avoir établi en principe, à partir du 1er juil. 1872, une taxe annuelle de 3 p. 100 sur les revenus des sociétés, dispose (art. 3) que, pour l'année 1872, ces revenus seront sujets à la taxe pour moitié seulement de leur montant; — Que, par cette disposition transitoire, le législateur a voulu éviter et prévenir, à l'égard des sociétés en activité au moment de la promulgation de la loi, toute discussion sur la détermination des produits et dividendes acquis en réalité soit avant, soit après le 1er juil. 1872; — Qu'il en résulte que cette disposition de faveur ne peut être appliquée aux sociétés qui n'existaient pas avant cette époque, et que, pour elles, la taxe doit se calculer sur les produits qu'elles ont, sans contestation, réalisés sous l'empire de la loi nouvelle... »

931. **Distributions effectuées pendant le premier semestre de 1872.** — Quant aux distributions effectuées pendant le premier semestre de 1872, il est à peine besoin de faire remarquer qu'elles échappent entièrement à l'application de l'impôt.

Chapitre III. — PAYEMENT DE L'IMPOT.

932. **Division.** — Nous avons, dans ce chapitre, à faire connaître les voies et moyens dont l'Administration dispose pour assurer le recouvrement de l'impôt dont nous avons déterminé les conditions d'exigibilité et l'assiette dans nos deux chapitres précédents.

Cette matière comporte l'étude des dispositions qui déterminent :

1° Les époques et le lieu de payement de la taxe;

2° Les différents modes à suivre pour sa liquidation provisoire et définitive ;

3° Les personnes débitrices de l'impôt vis-à-vis du Trésor et celles qui doivent le supporter;

4° Les contraventions prévues par la loi et les peines qui y sont attachées;

5° Le mode de recouvrement et les poursuites contre les redevables;

6° Les délais dans lesquels doivent être exercées, sous peine de prescription ou de déchéance, soit l'action du Trésor en payement de la taxe, soit l'action des parties en restitution de la taxe indûment perçue.

ART. 1er. — *Époques et lieu de payement.*

933. **Époques de payement.** — Aux termes des art. 1 et 2 du décret du 6 déc. 1872, la taxe de 3 p. 100 doit être acquittée en quatre termes égaux, dans les vingt premiers jours des mois de janvier, avril, juillet et octobre de chaque année.

Cette disposition doit être complétée par celles qui déterminent les époques des payements à effectuer à la suite de la liquidation définitive de la taxe due pour l'année entière. — V. *infra*, n° 950.

934. *Jour férié.* Si le dernier jour du délai ci-dessus fixé est un dimanche ou un jour férié, le délai n'est pas prorogé au lendemain. Sol. 22 mai 1880; — 11 août 1880; — mai 1885 (solutions citées par M. Besson, *loc. cit.*, n° 219); — 25 mars 1886; 22,670 J.; 6749 R. p.

934 *bis. Payement anticipé.* La taxe doit, d'après les termes du décret précité, être acquittée en quatre termes égaux. Cette règle est opposable aux contribuables comme à l'Administration, et celle-ci ne peut être tenue d'accepter le payement anticipé, en un seul terme, de la taxe due pour l'année entière. En fait, elle autorise quelquefois ce mode de payement, mais pour des motifs exceptionnels dont elle conserve seule l'appréciation. Sol. 12 sept. 1884; — 15 nov. 1884; Besson, *loc. cit.*, n° 227.

935. **Bureau compétent.** — D'après l'art. 1er du même décret, la taxe doit être acquittée au bureau de l'enregistrement du siège social ou administratif désigné à cet effet.

Dans les sociétés régulièrement constituées, le siège social est déterminé par les statuts; le siège administratif des départements, communes et établissements publics est fixé par la loi ou par l'acte de l'autorité administrative qui a autorisé leur constitution.

Quant aux sociétés de fait et autres associations atteintes par les dispositions de la loi de 1872, elles ont leur siège au lieu de leur principal établissement. — V. *infra*, n° 1006.

936. **La taxe est portable et non quérable.** — La taxe sur le revenu est portable; c'est-à-dire que les redevables sont tenus de l'acquitter au bureau désigné à cet effet et dans les délais fixés par le décret précité, sans avertissement préalable ni mise en demeure, le tout sous peine de l'amende fixée par l'art. 5 de la loi du 29 juin 1872. — Rouen, 23 déc. 1875; 20,101 J.; 4297 R. p.

ART. 2. — *Différents modes de liquidation de la taxe.*

937. **Texte.** — Les art. 1 et 2 du décret du 6 déc. 1872 déterminent les règles de liquidation de la taxe de 3 p. 100 dans les termes suivants :

« Art. 1er. — La taxe... est payée..., savoir :

« 1° Pour les obligations, emprunts et autres valeurs dont le revenu est fixé et déterminé à l'avance, en quatre termes égaux, d'après les produits annuels afférents à ces valeurs;

« 2° Pour les actions, parts d'intérêt, commandites et emprunts à revenu variable, en quatre termes égaux déterminés provisoirement d'après le résultat du dernier exercice et calculés sur les quatre cinquièmes du revenu, s'il en a été distribué, et, en ce qui concerne les sociétés nouvellement créées, sur le produit évalué à 5 p. 100 du capital appelé.

« Chaque année, après la clôture des écritures relatives à l'exercice, il est procédé à une liquidation définitive de la taxe due pour l'exercice entier. Si de cette liquidation il résulte un complément de taxe au profit du Trésor, il est immédiatement acquitté. Dans le cas contraire, l'excédent versé est imputé sur l'exercice courant, ou remboursé si la société est arrivée à son terme ou si elle cesse de donner des revenus.

« Art. 2. — Les payements à faire en quatre termes doivent être effectués dans les vingt premiers jours des mois de janvier, avril, juillet et octobre de chaque année. — La liquidation définitive a lieu au moment du dépôt, prescrit par l'art. 2 de la loi du 29 juin 1872, des comptes rendus et extraits des délibérations des assemblées générales d'actionnaires ou des conseils d'administration, ou de tous autres documents fixant le dividende distribué. — Cette liquidation doit être établie dans les vingt premiers jours du mois de mai pour les sociétés auxquelles leurs statuts n'imposent pas l'obligation de prendre des délibérations sur cet objet. Dans ce cas, la liquidation définitive est opérée à raison de 5 p. 100 du prix moyen des cessions de parts consenties pendant l'année précédente et dûment enregistrées, et, à défaut de cessions, d'après l'évaluation à raison de 5 p. 100 du montant du capital social ou de la commandite. »

938. Il résulte de ces dispositions que la liquidation de la taxe diffère selon la nature des revenus, c'est-à-dire suivant qu'ils sont déterminés à l'avance ou qu'ils varient d'après les résultats financiers de l'entreprise.

Nous empruntons à l'Instruction 2457 l'exposé des règles à suivre suivant les différents cas prévus par le décret.

939. **Valeurs à revenu fixe.** — « Pour les obligations et emprunts à revenu fixe, la liquidation trimestrielle a lieu d'après le nombre des titres ou bien des valeurs (lorsqu'il n'y a pas de titre négociable) existant au dernier jour du trimestre et d'après le revenu qui leur est attribué. » Inst. 2457.

940. *Titres amortis au cours d'un trimestre.* L'Instruction 2457 prescrit de liquider l'impôt d'après le nombre de titres existant au dernier jour du trimestre. Mais cette règle, qui ne résulte ni des termes de la loi, ni du décret, ne doit pas être suivie à la lettre; elle n'est qu'une indication du mode de calcul à suivre dans la plupart des cas. Il est certain, en effet, que si des titres ont été amortis au cours d'un trimestre, les revenus qu'ils ont produits depuis le commencement de ce trimestre jusqu'à leur amortissement sont passibles de l'impôt et il y a lieu d'en tenir compte dans la liquidation. Le décret du 6 déc. 1872 n'a pas reproduit, sur ce point, la disposition de l'art. 5 du règlement d'administration publique du 17 juil. 1857, relative à la taxe annuelle de transmission (V. *supra*, n° 437), et, comme cette disposition a un caractère exceptionnel, il n'est pas permis, à défaut d'un texte précis, de l'étendre à la liquidation de la taxe sur le revenu. Sol. 12 fév. 1883.

941. *Intérêts non payés.* Ajoutons que la règle d'après laquelle la taxe doit être liquidée et acquittée trimestriellement sur le revenu, déterminé à l'avance, des titres existant pendant le trimestre précédent, ne met pas obstacle à l'application d'une autre règle consacrée par la jurisprudence, suivant laquelle l'impôt n'est définitivement acquis au Trésor qu'autant que les intérêts des emprunts et obligations ont été effectivement payés. V. *supra*, nos 839 et suiv.

La seule conséquence à déduire, en cette matière, du texte du décret, est que la taxe est payable immédiatement sur les intérêts dont le titre d'emprunt est productif, sauf restitution dans le cas où il est établi que le payement n'a pu et ne pourra en être effectué. V. *supra*, n° 840.

942. **Valeurs à revenu variable. Liquidation provisoire.** — « Quant aux valeurs à revenu variable, le

règlement a été conduit par la nature même des choses à modifier la base de la liquidation. En effet, au moment où cette liquidation a lieu, le revenu n'est pas connu. Il dépend d'événements ultérieurs qui peuvent l'accroître ou l'affaiblir. Le règlement d'administration publique a donc adopté pour base de la liquidation trimestrielle le revenu indiqué par les résultats du dernier exercice réglé et connu au moment de cette liquidation. Il a prescrit, en outre, que l'impôt ne serait payé provisoirement que sur les quatre cinquièmes du revenu ainsi déterminé. Mais en même temps il dispose qu'une liquidation définitive sera opérée après la clôture des écritures de l'exercice et au moment du dépôt des documents fixant le revenu distribué. » Inst. 2457.

943. *Exercice social.* Ce sont les résultats connus du dernier exercice social, et non ceux de l'année grégorienne, qui doivent servir de base à la liquidation provisoire. Il en résulte que si l'exercice social est clos et réglé dans le courant d'un trimestre, la liquidation provisoire de la taxe doit avoir lieu, pour le surplus du trimestre, d'après les revenus de cet exercice. Sol. 15 mars et 21 mai 1884.

Et si, comme le cas peut se présenter, l'exercice social n'est réglé que tous les deux ans, la liquidation provisoire s'opère en prenant pour base la moitié du revenu du dernier exercice biennal.

944. *Payements trimestriels obligatoires sous peine d'amende pour toutes les sociétés qui ont distribué des bénéfices pendant l'exercice précédent.* Le payement trimestriel de la taxe sur les quatre cinquièmes du revenu fixé d'après les bases qui viennent d'être déterminées est d'ailleurs obligatoire pour toute société qui a distribué des intérêts ou dividendes pendant l'exercice précédent, sauf remboursement le cas échéant. Elle est également obligatoire pour les sociétés nouvellement créées. — V. *infra*, n° 946.

A défaut de payement, la société est passible d'une amende par trimestre, alors même qu'il serait établi ultérieurement que l'exercice donnant lieu à la perception provisoire a été improductif. Seine, 23 janv. 1885; 6445 R. p.; 23,592 J. N.; 17,035 Contr. — V. dans le même sens : Seine, 1er août 1884, 22,435 J.; 16,997 Contr.

945. *Sociétés nouvelles.* « Les sociétés nouvellement créées doivent acquitter l'impôt trimestriellement à raison du produit évalué à 5 p. 100 du capital appelé. Pour le premier trimestre, l'impôt n'est dû qu'au prorata du nombre de jours écoulés, comme pour le droit de transmission. » Inst. 2457.

946. Toutes les sociétés nouvellement créées sont soumises, ainsi que nous venons de le dire (*supra*, n° 944), à l'obligation de payer immédiatement l'impôt sur les bases de la liquidation provisoire effectuée conformément à la règle ci-dessus énoncée, et elles ne peuvent s'en affranchir en prétextant que, d'après la loi de leur constitution ou d'après leur objet, elles ne sont susceptibles de produire des bénéfices qu'après plusieurs années. Elles ne peuvent, dans ce cas, que réclamer, après payement et à la clôture du premier exercice, le bénéfice de la disposition édictée en faveur des sociétés qui n'ont pas donné de revenus. — V. *infra*, n° 953. — Sol. 20 mars 1883.

947. La règle de liquidation provisoire établie pour les sociétés nouvelles ne s'applique pas aux sociétés qui augmentent leur capital social. Pour ces dernières la liquidation provisoire doit être faite d'après les résultats du dernier exercice. Sol. 13 juin 1881 ; 25 oct. 1882.

948. Mais elle doit être appliquée à toutes les sociétés nouvellement créées, jusqu'à la liquidation définitive du premier exercice, et il n'est pas permis d'y déroger, sous prétexte que le revenu pourrait être déterminé au moyen d'une proportion établie d'après les bénéfices réalisés pendant la première partie de cet exercice. Seine, 28 fév. 1874; 19,472 J.; 4588 R. p.

949. Liquidation définitive. — « Pour opérer la liquidation définitive, les receveurs se reportent aux écritures arrêtées chaque trimestre ; ils prennent pour base de leur travail le nombre de titres ou valeurs existant à la fin de chaque trimestre et indiqué dans leurs écritures ; ils multiplient ce nombre par le revenu annuel déterminé par les comptes rendus, extraits des délibérations des assemblées générales d'actionnaires ou des conseils d'administration et tous autres documents analogues. Après avoir calculé la taxe à 3 p. 100, d'après les résultats de ce travail, ils imputent le montant des versements trimestriels faits par les compagnies. Si de cette comparaison il résulte une insuffisance de perception, le complément est immédiatement versé par la compagnie ; si, au contraire, la perception résultant des versements trimestriels excède le montant de la taxe due pour l'année entière, l'excédent est imputé sur l'exercice courant, ou bien il est remboursé si la compagnie cesse de donner des revenus ou si elle est arrivée à son terme. En cas de remboursement, les receveurs doivent adresser d'office et sans retard aux directeurs une proposition de restitution, en y joignant toutes les pièces nécessaires pour que ces chefs de service puissent préalablement s'assurer de l'exactitude de la liquidation.

« Quant aux valeurs mobilières assujetties à la taxe de 3 p. 100, mais dont le revenu n'est pas déterminé par des délibérations ou des documents analogues, les payements trimestriels sont calculés sur les quatre cinquièmes du revenu de l'année précédente. Ce revenu est fixé par la loi à 5 p. 100 du prix moyen des cessions de parts d'intérêt consenties pendant l'année précédente et dûment enregistrées, ou, à défaut de cession, d'après l'évaluation à 5 p. 100 du montant du capital social, s'il est divisé en parts, ou du montant de la commandite. La liquidation définitive a lieu d'après les mêmes bases, dans les vingt premiers jours du mois de mai.» Inst. 2457.

Il résulte de ces dispositions qu'il y a lieu d'opérer une liquidation définitive, en ce qui concerne le revenu des actions et des parts d'intérêt ou des commandites, pour toutes les sociétés, soit qu'étant constituées par actions ou étant pourvues d'un conseil d'administration, elles doivent acquitter la taxe sur le revenu réellement distribué, soit que la taxe doive être établie sur un revenu évalué à forfait à 5 p. 100 du prix moyen des cessions de parts consenties pendant l'année précédente, ou du montant du capital social.

Seulement, les règles à suivre pour opérer cette liquidation sont nécessairement différentes dans l'un ou l'autre cas, puisque la base même de l'impôt n'est pas la même.

950. *Époques de la liquidation définitive.* En outre, cette liquidation définitive n'a pas lieu aux mêmes époques. Pour les sociétés qui doivent acquitter la taxe sur le revenu constaté par les délibérations des assemblées générales d'actionnaires, les comptes rendus et autres documents analogues (sociétés par actions) ou par les délibérations des conseils d'administration (sociétés à parts d'intérêts), la liquidation est faite au moment du dépôt de ces documents, fixant le revenu distribué, et dont la remise au bureau de l'enregistrement doit avoir lieu, sous peine d'amende, dans les vingt jours de leur date.

Pour les autres sociétés qui acquittent la taxe sur le forfait, la liquidation définitive doit être faite uniformément dans les vingt premiers jours du mois de mai de chaque année.

951. Payement du complément de taxe résultant de la liquidation définitive.—*Délai. Amende.* La loi dispose que s'il résulte de la liquidation définitive un complément de taxe à percevoir, ce supplément doit être immédiatement acquitté. *Quid*, si ce payement n'a pas lieu dans le délai fixé par la loi pour la liquidation définitive, c'est-à-dire soit dans les vingt jours à partir de la date des documents qui doivent servir de base à l'impôt, soit dans les vingt premiers jours du mois de mai ? ce retard fait-il encourir une amende à la société ?

Cette question nous a paru devoir être résolue par une distinction. — Art. 23,003 J.

Lorsqu'il s'agit d'un payement de la taxe à effectuer au moment du dépôt des documents qui doivent servir à la liquider, l'amende encourue pour défaut de payement se confond avec celle que la loi édicte pour retard dans le dépôt de ces documents. Elle ne saurait être exigée d'ailleurs lorsque le dépôt a eu lieu dans le délai : car cette formalité, qui doit être constatée sur un registre spécial, constitue le receveur en demeure de percevoir l'impôt, et, s'il ne le fait pas, tout en acceptant le dépôt, il commet une erreur qui n'engage que sa responsabilité et ne saurait rendre la société passible d'une amende.

Il en serait de même dans le cas où le complément de taxe doit être réglé dans les vingt premiers jours du mois de mai, à raison d'un revenu évalué à 5 p. 100 du prix des cessions de parts de l'année précédente ou du capital social, si la société se présentait au bureau dans le délai fixé et y passait les déclarations nécessaires à l'établissement de la taxe, et si néanmoins le receveur s'abstenait de faire payer le montant de l'impôt exigible.

Mais l'amende est certainement encourue lorsque la société ne se présente pas au bureau dans le délai fixé par la loi, c'est-à-dire dans les vingt premiers jours du mois de mai, et ne met pas le receveur en situation d'opérer le règlement définitif de la taxe exigible pour l'exercice écoulé et d'en effectuer la recette.

C'est en effet ce que reconnaît une solution du 9 mars 1888, ainsi motivée :

« L'art. 1er, § 2, du décret du 6 déc. 1872, fixe, dans son premier alinéa, « pour les actions, parts d'intérêt, commandites et emprunts à revenu variables », les bases de la liquidation provisoire, à établir au cours de chaque exercice, de l'impôt de 3 p. 100 sur le revenu de ces diverses valeurs.

« Le deuxième alinéa du même paragraphe prescrit de procéder, chaque année, après la clôture des écritures sociales, à la liquidation définitive de la taxe due pour l'exercice entier ; puis il ajoute : « si de cette liquidation il résulte un complément de taxe au profit du Trésor, il est immédiatement acquitté. »

« D'autre part, l'art. 2 du décret dispose que, pour les sociétés auxquelles leurs statuts n'imposent pas l'obligation de prendre des délibérations fixant le dividende distribué, la liquidation définitive de la taxe doit être établie « dans les vingt premiers jours du mois de mai ». Enfin, d'après l'art. 5 de la loi du 29 juin 1872, toute contravention aux dispositions du décret précité est punie conformément à l'art. 10 de la loi du 23 juin 1857.

« Quand le décret de 1872 exprime que si la liquidation définitive de l'impôt dû pour un exercice fait ressortir un complément de taxe au profit du Trésor, ce complément est immédiatement acquitté, il entend évidemment que le payement ait lieu immédiatement après la liquidation opérée par le receveur, en d'autres termes, séance tenante.

« Cette interprétation, conforme au texte du décret, n'est pas moins d'accord avec l'esprit de la loi du 29 juin 1872. La loi porte, en effet, que « le recouvrement de la taxe sera suivi comme en matière d'enregistrement » (art. 5), et la Cour de cassation a expliqué cette disposition en ce sens que les formes édictées pour le recouvrement des droits d'enregistrement sont applicables à l'impôt sur le revenu (Arrêts des 29 août 1881; 21,727 J.; 16,521 Contr.; 5854 R. p.; 22,622 J. N.; 6392 Rev. not.; P., 82, 1, 414; D. P., 83, 1, 97; S., 82, 1, 181; Inst. 2664, § 5 ; — 18 avril 1883 ; 22,084 J.; 22,999 J. N.; 6820, 6917 Rev. not.; 16,763 Contr.; 6172 R. p.; Inst. 2683, § 6 ; D. P., 84, 1, 131 ; S., 84, 1, 395 ; P., 84, 987 ; — 12 juin 1883; 22,125 J.; 16,795 Contr.; 6192 R. p.; 23,043 J. N.; 6820, 6918 Rev. not.; Inst. 2687, § 1er; D. P., 84, 1, 132 ; S., 84, 1, 395 ; P., 84, 987 ; — Comp. J. E. 22,394, 22,395, 22,428); or, il est de règle que les droits d'enregistrement doivent être acquittés au moment même du dépôt des actes ou déclarations, immédiatement après la liquidation établie par le receveur et avant la formalité (Loi 22 frim. an 7, art. 28), et, comme ce mode de procéder constitue une des formes du recouvrement, il y a lieu de l'étendre à la taxe de 3 p. 100.

« Ce point admis, lorsqu'une société qui doit l'impôt sur le revenu évalué à forfait néglige de faire la déclaration nécessaire pour la liquidation définitive de la taxe due pour un exercice, et d'acquitter, en même temps, le complément qui ressort de cette liquidation au profit du Trésor, avant le 20 mai de l'année suivante, il est clair qu'elle contrevient aux art. 1 et 2 du décret du 6 déc. et encourt ainsi l'amende de 100 à 5,000 francs prononcée par les art. 5 de la loi du 29 juin 1872 et 10 de celle du 23 juin 1857. Il n'en serait autrement que si, la déclaration ayant été faite dans le délai légal, le receveur négligeait de faire acquitter le complément de taxe dont l'exigibilité résulterait de cette déclaration. »

952. Société en avance et continuant à donner des revenus. Imputation. — Dans le cas où de la liquidation définitive il résulte que la société a, par ses versements provisoires effectués tous les trois mois, payé plus qu'elle ne devait pour l'exercice écoulé, il doit lui être tenu compte de cet excédent. Le décret, pour opérer le règlement de cet excédent, prévoit deux hypothèses.

Si la société continue à donner des revenus, on impute ce qu'elle a payé en trop sur les payements trimestriels à faire pour l'exercice courant.

953. Société en avance et cessant de donner des revenus ou arrivée à son terme. Restitution. — Dans le cas, au contraire, où la société cesse de donner des revenus, ou si elle est arrivée à son terme, l'excédent lui est immédiatement remboursé.

Cette disposition du décret a soulevé une difficulté d'interprétation. On s'est demandé ce que l'on doit entendre par société « cessant de *donner* des revenus », et notamment si c'est au défaut de réalisation de produits ou seulement à leur non-distribution que le législateur a voulu subordonner l'action en remboursement de la société constituée en avance.

En d'autres termes, une société doit-elle être considérée comme cessant de donner des revenus par cela seul qu'elle n'a fait aucune distribution de dividendes et d'intérêts au cours de l'exercice écoulé, ou faut-il de plus que son état d'improductivité soit constaté et qu'elle ait cessé non seulement de distribuer, mais de *réaliser* des bénéfices ?

L'Administration a tout d'abord résolu la question dans ce dernier sens par une solution du 26 déc. 1884 (6473 R. p.), ainsi motivée :

« Dans toute société, les revenus ou bénéfices sont d'abord réalisés, puis distribués. D'une manière générale, il y a bénéfice toutes les fois que, comparaison faite de l'actif au jour de la formation de la société avec l'ensemble des valeurs sociales à une époque quelconque, il existe une différence en plus, un excédent. (Dalloz, v° Société, n° 384 ; P. Pont, n° 428.) A un point de vue plus restreint, l'exercice d'une société est en bénéfice, lorsque l'actif du compte des profits et pertes est supérieur au passif. Ce bénéfice est distribué quand, détaché du patrimoine de la société, il est passé dans le patrimoine de l'actionnaire. Ces deux opérations, réalisation et distribution, sont, en droit comme en fait, absolument distinctes l'une de l'autre. En effet, la réalisation des bénéfices ne conduit pas nécessairement à leur distribution. Les statuts permettent souvent aux gérants et aux assemblées de les mettre en réserve en vue de certaines éventualités ou de les appliquer à l'accroissement du fonds social. Les bénéfices sont alors réalisés, mais ils ne sont pas distribués.

« A quelle circonstance l'art. 1er du décret de 1872 a-t-il subordonné la restitution ? Est-ce au défaut de réalisation ou au défaut de distribution du revenu ?

« Cet article renferme deux dispositions qu'il est nécessaire de rapprocher afin d'en saisir l'économie. La première exprime que, pour les valeurs à revenu variable, la taxe est déterminée provisoirement d'après le résultat du dernier exercice réglé et calculé sur les 4/5 du revenu, s'il en a été distribué. La seconde porte que si, lors de la liquidation définitive, la société est constituée en avance, l'excédent versé est imputé sur l'exercice courant, ou remboursé, si la société est arrivée à son terme ou si elle a cessé de donner des revenus.

« On remarque de suite que le législateur ne s'est pas servi des mêmes expressions pour caractériser le fait qui donne lieu à la perception de l'impôt et celui qui en motive le remboursement. Ainsi, la taxe doit être perçue sur le revenu, s'il en a été distribué ; au contraire, l'excédent constaté doit être remboursé si la société cesse de donner des revenus, et non pas si elle cesse d'en distribuer. Cette différence dans les termes est importante à noter. Elle démontre que, si la distribution d'un revenu est la cause unique de la perception, ce n'est pas au défaut de distribution qu'a été attaché l'exercice de l'action en remboursement. D'où il suit que c'est l'absence de réalisation d'un revenu qui, seule, peut donner naissance à cette action ; ce qui revient à dire que, dans la disposition finale de l'article 1er, cesser de donner des revenus signifie cesser d'en réaliser.

« Une autre considération confirme cette interprétation. La disposition dont il s'agit prévoit deux cas dans lesquels une société est fondée à obtenir la restitution : lorsqu'elle est arrivée à son terme, ou qu'elle cesse de donner des revenus. En envisageant simultanément ces deux cas, en les assimilant, au point de vue du droit, au remboursement, le législateur a clairement indiqué que, dans sa pensée, il existait entre eux une étroite analogie. Le premier ayant trait à un état qui s'oppose non seulement à toute distribution, mais encore à toute réalisation de bénéfices, il est rationnel d'admettre que le second se rapporte à une situation analogue... »

954. Mais cette interprétation n'a pas été maintenue. Une décision du ministre des finances du 12 juin 1885, fortement motivée, a reconnu en principe que la seule condition exigée par le décret du 6 déc. 1872 pour que l'excédent de taxe doive être restitué, est que la société ait cessé pendant le dernier exercice de faire des distributions de bénéfices à ses actionnaires.

« L'impôt de 3 p. 100, porte cette décision, frappe directement, non pas les bénéfices et produits réalisés par les sociétés, mais les dividendes et revenus encaissés par les actionnaires ou associés. C'est le revenu personnel de l'actionnaire que le législateur a voulu atteindre. L'exigibilité de l'impôt dépend donc, non pas de la réalisation, mais exclusivement de la distribution des produits, revenus ou dividendes.

« Il suit de là nécessairement que la taxe n'est pas due pour un exercice dont les comptes se sont soldés par un bénéfice apparent ou réel, mais pendant lequel il n'y a eu aucune distribution de revenus. Par conséquent, s'il a été fait des versements provisoires en vertu de l'art. 1er du décret du 6 déc. 1872, le Trésor n'a aucun titre pour les retenir, dès qu'il lui est justifié que, à défaut de distribution de dividendes au cours de l'exercice, ces versements ont été opérés sans cause. Ne pas rendre immédiatement, en pareil cas, ce qui a été indûment payé, ce serait violer l'art. 1235 du Code civil.

« On a cru pouvoir soutenir que la restitution devait être ajournée par cela seul que des bénéfices ont été réalisés et encore bien qu'ils aient été mis en réserve. Cette appréciation est basée sur le texte du décret de 1872.

« Il est certain cependant qu'un règlement d'administration publique ne saurait, sans empiéter sur les attributions du législateur, ni étendre ni restreindre la portée d'une loi pour l'exécution de laquelle il est rendu. Or, si le décret de 1872 avait autorisé le Trésor à conserver, comme représentant une taxe établie sur la distribution d'un revenu, une somme provisoirement acquittée pour un exercice pendant lequel aucun revenu n'a été distribué, il aurait donné à la loi une extension manifeste.

« Mais il n'en est pas ainsi et les limites assignées au pouvoir réglementaire n'ont pas été dépassées. Le projet de décret, préparé par l'Administration de l'enregistrement, ne prévoyait, il est vrai, qu'un cas de restitution, celui où la société est arrivée à son terme. Il en résultait que l'excédent, versé la première année, par exemple, serait resté dans la caisse du Trésor pendant toute la durée de la société, alors même que celle-ci n'aurait jamais distribué de dividendes ou d'intérêts à ses actionnaires et n'aurait, par suite, jamais été débitrice de la taxe. Cette conséquence eût été absolument contraire à l'équité et aux intentions non équivoques du législateur. C'est pourquoi le Conseil d'État a complété le texte par le membre de phrase : « ou si elle cesse de donner « des revenus. »

« Grammaticalement, le sens qu'on attribue à l'expression « donner des revenus » paraît au moins contestable. Il est douteux, en effet, que, dans le langage habituel, l'actionnaire dise que la société « donne des revenus » lorsqu'il n'en reçoit aucun et que les bénéfices annoncés sont tenus en réserve.

« Son appréciation à cet égard sera d'autant plus fondée que, généralement, ces bénéfices ne sont pas acquis, qu'ils sont destinés à disparaître, qu'ils pourront même se traduire en définitive par une perte supérieure à leur chiffre, lorsqu'ils seront insuffisants pour faire face aux éventualités qui les ont fait réserver. En réalité, la société « donne des revenus » quand elle fait une distribution aux actionnaires, et elle cesse d'en donner quand elle ne fait plus de distribution. A supposer, d'ailleurs, que le mot soit équivoque, l'interprétation la plus large a l'avantage de rentrer dans l'esprit de la loi de 1872, tandis que l'interprétation contraire a l'inconvénient de s'en écarter, comme on l'a démontré ci-dessus. Ce serait une raison de plus pour adopter la première de préférence à la seconde.

« Il est à remarquer, en outre, que le décret du 6 déc. 1872, en exprimant que l'excédent « est imputé sur l'exercice cou- « rant ou remboursé », pose une alternative dont on est forcé d'appliquer l'un ou l'autre terme. Si l'on n'impute pas, il faut rembourser. Or, quand il n'y a eu aucune distribution de revenus pendant deux ou plusieurs exercices consécutifs, l'imputation n'est pas possible, puisque la taxe à payer chaque trimestre étant calculée sur les quatre cinquièmes du revenu distribué pendant le dernier exercice, c'est-à-dire, dans notre hypothèse, sur les quatre cinquièmes de néant, il n'y a à faire, pendant l'année courante, aucun versement provisoire. Il y a lieu, dès lors, de rembourser. Quant au système qui exclut à la fois l'imputation et le remboursement, il semble inacceptable, et contraire aux termes mêmes du décret. »

955. Cette décision rentre entièrement, à notre avis, dans l'esprit de la loi du 29 juin 1872. Il est difficile, en effet, d'admettre que le législateur, alors qu'il rattachait exclusivement l'exigibilité de l'impôt au fait de la distribution des bénéfices, ait tenu compte de leur réalisation pour permettre au Trésor de retenir l'impôt versé dans ses caisses à titre provisoire. Les seuls revenus que la loi soumette à la taxe sont ceux qui arrivent aux mains des actionnaires; ceux que la société tient en réserve, et qui demeurent ainsi exposés à toutes les chances de l'entreprise, restent en dehors de ses atteintes : ils n'ont pas plus d'influence sur l'exigibilité de l'impôt que s'ils n'existaient pas.

Or, il est évident que le droit de rétention accordé au Trésor par le décret du 6 déc. 1872 sur les taxes qui lui ont été versées à titre provisoire, repose sur une présomption d'exigibilité. La société continue-t-elle à distribuer des bénéfices ? l'impôt continue à courir et ses termes venant en déduction des sommes avancées par la société, il y aurait peu d'intérêt pour elle à pouvoir exiger une restitution immédiate. Mais, dans le cas contraire, il n'y a plus d'imputation possible, puisque le droit du Trésor cesse de s'alimenter, à défaut de revenus distribués aux actionnaires. Il n'y a donc plus aucun motif pour surseoir à la restitution des sommes qui appartiennent incontestablement à la société. Pour opérer une compensation, il faudrait attendre que la société reprît le cours de ses distributions, les bénéfices qu'elle a réalisés, sans les distribuer, ne donnant pas ouverture à l'impôt. Il semble donc que le fait de cette réalisation n'a dû être, dans l'esprit du législateur, d'aucune considération, lorsqu'il s'est agi de déterminer les cas dans lesquels la société pourrait demander le remboursement de ses avances. — 22,514 J.; 6553 R. p.; 17,162 Contr.

ART. 3. — *Des débiteurs des droits et de ceux qui doivent les supporter.*

956. Débiteurs de la taxe. — Aux termes de l'art. 3 de la loi du 29 juin 1872, « le montant de la taxe est avancé, *sauf leur recours*, par les sociétés, compagnies, entreprises, villes, départements ou établissements publics ».

Il résulte de cette disposition : 1° que les sociétés, compagnies, villes, établissements publics, etc., sont tenus de verser eux-mêmes l'impôt dû au Trésor aux époques fixées par le décret, et que, s'ils ne le font pas, l'Administration a une action directe contre eux pour les y contraindre; 2° que néanmoins la dette de l'impôt constitue en définitive une dette de l'actionnaire ou de l'obligataire, puisque c'est à sa décharge et sauf recours contre lui que le payement en est effectué par la société.

957. Action contre la société. — Le droit d'agir contre la société ou l'établissement débiteur pour le payement de l'impôt n'est pas contestable. Mais on s'est demandé quelle est la véritable nature de cette action et si la société doit être considérée comme débitrice directe et personnelle du Trésor, ou simplement comme un intermédiaire chargé de verser au Trésor les sommes dues par les actionnaires ou les obligataires.

Bien que l'Administration, dans une solution du 23 mai 1884 (22,395 J.; 6349 R. p.; 23,454 J. N.; 17,108 Contr.; S., 85, 2, 120; D. P., 85, 3, 127; P., 85, 607), ait qualifié la société de simple intermédiaire préposé au recouvrement de la taxe, il serait excessif de voir dans ces expressions l'indication d'une opinion précise sur le caractère qui doit être reconnu à l'action du Trésor contre les sociétés. La question n'était pas soulevée et il s'agissait seulement d'établir que, la charge définitive de l'impôt incombant à l'actionnaire, celui-ci en est tenu personnellement vis-à-vis du Trésor.

Mais cette obligation personnelle de l'associé n'exclut pas celle de la société et la loi fiscale offre un exemple de cette double obligation dans ses dispositions relatives aux droits d'enregistrement des actes notariés, dont le notaire est tenu directement et personnellement envers le Trésor, bien qu'en réalité il ne soit qu'un intermédiaire chargé d'acquitter la dette des parties et sauf son recours contre elles. — Cass., 1er mars 1825; 8017 J.; 1141 R.; 5041 J. N.; 862 Contr.; Inst. 1328; — V. Dict., v° Payement des droits, n° 13.

La vérité est que toutes les dispositions de la loi de 1872, édictées en vue du payement de l'impôt, le sont directement contre les sociétés et que, par conséquent, ce serait méconnaître ouvertement ces dispositions, que de refuser au Trésor une action directe et personnelle contre ces dernières.

Il en découle cette conséquence importante : c'est que la circonstance qu'une société serait dans l'impossibilité de récupérer sur les associés la taxe exigible ne serait pas de nature à l'affranchir de l'obligation de payer cet impôt (Seine, 7 mars 1879, 21,376 J.; 22,256 J. N.; 16,101 Contr.; 5347 R. p.; D. P., 80, 3, 24), et que les sociétés en général ne sont pas fondées à attendre, pour acquitter l'impôt, d'en avoir opéré la retenue sur les coupons ou les intérêts des détenteurs des titres. Sol. 9 juin 1879; 12 déc. 1879, Besson, *loc. cit.*, n° 234.

« Attendu, porte un jugement du tribunal d'Epinal du 14 août 1889 (23,350 J.; 7312 R. p.), que l'Administration peut agir directement contre la société, débitrice de la taxe, et ne saurait être tenue d'exercer un recours contre Gros, Roman et Cie (associés) qui n'ont pas de domicile en France et ne justifient pas légalement être aux droits de la société. »

958. Action contre les associés. — Quoi qu'il en soit, l'action contre la société n'exclut pas celle que l'Administration est fondée à exercer directement contre les associés, ou contre les prêteurs quand il s'agit d'obligations. Bien que la question puisse être controversée (V. nos observations sur le jugement du tribunal de Remiremont du 20 mai 1880, art. 21,420 J.), c'est dans ce sens que la jurisprudence s'est unanimement prononcée.

« Considérant, porte le jugement précité du tribunal de Remiremont, en ce qui concerne spécialement la dame Gremillet, qu'elle se refuse au payement de l'impôt de 3 p. 100 réclamé, parce qu'en admettant qu'il soit dû, il ne pourrait l'être, suivant elle, que par la maison Kinsbourg seule; — Considérant que cette prétention est inadmissible ; — Qu'elle est repoussée par le texte même de la loi du 29 juin 1872, dont l'art. 3, en accordant aux sociétés qui ont fait l'avance du droit le recours contre le prêteur, reconnaît *ipso facto* que ce dernier est en définitive débiteur... 21,420 J.; 5514 R. p.; 22,500 J. N.; 16,134 Contr.; S., 81, 2, 221 ; D. P., 80, 5, 387; P., 81, 1147.

Décidé également: que lorsque la preuve de la réalisation d'un emprunt ne résulte que d'actes opposables aux prêteurs, l'Administration est fondée à poursuivre directement le recouvrement de la taxe contre ces derniers (Clermont, 18 juin 1885; 22,736 J.; 6546 R. p.; 23,759 J. N.);

Que pour le recouvrement de la taxe exigible sur l'emprunt d'une société en nom collectif, l'Administration est fondée à décerner contrainte tant contre la société que contre le prêteur, et, dans ce cas, les deux instances nées de l'opposition des redevables doivent être jointes, sans que les parties puissent prétendre qu'il y avait lieu de mettre en cause le prêteur par une assignation directe en intervention (Chaumont, 23 fév. 1886; 22,631 J.; 7192 R. p.; 23,757 J. N.);

Que le recouvrement de la taxe sur les intérêts d'un emprunt hypothécaire peut être poursuivi directement contre le prêteur, alors surtout que la société est dissoute. Bordeaux, 18 mai 1887; 6993 R. p.

« Attendu, porte ce dernier jugement, que, selon l'art. 3 de la même loi, le montant de la taxe est avancé, sauf leur recours, par les sociétés, compagnies, etc.;

« Qu'il en résulte que les sociétés ne sont pas débitrices personnelles de l'impôt ; — Qu'elles ne sont tenues de le verser qu'à titre d'avance, et qu'elles ont le droit d'en obtenir le remboursement du débiteur véritable, c'est-à-dire du bénéficiaire de l'obligation ; — Attendu, dès lors, que ce dernier ne peut se soustraire au payement de la taxe, par le motif que le montant lui en est directement réclamé par l'Administration ; — Qu'au surplus, dans l'espèce, il était naturel de s'adresser à la dame Astruc, puisque la société dont il s'agit était dissoute depuis le 1er fév. 1873, et qu'après s'être libérée à l'égard de sa créancière dès le 25 août 1875, elle avait terminé sa liquidation le 1er oct. 1878... »

Le principe de l'action directe tant contre la société que contre les associés ou les prêteurs étant admis, il reste à déterminer les limites dans lesquelles cette action peut être exercée. La solution en ce qui concerne ces derniers est différente, suivant que l'Administration exerce contre eux l'action personnelle ou l'action sociale.

959. *Action personnelle. Absence de solidarité.* Lorsque l'Administration exerce contre les associés ou les prêteurs l'action directe et personnelle qui lui appartient, elle ne peut réclamer à chacun d'eux que la part d'impôt afférente aux actions ou aux obligations dont il est porteur. Cela est de toute évidence, et l'opinion contraire ne pourrait prévaloir que si la loi avait établi entre les associés ou les obligataires un lien de solidarité pour le payement de la taxe. Or, les motifs qui doivent faire écarter cette solution sont nombreux et décisifs. Nous ne faisons que reproduire ici ceux que nous avons développés dans une étude consacrée à cette question sous l'art. 22,394 du Journal.

En principe, disions-nous, la solidarité ne se présume point; il faut qu'elle soit expressément stipulée, à moins qu'elle n'ait lieu de plein droit, en vertu d'une disposition de la loi (art. 1202 C. civ.).

En matière d'enregistrement, plusieurs dispositions législatives prononcent la solidarité des débiteurs des droits. D'après les art. 29 et 30 combinés de la loi du 22 frim. an 7, tous ceux qui ont figuré comme parties à un acte sont tenus solidairement, envers le Trésor, des droits auxquels l'enregistrement de cet acte peut donner lieu. L'art. 1er du décret du 25 nov. 1871 fait l'application de cette règle aux signataires des contrats d'assurances maritimes passés sans le concours d'un officier public, pour la perception de la taxe établie par l'art. 6, § 2, de la loi du 23 août 1871. Même règle dans le cas de transmission de propriété ou d'usufruit d'immeubles ou de fonds de commerce et de mutation de jouissance d'immeubles, et cela lors même qu'il n'existe pas d'acte formant le titre de la convention (LL. 27 vent. an 9, art. 4; 23 août 1871, art. 11 et 14; 28 fév. 1872, art. 6 et 8). L'art. 32 de la loi du 22 frim. an 7 a établi la solidarité entre les héritiers et légataires, débiteurs de droits de mutation par décès. D'autres textes punissent certaines fraudes commises au préjudice du Trésor et déclarent les contrevenants solidairement responsables des amendes (L. 25 juin 1841, sur les ventes publiques de meubles, art. 7 et 8. — L. 25 juin 1841, sur les cessions d'offices ministériels, art. 11. — LL. 23 août 1871, art. 12, et 28 fév. 1872, art. 8, § 3).

A la différence des dispositions qui viennent d'être rapportées, la loi du 29 juin 1872, en établissant l'impôt sur le revenu des valeurs mobilières, n'a créé expressément aucun lien de solidarité entre les débiteurs de cet impôt. Mais son art. 5, § 2, est ainsi conçu : « Le recouvrement de la taxe sera suivi, et les instances seront introduites et jugées comme en matière d'enregistrement. » Et, comme le recouvrement des droits d'enregistrement est suivi solidairement contre toutes les parties, l'Administration a été conduite à examiner si le recouvrement de la taxe n'est pas également garanti par une action solidaire contre les débiteurs.

La question, ainsi posée, ne présentait pas de sérieuses difficultés. Elle revenait à savoir si l'art. 5 de la loi de 1872 a entendu régler simplement la procédure à suivre pour le recouvrement de la taxe, ou s'il accorde au Trésor, en cette matière, les actions et exceptions établies pour le recouvrement des droits d'enregistrement. Or, la négative résulte d'une manière non équivoque de la jurisprudence de la Cour de cassation, qui décide que si les formes du recouvrement et la procédure à observer en cas d'instance sont communes aux deux impôts, les prescriptions particulières édictées en matière d'enregistrement par l'art. 61 de la loi du 22 frim. an 7 sont inapplicables à la taxe sur le revenu. L'action solidaire qui constitue, comme l'exception de prescription, un moyen de fond, ne rentre pas dans les formes du recouvrement; elle doit donc être refusée au Trésor, lorsqu'il s'agit de recouvrer l'impôt sur le revenu, en vertu de la distinction posée par la Cour. Cass., 29 août 1881; 21,727 J.; 6392 Rev. not.; 22,622 J. N.; 16,521 Contr.; 5854 R. p.; Inst. 2664, § 5; S., 82, 1, 181; P., 82, 1, 414; D. P., 83, 1, 97; — (req.), 18 avril 1883; 22,084 J.; 6917 Rev. not.; 22,999 J. N.; 16,763 Contr.; 6172 R. p.; Inst. 2683, § 6; S., 84, 1, 395; P., 84, 987; D. P., 84, 1, 131; —(civ.), 12 juin 1883; 22,125 J.; 6918 Rev. not.; 23,043 J. N.; 16,795 Contr.; 6192 R. p.; Inst. 2687, § 12; S., 84, 1, 395; P., 84, 987; D. P., 84, 1, 132; — Comp. L. 28 avril 1816, art. 76; — Cass., 28 juil. 1875; 19,912 J.; 21,338 J. N.; 15,493 Contr.; 4213 R. p.; Inst. 2531, § 7; S., 76, 1, 87; P., 76, 177; D. P., 75, 1, 425.

Dans le même ordre d'idées, l'Administration repousse avec raison, ce semble, l'application à l'impôt sur le revenu de l'art. 25, *in fine*, de la loi du 22 frim. an 7. Quand le dernier jour du terme assigné pour le payement de la taxe (Décr. 6 déc. 1872, art. 2) tombe un dimanche ou un jour férié, elle soutient que l'échéance n'est pas prorogée au lendemain. Le délai de vingt jours accordé pour le dépôt des comptes rendus ou extraits des délibérations fixant le revenu à distribuer (L. 29 juin 1872, art. 2) et celui qui expire le 20 mai de chaque année, en l'absence de délibérations, pour la liquidation définitive de l'impôt afférent à l'année précédente, sont nécessairement calculés suivant la même règle (Décr., art. 2, 3e alinéa). — V. *supra*, n° 934.

Enfin, le pouvoir exécutif s'est inspiré du même principe en prescrivant, par le décret réglementaire du 6 déc. 1872, la restitution de l'impôt de 3 p. 100 régulièrement perçu à l'origine, mais dont l'inexigibilité est démontrée par suite d'événements ultérieurs, notamment en cas d'improductivité de la société. Et l'Administration admet, dans le même sens, que l'art. 60 de la loi du 22 frim. an 7 ne met pas obstacle au remboursement de l'impôt perçu sur des dividendes fictifs ou sur le montant des coupons d'intérêt dont le payement a été autorisé, mais n'a pu avoir lieu. Comp. jugement Seine, 22 juil. 1881; 21,806 J.; 22,763 J. N.; 16,522 Contr.; 5884 R. p.; D. P., 82, 5, 422.

D'après ces considérations, on doit donc reconnaître que les associés ou les prêteurs, contre lesquels l'Administration est autorisée à agir directement pour le recouvrement de la taxe, n'en sont pas tenus solidairement entre eux et ne peuvent être ainsi poursuivis que pour la part d'impôt afférente aux actions ou obligations dont ils sont détenteurs.

960. C'est en effet ce qu'a décidé un jugement du tribunal de Saint-Étienne du 24 déc. 1883; 22,770 J.; 6367 R. p.; 23,432 J. N.; 17,033 Contr.; Inst. 2735, § 4.

Aux termes de ce jugement, les membres d'une société civile ne sont pas tenus solidairement du payement de la taxe sur le revenu, mais seulement pour leur part et portion virile. La solidarité est de droit étroit et ne saurait par conséquent résulter, en ce qui concerne l'impôt sur le revenu, de ce que les associés, dans leur demande de concession d'une mine, se seraient engagés solidairement vis-à-vis de l'État au payement des contributions.

961. L'Administration s'est elle-même prononcée dans ce sens par une solution de principe du 23 mai 1884 (22,395 J.; 6349 R. p.; 23,454 J. N.; 17,108 Contr.; S., 85, 2, 120; D. P., 85, 3, 127; P., 85, 607), fondée sur les motifs suivants:

« Sans doute, en matière d'enregistrement, l'indivisibilité de l'acte ou de la formalité a pour conséquence l'indivisibilité du droit, et, par suite, la solidarité de l'obligation des parties envers le Trésor. Mais ce motif de décider ne peut pas être invoqué en ce qui concerne l'impôt sur le revenu. La taxe de 3 p. 100 n'est pas, en effet, une dette collective, commune à tous les associés. Elle incombe à chacun d'eux personnellement. Les travaux préparatoires de la loi que l'Administration a analysés dans sa défense au pourvoi de la Compagnie des mines de Firminy démontrent avec évidence que cet impôt constitue une dette de l'actionnaire ou de l'obligataire, et que la société n'est qu'un simple intermédiaire chargé d'en opérer le recouvrement. La chambre civile s'est nettement associée à cette interprétation; son arrêt du 6 juil. 1880 (21,395 J.; 6178 Rev. not.; 22,379 J. N.; 16,312 Contr.; 5539 R. p.; Inst. 2643; S., 80, 1, 478; P., 80, 1183; D. P., 80, 1, 393) décide que la taxe « est une charge de l'action ou de l'actionnaire contre lequel cet article (l'art. 3) accorde un recours à la société, tenue, pour la facilité du recouvrement, d'en faire l'avance et de la payer au Trésor, à la décharge de l'actionnaire ».

« Puisque l'impôt de 3 p. 100 est une dette personnelle de l'associé, qu'il constitue, en réalité, une charge de chaque action, une retenue exercée sur le revenu de chaque titre, il faut en conclure nécessairement qu'il n'existe, au regard du Trésor, entre ces débiteurs, aucun lien de solidarité. Le caractère de personnalité de la dette disparaîtrait si un seul titulaire de part ou d'action pouvait être rendu responsable des charges incombant aux autres associés.

« Ces principes posés, la référence faite par l'art. 5 de la loi du 29 juin 1872 aux lois sur l'enregistrement apparaît avec sa véritable signification. Elle ne saurait avoir pour objet les règles de payement organisées par les art. 28 et suivants de la loi de l'an 7, puisque ces moyens de fond sont incompatibles avec le caractère de l'impôt de 3 p. 100, qui est d'être personnel à chaque associé. Il faut en conclure que l'assimilation entre la taxe sur le revenu et le droit d'enregistrement se restreint aux moyens de forme destinés à mettre en mouvement l'action du Trésor, c'est-à-dire aux règles de procédure proprement dite. C'est, d'ailleurs, dans ce sens que la question a été résolue récemment par la Cour de cassation (civ.), 29 août 1881; req., 18 avril 1883 ; V. *supra*, n° 959.

« L'argument tiré des expressions dont le législateur s'est servi dans l'art. 5 n'est pas plus concluant. Ces mots « sauf leur recours » ne sauraient avoir par eux-mêmes une portée plus étendue que les dispositions dont ils sont le corollaire. Du moment que la taxe est due par l'actionnaire personnellement, c'est contre ce débiteur seul que devra s'exercer l'action en remboursement de la société. La pratique est, du reste, fixée dans ce sens. En fait, les titulaires d'actions ou d'obligations ne supportent d'autre retenue que celle de l'impôt afférent à leurs intérêts ou dividendes...

« D'après ces motifs, il paraît certain que la règle de solidarité, qui est de droit en matière d'enregistrement, ne saurait être appliquée au recouvrement de la taxe sur le revenu. » Comp. Rev. critique de législation, février 1886, p. 73.

962. *Action sociale. Action en reversement des sommes et valeurs partagées.* Lorsque l'Administration exerce directement contre les associés l'action personnelle qu'elle a contre eux pour les contraindre à payer l'impôt sur le revenu de leurs actions, parts d'intérêt ou commandite, elle ne peut, ainsi que nous venons de l'expliquer, leur réclamer que la taxe afférente à leurs titres, c'est-à-dire à leur part dans les bénéfices distribués.

Cette obligation de recourir contre tous les associés, lorsqu'une société est dissoute, n'est pas sans inconvénients, et, dans certains cas, elle peut se heurter à des difficultés pratiques à peu près insurmontables.

Dans cette situation, l'Administration a tout intérêt à renoncer à cette action individuelle et à exercer de préférence l'action sociale, c'est-à-dire à agir au nom de la société contre les associés pour les obliger, soit à payer la dette de cette dernière, dans la mesure où ils en sont tenus comme associés, soit à rétablir au fonds social les sommes et valeurs qui, constituant le gage spécial des créanciers sociaux, ont été prématurément distribuées au détriment de ces derniers.

Ce moyen d'action ne nous paraît pas pouvoir être contesté. Il est certain, en effet, ainsi que nous le faisions observer sous l'article 22,558 du Journal, que la dissolution d'une société et le partage de son actif entre les associés n'ont pas pour effet d'éteindre les dettes que la société a contractées au cours de son existence. Si l'être moral disparaît, si, par conséquent, il ne peut plus être poursuivi, ses obligations passent aux associés dans des conditions différentes, suivant qu'il s'agit d'une société commerciale en nom collectif, d'une société civile, ou d'une société en commandite ou anonyme. S'agit-il d'une société commerciale, par exemple, les associés restent tenus solidairement et sur tous leurs biens des dettes sociales qui n'ont pas été apurées par la liquidation (art. 22 C. comm.). Quant aux commanditaires dans une société en commandite et à tous les membres d'une société anonyme, ils ne sont responsables des dettes que jusqu'à concurrence de leur intérêt dans la société (art. 26 et 33 C. comm.).

Il résulte de ces règles que le payement de l'impôt sur les revenus, qui est une dette de la société, ainsi que nous l'avons rappelé précédemment, peut être poursuivi, à ce titre, après la liquidation : 1° solidairement contre chaque associé, dans les sociétés en nom collectif; 2° et jusqu'à concurrence de sa mise, ou disons mieux, de son intérêt, contre chaque commanditaire ou contre chaque associé, dans les sociétés en commandite ou dans les sociétés anonymes. Si donc, dans cette dernière hypothèse, les associés ont, par l'effet du partage, retiré les fonds ou sont rentrés en possession des biens qu'ils avaient apportés à la société, ils ne peuvent les conserver au préjudice de la créance du Trésor, et celui-ci peut les contraindre à en effectuer le reversement dans la société, pour se payer de ce qui lui est dû. Ce droit a été reconnu, en principe, aux créanciers sociaux par un arrêt de la Cour de cassation du 9 fév. 1864 (S., 64, 1, 137). Or, dès l'instant qu'il appartient aux créanciers, il ne peut être refusé au Trésor, qui est, nous l'avons dit, un véritable créancier de la société.

L'arrêt du 9 fév. 1864 est ainsi conçu :

« Attendu que l'action des créanciers d'une société en commandite ou d'une société anonyme contre les commanditaires ou actionnaires n'a d'autres limites que l'importance des mises sociales ou de l'intérêt de ceux-ci ; qu'à la vérité le commanditaire ou l'actionnaire engage seulement le capital dont il promet le versement ou qui doit lui revenir pour sa part à la dissolution de la société; mais que ce capital, comme tout ce qui constitue l'actif social, est, à ce titre, le gage des créanciers de la société; que, lorsque la société est mise en liquidation, aucune fraction de ce gage ne peut être distraite de sa destination; qu'ainsi les commanditaires ou actionnaires qui se seraient réparti l'actif social avant le payement intégral du passif, sont obligés, ou de rétablir dans la caisse sociale ce qu'ils en ont prématurément retiré, ou de subir, chacun pour le tout, jusqu'à concurrence de la somme qu'il a indûment retirée, l'action des créanciers; qu'ainsi, dans l'espèce, chacun des actionnaires était tenu de toute la dette de la caisse envers les demandeurs, non pas personnellement à la vérité, mais sur toutes les sommes que chacun d'eux avait retirées de la liquidation sociale et jusqu'à concurrence de ces sommes... »

Cette décision, dont la doctrine est approuvée sans réserve par M. Paul Pont (Sociétés, vol. II, n° 2001), a été suivie d'un autre arrêt, rendu dans la même affaire à la date du 14 avril 1869 (S., 70, 1, 75), et qui précise encore plus nettement l'étendue des obligations dont les actionnaires restent tenus après la liquidation envers les créanciers sociaux. Il décide que ces actionnaires sont tenus du passif, non pas seulement à concurrence du capital originaire de leurs actions, mais bien à concurrence de toutes les sommes qu'ils ont retirées de la liquidation, sans distinction entre le capital formé par la souscription des actions, le fonds de réserve et les autres valeurs appartenant à la société.

Toutes ces règles gouvernent l'action du Trésor en payement des sommes restant dues par la société après sa liquidation.

963. C'est, en effet, ce qu'a reconnu un jugement du tribunal de Nice du 20 juillet 1885 ; 22,558 J.; 6532 R. p.; 23,744 J. N.; 17,107 Contr.

Le tribunal décide que les membres d'une société anonyme dissoute restent, après le partage du fonds social, tenus du payement de l'impôt sur le revenu, non seulement pour leur part virile, mais encore sur toutes les sommes qu'ils ont retirées de la liquidation et jusqu'à concurrence de ces sommes. L'Administration est, en conséquence, fondée à poursuivre les droits exigibles contre chacun des associés, pour le tout et jusqu'à concurrence des sommes et valeurs qui lui ont été attribuées.

« Attendu, porte ce jugement, qu'en principe les dettes d'une société anonyme sont, il est vrai, à la charge personnelle et exclusive de la société ; — Que, pendant le fonctionnement de la société, les créanciers n'ont pas assurément action directe contre les actionnaires ; — Qu'il n'en est pas de même, pourtant, lorsque la société est dissoute et que, les associés ayant partagé la presque totalité de l'actif, il ne reste plus en caisse qu'une somme minime évidemment insuffisante à l'extinction des dettes qu'il faut payer; qu'on ne saurait alors contester aux créanciers le droit d'agir directement contre les actionnaires prématurément apportionnés ; — Qu'en effet, le patrimoine social d'une société anonyme forme la garantie de ses créanciers ; qu'une partie quelconque de ce gage ne peut être distraite de sa destination ; — Que, par conséquent, en cas de partage avant payement des dettes, les associés doivent assurément être tenus non seulement pour leur part dans la dette sociale, mais encore sur toutes les sommes qu'ils ont retirées de la liquidation et jusqu'à concurrence de ces sommes; — Que ces principes sont constants; qu'ils sont consacrés par la doctrine et la jurisprudence et qu'ils ne paraissent pas même sérieusement contestés par les opposants.»

964. *Prescription de l'action sociale.* Nous devons ajouter toutefois que, tandis que l'action directe et personnelle contre les associés n'est soumise qu'à la prescription trentenaire, conformément à la jurisprudence qui a prévalu et que nous rappelons plus loin, l'Administration qui exercerait l'action sociale, pour obliger les associés à reverser au fonds commun les sommes qui leur auraient été prématurément distribuées, au détriment du Trésor créancier de la société, devrait agir, selon nous, dans le délai de cinq ans édicté, en cette matière, par l'article 64 du Code de commerce.

965. Action « in solidum » contre la société et contre les associés pour la part incombant à chacun d'eux. — De ce que l'Administration est fondée à poursuivre soit la société tenue de faire l'avance de la taxe, soit chaque associé ou obligataire individuellement, il s'ensuit, ainsi que nous en avons exprimé l'avis sous l'article 22,394 du Journal, qu'elle peut exercer simultanément son action contre ces deux débiteurs de l'impôt. C'est ce que le tribunal de Toulouse a reconnu, en matière de droits dus sur des actes notariés, en décidant que l'Administration possède une action *in solidum* contre le notaire et contre chacun des contractants. Jug. du 26 juil. 1850; 15,057 J.; 14,234 J. N. — Comp. Cass. (req.), 19 janv. 1869; 18,757 J.; 2486 Rev. not.; 19,570 J. N.; 14,336 Contr.; 2,876 R. p.; Inst. 2385, § 1er; S., 69, 1, 234; D. P., 69, 1, 353; P., 69, 551.

La même solution s'impose en ce qui concerne la taxe sur le revenu. Chaque associé ou prêteur est, d'une part, débiteur personnel de la portion d'impôt afférente à son action ou à son obligation. Mais, d'autre part, la société étant tenue vis-à-vis du Trésor du payement de la totalité des droits exigibles, se trouve être débitrice, avec chacun des associés ou prêteurs, de la taxe incombant à ces derniers. Suivant l'expression des magistrats de Toulouse, l'Administration possède, pour le payement de la taxe due par chaque associé, une action soit contre la société, soit contre l'associé lui-même, c'est-à-dire une action *in solidum* contre tous les deux.

Il en résulte, ainsi que le décident les jugements du tribunal de Remiremont du 20 mai 1880, et du tribunal de Chaumont du 20 fév. 1886, qu'elle peut décerner contrainte, pour le recouvrement des droits dus sur les intérêts d'un emprunt, tant contre la société que contre les prêteurs. — V. ces jugements, cités *supra*, n° 958.

966. Recours de la société contre les associés ou les prêteurs. — Il résulte du texte de la loi que la société, en acquittant l'impôt dont elle est directement tenue vis-à-vis du Trésor, ne fait néanmoins qu'une avance pour les associés ou les prêteurs, et qu'elle a son recours contre eux.

967. *Amendes.* Mais si la société est fondée soit à exercer son recours après payement pour être remboursée de son avance, soit à appeler en garantie l'associé ou le prêteur auquel incombe la charge de l'impôt dont le payement est judiciairement réclamé par l'Administration, cette règle ne s'applique qu'à la taxe. Le recours n'est pas recevable pour les amendes que la société a encourues à raison des contraventions commises aux dispositions de la loi et du décret. Seine, 4 mai 1888; 23,104 J.; 7089 R. p.; 17,508 Contr.

968. Incidence de l'impôt. — *Nu propriétaire et usufruitier.* Entre les divers titulaires d'une action ou d'une obligation, la question de savoir à qui incombe définitivement la charge de l'impôt ne peut être résolue que par application des principes de la loi civile. En thèse générale, on doit considérer que l'impôt est une charge des revenus et que, par conséquent, il doit être définitivement supporté par celle des parties à laquelle les revenus du titre appartiennent.

Il a été décidé, dans ce sens, que lorsque, conformément aux dispositions d'un testament, et pour la garantie d'un legs de rente viagère, des obligations de chemin de fer français ont été achetées et immatriculées pour la nue propriété au nom des héritiers, et pour l'usufruit au nom du légataire, c'est par ce dernier et sans répétition contre les héritiers que doit être supporté l'impôt de 3 p. 100 établi sur le revenu des valeurs mobilières, postérieurement à l'achat desdites obligations et à la constitution de l'usufruit. Seine, 21 juil. 1874; 4287 R. p.; 21,098 J. N.; 15,430 Contr.

969. Cette règle n'est pourtant pas absolue, et il semble qu'elle comporte une dérogation pour le cas où les bénéfices distribués, représentant des réserves accumulées et ayant, au point de vue du règlement des droits respectifs du nu propriétaire et de l'usufruitier, le caractère de capitaux, doivent être restitués au premier à l'expiration de l'usufruit. Dans ce cas, la charge de l'impôt incombe définitivement au nu propriétaire, en ce sens que les sommes touchées par l'usufruitier ne doivent être restituées à l'expiration de l'usufruit que déduction faite de la taxe dont elles étaient grevées et que l'usufruitier a dû acquitter.

970. Caisse des dépôts et consignations. — *Prêts consentis aux départements, communes et établissements publics.* Par dérogation à la règle d'après laquelle l'impôt dû sur les intérêts des emprunts doit être avancé par la société ou par l'établissement débiteur, l'art. 5 du décret du 6 déc. 1872 autorise la Caisse des dépôts et consignations à acquitter directement à Paris la taxe dont elle est redevable pour les prêts consentis aux départements, communes et établissements publics. En conséquence, les receveurs n'ont à recouvrer sur ces derniers que l'impôt de 3 p. 100 afférent aux titres qu'ils émettent ou aux emprunts qu'ils contractent autrement qu'à la Caisse des dépôts et consignations. Inst. 2457.

971. Crédit foncier. — *Obligations communales.* V. *supra*, nos 700 et 837.

Art. 4. — *Contraventions. Pénalités.*

972. Textes. — L'art. 5 de la loi du 29 juin 1872 porte : « Chaque contravention aux dispositions qui précèdent et à celles du règlement d'administration publique qui sera fait pour leur exécution, sera punie conformément à l'art. 10 de la loi du 23 juin 1857. »

D'autre part, l'article 10 de la loi du 23 juin 1857, auquel la loi du 29 juin 1872 se réfère, est ainsi conçu :

« Toute contravention aux précédentes dispositions et à celles des règlements qui seront faits pour leur exécution est punie d'une amende de 100 francs à 5,000 francs, sans préjudice des peines portées par l'art. 39 de la loi du 22 frim. an 7, pour omission ou insuffisance de déclaration. »

Ainsi la loi établit deux sortes de pénalités : 1° une amende de 100 à 5,000 francs qui atteint toute contravention aux dispositions de la loi et du décret; 2° le droit en sus qui, d'après l'article 39 de la loi du 22 frim. an 7, punit les omissions et les insuffisances d'évaluation commises dans les déclarations de succession, et dont l'application est étendue aux omissions ou insuffisances de même nature commises dans les documents ou déclarations fournis par les parties pour l'établissement de la taxe.

973. *Amende et droit en sus. Cumul.* Il est admis que ces deux pénalités atteignent chacune une catégorie d'infractions différente, et ne se cumulent pas.

974. *Décimes.* Tandis que le droit en sus ne doit, pas plus que la taxe elle-même, être augmenté des décimes (art. 3 *in fine*, loi du 29 juin 1872), l'amende, au contraire, tombe sous l'application des dispositions générales des lois des 6 prair. an 7, 14 juil. 1855, 2 juil. 1862, 23 août 1871 et 30 décembre 1873, qui ont prescrit d'ajouter 2 décimes et demi à tous les droits, amendes et produits dont la perception est confiée à l'Administration de l'enregistrement.

975. AMENDE. — **Contraventions auxquelles l'amende est applicable.** — En faisant connaître au cours de ce traité les diverses obligations que la loi et le décret de 1872 imposent aux sociétés, nous avons par cela même indiqué les contraventions qui sont de nature à faire encourir l'amende de 100 à 5,000 francs. Nous croyons toutefois devoir rappeler ici ces obligations et énumérer succinctement les cas dans lesquels les amendes prononcées par la loi ont été reconnues exigibles.

976. **Retards dans le payement.** — Le défaut de payement de la taxe aux époques et dans les délais fixés par la loi, donne ouverture à l'amende. Quant à ces délais, V. *supra*, nos 933 et suiv., 944 et 951.

977. *Nombre des amendes.* Il y a autant de contraventions commises, et, par conséquent, autant d'amendes encourues, que d'échéances restées sans payement. Cass., ch. civ., 22 avril 1879; 21,028 J.; 5243 R. p.; 16,082 Contr.; 22,121 J. N.; 5959 Rev. not.; Inst. 2621, § 6; S., 79, 1, 325; D. P., 83, 1, 97; P., 79, 797; — Req., 13 mars 1882; 21,854 J.; 5906 R. p.; 16,573 Contr.; 22,734 J. N.; 6709 Rev. not.; Inst., 2668, § 3; S., 83, 1, 327; D. P., 83, 1, 83; P., 83, 786; Sol., 18 août 1882; — Castres, 28 mai 1880; 21,965 J.; 5644 R. p.; 16,531 Contr.; D. P., 81, 5, 391; — Lyon, 10 août 1887; 23,047 J.; 7040 R. p.

Mais une seule amende est due par échéance, quelque diverses que soient les causes d'exigibilité de l'impôt non payé par la société. Ainsi une société qui doit la taxe sur ses actions et sur des emprunts de diverses origines ne doit, pour chaque trimestre de retard, qu'une seule amende. C'est ce qui a été décidé pour une société en retard de payer la taxe sur plusieurs emprunts distincts. Il a été reconnu qu'il n'était dû qu'une seule amende par trimestre (Sol. 10 avril 1880), et cette règle de liquidation a été appliquée dans l'affaire qui a donné lieu à l'arrêt de la Cour de cassation du 24 juil. 1883. 22,133 J.; 16,807 Contr.; 6222 R. p.; 23,065 J. N.; 6988 Rev. not.; Inst. 2687, § 5; S., 86, 1, 135; D. P., 84, 1, 133; P., 86, 289.

978. *Société en avance. Compensation.* Nous expliquerons, sous l'article 5 de ce chapitre, qu'une société qui, par suite des payements effectués, est en avance sur ce qu'elle doit au Trésor, à raison d'une catégorie de revenus, par exemple à raison du revenu de ses actions, est fondée à imputer cette avance sur les sommes dont elle est redevable pour d'autres revenus. Dans ce cas, il est évident que jusqu'à concurrence des sommes qui peuvent ainsi se compenser, elle ne saurait encourir d'amende pour défaut de payement aux échéances trimestrielles, puisqu'elle ne doit rien. On verra plus loin les applications que cette règle a reçues de la jurisprudence. — V. *infra*, nos 999 et suiv.

979. **Dépôt des documents.** — La loi punit également d'une amende de 100 à 5,000 francs le retard apporté dans le dépôt des documents qui doivent servir de base à la liquidation de l'impôt et qui, ainsi que nous l'avons dit *supra*, nos 872 et suiv., doivent être remis au bureau de l'enregistrement du siège social dans les *vingt* jours de leur date.

« Ce dépôt, porte l'Instruction n° 2457, est constaté sur le principal registre de recette du bureau, afin d'établir que ces documents ont été déposés dans les vingt jours de leur date, conformément au dernier paragraphe de l'article 2 de la loi. Mention de la date, du folio, de la case et du volume concernant cet enregistrement est inscrite à l'article ouvert au sommier au nom de la compagnie pour laquelle le dépôt est fait. Si la compagnie n'a pas fait en temps utile le dépôt prescrit, la contravention est constatée au sommier, dans la colonne n° 3, afin de réclamer l'amende de 100 francs à 5,000 francs, en exécution du règlement d'administration publique. »

980. *Délibérations négatives.* Les délibérations et comptes rendus doivent être déposés dans les vingt jours de leur date, lors même qu'ils n'accuseraient que des résultats négatifs et ne donnant pas ouverture à l'impôt. La loi ne distingue pas, en effet, et, d'ailleurs, la remise de ces documents est nécessaire, même lorsqu'ils sont négatifs, pour mettre l'Administration en demeure et en situation d'exercer son contrôle. Sol. 18 fév. 1885.

981. *Compte rendu.* Rappelons que les comptes rendus, à la différence des délibérations, doivent être remis *in extenso*, et non par extrait, et que, par conséquent, la remise d'un extrait, ne satisfaisant pas au vœu de la loi, n'affranchirait pas la société de l'amende de 100 à 5,000 fr. — V. *supra*, n° 877. — Dans ce sens : Sol. 15 juin 1885, citée par M. Besson, *loc. cit.*, n° 258.

982. *Délibérations prises au cours d'un exercice.* De même que les délibérations négatives sont soumises au dépôt, bien qu'elles ne coïncident pas avec l'obligation de payer la taxe, de même la société est tenue de déposer dans les vingt jours de leur date les délibérations prises au cours d'un exercice, bien que le payement de la taxe sur les bénéfices dont elles autorisent la distribution ne soit, selon nous, obligatoire que lors de la liquidation définitive de cet exercice. Sol. 27 sept. 1884.

Dans tous les cas, le défaut de payement de la taxe dans les vingt jours de la délibération n'entraîne pas l'exigibilité d'une amende spéciale. — V. *supra*, n° 951.

982 *bis. Enregistrement de la délibération.* Un jugement du tribunal du Havre du 8 nov. 1888 décide, avec raison, que l'enregistrement de la délibération approuvant une distribution qui n'existe encore qu'à l'état de projet et qui est soumise à une condition suspensive, n'équivaut pas au dépôt prescrit par la loi du 29 juin 1872 en vue de la taxe de 3 p. 100. Ce document doit, sous peine d'amende, faire l'objet d'un dépôt spécial, dans les vingt jours à partir de l'époque où s'est réalisée la condition qui suspendait les effets de la délibération. 7188 R. p.

D'une manière générale, on doit reconnaître que l'enregistrement des délibérations ou autres documents visés par la loi de 1872 ne peut suppléer au dépôt prescrit par cette loi.

983. **Fixation de la quotité de l'amende.** — La loi détermine le minimum et le maximum de l'amende encourue pour chaque contravention. L'Administration a autorisé les receveurs à percevoir la taxe sans exiger le payement immédiat de l'amende, dont elle se réserve de fixer le chiffre d'après les circonstances. Inst. 2457.

Il est à peine besoin de faire remarquer que la fixation définitive du chiffre de l'amende, dans les limites du maximum et du minimum déterminé par la loi, rentre, en cas d'instance, dans les pouvoirs du tribunal auquel la réclamation est déférée ; et qu'en outre l'Administration peut toujours, en usant du droit de remise, abaisser l'amende au-dessous du minimum fixé par la loi. Mais ce même droit n'appartient pas aux tribunaux.

984. **Tribunal compétent.** — Les tribunaux civils sont seuls compétents, à l'exclusion des tribunaux de répression, pour se prononcer sur l'exigibilité des amendes encourues pour contravention aux dispositions de la loi et du décret de 1872. — V. sous l'art. 20,911 du Journal, p. 7, le rapport de M. le conseiller Dareste dans l'affaire qui a donné lieu à l'arrêt de cassation du 18 nov. 1878, cité *infra*, n° 985.

985. Bonne foi. — Décidé que les amendes encourues pour contravention aux dispositions de la loi de 1872 ont le caractère de réparations civiles et sont dues quelle que soit la bonne ou mauvaise foi des contrevenants. Cass. (req.), 18 nov. 1878; 20,911 J.; 5122 R. p.; 22,001 J. N.; 16,017 Contr.; 5959 Rev. Not.; Inst. 2619, § 2; S., 79, 1, 81; D. P., 79, 1, 229; P., 79, 166; — Seine, 4 mai 1888; 23,104 J.; 7089 R. p.; 17,508 Contr.

986. Quittance de la taxe donnée sans réserve. — La quittance de la taxe, lors même qu'elle serait donnée sans aucune réserve, ne saurait libérer le redevable de l'amende qu'il a encourue. Rouen, 23 déc. 1875; 20,101 J.; 4297 R. p.

987. DROIT EN SUS. — La loi punit du droit en sus les omissions et les insuffisances d'évaluation.

988. Omission. — *Infidélité des documents déposés.* L'omission résulte, en pareille matière, de l'infidélité des documents fournis pour servir de base à l'impôt, par exemple, de ce que l'extrait d'une délibération déposé au bureau aurait dissimulé une partie des bénéfices distribués (Inst. 2457). M. Demasure émet un avis contraire et prétend que le droit en sus n'est pas encouru en cas d'infidélité des documents déposés conformément à l'art. 2 de la loi du 29 juin 1872. Traité du régime fiscal des sociétés, n° 237.

Cette opinion, à l'appui de laquelle l'auteur cite à tort un jugement du tribunal de la Seine du 21 déc. 1877, ne soutient pas l'examen. Si, en effet, l'omission ou l'insuffisance punie par la loi ne résulte pas de l'infidélité des documents qui sont déposés par les parties, on se demande en vain quelle est l'infraction que la loi a prévue, puisqu'en cette matière la déclaration des parties ne constitue jamais la base directe de l'impôt. Il est évident qu'à moins de dénier toute signification à la disposition de la loi de 1872, l'omission doit s'entendre de toute réticence commise dans les documents qui établissent le revenu imposable. Ces documents sont l'œuvre des parties; l'Administration doit y ajouter foi jusqu'à preuve du contraire, et sauf à exercer sur eux son droit de contrôle. Il y a donc obligation pour les parties de fournir des documents sincères et exacts, et la sanction de cette obligation consiste précisément dans la peine du droit en sus. C'est là une conclusion trop évidente pour qu'il soit nécessaire d'insister.

989. *Documents incomplets. Compte rendu par extrait.* La règle qui précède est toutefois inapplicable, et la société ne doit pas être considérée comme ayant commis une omission passible du droit en sus, lorsqu'elle a fourni des documents qui, sans être infidèles, sont seulement incomplets et ne répondent pas aux prescriptions de la loi. Si, par exemple, elle a déposé au bureau, au lieu d'un extrait de la délibération de l'assemblée générale des actionnaires, une simple déclaration du gérant faisant connaître les bénéfices distribués, ou bien, au lieu du compte rendu *in extenso* que la loi exige, un extrait incomplet de ce document, l'Administration ne peut pas prétendre qu'une omission a été commise et que le droit en sus est encouru, bien qu'elle ait été induite en erreur par ces documents et qu'elle n'ait perçu qu'une somme inférieure à la taxe réellement exigible. Elle est en faute, en effet, de ne pas avoir exigé les documents que la loi l'autorise à se faire représenter, et, par conséquent, l'erreur dans laquelle elle tombe de ce fait constitue une simple insuffisance de perception, non passible du droit en sus.

C'est dans ce sens, en effet, et non dans le sens de l'opinion professée par M. Demasure, que le tribunal de la Seine, par son jugement précité du 21 déc. 1877, s'est prononcé. 20,648 J.; 4958 R. p.; 15,918 Contr.

Ce jugement décide qu'une société n'encourt pas le droit en sus édicté pour les omissions lorsqu'elle dépose, pour le payement de la taxe sur le revenu, des extraits incomplets de ses comptes rendus. L'Administration est en faute pour n'avoir pas exigé le dépôt du compte rendu intégral, qui est prescrit par la loi; tout au plus la société pourrait avoir encouru l'amende de 100 à 5,000 fr., comme ayant remis un extrait au lieu du compte rendu lui-même. — Sur ce dernier point, V. règle conforme enseignée *supra*, n°s 877 et 981.

« Attendu, porte ce jugement, que le droit en sus, édicté comme pénalité par l'art. 39 de la loi du 22 frim. an 7, n'est encouru que pour omission ou insuffisance d'estimation dans les déclarations de valeurs; — Attendu que les comptes rendus de la caisse Lemaire et Cie ne contiennent ni omissions, ni inexactitudes, et révèlent d'une manière sincère l'état de situation de la société; que si la taxe de 3 p. 100 n'a pas été perçue sur toutes les sommes qui devaient la supporter, c'est à raison de ce que l'Administration n'en a fait le calcul qu'avec des éléments incomplets et n'a pas consulté, comme elle était en droit de le faire, les documents indiqués par la loi; qu'à la vérité, le gérant de la société eût dû déposer au bureau de l'enregistrement les procès-verbaux mêmes des comptes rendus, mais que cette infraction aux dispositions de la loi aurait pu donner lieu, tout au plus, à l'amende édictée par les art. 5 de la loi de 1872 et 10 de la loi de 1857. »

990. Insuffisance d'évaluation. — L'Inst. 2457 fait remarquer que la loi ne prescrit pas de déclaration. C'est là l'un de ses caractères saillants. L'Assemblée nationale, qui a repoussé l'impôt général sur le revenu par une répugnance invincible contre la déclaration du redevable et le contrôle nécessaire de cette déclaration, est restée, dans la loi du 29 juin 1872, sous l'empire de cette idée. Elle s'est donc bornée à exiger le dépôt des délibérations fixant le dividende, délibérations qui ont en quelque sorte par elles-mêmes un caractère public.

Cependant, si la déclaration des parties ne sert jamais de base directe à l'impôt sur le revenu, en ce sens qu'elle n'est jamais admise à fixer directement le chiffre des bénéfices distribués et passibles de la taxe, elle intervient quelquefois pour déterminer certaines valeurs destinées à servir de base au calcul exact ou à forfait des bénéfices imposables. C'est ainsi que lorsque le revenu passible de la taxe est évalué par la loi elle-même à 5 p. 100 du capital social, et que ce capital n'est pas déterminé par l'acte constitutif de la société, il doit y être suppléé par une déclaration estimative des parties. V. *supra*, n° 921.

Nous avons également rapporté *supra*, n°s 778 à 783, plusieurs cas dans lesquels il est nécessaire de recourir à une évaluation pour arriver indirectement à la fixation des bénéfices distribués.

Dans ces différentes hypothèses, il est incontestable que l'évaluation à fournir par la société est faite sous la sanction de la disposition que nous commentons, et que l'insuffisance commise dans cette évaluation, si elle a pour effet de sous traire indûment à la taxe une partie des bénéfices qui y sont sujets, doit être punie du droit en sus.

Il a été décidé, dans ce sens, que le fait par le gérant d'une société en commandite simple de déclarer, pour le calcul du 5 p. 100 auquel la loi évalue à forfait le revenu imposable, que le capital de la commandite n'est pas entièrement versé, alors que tout le capital a été appelé, constitue une insuffisance de déclaration qui rend la société passible du droit en sus à raison de chaque payement trimestriel effectué d'après les bases inexactes fournies par le gérant.

« Lors même, porte sur ce point une solution du 29 avril 1884, que la société ne consentirait pas à justifier, par la production de ses livres ou autres pièces probantes, du chiffre des apports réellement fournis par les commanditaires, il conviendrait néanmoins d'accepter ses déclarations. Mais si, plus tard, l'Administration venait à trouver dans des actes parvenus légalement à sa connaissance des preuves ou même des présomptions suffisantes pour démontrer l'insuffisance des déclarations trimestrielles, elle appliquerait la peine du droit en sus édictée par l'art. 39 de la loi du 22 frim. an 7 (L. 29 juin 1872, art. 5). »

La même doctrine résulte de deux autres solutions du 7 mars et du 25 juin 1884, citées par M. Besson, *loc. cit.*, n° 265.

991. **Contraventions commises par les maires et autres magistrats de l'ordre administratif.** — Une solution du 14 déc. 1880 a prescrit aux agents, pour la constatation des amendes encourues par les maires et autres magistrats de l'ordre administratif pour défaut de payement de la taxe sur les emprunts des départements, communes et établissements publics, de se conformer aux dispositions de l'Instruction n° 2501, § 3. En conséquence, les agents peuvent s'abstenir, à moins de circonstances exceptionnelles, de relever les amendes et droits en sus encourus par ces magistrats.

ART. 5. — *Recouvrements et poursuites.*

992. **Objet de cet article.** — Nous étudions sous cet article les règles qui gouvernent le mode de recouvrement de la taxe de 3 p. 100. Ces règles sont relatives : 1° aux moyens de contrôle dont l'Administration dispose pour surveiller la perception ; 2° aux conditions dans lesquelles s'exerce l'action en recouvrement vis-à-vis des autres créanciers ; 3° au payement de la taxe par voie de compensation ; 4° et à la forme des poursuites.

993. **Moyens de contrôle.** — L'Administration dispose tout d'abord, pour établir vis-à-vis des redevables l'exigibilité de la taxe et les bases de sa liquidation, de tous les modes de preuves autorisés par le droit commun, à l'exception de ceux qui, comme la preuve testimoniale, la commune renommée, le serment, l'interrogatoire sur faits et articles, sont incompatibles avec la procédure écrite qu'elle est tenue d'employer. Il n'est pas douteux qu'elle ne soit fondée à invoquer à cet égard les présomptions de l'homme, dans les conditions prévues par l'art. 1353 du Code civil. C'est un droit qui lui a été reconnu d'une manière générale par la jurisprudence (V. notamment Cass., 27 juin 1883 ; 22,126 J.; 6188 R. p.; 16,794 Contr.; 6748 Rev. not.; Inst. 2687, § 2 ; S., 85, 1, 33 ; D. P., 84, 1, 239 ; P. 85, 52), et nous avons constaté, dans le cours de ce traité, de trop nombreuses applications de ce principe pour qu'il soit nécessaire d'entrer ici dans de plus longs développements. — *Adde :* le Havre, 13 juil. 1882, R. p., table 1884, p. 707.

994. **Droit de communication.** — Indépendamment des moyens d'information que lui fournit le droit commun, les lois fiscales ont conféré à l'Administration un droit spécial et d'une nature tout exceptionnelle, qui est connu dans la pratique sous le nom de droit de communication. Ce droit permet à ses agents de se présenter dans les dépôts publics et dans certains établissements spécialement désignés par la loi, notamment dans les établissements publics et au siège des sociétés par actions, et d'y demander communication des livres, registres, titres, pièces de recette, de dépenses et de comptabilité, en vue de s'assurer de l'exécution des lois sur l'enregistrement et sur le timbre. V. décret du 13 août 1810, art. 6 ; L. du 5 juin 1850, art. 16, § 2, 28, § 2, 35, § 3, 44, § 2 ; décret du 27 juil. 1857, art. 9 et 10 ; LL. des 28 mai 1858, art. 13, § 4 ; 13 mai 1863, art. 10, §§ 5 et 6 ; 23 août 1871, art. 22 ; 30 mars 1872, art. 2, § 3 ; 21 juin 1875, art. 7.

Sur l'origine de ce droit et les règles qui en précisent et en limitent l'exercice, V. notre Dictionnaire, v° Communication.

On s'est demandé si l'Administration est fondée à recourir à ce moyen d'investigation en vue du recouvrement de la taxe sur le revenu.

La question a été résolue législativement, dans le sens de l'affirmative : 1° par l'art. 4 du décret du 14 déc. 1875, qui impose aux sociétés, compagnies et autres assujettis au payement de la taxe de 3 p. 100, « l'obligation de communiquer aux agents de l'Enregistrement, tant au siège social que dans les succursales ou agences, les documents et écritures relatifs aux lots et aux primes de remboursement, afin qu'ils s'assurent de l'exécution des dispositions de la loi du 21 juin 1875 », en vertu desquelles ces valeurs sont soumises à l'impôt de 3 p. 100 (V. *supra*, n° 863) ; 2° et par l'art. 9 de la loi du 29 déc. 1884, qui a expressément assujetti au droit de communication les congrégations religieuses autorisées ou non autorisées et autres sociétés dont les produits ont été soumis par cette loi au payement de la taxe de 3 p. 100 (V. *infra*, 6e partie).

Mais, en dehors des cas spéciaux prévus par ces deux lois, la question de savoir si le droit de communication peut être exercé en vue de surveiller le payement de la taxe sur le revenu relève exclusivement de l'interprétation doctrinale.

Le doute provient : 1° de ce que les deux dispositions qui ont eu pour but de généraliser ce mode de preuve, c'est-à-dire l'art. 22 de la loi du 23 août 1871 et l'art. 7 de la loi du 21 juin 1875, ne l'ont fait expressément qu'en vue du recouvrement des droits de timbre et d'enregistrement ; 2° de ce que la jurisprudence a toujours interprété restrictivement ces dispositions (V. Seine, 13 déc. 1873; 19,360 J.; 3847 R. p.; 15,993 Contr.) et a refusé notamment à l'Administration le droit de réclamer les communications qu'elles prescrivent dans un intérêt exclusivement domanial (D. min. des fin., 18 sept. 1883 ; 6246 R. p.; 22,176 J.; 16,930 Contr.; 6847 Rev. not.; S., 84, 2, 224 ; D. P., 84, 3, 102; P., 84, 1151); 3° et enfin de ce que l'exercice de ce droit comportant des investigations dans les livres des sociétés se concilie mal avec l'esprit de la loi de 1872, dont les rédacteurs ont manifesté plusieurs fois la volonté formelle de prohiber toute mesure inquisitoriale (V. déclarations de M. Pouyer-Quertier à l'Assemblée nationale, séance du 25 juin 1872, J. off., 26 juin 1872, p. 4302).

Mais ces motifs sont sans valeur. Le dernier est écarté par cette seule considération que le droit de communication ne peut être exercé, pour la surveillance de la taxe sur le revenu, que dans les sociétés par actions et autres établissements dans lesquels les agents étaient déjà, avant la loi de 1872, autorisés à pénétrer pour assurer l'exécution des lois sur le timbre et l'enregistrement. Il n'y a donc pas de ce chef un surcroît de mesures inquisitoriales.

Quant à l'argument de texte et aux déductions qu'en a tirées la jurisprudence, l'Administration en a présenté la réfutation d'une manière complète dans une solution du 21 oct. 1885 (ou 26 sept. 1885) qui sert aujourd'hui de règle incontestée. 22,560 J.; 6541 R. p.

Cette solution est trop importante pour que nous puissions nous dispenser de la transcrire textuellement :

995. « La question de savoir, lit-on dans ce document, si le droit d'investigation peut être exercé dans les sociétés, communes et établissements publics, à l'effet de constater l'exigibilité de la taxe sur le revenu, doit être résolue dans le sens de l'affirmative. Une solution du 29 mars 1882 (22,004 J.) suppose que ce droit appartient aux agents, puisqu'elle leur prescrit de ne l'exercer dans les fabriques que pour la constatation des emprunts révélés par des documents postérieurs au 15 janv. 1880 (V. aussi Lettre commune du 27 déc. 1879, n° 97).

« Le décret du 15 déc. 1875, qui a expressément imposé aux sociétés l'obligation de communiquer leurs livres aux agents de l'Enregistrement, pour que ceux-ci s'assurent de l'exécution des dispositions de la loi du 21 juin 1875, relatives à l'exigibilité de la taxe sur les lots et primes de remboursement, suppose également que cette communication a été autorisée par la loi du 29 juin 1872, dont la loi du 21 juin 1875 n'est que le développement. S'il en était autrement, ce décret échapperait difficilement au reproche d'inconstitutionnalité.

« La difficulté réside tout entière dans l'interprétation de l'art. 7 de la loi du 21 juin 1875, combiné avec l'art. 5 de la loi du 29 juin 1872. Le premier de ces articles est ainsi conçu : « Les sociétés, compagnies d'assurances, assureurs contre l'incendie ou sur la vie, et tous autres assujettis aux vérifications de l'Administration, sont tenus de communiquer aux agents de l'enregistrement, tant au siège social que dans les succursales et agences, les polices et autres documents énumérés dans l'art. 22 de la loi du 23 août 1871, afin que ces agents s'assurent de l'exécution des lois sur l'enregistrement et le timbre. » Cette disposition a été prise en vue de compléter l'art. 22 de la loi du 23 août 1871. Cet article n'ayant, en effet, autorisé expressément l'exercice du droit de communication qu'en vue d'assurer l'exécution des lois sur le timbre, l'Administration s'était vu contester son droit d'investigation toutes les fois qu'elle avait voulu en user pour constater l'exigibilité des droits d'enregistrement. La pensée du législateur, en édictant l'art. 7 de la loi du 21 juin 1875, a donc été de généraliser ce mode d'information indispensable, depuis les nombreuses lois votées après 1871, pour assurer l'application de leurs dispositions. C'est à cette pensée que répond la partie finale de l'article, portant que les agents de l'Enregistrement pourront exiger la communication des livres et documents des sociétés et autres assujettis, afin de s'assurer de l'exécution des lois « sur l'enregistrement et le timbre ».

« Étant donné le but que le législateur poursuivait, il est certain que cette formule est aussi compréhensive que possible et embrasse toutes les taxes dont la perception a été confiée à l'Administration du timbre et de l'enregistrement. Il est difficile de supposer que la loi ait entendu exclure précisément les taxes nouvelles, telles que la taxe sur le revenu, c'est-à-dire celles pour lesquelles l'exercice du droit de communication dans les sociétés présente le plus d'utilité et dont la perception repose principalement sur des documents qui ne peuvent être contrôlés qu'au siège de ces sociétés.

« Il n'y a d'ailleurs aucun argument décisif à tirer en sens contraire de ce que la loi de 1875 n'a pas mentionné expressément, dans la disposition relative au droit de communication, l'impôt sur le revenu. Le législateur se trouvait, en effet, en présence d'un texte, l'art. 5 de la loi du 29 juin 1872, qui permet à l'Administration de recourir, pour assurer la perception de la taxe sur le revenu, à tous les moyens de preuve dont elle dispose pour le recouvrement des droits d'enregistrement. Il était donc inutile de déclarer expressément que le droit d'exiger la communication des livres et registres dans les sociétés et chez les autres assujettis, lequel ne constitue qu'un moyen de preuve particulier édicté en faveur de l'Administration pour la constatation et le recouvrement des droits d'enregistrement, pourrait être utilisé pour assurer le payement de la taxe sur le revenu.

« Cette faculté résultait aussi explicitement que possible de ce que l'Administration était autorisée à suivre le recouvrement de la taxe, à introduire à cet effet les instances et à les faire juger comme en matière d'enregistrement. Les formes du recouvrement, ainsi que les règles de procédure à suivre pour les instances, embrassent les moyens de preuves à employer pour démontrer devant les tribunaux l'exigibilité des droits. Ainsi, si la loi avait dit que le recouvrement serait suivi, les instances introduites et jugées conformément aux règles ordinaires du Code de procédure civile, il en serait résulté que l'Administration aurait pu recourir à la preuve testimoniale, déférer le serment, procéder à des interrogatoires sur faits et articles. De même, puisque la loi de 1872 a renvoyé, sur ce point, aux lois spéciales qui régissent la procédure en matière d'enregistrement, il faut en conclure que l'Administration ne peut invoquer que les preuves admises en cette matière, telles que les actes opposables aux parties, les présomptions, à l'exclusion de la preuve testimoniale et du serment ; mais on doit en conclure aussi qu'elle peut invoquer les preuves spécialement organisées dans l'intérêt du Trésor par les lois sur l'enregistrement. Or, il n'est pas possible de voir dans les investigations que les agents sont autorisés à faire au siège des sociétés, autre chose qu'un moyen de preuve, exorbitant du droit commun, il est vrai, mais légitime, puisqu'il a été formellement accordé à l'Administration pour assurer le recouvrement des droits d'enregistrement et, par suite de la référence contenue dans l'art. 5 de la loi de 1872, le recouvrement de la taxe sur le revenu.

« Les arrêts de la Cour de cassation qui ont statué en matière de prescription et refusé d'étendre à la taxe sur le revenu les dispositions spéciales édictées par les lois sur l'enregistrement (arrêts des 29 août 1881, 18 avril 1883 et 12 juin 1883 ; V. ces arrêts cités *infra*, nos 997 et 1025) n'affaiblissent nullement la portée des considérations qui viennent d'être développées. L'exception de prescription, en effet, touche au fond du droit et met en question l'exigibilité même de l'impôt. Ce n'est pas un moyen de procédure : par conséquent, l'extension au recouvrement de la taxe sur le revenu des règles de la procédure établies par les lois sur l'enregistrement ne devait pas entraîner l'application des dispositions spéciales de ces lois concernant la prescription. C'est là ce que la Cour a décidé avec juste raison.

« Au contraire, les règles relatives au mode de preuve à employer pour établir l'exigibilité des droits font essentiellement partie de la procédure. La procédure suivie en matière d'enregistrement ayant été expressément étendue au recouvrement de la taxe, il en résulte que toutes les preuves que cette procédure comporte, et qui sont autorisées par la loi sur l'enregistrement, sont admissibles et peuvent être légalement invoquées pour arriver au recouvrement de l'impôt sur le revenu.

« D'après ces motifs, il paraît certain que l'Administration est fondée à exercer, en vue du recouvrement de la taxe de 3 p. 100 sur le revenu, le droit de communication accordé à ses agents par les lois du 23 août 1871 et du 21 juin 1875. »

996. La jurisprudence des tribunaux n'a jamais hésité, toutes les fois que la question lui a été soumise, à consacrer sur ce point l'interprétation administrative (V. Seine, 2 mai 1879 ; 21,178 J. ; — Lyon, 10 août 1887; 23,047 J. ; 7040 R. p.). Aux termes de ce dernier jugement, le refus par une société de communiquer ses registres aux agents de l'Enregistrement lui fait encourir l'amende de 100 à 5,000 fr. édictée par l'art. 22 de la loi du 23 août 1871, et, en outre, l'Administration, à défaut des documents dont la communication lui est refusée, est fondée à évaluer arbitrairement, dans la contrainte, le montant des droits dus par la société sur les intérêts payés à ses obligataires, sauf la faculté pour celle-ci de faire réduire cette évaluation en produisant les justifications nécessaires.

997. Privilège. — Aux règles du recouvrement de la taxe de 3 p. 100 se rattache la question de savoir si cet impôt a été pourvu par le législateur de garanties particulières destinées à en assurer le payement.

La loi du 29 juin 1872, qui a établi l'impôt sur le revenu, n'a pas créé de privilège spécial pour le recouvrement de cette taxe. Mais, comme il existe certaines catégories d'impôts que le législateur a dotées expressément d'un droit de préférence, on s'est demandé si la taxe sur le revenu ne rentre pas dans une de ces catégories.

Dans une étude publiée sous l'art. 22,428 du Journal, nous avons résolu cette question dans le sens de la négative, par les motifs suivants :

Parmi les impôts garantis par un droit de préférence, au premier rang se placent les contributions directes. La loi du 12 nov. 1808 (art. 1er) établit, en effet, un privilège « sur les récoltes, fruits, loyers et revenus » des immeubles, pour la contribution foncière ; et un privilège « sur les meubles et autres effets mobiliers du redevable » pour les contributions mobilière, des portes et fenêtres, des patentes, et « pour toute autre contribution directe et personnelle ». Viennent ensuite, au nombre des impôts indirects : 1° les droits de douane (Loi des 6-22 août 1791, art. 22); 2° les droits réunis, ou contributions indirectes proprement dites (Loi du 1er germ. an 13, art. 47), qui jouissent également d'un privilège « sur les meubles et effets mobiliers des redevables »; et 3° les droits de timbre, garantis par « le privilège des contributions directes ». (Loi du 28 avril 1816, art. 76.)

Quant aux droits d'enregistrement, en principe, ils ne sont pas privilégiés. Seul, le recouvrement des droits de mutation par décès est assuré par une « action sur le revenu des biens, en quelques mains qu'ils se trouvent » (Loi du 22 frim. an 7, art. 32), ce qui « constitue un privilège sur ce genre spécial de valeurs ». Cass., 2 déc. 1862; 17,582 J.; 468 Rev. not.; 17,615 J. N.; 12,368 Contr.; 1727 R. p.; Inst. 2244, § 3; S., 63, 1, 97; D. P., 62, 1, 513; P., 63, 364.

La taxe de 3 p. 100 sur le revenu, bien qu'elle atteigne en réalité des faits accidentels, comme les distributions extraordinaires opérées entre les actionnaires d'une société en bénéfice, ne peut être assimilée à aucun de nos droits indirects. Assise sur les produits « des valeurs mobilières », c'est-à-dire sur des droits incorporels, elle diffère essentiellement des impôts (douane ou droits réunis) qui portent soit sur des valeurs corporelles, matières premières ou objets de consommation, soit (comme les droits de navigation) sur des faits matériels. D'un autre côté, elle « ne constitue ni un droit de timbre (impôt sur les papiers destinés aux actes et sur les écritures susceptibles de faire foi en justice : Loi du 13 brum. an 7, art. 1er), ni un droit d'enregistrement » (droit établi sur « les actes et mutations » : Loi du 22 frim. an 7, art. 2). C'est ce que la Cour de cassation a dû affirmer en termes exprès dans son arrêt du 3 avril 1878 (20,729 J.; 21,898 J. N.; 4929 R. p.; Inst. 2597, § 5; S., 78, 1, 279; D. P., 78, 1, 178; P., 78, 688; 15,928 Contr.), pour écarter l'application des principes particuliers à ces droits, auxquels les parties tentaient d'assimiler l'impôt sur le revenu. De même, le tribunal de Grasse avait jugé, dès le 18 fév. 1878 (21,727 J.; 5050 R. p.; D. P., 81, 5, 391), que « la taxe ne participe en aucune manière de la nature du droit d'enregistrement ». Depuis lors, dans un jugement du 22 juil. 1881 (21,806 J.; 22,763 J. N.; 16,522 Contr.; 5884 R. p.; D. P., 82, 5, 422), le tribunal de la Seine a analysé les différences caractéristiques qui séparent cet impôt des droits d'enregistrement; il a exprimé que la taxe « n'est ni payable en même temps que ces droits, ni recouvrable de la même manière, ni exigible des mêmes personnes; qu'elle ne forme pas un droit d'enregistrement, qu'elle constitue un impôt d'une nature spéciale ». Enfin, un arrêt du 29 août 1881 (21,727 J.; 6392 Rev. not.; 22,622 J. N.; 16,521 Contr.; 5854 R. p.; Inst. 2664, § 5; S., 82, 1, 181; D. P., 83, 1, 97; P., 82, 1, 414), a renouvelé la déclaration faite par la Cour, en 1878, que la taxe « constitue une sorte d'impôt direct », en ajoutant qu'elle « diffère par sa nature de l'impôt de l'enregistrement ».

Mais si la taxe de 3 p. 100 ne participe de la nature d'aucun des impôts indirects privilégiés, ne faut-il point la classer parmi les impôts directs, et, à ce titre, lui accorder le privilège édicté par la loi du 12 nov. 1808?

Au cours de la discussion, à l'Assemblée nationale, de la loi du 29 juin 1872, M. Magne, membre de la commission du budget, s'est exprimé ainsi : « Lorsque la commission vous propose de frapper d'un impôt direct le revenu mobilier, fait-elle un acte juste, un acte équitable? » (Séance du 29 juin 1872; *Journ. offic.* du 30, p. 1410.) L'Administration, se fondant sur cette déclaration, avait admis que la taxe de 3 p. 100 est un impôt direct (V. les Inst. nos 2437, p. 7; 2592, § 4, p. 110; 2597, § 5, p. 66; 2621, § 5, p. 93). Mais la qualification donnée à la taxe par M. Magne, sans aucun développement, ne pouvait avoir grande portée. L'Administration elle-même a soutenu devant la Cour de cassation que la loi de 1872, discutée en toute hâte, sous la pression de besoins urgents, votée à la suite d'un rapport sommaire, improvisée pour ainsi dire au cours d'une séance de la Chambre (Séance du 26 juin 1872; *Journ. offic.*, p. 4315), n'a pas été précédée de travaux d'une grande précision juridique (V. Inst. gén., nos 2525, p. 10, et 2592, § 4, p. 114). Au surplus, la loi n'a pas reproduit la qualification d'impôt direct, employée devant l'Assemblée, et elle ne contient aucune expression révélant la nature de la taxe sur le revenu.

A défaut de la loi, il convient d'examiner si la jurisprudence n'a pas déterminé les caractères de cet impôt.

Dans l'instance qui a donné lieu à l'arrêt du 3 avril 1878 (précité), l'Administration a prétendu que la taxe est une véritable contribution directe. Mais la Cour, beaucoup moins explicite, s'est bornée à dire que la taxe constitue « une sorte d'impôt direct », ce qui prouve que, dans son opinion, l'impôt sur le revenu ne réunit pas tous les caractères d'une contribution directe; elle a même proclamé que « l'impôt établi sur les valeurs mobilières est d'une autre nature que les contributions foncière et des portes et fenêtres ». (Comp. Cass., 29 août 1881, précité.)

Quant aux tribunaux, en général, ils ne se sont pas prononcés sur la nature de la taxe, ou ne l'ont fait que très incidemment, comme celui du Blanc (Jugem. du 2 mars 1875; 19,891 J.; 15,562 Contr.; 4179 R. p.; P., 75, 1135), qui a comparé cet impôt à la contribution foncière, et celui de Valenciennes (Jugem. du 23 août 1878; 20,970 J.; 5108 R. p.), qui l'a qualifié d'impôt direct.

Le premier jugement qui ait nettement formulé une appréciation sur le point litigieux est celui rendu par le tribunal de Castres, le 28 mai 1880 (21,965 J.; 16,531 Contr.; 5644 R. p.; D. P., 81, 5, 391); et encore cette décision ne porte-t-elle que sur une question spéciale. En voici les termes : « La partie (elle opposait à l'Administration des prescriptions spéciales aux contributions directes) n'est pas fondée à soutenir que la taxe est un impôt direct auquel s'applique la prescription édictée par les lois des 23 nov. 1790 et 3 frim. an 7. Les seuls impôts directs qui doivent bénéficier de cette prescription sont les contributions foncière, personnelle et mobilière, des portes et fenêtres, des patentes, et autres similaires, dont le recouvrement est confié aux percepteurs, et pour lesquelles un rôle est dressé chaque année. Ainsi, la taxe n'est point un impôt direct... »

Cette thèse a été adoptée par le tribunal de la Seine (22 avril 1881; 22,130 J; 22,915 J. N.; 16,530 Contr.; 5751 R. p.; S., 81, 2, 248; P., 81, 1152; D. P., 82, 3, 63), également dans une instance en matière de prescription. « Sur la nature de la taxe établie par la loi de 1872 : Attendu que son mode d'établissement et de recette ne permet pas de l'assimiler à un impôt direct; qu'en effet, cette taxe n'est pas l'objet d'un rôle dressé et rendu exécutoire; qu'elle est établie sur les déclarations et documents à fournir par le redevable; qu'elle est variable au cours de l'exercice annuel, sa liquidation, suivant le décret du 6 déc. 1872, pouvant donner lieu, après payement, soit à un complément au profit du Trésor, soit à une imputation d'excédent sur l'exercice suivant... »

On le voit, l'opinion dominante dans les jugements et arrêts est que la taxe de 3 p. 100 ne constitue pas un véritable impôt direct. Notons, dans le même sens, que cette taxe, à la différence des contributions directes (Loi du 15 mai 1818, art. 51), est exigible sans mise en demeure, sans avertissement préalable; qu'elle est payable non par douzième (V. notamment Loi sur les patentes du 15 juil. 1880, art. 29), mais par trimestre, sauf règlement annuel; qu'elle est « portable » au bureau de l'enregistrement et non « quérable » (Rouen, 23 déc. 1875; 20,101 J.; 4297 R. p.; Castres, 28 mai 1880, précité; le Havre, 19 déc. 1884), tandis que les contributions directes sont « quérables de la part des percepteurs » (Circ. min. fin., 30 vent. an 12; Déc. min., 9 juin 1824), pour chaque mois, dans les communes autres que celles de leur résidence (Arrêté réglem. min. fin. du 21 déc. 1839, art. 26; — Cons. d'État, 18 juin 1868), et même, « dans les circonstances extraordinaires », au domicile des contribuables. (Déc. 1824; — Inst. gén. du 20 juin 1859, art. 58.) — V. dans ce sens *supra*, n° 557.

De ces considérations, nous avons conclu et nous concluons encore aujourd'hui que la taxe de 3 p. 100 n'est garantie par aucun privilège spécial.

C'est, en effet, ce que l'Administration a décidé par une solution du 18 août 1880, qui reproduit la substance des motifs que nous venons de développer. 22,429 J.; 23,472 J. N.; 17,185 Contr.

996. **Droit de remise ou de modération établi en matière de contributions directes, inapplicable à la taxe sur le revenu.** — Lorsqu'un contribuable ou une

commune ont éprouvé des pertes, le préfet est autorisé à accorder *la remise ou la modération* des contributions directes qui leur sont imposées. Arrêté du 24 flor. an 8, art. 24, 26 et 28.

Il est évident, d'après les motifs que nous venons d'exposer, que le droit de remise ou de modération ne peut être étendu au payement de la taxe de 3 p. 100 sur le revenu. Sol. 17 sept. 1884; Déc. min. des fin., janv. 1885; citées par M. Besson, *loc. cit.*, n° 248.

999. **Compensation.** — Nous avons déjà émis l'avis (V. *supra*, n°s 53 et 518 et 519) que le payement d'un impôt exigible ne peut en principe avoir lieu par voie de compensation avec une créance que le contribuable pourrait avoir lui-même contre le Trésor, les deux créances fussent-elles également liquides et exigibles. Les règles de la comptabilité, qui sont des lois de notre organisation administrative et sont opposables aux particuliers comme à l'Etat, constituent en effet, ainsi que nous l'avons démontré, *loc. cit.*, un obstacle absolu à la compensation. Aussi l'Administration a-t-elle justement décidé, contrairement à la doctrine d'un jugement du tribunal de la Seine du 21 déc. 1877 (20,648 J.; 15,918 Contr.; 4958 R. p.), que la compensation ne pouvait s'effectuer entre des produits de nature différente, notamment entre des droits de timbre d'abonnement restituables à une société en vertu de l'art. 24 de la loi du 5 juin 1850 et des droits de transmission, ainsi que des termes échus de la taxe sur le revenu dus par la même société. Sol. 23 oct. 1880, citée *supra*, n° 55.

Mais nous admettons, et la solution précitée admet, avec nous, qu'une société est fondée à imputer les sommes qu'elle a payées en trop à titre d'impôt sur le revenu, et dont le Trésor doit lui tenir compte, sur les termes exigibles de la même taxe.

Il est toutefois nécessaire, pour l'application de cette règle, de faire quelques distinctions.

1000. *Société constituée en avance. Imputation de l'excédent sur les termes à échoir.* Il n'est pas douteux, par exemple, que, lorsque par la liquidation effectuée à la clôture d'un exercice une société est constituée en avance, l'excédent s'impute de plein droit sur les termes à échoir, et, par conséquent, la société ne commet aucune contravention en ne payant pas, à l'échéance, les termes trimestriels de la taxe applicable à ses actions, tant que ces termes ne dépassent pas le montant de l'avance. Il n'est pas nécessaire, pour justifier cette règle, d'invoquer les principes de la compensation. Elle résulte, en effet, de la disposition expresse de l'art. 1er du décret d'après laquelle l'excédent de taxe versé par une société et constaté à la clôture de l'exercice doit être, non pas restitué, lorsque la société continue à être productive, mais *imputé sur l'exercice courant.* Cette imputation, tant qu'elle suffit au règlement des termes ultérieurement exigibles, dispense donc la société de faire de nouveaux payements au commencement de chaque trimestre, et, pendant tout le temps que dure la suspension de cette obligation, il ne peut être question de contravention.

« Attendu, porte à ce sujet un jugement du tribunal de la Seine du 7 juin 1878, qu'il n'y a pas lieu de prononcer contre la société une amende pour retard du payement trimestriel à échéance du 20 juillet 1877; que, d'après le sommier des recouvrements, et eu égard aux bases suivies jusque-là par le receveur pour la perception, la société était en avance par ses payements antérieurs, et que ce qui lui a été réclamé en sus faisait précisément l'objet de la divergence d'appréciation existant entre elle et l'Administration, et soumise aujourd'hui à la décision du tribunal. » 21,039 J.; 5152 R. p.; 16,005 Contr.

1001. *Taxes ayant une origine différente. Actions et obligations.* Il n'y a pas, d'ailleurs, à distinguer, pour l'application de cette règle, entre le cas où la taxe perçue en trop et la taxe à acquitter ont la même origine et le cas où elles ont au contraire une origine différente. L'imputation de l'excédent perçu sur les produits des actions, par exemple, s'effectue, pourvu que cet excédent soit disponible (V. *infra*, n° 1002), non seulement sur les termes de la taxe courante applicable aux mêmes valeurs, mais encore sur les termes à échoir de la taxe due sur les intérêts des emprunts et obligations de la société. C'est ce que reconnaît en principe une solution du 12 octobre 1888; 7260 R. p.

Par conséquent, une société qui est constituée en avance pour le payement de la taxe sur ses actions, et qui est fondée à exiger la restitution de cet excédent, peut se dispenser, jusqu'à concurrence de cette avance et sans commettre de contravention, d'acquitter les termes à échoir de la taxe afférente à ses obligations. Sol. 8 mai 1884. — Comp. Inst. 2687, § 5, p. 108.

1002. *Indisponibilité de l'avance. Affectation spéciale.* Toutefois, tandis qu'une société qui est constituée en avance pour le payement de la taxe applicable aux produits de ses actions peut toujours se dispenser, tant que cette avance subsiste, d'acquitter les termes à échoir de la taxe afférente aux mêmes produits, attendu que l'imputation, dans ce cas, se fait de plein droit, en vertu de la disposition précitée de l'art. 1er du décret du 6 déc. 1872, l'imputation de l'excédent de taxe afférent aux actions sur les échéances trimestrielles de la taxe applicable aux obligations n'est possible qu'autant que cet excédent est disponible et que la restitution pourrait en être immédiatement demandée par la société. Or, d'après les termes du décret, l'excédent n'est restituable que lorsque la société est arrivée à son terme ou qu'elle a cessé de donner des revenus. Dans le cas contraire, et si le règlement du dernier exercice, qui a constitué la société en avance, n'a pas été complètement improductif, l'excédent doit s'imputer sur les termes à payer, et qui doivent être calculés provisoirement sur les 4/5 du revenu antérieurement distribué. Cet excédent reçoit ainsi de la loi une affectation expresse et spéciale qui ne permet pas de l'employer au payement par voie de compensation des termes à échoir de la taxe due sur les obligations.

Il en résulte que, dans cette situation, la société qui n'acquitterait pas cette dernière taxe aux échéances trimestrielles, sous prétexte qu'elle est en avance pour le payement de la taxe sur ses actions, encourrait l'amende.

Il en serait de même si l'excédent, bien que restituable, avait été volontairement laissé dans les caisses du Trésor par la société, avec affectation spéciale au payement de la taxe sur les bénéfices éventuels des exercices ultérieurs.

La chambre civile de la Cour de cassation s'est formellement prononcée dans ce sens par un arrêt du 24 juil. 1883 (22,133 J.; 6222 R. p.; 23,065 J. N.; 16,807 Contr.; 6988 Rev. not.; Inst. 2687, § 5; S., 86, 1, 135; D. P., 84, 1, 133; P., 86, 289), ainsi motivé :

« Attendu que la société de Liévin, débitrice de la taxe de 3 p. 100 sur les intérêts des deux emprunts dont il s'agit au procès, en devait effectuer le payement aux échéances trimestrielles fixées par le décret réglementaire du 6 déc. 1872, par conséquent dans les vingt premiers jours de chacun des mois de janvier, avril, juillet et octobre de chaque année, et, pour la première fois, dans les vingt premiers jours d'avril 1876; que, cependant, elle n'a fait de payement effectif à aucune des neuf échéances trimestrielles relevées dans la contrainte signifiée le 17 juin 1878, et que, par là, elle a encouru la peine édictée par l'art. 5 de la loi du 29 juin 1872, suivant lequel chaque contravention aux dispositions de ladite loi et à celles du règlement fait pour son exécution est punie d'une amende de 100 fr. à 5,000 fr.; que la société de Liévin oppose vainement qu'au moment où lui était réclamée la somme de 3,025 fr. 90 c., montant de la taxe de 3 p. 100 pour toute la période écoulée depuis la souscription des deux emprunts, elle était en avance envers le Trésor d'une somme supérieure, précédemment acquittée pour pareille taxe applicable au revenu de ses actions pendant l'exercice de 1876-1877, déclaré plus tard improductif par la délibération du conseil d'administration du 13 déc. 1877; qu'en effet, outre que l'avance prétendue n'aurait pu, lors de la réclamation de la taxe sur les emprunts de 1875 et de 1876, être alléguée que pour la moindre partie, les neuf échéances trimestrielles étant, pour la plupart, antérieures à la délibération précitée du 13 déc. 1877, les sommes dites avancées étaient dans la caisse du Trésor avec une affectation spéciale que la société elle-même leur avait donnée en les appliquant, par déclaration des 17 oct. 1877 et 15 janv. 1878, au dividende éventuel des exercices ultérieurs; que, dans ces conditions, le fait de l'avance alléguée n'était susceptible ni de dispenser la société de Liévin de payer la taxe sur les intérêts de ses deux emprunts aux neuf échéances trimestrielles d'avril 1876 à avril 1878, ni, par conséquent, d'effacer la cause de l'amende de retard encourue à l'expiration de chaque trimestre... »

1003. *Antériorité de l'avance sur les échéances trimestrielles.* Une deuxième condition pour que l'imputation de l'avance puisse utilement se faire et dispenser la société du payement des échéances ultérieures, c'est que le droit de la société à la restitution de l'avance se soit ouvert, ou tout au moins que l'excédent ait été régulièrement constaté en fin d'exercice, antérieurement à ces échéances.

Nous avons déjà fait observer, en effet, qu'une société ne peut se dispenser d'acquitter la taxe, aux échéances trimestrielles, sur les bases provisoires fixées par le décret et à raison des 4/5 des résultats de l'exercice précédent, sous prétexte que l'exercice courant étant improductif il y aura lieu, lors de sa clôture, à restitution des sommes payées. Et, à défaut de payement, les amendes sont définitivement encourues, alors même qu'en fait l'exercice se solderait ultérieurement par un déficit. V. *supra*, n° 944.

A plus forte raison, une société ne peut se prévaloir de l'éventualité de ce droit à restitution pour se dispenser d'acquitter la taxe sur les intérêts courants de ses obligations. Ce n'est qu'autant que sa créance a pris naissance par la liquidation faite en fin d'exercice, et que cette liquidation a constaté à son profit un excédent disponible et sujet à restitution, que la société peut l'employer à payer par voie de compensation les termes de l'impôt dont elle reste redevable sur ses obligations. Jusque-là, l'obligation d'effectuer les versements trimestriels subsiste, et la société qui se dérobe à cette obligation encourt autant d'amendes qu'il s'écoule de trimestres, sans payement, avant que la liquidation définitive de l'exercice ait fait ressortir l'excédent disponible, sans que, d'ailleurs, la constatation de cet excédent puisse rétroactivement effacer les conséquences pénales des contraventions commises.

L'arrêt du 24 juillet 1883, cité sous le numéro précédent, s'est nettement prononcé dans ce sens.

1004. *Faillite de la société. Compensation non admissible.* Nous avons expliqué *supra*, n° 519, que la faillite de la société survenue avant que les deux dettes à compenser fussent devenues liquides et exigibles, met un obstacle absolu à la compensation. Il a été décidé, dans ce sens, que lorsque la taxe sur le revenu acquittée par une société sur les dividendes distribués devient restituable par suite de l'annulation judiciaire de la délibération qui a autorisé cette distribution, la créance qui en résulte au profit de la société contre le Trésor ne devient liquide et exigible qu'à partir de cette annulation. En conséquence, si la société était tombée en faillite avant que cette annulation fût prononcée, le Trésor ne peut plus opposer au syndic la compensation de sa dette avec une autre somme qui lui serait due par la société à un autre titre. Par le même motif, il ne peut opposer la compensation des droits qui lui sont dus à un titre quelconque pour se dispenser de rembourser à la faillite l'excédent des versements provisoires effectués lors de chaque trimestre par la société sur les 4/5 du revenu de l'exercice précédent, dès lors que le droit pour la société d'exiger la restitution de cet excédent, qui, comme nous l'avons vu, est subordonné à la liquidation de l'exercice courant, ne s'est ouvert qu'après la déclaration de faillite. Seine, 23 juil. 1886; 22,727 J.; 6756 R. p.; 24,381 J. N.; 17,330 Contr.

1005. Poursuites et instances. — Aux termes de l'art. 5 de la loi du 29 juin 1872, le recouvrement de la taxe de 3 p. 100 sur le revenu « est suivi et les instances sont introduites et jugées comme en matière d'enregistrement ».

Les règles de la procédure à suivre pour le recouvrement des droits d'enregistrement, l'instruction et le jugement des instances, ont été exposées d'une manière complète au Dictionnaire des rédacteurs, v° *Instance*. C'est dans cet ouvrage que nos lecteurs trouveront la solution de toutes les difficultés qui peuvent se présenter en cette matière.

Nous rappelons seulement ici quelques décisions rendues spécialement en vue de la perception de la taxe sur le revenu, et qui n'ont pas trouvé leur place dans les autres parties de ce traité.

1006. Compétence. — C'est le receveur du bureau où la taxe doit être acquittée, par conséquent du bureau du siège social (V. *supra*, n° 935), qui a qualité pour décerner contrainte. A défaut de désignation dans l'acte constitutif de la société, le siège social est déterminé d'après les circonstances. Lille, 2 déc. 1876; 20,282 J.

« Attendu, porte ce jugement, que toute société doit avoir, comme personne civile, un domicile où elle exerce ses droits et remplisse ses obligations; que ce domicile attributif de compétence, aux termes de l'art. 59 du Code de procédure civile, qui ne distingue pas entre les sociétés civiles et les sociétés commerciales, doit, à défaut de désignation faite dans l'acte social, être déterminé, en cas de contestation, par les tribunaux, et d'après les circonstances; — Attendu que la société formée entre les consorts Charvet et Bernard ayant pour unique objet la vente en totalité ou par lots d'un immeuble sis à Roubaix, c'est dans cette ville, siège des opérations sociales, qu'est le domicile social, et qu'en ce qui concerne spécialement la poursuite des droits, c'est le receveur dudit domicile qui a qualité d'agir. » 20,282 J.

1007. Contrainte. — Comme en matière d'enregistrement, le premier acte de poursuite est une contrainte. Lorsque le receveur ne possède pas tous les éléments nécessaires pour liquider la taxe, il décerne cette contrainte pour une somme provisoirement déterminée, sauf à augmenter ou à diminuer, suivant la déclaration à faire conformément à l'art. 16 de la loi du 22 frim. an 7. Inst. 2457. — V. Lille, 2 déc. 1876, cité *supra*, n° 1006.

« Attendu, lit-on dans ce jugement, que c'est avec raison que l'Administration a pris pour base de la taxe de 3 p. 100 réclamée par elle l'intérêt calculé à 5 p. 100 du prix d'adjudication (des immeubles faisant l'objet de l'entreprise), sa décision sur ce point n'étant pas définitive et n'ayant, ainsi qu'elle le déclare elle-même, d'autre but que de pourvoir à l'exécution de la loi, en mettant les opposants dans l'alternative ou de payer, d'après cette base, ou de suppléer au silence gardé dans l'acte social par une déclaration relative à l'importance du capital social. »

1008. Signification de la contrainte. — La contrainte décernée contre une société doit être signifiée au siège de la société, en la maison sociale, dans la personne de ses représentants statutaires.

S'il n'existe pas de maison sociale, la contrainte est signifiée à la personne et au domicile de ses administrateurs. C. de proc., art. 69-6°; — V. Cass., req., 9 juin 1873; D. P., 74, 1, 15; — V. nos observations sur le jugement du tribunal de Lille, précité, art. 20,282 J.

1009. *Société civile.* Décidé que si une société civile a un directeur, celui-ci peut être mis en cause comme représentant la société. — Saint-Etienne, 24 déc. 1883; 6367 R. p.; 22,770 J.; 23,432 J. N.; 17,033 Contr.; Inst. 2735, § 4. — V. également observations sur le jugement du tribunal de Lille, précité, 20,282 J.

Mais si la société civile n'a pas d'administrateurs désignés, chacun des associés doit être actionné pour sa part. — Lille, 2 déc. 1876 (précité); — Seine, 14 déc. 1877; 20,876 J.; 5077 R. p.; 16,017 Contr.; D. P., 79, 1, 229.

1010. *Société de fait.* Même règle pour les sociétés de fait.

1011. *Société en liquidation.* Lorsqu'une société est en liquidation, c'est au liquidateur, comme représentant de l'être moral, que les notifications doivent être faites.

Décidé, en ce sens, qu'une société en liquidation subsiste comme être moral et peut, par conséquent, être poursuivie dans la personne de son comité de direction chargé de la représenter, tant que les opérations dont ce dernier a été chargé par les associés en vue de la liquidation ne sont pas entièrement accomplies. Seine, 18 déc. 1885; 22,580 J.; 6623 R. p.; 17,119 Contr.; Inst. 2730, § 1er.

1012. *Communes, départements et établissements publics.* Les départements, communes et établissements publics doivent être poursuivis dans la personne de leurs représentants légaux, préfet, maire ou administrateurs.

1013. Rappelons qu'il n'y a lieu d'agir par voie de contrainte contre une commune qu'autant que le préfet a refusé d'inscrire d'office la somme réclamée au budget communal. Avis du Conseil d'Etat, 11 mai 1813, Inst. n° 642.

En outre, en cas d'opposition à la contrainte par un département, une commune ou un établissement public, le jugement ne peut valablement intervenir que si une décision préalable du conseil de préfecture les a autorisés à plaider.

Mais, comme la contrainte n'est pas introductive d'instance, l'Administration n'est pas tenue, avant de la signifier, d'adresser au préfet un mémoire exposant les motifs de la réclamation, conformément à l'art. 51 de la loi du 18 juil. 1837. Elle ne doit recourir à cette formalité que si, à défaut d'opposition à la contrainte, elle se détermine à introduire l'instance par voie d'assignation directe. — Cass. (req.), 7 mars 1883; 22,065 J.; 6129 R. p.; 22,977 J. N.; 16,765 Contr.; Inst. 2683, § 4; S., 84, 1, 197; D. P., 84, 1, 59; P., 84, 1, 467. — Sol. 19 juil. 1877.

1014. La notification des actes de poursuites doit être faite, pour les départements, en la personne et aux bureaux du préfet; pour les communes, en la personne et au domicile du maire, et, à Paris, en la personne et au domicile du préfet; pour les établissements publics, en leurs bureaux, au siège de leur administration. C. proc. civ., art. 69, n° 3.

1015. *Visa.* Les exploits de notification aux départements, communes et établissements publics, doivent être visés sur l'original par la personne à laquelle la copie est laissée; en cas d'absence ou de refus, le visa est donné, soit par le juge de paix, soit par le procureur de la République près le tribunal de première instance, auquel, en ce cas, la copie est laissée. Art. 69, C. de proc.

1016. *Etablissement d'utilité publique. Association syndicale.* Décidé qu'une association syndicale autorisée d'assainissement et de vidanges, constituée dans un intérêt collectif et territorial, mais privé, est un établissement d'utilité publique, et non un établissement public. Dès lors, pour qu'une notification à une association de ce genre soit valable, il n'est pas nécessaire que l'exploit soit visé par le directeur, conformément aux art. 61 et 69, §§ 3 et 5, du C. de proc.

Si aucun siège social n'a été assigné à l'association par le décret qui l'a constituée, et s'il n'en a été indiqué aucun dans la procédure, l'exploit est valablement signifié au domicile personnel du directeur chargé de la représenter. Cass. (ch. civ.), 1er déc. 1886; 22,937 J.; — V. *supra*, n° 691.

Art. 6. — *De la prescription en matière de taxe sur le revenu.*

1017. Principe. — La loi du 29 juin 1872, qui a établi la taxe de 3 p. 100 sur le revenu des actions, obligations et autres valeurs mobilières, ne contient aucune disposition relative à la prescription des actions auxquelles donne lieu la perception de cet impôt. Force est donc de recourir aux lois antérieures et de rechercher, soit dans le droit commun, soit dans les lois spéciales, les règles à appliquer en pareille matière.

Avant d'aborder cet examen, il est nécessaire de bien poser le principe qui domine toutes les prescriptions.

Aux termes de l'article 2262 du Code civil, toutes les actions se prescrivent par trente ans : telle est la loi générale, loi qui atteint tous les droits, de quelque nature qu'ils soient, à défaut de dispositions particulières. Les prescriptions plus courtes que le législateur a ensuite édictées, soit dans les articles subséquents du Code civil, soit dans les lois postérieures, sont des exceptions à cette règle générale. Il en résulte qu'elles doivent être strictement limitées aux cas pour lesquels la loi les a édictées, qu'elles ne peuvent être étendues par voie d'analogie à des cas différents, et que, dans le silence du législateur, c'est la prescription de trente ans qui doit seule être appliquée. Ces principes sont unanimement reconnus par tous les auteurs (V. notamment Laurent, 32, 373; Aubry et Rau, t. 8, § 774, p. 431) et par la jurisprudence.

Nous avons donc à passer en revue les diverses actions auxquelles peut donner lieu, soit au profit du Trésor contre les parties, soit au profit de ces dernières contre le Trésor, la perception de l'impôt sur le revenu, et si, parmi les diverses prescriptions spéciales résultant des lois en vigueur, nous n'en trouvons aucune qui puisse être appliquée à ces actions, nous en devrons conclure que la seule prescription à invoquer en cette matière est la prescription trentenaire.

§ 1er. — Action du Trésor contre les parties.

1018. Division. — Cette action peut avoir pour objet le recouvrement : 1° soit du principal de l'impôt dû par une société, département, commune ou établissement public et non payé aux termes fixés par la loi; 2° soit d'un supplément de droit simple exigible par suite d'une erreur commise par le receveur dans la liquidation de la taxe ou d'une omission ou insuffisance constatée dans les documents ou déclarations qui ont servi de base au payement de l'impôt; 3° soit enfin des amendes et droits en sus édictés pour omission ou insuffisance et pour infraction aux dispositions de la loi et à celles du règlement d'administration publique du 6 sept. suivant.

1019. Principal de la taxe et suppléments exigibles. — Quelle prescription peut être invoquée contre le Trésor qui réclame à une société les termes exigibles de la taxe de 3 p. 100 dont celle-ci est tenue, ou qui, par suite d'une erreur commise dans la liquidation d'un de ces termes, réclame le supplément non payé?

Bien que la question soit actuellement résolue par une jurisprudence constante dans le sens de la prescription trentenaire, il nous paraît utile de rendre compte à nos lecteurs des motifs qui justifient cette interprétation.

En pareille matière, ainsi que nous en avons fait la remarque, on doit procéder par voie d'élimination, et si, dans les diverses prescriptions spéciales, nous n'en trouvons aucune qui puisse s'appliquer à la taxe sur le revenu, nous devrons en conclure, avec la jurisprudence, que la prescription trentenaire est la seule qui puisse être invoquée.

1020. *Prescription biennale.* Au premier rang de ces prescriptions spéciales qui appellent notre examen se trouve la prescription *biennale* établie par l'art. 61 de la loi du 22 frim. an 7. Aux termes de cet article, « il y a prescription pour la demande des droits, après deux années à compter de l'enregistrement, s'il s'agit d'un droit non perçu sur une disposition particulière dans un acte, ou d'un supplément de perception insuffisamment faite, ou d'une fausse évaluation dans une déclaration ».

Faut-il appliquer cette prescription au recouvrement de la taxe sur le revenu? En ce qui touche le principal de cet impôt, la négative est certaine. En effet, en admettant même que les prescriptions édictées en matière d'enregistrement doivent s'appliquer au recouvrement de la taxe sur le revenu, l'art. 61 précité, qui ne vise que les réclamations résultant d'erreurs ou insuffisances de perception, n'en serait pas moins hors de cause. Il a toujours été décidé que les réclamations principales de droits d'enregistrement devenus exigibles indépendamment de toute perception antérieure, ne tombent pas sous le coup de la prescription biennale de l'art. 61 (V. au Dict. des réd., v° Prescription, n°s 361 et suiv.). C'est ce qui a été reconnu notamment pour la réclamation relative à la taxe annuelle de transmission. Partant de cette idée que cette taxe constitue *un droit d'enregistrement* dont la prescription se trouve régie par les lois d'enregistrement, et notamment par l'art. 61, la jurisprudence a néanmoins soin de distinguer les réclamations qui ont pour objet des termes échus et non payés de cette taxe et celles relatives à des suppléments de droits exigibles par suite d'erreurs commises lors de sa liquidation. Aux premières elle applique la prescription trentenaire et n'admet la prescription de l'art. 61 que pour les secondes (V. *supra*, n°s 520 et suiv.). La même distinction devrait être faite, en tous cas, en ce qui concerne la prescription de l'impôt sur le revenu.

1021. Toutefois, même lorsqu'il s'agit de rectifier une perception insuffisante, l'action du Trésor ne paraît pas tomber sous l'application de notre article 61.

On invoque, à la vérité, à l'appui de l'opinion contraire, l'art. 5 de la loi du 29 juin 1872, aux termes duquel le recouvrement de la taxe sur le revenu doit être suivi et les instances introduites et jugées comme en matière d'enregistrement.

Mais, il est essentiel de le remarquer, cet article règle une question de procédure et ne touche pas au fond du droit. De ce que la perception de la taxe est confiée à l'Administration de l'enregistrement, et de ce que celle-ci est autorisée à employer en vue du recouvrement les mêmes moyens d'exécution que pour le recouvrement des droits d'enregistrement, il ne résulte pas qu'il faille appliquer à la perception de cette taxe les mêmes règles et les mêmes déchéances qu'en matière d'enregistrement.

La question a déjà été posée à propos des droits de timbre, et il a toujours été décidé que ces droits, bien qu'ayant été confiés à la même Administration et soumis aux mêmes règles de procédure par l'article 76 de la loi du 28 avril 1816 que les droits d'enregistrement, ne sont néanmoins prescriptibles que par trente ans. V. notamment, Cass., 28 juil. 1875; 19,912 J.; 4213 R. p.; 21,338 J. N.; 15,403 Contr.; Inst. 2531, § 7; S., 76, 1, 87; D. P., 75, 1, 425; P., 76, 177.

1022. *Prescription triennale des contributions directes.* A défaut de la prescription biennale établie par la loi de frimaire, on a proposé d'appliquer au recouvrement de l'impôt sur le revenu la prescription de trois ans établie en matière d'impôts directs par les art. 8 de la loi du 23 nov. 1790, 149 de la loi du 3 frim. an 7, et 17 de l'arrêté du 16 therm. an 8.

Cette proposition n'est pas mieux fondée que la précédente. La prescription triennale établie par les lois précitées a pour objet le recouvrement des impôts spécialement désignés dans ces lois, c'est-à-dire de la contribution foncière, de l'impôt des portes et fenêtres, de l'impôt mobilier et de la patente. Elle court, aux termes des mêmes lois, à partir de la remise des rôles aux percepteurs et suppose par conséquent qu'un rôle a été dressé. Elle ne peut donc être étendue aux autres impôts, et notamment à l'impôt sur le revenu, dont le recouvrement est confié non aux percepteurs, mais aux agents de l'Administration de l'enregistrement, dont la nature est essentiellement différente de celle des impôts dont nous venons de parler, et dont la quotité, loin d'être déterminée par un rôle fixe et établi d'avance, est au contraire susceptible de varier à l'infini suivant l'importance des bénéfices distribués par les sociétés qui y sont assujetties.

Non seulement il y a lieu d'appliquer le principe d'après lequel les raisonnements par voie d'analogie doivent être écartés en matière de prescription ; mais ici l'analogie fait complètement défaut, et il n'existe aucune raison de supposer que le législateur a pu, en organisant la prescription des impôts directs ci-dessus désignés, avoir en vue d'autres impôts de nature différente, tels que l'impôt sur le revenu. Par conséquent, alors même que la taxe sur le revenu aurait le caractère d'un impôt direct, ce que nous contestons (*supra*, n°s 537 et 997), la prescription triennale n'en est pas moins inapplicable. C'est par ces motifs qu'un jugement du tribunal de Castres, en date du 28 mai 1880, a rejeté la prétention des parties, qui opposaient cette prescription à la réclamation de l'Administration. 21,965 J.; 5644 R. p.; 16,531 Contr.; D. P., 81, 5, 391.

« Attendu, porte ce jugement, qu'on n'est pas mieux fondé à soutenir subsidiairement que la taxe dont il s'agit est un impôt direct auquel s'applique la prescription édictée par les art. 8 de la loi du 23 nov. 1790, 149 de la loi du 3 frim. an 7, 17 de l'arrêté du 16 therm. an 8, et les règlements de 1824 et de 1839 ; — Attendu, en effet, que les seuls impôts directs qui doivent bénéficier de cette prescription sont les contributions foncière, des portes et fenêtres, personnelle, mobilière, des patentes et autres similaires, dont le recouvrement est confié aux percepteurs et pour lesquelles un rôle leur est remis chaque année; que cette prescription n'est opposable qu'aux percepteurs et ne court qu'à partir du jour où le rôle leur a été remis ; qu'ainsi la taxe dont il s'agit dans l'instance n'est point un impôt direct dans le sens des lois et règlements précités ; qu'ainsi encore cette prescription n'a pu courir, puisqu'il n'y a jamais eu remise d'un rôle et ne peut être opposée à l'Administration de l'enregistrement ou aux agents de cette Administration. »

1023. *Prescription quinquennale de l'article 2277 C. civ.* Le tribunal de Castres, dont le jugement vient d'être cité, a cru trouver dans l'art. 2277 du Code civil le genre de prescription qui convient à l'action dont nous parlons.

L'art. 2277 déclare prescriptible par cinq ans : les arrérages de rentes perpétuelles et viagères ; ceux des pensions alimentaires ; les loyers des maisons et le prix de ferme des biens ruraux ; les intérêts des sommes prêtées, et en général tout ce qui est payable par année, ou à des termes périodiques plus courts.

Il semble bien que cet article, interprété dans sa lettre, doive s'appliquer à l'impôt sur le revenu, qui, d'après la loi de 1872, est payable par trimestre. (Dans ce sens, Demasure, *loc. cit.*, n° 239.) Nous nous sommes, en effet, prononcés en faveur de cette interprétation dans notre précédente édition. Mais notre opinion n'a pas été admise par la jurisprudence, ainsi qu'on le verra plus loin, et nous devons reconnaître aujourd'hui, après un nouvel examen, que, sinon les termes de l'art. 2277 C. civ., du moins l'esprit dans lequel cette disposition a été conçue, s'oppose à ce que l'application en soit faite à la taxe sur le revenu.

Il est admis, en effet, que l'énumération des dettes prescriptibles par 5 ans, et qui est faite au commencement de notre article, doit servir à déterminer la pensée de la loi. Or, il résulte de cette énumération que le législateur a eu en vue des prestations périodiques, identiques à elles-mêmes, et se reproduisant de plein droit à des termes plus ou moins rapprochés, en un mot des dettes que le temps suffit seul à accroître. On a craint que, par suite de la négligence du créancier, cette accumulation, en se faisant jour par jour et pour ainsi dire à l'insu du débiteur, n'arrivât à causer la ruine de ce dernier. D'autre part, la loi a pensé que le créancier ne resterait pas plus de 5 ans sans réclamer l'exécution de ces prestations, qui, par leur caractère de revenus périodiques, sont destinées à satisfaire à ses besoins, d'où la conclusion qu'après ce délai il devait être présumé avoir reçu son payement.

Nécessité de punir la négligence du créancier, de peur qu'elle ne cause la ruine du débiteur, et présomption de payement, tel est donc le double fondement de cette prescription.

Il en résulte qu'elle ne s'applique ni aux dettes de capitaux, lors même que ces dettes seraient destinées à se reproduire périodiquement (Laurent, t. XXXII, p. 461), ni aux dettes qui nécessitent chaque année une liquidation nouvelle et qui ne se renouvellent pas de plein droit. (V. Laurent, t. XXXII, p. 493, n°s 469 et suiv.) C'est ainsi qu'en matière d'assurances mutuelles les cotisations des associés, étant essentiellement variables et nécessitant chaque année une liquidation nouvelle, ne sont pas soumises à la prescription de cinq ans. Cass., 8 fév. 1843; Dall., Jur. gén., v° Prescription civile, n° 1097; 17 mars 1856; D. P., 56, 1, 99; 1er fév. 1882; D. P., 82, 1, 99.

Or, l'impôt sur le revenu constitue évidemment une dette de capital. Cette dette est appelée, il est vrai, à se renouveler d'année en année, chaque fois que le contribuable se trouve dans les conditions prescrites pour que l'impôt soit exigible. Mais chaque fois c'est une dette nouvelle qui prend naissance. D'autre part, cette dette est essentiellement variable, et sa quotité est chaque fois subordonnée aux résultats d'une liquidation qui varie suivant le chiffre des actions ou des obligations et suivant le revenu de chacune d'elles. On ne saurait d'ailleurs reprocher à l'État, lorsque plusieurs termes sont dus, d'avoir laissé accumuler ces termes et de conduire ainsi le débiteur à sa ruine. Car, le plus souvent, si l'impôt n'a pu être payé, c'est parce que le débiteur a dissimulé les faits (création de société, distribution de bénéfices) qui devaient servir de fondement à cet impôt. Il en résulte qu'à quelque point de vue qu'on se place, l'art. 2277 est sans application. C'est du reste ce qui a été décidé, pour des motifs absolument identiques, en matière de droits de timbre par abonnement dus sur les polices d'assurances en vertu de la loi du 5 juin 1850. La prescription quinquennale a été écartée, comme la prescription biennale de l'art. 61, et il a été décidé que la seule prescription à invoquer était, à défaut de prescription spéciale, celle du droit commun, c'est-à-dire la prescription trentenaire. — Cass., 28 juil. 1875, cité *supra*, n° 1021.

1024. *Prescription trentenaire.* C'est aussi notre conclusion en ce qui concerne la prescription de l'impôt sur le revenu. Du moment qu'aucune des prescriptions spéciales organisées soit par la loi de frimaire, soit par la loi civile, ne peut recevoir son application, il ne reste pas d'autre prescription à invoquer en cette matière que celle de trente ans, à laquelle sont soumises en définitive toutes les actions qui ne s'éteignent pas dans un délai plus court (art. 2262 Code civ.)

1025. *Jurisprudence.* La jurisprudence, après quelques hésitations, s'est irrévocablement fixée dans ce sens. Plusieurs arrêts rendus par la Cour de cassation décident qu'en l'absence d'une disposition, soit directe, soit indirecte, dans la loi du 29 juin 1872, touchant la prescription, l'action en réclamation de la taxe de 3 p. 100 reste, dans les termes du droit commun, régie par l'art. 2262 C. civ., d'après lequel les actions tant réelles que personnelles ne sont prescrites que par trente ans. — Cass., ch. civ., 29 août 1881; 21,727 J.; 5884 R. p.; 22,622 J. N.; 16,521 Contr.; 6392 Rev. not.; Inst. 2664, § 5; S., 82, 1, 181; D. P., 83, 1, 97; P., 82, 1, 414; — req., 18 avril 1883; 22,084 J.; 6172 R. p.; 22,999 J. N.; 16,763 Contr.; 6820 Rev. not.; Inst. 2682, § 6; S., 84, 1, 395; D. P., 84, 1, 131; P., 84, 987; — ch. civ., 12 juin 1883; 22,125 J.; 6192 R. p.; 23,043 J. N.; 16,795 Contr.; 6820 Rev. not.; Inst. 2687, § 1er; S., 84, 1, 395; D. P., 84, 1, 132; P., 84, 987; — ch. des req., 9 nov. 1886; 22,770 J.; 6796 R. p.; 23,779 J. N.; 17,283 Contr.; Inst. 2735, § 4; S., 88, 1, 33; D. P., 87, 1, 341; P., 88, 52; — ch. des req., 8 nov. 1887; 22,929 J.; 6953 R. p.; 22,929 J. N.; 17,393 Contr.; Inst. 2750, § 2; S., 88, 1, 389; D. P., 88, 1, 109; P., 88, 942.

Les tribunaux secondaires ont adopté la même interprétation. V. Seine, 22 juil. 1881; 21,806 J.; 5884 R. p.; 22,763 J. N.; 16,522 Contr.; D. P., 82, 5, 422; — Saint-Étienne, 24 déc. 1883; 22,770 J.; 6367 R. p.; 23,432 J. N.; 17,033 Contr.; Inst. 2735, § 4; — Angers, 2 avril 1886; 6707 R. p.; — Lyon, 10 août 1887; 23,047 J.; 7040 R. p.; — Seine, 4 mai 1888; 23,104 J.; 7089 R. p.; 17,508 Contr.; — Le Havre, 8 nov. 1888, 7188 R. p.; — V., sur ces décisions, Revue critique de législation, année 1882, p. 430, et année 1885, p. 150.

« Attendu, porte l'arrêt du 29 août 1881, que la loi du 29 juin 1872, qui a établi la taxe de 3 p. 100 sur le revenu des valeurs mobilières, ne contient aucune disposition touchant les délais dans lesquels cet impôt doit être recouvré sous peine de déchéance pour le Trésor; que la Société le Crédit oppose à tort l'art. 5 de cette loi, lequel dispose que chaque contravention aux dispositions de la loi et du décret réglementaire sera punie conformément à l'art. 10 de la loi du 23 juin 1857, relative aux droits de transmission des actions et obligations; que le recouvrement de la taxe sera suivi et que les instances seront instruites et jugées comme en matière d'enregistrement; qu'en effet, il résulte de cette disposition, non pas que l'impôt de la taxe est, par rapport à la prescription, assimilé à l'impôt de l'enregistrement, dont il diffère par sa nature, mais simplement, d'une part, quant aux pénalités, que l'amende particulière de 100 à 5,000 francs, édictée pour les contraventions à la loi de 1857, est applicable aux contraventions à la loi et au décret réglementaire de 1872; d'autre part, quant au recouvrement de la taxe, à l'introduction et au jugement des instances, que, bien que constituant une sorte d'impôt direct, la taxe sur le revenu des valeurs mobilières sera néanmoins recouvrée par les agents de l'enregistrement dans les mêmes formes que le droit d'enregistrement, et, en cas de contestation, soumise à la même procédure; que tous ces points sont étrangers à la question de prescription; d'où il suit qu'en l'absence d'une disposition, soit directe, soit indirecte, dans la loi spéciale touchant la prescription, l'action du fisc en réclamation de la taxe de 3 p. 100 reste, dans les termes du droit commun, régie par l'art. 2262 C. civ., d'après lequel les actions tant réelles que personnelles ne sont prescrites que par trente ans; — Que c'est donc à bon droit que le jugement du 18 fév. 1878, rejetant l'exception de prescription opposée par la Société le Crédit, a déclaré inapplicable, dans l'espèce, la prescription biennale édictée en matière d'enregistrement par l'art. 61 de la loi du 22 frim. an 7. »

L'arrêt du 8 nov. 1887 repousse expressément comme inapplicable à la taxe, soit la prescription biennale de l'art. 61 de la loi du 22 frim. an 7, soit la prescription triennale établie en matière de contributions directes.

Quant à l'arrêt du 18 avril 1883, il condamne le système qui voudrait étendre à notre impôt la prescription quinquennale de l'art. 2277 du Code civil :

« Attendu que les annuités dues par la Compagnie des mines de Douchy pour le payement de la taxe de 3 p. 100, nécessairement variables dans leur quantum, forment des créances distinctes dont chacune représente un capital particulier, et n'ont aucune analogie avec les intérêts, loyers, arrérages, etc., en vue desquels la prescription quinquennale est établie par l'art. 2277 C. civ.; d'où il suit... »

1026. *Supplément de taxe.* Les motifs sur lesquels repose cette jurisprudence sont aussi généraux que possible et ne comportent pas de distinction, pour l'application de la prescription trentenaire, entre les actions qui ont pour objet le recouvrement d'un droit principal et celles relatives à la réclamation d'un droit supplémentaire. Aussi, bien que le contraire ait été décidé par les jugements de Reims du 27 déc. 1879 (21,964 J.; 5644 R. p.; 16,531 Contr.; D. P., 81, 5, 390), de Meaux du 4 mai 1881 (5752 R. p.; 16,531 Contr.), de la Seine du 22 avril 1881 (5751 et 6045 R. p.; 22,130 J.; 22,915 J. N.;

16,530 Contr.; S., 81, 2, 218; D. P., 82, 3, 63; P., 81, 1152), de Mirecourt du 3 mars 1882 (6080 R. p.; 16,764 Contr.), on doit reconnaître que les actions ayant pour objet le payement d'un supplément de taxe resté dû par suite d'une erreur de l'agent de perception, ou d'une omission ou d'une insuffisance commise dans les documents ou déclarations ayant servi de base à la liquidation de l'impôt, ne tombent pas sous le coup des prescriptions spéciales édictées par la loi du 22 frim. an 7, et ne sont atteintes que par la prescription trentenaire.

« Attendu, porte sur ce point le jugement du tribunal d'Angers du 2 avril 1886 (6707 R. p.), que la loi du 29 juin 1872, qui a établi la taxe de 3 p. 100 sur le revenu des valeurs mobilières et le décret réglementaire du 6 déc. même année, ne contiennent aucune disposition relative à la prescription de l'action qui appartient au fisc pour le recouvrement de cette taxe, sans qu'il y ait à faire à cet égard aucune distinction entre la perception entamée comme dans l'espèce et non entamée;

« D'où il suit qu'en l'absence d'une disposition, soit directe, soit indirecte, dans la loi spéciale, touchant la prescription ou la déchéance, l'action du fisc en réclamation de la taxe de 3 p. 100 reste, dans les termes du droit commun, régie par l'art. 2262 du Code civil, d'après lequel les actions tant réelles que personnelles ne sont prescrites que par trente ans. »

Les deux arrêts du 18 avril 1883 et du 12 juin 1883 (précités) ont été rendus au sujet de réclamations ayant pour objet un supplément de droit, résultant de ce que, pour la liquidation de la taxe antérieurement perçue, il n'avait pas été tenu compte de ce que la société avait pris à sa charge le payement de l'impôt (V. *supra*, n° 815). Ils ont formellement condamné le moyen que les parties prétendaient tirer de ce fait pour invoquer la prescription biennale de l'art. 61 de la loi de frimaire et ont ainsi rejeté toute distinction, au point de vue de la durée de la prescription, entre la demande d'un droit principal et celle d'un droit supplémentaire. Le second de ces arrêts est ainsi motivé :

« Attendu que cette disposition est générale et s'applique dans tous les cas où il n'a pas été dérogé au droit commun par une loi spéciale; — Attendu que la loi du 29 juin 1872 ne contient aucune disposition relative à la prescription de l'action qui appartient à l'Administration pour le recouvrement de l'impôt sur les valeurs mobilières ; que si, aux termes de l'art. 5 de ladite loi et de l'art. 10 de la loi du 23 juin 1857, les contraventions en matière d'impôt sur les valeurs mobilières sont frappées des mêmes peines que les contraventions en matière d'enregistrement, cette assimilation ne s'étend pas à la prescription ; qu'il en est de même de l'assimilation établie par ledit art. 5 de la loi du 29 juin 1872 entre les deux impôts, en ce qui concerne les formes du recouvrement et celles de l'instruction et du jugement des instances; — Attendu, dès lors, qu'en se fondant sur cette disposition de la loi du 29 juin 1872 pour déclarer prescrite, par le laps de deux ans, la poursuite intentée par l'Administration contre la Société du Comptoir d'escompte de Mirecourt, en payement d'une somme de 1,069 fr. 76, pour insuffisance de perception sur les revenus des années antérieures, le jugement attaqué a faussement appliqué ledit article et violé l'art 2262 C. civ. »

1027. *Point de départ de cette prescription.* Le principe de la prescription trentenaire étant admis, quel est le point de départ de cette prescription? La question n'a pas encore pu se poser; mais elle présentera un intérêt pratique lorsqu'il se sera écoulé plus de trente ans à partir de la loi du 29 juin 1872.

Les lois qui ont organisé des prescriptions spéciales en ont généralement déterminé le point de départ. Ainsi, en matière de suppléments de droits d'enregistrement, la prescription de l'art. 61 de la loi du 22 frim. an 7 court du jour de l'enregistrement. La prescription des amendes de contravention aux lois sur l'enregistrement et le timbre court à partir du jour où l'Administration a été mise à même de constater la contravention au moyen d'actes présentés à l'enregistrement (art. 14, loi du 16 juin 1824).

La loi civile, en soumettant toutes les actions à la prescription de trente ans, n'a pas indiqué le point de départ de cette prescription; mais sa pensée n'en est pas moins claire. En disant que toutes les actions seraient éteintes après un délai de trente ans, elle a expliqué par cela même que le délai courrait à partir du jour où ces actions pourraient être mises en mouvement. C'est donc la date de l'exigibilité de la créance qui sert de point de départ à la prescription (art. 2257 C. civ.).

L'application de cette règle à la prescription de l'impôt sur le revenu ne paraît pas devoir souffrir de difficulté. La loi de 1872 détermine d'une manière précise les diverses époques de l'exigibilité de la taxe. Il faudra donc, lorsqu'une difficulté de prescription se présentera, liquider les droits comme si le payement s'en était effectué régulièrement, et, par conséquent, procéder aux liquidations provisoires comme aux liquidations définitives (art. 4, loi du 29 juin 1872, et art. 1er, n° 2, décret du 10 déc. 1872). Il sera facile alors de déterminer les diverses époques auxquelles chaque fraction de droits aurait dû être payée. Toutes les fractions qui, d'après la loi du 29 juin 1872 et le règlement d'administration publique du 6 décembre suivant, auraient dû être payées à une époque antérieure à trente ans seront prescrites. Le surplus seulement pourra être réclamé. Toutefois, il y a lieu d'observer, en ce qui concerne le payement de la taxe sur les valeurs à revenu fixe et les payements provisoires sur les valeurs à revenu variable, que la taxe étant payable dans les vingt premiers jours de chaque trimestre, ces vingt jours appartiennent entièrement au débiteur, et que, par conséquent, la prescription ne peut commencer que le lendemain.

1028. Prescription des amendes et des droits en sus. — L'art. 14 de la loi du 16 juin 1824 est la seule disposition qui ait édicté une prescription spéciale en matière d'amendes et de droits en sus. Cette prescription est de deux ans, à partir du jour où les préposés ont été mis à portée de constater les contraventions. Mais, comme la loi de 1824 ne parle spécialement que des amendes de contravention aux lois sur le timbre et l'enregistrement, et que la taxe de 3 p. 100 n'est ni un impôt de timbre, ni un impôt d'enregistrement, on semble autorisé à en conclure que les amendes édictées en vue du recouvrement de cette taxe sont soumises seulement à la prescription trentenaire.

Nous croyons cependant qu'il existe de puissants motifs pour rejeter cette conclusion.

La loi du 29 juin 1872 se borne à dire que les contraventions aux dispositions qu'elle contient seront punies conformément à l'art. 10 de la loi du 23 juin 1857. D'autre part, l'action en répression que cette dernière loi accorde à l'Administration est soumise, à raison de la nature particulière du droit de transmission, lequel participe de la nature des droits d'enregistrement, à la prescription biennale de la loi de 1824. V. *supra*, n° 523.

Or, la disposition qui organise cette action au profit de l'Administration ne peut être isolée de celle qui détermine le délai dans lequel elle doit être exercée. En effet, si les amendes à appliquer en vertu de la loi de 1872 pouvaient être réclamées pendant trente ans, alors que celles dues en vertu de la loi de 1857 ne peuvent l'être que pendant deux ans, la répression organisée par la première de ces deux lois serait en réalité plus sévère que celle édictée par la seconde, et le texte de notre art. 5, qui veut que cette répression soit la même dans les deux cas, se trouverait ouvertement violé.

Concluons donc de ces observations que les poursuites ayant pour objet la répression des contraventions à la loi de 1872 et le payement des pénalités (amende ou droits en sus) qu'elle édicte, sont soumises à la même prescription que celles autorisées par la loi de 1857, à laquelle la nouvelle loi se réfère, c'est-à-dire à la prescription biennale.

C'est en effet ce que le tribunal de Lyon a implicitement décidé, par jugement du 10 août 1887, en déclarant que la prescription biennale applicable aux amendes ne court que du jour où l'Administration a été mise à même de poursuivre le recouvrement des droits. 23,047 J.; 7040 R. p.

« Attendu, en ce qui concerne les amendes de retard réclamées à la Société pour n'avoir pas acquitté l'impôt aux époques fixées par la loi, qu'il n'y a pas lieu non plus de leur appliquer la prescription biennale établie par l'art. 14 de la loi du 16 juin 1824;

« Qu'en effet, cet article n'est applicable qu'au cas où les agents de l'Administration ont été mis à même de poursuivre le recouvrement des droits, et qu'ils se sont abstenus de le faire pendant un laps de temps de deux ans;

« Attendu que, dans l'espèce actuelle, ce n'est qu'en 1885 que l'Administration de l'enregistrement a été fortuitement amenée à constater l'existence des emprunts sur lesquels les droits n'ont pas été acquittés... » — Voy. en sens contraire : M. Besson, *loc. cit.*, n° 281.

1029. Projet de réforme. — La prescription trentenaire en matière d'impôt sur le revenu n'a été établie que par prétérition, et il n'est pas douteux que le législateur, si son attention eût été appelée sur ce point, n'eût pris soin de renfermer dans un délai plus court le droit pour l'Administration de réclamer l'impôt exigible. Les inconvénients de la jurisprudence en vigueur sont si sensibles qu'ils ont ému le gouvernement lui-même et ont déterminé de sa part le dépôt d'un projet de loi destiné à réduire, conformément aux vœux des chambres de commerce, la prescription dont il s'agit à un délai de cinq ans. 6932 R. p.

« Il semble certain, lit-on dans ce document, que, si la loi du 29 juin 1872 n'a pas édicté une prescription spéciale pour le recouvrement de l'impôt sur le revenu, cette omission n'est pas intentionnelle et ne doit être attribuée qu'à un oubli du législateur. Les inconvénients des réclamations tardives, en matière d'impôts, sont, en effet, d'autant plus sensibles qu'il s'agit de taxes périodiques pouvant, par leur accumulation, être la source de sérieux embarras pour le débiteur. En ce qui concerne l'impôt sur le revenu, ces inconvénients sont encore aggravés par ce fait que la société qui l'acquitte n'est qu'une intermédiaire chargée d'en faire l'avance pour le compte des associés et des porteurs des titres. Pour être à même de se rembourser sur ces derniers, il est nécessaire que la société connaisse promptement ce qu'elle doit payer en leur acquit, afin d'exercer son recours en temps utile et avant que les redevables aient pu échapper aux poursuites. En fait, il est constant que toute réclamation, postérieure à la distribution des dividendes ou des intérêts entre les porteurs des titres, a pour effet de diminuer les dividendes ultérieurs et, par conséquent, de grever des porteurs qui, si leur acquisition est récente, ne sont pas les véritables débiteurs de l'impôt. C'est là un résultat regrettable qui, s'il avait été prévu, aurait probablement déterminé le législateur à soumettre les demandes de l'Administration à une prescription plus courte que celle du droit commun. L'inconvénient est encore plus grand lorsque la réclamation se produit après la dissolution de la société et alors que les opérations de la liquidation sont terminées : dans ce cas, en effet, il peut arriver que le gérant, ou les associés personnellement responsables, soient dans l'impossibilité, après avoir acquitté le supplément de taxe qui leur est demandé, d'exercer leur recours contre les associés, soit que ceux-ci soient devenus insolvables, soit que ce recours se trouve lui-même atteint par la prescription quinquennale de l'art. 64 du Code de commerce.

« Etant admis qu'une réforme s'impose en ce qui concerne le délai de la prescription, il reste à examiner quel serait le laps de temps nécessaire pour assurer l'exercice des droits du Trésor, sans engager outre mesure la responsabilité des sociétés.

. . . .

« Le délai de cinq ans proposé par un certain nombre de chambres de commerce semble pouvoir être accepté sous certaines réserves.

« D'une manière générale, il paraît suffisant pour que le contrôle puisse s'exercer d'une manière complète sur les opérations de toutes les sociétés soumises à la taxe de 3 p. 100.

« Il a, de plus, l'avantage de faire coïncider la prescription de l'action de l'Administration contre les sociétés en liquidation avec la prescription des actions que le gérant ou les tiers peuvent avoir à exercer contre les associés (art. 64, C. comm.). De cette manière, le Trésor, en produisant ses réclamations après la dissolution d'une société, n'encourrait plus le reproche de faire peser exclusivement sur les gérants l'impôt dû par les associés, puisque son action s'exercerait avant l'expiration du délai pendant lequel le recours contre ces derniers est encore possible.

« Enfin, les contribuables seraient ainsi mis sur un pied d'égalité parfaite avec le Trésor, puisque le délai pendant lequel ils resteraient exposés aux demandes de supplément d'impôt serait de même durée que le délai pendant lequel ils sont fondés à demander la restitution des taxes indûment acquittées.

« Toutefois, s'il semble possible d'adopter le délai de cinq ans, il serait imprudent de le faire courir uniformément du jour où les droits sont devenus exigibles. Les causes d'exigibilité de l'impôt ne sont, en effet, révélées à l'Administration que par l'enregistrement des actes, ou par les investigations que les agents sont autorisés à exercer dans les sociétés par actions.

« Il en résulte que les faits imposables peuvent aisément être dissimulés lorsqu'il s'agit de sociétés autres que les sociétés par actions, non soumises aux vérifications des agents de l'Enregistrement. L'existence même de ces sociétés reste quelquefois inconnue pendant un temps plus ou moins long, et, dans tous les cas, il leur est facile de soustraire à l'impôt les emprunts qu'elles contractent, surtout les emprunts chirographaires. Les sociétés par actions elles-mêmes peuvent aisément rendre illusoire la surveillance de l'Administration et échapper quelquefois pendant longtemps à l'impôt sur leurs emprunts, leurs ouvertures de crédit et sur les distributions extraordinaires de dividendes qu'elles effectuent, en refusant de communiquer les documents de leur comptabilité, sauf à acquitter l'amende que ce refus rend exigible. Dans nombre de cas, à raison de l'importance même des droits dus au Trésor, il pourrait y avoir intérêt pour elles à payer l'amende et à tenir cachés, jusqu'à l'accomplissement de la prescription, les faits donnant ouverture à l'impôt.

« Le moyen d'éviter ces inconvénients, tout en donnant satisfaction aux chambres de commerce, consisterait à ne faire courir la prescription de cinq ans, dans les sociétés et établissements qui ne sont pas soumis aux investigations des agents du Trésor, que du jour où l'exigibilité de l'impôt aura pu être constatée, sans recherches ultérieures, soit au vu d'un acte soumis à l'enregistrement, soit au moyen des documents que les sociétés déposent au bureau pour se conformer aux prescriptions de la loi du 29 juin 1872. En outre, en ce qui concerne les sociétés et établissements dans lesquels le droit de communication peut s'exercer, on enlèverait tout intérêt au refus de communication que ces sociétés pourraient être tentées d'opposer, en disposant que la prescription sera suspendue à partir du procès-verbal dressé pour constater le refus et jusqu'au jour où la résistance de la société aura cessé. »

Le projet qui a été déposé conformément à ces conclusions est ainsi conçu :

Art. 1er. — L'action du Trésor en recouvrement de la taxe établie sur le revenu des valeurs mobilières est soumise à la prescription de cinq ans.

Art. 2. — Ce délai a pour point de départ la date de l'exigibilité des droits et amendes.

Toutefois, dans les sociétés dont l'existence n'a pas été portée à la connaissance des tiers par les publications légales ainsi que dans toutes sociétés et établissements non soumis par les lois existantes aux investigations des agents de l'Enregistrement, la prescription ne court contre l'Administration que du jour où elle a pu constater l'exigibilité de l'impôt, sans recherches ultérieures, au vu d'un acte soumis à l'enregistrement ou au moyen des documents régulièrement déposés au bureau compétent pour la perception de l'impôt.

En outre, dans les sociétés et établissements soumis aux investigations de l'Administration de l'enregistrement, la prescription est suspendue par un procès-verbal dressé pour constater le refus de communication, à moins que l'Administration ne succombe définitivement dans la poursuite exercée en vertu de ce procès-verbal. Elle ne recommence à courir, en pareil cas, que du jour où il est constaté, au moyen d'une mention inscrite par un agent de contrôle sur un des principaux livres de la société ou de l'établissement, que l'Administration a repris le libre exercice de son droit de vérification.

Art. 3. — L'action des redevables contre le Trésor en restitution des taxes indûment perçues se prescrit également par cinq ans, à compter de la date de l'indue perception.

Fait à Paris, le 14 mars 1887.

§ 2. — Action des contribuables en restitution. Déchéance quinquennale.

1030. Restitution. — Il est admis sans difficulté que l'art. 60 de la loi du 22 frim. an 7, qui s'oppose à la restitution des droits régulièrement perçus, n'est pas applicable en matière de taxe sur le revenu. Nous avons eu l'occasion de citer au cours de cette étude plusieurs cas dans lesquels la restitution de taxes perçues conformément aux dispositions de la loi de 1872 a été ordonnée à la suite d'événements ultérieurs qui avaient modifié la base de l'impôt. V. *supra*, n°s 796, 839 et 953.

Il nous reste à faire connaître les règles qui régissent la prescription des actions en restitution ayant pour objet soit des droits régulièrement perçus, mais devenus restituables par suite d'événements ultérieurs, soit des droits indûment perçus.

1031. Délai de l'action en restitution. Déchéance quinquennale. — L'action qui appartient aux parties pour demander la restitution de la taxe de 3 p. 100 ne tombe pas sous l'application de l'art. 61 de la loi du 22 frim. an 7.

Cet article, qui soumet l'action en restitution à la prescription biennale, n'est en effet relatif qu'aux droits d'enregistrement. A défaut de dispositions spéciales qui régissent la prescription de cette action, on retomberait infailliblement sous le coup de la prescription trentenaire, s'il n'existait une loi de finances, en date du 29 janv. 1831, qui frappe de déchéance toutes les créances contre l'Etat qui n'ont pu, à défaut de justifications suffisantes de la part du créancier, être payées dans le délai de cinq ans *à partir de l'ouverture de l'exercice auquel elles appartiennent.*

Cette disposition étant absolue, il a été décidé qu'elle s'applique à toutes sortes de créances, notamment aux droits de timbre qui, sans cette déchéance spéciale, seraient soumis à la prescription trentenaire. Déc. min. 30 déc. 1868; Sol. 26 janv. et 27 mars 1869; Bordeaux, 31 mai 1886, et Conseil d'Etat, 2 août 1889; V. *supra*, n° 274.

La même solution s'applique évidemment à l'impôt sur le revenu.

Quant aux conditions dans lesquelles la déchéance peut être prononcée et aux règles générales qui gouvernent cette matière, V. notre Dictionnaire, v^{is} Déchéance et Prescription, n°s 635 à 645.

V. aussi *supra*, n° 274, les décisions qui reconnaissent au ministre des finances une compétence exclusive pour statuer sur l'exception de déchéance, lorsqu'elle est invoquée par l'Administration.

Il nous reste seulement à fournir ici quelques explications sur le point de départ du délai de cette prescription, en matière d'impôt sur le revenu.

1032. Point de départ du délai de la déchéance quinquennale. — Le point de départ du délai de cinq ans passé lequel les créances contre l'Etat sont prescrites, est, aux termes de la loi du 29 janv. 1831, le commencement de l'exercice auquel ces créances appartiennent. Ainsi, si le droit à la restitution d'une somme perçue à titre de taxe sur le revenu s'est ouvert le 1er mai 1885, le délai de la déchéance commence à courir le 1er janvier de la même année pour expirer le 1er janv. 1890.

Il reste donc à déterminer, pour l'application de cette règle à la taxe sur le revenu, à quel moment précis s'ouvre le droit à la restitution, suivant les différents cas où elle peut être demandée. Il y a lieu en outre de combiner cette règle avec les principes que nous avons exposés *supra*, n°s 999 et suivants, en ce qui concerne la compensation des sommes à restituer avec les sommes nouvellement exigibles.

Abstraction faite des effets produits par la compensation, les points suivants paraissent incontestables.

1033. *Erreur de perception.* Si l'on suppose qu'une erreur de perception a été commise au préjudice des parties dans la liquidation définitive qui intervient à la clôture de l'exercice social, la prescription pour en demander la restitution court évidemment du jour du payement.

Il en est de même, en principe, lorsque l'erreur a été commise dans une liquidation provisoire. Car la partie n'est pas tenue d'attendre la liquidation définitive pour réclamer la restitution de ce qu'elle a payé indûment, même à titre provisoire. Mais, le plus souvent, cette erreur se trouvera réparée d'office, par voie d'imputation, lors de la liquidation définitive, et, par conséquent, la question de prescription ne s'élèvera pas; ou, si l'erreur est répétée dans la liquidation définitive, c'est à partir de ce nouveau payement que courra le délai pour en demander la rectification. Sol. 11 avril 1882.

La prescription court de même du jour du payement en ce qui concerne la taxe due sur les valeurs à revenu fixe qui ne comportent pas de liquidation provisoire.

1034. *Payements provisoires régulièrement effectués. Remboursement de l'excédent.* Aux termes du décret du 6 déc. 1872, si, lors de la liquidation définitive, il est dû un supplément de taxe, ce supplément est immédiatement acquitté. Dans le cas contraire, l'excédent versé est imputé sur l'exercice courant ou remboursé si la société est arrivée à son terme, ou si elle cesse de donner des revenus.

La restitution de cet excédent est certainement soumise, d'après la règle générale, à la déchéance quinquennale. Mais quel est le point de départ de cette déchéance? Si l'on se place dans l'hypothèse de la dissolution de la société ou dans toute autre hypothèse qui ne permette pas d'imputer l'excédent sur les exercices subséquents, il est évident que la prescription quinquennale courra du jour où cet excédent aurait pu être restitué, c'est-à-dire du jour de la liquidation. On ne pourrait placer le point de départ de cette prescription ni avant cette liquidation, parce que, jusque-là, les droits provisoirement payés l'ayant été régulièrement, les parties ne pouvaient pas en demander la restitution, ni après, parce que le droit à la restitution étant ouvert dès ce jour-là, les parties sont en faute de ne pas l'avoir exercé.

Mais que décider lorsque la société continue et n'a pas cessé de donner des revenus? Il y a lieu, dans ce cas, dit la loi, d'imputer l'excédent sur l'exercice courant.

C'est là, remarquons-le bien, une obligation pour la société, qui ne serait pas fondée à demander le remboursement immédiat de ce qu'elle a payé en trop. Elle n'aura ce droit que si un exercice ultérieur vient à se clore sans donner de revenus. C'est donc seulement à partir de la liquidation définitive qui constatera ce résultat, que la prescription de l'action en restitution pourra courir.

1035. L'Administration a rendu en ce sens une solution en date du 21 juin 1888 dans les circonstances suivantes :

La Société d'éclairage par le gaz de la ville de Rive-de-Gier s'est trouvée en avance, après le règlement de l'exercice 1882 (délibération du 30 mars 1883), d'une somme de 714 fr. 50 formant excédent de perception de l'impôt provisoire sur le revenu des actions; et il n'a été distribué, depuis lors, aucun dividende aux actionnaires (délibérations des 31 mai 1884, 1er avril 1885, 31 mars 1886, 1er avril 1887 et 27 mars 1888).

A la suite d'une pétition du 20 janv. 1888 tendant à la restitution de l'excédent, on a émis l'avis que la somme de 714 fr. 50 était atteinte, depuis le 1er janv. 1888, par la déchéance quinquennale.

L'Administration, consultée, a résolu la question par une distinction sur laquelle nous faisons plus loin quelques réserves.

« L'exercice 1882, dit-elle, ayant donné lieu à une répartition, il était dû provisoirement, pour l'année 1883, la taxe de 3 p. 100 liquidée sur les 4/5 du dividende distribué pour 1882, ou mieux une somme égale aux 4/5 de 510 fr. 30, montant de la taxe exigible sur le bénéfice de 1882 (décret du 6 déc. 1872, art. 1er, § 2, 1er alinéa).

« L'excédent des payements provisoires effectués en 1882, montant à 714 fr. 50, devait donc être imputé, jusqu'à due concurrence, sur l'exercice courant, c'est-à-dire sur la taxe provisoire exigible pour l'année 1883. Et, comme cette taxe provisoire s'élevait aux 4/5 de 510 fr. 30, soit à 408 fr. 24, le surplus, soit 714 fr. 50 — 408 fr. 24, ou 306 fr. 26, était seul restituable en 1883.

« Quant à la somme à retenir par voie d'imputation (408 fr. 24), le droit de la société au remboursement ne s'est ouvert qu'en 1884, lors de la délibération du 31 mai qui a constaté l'improductivité de l'exercice 1883. Il s'ensuit qu'à l'égard de cette somme la déchéance de cinq ans, actuellement interrompue par la pétition du 20 janv. dernier, n'eût été accomplie qu'au 31 déc. 1888 : la restitution de cette taxe ne souffre donc aucune difficulté. »

1036. Cette solution renferme un point sur lequel nous sommes en désaccord avec l'Administration. Il nous semble que lorsqu'une société est constituée en avance d'une somme déterminée par suite de ses versements provisoires, c'est cette somme tout entière que le Trésor a le droit de retenir pour l'imputer non pas seulement sur les versements provisoires de l'exercice courant, mais, dit la loi, *sur l'exercice courant*, c'est-à-dire sur la taxe qui sera reconnue exigible lors de la liquidation de cet exercice. En un mot, nous ne pensons pas que la société puisse demander la restitution immédiate de tout ce qui, dans son avance, excède les quatre termes provisoires de l'exercice courant. Par conséquent, c'est pour la totalité de cette avance que la prescription est suspendue jusqu'à la liquidation de l'exercice courant, et, en outre, elle ne commencera à courir, selon nous, que si cet exercice est improductif : car, dans le cas contraire, l'avance, si elle n'a pu entièrement s'imputer sur la taxe exigible pour l'exercice liquidé, s'imputera pour le surplus, et jusqu'à due concurrence, sur le nouvel exercice.

1037. *Compensation.* La solution que nous venons de citer tranche en outre une question fort délicate, en faisant intervenir dans la détermination du point de départ de la prescription les effets de la compensation admise par la jurisprudence entre les sommes à restituer et les sommes devenues exigibles avant l'expiration du délai de prescription.

Il est évident, en effet, que si la somme dont une société est constituée en avance par une liquidation définitive et qui n'a pas reçu d'affectation spéciale doit, ainsi que l'Administration l'a reconnu (V. *supra*, nos 999 et suiv.), se compenser avec les termes exigibles de la même taxe, au point que la société peut se dispenser de les acquitter sans commettre de contravention, ce qui suppose que la compensation s'effectue de plein droit, il ne peut être question de prescription pour toute somme à restituer qui a pu s'imputer, avant la déchéance, sur des termes devenus exigibles depuis que le droit à la restitution s'est ouvert. Par l'effet de la compensation, la somme à restituer est réputée avoir été payée successivement au fur et à mesure de l'exigibilité de ces nouveaux termes, et ce sont les nouveaux payements effectués malgré la compensation qui, ayant eu lieu indûment, ont ouvert une nouvelle créance à la société contre le Trésor, un nouveau droit à restitution. Le point de départ de la prescription s'est trouvé ainsi perpétuellement reculé, et, pour que la prescription s'accomplisse, il faut supposer que la société est demeurée en avance d'une somme déterminée, c'est-à-dire sans qu'aucune dette nouvelle soit venue se compenser avec cette avance, pendant le temps requis pour l'accomplissement de la déchéance.

La solution précitée du 21 juin 1888 a fait application de ces principes, dans l'espèce que nous avons rapportée *supra*, n° 1035, à la somme que l'Administration avait considérée comme restituable à partir de l'année 1883 sur les payements provisoires de l'année 1882, et dont la société n'a demandé la restitution que par une pétition du 20 janv. 1888. D'après la règle admise dans la première partie de cette solution, la déchéance eût été certainement encourue pour cette somme si la société, qui depuis lors était restée improductive et n'avait eu aucun droit à payer sur ses actions, n'avait pas eu d'autre part à acquitter la taxe sur ses obligations. Mais le fait de ce payement a paru pouvoir être invoqué comme constituant, en vertu des principes de la compensation, un obstacle à l'accomplissement de la prescription.

« En ce qui concerne, porte sur ce point la solution précitée, la portion de la somme de 714 fr. 50 dont le remboursement pouvait être demandé dès l'année 1883, il n'y a pas lieu d'invoquer la déchéance. Cette fraction de l'impôt provisoire n'ayant reçu aucune affectation spéciale (Inst. n° 2687-2) a pu se compenser avec l'impôt de même nature exigible sur les intérêts des emprunts sociaux. Or, la société a versé pour ces emprunts, du 12 juil. 1883 au 18 janv. 1888, une somme de 1,657 fr. 22 ; et, dans ce chiffre, les termes trimestriels acquittés depuis le 1er janv. 1884, c'est-à-dire non couverts par la déchéance, s'élèvent à 1,457 fr. 13. On peut admettre, en l'état, que l'excédent disponible s'est trouvé reporté de trimestre en trimestre ; par suite, qu'il fait partie de la somme de 1,457 fr. 13 payée depuis moins de cinq ans et qu'il est encore aujourd'hui restituable. »

1038. Cette décision rapporte implicitement une solution du 27 fév. 1883, citée par M. Besson (*loc. cit.*, n° 273), d'après laquelle l'interruption de la prescription ne saurait résulter de ce qu'une société en avance pour ses actions a omis d'acquitter la taxe sur le revenu de ses emprunts. Il est évident, au contraire, d'après la règle que nous venons d'exposer, que l'avance de la société, dans cette hypothèse, s'est compensée avec la taxe devenue successivement exigible sur les intérêts des emprunts, et que, par conséquent, le Trésor ne pourrait prétendre exiger le payement de cette dernière taxe, tout en se retranchant derrière la prescription pour refuser de rembourser son avance à la société. Il n'y a pas lieu, dans ce cas, au remboursement de cette avance, non pas parce qu'elle est prescrite, mais parce qu'elle a servi à acquitter une dette réellement exigible.

1039. *Causes qui s'opposent à l'application de la déchéance.* La déchéance étant fondée sur des raisons d'ordre public, le créancier de l'Etat ne peut arguer ni de l'ignorance où il est demeuré de l'existence de son droit, ni de l'impossibilité de le faire valoir, pour se faire relever de la déchéance encourue. Cons. d'Etat, 9 fév. 1883 ; S., 85, 3, 3.

Mais il est de règle constante que la déchéance ne peut être prononcée si c'est par le fait de l'Administration que la créance contre l'Etat n'a pas été liquidée, ordonnancée et payée dans le délai de cinq ans. Cons. d'Etat, 6 avril 1854.

Il en est ainsi notamment, en matière de restitution de taxe, lorsque les droits à restituer ont fait l'objet, avant l'expiration du délai, d'une demande en restitution en la forme administrative à laquelle il n'a pas été fait droit. Cons. d'Etat, 2 août 1889 ; 23,275 et 23,306 J. ; 7309 R. p. ; 17,651 Contr. ; Inst. 2780, § 9.

CINQUIÈME PARTIE. — VALEURS ÉTRANGÈRES.

CHAPITRE Ier. — RÈGLES GÉNÉRALES ET COMMUNES AUX TROIS TAXES.

ART. 1er. — *Législation. Exposé général des règles de perception des trois taxes sur les valeurs étrangères.*

1040. Exposé général. — Rien n'est plus controversé que l'utilité de l'introduction des valeurs étrangères sur notre marché financier. Cette controverse s'est traduite à l'Assemblée nationale, lors de la délibération de la loi du 29 juin 1872, par une vive discussion entre les différents orateurs qui y ont pris part. Il est certain que l'affluence des valeurs étrangères a pour effet d'attirer les capitaux à l'étranger, par conséquent de renchérir les capitaux dans l'intérieur du pays. Cet inconvénient est balancé, il est vrai, par l'avantage, qu'apprécient surtout les capitalistes, d'agrandir notre marché financier.

Quoi qu'il en soit de cette question, nos législateurs n'ont pas cru qu'il y eût de graves inconvénients à imposer les valeurs étrangères à l'égal des valeurs françaises. La justice d'un pareil impôt n'a pas besoin du reste d'être démontrée. Ces valeurs, en entrant en France, deviennent la propriété des nationaux qui les achètent, forment par conséquent une portion de leurs revenus. Ce sont ces revenus qu'il s'agit de frapper, en vertu du principe de proportionnalité admis dans notre régime financier.

Divers systèmes ont été proposés pour les atteindre. Le moyen le plus rationnel eût été d'obliger les banquiers qui payent les coupons à faire eux-mêmes la retenue de l'impôt, à la charge d'en tenir compte au Trésor. Mais les porteurs eussent échappé facilement à cette disposition, en faisant toucher leurs coupons sur une place étrangère. En présence de ces difficultés, la loi s'en est tenue au seul moyen pratique, qui consiste dans l'obligation, pour les compagnies étrangères, d'avoir auprès du gouvernement français des représentants responsables, chargés d'acquitter les droits.

1041. Jusqu'en 1857, les titres des sociétés, villes, corporations étrangères et des Etats étrangers, n'étaient soumis, en France, qu'aux dispositions générales de la loi fiscale. En ce qui concerne le droit de timbre notamment, ils n'y étaient assujettis, même après la loi du 5 juin 1850, qui n'avait édicté aucune disposition à leur égard, que d'après les règles tracées par les art. 13 et 15 de la loi du 13 brum. an 7, c'est-à-dire dans le cas seulement où il en était fait usage en France. On les assimilait alors aux effets de commerce pour l'application du tarif (*supra*, n° 118. — V. toutefois ce qui a été dit à ce sujet en ce qui concerne les actions des sociétés françaises émises antérieurement à la loi du 5 juin 1850, *supra*, n° 103). C'est ce qui résultait d'une manière expresse d'une décision du ministre des finances du 13 mars 1851 et d'un décret du 14 mars 1851, 8357 R.; 14,336 J. N.; 9181 Contr.; Inst. 1877.

1042. La loi du 23 juin 1857 est la première qui se soit préoccupée de faire cesser l'immunité accordée aux valeurs étrangères circulant en France, au préjudice de nos propres valeurs. En conséquence, elle décide que les actions et obligations émises par les sociétés, compagnies ou entreprises étrangères, seront soumises à des droits équivalents à ceux qui sont établis sur les valeurs françaises : droit de timbre et droit de transmission ; et, pour en assurer la perception, elle impose aux sociétés l'obligation d'acquitter elles-mêmes ces droits, suivant des règles devant faire l'objet d'un règlement d'administration publique. Comme sanction à ces dispositions, elle ajoute que ces valeurs ne pourront être ni cotées, ni négociées en France, qu'en se soumettant à l'acquittement de ces impôts.

Le règlement d'administration publique, en date du 17 juil. 1857, assure l'exécution de cette loi : 1° en obligeant les sociétés étrangères à désigner et à faire agréer du ministre des finances un représentant responsable, chargé d'acquitter les droits ; 2° en déléguant au même ministre le soin de déterminer, contradictoirement avec le représentant de la société, le nombre de titres qui sont présumés circuler en France, et qui doivent en conséquence acquitter l'impôt. Disons tout de suite que ce mode de liquidation, après avoir été deux fois modifié, sous prétexte qu'il laissait trop de place à l'arbitraire ministériel, a été de nouveau consacré par un décret du 24 mai 1872. En conséquence, c'est encore le ministre qui fixe le nombre des titres passibles des différentes taxes en vigueur. Sa décision toutefois peut être revisée tous les trois ans.

On conçoit qu'on ne puisse pas obliger les sociétés étrangères à détacher leurs titres d'un registre à souche sur lequel le timbre puisse être apposé, ni à faire des déclarations faisant connaître les transferts ou conversions dont ces titres ont été l'objet pendant le cours de chaque trimestre. Ces déclarations, au surplus, resteraient sans contrôle, attendu qu'il serait impossible aux préposés de l'Enregistrement de prendre communication des registres, ces registres se trouvant à l'étranger. En conséquence, le décret du 17 juil. 1857 a décidé qu'on adopterait exclusivement, pour le payement des droits, le système de la taxe annuelle, à raison de 5 centimes par 100 francs (aujourd'hui 6 centimes) du capital nominal des titres, pour le droit de timbre, et de 12 centimes p. 100 (aujourd'hui 20 centimes) pour le droit de transmission, sans distinction entre les titres nominatifs et les titres au porteur. Moyennant le payement de cet abonnement, les valeurs étrangères peuvent circuler et se négocier en France sans être assujetties à aucun droit de timbre ou d'enregistrement. L'apposition du timbre sur les titres étant impossible dans la plupart des cas, il y est suppléé par une insertion au Journal officiel.

Le principe admis par la loi du 23 juin 1857 pour les actions et obligations des sociétés étrangères a été étendu, par la loi du 30 mars 1872 (art. 1er, § 4), aux titres émis par les villes, provinces, corporations étrangères et tous autres établissements étrangers.

En outre, la loi du 29 juin 1872, en créant l'impôt sur le revenu, y a expressément assujetti les titres étrangers et a rattaché l'exigibilité de cet impôt, ainsi que des deux autres taxes de timbre et de transmission, au simple fait de l'émission ou de la circulation de ces titres sur le marché français. « Les titres étrangers, porte l'art. 4 de ladite loi, ne pourront être *cotés, négociés, exposés en vente ou émis en France,* qu'en se soumettant à l'acquittement de la taxe sur le revenu, ainsi que des droits de timbre et de transmission. »

1043. Il restait en dehors de ces diverses dispositions : 1° les titres émis par les gouvernements étrangers ; 2° tous les titres étrangers en général dont il est fait usage en France, ou qui y font l'objet d'une négociation accidentelle, sans toutefois donner lieu au payement des taxes annuelles.

En ce qui concerne les premiers, il n'a pas paru possible d'adopter le même mode de procéder qu'avec les sociétés étrangères, c'est-à-dire d'exiger que les gouvernements étrangers fissent agréer auprès du ministre des finances un représentant responsable, sous peine de voir leurs titres rayés de la cote officielle ou d'encourir des amendes dont le recouvrement eût présenté des difficultés sur lesquelles il nous paraît inutile d'insister.

Ces titres, qui sont restés affranchis des taxes annuelles, ont été soumis au payement du droit de timbre au comptant. Le droit est de 1 p. 100 pour les titres des sociétés, villes, provinces et corporations étrangères (art. 1 et 2, loi du 30 mars 1872). Il a été réduit par la loi du 5 mai 1872, pour les titres des gouvernements étrangers, à : 75 cent. pour chaque titre de 500 fr. et au-dessous ; à 1 fr. 50 pour chaque titre de 500 fr. jusqu'à 1,000 fr.; à 3 fr. pour chaque titre de 1,000 fr.

jusqu'à 2,000 fr., et ainsi de suite, à raison de 1 fr. 50 par 1,000 fr. ou fraction de 1,000 fr.

Sa perception est assurée au moyen de l'interdiction, sous peine d'amende, de toute négociation, exposition en vente, ou de toute énonciation des titres dans les actes, interdiction que les lois des 30 mars 1872 et 25 mai 1872 ont édictée et complétée par diverses dispositions dont nous donnerons plus loin le commentaire.

1044. Textes législatifs. — Nous reproduisons ici dans leur ordre chronologique les textes législatifs qui régissent spécialement la perception des trois taxes sur les valeurs étrangères. Nous avons à peine besoin d'ajouter que ces textes trouvent leur complément dans les dispositions de la loi fiscale qui ont créé et organisé la perception des taxes sur les valeurs françaises et qui, sauf les exceptions que nous signalerons, s'appliquent aux titres étrangers.

1045. *Loi du* 23 *juin* 1857, *art.* 9 : « Les actions et obligations émises par les sociétés, compagnies ou entreprises étrangères, sont soumises, en France, à des droits équivalents à ceux qui sont établis par la présente loi et par celle du 5 juin 1850 sur les valeurs françaises ; elles ne pourront être cotées et négociées en France qu'en se soumettant à l'acquittement de ces droits.

« Un règlement d'administration publique fixera le mode d'établissement et de perception de ces droits, dont l'assiette pourra reposer sur une quotité déterminée du capital social. Le même règlement déterminera toutes les mesures nécessaires pour l'exécution de la présente loi. »

1046. *Décret du* 17 *juillet* 1857, *art.* 10 : « Pour l'exécution de l'art. 9 de la loi (du 23 juin 1857), les sociétés, compagnies ou entreprises étrangères qui ont été autorisées à faire coter leurs actions et obligations, soit à la Bourse de Paris, soit aux bourses départementales, seront tenues, dans les deux mois de la promulgation de la loi, de désigner un représentant responsable en France, et de le faire agréer par le ministre des finances, sous peine de se voir retirer l'autorisation dont elles jouissent. — Toute compagnie qui, à l'avenir, sera autorisée à faire coter ses titres en France, devra également faire agréer par le ministre des finances un représentant responsable. — Les sociétés, compagnies et entreprises mentionnées aux deux paragraphes précédents, remettront au ministre des finances une déclaration indiquant le nombre de leurs actions et obligations qui devra servir de base à l'impôt. Ce nombre sera fixé par le ministre des finances. — Ces sociétés, compagnies et entreprises payeront, pour leurs actions et obligations soumises à l'impôt, une taxe annuelle obligatoire de 12 centimes (20 cent.) par 100 fr., conformément au paragraphe 2 de l'art. 6 de la loi du 23 juin 1857, sans faire aucune distinction entre les titres nominatifs et les titres au porteur. — Les dispositions des art. 5 et 7 du présent règlement, relatives aux époques du payement et à la fixation du cours moyen, seront applicables aux valeurs étrangères. »

Art. 11, même décret : « Le droit de timbre auquel sont assujetties les actions et obligations émises par les sociétés françaises sera acquitté par les sociétés, compagnies et entreprises étrangères dont les titres sont ou seront cotés en France. Ce droit sera établi sur la quotité du capital déclaré, conformément à l'art. 10 du présent règlement, et payé suivant le mode prescrit par les art. 22 et 31 de la loi du 5 juin 1850 (abonnement). — Un avis officiel inséré au Moniteur équivaudra à l'apposition du timbre. »

1047. *Décret du* 11 *janvier* 1862, *art.* 1er : « Le droit de transmission établi par l'art. 9 de la loi du 23 juin 1857 et par l'art. 10 du décret du 17 juillet suivant sur les actions et obligations des sociétés, compagnies et entreprises étrangères, est perçu de la manière suivante : pour les sociétés, compagnies et entreprises dont les titres sont cotés et circulent simultanément dans les places de commerce de l'étranger et à la Bourse de Paris, ou dans les bourses départementales, la moitié du capital représenté par leurs actions et obligations est soumise à l'impôt ; pour les sociétés, compagnies et entreprises dont il est notoire que les titres circulent particulièrement en France, l'impôt est perçu sur le montant total de leurs actions et obligations. »

Art. 2, même décret : « Les représentants des sociétés devront fournir au ministre des finances une déclaration émanée des conseils d'administration desdites sociétés, faisant connaître l'importance du capital émis, tant en actions qu'en obligations. Cette déclaration doit être certifiée par le consul de France du lieu où est établi le siège de ladite société. »

1048. *Loi du* 13 *mai* 1863, *art.* 6 : « A dater du 1er juil. 1863, sont soumis à un droit de timbre de 50 centimes par 100 fr. ou fraction de 100 fr. du montant de leur valeur nominale, les titres de rentes, emprunts et autres effets publics des gouvernements étrangers, quelle qu'ait été l'époque de leur création. — La valeur des monnaies étrangères en monnaies françaises sera fixée annuellement par un décret. »

Art. 7 : « Aucune transmission des titres énoncés en l'article précédent ne peut avoir lieu avant que ces titres aient acquitté le droit de timbre. — En cas de contravention, le propriétaire du titre et l'agent de change, ou tout autre officier public qui aura concouru à sa transmission, seront passibles chacun d'une amende de 10 p. 100 de la valeur nominale de ce titre. »

Art. 8 : « L'acquittement du droit de timbre établi par la présente loi sera constaté, soit au moyen du visa pour timbre, soit par l'apposition sur les titres de timbres mobiles que l'Administration de l'enregistrement est autorisée à vendre et à faire vendre. — Un règlement d'administration publique déterminera la forme et les conditions d'emploi des timbres mobiles créés en exécution du paragraphe précédent (ce règlement n'a pas été rendu). — Sont applicables à ces timbres les dispositions de l'art. 21 de la loi du 11 juin 1859. »

Art. 9 : « Sont considérés comme non timbrés les titres sur lesquels le timbre mobile aurait été apposé sans l'accomplissement des conditions prescrites par le règlement d'administration publique, ou sur lesquels aurait été apposé un timbre ayant déjà servi. »

1049. *Loi du* 8 *juin* 1864, *art.* 7 : « A partir du 1er juillet 1864, le droit de timbre établi par la loi du 13 mai 1863 sur les rentes, emprunts et effets publics des gouvernements étrangers, est porté de 50 centimes à 1 fr. »

1050. *Décret du* 11 *décembre* 1864, *art.* 1er : « A partir du 1er janvier 1865, le droit de transmission établi par l'art. 9 de la loi du 23 juin 1857 et par l'art. 10 de notre décret du 17 juillet suivant, sur les titres des sociétés, compagnies et entreprises étrangères, sera perçu sur la moitié du capital représenté par les actions et sur la totalité des obligations. »

Art. 2 : « Sont maintenues les dispositions de notre décret du 11 janvier 1862 qui ne sont pas contraires à l'article qui précède. »

1051. *Décret du* 28 *mars* 1868, *art.* 1er : « Les sociétés, compagnies et entreprises étrangères dont les titres sont cotés aux bourses françaises sont admises à jouir du bénéfice de l'art. 24 de la loi du 5 juin 1850, en justifiant que, pendant les deux dernières années, elles n'ont pu payer ni dividendes ni intérêts ; elles devront, à cet effet, produire à l'Administration de l'enregistrement les procès-verbaux et délibérations des assemblées générales, les inventaires, balances et tous autres documents de comptabilité, vérifiés et certifiés par les agents diplomatiques ou consulaires français. »

1052. *Loi du* 30 *mars* 1872, *art.* 1er « ..... Les titres émis par les villes, provinces et corporations étrangères, quelle que soit leur dénomination, et par tout autre établissement public étranger, seront soumis à des droits équivalents à ceux qui sont établis par la présente loi (droit de transmission) et par celle du 5 juin 1850 sur le timbre. Ils ne pourront être cotés ou négociés en France qu'en se soumettant à l'acquittement de ces droits. — Un règlement d'administration publique fixera pour ces titres le mode d'établissement et de perception de l'impôt, dont l'assiette pourra reposer sur une quotité déterminée du capital. »

Art. 2 : « Nul ne peut négocier, exposer en vente ou énoncer dans des actes de prêt, de dépôt, de nantissement et dans tout autre acte ou écrit, à l'exception des inventaires, des titres étrangers qui n'auraient pas été admis à la cote, ou qui n'auraient pas été dûment timbrés au droit de 1 p. 100 du capital nominal. — Tout acte, soit public, soit sous seing privé, qui énoncera un titre de rente ou effet public d'un gouvernement étranger, ou tout autre titre étranger non coté aux bourses françaises, devra indiquer la date et le numéro du visa pour timbre apposé sur ce titre, ainsi que le montant du droit payé. — Chaque contravention à ces dispositions pourra être constatée, dans tous les lieux ouverts au public, par les agents qui ont qualité pour verbaliser en matière de timbre; elle sera punie d'une amende de 5 p. 100 de la valeur nominale des titres qui seront négociés, exposés en vente, énoncés dans des actes, ou dont il aura été fait usage. En aucun cas l'amende ne pourra être inférieure à 50 fr. — Toutes les parties sont solidaires pour le recouvrement des droits et amendes. — Une amende de 50 fr. sera encourue personnellement par tout officier public ou ministériel qui aura contrevenu aux dispositions qui précèdent. »

1053. *Décret du 24 mai 1872, art.* 1er : « Le nombre des titres qui doit, en vertu de l'art. 10 du décret du 17 juil. 1857, servir de base à la perception des droits de timbre et de transmission établis par les lois ci-dessus visées sur les actions et obligations des sociétés étrangères, est fixé par le ministre des finances, sur l'avis préalable d'une commission composée ainsi qu'il suit : le président de la section de finances au Conseil d'Etat, président ; le directeur général de l'enregistrement, des domaines et du timbre ; le directeur du mouvement général des fonds ; un régent de la Banque de France ; le syndic des agents de change de Paris. La commission désigne son secrétaire, qui a voix consultative. »

Art. 2 : « Le nombre des titres assujettis aux droits de timbre et de transmission ne peut être inférieur, pour les actions, à un dixième, et, pour les obligations, à deux dixièmes du capital. »

Art. 3 : « Le nombre de titres fixé par le ministre des finances, conformément aux articles qui précèdent, peut être revisé tous les trois ans. — S'il y a lieu à revision, elle est effectuée dans le trimestre qui précède l'échéance de la troisième année et sert de base pour une nouvelle période de trois ans. — A défaut par les sociétés, compagnies, entreprises, d'acquitter les droits, les titres sont rayés de la cote. — Néanmoins le représentant établi en France, conformément à l'art. 10 du décret du 17 juil. 1857, reste responsable des droits jusqu'à l'époque à laquelle les titres auront cessé d'être cotés. »

Art. 4 : « Les droits de timbre et de transmission dus en vertu de l'art. 1er de la loi du 30 mars 1872, pour les titres émis par les villes, provinces, corporations étrangères et par tous autres établissements publics étrangers, sont fixés et perçus conformément aux dispositions du règlement d'administration publique du 17 juil. 1857 et à celles du présent règlement. »

Art. 5 : « Le décret du 11 déc. 1864 est abrogé. »

1054. *Loi du 25 mai 1872, art.* 1er : « Le droit de timbre établi par les lois des 13 mai 1863 et 8 juin 1864 sur les titres de rentes, emprunts et tous autres effets publics des gouvernements étrangers, est fixé, à l'avenir, ainsi qu'il suit, savoir : A 75 centimes, pour chaque titre de 500 fr. et au-dessous ; — A 1 fr. 50, pour chaque titre de 500 fr. jusqu'à 1,000 fr. ; — A 3 fr., pour chaque titre au-dessus de 1,000 fr., jusqu'à 2,000 fr., et ainsi de suite, à raison de 1 fr. 50 par 1,000 fr. ou fraction de 1,000 fr. — Ce droit n'est pas assujetti aux décimes. Il est perçu sur la valeur nominale du titre. »

Art. 2 : « Aucune émission ou souscription de titres de rente ou effets publics des gouvernements étrangers ne peut être annoncée, publiée ou effectuée en France, sans qu'il ait été fait, dix jours à l'avance, au bureau de l'enregistrement de la résidence, une déclaration dont la date est mentionnée dans l'avis ou annonce. — Les titres ou les certificats provisoires de titres souscrits ou émis en France ne pourront être remis aux souscripteurs ou preneurs sans avoir préalablement acquitté les droits de timbre fixés par l'article précédent. — Si le droit a été payé sur le certificat provisoire, le titre définitif correspondant sera timbré sans frais sur la représentation de ce certificat. »

Art. 3 : « Chaque contravention aux dispositions des paragraphes 1 et 2 de l'article précédent pourra être constatée dans les formes et conditions indiquées au troisième paragraphe de l'art. 2 de la loi du 30 mars 1872. Elle sera également punie d'une amende de 5 p. 100 de la valeur nominale des titres annoncés ou émis, sans que cette amende puisse être inférieure à 50 fr. — L'amende est due personnellement et sans recours par celui qui a fait des annonces sans déclaration préalable, qui a émis les titres ou qui a servi d'intermédiaire pour la souscription ou l'émission de titres non timbrés. La même amende sera exigible à raison d'émissions ou de souscriptions faites sans déclaration préalable. Le souscripteur ou le preneur de titres non timbrés est tenu solidairement de l'amende, sauf son recours contre celui qui a ouvert la souscription ou émis les titres. »

1055. *Loi du 29 juin 1872, art. 4* : « Les actions, obligations, titres d'emprunts, quelle que soit d'ailleurs leur dénomination, des sociétés, compagnies, entreprises, corporations, villes, provinces étrangères, ainsi que tout autre établissement public étranger, sont soumis à une taxe équivalente à celle établie par la présente loi sur le revenu des valeurs françaises.

« Les titres étrangers ne pourront être cotés, négociés, exposés en vente ou émis en France qu'en se soumettant à l'acquittement de cette taxe, ainsi que des droits de timbre et de transmission.

« Un règlement d'administration publique fixera le mode d'établissement et de perception de ces droits, dont l'assiette pourra reposer sur une quotité déterminée du capital social.

« Le même règlement déterminera les époques de payement de la taxe, ainsi que toutes les autres mesures nécessaires pour l'exécution de la présente loi. »

Art. 5 : « Chaque contravention aux dispositions qui précèdent et à celles du règlement d'administration publique qui sera fait pour leur exécution sera punie conformément à l'art. 10 de la loi du 23 juin 1857. »

1056. *Décret du 6 déc. 1872, art.* 3 : « Toutes les dispositions des deux articles précédents (mode de liquidation et époques de payement de la taxe sur le revenu) sont applicables aux sociétés, compagnies, entreprises, corporations, villes, provinces étrangères, ainsi qu'à tous autres établissements publics étrangers dont les titres sont cotés ou circulent en France, ou qui ont pour objet des biens, soit mobiliers, soit immobiliers, situés en France.

« La taxe sur le revenu, pour les titres cotés à la Bourse ou émis en France, est assise sur la même base que les droits de timbre et de transmission; elle est déterminée en la forme prévue au règlement d'administration publique du 24 mai 1872.

« Les sociétés, compagnies et entreprises étrangères dont les titres ne sont pas cotés, mais qui ont pour objet des biens meubles ou immeubles situés en France, doivent la taxe sur le revenu, à raison des valeurs françaises qui en dépendent, et acquittent cette taxe d'après une quotité du capital social fixée par le ministre des finances, sur l'avis préalable de la commission instituée par le règlement ci-dessus indiqué. Elles doivent, à cet effet, faire agréer par le ministre des finances, avant le 1er déc. 1872, si elles existent actuellement, et, dans le cas contraire, avant toute opération en France, un représentant français personnellement responsable des droits et amendes. »

Art. 4 : « Aucune émission ou souscription de titres étrangers ne peut avoir lieu en France qu'après qu'un représentant responsable a été agréé par le ministre des finances.

« Dans le mois qui suit la clôture de l'émission ou de la souscription, le ministre des finances détermine le nombre des titres qui doivent servir de base à la perception des droits de timbre et de transmission, ainsi qu'à l'assiette de la taxe sur le revenu. Ce nombre est fixé conformément aux dispositions des règlements d'administration publique des 17 juil. 1857 et 24 mai 1872. »

1057. Principe de l'équivalence adopté par la législation à l'égard des titres étrangers. — La loi du 23 juin 1857, art. 9, dispose que les titres étrangers sont soumis à des droits *équivalents* à ceux que supportent les titres des sociétés françaises, tant en vertu de cette loi qu'en vertu de la loi du 5 juin 1850. L'organisation des règles de perception de cet impôt a été abandonnée par la même loi à un règlement d'administration publique.

L'art. 4 de la loi du 29 juin 1872 établit dans les mêmes termes la taxe sur le revenu des actions et obligations des sociétés, compagnies, entreprises, villes et provinces étrangères. « Ces titres, porte cette disposition, sont soumis à une taxe *équivalente* à celle qui est établie par la présente loi sur le revenu des valeurs françaises... Un règlement d'administration publique fixera le mode d'établissement et de perception de ces droits, dont l'assiette pourra reposer sur une quotité déterminée du capital social... »

Il résulte de cette disposition qu'en principe les titres étrangers sont soumis aux mêmes droits que les titres français, et que le pouvoir exécutif a reçu les pouvoirs les plus étendus pour organiser l'application de ce principe.

En conséquence, le chef de l'Etat est autorisé à prendre toutes les mesures réglementaires nécessaires pour que les titres étrangers soient assujettis aux mêmes charges fiscales que les titres français ; il peut, à cet effet, édicter des dispositions spéciales et différentes de celles qui ont été organisées par les lois et décrets de 1857 et de 1872. Il peut, instruit par l'expérience, modifier les règlements par lui arrêtés en vue de réaliser le mieux possible l'assimilation qui est dans le vœu du législateur.

C'est en vertu de ce principe que la Cour de cassation a reconnu la légalité de l'art. 3 du décret du 6 déc. 1872, qui a organisé la perception de la taxe sur le revenu à l'égard des sociétés, compagnies, entreprises, villes, corporations et établissements étrangers, qui ont pour objet des biens soit mobiliers, soit immobiliers, situés en France. Cass., 29 août 1881 ; 21,727 J.; Inst. 2664, § 5; 16,521 Contr.; 5854 R. p.; 22,622 J. N.; 6392 Rev. not.; S., 82, 1, 181; P., 82, 1, 414; D. P., 83, 1, 97; — 2 août 1886; Inst. 2729, § 7; 22,726 J.; 6747 R. p.; 17,266 Contr.; 23,755 J. N.; 7661 Rev. not.; S., 87, 1, 329; P., 87, 788; D. P., 87, 1, 167; — 4 mai 1887; 22,838 J.; 6877 R. p.; 23,923 J. N.; 17,395 Contr.; Inst. 2741, § 4; S., 88, 1, 338; P., 88, 805; D. P., 88, 1, 231. — V. aussi Cass., 22 avril 1879; Inst. 2621, § 6; 21,028 J.; 16,082 Contr.; 5243 R. p.; 22,121 J. N ; 5959 Rev. not.; S., 79, 1, 325; P., 79, 797; D. P., 83, 1, 97.

On verra plus loin, par les applications qui en seront faites, que ce principe d'équivalence domine la matière des titres étrangers.

1058. Règles de perception spéciales aux titres étrangers. — A raison du caractère des titres étrangers, des causes particulières qui les rendent passibles des taxes en France et des difficultés du recouvrement vis-à-vis des débiteurs, qui, généralement, ont leurs biens à l'étranger, il a été impossible au pouvoir réglementaire de réaliser complètement l'assimilation que le législateur a voulu établir, au point de vue des charges fiscales, entre les titres étrangers et les titres français de même nature. De là, dans les règles de perception, d'assez nombreuses différences que nous aurons l'occasion de signaler dans le cours de cette étude.

Ainsi, pour ne citer que les plus importantes, la perception du droit de timbre, pour les titres atteints par les lois de 1857 et du 29 juin 1872, a toujours lieu par voie d'abonnement.

Pour le droit de transmission, il n'est fait aucune distinction entre les titres nominatifs et les titres au porteur; les uns et les autres sont soumis à la taxe annuelle de 12 cent. (20 c.) p. 100.

Si l'on ajoute les particularités relatives à l'assiette des droits qui, pour les titres étrangers, ne reposent que sur une quotité déterminée du capital, on saisira d'un coup d'œil les différences qui séparent les valeurs étrangères des valeurs françaises. Une quatrième différence, relative à la suspension de l'abonnement, a disparu.

Quant à l'impôt sur le revenu, il est soumis, sauf en ce qui concerne l'assiette des droits, aux mêmes règles de perception pour les titres étrangers que pour les titres français.

Art. 2. *Caractères distinctifs des titres étrangers par opposition aux valeurs françaises.*

1059. Intérêt de la distinction. — Il résulte des courtes explications qui ont déjà été données que les règles de perception des trois taxes diffèrent suivant qu'il s'agit de titres français ou de titres étrangers. Quand il s'agit des premiers, les droits sont dus, en général, par le seul fait de l'existence des titres. L'exigibilité de l'impôt est, au contraire, subordonnée, en ce qui concerne les valeurs étrangères, à la réalisation de certaines conditions (cote à la Bourse, négociation, exposition en vente, ou émission en France) que nous préciserons plus loin. En outre, tandis que les droits sont dus sur l'intégralité des titres français, ils peuvent n'être exigibles, pour les titres étrangers, que sur partie du capital que ces titres représentent.

Il y a donc un très grand intérêt à déterminer, dans le cas où un doute à ce sujet peut se présenter, la nationalité des titres sujets à l'impôt.

1060. Éléments caractéristiques de l'extranéité des titres. — Cette nationalité est nécessairement, au point de vue qui nous occupe, celle des sociétés, compagnies, entreprises, corporations, villes, provinces ou établissements qui ont émis les actions, les obligations ou les titres d'emprunt passibles des taxes. Il n'y a pas à se préoccuper du lieu où les titres ont été émis, ni du lieu où ils circulent, ni même de la législation sous l'empire de laquelle les circonstances de l'émission ont pu les placer. Les différents textes qui déterminent le régime fiscal des titres étrangers visent, en effet, non pas les *titres étrangers*, mais les titres (actions, obligations, etc.) des *sociétés, compagnies, entreprises, corporations, villes et provinces étrangères*, montrant par là que c'est l'extranéité des sociétés, plutôt que celle des titres eux-mêmes, que la loi a eue en vue, quand elle a édicté les dispositions spéciales aux valeurs étrangères.

Il en résulte que ces dispositions sont applicables, quelles que soient les conditions d'émission et d'existence des titres, par cela seul que les sociétés ou les établissements qui les ont émis sont étrangers.

1061. *Emission en France des titres d'une société étrangère. Régime fiscal des titres étrangers.* Ainsi il a été décidé que les obligations émises par une société étrangère conservent le caractère de titres étrangers et sont soumises à la législation spéciale qui régit cette nature de titres, bien qu'elles aient été entièrement souscrites et délivrées aux souscripteurs en France. Sol. 20 sept. 1856.

1062. *Emission à l'étranger des titres d'une société française. Régime fiscal des titres français.* A l'inverse, on doit reconnaître, par application du même principe, qu'une société française, acquittant comme telle l'impôt sur ses actions, le doit également sur les obligations qu'elle émet exclusivement sur les marchés étrangers, même avec la garantie et le concours d'un gouvernement étranger. (Sol. 20 nov. 1869.) Le tribunal de la Seine s'est prononcé, il est vrai, en sens contraire, dans la même affaire, le 6 août 1870 (18,928 J.; 14,646 Contr.; 3483 R. p.).

Mais ce jugement a été déterminé par certaines circonstances de fait, qui lui enlèvent toute portée doctrinale. D'après ce jugement, une société de chemin de fer à l'étranger, qui a déclaré établir son siège social en France, qui a émis des obligations fabriquées, timbrées et datées de l'étranger, avec la garantie du gouvernement étranger, et à qui la faculté de les émettre en France a été refusée, doit être considérée comme une société étrangère, à laquelle les droits de timbre et de transmission sur ses obligations ne peuvent être réclamés en France.

Il a été également décidé : 1° qu'une société anonyme par actions qui est française, mais qui possède une partie de son exploitation à l'étranger, doit l'impôt sur le revenu sur la totalité des bénéfices, sans distinction d'origine, distribués à ses actionnaires (Cass., req., 21 juin 1880; 21,373 J.; 16,288 Contr.; 5558 R. p.; 22,359 J. N.; 6178 Rev. not.; Inst. 2643, § 4; S., 81, 1, 130; P., 81,281; D. P., 80, 1, 465); 2° que la taxe de 3 p. 100 est due sur les intérêts d'un emprunt contracté par une société française auprès d'une société étrangère, et hypothéqué sur des immeubles que la société française possède à l'étranger. Sol. 3 juil. 1888; 23,071 J.; 7158 R. p.

1063. *Droit de timbre. Objection tirée de la règle :* LOCUS REGIT ACTUM. La règle que nous venons de formuler d'après la jurisprudence ne soulève pas d'objection sérieuse, en ce qui concerne la perception du droit de transmission et de la taxe de 3 p. 100 sur les titres qu'une société française émet à l'étranger. La société est, en effet, aux termes de la loi du 23 juin 1857, débitrice du droit de transmission par le seul fait que les transferts, obligatoires pour la validité des cessions, sont constatés sur ses registres, et, si ces transferts ne sont pas obligatoires, elle est débitrice de la taxe annuelle par cela seul que les titres étant émis sont susceptibles de négociations. Quant à l'impôt sur le revenu, elle en est redevable du moment que des bénéfices sont réalisés et distribués, ou que les intérêts de ses obligations sont payés. Dans ces conditions, il est évident que la nationalité des actionnaires ou des obligataires entre lesquels se réalisent les cessions, ou qui touchent les dividendes des actions ou les intérêts des obligations, ne peut exercer aucune influence sur la question d'exigibilité de l'impôt.

Mais, en matière de timbre, on pourrait être tenté, pour motiver l'exemption des titres émis par une société française à l'étranger, d'invoquer la règle d'après laquelle les actes passés à l'étranger ne donnent lieu, en principe, au payement des droits de timbre que lorsqu'il en est fait usage en France.

Cette thèse, à notre avis, ne saurait prévaloir. Elle serait, en effet, contraire au texte de la loi et à la pensée dominante qui a présidé à l'établissement du droit de timbre sur les actions et sur les obligations des sociétés.

1° Le texte des art. 14 et 27 de la loi du 5 juin 1850, qui régit spécialement les titres des sociétés françaises, des départements, communes et établissements publics français, est précis et ne laisse aucune place à l'interprétation : « Chaque titre, porte l'art. 14, dans une société, compagnie ou entreprise quelconque..., *émis* à partir du 1er janv. 1851, sera assujetti, etc. »

« Les titres d'obligations, est-il écrit dans l'art. 27, *souscrits* à compter du 1er janvier par les départements..., compagnies, sous quelque dénomination que ce soit..., etc., seront assujettis, etc. »

La loi ne fait aucune distinction suivant que le titre a été émis en France ou à l'étranger. C'est le fait seul de l'émission, quel que soit le lieu où elle est ouverte, qui rend les droits exigibles.

Cette observation acquiert encore plus de portée si l'on rapproche les dispositions de la loi de 1850, qui ne s'occupent que des titres émis par les sociétés françaises, de celles de la loi du 23 juin 1857, qui visent les sociétés étrangères. Celles-ci, comme nous l'établirons plus loin, doivent les droits sur les titres qu'elles émettent, quel que soit le lieu de l'émission, par cela seul que les titres sont cotés ou négociés en France. Et elles ne les doivent que sur la fraction de ces titres qui est présumée circuler en France. Or, si l'émission en France était véritablement pour les sociétés françaises le fait générateur de l'impôt, il devrait l'être également pour les sociétés étrangères. Par conséquent, quand ce fait se rencontrerait, les droits devraient être acquittés sur la totalité des titres, qu'ils fussent ou non, en totalité ou en partie, cotés et négociés en France. Or, nous verrons plus loin qu'avant la loi du 29 juin 1872, le fait seul de l'émission n'autorisait pas l'Administration à réclamer les droits sur les titres qui n'étaient pas cotés à la Bourse française; et, aujourd'hui encore, c'est d'après le nombre des titres qui sont présumés circuler en France, c'est-à-dire qui sont classés aux mains des capitalistes français, et non d'après le nombre des titres qui y sont émis, que la commission des valeurs mobilières détermine la quotité du capital qui doit être soumise à l'impôt.

On doit donc en conclure que l'exigibilité de l'impôt est indépendante, aussi bien pour les titres français que pour les titres étrangers, du lieu où leur émission s'effectue.

Il est à remarquer qu'une solution différente conduirait à cette conséquence inadmissible que les titres émis par une société française à l'étranger, n'étant pas atteints par la loi de 1850, ne le seraient pas non plus par la loi de 1857, même quand ils rempliraient les conditions de circulation en France prévues par cette loi, puisque son art. 9 ne vise expressément que les titres des sociétés *étrangères*. Ils se trouveraient exemptés de l'impôt par voie de prétérition.

2° Le seul motif qu'on puisse invoquer en faveur de l'immunité des titres émis à l'étranger, c'est qu'il est de principe, en matière de timbre, que les actes sont soumis à la législation du territoire sur lequel ils sont passés : *Locus regit actum.* C'est en vertu de cette règle qu'un billet à ordre, une lettre de change, ou tout autre effet de commerce peuvent être créés à l'étranger sans être soumis au timbre français. Ils n'y sont assujettis que lorsqu'il en est fait usage en France.

Ce motif serait décisif si le droit que la loi de 1850 a établi sur les actions et obligations des sociétés était véritablement un droit de timbre. Mais il suffit de se reporter aux travaux préparatoires de la loi pour se convaincre que le législateur a entendu imposer moins le titre lui-même que les diverses transmissions dont il est susceptible pendant son existence. On est parti de cette idée que les actions et les obligations des sociétés représentaient une partie du capital mobilier ou immobilier de la France; que, grâce aux procédés en usage pour la cession de ces titres, le capital qu'ils représentent passait de mains en mains sans payer aucun droit de mutation, et c'est pour rétablir l'équilibre entre ces valeurs et les autres capitaux que la loi de 1850 a établi sur les premières un droit comprenant à la fois le droit de timbre dû pour l'émission du titre et le droit afférent aux diverses transmisions dont le titre pouvait être l'objet pendant sa durée. (V. dans ce sens le rapport de la commission de la loi du 5 juin 1850, et le rapport sur la loi du 23 juin 1857, *supra*, nos 56 et 280.) Ce qui démontre, indépendamment des déclarations du rapporteur, que c'est la circulabilité, plutôt que l'émission du titre, que la loi de 1850 a voulu frapper, c'est, d'une part, l'exemption qu'elle édicte au profit des titres transmissibles conformément à l'art. 1690 du C. civ., exemption qui se fonde évidemment sur ce que la forme obligatoire de la cession ne permet pas à ces titres d'échapper aux droits ordinaires de transmission; c'est enfin la disposition de

l'art. 15 qui déclare expressément qu'au moyen du droit établi par l'art. 14 les cessions de titres seront exemptes de tout droit et de toute formalité d'enregistrement.

Cette démonstration faite, il ne peut rester aucun doute sur la valeur du motif invoqué pour exempter les titres émis à l'étranger par une société française. Dès lors que le droit établi par la loi de 1850 est un droit de transmission, le lieu où le titre est émis importe peu. Son émission à l'étranger n'est pas un obstacle à ce qu'il circule en France aussi bien et peut-être plutôt qu'à l'étranger. Il représente d'ailleurs un capital situé en France, ce sont des biens français qui circulent et qui sont transmis à chaque négociation du titre. Par conséquent, son assujettissement aux droits de timbre est légitime et ne viole en aucune façon la règle du statut réel et de la territorialité de l'impôt.

1064. Le seul point à considérer pour savoir s'il y a lieu d'appliquer le régime fiscal des titres français ou celui des titres étrangers est donc, d'après ces considérations, la nationalité de la société ou de l'établissement qui a émis les titres ou contracté un emprunt.

Cette nationalité est toujours facile à déterminer lorsqu'il s'agit de villes, provinces, corporations et établissements publics. Mais la question présente quelquefois des difficultés en ce qui concerne les sociétés.

1065. Distinction entre les sociétés françaises et les sociétés étrangères. — Les auteurs ne sont pas d'accord sur les règles à suivre pour déterminer avec certitude le signe auquel on reconnaît qu'une société est française ou étrangère.

D'après M. Paul Pont, la nationalité d'une société est déterminée par le siège social, ou par son siège principal si elle en a plusieurs. « Ainsi, ajoute cet auteur, il n'y a pas à tenir compte de la nationalité des associés; l'être moral qui personnifie la société a sa nationalité propre qui ne procède en aucune façon de celle des membres qui la composent, pas plus que son patrimoine ne se confond avec le patrimoine personnel de ces derniers. (La question toutefois est controversée lorsqu'il s'agit de sociétés de personnes, telles que les sociétés en nom collectif ou en commandite simple. — V. le Havre, 3 sept. 1874; Nancy, 16 avril 1883; et Seine, 26 mai 1884; Sir., 88, 2, 91 et 92.) Il n'y a pas à tenir compte davantage du lieu où s'est formée la convention qui lie les parties associées; cette convention peut être le résultat de souscriptions recueillies en diverses localités, et certes on ne comprendrait pas que la société eût en même temps la nationalité de chacun des souscripteurs. Donc et en définitive, c'est uniquement par le lieu où une société a son siège social ou son principal établissement que sa nationalité se trouve déterminée. » Traité des sociétés, t. II, n° 1856. — V. dans le même sens, Vavasseur, Traité des sociétés, t. II, p. 565.

1066. MM. Lyon-Caen et Renault rattachent la nationalité des sociétés au lieu de leur principal établissement, en entendant par là non le siège social, mais le centre principal de leur exploitation. « Il paraît rationnel, disent-ils, de s'attacher au pays de leur principal établissement, c'est-à-dire au pays dans lequel elles ont, non leurs bureaux ou la plupart de leurs actionnaires, mais le centre de leur exploitation. Ainsi une société de mines est étrangère ou française selon que les mines se trouvent en pays étranger ou en France; une compagnie de chemins de fer est étrangère ou française suivant que la plupart de ses lignes se trouvent en pays étranger ou sur le territoire français. » Précis de droit commercial, vol. I, n° 546; — Dans ce sens : Gand, 18 fév. 1888; Pasicrisie belge, 88-2-303.

1067. Ce système, qui a été consacré par un texte formel de la loi belge (loi du 18 juil. 1873, art. 129), n'a pas été admis par la jurisprudence. Il conduit en effet à des conséquences qu'il est difficile d'admettre, attendu qu'il aurait pour résultat de faire considérer comme étrangères, sous prétexte que l'objet de leur exploitation est situé à l'étranger, de nombreuses sociétés qui, comme la Compagnie interocéanique de l'isthme de Panama, par exemple, se sont formées en France avec des capitaux français, et y ont leur siège social et tous les rouages nécessaires à leur fonctionnement.

1068. Nous nous rallions plus volontiers à l'opinion de M. Demasure qui, dans son Traité du régime fiscal des sociétés, n° 179, se prononce sur ce point dans les termes suivants :

« Comme c'est de la loi que les sociétés tiennent leur personnalité, il y a d'abord lieu, pour savoir si une société est française ou étrangère, de rechercher sous l'empire de quelle loi elle s'est formée. Ce n'est là toutefois qu'un élément très important d'une situation qui doit être envisagée dans son ensemble. Le siège de la société, sa dénomination, la nationalité de ceux qui la composent, peuvent servir à corroborer la solution. » — V. dans le même sens : Revue de droit international privé, année 1888, p. 652; V. aussi une note très substantielle de M. Ernest Chavegrin, Sirey, 1888, 2, 89.

1069. En résumé, la question doit être résolue dans chaque espèce d'après l'ensemble des circonstances et ne comporte pas de solution absolue. Ainsi, la Cour de cassation a déclaré française, au point de vue de l'application des art. 6, 7, 8 et 9 de la loi du 23 juin 1857, une société civile (établie pour la construction du débarcadère maritime de Cadix) créée par un acte passé en France; soumise pour les règles de son existence et de la liquidation à la loi française; régie par un conseil d'administration se réunissant en France; ayant son siège social en France et justiciable, vis-à-vis de ses actionnaires, des tribunaux français. Il importe peu que l'objet de son exploitation soit à l'étranger et que ses opérations principales s'accomplissent à l'étranger; la société n'en est pas moins française et doit l'impôt par le seul fait de l'existence des titres. Cass., 20 juin 1870; 18,840-1, 18,928 J.; 14,610 Contr.; 3167 R. p.; Inst. 2405, § 5; 2905 Rev. not.; S., 70, 1, 373; P., 70, 971; D. P., 70, 1, 416.

1070. Une société ayant pour objet l'exploitation de filatures tant en France qu'en Italie est une société française, alors qu'elle a son siège social en France, et que toutes les opérations d'administration générale ont lieu en France. Dès lors, elle est passible de la taxe sur le revenu sur la totalité des bénéfices distribués à ses actionnaires, sans distinction entre ceux qui proviennent de la manufacture située en France et ceux qui proviennent de la manufacture située à l'étranger. Annecy, 3 avril 1879, et, sur pourvoi des parties, Cass., 21 juin 1880; 21,373 J.; 16,288 Contr.; 5558 R. p.; 22,359 J. N.; 6178 Rev. not.; Inst. 2643, § 4; S., 81, 1, 130; P., 81, 281; D. P., 80, 1, 465.

1071. En sens inverse, un jugement de Lyon du 13 fév. 1878 a déclaré étrangère la Société du Crédit foncier et commercial suisse, fondée à Genève par des citoyens suisses, soumise à l'autorisation du Conseil d'Etat de Genève, ayant son siège social dans cette dernière ville, et justiciable des tribunaux de Genève ou d'arbitres nommés par eux; bien qu'en fait le centre principal et même unique de ses affaires fût à Paris. 16,008 Contr.; 20,721 J.; 4975 R. p.; 22,018 J. N.

« Attendu, porte ce jugement, que la dénomination de la société, les circonstances de sa fondation, son siège social, l'autorité à l'approbation de laquelle elle a été soumise, la juridiction devant laquelle elle doit plaider, lui impriment incontestablement la nationalité suisse. »

1072. De même, une société qui a son siège et son domicile à l'étranger, ainsi que son exploitation, et qui est justiciable des tribunaux étrangers pour ses contestations avec les tiers, est une société étrangère, quand même les statuts déféreraient aux tribunaux français les contestations entre associés. Dél. 8 déc. 1857.

Enfin, il a été décidé, en matière civile, par un arrêt de la cour d'appel de Paris du 23 janv. 1889, qu'on doit considérer comme une société anglaise celle qui, fondée à Londres et ayant son siège social dans cette ville, a été incorporée à ce titre d'après les lois anglaises, sans qu'il y ait lieu de se préoccuper des agissements en France d'une société de cette nature, non plus que de la nationalité de la majorité de ses actionnaires ou administrateurs. (Le Droit du 9 février 1889.)

« Considérant, porte cette décision, qu'on ne saurait voir, dans la société de banque au nom de laquelle agissent Tronson et Robin en leurs qualités de liquidateurs, qu'une société anglaise, à responsabilité limitée, dont les droits et actions doivent être déterminés par la législation qui lui est propre;

« Qu'en effet, la société de banque dont s'agit a été fondée à Londres en 1880, avec siège social dans cette ville et succursale à Paris; qu'elle a été incorporée à ce titre, en date du 1er avril 1880, en vertu des lois anglaises sur les sociétés de 1862 et années suivantes; qu'elle a été mise en liquidation les 18 fév. et 5 mars 1882, par décision de la cour de la chancellerie de Londres, qui a nommé Tronson liquidateur de ladite société;

« Que cette décision a été rendue exécutoire en France, suivant jugement du tribunal civil de la Seine du 5 déc. 1883; que si la même qualité de liquidateur a été attribuée à Robin, suivant ordonnance du président du tribunal de commerce de la Seine du 23 mars 1886, cette désignation n'a eu lieu qu'en raison des intérêts français engagés dans la société pour en faciliter la liquidation et pour agir conjointement avec Tronson, ainsi qu'il résulte du jugement rendu par le même tribunal le 3 mars 1882;

« Que, dans ces circonstances, il n'échet de se préoccuper des agissements en France de la société dont s'agit, non plus que de la nationalité de la majorité de ses actionnaires ou administrateurs... »

1073. Villes, provinces, corporations, établissements publics étrangers. — Les titres émis par les villes, provinces et corporations étrangères, quelle que soit leur dénomination, et par tout autre établissement public étranger, que la loi du 23 juin 1857 avait omis de soumettre à l'impôt, y ont été assujettis par la loi du 30 mars 1872, et ont été assimilés entièrement aux titres des sociétés étrangères (art. 1er de cette loi). L'assimilation a été complétée par la loi du 29 juin 1872. Dès lors, toutes nos explications qui précèdent et toutes celles qui suivent s'appliquent indifféremment à ces deux sortes de valeurs.

La distinction à faire entre les établissements étrangers et les établissements français ne présente, comme nous l'avons dit, aucune difficulté.

Il n'en est pas de même de celle qu'il est nécessaire de faire entre les titres des villes ou provinces et les fonds d'État qui, comme nous le verrons, sont soumis par la loi fiscale à un régime particulier. Mais ce n'est pas ici le lieu d'examiner cette question, qui sera traitée sous le chapitre 5 de cette cinquième partie.

1074. Sociétés coloniales. — Aucune disposition de loi n'assimile aux sociétés étrangères les sociétés coloniales, qui sont placées, pour leurs actions et leurs obligations, sous le régime fiscal spécial à la colonie dans laquelle leur siège est établi. Toutefois l'agence que les banques coloniales ont ouverte à Paris, qui délivre des titres d'actions dites d'Europe, et qui fonctionne comme succursale du siège social pour le service des titres et le payement des dividendes, constitue une entreprise française, et se trouve soumise, pour le droit de timbre, le droit de transmission et l'impôt sur le revenu, aux règles qui régissent les sociétés françaises. D. m. f. 24 fév. 1853; Sol. 28 fév. 1873.

ART. 3. — *Faits juridiques qui rendent les taxes exigibles sur les titres étrangers.*

1075. Economie générale de la loi. — Ainsi que nous l'avons expliqué, les titres français sont, en principe, assujettis aux taxes de timbre, de transmission et à l'impôt sur le revenu, par le seul fait de leur existence. La création des titres étrangers, au contraire, ne tombe pas par elle-même sous le coup des dispositions fiscales de la loi française. Si les lois de 1857 et 1872 les ont assujettis à des taxes équivalentes à celles qui atteignent les valeurs françaises, ce n'est qu'autant qu'ils s'introduisent en France pour participer aux avantages de notre marché. Le législateur n'aurait pu faire davantage sans violer le principe de la territorialité de l'impôt.

Cette introduction se manifeste : 1° par l'inscription des titres à la cote officielle de la Bourse et par les négociations publiques qui en sont la conséquence; 2° par leur émission en France; 3° par leur exposition en vente et par les négociations de la coulisse; 4° et enfin par l'usage quelconque qui en est fait dans les actes et dans les transactions passés en France.

Tout d'abord, le législateur n'a considéré que l'inscription des titres à la cote officielle comme le seul signe irrécusable de leur circulation en France, auquel l'exigibilité des impôts pût, en fait, sinon en principe, être rattachée. L'art. 9 de la loi du 23 juin 1857, en effet, après avoir soumis les titres étrangers à des taxes équivalentes à celles qui sont établies sur les valeurs françaises, ajoute, comme sanction unique à ses dispositions : « Ces titres ne pourront être cotés et négociés en France qu'en se soumettant à l'acquittement des droits. » Ce texte a toujours été interprété comme ne prohibant que les négociations publiques. Et ce qui le prouve, c'est que l'art. 3 du décret du 24 mai 1872, en prolongeant, en cas de radiation de la cote, l'engagement du représentant responsable jusqu'à ce que cette radiation fût effectuée, reconnaissait implicitement, par cela même, que l'inscription à la cote était la seule cause génératrice de l'exigibilité des taxes.

Mais la loi du 29 juin 1872 a élargi considérablement les dispositions de la loi fiscale relatives aux titres étrangers. D'après son art. 4, en effet, « les titres étrangers ne peuvent être cotés, négociés, exposés en vente ou émis en France, qu'en se soumettant à l'acquittement de la taxe sur le revenu, ainsi que des droits de timbre et de transmission ».

Se fondant sur cette loi, l'Administration a soutenu et elle a fait décider par la Cour de cassation, dans un arrêt du 17 janv. 1888, que non seulement les négociations publiques, mais aussi les négociations privées, ainsi que l'émission et l'exposition en vente, par une société étrangère, de ses titres en France, rendent la taxe exigible. 22,967, 22,968 J.; 23,985 J. N.; 17,428 Contr.; 7021 R. p.; Inst. 2750, § 5; D. P., 88, 1, 409.

1076. Cette interprétation s'appuie sur des motifs irréfutables que nous résumons d'après le mémoire produit par l'Administration devant la chambre civile :

Du jour où le législateur se déterminait à atteindre par des taxes spéciales les actions et les obligations des sociétés, ainsi que les titres de même nature émis par les départements, les villes et les établissements publics, il devait, pour répondre à un besoin de justice et aussi pour ne pas créer à nos valeurs une concurrence redoutable, s'efforcer de soumettre aux mêmes taxes les titres similaires que l'étranger envoie sur notre marché. Par un oubli inconcevable, aucune mesure n'avait été prise à cet égard par la loi du 5 juin 1850, qui a édicté le droit de timbre proportionnel sur les actions et les obligations. Mais la loi du 23 juin 1857 a réparé cette omission, et, en même temps qu'elle ajoutait au droit de timbre déjà créé un droit spécial de transmission, elle a expressément posé le principe de l'égalité entre les valeurs françaises et les valeurs étrangères, et disposé que ces dernières seraient assujetties, en France, à des droits *équivalents* à ceux qui atteignent les valeurs françaises.

Toutes les dispositions votées depuis lors ont été inspirées par le désir d'appliquer de plus en plus strictement, par tous les moyens d'action dont la législation française dispose à l'égard des titres étrangers, ce principe d'équivalence.

Le problème à résoudre consistait à s'emparer de tous les faits extérieurs par lesquels se manifeste la circulation en France des titres étrangers, pour y rattacher l'exigibilité de l'impôt. La loi de 1857 et le règlement d'administration publique du 17 juillet suivant ont fait un premier pas dans cette voie, en subordonnant à l'acquittement des taxes l'inscription des titres à la cote officielle de la Bourse et la faculté de les négocier. Dès ce moment, la loi a été interprétée en ce sens qu'elle n'interdisait que les négociations publiques, c'est-à-dire celles qui ont pour objet des titres cotés et s'effectuent par le ministère des agents de change. Mais cette restriction ne trahissait que l'impuissance du législateur à atteindre d'une manière efficace les négociations privées; elle ne constituait pas une dérogation au principe d'après lequel tous les titres étrangers sont en France soumis aux mêmes taxes que les valeurs françaises.

Les lois postérieures se sont attachées à trouver de nouveaux moyens pour assurer l'exacte et complète application de ce principe et pour réduire le plus possible les exemptions de fait dont jouissaient encore les titres étrangers.

On ne pouvait penser à interdire d'une manière absolue les négociations privées qui auraient eu pour objet des valeurs non soumises aux taxes annuelles. Les particuliers, en effet, qui ont des titres de cette nature en portefeuille, ne sauraient être rendus responsables du non-payement de ces taxes; et il eût été rigoureux de leur faire subir les conséquences du défaut d'accomplissement d'une obligation qui n'est pas la leur et qui ne peut être mise qu'à la charge des sociétés ou des établissements dont les titres circulent en France. Un seul moyen s'offrait dans ce cas pour assurer, dans une mesure restreinte, la rentrée de l'impôt: c'est celui que la loi du 30 mars 1872 a employé et qui consiste à interdire toute négociation ou exposition en vente de titres étrangers et toute énonciation dans un acte passé en France, lorsqu'ils n'acquittent pas régulièrement les taxes annuelles, avant qu'ils n'aient été dûment timbrés au droit de 1 p. 100.

Mais cette législation restait incomplète, en ce que, d'une part, les titres non cotés qui se négociaient en dehors de tout acte soumis à l'enregistrement continuaient à échapper à toute espèce de taxe, et en ce que, d'autre part, les titres énoncés dans les actes, s'ils acquittaient le droit de timbre au comptant, continuaient à être exempts de la taxe de transmission.

Lorque le législateur établit l'impôt sur le revenu des actions et des obligations, avec l'intention d'en étendre l'application aux valeurs étrangères, l'occasion parut propice pour compléter, tant relativement à cette nouvelle taxe qu'à l'égard des droits de timbre et de transmission, la règle d'assimilation entre les valeurs étrangères et les valeurs françaises. Le texte de la loi du 29 juin 1872 a incontestablement réalisé cette pensée. Il prévoit, en effet, tous les faits extérieurs par lesquels l'introduction et la circulation en France des titres étrangers se manifestent le plus ordinairement, et il dispose expressément que ces faits ne pourront se produire sans qu'il en résulte l'obligation pour ces titres (c'est-à-dire pour la société ou l'établissement qui les a émis) d'acquitter les droits de timbre, de transmission et la taxe sur le revenu. « Les titres étrangers, porte l'art. 4 de cette loi, ne pourront être *cotés, négociés, exposés en vente ou émis en France*, qu'en se soumettant à l'acquittement de cette taxe (taxe sur le revenu) ainsi que des droits de timbre et de transmission. »

Avant cette loi, on pouvait douter que la négociation en France de titres non cotés rendît les impôts exigibles; on pouvait soutenir que la loi de 1857, en comprenant dans la même disposition les titres *cotés* et les titres *négociés*, avait déterminé, par ce rapprochement, la portée restrictive de cette dernière désignation et fait entendre qu'il ne s'agissait que des négociations officielles dont les titres cotés sont seuls susceptibles. Mais, avec le nouveau texte de la loi du 29 juin 1872, cette interprétation n'est plus admissible. Du moment en effet que cette loi fait de l'émission des titres en France, et même de leur simple exposition en vente, une cause génératrice de l'impôt, l'inscription à la cote ne peut plus être regardée comme une condition de son exigibilité. Puisque l'exposition en vente, qui n'est qu'une mesure préparatoire à toute espèce de négociations, aux négociations de la coulisse comme à celles de la Bourse, suffit à rendre les taxes applicables, à plus forte raison en doit-il être ainsi des négociations elles-mêmes.

V. dans le même sens les conclusions de M. l'avocat général Desjardins, art. 22,968 J.

1077. La chambre civile, par son arrêt précité du 17 janvier 1888, s'est entièrement approprié cette thèse, en rejetant le pourvoi formé contre un jugement rendu dans ce sens par le tribunal de la Seine le 5 juin 1885 (22;635 J.; 6519 R. p.; 17,082 Contr.).

« Attendu, porte cet arrêt, que la loi du 29 juin 1872 dispose, dans son art. 4, que les titres étrangers ne pourront être cotés, négociés, exposés en vente ou émis en France, qu'en se soumettant à l'acquittement de la taxe sur le revenu, ainsi que des droits de timbre et de transmission; que les termes éminemment compréhensifs de cette énumération englobent tous les modes de circulation en France des valeurs étrangères, la négociation en banque ou dans la coulisse aussi bien que la négociation en Bourse, et que le seul fait de l'exposition en vente rend les titres étrangers passibles de l'acquittement de la taxe sur le revenu ainsi que des droits de timbre et de transmission; qu'en y assujettissant seulement les titres étrangers négociés à la Bourse, on ferait une distinction que ne fait pas la loi fiscale, et que cette distinction, qui est toujours interdite, l'est d'autant plus ici que le même art. 4, dans son premier paragraphe, consacre expressément le principe de l'égalité fiscale entre les valeurs françaises et les valeurs étrangères; que vainement le pourvoi invoque une prétendue contradiction entre l'art. 4 de la loi du 29 juin 1872 et l'art. 3 du décret du 6 déc. 1872;

« Que, d'une part, il est impossible d'admettre que le règlement d'administration publique pour l'exécution de la loi ait pu en restreindre la portée; que, d'autre part, il s'applique dans ses termes mêmes à tous les titres étrangers qui circulent en France;

« Attendu que le demandeur en cassation n'est pas plus fondé à soutenir que les mots « émis en France » ne s'appliqueraient pas aux actions réservées aux anciens actionnaires de la société qui les émet, mais seulement à celles qui sont affectées au public tout entier; que l'expression générale « émis en France » comprend tout placement d'actions nouvelles sur le marché financier;

« Qu'ainsi, il résulte de la loi du 29 juin 1872, comme du décret du 6 décembre suivant, que les titres étrangers négociés ou émis en France, quels que soient les modes de négociation ou d'émission employés, sont passibles de la taxe sur le revenu et des droits de timbre et de transmission, et que ces opérations obligent les compagnies étrangères qui veulent s'y livrer à faire, au préalable, les déclarations et et à passer les soumissions prescrites par cette loi et ce règlement. »

1078. Le principe étant ainsi posé, nous allons examiner successivement les différents faits que la loi a considérés comme étant caractéristiques de la circulation des titres étrangers en France, et comme donnant en conséquence ouverture aux trois taxes établies sur les valeurs françaises de même nature.

§ 1er. — Cote à la Bourse et négociations publiques.

1079. **Formalité de la cote.** — Un décret du 6 fév. 1880 règle dans les termes suivants les conditions d'inscription à la cote officielle des titres étrangers :

Art. 1er. Les chambres syndicales des agents de change à Paris ou dans les départements accordent, refusent, suspendent ou interdisent la négociation, à leurs bourses respectives, des actions, obligations, titres d'emprunts, quelle que soit d'ailleurs leur dénomination, émanant de sociétés, compagnies, entreprises, corporations, villes, provinces étrangères et tous autres établissements étrangers.

Art. 2. La chambre syndicale près la Bourse où l'admission d'une valeur étrangère est demandée, se fait remettre les pièces et justifications suivantes :

1° Les actes publics ou privés, statuts, cahiers des charges, etc., en vertu desquels cette valeur a été créée dans son lieu d'origine;

2° La certification, par l'autorité consulaire établie en France, que ces actes sont conformes aux lois et usages de leur pays d'origine, et que la valeur est officiellement cotée dans ledit pays, à moins qu'il n'y existe pas de bourse officielle, auquel cas le fait serait constaté par le certificat;

3° La justification de l'agrément, par le ministre des finances, d'un représentant responsable du payement des droits du Trésor.

Art. 3. La chambre syndicale peut demander, en outre, toutes pièces, justifications et renseignements qu'elle juge nécessaires.

Art. 4. Les actions admises à la cote ne peuvent être de moins de 100 fr., lorsque le capital des entreprises n'excède pas 200,000 fr., ni de moins de 500 fr., si le capital est supérieur à 200,000 fr. Elles doivent être libérées jusqu'à concurrence du quart.

Art. 5. Le ministre des finances peut toujours interdire la négociation en France d'une valeur étrangère.

Art. 6. Sont abrogés les décrets des 22 mai 1858 et 16 août 1859, concernant la négociation, en France, des valeurs étrangères.

1080. **Effets de l'inscription à la cote.** — L'inscription de titres étrangers à la cote officielle a pour effet de rendre les taxes exigibles. Nous n'avons pas besoin d'insister sur ce point qui est incontestable en présence des dispositions précises de la loi.

1081. *Inscriptions aux bourses départementales.* Cet effet est d'ailleurs attaché aussi bien à l'inscription à la cote des bourses départementales qu'à l'inscription à la cote de la Bourse de Paris. — V. dans ce sens : Cass., 10 juin 1874; 19,523 J.; 3858 R. p.; 15,324 Contr.; 21,021 J. N.; Inst. 2495, § 1er; S., 74, 1, 445; P., 74, 1118; D. P., 75, 1, 25.

1082. *Absence de négociation.* L'inscription à la cote rend les droits exigibles indépendamment des négociations dont elle est suivie et alors même qu'il serait certain en fait que les titres ne font l'objet d'aucune négociation en France. Cass., 10 juin 1874 (précité).

Il ne faut voir que des décisions d'espèce dictées par des motifs de bienveillance dans deux solutions des 23 avril 1864 et 4 avril 1867, portant qu'il n'y a pas lieu d'exiger les droits sur des valeurs inscrites à la cote, lorsqu'il est certain, en fait, qu'aucune négociation n'a été effectuée.

Nous croyons qu'actuellement cette dérogation à la règle établie par la loi ne serait plus admise. La commission des valeurs mobilières tiendrait seulement compte, dans la fixation de la quotité du capital imposable, de ce fait, qu'elle serait apte d'ailleurs à vérifier, de l'absence de toute négociation en France.

1083. *Inscription à la cote effectuée sans l'autorisation du ministre des finances.* En principe, l'inscription à la cote est subordonnée à l'autorisation du ministre des finances, parce que, d'une part, ce dernier peut toujours interdire la négociation en France de valeurs étrangères (art. 5 du décret du 6 fév. 1880), et que, d'autre part, la chambre syndicale ne doit admettre les titres à la cote que sur la justification de l'agrément, par le ministre, d'un représentant responsable du payement des droits du Trésor. (Art. 2, décret précité.)

Mais si, en fait, une société étrangère venait à obtenir de la chambre syndicale des agents de change, sans autorisation du ministre, la cote de ses titres, le Trésor serait incontestablement fondé à exiger le payement des droits et la désignation d'un représentant responsable. Sol. 3 août 1865.

1084. *Actions nouvelles non cotées. Calcul du capital.* Une société dont les titres sont déjà cotés fait une émission d'actions nouvelles d'une valeur nominale de 100 fr. seulement, et qui ne peuvent être inscrites à la cote, le décret du 6 fév. 1880 (V. *supra*, n° 1079) interdisant, dans des cas déterminés, la négociation d'actions de moins de 500 fr. Ces actions nouvelles, *non cotées*, doivent-elles entrer dans le calcul de la quotité imposable, qui ne peut être fixée, d'après l'art. 2 du décret du 24 mai 1872 dont nous parlerons plus loin, au-dessous de un dixième du capital? La négative a été décidée par une solution du 4 fév. 1867. L'application de cette décision ne devrait avoir lieu aujourd'hui qu'autant que les nouvelles actions ne seraient pas introduites en France par voie d'émission, d'exposition en vente ou de négociations privées.

1085. *Cote simultanée des actions et des obligations.* Une société étrangère peut-elle faire coter à la Bourse seulement ses actions ou seulement ses obligations? Il semble que les art. 9 de la loi du 23 juin 1857, 10 et 11 du décret du 17 juillet suivant, le décret du 11 déc. 1864 et celui du 24 mai 1872, ont été rendus et rédigés dans la prévision que les deux natures de titres seraient simultanément cotées. Cependant le ministre a toléré jusqu'à présent qu'une société fasse coter tantôt ses obligations seules, tantôt ses actions seules, et même qu'après avoir fait inscrire à la cote les unes et les autres, les obligations soient supprimées du marché public, tandis que les actions y sont maintenues. Quelle que soit la régularité de cette pratique, qui n'est pas sans inconvénient, il nous paraît certain que, dans tous les cas, l'inscription à la cote n'entraîne ses conséquences légales, au point de vue de l'exigibilité des impôts, qu'à l'égard de la catégorie de titres qui en est l'objet.

1086. **Radiation de la cote.** — Du moment où une société étrangère a obtenu, avec l'autorisation du ministre, l'inscription de ses titres à la cote de la Bourse, les effets de cette inscription en ce qui concerne l'exigibilité des taxes persistent tant que la radiation n'a pas été demandée par la compagnie et effectuée avec l'autorisation du ministre. Jusque-là les modifications et suppressions qui peuvent être opérées par la chambre syndicale des agents de change restent sans influence sur les obligations fiscales de la société. — Dans ce sens : Sol. 31 août 1872; 19,243 J.; 3551 R. p.; 15,076 Contr.; 21,021 J. N.; — Cass., 10 juin 1874; 19,523 J.; 3858 R. p.; 15,324 Contr.; 21,021 J. N.; Inst. 2495, § 1er; S., 74, 1, 445; P., 74, 1118; D. P., 75, 1, 25.

« Je ne crois pas, disait dans cette dernière affaire M. le premier avocat général Blanche, qu'une compagnie étrangère, qui a obtenu l'admission à la cote de ses titres, puisse ensuite renoncer pour partie à cette cote, afin de ne pas payer l'impôt sur une certaine partie de ses titres. L'admission accordée par le ministre est une sorte de forfait dont la compagnie ne saurait modifier les conditions sans le consentement du ministre des finances. » 19,723 J, p. 555.

1087. *Effets de la radiation.* Quoi qu'il en soit, la radiation de la cote, soit qu'elle ait lieu sur la demande de la société, soit que le ministre la prononce d'office, en vertu de l'art. 3 du décret du 24 mai 1872, faute par la société d'acquitter les droits dont elle est redevable, n'entraîne plus nécessairement, depuis la loi du 29 juin 1872, les conséquences qu'on avait admises sous l'empire de la loi de 1857. On reconnaissait alors que la société étrangère, dont les titres étaient rayés, ne pouvait plus être poursuivie en payement des taxes annuelles, sous cette réserve toutefois que le retrait de la cote, pour donner droit à cette exemption, devait avoir eu lieu avec l'agrément du ministre des finances. V. *supra*, n° 1086.

Actuellement il faudrait décider que, nonobstant le retrait de la cote, les titres demeurent en principe soumis aux taxes annuelles, tant qu'ils continuent à circuler en France et à y faire l'objet de négociations, même en dehors de la Bourse. La radiation de la cote, en restreignant la circulation, peut seulement, lors des revisions triennales de la commission des valeurs mobilières, amener une réduction de la quotité imposable. Nous pensons même qu'elle ferait cesser l'exigibilité des taxes si elle coïncidait avec le retrait de tous les titres du marché français, fait que la commission serait apte à constater. Il ne semble pas qu'il y ait lieu, dans ce cas, d'appliquer l'art. 2 du décret du 24 mai 1872, d'après lequel le nombre des titres assujettis aux taxes ne peut être fixé pour les actions au-dessous de un dixième, et pour les obligations, au-dessous de deux dixièmes du capital. Lorsqu'en effet l'inscription à la cote était considérée comme l'unique cause de l'exigibilité de l'impôt, la radiation de cette cote dégageait le représentant responsable de ses obligations (art. 3 du décret). Actuellement que l'impôt est la conséquence de la circulation des titres, il semble que son exigibilité doit cesser avec cette circulation. On ne saurait tirer un argument en sens contraire de ce que les titres des sociétés françaises doivent l'impôt pendant toute leur durée, et prétendre qu'en vertu du principe d'équivalence, la même règle doit être appliquée aux titres étrangers. Le fondement de l'impôt réside en effet, pour les titres français, dans le fait même de leur existence : il ne peut donc cesser d'être dû que lorsque la cause de son exigibilité vient elle-même à disparaître. Par identité de motifs, on doit reconnaître que les taxes dues sur les titres étrangers prennent fin en même temps que la circulation de ces titres, qui est la cause unique de leur exigibilité : *Cessante causa, cessat effectus*. Il en résulte que si une société étrangère, après avoir fait rayer ses titres de la cote de la Bourse, était en mesure d'établir que ces titres ne circulent plus en France, l'Administration ne serait pas fondée à exiger la continuation du payement des taxes. La commission des valeurs mobilières n'aurait plus de son côté à déterminer la quotité imposable, en se renfermant, pour la fixation de cette quotité, dans les limites du minimum établi par l'art. 2 du décret du 24 mai 1872 : car il ne saurait y avoir de quotité imposable à déterminer là où l'impôt a cessé lui-même d'être exigible. 22,967 J.

§ 2. — Émission en France.

1088. Effets de l'émission au point de vue de l'exigibilité des taxes. — La deuxième cause d'exigibilité des taxes pour les titres étrangers consiste, d'après la loi du 29 juin 1872, dans le fait de l'émission de ces titres en France. Il est dificile de le contester, en présence du texte formel de l'art. 4 de cette loi, d'une part, et, d'autre part, des dispositions prises par le règlement d'administration publique du 6 déc. 1872 (art. 4), pour régler les obligations que cette émission impose à la société. Il résulte, en effet, de ce dernier décret qu'avant de procéder à cette émission, la société étrangère est tenue de faire agréer par le ministre des finances un représentant responsable des droits. « Dans le mois qui suit la clôture de l'émission ou de la souscription, ajoute l'art. 4 précité, le ministre des finances détermine le nombre des titres qui doivent servir de base à la perception des droits de timbre et de transmission, ainsi qu'à l'assiette de la taxe sur le revenu. Ce nombre est fixé conformément aux dispositions des règlements d'administration publique des 17 juil. 1857 et 24 mai 1872. »

1089. Faits constitutifs de l'émission. — En quoi consiste l'émission qui, d'après la loi, donne ouverture aux taxes annuelles? L'Administration l'a très bien définie dans sa défense devant la Chambre civile, dans l'affaire qui a donné lieu à l'arrêt du 17 janv. 1888 (précité). Nous ne saurions mieux faire que de reproduire ici cette partie de son argumentation :

« L'émission en France, a-t-elle dit, doit s'entendre, *lato sensu*, de toute opération qui a pour objet d'introduire les titres étrangers sur le marché français, soit qu'elle consiste dans un premier placement de titres nouvellement créés, soit qu'elle ait lieu par voie de négociation de titres antérieurement émis à l'étranger. C'est ce que la Direction générale a déjà établi en démontrant qu'il n'y avait pas de différence appréciable, au point de vue où s'est placé le législateur, entre la négociation et l'émission proprement dite, lorsqu'elles ont pour objet de placer pour la première fois les titres étrangers entre les mains de capitalistes français. Cette interprétation concorde avec l'esprit de la loi fiscale, dont le but a été de soumettre aux mêmes charges fiscales les contribuables qui possèdent des valeurs françaises et ceux qui possèdent des valeurs étrangères. On a atteint précisément ce but en rattachant l'exigibilité de l'impôt à chacun des faits (négociation ou émission) qui introduisent sur notre marché les titres des sociétés étrangères.

« D'ailleurs, l'opération connue sous le nom d'émission, dans sa signification la plus précise, en tant qu'elle s'applique à des titres nouvellement créés, ne répond pas à la définition qu'en donnent les demandeurs en cassation, et d'après laquelle l'émission ne se concevrait pas en dehors de l'offre des titres adressée au public, c'est-à-dire à toute personne disposée à souscrire. Cette définition est trop exclusive, et les conditions de publicité qu'elle exige ne résultent ni du sens légal du mot, ni de l'interprétation qu'il a reçue de la jurisprudence.

« L'émission d'actions ou d'obligations par une société n'est pas autre chose que la formation du lien juridique qui unit l'actionnaire ou l'obligataire à la société. C'est ainsi que la loi du 24 juil. 1867, après avoir déterminé les conditions que doivent remplir les actions pour qu'une société soit valablement constituée, dispose (art. 13) que « l'émission d'ac- « tions d'une société constituée contrairement aux prescrip- « tions de la loi sera punie d'une amende de 500 à 10,000 fr. » Il est évident que l'émission dont parle le législateur n'a pas besoin, pour tomber sous le coup des dispositions pénales qu'il édicte, de réunir les conditions de publicité énoncées par le pourvoi. Ces conditions ne sont donc pas caractéristiques de l'émission proprement dite.

« C'est avec la même signification générale et exclusive de ces mêmes conditions de publicité que le terme d'émission se rencontre dans divers textes de la loi fiscale, notamment : dans l'art. 18 de la loi du 5 juin 1850, portant : « Toute so- « ciété, compagnie ou entreprise qui sera convaincue d'avoir « émis une action en contravention à l'art. 14, etc. »; dans l'art. 22 de la même loi fixant le droit de timbre par abonnement « à 5 cent. p. 100 du capital nominal de chaque action « émise »; dans l'art. 5 de la loi du 21 juin 1875 relatif au règlement de la taxe de 3 p. 100 sur les emprunts à primes ou à lots, et dans les art. 1 et 2 du règlement d'administration publique du 15 déc. 1875, qui emploient à plusieurs reprises ce terme d'émission comme synonyme de l'attribution du titre d'obligation au créancier.

« On pourrait multiplier les citations ; celles qui précèdent suffisent pour démontrer que l'attribution d'actions ou d'obligations aux actionnaires ou aux obligataires d'une société n'a pas besoin de réunir les conditions de publicité exigées par la thèse des demandeurs en cassation pour constituer une émission dans le sens juridique du mot.

« Il convient d'ajouter que, d'après la jurisprudence, ces conditions ne sont pas non plus nécessaires pour que l'émission donne ouverture aux droits de timbre, de transmission et à la taxe sur le revenu sur les titres qui en sont l'objet. La Cour de cassation l'a reconnu expressément dans une espèce où il s'agissait précisément d'une émission occulte d'une série d'actions, qui n'avait été révélée à l'Administration que par une émission postérieure relative à une autre série. Le tribunal de Rennes, ayant décidé en fait que les présomptions invoquées par l'Administration faisaient preuve suffisante de l'émission, a condamné la société au payement du droit de timbre exigible sur les actions clandestinement émises (jug. du 3 mars 1874 ; 19,745 J.; 4066 R. p.; Inst. 2516, § 2). Le pourvoi formé contre ce jugement a été rejeté par un arrêt de la Chambre des requêtes du 23 fév. 1875. 19,745 J.; 4066 R. p.; 21,187 J. N.; 15,390 Contr.; Inst. 2516, § 2; D. P., 75, 1, 370; S., 76, 1, 473 ; P., 76, 1190.

« La Chambre des requêtes a considéré également comme ayant été émises et comme étant à ce titre passibles des droits de timbre et de transmission, des obligations au porteur souscrites par une compagnie et remises en nantissement d'un prêt qui lui avait été consenti (arrêt du 19 juil. 1875) ; 19.844 J.; 4125 R. p.; 15,487 Contr.; 21,303 J. N.; D. P., 75, 1, 462; Inst. 2531, § 4; P., 75, 62.

« Ces décisions, il est vrai, ont été rendues au sujet de titres émis par des sociétés françaises. Mais, puisque la loi du 29 juin 1872 a assujetti les titres étrangers émis en France aux mêmes droits que ceux qui sont établis sur les valeurs françaises, il n'est pas douteux que les conditions de l'émission qui doit donner ouverture à ces droits sont identiques dans les deux cas. Par conséquent, dès lors que l'émission, pour les titres français, consiste dans leur attribution aux souscripteurs qui ont versé les fonds à la société, l'émission en France des titres étrangers n'est autre chose que l'attribution de ces titres à des porteurs français. »

Conformément à ces conclusions, la Chambre civile, dans son arrêt précité du 17 janv. 1888 (V. *supra*, n° 1074), a décidé que l'*émission* en France doit s'entendre de tout placement de titres, de quelque manière qu'il soit effectué, et que spécialement il y a lieu de considérer comme étant *émis* en France les titres d'actions nouvelles réservés et attribués aux anciens actionnaires de la société qui les a émis, aussi bien que ceux qui sont offerts au public.

1090. Durée des engagements de la société. Cessation de la circulation.— Lorsqu'une société étrangère a fait une émission régulière en France, après avoir fait agréer, conformément à la loi, un représentant responsable des droits, est-elle tenue des taxes, ainsi que nous l'avons entendu soutenir, dans les mêmes limites qu'une société française, c'est-à-dire jusqu'à la dissolution de la société ou l'extinction de ses titres?

Nous ne le pensons pas. Nous croyons au contraire que l'exigibilité des taxes reste, pour les titres émis en France comme pour les autres, subordonnée au fait de la circulation de ces titres en France, et que cette circulation cessant complètement, l'impôt cesse lui-même d'être exigible. Il est incontestable en effet que les titres étrangers qui ne circulent pas sur notre marché n'ont pas d'existence pour la législation française. Ce qui le prouve péremptoirement, c'est que la loi n'en tient pas compte pour la détermination de la quotité imposable, qui doit en principe être fixée d'après le nombre des titres circulant sur notre marché. S'il en est ainsi, c'est que la circulation en France est réellement pour ces titres la seule cause d'exigibilité des taxes, et que, lorsque cette cause vient à cesser complètement, il ne peut plus être question de déterminer la quotité imposable, car l'impôt lui-même n'a plus de fondement. — 22,987 J.

Le ministre des finances l'a implicitement reconnu dans une décision du 18 juil. 1879, portant que l'engagement du représentant responsable, lorsqu'il n'a pas été limité à une durée déterminée, subsiste aussi longtemps que les titres émis en France restent, ne fût-ce qu'en petit nombre, dans la circulation. « Il suffit, dit le ministre, qu'un petit nombre de titres soient demeurés en France, pour que l'impôt demeure exigible, en principe, sur la quotité minima des deux dixièmes du capital des obligations émises (Décret du 24 mai 1872, art. 2). » — 21,684 J.; 5327 R. p.; 16,177 Contr.; S., 80, 2, 87 ; P., 80, 335 ; D. P., 80, 3, 84.

Ces motifs autorisent à conclure que l'impôt cesserait d'être exigible si tous les titres émis avaient totalement disparu du marché français.

§ 3. — Négociations et exposition en vente.

1091. Négociations ayant le caractère d'une émission. Exigibilité des taxes. — Comme le disait justement l'Administration (V. *supra*, n° 1089), « l'émission en France doit s'entendre, *lato sensu*, de toute opération qui a pour objet d'introduire les titres étrangers sur le marché français, soit qu'elle consiste dans un premier placement de titres nouvellement créés, soit qu'elle ait lieu par voie de négociation de titres antérieurement émis à l'étranger ».

La Cour de cassation, dans son arrêt du 17 janv. 1888, s'est approprié cette définition, puisqu'elle a appliqué aux titres négociés en France l'art. 4 du décret du 6 déc. 1872 relatif aux obligations que l'émission en France impose aux sociétés étrangères. Il en résulte que, de même que l'émission n'est autre chose qu'une première négociation des titres qui en sont l'objet, de même la première négociation par une société étrangère de ses titres sur le marché français constitue, à proprement parler, une véritable émission en France. Cette société doit donc au préalable faire agréer un représentant responsable qui devra acquitter les taxes annuelles à leurs échéances.

1092. Exposition en vente. — La même obligation incombe aux sociétés qui exposent leurs titres en vente. D'une part, l'exposition en vente n'est pas autre chose qu'une tentative d'émission, et, d'autre part, la loi du 29 juin 1872 l'assimile complètement à l'émission ou à la négociation, en y attachant expressément l'exigibilité de l'impôt (art. 4). — Arrêt précité du 17 janv. 1888 ; V. *supra*, n° 1075.

1093. Durée des engagements de la société. — Il est bien entendu que les taxes devenues exigibles par le fait de la négociation en France ou de l'exposition en vente des titres étrangers sont dues en principe tant que ces titres circulent sur notre marché, et que, réciproquement, elles cessent d'être exigibles dès que cette circulation a complètement cessé. Nous n'avons pas besoin de répéter sur ce point les observations que nous avons faites précédemment. V. *supra*, nos 1087 et 1090.

§ 4. — Négociations particulières faites sans le concours de la société. Usage dans les actes.

1094. Négociations n'ayant pas le caractère d'une émission. — Il nous reste à présenter une dernière observation pour bien préciser la portée de la nouvelle jurisprudence, dont nous venons d'indiquer les principales conséquences.

L'obligation de payer les taxes annuelles ne peut incomber qu'à la société ou à l'établissement dont les titres circulent en France. La loi fiscale n'impose de ce chef aucune obligation aux tiers porteurs qui souscrivent aux titres émis, ou qui participent à leur négociation. Ce point ne saurait être douteux.

Il en résulte que la société, ne pouvant être engagée que par son propre fait, ne saurait être rendue responsable des négociations particulières dont ses titres peuvent être l'objet en France et auxquelles elle n'a pas concouru. Ce qui rend les taxes exigibles, c'est la négociation ou l'exposition en vente, qui est faite par elle ou par ses ordres et qui, ayant pour objet d'introduire ses titres sur le marché français, est assimilée par la loi à une émission ou à une tentative d'émission. Qu'un particulier qui a des titres étrangers en portefeuille les écoule sur notre marché, ce n'est pas là le fait prévu par la loi comme devant rendre la société débitrice des taxes. Cette opération est parfaitement licite et n'a nullement été subordonnée à la condition qu'un représentant responsable ait été préalablement présenté par la société et agréé par le ministre.

Ces sortes de négociations, la loi ne pouvait et n'a pas voulu les interdire, et c'eût été les interdire en fait que d'en subordonner la faculté à la condition que la société fût en règle avec le Trésor. Aussi le régime fiscal auquel elles sont soumises est-il resté déterminé par l'art. 2 de la loi du 30 mars 1872. Le particulier qui veut négocier, exposer en vente, ou énoncer dans les actes des titres étrangers, qui ne sont pas en droit, ou en fait, soumis au régime des taxes annuelles, est tenu de les soumettre préalablement au visa pour timbre et d'acquitter le droit au comptant de 1 p. 100, sous peine de l'amende proportionnelle édictée par le troisième paragraphe de l'art. 2 précité. 22,987 J.

1095. Renvoi. — Les règles qui déterminent les obligations des particuliers en cette matière seront exposées dans le second chapitre, art. 2, de cette cinquième partie. V. *infra*, n°s 1141 et suivants.

§ 5. — Sanction des dispositions de la loi.

1096. Pénalités contre les sociétés. — Nous venons de voir que la société étrangère qui fait coter ses titres à la Bourse, ou qui les émet en France, ou enfin qui les y négocie par la voie de la coulisse ou autrement, ou ne fait même que les exposer en vente, devient, par le fait même, débitrice des trois taxes; qu'elle est tenue, avant toute opération de ce genre, de faire agréer un représentant responsable pour le payement de ces taxes (art. 4, § 1, décret du 6 déc. 1872).

Quant aux sociétés qui demandent l'admission de leurs titres à la cote, l'exécution de leurs obligations fiscales est assurée par ce fait que l'inscription n'est autorisée qu'après qu'un représentant responsable des droits a été agréé, et qu'elle n'est maintenue que si les droits sont régulièrement acquittés.

Mais que décider à l'égard des sociétés qui introduisent leurs titres en France sans passer par la cote officielle? Quelle est la sanction de leurs obligations? Elle est dans l'art. 5 de la loi du 29 juin 1872, qui punit d'une amende de 100 à 5,000 fr. toute infraction aux dispositions de ladite loi ainsi que du règlement d'administration publique du 6 déc. suivant. Par conséquent, si, au mépris de ses obligations, une société étrangère émet ses titres en France, les négocie ou les expose en vente sans s'être soumise à l'acquittement des taxes, et sans avoir fait agréer, à cet effet, un représentant responsable, elle encourt certainement, pour ce fait, une première amende de 100 à 5,000 fr. Elle est, en outre, exposée à toutes les poursuites du Trésor français pour le recouvrement des taxes exigibles et des amendes de retard encourues pour ne pas s'être libérée aux diverses échéances trimestrielles.

Quant aux moyens pratiques qui s'offrent à l'Administration pour opérer ce recouvrement, nous n'avons pas à nous en occuper. Il suffira d'ailleurs que la société possède des biens en France pour que le succès des poursuites se trouve assuré. (22,967 J.)

1097. Pénalités contre les particuliers. — Les porteurs de titres étrangers qui les négocient en France ou qui en font usage dans leurs actes sans que la société se soit soumise à l'acquittement des taxes n'encourent de ce chef aucune responsabilité pénale. C'est l'observation que nous avons déjà présentée sous le n° 1094 qui précède.

Mais, dans ce cas, ils sont tenus d'acquitter sur leurs titres le droit de timbre au comptant, conformément à l'art. 2 de la loi du 30 mars 1872 et sous les peines édictées par cet article.

Nous présenterons plus loin une étude plus complète de cette disposition.

Art. 4. — *Fixation de la quotité imposable.*

1098. Quotité imposable pour les titres étrangers. — Il résulte de nos explications précédentes que la cause génératrice des taxes qui pèsent sur les valeurs étrangères, c'est leur circulation en France, révélée par leur inscription à la cote officielle, leur émission, leur exposition en vente ou leur négociation en France. Pour la taxe sur le revenu, une autre cause d'exigibilité réside dans le fait que la société étrangère a pour objet des biens mobiliers ou immobiliers situés en France (art. 3, décret du 6 déc. 1872).

Dans l'un et l'autre cas, qu'il s'agisse d'une société ou d'un établissement dont les titres circulent en France, ou d'une société qui y possède des biens, c'est là une situation juridique qui, le plus ordinairement, n'affecte que partiellement son capital, et qui, par conséquent, ne justifie l'exigibilité de l'impôt que sur une partie de ce capital. Aussi la loi du 23 juin 1857, en soumettant les actions et les obligations des sociétés étrangères à des taxes de timbre et de transmission équivalentes à celles qui atteignent les valeurs françaises, et en renvoyant à un règlement d'administration publique le soin de fixer le mode d'établissement et de perception de ces taxes, a expressément disposé (art. 9) que l'assiette du droit « pourra reposer sur une *quotité* déterminée du capital social » (il faut lire évidemment : du capital représenté par les titres d'actions ou d'obligations).

De même, la loi du 30 mars 1872, en assujettissant aux mêmes taxes les titres des villes, provinces, corporations et établissements publics étrangers (art. 1er), ajoute qu'un règlement d'administration publique fixera pour ces titres le mode d'établissement et de perception de l'impôt, « dont l'assiette pourra reposer sur une quotité déterminée du capital ».

Même disposition dans l'article 4 de la loi du 29 juin 1872, qui, en créant l'impôt sur le revenu et en élargissant les causes d'exigibilité des trois taxes sur les valeurs étrangères, renvoie également à un règlement d'administration publique la fixation du mode d'établissement et de perception de ces droits, « dont l'assiette pourra reposer sur une quotité déterminée du capital social ».

Les règlements d'administration publique qui ont fixé, en vertu de cette délégation de la loi, la quotité du capital imposable, ont adopté successivement des modes divers d'évaluation.

1099. Règlements d'administration publique. — *Décret du 17 juillet* 1857, *art.* 10. L'art. 10 du décret du 17 juil. 1857 remettait au ministre des finances le soin de fixer pour chaque compagnie le nombre des titres assujettis à l'impôt. A cet effet, les sociétés devaient lui remettre une déclaration indiquant le nombre de leurs actions et obligations devant servir de base à la perception. — V. *supra*, n° 1046, le texte de ce décret.

1100. *Décret du 11 janvier* 1862, *art.* 1er *et* 2. Un second décret du 11 janv. 1862, non inséré dans les instructions (993e bull., n° 9832; 17,473 J.; 1572 R. p.; V. *supra*, n° 1047), a établi deux catégories : la première comprend les compagnies dont les titres circulent à l'étranger et en France; la seconde celles dont les titres circulent surtout en France. Pour les premières, le droit était dû sur la moitié des actions et des obligations; pour les secondes, sur la totalité. Mais le classement d'une compagnie dans l'une ou l'autre catégorie restait encore à la discrétion du ministre.

Les sociétés ont été astreintes, en outre, par l'art. 2 du même décret, à fournir au ministre une déclaration émanée de leurs conseils d'administration, faisant connaître l'importance du capital émis, tant en actions qu'en obligations, et certifiée par le consul de France du lieu où est établi le siège de la société.

1101. *Décret du 11 décembre* 1864, *art.* 1er *et* 2. Un troisième décret du 11 déc. 1864 (17,926 J.; Inst. 2302) a statué que l'impôt serait perçu, à compter du 1er janv. 1865, sur la moitié du capital représenté par les actions et sur la totalité des obligations. — V. *supra*, n° 1050.

Ce décret ne mentionne que le droit de transmission. Mais il doit, comme l'Inst. 2302 le fait observer, être naturellement étendu au droit de timbre, les deux impôts pour les sociétés étrangères n'ayant qu'une seule et même assiette. L. 23 juin 1857, art. 9; — Décr. 17 juil. 1857, art. 11.

1102. **Décret du 24 mai 1872, art. 1er. Système actuel.** — Enfin, un quatrième décret du 24 mai 1872 (19,064 J.; 14,894 Contr.; 4194 Rev. not.; Inst. 2445) est revenu au système de 1857. Le nombre des titres qui doit servir de base à la perception des taxes sur les actions et obligations des sociétés, villes, provinces et corporations étrangères, est déterminé, pour une période de trois ans, par le ministre des finances, sur l'avis d'une commission consultative dans laquelle les intérêts du Trésor et ceux des sociétés sont représentés. La fixation est faite pour une période de trois ans. Après ce délai, elle peut être révisée sur l'initiative soit du gouvernement, soit des compagnies. A défaut d'une nouvelle fixation, les droits continuent à être perçus d'après les bases antérieures. — V. le texte de ce décret, *supra*, n° 1053.

1103 et 1104. *Minimum*. Le nombre des titres assujettis à l'impôt ne peut être inférieur, pour les actions, à un dixième, et, pour les obligations, à deux dixièmes du capital (art. 2, décret précité). Ce minimum n'est pas toutefois applicable aux sociétés qui doivent l'impôt sur le revenu comme ayant pour objet des biens situés en France. — V. *infra*, nos 1197 et suiv.

1105. *Emission en France*. En cas d'émission de titres étrangers en France, l'art. 4 du décret du 6 déc. 1872 porte que le ministre doit, *dans le mois* qui suit la clôture de l'émission ou de la souscription, déterminer dans la forme ci-dessus tracée le nombre des titres qui doivent servir de base à la perception des trois taxes.

En fait, ce délai d'un mois est rarement observé.

1106. *Impôt sur le revenu*. Pour les titres étrangers qui sont assujettis à la taxe sur le revenu, à raison de leur circulation en France (cote à la Bourse, émission, exposition en vente, négociation), la taxe est assise sur la même base que les droits de timbre et de transmission; cette base est déterminée en conséquence dans la forme tracée par le règlement d'administration publique du 24 mai 1872, dont nous venons de résumer les dispositions. Art. 3 et 4, décret du 6 déc. 1872; V. *supra*, n° 1056.

Quant aux sociétés, compagnies et entreprises étrangères dont les titres ne circulent pas en France, et échappent ainsi à la perception des droits de timbre et de transmission, mais qui ont pour objet des biens meubles ou immeubles situés en France et doivent, pour ce fait, la taxe sur le revenu à raison des valeurs françaises qu'elles possèdent, c'est également au ministre des finances, statuant sur l'avis de la commission des valeurs mobilières, que le décret du 6 déc. 1872 (art. 3) a confié le soin de fixer la quotité du capital social pour laquelle ces sociétés doivent acquitter l'impôt.

1107. *Composition de la commission dite « commission des valeurs mobilières »*. La commission sur l'avis de laquelle le ministre fixe la quotité imposable pour les titres étrangers, conformément aux dispositions qui précèdent, est composée de la manière suivante: le président de la section de finances au Conseil d'Etat, président; le directeur général de l'enregistrement, des domaines et du timbre; le directeur du mouvement général des fonds; un régent de la Banque de France; le syndic des agents de change de Paris. — La commission désigne son secrétaire, qui a voix consultative.

Elle doit se réunir toutes les fois que les affaires à instruire l'exigent. En fait, elle tient ordinairement deux séances par an.

1108. *Avis de la chambre syndicale des agents de change*. Aucune disposition n'a tracé le mode d'informations à suivre par la commission des valeurs mobilières pour déterminer le nombre des titres étrangers qui sont présumés circuler en France, et par cela même la quotité de ces titres qui doit être assujettie à l'impôt. Elle peut, en cette matière, s'éclairer de tous les renseignements qui sont de nature à lui faire connaître l'importance de la circulation. Dans tous les cas, rien ne l'oblige à prendre l'avis de la chambre syndicale des agents de change, surtout lorsqu'il s'agit de titres qui se négocient en banque et qui ne sont pas cotés à la Bourse. C'est ce qu'a justement décidé un jugement du tribunal de la Seine du 5 juin 1885 (22,635 J.; 6519 R. p.; 17,082 Contr.) dans l'affaire qui a donné lieu à l'arrêt précité du 17 janv. 1888. V. *supra*, n° 1077.

1109. *Mode d'information pour les titres non cotés*. L'importance de la circulation des titres non cotés est assez difficile à constater. L'Administration utilise à cet effet les renseignements les plus divers. « Elle a recours, notamment, au droit d'investigation que la loi lui a donné dans les sociétés par actions, et parvient ainsi à constater le nombre de coupons que les sociétés de crédit payent à chaque échéance aux porteurs français. C'est au moyen de ces documents et d'autres de même nature qu'elle fournit à la commission des valeurs mobilières et au ministre des finances les éléments nécessaires pour que leur décision soit prise en connaissance de cause. » V. dans ce sens, mémoire de l'Administration dans l'affaire qui a donné lieu à l'arrêt du 17 janv. 1888; Inst. gén. n° 2750, § 5, p. 89.

1110. *Révision triennale*. Aux termes de l'art. 3 du décret du 24 mai 1872, la quotité imposable, qui a été fixée par le ministre conformément aux dispositions qu'on vient de lire, peut être révisée tous les trois ans à la diligence soit du Trésor, soit des compagnies. — S'il y a lieu à révision, elle est effectuée dans le trimestre qui précède l'échéance de la troisième année, et la nouvelle fixation sert de base pour une nouvelle période de trois ans. — L'article précité porte en outre que, « *s'il n'y a pas lieu à révision* », la fixation précédente sert de base pour la nouvelle période.

Doit-on interpréter ces dispositions dans ce sens que si le délai fixé pour la révision expire sans qu'une décision nouvelle soit intervenue, la société et l'Administration sont, l'une et l'autre, déchues du droit de la provoquer, et que, dans ce cas, la fixation précédente sert nécessairement de base pour la nouvelle période?

Disons d'abord que la question ne paraît pas devoir se poser lorsque l'initiative d'une proposition de révision n'a été prise ni par l'Administration ni par la société avant l'expiration du délai. Dans ce cas, en effet, l'Administration s'abstient de soumettre à la commission des valeurs mobilières des propositions d'augmentation de la quotité imposable pour la nouvelle période déjà commencée et s'en tient à l'ancienne fixation. D'autre part, la commission et le ministre rejetteraient certainement une demande de dégrèvement qui ne serait introduite par la société qu'après l'expiration du délai, et, comme les décisions de cette nature ne comportent aucun recours, tout au moins sur le fond, la société serait nécessairement astreinte à continuer le payement de l'impôt sur les bases précédemment fixées.

Mais il peut arriver que l'initiative d'une proposition de révision soit prise soit par l'Administration, soit par la société, dans le délai imparti par le décret, et que néanmoins la commission et le ministre laissent expirer ce délai sans avoir pris de décision. Dans ce cas, le droit de réviser la quotité imposable pour la nouvelle période triennale est-il périmé, et la décision tardive qui serait prise dans un sens ou dans un autre peut-elle être arguée de nullité?

La question s'est posée à propos de la Compagnie générale et universelle maritime de Suez, qui a le caractère d'une société étrangère et dont les titres sont cotés à la Bourse et circulent en France. L'Administration ayant, avant l'expiration d'une période triennale, proposé le relèvement de la quotité imposable, une décision conforme a été prise par le ministre, sur l'avis de la commission des valeurs mobilières, mais à une date postérieure à l'expiration du délai, alors qu'une nouvelle période était commencée. M. de Lesseps a contesté la régularité de cette décision et a prétendu qu'ayant été prise tardivement elle lui était inopposable et laissait la Compagnie sous l'empire de la fixation précédente.

Sa prétention a été repoussée par une solution du 13 oct. 1885, que la Compagnie a d'ailleurs acceptée, et qui est fondée sur les considérations suivantes que nous approuvons sans réserve :

« La prétention de M. de Lesseps, porte la note de la Direction générale, se fonde sur les motifs suivants :

« Le texte du décret du 24 mai 1872 est formel. Il exige que la révision, s'il y a lieu de l'effectuer, intervienne dans le trimestre qui précède l'échéance de la période en cours; sinon, c'est-à-dire s'il n'y a pas lieu à révision, la fixation précédente doit servir de base pour la nouvelle période. Cette disposition n'aurait pas de sens si le délai qu'elle édicte pouvait être dépassé sans entraîner la nullité de la révision.

« Il est certain que l'Administration pourrait opposer l'expiration du délai à une société qui demanderait, alors qu'une nouvelle période triennale est commencée, la diminution de la quotité imposable. Or, si la société a encouru dans ce cas une déchéance dont elle ne peut être relevée, il est juste que, par voie de réciprocité, la même déchéance puisse être opposée à l'Administration qui procède à une révision tardive.

« Le décret du 24 mai 1872 a été édicté, ainsi que le prouvent les travaux préparatoires, en vue d'assurer aux sociétés une certaine sécurité et de les garantir contre des changements de taxes trop brusques et trop fréquents. C'est pour ce motif que la faculté de révision a été renfermée dans des limites précises et que les époques où elle pourrait s'exercer ont été nettement déterminées. Lorsque le délai que ce décret a fixé est expiré, les sociétés ont le droit de compter qu'aucune modification ne sera provoquée pendant la nouvelle période ouverte. Or, ce résultat ne serait pas atteint si l'Administration pouvait, à toute époque, procéder à une révision dont le moindre inconvénient serait de jeter le trouble dans la comptabilité des compagnies et d'obliger ces dernières à revenir sur des distributions de dividendes et sur des opérations qu'elles avaient le droit de considérer comme définitives.

« Ces motifs ne paraissent pas décisifs.

« L'Administration n'a jamais jusqu'à ce jour considéré que le délai fixé par le décret du 24 mai 1872 fût un délai de rigueur. En fait, les révisions sont toujours provoquées avant la fin de la période en cours; mais il arrive souvent que, par suite des difficultés de l'instruction, la décision ministérielle intervient tardivement. Néanmoins, la décision est appliquée à partir de la date d'expiration de la période précédente, aussi bien dans le cas où elle est favorable à la compagnie que dans le cas où elle aggrave ses obligations. Cette manière d'opérer n'ayant jamais jusqu'ici soulevé de contestation, l'Administration n'a pas eu à interpréter le texte de l'art. 3 du décret du 24 mai 1872 et à statuer sur la difficulté soulevée aujourd'hui par la Compagnie du Canal de Suez.

« Par suite de la réclamation de M. de Lesseps, il y a lieu d'examiner quelle est la portée légale de la disposition du décret précité, qui précise l'époque à laquelle la révision de la base imposable pour les titres étrangers doit être effectuée.

« Or, l'interprétation sur laquelle se fonde le président de la Compagnie du Canal de Suez ne paraît conforme ni à l'esprit du décret du 24 mai 1872, ni à l'ensemble de la législation fiscale qui régit les valeurs étrangères.

« En principe, les actions et obligations émises par les sociétés étrangères sont assujetties aux mêmes droits que les valeurs de même nature des sociétés françaises. C'est ce qui résulte formellement du texte de l'art. 9 de la loi du 23 juin 1857 et du 1er alinéa de l'art. 4 de la loi du 29 juin 1872. Toutefois, afin de proportionner les charges aux avantages que les titres des sociétés étrangères retirent de leur circulation en France, les lois de 1857 et de 1872 disposent que l'impôt *pourra* ne reposer que sur une quotité déterminée du capital social. V. art. 9, 2e alinéa, de la loi de 1857, et art. 4, 3e alinéa, de la loi du 29 juin 1872.

« La fixation de cette quotité, laissée d'abord à l'appréciation du ministre des finances (art. 10, décret du 17 juillet 1857), puis soumise à certaines règles plus précises par les décrets du 11 janv. 1862 (art. 1er) et du 11 déc. 1864 (art. 1er), est faite aujourd'hui conformément au décret du 24 mai 1872. D'après le mode organisé par ce décret, c'est le ministre des finances qui, sur l'avis d'une commission spéciale instituée à cet effet, détermine souverainement le nombre des titres qui sont présumés circuler en France et qui doivent être assujettis à l'impôt. Deux restrictions seulement sont apportées au pouvoir discrétionnaire du ministre. D'une part, et aux termes de l'art. 2 du décret du 24 mai 1872, le nombre des titres assujettis aux taxes ne peut être inférieur, pour les actions, à un dixième (1/10), et, pour les obligations, à deux dixièmes (2/10) du capital; d'autre part, l'article détermine un délai pendant lequel la décision prise par le ministre demeure obligatoire pour le Trésor et n'est pas sujette à révision.

« Ces dispositions réglementaires ne portent pas atteinte au principe de la loi d'après lequel l'impôt est dû sur tous les titres émis par les sociétés étrangères comme sur les titres des sociétés françaises, sauf le pouvoir d'appréciation du ministre en ce qui concerne la fraction des titres étrangers qui, ne circulant pas en France, peut être provisoirement dispensée du payement de cet impôt.

« Le caractère des dispositions dont il s'agit ne permet guère de considérer le délai de trois ans comme un délai préfix dont l'inobservation doit entraîner la nullité de la décision ministérielle. Sans doute le ministre doit s'y conformer autant que possible, pour rester dans l'esprit du décret et s'associer aux vues du législateur. Il ne conviendrait pas de provoquer une révision alors que, le délai étant expiré sans que le ministre ait fait connaître son intention de modifier la quotité imposable, la Compagnie est par cela même autorisée à penser que la perception continuera à s'opérer pendant la période nouvelle d'après la fixation précédente.

« Mais, lorsque les opérations de cette révision ont été commencées dans le délai utile, lorsque la Compagnie a été appelée à discuter les bases d'une nouvelle fixation devant l'autorité chargée d'y procéder, toute cette procédure administrative est-elle frappée de déchéance parce que l'avis de la commission et la décision du ministre ne sont intervenus que tardivement? L'Administration ne le pense pas, et, en effet, il y a de nombreuses raisons à opposer à une interprétation aussi restrictive :

« 1° Si la loi avait considéré le délai qu'elle a fixé comme un délai de rigueur, elle aurait, autant dans l'intérêt des parties que dans celui du Trésor, édicté des dispositions permettant de se prémunir contre la déchéance. Il est vrai que le Trésor peut éviter cette déchéance en activant les opérations de révision; mais il n'en est pas de même des sociétés, qui n'ont aucun moyen légal pour obliger le ministre à se prononcer en temps utile. La procédure étant purement administrative, il n'y a régulièrement place pour la signification d'aucun acte extrajudiciaire interruptif du délai. Par conséquent, il ne paraît pas possible de soutenir que la décision ministérielle est nulle par le seul fait qu'elle n'a pas été rendue avant l'expiration de la période en cours. Cette interprétation, qui, dans l'espèce, est défavorable au Trésor, peut, dans beaucoup de cas, être préjudiciable aux sociétés elles-mêmes, et, en ce qui les concerne, elle serait manifestement injuste, celles-ci n'ayant en leur pouvoir aucun moyen d'éviter la déchéance.

« 2° En réalité, la demande en révision, quand elle émane des parties, est un recours à la juridiction gracieuse du ministre plutôt qu'à sa juridiction contentieuse, puisqu'il lui est toujours loisible de rejeter cette demande et de maintenir et même d'augmenter l'ancienne fixation sans qu'il soit permis de se pourvoir contre la décision rendue. Or, en pareille matière, les délais n'ont jamais le caractère de délais de rigueur.

« 3° En admettant même que la décision ministérielle eût un caractère contentieux, il ne s'ensuivrait pas que le délai fixé par le décret dût être observé à peine de nullité. Il est de principe, en effet, que les nullités sont de droit strict et ne se suppléent pas. Le ministre remplissant dans ce cas le rôle de juge entre l'Administration et les parties, le délai qui lui est imparti pour rendre sa décision ne saurait être plus rigoureux que celui qui est fixé aux tribunaux par l'art. 65 de la loi du 22 frim. an 7 pour rendre leurs jugements dans les instances relatives à la perception des droits d'enregistrement. Or, il a toujours été jugé que ces délais ne sont pas prescrits à peine de nullité. V. notam. Cass., 15 déc. 1869; Inst. n° 2398, § 6; 18,761, 18,884 J.; 14,497 Contr.; 19,785 J. N.; 3064 R. p.; S., 70, 1, 177; P., 70, 409; D. P., 70, 1, 410.

« Cette jurisprudence pourrait, au besoin, être invoquée pour établir la validité des décisions ministérielles rendues après l'expiration du délai réglé par l'art. 3 du décret du 24 mai 1872.

« 4° Il est vrai que le paragraphe 2 de cet article dispose que, s'il n'y a pas lieu à révision, la fixation précédente doit servir de base pour une nouvelle période de trois ans. On soutient que cette disposition n'est que la sanction du paragraphe 3 du même article, d'après lequel la révision doit être effectuée dans les trois mois qui précèdent l'échéance de la période en cours. Faute de révision dans le délai, prétend-on, c'est le paragraphe 2 qui détermine de plein droit la base imposable, et il n'est pas permis de s'en écarter.

« Cette argumentation est loin d'être rigoureuse. Elle suppose gratuitement entre les deux dispositions précitées un lien qui ne résulte nullement du texte. Le paragraphe 2, en effet, ne dit pas « si la révision n'est pas effectuée dans le délai « fixé par le paragraphe suivant », mais il dit, ce qui est bien différent, « s'il n'y a pas lieu à révision ». Cette différence de rédaction est très importante. Il en résulte rigoureusement que la détermination de la valeur imposable d'après les bases de la période précédente est absolument indépendante de l'observation ou de l'inobservation du délai fixé par le paragraphe 3. S'il en était autrement et si le législateur avait voulu par là ajouter une sanction aux prescriptions de ce dernier paragraphe, il aurait placé cette sanction après et non pas avant la disposition dont il entendait assurer l'exécution. Il se serait, en outre, exprimé autrement. La place qu'occupe la disposition à interpréter et les termes dans lesquels elle est conçue sont exclusifs de la signification qu'on prétend lui donner.

« Ces termes « s'il n'y a pas lieu à révision » rentrent dans l'esprit du décret qui réserve au ministre ou à ses délégués le soin d'apprécier souverainement si la base imposable fixée pour la période précédente est ou non suffisante. Estime-t-il que cette base ne comporte aucune modification? elle doit continuer à régir la perception pour trois ans, sans qu'il soit permis de provoquer, dans cet intervalle, une révision nouvelle. Dans le cas contraire, la procédure de révision commence; et, soit qu'elle aboutisse au maintien de la base précédente, soit qu'elle entraîne une diminution ou une augmentation de la matière imposable, c'est, dans tous les cas, la décision nouvelle qui, légalement, servira d'assiette à l'impôt dû pour la période suivante. Pour écarter cette décision sous prétexte qu'elle n'a pas été rendue avant la nouvelle période, on est obligé d'ajouter à la loi et d'invoquer une nullité qui ne résulte ni de son texte ni de son esprit.

« 5° Si on considérait le délai déterminé par le paragraphe 3 de l'art. 3 du décret du 24 mai 1872 comme un délai de rigueur, on arriverait, dans certains cas, à des conséquences inadmissibles. Il peut se faire, par exemple, et cela se produit assez fréquemment, que l'Administration ne découvre qu'après trois, quatre ou cinq années, l'existence d'une société étrangère tenue d'acquitter les taxes fiscales en France, ou encore qu'elle ne puisse réunir avant l'expiration de la première période triennale les renseignements nécessaires pour la détermination initiale de la quotité imposable. Si le délai prévu par le décret de 1872 devait être observé à peine de nullité, la commission qui aurait à fixer, par une même décision, la quotité imposable pour la première période écoulée et pour la nouvelle période en cours, se verrait forcée d'adopter pour la seconde période la même base de perception que pour la période de début. Or cette base, suffisante pour les trois premières années, se trouverait le plus souvent trop faible pour la période triennale suivante. Il en résulterait que les sociétés étrangères qui auraient négligé de se conformer à la loi française seraient traitées plus favorablement que celles qui auraient rempli leurs obligations. Un tel résultat ne paraît pas possible. »

Art. 5. — *Payement des taxes. Représentant responsable.*

1111. **Obligations des sociétés et établissements étrangers. Sanction de ces obligations.** — Les obligations imposées aux sociétés et établissements étrangers par les dispositions qui ont soumis leurs titres à des taxes équivalentes à celles qui pèsent sur les valeurs françaises sont relatives : 1° aux déclarations qu'elles doivent souscrire pour servir de base à la perception de l'impôt; 2° à l'engagement du représentant responsable qu'elles sont tenues de faire agréer; 3° et au payement des taxes dans les délais fixés par la loi.

1112. **Déclarations.** — Les sociétés ou établissements étrangers qui font coter leurs titres à la Bourse, les négocient, les émettent ou les exposent en vente, et qui deviennent ainsi débitrices des trois taxes, n'ont pas à fournir les déclarations prescrites pour les sociétés françaises par l'art. 1er du décret du 17 juil. 1857, en ce qui concerne la constitution de la société et les modifications ultérieures qui y sont apportées.

1113. *Déclaration du capital représenté par les actions et les obligations.* Mais l'art. 10 du même décret leur prescrivait de remettre au ministre des finances une déclaration indiquant le nombre de leurs actions et obligations, qui devait servir de base à l'impôt. Cette disposition paraît avoir été remplacée par le décret du 11 janv. 1862, qui, après avoir fixé la quotité imposable, suivant le cas, à la moitié ou à la totalité du capital représenté par les actions et les obligations, porte (art. 2) que les représentants des sociétés devront fournir au ministre une déclaration émanée des conseils d'administration desdites sociétés, et certifiée par le consul de France, faisant connaître l'importance du capital émis, tant en actions qu'en obligations.

Cette disposition, que le décret du 11 déc. 1864 avait certainement maintenue, ne paraît pas avoir été abrogée par le décret, actuellement en vigueur, du 24 mai 1872. Bien que le nombre des titres imposable soit maintenant fixé souverainement par le ministre des finances, d'après l'avis de la commission des valeurs mobilières, qui le détermine en tenant compte de la circulation, la déclaration prescrite par le décret du 11 janv. 1862 a conservé son utilité, ne fût-ce que pour fournir à la commission un premier élément d'appréciation.

Toutefois, nous ne pensons pas que, dans la pratique, l'Administration exige strictement l'accomplissement de cette formalité.

1114. *Déclarations trimestrielles.* Sous l'empire du décret du 17 juil. 1857, les sociétés devaient, pour le payement des taxes, remettre chaque trimestre une déclaration indiquant le nombre de leurs actions et de leurs obligations en circulation. L'art. 10 du décret du 17 juil. 1857 exigeait cette déclaration pour permettre au ministre des finances de fixer le nombre de titres soumis à l'impôt. Lorsque cette proportion a été déterminée législativement par le décret du 11 déc. 1864, il a été reconnu que la production de l'état trimestriel entre les mains des receveurs devait avoir lieu en vertu des dispositions générales de l'art. 5 du décret de 1857 (D. m. f., 18 mai et 19 déc. 1865); et c'est avec raison, puisque, sous le régime de ce décret, l'assiette des taxes variait selon le chiffre plus ou moins élevé du capital social à l'expiration de chaque trimestre. Il avait même été décidé que les déclarations étaient nécessaires pour la régularité des perceptions, et que tout payement non accompagné d'une déclaration ne pouvait être considéré que comme le versement d'un à-compte. (Sol. 8 déc. 1865.) Actuellement, la base de l'impôt étant invariablement fixée pour trois ans (décret 24 mai 1872), les déclarations trimestrielles semblent complètement superflues.

1115. Toutefois, les sociétés restent tenues de fournir, pour l'application de la taxe de transmission, les autres indications prescrites par l'art. 5 du décret du 17 juil. 1857, auquel l'art. 10 renvoie expressément, c'est-à-dire le cours moyen des titres cotés et, à défaut de cote, une déclaration estimative faite conformément à l'art. 16 de la loi du 22 frim. an 7. Et, en ce qui concerne l'impôt sur le revenu, les sociétés sont tenues, comme nous le verrons, de déposer au bureau, pour la liquidation définitive de la taxe, les mêmes documents que ceux dont le dépôt est prescrit aux sociétés françaises (art. 3, décret du 6 déc. 1872).

1116. **Représentant responsable.** — La première obligation qui incombe à une société ou à un établissement étranger qui veut faire coter ses titres en France, les y émettre par voie de souscription ou de négociation, ou même simplement les exposer en vente, est de faire agréer par le ministre des finances un représentant responsable de toutes les taxes que ces opérations doivent rendre exigibles.

Cette obligation résulte, pour les titres cotés, de l'art. 10 du décret du 17 juil. 1857, portant : « Toute compagnie qui, à l'avenir, sera autorisée à faire coter ses titres en France, devra faire agréer par le ministre des finances un représentant responsable. » Les dispositions de ce règlement ont été étendues aux titres des villes, provinces, corporations et établissements publics étrangers, par l'art. 4 du décret du 24 mai 1872.

La même obligation résulte, pour les titres que la société ou l'établissement étranger émet ou négocie ou expose en vente en France, de l'art. 4 du décret du 6 déc. 1872, qui porte « qu'aucune émission ou souscription de titres étrangers ne peut avoir lieu en France qu'après qu'un représentant responsable a été agréé par le ministre des finances », et dont la disposition a été reconnue applicable non seulement aux titres faisant l'objet d'une émission proprement dite, mais à tous les titres introduits en France par voie d'émission, de négociation ou d'exposition en vente. Cass., 17 janv. 1888, arrêt précité; V. *supra*, n° 1077.

Enfin, quant aux sociétés dont les titres ne circulent pas en France, mais qui ont pour objet des biens mobiliers ou immobiliers situés en France, et qui, pour ce fait, sont redevables de la taxe de 3 p. 100 sur le revenu, elles doivent, aux termes de l'art. 3 du décret précité du 6 déc. 1872, « faire agréer, *avant toute opération en France*, un représentant français responsable des droits et amendes ». Les sociétés qui existaient au moment de la promulgation de la loi ont dû, aux termes du même article, faire agréer leur représentant responsable avant le 1er déc. 1872.

1117. *Sanction de ces dispositions.* Toutes ces dispositions, soit du décret du 17 juil. 1857, soit du décret du 6 déc. 1872, ont été édictées à peine d'une amende de 100 à 5,000 fr. (art. 10, loi 23 juin 1857, art. 12, décret du 17 juil. 1857, et art. 5, loi du 29 juin 1872).

Par conséquent, cette amende est incontestablement encourue par la société qui a fait inscrire ses titres à la cote, ou qui les a émis, négociés ou exposés en vente en France, ou qui, ayant pour objet des biens situés en France, y a commencé ses opérations, sans avoir au préalable fait agréer un représentant responsable des droits.

Faisons remarquer toutefois que le cas se présentera rarement pour les titres cotés : car, d'après le règlement du 6 fév. 1880 (V. *supra*, n° 1079), la chambre syndicale des agents de change doit, avant toute inscription des titres à la cote, exiger la justification de l'agrément par le ministre d'un représentant responsable. Il faut donc supposer un oubli ou une négligence de la part de cette chambre pour que la contravention résultant pour la société de l'inscription de ses titres à la cote puisse se produire.

1118. *Amendes de retard.* Indépendamment de la pénalité dont nous venons de parler, la société qui ne se met pas en mesure, en faisant agréer un représentant responsable, d'acquitter régulièrement les droits rendus exigibles par l'inscription de ses titres à la cote, par leur émission, par leur négociation ou leur exposition en vente, ou enfin par la situation en France de quelques-uns de ses biens, et qui en fait ne verse pas ces droits au Trésor aux époques et dans les délais fixés par la loi, encourt pour chaque terme échu l'amende de 100 à 5,000 fr. édictée, en matière de droit de transmission et d'impôt sur le revenu, pour défaut de payement de ces taxes dans le délai fixé par l'art. 5 du décret du 17 juil. 1857, auquel renvoie l'art. 10, spécial aux valeurs étrangères (V. aussi art. 12), et par l'art. 2 du décret du 6 déc. 1872, que l'art. 3 du même décret déclare applicable aux sociétés et établissements étrangers. Rappelons ici que le payement tardif des droits de timbre ne fait encourir aucune pénalité.

Enfin, d'autres amendes peuvent encore être encourues si la société ayant à payer la taxe sur le revenu d'après des délibérations ou autres documents faisant connaître les bénéfices distribués, n'en a pas effectué le dépôt au bureau du siège social dans le délai de vingt jours fixé par l'art. 2 de la loi du 29 juin 1872. —V. toutefois, en ce qui concerne l'observation du délai, les réserves faites *infra*, n° 1200.

1119. Ces règles ont été consacrées par un jugement du tribunal de Lille du 7 juil. 1876 (20,102 J.; 4422 R. p.) et, sur pourvoi, par un arrêt de la Chambre civile du 22 avril 1879 (21,028 J.; 16,082 Contr.; 5243 R. p.; 22,121 J. N.; 5939 Rev. not.; Inst. 2621, § 6; S., 79, 1, 325; P., 79, 797; D. P., 83, 1, 97). Il s'agissait d'une société étrangère qui existait déjà au moment de la promulgation de la loi du 29 juin 1872 et qui, ayant plusieurs usines en France, s'est trouvée assujettie de ce chef au payement de la taxe de 3 p. 100 sur une quotité, à déterminer par le ministre, de son capital social. Cette société ayant négligé de se soumettre aux dispositions de la loi et du décret, et n'ayant ni fait agréer un représentant responsable, ni payé la taxe pendant les trimestres qui ont suivi la promulgation de la loi, l'Administration lui a réclamé, indépendamment des droits exigibles, une amende de 100 à 5,000 fr. pour défaut de présentation d'un représentant responsable, et autant d'amendes de retard qu'il y avait de termes échus au moment de la réclamation.

Cette demande a été accueillie par un jugement du tribunal de Lille du 7 juil. 1876 (20,102 J.; 4422 R. p.), que la société a déféré à la Cour de cassation. Dans sa défense, la Direction générale a conclu au rejet du pourvoi en se fondant sur les considérations suivantes :

« Le demandeur fait grief au tribunal, dans le second moyen, d'avoir prononcé des amendes contre la compagnie, l'une pour ne pas avoir présenté de représentant au ministre dans le délai légal, les autres pour avoir acquitté tardivement les annuités de la taxe.

« La première obligation était imposée à la compagnie par l'art. 3 du décret du 6 déc. 1872. L'observation de cette formalité trouve sa sanction dans l'art. 5 de la loi du 29 juin 1872, ainsi conçu : « Chaque contravention... »

« Le demandeur allègue que l'article précédent ne s'applique pas au retard de la société à faire agréer son représentant. Il en donne pour motif que l'art. 3 avait accordé jusqu'au

1er décembre 1872 pour faire cette désignation ; que ce délai est devenu sans objet, puisque le décret a été délibéré et promulgué après le 1er décembre, et qu'aucun autre délai n'ayant été substitué au premier, il n'a pas pu y avoir contravention. Mais le tribunal a justement repoussé cette prétention. L'obligation de faire agréer un représentant responsable a été imposée aux compagnies étrangères pour donner à l'Administration une garantie efficace du payement de l'impôt. C'est la disposition formelle du texte, lequel, après avoir décidé que les sociétés de l'espèce acquitteraient la taxe, ajoute qu'elles devront, à cet effet, faire agréer un représentant français, personnellement responsable des droits et amendes. Pour que le but de la loi soit rempli, c'est-à-dire pour que l'Administration ait la certitude de recouvrer la taxe à l'échéance, il faut donc que la caution soit fournie avant cette échéance. Le décret y pourvoit, à l'égard des sociétés nouvelles, en décidant que le représentant sera désigné *avant toute opération en France*. Quant aux sociétés anciennes, on leur avait enjoint, lors de la préparation du décret, de faire agréer leur représentant avant le 1er déc. 1872. Ce décret n'ayant été promulgué que le 11 déc. 1872, il a été sans doute impossible de l'exécuter à la date prévue ; mais, aussitôt après la promulgation, cette impossibilité a disparu, et les sociétés se sont trouvées en demeure de se soumettre à l'injonction formelle, contenue dans le texte, d'avoir à faire agréer un représentant. Cette injonction ayant d'ailleurs pour cause la garantie du payement de l'impôt, il s'ensuit naturellement qu'elle a dû être exécutée, dans tous les cas, et au plus tard avant l'époque fixée pour ce payement. Toute autre interprétation serait destructive de la loi ; elle conduirait, en effet, à cette conséquence inadmissible que le législateur a laissé le payement du droit à la merci des sociétés anciennes, puisque aucun délai ne leur est imposé pour fournir caution et qu'il n'existe pas de sanction pénale afin de les y contraindre. Telle n'a pas été évidemment la pensée de la loi. La garantie prévue par l'art. 3 du décret étant exigée pour que le Trésor ait un moyen assuré de recouvrement à l'échéance, il n'était pas besoin d'exprimer qu'elle serait donnée au plus tard avant cette échéance : la chose était de conséquence forcée. Ainsi que l'a souvent reconnu la jurisprudence en matière fiscale, la loi ne doit être entendue que dans le seul sens qui en rend l'exécution possible. La Compagnie continentale était, par suite, obligée de présenter son agent avant le 31 déc. 1872, jour fixé par l'art. 6 du décret du 6 déc. 1872 pour le premier versement de la taxe. En se dispensant de remplir cette formalité, elle a désobéi au règlement et encouru l'amende.

« Le tribunal de Lille a eu raison également d'appliquer des amendes à la compagnie pour la punir de ne pas avoir effectué les versements successifs de l'impôt dans les délais prescrits. Vainement le demandeur allègue-t-il que, le montant de la dette n'ayant été déterminé qu'en 1874, il était impossible à la compagnie de se libérer auparavant. Il suffit de répondre, avec le jugement attaqué, que, si cette fixation n'a pas eu lieu plus tôt, c'est que la société a négligé de se faire connaître et d'indiquer à l'Administration le montant des dividendes en déposant les documents dont la remise était immédiatement obligatoire, d'après les art. 2 de la loi, 2 et 6 du règlement. Il n'est pas exact que la compagnie n'eût rien à faire, et que ce fût à l'Administration seule à provoquer toutes les mesures relatives au payement. Il n'appartenait assurément pas aux préposés de faire le dépôt des pièces constatant le revenu réel des actions, pas plus que de désigner le représentant responsable. L'initiative de ces formalités ne pouvait émaner que de la compagnie, et c'est précisément parce qu'elle n'a pas veillé à leur accomplissement en temps opportun qu'elle a contrevenu aux dispositions du décret. »

L'arrêt du 22 avril 1879, qui a approuvé ces conclusions, a réglé une situation transitoire. Mais les principes sur lesquels il s'appuie sont d'une application générale et régissent certainement les sociétés ou établissements étrangers qui sont devenus ou qui deviendront débiteurs des taxes postérieurement à la promulgation de la loi de 1872.

V. dans le même sens : Cass., civ., 29 août 1881 ; 21,727 J. ; 5854 R. p. ; 16,521 Contr. ; 22,622 J. N. ; 6392 Rev. not. ; Inst. 2664, § 5 ; S., 82, 1, 181 ; P., 82, 1, 414 ; D. P., 83, 1, 97 ; — Lille, 1er avril 1881 ; 21,854 J. ; 5906 R. p.

1120. *Nature de l'engagement du représentant responsable.* L'obligation imposée aux sociétés et établissements étrangers de faire agréer un représentant responsable n'a pas eu seulement pour but de contraindre les sociétés à avoir un mandataire accrédité auprès du ministre ; le représentant responsable est, envers le Trésor, le débiteur direct et personnel des taxes de toute nature exigibles sur les titres de la société ou de l'établissement qu'il représente. Il est évident, en effet, qu'en cas de non-payement à l'échéance, le Trésor se serait trouvé réduit à l'impuissance s'il avait été obligé de poursuivre devant des juridictions étrangères des sociétés qui, pour la plupart, ne possèdent rien en France. Cette interprétation a été adoptée par un jugement du tribunal de la Seine du 28 déc. 1867. 18,531 J. ; 2680 R. p. ; 14,097 Contr.

1121. *Conditions que doit remplir le représentant responsable.* Le représentant responsable doit, pour être agréé par le ministre, être Français (art. 3, décret du 6 déc. 1872), d'une honorabilité et d'une solvabilité notoires.

1122. *Durée de l'engagement du représentant.* Il résulte de deux décisions du ministre des finances du 18 juil. 1879 (21,684 J. ; 16,177 Contr. ; 5327 R. p. ; S., 80, 2, 87 ; P., 80, 335 ; D. P., 80, 3, 84) et du 18 fév. 1880 (21,991 J. ; 5638 R. p. ; 16,467 Contr. ; D. P., 81, 5, 366), dont le principe est d'ailleurs incontestable, que le représentant d'une société étrangère est tenu d'acquitter les droits de timbre et de transmission et la taxe sur le revenu dus sur les titres de cette société pendant toute la période de leur exigibilité, si aucun terme n'a été stipulé quant à la durée de son engagement.

Aux termes de la première de ces solutions, la révision triennale organisée par le décret du 24 mai 1872 ne porte que sur le nombre des titres imposables en France ; elle est sans influence sur l'engagement du représentant responsable.

Il en résulte que si l'obligation, incombant à ce dernier, d'acquitter la taxe de transmission et la taxe sur le revenu se trouve en fait suspendue quand les titres sont sans valeur et improductifs, il n'en est pas de même pour les droits de timbre dus sur les obligations, qui demeurent soumises à cet impôt tant qu'elles ne sont pas amorties et tant qu'un certain nombre de ces titres sont restés en France. (Sol. précitées.)

1123. La règle qui découle de nos explications précédentes n'est pas appliquée dans toute sa rigueur. En fait, l'Administration accepte des engagements limités à une période de trois ans, sauf renouvellement. C'est là une pratique qui présentait peu d'inconvénients lorsque l'exigibilité des taxes était attachée uniquement au fait de l'inscription des titres à la cote officielle. La menace de la radiation suffisait en général à déterminer les sociétés à faire renouveler, à l'expiration de chaque période, l'engagement de leur représentant. Mais il n'en est plus de même aujourd'hui que l'exigibilité des taxes est indépendante de l'inscription et du maintien des titres à la cote. Un engagement triennal n'assure qu'imparfaitement le recouvrement des droits dus au Trésor. Il semble donc qu'il y aurait lieu de mettre fin à une pratique qui n'a plus aujourd'hui sa raison d'être et ne répond plus à la situation créée par la nouvelle jurisprudence.

1124. *Radiation de la cote.* L'art. 3, § 3, du décret du 24 mai 1872, après avoir disposé que le défaut par les sociétés, compagnies et entreprises, d'acquitter les droits sur les titres étrangers cotés à la Bourse, entraîne la radiation de la cote, ajoute que « néanmoins, le représentant établi en

France, conformément à l'art. 10 du décret du 17 juil. 1857, reste responsable des droits jusqu'à l'époque à laquelle les titres auront cessé d'être cotés ».

Cette disposition fait présumer que, dans la pensée des auteurs du décret, la radiation de la cote met fin à l'engagement du représentant responsable.

Il en était ainsi, en effet, avant la loi du 29 juin 1872. L'inscription et le maintien des titres à la cote étant, sous l'empire de la législation alors en vigueur, l'unique cause de l'exigibilité des droits, leur radiation, en mettant fin à cette exigibilité, devait par cela même faire cesser l'engagement du représentant responsable. Mais aujourd'hui cette règle n'est plus susceptible d'application, puisque, ainsi que nous l'avons établi, les taxes continuent à être exigibles, nonobstant la suppression de la cote, tant qu'il n'est pas établi que la circulation des titres en France a entièrement cessé.

La règle générale est donc, aujourd'hui, que l'engagement du représentant responsable subsiste, sauf les limites qui y ont été expressément apportées, aussi longtemps que les obligations de la société.

1125. *Faillite de la société.* Par dérogation aux règles que nous venons d'exposer, l'Administration a admis que la faillite de la société met fin à la mission du représentant, et que celui-ci ne demeure responsable que des droits échus jusqu'à la déclaration de la faillite. Sol. 26 sept. 1866.

Cette solution se justifie plutôt en équité qu'en droit; car la faillite du débiteur principal ne libère pas la caution. Mais la règle contraire produirait des conséquences trop rigoureuses pour le représentant responsable qui se trouverait ainsi obligé d'avancer des droits avec la perspective de ne pouvoir rentrer que partiellement dans ses avances. Une telle rigueur dans l'application de la loi mettrait souvent les sociétés dans l'impossibilité de trouver un représentant qui voulût consentir à assumer une aussi grande responsabilité.

1126. *Caractère et étendue de l'engagement du représentant responsable. Cause juridique de cet engagement.* L'engagement du représentant responsable doit être pur et simple, sans conditions, ni réserves. Les restrictions qui, par exception, y sont apportées, notamment quant à la durée, doivent être expressément stipulées. Sauf ces restrictions, l'engagement n'a pas d'autres limites que celles qui déterminent les obligations de la société ou de l'établissement étranger envers le Trésor français: car ce sont ces obligations dont l'origine est dans la loi, qui lui servent de fondement et de cause juridique. Ainsi, un représentant responsable qui aurait souscrit son engagement en vue et à raison de l'admission des titres d'une société à la cote de la Bourse, ne serait pas fondé à prétendre que son engagement est nul, faute de cause, sous le prétexte que l'admission de ces titres à la cote n'a pu avoir lieu, si d'ailleurs l'exigibilité des taxes est justifiée soit par les négociations de la coulisse, soit par l'émission de ces titres en France.

Ainsi que l'Administration l'a établi dans son mémoire devant la Cour de cassation, dans l'affaire qui a donné lieu à l'arrêt du 17 janv. 1888 (Inst. 2750, § 5, p. 80) : « De ce que la société se serait méprise sur l'étendue des avantages qu'elle croyait pouvoir retirer de sa soumission à la loi, il ne résulte pas que l'obligation d'acquitter les droits, prise en son nom par son représentant responsable, repose sur une fausse cause. Le décider ainsi, ce serait confondre la cause de l'obligation avec le motif qui a pu déterminer le débiteur à la souscrire. Une promesse, un engagement, sont fondés sur une juste cause dès lors qu'ils ont pour objet de satisfaire à une obligation légale, quels que soient d'ailleurs les motifs qui ont porté l'auteur de la promesse à la souscrire ou à en garantir l'exécution (V. Aubry et Rau, IV, § 345; Larombière, Des obligations, sur l'art. 1131).

« Sans doute, le représentant responsable n'étant pas tenu, comme la société elle-même, en vertu des dispositions de la loi, mais en vertu de sa promesse, aurait pu mettre à cette promesse la condition de l'admission des titres à la cote (Larombière, *loc. cit.*, n°s 16 et suiv.); mais, pour donner à son engagement cette portée restrictive, il faudrait que la condition dont il s'agit eût été formellement exprimée. D'une part, en effet, l'existence d'une condition dans un contrat ne saurait être présumée. « Les obligations, enseignent MM. Au- « bry et Rau (t. IV, § 301, p. 62), doivent être réputées non « conditionnelles, à moins qu'elles n'aient été soumises à « quelque condition par une disposition de la loi ou par une « déclaration de volonté de l'homme. »

« D'autre part, ce prétendu caractère conditionnel de l'engagement du représentant peut d'autant moins être admis, dans l'espèce, qu'il aurait eu pour effet de limiter arbitrairement les obligations que la loi fiscale imposait à la société, et que le représentant, en le souscrivant, et l'Administration, en l'acceptant, auraient méconnu les dispositions de cette loi.

« Le premier moyen du demandeur en cassation ne serait donc fondé que si l'exigibilité des taxes réclamées par l'Administration, et que le représentant responsable s'est obligé à acquitter, était subordonnée par la loi à l'inscription des titres à la cote. Il serait vrai de dire alors que, cette inscription n'ayant pas eu lieu, l'obligation du représentant manque de cause et est, par conséquent, inefficace. Mais cette conclusion tombe, avec le principe qui lui sert de base, devant la démonstration par laquelle on a établi que la société était débitrice des taxes tant à raison des négociations en banque auxquelles ont donné lieu les anciennes actions, qu'à raison de l'émission des nouveaux titres. »

1127. Conformément à ces conclusions, la chambre civile a décidé, dans l'espèce qui lui était soumise, que l'engagement du représentant responsable avait une juste cause et ne pouvait être annulé, en se fondant sur les motifs suivants :

« Attendu que dans les engagements souscrits par M. Clocquemin rien n'indique qu'ils aient été passés sous la condition, non réalisée, de l'admission à la cote officielle des titres de la compagnie l'Union et le Phénix espagnols; que l'admission à la cote a bien pu être l'un des avantages que la demanderesse espérait retirer des engagements pris par son représentant, *mais qu'elle n'en a pas été la cause;* que cette cause ne pouvait légalement être autre que la nécessité de se conformer aux prescriptions de la loi, c'est-à-dire de ne procéder à aucune opération de négociation ou d'émission de titres qu'après l'agrément par le ministre des finances d'un représentant responsable... » Cass., 17 janv. 1888; 22,967, 22,968 J.; Inst. 2750, § 5; 23,985 J. N.; 17,428 Contr.; 7021 R. p.; D. P., 88, 1, 409.

1128. **Payement des droits.** — *Délais. Amendes.* En ce qui concerne le payement des droits et les délais dans lesquels ils doivent être versés au Trésor, les sociétés, compagnies, entreprises et établissements étrangers sont soumis aux mêmes obligations et aux mêmes pénalités, en cas de contravention, que les sociétés françaises.

C'est ce qui résulte : 1° pour le droit de timbre, de l'art. 11 du décret du 17 juil. 1857 qui dispose que ce droit sera payé par les sociétés étrangères suivant le mode prescrit par les art. 22 et 31 de la loi du 5 juin 1850; 2° pour la taxe de transmission, de l'art. 10 du même décret qui déclare « applicables aux valeurs étrangères les dispositions des art. 5 et 7 du présent règlement, relatives aux époques de payement et à la fixation du cours moyen », et de l'art. 12, qui étend expressément aux infractions commises à cet égard par les sociétés étrangères la pénalité édictée contre les sociétés françaises par l'art. 10 de la loi du 23 juin 1857; 3° et enfin, pour la taxe sur le revenu, de l'art. 3 du décret du 6 déc. 1872 portant textuellement ce qui suit : « Toutes les dispositions des deux articles précédents (mode de liquidation et époques de payement de la taxe) sont applicables aux sociétés, compagnies, entreprises, corporations, villes, provinces étrangères, ainsi qu'à tous autres établissements publics étrangers dont les titres sont cotés ou circulent en France, ou qui ont pour objet des biens, soit mobiliers, soit immobiliers, situés en France. »

CHAPITRE II. — DROIT DE TIMBRE

1129. Division. — Il résulte de l'exposé contenu dans le chapitre précédent que la perception du droit de timbre sur les titres étrangers est soumise à des règles différentes, suivant qu'il s'agit de titres négociés, émis ou exposés en vente en France par les sociétés ou les établissements étrangers, ou de titres dont les particuliers font usage en France en dehors de toute participation de ces sociétés et établissements.

Les premiers sont assujettis à la taxe d'abonnement, ainsi qu'à la taxe de transmission et à l'impôt sur le revenu, sur la quotité de leur capital qui est présumée circuler en France ; et ces taxes sont dues directement par la société ou l'établissement qui les a émis ou introduits sur notre marché. Les autres ne sont pas passibles des taxes annuelles. Mais il ne peut en être fait un usage quelconque en France sans que le droit de timbre au comptant soit acquitté, et cette obligation n'incombe qu'aux particuliers dont le fait a rendu l'impôt exigible.

Nous avons à étudier successivement ces deux modes de perception du droit de timbre.

ART. 1er. — *Titres soumis à la taxe annuelle d'abonnement.*

1130. Renvoi. — Nous savons déjà quelles sont les conditions d'exigibilité de la taxe d'abonnement représentative du droit de timbre sur les titres étrangers. — V. *supra*, nos 1075 et suiv.

Nous avons également fait connaître les bases sur lesquelles cette taxe doit être liquidée (V. *supra*, nos 1098 et suiv.), et les obligations que la loi impose aux sociétés et établissements étrangers en vue de son acquittement aux époques prescrites. — V. *supra*, nos 1111 et suiv.

Il ne nous reste qu'à compléter nos explications par l'indication de quelques points spéciaux dont l'étude n'a pu trouver place dans notre premier chapitre.

1131. Taxe d'abonnement obligatoire. — Rappelons d'abord que les sociétés ou établissements étrangers qui sont devenus directement débiteurs du droit de timbre à raison de l'introduction de leurs titres sur le marché français n'ont pas pour le payement de cet impôt, comme les sociétés françaises, le choix entre le droit au comptant et la taxe d'abonnement. C'est cette dernière qui est dans tous les cas exigible.

1132. Timbrage des titres. Avis inséré à l'Officiel. — Les titres d'actions ou d'obligations des sociétés françaises doivent être extraits d'un registre à souche dont la communication doit être faite à toute réquisition aux agents de l'Administration (art. 16 et 28, loi du 5 juin 1850). Même en cas d'abonnement, ils doivent être soumis à la formalité du timbrage ; le timbre est appliqué sur la souche et le talon après que l'abonnement a été souscrit : il a lieu d'ailleurs sans payement de droits.

Ces formalités ne pouvaient être exigées des sociétés étrangères. Aussi ces dernières ne sont tenues que d'acquitter la taxe aux échéances trimestrielles, par l'intermédiaire de leur représentant responsable, sans avoir besoin ni de contracter un abonnement, ni de faire timbrer leurs titres. Seulement, comme il importe de savoir si les sociétés dont les titres circulent en France sont en règle avec la loi, puisque, dans le cas contraire, ces titres seraient, comme nous le verrons plus loin, assujettis au droit de timbre au comptant lors de leur négociation ou de leur énonciation dans les actes, l'art. 11 du décret du 17 juil. 1857 dispose qu'un avis inséré au Journal officiel équivaudra à l'apposition du timbre.

Conformément à cette disposition, l'Administration a fait, à diverses reprises, insérer au Journal officiel un relevé des sociétés, villes et établissements étrangers qui payent les taxes d'abonnement, et pour lesquels cette insertion devait tenir lieu de l'apposition du timbre. (Moniteur des 30 juin 1860, 9 sept. 1865 ; J. off. des 30 avril 1875, 23 mars 1877, 24 août 1881 et 3 oct. 1887.)

Le dernier de ces relevés (J. off. du 3 oct. 1887, p. 4392 et suiv.) a été porté à la connaissance des agents de l'Administration par une circulaire du 16 oct. 1887. Il est divisé en deux paragraphes : le premier contient la nomenclature de toutes les sociétés étrangères, villes, provinces et établissements qui, à la date du relevé (1er août 1887), acquittaient la taxe d'abonnement, et dont les titres, par conséquent, pouvaient à ce moment circuler en franchise sans avoir à payer le droit de timbre au comptant ; le second présente l'énumération des sociétés, villes, provinces ou établissements qui, après s'être soumis au payement de la taxe d'abonnement, avaient cessé, à la date du relevé, d'acquitter cet impôt, et dont les titres, par conséquent, ne pouvaient plus dès ce jour-là être négociés en France ou énoncés dans les actes sans être assujettis au payement du droit de timbre au comptant.

1133. Liquidation du droit de timbre. — *Capital nominal.* Comme pour les sociétés françaises, le droit de timbre est liquidé sur le capital nominal des titres et le droit de transmission d'après le cours moyen de la Bourse. Les termes *droits équivalents*, employés dans l'art. 9 de la loi du 23 juin 1857, ne peuvent pas être entendus autrement. Cependant, par une erreur singulière, l'Administration avait admis d'abord que le droit de timbre devait, pour les sociétés étrangères, se calculer sur le cours de la Bourse, comme le droit de transmission. Elle est revenue plus tard à une interprétation plus exacte. D. m. f. 14 avril 1864. — V. dans ce sens Cass., 10 juin 1874 ; 19,523 J. ; 3858 R. p. ; 15,324 Contr. ; 21,021 J. N. ; Inst. 2495, § 1er ; S., 74, 1, 445 ; P., 74, 1118 ; D. P., 75, 1, 25.

Le principe de l'équivalence conduit également à faire admettre, contrairement à une solution du 9 mai 1865, que la base de liquidation de la taxe d'abonnement, qui consiste dans le capital nominal des titres, tel qu'il est fixé au moment où l'abonnement prend cours, doit rester invariable, quels que soient les amortissements partiels et les réductions dont le capital nominal des actions, et même des obligations, est l'objet. C'est en effet la règle qui a prévalu pour les titres des sociétés françaises, et elle se fonde sur le texte de la loi d'après lequel l'abonnement est contracté, en ce qui concerne les actions, *pour toute la durée de la société*, et, en ce qui concerne les obligations, *pour toute la durée des titres*. — V. *supra*, nos 187 et 235.

Cette règle doit nécessairement être étendue aux titres étrangers pour que le principe de l'équivalence soit respecté, sauf à tenir compte, bien entendu, des modifications constatées dans la circulation des titres, ce qui est le rôle de la commission des valeurs mobilières.

1134. Exemption des sociétés infructueuses. — L'art. 24 de la loi du 5 juin 1850 a dispensé du payement du droit de timbre par abonnement sur leurs actions les sociétés, compagnies ou entreprises mises en liquidation ou en faillite, et en outre celles qui, postérieurement à leur abonnement, sont restées deux années consécutives sans payer ni dividendes ni intérêts à leurs actionnaires.

Nous avons, dans notre deuxième partie (V. *supra*, nos 200 et suiv.), consacré de longs développements à l'étude de cette disposition, et nous avons précisé le point de départ et la durée de cette exemption, ainsi que les conditions que les sociétés françaises doivent remplir pour pouvoir l'invoquer.

Les règlements d'administration publique rendus pour l'exécution de l'art. 9 de la loi du 23 juin 1857, qui a soumis au droit de timbre les titres des sociétés étrangères, étaient restés muets sur l'application à ces sociétés de l'art. 24 de la loi du 5 juin 1850. On en a conclu que l'exemption édictée par cet article ne pouvait être invoquée par ces dernières et que, par conséquent, même dans le cas d'improductivité, elles devaient continuer à acquitter la taxe d'abonnement. De nombreuses solutions ont été rendues dans ce sens, et cette interprétation a même été consacrée rétrospectivement par un arrêt de la Cour de cassation (ch. des req.) du 25 mars 1874; 19,397 J.; 3828 R. p.; 15,237 Contr.; 20,977 J. N.; Inst. 2487, § 7; S., 75, 1, 86; P., 75, 176; D. P., 74, 1, 367.

Mais de vives réclamations s'étant élevées contre cette interprétation, un décret du 28 mars 1868 fut édicté pour étendre aux sociétés étrangères l'exemption dont bénéficiaient, en cas d'improductivité, les sociétés françaises. Sa disposition est ainsi conçue :

« Les sociétés, compagnies et entreprises étrangères dont les titres sont cotés aux bourses françaises sont admises à jouir du bénéfice de l'art. 24 de la loi du 5 juin 1850, en justifiant que, pendant les deux dernières années, elles n'ont pu payer ni dividendes ni intérêts; elles devront, à cet effet, produire à l'Administration de l'enregistrement les procès-verbaux et délibérations des assemblées générales, les inventaires, balances et tous autres documents de comptabilité, vérifiés et certifiés par les agents diplomatiques ou consulaires français. »

1135. *Point de départ de l'application du décret.* Le décret du 28 mars 1868 ayant été rendu antérieurement à la première échéance trimestrielle de l'année courante, l'Administration a déclaré, en le notifiant à ses agents dans son instruction du 16 sept. 1868, n° 2373, qu'il y avait lieu d'en faire remonter les effets au 1er janv. 1868. En conséquence, les sociétés étrangères qui, à cette date, se trouvaient déjà avoir passé deux années consécutives sans payer ni dividendes ni intérêts à leurs actionnaires ont commencé immédiatement à jouir de la dispense. Mais elles ont, dans tous les cas, dû supporter l'impôt pour toute l'année 1867 et les exercices antérieurs, quand bien même leur improductivité aurait déjà à cette époque duré plus de deux années. Seine, 23 avril 1870; 18,877-1 J.; 14,614 Contr.; 3318 R. p.; Inst. 2434, § 2; — Cass., 13 nov. 1871; 19,101 J.; 14,823, 14,964 Contr.; 3376 R. p.; Inst. 2434, § 2; 4043 Rev. not.; S., 71, 1, 166; P., 71, 458; D. P., 72, 1, 177.

1136. Le décret du 28 mars 1868 est resté en vigueur et n'a été abrogé ni expressément ni implicitement par les décrets postérieurs, notamment par celui du 24 mai 1872. L'Administration a rendu, en ce sens, une solution du 29 nov. 1872, dont l'exactitude n'est pas contestable.

1137. *Sociétés en liquidation ou en faillite.* Bien que le décret ne parle que des sociétés ayant interrompu depuis plus de deux ans tout payement d'intérêts ou de dividendes, l'Inst. 2373, complétant le sens naturel de la rédaction, y ajoute les sociétés en liquidation.

Cette interprétation se justifie pleinement par cette seule considération, sur laquelle nous avons déjà appelé l'attention de nos lecteurs (V. *supra*, n° 201), à savoir que la liquidation ou la faillite mettant fin à la société, qui, dès ce moment, fait place à l'état d'indivision, entraîne par cela même la cessation de l'abonnement, lequel, aux termes de la loi du 5 juin 1850, est contracté, en ce qui concerne le timbre des actions, *pour la durée de la société.*

1138. *Justifications d'improductivité à fournir par les sociétés.* Pour justifier qu'elles n'ont pu distribuer pendant les deux dernières années ni intérêts ni dividendes, les sociétés étrangères doivent produire des états de situation, vérifiés et certifiés par l'agent diplomatique ou consulaire français du siège social. Ces pièces doivent être timbrées avant d'être soumises à l'Administration.

Il est statué par une décision spéciale pour chaque affaire (Inst. 2373); tandis qu'en général, pour les sociétés françaises, les justifications sont produites au receveur seul, qui suspend, sous sa responsabilité, le recouvrement de l'impôt.

1139. La société ne doit pas d'ailleurs se borner à justifier de l'absence de toute distribution de dividendes ou d'intérêts pendant deux exercices consécutifs, ce qui suffit au contraire aux sociétés françaises pour avoir droit à l'exemption (V. *supra*, nos 211 et suiv.); elle doit, en outre, établir qu'elle est restée réellement improductive pendant ces deux années et qu'elle *n'a pas pu* distribuer des dividendes ou des intérêts à ses actionnaires.

Cette interprétation, qui se fonde sur le texte du décret du 28 mars 1868, a été consacrée par un jugement du tribunal de la Seine du 27 août 1874 (19,813 J.; 3936 R. p.; 15,406 Contr.), par un arrêt de la chambre des requêtes du 5 mai 1875, rejetant le pourvoi formé contre ce jugement (19,813 J.; 15,419 Contr.; 4122 R. p.; Inst. 2519, § 2; 21,207 J. N.; D. P., 75, 1, 431), et par une seconde décision du même tribunal du 6 mai 1876 (20,452 J.; 4563, 4759 R. p.).

« Attendu, porte l'arrêt du 5 mai 1875, qu'aux termes du décret du 28 mars 1868 les sociétés étrangères ne sont admises à jouir du bénéfice de l'art. 24 de la loi du 5 juin 1850 qu'à la condition de justifier que, pendant les deux dernières années, elles n'ont pu payer ni dividendes ni intérêts; qu'elles doivent à cet effet produire à l'Administration de l'enregistrement les procès-verbaux et délibérations des assemblées générales, inventaires, balances de compte et tous autres documents de comptabilité; que le fait seul qu'aucun de ces payements n'avait eu lieu par la Compagnie du canal de Suez dans le cours de l'année 1872 ne pouvait donc suffire pour établir, au regard de la Régie, que cette année, qui a suivi sa période d'épreuve, avait été infructueuse, et pour entraîner de plein droit l'immunité des droits de timbre; que l'Administration était, au contraire, autorisée à prouver que, malgré l'absence de toute répartition, ladite année 1872 avait donné des bénéfices au lieu d'être restée dans l'état d'improductivité, en considération duquel la dispense de ces droits a été accordée par la loi du 5 juin 1850 ».

Le jugement du tribunal de la Seine du 6 mai 1876 décide que, nonobstant l'absence de toute répartition de dividendes ou d'intérêts, on ne peut considérer comme improductive une société étrangère ayant réalisé des bénéfices qui ont été mis en réserve.

« Attendu qu'aux termes du décret du 28 mars 1868, les sociétés étrangères ne sont admises à jouir du bénéfice de l'art. 4 de la loi du 5 juin 1850 qu'à la condition de justifier que pendant les deux dernières années elles n'ont pu payer ni dividendes ni intérêts; — Qu'elles doivent à cet effet produire à la Régie les procès-verbaux et délibérations des assemblées générales, inventaires, balances de compte et tous autres documents de comptabilité; — Que le fait seul qu'aucun de ces payements n'a eu lieu par la Compagnie des chemins de fer de Madrid à Saragosse et à Alicante dans le cours de l'année 1873 ne peut donc suffire pour établir au regard de la Régie que cette année a été, comme les années précédentes, infructueuse, et pour entraîner de plein droit l'immunité des droits de timbre; — Que la Régie est au contraire autorisée à prouver que, malgré l'absence de toute répartition, ladite année 1873 a donné des bénéfices, au lieu d'être restée dans l'état d'improductivité en considération duquel la dispense de ces droits a été accordée par la loi de 1850. »

1140. *Sociétés étrangères dont les titres ne sont pas cotés aux bourses françaises.* Le décret du 28 mars 1868, en étendant aux sociétés étrangères l'exemption édictée pour les sociétés françaises par l'art. 24 de la loi du 5 juin 1850, ne parle que des sociétés *dont les titres sont cotés aux bourses françaises.* On s'est fondé sur ce texte pour soutenir que les sociétés étrangères dont les titres ne sont pas cotés aux bourses françaises, mais qui doivent néanmoins la taxe de timbre à raison de ce qu'elles ont négocié, exposé en vente ou émis leurs titres en France, ne peuvent, le cas échéant, invoquer l'immunité accordée aux sociétés infructueuses. Cette interprétation restrictive a été consacrée par un jugement du tribunal de la Seine du 4 avril 1884; 22,518 J.; 6346 R. p.; 23,314 J. N.; 17,037 Contr.

Pour notre part, nous ne saurions y souscrire. Ainsi que nous l'avons fait observer à la suite de cette décision (22,518 J.), il nous paraît évident que si le décret du 28 mars 1868 n'a étendu expressément la disposition de l'art. 24 de la loi du 5 juin 1850 qu'aux titres étrangers cotés aux bourses françaises, c'est que ces titres étaient alors les seuls qui fussent soumis au droit de timbre. La loi du 29 juin 1872 y a soumis d'une manière générale toutes les sociétés étrangères dont les titres « sont cotés, négociés, exposés en vente ou émis en France ». Mais elle s'est naturellement référée aux lois existantes en ce qui concerne les conditions générales d'exigibilité de cet impôt et ses règles de liquidation. Les titres étrangers, porte l'art. 4, ne pourront être cotés, négociés, etc., qu'en se soumettant à l'acquittement de la taxe sur le revenu ainsi que des droits de timbre et de transmission. Si cette disposition, bien que conçue en termes généraux, a suffi pour permettre d'appliquer aux titres qu'elle avait en vue le tarif des droits de timbre, tel qu'il est établi par les lois antérieures, comment n'aurait-elle pas suffi pour autoriser l'extension à ces mêmes titres de la disposition édictée par le décret du 28 mars 1868? Nous ne pouvons admettre que les sociétés qui doivent les taxes établies par la loi française, à raison de la négociation ou de l'émission de leurs titres en France, soient traitées plus rigoureusement que celles dont les titres sont à la fois négociés et cotés à la Bourse, et pour lesquelles il existe ainsi une double cause d'exigibilité de l'impôt.

Art. 2. — *Titres non soumis à la taxe annuelle d'abonnement. Timbre au comptant.*

1141. **Législation.** — Avant la loi du 23 juin 1857, les titres des sociétés, villes, provinces, corporations et établissements publics étrangers, n'étaient soumis, en ce qui concerne le timbre, qu'aux dispositions générales de la loi du 13 brum. an 7. Il en était de même des fonds d'État et autres effets publics des gouvernements étrangers. Ils n'étaient sujets au timbre que quand il en était fait usage en France, et on leur appliquait, dans ce cas, par analogie, le tarif des effets de commerce. — V. *supra*, n° 1041.

La loi du 23 juin 1857 a assujetti, comme nous l'avons déjà expliqué, les actions et obligations des sociétés à la même taxe annuelle que les titres des sociétés françaises, mais en restreignant, en fait sinon en droit, l'application de cet impôt aux titres cotés aux bourses françaises. Cette taxe a été étendue aux titres *cotés* des villes, provinces, corporations et établissements publics étrangers par l'art. 1er de la loi du 30 mars 1872. Enfin la loi du 29 juin 1872 a complété ces dispositions en soumettant d'une manière générale au payement de cet impôt les sociétés, villes, provinces, etc., qui font coter leurs titres en France, ou qui seulement les y émettent, les y négocient ou les exposent en vente.

Cette législation a laissé en dehors de ses dispositions : tout d'abord les effets publics des gouvernements étrangers, qui ont été en effet et sont demeurés soumis à un régime spécial que nous exposerons dans notre cinquième chapitre, et ensuite les titres que les particuliers négocient ou dont ils font usage en France sans la participation de la société ou de l'établissement qui les a émis et sans que cette société, par conséquent, soit redevable de la taxe annuelle.

Jusqu'en 1872, et sauf les dispositions édictées par les lois des 13 mai 1863 et 8 juin 1864 à l'égard des fonds d'Etat, ces opérations privées dont les titres étrangers étaient l'objet en France ne permettaient à l'Administration de réclamer l'impôt que quand elles constituaient l'usage prévu par la loi du 13 brum. an 7, et encore le seul droit exigible, nous le répétons, était celui des effets de commerce. La loi du 30 mars 1872 a fait cesser cette immunité, que rien ne justifiait, en soumettant ces titres à un droit de timbre au comptant de 1 p. 100, et en prenant des mesures pour qu'aucune opération en France n'eût lieu sans le payement de cet impôt. Les dispositions qu'elle a édictées sont communes aux fonds d'Etat et aux autres titres étrangers. Nous ne nous occupons ici que de ces derniers.

§ 1er. — Tarif et exigibilité du droit de timbre au comptant.

1142. **Tarif.** — Le droit de timbre au comptant, dont nous allons préciser les conditions d'exigibilité, a été fixé à 1 p. 100 du capital nominal des titres (art. 2, § 1er, loi du 30 mars 1872).

C'est le même droit que celui auquel ont été soumis les titres d'actions (dans les sociétés d'une durée supérieure à dix ans) et les titres d'obligations des sociétés, départements, communes et établissements publics français, par les art. 14 et 27 de la loi du 5 juin 1850. Il est établi, d'ailleurs, sur la même base, c'est-à-dire sur le capital nominal des titres, et, par conséquent, tout ce que nous avons dit dans notre deuxième partie au sujet des règles qui servent à déterminer ce capital s'appliquent aux titres étrangers.

1143. *Double décime.* Ce droit doit être augmenté du double décime (art. 2, loi du 23 août 1871).

1144. **Titres étrangers passibles du droit de timbre au comptant.** — Le premier paragraphe de l'art. 2 de la loi du 30 mars 1872 porte que « nul ne peut négocier, exposer en vente ou énoncer dans des actes de prêt, de dépôt, de nantissement ou dans tout autre acte ou écrit, à l'exception des inventaires, des titres étrangers qui n'auraient pas été admis à la cote ou qui n'auraient pas été dûment timbrés au droit de 1 p. 100 du capital nominal ».

Cette disposition ne doit pas être prise à la lettre, car elle conduirait à soumettre à la perception du droit de timbre au comptant les titres qui, sans être cotés, acquittent néanmoins la taxe annuelle en vertu de la loi du 29 juin 1872, comme ayant été émis, négociés ou exposés en vente en France par la société elle-même. Lors de la discussion de la loi du 30 mars 1872, les titres cotés étaient les seuls qui fussent soumis au payement de la taxe d'abonnement : c'était par conséquent les seuls à excepter de la disposition relative à l'établissement du droit de timbre au comptant. C'est ce qui explique et justifie la rédaction adoptée par le législateur; elle suffisait alors, avec la loi du 23 juin 1857, à embrasser tous les titres étrangers. Mais il est évident qu'aux titres cotés que la loi du 30 mars 1872 a soustraits expressément à ses prescriptions, parce qu'ils tombaient alors sous l'application de la loi du 23 juin 1857 et payaient la taxe annuelle, on doit ajouter aujourd'hui tous les titres que la loi du 29 juin 1872 a assujettis également au payement de cette dernière taxe, c'est-à-dire les titres qui ont été émis, négociés ou exposés en vente en France par les sociétés, villes, provinces, corporations et établissements publics étrangers, et qui figurent dans le relevé des titres pour lesquels un représentant responsable, agréé en France, acquitte régulièrement la taxe d'abonnement. De ce chef, ainsi que le faisait justement remarquer l'Administration dans le mémoire en défense produit devant la Cour de cassation dans l'affaire qui a donné lieu à l'arrêt du 17 janv. 1888 (Inst. n° 2750, § 5, p. 90), « la loi du 30 mars 1872 a été abrogée partiellement par la loi du 29 juin 1872 qui, en soumettant les titres négociés ou émis en France par la société, bien que non cotés, au payement des taxes annuelles, a, par cela même, exempté de la formalité au comptant les titres de toute société qui se conforme, sur ce dernier point, aux nouvelles dispositions du législateur ».

1145. En résumé, l'esprit de la loi est que tous les titres supportent le droit de timbre : sous forme d'abonnement, s'ils sont cotés, émis, négociés ou exposés en vente par la société ou par l'établissement public étranger, et, en payan le droit au comptant, si, en droit ou en fait, ils échappent à la taxe annuelle.

Il en résulte que le seul point à vérifier pour décider si le droit de timbre à 1 p. 100 doit être exigé dans les cas de négociation, d'exposition en vente ou d'énonciation par actes publics ou privés, que l'art. 2 de la loi du 30 mars 1872 détermine, est de savoir si oui ou non la société acquitte régulièrement la taxe annuelle d'abonnement. Ainsi, lorsque des titres étrangers cotés ou émis en France, et pour lesquels un représentant responsable a été agréé, ont cessé après un certain temps d'acquitter les taxes annuelles, soit qu'ils aient été rayés de la cote officielle et complètement retirés de la circulation, soit que l'engagement du représentant responsable n'ait pas été renouvelé à son expiration, l'Administration les raye du relevé des titres pour lesquels l'insertion à l'Officiel tient lieu en principe du payement du droit de timbre, et, dès ce moment, ils ne peuvent faire l'objet de négociations particulières ou d'énonciations dans les actes, sans rendre exigible le droit au comptant de 1 p. 100. Lyon, 13 fév. 1878; 20,721 J.; 4975 R. p.; 16,008 Contr.; 22,018 J. N.

« Attendu, porte ce dernier jugement, que l'admission des valeurs étrangères à la cote dans les bourses françaises ne les affranchit pas pour un temps illimité de l'application de l'art. 2 de la loi du 30 mars 1872; — Qu'elle a seulement pour effet de substituer à l'impôt du timbre dû pour chaque titre particulier un impôt collectif à acquitter par la société, soit au moyen d'un abonnement, soit sur une quotité de titres déterminée par une fixation légale, conformément aux art. 14 et suiv. de la loi du 5 juin 1850, 9 de la loi du 23 juin 1857, et 11 du décret du 17 juil. suivant, combinés avec le décret du 24 mai 1872; — Que, quand les valeurs sont rayées de la cote, l'impôt collectif cesse d'être payé, et l'impôt particulier est de plein droit établi avec sa sanction pénale. »

1146. *Titres cotés.* Il y a lieu, toutefois, de faire exception à cette règle en ce qui concerne les titres cotés aux bourses françaises. L'inscription à la cote de la Bourse, tant qu'elle est maintenue, dispense, à notre avis, les parties de toute obligation, et elles n'ont pas besoin de s'assurer, dans ce cas, avant de faire usage des titres, que la société acquitte régulièrement les taxes annuelles. D'une part, en effet, l'article 1er de la loi du 30 mars 1872 est formel à cet égard; il n'assujettit à ses prescriptions que les titres non cotés. D'autre part, il appartient à l'Administration, lorsque la société ne se soumet plus aux obligations qui lui incombent personnellement, de provoquer la radiation de la cote. L'art. 3 du décret du 24 mai 1872 le lui prescrit formellement. Si elle ne le fait pas, elle est la première à contrevenir aux dispositions de la loi, et, par conséquent, elle ne peut être fondée à faire subir aux particuliers les conséquences de sa négligence. Une solution du 8 fév. 1883 paraît avoir été rendue dans ce sens (22,383 J.; 6132 R. p.; D. P., 84, 3, 31), et nous ne pouvons que lui donner notre approbation.

1147. *Titres non négociables.* On sait que, d'après la loi du 5 juin 1850, le droit de timbre de 1 p. 100, établi sur les actions et les obligations dans les sociétés françaises, n'atteint pas celles de ces actions ou obligations qui ne sont transmissibles que suivant le mode déterminé par les articles 1690 et suiv. C. civ. (V. *supra*, nos 66 et 142). Mais la loi du 5 juin 1850 est exclusivement relative aux titres français. Les actions et obligations dans les sociétés étrangères sont régies, savoir : par la loi du 23 juin 1857 et le décret du 17 juillet suivant, modifiés depuis sur quelques points de détail, lorsque les titres sont cotés à la Bourse, émis, négociés ou exposés en vente en France par la société; et par la loi du 30 mars 1872, lorsque les titres ne font l'objet que de négociations ou transactions particulières.

Or, cette dernière loi, conçue dans les termes les plus généraux, les plus absolus, soumet au droit de timbre de 1 p. 100 tous les titres émis par les sociétés étrangères, et il ne reproduit pas l'exception édictée, pour les titres non négociables, par la loi du 5 juin 1850.

L'Administration en a conclu que cette exception n'est pas admissible pour les actions étrangères et non négociables; elle a prétendu appliquer à la lettre un texte formel, sans ambiguïté; elle a soutenu que la loi du 30 mars 1872 se suffit à elle-même, et que l'on ne peut, sous prétexte d'interprétation, en altérer les dispositions, en empruntant celles de la loi de 1850, dont l'objet est tout autre.

Mais cette interprétation a été condamnée par un jugement du tribunal de la Seine du 24 août 1877; 20,571 J.; 4894 R. p.

Le tribunal répond que le législateur n'a eu qu'un but: placer, autant que possible, les titres étrangers sous le même régime que les titres français; mais qu'il n'a pu concevoir la pensée de traiter ceux-là plus rigoureusement que ceux-ci. Le tribunal ajoute que, le législateur ayant poursuivi ce but constamment, de 1850 à 1872, les diverses lois sur le timbre rendues pendant cette période ne peuvent être isolées les unes des autres, et qu'il faut, au contraire, en combiner toutes les dispositions pour apercevoir clairement la pensée du législateur.

Ces motifs ne manquent pas de gravité et nous sommes d'autant plus disposés à nous y rallier que l'Administration, n'ayant pas déféré le jugement du tribunal de la Seine à la Cour de cassation, paraît avoir voulu en adopter la doctrine. 20,571 J.

1148. *Papier-monnaie. Billets au porteur. Billets de banques étrangères.* On s'est demandé si la loi du 30 mars 1872 relative au timbre des titres d'actions et d'obligations des sociétés, villes, provinces, corporations et établissements publics étrangers, et la loi du 25 mai 1872, relative au timbre des effets publics des gouvernements étrangers, pouvaient être appliquées au papier-monnaie émis par un gouvernement étranger, aux billets au porteur créés par les villes étrangères dans des conditions analogues à celles qui caractérisent les effets de commerce, et enfin aux billets de banques étrangères.

La négative a été, avec raison, admise sur les trois points par une solution du 14 juin 1877; 20,574 J.; 4762 R. p.; 21,836 J. N.

En ce qui concerne les billets au porteur créés par les villes étrangères, il y a lieu, à notre avis, d'admettre ou de repousser à leur égard l'application de la loi du 30 mars 1872, suivant qu'ils constituent des obligations proprement dites, c'est-à-dire des valeurs de placement, ou des instruments de circulation commerciale, c'est-à-dire des titres rentrant dans la classe des effets de commerce. La distinction que nous avons faite à cet égard en précisant les titres français qui sous le nom d'obligations sont soumis aux dispositions de la loi du 5 juin 1850, doit servir également à délimiter les cas d'application de la loi du 30 mars 1872 aux valeurs étrangères. — V. *supra*, nos 130 et suiv.

Quant aux billets de banques étrangères, il est certain que ce sont de simples instruments de circulation commerciale et qu'ils doivent être assimilés à des effets de commerce.

Ces divers titres, en tant qu'ils ont le caractère d'effets de commerce, ne peuvent être assujettis, comme étant tirés de l'étranger sur l'étranger, qu'au tarif spécial de 50 centimes par 2,000 francs édicté par l'art. 3 de la loi du 20 déc. 1872, et seulement dans le cas où ils sont « négociés, endossés, acceptés ou acquittés en France » (art. 2, loi du 23 août 1871).

En conséquence le fait de leur exposition en vente à la vitrine d'un changeur ne saurait les rendre passibles d'un droit de timbre quelconque. Sol. précitée du 14 juin 1877.

1149. **Causes diverses d'exigibilité du droit de timbre au comptant.** — Le législateur, pour soumettre les titres étrangers au droit de timbre au comptant, a rattaché l'exigibilité de ce droit à une série de faits extérieurs par lesquels la circulation de ces titres en France se manifeste. L'art. 2 dispose, en effet, que « nul ne peut négocier, exposer en vente ou énoncer dans des actes de prêt, de dépôt, de nantissement ou dans tout autre acte ou écrit, à l'exception des inventaires, des titres étrangers qui n'auraient pas été admis à la cote (lisez : qui ne payeraient pas la taxe annuelle d'abonnement (V. *supra*, no 1144), ou qui n'auraient pas été dûment timbrés au droit de 1 p. 100 du capital nominal des titres. »

Nous allons étudier successivement ces trois ordres de faits, auxquels la loi a rattaché l'exigibilité de l'impôt, à savoir : 1° la négociation, 2° l'exposition en vente, 3° et l'énonciation dans les actes.

1150. **Négociation.** — La négociation doit évidemment s'entendre de la cession faite autrement que par l'intermédiaire d'un agent de change, puisque les titres vendus au parquet de la Bourse sont cotés et qu'il s'agit ici de titres non cotés. La loi vise principalement, par sa disposition, le marché de la *coulisse*.

Ajoutons que la négociation dont il s'agit ici est celle qui est faite par un particulier porteur des titres. Quant à celle qui serait faite directement par la société et qui aurait ainsi, comme nous l'avons établi, le caractère d'une véritable émission, elle tombe sous le coup des dispositions de la loi du 29 juin 1872 et rend exigible la taxe annuelle d'abonnement. — V. *supra*, n° 1091.

1151. **Exposition en vente.** — La même distinction doit être faite en ce qui concerne l'exposition en vente. Celle qui serait faite, en France, par la société elle-même, et qui aurait ainsi le caractère d'une tentative d'émission, rendrait le payement de la taxe annuelle obligatoire. — V. *supra*, n° 1092.

L'exposition en vente qui reste soumise aux dispositions de la loi du 30 mars 1872 est celle qui est faite par un particulier porteur des titres, ou par un changeur.

Dans cet ordre d'idées, l'exposition en vente doit principalement s'entendre du fait matériel de l'exhibition des titres dans des vitrines exposées aux regards du public. Le rapporteur de la loi s'est formellement expliqué dans ce sens et l'Inst. 2445 appelle sur ce point l'attention des agents. — Il semble qu'en outre, par *exposition en vente*, la loi du 30 mars a voulu désigner également l'offre publique des titres, par voie d'affiches ou d'annonces.

1152. ÉNONCIATION DANS LES ACTES. — **Principe.** — L'art. 2 de la loi du 30 mars 1872, après avoir subordonné la négociation en France des titres étrangers et leur exposition en vente au payement préalable du droit de timbre au comptant, ajoute que ces titres ne pourront, sans être timbrés au droit de 1 p. 100, « être énoncés dans des actes de prêt, de dépôt, de nantissement ou dans tout autre acte ou écrit, à l'exception des inventaires. »

1153. M. Mathieu-Bodet, rapporteur de la loi du 25 mai 1872, a donné l'explication de cette disposition (Duvergier, 1872, p. 199) dans les termes suivants :

« Les droits de timbre seront dus quand les titres seront négociés : la négociation constitue en effet le principal usage des titres ; — quand ils seront exposés en vente : la mise en vente n'implique pas nécessairement, à la vérité, l'aliénation effective, mais elle manifeste l'intention d'aliéner d'une manière suffisante pour rendre exigible le payement du droit ; — quand les titres seront énoncés dans un acte de prêt ou de nantissement : le prêt et le nantissement contiennent l'un et l'autre le principe d'une aliénation ; celui qui prête son titre à quelqu'un pour qu'il en fasse ressource en autorise la vente ; celui qui le donne en nantissement le soumet à une aliénation éventuelle pour le cas où l'obligation garantie ne serait pas exécutée conformément aux conventions des parties. »

1154. Ce n'est pas toutefois dans cette déclaration, faite après le vote de la loi du 30 mars 1872, que l'on doit chercher le commentaire exact et fidèle de la disposition que nous interprétons. Il en résulterait, en effet, que l'énonciation des titres dans les actes ne donnerait ouverture au droit de timbre que dans le cas où elle supposerait une transmission des titres, directe ou indirecte, immédiate ou future, définitive ou éventuelle. L'art. 2 est conçu dans des termes trop généraux et trop absolus pour comporter une interprétation aussi restrictive. L'énonciation qui donne ouverture à l'impôt n'est pas seulement celle qui est faite dans les actes de prêt, de dépôt, de nantissement, mais celle qui a lieu *dans tout autre acte, à l'exception seulement des inventaires*. Cette exception suffit à elle seule pour accuser le caractère éminemment compréhensif de la disposition.

1155. L'énonciation dont parle la loi ne doit pas être entendue non plus dans le sens de *l'usage en France*, tel que la jurisprudence l'a défini pour l'application de l'art. 13 de la loi du 13 brum. an 7 : « Il était inutile, en effet, d'introduire dans la législation sur le timbre une disposition nouvelle pour prohiber l'usage des titres étrangers dans des actes passés en France, sans le payement préalable du droit de timbre. Cette prohibition existait déjà dans l'art. 13 de la loi du 13 brum. an 7 qui interdit tout usage en France des actes passés à l'étranger, soit dans un acte public, soit dans une déclaration quelconque, avant que ces actes aient été soumis au timbre. Aussi l'art. 2 de la loi du 30 mars 1872, conçu dans un autre ordre d'idées, est-il rédigé en termes tout différents ; il parle de la simple énonciation des titres étrangers et, pour bien marquer l'innovation, il mentionne encore, dans son troisième alinéa, l'usage à côté de l'énonciation : l'amende sera appliquée, y est-il dit, « aux titres qui seront négociés, « exposés en vente, énoncés dans des actes, ou dont il aura « été fait usage », ce qui prouve surabondamment que l'énonciation peut être autre chose qu'un usage dans le sens de la loi du 13 brum. an 7. » V. mémoire de l'Administration devant la Cour de cassation ; Inst. 2729, § 2, p. 27.

1156. La simple énonciation des titres dans un acte, quels que soient son objet et sa signification, suffit donc, en principe, pour rendre le droit de timbre exigible.

Le législateur a pensé, et non sans raison, que l'énonciation des titres dans un acte passé en France était le plus souvent un indice certain de leur circulation sur le marché français ; et, suivant un procédé fréquent dans la législation fiscale, il a donné à cette présomption la force d'une présomption légale.

Telle est l'interprétation qui se dégage des considérants d'un arrêt rendu par la Cour de cassation, le 31 mars 1886 (ch. civ.). 22,640 J. ; 6655 R. p. ; 17,173 Contr. ; 23,608 J. N. ; 7422 Rev. not. ; Inst. 2729, § 2 ; S., 87, 1, 81 ; P., 87, 167 ; D. P., 86, 1, 272.

« La loi, porte cet arrêt, a voulu atteindre non seulement le fait de la négociation ou d'exposition en vente, mais encore le simple fait de l'énonciation de titres étrangers dans un acte, sans que la présomption d'usage qui est attachée à ce fait puisse être combattue par une preuve contraire. »

C'est surtout ce dernier motif que nous retenons et que nous signalons à nos lecteurs : car il condense, dans une formule énergique et d'une remarquable précision, l'opinion de la chambre civile sur la portée de l'art. 2 de la loi du 30 mars 1872.

Cet arrêt, qui a prononcé le rejet d'un pourvoi formé contre un jugement du tribunal de la Seine du 8 avril 1881 (21,653 J. ; 5930 R. p. ; 16,503 Contr. ; 22,649 J. N. ; D. P., 82, 5, 393), est ainsi conçu :

« Attendu qu'aux termes de la loi du 30 mars 1872, art. 2, nul ne peut négocier, exposer en vente, ou énoncer dans des actes de prêt, de dépôt, de nantissement, ou dans tout autre acte ou écrit, à l'exception des inventaires, des titres étrangers qui n'auraient pas été admis à la cote ou qui n'auraient pas été dûment timbrés au droit de 1 p. 100 du capital nominal ;

« Attendu qu'il résulte de cette disposition que la loi a voulu atteindre non seulement le fait de négociation ou d'exposition en vente, mais encore le simple fait de l'énonciation de titres étrangers dans un acte, sans que la présomption d'usage qui est attachée à ce fait puisse être combattue par une preuve contraire ;

« Attendu que, d'après les constatations du jugement attaqué,

Hermua et Blanc, réglant leurs comptes par acte du 9 sept. 1879, ont énoncé dans cet acte une vente faite par Hermua à la société l'Union générale de trente mille bons de l'île de Porto-Rico, et ont ajouté que l'opération s'était liquidée par une livraison de 25,010 titres ;

« Attendu qu'en condamnant dans ces circonstances Hermua et Blanc à payer les droits de timbre et les amendes encourues sur ceux de ces titres qui n'avaient pas été soumis au timbre antérieurement à l'acte dans lequel ils ont été énoncés, le jugement attaqué, loin de violer la disposition précitée, en a fait au contraire une juste application.

1157. Actes sous signature privée. Écrits. — L'énonciation qui donne ouverture à l'impôt est celle qui est faite dans un acte *ou écrit* quelconque, quel que soit son objet, et aussi quelle que soit sa forme. Le doute n'est pas permis sur ce point, en présence du texte formel de la loi, et l'énonciation qui est faite dans un acte sous seing privé, dans une quittance, un bordereau, une facture, un récépissé ou tout autre écrit, tombe certainement sous l'application de notre disposition. Nous verrons plus loin les exceptions que la loi et, à sa suite, l'Administration, par un sentiment de modération ou par une interprétation équitable de la loi, ont apportées à cette règle absolue, en ce qui concerne notamment les inventaires, les dépôts et la correspondance.

1158. Énonciation par voie de référence à un acte antérieur contenant la désignation des titres. — Pour qu'il y ait une énonciation suffisante pour rendre le droit de timbre exigible, il n'est pas indispensable que les titres soient désignés individuellement dans l'acte. La désignation peut en effet résulter d'une référence à un autre acte non produit. Dans ce cas nul doute que le rapprochement des deux actes ne permette à l'Administration de réclamer le droit de timbre.

Ainsi un acte sous seing privé du 26 nov. 1880, portant règlement de la succession de Mme D. entre le mari survivant et la légataire universelle, avait mentionné comme reprises en nature par cette dernière les valeurs comprises en l'apport en mariage de la défunte, sous les nos 6, 7, 8 et 9. Un employé supérieur s'est reporté au contrat de mariage (sans doute antérieur à la loi du 30 mars 1872) et a constaté que les valeurs consistaient en titres de chemins de fer et de fonds d'Etat étrangers. En conséquence, il a réclamé les droits et amendes de timbre exigibles, en vertu des art. 2 de la loi du 30 mars 1872 et 1er de celle du 25 mai suivant.

Par une solution du 22 fév. 1882 (21,856 J.), l'Administration a justement décidé que la réclamation était fondée :

« Sans doute, a-t-elle dit, l'acte du 26 novembre se réfère aux indications du contrat de mariage pour la désignation des valeurs étrangères qui font partie des reprises en nature de la succession ; mais ces valeurs n'en sont pas moins mentionnées dans ledit acte d'une manière formelle. D'autre part, les dispositions de l'art. 2 de la loi du 30 mars 1872 ne sont, comme l'exprime l'Inst. n° 2445 (p. 5 et 6), que la consécration (il serait plus juste de dire : l'extension) du principe général posé par l'art. 24 de la loi du 13 brum. an 7, en vertu duquel il ne peut être fait usage d'aucun titre, sans qu'il ait été assujetti au droit de timbre. Or, au cas particulier, il est évident qu'il est fait usage des titres, qui sont repris en nature par la légataire universelle. »

1159. Titres n'ayant pas circulé ou ne circulant pas en France. — Pour l'application de la loi du 30 mars 1872, il n'y a pas lieu de se préoccuper de la question de savoir si les titres qui font l'objet de l'énonciation ont circulé ou circulent en France. La loi a sans doute été déterminée à imposer les titres énoncés dans les actes par la considération que cette énonciation fait supposer qu'ils circulent en France. Mais, selon l'expression de l'arrêt du 31 mars 1886, elle a conféré à cette énonciation la force d'une présomption légale qui n'admet pas la preuve contraire. V. *supra*, n° 1156.

Nous pensons donc, contrairement à un jugement du tribunal de la Seine du 8 mai 1875 (19,895 J.; 4140 R. p.; 15,593 Contr.), que le droit de timbre serait exigible lors même que l'énonciation se rapporterait à des titres qui ne circuleraient plus en France depuis la promulgation de la loi du 30 mars 1872. L'application de cette loi n'est pas en effet subordonnée à la condition que les valeurs énoncées existent et circulent en France. Son texte, conçu en termes généraux et absolus, prohibe toute mention, dans un acte passé en France, même sous signature privée, d'un titre étranger non timbré ; il ne comporte aucun tempérament. On conçoit sans peine que la disposition précitée de la loi du 30 mars 1872 se trouverait énervée dans son principe si l'on avait à se préoccuper du lieu où se trouvent les titres énoncés. Ce que la loi a voulu, c'est qu'aucune convention ayant ces titres pour objet ne pût être faite en France sans que le droit de timbre fût préalablement acquitté. Ainsi, supposons qu'un sujet anglais constitue en dot à sa fille, par un contrat de mariage passé en France, des titres de consolidés déposés à la Banque d'Angleterre depuis dix ans ; il sera bien certain que ces titres n'ont jamais circulé en France depuis 1872, et cependant le droit de timbre dont ils sont susceptibles sera incontestablement acquis au Trésor. Il en serait de même si des titres, réunissant les mêmes conditions, étaient l'objet d'un simple acte déclaratif, tel qu'un partage.

Le jugement du tribunal de la Seine, qu'expliquent peut-être des circonstances particulières, est donc dépourvu de toute autorité doctrinale.

M. Demasure (Traité du régime fiscal des sociétés, n° 186) approuve ce jugement, en se fondant sur ce que la loi n'atteindrait, d'après lui, que les énonciations qui correspondent à une transmission directe ou indirecte, présente ou future, définitive ou éventuelle. « Si donc, ajoute-t-il, l'énonciation correspond à une transmission qui n'a pu s'opérer qu'antérieurement à la loi de 1872, c'est-à-dire à une époque où les titres étrangers pouvaient circuler en France sans être soumis au droit de timbre, il est évident qu'on ne saurait appliquer l'art. 2 sans donner à la loi un effet rétroactif. »

Nous avons démontré l'inexactitude de l'interprétation restrictive sur laquelle cette argumentation est fondée (*supra*, n° 1154). Les conclusions que M. Demasure en tire pèchent donc par la base et doivent être rejetées.

Cet auteur reconnaît d'ailleurs que, pourvu que l'énonciation corresponde à une transmission postérieure à la loi de 1872, il n'est pas nécessaire que l'Administration établisse en outre le fait de l'existence et de la circulation des titres en France (*loc. cit.*, n° 187).

1160. Titres non possédés par la personne qui les énonce. — Ce que nous venons de décider à l'égard de l'énonciation de titres dont l'existence ou la circulation en France n'est pas établie, s'applique *a fortiori* à l'énonciation qui a pour objet des titres que la partie n'a pas en sa possession. Les parties invoqueraient en vain, dans ce cas, la prétendue impossibilité où elles seraient de soumettre les titres au visa pour timbre, pour se dispenser d'obéir aux prescriptions de la loi. Dans l'affaire qui a donné lieu à l'arrêt du 31 mars 1886 (V. *supra*, n° 1156), cette considération avait été produite à l'appui du pourvoi formé contre le jugement du tribunal de la Seine du 8 avril 1881. L'Administration a réfuté l'objection dans les termes suivants (§ 6 du mémoire, Inst. n° 2729, § 2, p. 24) :

« En droit, et alors même que l'impossibilité dont il s'agit existerait réellement, l'Administration n'en devrait pas moins assurer l'exécution d'une disposition législative aussi précise qu'absolue. L'art. 2, en effet, n'exige pas, comme condition de son application, que les titres mentionnés dans un acte se trouvent à ce moment entre les mains des parties qui font l'énonciation. Son texte, conçu en termes généraux, prohibe toute mention dans un acte passé en France, même sous seing privé, de titres étrangers non timbrés ; il comporte, tout au plus, les tempéraments que l'Administration a cru devoir admettre. Cette disposition de la loi serait d'ailleurs énervée dans son principe, si, pour l'appliquer, il fallait se préoccuper de savoir entre les mains de qui se trouvent les titres énoncés.

« A l'appui de cette proposition, l'Administration peut invoquer la doctrine d'un arrêt des chambres réunies, en date du 21 juil. 1849, qui consacre une interprétation directement applicable à l'espèce. D'après l'art. 42 de la loi du 22 frim. an 7, « aucun notaire, huissier, greffier, secrétaire, ou autre « officier public, ne pourra faire ou rédiger un acte en vertu « d'un acte sous signature privée, ou passé en pays étranger... « s'il n'a été préalablement enregistré, à peine de 50 francs « d'amende, et de répondre personnellement du droit... » On a prétendu que cette disposition n'était pas susceptible de recevoir son application lorsque l'officier public n'avait pas à sa disposition, pour le faire enregistrer, conformément au vœu de la loi, l'acte sous seing privé en vertu duquel il a rédigé un acte de son ministère. Cette interprétation a été repoussée par la Cour : l'arrêt solennel du 21 juil. 1849 déclare « que ces dispositions (celles de l'art. 42 précité de la loi de « l'an 7) sont générales et absolues; que la loi n'a admis « d'exception ni pour le cas où l'acte sous signature privée « n'aurait été rappelé dans l'acte public que par la déclaration « de son existence, sans énonciation de sa date, et sans que « sa représentation au notaire ou autre officier public soit « constatée, ni pour celui où l'acte sous signature privée « ne serait pas la cause unique de l'acte public; qu'il suffit « donc qu'il en soit un des éléments, ou que l'engagement « contracté par l'acte public soit une suite et une conséquence « de l'acte sous signature privée. » (14,776 J.; 8029 R.; 13,780 J. N.; 8668 Contr.; Inst. 1844, § 1er; P., 50, 1, 182; D. P., 49, 1, 238; S., 49, 1, 566.) Or, les dispositions de l'art. 2 de la loi du 30 mars 1872 sont tout aussi impératives que celles de l'art. 42 de la loi du 22 frim. an 7. Les officiers publics ou les parties qui énoncent des titres étrangers dans un acte ou écrit ne sauraient, dès lors, se soustraire à l'application de la loi de 1872, en alléguant que les titres énoncés n'étaient pas à leur disposition. La raison de décider est identiquement la même que dans le cas de l'arrêt des chambres réunies. »

La Cour, en rejetant, par son arrêt du 31 mars 1886, le pourvoi des parties, a par cela même consacré la thèse de l'Administration.

1161. *Mode de payement du droit de timbre dans le cas où les titres ne peuvent être représentés.* « Au surplus, ajoutait la Direction générale dans son mémoire, l'impossibilité prétendue d'exécuter la loi, quand les titres ne sont pas entre les mains de ceux qui les énoncent, n'existe même pas. Le cas est assez fréquent, et l'Administration a dû prendre des mesures en conséquence. »

Les parties qui désirent énoncer des titres étrangers dont la représentation serait matériellement impossible sont autorisées, en effet, à payer les droits de timbre exigibles au bureau du timbre extraordinaire, en produisant un bordereau en double expédition dans la forme actuellement employée pour le visa des titres étrangers. L'un de ces bordereaux, contenant le détail des titres, revêtu de la réquisition de la partie ou du notaire, est destiné à être conservé au bureau du timbre et classé suivant sa date; l'autre, présentant les mêmes indications, et revêtu d'un certificat du receveur constatant le payement des droits de timbre, doit être remis au receveur chargé d'enregistrer l'acte contenant l'énonciation de ces titres, et conservé par lui. Il suffit aux parties de présenter ensuite les titres au receveur du timbre, en indiquant la date du payement des droits, et le rapprochement du bordereau conservé au bureau et des titres permet alors de constater sans difficulté la réalité du payement et la parfaite identité des titres. Sol. 19 août 1872.

Si, comme il arrive parfois, les parties n'étaient pas en état d'indiquer les numéros des titres, les conséquences de cette lacune seraient à leurs risques et périls, au cas où plus tard l'identité des titres ne pourrait pas être reconnue.

1162. **Énonciation indirecte. Prix de titres vendus à l'étranger.** — Un jugement du tribunal de Lille du 20 mars (ou 21 mars) 1883 a décidé qu'on peut, sans contrevenir à la loi du 30 mars 1872, énoncer, dans un acte passé en France, l'encaissement des prix de valeurs étrangères non timbrées, qui ont été négociées à l'étranger. Si l'Administration soutient que la négociation a eu lieu en France, il lui incombe d'en fournir la preuve. 22,218 et 22,381 J.; 6271 R. p.; 16,783 Contr.; 23,098 J. N.; 6843 Rev. not.; D. P., 84, 3, 127.

A l'occasion de ce jugement, nous avons distingué entre l'énonciation directe, c'est-à-dire celle qui porte sur les titres eux-mêmes et l'énonciation indirecte, c'est-à-dire celle qui a moins pour objet les titres que les sommes ou valeurs en provenant.

Après mûre réflexion, nous estimons aujourd'hui que cette distinction est dangereuse et ne peut servir à délimiter les cas d'application ou de non application de la loi de 1872. Sans doute, la décision du tribunal de Lille serait théoriquement exacte, si l'énonciation des titres eux-mêmes était surabondante et ne produisait à leur égard aucun effet utile. Mais, outre que cette hypothèse ne se réalisera que très rarement, il n'appartient pas à l'Administration de présumer, *contra rationem juris*, que la désignation détaillée des titres dont le prix fait l'objet des dispositions de l'acte, a été faite sans utilité.

Ainsi, pour ne citer que quelques exemples, un vendeur de titres étrangers donne quittance à l'acquéreur du prix moyennant lequel ces titres, désignés dans l'acte, ont été aliénés. Un tuteur, rendant ses comptes à son pupille, fait figurer à l'actif le prix provenant de la vente de tel ou tel titre étranger, et se fait donner décharge de sa gestion. Un exécuteur testamentaire (et c'était précisément l'espèce sur laquelle a statué le tribunal de Lille) porte à son compte une somme provenant de l'aliénation opérée pendant sa gestion de titres étrangers désignés par leurs numéros.

Dans ces différents cas, la désignation des titres n'est évidemment pas superflue.

Elle a pour but ou tout au moins pour effet utile, dans la première hypothèse, de fournir à l'acquéreur la preuve de la transmission de propriété consentie à son profit; dans les deux autres cas, en précisant les obligations auxquelles le rendant compte était tenu en ce qui concerne la restitution des titres, elle constate et précise par là même l'étendue de sa libération.

Dès lors, on ne pourrait refuser d'appliquer à cette énonciation les dispositions de la loi du 30 mars 1872, qu'en se fondant sur les motifs dont nous avons démontré l'inexactitude et qui ont été condamnés par la Cour de cassation : à savoir que l'énonciation doit correspondre à une transmission effectuée en France; ou qu'elle implique la possession des titres par la partie de qui elle émane.

Nous pensons donc que la règle admise par le tribunal de Lille introduirait dans l'application de l'art. 2 de la loi de 1872 un dissolvant redoutable, en ce sens qu'elle substituerait à la présomption légale qui est le fondement de cette disposition, l'obligation pour l'Administration de fournir une preuve qu'il serait la plupart du temps impossible d'administrer.

Ces motifs nous déterminent à la repousser et à nous en tenir à l'interprétation littérale de la loi.

1163. **Exceptions.** — *Inventaires.* La loi, en prohibant toute énonciation dans les actes de titres étrangers non timbrés, a fait une exception formelle en faveur des inventaires. Cette exception n'est pas fondée sur ce que l'inventaire est purement déclaratif et écarte toute idée de transmission. Car, s'il en était ainsi, le législateur aurait dû l'étendre aux partages, aux contrats de mariage et à un très grand nombre d'autres actes qui n'ont rien de translatif. Le but de cette disposition a été, comme celui que s'était déjà proposé un arrêté du Directoire du 22 vent. an 7, permettant d'énoncer dans un inventaire les actes sous signature privée, sans les faire enregistrer, d'assurer la sincérité de ces opérations qui ont pour objet de décrire les forces actives et passives d'une succession. Le notaire qui y procède ne sait pas quels titres il trouvera sous les scellés et il importe aux parties, dont la loi a voulu respecter l'intérêt, que ce notaire ne soit pas amené à dissimuler l'existence des titres pour éviter le droit de timbre, ou à surseoir à ses opérations afin de présenter les titres au timbrage.

L'exception apportée par le législateur à ses dispositions doit, comme toutes les exceptions, être appliquée limitativement, et ne peut être étendue, ni par voie d'analogie, ni pour quelqu'autre motif que ce soit. L'Administration a toutefois, comme nous le verrons plus loin, admis certains tempéraments. Mais elle n'a fait en cela qu'user du droit qui lui a été reconnu par la jurisprudence de modérer, sous sa responsabilité, la rigueur des perceptions jugées excessives et contraires à l'équité. Par conséquent, elle demeure seule juge des cas dans lesquels ces exceptions, non prévues par le législateur, doivent être admises : elle ne peut y être contrainte par aucune action judiciaire. Cass., 5 juill. 1820; Sir., 6, 1, 272; — 24 avril 1861 ; 17,290 J.; 10,411 R.; 17,112 J. N.; 11,981 Contr.; 34 Rev. not.; 1488 R. p.; Inst. 2201, § 5; Sir., 61, 1, 645; P., 61, 1066; D. P., 61, 1, 222.

1164. *Partage.* Ainsi la dispense édictée par la loi en faveur des inventaires ne peut être étendue aux partages. Langres, 28 oct. 1885; 22,610 J.; 6571 R. p.; 17,117 Contr.; 23,691 J. N.

Il est vrai que, en ce qui concerne l'obligation de faire enregistrer les actes sous seing privé dont il est fait usage par acte public, la jurisprudence a fait bénéficier les partages de l'exception introduite par l'arrêté du 22 vent. an 7 en faveur des inventaires. V. au Dict., v° Acte passé en conséquence d'un autre, n°s 234 et suivants.

Mais, comme l'exprime très justement le jugement précité du tribunal de Langres, « les rédacteurs de la loi de 1872 connaissaient certainement cette jurisprudence, puisqu'ils ont admis la première des exceptions qu'elle a sanctionnées; c'est donc sciemment et volontairement qu'ils ont repoussé la seconde ».

D'ailleurs, il n'en est point de la loi de 1872 comme des lois du 13 brum. an 7 et du 22 frim. an 7, « qui défendent, non pas de *mentionner* (expression de la loi de 1872 qui n'a rien d'équivoque) les actes non timbrés et non enregistrés, mais d'*agir* en vertu de ces actes, expression complexe qui a rendu nécessaire une jurisprudence indiquant les faits caractéristiques de l'usage d'un titre, jurisprudence qui a, en effet, affranchi de la prohibition générale les inventaires et les liquidations ». (Même jugement.)

1165. *Contrat de mariage.* Il a été décidé, par des motifs de même nature, que l'exemption établie en faveur des inventaires, ne s'étend pas aux contrats de mariage. Par conséquent, les peines édictées par la loi sont encourues par les parties et par l'officier public, qui ont compris parmi les apports des futurs époux des titres étrangers non préalablement soumis au visa pour timbre. Sol. 8 fév. 1883; 22,383 J.; 6132 R. p.; D. P., 84, 3, 31.

1166. *Dépôts en banque.* L'Administration, usant du droit qui lui a été reconnu par la jurisprudence, de tempérer dans certains cas les rigueurs de la loi, a décidé que les actes publics ou sous seing privé, constatant soit le dépôt de titres étrangers dans un établissement financier, spécialement à la Banque de France, soit le retrait des titres ainsi déposés, ne rendent pas applicables les dispositions de la loi du 30 mars 1872. La décision du ministre des finances du 8 sept. 1882 (21,973 J.; 6029 R. p.; 23,021 J. N.; 16,854 Contr.; S., 83, 2, 72; P., 83, 352; D. P., 83, 3, 56), qui admet cette exception à la loi, est fondée sur les motifs suivants :

« D'après l'art. 2 de la loi du 30 mars 1872, nul ne peut négocier, exposer en vente ou énoncer dans des actes de prêt, de dépôt, de nantissement ou dans tout autre acte et écrit, à l'exception des inventaires, des titres étrangers qui n'auraient pas été admis à la cote ou qui n'auraient pas été dûment timbrés au droit de 1 p. 100 du capital nominal. Tout acte, soit public, soit sous seing privé, qui énoncera un titre de rente ou effet public d'un gouvernement étranger ou tout autre titre étranger non coté aux bourses françaises, devra indiquer la date et le numéro du visa pour timbre apposé sur ce titre, ainsi que le montant du droit payé... — Ces dispositions générales et absolues comportent cependant une exception, qui résulte des observations échangées au cours de la discussion de la loi et que l'Administration, dans son Instruction du 24 mai 1872, n° 2445, § 2, n° 2, a signalée au service dans les termes suivants : — « Les mots : actes de « dépôts, rapprochés de ceux : tous autres actes ou écrits, « exigent une explication. Il arrive parfois que des étrangers « résidant en France sont porteurs de titres qu'ils déposent « dans des maisons de banque, uniquement pour en assurer « la conservation. Le même fait se produit pour des Français « qui, voulant se soustraire aux risques de perte, de vol ou « d'incendie, déposent également leurs titres dans des mai- « sons spéciales, qui se chargent de leur garde moyennant un « droit modique. Ces dépôts sont constatés, soit par corres- « pondance, soit par un récépissé ou certificat. Il a été en- « tendu que, pour opérer ces sortes de dépôts, ainsi que les « retraits qui en sont la conséquence, il ne serait pas néces- « saire que les titres étrangers fussent préalablement timbrés, « car le dépôt, dans ces conditions, ne constitue pas, à pro- « prement parler, un usage des titres, mais une substitution « à des titres multiples d'un titre collectif, qui n'en est que « la représentation, sans novation d'aucune sorte, sans avan- « tage ni profit. » — Les titres déposés en garde à la Banque de France rentrent évidemment dans l'exception prévue et les actes auxquels donnent lieu le dépôt et le retrait de titres étrangers, dans les conditions qui viennent d'être indiquées, ne nécessitent pas le timbrage préalable de ceux de ces titres qui en font l'objet et qui y sont énoncés. — A cet égard, il n'y a d'ailleurs aucune distinction à établir entre les actes sous seing privé et les actes publics, puisque ces deux sortes d'actes, dans les termes de la loi du 30 mars 1872, produisent, quant à l'énonciation des titres étrangers, des effets identiques sur l'exigibilité de l'impôt. » — V. toutefois, en ce qui concerne les dépôts constatés par acte notarié, 3434 R. p. et *infra*, n° 1168.

1167. *Négociation, prêt ou mise en gage du récépissé de dépôt.* L'Instruction du 24 mai 1872, n° 2445, § 2, n° 2, après avoir consacré l'exemption que nous venons d'indiquer en faveur des récépissés de dépôts, ajoute :

« Il est bien entendu d'ailleurs que si, soit par correspondance, soit par endossement ou autrement, le récépissé de dépôt était négocié, prêté ou donné en nantissement, les titres que ce récépissé représenterait devraient être timbrés préalablement. »

1168. *Autres dépôts.* D'après les motifs de la décision que nous venons de rapporter, l'exemption admise en faveur des actes constatant le dépôt ou le retrait de titres étrangers ne s'applique qu'aux titres que les parties déposent dans un établissement de banque, en vue d'en assurer la conservation et de les garantir contre les chances de vol, de perte ou d'incendie. Il en résulte que, toutes les fois qu'on ne se trouve pas dans le cas expressément prévu par la décision du 8 sept. 1882, la règle générale reprend son empire, et les titres énoncés dans un acte, même dans un acte constatant leur dépôt ou leur retrait, doivent être soumis au visa pour timbre.

M. Mathieu-Bodet, rapporteur de la loi du 25 mai 1872 dont les dispositions ne sont, comme nous le verrons dans notre dernier chapitre, qu'une extension à l'égard des effets publics des gouvernements étrangers de celles contenues dans la loi du 30 mars 1872, précisait déjà les limites de l'exemption accordée par la jurisprudence administrative aux dépôts de titres dans les termes suivants :

« Si quelquefois les actes de dépôts contiennent le germe d'une transmission éventuelle, dans d'autres cas, au contraire, ils n'impliquent aucune disposition, aucun usage légal. Lorsque le titre est déposé pour servir de gage, conformément à l'art. 2076 C. civ., le créancier gagiste acquiert un droit sur cette valeur. Il est donc tout naturel, dans ce cas, que la formalité du timbre soit exigée, par application du principe de la loi du 13 mai 1863. Il y a même des dépôts purs et simples qui donnent lieu au payement du droit de timbre. Ce sont ceux qui sont faits par acte notarié, ou en exécution d'un mandat de justice. Mais lorsque les dépôts sont faits uniquement en vue de mettre les valeurs qui en sont l'objet en plus grande sécurité, de les soustraire aux chances de vol, d'incendie ou d'autres chances de perte (ce qui a lieu quand on les dépose à la Banque de France ou dans les caisses d'une société financière), les droits de timbre ne sont pas exigibles; il n'y a pas usage légal dans le sens de l'art. 2 de la loi du 30 mars 1872. Ces titres ne sont pas mis en circulation; ils restent toujours à la disposition absolue et exclusive du déposant. » Duvergier, Recueil des lois, 1872, p. 199.

On doit donc décider que l'exception admise pour les dépôts en Banque ne peut être étendue aux dépôts effectués entre les mains de simples particuliers, et qui n'ont pas pour unique objet la garde et la conservation des titres. Il en est de même des actes constatant la décharge donnée par le déposant au dépositaire lors du retrait des titres. Ces actes rendent exigible le droit de timbre de 1 p. 100. Abbeville, 29 mars 1887; 22,911 J.; 6891 R. p.; 17,410 Contr.; 24,166 J. N.

« Attendu, porte ce jugement, que les termes de l'art. 2, § 2, de la loi du 30 mars 1872 sont formels et que l'énonciation seule dans un acte, soit public, soit sous seing privé, d'un titre de rente ou effet public d'un gouvernement étranger ou de tout autre titre étranger, non coté aux bourses françaises, suffit pour que le visa pour timbre soit exigé;

« Attendu que vainement les demandeurs soutiennent que les titres dont s'agit n'avaient été déposés entre les mains du sieur Macqueron que pour être mis en sécurité, et qu'en aucun cas ils ne devaient être mis en circulation;

« Attendu que, s'il résulte de l'exposé des motifs de la loi de 1872 que les dépôts de titres effectués dans les maisons spéciales (Banque de France ou sociétés financières) qui se chargent de leur garde, peuvent être dispensés de l'impôt, lorsque ce dépôt n'a eu pour but que de soustraire lesdits titres aux risques de perte ou d'incendie et que si, aux termes des instructions adressées par l'Administration de l'enregistrement à ses agents, la même immunité d'impôt peut exister lorsqu'il s'agit du retrait de titres déposés dans de telles conditions, la dispense ne saurait s'appliquer au cas actuel;

« Attendu, en effet, que le dépositaire est un simple particulier, qu'aucun acte de dépôt n'a été dressé et qu'à l'appui de leur prétention les demandeurs n'invoquent pas la moindre correspondance, pas le moindre certificat ou récépissé, que leur allégation est purement gratuite et sans valeur... »

1169. La même solution paraît devoir être admise à l'égard des dépôts constatés par actes notariés, lors même que le dépôt serait fait dans un établissement de crédit, en vue de la conservation des titres. — V. sur ce point les déclarations de M. Mathieu-Bodet, *supra*, n° 1168; 3454 R. p.

1170. *Écritures domestiques. Livres de commerce. Correspondance.* Quand le législateur interdit l'énonciation des titres étrangers non timbrés dans les actes de prêt, de dépôt, de nantissement ou « dans tout autre acte *ou écrit* », il n'entend parler certainement que des écrits produisant des effets juridiques à l'égard des titres qui y sont énoncés. Il est évident qu'un particulier n'encourt pas les rigueurs de la loi, par cela seul qu'il a mentionné des titres étrangers dans ses écritures domestiques, dans ses livres de commerce et dans sa correspondance. Il n'en serait autrement que si ces écrits avaient, contrairement à ce qui a lieu ordinairement, pour objet de constater la négociation, le prêt, le nantissement des titres qui s'y trouvent énoncés, ou toute autre convention caractéristique de l'usage juridique des titres. Dans ce cas, l'écrit produisant, malgré sa forme de document intérieur, les mêmes effets qu'un acte proprement dit, rendrait applicables les dispositions de la loi du 30 mars 1872. C'est ce que l'Administration a décidé à l'égard de la correspondance, dans son Instruction du 24 mai 1872, n° 2445, § 2, n° 2 :

« Il peut arriver, dit-elle, que des titres étrangers soient énoncés dans des lettres et correspondances. On rappelle que les lettres sont des écritures privées qui, aux termes de l'art. 30 de la loi du 13 brum. an 7, ne sont assujetties au timbre de dimension que lorsqu'elles sont produites en justice. La disposition de l'art. 2 de la loi du 30 mars 1872 ne s'applique donc pas aux titres énoncés dans les lettres ou dans la correspondance, à moins que ces correspondances ne consacrent elles-mêmes la négociation, le prêt, le nantissement ou l'usage juridique des titres. »

§ 2. — Payement du droit de timbre au comptant et contraventions.

1171. Payement du droit de timbre au comptant. — Le payement du droit de timbre à 1 p. 100 doit avoir lieu au comptant avant toute négociation, exposition en vente, énonciation ou usage des titres. Cette obligation pour les parties résulte en effet des termes formels de la loi, qui considère comme une contravention passible d'amende, ainsi que nous allons l'exposer, toute énonciation, négociation, exposition en vente, ou usage de titres non timbrés.

1172. *Visa pour timbre.* Aux termes de la loi du 30 mars 1872, le payement du droit devait avoir lieu, dans tous les cas, au moyen du visa pour timbre.

1173. *Timbre extraordinaire.* Mais une loi du 29 juin 1881, art. 11, a permis de remplacer le visa pour timbre par l'application du timbre extraordinaire à l'atelier général. (V. l'exposé des motifs: 21,563 J.) Un décret du 11 août 1881 a créé les types nécessaires pour l'exécution de cette loi. L'apposition du timbre extraordinaire ne peut avoir lieu qu'à l'atelier général à Paris. Partout ailleurs, la formalité continue à être donnée au moyen du visa. Inst. n° 2653; 21,730 J.; 6004 R. p.; P., 82, 3, 628; D. P., 82, 4, 80.

1174. Titres provisoires remplacés par des titres définitifs. Renouvellements. — Ainsi que nous l'avons expliqué dans la deuxième partie de ce traité (*supra*, n°s 91 et suiv.), lorsque le droit de timbre au comptant a été acquitté sur les titres provisoires d'actions ou d'obligations émises par une société française, le titre définitif qui est délivré en remplacement du titre provisoire doit être visé *gratis*, par application de l'art. 17 de la loi du 5 juin 1850.

Il en est de même des titres nouveaux délivrés par suite de transfert, de conversion ou de renouvellement. V. *supra*, n°s 97 et suiv. et 154.

Cette règle est-elle applicable aux titres étrangers dont nous nous occupons en ce moment?

En faveur de la négative, on peut invoquer la règle d'après laquelle le droit de timbre est un impôt de consommation dû sur chaque titre créé, sans compensation possible avec les droits acquittés sur un autre titre, quelle que soit l'identité d'objet existant entre eux. On peut ajouter que si l'art. 17 de la loi du 5 juin 1850 a dérogé à cette règle en ce qui concerne les actions des sociétés françaises, sa disposition n'a pas été reproduite dans les lois et décrets qui régissent les titres étrangers et que, par conséquent, ceux-ci ne peuvent en réclamer le bénéfice.

Nous pensons cependant que l'opinion contraire est préférable.

Le droit de timbre édicté par la loi de 1850, et étendu aux titres étrangers par la loi du 30 mars 1872, est d'une nature spéciale. Il est destiné à atteindre à la fois la création du titre et sa circulation. Son taux varie pour les actions des sociétés françaises, en raison de la durée de la société : ce qui démontre que, dans l'intention du législateur, le droit perçu à l'origine libère le titre pour toute sa durée. L'art. 17 de la loi de 1850 doit donc être considéré, moins comme une exception aux principes qui régissent la perception des droits de timbre, que comme une conséquence normale du système de taxation adopté par le législateur. On l'a si bien envisagé ainsi, qu'on n'a jamais hésité à l'appliquer de plein droit aux titres d'obligations, bien qu'il n'ait été expressément édicté que pour les actions. V. *supra*, n° 154.

Nous croyons pouvoir en conclure que la règle de perception établie par cet article s'applique de plein droit aux titres étrangers.

1175. *Titres provisoires et titres définitifs*. En ce qui concerne le remplacement des titres provisoires par des titres définitifs, notre solution est d'autant moins contestable qu'elle a été expressément admise par le législateur à l'égard des fonds d'États étrangers. L'art. 2 de la loi du 25 mai 1872 porte en effet que « si le droit de timbre a été payé sur le certificat provisoire, le titre définitif correspondant sera timbré sans frais sur la représentation de ce certificat. »

1176. *Renouvellements*. Quant aux renouvellements, le Conseil d'Etat, dans un avis du 11 janv. 1883, émis relativement à des titres de fonds d'Etats étrangers, s'est implicitement rallié à notre interprétation, en décidant que le renouvellement des titres donne lieu à la perception d'un nouveau droit de timbre indépendant de celui auquel ont été soumis les titres renouvelés, toutes les fois que le changement du titre apporte une modification dans le chiffre du capital, le taux des intérêts et les époques d'échéance (Inst. n° 2711, § 6). Le 20 janv. 1883 (Inst. préc.), le ministre des finances a rendu une décision conforme à cet avis, qui n'est qu'une application des règles que nous avons formulées lorsqu'il s'est agi de préciser la portée et de poser les limites de l'exemption édictée en faveur des renouvellements de titres par l'art. 17 de la loi du 5 juin 1850. V. *supra*, n°s 97 et suivants.

D'ailleurs, l'Administration elle-même, en transmettant cet avis et cette décision à ses agents dans une instruction du 25 mars 1885 (n° 2711, § 6), reconnaît formellement que le timbrage des titres délivrés en renouvellement peut avoir lieu sans payement du droit de timbre, « quand le changement du titre n'apporte aucune modification relativement au chiffre du capital, au taux des intérêts et aux époques d'échéance. »

Cette jurisprudence, qui s'est formée à l'égard des titres de fonds d'Etats étrangers, et qui modifie l'interprétation que l'Administration, dans son Instruction n° 2446, et nous-mêmes, dans notre Dictionnaire, v° Etranger, n° 878, avions cru devoir admettre, doit à plus forte raison gouverner la perception du droit de timbre sur les actions et obligations des sociétés, provinces, villes et corporations étrangères, puisque ces derniers titres, à la différence des fonds d'Etat qui ont été assujettis à un tarif spécial, sont soumis au même droit (1 p. 100) que les actions et obligations des sociétés françaises.

1177. En tout cas, la formalité gratis, en cas d'échange ou de renouvellement, ne peut être donnée que sur la représentation du titre primitif timbré, lequel est maculé ou détruit sous la surveillance des agents de l'Administration.

1178. *Renvoi*. Quant à la question de savoir dans quels cas le renouvellement de titres doit être considéré comme pur et simple et remplit les conditions voulues pour bénéficier de la disposition de l'art. 17 de la loi du 5 juin 1850, V. *supra*, n°s 97 et suiv.

1179. **Timbre au comptant et taxe annuelle. Imputation.** — Le droit de timbre au comptant, dans les différents cas où la loi du 30 mars 1872 en reconnaît l'exigibilité, frappe tel ou tel titre déterminé, c'est-à-dire le titre qui fait l'objet d'une négociation ou d'une énonciation dans un acte.

La taxe annuelle à laquelle sont assujettis les titres étrangers dans les conditions que précisent les lois du 23 juin 1857 et du 29 juin 1872, atteint directement la société, ou l'établissement public étranger, en proportion de l'importance de la circulation dont ses titres, considérés dans leur ensemble, sont l'objet en France.

D'autre part, tandis que le droit de timbre au comptant est dû par le particulier qui fait usage des titres, à l'exclusion de la société qui demeure étrangère aux conséquences fiscales de cet usage, la taxe annuelle constitue une dette de la société.

Il en résulte que ces deux droits étant soumis chacun à des règles différentes, et imposés à des débiteurs distincts, ne sont pas susceptibles de se compenser, ni de s'imputer l'un sur l'autre.

Nous avons vu que, si une société débitrice de la taxe annuelle à raison de titres qu'elle a fait coter ou émis en France, a cessé, après un certain temps, de payer cette taxe, soit que les titres aient été rayés de la cote et entièrement retirés de la circulation, soit que l'engagement du représentant responsable n'ait pas été renouvelé, aucune négociation particulière ou énonciation de ces titres ne peut plus avoir lieu en France, sans que le droit de timbre au comptant devienne exigible. V. *supra*, n° 1145.

Dans ce cas, le droit est dû incontestablement sur le capital nominal du titre négocié ou énoncé, sans qu'il soit possible de tenir compte, dans une mesure quelconque, de la taxe d'abonnement qui jusqu'à ce moment a été régulièrement acquittée.

1180. A l'inverse, on doit décider que, lorsque la taxe annuelle devient exigible d'une société qui introduit ses titres en France, soit par voie d'inscription à la cote, soit par voie de négociation sur le marché de la coulisse, cette taxe doit être payée intégralement sur la quotité du capital déterminée par le ministre des finances, conformément aux règles de liquidation que nous avons exposées (V. *supra*, n°s 1098 et suiv.), sans qu'il y ait lieu d'imputer aucune partie du droit au comptant que quelques-uns des titres ont pu supporter antérieurement soit par application de la loi du 30 mars 1872, soit, avant cette loi, en vertu des dispositions générales de la loi sur le timbre. Sol. 17 avril 1858.

Nous croyons savoir cependant que la pratique est actuellement établie en sens contraire et que l'imputation est admise, sur la justification du payement du droit de timbre au comptant, en ce sens que les titres qui ont supporté ce droit sont déduits du nombre des titres déclarés imposables par la commission des valeurs mobilières, pour la liquidation de la taxe d'abonnement.

1181. **Contraventions.** — Le § 1er de l'art. 2 de la loi du 30 mars 1872 interdit la négociation, l'exposition en vente ou l'énonciation dans les actes de titres étrangers qui, ne payant pas la taxe annuelle d'abonnement, n'ont pas été préalablement timbrés au droit de 1 p. 100.

Le § 2 du même article exige que tout acte, soit public, soit sous seing privé, « qui énonce un titre de rente ou effet public d'un gouvernement étranger, ou tout autre titre non coté aux bourses françaises (ou, plus exactement, ne payant pas la taxe annuelle), indique la date et le numéro du visa pour timbre apposé sur ce titre, ainsi que le montant du droit payé ».

Ainsi la loi prévoit, sous les peines qu'elle édicte dans les paragraphes suivants du même article, deux sortes de contraventions : 1° celle qui consiste à négocier, exposer en vente ou énoncer un titre étranger passible du droit de timbre au comptant, sans l'avoir soumis préalablement à la formalité du timbre ; 2° et celle qui n'est relative qu'à l'énonciation dans les actes et qui consiste à faire cette énonciation sans mentionner le visa pour timbre.

1182. *Négociation, exposition en vente et énonciation sans payement des droits.* Il n'y a pas de doute sur l'existence de la première de ces contraventions, lorsque les parties négocient, exposent en vente ou énoncent dans un acte des titres qui doivent, à raison de cet usage, être soumis à la perception du droit de timbre de 1 p. 100, sans acquitter cet impôt. La négociation doit s'entendre ici, ainsi que nous l'avons déjà fait observer, non de la négociation officielle qui a lieu en Bourse par le ministère des agents de change, puisque cette négociation s'applique aux titres cotés qui sont ainsi soumis à la taxe annuelle, mais de toute espèce de négociations privées, notamment de celles qui ont lieu dans la coulisse.

Quant à l'exposition en vente, nous en avons déjà donné la définition dans nos explications précédentes (V. *supra*, n° 1151). Nous n'avons pas à revenir sur ce point.

On sait également en quoi consiste l'énonciation dans les actes. V. *supra*, n°s 1152 et suiv.

1183. *Mention du visa pour timbre.* En ce qui concerne les titres énoncés dans les actes, la loi ajoute à l'obligation de les soumettre préalablement à la formalité du timbre, l'obligation de constater expressément, dans l'acte où ils sont énoncés, l'accomplissement de cette formalité. Cette disposition était indispensable pour permettre à l'Administration d'exercer utilement son contrôle. Aussi la loi punit-elle les parties et les officiers publics ou ministériels qui la méconnaissent, de la même peine que le défaut de payement du droit de timbre. C'est ce qui résulte du texte formel du § 3 de notre art. 2, portant que « chaque contravention à *ces* dispositions (c'est-à-dire aux dispositions contenues dans les deux premiers paragraphes de l'article) sera punie, etc. »

L'Administration avait cependant, dans le principe, décidé que le défaut de mention du visa ne rendait pas les parties passibles de l'amende de 5 p. 100 (Sol. 16 sept. 1873; 19,288 J.; 15,167 Contr.; 4510 Rev. not.; S., 74, 2, 61). Mais elle est revenue depuis lors à une interprétation plus juridique et elle a admis, comme nous venons de le faire, que l'absence d'indication du droit de timbre acquitté et de la date et du numéro du visa constitue une contravention qui fait encourir aux parties la même pénalité que le défaut de timbrage. Sol. 11 oct. 1883; 22,240 J.; 6243 R. p.

1184. *Timbre extraordinaire.* Toutefois, bien que l'obligation de mentionner le payement du droit de timbre dans les actes qui énoncent des titres étrangers, soit maintenue en principe, la disposition qui l'a édictée n'est plus susceptible d'être exécutée à la lettre, lorsqu'il s'agit de titres qui ont été soumis au timbrage à l'extraordinaire, conformément à la loi du 29 juin 1881 (V. *supra*, n° 1173). Les types qui ont été créés ne portent, en effet, ni la date de l'apposition du timbre, ni le montant du droit payé. Il n'y est fait mention que du tarif (1.20 p. 100 pour les titres des sociétés, villes, provinces et corporations étrangères, et 75 centimes par titre de 500 francs, ou 1 fr. 50 p. 1000, pour les titres des gouvernements étrangers). Dans ces conditions il est impossible aux parties de reproduire, dans l'énonciation qu'elles doivent faire du payement du droit de timbre, la date de ce payement, ainsi que le montant total du droit payé. De ce chef, la loi du 30 mars 1872 est donc devenue inexécutable. Aussi se contente-t-on dans la pratique d'une mention portant que les titres sont régulièrement timbrés. Il est évident qu'une telle mention est insuffisante pour permettre à l'Administration d'exercer utilement son contrôle. Le décret du 11 août 1881, qui a créé les types du timbre à l'extraordinaire, a certainement manqué de prévoyance sur ce point et il a méconnu une des dispositions les plus essentielles de la loi du 30 mars 1872. Il est à désirer qu'il soit complété au moyen de la création de types à dates mobiles, pouvant ainsi faire connaître la date du timbrage. Cette innovation, d'une exécution facile, suffirait pour permettre à l'Administration d'effectuer les rapprochements nécessaires entre les énonciations portées dans les actes et le contenu des bordereaux qui sont déposés avec les titres au bureau du timbre extraordinaire, et de s'assurer ainsi que les titres portés dans les actes comme étant régulièrement timbrés à la date indiquée, ont effectivement subi la perception du droit de timbre.

1185. Constatation des contraventions. — « Les contraventions peuvent être constatées, porte le § 3 de l'art. 2, dans tous les lieux ouverts au public, par les agents qui ont qualité pour verbaliser en matière de timbre... » Parmi les lieux ouverts au public dans lesquels les agents sont autorisés à constater les contraventions, c'est-à-dire les faits de négociation ou d'exposition en vente de titres non timbrés, l'Inst. 2445 cite les boutiques et comptoirs de change. Il importait, en effet, a dit le rapporteur de la loi, « de mettre fin aux négociations irrégulières qui se font chez les changeurs, dont les vitrines contiennent un nombre considérable de titres en contravention aux lois sur le timbre ».

Cette interprétation paraît exacte, mais il nous semble douteux qu'un agent du Trésor soit en droit de pénétrer, sans l'assistance d'un commissaire de police, dans des établissements qui, bien qu'ouverts à la clientèle des changeurs, n'en ont pas moins un caractère privé. C'est ainsi que les agents des contributions indirectes ne se présentent jamais chez les orfèvres et bijoutiers, pour surveiller l'exécution de la loi sur la garantie des métaux précieux, qu'accompagnés d'un agent de l'autorité.

Nous croyons qu'en fait l'Administration use peu de ce moyen de répression et qu'elle assure l'exécution de la loi principalement par la surveillance qu'elle exerce sur les actes de toute nature qui sont journellement soumis à son contrôle.

1186. *Procès-verbaux et poursuites.* La loi ayant confié la répression « aux agents ayant qualité pour verbaliser en matière de timbre », il en résulte que les procès-verbaux pour constater les contraventions doivent être dressés et que les poursuites contre les contrevenants doivent être exercées d'après les règles générales de la législation sur le timbre.

1187. Amendes. — 1° *Amende contre les parties.* Chacune des contraventions que nous venons de définir, à savoir : 1° la négociation, l'exposition en vente ou l'énonciation de titres non libérés du droit de timbre, soit par le payement de la taxe d'abonnement, soit par le timbrage au comptant; 2° ou le simple défaut de mention du visa ou du timbrage à l'extraordinaire, lequel constitue une infraction à la loi, dans les cas où le droit au comptant est exigible, alors même qu'en fait le droit aurait été payé, est punie d'une amende de 5 p. 100 de la valeur nominale des titres.

Cette amende est encourue par les parties qui ont négocié, exposé en vente ou énoncé les titres dans l'acte passé entre elles, ou qui ont omis de faire mention dans leurs actes de la formalité du visa. Toutes les parties sont solidaires pour le recouvrement des droits et amendes. Nous examinerons plus loin si cette solidarité peut être étendue à l'officier public ou ministériel qui a participé à la contravention.

1188. *Minimum.* En aucun cas, ajoute la loi, l'amende ne peut être inférieure à 50 francs.

Le minimum est encouru pour chaque négociation, chaque exposition en vente, chaque énonciation envisagée dans son ensemble, et non pour chacun des titres faisant l'objet de l'opération. C'est ainsi que si des titres non timbrés sont énoncés dans un partage, l'amende minima doit être calculée sur l'ensemble des titres mentionnés dans cet acte, et non sur chaque titre individuellement. Sol. 22 fév. 1882; 21,856 J.

1189. 2° *Amende contre l'officier public ou ministériel.* Indépendamment de l'amende encourue par les parties, une amende spéciale de 50 francs est encourue *personnellement* par tout officier public ou ministériel qui a prêté son concours à l'opération ou à l'acte en contravention.

Chaque contravention ne donne lieu d'ailleurs qu'à une seule amende de 50 francs, quel que soit le nombre des titres compris dans l'opération. Il en serait ainsi notamment dans le cas où un officier public aurait énoncé dans un acte de son ministère à la fois des effets publics des gouvernements étrangers et des titres d'actions ou d'obligations de sociétés, provinces, villes ou corporations étrangères. Sol. 16 sept. 1873; 19,288 J.; 15,167 Contr.; 4510 Rev. not.; S., 74, 2, 61.

L'amende est encourue *personnellement* par l'officier public et ne peut par conséquent être réclamée aux parties.

1190. *Décimes.* Tandis que le droit de timbre à 1 p. 100 établi par la loi du 30 mars 1872 doit être augmenté de deux décimes (V. *supra*, n° 1143), les amendes encourues pour contravention aux dispositions de cette loi sont soumises à la perception d'un double décime et demi. Art. 1er, loi du 23 août 1871, et 2, loi du 30 déc. 1873.

1191. Solidarité. — *Payement des droits et des amendes.* L'art. 2 de la loi du 30 mars 1872 porte, dans son 4e paragraphe, que « toutes les *parties* sont solidaires pour le recouvrement des droits et amendes ». Et la loi ajoute, dans le paragraphe suivant, qu'une amende de 50 francs est encourue *personnellement* par l'officier public ou ministériel qui a participé à la contravention.

L'ordre dans lequel ces deux dispositions ont été édictées a fait penser que l'expression de *parties*, dont le législateur s'est servi pour indiquer les débiteurs solidaires des droits et des amendes, ne comprenait pas l'officier ministériel, et que celui-ci ne pouvait être poursuivi qu'en payement de l'amende personnelle édictée contre lui. Rép. pér., n° 6891.

Cet argument de texte serait de nature à nous convaincre si nous ne trouvions dans les dispositions générales de la loi sur le timbre le principe de la solidarité écrit en toutes lettres et appliqué, pour les droits et les amendes, aux parties et aux officiers ministériels « *qui ont reçu ou rédigé des actes énonçant des actes ou livres non timbrés* ». Art. 75, loi du 28 avril 1816.

Il n'est pas douteux que le droit de 1 p. 100 établi sur les titres étrangers ne soit un droit de timbre. Avant la loi du 30 mars 1872, ces titres devaient déjà être timbrés avant tout usage dans un acte public, et l'officier public qui aurait, sous l'empire de cette législation, fait usage d'un titre de cette nature dans un acte de son ministère, sans l'avoir soumis au visa pour timbre, serait certainement tombé sous le coup des dispositions de l'art. 75 de la loi du 28 avril 1816.

Or, la loi du 30 mars 1872 a, d'une part, relevé le tarif du droit de timbre dû sur les titres étrangers, en le fixant à 1 p. 100, et elle a, d'autre part, adopté un ensemble de mesures pour en assurer le recouvrement. Il est donc inadmissible, étant donné son but, qu'elle ait cru devoir supprimer la garantie que le Trésor trouve dans la responsabilité solidaire de l'officier ministériel, pour le recouvrement de l'impôt. Pour que les dispositions de cette loi pussent être interprétées dans un sens si contraire à la pensée qui les a inspirées, il faudrait un texte formel abrogeant sur ce point l'art. 75 de la loi du 28 avril 1816, et ce texte n'existe pas. Tout au contraire, nous rencontrons dans le quatrième paragraphe de l'article une disposition qui, en déclarant toutes les *parties* solidaires, peut être interprétée dans ce sens que la loi réunit dans une responsabilité commune tous ceux qui ont participé à la contravention. Dans tous les cas, à défaut de cette dernière disposition, nous avons, pour justifier la thèse que nous soutenons, le texte de la loi du 28 avril 1816, qui, nous le répétons, n'a été abrogé ni expressément, ni tacitement. Par conséquent, nous croyons pouvoir en conclure que l'officier ministériel, en cas de contravention, indépendamment de l'amende personnelle qu'il encourt, peut être poursuivi solidairement, avec les parties auxquelles il a prêté son ministère, en payement tant des droits de timbre que de l'amende de 5 p. 100.

C'est ce qu'a décidé, par des motifs analogues à ceux que nous venons de présenter, un jugement du tribunal d'Abbeville du 29 mars 1887; 22,911 J.; 6891 R. p.; 17,410 Contr.; 24,166 J. N.

« Attendu, porte cette décision, que le principe général posé par l'art. 75 de la loi du 28 avril 1816 est que les officiers ministériels qui ont reçu ou rédigé des actes « énonçant » des actes ou livres non timbrés sont solidaires pour le payement des droits de timbre et des amendes ;

« Attendu que l'art. 2 de la loi du 30 mars 1872, qui déclare toutes les parties solidaires pour le recouvrement des droits et amendes, ne paraît avoir apporté aucune modification aux principes généraux ;

« Que vainement on prétendrait que la loi a édicté contre le notaire une peine spéciale, l'amende de 50 francs que, dans l'espèce, Me Elluin a payée après en avoir obtenu la réduction ;

« Attendu que cette amende ne fait que prouver combien la responsabilité du notaire qui a concouru à l'acte se trouve engagée et qu'elle ne saurait être considérée que comme une peine supplémentaire contre l'officier ministériel qui, mieux au courant que les particuliers des prescriptions des lois fiscales, a manqué à son devoir. »

Chapitre III. — DU DROIT DE TRANSMISSION SUR LES TITRES DES SOCIÉTÉS, VILLES, PROVINCES, CORPORATIONS ET ÉTABLISSEMENTS PUBLICS ÉTRANGERS.

1192. Renvoi. — Il résulte de notre exposé général de la législation fiscale qui régit les titres étrangers, que les mêmes faits juridiques qui rendent la taxe d'abonnement au timbre exigible sur ces titres, donnent en même temps ouverture au droit de transmission.

Ces faits juridiques, ce sont: 1° l'inscription des titres à la cote officielle de la Bourse (loi du 23 juin 1857); 2° leur émission en France; 3° leur négociation ou leur exposition en vente en France par la société ou l'établissement qui les a émis. Art. 4, loi du 29 juin 1872. — V. *supra*, nos 1075 et suiv.

Le payement de l'impôt, dans ce cas, est assuré par l'obligation que la loi impose à la société ou à l'établissement de faire agréer un représentant français responsable des droits (V. *supra*, nos 1111 et suiv.), et par les pénalités qui sont encourues en cas de contravention aux dispositions de la loi. V. *supra*, nos 1096 et suiv.

Rappelons ici que, à la différence de ce qui a lieu pour les titres français, qui acquittent l'impôt, tantôt au comptant lors de chaque transmission, tantôt au moyen d'une taxe annuelle, les titres étrangers sont toujours soumis à ce dernier mode de taxation. Art. 10, § 3, décret du 17 juil. 1857 (*supra*, n° 1058).

La taxe annuelle est d'ailleurs fixée au même taux que pour les titres français (20 cent. p. 100); elle est perçue sur les mêmes bases, c'est-à-dire sur la valeur négociable déterminée par le cours de la Bourse, déduction faite du capital restant à libérer, ou par une déclaration estimative (*supra*, n° 1115), et elle doit être acquittée aux mêmes époques, dans la même forme et sous les mêmes pénalités. Art. 10, §§ 4 et 12, § 3, décret du 17 juil. 1857.

Toutefois, tandis que, pour les titres français, la taxe est due sur tous les titres existants à la fin de chaque trimestre, d'après l'état qui doit en être dressé et déposé au bureau, pour les titres étrangers elle est établie sur une quotité du capital déterminée par le ministre des finances, sur l'avis de la commission des valeurs mobilières, d'après l'importance de la circulation en France. V. *supra*, nos 1098 et suiv.

A part ces quelques différences, la taxe annuelle est due par les sociétés, provinces, villes, corporations étrangères et établissements publics étrangers, sur la même nature de titres que par les sociétés, départements, communes et établissements publics français, et elle est soumise aux mêmes règles de perception. Les difficultés qui se présentent en cette matière doivent donc être résolues par application des principes que nous avons exposés dans la troisième partie de ce traité, à laquelle nous prions nos lecteurs de vouloir bien se reporter.

1193. **Titres étrangers non soumis à la taxe annuelle.** — Nous avons vu que les titres étrangers qui ne remplissent pas les conditions déterminées par la loi pour l'exigibilité de la taxe d'abonnement au timbre sont assujettis à la perception du droit de timbre au comptant, lorsqu'ils font l'objet en France de négociations particulières, qu'ils y sont exposés en vente ou qu'ils sont énoncés dans les actes autres que les inventaires. V. *supra*, n°s 1141 et suiv.

Il n'existe pas dans la loi de disposition analogue en ce qui concerne le droit de transmission. Les titres étrangers, pourvu qu'ils soient timbrés, peuvent impunément être négociés par les porteurs, ou énoncés dans les actes passés en France, sans que pour cela le droit de transfert de 50 cent. p. 100 devienne exigible, et sans que l'usage du titre, même par acte public, rende son enregistrement obligatoire. La pratique sur ce dernier point est constante et elle se fonde sur ce que la loi du 30 mars 1872, ayant expressément soumis les titres dont il est fait usage au droit de timbre, et n'ayant pas parlé de leur enregistrement, les a virtuellement dispensés de cette formalité. C'est l'application de l'adage : *Qui dicit de uno, negat de altero.*

1194. *Cession en France.* Toutefois la règle que nous venons d'énoncer cesserait d'être exacte, si la négociation avait lieu par un acte soumis obligatoirement ou présenté volontairement à la formalité de l'enregistrement; ou encore, ce qui est d'ailleurs l'application du même principe, si l'énonciation d'un titre dans un acte soumis à l'enregistrement emportait transmission.

Dans cette hypothèse, il est évident que l'acte, étant le titre d'une mutation de valeurs mobilières étrangères, donnerait ouverture, lors de son enregistrement, au droit proportionnel, par application de l'art. 4 de la loi du 23 août 1871, ou de l'art. 58 de la loi du 28 avril 1816 combiné avec l'art. 1er, n° 2, de la loi du 28 fév. 1872, sans qu'on puisse opposer à cette solution l'interprétation restrictive adoptée par un arrêt de la Cour de cassation du 5 avril 1887 (22,824 J.; 6862 R. p.; 17,322 Contr.; 23,904 J. N.), puisque cette décision n'a statué qu'au sujet de valeurs mobilières corporelles et que les actions et obligations ont incontestablement le caractère de valeurs mobilières incorporelles.

Nous devons ajouter que, dans ce cas, le droit à percevoir ne serait pas le droit de transfert à 50 cent. p. 100, sans décimes, établi par la loi du 23 juin 1857, mais un droit proportionnel d'enregistrement à déterminer, suivant la nature du titre transmis (action ou obligation), d'après un des articles du tarif de la loi du 22 frim. an 7, et auquel devrait être ajouté le double décime et demi actuellement en vigueur.

Un jugement du tribunal de Valenciennes du 18 juin 1874 a été rendu dans ce sens (19,528 J.; 15,329 Contr.; 3925 R. p.

Il décide que la cession par adjudication publique passée en France d'actions d'une société étrangère non soumise à la taxe annuelle, donne ouverture au droit proportionnel de 50 cent. p. 100. Ce tarif est celui que la loi du 22 frim. an 7, art. 69, § 2, n° 6, fixe pour les cessions d'actions mobilières dans les sociétés. Le tribunal ne s'explique pas sur l'exigibilité des décimes. Mais comme il fonde sa décision sur la disposition de l'art. 4 de la loi du 23 août 1871, et passe sous silence la loi du 23 juin 1857, il paraît certain que dans sa pensée ce n'est pas le droit établi par cette dernière loi, mais un droit d'enregistrement ordinaire, sujet par conséquent aux décimes, dont il a fait l'application.

1195. *Liquidation du droit dû sur la cession.* Les mêmes motifs devraient conduire à faire décider en principe que la liquidation du droit de cession doit s'effectuer dans ce cas sur la valeur des titres transmis, à déterminer non d'après la règle tracée par la loi du 23 juin 1857, mais d'après l'art. 14 de la loi du 22 frim. an 7. Le droit à percevoir devrait donc être assis, pour les obligations de sociétés étrangères ou pour les titres de fonds d'États étrangers, non sur la valeur négociable représentée par le prix de la cession, mais sur le capital nominal du titre. L'Administration s'est toutefois prononcée contre cette interprétation (Sol. août 1877), en se fondant sur la disposition édictée en sens contraire, pour les transmissions à titre gratuit ou par décès, par les art. 7 de la loi du 18 mai 1850 et 11 de la loi du 13 mai 1863, et sur l'anomalie qu'il y aurait à appliquer un mode d'évaluation différent suivant qu'il s'agirait de mutation à titre gratuit ou de mutation à titre onéreux.

1196. **Enregistrement des actes de cessions de titres étrangers soumis à la taxe annuelle.** — Le payement des taxes de timbre et de transmission sur les titres français a pour effet, comme nous l'avons vu, d'exempter leurs cessions par actes de la formalité et de tous droits d'enregistrement. C'est ce qui résulte de l'art. 15 de la loi du 5 juin 1850 et de la maxime *non bis in idem*, qui gouverne la perception de l'impôt. Cette disposition et les conséquences que la jurisprudence en a déduites sont certainement applicables aux actes constatant la cession de titres étrangers soumis aux taxes annuelles de timbre et de transmission.

Chapitre IV. — IMPOT SUR LE REVENU.

1197. **Législation.** — Nous avons transcrit dans notre premier chapitre (V. *supra*, n°s 1055 et 1056) les dispositions édictées tant par la loi du 29 juin 1872 que par le décret du 6 déc. 1872, en vue de soumettre les sociétés, compagnies, entreprises, corporations, villes et provinces étrangères, et les établissements publics étrangers, à l'impôt sur le revenu.

Ces dispositions, pour assujettir ces sociétés et établissements, en vertu du principe d'équivalence dont nous avons parlé sous le n° 1057, aux mêmes charges que les sociétés et établissements similaires français, ont, d'une part, rattaché l'exigibilité de l'impôt sur le revenu aux mêmes faits juridiques que l'exigibilité des taxes annuelles de timbre et de transmission. « Les titres étrangers, porte le 2e paragraphe de l'art. 4 de la loi du 29 juin 1872, ne pourront être cotés, négociés, exposés en vente ou émis en France qu'en se soumettant à l'acquittement de cette taxe, ainsi que des droits de timbre et de transmission. »

Elles ont, d'autre part, imposé le payement de la taxe sur le revenu aux sociétés dont les titres ne circulent pas en France et échappent ainsi à l'application des droits de timbre et de transmission, dans un cas spécial : celui où ces sociétés « ont pour objet des biens meubles ou immeubles situés en France ». Art. 3, § 3, du décret du 6 déc. 1872.

Le décret du 6 déc. 1872, dans son art. 3, § 1er, résume ces dispositions, en étendant les prescriptions de ses deux premiers articles relatifs au mode de liquidation et aux époques de payement de la taxe de 3 p. 100 : 1° aux sociétés, compagnies, entreprises, villes, provinces et établissements publics étrangers, dont les titres sont cotés ou *circulent* en France, c'est-à-dire y ont été émis, négociés ou exposés en vente dans les conditions déterminées par nos explications précédentes (V. *supra*, n°s 1075 et suiv.) ; 2° et aux sociétés, compagnies et entreprises étrangères qui ont pour objet des biens soit mobiliers, soit immobiliers, situés en France.

Ainsi nous avons à étudier séparément les règles de perception relatives aux titres qui *circulent* en France et qui sont passibles des trois taxes, et celles qui gouvernent spécialement les sociétés qui ont pour objet des biens situés en France et qui, pour ce fait, ne doivent que la taxe de 3 p. 100.

ART. 1er. — *Titres circulant en France.*

1198. **Circulation en France.** — Aux termes de l'art. 4, § 2, de la loi du 29 juin 1872, les sociétés et établissements dont les titres sont cotés, négociés, exposés en vente ou émis en France, doivent acquitter la taxe de 3 p. 100 ainsi que les droits de timbre et de transmission.

Le décret d'administration publique du 6 déc. 1872 rendu pour l'exécution de cette loi, après avoir dans ses deux premiers articles déterminé d'une manière générale le mode de liquidation et les époques de payement de l'impôt sur le revenu, en fait l'application aux sociétés et établissements étrangers dans les termes suivants :

« Toutes les dispositions des deux articles précédents sont applicables aux sociétés, compagnies, etc., étrangères, ainsi qu'à tous autres établissements publics étrangers dont les titres sont cotés ou *circulent* en France... La taxe sur le revenu, pour les titres cotés à la Bourse ou *émis* en France, est assise sur la même base que les droits de timbre et de transmission; elle est déterminée en la forme prévue au règlement d'administration publique du 24 mai 1872. »

Il résulte du rapprochement de ces dispositions réglementaires avec celles qui ont été édictées par l'art. 4 de la loi que ces diverses expressions de « titres *cotés, négociés, exposés en vente ou émis en France* », qui se trouvent dans la loi, et celles de « titres *cotés* ou *circulant* en France », ou encore celles de « titres *cotés ou émis en France* », dont s'est servi le décret réglementaire, ont toutes la même signification et la même étendue. On ne saurait les interpréter autrement sans prêter au législateur une confusion de langage inexplicable, et si l'on devait donner aux expressions du décret un sens plus compréhensif ou plus restreint qu'à celles de la loi, il en résulterait ou que le décret aurait réglé la perception de l'impôt sur des titres que la loi n'y a pas soumis, ou qu'il aurait laissé cette perception sur des titres expressément taxés sans réglementation. L'une et l'autre hypothèse sont également inadmissibles et, par conséquent, on doit reconnaître que, sous le nom soit de titres *cotés ou circulant* en France, soit de titres *cotés ou émis* en France, le décret a entendu viser les titres que la loi, dans une terminologie plus précise, avait elle-même taxés sous la désignation de « *titres cotés, négociés, exposés en vente ou émis en France* ». C'est la conclusion que nous avons déjà dégagée dans nos explications sur l'ensemble de la législation fiscale qui régit les titres étrangers, et qui a été d'ailleurs consacrée par l'arrêt de la Cour de cassation du 17 janv. 1888. V. *supra*, nos 1075 et suiv.

1199. **Époques et mode de payement de la taxe.** — Il résulte du § 1er de l'art. 3 du décret précité du 6 déc. 1872 que la taxe de 3 p. 100 due par les sociétés et établissements étrangers, à raison de leurs titres qui circulent en France, est payable dans la même forme et aux mêmes époques que celle qui est due par les sociétés françaises. Ces sociétés doivent donc effectuer des versements provisoires dans les vingt premiers jours de chaque trimestre, sur les bases déterminées par les art. 1 et 2 du décret. La liquidation définitive de la taxe a lieu également, pour chaque exercice, aux époques fixées par l'art. 2 du même décret, suivant les distinctions que cet article établit. Le tout est prescrit à peine de l'amende de 100 à 5,000 francs édictée, pour chaque contravention, par l'art. 5 de la loi du 29 juin 1872. Le commentaire de ces diverses dispositions a été fait dans la quatrième partie de ce traité. Nous y renvoyons nos lecteurs. — V. aussi *supra*, nos 1118 et suiv.

1200. **Détermination du revenu.** — *Dépôt des documents faisant connaître ce revenu.* De même, le revenu passible de la taxe est déterminé, pour les titres des sociétés et établissements étrangers, d'après les mêmes règles que pour les sociétés et établissements français. A cet effet, ces sociétés doivent effectuer dans le délai de vingt jours, au bureau de l'enregistrement chargé du recouvrement des droits, le dépôt des comptes rendus et extraits des délibérations qui servent de base à la liquidation définitive de la taxe. Toutefois il est douteux que l'Administration puisse exiger strictement l'observation de ce délai de la part de sociétés dont le siège est quelquefois très éloigné. Il y a là une impossibilité matérielle que la loi n'a pas prévue, mais qui doit faire fléchir la rigueur de ses prescriptions.

1201. **Quotité imposable.** — Le revenu étant déterminé d'après les règles que nous venons de rappeler, ce n'est pas son chiffre total qui est passible de la taxe, mais seulement le revenu correspondant à la quotité du capital déterminée par le ministre des finances, sur l'avis de la commission des valeurs mobilières instituée par le décret du 24 mai 1872, d'après l'importance présumée de la circulation en France. Tout ce que nous avons dit, en effet, du rôle de cette commission, des règles à suivre pour la fixation du capital imposable (V. *supra*, nos 1098 et suiv.), s'applique à la taxe sur le revenu, conformément à la disposition du § 2 de l'art. 3 du décret du 6 déc. 1872, qui déclare expressément que la taxe, pour les titres circulant en France, est assise sur la même base que les droits de timbre et de transmission, et qu'elle est déterminée en la forme prévue au règlement d'administration publique du 24 mai 1872.

1202. **Représentant responsable.** — *Renvoi.* Le représentant responsable que la société ou l'établissement étranger, dont les titres circulent en France, est tenu de faire agréer pour le payement des droits de timbre et de transmission, doit également s'engager à acquitter la taxe sur le revenu. C'est ce qui résulte, pour les titres cotés, de l'art. 10 du décret du 17 juil. 1857 et de l'art. 4 du décret du 24 mai 1872, dont les dispositions ont été virtuellement étendues à la taxe sur le revenu par l'art. 4, § 2, de la loi du 29 juin 1872, et, pour les titres introduits en France en dehors de toute inscription à la cote, de l'art. 4 du décret du 6 déc. 1872, portant qu'aucune *émission* ou souscription de titres étrangers ne peut avoir lieu en France qu'après qu'un représentant responsable a été agréé par le ministre des finances.

ART. 2. — *Sociétés ayant pour objet des biens situés en France.*

1203. **Texte du décret du 6 décembre 1872. Légalité de cette disposition.** — Ce n'est pas la loi du 29 juin 1872 qui a assujetti à l'impôt sur le revenu les sociétés ayant pour objet des biens situés en France. Cette loi n'a fait que poser le principe de l'égalité des charges fiscales entre les sociétés françaises et les sociétés étrangères, et c'est en vertu de ce principe que le décret du 6 déc. 1872 a expressément étendu les obligations qu'il a édictées pour le payement de la taxe aux sociétés étrangères « qui ont pour objet des biens soit mobiliers, soit immobiliers, situés en France ». Art. 3, § 1er.

Le même article ajoute, dans son § 3 : « Les sociétés, compagnies et entreprises étrangères dont les titres ne sont pas cotés, mais qui ont pour objet des biens meubles ou immeubles situés en France, doivent la taxe d'après une quotité du capital social fixée par le ministre des finances, sur l'avis de la commission instituée par le règlement du 24 mai 1872. Elles doivent, à cet effet, faire agréer par le ministre des finances, avant le 1er déc. 1872, si elles existent actuellement, et, dans le cas contraire, avant toute opération, un représentant français personnellement responsable des droits et amendes. »

1204. *Légalité du décret.* La légalité de ces dispositions a été contestée. On a prétendu que de ce chef le décret était inconstitutionnel en ce qu'il excédait les limites de la délégation faite par la loi au pouvoir réglementaire. — V. dans ce sens : Seine, 5 juin 1885, 22,838 J.; 6560 R. p.; 17,081 Contr.; Inst. 2741, § 4.

La question est certainement très délicate; mais il serait superflu d'entrer ici dans la discussion. La jurisprudence de la Cour de cassation s'est en effet affirmée dans le sens de la régularité du décret avec netteté et avec une persistance qui ne s'est pas démentie.

Elle se fonde sur des motifs d'une réelle valeur, qui ont été résumés par M. le conseiller rapporteur Dareste, à l'occasion d'une affaire qui a donné lieu à un arrêt du 4 mai 1887 (V. *infra*, n° 1211), dans les termes suivants :

« La loi du 29 juin 1872 a établi une taxe annuelle de 3 p. 100 sur les revenus : 1° des actions; 2° des emprunts et obligations; 3° des parts d'intérêt et commandites des sociétés. C'est là un principe dont la jurisprudence a souvent affirmé la généralité. Il s'applique à tous les revenus de sociétés sans distinction, et sans qu'il y ait lieu de rechercher si les sociétés dont il s'agit ont, ou non, des titres négociables. Où seraient, en effet, ces titres pour les parts d'intérêt et pour les commandites? A la différence des droits de timbre et de transmission, lesquels supposent des titres, la taxe sur le revenu suppose uniquement une distribution de dividendes ou d'intérêts.

« L'application de ce principe a été étendue aux valeurs étrangères par l'art. 4 de la même loi, dont le § 1er est ainsi conçu : « Les actions, obligations, titres d'emprunts, quelle « que soit d'ailleurs leur dénomination, des sociétés, com- « pagnies, entreprises, corporations, villes, provinces étran- « gères, ainsi que tout autre établissement public étranger, « sont soumis à une taxe équivalente à celle qui est établie « par la présente loi sur le revenu des valeurs françaises. » En d'autres termes, la règle générale de l'impôt sur le revenu des sociétés s'applique aux sociétés étrangères comme aux sociétés françaises, à la condition, bien entendu, que les valeurs de ces sociétés étrangères puissent être atteintes par la loi française (Cass., civ., 22 avril 1879; 21,028 J.; 16,082 Contr.; 5243 R. p.; 22,121 J. N.; 5959 Rev. not.; Inst. 2621, § 6; S., 79, 1, 325; P., 79, 797; D. P., 83, 1, 97). Non seulement la loi est claire, mais l'intention du législateur s'est manifestée à plusieurs reprises lors de la discussion dans l'Assemblée. Il a voulu, comme le disait M. Desseilligny, rapporteur du budget de 1872, atteindre les différents revenus partout où on peut les constater. Peu importe que ces revenus appartiennent à des sociétés étrangères, du moment où ils se forment et se réalisent en France, sous la protection de la loi française.

« La loi de 1872 s'est bornée à poser des principes. Elle a renvoyé à un règlement d'administration publique tout ce qui concerne les époques du payement de la taxe et toutes les autres mesures d'exécution (art. 4, *in fine*); ce règlement a été fait et porte la date du 6 déc. 1872. »

1205. M. Demasure, dans son Traité du Régime fiscal des sociétés (n° 246), se prononce en faveur de la légalité du décret.

« L'art. 3 du décret du 6 déc. 1872, dit-il, distingue deux catégories de sociétés : celles dont les titres sont cotés ou circulent en France, celles qui ont pour objet des biens soit mobiliers, soit immobiliers situés en France.

« La première question qui se pose est celle de savoir si le règlement d'administration publique a pu valablement soumettre les sociétés de cette seconde catégorie aux dispositions de la loi qui ne les avait nullement visées. On sait qu'en pareil cas le décret ne s'incorpore à la loi qu'autant que son auteur n'a pas excédé la délégation de pouvoirs limitée qui lui a été consentie par le législateur. Les seuls pouvoirs délégués dans l'espèce n'étaient-ils pas relatifs à la réglementation de la taxe en tant qu'elle devait frapper sur les sociétés désignées au texte de l'art. 4? On peut concevoir à cet égard des doutes sérieux. Cependant nous estimons que la Cour de cassation a eu raison de ne pas s'y arrêter et de reconnaître la légalité du décret. (Civ. rej., 29 août 1881; 21,727 J.; 16,521 Contr.; 5854 R. p.; 22,622 J. N.; 6392 Rev. not.; Inst. 2664, § 5; S., 82, 1, 181; P., 82, 1, 414; D. P., 83, 1, 97). On ne peut nier que le décret ait ajouté à la loi; mais cette addition a eu pour but de développer le principe général qui avait été posé par la loi dans le § 1er de l'art. 4, à savoir celui de l'égalité fiscale entre les titres des sociétés françaises et les titres des sociétés étrangères. L'art. 4, 2e alinéa, n'avait prévu qu'un des cas d'application de ce principe, celui où des titres seraient cotés, négociés, exposés en vente ou émis en France. Il peut cependant arriver que, sans avoir pour objet des titres cotés sur le marché français, une société ait pour objet des biens meubles ou immeubles situés en France. Elle ne devait pas, dans cette hypothèse, jouir d'un privilège que la loi refuse aux sociétés françaises, et, en la soumettant à la taxe, on ne faisait que formuler une conséquence de la règle établie par la loi. »

1206. « A coup sûr, fait aussi observer M. Testoud (Revue critique, 1882, p. 428), les émissions et les négociations étaient les actes par lesquels les valeurs étrangères pouvaient être le plus facilement saisies et le plus fréquemment. Aussi, les lois de 1857 et de 1872 les ont-elles prévues ; elles arrêtent au passage les titres des associations étrangères qui auraient des velléités d'envahir nos marchés, pour les encombrer et y accaparer nos capitaux. Mais il serait téméraire de dire que ces actes soient les seuls qui, révélant la vie de la société étrangère, la rendent justiciable de nos lois d'impôt. Si elle possède sur notre sol un outillage, un matériel, des marchandises, des immeubles, il serait injuste que les agents du Trésor dussent fermer les yeux sur elle. Est-ce qu'alors, en effet, son existence ne se trouve pas annoncée au public français d'une manière aussi éclatante que par des opérations de Bourse, comme des émissions et des négociations de valeurs? La société est bien moins étrangère et bien plus française que celle qui, ayant ses centres d'affaires tous à l'étranger, s'est contentée de jeter ses titres sur le marché financier français. Elle est semblable à l'étranger qui, ayant conservé son domicile légal dans son pays d'origine, possède en France des immeubles et y établit sa résidence. Est-ce qu'en définitive les lois d'impôt n'obligent pas toute personne physique ou morale, habitant le territoire français? Or c'est le cas de la société étrangère qui possède des immeubles en France. »

1207. Cet exposé permet de conclure que le décret du 6 déc. 1872, en assujettissant expressément à l'impôt les sociétés étrangères qui ont pour objet des biens situés en France, n'a fait que déduire, ainsi que nous l'avons déjà fait observer *supra*, n° 1057, les conséquences du principe d'équivalence édicté par la loi, et qu'il n'a pas dès lors excédé les limites de la délégation faite par cette loi au pouvoir réglementaire.

C'est en effet dans ce sens que la Cour de cassation s'est constamment prononcée.

1208. Par un premier arrêt du 22 avril 1879 rendu au rapport de M. Paul Pont (21,028 J.; 16,082 Contr.; 5243 R. p.; 22,121 J. N.; 5959 Rev. not.; Inst. 2621, § 6; S., 79, 1, 325; P., 79, 797; D. P., 83, 1, 97), elle a décidé que la Compagnie continentale du gaz, compagnie anglaise, dont les titres ne circulaient pas sur le marché français, devait néanmoins la taxe à raison des usines qu'elle exploitait en France. Cet arrêt porte « que la pensée du législateur a été d'établir l'égalité fiscale entre les valeurs françaises et les valeurs étrangères »; que « les deux catégories de valeurs sont soumises à une règle commune », et que la taxe est due pour « les actions et commandites des compagnies étrangères qui opèrent en France ».

1209. La Cour a appliqué la même règle à la société anglaise Le Crédit, qui avait acquis les droits attachés à la concession du canal de la Siague et du Loup, situé dans les Alpes-Maritimes, ainsi que divers immeubles dans les communes traversées par ce canal, et qui exploitait directement et pour son propre compte ce canal d'irrigation. Ch. civ., 29 août 1881 ; 21,727 J.; 16,521 Contr.; 5854 R. p.; 22,622 J. N.; 6392 Rev. not.; Inst. 2664, § 5; S., 82, 1, 181; P., 82, 1, 414; D. P., 83, 1, 97.

« Attendu, porte cet arrêt, que la société anglaise Le Crédit possède en France et y exploite d'une manière continue, depuis l'année 1869, des biens qui, sur l'avis préalable de la Commission des valeurs mobilières, ont été évalués aux neuf dixièmes du capital social; qu'elle est par là sous l'application de la loi du 29 juin 1872 relative à l'impôt sur le revenu des valeurs mobilières, et spécialement de l'art. 4, § 1er, dont la disposition est propre aux valeurs françaises; — Que ladite société oppose vainement que, créée en Angleterre, elle n'a de titres qu'entre les mains de capitalistes anglais qui ne les ont jamais présentés sur le marché français; — Qu'en effet, il ne résulte ni du texte ni de la pensée de la loi que la taxe par elle établie ne doive atteindre que la circulation, sur le marché français, des titres représentant les actions ou les obligations émises par les sociétés; — Qu'à la vérité, le § 2 de l'art. 4 précise que les titres étrangers devront, en tant qu'ils seraient cotés, négociés, exposés en vente ou émis en France, se soumettre à l'acquittement de la taxe; mais que c'est là une disposition particulière qui, édictée spécialement en vue de valeurs ou de titres négociables produits sur le marché français par des sociétés dont tous les biens sont à l'étranger, et que n'atteindrait pas le § 1er, ne saurait en aucune façon restreindre la portée de ce premier paragraphe, lequel, consacrant en principe l'égalité fiscale entre les valeurs françaises et les valeurs étrangères, soumet expressément celles-ci à une taxe équivalente à celle qui est établie par la loi sur le revenu des valeurs françaises; que de la formule compréhensive de cette dernière disposition, expliquée et commentée dans l'art. 3 du décret du 6 déc. 1872, portant règlement d'administration publique pour l'exécution de la loi, il résulte que non seulement les sociétés étrangères qui ont des titres émis, cotés ou négociés en France, mais encore celles qui y possèdent des biens meubles ou immeubles, servant à l'exploitation de leur entreprise, tombent sous le coup de la loi, et doivent la taxe sur le revenu à raison des valeurs françaises qui en dépendent; que tel est, dans l'espèce, le cas de la société Le Crédit, et par suite que, bien qu'elle n'ait pas de titres circulant sur le marché français, les produits de l'exploitation des biens qu'elle possède en France n'en sont pas moins une partie des revenus de ses titres, et constituent, dès lors, les valeurs que la loi du 29 juin 1872 a spécialement visées. »

1210. Mêmes motifs et même solution dans l'arrêt rendu par la chambre des requêtes, le 2 août 1886, à l'égard d'une société belge ayant pour unique objet l'exploitation d'usines à gaz situées exclusivement en France, et à laquelle l'Administration avait réclamé, en conséquence, la taxe de 3 p. 100 sur l'intégralité des actions composant le fonds social. — 22,726 J.; 6747 R. p.; Inst. 2729, § 7; 17,266 Contr.; 23,755 J. N.; 7661 Rev. not.; S., 87, 1, 329; P., 87, 788; D. P., 87, 1, 167.

1211. Enfin la chambre civile a encore confirmé sa jurisprudence, par un arrêt du 4 mai 1887, dans une affaire où il s'agissait d'une compagnie d'assurances italienne, qui avait établi à Paris une agence par l'intermédiaire de laquelle elle contractait des traités de réassurances avec des compagnies françaises. 22,838 J.; 6560, 6877 R. p.; 23,923 J. N.; 17,395 Contr.; Inst. 2741, § 4; S., 88, 1, 138; P., 88, 805; D. P., 88, 1, 231.

L'Administration a soutenu que cette agence, ainsi constituée sous la protection de la loi française, de même que les contrats composant son portefeuille, présentaient le caractère de biens français, et elle a en conséquence réclamé la taxe de 3 p. 100 sur une quotité du capital social, fixée par le ministre des finances à un dixième de ce capital. Le tribunal de la Seine, par jugement du 5 juin 1885, a rejeté cette demande (22,838 J.; 6560 R. p.; 17,081 Contr.; Inst. 2741, § 4). Mais, sur le pourvoi de l'Administration, cette décision a été cassée par l'arrêt précité du 4 mai 1887, dans les termes suivants :

« Attendu que la loi précitée frappe expressément les sociétés étrangères d'une taxe équivalente à celle qui est établie sur le revenu des valeurs françaises; que le décret du 6 déc. 1872 portant règlement d'administration publique pour l'exécution de ladite loi n'a fait qu'appliquer le principe posé par elle, en assujettissant à la taxe sur le revenu des sociétés les sociétés étrangères qui possèdent en France des biens meubles ou immeubles, alors même que les titres desdites sociétés ne seraient pas cotés en France et n'y circuleraient pas;

« Attendu que le jugement attaqué invoque vainement le § 2 de l'art. 4 de la loi précitée, aux termes duquel les titres étrangers ne peuvent être admis à circuler en France qu'à la condition d'acquitter la taxe de 3 p. 100; que cette disposition est indépendante de celle qui pose en principe l'égalité des sociétés françaises et des sociétés étrangères devant la loi fiscale, et que, dès lors, on ne saurait en conclure que, réciproquement, la taxe de 3 p. 100 sur le revenu ne peut être exigée que des sociétés dont les titres circulent en France;

« Attendu que, d'après le § 3 du même article de la loi précitée et d'après l'art. 3, § 3, du décret, l'assiette des droits peut porter sur une quotité déterminée du capital social; que cette disposition s'applique non seulement au droit de transmission et de timbre des titres, mais encore à la taxe sur le revenu; que vainement le jugement attaqué soutient le contraire, en prétendant que la taxe sur le revenu se trouverait ainsi transformée en un impôt sur le capital; qu'en effet, pour déterminer la quotité du revenu imposable en France, il fallait nécessairement prendre pour base du calcul le rapport de la portion du capital située en France à la totalité dudit capital social, mais que l'impôt n'en porte pas moins sur le revenu des biens;

« Attendu, il est vrai, que la compagnie défenderesse invoque subsidiairement les termes de l'art. 3 du décret précité qui ne soumettent à la taxe que les biens mobiliers ou immobiliers situés en France, et soutient que les créances qu'elle acquiert ne peuvent être considérées comme rentrant dans cette désignation; mais que ce moyen n'a pas été examiné par le jugement attaqué, que les éléments d'appréciation n'en sont pas fournis en l'état de la cause et que, dès lors, il n'y a pas lieu de s'y arrêter... »

Le tribunal de Versailles, auquel la cause a été renvoyée, s'est prononcé dans le même sens, par un jugement du 2 fév. 1889 ; 23,189 J. On peut encore citer, à l'appui de cette interprétation, une solution implicite contenue dans un arrêt de la chambre des requêtes du 13 mars 1882. 21,854 J.; 5906 R. p.; 16,573 Contr.; 22,734 J. N.; 6709 Rev. not.; Inst. 2668, § 3; S., 83, 1, 327; P., 83, 786; D. P., 83, 1, 83.

1212. **Distinction des sociétés étrangères d'après leur nature. Sociétés passibles de la taxe.** — Le décret du 6 déc. 1872, en assujettissant les sociétés étrangères dont les titres circulent en France ou qui y possèdent des biens à des taxes équivalentes à celles qui sont établies sur les valeurs françaises, s'est naturellement référé aux lois qui régissent ces dernières pour la détermination des sociétés qui, d'après leur nature, tombent sous l'application de l'impôt. En ce qui concerne notamment l'impôt sur le revenu, nous savons que toutes les sociétés françaises n'y sont pas indistinctement assujetties. La loi du 1er déc. 1875 a expressément exempté les sociétés en nom collectif et certaines sociétés coopératives. Ces exemptions s'appliquent certainement aux sociétés étrangères.

Il en résulte : 1° que les sociétés étrangères en nom collectif sont exemptes de la taxe; 2° qu'il en est de même des sociétés, dites de coopération, formées exclusivement entre des ouvriers ou artisans au moyen de leurs cotisations périodiques (art. 1er, loi du 1er déc. 1875); 3° que les sociétés en commandite simple sont soumises à la taxe, à raison des biens qu'elles possèdent en France, sur une quotité proportionnelle de la commandite.

Mais, s'il n'y a pas de biens en France, il importe peu que la société ait été constituée et publiée en France, et que les intéressés résident en France. C'est ce qui a été décidé, pour des commandites, dans des sociétés dont le siège et l'actif étaient soit à l'étranger, soit dans une colonie. Sol. 18 et 26 janv. 1873.

1213. *Société civile*. D'après ces principes, on doit reconnaître qu'une société civile étrangère, qui possède des biens en France, est soumise à la taxe. C'est ce qui a été décidé à l'égard d'une société civile formée entre les copropriétaires d'une forêt, pour la gestion et l'exploitation en commun de cette forêt. Thonon, 21 déc. 1887; 23,050 J.; 7047 R. p.

1214. **Biens meubles et immeubles situés en France.** — Le décret du 6 déc. 1872 soumet à la taxe les sociétés étrangères « qui ont pour objet des biens meubles ou immeubles situés en France ». Que doit-on entendre par ces mots? Faut-il, pour que la disposition soit applicable, que la société ait été constituée en vue de l'exploitation des biens dont il s'agit? Est-il nécessaire tout au moins que ces biens servent à cette exploitation? Ou doit-on admettre que la condition exigée par le décret se trouve remplie par cela seul que des biens situés en France font partie de l'actif social?

La question n'a pas seulement de l'intérêt au point de vue de l'exigibilité de l'impôt, mais aussi au point de vue de sa liquidation. Car de sa solution dépend celle de savoir quels sont les biens situés en France dont la commission des valeurs mobilières doit tenir compte pour déterminer la quotité du capital dont le revenu doit être assujetti à la taxe.

M. Demasure (Traité du Régime fiscal des sociétés, n° 248) pose la difficulté et la résout dans les termes suivants :

« Que doit-on entendre par ces mots : « ayant pour objet des biens meubles ou immeubles situés en France »? Est-il nécessaire que la société ait été fondée exclusivement ou principalement en vue de l'exploitation des biens dont il s'agit? Non. Une pareille preuve serait souvent impossible et il serait contraire à l'esprit de la loi de l'exiger de la Régie. Mais, d'un autre côté, il ne suffira pas que les sociétés étrangères possèdent en France des biens meubles ou immeubles pour être assujetties à la taxe. Les mots « ayant pour objet » deviendraient alors sans portée. Il faut qu'il soit démontré que les biens en question servent dans une mesure quelconque à l'exploitation de l'entreprise et deviennent ainsi pour la société une source de revenus que la loi a voulu atteindre. »

1215. Cette distinction ne nous paraît pas admissible. L'esprit de la loi n'y répugne pas moins que son texte.

La pensée du législateur a été de faire payer aux sociétés étrangères les mêmes droits qu'aux sociétés françaises, du moment que leur action se manifeste en France, sous la protection de nos lois et par un fait apparent que l'impôt puisse saisir. Ce fait se rencontre notamment lorsque les sociétés étrangères font appel à nos capitaux en émettant ou en faisant circuler leurs titres en France; il se rencontre également lorsqu'elles réalisent des bénéfices avec des biens situés en France. Par conséquent, peu importe que ces biens soient l'objet de l'exploitation même en vue de laquelle la société a été constituée. Dès lors qu'ils font partie de l'actif commun, leurs produits servent incontestablement à grossir les bénéfices que les associés se distribuent. Les dividendes constituent donc, dans cette mesure, des revenus de biens situés en France et leur assujettissement à l'impôt rentre tout à fait dans l'esprit de la loi de 1872.

La distinction qu'on voudrait faire entre les biens qui font l'objet de l'exploitation et les autres biens est purement arbitraire, et c'est en vain qu'on invoque en sa faveur le texte du décret. On ne lit pas, en effet, dans ce décret, que la perception de l'impôt devra être limitée aux biens faisant l'objet de l'exploitation industrielle ou commerciale de la société; le législateur a soumis à la taxe les sociétés « qui ont pour objet des biens meubles ou immeubles situés en France », et cela « à raison des valeurs françaises qui en dépendent ». Or, une société a pour objet proprement dit toutes les valeurs mises en commun par les associés en vue de partager le bénéfice qui pourra en résulter (art. 1832 C. civ.); ce qui comprend non seulement les immeubles et l'outillage industriels qui servent directement à l'exploitation, mais aussi les capitaux de toute nature possédés par la société et utilisés dans l'intérêt commun. Ces capitaux, quelle que soit leur nature, rentes, créances, titres d'actions ou d'obligations, fonds de commerce, marchandises, immeubles de placement, etc., contribuent tous indistinctement, aussi bien et au même titre que les immeubles industriels, à la formation des bénéfices dont la distribution entre les associés est le but de l'association. On ne voit pas la raison de distinguer entre eux pour l'application d'une loi fiscale qui a voulu atteindre tous les revenus créés en France.

On peut ajouter que la loi, pour l'application de l'impôt aux sociétés françaises, ne distingue pas entre les bénéfices provenant des biens servant à l'exploitation, et ceux qui ont une autre origine. Tous doivent supporter la taxe de 3 p. 100. La distinction qu'on propose à l'égard des sociétés étrangères créerait donc à leur profit un véritable privilège, et fausserait le principe d'égalité qui a dicté les dispositions du décret.

La question n'a pas encore été résolue par la jurisprudence. Dans l'arrêt du 29 août 1881 (V. *supra*, n° 1209), la Cour de cassation a relevé, il est vrai, dans ses considérants, cette circonstance que la société anglaise Le Crédit possédait en France des biens *servant à l'exploitation de son entreprise*. Mais, comme la difficulté n'avait pas été soulevée, on ne peut tirer aucun argument de cette décision en faveur de l'opinion que nous combattons.

1216. *Situation en France. Biens incorporels. Créances, actions, etc.* La situation des immeubles et des meubles corporels est facile à déterminer. Mais comment régler celle des meubles incorporels, tels que créances, actions, rentes, etc., lorsque des biens de cette nature dépendent de l'actif d'une société étrangère? Il ne nous paraît pas douteux qu'on ne doive appliquer dans ce cas les règles qui ont été admises par la jurisprudence en matière de droits de mutation par décès, et qui notamment fixent au domicile du débiteur l'assiette d'une créance (Cass., 27 juil. 1819, 6543 J.; — 29 août 1837; 11,880 J.; 5332 R.; 9761 J. N.; Inst. 1562, § 18; 5088 Contr.; S., 37, 1, 762; — 20 janv. 1858; 16,692 J.; 9902 R.; 16,249 J. N.; 11,236 Contr.; 981 R. p.; Inst. 2118, § 5; S., 58, 1, 309; P., 58, 866; D. P., 58, 1, 318; — V. Dict. de l'enreg., v° Etranger, n°s 287 et suiv.) et au siège social, la situation d'une action ou d'une part d'intérêt dans une société. D. m. f., 7 fév. 1834; 10,847 J.; 4359 R.; Inst. 1458, § 6; — Le Havre, 21 mars 1862; 1622 R. p.; — Nice, 7 fév. 1881; 21,664 J.; 5750 R. p.; 22,628 J. N.; — V. au Dict. de l'enreg., v° Etranger, n° 294.

Si donc une société étrangère possède des créances sur un débiteur français, ou des actions dans une société française, on doit, en principe, en tenir compte pour la détermination de la quotité de son capital imposable en France. On objecterait en vain que les meubles incorporels sont présumés n'avoir d'autre assiette que le domicile de la personne à laquelle ils appartiennent. Cette fiction n'a jamais servi de règle pour l'application de nos lois fiscales, ainsi qu'on peut s'en convaincre par l'examen de la jurisprudence relative à la perception des droits de mutation par décès sur les créances ou autres valeurs incorporelles françaises dépendant d'une succession ouverte à l'étranger.

L'Administration a adopté notre interprétation dans l'affaire qui a donné lieu à l'arrêt du 4 mai 1887 (V. *supra*, n° 1211), puisqu'elle a réclamé la taxe de 3 p. 100 à la compagnie d'assurance de Trieste et Venise non seulement à raison de l'agence que cette société avait en France, mais aussi à raison des contrats d'assurance qui y avaient été passés. La Cour de cassation ne s'est pas prononcée sur la difficulté qui, n'ayant pas été examinée par le tribunal, a été écartée par elle comme constituant un moyen nouveau. Mais le tribunal de Versailles, auquel la cause avait été renvoyée, l'a catégoriquement résolue dans le sens de notre opinion, par un jugement du 2 fév. 1889 ; 23,189 J.

1217. **Quotité imposable.** — *Minimum.* La quotité imposable pour les titres étrangers qui circulent en France est déterminée pour le payement des trois taxes auxquelles ces titres sont assujettis, y compris la taxe sur le revenu, dans la forme et d'après les bases prévues par le règlement d'administration publique du 24 mai 1872 (art. 3, § 2, décret du 6 déc. 1872). — Il en résulte notamment que le nombre des titres assujettis à l'impôt ne peut être inférieur, pour les actions, à un dixième, et, pour les obligations, à deux dixièmes. — V. *supra*, n° 1103.

Cette règle ne peut être étendue au règlement de la taxe sur le revenu due par les sociétés qui ont pour objet des biens situés en France. Le 3° paragraphe de l'art. 3 du décret du 6 déc. 1872 se borne en effet à déclarer que ces sociétés doivent la taxe, à raison des valeurs françaises qui en dépendent, « sur une quotité du capital social fixée par le ministre des finances, sur l'avis préalable de la commission des valeurs mobilières instituée par le règlement du 24 mai 1872 ».

Cette disposition n'imposant aucune limite au pouvoir du ministre, celui-ci a certainement la faculté de fixer la quotité imposable au-dessous du minimum déterminé par le décret du 24 mai 1872.

1218. *Règles à suivre pour la fixation de la quotité imposable.* Aux termes de l'art. 4 de la loi du 29 juin 1872 et de l'art. 3 du décret du 6 déc. 1872, la taxe due par les sociétés étrangères doit reposer *sur une quotité du capital social.* Cette quotité, par rapport à l'ensemble du capital, doit être fixée pour les sociétés dont les titres circulent en France, proportionnellement au nombre des titres qui font l'objet de cette circulation, et pour les sociétés ayant pour objet des biens meubles ou immeubles en France, proportionnellement à la valeur de ces biens comparée à celle de l'actif social tout entier.

L'opération consiste donc à établir d'abord l'actif situé à l'étranger et l'actif situé en France, à faire ressortir ensuite la proportion existant entre ces deux éléments et, enfin, à étendre cette proportion au capital social. Soit, par exemple, une société dont le capital social est de 1 million et l'actif de 10 millions. Dans cet actif, les biens de France figurent pour 2 millions, soit un cinquième : la fraction du capital social soumise à la taxe sur le revenu sera aussi d'un cinquième, et c'est par conséquent le cinquième du revenu, déterminé d'après les règles suivies pour les sociétés françaises, ainsi que nous l'expliquons ci-après, qui devra être assujetti à la taxe de 3 p. 100.

1219. *Justification.* Il est évident que les sociétés et autres institutions étrangères sont tenues de fournir à l'Administration toutes les justifications nécessaires pour l'assiette équitable de la taxe. En cas de refus, elles ne pourraient pas se plaindre de la fixation arbitraire qui serait faite par le ministre.

1220. **Détermination du revenu imposable.** — La commission des valeurs mobilières et le ministre des finances n'ont d'autre mission, ainsi que nous venons de le voir, que de fixer la quotité du capital correspondante soit au nombre de titres circulant en France, soit aux biens meubles ou immeubles qui y sont situés. Cette opération fait ressortir par cela même la quotité du revenu qui doit être soumis à l'impôt. Mais, quant à la détermination de ce revenu, elle doit être effectuée conformément aux règles adoptées pour les valeurs françaises, c'est-à-dire :

1° Pour les actions, par le dividende fixé d'après les délibérations des assemblées générales d'actionnaires ou des conseils d'administration, les comptes rendus ou autres documents analogues ; 2° pour les obligations ou emprunts, par l'intérêt ou le revenu distribué dans l'année ; 3° pour les parts d'intérêt et commandites, soit par les délibérations des conseils d'administration des intéressés, soit, à défaut de délibération, par l'évaluation à raison de 5 p. 100 du montant du capital social ou de la commandite ou du prix moyen des cessions de parts d'intérêt consenties pendant l'année précédente.

1221. Cette règle a pourtant été contestée, en ce qui concerne les sociétés qui ont pour objet des biens situés en France. On a soutenu, d'une part, que le règlement d'administration publique du 6 déc. 1872 n'ayant pas à leur égard déterminé le mode d'évaluation du revenu imposable, on ne pouvait suppléer à ce silence, et que la disposition qui les soumet à l'impôt devait ainsi rester sans application. Demasure, Traité du régime fiscal des sociétés, n° 251.

1222. Dans une autre opinion, on a admis que l'art. 3 du décret a établi un mode de liquidation, en disposant que la taxe serait acquittée « d'après une quotité du capital social ». Seulement, ajoutait-on, ces expressions indiquent que le législateur n'a entendu tenir aucun compte du revenu réellement distribué, et qu'il a pris le capital comme la seule base légale de l'impôt. On en a conclu que le revenu passible de la taxe de 3 p. 100 devait être invariablement déterminé conformément au n° 3 de l'art. 2 de la loi de 1872 et fixé à forfait à 5 p. 100 du capital social.

1223. Ces diverses interprétations ont été, avec raison, condamnées par la jurisprudence. Il est inexact, tout d'abord, de prétendre que le décret du 6 déc. 1872 est resté muet sur le mode de détermination du revenu pour les sociétés étrangères qui possèdent des biens en France. Ce règlement, en effet, étend expressément (art. 3, § 1er) à ces sociétés les dispositions de ses deux premiers articles, qui précisément déterminent les époques et le mode de liquidation de la taxe, en prenant pour base, suivant les cas, tantôt le revenu réel, tantôt le forfait de 5 p. 100, et en se référant implicitement sur ce point aux règles édictées par l'art. 2 de la loi.

Quant à l'argument de texte qui est invoqué dans la seconde des opinions exposées plus haut, il est certainement dépourvu de toute portée. Ainsi que l'Administration l'a victorieusement démontré dans un mémoire reproduit sous l'art. 21,028 du Journal, « les mots « taxe reposant sur une quotité du « capital », ou « taxe acquittée d'après une quotité du capi« tal », dans leur acception littérale, ne signifient qu'une chose, à savoir qu'une partie seulement du capital sera atteinte par le droit. Mais comment cette fraction sera-t-elle imposée ? Les textes ne le disent en aucune façon, et c'est ajouter à leurs dispositions que de faire résulter du mode de fixation du capital français l'idée bien différente que ce capital sera censé produire dans tous les cas un revenu fictif, au lieu d'être taxé, quand cela est possible, d'après son revenu réel. La loi s'est servie des mots « quotité du capital » par la raison très simple que le capital était la base la plus logique de l'établissement du droit. Il eût été périlleux de charger une commission de déterminer directement, en dehors de ce capital, la portion du revenu qui doit être imposée comme valeur française. Cette fixation aurait conduit à l'examen de l'origine même des produits réalisés par les compagnies étrangères et elle eût abouti à des impossibilités. Au contraire, il était facile de connaître l'importance des capitaux français engagés dans l'entreprise, et, cette fraction une fois déterminée, d'en constater le revenu par les procédés ordinaires. La Cour de cassation a déjà indiqué, d'ailleurs, le sens des expressions du texte ; elles ont été littéralement reproduites de l'art. 9 de la loi du 23 juin 1857, relatif à l'assujettissement des sociétés étrangères aux droits de timbre et de transmission. Cet art. 9 décide également, d'une part, que les sociétés dont il s'agit seront soumises à des droits *équivalents* à ceux des sociétés françaises, et, d'autre part, que l'assiette des droits pourra *reposer sur une quotité déterminée du capital social*. Or la chambre civile, appelée à statuer sur l'interprétation de ce texte, a exprimé que « les « droits sont établis *par relation* à une quotité du capital « social » (Cass., 10 juin 1874; 19,523 J.; 3858 R. p.; 15,324 Contr.; 21,021 J. N.; Inst. 2495, § 1er; P., 74, 1118; S., 74, 1, 445; D. P., 75, 1, 25). C'est bien là, en effet, toute la signification de la loi. La quotité du capital social sert à indiquer dans quelle mesure le droit est exigible. Elle a été prise simplement comme idée de relation, de proportionnalité : elle n'a pas été prise avec l'idée de changer les conditions fondamentales du tarif. »

1224. Conformément à cette thèse, dont l'exactitude n'est pas contestable, la chambre civile, par arrêt du 22 avril 1879, rejetant un pourvoi formé contre un jugement du tribunal de Lille du 7 juil. 1876 (20,102 J.; 4422 R. p.), a décidé qu'une société anonyme étrangère possédant des usines en France, et dont les dividendes sont fixés par l'assemblée générale des actionnaires, doit acquitter la taxe sur les revenus réels dont la distribution est constatée par les délibérations de cette assemblée, et non d'après le revenu évalué à 5 p. 100 des biens situés en France. 21,028 J.; 16,082 Contr.; 5243 R. p.; 22,121 J. N.; 5959 Rev. not.; Inst. 2621, § 6; S., 79, 1, 325; P., 79,797; D. P.,83, 1, 97.

« Attendu, porte cet arrêt, qu'aux termes de l'art. 4 de la loi du 29 juin 1872, par laquelle est établie une taxe annuelle et obligatoire de 3 p. 100 sur le revenu de certaines valeurs mobilières, les actions et commandites des compagnies étrangères qui opèrent en France, ou dont les titres circulent sur le marché français, sont soumises à une taxe équivalente à celle qui est établie sur le revenu des valeurs françaises, et que, d'après l'art. 3 du décret du 6 déc. 1872, portant règlement d'administration publique pour l'exécution de la loi, les sociétés et compagnies étrangères dont les titres ne sont pas cotés, mais qui ont pour objet des biens meubles et immeubles situés en France, doivent la taxe sur le revenu à raison des valeurs françaises qui en dépendent, et acquittent cette taxe d'après une quotité du capital social fixée par le ministre des finances, sur l'avis préalable de la commission instituée par le règlement du 24 mai 1872; — Attendu que ces dispositions sont exclusivement relatives à l'établissement de l'impôt sur le revenu des valeurs étrangères; qu'elles se bornent à régler la taxe par relation à une quotité du capital social desdites sociétés et compagnies, et ne s'expliquent en aucune manière quant à la détermination du revenu imposable; qu'il suit de là que le législateur, dont la pensée a été d'établir l'égalité fiscale entre les valeurs françaises et les valeurs étrangères, s'est référé, sur ce point, à l'art. 2 de la loi, dans lequel le revenu imposable est déterminé d'une manière générale; que les deux catégories de valeurs étant, d'après cela, soumises à une règle commune, il en résulte que, pour les valeurs étrangères comme pour les valeurs françaises, la taxe doit être perçue suivant les distinctions posées audit article, d'après lequel le revenu est déterminé : 1° pour les actions, par le dividende fixé d'après les délibérations des assemblées générales d'actionnaires ou des conseils d'administration, les comptes rendus ou tous autres documents analogues; 2°...; 3° pour les parts d'intérêt et commandites, soit par les délibérations des conseils d'administration des intéressés, soit, à défaut de délibération, par l'évaluation à raison de 5 p. 100 du montant du capital ou de la commandite; — Dans le même sens : Lille, 1er avril 1881; 21,854 J.; 5906 R. p. — V. aussi motifs de l'arrêt de la chambre civile du 4 mai 1887, cité *supra*, n° 1211.

1225. **Représentant responsable. Délais pour le payement de la taxe. Pénalités.** — Les sociétés étrangères qui doivent la taxe de 3 p. 100 à raison des biens qu'elles possèdent en France doivent, *avant toute opération en France*, faire agréer un représentant français personnellement responsable des droits. Cette obligation leur est expressément imposée par la disposition finale de l'art. 3 du décret du 6 déc. 1872, sous peine de l'amende de 100 à 5,000 francs édictée par l'art. 5 de la loi du 29 juin 1872. — V. *supra*, n° 1117.

Les termes employés par le décret sont aussi larges que possible. Ils doivent être interprétés en ce sens que la société étrangère qui devient débitrice de la taxe, soit au moment de sa constitution, soit à une époque postérieure, à raison des biens situés en France, doit aussitôt fournir, pour le payement des droits, la garantie exigée par le législateur. Elle est en contravention par cela seul qu'elle ne se conforme pas à ces prescriptions avant de se livrer à une opération quelconque en France, ou au plus tard avant l'échéance du premier terme de la taxe. C'est ce qui a été reconnu par les arrêts du 22 avril 1879 et du 29 août 1881, cités *supra*, n° 1119.

1226. *Payement des droits.* Les sociétés étrangères qui possèdent des biens en France sont soumises également, en ce qui concerne les époques de payement de la taxe et le dépôt des documents qui doivent servir à sa liquidation, aux mêmes obligations et aux mêmes pénalités, en cas d'infraction, que celles dont les titres circulent en France. Nous ne répéterons pas ce que nous avons dit sur ce point dans le cours de nos explications antérieures. — V. *supra*, nos 1118 et suiv. et nos 1199 et 1200.

Il nous suffira de rappeler ici le dispositif d'un jugement du tribunal de Lille du 1er avril 1881, qui résume la règle consacrée par les arrêts des 22 avril 1879 et 29 août 1881 (précités) dans les termes suivants :

« En ce qui concerne les amendes : — Attendu que les opposants ont contrevenu à l'art. 3 du décret du 6 déc. 1872, en ne proposant pas à l'agrément du ministre des finances un représentant français responsable des droits et amendes; — Qu'ils ont également contrevenu aux art. 1 et 2 du même décret en ne faisant pas offre, aux époques déterminées, du payement des droits; — Qu'ils ont commis, de ce chef, autant d'infractions qu'il y a eu de trimestres écoulés depuis la promulgation de la loi du 29 juin 1872 jusqu'au 1er juil. 1879; — Attendu que, d'après les art. 5 de la loi du 29 juin 1872 et 10 de la loi du 23 juin 1857, l'amende encourue pour chacune de ces contraventions est de 100 à 5,000 fr. » — 21,854 J.; 5906 R. p.; dans le même sens, Versailles, 2 fév. 1889; 23,189 J.

Chapitre V. — TITRES DE RENTES, EMPRUNTS ET EFFETS PUBLICS DES GOUVERNEMENTS ÉTRANGERS.

1227. **Observation.** — La législation spéciale qui détermine le régime fiscal des titres de rentes, emprunts et effets publics des gouvernements étrangers, a fait l'objet d'une étude approfondie au Dictionnaire des droits d'enregistrement, v° Étranger, n° 866. Néanmoins nous reprendrons ici cette étude, sans laquelle notre traité ne serait pas complet. Il nous suffira, sur la plupart des questions, de reproduire les explications données par le Dictionnaire : nous les compléterons toutefois, quand il y aura lieu, par nos observations personnelles et surtout par l'indication des décisions dont la jurisprudence s'est enrichie depuis la publication de ce dernier ouvrage.

1228. **Législation.** — Ni la loi du 23 juin 1857 qui a assujetti aux taxes annuelles de timbre et de transmission les actions et obligations des sociétés, compagnies et entreprises étrangères, ni l'art. 1er de la loi du 30 mars 1872 qui a étendu la perception de ces taxes aux titres émis par « les villes, provinces, corporations et établissements publics étrangers », ni enfin la loi du 29 juin 1872, qui, par son art. 4, a soumis à la taxe de 3 p. 100 sur le revenu les actions, obligations et titres d'emprunts « des sociétés, compagnies, entreprises, corporations, villes, provinces étrangères et établissements publics étrangers », n'ont compris dans leurs dispositions les titres de rentes, emprunts et autres effets publics des gouvernements étrangers.

« Il a paru difficile, disait M. Mathieu-Bodet au nom de la commission du budget, dans son rapport sur le projet qui est devenu la loi du 25 mai 1872 (R. p., 3441, p. 414), de fixer conventionnellement une taxe annuelle sur tout ou partie du capital représenté par les titres de rente d'un Etat, parce qu'il a semblé que le Trésor français ne pouvait pas entrer, pour l'acquittement de l'impôt, en relation directe avec le gouvernement qui a émis ces rentes. »

1229. Mais, si ce motif s'opposait à l'établissement de taxes annuelles, dont le recouvrement eût pu, en effet, rencontrer parfois de sérieuses difficultés, l'assujettissement des titres des gouvernements étrangers au payement d'un droit de timbre au comptant avant tout usage en France, ne présentait pas le même inconvénient et pouvait aisément être obtenu par un ensemble de prescriptions visant directement les porteurs de ces titres ou ceux qui coopèrent à leur émission sur le marché français.

Le législateur est, en effet, entré dans cette voie à partir de 1863.

1230. La loi du 13 mai 1863 (art. 6) a soumis « les titres de rentes, emprunts et autres effets publics des gouvernements étrangers » à un droit de timbre de 50 centimes p. 100 de leur valeur nominale. L'art. 7 ajoutait qu'aucune transmission de ces titres ne pourrait avoir lieu en France avant qu'ils n'eussent acquitté le droit de timbre, sous peine d'une amende personnelle de 10 p. 100, tant contre le propriétaire des titres que contre l'agent de change ou tout autre officier public ayant concouru à la transmission.

La loi du 8 juin 1864 (art. 7) a rehaussé le tarif de ce droit et l'a porté à 1 p. 100.

1231. Sous ce régime fiscal, l'émission et la souscription des titres, leur exposition en vente et leur énonciation dans les actes non translatifs de propriété, ne donnaient pas ouverture à la perception du droit de timbre. La taxe ne pouvait atteindre ces titres que lors de leur négociation sur le marché officiel. C'est ce que l'Administration avait été contrainte de reconnaître en acquiesçant à un jugement du tribunal de la Seine du 3 mars 1866 (1604 Rev. not.; 18,515 J. N.; 2364 R. p.), contraire à une décision du ministre des finances du 31 juil. 1864 (17,863 J.: 1989 R. p.).

La loi du 30 mars 1872 est venue compléter ces dispositions qui n'assuraient qu'imparfaitement la perception du droit de timbre. D'après son art. 2, la négociation, l'exposition en vente des titres étrangers, leur énonciation dans les actes, à la seule exception des inventaires, donnent lieu à la perception des droits. Nous avons donné le commentaire de ces dernières dispositions, qui atteignent à la fois les titres des sociétés, des villes, provinces et corporations étrangères, et les titres de rentes et effets publics des gouvernements étrangers. V. *supra*, n°s 1141 et suiv.

1232. Enfin la loi du 25 mai 1872 a, d'une part, réduit sensiblement le tarif du droit de timbre applicable aux titres de rentes, emprunts et effets publics des gouvernements étrangers, et édicté, d'autre part, un ensemble de mesures destinées à assurer plus strictement le payement de cet impôt. Son art. 2 dispose, à cet effet, qu'aucune émission de ces valeurs ne peut être annoncée, publiée ou effectuée en France, sans qu'il ait été fait, dix jours à l'avance, au bureau de l'enregistrement dans la circonscription duquel l'émission ou la souscription a lieu, une déclaration dont la date doit être mentionnée dans les avis ou annonces. Cet article ajoute que les titres ne pourront être remis aux souscripteurs sans avoir été assujettis préalablement au timbre. D'après l'art. 3, toute contravention est punie d'une amende de 5 p. 100 de la valeur des titres annoncés ou émis, et au minimum de 50 francs.

1233. Ce sont les dispositions de ces deux lois du 30 mars 1872 et du 25 mai 1872 qui constituent le régime fiscal actuellement en vigueur pour les titres des gouvernements étrangers, et qui vont faire l'objet de nos explications.

ART. 1er. — *Titres assujettis au payement du droit de timbre applicable aux fonds d'Etats et effets publics des gouvernements étrangers.*

1234. **Distinction entre les effets publics étrangers et les autres valeurs étrangères.** — Tandis que les valeurs étrangères sont, en général, soumises à des droits équivalents à ceux qui atteignent les valeurs françaises, et doivent ainsi, dans les conditions que la loi détermine, subir la perception des trois taxes (timbre, droit de transmission et taxe sur le revenu), le législateur n'a assujetti les titres de rentes et effets publics des gouvernements étrangers qu'à un droit de timbre spécial, dont le payement se fait au comptant. Il y a donc un grand intérêt à distinguer ces titres des autres valeurs.

1235. *États étrangers et provinces étrangères.* Tout d'abord il importe de ne pas confondre les titres des Etats étrangers avec les titres émis par des provinces étrangères. Le doute ne se présente guère que pour les nations constituées en fédération, comme les Etats-Unis ou la Suisse. Il faut considérer comme fonds d'Etat les emprunts particuliers des Etats de l'Union américaine et des cantons suisses, qui ont une souveraineté propre sous le lien fédératif. Il en est de même, à plus forte raison, des divers Etats qui composent l'Empire allemand. Au contraire, les obligations émises par toute collectivité qui n'est qu'une simple circonscription administrative sont des obligations de provinces.

1236. **Titres émis pour le compte d'une société et d'un gouvernement étrangers.** — Les combinaisons du crédit public ont donné naissance à des titres d'obligations dans lesquels on rencontre simultanément l'intérêt d'une société étrangère et celui d'un gouvernement étranger, associés pour l'exécution d'une même entreprise. De là la question de savoir si ces titres doivent être considérés comme des obligations émises par une société étrangère et passibles des taxes annuelles, ou bien comme des titres de la dette d'un gouvernement étranger, astreints seulement au payement du droit de timbre spécial édicté par la loi du 25 mai 1872.

On comprend qu'il n'est pas possible de poser à ce sujet une règle générale : la solution dépend des circonstances, de la nature et de la forme des titres mis en circulation. Disons seulement qu'il faut s'attacher à discerner surtout quelle est la partie directement et personnellement obligée au remboursement du titre et au service des intérêts. C'est cette partie qui fait l'émission ; celle qui est simplement caution du payement ne vient qu'en seconde ligne ; et, lors même que la partie garante serait en même temps celle qui profite des fonds versés par les souscripteurs, l'obligation est réputée émanée de l'autre partie, qui a souscrit l'engagement principal. Cette distinction résulte de divers précédents. — V. notamment D. m. f. 13 et 18 juin 1869 et Sol. 26 juin 1869.

Nous rapportons, à titre d'exemple, plusieurs décisions rendues par l'Administration et dans lesquelles les règles que nous venons d'énoncer ont été observées.

1237. *Autriche. Obligations domaniales.* Il a été reconnu par une décision du 9 nov. 1867 que les obligations domaniales émises par le Crédit foncier d'Autriche en représentation d'un prêt de 150 millions fait au gouvernement autrichien, avec affectation hypothécaire du domaine de l'État, pouvaient être considérées comme fonds d'Etat lorsque, afin d'affirmer clairement leur caractère, elles étaient revêtues d'une estampille ainsi conçue : « Fonds spécial d'Etat de l'empire d'Autriche, émis par le Crédit foncier de Vienne,

— Certifié, le commissaire impérial et royal. » Sol. 21 juillet 1871.

1238. *Égypte. Daïra.* Les obligations souscrites par le vice-roi d'Egypte pour le service particulier de sa daïra (sa maison) doivent être considérées comme des titres de fonds d'Etat, le khédive ayant depuis les derniers firmans (1872) la disposition absolue de ses finances. D. m. f. 19 oct. 1874.

1239. *Russie. Chemin de fer de Moscou.* Le caractère de fonds d'Etat a été également reconnu aux obligations du chemin de fer russe Nicolas, de Saint-Pétersbourg à Moscou (ukase du 18 juil. 1867). Sol. des 26 juin 1869 et 18 déc. 1877.

1240. *Italie. Chemin de fer Victor-Emmanuel.* Une solution du 8 janv. 1874, intervenue au sujet de l'achat par le gouvernement italien du réseau du chemin de fer Victor-Emmanuel, à charge, notamment, d'assurer le service des obligations, a fait connaître à quelles conditions ces obligations, restées dans la circulation, peuvent être considérées comme titres d'un gouvernement étranger.

Il faut justifier, à l'aide des lois et conventions intervenues, que le gouvernement étranger a pris à sa charge non seulement le service des arrérages des titres, mais encore le capital de la dette; que ce capital a été inscrit au grand-livre de la dette, avec allocation pour le service des intérêts et de l'amortissement. Après ces justifications, les obligations doivent être timbrées comme fonds d'Etat.

1241. *Roumanie. Caisse des pensions.* En sens inverse, une décision ministérielle du 2 avril 1873, rendue au sujet de l'émission par la Société financière de Roumanie d'obligations pour une avance faite à la caisse des pensions de ce pays, avec délégation spéciale des annuités, et stipulation que le service des intérêts et l'amortissement des titres incombent uniquement à la société financière, a reconnu que ces obligations ne constituaient pas un emprunt d'Etat.

L'avance faite par la société financière à la caisse des pensions constitue, sans doute, un emprunt d'Etat; mais le moyen employé par la société financière pour escompter les annuités stipulées est une spéculation particulière à laquelle la caisse des pensions n'intervient que pour accepter la délégation faite aux porteurs des titres. Ces titres sont donc des obligations d'une société étrangère.

1242. *Délégations sur la Compagnie du Pacifique remises en payement, par le gouvernement du Pérou, à un de ses créanciers.* Une solution identique a été rendue en avril 1881, dans les circonstances suivantes :

MM. Dr... avaient obtenu du gouvernement du Pérou une concession importante pour l'exploitation du guano. Cette concession leur avait été consentie pour les rembourser du montant des avances faites à ce gouvernement.

Par acte du 8 février 1881, MM. Dr..., du consentement du gouvernement péruvien représenté à l'acte, ont cédé à la Compagnie financière et commerciale du Pacifique leur droit d'exploitation, à charge par cette dernière de payer aux cédants, jusqu'à complet remboursement de leur créance contre le Pérou, la somme de 2 livres sterling par tonne de guano exportée par ladite Compagnie. Pour l'exécution de cette convention, le gouvernement péruvien a créé et remis à MM. Dr... des délégations au porteur sur la Compagnie pour le montant total de leur créance. Ces bons de délégation portaient en tête « Republique du Pérou » et étaient revêtus des signatures tant du représentant de ce gouvernement que de l'un des administrateurs de la Compagnie du Pacifique. Il était stipulé :

1° Que le payement des intérêts et l'amortissement desdites délégations seraient effectués semestriellement par la Compagnie, le 30 juin et le 31 décembre de chaque année, jusqu'à concurrence des sommes portées au crédit de MM. Dr...;

2° Que la Compagnie serait *débitrice directe* des porteurs des délégations pour le montant du solde créditeur de MM. Dr..., *dont elle resterait responsable* (art. 5);

3° Qu'enfin si, pour une cause quelconque, l'exécution du contrat venait à être interrompue, MM. Dr... recouvreraient immédiatement et sans mise en demeure préalable leur droit de reprendre l'exploitation du guano jusqu'à complet amortissement de leur créance, « conformément aux contrats qui les lient audit gouvernement *et à l'exécution desquels ils ne renoncent qu'à la condition expresse que lesdits contrats seront remplacés par le présent* »; « chacune des parties devant, dans ce cas, recouvrer les droits qu'elle avait avant de signer les présentes, mais en tenant compte des payements faits, à valoir sur la créance de MM. Dr... »

Dans ces conditions, la question s'est élevée de savoir si ces bons constituaient des titres émis par une société étrangère ou des effets publics d'un gouvernement étranger.

Ce dernier caractère a été refusé aux titres dont il s'agit par les motifs suivants :

Pour résoudre la difficulté, il importe de savoir quel est le véritable débiteur des titres. Les porteurs ont-ils pour débiteur le gouvernement du Pérou? Les titres ont le caractère de fonds d'Etat. Il en est ainsi bien que le gouvernement qui a émis l'emprunt ait chargé une société d'assurer le service des intérêts et l'amortissement, pourvu toutefois que celle-ci ne se soit pas substituée, vis-à-vis des porteurs, à l'obligation du gouvernement et qu'elle n'ait assumé, quant au payement, que les obligations d'un simple mandataire.

Les porteurs des titres ont-ils au contraire pour débitrice une société qui s'est non seulement chargée de placer ces titres, mais qui s'est obligée directement et personnellement à en payer les intérêts et à rembourser le capital? Le caractère de fonds d'Etat leur fait absolument défaut, et cela lors même que la société n'aurait émis les titres que pour réaliser les fonds d'une avance faite par elle au gouvernement.

Au cas particulier, il est certain que le débiteur direct et principal des porteurs des titres, c'est la Compagnie du Pacifique, et non le gouvernement péruvien. Ces porteurs, subrogés, en effet, à MM. Dr..., ont tous les droits que ceux-ci ont stipulés dans le contrat de cession du 8 fév. 1881. Or, MM. Dr..., qui avaient alors une créance contre le gouvernement péruvien et le droit d'exploiter le guano jusqu'au remboursement de cette créance, ont renoncé à ces droits tant en faveur du gouvernement qu'au profit de la Compagnie, à la condition qu'il leur serait remis, pour une somme égale au montant de leurs avances, des bons de délégation sur cette dernière Compagnie.

Moyennant la remise et le payement régulier de ces bons, au service desquels ladite Compagnie *est directement tenue*, ainsi que l'exprime une clause expresse de l'acte, MM. Dr... ont renoncé *à l'exécution des contrats qui les liaient avec le gouvernement*. Il y a donc bien eu remplacement d'une créance par une autre, de la créance qu'ils avaient contre le gouvernement par celle qu'ils acquièrent contre la Compagnie du Pacifique. Il est vrai que ce résultat est subordonné à l'exécution par cette dernière Compagnie de ses engagements et que, si elle venait à les rompre, les sieurs Dr... reprendraient tous leurs droits originaires contre le gouvernement péruvien. Mais c'est là une condition résolutoire, inhérente à tous les contrats synallagmatiques et qui n'empêche pas *pour le présent* les sieurs Dr..., et par conséquent les porteurs de délégations, d'être considérés comme n'ayant qu'un seul débiteur direct, la Compagnie du Pacifique, sous la garantie éventuelle du gouvernement péruvien.

La signature apposée sur les titres par le représentant de ce gouvernement n'a évidemment pas d'autre but que d'exprimer cette obligation de garantie à laquelle ce dernier se trouve soumis par les clauses du contrat du 8 février 1881. En résumé, le gouvernement du Pérou a cessé, par l'effet de la convention du 8 février 1881, sauf l'effet de la condition résolutoire qui s'y trouve exprimée, d'être le débiteur de MM. Dr... Il s'est libéré envers eux, au moyen d'une délégation, en leur donnant comme obligée la Compagnie du

Pacifique, mais en restant toutefois garant du payement de la créance qu'il a déléguée. (Art. 1276 C. civ.)

Dans ces conditions, les porteurs des bons de délégation, qui sont subrogés aux droits de MM. Dr..., ne peuvent être considérés comme créanciers du gouvernement péruvien. Par conséquent, ces bons ne constituent pas des fonds d'Etat et doivent être régis, non par la loi du 25 mai 1872, spéciale aux titres de cette nature, mais par la législation fiscale applicable aux titres des sociétés étrangères.

1243. *Saint-Domingue.* Nous rattachons au même ordre d'idées, bien qu'elle ne rentre pas absolument dans le cadre du sujet que nous traitons, une solution du 22 déc. 1863, décidant que les titres de l'indemnité de Saint-Domingue délivrés aux colons français ne tombent pas sous l'application des lois concernant les fonds d'Etats étrangers. Bien que la cause de la créance soit une dette sur un gouvernement étranger, les titres remis aux colons émanent de l'Etat français et sont acquittés par une caisse française. Sol. 22 déc. 1863.

1244. **Papier-monnaie.** — Nous avons exprimé l'avis (V. *supra*, n° 1148) que les billets au porteur émis par une ville étrangère, dans le cas où ils constituent de simples instruments de circulation commerciale, et que les billets de banques étrangères ne rentrent pas dans la catégorie des titres étrangers auxquels s'appliquent les dispositions de la loi du 30 mars 1872. Les mêmes motifs doivent faire décider que le papier-monnaie émis par un gouvernement étranger ne tombe pas sous l'application de la loi du 25 mai 1872. C'est ce qu'a reconnu une solution du 14 juin 1877; 20,574 J.; 4762 R. p.; 21,836 J. N.

« Il suffit, fait observer l'Administration, de se reporter à la discussion et aux rapports qui ont précédé le vote des lois des 13 mai 1863 et 25 mai 1872, pour se convaincre que le législateur français a voulu seulement atteindre le titre qui est la représentation d'une dette, résultant d'un emprunt émis par le gouvernement étranger, et non le papier qui est, comme dans l'espèce, l'équivalent même de la monnaie métallique et qui, par sa nature, n'est susceptible ni de négociation dans le sens de la loi de 1863, ni d'inscription à la cote de la Bourse dans le sens de la loi de 1872. A défaut d'un texte précis et formel, il ne semble donc pas possible de soumettre à des droits de timbre le papier-monnaie étranger. »

1245. **Absence de titres. Consolidés anglais.** — En établissant un droit de timbre sur les « titres de rentes, emprunts et autres effets publics des gouvernements étrangers », les lois des 13 mai 1863, 30 mars et 25 mai 1872 ont supposé nécessairement l'existence de titres représentatifs de la créance contre le gouvernement étranger et sur lesquels un visa pour timbre puisse être apposé. La nature même de cet impôt s'oppose à ce que son application soit faite à des créances qui ne seraient représentées par aucun titre.

Tel est le cas des consolidés anglais nominatifs.

« Le grand-livre de la dette publique anglaise, porte à cet égard une solution rendue en juin 1885 (22,506 J.), est tenu pour le compte de l'Etat par la Banque d'Angleterre, qui est chargée en même temps du service des intérêts, des transferts et des conversions d'inscriptions nominatives en titres au porteur, ou réciproquement. Cet établissement ne délivre aucun titre aux propriétaires des rentes nominatives; leur droit résulte uniquement de leur inscription sur le grand-livre. En cas de transfert, le vendeur doit justifier à la Banque de ses qualités et de son identité avec la personne désignée au grand-livre. Le compte du vendeur est débité du montant de la rente aliénée, et le compte de l'acquéreur est crédité, si la rente reste nominative, de la somme correspondante. L'acquéreur ne reçoit aucun certificat d'inscription; l'agent de change du vendeur lui délivre seulement un reçu de la somme versée pour le prix du transfert. Ce reçu, d'ailleurs, n'est pas produit à l'appui d'un nouveau transfert; il est sans valeur juridique et demeure, lors de ce nouveau transfert, aux mains du cédant. Le titulaire d'une rente nominative peut toujours prendre communication de son compte; mais la Banque ne lui en délivre jamais d'extrait, et s'il a besoin de constater son droit vis-à-vis des tiers, il doit recourir à un notaire public qui prend connaissance du compte et certifie avoir constaté l'existence de l'inscription.

« Dans ces conditions, l'inscription au grand-livre, qui forme le seul titre des créanciers de l'Etat britannique, ne saurait tomber sous l'application des dispositions de l'art. 2 de la loi du 30 mars 1872, malgré les termes généraux dont s'est servi le législateur.

« En effet, la loi oblige les parties et le notaire qui énoncent dans un acte des titres étrangers à faire connaître la date et le numéro du visa pour timbre apposé sur ces titres.

« Or, dans l'espèce, ces conditions ne peuvent être remplies.

« Il faut en conclure que les consolidés anglais nominatifs énoncés directement ou par voie de référence dans le contrat de mariage ne peuvent donner ouverture à la perception d'aucun droit de timbre. La jurisprudence de l'Administration est fixée dans ce sens. »

Art. 2. — *Exigibilité. Tarif et liquidation du droit de timbre.*

1246. **Faits constitutifs de l'exigibilité du droit de timbre.** — Nous savons qu'en général, en ce qui concerne les titres étrangers, le simple fait de leur création ne suffit pas pour donner ouverture à l'impôt.

Pour tomber sous l'application de nos lois fiscales, les titres étrangers doivent en outre manifester leur existence et leur circulation en France par des signes apparents, tels que leur négociation, leur exposition en vente, leur énonciation dans les actes, ou leur émission. C'est là une des conséquences nécessaires du principe de la territorialité de l'impôt.

Les lois des 13 mai 1863, 8 juin 1864, 30 mars 1872 et 25 mai 1872 ont toutes déterminé, d'après ce principe, les conditions d'exigibilité du droit de timbre sur les effets publics des gouvernements étrangers.

1247. **Négociation. Exposition en vente et énonciation dans les actes.** — *Loi du* 30 *mars* 1872. La loi du 13 mai 1863 n'avait rattaché l'exigibilité du droit de timbre sur ces titres qu'au fait de leur négociation. Elle l'avait fait en interdisant toute transmission de titres non préalablement soumis à la perception du droit de timbre, sous peine d'une amende de 10 p. 100 de la valeur nominale du titre tant contre le propriétaire de ce titre que contre l'agent de change ou l'officier public qui avait concouru à la négociation.

Le principe de cette disposition a été maintenu; mais la disposition elle-même a été remplacée par les dispositions beaucoup plus larges des lois du 30 mars 1872 et du 25 mai 1872, qui déterminent le régime fiscal actuellement en vigueur pour les titres des gouvernements étrangers.

Ainsi, la loi du 30 mars 1872, qui édicte sur ce point des dispositions communes à tous les titres étrangers, non soumis au régime des taxes annuelles, c'est-à-dire aux titres des sociétés, villes, provinces et corporations étrangères, comme aux effets publics des gouvernements étrangers, n'interdit pas seulement la négociation officielle de ces titres, avant qu'ils n'aient été timbrés, mais encore toute espèce de négociation. Elle interdit également leur exposition en vente, et leur énonciation dans les actes de toute nature autres que les inventaires.

Nous avons donné à nos lecteurs le commentaire complet de ces dispositions sous l'art. 2, chap. 2 du présent titre. (V. *supra*, n°s 1141 et suiv.) Toutes nos explications concernant les différents faits qui donnent ouverture au droit de timbre (V. nos 1149 à 1170), le mode de payement de ce droit (nos 1171 à 1178), les amendes édictées en cas de contravention tant contre les parties que contre les officiers publics, la solidarité des redevables, etc. (nos 1181 à 1191), s'appliquent aux titres de rentes et effets publics des gouvernements étrangers.

1248. *Énonciation dans les actes. Tirage au sort de titres à rembourser. Procès-verbal notarié.* Nous avons, *loc. cit.*, déterminé, d'après la jurisprudence, la portée de la disposition qui interdit l'énonciation, dans les actes passés en France, de titres étrangers non timbrés. Une solution du 30 janv.-14 avril 1873 a fait une intéressante application de cette jurisprudence à des titres d'un gouvernement étranger, en décidant que, dans le cas où ces titres font l'objet d'un tirage au sort en vue de leur amortissement, il y a lieu d'exiger les droits de timbre des titres sortis au tirage et constatés dans un procès-verbal dressé à cet effet par un notaire. Et même dans le cas où le tirage se serait effectué dans l'hôtel du consulat de la puissance débitrice, on ne saurait invoquer la fiction d'exterritorialité pour soustraire les titres à la perception du droit. Sol. 30 janvier-14 avril 1873.

1249. **Émission et souscription en France.** — *Loi du 25 mai 1872.* La loi du 25 mai 1872, tout en réduisant le tarif du droit de timbre applicable aux titres des gouvernements étrangers, a complété, à l'égard de ces titres, les dispositions de la loi du 30 mars 1872, en ajoutant aux faits générateurs de l'impôt que nous venons d'indiquer, une autre cause d'exigibilité, qui est d'ailleurs parfaitement justifiée. Aux termes de l'art. 2 de cette loi, les titres de rentes ou effets publics des gouvernements étrangers deviennent passibles du droit de timbre lorsqu'ils font l'objet d'une émission ou d'une souscription en France. Dans cet objet, la loi dispose qu'aucune émission ou souscription ne peut être *annoncée, publiée* ou *effectuée* en France, sans qu'il ait été fait, dix jours à l'avance, au bureau de l'enregistrement dans la circonscription duquel l'émission ou la souscription a lieu, une déclaration dont la date doit être mentionnée dans les avis ou les annonces.

L'art. 2 précité ajoute que les titres ou certificats provisoires des titres souscrits ou émis en France ne peuvent être remis aux souscripteurs ou preneurs sans avoir préalablement acquitté le droit de timbre.

Le législateur assure l'observation de ces prescriptions en édictant une amende de 5 p. 100 de la valeur nominale des titres, au minimum de 50 francs : 1° contre celui qui a fait des annonces ou des publications sans déclaration préalable; 2° contre celui qui a émis des titres non timbrés ou a servi d'intermédiaire pour l'émission ou la souscription des titres; 3° contre celui qui a procédé à ces émissions ou souscriptions sans déclaration préalable. Tous les contrevenants sont débiteurs de l'amende personnellement et sans recours. Le souscripteur ou le preneur de titres non timbrés est en outre tenu solidairement de l'amende, sauf son recours contre celui qui a ouvert la souscription ou émis les titres.

Nous reviendrons sur ces diverses natures de contraventions, sur les peines qui les atteignent et sur les moyens de les constater, dans notre article suivant. Actuellement nous avons à déterminer ce qui caractérise l'émission ou la souscription, ainsi que les annonces et publications qui tombent sous l'application de la loi. Mais auparavant nous devons faire observer que les dispositions que nous venons de résumer, à la différence de celles que nous avons rappelées sous les nos 1247 et 1248 précédents, ne s'appliquent qu'aux titres des gouvernements étrangers, à l'exclusion des titres émis par les sociétés, villes, provinces et corporations étrangères. Quant à ces derniers, la loi du 25 mai 1872 n'avait pas à s'en occuper, puisque leur émission en France, ainsi que nous l'avons expliqué, rend exigibles les taxes annuelles de timbre, de transmission, et l'impôt sur le revenu. V. *supra*, nos 1088 et suivants.

1250. *Caractère de l'émission.* Nous avons expliqué déjà ce qui caractérise l'émission de titres étrangers en France. *Lato sensu*, l'émission doit s'entendre de tout placement de titres effectué en France. (V. *supra*, n° 1089.) Nous croyons que c'est dans ce sens que l'art. 2 de la loi du 25 mai 1872 doit être interprété.

Le terme de *souscription* a une signification plus précise ; il s'applique plus spécialement à l'opération qui a pour objet le placement des titres en voie de création.

Remarquons que c'est nécessairement la société, le banquier ou toute autre personne servant d'intermédiaire à l'émission, qui se trouve visé par les dispositions prohibitives de la loi : car il n'a pu entrer dans la pensée du législateur d'édicter des pénalités contre le gouvernement étranger dont les titres sont émis en France.

1251. En présence des termes généraux de l'article, on a demandé, lors de la discussion, si un banquier français qui n'aurait ni mission, ni pouvoir pour émettre les titres d'un gouvernement étranger, pourrait néanmoins recevoir des souscriptions sans que cette opération donnât ouverture au droit de timbre.

Le rapporteur a répondu à cette question, au nom de la commission et du gouvernement, ainsi qu'il suit : « Si la personne qui fait l'émission de rentes d'un gouvernement étranger... fait savoir par un procédé quelconque, soit en France, soit à l'étranger, que le public pourra souscrire en France dans telle maison de banque ou dans une maison quelconque..., les titres souscrits seront assujettis au droit de timbre.

« Mais supposons, au contraire, l'émission d'un emprunt d'un gouvernement étranger, annoncée à l'étranger seulement, sans qu'il soit dit que les souscriptions peuvent se faire en France. Un capitaliste français apprend, par sa correspondance, l'existence de cette émission; il n'a pas de relations dans le pays où se fait l'émission ; il ne veut pas aller lui-même faire la souscription. Il va s'adresser à son banquier en France ; il le prie de faire souscrire pour lui à cet emprunt dont l'émission a lieu à l'étranger ; il lui remet la somme nécessaire pour payer les titres à souscrire ; il le prie de la transmettre à la personne qui est chargée de l'émission et de lui faire parvenir les titres quand cette personne les lui aura adressés. Dans ce cas, le droit de timbre n'est pas dû, car il s'agit uniquement ici d'une affaire privée, et, comme il y a eu ni publicité, ni provocation quelconque à souscrire, il n'y a pas, par conséquent, dans le sens de la loi fiscale, émission ou souscription en France...

« Le gouvernement et la commission entendent la loi comme je viens de l'expliquer. C'est donc dans ce sens qu'elle devra être appliquée par les tribunaux. » M. Mathieu-Bodet, rapporteur, Journal officiel du 26 mai 1872, p. 3510.

Ces explications sont prises pour règle. Inst. 2446.

1252. *Annonces et publications.* L'annonce d'une émission que la loi soumet à l'obligation d'une déclaration préalable doit s'entendre de tous les moyens de publicité en usage (journaux, circulaires, affiches, etc.).

1253. *Circulaires.* La contravention à l'art. 2 résulte de l'envoi par la poste d'une circulaire adressée à un grand nombre de personnes, sans rapports personnels avec l'auteur de la circulaire, pour les inviter à souscrire. Il y a lieu de se concerter avec l'Administration des postes pour connaître et réprimer les manœuvres de cette nature, et opérer la saisie des lettres imprimées. Sol. 24 sept. et 9 nov. 1872.

Il y a également contravention lorsque les journaux, sans insérer des annonces proprement dites, publient des articles de discussion ou d'appréciation qui ont pour résultat de donner de la publicité à l'émission et à la souscription. Sol. 9 nov. 1872.

Mais ces solutions ne s'appliquent pas aux circulaires annonçant : 1° des emprunts de villes, sociétés et corporations étrangères à effectuer à l'étranger ; 2° les tirages concernant des emprunts étrangers de toute sorte déjà émis (Sol. 9 juin 1875). Les dispositions de la loi du 25 mai 1872 ne sont pas en effet suffisantes pour atteindre ces avis et annonces : on doit donc remettre dans la circulation les imprimés communiqués par l'administration des postes qui ne contiendraient que des annonces de l'espèce.

1254. **Titres provisoires et titres définitifs. Titres délivrés en renouvellement d'autres titres.** — L'art. 2 de la loi du 25 mai 1872 porte que les titres ou *certificats provisoires* de titres souscrits ou émis en France ne pourront être remis aux souscripteurs ou preneurs sans avoir été assujettis préalablement au timbre. Cette disposition législative abroge explicitement l'interprétation donnée à la loi du 13 mai 1863 et consignée dans l'Inst. 2250, interprétation de laquelle il résultait que l'impôt du timbre n'était pas applicable aux certificats provisoires, et que les titres définitifs seuls y étaient assujettis.

Rapp. des explications données sur ce point, en ce qui concerne les titres français. — V. *supra*, nos 91 et suiv.

La loi dispose, en outre, que, si le droit a été payé sur le certificat provisoire, le titre définitif correspondant sera timbré sans frais sur la représentation de ce certificat. Cette disposition, que le rapporteur appelle « une dérogation libérale aux principes de la matière » (V. Exposé des motifs, R. p., art. 3441, p. 421), n'est, selon nous, qu'une conséquence de la nature spéciale du droit de timbre établi sur les actions et obligations des sociétés françaises et étrangères et étendu par les lois de 1863, 1864 et 1872, sauf des modifications de tarif, aux titres et effets publics des gouvernements étrangers. C'est ce que nous croyons avoir démontré *supra*, nos 1174 et suiv.

1255. Pour l'application de cette disposition, l'Administration a d'abord décidé : 1° qu'il n'y a pas lieu d'exiger que les titres définitifs à timbrer gratuitement portent les mêmes numéros que les certificats provisoires, l'annulation du timbre apposé sur ces derniers titres suffisant à sauvegarder les intérêts du Trésor;

2° Mais qu'on ne timbrerait gratuitement que des titres définitifs ayant chacun identiquement pour objet la même somme que celle qui est inscrite sur le certificat provisoire correspondant. Sol. 18 fév. 1874.

Mais elle admet aujourd'hui que, sur la représentation des certificats provisoires, unitaires ou multiples, dûment timbrés, on timbrera en échange des titres définitifs, unitaires ou multiples, jusqu'à concurrence des droits acquittés pour les certificats provisoires, sans qu'il y ait lieu d'exiger que chacun des titres définitifs ait pour objet la même somme que chacun des certificats provisoires.

La concordance absolue des sommes n'est pas plus de rigueur que celle des numéros. Sol. 21 mai, 30 nov. 1874, 11 mars et 5 mai 1875.

1256. *Représentation des certificats provisoires.* Le § 3 de l'art. 2 de la loi du 25 mai 1872 n'admet les titres définitifs au timbrage gratuit que sur la représentation des certificats provisoires. D'après une solution du 25 oct. 1875, l'Administration ne saurait renoncer à cette garantie, ni être forcée d'accepter un système de contrôle différent de celui auquel la loi a subordonné le bénéfice de ses dispositions.

1257. *Renouvellement.* Nous avons émis l'avis (*supra*, nos 1174 et suiv.) que le droit reconnu aux sociétés françaises par l'art. 17 de la loi du 5 juin 1850 de faire timbrer *gratis* les titres délivrés en renouvellement de titres déjà timbrés, devait être étendu aux titres des sociétés, villes, provinces et corporations étrangères. Les mêmes motifs nous conduisent à la même solution en ce qui concerne les effets publics des gouvernements étrangers. L'Administration elle-même, qui tout d'abord s'était formellement prononcée en sens contraire (Inst. n° 2446), paraît aujourd'hui se rallier à notre opinion. Elle décide, en effet, qu'il n'y a pas lieu d'admettre au timbrage gratis les renouvellements de titres de fonds d'Etat étrangers lorsque les nouveaux titres ne sont pas identiques aux anciens et qu'il y a des différences, notamment dans le mode de payement et le montant des intérêts. Sol. 19 juin 1873. — C'est reconnaître implicitement que les renouvellements, quand ils sont purs et simples, ne donnent pas lieu au payement d'un nouveau droit de timbre.

Une décision du ministre des finances du 20 janv. 1883, rendue conformément à un avis du Conseil d'Etat du 11 janv. 1883 (Inst. 2711, § 6), porte que les titres délivrés en renouvellement doivent être timbrés de nouveau toutes les fois qu'il est apporté une modification dans le chiffre du capital, le taux des intérêts et les époques d'échéance. En transmettant cette décision à ses agents, l'Administration a reconnu, en thèse générale, que le timbrage devait avoir lieu gratis dans le cas d'un renouvellement pur et simple.

La règle contraire qui a été consignée au Dictionnaire, v° Etranger, n° 878, ne doit donc plus être suivie.

1258. **Tarif.** — Le droit de timbre établi sur les titres de rentes, emprunts et autres effets publics des gouvernements étrangers avait été fixé par la loi du 13 mai 1863 (art. 6), à 50 centimes par 100 francs ou fraction de 100 francs.

Il a été élevé à 1 p. 100 par l'art. 7 de la loi du 8 juin 1864.

Ce tarif, maintenu par la loi du 30 mars 1872, a été remplacé par un tarif gradué ainsi qu'il suit, par l'art. 1er de la loi du 25 mai 1872 :

75 c. pour chaque titre de 500 fr. et au-dessous ;

1 fr. 50 pour chaque titre au-dessus de 500 fr. jusqu'à 1,000 fr.;

3 fr. pour chaque titre au-dessus de 1,000 fr. jusqu'à 2,000 fr.;

Et ainsi de suite à raison de 1 fr. 50 par 1,000 fr. ou fraction de 1,000 fr.

1259. *Décime.* Ce droit, à la différence de celui qu'il a remplacé, n'est pas assujetti aux décimes (art. 1er, loi précitée). — Sol. 22 fév. 1882; 21,856 J.

1260. **Liquidation du droit.** — La liquidation du droit a lieu d'après le capital nominal des rentes ou obligations, déterminé suivant les bases fixées annuellement par un décret rendu pour la conversion des monnaies étrangères en monnaies françaises. Loi du 13 mai 1863, art. 6; loi du 25 mai 1872, art. 1er.

1261. *Titres de plusieurs unités.* Pour les titres qui représentent plusieurs unités de la coupure qui sert de type à l'emprunt, il avait été décidé que le droit devait être liquidé d'après la coupure type. Ainsi, le titre de cinq obligations d'un emprunt émis par obligations de 500 fr. devait supporter cinq fois le droit de 75 c. applicable aux titres de 500 fr., soit 3 fr. 75, et non le droit applicable aux titres de 2,500 fr., soit 4 fr. 50. Sol. 14 déc. 1872 et 30 mai 1873.

Mais une décision ministérielle du 8 avril 1890 (Inst. 2794, § 14) ayant reconnu qu'il y a lieu, pour la liquidation du droit de timbre sur les titres collectifs d'actions des sociétés étrangères, de ramener à un multiple de vingt, non le montant de chaque unité prise isolément, mais seulement la valeur totale énoncée dans le titre, la même règle de liquidation a été étendue, par identité de motifs, aux effets publics des gouvernements étrangers (Inst. 2794, § 14).

ART. 3. — *Payement du droit de timbre.*

1262. **Visa pour timbre.** — D'après l'art. 8 de la loi du 13 mai 1863, l'acquittement du droit doit être constaté soit au moyen du visa pour timbre, soit par l'apposition de timbres mobiles. Ces timbres mobiles n'ont jamais été créés. Aux termes de l'Inst. 2250, dont les dispositions sous ce rapport ont été expressément maintenues par l'Inst. 2446, le visa pour timbre est donné à Paris, Lyon, Marseille, Bordeaux, Lille et Toulouse, au moyen d'une griffe fournie par l'Administration et dont l'empreinte porte à l'intérieur la signature *manuscrite* du receveur. Le porteur de titres remet au receveur un bordereau établi sur des formules *ad hoc*, et au vu duquel s'opèrent la liquidation du droit de timbre et le contrôle de la recette par un agent chargé de ce soin. Ces bordereaux sont conservés et enliassés.

Dans les autres localités, le visa pour timbre est donné à la main dans la forme ordinaire, et les receveurs font connaître au directeur, par un avis spécial, la nature, le nombre et le numéro des titres, la quotité de chaque coupure et le montant du droit perçu. Inst. 2250.

1263. **Timbrage à l'extraordinaire.** — La formalité du visa pour timbre entraînant des difficultés et des lenteurs lorsque les titres sont en très grand nombre, l'Administration a eu recours au timbrage à l'extraordinaire au moyen de types spéciaux pour les titres présentés simultanément et en masse lors des émissions ou des conversions d'emprunts étrangers. (Loi du 29 juin 1881; décret du 11 août 1881; Inst. 2653; 21,563 et 21,730 J.) Il est clair que ces titres doivent être considérés comme régulièrement timbrés. Lorsqu'il en est fait mention dans les actes, il y a lieu de décrire le timbre dont ils sont revêtus et d'indiquer la quotité du droit, pour satisfaire autant que possible à la loi, qui ordonne de reproduire la mention du visa. V. *supra*, n° 1184.

L'apposition du timbre extraordinaire ne peut avoir lieu qu'à l'atelier général à Paris. Partout ailleurs, la formalité continue à être donnée au moyen du visa. Inst. n° 2653; 21,730 J.; — V. *supra*, n° 1173.

1264. *Titres multiples formés de la réunion en un seul de plusieurs titres d'unités portant des numéros distincts.* Le décret du 11 août 1881 (Inst. 2653) a créé, en exécution de la loi du 29 juin 1881 et pour le timbrage des effets publics des gouvernements étrangers, trois types dont la quotité est ainsi fixée : 75 centimes pour les titres de 500 fr. et au-dessous; 1 fr. 50 pour les titres de 500 fr. à 1,000 fr., et 1 fr. 50 p. 1000 pour les titres au-dessus de 1,000 fr.

Pour le timbrage des titres multiples, l'Administration avait, sous l'empire de la jurisprudence qui prescrivait d'établir le droit distinctement sur chaque unité, adopté les dispositions suivantes :

« En ce qui concerne les titres multiples formés de la réunion en un seul de plusieurs titres portant des numéros distincts, la rapidité avec laquelle les opérations de timbrage doivent être le plus souvent conduites permet rarement d'apposer autant d'empreintes que ces titres renferment d'unités. Il est impossible, d'autre part, de créer des types indiquant le total des droits de timbre correspondant aux divers groupes d'unités, en raison des nombreuses combinaisons adoptées pour les réunions de titres.

« L'Administration consent, en pareil cas, à ce que le type à apposer soit celui de 75 centimes applicable à l'unité de titres et qui est suffisant pour faire connaître la nature du droit et la quotité du tarif.

« Ce mode de timbrage a été adopté lors de la conversion de l'emprunt turc. Les titres multiples de 5 et de 25 unités ont été revêtus d'une empreinte de timbre uniforme de 75 centimes.

« Les dispositions nécessaires ont d'ailleurs été prises afin de sauvegarder entièrement les droits du Trésor et de rendre toute fraude impossible. » Inst. 2711, § 6, n° 2.

Ces dispositions paraissent être devenues sans objet à la suite de la décision ministérielle du 8 avril 1890, citée *supra*, n° 1261.

1265. **Contraventions et amendes.** — Nous avons vu, dans notre exposé de la législation fiscale qui régit les titres de rentes et effets publics des gouvernements étrangers, que le droit de timbre spécial auquel ces titres sont assujettis est exigible tantôt en vertu de la loi du 30 mars 1872, par suite de leur négociation, de leur exposition en vente, ou de leur énonciation dans un acte passé en France, tantôt en vertu de la loi du 25 mai 1872, à raison de leur émission en France. Chacune de ces lois, en précisant les faits qui donnent ouverture à l'impôt, édicte, en vue d'assurer le payement des droits, un certain nombre de prescriptions dont la violation est punie d'une amende de 5 p. 100 de la valeur nominale des titres, sans que cette amende puisse être inférieure à 50 francs.

1266. **1° Contraventions à la loi du 30 mars 1872.** — Ainsi, il est contrevenu à la loi du 30 mars 1872, et une amende de 5 p. 100 du montant nominal du titre, au minimum de 50 fr., est encourue : 1° par toute personne qui négocie, expose en vente ou énonce dans les actes autres que les inventaires, des effets publics des gouvernements étrangers, sans avoir acquitté préalablement le droit de timbre auquel ces titres sont soumis; 2° par toute personne qui, dans un acte, soit public, soit sous seing privé, énonce un titre de cette nature, sans indiquer la date et le numéro du visa pour timbre apposé sur le titre, ainsi que le montant du droit payé. Chaque contravention peut être constatée, dans tous les lieux ouverts au public, par les agents ayant qualité pour verbaliser en matière de timbre. Toutes les parties sont solidaires pour le recouvrement des droits et amendes. — Enfin une amende de 50 fr. est personnellement encourue par l'officier public ou ministériel, qui a participé à la contravention. (Art. 2 loi précitée.)

Nous avons donné, dans le chap. 2 de cette 5e partie de notre traité, le commentaire de ces dispositions qui sont communes à tous les titres étrangers, fonds d'Etats ou autres, non soumis au régime des taxes annuelles. (V. *supra*, nos 1149 à 1173 et 1181 à 1191.) Nous ne pouvons qu'y renvoyer le lecteur.

1267. *Amende.* Nous croyons toutefois nécessaire de faire observer que l'art. 2 de la loi du 30 mars 1872 ayant prévu, pour la réprimer, la contravention qui consiste dans la négociation de titres non timbrés et qui se trouvait punie par la loi du 13 mai 1863 d'une amende de 10 p. 100 contre le propriétaire du titre et contre l'officier public, a substitué par cela même la pénalité qu'elle édicte (amende de 5 p. 100 contre les parties et de 50 fr. contre l'officier public ou ministériel) à celle établie par la loi du 13 mai 1863 précitée : en sorte que, sur ce point, cette dernière loi peut être considérée comme abrogée.

1268. *Mention du visa pour timbre.* Aux termes du § 2 de l'art. 2 de la loi du 30 mars 1872, « tout acte, soit public, soit sous seing privé, qui énonce un titre de rente ou effet public d'un gouvernement étranger, ou tout autre titre étranger *non coté aux Bourses françaises*, devra indiquer la date et le numéro du visa pour timbre apposé sur ce titre, ainsi que le montant du droit payé ». Cette disposition, qui est édictée à peine de l'amende de 5 p. 100 contre les parties et de 50 fr. contre l'officier ministériel (V. *supra*, n° 1183), nécessite une observation.

Pour son application, en effet, il y a lieu de distinguer, d'une part, les fonds d'Etats étrangers, et, d'autre part, les actions et obligations des sociétés, compagnies, entreprises, villes, provinces ou corporations étrangères et des établissements publics étrangers.

Pour les fonds d'Etat, il est indispensable de rapporter dans l'acte public la mention du visa pour timbre des titres énoncés, lors même que ces fonds d'Etat sont cotés à la Bourse. La raison en est que ces titres ne sont jamais timbrés qu'au comptant, à la diligence des porteurs et sans l'intervention d'aucun agent des gouvernements étrangers. C'est seulement pour les actions et obligations des sociétés, compagnies, entreprises, villes, provinces ou corporations étrangères et des établissements publics étrangers, que les officiers publics n'ont pas à se préoccuper du timbrage des titres lorsque ceux-ci sont cotés à la Bourse. La cote de la Bourse est, en effet, pour ces sortes de titres, le signe certain que les taxes périodiques de timbre, de transmission et sur le revenu sont régulièrement acquittées par un représentant responsable. Sol. 16 sept. 1873; 19,288 J.; 4510 Rev. not.; 15,167 Contr.; S., 74, 2, 61; Sol. 8 fév. 1883; 22,383 J.; 6132 R. p.; D. P., 84, 3, 31.

Ajoutons que, lorsqu'il s'agit de titres de cette dernière espèce, non cotés à la Bourse, les parties ne sont tenues de faire mention du visa pour timbre qu'autant que les titres échappent, en droit ou en fait, au régime des taxes annuelles. Dans le cas contraire, le droit de timbre au comptant n'est pas exigible et, par conséquent, les parties n'ont pas à mentionner l'accomplissement d'une formalité qui n'est pas obligatoire. — V. *supra*, n° 1145.

1269. **2° Contraventions à la loi du 25 mai 1872.** — Aux faits générateurs du droit de timbre qui résultaient de la loi du 30 mars 1872 et qui consistent dans la négociation, l'exposition en vente et l'énonciation dans les actes passés en France, de toute espèce de titres étrangers non soumis au régime des taxes annuelles, la loi du 25 mai 1872 a ajouté, pour les titres de rentes et effets publics des gouvernements étrangers, l'émission ou la souscription en France.

Ces titres ne peuvent être souscrits ou émis en France sans se soumettre aux dispositions de cette dernière loi. Ces dispositions sont édictées, comme celles de la loi du 30 mars 1872, sous la sanction d'une amende de 5 p. 100 de la valeur nominale des titres, au minimum de 50 fr., et avec addition des décimes en vigueur (double décime et demi).

L'amende est personnellement encourue et sans recours :

1° Par celui qui annonce ou publie une émission ou souscription en France, sans qu'il ait été fait, dix jours à l'avance, au bureau de l'enregistrement dans la circonscription duquel ces opérations doivent avoir lieu, une déclaration dont la date est mentionnée dans l'avis ou l'annonce ; 2° par celui qui a émis les titres sans les avoir fait timbrer ou qui a servi d'intermédiaire pour cette émission ou souscription ; 3° par celui qui a procédé à ces émissions ou souscriptions sans déclaration préalable (art. 3 loi précitée). Aux termes de l'art. 2 de la loi, les titres ou les certificats provisoires de titres souscrits ou émis en France ne peuvent être remis aux souscripteurs ou preneurs sans avoir préalablement acquitté le droit de timbre. En cas de contravention à cette disposition, le souscripteur ou le preneur des titres non timbrés est tenu solidairement, sauf son recours, de l'amende encourue par celui qui a ouvert la souscription ou émis les titres. — V. *supra*, n° 1249.

1270. *Déclaration préalable.* La déclaration prescrite par l'art. 2 de la loi du 25 mai 1872 est faite au bureau d'enregistrement qui a dans ses attributions la perception des droits de timbre à l'extraordinaire, et inscrite sur le registre de recette. Si le déclarant le requiert, il lui est délivré un extrait de sa déclaration sans autres frais que le prix du papier timbré.

1271. *Constatation des contraventions.* La constatation de ces contraventions est faite dans les formes et conditions indiquées au 3° paragraphe de l'art. 2 de la loi du 30 mars 1872 (art. 3, loi du 25 mai 1872) ; c'est-à-dire qu'elle peut être constatée dans tous les lieux ouverts au public, par les agents ayant qualité pour verbaliser en matière de timbre. — V. *supra*, n°s 1185 et 1186.

1272. **Restitution des droits indûment perçus.** — *Visa requis par erreur. Restitution.* Lorsque les parties ont requis le visa par erreur, parce qu'elles croyaient à tort se trouver dans l'un des cas où ce visa est exigé par la loi du 30 mars 1872, la restitution des droits perçus peut être faite après justifications et sur la représentation des titres, indispensable pour faire annuler la mention du visa. Sol. 24 juin 1873.

1273. *Excès de perception.* De même, s'il a été commis au préjudice de la partie une erreur résultant de ce que, dans le bordereau, des titres de valeurs diverses ont été compris comme étant tous de la valeur la plus élevée, il y a lieu à restitution sur la représentation des titres frappés d'une perception excessive. Aucune justification, si sérieuse qu'elle soit, ne peut suppléer à cette représentation. La restitution ne peut avoir lieu, en effet, sans que la mention du visa soit modifiée. Sol. 6 mai 1872.

Art. 4. — *Questions diverses. Enregistrement des titres et des actes de cession.*

1274. **Enregistrement.** — Les titres de rentes et effets publics des gouvernements étrangers sont soumis, en ce qui concerne l'enregistrement, à toutes les règles que nous avons exposées relativement aux titres des sociétés, villes, provinces et corporations étrangères. V. *supra*, n° 1193.

1275. *Titres.* Ainsi, quant aux titres, leur enregistrement ne devient pas obligatoire par suite de l'usage qui en est fait en France par acte public ou autrement. Cette franchise n'est prononcée par aucun texte précis et formel, mais elle résulte nécessairement des dispositions de la loi du 30 mars 1872, qui prohibe l'usage, dans les actes, des titres dont il s'agit, sans qu'ils aient été soumis au timbre, tandis que cette loi reste absolument muette quant à l'enregistrement. C'est le cas d'appliquer l'adage : *Qui dicit de uno, negat de altero.* Cette opinion est universellement admise.

1276. *Cessions.* Nous savons également que les négociations dont ces titres sont l'objet échappent au droit de transfert établi par la loi du 23 juin 1857 sur les titres français.

Mais les transmissions de toute nature, lorsqu'elles sont constatées dans des actes soumis obligatoirement ou volontairement à la formalité de l'enregistrement, demeurent assujetties aux droits ordinaires, ainsi que nous en avons exprimé l'avis à l'égard des titres étrangers autres que les fonds d'Etat. (V. *supra*, n° 1194.) Toutes les règles que nous avons exposées (*loc. cit.*) en ce qui concerne le tarif, les décimes et les bases de liquidation du droit dû sur les cessions, doivent recevoir ici leur application.

1277. **Actes d'emprunts des gouvernements étrangers.** — Les actes constatant un emprunt contracté par un gouvernement étranger sont-ils susceptibles d'être enregistrés en France, si l'on vient à en faire usage par acte public ou en justice? La négative paraît devoir être admise par plusieurs raisons. D'abord, ce sont là des actes non d'administration, mais de souveraineté et de haute politique; le principe de l'indépendance réciproque des Etats ne permet pas à l'un d'eux de taxer les actes politiques d'un autre. D'un autre côté, si l'on n'y voyait qu'un simple acte d'administration, assimilable à un acte français de même nature, il faudrait, à ce point de vue, appliquer l'exemption assurée aux emprunts administratifs, par la jurisprudence exposée au Dict. des Réd., v^is^ Acte administratif, n° 6, et Etablissement public, n° 66. En outre, on a vu *supra*, n° 1275, que l'exemption appartient aux titres émis dans le public pour la négociation de l'emprunt; il serait contradictoire de la refuser au contrat qui précède et prépare l'émission. Enfin, il n'y aurait aucune voie possible de coercition contre le gouvernement étranger emprunteur, ni pour le Trésor français, ni pour l'officier public qui aurait fait l'avance des droits.

L'Administration a toujours évité de résoudre catégoriquement la question lorqu'elle s'est présentée ; mais, en fait, elle a autorisé l'enregistrement au droit fixe des actes d'emprunt dont il s'agit.

SIXIÈME PARTIE. — CONGRÉGATIONS RELIGIEUSES ET AUTRES ASSOCIATIONS RÉGIES PAR LES LOIS SPÉCIALES DES 28 DÉC. 1880 ET 29 DÉC. 1884.

PREMIÈRE SECTION. — TAXE DE 3 P. 100.

CHAPITRE Ier. — HISTORIQUE — TEXTES.

1278. En assujettissant à la taxe de 3 p. 100, d'une part, les intérêts, dividendes, revenus et tous autres produits des actions de toute nature, des sociétés, compagnies ou entreprises quelconques, financières, industrielles, commerciales ou civiles; d'autre part, les intérêts, produits et bénéfices annuels des parts d'intérêt et commandites dans les sociétés, compagnies et entreprises dont le capital n'est pas divisé en actions, le législateur de 1872 ne s'est nullement préoccupé du but final de l'association. Les associations religieuses tombaient donc, en principe, sous l'empire de la loi, au même titre que les autres. C'est la remarque qui a été faite sous l'art. 19,891 J. Il est incontestable, disions-nous, que le but pour lequel ces sociétés sont constituées ne saurait les faire exempter de la taxe. Toute congrégation religieuse non autorisée ne peut avoir d'existence légale, posséder, contracter, ester en justice, qu'en dépouillant aux yeux de la loi son caractère propre et intime de congrégation. Ses membres doivent donc user de leurs droits individuels de citoyens, dont la profession religieuse ne saurait les dépouiller, et former entre eux une société, sous l'une des formes qu'autorisent le Code civil et le Code de commerce. Les religieux associés se trouvent ainsi placés purement et simplement sous le droit commun, sans qu'on puisse leur objecter qu'ils n'exercent ni commerce, ni industrie. Mais, s'ils jouissent du bénéfice du droit commun, ils doivent, par réciprocité, en supporter toutes les charges, et spécialement l'impôt sur le revenu.

1279. Quoi qu'il en soit, s'il est vrai que les associations religieuses se trouvaient, en principe, régies par la loi du 29 juin 1872, il n'est pas moins exact qu'elles échappaient, en fait, à son application. Il résulte, en effet, de l'économie de cette loi que les bénéfices sociaux ne sont passibles de la taxe qu'au moment où ils sortent du patrimoine de la société pour entrer, par suite d'une distribution, dans le patrimoine personnel des associés. Or, cette distribution, qui constitue le fait générateur de la perception, n'existe pour ainsi dire jamais dans les associations religieuses. Presque toujours les bénéfices qu'elles réalisent doivent être accumulés et capitalisés en vue du développement perpétuel de l'entreprise. Telle est, sauf de rares exceptions, la règle établie par leurs statuts ou inhérente à leur nature même, et cette règle avait pour conséquence de les soustraire au payement de l'impôt.

1280. C'est ce qui a été reconnu par un jugement du tribunal de la Seine du 6 juil. 1877, qui pose très exactement les principes de la matière et que nous croyons devoir reproduire pour ce motif, bien que la question ne présente plus guère qu'un intérêt rétrospectif. Ce jugement est ainsi conçu :

« Attendu que, suivant acte notarié du 4 fév. 1869, la dame Fillion et quinze autres dames ont formé entre elles, pour une durée de soixante années, une société qui, aux termes de l'art. 1er de cet acte, a pour objet : 1° de fonder et diriger des maisons d'éducation de demoiselles et des écoles gratuites de jeunes filles; 2° de gérer et administrer des immeubles désignés audit acte, les nouvelles constructions qui pourront être élevées et les immeubles qui seront acquis pendant le cours de la société; — Que, suivant l'art. 5, l'actif de la société se composera : 1° des biens et valeurs faisant l'objet des apports constatés ou qui seront faits ultérieurement; 2° de tous les profits, gains, fruits et revenus quelconques que lesdits biens meubles et immeubles, ainsi que le concours des associées, pourront lui procurer; 3° de la pleine propriété et des revenus des biens de toute nature qui pourront être acquis pendant le cours de la société; — Que l'art. 7 dispose qu'en raison de son apport, quel qu'il puisse être, de sa collaboration et de ses soins personnels, chaque associée a le droit d'être logée dans la maison commune, nourrie, entretenue et secourue tant en santé qu'en maladie; — Qu'aux termes de l'art. 8, la part des associées décédées doit accroître aux survivantes;

« Attendu que la société, à raison de sa nature et de sa constitution, se prétend affranchie de la taxe de 3 p. 100 établie par la loi du 29 juin 1872 et réclame la restitution des sommes qu'elle a par erreur versées comme redevable de cette taxe depuis la promulgation de la loi jusqu'au troisième trimestre de 1876; — Que la Régie soutient, au contraire, qu'à part les exceptions édictées par la loi du 1er déc. 1875, aucune société ne peut échapper au payement de ladite taxe, et demande reconventionnellement le payement des termes de ladite taxe échus et non acquittés;

« Attendu que la loi de 1872 a établi ladite taxe sur les intérêts, produits et bénéfices annuels des parts d'intérêt dans les sociétés quelconques commerciales ou civiles; — Qu'en conséquence, et à raison de la généralité des termes de la loi, les membres d'aucune société ne peuvent se fonder en principe sur son objet ou sa nature pour se soustraire à la perception de ladite taxe;

« Mais attendu que si tous ceux qui sont intéressés dans une société quelconque sont assujettis à ladite taxe, ils ne la doivent qu'à la condition de toucher un intérêt ou bénéfice de leurs parts d'intérêt, au moment où ils le touchent et dans la proportion exacte dudit bénéfice; — Que, dès lors, si, à raison de la constitution même de la société et des engagements pris par chacun de ceux qui adhèrent à ses statuts, il ne doit jamais indirectement ni directement être fait de distribution d'intérêts ou de dividendes, et que le titre d'associé ne donne droit pendant toute la durée de la société à aucun prélèvement sur l'actif social, le fait générateur de la taxe ne peut se produire, et par suite la taxe ne peut être perçue; que la Régie objecte vainement que la loi, au point de vue de l'exigibilité de l'impôt sur le revenu, a divisé les sociétés en deux catégories : celles dont le capital est en actions et qui ont un conseil d'administration, et celles qui ne présentent ni l'une ni l'autre de ces conditions; qu'elle a assis la taxe, pour les premières, sur le revenu réel et déclaré, et, pour les secondes, sur le revenu présumé d'après l'importance du capital, et que, pour ces dernières, aucune preuve n'est admise de la part des redevables contre la présomption de la loi;

« Mais attendu que cette présomption ne saurait être étendue au delà de ses limites naturelles; — Qu'édictée pour déterminer par une sorte de forfait et sans déclaration ni investigation le revenu acquis et distribué par les sociétés qui n'ont pas de conseil d'administration, elle peut bien atteindre celles de ces sociétés qui, créées pour donner des produits aux associés, sont en fait improductives à tel ou tel moment de leur existence; mais qu'elle est sans application à celles dont, par la loi même de leur institution, le revenu tout entier accroît chaque année au capital;

« Qu'on ne pourrait, sans abuser des termes de la loi et sans dénaturer son esprit, admettre qu'elle ait, par une présomption *juris et de jure*, supposé le fait de distributions régulières des revenus là où il ne peut y en avoir aucune, et qu'elle ait, dans ce cas, basé la perception de l'impôt sur une fiction contraire à la réalité la plus évidente et la plus certaine; — Qu'ainsi se trouvent nécessairement placées en dehors des deux catégories de sociétés indiquées par la Régie celles à qui la distribution de leurs produits est interdite par leurs statuts; — Que telle est la condition de la société civile des Sœurs zélatrices de la Sainte-Eucharistie;

« Qu'à cet égard les statuts de la société sont formels et portent que tous les profits réalisés par elle doivent être employés soit à l'entretien des maisons d'éducation qu'elle possède déjà, soit à la fondation de maisons nouvelles, sans qu'aucune des associées en puisse rien recevoir pendant la durée de la société; — Que, sans doute, la société loge, nourrit et entretient chacun de ses membres ; — Mais que ce mode de consommation d'une faible partie des produits ne saurait être assimilé à une répartition des bénéfices sociaux ; — Qu'il n'est pour les associées que la compensation et le salaire de leur travail, et pour la société qu'une part de ses frais généraux ; — Qu'il n'est pas plus assujetti à la taxe de 3 p. 100 que ne l'est le traitement du gérant dans les sociétés anonymes, et qu'il serait aussi contraire au principe même de la loi qu'à l'équité d'autoriser, à raison de cette obligation accomplie par la société, la perception de ladite taxe sur les 5 p. 100 de son capital. 20,459 J.; 4753 R. p.; 15,816 Cont.; 21,834 J. N. Comp.: Le Blanc, 2 mars 1875; 19,891 J.; 4179 R. p.; 15,562 Contr.; P. 75, 1135; — Alger, 14 fév. 1880; 21,421 J.; 5560 R. p.; 16,366 Contr.; 22,414 J. N.; — Amiens, 3 juin 1880; 21,840 J.; 5559 R. p.; 16,726 Contr.; 22,414 J. N.; — Saint-Omer, 26 août 1881, 21,731 J.

1281. Cette situation exceptionnelle des associations religieuses ne pouvait manquer d'appeler l'attention du législateur. Sans doute, dans les sociétés ordinaires, il arrive fréquemment que des bénéfices plus ou moins importants sont mis en réserve en vue de parer aux éventualités futures. Cette formation d'un fonds de réserve au moyen d'un prélèvement sur les profits est même, dans certains cas, commandée par la loi (Comp. art. 36, L. 24 juil. 1867). Mais, en pareille circonstance, la capitalisation des produits n'est que momentanée. Les bénéfices réservés sont destinés à être distribués à une époque plus ou moins rapprochée, ne fût-ce qu'à la dissolution de l'entreprise. En ce qui les concerne, la perception n'est donc qu'ajournée, tandis que, dans le système de la loi du 29 juin 1872, il était impossible qu'elle atteignît à aucun moment les bénéfices des associations religieuses, destinés qu'ils sont à accroître indéfiniment le fonds social, qui, dans la commune intention des parties, ne doit lui-même jamais être partagé, la perpétuité de l'œuvre étant assurée par les clauses de réversion et d'adjonction de nouveaux membres, dont nous aurons à nous occuper dans la seconde partie de ce travail.

1282. Sur la proposition de l'Administration, le gouvernement élaborait un projet tendant à compléter la loi du 29 juin 1872, de manière à supprimer l'immunité de fait dont jouissaient les associations religieuses, grâce à leur organisation particulière, lorsque M. Brisson, prenant l'initiative d'une réforme beaucoup plus générale, présenta à la Chambre des députés, dans la séance du 18 mars 1880, et sous forme d'amendement au budget, un ensemble de dispositions dont les suivantes se rapportent seules à notre sujet :

« A partir de la promulgation de la présente loi, les dispositions fiscales ci-après seront applicables aux congrégations, corporations ou communautés religieuses, ou sociétés quelconques dissimulant des agrégations de l'espèce, sans préjudice des droits de la puissance publique, des revendications et des nullités que l'ordre public ou les lois civiles permettraient d'exercer ou d'invoquer contre elles...

« § 4. La loi du 29 juin 1872 et le décret du 6 décembre suivant sont applicables à toutes les congrégations, corporations ou communautés, sans exception, quels que soient leur dénomination, leur forme et leur objet. Le revenu passible de la taxe est fixé à forfait à 5 p. 100 du capital commun, évalué selon les lois de l'enregistrement, sans distraction des immeubles qui y sont compris...

« § 9. Les Administrations de l'enregistrement et des contributions directes (1) peuvent se servir de tous les genres de preuve admis par le droit commun pour établir, relativement à la loi de l'impôt, l'existence de fait des corporations religieuses et la consistance des valeurs soumises au droit... »

1283. L'amendement de M. Brisson, remanié d'abord par la commission du budget, puis au cours de la discussion en séance publique, a été voté par la Chambre dans les termes suivants (Journ. off., 10 et 12 déc. 1880) :

« Art. 3. A partir de la promulgation de la présente loi, les dispositions fiscales contenues dans les articles 4, 5, 6, 7, 8 et 9 ci-après, seront applicables aux congrégations, corporations ou communautés religieuses, sans préjudice des droits de la puissance publique, des revendications et des nullités que l'ordre public ou les lois civiles permettraient d'exercer ou d'invoquer contre elles...

« Art. 5. L'impôt établi par la loi du 29 juin 1872 sur les produits et bénéfices annuels des actions, parts d'intérêt et commandites, sera payé par toutes les communautés et congrégations religieuses reconnues et par les sociétés ou associations, même de fait, existant entre les membres des congrégations reconnues ou non reconnues, ou quelques-uns d'entre eux, quels que soient la dénomination, la forme et l'objet de ces congrégations, communautés, sociétés ou associations, sur un revenu annuel déterminé par l'évaluation à raison de 5 p. 100 du montant de la valeur totale de leurs biens, meubles et immeubles, à moins qu'un revenu supérieur ne soit constaté par les délibérations des assemblées générales d'actionnaires ou des conseils d'administration, comptes rendus ou tous autres documents analogues.

« Le payement de la taxe applicable à l'année expirée sera fait par la congrégation ou l'association dans les vingt premiers jours du mois de janvier suivant, sur la remise des extraits des délibérations, comptes rendus ou documents analogues, et de la déclaration souscrite, conformément à l'art. 16 de la loi du 22 frim. an 7, par les représentants de la congrégation ou association, et faisant connaître distinctement la nature, la consistance, la situation et la valeur des biens, meubles et immeubles, article par article.

« L'insuffisance de la déclaration ou l'inexactitude des délibérations, comptes rendus ou documents analogues, pourra être établie, soit au moyen de l'expertise provoquée dans la forme prescrite par les articles 17, 18 et 19 de la loi du 22 frim. an 7, et 15 de celle du 23 août 1871, soit par les actes, écrits ou jugements opposables aux parties.

« Chaque contravention aux dispositions qui précèdent et à celles du règlement d'administration publique qui sera fait, s'il y a lieu, pour leur exécution, sera punie conformément à l'art. 5 de la loi du 29 juin 1872.

« Sont maintenues toutes les dispositions de cette dernière loi et du règlement d'administration publique du 6 déc. 1872 qui n'ont rien de contraire aux présentes dispositions.

« Art. 8. Les Administrations de l'enregistrement et des contributions directes peuvent se servir de tous les genres de preuve établis par le droit commun pour établir, relativement à la loi d'impôt, l'existence de fait des corporations religieuses. »

1284. Ce texte, soumis aux délibérations du Sénat, a été l'objet, dans le sein de la commission des finances de la haute assemblée, de critiques dont le sens ressort clairement des passages suivants du rapport de M. Roger Marvaise, inséré au Journ. off. du 30 déc. 1880.

« Cet article, disait l'honorable rapporteur en parlant de l'art. 3 du projet voté par la Chambre, cet article n'a pas paru à votre commission parfaitement à sa place dans une loi de finances comme préambule des dispositions fiscales qui allaient être édictées. Le fisc perçoit ses droits sans s'enquérir de la légalité des actes qui lui sont présentés. Une autre considération nous a amenés à vous proposer la suppression de l'art. 3 du projet. En réalité il a perdu complètement sa raison d'être par les changements que nous vous proposons dans la rédaction des art. 5 (impôt sur le revenu) et 6 (droit d'accroissement, dont il sera parlé *infra*) du projet.

« Ces articles, tels qu'ils existaient dans le projet primitif, ne visaient que les congrégations, reconnues ou non reconnues. Nous avons pensé qu'il n'était pas possible de maintenir à des dispositions exclusivement fiscales un pareil caractère de spécialité. Il s'agit de contributions indirectes ; or, le propre de ces sortes de contributions est d'atteindre les actes et les faits, abstraction faite des personnes qui les accomplissent. C'est en nous pénétrant de cette pensée que nous nous sommes efforcés de donner aux dispositions que nous soumet-

(1) L'amendement de M. Brisson touchait également à la législation sur les patentes.

tons à votre vote un caractère de généralité en harmonie avec le but poursuivi par l'Administration de l'enregistrement. L'opportunité des mesures fiscales contenues dans les articles que nous discutons avait été, en effet, signalée par cette administration au gouvernement avant le dépôt de l'amendement de l'honorable M. Brisson...

« Le but poursuivi par l'art. 5 du projet primitif est d'atteindre par l'impôt de 3 p. 100 les produits et bénéfices obtenus dans les sociétés ou associations dont les statuts renferment la clause de non-distribution des bénéfices. Cette extension de la loi de 1872 demandait à être indiquée clairement dans le texte de la loi. De là les modifications que nous avons apportées au texte primitif et la portée générale que nous avons pu donner à la disposition fiscale. La loi perd ainsi le caractère personnel et exceptionnel qu'elle semblait revêtir. Elle devient une loi générale dans son principe comme dans son application. »

1285. Déterminé par ces considérations et par le désir de fixer le mode de liquidation de l'impôt sans s'écarter des règles de la plus stricte équité, le Sénat fit subir au texte adopté par la Chambre de profondes modifications qui furent acceptées par celle-ci, et la loi fut enfin définitivement votée en ces termes le 28 déc. 1880 (Journ. off., 29 déc. 1880):

« Art. 3. L'impôt établi par la loi du 29 juin 1872 sur les produits et bénéfices annuels des actions, parts d'intérêt et commandites, sera payé par toutes les sociétés dans lesquelles les produits ne doivent pas être distribués en tout ou en partie entre leurs membres. Les mêmes dispositions s'appliquent aux associations reconnues et aux sociétés ou associations même de fait existant entre tous ou quelques-uns des membres des associations reconnues ou non reconnues.

« Le revenu est déterminé :

« 1° Pour les actions, d'après les délibérations, comptes rendus ou documents prévus par le premier paragraphe de l'art. 2 de la loi du 29 juin 1872;

« 2° Et pour les autres valeurs, soit par les délibérations des conseils d'administration prévues dans le troisième paragraphe du même article, soit par la déclaration des représentants des sociétés ou associations, appuyée de toutes les justifications nécessaires, soit, à défaut de délibérations et de déclarations, à raison de 5 p. 100 de l'évaluation détaillée des meubles et des immeubles composant le capital social.

« Le payement de la taxe applicable à l'année expirée sera fait, par la société ou l'association, dans les trois premiers mois de l'année suivante, sur la remise des extraits des délibérations, comptes rendus ou documents analogues, et de la déclaration souscrite conformément à l'art. 16 de la loi du 22 frim. an 7.

« L'inexactitude des déclarations, délibérations, comptes rendus ou documents analogues, peut être établie conformément aux art. 17, 18 et 19 de la loi du 22 frim. an 7, 13 et 15 de celle du 23 août 1871.

« Chaque contravention aux dispositions qui précèdent et à celles du règlement d'administration publique qui sera fait, s'il y a lieu, pour leur exécution, sera punie conformément à l'art. 5 de la loi du 29 juin 1872.

« Sont maintenues toutes les dispositions de cette dernière loi et du règlement d'administration publique du 6 déc. 1872 qui n'ont rien de contraire aux présentes dispositions. »

1286. Le résultat qu'on se proposait d'atteindre par le vote de cette disposition fut loin d'être obtenu. L'intention formelle du Parlement avait été d'assujettir à la taxe tous les produits des associations religieuses nonobstant l'absence de toute distribution dans le sens de la loi du 29 juin 1872. Mais le Sénat avait en partie laissé le payement de l'impôt à la discrétion des contribuables en les autorisant, dans la plupart des cas, à déterminer eux-mêmes la valeur imposable au moyen d'une déclaration.

Cette déclaration, à laquelle les associations visées par la loi avaient toujours la faculté de recourir lorsqu'elles n'étaient pas constituées par actions, devait être à la vérité appuyée de pièces justificatives. Mais l'Administration n'était pas en mesure de contrôler efficacement les justifications produites, notamment parce que le droit de communication ne lui appartenait pas dans les sociétés par intérêt, et que l'exercice de ce droit dans les congrégations religieuses reconnues lui était contesté.

En ce qui concerne les sociétés par actions, le revenu passible de la taxe devait être déterminé d'après les délibérations, comptes rendus ou documents prévus par le premier paragraphe de l'art. 2 de la loi du 29 juin 1872. Mais, par suite de combinaisons diverses, que le Trésor était impuissant à déjouer, il résultait presque toujours de ces documents que la matière imposable faisait entièrement ou presque entièrement défaut.

Enfin, l'impôt ne frappait que les produits des biens appartenant à l'association. Or, il fut constaté qu'il n'était pas impossible de faire passer la propriété de ces biens sur la tête de tierces personnes, sans que l'association intéressée fût pour cela privée de leurs produits.

1287. Suivant le tableau annexé au rapport de M. Brisson sur le projet modifié par le Sénat, il existait en France, en 1879, 672 congrégations autorisées (32 congrégations d'hommes et 640 congrégations de femmes), 593 congrégations non autorisées (136 congrégations d'hommes et 457 congrégations de femmes), soit en tout 1265 congrégations, possédant ou occupant, en dehors de leur fortune mobilière, plus de 40,000 hectares, d'une valeur locative de 29,525,391 francs et d'une valeur vénale de 712,538,980 francs. D'après les prévisions de la commission du budget, l'impôt de 3 p. 100 établi par la loi du 28 déc. 1880 devait rapporter annuellement 1,350,000 francs. Or, il a produit 211,000 francs en 1882 et 170,000 francs en 1883.

1288. Dans cette situation, il a paru nécessaire d'adopter de nouvelles mesures, et une disposition tendant à mettre la loi en harmonie avec la pensée qui l'avait inspirée a été insérée dans le projet de budget de l'exercice 1885. Cette disposition est venue en discussion à la Chambre des députés dans la séance du 20 déc. 1884. M. Boulanger, directeur général de l'Enregistrement, chargé de la soutenir en qualité de commissaire du gouvernement, a exposé en ces termes les circonstances qui la justifiaient au point de vue fiscal :

« Nous avons l'intention de placer les communautés religieuses sous la même loi que les sociétés ordinaires. La loi de 1872 renferme une disposition que nous voulons tout simplement appliquer à ces communautés. Cette disposition contient un paragraphe ainsi conçu : « L'impôt sur le revenu est « établi sur les parts d'intérêt et commandites, à défaut de « délibération, sur l'évaluation à 5 p. 100 du capital social. » Au Sénat, lorsque cette question est venue en discussion, on a ajouté à cette disposition, en faveur des congrégations religieuses, quelque chose qui n'existe pas pour les sociétés ordinaires, et c'est l'exception ainsi introduite qui a causé toutes nos difficultés. Alors que le forfait de 5 p. 100 est imposé d'une manière absolue aux compagnies qui n'ont pas d'actionnaires et que le bénéfice de la déclaration leur est refusé, il a été admis, à la suite d'un amendement introduit en séance publique, que les congrégations religieuses pourraient, à la différence des sociétés, faire une déclaration de leurs produits.

« En pratique, qu'est-il arrivé? C'est que nous n'avions aucun moyen de constater la sincérité de ces déclarations, et nous nous sommes trouvés en présence de cette insuffisance énorme de revenu qui justifie la proposition contenue dans la loi de finances.

« Vous dites, et cet argument a pu faire impression sur certains esprits : « Mais 5 p. 100 sur les immeubles nous pa- « raît un impôt excessif; une grande partie de ces immeubles « sont consacrés au culte et ne rapportent pas 5 p. 100. » Permettez-moi, Messieurs, de vous rappeler quel est le fondement même de la loi. Nous ne demandons à appliquer aux communautés religieuses que le droit commun.

« Or, quel est le droit commun en matière de société?

« La loi de 1872 atteint, sans exception aucune, tous les

produits de l'association. Les produits de l'association, en matière de société, ne se composent pas simplement du revenu des immeubles, mais de toutes les sommes qui lui parviennent par un moyen quelconque. Ils se composent aussi de toutes les sommes que la société reçoit à titre gratuit. Cette question est absolument décidée par la jurisprudence ; par conséquent, nous sommes autorisés à dire : Nous voulons atteindre les congrégations religieuses dans leurs revenus composés de toutes les sommes qu'elles reçoivent à titre gratuit, sous quelque forme que ce soit, parce que tel est le droit commun des sociétés ordinaires. Si nous connaissions le revenu réel des congrégations religieuses, si nous avions à notre disposition un moyen pratique de l'établir juridiquement, nous nous en serions contentés. Si nous ne rencontrions pas des résistances considérables pour pénétrer dans les congrégations religieuses comme dans les sociétés ordinaires, si nous avions la certitude de trouver des documents absolument certains, absolument sérieux, nous consulterions ces documents de la même manière que nous consultons les délibérations des assemblées générales d'actionnaires, et nous établirions nos comptes. Mais vous savez que nous ne le pouvons pas. Nous sommes placés en présence de congrégations qui nous refusent l'examen de leurs écritures. Nous voulons faire cesser ces résistances par un commandement du législateur. Nous nous trouvons en présence de congrégations religieuses qui ne veulent pas nous permettre de vérifier leurs déclarations et de déterminer, par des documents sincères, tous les éléments qui doivent entrer dans leur revenu, comme ils entrent dans les produits imposables des sociétés ordinaires. Dans l'impossibilité absolue d'y parvenir, nous avons cherché un équivalent. Nous l'avons trouvé en prenant pour base des évaluations de notre forfait la seule chose actuellement en cause, l'importance des biens possédés et occupés par les congrégations, et en calculant sur le total, à raison de 5 p. 100, le montant du revenu. » (Journ. off., 21 déc. 1884.)

1289. L'extension de la taxe au revenu des biens *occupés* a été expliquée de la manière suivante par M. Boulanger, lors de la discussion au Sénat, dans la séance du 27 déc. 1884 :

« On nous a reproché d'avoir étendu l'application de cette règle aux biens occupés par les congrégations.

« Nous avons eu, pour le faire, deux raisons. La première, c'est que les immeubles occupés par les congrégations, dans le sens juridique du mot, servent à l'œuvre religieuse, à ce qu'une récente jurisprudence appelle l'effort de l'institution. De même qu'un établissement commercial sert à l'industrie du négociant, sert à développer ses affaires et constitue pour lui un instrument de bénéfices, de même il nous a paru que les immeubles occupés par les congrégations leur servaient aussi pour obtenir des produits, pour développer leur influence, et, en définitive, pour faire ce que j'appelais tout à l'heure leur œuvre religieuse.

« Ensuite nous avons eu une autre préoccupation, et, sur ce point, Messieurs, je demande la permission de donner encore quelques détails.

« Après avoir soumis le patrimoine des congrégations religieuses à deux enquêtes successives, l'une en 1879 et l'autre en 1884, nous avons constaté que l'importance totale de ce patrimoine n'avait pas beaucoup changé. Il y a eu quelques aliénations. Voici les chiffres : en 1879, la valeur totale des biens possédés et occupés par les congrégations était de 720 millions ; en 1884, elle était de 700 millions ; mais en 1884 il s'est produit une transformation. Les biens possédés par les congrégations, et surtout par les congrégations non autorisées, ont diminué de 150 millions, les biens occupés ont augmenté de 130 millions. Vous voyez que, pour ainsi parler, ce qui était à droite a passé à gauche ; mais ces 130 millions de biens, par qui sont-ils détenus aujourd'hui ? Ils sont détenus, pour 70 millions, par les sociétés civiles qui ont été formées entre religieux du même ordre, et, pour le reste, par des religieux individuellement.

« Eh bien, voici comment nous avons raisonné : Si on établit le forfait sur les biens dont les congrégations sont propriétaires, si cette transformation du patrimoine s'accentue, si elle s'accomplit sous l'empire de préoccupations que vous connaissez, nous n'arriverons qu'à un résultat négatif ou singulièrement amoindri. Nous avons donc maintenu le forfait sur ceux possédés et occupés. Comme d'ailleurs ce forfait était absolument conforme aux résultats rationnels que nous avons déterminés par l'enquête très attentivement poursuivie, nous avons assis la taxe sur les biens occupés et les biens possédés. C'est, Messieurs, ce que vous avez vous-mêmes décidé ce matin ; vous avez complètement ratifié les propositions du gouvernement à cet égard (Journ. off., 28 déc. 1884.)

. . . .

« Nous avons aussi une autre catégorie d'immeubles, disait encore M. le commissaire du gouvernement, ceux qui sont occupés par les congrégations. Pourquoi en faire abstraction ? Permettez-moi de vous en citer un seul exemple.

« Les Chartreux ne possèdent pas d'immeubles ; ils occupent simplement, à titre précaire, moyennant un loyer de 500 francs payé à l'État (Décret du 6 juin 1857 ; relevé inséré au Journal officiel, avril 1881, Chambre, annexes, session de 1880, p. 348 et 349), ce magnifique paysage que vous connaissez, des biens qui ont une valeur peut-être de 1,800,000 francs à 2 millions. C'est avec la jouissance temporaire de ces immeubles qu'ils exercent leur industrie et peuvent réaliser les bénéfices considérables de leur fabrication. Je crois donc que nous étions autorisés à prendre pour base, dans l'évaluation des produits de toute nature réalisés par chaque communauté, les immeubles occupés par elle, puisque c'est dans ces immeubles qu'elle accomplit les œuvres à l'occasion desquelles sont réalisés ses produits et qu'elle obtient les revenus que nous voulons atteindre. » (Séance du 20 déc. 1884, Journ. off., p. 2995.)

1290. Après un vif débat, le texte suivant a été définitivement voté par les deux Chambres, et est devenu l'article 9 de la loi de finances du 29 déc. 1884, publiée au Journal officiel du lendemain :

« Art. 9. — Les impôts établis par les art. 3 et 4 de la loi de finances du 28 déc. 1880 seront payés par toutes les congrégations, communautés et associations religieuses, autorisées ou non autorisées, et par toutes les sociétés ou associations désignées dans cette loi, dont l'objet n'est pas de distribuer leurs produits en tout ou en partie entre leurs membres.

« Le revenu est déterminé à raison de 5 p. 100 de la valeur brute des biens meubles et immeubles possédés ou occupés par les sociétés, à moins qu'un revenu supérieur ne soit constaté, et la taxe est acquittée sur la remise d'une déclaration détaillée faisant connaître distinctement la consistance et la valeur de ces biens.

« Ces sociétés seront assujetties aux vérifications autorisées par l'art. 7 de la loi du 21 juin 1875.

« Sont maintenues toutes les dispositions de la loi du 28 déc. 1880 qui n'ont rien de contraire à la présente loi. »

1291. L'Instruction n° 2651, n° 27, fait observer que la loi du 28 déc. 1880, promulguée au Journal officiel du 29, est devenue exécutoire dans plusieurs départements à partir du 31 du même mois, et qu'un certain nombre de sociétés ou associations auraient pu, en conséquence, se trouver dans l'obligation d'acquitter, pour le dernier jour de l'année 1880, une taxe minime et de fournir à cette occasion, pour l'ensemble des opérations de ladite année, les divers documents exigés par la loi. Elle ajoute que, dans le but d'épargner à ces sociétés des formalités hors de proportion avec le montant de la taxe exigible, il a été décidé que l'article 3 ne leur serait appliqué qu'à partir du 1er janvier 1881.

1292. Quant à la loi du 29 déc. 1884, promulguée au Journal officiel du 30, l'instruction n° 2712 fait remarquer qu'elle est devenue exécutoire dès le 1er janvier 1885, et que ses dispositions gouvernent par conséquent toutes les opérations de l'année 1885.

1293. ALGÉRIE. — Un décret du 3 janvier 1887 a déclaré exécutoire en Algérie l'article 3 de la loi du 28 décembre 1880 et l'article 9 de la loi du 29 décembre 1884. 22,768 J.

CHAPITRE II. — SOCIÉTÉS ET ASSOCIATIONS ASSUJETTIES A LA TAXE.

1294. Les dispositions combinées des lois spéciales des 28 déc. 1880 et 29 déc. 1884, qui servent de complément à la loi du 29 juin 1872 et en développent le principe, visent distinctement, d'une part, les congrégations, communautés et associations religieuses, et, d'autre part, les sociétés ou associations n'ayant pas le caractère de sociétés ou d'associations religieuses, mais dont l'objet n'est pas de distribuer leurs produits en tout ou en partie entre leurs membres.

Chacune de ces catégories d'associations est soumise à des règles particulières quant à l'exigibilité de l'impôt. Il est donc essentiel de les distinguer soigneusement.

ART. 1er. — *Congrégations, communautés et associations religieuses.*

§ 1er. — Loi du 28 décembre 1880.

1295. La loi du 28 déc. 1880 ne désignait pas nominativement les congrégations, communautés et associations religieuses; elle se bornait à assujettir à la taxe, d'une manière générale, les sociétés et associations dans lesquelles les produits ne doivent pas être distribués en tout ou en partie entre leurs membres, à viser les associations reconnues sans se préoccuper de leur caractère, et à assimiler expressément les sociétés et associations de fait aux sociétés et associations régulièrement constituées.

1296. **Congrégations et communautés reconnues.** — Les congrégations et communautés reconnues tombaient néanmoins sous l'empire de la loi précitée. Ce point n'a jamais fait difficulté. Les établissements dont il s'agit constituent, en effet, de véritables associations de personnes, et, d'autre part, les produits qu'ils réalisent ne doivent jamais être distribués entre leurs membres. La non-distribution des bénéfices est pour ainsi dire de leur essence. Les associés ne possèdent aucun droit actuel ou éventuel de propriété sur les biens de l'association. Aussi a-t-il été jugé avec raison que les membres d'une communauté religieuse autorisée, exclus de l'association en conformité des statuts, ne peuvent demander le partage des bénéfices et économies faits par la communauté (Seine, 4 juin 1831; Dalloz, Jur. gén., v° Culte, n° 678). Bien plus, même en cas de dissolution ou d'extinction de la congrégation ou communauté, les biens qui en dépendent ne sont pas répartis entre ses membres. S'agit-il d'une congrégation ou maison religieuse de femmes, les biens provenant de libéralités par actes entre vifs ou par testament font retour aux donateurs ou à leurs parents au degré successible, ainsi qu'aux parents au même degré des testateurs; le surplus de l'actif est attribué moitié aux établissements ecclésiastiques, moitié aux hospices du département dans lequel était située la congrégation ou communauté disparue. Il n'est accordé aux religieuses qu'une simple pension alimentaire sur les meubles et immeubles de la congrégation ou communauté dissoute. L. 24 mai 1825, art. 7.

S'agit-il d'une congrégation ou maison religieuse d'hommes, son patrimoine se trouve dévolu à l'État, en vertu de l'article 713 du Code civil, à supposer que la loi ou le décret d'autorisation n'en ait pas réglé la destination, et que les dispositions de la loi du 24 mai 1825 doivent être considérées comme spéciales aux congrégations et maisons religieuses de femmes et non susceptibles d'être étendues aux congrégations et maisons religieuses d'hommes.

Associations de personnes, dont les membres ne peuvent s'approprier les produits, telle est en résumé la situation des congrégations et communautés religieuses reconnues, et cette situation les plaçait directement sous l'empire de la loi du 28 déc. 1880. — Rapp. *infra*, n°s 1302 et suiv.

1297. — **Congrégations et communautés non reconnues.** — Une congrégation ou communauté religieuse n'a, comme telle, aucune existence légale, si elle n'a pas été reconnue. Elle se révèle alors sous les traits d'une simple association, d'une nature particulière, ou d'une société ordinaire constituée dans l'une des formes tracées par la législation civile ou commerciale. Elle est régie, en toute hypothèse, par les seuls statuts de son institution. Rien ne s'oppose donc, en principe, à ce qu'une congrégation ou communauté non reconnue opère la distribution de ses bénéfices et procède au partage de son actif, soit pendant sa durée, soit à l'époque fixée pour sa dissolution. Dans ces conditions, les congrégations et communautés non reconnues ne rentraient pas *de plano* dans la catégorie des associations atteintes par la loi du 28 déc. 1880; elles n'étaient soumises aux dispositions de cette loi qu'autant qu'elles s'étaient formellement interdit la distribution totale ou partielle de leurs produits, ou que cette interdiction, sans être exprimée d'une manière explicite, résultait cependant de leur organisation. En d'autres termes, elles étaient placées, quant au principe de l'exigibilité de l'impôt et au mode de liquidation de la taxe, sous le même régime que les associations n'ayant pas le caractère d'associations religieuses. Les règles que nous indiquerons ci-après en traitant de ces dernières leur étaient, par suite, de tout point applicables. — Rapp. *infra*, nos 1340 et suiv.

1298. **Sociétés et associations particulières.** — Ce que nous venons de dire des congrégations et communautés non reconnues s'applique, par identité de motifs, aux sociétés et associations qui, sans constituer par elles-mêmes des congrégations ou communautés proprement dites, auraient néanmoins le caractère d'associations religieuses. Cette remarque concerne notamment les sociétés et associations religieuses formées entre membres d'une congrégation ou communauté reconnue, mais ayant une existence propre et une individualité distincte et indépendante de celle de cette congrégation ou communauté. — Rapp. *infra*, nos 1308 et suiv., 1318 et suiv.

1299. **Tontines.** — V. *infra*, n° 1331.

§ 2. — Loi du 29 décembre 1884.

1300. **Principe.** — A la différence de la loi du 28 déc. 1880, la loi du 29 déc. 1884 vise spécialement les « congrégations, communautés et associations religieuses, autorisées ou non autorisées ». Elle les frappe comme telles et ne subordonne à leur égard l'exigibilité de la taxe à aucune autre condition que ce caractère de congrégation, de communauté ou d'association *religieuse*.

« En ce qui concerne les congrégations religieuses, porte l'Inst. n° 2712, la modification apportée à la loi de 1880 fait désormais dépendre l'exigibilité de l'impôt non plus du fait de la prohibition expresse ou tacite d'une répartition individuelle des bénéfices, mais de la nature même de l'association qui les réalise. Du moment qu'une association présente les caractères d'une communauté religieuse, elle est régie de plein droit par l'art. 9 de la loi du 29 déc. 1884, sans qu'il y ait à rechercher si elle a été ou non reconnue, si elle poursuit un but de spéculation ou si elle se consacre à des œuvres de charité, de quelque nature qu'elles soient. Il importe peu également qu'elle ait adopté l'une des formes autorisées pour les sociétés commerciales ou que ses statuts lui permettent de procéder à une distribution de ses produits. La généralité des termes employés par le législateur interdit toute distinction fondée sur le but ou la forme de l'institution ou sur la possibilité d'une distribution. »

Si la précision du texte n'excluait toute controverse, on pourrait au besoin invoquer dans ce sens les motifs de l'arrêt rendu par la Cour de cassation le 27 nov. 1889, en matière de droit d'accroissement. Les termes de cette décision sont, en effet, très catégoriques et s'appliquent même à la taxe sur le revenu. « Dans la loi de 1884, dit la Cour, le législateur ne s'est pas borné à soumettre au droit d'accroissement, *comme à la taxe sur le revenu*, les congrégations en général... mais encore il a disposé, en termes exprès, que le droit d'accroissement serait, *tout comme la taxe sur le revenu*, payé par toutes les congrégations, communautés et associations religieuses, autorisées ou non autorisées, *sans plus énoncer aucune autre condition d'exigibilité que cette seule qualité*. 23,308 J.; 7342 R. p.; 8196 Rev. not.; 17,668 Contr.; Inst. 2788; 24,431 J. N.; D. P., 90, 1, 180.

1301. On doit donc tenir pour certain que les congrégations, communautés et associations religieuses tombent sous l'application de la loi du 29 déc. 1884, par cela seul qu'elles sont des congrégations, communautés ou associations religieuses, quelle que soit leur forme, qu'elles soient autorisées ou qu'elles ne le soient pas, qu'elles n'aient qu'une existence de fait ou qu'elles soient constituées régulièrement, qu'elles aient le caractère prédominant de la société suivant la définition de l'art. 1832 du Code civil ou qu'elles ne l'aient pas, qu'elles distribuent leurs bénéfices ou qu'elles les réservent. Il en résulte, notamment, qu'une association religieuse ne serait pas fondée, pour se soustraire au payement de la taxe, à invoquer, le cas échéant, l'art. 1er de la loi du 1er déc. 1875, qui dispense de l'impôt les produits des parts d'intérêt dans les sociétés commerciales en nom collectif.

1302. **CARACTÈRE DISTINCTIF DES CONGRÉGATIONS, COMMUNAUTÉS ET ASSOCIATIONS RELIGIEUSES.** — Le législateur n'a pas défini ce qu'il faut entendre par congrégation, communauté ou association religieuse. La question offre cependant une importance capitale, du moment que les congrégations, communautés et associations religieuses sont assujetties à la taxe à raison même de leur caractère, tandis que les associations d'une autre nature ne sont soumises à l'impôt qu'autant que leurs produits ne doivent pas être distribués en tout ou en partie entre leurs membres.

1303. **Congrégations et communautés religieuses.** — « Dans le langage ordinaire, enseigne Dalloz, les mots de congrégation religieuse et de communauté ou d'association religieuse sont employés comme synonymes. Il y a cependant entre ces sortes d'établissements des différences essentielles. D'une part, la communauté religieuse est une association de personnes qui s'engagent à vivre en commun sous l'empire de la même règle. La congrégation, au contraire, est la réunion de plusieurs communautés soumises à la même règle, vivant sous une direction unique et se proposant le même but. En ce sens, la congrégation est un faisceau de communautés réunies sous un supérieur général, comme la communauté est un faisceau d'individus soumis à la direction d'un supérieur particulier.

« D'autre part, les ordres ou les congrégations, envisagés au point de vue du droit canonique, sont des associations dont les membres font des vœux et dont la règle immuable est approuvée par l'autorité ecclésiastique compétente. Sans cette double condition, il n'y a pas réellement, aux yeux de l'Église, d'ordre monastique ou de congrégation religieuse : car, ce qui les caractérise, c'est l'existence de vœux et d'une règle commune canonique approuvée à laquelle on promet d'obéir, en un mot, l'institution canonique. » D. P., 89, 1, 25 *ad notam*.

On peut donc définir la congrégation ou la communauté religieuse une association de personnes du même sexe qui, dans un but religieux, s'engagent à vivre en commun sous l'empire de certains statuts particuliers, approuvés par l'autorité ecclésiastique compétente.

On distingue, sous ce rapport, d'une part, les congrégations et communautés reconnues, et, d'autre part, les congrégations et communautés non reconnues.

1304. *Congrégations et communautés reconnues*. Les congrégations et les communautés légalement reconnues sont des personnes morales, capables de recevoir à titre gratuit, d'acquérir à titre onéreux, avec l'autorisation du gouvernement, d'ester en justice, etc... V. Dict. des Réd., v° Congrégations religieuses.

Le fait de leur existence, seule condition exigée pour l'application de la loi du 29 déc. 1884, ne peut soulever aucune contestation dans la pratique, puisqu'il est constaté par la loi même ou le décret qui les autorise.

1305. *Congrégations et communautés non reconnues*. A l'égard du pouvoir civil, les congrégations et communautés religieuses non reconnues ne sont, comme telles, que de simples associations sans personnalité juridique. Malgré cette situation anormale, le fait de leur existence sera toujours facile à établir ; il est d'ailleurs bien peu vraisemblable qu'il soit jamais dénié ; il se révèle, en tout cas, par des signes extérieurs non équivoques : la vie en commun des affiliés, le port du même habit religieux par chacun d'eux, leur soumission ostensible à l'autorité d'un même supérieur et à une même règle, la communauté du but.

« Attendu, porte en ce sens un arrêt de la Cour d'Agen du 11 mars 1840, que toutes les circonstances de la cause démontrent que l'établissement de Vic-Fezensac est une congrégation religieuse de femmes ; qu'il est certain qu'elles y vivent en communauté ; qu'en rentrant dans la maison, elles prennent ou il leur est donné un nom de religion, tel que celui de sœur Saint-Ange, sœur Saint-Louis, et qu'elles sont constamment désignées par ces noms ; qu'elles portent un costume uniforme ; qu'elles reconnaissent une supérieure ; que, si elles ne sont pas cloîtrées, si elles peuvent paraître au dehors, si elles se livrent à l'instruction de jeunes filles, elles n'en jouissent pas moins en commun des ressources de la congrégation, et elles exercent dans l'intérieur toutes les pratiques religieuses, tous lesquels faits constituent essentiellement une communauté religieuse. » Dalloz, Jur. gén., v° Culte, n° 682.

« Attendu, lit-on dans un arrêt de la Cour de Nîmes du 22 nov. 1839, que les premiers juges ont à bon droit reconnu qu'il existe dans la commune de Lalouvèze une communauté religieuse de femmes, sous le nom de Sœurs de Saint-Régis, et qu'elles sont assujetties à une règle, portent un costume particulier, prononcent des vœux, ont une supérieure dont elles reconnaissent l'autorité, un directeur spécial, et se disent elles-mêmes religieuses... » Dalloz, *loc. cit.*, n° 681.

Pour démontrer l'existence d'une congrégation ou communauté religieuse non reconnue, l'Administration est, au surplus, autorisée à recourir à tous les modes de preuve compatibles avec la procédure écrite, instituée en matière d'enregistrement. Par conséquent, nul doute qu'elle ne puisse, en cas de besoin, invoquer de simples présomptions. Comp., *infra*, n° 1326.

1306. *Forme adoptée par la congrégation ou communauté*. Les congrégations et communautés religieuses étant régies par la loi du 29 déc. 1884, à raison de leur seul caractère, il n'y a pas à se préoccuper, pour la perception, de la forme qu'elles peuvent avoir adoptée. Dès qu'on est en présence d'une congrégation ou communauté religieuse, peu importe qu'elle se soit constituée en société par intérêt, en société anonyme, ou de toute autre manière ; ce point reste indifférent, et la forme de son institution ne saurait en aucun cas soustraire la congrégation ou communauté à l'application de la loi du 29 déc. 1884, pour la placer sous le régime soit de la loi du 29 juin 1872, soit de la loi du 28 déc. 1880, qui subordonne l'exigibilité de la taxe à l'interdiction, pour la société ou association, de distribuer ses produits en tout ou partie.

1307. *But de la congrégation ou communauté. Établissement charitable*. Par le même motif, il n'y a pas lieu d'avoir égard à la nature du but poursuivi par la congrégation ou communauté. Il n'y a donc pas à distinguer entre les congrégations et communautés qui se consacrent exclusivement aux bonnes œuvres et celles qui se livrent à des entreprises plus ou moins profanes de leur nature, soit pour en retirer des bénéfices, soit dans tout autre but.

Cette solution, commandée par la généralité du texte, résulte d'ailleurs des travaux préparatoires de la loi du 29 déc. 1884. Au cours de la discussion, en effet, un amendement avait été présenté au Sénat par un membre de la haute Assemblée, M. Clément, en vue d'exonérer « les établissements religieux consacrés aux malades, aux infirmes, aux enfants et aux vieillards indigents ». Cette proposition a été combattue en ces termes par M. le directeur général Boulanger, en qualité de commissaire du gouvernement :

« Si la disposition proposée par M. Clément, et qui lui a été inspirée par un sentiment élevé auquel je rends hommage, était insérée dans la loi, elle créerait des difficultés d'application très considérables, et je vous demande la permission de vous en montrer quelques-unes que j'ai relevées tout à l'heure en prenant des notes sur l'amendement. Il y a des congrégations qui s'occupent à la fois de l'éducation et des secours aux malades. Dans ce cas, nous dit-on, on fera une ventilation. Une telle ventilation, qui s'appliquerait au forfait du capital, pour rechercher si telle valeur mobilière ou immobilière est appliquée plutôt à l'instruction qu'au soin des malades, donnerait assurément lieu à de très grandes difficultés. Le service ne serait pas en état d'établir une ventilation pareille. Certaines communautés soignent des malades qui ne sont pas indigents. Vous parlez d'une manière générale d'établissements consacrés aux malades ; mais que ferons-nous s'ils reçoivent aussi des malades qui ne sont pas indigents et qui payent des pensions ? Vous indiquez ensuite les établissements consacrés aux enfants indigents. Qu'est-ce que cela veut dire, les enfants indigents ? Ainsi, les sœurs de Saint-Vincent-de-Paul reçoivent des enfants indigents, mais elles les emploient à des travaux industriels productifs. Je veux vous lire à ce sujet le passage très court d'un rapport de M. le président Brisson : « D'après « les documents officiels et contradictoires établis par la Pré- « fecture de police et par le Ministère du commerce, en exécu- « tion de la loi sur le travail des enfants dans les manufactures, « les sœurs de Saint-Vincent-de-Paul possèdent, dans la Seine « seulement, soixante-cinq établissements de lingerie, de con- « fection, de ganterie, de fleurs, etc. Elles cèdent ces objets « aux grands magasins de nouveautés et à des conditions qui « rendent bien difficile la situation des autres ouvrières. Elles « emploient trois mille sept cents jeunes filles. » Voilà donc une société qui apparemment entretient des enfants indigents, mais vous voyez que cet entretien peut être pour la communauté la source de véritables profits commerciaux. On peut aller extrêmement loin dans cette voie ; vous déposeriez dans votre loi un germe de mort. Et, d'ailleurs, comment établiriez-vous que ces congrégations sont exclusivement consacrées aux malades et aux indigents ? Comment voulez-vous que je constate moi-même ces faits-là ? Est-ce que les sociétés religieuses qui font du commerce ne viendront pas mettre dans leurs statuts qu'elles se consacrent dorénavant aux malades ? Alors, que voulez-vous que je fasse ? Je ne pourrai que m'incliner, et l'impôt ne sera pas perçu. »

Ces considérations ont déterminé le rejet de l'amendement.

1308. Associations religieuses. — La loi du 29 déc. 1884 ne se borne pas à viser les congrégations et communautés, elle étend ses dispositions aux « associations religieuses ».

Le terme générique d'association embrasse non seulement les sociétés définies par l'art. 1832 du Code civil, non seulement les associations qui répondent plus ou moins à la définition dont il s'agit, en ce qu'elles ont pour objet la recherche d'un avantage matériel ou pécuniaire, mais encore, d'une manière absolue, toute réunion de personnes qui se lient ou s'affilient pour agir dans un but commun. L'engagement mutuel, en vue d'une action collective dans un même but, voilà ce qui constitue l'association. Peu importe la nature du but poursuivi et les moyens choisis pour l'atteindre. « L'association, enseigne en ce sens M. Béquet, est le fait de plusieurs personnes qui se réunissent pour se concerter et pour agir dans un but commun. » (Rép. de dr. adm., v° Association, n° 1.) L'association se distingue donc de la simple réunion de personnes en ce que celle-ci n'implique pas de concert ni d'engagement réciproque entre ceux qui la composent. L'association a d'ailleurs un caractère de permanence que la réunion ne possède pas : une association se poursuit, des réunions se succèdent.

Dès qu'on est en présence d'une association caractérisée, offrant les éléments d'une association religieuse, la loi du 29 déc. 1884 est applicable, sans plus de conditions, l'association n'eût-elle qu'une existence de fait.

1309. Une association religieuse peut évidemment exister, en fait, avec ce caractère, sans avoir besoin de remplir d'une manière absolue toutes les conditions requises par la loi ecclésiastique pour la constitution des congrégations et communautés, et sans que ses statuts imposent, par exemple, à ses adhérents l'obligation de se lier par des vœux.

Ainsi, d'après un arrêt de la cour de Rennes du 22 mars 1887, on ne saurait considérer comme une congrégation religieuse, *dans le sens canonique du mot*, un groupe de prêtres réunis dans une habitation commune, qui, simples membres du clergé séculier, ne relèvent que de l'ordinaire, ne prononcent pas de vœux, ne sont liés entre eux par aucun engagement, conservent la libre disposition de leurs personnes et de leurs biens, et, en dehors d'un règlement intérieur, n'ont pas de statuts soumis à l'approbation de l'autorité épiscopale. Toutefois, si ces prêtres prennent le même titre, ont le même domicile et sont placés sous la direction d'un supérieur nommé par l'évêque diocésain, pour se livrer ensemble à des études ou des exercices de piété, en participant aux dépenses communes, ils forment une communauté ou une agrégation qui rentre, par son caractère de perpétuité, dans la catégorie des associations religieuses. D. P., 89, 1, 25.

1310. On ne saurait, d'ailleurs, prétendre qu'une association religieuse ne peut exister comme telle qu'autant qu'elle est susceptible, sans avoir besoin de modifier ses statuts, d'être reconnue par l'Eglise en qualité de congrégation ou de communauté. Ce système conduirait à décider qu'une association religieuse ne peut se former qu'entre personnes du culte catholique. On ne rencontre en effet, semble-t-il, chez les calvinistes, par exemple, aucune juridiction ecclésiastique compétente pour sanctionner une association, lui conférer des droits ou lui imposer des devoirs religieux. Il convient donc d'admettre que toute association constituée dans la forme des communautés et congrégations présente le caractère d'une association religieuse. En pareille matière, le fait domine, et, au point de vue du droit civil ou fiscal, il ne saurait être question, pour l'interpréter, de s'en tenir rigoureusement à certaines règles canoniques, sans application obligatoire en dehors de leur domaine particulier. Des règles de cette nature, dans le cas qui nous occupe, ne peuvent être invoquées autrement que par voie d'analogie. Ainsi, d'après Dalloz, la loi canonique impose le désintéressement complet aux membres des congrégations et communautés, qui doivent faire vœu de pauvreté (Jur. gén., v° Culte, n° 401). Conclure de là qu'une association n'obligeant pas ceux qui en font partie à souscrire un engagement semblable, n'est pas une association religieuse, ce serait se mettre en opposition directe avec la loi même du 29 déc. 1884, puisqu'elle a eu précisément pour objet de soumettre à la taxe les associations religieuses dans lesquelles la distribution des produits n'est pas interdite.

1311. A l'origine, l'Administration a soutenu que toute association poursuivant un but religieux constitue par cela seul une association religieuse. Cette thèse a été présentée au tribunal de la Seine dans les circonstances suivantes.

Il a été formé en 1879, pour une durée de cinquante ans, entre trois prêtres séculiers et les personnes qui pourraient successivement devenir propriétaires des parts créées, une société civile, connue sous le nom d'Ecole Fénelon, ayant pour objet l'exploitation d'un établissement d'instruction et d'éducation pour les jeunes gens. Suivant les statuts, les bénéfices réalisés doivent être répartis chaque année entre les sociétaires. D'après le programme de l'établissement, « l'Ecole Fénelon a pour objet de donner aux enfants une éducation chrétienne unie à l'enseignement de l'université. Les prêtres qui la dirigent travaillent à fortifier et éclairer la foi des enfants qui leur sont confiés et à développer leurs qualités naturelles en les formant aux vertus chrétiennes ». Tous les élèves « doivent suivre les exercices du catéchisme de persévérance qui ont lieu à l'Ecole, indépendamment des catéchismes de leurs paroisses ».

L'Administration a pensé que ces indications révélaient de la part des fondateurs un mobile essentiellement religieux et que la société tombait, en conséquence, sous l'application de la loi du 29 déc. 1884. « Le caractère d'une association religieuse, a-t-elle dit devant le tribunal, doit être déterminé par l'objet de son institution, tel qu'il ressort des statuts, actes ou faits de nature à lui être opposés; il se manifeste particulièrement par son but de propagande religieuse. Dans l'espèce, l'association a pour but, d'après ses statuts, l'exploitation d'un établissement d'instruction, mais le résultat qu'elle veut atteindre, tel qu'il ressort des termes du prospectus de l'École, est surtout religieux. L'Ecole a pour objet de donner aux enfants une « éducation chrétienne; les élèves doivent suivre « les exercices du catéchisme de persévérance, les prêtres qui « dirigent l'Ecole travaillent à fortifier et à éclairer la foi des « enfants qui leur sont confiés ». Toutes ces dispositions font nettement ressortir l'objet religieux de l'association, dont le maintien est assuré par la direction qui en est confiée à des ecclésiatiques. »

1312. Ces considérations n'ont pas prévalu et ne pouvaient prévaloir. Le tribunal de la Seine a statué en ces termes par un jugement du 3 mai 1889 :

« Attendu que, depuis sa fondation en 1879 jusqu'à l'année 1885, la Société de l'Ecole Fénelon a payé, en exécution de la loi du 29 juin 1872, la taxe de 3 p. 100 sur les dividendes par elle distribués aux propriétaires de parts d'intérêt; mais qu'à la suite de la promulgation de la loi du 29 déc. 1884 l'Administration de l'enregistrement a émis la prétention de percevoir ladite taxe, non plus sur les bénéfices distribués, mais sur le revenu évalué à 5 p. 100 de la valeur brute des immeubles possédés ou occupés par cette société, conformément à l'art. 9 de cette dernière loi ;

« Attendu qu'il résulte des termes de cet article que le nouveau mode de perception qu'il établit n'est applicable qu'aux congrégations, communautés et associations religieuses autorisées ou non autorisées, ou aux sociétés ou associations formées entre leurs membres et dont l'objet n'est pas de distribuer leurs produits, en tout ou en partie, entre les associés; — Que toutes les autres sociétés continuent d'être régies par la loi de 1872; — Que, par associations religieuses, ledit article entend exclusivement celles qui présentent les caractères des communautés religieuses, ainsi que l'Administration de l'enregistrement l'a reconnu elle-même dans l'instruction du 3 juin 1885, c'est-à-dire celles où l'on rencontre à la fois la destination pieuse, la règle spirituelle et le lien religieux qui sont de l'essence de toute congrégation, communauté ou association religieuse;

« Attendu que ces conditions n'existent pas dans la Société de l'Ecole Fénelon ; — Que les membres de cette société, investis de cette qualité par le seul fait de l'acquisition des parts d'intérêt, ne sont unis par aucun lien religieux; — Qu'ils ne sont soumis qu'aux règles civiles édictées par les statuts; — Que le but qu'ils poursuivent en commun est un but purement temporel, à savoir le partage des bénéfices produits par l'exploitation de l'Ecole; — Que, si celle-ci, fidèle à la pensée à la fois pieuse et libérale de son fondateur, unit à l'enseignement de l'Université l'éducation chrétienne, elle ne saurait cependant être considérée comme un établissement congréganiste, puisque les prêtres qui la dirigent appartiennent tous au clergé séculier, et que, d'autre part, les élèves suivent les cours d'un lycée de l'État et reçoivent l'enseignement religieux du clergé paroissial ; — Que la société opposante ne constitue donc, sous aucun rapport, une association religieuse;

« Attendu qu'elle ne rentre pas non plus dans la catégorie des sociétés formées entre les membres des associations religieuses que l'art. 9 de la loi de 1884 assimile à ces associations pour la liquidation de la taxe; — Qu'aucun de ses membres n'appartient à un ordre religieux; — Que tous sont ou des laïques ou des prêtres séculiers;

« Attendu enfin que les statuts donnaient expressément à l'assemblée générale la faculté de distribuer une part des bénéfices; — Que les produits de l'Ecole ont été, en fait, distribués toutes les fois qu'ils n'ont pas été absorbés par les charges; — Que l'art. 15 nouveau des statuts a rendu cette distribution obligatoire, et que, sous ce rapport encore, l'application de la loi de 1872 s'impose, à l'exclusion du mode spécial de liquidation établi par la loi de 1884. » 23,260 J.; 7330 R. p.; D. P., 90, 3, 39.

1313. Le tribunal exige, pour qu'une association tombe sous l'application de la loi de 1884, la réunion des deux conditions suivantes : 1° la destination pieuse; 2° la règle spirituelle et le lien religieux. La première n'a pas besoin d'être justifiée. Disons seulement que la destination dont il s'agit ici doit s'entendre dans le sens d'une destination principale : l'association, en d'autres termes, doit être constituée surtout en vue d'un but religieux, et, si son objet principal est, comme dans l'espèce, essentiellement temporel, si elle a été surtout formée en vue d'une exploitation industrielle et commerciale et pour en recueillir les bénéfices, il importe peu qu'à cet objet principal se joigne un but accessoire d'un caractère moins profane que le premier.

La seconde des conditions exprimées par le tribunal n'est pas moins nécessaire que la première. Une association de personnes qui ne sont pas unies entre elles par une règle spirituelle et par un lien religieux ne saurait constituer une association religieuse, quel que soit d'ailleurs le but qu'elle poursuit. Peut-être n'est-il pas nécessaire que l'engagement qui lie les associés entre eux sous une règle commune soit irrévocable, comme celui qui résulte des vœux religieux; mais encore faut-il qu'il y ait un engagement quelconque, puisqu'à son défaut il n'y aurait pas, au point de vue religieux, d'association, mais une simple agrégation de fait, sans force obligatoire, ni civile, ni morale, pour les membres qui en feraient partie.

Dans tous les cas, on ne peut qu'approuver le tribunal d'avoir, dans l'espèce, refusé le caractère d'association religieuse à une société civile formée entre des membres qu'aucun lien religieux n'unissait; qui, étant les uns laïques, les autres prêtres séculiers, n'étaient pas placés sous l'autorité d'une règle spirituelle commune et obligatoire pour tous, et qui, en outre, s'étaient associés dans le but profane d'exploiter un établissement d'instruction secondaire et de se partager les bénéfices résultant de cette exploitation. Il est évident que le caractère religieux de l'instruction donnée dans l'établissement ne pouvait suffire, à lui seul, pour faire ranger la société dans la classe des associations visées par la loi du 29 déc. 1884.

1314. En résumé, l'association religieuse prévue par la loi du 29 déc. 1884 est celle qui est formée, dans un but religieux, entre personnes soumises à une règle spirituelle commune et unies par un lien religieux. L'obligation de vivre en commun ou de porter un costume particulier ne semble pas, dès lors, absolument indispensable pour la caractériser.

D'autre part, il convient de remarquer qu'une association établie entre personnes unies par une règle spirituelle commune et un lien religieux ne perd pas le caractère d'association religieuse par cela seul qu'elle n'a pas une destination exclusivement pieuse. Ce qu'il faut considérer, c'est la destination principale de l'association. Si, par exemple, en se réunissant, les associés ont été déterminés surtout par la volonté de se consacrer à la vie religieuse et de s'assujettir à cet effet au même lien, ainsi qu'à la même règle spirituelle, peu importe qu'ils s'adonnent accessoirement à des occupations ou des entreprises sans rapport direct avec la vie religieuse, ou même étrangère à son objet, telles que l'enseignement, le commerce, etc. Le caractère dominant de l'association est seul à envisager pour l'application de l'impôt. Rapp. *infra*, nos 1318 et suiv.

1315. *Associations entre prêtres séculiers. Associations mixtes.* D'après ce qui précède, on ne saurait, ce semble, considérer comme une association religieuse la société formée, même dans un but pieux, entre des prêtres séculiers ou des personnes qui ne seraient pas toutes unies entre elles par un lien religieux et une règle spirituelle commune, puisque cette condition est indispensable pour constituer l'association religieuse.

Cette opinion ne paraît pas contredite par l'arrêt de la Cour de Rennes, cité *supra*, n° 1309; car cette décision, pour attribuer le caractère d'association religieuse à l'agrégation de prêtres séculiers contre laquelle elle a été rendue, constate que ces prêtres étaient soumis à l'autorité d'un même supérieur nommé par l'évêque, ce qui semble impliquer qu'il existait entre eux une règle et un lien religieux, indépendants de leur qualité de prêtres.

Toutefois, d'après une solution du 12 juin 1890, on doit considérer comme association religieuse une société anonyme fondée à l'origine entre plusieurs membres d'une congrégation, bien que, sur les 148 actions émises, 20 aient été ultérieurement cédées à des laïques.

« En fait, porte cette solution, il est constant que depuis 1866 (date de la fondation de la société) jusqu'en 1888, toutes les actions ont appartenu à des religieuses de la congrégation de M... R... Si, à cette époque, des laïques ont été introduits dans l'association, ceux-ci ne possèdent que 20 actions sur les 148 qui représentent aujourd'hui le capital social; les 128 actions restantes sont encore aux mains de religieuses. Dans cette situation, on est fondé à soutenir que le caractère de l'œuvre n'a pas changé; que la société dissimule toujours la congrégation; que la grande majorité des sociétaires étant des religieuses, la société n'a pas cessé de constituer une association religieuse. »

Il s'agissait, dans l'espèce, d'une société ayant pour objet « la création et la direction d'asiles et de maisons de retraite pour les personnes qui veulent se retirer du monde et vivre en commun ». Les statuts autorisaient la distribution des bénéfices.

1316. *Culte non catholique.* Il semble superflu de faire observer qu'une association religieuse n'a pas besoin d'être formée entre personnes du culte catholique pour tomber sous l'application de la loi du 29 déc. 1884. Cette loi place, en effet, tous les cultes sur la même ligne, du moment qu'elle ne crée d'exception en faveur d'aucun.

1317. *Jurisprudence administrative.* L'Administration a acquiescé à la doctrine résultant de la décision précitée du tribunal de la Seine. V. *supra*, n° 1312.

Elle a notamment reconnu que le caractère d'association religieuse n'appartient pas à des sociétés fondées, dans les mêmes conditions que la société de l'École Fénelon, pour l'exploitation de maisons d'enseignement. Sol. 7 fév. 1890, 8 avril 1890.

Elle s'est prononcée dans le même sens au sujet d'une société ayant pour objet la construction et l'administration d'un temple israélite. Sol. 11 fév. 1890.

Toutes ces décisions ont été déterminées par ce motif qu'en fait on se trouvait en présence de sociétés « ne formant ni une réunion de personnes soumises à une règle spirituelle commune, ni une agrégation de membres de communautés religieuses. »

1318. **Associations particulières entre membres d'une congrégation ou d'une communauté religieuse.** — *Quid* des associations entre personnes faisant partie d'une congrégation ou d'une communauté religieuse?

Si l'association comprend tous les membres de la congrégation ou communauté, elle se confond avec celle-ci. Aussi cette hypothèse n'est pas celle que nous nous proposons d'envisager. Nous voulons parler seulement des associations particulières qui s'établissent entre quelques membres d'une congrégation ou d'une communauté.

Les associations de ce genre ne tombent pas de plein droit sous l'empire de la loi du 29 déc. 1884; car cette loi frappe, non toute association fondée entre des religieux, mais, ce qui est différent, les associations religieuses, de sorte qu'il est indispensable de considérer, non seulement la qualité des personnes associées, mais encore la destination de l'association.

Une association entre religieux resterait donc soumise aux dispositions de la loi du 29 juin 1872, ou de la loi du 28 déc. 1880, suivant les cas, si sa destination ne permettait pas de la ranger dans la catégorie des associations religieuses.

1319. La question n'offre pas de difficulté lorsque l'association a une destination religieuse. Cette circonstance lui imprime, en effet, le caractère d'association religieuse, puisqu'on suppose les associés déjà soumis à un même lien religieux et à une règle spirituelle commune. Or, la qualité d'association religieuse qui lui appartient suffit à la placer directement sous l'empire de la loi du 29 déc. 1884.

Mais quel est le signe de la destination religieuse de l'association?

Nous avons fait remarquer, *supra*, n° 1314, qu'une association n'a pas besoin d'avoir un but exclusivement religieux pour revêtir le caractère d'association religieuse. En pareille matière, l'intention des parties, révélée par les termes du contrat ou les circonstances de fait, semble déterminante.

Si l'association a pour but principal de permettre ou de faciliter à ses membres l'exercice de la vie religieuse à laquelle ils se sont voués, on doit y voir, sans nul doute, une association religieuse. C'est ainsi qu'il a été reconnu qu'une société universelle de gains formée dans le but de vivre en commun et de se consacrer à des œuvres de bienfaisance et d'humanité, constitue une association religieuse, du moment que l'organisation de cette société est toute monastique d'après la qualification que se donnent les associés (celle de trappistes), et d'après les règles qu'ils observent (celles de Saint-Benoît). Cass., 26 fév. 1849; Dall., Jur. gén., v° Culte, n° 679.

1320. On rencontre très fréquemment des sociétés civiles entre religieux, ayant pour but déclaré la vie en commun à l'aide des soins réciproques et des ressources mutuelles des associés, qui apportent, les uns leur industrie, les autres des biens corporels, meubles ou immeubles, leur appartenant en propre. La vie en commun étant l'un des modes de la vie religieuse, on ne saurait nier la destination religieuse de telles associations sans se mettre en opposition avec le fait le plus sensible. Il est, en effet, manifeste que les fondateurs de ces sociétés ne sont inspirés par aucune idée de lucre ou d'intérêt temporel; leur préoccupation est de s'assurer, dans certaines conditions qu'ils jugent favorables, le moyen d'observer les engagements spirituels qui les unissent.

1321. D'une manière plus générale, on peut dire qu'une association établie entre membres d'une communauté ou d'une congrégation a une destination religieuse, et constitue, par suite, une association religieuse, toutes les fois qu'elle a pour fin de concourir, à côté de la congrégation ou de la communauté même, à l'œuvre de celle-ci. Ainsi, à moins de circonstances exceptionnelles, il faudrait, selon nous, présumer le caractère d'association religieuse à une société civile contractée, pour l'exploitation d'un établissement d'instruction, entre membres d'une congrégation enseignante. Dès lors que l'enseignement constitue pour la congrégation l'accomplissement de son œuvre, il semble difficile de méconnaître la destination pieuse de l'association formée entre quelques-uns de ses membres pour donner l'instruction dans les mêmes conditions ou dans des conditions analogues. Il importe peu que l'association puisse réaliser des bénéfices, ou même que l'idée d'en réaliser n'ait pas été absolument étrangère à sa création, si elle n'a pas été fondée principalement en vue du gain qui pourrait en provenir. Si le tribunal de la Seine a refusé de considérer la société de l'Ecole Fénelon comme ayant le caractère d'une association religieuse, ce n'est pas (outre l'absence de lien et de règle spirituelle entre ses membres) parce que l'entreprise était de nature à donner des produits, c'est parce qu'elle avait été constituée surtout en vue d'en obtenir : « Le *but* poursuivi en commun, a dit le tribunal, est un but *purement temporel*, à savoir *le partage des bénéfices produits par l'exploitation de l'École.* »

Mais le partage du gain, s'il est prévu ou ordonné par les statuts de la société établie entre religieux dans les conditions susindiquées, suffit-il pour démontrer à lui seul que l'association n'a pas une destination pieuse? La négative semble devoir être adoptée, lorsqu'il est prouvé, soit par les termes du contrat, soit par des circonstances extrinsèques, que la constitution de la société a eu pour mobile moins le désir de réaliser des bénéfices que la volonté de satisfaire à un pieux devoir, en coopérant d'une manière encore plus effective et efficace à l'œuvre générale de la congrégation ou communauté. La question ne se poserait même pas dans notre esprit si l'appropriation des bénéfices par les associés n'était qu'apparente ou momentanée; en d'autres termes, si les associés devaient compte à la communauté ou congrégation des produits dont ils auraient effectué la répartition entre eux. A cet égard, il est essentiel de ne pas oublier que les statuts de la plupart des congrégations imposent à leurs membres l'obligation d'abandonner « au commun » leurs revenus personnels et les avantages pécuniaires qu'ils retirent de leur propre industrie. La loi civile sanctionne-t-elle une semblable obligation? Ce n'est pas le cas de le rechercher. Dès qu'il est certain que l'engagement dont il est parlé a été pris, fût-il impossible de le ramener à exécution par les voies civiles, il paraît incontestablement permis de l'invoquer, non comme preuve, mais à titre de présomption, pour démontrer, s'il y a lieu, la simulation à laquelle il vient d'être fait allusion.

1322. Parmi les nombreuses hypothèses qu'on pourrait successivement envisager, citons encore celle d'une société civile instituée entre personnes appartenant à la même congrégation, pour l'acquisition ou l'exploitation d'immeubles. En soi, le fait de s'associer pour acheter des biens et en tirer profit n'a rien de religieux. L'opération est profane, si on la considère abstractivement. Mais, dans l'espèce dont il s'agit, quel est le but et par conséquent quelle est la destination de la société qui l'entreprend? Car c'est toujours là qu'il faut en revenir. Or, si les associés ont contracté avec l'intention dominante de faire servir leur association à la fin de la congrégation dont ils sont membres, on est autorisé à dire que cette association a une destination religieuse; on peut l'affirmer surtout si la congrégation est appelée à jouir du patrimoine social, soit en nature, soit par la perception directe ou indirecte des loyers ou fermages. Cette conclusion, tirée du motif de l'association, ne suppose pas que la propriété des biens dépendant de la société repose en réalité sur la tête de la congrégation; elle se justifie donc sans qu'il soit nécessaire de prétendre que les associés sont des prête-noms et d'établir la simulation du contrat de société.

1323. La jurisprudence a vu un véritable contrat de société dans l'acte par lequel des membres d'une congrégation religieuse acquièrent ou mettent en commun des immeubles, pour y fonder des établissements agricoles ou d'instruction, jouir des avantages de la vie commune, etc... V. Dict. des Réd., v° Réversion, n° 17 *in fine*.

La question de savoir s'il existe une société, au sens propre du mot, entre des membres d'une communauté religieuse devrait, si elle se posait, se résoudre d'après les principes généraux du droit rappelés au Dict. des Réd., v° Société. Mais cette question est indifférente pour l'application de l'impôt sur le revenu, du moment que la loi du 29 déc. 1884 soumet à la taxe non seulement les sociétés, mais encore les simples associations religieuses. La difficulté consiste donc à rechercher non pas si l'accord intervenu entre des religieux présente ou non les traits essentiels de la société proprement dite, mais si cet accord est constitutif d'une association dans l'acception générique du terme, et si l'association revêt ou non par sa destination le caractère d'une association religieuse. *Supra*, n° 1308.

1324 et 1325. Ne perdons pas de vue cependant que ceux qui entrent dans une congrégation ou communauté religieuse conservent la jouissance et l'exercice de leurs droits civils pour en user avec la libre faculté qui appartient à tous, et dans toute l'étendue de leur capacité personnelle, qui reste entière, ainsi que l'exprime un arrêt de la Cour de Paris du 21 fév. 1879. D. P., 80, 2, 225.

Rien ne s'oppose donc, en principe, à ce que des religieux d'un même ordre s'associent autrement que dans un but pieux. Tout se résout ici en une question de fait. Si la société fondée entre religieux n'a pas été contractée en vue de l'intérêt collectif de la congrégation à laquelle les associés sont affiliés, si elle n'apparaît pas pour ainsi dire comme une émanation de cette congrégation, si l'on ne peut prétendre qu'elle ait été établie pour lui permettre ou lui faciliter l'accomplissement de sa mission, si elle ne s'y rattache en un mot par aucun lien, on ne saurait évidemment tenir compte de l'existence de la congrégation pour décider si l'association qui comprend quelques-uns de ses membres a ou non une destination pieuse et constitue ou non une association religieuse.

La société formée entre religieux pour l'exploitation d'immeubles acquis en commun n'aurait donc pas le caractère d'association religieuse, malgré la qualité des contractants, si ceux-ci avaient en vue leur intérêt personnel et poursuivaient un but purement temporel.

Ce que nous disons d'une association ayant pour objet l'exploitation d'immeubles s'applique, par identité de motifs, à tout autre genre d'association.

1326. Congrégations, communautés et associations de fait. — La loi du 28 déc. 1880 vise d'une manière expresse « les sociétés ou associations *même de fait* existant entre tous ou quelques-uns des membres des associations reconnues ou non reconnues ».

« Cette disposition, fait observer l'Inst. n° **2651-8**, consacre uniquement sur ce point le droit appartenant, d'après la loi générale, à l'Administration. Celle-ci, en effet, est autorisée à établir, par les moyens de preuve dont elle dispose, l'existence des sociétés verbales donnant lieu à l'impôt. Ce droit lui a été reconnu par la jurisprudence (Inst. n° **2516**, § 2). Il sera exercé, pour l'application de la loi nouvelle, dans les mêmes conditions. Les actes opposables aux parties et les présomptions serviront à démontrer l'existence des sociétés de fait, à en déterminer le caractère et à prouver qu'elles sont, par leur nature ou par les conventions arrêtées entre les associés, soumises aux conditions qui justifient l'exigibilité de la taxe. »

La même règle continue d'être en vigueur sous l'empire de la loi du 29 déc. 1884, puisqu'elle dérive d'un principe général auquel cette loi ne déroge ni explicitement ni implicitement. Le texte prohiberait au besoin toute distinction entre les congrégations, communautés et associations de fait, et les autres. Les congrégations, communautés et associations religieuses sont assujetties par la loi de 1884 *à l'impôt établi par la loi de* 1880. Or, cet impôt atteignait même les associations de fait; il atteint donc aujourd'hui les congrégations, communautés et associations religieuses n'ayant qu'une existence de fait. La loi de 1884 vise au surplus « toutes les congrégations, communautés et associations religieuses, autorisées ou non autorisées », sans établir la moindre exception en faveur d'aucune, alors que les dernières n'ont souvent d'autre existence qu'une existence de fait.

Pour établir l'existence d'une congrégation, d'une communauté ou d'une association religieuse, l'Administration a la faculté de recourir à tous les modes de preuve du droit commun qu'il est possible d'employer sans s'écarter de la procédure écrite. — Comp. *supra* n°s 89 et 640.

1327. Congrégations, communautés et associations religieuses étrangères. — L'art. 3 de la loi du 28 déc. 1880 porte que « l'impôt établi par la loi du 29 juin 1872 sur les produits et bénéfices annuels des actions, parts d'intérêt et commandites, sera payé par toutes les sociétés » qu'il énumère. Or, la loi du 29 juin 1872 atteint les sociétés étrangères à raison des biens qu'elles possèdent en France. Enfin, d'après l'art. 9 de la loi du 29 déc. 1884, l'impôt établi par l'art. 3 de la loi du 28 déc. 1880 est dû par toutes « les congrégations, communautés et associations religieuses ». Il résulte de la combinaison de ces diverses dispositions que les congrégations, communautés et associations religieuses dont le siège est à l'étranger, sont assujetties au payement de la taxe de 3 p. 100 à raison des biens qu'elles possèdent ou occupent en France.

« La circonstance que la congrégation est de nationalité anglaise, exprime en ce sens une solution du 10 mars 1890, est indifférente, attendu que la loi du 29 déc. 1884 est conçue en termes généraux et ne comporte par suite aucune distinction entre les associations religieuses qui ont leur siège en France et celles qui sont de nationalité étrangère. Il suffit, pour que la taxe édictée par cette loi soit exigible, qu'une association religieuse quelconque possède ou occupe en France des biens meubles ou immeubles. » V. *infra*, n° 1376.

1328. Congrégations dissoutes. Décrets du 29 mars 1880. — Plusieurs décrets, en date du 29 mars 1880, ont prononcé la dissolution d'un certain nombre de congrégations dont les membres ont dû se disperser. S'il est constaté que quelques-uns des membres d'une congrégation dissoute se sont de nouveau réunis et observent en apparence la règle de leur ordre dont ils continuent de porter l'habit, peut-on les considérer comme formant une communauté ou association religieuse, passible de la taxe? L'affirmative ne semble pas douteuse. Une association religieuse doit la taxe par cela même qu'elle existe. Or, l'existence d'une association religieuse est un fait, et un fait ne cesse pas d'être réel parce qu'il est illicite. D'ailleurs, un grand nombre de congrégations, qui n'ont pas été dissoutes par les décrets de 1880, auraient pu l'être et ne subsistent qu'en vertu d'une pure tolérance du gouvernement. Toutes les congrégations non reconnues sont dans ce cas, de sorte que la situation de leurs membres ne diffère pas en droit de celle des congréganistes dont il vient d'être parlé. Du moment que la loi atteint, sans distinction, toutes les associations religieuses autorisées et non autorisées, aucune difficulté sérieuse ne paraît s'élever dans l'hypothèse à laquelle il est fait allusion.

1329. L'Administration s'est prononcée dans le sens de notre opinion par une solution du 28 janv. 1890, ainsi conçue :

« La société civile de Saint-Dominique d'A.., constituée en 1878 entre dix religieux dominicains, avec des clauses de réversion, d'adjonction de nouveaux membres et de non-distribution des produits, supprimées depuis par un acte du 25 janv. 1881, a déclaré avoir loué verbalement à deux de ses membres, du 1er janv. 1882 au 1er janv. 1884, et à raison de 4,800 francs par an, la propriété qu'elle possède à A..., rue R... Il résulte de la déclaration que l'immeuble était habité par MM G... et A..., locataires, et par deux domestiques, suivant l'usage des lieux.

« D'après une déclaration nouvelle souscrite le 9 janv. 1889, la location de la propriété aurait été consentie, pour l'année 1889, par M. G..., l'un des administrateurs de la société, à MM. A..., C... et R..., ce dernier prêtre non associé.

« Mais, en fait, il ressort des renseignements recueillis à la mairie d'A... que l'immeuble est habité non seulement par les trois locataires déclarés, mais encore par trois autres religieux, MM. G..., Z... et C..., le premier seul membre de la société civile, et par un domestique de nationalité hollandaise du nom de K...

« Il est établi, en outre, que si la chapelle des dominicains a été fermée lors de la mise à exécution des décrets de 1880, une autre chapelle a été ouverte à côté de l'ancienne, et qu'on y célèbre chaque jour un office religieux.

« Au résumé, sur dix membres de la société civile, trois, MM. A..., C... et G... habitent l'immeuble social, et appartiennent ou appartenaient à la congrégation dissoute des dominicains. Quant à MM. R..., Z... et C..., le premier, Français et électeur à A..., les deux autres, étrangers ayant souscrit, le 31 déc. 1889, une déclaration de résidence dans l'immeuble de la rue R..., on ignore s'ils font ou non partie de la congrégation de Saint-Dominique. D'autre part, il ne semble pas possible de s'assurer si la société civile poursuit son œuvre religieuse.

« En cet état des faits, la question s'élève de savoir si les personnes logées dans l'immeuble social ne forment pas une association religieuse et, par suite, si l'immeuble loué à trois d'entre elles n'est pas occupé dans le sens de la loi du 29 déc. 1884.

« A la demande de l'impôt de 3 p. 100 sur le revenu de la propriété, M. G. objecte que la congrégation des dominicains a été dissoute, en droit, par les décrets du 29 mars 1880, et, en fait, par l'expulsion du 4 novembre suivant. D'où la conséquence qu'il ne peut y avoir dans l'immeuble de la rue R... de communauté de dominicains.

« Tout porte à penser que cette assertion est inexacte.

« Tous les habitants de l'immeuble étant revêtus de l'habit dominicain, ainsi que cela est établi, on est fondé à croire que le personnel entier appartient à l'ordre de Saint-Dominique. Il est à noter, en outre, que les locataires paraissent vivre en commun ; qu'ils ont ouvert une chapelle attenante à celle qui servait autrefois aux dominicains; et il ne serait pas impossible, sans doute, de prouver qu'ils se livrent notamment à la prédication.

« Ces circonstances de fait semblent suffisantes pour caractériser une communauté religieuse. Il en résulte, en effet, que, nonobstant l'exécution des décrets de 1880, certains membres de la société de Saint-Dominique réunis à d'autres religieux dominicains forment une association de fait; qu'en conformité de leurs vœux, ils continuent l'œuvre religieuse de la congrégation.

« Par un jugement du 3 mai 1889 (*supra*, n° 1312), le tribunal de la Seine a décidé que par « associations religieuses », la loi du 29 déc. 1884 entend « celles qui présentent les ca- « ractères de communautés religieuses, c'est-à-dire celles où on « rencontre à la fois la destination pieuse, la règle spirituelle « et le lien religieux ». Il a reconnu, en même temps, qu'il existe des « sociétés formées entre les membres des associa- « tions religieuses, que l'art. 9 de la loi de 1884 assimile à ces « associations » pour la liquidation de l'impôt.

« Les religieux revêtus de la robe des dominicains, qui habitent en commun l'immeuble, paraissent atteints par la première de ces définitions, de même que la société civile formée entre dominicains rentrerait dans les termes de la seconde.

« Mais l'immeuble imposable à cause de sa destination religieuse ne saurait être frappé deux fois: d'une part, comme étant possédé par une société religieuse; d'un autre côté, comme étant occupé par une communauté. Il convient dès lors de réclamer la taxe du revenu collectivement à tous les religieux installés rue R...

1330. *Congrégations dissoutes et reformées à l'étranger.* Les congrégations dissoutes par les décrets de 1880, et qui se sont reformées à l'étranger à la suite de l'exécution de ces décrets, doivent l'impôt en France à raison des biens qu'elles y possèdent ou qu'elles y occupent par l'un ou quelques-uns de leurs membres, d'après la règle énoncée *supra*, n° 1327.

1331. Tontines. — Sous l'empire de la loi du 28 décembre 1880, l'Administration a reconnu, par plusieurs solutions, que l'acquisition faite en commun et en leurs noms personnels par plusieurs membres d'une congrégation religieuse non autorisée, avec clause d'accroissement de la part des prémourants au profit des survivants, ne donne pas naissance à une société. Elle en a conclu qu'il n'y avait pas lieu de réclamer aux acquéreurs la taxe de 3 p. 100 édictée par cette loi. L'une de ces solutions, en date du 6 juil. 1882, est ainsi conçue :

« Par un acte notarié du 12 nov. 1875, MM. C., R., A. et trois autres religieux, de la congrégation non autorisée des prêtres du S., ont acheté, moyennant 900,000 francs, divers immeubles situés à Paris. — Ce contrat porte que les six acquéreurs sont propriétaires des immeubles, avec des droits égaux, pour en jouir en commun pendant leur vie, et que la part des prémourants accroîtra aux survivants, de manière que le dernier survivant en reste seul propriétaire, avec tous les changements, améliorations; le tout à titre de pacte tontinier et de contrat aléatoire. — Des six acheteurs, deux sont décédés, et la mutation de leur part de copropriété au profit des quatre survivants a été assujettie au droit de 5 fr. 50 c. p. 100. — Aux termes d'un acte notarié du 1er oct. 1881, ces derniers ont vendu à un tiers, pour le prix de 1,100,000 francs, les immeubles qu'ils avaient achetés le 12 nov. 1875. — Un employé supérieur a pensé que la somme de 200,000 francs, formant la différence entre le prix d'achat (900,000 fr.) et le prix de revente des immeubles (1,100,000 fr.), constituait un bénéfice passible de la taxe de 3 p. 100, en vertu de la loi du 28 déc. 1880, art. 3, comme étant réalisé par des tontiniers ou associés de fait et par des personnes possédant pour une congrégation religieuse. — M. M., notaire des parties, conteste, en leur nom, l'exigibilité de l'impôt, en se fondant sur ce que les acheteurs étaient de simples communistes et non des associés, possédaient en leur nom personnel et non pour le compte de la congrégation, et enfin sur ce que, au surplus, cette association a cessé d'exister à la suite de l'exécution des décrets du 29 mars 1880, antérieurement, par conséquent, à la mise en vigueur de la loi du 28 décembre qu'on veut lui appliquer.

« La taxe ne paraît pas, en effet, devoir être exigée. — Ainsi que le fait observer l'Inst. 2651, n° 5, les associations visées par l'art. 3 de la loi du 28 déc. 1880 sont exclusivement celles qui ont le caractère prédominant de la société. — Or, c'est un principe de droit incontesté que les conventions tontinières, autorisées ou non, ne constituent pas des contrats de société dans le sens légal du mot. — « On ne doit point confondre « avec les sociétés les tontines... Une tontine ne présente ni « travail ni produit; c'est une simple convention par laquelle « les coïntéressés sacrifient à la chance d'un avantage per- « sonnel ce qu'ils auraient pu laisser à leurs héritiers. — ... « Dans une tontine, la somme des capitaux, une fois déter- « minée, reste toujours la même. L'industrie, le temps, les « spéculations n'y peuvent rien changer. Seulement, les « chances de survie, chances qui ne dépendent ni du travail « ni d'aucune industrie commune, favorisent quelques-uns « des coïntéressés par des bénéfices indépendants des volon- « tés et des efforts humains. » (Pardessus, Droit commercial, IV, 970.) — « Les tontines ne sont pas des sociétés, car l'in- « térêt des différentes parties n'est pas commun, mais indi- « viduel. Les unes profitent des décès des autres. D'ailleurs, « il manque encore à ces unions le caractère de la collaboration « active; on ne produit rien de nouveau... »(Boistel, Précis de droit commercial, p. 120, n° 155. — V. aussi p. 229, n° 328.) — « Ce ne sont pas des sociétés véritables que ces sortes d'as- « sociations appelées tontines, dans lesquelles des personnes, « en plus ou moins grand nombre, mettent chacune une « somme, à cette fin que la part des prémourants accroisse « à celle des survivants. Dans ce cas, chacun des contractants « n'a de bénéfices à attendre que d'éventualités sur lesquelles « la volonté humaine n'a aucune prise... » (Bravard-Veyrières, Manuel de droit commercial, chap. 3, p. 43.) — « Les tontines « se distinguent de la société en ce que la production de gain « y fait défaut. A la vérité, un avantage en peut résulter; mais « s'il est recueilli par l'une des parties, c'est toujours au dé- « triment de l'autre partie ou de ses héritiers. » (P. Pont, Sociétés, I, 73.) — MM. Aubry et Rau (IV, § 377, texte et n° 5), Delangle (Sociétés commerciales), Troplong, Dalloz, Vavasseur (Traité des sociétés, p. 641, n° 1054, et p. 642, n° 1055), professent la même opinion.

« La jurisprudence admet, comme la doctrine, que les acquisitions faites par plusieurs personnes, avec clause d'accroissement au profit des survivantes, ne créent pas, entre celles-ci, de véritables contrats de société. (Voir, en matière fiscale, les jugements suivants : Lourdes, 10 juin 1880 (21,834 J.; 5518 R. p.); Grenoble, 28 août 1880 (22,648 J. N.; 16,463 Contr.; 5771 R. p.); Nancy, 23 août 1881 (22,102 J.; 22,787 J. N.; 16,666 Contr.; 5843 R. p.) Ainsi, le fait que les sieurs C., R., A. et autres ont acheté, conjointement et avec clause d'accroissement, des immeubles à titre de pacte tontinier et de contrat aléatoire, sans stipuler qu'ils seraient unis par une société, n'a pas eu, par lui-même, pour résultat d'établir entre eux ce dernier contrat. Ce sont des coacquéreurs, des copropriétaires, des communistes, mais ce ne sont pas des associés. La taxe établie sur les associations par la loi du 28 déc. 1880 ne peut donc atteindre leur convention, ni les bénéfices qu'ils ont réalisés par suite de la revente de leurs immeubles. — L'Administration serait d'autant moins fondée à exiger cet impôt qu'après le décès de deux des acheteurs elle a perçu le droit de mutation dû pour la réversion de parts opérée au profit des survivants au taux de 5 fr. 50 c. p. 100, et non à 50 cent. p. 100, admettant ainsi que les acquisitions du genre de celle-ci créent, entre les parties, un simple état d'indivision exclusif de toute société.

« Mais si l'impôt de 3 p. 100 ne saurait être exigé des sieurs C. et autres, considérés en tant que personnes distinctes de la congrégation dont ils font partie, ne peut-on pas, du moins, soutenir qu'acheteurs simplement apparents, personnes interposées, ils ont possédé les immeubles jusqu'au 1er octobre 1881, date de la vente, pour le compte de leur ordre, et que, par suite, il y a lieu de comprendre à l'actif de celui-ci, pour le payement de la taxe, le revenu des biens dont il s'agit? — Cette question doit être résolue négativement. — Il n'est relaté, en effet, aucune circonstance permettant de prouver que les acheteurs n'ont été que des personnes interposées, acquérant en réalité non pour eux, mais pour la congrégation du S. Autrefois, il est vrai, cette association était installée dans les immeubles; mais elle en a été expulsée antérieurement à la loi du 28 déc. 1880 (novembre 1880); elle n'en a plus la jouissance de fait. Rien n'autorise donc à la considérer comme propriétaire ou usufruitière de ces biens. » 21,951 J.; — Conf. : Sol. 24 fév. 1882; 21,818 J.; 6033 R. p.; 6456 Rev. not.; 22,970 J. N.; — 14 juin 1882; 21,951 J.

1332. Les solutions précitées ont-elles cessé d'être applicables depuis la promulgation de la loi du 29 déc. 1884? La question n'est pas indifférente, surtout au point de vue du droit d'accroissement, comme nous aurons l'occasion de le constater. Les considérations suivantes peuvent être invoquées à l'appui de la négative.

La loi du 29 déc. 1884 ne vise que les congrégations, communautés et « associations » religieuses. Or, étant admis que l'acquisition à titre de pacte tontinier n'engendre pas par elle-même d'association entre les acquéreurs, il en résulte qu'elle ne saurait à elle seule rendre la taxe exigible sur les valeurs ainsi acquises, même par des religieux.

Si les biens compris dans l'acquisition sont « occupés » par une congrégation, communauté ou association religieuse, ils sont passibles de l'impôt, du chef de cette congrégation, communauté ou association, à titre de biens « occupés ». (V. *infra*, nos 1409 et suiv.) Il pourrait même se faire qu'ils fussent soumis à la taxe à titre de biens « possédés », s'il était établi que les acquéreurs apparents n'en sont pas les propriétaires réels et qu'ils ont traité comme prête-nom, pour le compte d'une communauté, congrégation ou association religieuse.

Mais s'ils ne sont ni possédés ni occupés par une communauté, congrégation ou association religieuse, ils se trouvent naturellement exonérés de la taxe, qu'on ne saurait réclamer aux acquéreurs du moment où on les suppose personnellement propriétaires non pas seulement apparents, mais réels, et qu'on ne peut les regarder comme associés par cela seul qu'ils ont acquis en commun. Associés, ils le sont sans doute en qualité d'affiliés à une même congrégation, mais ils ne le sont pas comme acquéreurs, et c'est exclusivement sous cette dernière qualité qu'il convient de les envisager, si l'on considère comme admis qu'ils ont acquis pour leur propre compte, et non pour celui d'une communauté, congrégation ou association religieuse.

A la vérité, une association fondée entre religieux n'a pas besoin de revêtir le caractère prédominant de la société pour être soumise à l'empire de la loi du 29 déc. 1884; mais encore faut-il qu'il existe une association dans le sens juridique du mot, pour que le texte soit applicable. Or, il est reconnu qu'une acquisition faite en commun, fût-ce avec clause de réversion, n'est pas par elle-même constitutive d'une association.

1333. Ces considérations ne sont pas sans valeur, mais semblent trop absolues.

Il est certain qu'une acquisition en commun, même avec clause de réversion, ne suffit pas pour constituer les acquéreurs en société. Le contrat de société défini par l'art. 1832 du Code civil implique une idée de spéculation, la poursuite d'un gain matériel à partager.

Mais il est non moins certain que la loi du 29 déc. 1884 atteint les simples associations religieuses, et qu'une association se distingue de la société proprement dite en ce qu'il n'est pas nécessaire qu'elle tende à la réalisation d'un profit pécuniaire, témoin les associations politiques, littéraires, scientifiques, artistiques, charitables, et d'une manière générale les réunions de personnes qui s'agrègent en vue d'une action commune, dans un but purement moral.

Or, l'acquisition en commun, si elle ne suggère pas forcément l'idée d'une association, n'en est pas non plus exclusive.

Nous serions, en conséquence, disposés à résoudre la difficulté par une distinction analogue à celle dont nous avons indiqué le principe en parlant des sociétés contractées entre religieux.

L'acquisition, dirions-nous, a-t-elle été faite, par exemple, afin de procurer aux acquéreurs le moyen de vivre en commun conformément à la règle qui les unit; a-t-elle eu lieu, non pas pour le compte de la congrégation (ce qui supprimerait la question), mais dans son intérêt, par exemple en vue de l'affectation des biens acquis à son service? Dans ce cas la qualité d'associés a dominé chez les acquéreurs. Ils ont acheté parce qu'ils étaient associés; l'acquisition procède donc d'une association, et cette association, étant donné son origine et sa fin, offre le caractère d'une association religieuse.

Les acquéreurs, au contraire, ont-ils agi dans un intérêt particulier et personnel, étranger au but qu'ils poursuivent en commun comme religieux, leur qualité de simples citoyens l'emporte et l'on ne saurait, sous ce rapport, les considérer comme associés.

Ajoutons encore que la distance qui sépare le pacte dit tontinier de la société civile se franchit aisément. Les explications que nous avons données *supra*, nos 655 à 659, pourraient, au besoin, trouver ici leur place.

Dans l'ordre d'idées où nous nous plaçons, il est à peine utile de faire observer que l'absence de clause de réversion ne serait pas de nature à permettre de soutenir qu'il n'existe pas d'association entre les acquéreurs, puisque l'existence de l'association ne découle pas de cette clause.

1334. Confréries. — « Les confréries, enseigne Dalloz, Jur. gén., v° Culte, n° 426, se rattachent naturellement aux congrégations religieuses. Ce sont des associations de piété ou de charité qui ont pour objet, soit de pratiquer en commun certains exercices de piété, de chanter l'office, de faire des processions, soit de soigner les malades indigents et d'ensevelir les morts. Leur établissement remonte au moyen âge. Elles ne pouvaient se former qu'avec l'autorisation de l'évêque et leur institution était considérée comme un acte de juridiction épiscopale. C'est aux évêques qu'il appartenait encore d'approuver leurs statuts et leurs officiers. Les confréries constituées par l'autorité de l'évêque formaient des corps pieux et ecclésiastiques, capables d'acquérir et de posséder certains biens, mais, comme les autres corps, elles furent abolies par la loi du 18 août 1792, qui, dans son art. 1er, supprima, avec les congrégations et corporations d'hommes et de femmes, « les familiarités, confréries, les pénitents de « toutes couleurs, les pèlerins et toutes autres associations « de piété ou de charité ». A l'époque du rétablissement du culte, les confréries ne furent pas rétablies par la loi organique. Elles ne le furent depuis par aucun acte législatif ou administratif. En 1816, un projet avait été préparé pour autoriser plusieurs confréries, mais il n'y fut pas donné suite. Nul doute, néanmoins, que de telles confréries ne puissent se former aujourd'hui encore dans les paroisses avec la permission des évêques ou même des curés. »

1335. La situation des confréries qui se sont formées ou reformées depuis l'époque de la Révolution, a fait l'objet d'un examen approfondi de la part de l'Administration, lors de la mise en vigueur de la loi du 28 déc. 1880. Le résultat de cet examen est consigné dans une solution rendue en ces termes le 18 mars 1882 :

« Il existe dans le département de... un grand nombre d'associations religieuses, désignées sous les noms de « Con-« fréries de pénitents, Confréries du Saint-Sépulcre, Confré-« ries de la Miséricorde », qui ont pour principal objet la pratique d'exercices pieux, l'assistance des malades et l'accomplissement des derniers devoirs envers les morts. — D'après certains renseignements, ces confréries posséderaient, pour leur propre compte, des chapelles, parfois même d'autres immeubles, des rentes, des créances productives d'intérêts, et trouveraient encore des ressources dans le produit de quêtes faites par leurs membres et de cotisations versées par eux. Quelques-unes seraient inscrites, pour les immeubles qu'elles occupent, à la matrice cadastrale et au rôle des biens de mainmorte. Dans certains actes, elles figureraient, en leurs noms personnels, comme prêtant ou empruntant. Enfin, elles auraient des comptes de recettes et de dépenses, des trésoriers et des conseils d'administration. — L'ensemble de ces circonstances a conduit à penser que ces confréries constituent des associations dans le sens de l'art. 3 de la loi du 28 déc. 1880 et que, par suite, il y a lieu d'exiger d'elles la taxe de 3 p. 100.

« Cette opinion ne paraît pas fondée. — « On appelle con-« fréries des réunions de personnes qui se consacrent à cer-« taines œuvres collectives de piété ou de charité. » (Encyclopédie du contentieux des conseils de fabrique, v° Confréries, p. 354.) — Les réunions de pénitents constituent des confréries. Ce point est admis par tous les auteurs qui ont traité de la législation des cultes. « Dans plusieurs départements, « enseigne Gaudry, des confréries ont une véritable importance « qui peut aller jusqu'à intéresser l'Administration publique : « nous voulons parler des confréries connues sous le nom de « Pénitents, Frères de la Miséricorde, etc. » (Traité de la législ. des cultes, II, p. 438.) M. Vuillefroy qualifie aussi les pénitents de confréries dans son Traité de l'administration du culte catholique (v° Confréries, p. 151, n. B.). La même qualification résulte encore d'un certain nombre de décisions administratives et judiciaires. (V. la Décis. minist. des cultes du 3 juin 1854, relative aux Pénitents de Montrejeau, et un jugement d'Evreux du 22 janv. 1855 concernant la confrérie de charité d'Houlbec-Cocherel, rapp. dans l'Encyclop. des conseils de fabrique.) — L'art. 1er de la loi du 18 août 1792, relative à la suppression des corporations religieuses, classe d'ailleurs les pénitents au même rang que les « familiarités « et confréries » et dans une catégorie bien distincte de celle des congrégations. Ce point établi que les réunions de pénitents sont des confréries, on doit les considérer comme régies par la législation applicable à ces institutions. Or, il est de principe que les confréries ne possèdent rien, ni en droit, ni en fait; tous les biens dont elles ont l'usage appartiennent aux fabriques des églises paroissiales dans la circonscription desquelles elles se trouvent. Cela résulte : 1° d'un décret du 28 mess. an 13, portant que les rentes non aliénées et non transférées provenant des confréries sont attribuées aux fabriques; 2° de l'art. 36 du décret du 30 déc. 1809, qui dispose que les revenus de chaque fabrique se forment du produit des biens des compagnies; 3° d'un décret du 28 août 1810 approuvant un avis du Conseil d'État aux termes duquel « les biens des compagnies appartiennent aux fabriques... »; 4° de différentes décisions du ministre des cultes, notamment celles des 21 avril 1821, 16 avril 1831, 17 sept. 1849; 5° enfin, de l'opinion unanime des jurisconsultes qui se sont occupés de législation ecclésiastique. (V. Dalloz, v° Culte, n° 426, p. 851; Encycl. du contentieux des fab., p. 354, n° 3; Affre, Adm. des paroisses, p. 74, v° Biens des confréries, etc.)

« MM. Dalloz et Vuillefroy font observer que, dans l'état actuel de la législation, les confréries sont généralement considérées comme des « accessoires des fabriques des paroisses dans lesquelles elles sont établies » (Dalloz, v° Culte, n° 426, p. 841); comme des « accessoires du culte » (même auteur); comme des « dépendances des fabriques » (Vuillefroy, p. 154, n. a.). Ce dernier auteur ajoute que, lorsqu'un legs est fait à une confrérie, c'est la fabrique qui est réellement légataire, « quoique sous une fausse dénomination » (Vuillefroy, p. 154, Traité de l'adm. du culte cath., n. a.). Il suit de là que tous les biens considérés, dans l'espèce, comme appartenant aux confréries de pénitents du département, sont, en réalité, en capitaux et en revenus, la propriété des fabriques des paroisses dans le ressort desquelles elles sont instituées. Et il paraît en être ainsi non seulement en droit, mais encore en fait. (Enonciation des différentes circonstances desquelles il résulte que la confrérie de l'espèce avait agi, dans tous les actes, par l'intermédiaire de la fabrique, traitant en son nom.) En résumé, les confréries dont il s'agit, non seulement ne peuvent pas posséder légalement, circonstance qui ne suffirait pas pour les exonérer de la taxe; mais elles ne paraissent pas avoir, en fait, un patrimoine distinct de celui des fabriques; elles ne semblent pas pouvoir réaliser des produits et bénéfices pour leur propre compte. Dès lors, on ne saurait les considérer comme tombant sous l'application de la loi du 28 déc. 1880. » 21,879 J.; 22,933 J. N.

1336. Du moment que les confréries ne sont pas susceptibles d'avoir un patrimoine, on doit en conclure qu'elles ne peuvent tomber non plus sous l'application de la loi du 29 déc. 1884, qui édicte un impôt sur le revenu. On ne saurait, d'ailleurs, les assujettir aux dispositions de cette loi à raison des biens dont l'usage pourrait leur être concédé en fait. Car, en supposant que cet usage puisse être une source de produits, comme, en toute hypothèse, ces produits tomberaient dans le domaine de la fabrique au fur et à mesure de leur acquisition, il ne saurait être question de les imposer comme bénéfices réalisés par la confrérie.

Au surplus, si l'on peut à la rigueur considérer les membres d'une confrérie comme engagés dans un même lien par le fait de leur entrée dans l'association, il paraît bien difficile de les regarder comme soumis à une règle spirituelle commune, et, par suite, d'attribuer à la corporation le caractère d'association religieuse au sens juridique du mot.

1337. *Charités.* D'après une solution du 8 mai 1882, les associations désignées sous le nom de « Charités », qui existent dans certaines parties de la Normandie et ont pour objet l'accomplissement des derniers devoirs envers les morts, constituent des confréries et, par suite, n'étaient pas atteintes par la loi du 28 déc. 1880. 21,957 J.; 22,933 J. N.

Il faut reconnaître, en conséquence, qu'elles ne sont pas davantage touchées par la loi du 29 déc. 1884.

1338. **Etablissements ecclésiastiques n'ayant pas le caractère d'association.** — La loi du 29 déc. 1884 est spéciale aux sociétés et associations. Les établissements ecclésiastiques qui ne constituent pas des associations y échappent donc nécessairement. Tels sont les séminaires, fabriques, chapitres, diocèses, menses épiscopales, cures et succursales, consistoires, etc.

1339. **Etablissements gérés par des religieux.** — Les établissements qui reposent sur une association de personnes entre lesquelles n'existe aucune règle spirituelle commune, ne rentrent évidemment pas dans la catégorie des congrégations, communautés et associations religieuses, par cela seul que l'administration en est confiée à des congréganistes. Le principe en lui-même ne souffre aucune difficulté; il s'applique, notamment, aux œuvres de bienfaisance, telles qu'hospices, orphelinats, crèches, ouvroirs, etc., gérées par des membres d'une communauté religieuse pour le compte des laïques qui les ont fondées.

ART. 2. — *Sociétés et associations autres que les congrégations, communautés et associations religieuses.*

1340. **Généralités.** — Indépendamment des congrégations, communautés et associations religieuses, la loi du 29 déc. 1884 soumet à ses dispositions « toutes les sociétés et associations désignées dans la loi du 28 déc. 1880, dont l'objet n'est pas de distribuer leurs produits en tout ou en partie entre leurs membres ». Or, la loi du 28 déc. 1880 n'atteint précisément que les sociétés et associations « dans lesquelles les produits ne doivent pas être distribués en tout ou en partie entre leurs membres. » On en a conclu qu'après avoir nommé les congrégations, communautés et associations religieuses, qu'il assujettit à la taxe à raison de leur seul caractère et pour lesquelles il modifie le principe de la perception, le législateur de 1884 aurait pu se dispenser de viser de nouveau les autres sociétés et associations qui n'ont pas pour objet la distribution de leurs bénéfices, puisqu'elles étaient déjà frappées par la loi de 1880 et qu'en ce qui les concerne l'exigibilité de l'impôt reste subordonnée à la condition d'où elle dépendait déjà.

La critique ne paraît pas entièrement justifiée. Il faut prendre garde, en effet, que la loi du 29 déc. 1884 renferme une double innovation qui s'étend à toutes les sociétés et associations, sans distinction, « désignées dans la loi du 28 déc. 1880 »; car elle substitue, à l'égard de toutes, le forfait de 5 p. 100 aux différentes bases antérieurement admises pour la liquidation de l'impôt, et elle accorde à l'Administration le droit de communication dans toutes les sociétés et associations qu'elle embrasse, sans en excepter celles qui ne constituent pas des congrégations, communautés ou associations religieuses.

Quoi qu'il en soit, il est exact qu'abstraction faite des congrégations, communautés et associations religieuses, la loi du 29 déc. 1884 n'a pas une portée plus grande que la loi du 28 déc. 1880. En effet, il a été formellement entendu, lors de la discussion, que les mots « dont l'objet n'est pas de distribuer leurs produits en tout ou en partie », employés par la dernière loi, doivent être considérés comme ayant absolument la même signification que ceux-ci : « dans lesquelles les produits ne doivent pas être distribués en tout ou en partie », dont s'est servi le législateur de 1880. Conf. Instr. n° 2712.

De même que la loi de 1880, la loi de 1884 ne frappe donc que les sociétés et associations qui s'interdisent la distribution de tout ou partie de leurs bénéfices. Toutes les sociétés et associations dans lesquelles cette interdiction n'existe pas restent conséquemment soumises au régime établi par la loi générale du 29 juin 1872.

1341. NON-DISTRIBUTION DES PRODUITS. — Lorsqu'on ne se trouve pas en présence d'une congrégation, communauté ou association religieuse, il est donc nécessaire, pour l'application de la loi du 29 déc. 1884, d'établir que les produits de la société ou association ne doivent pas être distribués en tout ou en partie entre ses membres. « Cette circonstance, porte l'Instr. n° 2651-2, résulte de deux ordres de faits. Elle peut provenir d'abord des interdictions placées dans les statuts de la société ou dans les conditions de la convention qui en tient lieu. Elle peut résulter, en outre, en l'absence de toute convention statutaire, de la nature de l'association, s'il s'agit d'une société organisée dans des conditions ou sous un régime légal qui ne comportent pas la distribution des produits aux membres de la société. »

1342. **Sens du mot « produits ».** — Dans la loi du 28 déc. 1880 et, par conséquent, dans celle du 29 déc. 1884, le mot « produits » a exactement la même signification que dans la loi fondamentale du 29 juin 1872. C'est ce qui résulte expressément d'un arrêt de la Cour de cassation du 29 mai 1888 rapporté *infra*, n° 1425, et c'est, d'ailleurs, ce qui a été formellement entendu lors de la discussion de la loi du 28 déc. 1880. « En prenant le mot « produits » et en l'insérant dans l'art. 3 de la loi du budget, disait M. Wilson au Sénat, nous n'avons fait qu'emprunter une des expressions de la loi de 1872. Nous n'avons pas à interpréter des mots insérés dans la loi, quand nous nous référons à une loi existante comme celle de 1872, qui a donné lieu à beaucoup de décisions judiciaires qui en ont fixé la portée. Nous ne pouvons entrer dans l'examen de cette jurisprudence; *nous devons nous en référer purement et simplement à ses enseignements.* » Dalloz, 1881, 4, 99.

Les explications données *supra*, n°s 760 et suiv., sur le sens des mots *produits, bénéfices*, pourront, dès lors, être utilement consultées pour l'application de la loi du 29 déc. 1884.

1343. **Distribution partielle.** — « L'art. 3 (de la loi du 28 déc. 1880), dit très exactement l'Instr. précitée, n° 2651-3, prévoit les distributions totales ou partielles de produits. Le législateur a voulu, par cette énonciation, régler le cas où des sociétés, dans le but d'échapper à la taxe, limiteraient à une *partie* des produits la prohibition de distribution aux associés, et autoriseraient en conséquence la distribution du surplus, de manière à ne payer l'impôt que sur cette dernière portion. En désignant les sociétés « dans lesquelles les produits ne doivent pas être distribués *en tout* « *ou en partie* », l'art. 3 indique que la prohibition partielle de distribution sera assimilée à la prohibition totale. Les sociétés qui interdiraient la distribution d'une partie seulement des produits entre leurs membres, en la réservant à leur profit personnel, seraient donc régies entièrement par l'art. 3. Elles devraient acquitter la taxe de 3 p. 100, dans les conditions fixées par cet article, sur le montant intégral de leurs produits, même sur ceux dont la distribution a été autorisée ».

Ces observations n'ont rien perdu de leur valeur depuis la promulgation de la loi du 29 déc. 1884, et la règle qui en découle continue d'être applicable, puisque la loi nouvelle n'a pas modifié les conditions d'exigibilité de l'impôt et qu'elle vise expressément, comme la loi de 1880, les sociétés dont l'objet n'est pas de distribuer leurs produits *en tout ou en partie*.

1344. **Prohibition non absolue.** — Pour justifier l'application de la loi du 29 déc. 1884, il est indispensable que la prohibition, totale ou partielle, de distribution soit absolue et qu'elle ait pour résultat d'attribuer, d'une manière définitive, à la société les produits qu'elle concerne, de telle sorte que les associés ne puissent se les approprier sans contrevenir aux statuts ou au régime même de l'association. Ce point ressort nettement de la discussion de la loi du 28 déc. 1880, à laquelle la loi du 29 déc. 1884 n'a pas dérogé sous ce rapport, si ce n'est en ce qui touche les associations religieuses.

« Nous venons demander au Parlement, disait M. Wilson, sous-secrétaire d'Etat des finances, dans la séance du Sénat du 23 déc. 1880, nous venons demander au Parlement que, pour le cas où nous nous trouvons en présence d'une association dont les statuts contiennent cette clause, que les bénéfices ne seront *jamais distribués, pour ce seul cas*, il vote une disposition qui assujettisse ces sociétés à l'impôt. » Et il ajoutait, dans la même séance : « Quand ces sociétés (atteintes par la loi du 29 juin 1872) mettent à la réserve certains bénéfices, l'impôt n'est pas perçu. Pourquoi? Parce que la mise en réserve n'est pas une distribution effective et que dans l'esprit de la loi de 1872, c'est le fait de la distribution qui justifie la perception de l'impôt. Mais si ces bénéfices ainsi réservés échappent actuellement au droit, ils y deviennent soumis, dès que, sous une forme ou sous une autre, ils font l'objet de la distribution qui est le but essentiel de l'entreprise. Pourquoi vous proposons-nous aujourd'hui d'atteindre ces mêmes bénéfices? C'est parce que nous nous mettons en présence de sociétés ou d'associations dans lesquelles la distribution est *à jamais* interdite par les statuts. » Journ. off. du 24 déc. 1880, p. 12,782, col. 2, 12,784, col. 3.

« Ce qui rend la loi applicable, proclamait encore le même orateur dans la séance du Sénat du 24 déc. 1880, c'est « le « fait de la non-distribution *obligatoire* des dividendes. » Journ. off. du 25, p. 12,843, col. 3.

Les produits qui « ne doivent pas être distribués » ne sont donc pas ceux qu'il est permis de ne pas distribuer; ce sont ceux dont la distribution est impossible, soit que l'impossibilité résulte d'une convention expresse, soit qu'elle ait pour cause l'organisation même de l'association. Une prohibition temporaire de distribution ne suffirait pas, par conséquent, pour donner lieu à l'application de la loi du 29 déc. 1884. Il en serait de même si la non-distribution des produits, au lieu d'être obligatoire, était purement facultative.

1345. **Réserves.** — Ainsi, la loi n'atteint pas les sociétés dans lesquelles il est simplement stipulé « qu'une partie des bénéfices sera distraite des distributions périodiques pour constituer un fonds de réserve, de garantie ou de prévoyance. Les produits ainsi réservés ne sont pas attribués définitivement à la société, à l'exclusion des associés. Ceux-ci, au contraire, conservent sur ces produits un droit individuel dont l'échéance seule est retardée. La réserve demeure entre les mains de la société avec un caractère de disponibilité permanent qui permet de la faire servir à tout moment à une distribution. Il ne s'agit donc pas de produits qui ne *doivent* pas être distribués. » Instr. n° 2651-4.

1346. **Distribution en fin d'entreprise.** — La loi du 29 déc. 1884 est-elle applicable à une société contractée pour une durée limitée lorsque les statuts disposent que les produits ne pourront être distribués au cours de l'entreprise, sans en prohiber toutefois la distribution à l'époque fixée pour le terme de l'association?

D'après les considérations qui précèdent, la négative paraît devoir être adoptée.

En effet, pour que les sociétés autres que les associations religieuses soient placées sous le régime spécial créé par les lois de 1880 et de 1884, il faut que l'impossibilité de distribuer les produits résulte, d'une manière absolue, soit de la prohibition contenue dans les statuts, soit de la nature de l'association. Or, cette condition d'exigibilité n'est pas accomplie, dès lors que les statuts, tout en excluant la distribution des produits pendant la durée de l'entreprise, ne s'opposent pas à ce que ces bénéfices soient répartis en même temps que les autres valeurs composant l'actif social. Cette répartition, bien qu'elle soit la conséquence du partage du fonds social, n'en a pas moins le caractère d'une distribution de bénéfices au sens légal du mot. On doit même dire, avec M. Paul Pont, que « la part de chacun des associés dans les bénéfices ne peut être sûrement et, par suite, ne doit être calculée qu'au moment où la société arrive à son terme ». (Soc., n° 1477; Aubry et Rau, t. IV, p. 573.) Aussi, la jurisprudence décide-t-elle que la répartition, en fin d'entreprise, de la plus-value obtenue par le fonds social constitue une distribution passible de la taxe de 3 p. 100. (*Supra*, nos 773 et suiv.) On ne saurait donc, sans méconnaître l'autorité qui s'attache à cette jurisprudence, considérer comme « ne devant pas être distribués » les bénéfices qu'une société met en réserve au cours de sa durée, mais qui pourront être partagés entre ses membres lors de sa dissolution. Pour soutenir le contraire, il faudrait admettre que la condition de non-distribution prévue par la loi du 29 déc. 1884 doit s'entendre exclusivement de la non-répartition des produits pendant l'existence de l'association. Mais une telle interprétation est repoussée par le texte de la loi qui parle de bénéfices ne devant pas être distribués, sans restreindre le sens général de ces mots par une expression limitative et sans distinguer entre les distributions opérées au cours de la société et celles qui ont lieu après la dissolution. Comp. Seine, 15 juin 1883 (motifs), *infra*, n° 1349.

1347. *Prorogations successives de la société*. La question comporte-t-elle une solution différente lorsque la société, constituée pour une durée limitée, peut néanmoins se prolonger indéfiniment grâce à l'organisation qu'elle a reçue, et qui ne lui a été donnée quelquefois qu'en vue de lui permettre d'acquérir une sorte de perpétuité?

Ainsi, certaines sociétés se forment pour un temps déterminé, mais leurs statuts autorisent l'adjonction constante de nouveaux membres et stipulent que la prorogation de l'association pourra être décidée par la majorité des associés très longtemps à l'avance. Nous avons eu sous les yeux les statuts d'une société civile établie pour une durée de cinquante ans, avec faculté d'adjonction indéfinie de nouveaux associés, et dont la prorogation pouvait être décidée en assemblée générale, à la majorité des deux tiers des voix, dix ans avant l'expiration du terme fixé pour sa dissolution.

Il est clair qu'une telle société est destinée, dans la pensée de ses fondateurs, à ne jamais prendre fin, et, si ses statuts lui interdisent de distribuer ses produits, en tout ou en partie, pendant son existence, il est manifeste que cette interdiction équivaut, en fait, à une prohibition absolue de distribution. En fait, disons-nous, mais non pas en droit : car il n'est pas certain que la société sera prorogée; la prorogation n'est que conditionnelle et demeure soumise au consentement des associés, qui, pour un motif ou pour un autre, par suite d'une circonstance dépendante ou indépendante de leur volonté, pourront, le moment venu, ne pas le donner et même n'être pas en mesure de l'exprimer, hypothèse qui se réaliserait, par exemple, si les associations de la nature de la leur venaient à être défendues par une loi.

Le cas présentement envisagé ne diffère donc pas, en droit, de celui qui a été examiné sous le numéro précédent : les produits réservés ne sont pas attribués d'une manière définitive à la société; les associés pourront se les partager à l'époque de la dissolution de l'entreprise sans méconnaître aucune clause des statuts, la non-distribution étant subordonnée à la condition suspensive de la prorogation de la société.

Cette solution est peut-être très libérale, mais elle ne semble pas en opposition absolue avec les termes de la loi, et cette raison permet de l'admettre, car la loi, ayant un caractère exceptionnel, comporte une interprétation plutôt restrictive qu'extensive.

On peut invoquer dans le sens de l'opinion qui précède une décision du ministre des finances rendue, le 26 mai 1888, au sujet d'une société fondée pour une durée de vingt ans, avec faculté de prorogation pour une même période à la demande d'un certain nombre d'associés. La prorogation avait été décidée à l'expiration de la première période de vingt ans et pouvait l'être indéfiniment à l'expiration de chaque période. En fait, la perpétuité de l'entreprise était assurée par l'adjonction constante de nouveaux membres, prévue et autorisée par les statuts. D'autre part, aucune distribution de bénéfices ne pouvait avoir lieu au cours de la société, tous les produits devant être employés au payement de frais généraux, en acquisitions diverses et à la constitution d'un fonds de réserve. L'application de la loi du 29 déc. 1884 a été écartée par les motifs ci-après :

« La société A..., qui, créée d'abord sans capital (l'apport des associés consistait en cotisations à verser annuellement), possède aujourd'hui un mobilier, des actions de la société B..., et des droits éventuels contre cette dernière société, paraît tendre à constituer une sorte de mainmorte mobilière. D'une part, en effet, elle peut se prolonger indéfiniment par l'admission de nouveaux membres; d'autre part, les associés sortants ou décédés n'ayant aucun droit aux meubles et effets de la société, il s'opère une réversion de leurs droits au profit de l'être moral. On doit en conclure que les parts des associés sortants ou décédés de la société A... sont passibles du droit d'accroissement à 9 p. 100, par application de la loi du 28 déc. 1880. Mais l'impôt de 3 p. 100 sur le revenu n'est pas exigible, attendu que le contrat social ne prohibe pas d'une façon absolue la distribution, même partielle, des bénéfices, et prévoit, au contraire, l'hypothèse d'une répartition entre les membres titulaires qui existeront à la fin de l'entreprise. »

La même doctrine résulte d'une solution du 23 mai 1888, conçue en ces termes :

« L'art. 7 (titre IV) des statuts de la société civile « Le « Jardin de l'Étoile », à L..., fondée pour cent ans à compter du 7 avril 1825, emporte prohibition de distribuer les bénéfices au cours de l'association. Les associés qui décèdent ou se retirent de la société ne perdent pas leurs droits; ils les transmettent à leurs héritiers (titre III, art. 8), à leurs cessionnaires (*ibid.*, art. 5), ou ils sont remboursés de la valeur de leurs actions par la société elle-même (art. 9). Aussi, les actes de cession soumis à la formalité sont-ils enregistrés au droit de 0,50 p. 100, et les héritiers des titulaires acquittent le droit de succession sur les actions qu'ils recueillent. En d'autres termes, les statuts ne contiennent ni clause de réversion au profit des associés survivants, ni clause d'adjonction indéfinie de nouveaux membres; ils permettent simplement de porter à 60,000 francs, par la création d'actions nouvelles, le capital social fixé à l'origine à 40,000 francs et divisé en 40 parts ou fractions égales. Dans cet état de choses, il est certain qu'au cas de retraite ou de décès d'un sociétaire, sa part sociale n'accroît pas à la collectivité et, en conséquence, que le droit d'accroissement n'est pas exigible.

« Il y a même raison de décider, en droit, à l'égard de la taxe de 3 p. 100.

« Sans doute, d'après l'art. 7 (titre IV) des statuts, les bénéfices doivent être employés soit à la constitution d'un fonds de réserve, soit à l'embellissement du jardin, ou encore en acquisitions nouvelles de terrain. Mais les produits ne sont pas attribués *définitivement* à la société, à l'exclusion des associés. Les statuts ne prohibant la distribution des bénéfices que pendant la durée de l'association, l'autorisent implicitement pour l'époque de la dissolution. Dans les sociétés, en effet, le partage des produits est de droit commun (C. Civ., 1832), et il « doit être différé en principe, enseigne M. Paul « Pont, jusqu'au jour de la liquidation définitive ». (Traité des sociétés n° 430; Comp. *ibid.*, 1477.) En vertu de ces principes, les héritiers ou cessionnaires des premiers actionnaires seront fondés, à défaut de conventions contraires, à provoquer, lors de l'arrivée du terme, le partage de l'actif social, et à réclamer, s'il y a lieu, outre le montant de l'apport de leur auteur, leur part dans les bénéfices accumulés. Dans le même ordre d'idées, si le fonds social et, par suite, la valeur des actions augmente, les titulaires peuvent réaliser la plus-value de leurs droits en cédant leurs actions. On ne saurait donc soutenir dans l'espèce qu'il y a prohibition *absolue* de distribuer la totalité ou une partie des bénéfices; la distribution est *possible*, et cette circonstance suffit à écarter l'application des lois du 28 déc. 1880 et du 29 déc. 1884. »

La décision eût été évidemment la même, en ce qui touche l'impôt sur le revenu, si les statuts avaient renfermé une clause attribuant, sans indemnité, aux associés restants la part des associés décédés ou démissionnaires. La convention, en effet, aurait eu pour seul résultat de substituer les associés restants aux associés sortants dans les droits éventuels de ces derniers relativement au partage des bénéfices en fin d'entreprise, mais elle n'aurait pas eu du tout pour conséquence de conférer définitivement la propriété de tout ou partie de ces bénéfices à la société et d'en rendre le partage ultérieur impossible. — Comp. la déc. min. précitée du 26 mai 1888.

1348. La loi du 29 déc. 1884 est-elle, au contraire, applicable à la société constituée *ab initio* pour une durée illimitée et organisée de telle sorte qu'elle soit, en effet, susceptible de se prolonger indéfiniment, quand la distribution totale ou partielle des bénéfices pendant l'existence de l'association est prohibée?

La négative semble découler des solutions précédentes lorsque les statuts ne s'opposent pas au partage de tout ou partie des produits entre les associés dans le cas possible où la société viendrait à se dissoudre par suite d'événement fortuit ou de force majeure. La distribution des produits n'est pas plus *interdite* d'une façon *absolue* dans cette hypothèse que dans celles qui ont été précédemment envisagées. Si l'on considère le résultat final, on n'aperçoit pas d'ailleurs nettement la différence qu'on pourrait établir, au point de vue de l'intérêt financier, entre une société à laquelle ses statuts n'assignent pas de terme et celle qui a été fondée pour cent ans ou pour une durée moindre, mais avec faculté de prorogation indéfinie et clause d'admission constante de nouveaux membres. Dans tous les cas, il s'agit d'une société dont le terme ne saurait être prévu, mais dont les mêmes causes, consentement des associés, événements fortuits, etc., peuvent amener la dissolution. Dans tous les cas également, cette dissolution doit être suivie du partage des bénéfices réservés. On ne saurait dire, par conséquent, pas plus dans un cas que dans l'autre, que les associés sont à jamais déchus du droit de s'approprier les produits de l'association ou, en d'autres termes, qu'il existe une prohibition absolue de distribution.

1349. Emploi des bénéfices à déterminer par le conseil d'administration. — Si les statuts attribuent au conseil d'administration de la société le soin de déterminer l'emploi des bénéfices réalisés, cette délégation, même en la supposant irrévocable, n'équivaut pas à une prohibition absolue de distribution. La distribution des bénéfices, en effet, est toujours possible; il suffit, pour qu'elle soit effectuée, que le conseil d'administration l'autorise, et du moment qu'il peut la décider sans enfreindre les statuts, on ne peut pas dire qu'elle soit interdite.

La question a été résolue en ce sens par un jugement du tribunal de la Seine du 15 juin 1883, ainsi motivé :

« Attendu que la loi de 1880 ne s'applique qu'aux sociétés reconnues ou non reconnues dans lesquelles les produits ne doivent pas être distribués en tout ou en partie entre leurs membres; — Que, lors de la discussion de ladite loi, le sous-secrétaire d'Etat au ministère des finances a formellement déclaré que le projet de loi ne s'appliquait qu'aux sociétés ou associations dans lesquelles la distribution des produits était à jamais interdite par les statuts, et atteignait exclusivement les associations constituées en vue de la mainmorte; — Attendu que la société demanderesse n'a pas ce caractère; que, d'ailleurs, ses statuts ne contiennent pas la prohibition absolue de la distribution, en tout ou en partie, des bénéfices; que l'art. 48 stipule sans doute qu'après le prélèvement destiné au fonds de réserve légale, le surplus des bénéfices sera distribué aux actionnaires jusqu'à concurrence de 5 p. 100 des sommes dont les actions seront libérées, et que la destination de l'excédent sera réglée par le conseil d'administration; que cette clause n'enlève pas aux actionnaires, ainsi que le prétend la Régie, la faculté d'exiger la distribution des bénéfices acquis conformément à leurs intérêts et à leur volonté, à laquelle le conseil d'administration, leur mandataire toujours révocable, sera tenu de se soumettre; qu'en outre, si l'art. 48 prévoit la distribution des bénéfices sous forme d'intérêts au maximum de 5 p. 100 du capital versé, ces intérêts ne constituent pas le seul élément de revenu distribuable; qu'en effet, l'art. 42 stipule que l'assemblée générale fixera les dividendes; que cette clause confirme aux actionnaires le droit, qu'ils n'ont pas aliéné, d'exiger une répartition des produits supérieure à l'intérêt statutaire; qu'enfin, en supposant même que les statuts confèrent au conseil d'administration le droit de mettre en réserve la totalité des bénéfices acquis pour pourvoir aux éventualités de l'entreprise ou pour en accroître la prospérité, cette clause n'aurait pas pour conséquence d'attribuer définitivement à la société le montant de ses réserves, ni d'interdire à jamais la distribution des produits; — Que ces produits feront nécessairement l'objet d'une distribution ultérieure ou totale, soit au cours de l'existence de la société, soit, tout au moins, à l'époque de sa dissolution, alors que l'actif social, composé du capital versé et des bénéfices accumulés mis en réserve, sera partagé entre tous les actionnaires, qui en deviendront individuellement propriétaires en vertu de leur mise sociale; — Qu'ainsi, ni par son caractère, ni par ses statuts, la Société des Ecoles libres n'est soumise à la loi de 1880; qu'elle est régie par la loi de 1872. » 22,195 J.; 6225 R. p.; 23,146 J. N.; 16,796 Contr.

L'Administration a acquiescé à la doctrine de cette décision par une solution du 21 sept. 1883 dont voici les termes :

« La délégation au conseil d'administration n'équivaut pas à une clause formelle de non-distribution. S'il est vrai, en effet, que les actionnaires se dessaisissent du droit d'exiger la répartition annuelle de l'excédent des produits, il est non moins certain que le conseil d'administration pourra, selon qu'il le jugera à propos, en autoriser soit la distribution, soit la mise en réserve. Aucun de ces deux modes d'emploi n'a rien d'incompatible avec les prescriptions statutaires. On objecte vainement que les actionnaires, par cela même qu'ils se désistent du droit d'exiger la répartition de l'excédent des bénéfices, écartent virtuellement toute possibilité de distribution. L'argument repose sur une pétition de principe. Toute la question est, en effet, de savoir si, nonobstant la délégation consentie par les actionnaires en faveur du conseil d'administration, l'excédent des bénéfices peut faire l'objet, soit d'une distribution immédiate, soit d'une mise en réserve qui n'est, au fond, qu'une distribution différée. Or, il a été démontré que les statuts, loin de prohiber cette alternative, se réfèrent entièrement, sur ce point, à la volonté du conseil d'administration. La distribution des bénéfices est possible en droit : cela suffit pour écarter de l'espèce l'application de la loi du 28 déc. 1880. »

1350. Affectation des revenus de la société à son objet. Attribution des bénéfices à une autre entreprise. — Il importe de ne pas confondre la disposition qui oblige une société à appliquer toutes ses ressources à son objet avec celle qui lui interdit de distribuer ses produits. Par exemple, une société charitable ou scientifique peut être tenue par ses statuts de consacrer tous ses revenus, tous ses gains, tous les dons qui lui sont faits, au développement de son entreprise. Cependant, cette unique circonstance ne permet pas de la ranger dans la catégorie des associations dans lesquelles les produits ne doivent pas être distribués en tout ou partie, et la raison en est simple : c'est que les revenus, les produits, les libéralités dont il s'agit, affectés aux charges statutaires, ne constituent pas en cet état des bénéfices, car une société n'a de bénéfices réels et acquis que ceux qui lui restent après avoir satisfait à toutes les obligations qui dérivent de son objet et grèvent ainsi son entier patrimoine. La société établie dans les conditions ci-dessus spécifiées ne s'interdit donc pas à proprement parler la distribution de ses produits; lorsqu'elle sera parvenue à son terme, ses membres auront le droit de se partager l'intégralité de l'actif commun et de s'approprier par suite l'accroissement de valeur qu'il aura pu obtenir, de quelque manière que ce soit, pendant la durée de l'association, c'est-à-dire la totalité du produit de l'entreprise. — V. Cass., 29 mai 1888, et les observations qui accompagnent cet arrêt, *infra*, n° 1425.

L'Administration a reconnu l'inapplicabilité de la loi du 29 déc. 1884, dans des circonstances analogues, par une solution du 22 juin 1886, conçue dans les termes suivants :

« La société anonyme constituée à P..., en 1870, au capital de 152,000 francs, pour la création et l'administration d'écoles professionnelles de filles, a paru rentrer dans la catégorie des associations prévues par la loi du 29 déc. 1884 par le motif que sur ses bénéfices annuels « 40 p. 100 sont appliqués à « donner un plus grand développement au but de la société ». (Art. 36 des statuts.) Il a semblé que cette disposition équivalait à l'interdiction absolue de distribuer les 40 p. 100 destinés au développement de l'œuvre, et, par suite, à la constitution d'un fonds de mainmorte dont les associés ne profiteraient jamais. On peut invoquer encore, dans ce sens, l'art. 7 des statuts portant que « le capital social pourra être « augmenté pendant toute la durée de la société soit..., soit « *par l'admission d'associés nouveaux* », ce qui semble impliquer de la part des fondateurs l'intention de perpétuer la société (dont les statuts ont fixé la durée à cinquante ans) et d'étendre sans cesse ses moyens d'action. Mais l'art. 40 énonce que dans le cas de dissolution « la liquidation de la « société est faite par le conseil d'administration auquel les « pouvoirs les plus étendus sont donnés dès à présent pour « réaliser, céder et aliéner à l'amiable, en totalité ou partielle- « ment, selon qu'il le juge convenable, tout l'actif mobilier et « immobilier ». Cette stipulation réserve, ce semble, tous les droits des associés sur l'actif, qui pourra comprendre le prélèvement annuel de 40 p. 100 opéré sur les bénéfices. La société serait donc fondée à prétendre qu'il n'y a point dans ses statuts interdiction de distribuer cette fraction des bénéfices à la dissolution, que l'opération dont il s'agit constitue une sorte de mise en réserve ou un simple accroissement du fonds social. D'après ces considérations, il n'y a pas lieu d'insister sur la réclamation. »

1351. La solution serait différente dans le cas où une société, — au lieu de distribuer périodiquement ses produits nets et disponibles, ou de les mettre en réserve pour en effectuer plus tard la distribution, à supposer qu'ils restent intacts et ne soient pas absorbés par des pertes ultérieures, — devrait les attribuer, en tout ou partie, à une autre entreprise, à titre de subvention ou autrement, pour obéir à la loi de ses statuts.

Le principe toutefois a besoin d'être bien compris; un exemple permettra de le mieux saisir.

Supposons une société commerciale ou civile astreinte par ses statuts à distraire chaque année de ses bénéfices, dans le sens large du mot, une somme plus ou moins importante au profit d'une association de prévoyance établie entre ses employés. La loi du 29 déc. 1884 sera-t-elle applicable? Evidemment non. En pareille hypothèse, le sacrifice de la société n'est pas absolument désintéressé; il répond à son objet même. En contribuant à améliorer la situation de ses collaborateurs, la société y trouve jusqu'à un certain point son propre avantage, car elle se ménage le moyen de se montrer plus exigeante dans le choix des personnes dont les services lui sont nécessaires, et elle s'assure ainsi un concours plus efficace. En somme, l'allocation qu'elle prélève sur ses gains a surtout le caractère d'un supplément de traitement ou de salaire; elle est accordée en considération des services rendus par ceux qui doivent en profiter; c'est une rémunération qui procède au fond d'un contrat à titre onéreux, et, dans cet ordre d'idées, conforme à la réalité des choses, il est vrai de dire qu'elle constitue une charge sociale proprement dite. La société ne la prend donc pas sur ses bénéfices acquis, puisqu'il n'y a pour elle de bénéfices réels que défalcation faite de ses charges : l'allocation dont il s'agit rentre dans la catégorie des frais généraux de l'entreprise.

Tout autre est la situation lorsque les associés, non pas pour satisfaire à une obligation civile ou naturelle, mais par pure libéralité ou par simple devoir de conscience, renoncent statutairement aux bénéfices de l'entreprise et les abandonnent à titre définitif à la société avec mission d'en opérer la remise à tel établissement désigné ou de son choix, soit pendant sa durée, soit après sa dissolution. En accomplissant cette obligation, la société n'acquitte pas une dette contractée dans son intérêt et susceptible d'être considérée comme une charge sociale: elle dispose de véritables bénéfices qu'il a plu aux ayants droit de ne pas s'approprier, mais que rien ne les empêchait de se répartir. La clause des statuts par laquelle ils s'en sont interdit le partage rentre donc exactement dans les prévisions de la loi du 29 déc. 1884.

Il est bien entendu que cette loi serait sans application si l'abandon des bénéfices, au lieu d'être imposé par une disposition statutaire, résultait d'une résolution volontaire prise au cours de la société, par exemple en assemblée générale; il ne suffit pas, en effet, pour que la loi du 29 déc. 1884 soit applicable, que les associés ne se partagent pas les bénéfices réalisés, il est essentiel qu'ils ne puissent se les partager. L'observation en a été faite *supra*, n° 1344.

1352. Dissolution de la société. Actif net non dévolu aux associés. — Lorsque l'entreprise est parvenue à son terme, la situation de la société se dégage définitivement. Le passif envers les tiers acquitté, l'excédent de l'actif net sur le capital social, c'est-à-dire sur le montant des apports, constitue le bénéfice réalisé. S'il est interdit aux associés de se partager cet excédent, la société tombe directement sous l'empire de la loi du 29 déc. 1884. L'interdiction dont il s'agit peut provenir d'une convention statutaire par laquelle les associés disposent en faveur d'autrui du bénéfice éventuel de la société. C'est ainsi qu'on rencontre des associations de bienfaisance constituées dans la forme des sociétés anonymes et dont les statuts portent qu'en cas de dissolution les associés n'auront droit qu'au remboursement de la valeur nominale de leurs actions, le surplus de l'actif disponible devant être remis par les soins des directeurs, délégués à cet effet, à des œuvres charitables.

L'impossibilité pour les associés de se répartir le bénéfice constaté en fin d'entreprise résulte encore, dans les associations reconnues comme établissements d'utilité publique, de cette circonstance que leur dissolution ne confère aucun droit à leurs membres sur l'actif net qui en dépend, et qui s'en va soit à l'Etat, soit aux établissements désignés par le décret qui les a investies.

1353. SENS DES MOTS « SOCIÉTÉS ET ASSOCIATIONS » DANS LES LOIS DES 28 DÉC. 1880 ET 29 DÉC. 1884. — La loi du 28 déc. 1880 et celle du 29 déc. 1884 visent les *sociétés et associations* dans lesquelles les produits ne doivent pas être distribués en tout ou partie. Maintenant que nous savons ce qui caractérise la non-distribution des produits, il convient de rechercher la signification exacte des mots *sociétés et associations*. La tâche n'est pas sans être quelque peu délicate : car, si les travaux préparatoires démontrent que ces expressions n'ont pas été employées dans leur sens absolu, les mêmes travaux ne fournissent, pour en déterminer la portée, que des indications laissant beaucoup à désirer au point de vue de la précision.

« Le but poursuivi, quel est-il? » dit M. Roger-Marvaise dans le rapport au Sénat sur la loi du 28 déc. 1880. « L'art. 3 propose d'appliquer la loi du 29 juin 1872, qui établit un impôt sur les produits et bénéfices annuels des actions, parts d'intérêt et commandites, à toutes les communautés et congrégations religieuses reconnues, et aux sociétés ou associations, même de fait, existant entre les membres des congrégations reconnues et non reconnues, ou quelques-uns d'entre eux, quels que soient la dénomination, la forme et l'objet de ces congrégations, communautés, sociétés ou associations. Il semblerait, d'après ce texte, que toutes les sociétés et associations religieuses fussent, en principe, affranchies de l'impôt sur le revenu, c'est-à-dire que les expressions si générales employées par le législateur de 1872, sociétés, compagnies ou entreprises quelconques, financières, industrielles, commerciales ou civiles, ne comprissent pas les associations ou congrégations religieuses.

« Ce serait la première fois que, dans notre législation moderne, une pareille interprétation se produirait. Elle aurait pour conséquence de rétablir, lorsqu'il s'agit du payement de l'impôt, une classe de personnes privilégiées, contrairement aux principes fondamentaux de notre organisation politique. Aussi tel n'a jamais été le sens donné aux dispositions générales employées par le législateur de 1872. L'impôt établi par la loi du 29 juin 1872 atteignait *toutes les sociétés ou associations d'une manière absolue, quels que fussent leur caractère ou leur nature*. Une loi a paru nécessaire lorsqu'il s'est agi d'en restreindre l'application en ce qui concerne les sociétés commerciales en nom collectif, les sociétés en commandite et les sociétés dites de coopération.

« *L'Administration de l'enregistrement appliquait la loi à toutes les associations sans distinction, aux congrégations comme aux autres associations*, lorsque tout à coup elle a été arrêtée dans la perception de l'impôt par une jurisprudence qui semble aujourd'hui bien affermie. Les tribunaux écartent, en effet, l'application de la loi du 29 juin 1872 toutes les fois qu'il est inséré dans les statuts de l'association qu'il ne sera pas procédé à une distribution des bénéfices sociaux. Cette jurisprudence a été le signal d'une modification générale dans les statuts des congrégations religieuses et une source de revenus pour l'Etat s'est trouvée subitement tarie. N'y a-t-il pas, dans l'insertion d'une pareille clause, un moyen trop facile d'éluder la loi ?

« La non-distribution des bénéfices n'est pas l'absence des bénéfices. Ceux-ci viennent sans cesse augmenter le capital social, et si l'on suppose, comme cela a lieu pour les congrégations religieuses, que les associations puissent se perpétuer indéfiniment par l'adjonction de nouveaux membres, il faut admettre qu'il existera dans notre pays des associations puissantes, faisant des bénéfices, augmentant sans cesse leur capital social, qui seront perpétuellement exemptes du payement d'un impôt qu'il ne saurait être question de supprimer. Un pareil résultat a paru à votre commission en opposition avec l'esprit de la loi du 29 juin 1872.

« Il s'agissait alors de créer les ressources nécessaires pour la libération du territoire. Parmi les nombreux sacrifices que l'Assemblée nationale demanda au patriotisme de la nation, se trouve l'impôt de 3 p. 100 sur le revenu des valeurs mobilières. Cet impôt fut établi sur les produits et bénéfices *de toutes les sociétés et associations sans distinction*. Qu'importe, au point de vue de l'établissement de l'impôt, que les produits et bénéfices soient distribués entre les associés ou consacrés à l'augmentation du capital social? Dans un cas comme dans l'autre, la matière de l'impôt est absolument la même et il est aussi facile de la déterminer. La distribution des produits et bénéfices entre les associés n'intéresse, en réalité, que la perception de l'impôt. Lorsque le gouvernement vient demander aux chambres d'étendre le texte de la loi du 29 juin 1872, afin d'assimiler, au point de vue de l'impôt sur les produits et bénéfices, les sociétés et associations dont les statuts contiennent la clause de non-partage des bénéfices et celles où cette clause ne se rencontre pas, il nous semble difficile de contester la justice de cette demande et de ne pas reconnaître que l'assimilation qu'elle contient rentre entièrement dans l'esprit de la loi constitutive de l'impôt sur les revenus. Le but poursuivi est donc d'atteindre par l'impôt de 3 p. 100 les produits et bénéfices obtenus dans les sociétés ou associations dont les statuts renferment la clause de non-distribution des bénéfices. » Journ. off., 30 déc. 1880.

1354. Le rapport de M. Roger-Marvaise prouve jusqu'à l'évidence que le législateur de 1880 a voulu atteindre les communautés et congrégations religieuses; mais c'est le seul point qui en ressorte bien nettement. Pris à la lettre, ce document semblerait présenter la loi nouvelle comme ayant pour objet moins d'étendre les dispositions de la loi du 29 juin 1872 que d'assurer l'exacte application de cette loi mal interprétée par les tribunaux. Cependant, contrairement à ce qu'il laisserait supposer, cette dernière loi n'atteignait pas et n'avait pas pour but d'atteindre les produits des sociétés; elle frappe exclusivement le produit des parts d'intérêt et des actions, c'est-à-dire le bénéfice personnel des associés. Les associations qui ne comportent ni parts d'intérêt, ni actions, étaient par conséquent en dehors de son principe même. Dans le nombre figuraient notamment les congrégations religieuses reconnues; aussi n'est-il jamais venu à l'idée de personne de leur réclamer la taxe en vertu de la loi du 29 juin 1872. La loi du 28 déc. 1880 a donc une portée plus générale et plus absolue que la première. Par cela seul qu'elle s'étend aux congrégations autorisées, elle embrasse une catégorie d'associations qui échappaient à l'impôt, non par suite d'une fausse interprétation de la jurisprudence, non par suite d'une fraude plus ou moins habilement dissimulée, mais tout simplement parce que la loi de 1872 n'était pas faite pour elles. Le principe de la loi du 28 déc. 1880 différant du principe de la loi du 29 juin 1872, chercher dans celle-ci le sens du mot association employé par celle-là, ce serait donc, à s'en tenir aux règles d'une logique rigoureuse, s'exposer à commettre un paralogisme.

1355. Le texte adopté par la Chambre en 1880 désignait uniquement « les congrégations, corporations ou communautés religieuses ». Il avait le mérite d'être clair. Le Sénat y a substitué une rédaction qui a prévalu et vise d'une manière générale les associations qui ne doivent pas opérer la distribution de leurs produits. Toutes les associations, sans exception, quelle qu'en soit la nature, quel qu'en soit le but, seraient donc susceptibles de tomber sous l'empire de la loi, du moment que le texte n'établit aucune distinction entre elles et les englobe toutes dans une formule unique et absolue. Pourrait-on dire qu'en parlant des associations qui ne doivent pas distribuer leurs produits, la loi entend exclure de son application celles qui ne sont pas en situation d'avoir des produits? La réflexion serait sans conséquence, car aucune association n'est dans ce cas par essence. Toute association peut avoir un capital; il est même infiniment rare qu'une association ne soit pas dans la nécessité de s'en constituer un plus ou moins important pour parvenir à son but. D'autre part, il est toujours possible que la valeur de ce capital s'accroisse par l'effet d'une cause quelconque; or, ce simple accroissement de valeur constitue un bénéfice pour l'association. Il n'y a donc pas d'association qui soit incapable *a priori* de réaliser des bénéfices.

Les conséquences de la modification apportée par le Sénat au texte voté primitivement par la Chambre n'ont pas échappé à M. Brisson et lui ont fait concevoir au sujet de certaines associations des craintes que M. Wilson, sous-secrétaire d'Etat des finances, s'est efforcé de combattre en ces termes : « L'honorable M. Brisson a manifesté des préoccupations, notamment au sujet des sociétés de secours mutuels, des sociétés d'assurances mutuelles, des sociétés scientifiques, etc. Eh bien, Messieurs, il suffit de répondre que toutes ces sociétés et toutes autres de même nature ne peuvent tomber sous l'application de la loi nouvelle par une raison bien simple, c'est que la loi est uniquement faite pour les associations renfermant une clause prohibant de jamais distribuer les bénéfices entre leurs membres, et que les sociétés dont on se préoccupe très justement ne renferment pas une stipulation semblable qui est contraire à leur essence, à leur but et à toute leur organisation. Ces sociétés restent sous l'empire de la loi du 29 juin 1872. Elles continueront comme par le passé à payer la taxe ou à en être exemptes, selon qu'elles tomberont ou non sous l'application de cette loi. Et, à cet égard même, je puis rassurer la Chambre. Je puis lui faire connaître que la loi de 1872 n'est pas appliquée aux sociétés d'assurances mutuelles, aux sociétés de secours mutuels et autres associations similaires, parce que ces institutions ne sont pas des sociétés dans le sens de la loi de 1872. Les indemnités ou les secours versés aux adhérents sont le produit d'une sorte de contrat aléatoire et n'ont nullement le caractère de bénéfices. »

1356. Ces déclarations sont loin d'être concluantes. Il est hors de doute que les sociétés de secours mutuels, par exemple, n'étant pas de véritables sociétés, ne sont pas régies par la loi du 29 juin 1872; mais il est non moins certain qu'elles constituent des associations au sens propre du mot; aussi, dans la pensée du sous-secrétaire d'Etat des finances, si elles doivent échapper à l'application de la loi en discussion, c'est uniquement par la raison qu'elles ne s'interdisent pas la distribution de leurs produits. L'orateur oublie que la loi assimile la prohibition partielle de distribution à la prohibition totale. Or, dans les sociétés de secours mutuels autorisées, les bénéfices constatés au moment de la dissolution de l'entreprise ne doivent pas être distribués. En cas de dissolution volontaire ou imposée, il est restitué aux sociétaires faisant alors partie de l'association, le montant de leurs versements respectifs, jusqu'à concurrence des fonds existants et déduction faite des dépenses occasionnées par chacun d'eux. Les fonds restés libres après cette restitution sont partagés entre les sociétés du même genre ou les établissements de bienfaisance situés dans la commune; à leur défaut, entre les sociétés de secours mutuels approuvées du même département, au prorata de leurs membres (Décret du 26 mars 1852, art. 15). Ainsi, la distribution des bénéfices pouvant exister à l'époque de la dissolution de l'association est prohibée par la loi même. Toutes les associations de personnes reconnues comme établissements d'utilité publique sont dans ce cas. Quand elles prennent fin, pour une cause ou une autre, leurs membres n'ont aucun droit aux bénéfices qu'elles ont pu réaliser et qui deviennent la propriété soit de l'État, soit d'autres établissements désignés par l'acte qui leur a conféré la personnalité civile. Les articles 815, 1832 et 1872 du Code civil ne sont pas applicables aux établissements publics ou d'utilité publique. En effet, les membres des sociétés investies de la reconnaissance légale n'ont pas plus de droit de copropriété sur les biens de l'établissement que les habitants d'une commune sur les biens communaux. L'être moral est seul propriétaire exclusif; s'il vient à disparaître, les sociétaires n'ont aucun droit aux biens, qui font retour à l'État, à moins que les statuts de l'établissement, dûment approuvés, n'en attribuent le patrimoine à un autre établissement public ou d'utilité publique (Ducrocq, nº 1338). Il n'y aurait donc rien à retenir des paroles de M. Wilson, si elles ne révélaient l'intention de poser le principe d'une distinction qui, sans être exprimée par le texte, existe néanmoins dans l'esprit du législateur.

1357. La discussion de la loi de 1884 n'élucide pas davantage la question qui nous occupe. « Les termes de la loi de 1880, auxquels se réfère la loi actuelle, disait M. Bérenger à la tribune du Sénat, comprennent dans leur généralité toutes les sociétés dont les bénéfices ne se distribuent pas. Or, que faut-il entendre par là? L'universalité des sociétés, c'est-à-dire non seulement les sociétés commerciales et industrielles, non seulement les sociétés civiles qui se proposent un lucre, mais toute autre espèce de sociétés, les sociétés d'assistance aussi bien que les sociétés de charité, les sociétés de prévoyance comme les sociétés purement scientifiques ou littéraires, de sorte que la loi atteint sans aucune réserve toutes les institutions grandes ou petites, à but limité ou à horizon plus vaste, pour la plupart essentiellement utiles, presque sans nombre, qui existent partout, aussi bien dans les plus petites localités que dans les grandes villes. Le changement est énorme. A l'heure actuelle, il n'y a pas de loi qui les frappe, car la loi de 1872 ne s'appliquait qu'aux sociétés constituées en vue d'un lucre, sociétés commerciales, industrielles ou civiles. La loi de 1880 les a, il est vrai, atteintes, mais elle leur donnait du moins des moyens de défense contre les exigences du fisc. En effet, la loi de 1880 exigeait un bénéfice certain, pour asseoir l'impôt. Les sociétés étaient admises à faire connaître la réalité de leur situation. Elles produisaient leurs livres et leurs délibérations, et, comme il n'y avait aucune raison de suspecter leur bonne foi, car tout est à jour dans leur modeste comptabilité, il leur était facile d'établir l'état réel de leur situation et on les admettait à ne payer que sur une matière véritablement imposable. La loi nouvelle fait bien autre chose; elle n'admet aucune discussion; elle suppose des bénéfices. Elle déclare que toute société a des revenus imposables, et, par une nouvelle fiction, elle en calcule l'impôt d'après certains signes. » Journ. off., 28 déc. 1884, p. 2025, col. 2.

M. Bérenger proposait en conséquence de supprimer la dernière partie de l'article et de limiter la loi aux congrégations, communautés et associations religieuses.

Cet amendement, que le Sénat a repoussé, a été combattu par le rapporteur et par le gouvernement. Le rapporteur, M. Dauphin, s'est borné à proclamer qu'on voulait faire une loi générale, et non pas une loi d'exception. Le gouvernement, par l'organe de M. Labuze, sous-secrétaire d'Etat des finances, a déclaré que la disposition soumise au vote du Parlement avait pour unique objet de prémunir le Trésor contre les réticences au moyen desquelles les congrégations religieuses avaient pu se soustraire aux conséquences de la loi de 1880.

« C'est la loi de 1880, a dit M. Labuze, c'est la loi de 1880, à laquelle nous ne voulons pas déroger, que nous voulons rendre applicable. Les dispositions nouvelles qui vous sont apportées n'ont d'autre but, dans la pensée du gouvernement, que de mettre fin à des manœuvres frauduleuses qui avaient empêché la loi de recevoir son application. Voilà tout ce que nous avons voulu faire; mais, après la promulgation de la loi de 1880, des instructions administratives ont été adressées aux agents; ces instructions n'ont été nullement modifiées; et, dans la pratique, la plupart des sociétés qui ont été visées par l'honorable M. Bérenger, ne sauraient tomber sous l'application de la loi. Pourquoi? Parce que, dit l'art. 9 d'une façon expresse, l'objet de ces sociétés n'est pas de distribuer leurs produits en tout ou en partie entre leurs membres; parce que, disent les instructions auxquelles il ne sera dérogé en rien, l'organisation de ces sociétés ne leur interdit pas d'une manière absolue de distribuer entre leurs membres les produits qui dépassent les besoins de l'association. Par conséquent, ces sociétés ne tombent pas sous l'application de la loi de 1880 et elles ne seront pas atteintes par le projet nouveau... Il y a une dernière considération... La plupart de ces sociétés sont créées pour une durée limitée. Or, la limitation même de cette durée fait prévoir à l'Administration une dissolution au moment de laquelle le partage des bénéfices aura lieu; l'actif de la société sera alors distribué entre tous les membres, et le Trésor, appliquant alors la loi de 1872, percevra les droits qui lui sont légitimement dus. » Journ. off. du 28 déc. 1884, p. 2026, col. 3.

L'orateur du gouvernement est resté à côté de la question. Il semble même que l'expression a trahi sa pensée, car il paraît croire que les associations sur lesquelles M. Bérenger appelait la bienveillante attention du Sénat ne sont pas susceptibles de tomber sous l'application de la loi nouvelle, parce qu'elles n'ont pas pour objet de distribuer leurs produits en tout ou en partie entre leurs membres. Or, c'est précisément cette raison qui les fait rentrer dans le texte. D'autre part, comme la remarque en a été déjà faite, le partage des bénéfices entre les associés, lors de la dissolution de l'association, loin d'être la règle, est plutôt l'exception dans les associations qui n'ont pas le lucre pour objet; le plus souvent, ce partage est interdit soit par les statuts, soit par le régime légal sous lequel l'association est placée.

1358. Quoi qu'il en soit, en présence des déclarations réitérées du gouvernement, qui ont déterminé le vote du Parlement en 1880 et en 1884, il n'est pas douteux que la volonté du législateur a été de ne pas frapper certaines associations; et, s'il n'a pas jugé opportun d'édicter en leur faveur une exception formelle, c'est uniquement parce qu'il a considéré, à tort selon nous, qu'elles n'étaient pas comprises dans la formule qu'il adoptait. L'Administration paraît donc avoir fidèlement traduit sa pensée en traçant les règles ci-après dans l'instruction nº 2631, relative à l'exécution de la loi du 28 déc. 1880, règles auxquelles le sous-secrétaire d'État des finances s'est référé, lors de la discussion de la loi du 29 déc. 1884, en donnant au Sénat l'assurance catégorique qu'elles ne seraient en rien modifiées.

« L'art. 3 de la loi du 28 déc. 1880, porte l'instruction précitée (§ 5), vise nominativement les sociétés et les associations reconnues ou non reconnues. Mais les associations dont il s'agit sont exclusivement celles qui ont, comme les congrégations religieuses autorisées, le caractère prédominant de la société.

« Le mot société a d'ailleurs, dans l'art. 3 de la loi du 28 déc. 1880, la même signification que dans la loi du 29 juin 1872.

« Il embrasse, dans sa généralité, les compagnies ou entreprises quelconques, financières, commerciales ou civiles désignées dans le premier paragraphe de l'art. 1er de cette loi. Les décisions judiciaires qui en ont déterminé le sens recevront leur application.

« De même donc que, sous l'empire de la loi du 29 juin 1872, on ne considérait pas comme soumises à la taxe les compagnies d'assurances mutuelles et les sociétés de secours mutuels, parce que ce ne sont pas des sociétés proprement dites réalisant des bénéfices, mais des entreprises donnant lieu à des conventions aléatoires d'indemnité, de même il est impossible de les comprendre parmi les sociétés prévues dans l'art. 3 de la loi du 28 déc. 1880. Elles échapperaient d'ailleurs à son application, par le motif que si les cotisations constituent des produits, ni les statuts ni la nature de l'entreprise n'en prohibent la distribution entre les membres de la société. »

Il nous reste à présenter le commentaire de cette doctrine; si elle ne découle pas toujours du texte, elle répond du moins à l'esprit de la loi et n'a rien de contraire aux principes rigoureux du droit. En effet, ainsi que l'enseignent MM. Aubry et Rau, t. 1er, p. 131, « une disposition légale n'est pas applicable aux cas que son texte paraît à la vérité comprendre, mais qui se trouvent exclus par son esprit. *Cessante ratione legis, cessat ejus dispositio.* Cette maxime n'est point en opposition avec la règle *Ubi lex non distinguit, nec nos distinguere debemus*, qui n'exclut pas d'une manière absolue toute interprétation restrictive. Si, en général, on ne doit pas restreindre une loi conçue en termes généraux, il est cependant permis de le faire lorsque son application, dans toute l'étendue de ses termes et sans distinction, dépasse évidemment son but, ou se trouve en opposition manifeste avec son motif. »

1359. Sociétés. — *Sociétés par actions.* La loi du 28 déc. 1880 et celle du 29 déc. 1884 visent en premier lieu les sociétés. L'interprétation de ce terme ne soulève pas de difficulté particulière lorsqu'on se trouve en présence de sociétés véritables dans le sens de l'art. 1832 du Code civil, c'est-à-dire ayant non seulement pour objet la réalisation d'un bénéfice en commun, mais le partage de ce bénéfice. La circonstance qu'une société de cette nature s'interdit la distribution partielle de ses produits la place sous l'empire des lois précitées, mais ne lui fait pas perdre son caractère.

La prohibition de distribution paraît au contraire incompatible avec l'essence même du contrat de société lorsqu'elle porte sur l'intégralité des produits. Ce contrat implique, en effet, la vue d'un bénéfice à partager. Il est donc difficile de considérer la convention des parties comme génératrice d'une société dans l'acception juridique du mot quand elle s'oppose d'une manière absolue à ce que les associés s'approprient jamais, même partiellement, les produits de l'entreprise. Dans ce cas, on peut être en face d'une association, mais il ne semble pas qu'on puisse avoir devant soi une société. Comp. Aubry et Rau, t. IV, p. 543 et 544, texte et note; Pont, n° 68; Lyon-Caen et Renault, n° 260; Laurent, t. XXVI.

Cependant, bien que n'ayant pas pour fin le partage des bénéfices qu'elles pourront réaliser, certaines associations adoptent la forme des sociétés anonymes et émettent en représentation de leur capital des titres négociables, régis, quant aux droits de timbre et de transmission, par les lois des 5 juin 1850 (art. 14) et 23 juin 1857 (art. 6), dont les dispositions embrassent non seulement les sociétés proprement dites, mais encore les compagnies et entreprises quelconques, financières, industrielles, commerciales ou civiles. Or la loi du 29 juin 1872, conçue en termes identiques, n'a pas une portée moins étendue. Ainsi que l'exprime l'arrêt de la Cour de cassation du 6 août 1878, « le législateur a manifesté, par ces formules générales et compréhensives, la volonté d'atteindre dans leur transmission et dans leurs produits *les actions ou les obligations de toute association ou de toute collectivité créant des valeurs semblables à celles qu'émettent les sociétés d'actionnaires* ». — *Supra*, n° 645.

Les titres émis, sous le nom d'actions, par les associations dont il vient d'être parlé, rentrent donc dans la catégorie de ceux qu'a prévus la loi du 29 juin 1872; et, s'ils échappaient à l'application de cette loi, c'est uniquement à raison de leur improductivité. Il faut admettre, en conséquence, que les entreprises qui en effectuent l'émission tombent sous l'empire des lois de 1880 et de 1884, du moment que ces lois ont eu pour objet d'assimiler, au point de vue de la taxe, les sociétés et associations qui s'interdisent à jamais la distribution de leurs bénéfices à celles qui distribuent normalement leurs produits.

1360. L'Administration s'est prononcée dans ce sens au sujet d'une association qualifiée de société civile, ayant pour objet l'établissement et la gestion d'un orphelinat, et fondée au capital de 100,000 francs, divisé en 400 actions de 250 francs, cessibles par voie d'endossement. Il ne devait être distribué ni intérêt ni dividende au cours de la société; de plus, les statuts renfermaient une clause ainsi conçue : « La société venant à se dissoudre, l'actif mobilier et immobilier sera réalisé. Les dettes soldées, les actions seront remboursées à leur valeur nominale sur ce qui restera du produit de l'actif, ou au marc le franc en cas d'insuffisance; s'il y a excédent, il sera employé par le directeur gérant en œuvres de bienfaisance. » La non-distribution des produits était ainsi nettement caractérisée. Les lois de 1880 et de 1884 ont été reconnues applicables par une solution du 9 juil. 1886, motivée en ces termes :

« Bien qu'établie dans un but de bienfaisance et ne constituant pas, au point de vue civil, une véritable société, la Société de Bethléem n'en a pas moins le caractère d'une association de capitaux formée pour la poursuite d'un objet commun. En outre, son capital est divisé en fractions égales, représentées par des titres négociables. Or, en se reportant aux textes des lois de 1850 (art. 14) et de 1857 (art. 6), on reconnaît que le législateur a employé des formules générales qui comprennent dans une énumération complexe non seulement les sociétés, de qui émanent le plus souvent les actions, mais encore les entreprises quelconques, financières, industrielles, commerciales ou civiles. Cette accumulation d'expressions révèle clairement l'intention d'atteindre les actions de toutes associations dont l'organisation ou le fonctionnement comporte la création de valeurs semblables à celles que les sociétés introduisent dans la fortune publique. D'un autre côté, le mot société a, dans l'art. 3 de la loi de 1880 et dans l'art. 9 de celle de 1884, la même signification que dans la loi du 29 juin 1872. Il embrasse dans sa généralité les compagnies ou entreprises quelconques, financières, commerciales ou civiles, désignées dans le premier paragraphe de l'art. 1er de cette loi, à l'exception toutefois des collectivités particulières qui, sous le nom d'hospices, bureaux de bienfaisance, etc., constituent des établissements publics ou d'utilité publique proprement dits. Au cas particulier, la société n'est pas un établissement d'utilité publique proprement dit, en l'absence de toute reconnaissance administrative. L'assemblée générale, d'accord avec le directeur-gérant, en peut modifier les statuts sans l'assentiment du gouvernement. Dans ces conditions, les actionnaires ne recevant, pendant toute la durée de l'œuvre, ni intérêt ni dividende, la société tombe directement sous l'application des lois de 1880 et de 1884. » Conf. Sol. 8 sept. 1884.

La circonstance que la société n'avait pas le caractère d'établissement d'utilité publique était indifférente, car, ainsi que nous le verrons tout à l'heure, cette qualité ne suffit pas pour exonérer du payement de l'impôt les établissements de cette nature qui ont pour base une association. En outre, si les lois spéciales de 1880 et de 1884 étaient applicables, ce n'est pas parce que la société ne devait distribuer ni intérêt ni dividende *au cours de son existence*, c'est parce que les associés ne devaient à aucune époque, même après la dissolution, s'approprier les bénéfices réalisés.

1361. Dans le même ordre d'idées, la loi du 28 déc. 1880 a été reconnue applicable à une société civile par actions dont les bénéfices ne devaient pas être partagés, et qui avait pour objet d'administrer les immeubles mis en commun, d'en retirer les revenus et péages, de les accroître, de recevoir des dons, dans le but de préserver le coteau de Fourvières de la construction d'édifices pouvant en masquer l'aspect, de l'embellir de plus en plus, et d'obtenir plus tard la restauration et l'agrandissement d'une église bâtie sur ce coteau. Lyon, **24** juin **1884**, *infra*, n° 1424.

1362. *Sociétés commerciales.* D'après les motifs d'un jugement du tribunal de la Seine du 15 juin 1883, les sociétés commerciales seraient restées en dehors des prévisions de la loi du 28 déc. 1880 et par conséquent de celles du 29 déc. 1884. Il s'agissait, dans l'espèce soumise au tribunal, d'une société ayant pour objet l'exploitation d'écoles secondaires libres.

« Attendu, porte la décision dont il s'agit, que la société demanderesse, par des statuts régulièrement rendus publics, s'est constituée sous la forme anonyme, après versement du capital souscrit, pour une durée limitée à trente ans, en vue d'une entreprise susceptible de produire des bénéfices partageables, et avec la stipulation formelle qu'à l'expiration de la société ou en cas de dissolution son actif serait réparti entre tous les actionnaires après l'extinction du passif; — Que toutes ces clauses des statuts sont conformes aux règles imposées aux sociétés commerciales reconnues par le Code de commerce et la loi de 1867; — Qu'ainsi, de ce chef, et d'après les instructions mêmes de la Régie en date du 20 juin 1881, qui reconnaissent que la loi du 28 déc. 1880 vise exclusivement les sociétés ou associations civiles et demeure étrangère à celles qui ont la nature commerciale, ladite loi n'est pas applicable à la société demanderesse. » 22,195 J.; 6225 R. p.; 23,146 J. N.; 16,796 Contr.

Cette doctrine est certainement inexacte. L'art. 3 de la loi du 28 déc. 1880 assujettit à l'impôt toutes les sociétés dans lesquelles les produits ne doivent pas être distribués en tout ou en partie entre leurs membres, sans établir d'exception en faveur des sociétés commerciales. Le législateur n'avait aucune raison, d'ailleurs, pour affranchir les sociétés de cette nature du payement de la taxe. Elles ont été prévues par la loi du 29 juin 1872 et ne pouvaient, en principe, échapper à son application qu'en s'interdisant la distribution de leurs produits. Il eût été singulier, dès lors, que la loi du 28 déc. 1880 ne les comprît pas, alors qu'elle avait précisément pour objet d'étendre les dispositions de la loi du 29 juin 1872 aux sociétés dans lesquelles la distribution des bénéfices est prohibée. Le tribunal se trompe, au surplus, en affirmant que l'opinion contraire résulte de l'instruction du 20 juin 1881, n° 2651. Enfin, la Société des écoles libres, bien que constituée dans l'une des formes prévues par le Code de commerce, n'en était pas moins une société civile, car elle n'avait pas pour objet une entreprise commerciale : d'après la jurisprudence, en effet, les maisons d'éducation ne sont pas des établissements de commerce. C. Paris, 19 mars 1814, 1879 J. N.; Cass., 23 nov. 1827; 6518 J. N.; C. Paris, 19 mars 1831, 16 déc. 1836; Dalloz, v° Commerçant, n° 29; C. Paris, 21 avril 1838; 13 juin 1843; Laurent, t. XXVI, n° 229. — *Contra*, C. Paris, 26 nov. 1807; C. Rouen, 30 mai 1820; V. ces arrêts cités au Dict. des réd., v° Commerçant, n° 60.

Le jugement du 15 juin 1883 a été exécuté par l'Administration, mais uniquement parce qu'un nouvel examen de l'affaire a permis de reconnaître que les statuts de la société n'emportaient pas prohibition de distribuer tout ou partie des bénéfices réalisés. V. *supra*, n° 1349.

1363. *Sociétés en nom collectif et de coopération. Commandites.* Toutefois, ainsi que l'exprime l'Instr. n° 2651-6, « les sociétés en nom collectif ayant la nature commerciale, les sociétés en commandite et les sociétés dites de coopération, restent placées sous le régime exceptionnel qui a été établi en leur faveur par la loi du 1er déc. 1875. Les dispositions de cette loi n'ont pas été abrogées ».

1364. Associations. — En dehors des sociétés proprement dites et des associations qui émettent en représentation de leur capital des valeurs semblables aux actions des sociétés anonymes, la loi du 28 déc. 1880 et celle du **29** déc. **1884** atteignent d'une manière générale les associations ayant le caractère prédominant de la société. Inst. n° 2651, § 5.

D'après la définition de l'art. 1832 du Code civil, la société est un contrat par lequel deux ou plusieurs personnes conviennent de mettre quelque chose en commun dans la vue de partager le bénéfice qui pourra en résulter.

Ce qui imprime à la société son caractère particulier, ce n'est pas évidemment la mise en commun qui peut n'engendrer qu'un simple état d'indivision purement passif; c'est, de la part des contractants, l'intention de faire valoir leurs apports à l'effet d'obtenir un gain, qu'ils se partageront.

On peut donc dire d'une association qu'elle a le caractère prédominant de la société, lorsqu'elle se propose de faire fructifier son capital à l'instar d'une société véritable, et qu'elle constituerait, d'ailleurs, une société proprement dite si les bénéfices à provenir de l'activité sociale devaient être partagés.

Certaines associations se rapprochent beaucoup de la société de gain, en ce que leurs membres doivent compte du produit de leur industrie et quelquefois de leurs revenus personnels à la communauté, qui en échange s'oblige à leur procurer tout ce qui est nécessaire à l'existence. Ces sortes d'associations paraissent avoir le caractère prédominant de la société.

D'autres entreprises ont le gain pour but exclusif et se distinguent cependant de la société, par exemple, lorsque le bénéfice, au lieu d'être réalisé en commun pour être partagé, doit profiter d'une manière directe et privative à chacun des associés; mais dans ce cas les lois de 1880 et 1884 sont manifestement inapplicables, puisqu'elles ne frappent que les associations dont les membres ne doivent pas s'approprier les produits.

1365. Par application de ces principes, une solution du **11** fév. **1890** a déclaré régie par la loi du **28** déc. **1880**, une association qualifiée de société civile, établie pour la construction et l'administration d'un temple israélite, et dont le capital avait été formé au moyen de souscriptions fournies par les membres fondateurs, auxquels il avait été remis en échange des titres ne donnant droit à aucun intérêt ni dividende et remboursables, sans la moindre prime, soit pendant la durée de l'entreprise, soit après sa dissolution, sur les bénéfices produits par l'administration du temple.

Cette solution est motivée en ces termes :

« La société civile du temple israélite portugais ne forme ni une réunion de personnes soumises à une règle spirituelle commune, ni une agrégation de membres de communautés religieuses; dès lors, elle ne rentre pas dans la définition, donnée par le tribunal de la Seine (*supra*, n° 1312) et adoptée par l'Administration, des associations religieuses visées par la loi du 29 déc. 1884. Mais les statuts emportent prohibition de distribuer les revenus et c'est pourquoi la question s'élève de savoir si la société ne rentre pas dans les termes de la loi du 28 déc. 1880.

« Pour la négative, on fait valoir que cette collectivité ne présente pas le caractère prédominant de la société, qu'elle ne poursuit pas la réalisation d'un bénéfice, mais celle d'une œuvre de bienfaisance. On peut ajouter que si elle n'a pas été reconnue comme établissement d'utilité publique, elle présente du moins avec les établissements de l'espèce cette analogie sensible que les biens en dépendant seront remis, à la dissolution, à un établissement public, le consistoire israélite de

Paris. Enfin, son but est d'assurer l'exercice public d'un culte reconnu.

« Mais son objet a été d'acquérir un terrain et d'y construire un temple, puis d'administrer l'édifice et d'en employer les produits au remboursement des obligations émises pour faire face aux frais d'acquisition. Après l'amortissement des obligations, les revenus disponibles du temple doivent être mis en réserve pour parer aux éventualités. Quant à la mise en commun, elle consistait dans les souscriptions des personnes dénommées dans l'état annexé au pacte social ; en d'autres termes, le montant de ces souscriptions constituait un véritable apport, et si les titres correspondants ont été qualifiés *obligations* au lieu de *parts*, c'est sans doute parce que les souscripteurs, renonçant à tout droit sur le fonds social, n'obtenaient, en définitive, qu'une créance égale à leur versement, remboursable sur les revenus éventuels de l'association.

« Ainsi, il y a mise en commun et on prévoit des produits destinés tout d'abord à l'amortissement des apports. Ces circonstances sont suffisantes pour caractériser une véritable société passible, à ce titre, de la taxe du revenu en vertu de la loi du 28 déc. 1880, sans égard au but pieux de l'entreprise.

« Cette conséquence de l'application du texte de la loi paraît conforme encore à son esprit. Il semble évident, en effet, que la société du Temple portugais a pour résultat de créer un fonds de mainmorte : les immeubles affectés au temple sont placés hors du commerce et, après l'amortissement des obligations, l'actif s'accroîtra des revenus provenant de l'exercice du culte. Or, ce que le législateur de 1880 a voulu atteindre, c'est toute société tendant à constituer la mainmorte. »

Il ne faudrait pas prendre à la lettre tous les motifs de cette décision. Les bénéfices ne devant pas être partagés, l'un des éléments essentiels du contrat de société faisait défaut dans l'espèce. D'autre part, une association n'est pas susceptible de tomber sous l'application des lois de 1880 et de 1884 par cela seul qu'elle a pour conséquence la constitution d'un fonds de mainmorte : l'Administration a reconnu elle-même la taxe inexigible dans des cas où les biens de l'entreprise étaient en réalité des biens de mainmorte. Comp. *infra*, n°s 1367 et 1368.

Quoi qu'il en soit, abstraction faite de la destination pieuse de l'entreprise, l'association avait pour objet l'exploitation d'un immeuble, et elle aurait constitué une société dans l'acception juridique du mot si les produits de cette exploitation, au lieu d'être abandonnés à jamais par les sociétaires, avaient dû être partagés : elle avait donc le caractère prédominant de la société. Elle rentrait également dans la catégorie des associations prévues *supra*, n° 1359, si les titres émis en représentation des apports étaient assimilables à des actions. Mais la solution ne s'explique pas sur ce point ; elle laisserait même supposer que les titres dont il s'agit avaient plutôt la nature de parts d'intérêt incessibles.

1366. Dans un ordre d'idées analogue, les lois de 1880 et de 1884 ont été appliquées à une association « vouée aux œuvres de miséricorde », mais ayant sous un autre point de vue le caractère prédominant d'une société de gains, en ce que les membres de l'entreprise faisaient apport de leur industrie à l'établissement qui était tenu en retour « de pourvoir à leurs besoins et de les soigner en cas de maladie et dans la vieillesse ». Institution des Diaconesses des églises évangéliques de France. Sol. 9 juin 1885, *infra*, n° 1369.

1367. *Etablissement de bienfaisance.* A l'inverse, la taxe ne saurait être exigée d'un établissement de bienfaisance n'ayant sous aucun rapport le caractère prédominant de la société, bien que reposant sur une association. C'est ce qui résulte de la solution suivante, en date du 6 mai 1882 :

« Il existe à V... une institution de bienfaisance appelée la Maison de Providence contre la mendicité, reconnue comme établissement d'utilité publique par un décret du 11 juin 1877, et qui a pour but de recueillir et d'entretenir les vieillards indigents. — Les statuts renferment notamment les dispositions suivantes : « Art. 5. — L'œuvre est administrée « par un conseil composé, indépendamment du maire de V..., « président de droit, de douze membres et d'un trésorier choisis parmi les souscripteurs. — Art. 6. — Le conseil est « nommé en assemblée générale de tous les membres de « l'œuvre (fondateurs, souscripteurs, bienfaiteurs). — Art. 9. « — Les délibérations relatives à des acquisitions, aliénations « ou échanges d'immeubles, et à l'acceptation des dons et « legs, seront préalablement soumis à l'approbation du gouvernement. — Art. 10. — Des sœurs d'une congrégation « religieuse légalement reconnue sont chargées des divers services généraux de la maison et des soins à donner aux vieillards. — Art. 11. — Les ressources de l'œuvre se composent : 1° des souscriptions des sociétaires ; 2° des versements « effectués par les bienfaiteurs ; 3° des donations ou legs ; « 4° du revenu des biens et ressources de toute nature lui « appartenant ; 5° des dons volontaires, du produit des quêtes ; « 6° des intérêts des capitaux, titres, valeurs ; 7° des allocations et subventions qui pourraient être accordées par « l'État, le département ou la commune ; 8° enfin, des sommes « qui pourraient être versées par les vieillards ou leurs parents, en atténuation des dépenses occasionnées par leur « séjour dans la maison. — Art. 15. — Chaque année, tous « les membres de l'œuvre sont convoqués en assemblée générale. — Le conseil présente le compte de l'exercice clos, « le budget de l'exercice suivant et l'état présent de la situation financière. — Des exemplaires du compte rendu sont « adressés au ministre de l'intérieur, au préfet et au maire. « — Art. 16. — Dans le cas où, par un motif quelconque, « l'œuvre ne continuerait pas sa mission, les immeubles, « meubles et capitaux lui appartenant deviennent la propriété « de l'hospice et du bureau de bienfaisance de V... »

« Cette institution ne paraît pas tomber sous l'application des art. 3 et 4 de la loi du 28 déc. 1880. — L'art. 3 de la loi précitée, dit l'Inst. 2651, § 5, ne vise que les associations ayant le caractère prédominant de la société. Elle ne comprend pas plus que ne les comprenait la loi du 29 juin 1872, les collectivités particulières qui, sous le nom d'hospices, bureaux de bienfaisance, etc., constituent des établissements publics ou d'utilité publique, et n'ont ni le but, ni la nature, ni les effets de la société. — Or, l'institution de la Providence de V... paraît bien rentrer dans la catégorie de ces collectivités que la loi nouvelle laisse en dehors de ses dispositions. Ainsi, elle ne se propose point la poursuite et la répartition d'un bénéfice : son unique objet est la réalisation d'une œuvre de bienfaisance. Toutes ses ressources doivent, en principe, être affectées à son développement. — D'un autre côté, elle présente une organisation qui diffère peu de celle des hospices. — Non seulement elle a été reconnue d'utilité publique, mais elle est administrée par un conseil présidé par le maire (art. 5). Les délibérations les plus importantes sont soumises à l'approbation du gouvernement (art. 9). Le règlement pour le service intérieur de la maison est approuvé par le préfet (art. 14). Des exemplaires des comptes rendus et procès-verbaux des séances de l'assemblée sont adressés au ministre, au préfet et au maire (art. 15).

« Il est vrai que des religieuses sont attachées à l'institution (art. 10), mais leur rôle se borne à donner des soins aux personnes assistées. — La congrégation dont elles font partie n'est point propriétaire de l'actif (art. 16). Elle n'a le droit ni d'exiger des comptes (art. 15), ni d'administrer, le conseil de gestion étant composé du maire de V... et de membres choisis parmi les souscripteurs (art. 5) ; enfin ce n'est pas elle qui perçoit les revenus de la maison (art. 13). — D'après ces considérations, l'art. 3 de la loi du 28 déc. 1880 n'est pas applicable à la Maison de Providence de V... » 21,983 J. ; 6077 R. p.

Il existait dans l'espèce une véritable association, et non pas une simple collectivité, comme les termes de la solution sembleraient l'indiquer. Les membres de l'entreprise pouvaient peut-être rompre à leur gré le lien qui les unissait et qui résultait de leur adhésion aux statuts; mais ce lien, pour n'être pas indestructible, n'en était pas moins réel. D'autre part, les adhérents poursuivaient en commun le même but. Cette action concertée en vue d'un but déterminé est exclusive de l'idée d'une simple collectivité.

Quoi qu'il en soit, l'association n'avait pas le caractère prédominant de la société, et c'est ce qui justifie la décision prise à son égard. D'une part, en effet, les associés ne devaient en retirer aucun avantage, et, d'autre part, elle n'avait la spéculation ni pour but, ni pour moyen : toute l'activité sociale était appliquée à l'accomplissement de l'œuvre philanthropique formant l'unique objet de l'entreprise.

1368. La doctrine de la solution du 6 mai 1882 a été consacrée de nouveau, depuis la promulgation de la loi du 29 déc. 1884, par une décision du 15 juil. 1886, conçue en ces termes :

« La Société F..., instituée en 1844 pour recueillir et élever de jeunes garçons pauvres, orphelins ou abandonnés, et reconnue comme établissement d'utilité publique par décret du 5 fév. 1852, se compose de toutes les personnes qui prennent l'engagement de verser dans la caisse commune une cotisation annuelle. Elle est dirigée par un conseil d'administration élu parmi les membres titulaires (souscripteurs d'une somme annuelle de 50 francs), qui rend compte chaque année de sa gestion à l'assemblée générale. Les ressources se composent des revenus des biens communs, des dons, legs, souscriptions et subventions, du produit du travail des enfants et des pensions qui peuvent être payées par certains élèves. Les statuts sont muets sur l'emploi des excédents de recettes et sur la destination des biens à la fin de l'entreprise.

« Bien que l'établissement ait pris la qualité de *société*, il paraît certain qu'il n'a point le caractère prédominant de société. Il ne se propose pas, en effet, la poursuite d'un bénéfice, mais la réalisation d'une œuvre de bienfaisance. D'autre part, son existence paraît indépendante de toute association de personnes, car les membres ou souscripteurs ne sont soumis à aucune règle commune, ne sont point placés personnellement sous l'autorité du conseil d'administration; ils ne contractent d'autre obligation que celle de fournir une cotisation annuelle.

« Cela posé, lors même que les produits de l'établissement ne devraient pas être distribués, qu'ils seraient affectés exclusivement au développement de l'œuvre, la Société F..., ne constituant ni une collectivité assimilable à une société, ni une association de personnes, ne peut être frappée de l'impôt sur le revenu en vertu des lois des 28 déc. 1880 et 29 déc. 1884. »

Dans la circonstance, en effet, on était en face d'une association de capitaux plutôt que d'une association de personnes, l'adhésion aux statuts n'obligeant les sociétaires qu'au versement d'une cotisation annuelle, et ce versement étant la seule condition requise sans doute pour obtenir la qualité d'associé. Mais cette particularité n'avait en soi rien de déterminant, car la loi ne distingue pas entre les associations de personnes et les associations de capitaux. L'on doit reconnaître toutefois que l'association n'avait pas plus le caractère prédominant de la société que celle qui a donné lieu à la décision rapportée sous le numéro précédent, et qui n'était probablement, elle aussi, qu'une association de capitaux.

1369. Association reconnue comme établissement d'utilité publique. — Dès lors qu'elle revêt le caractère prédominant de la société, une association ne saurait se soustraire au payement de la taxe sous le prétexte qu'elle a été reconnue comme établissement d'utilité publique : ni le texte ni l'esprit de la loi ne comportent de distinction de cette nature. Pour s'en convaincre, il suffit de remarquer que la loi du 28 déc. 1880, outre qu'elle vise expressément les associations reconnues et non reconnues, avait pour but d'atteindre les congrégations religieuses autorisées, auxquelles appartient précisément la qualité d'établissement d'utilité publique.

L'Administration s'est prononcée dans le sens de cette opinion, le 9 juin 1885, au sujet de l'institution des Diaconesses des églises évangéliques de France, dont il a été parlé *supra*, n° 1366.

« L'œuvre des Diaconesses, exprime la décision dont il s'agit, a son fondement dans une association de personnes, qui mettent en commun leur industrie, pour réaliser le but de l'institution. « L'association des Diaconesses, porte l'art. 19 « des statuts, constitue, avec le conseil de direction et le co- « mité de surveillance, le corps duquel dépend l'institution « tout entière. »

« Cette situation particulière suffit pour la distinguer des établissements publics ou d'utilité publique, comme les hospices, bureaux de bienfaisance, caisses d'épargne, etc., qui existent en vertu de la seule reconnaissance de la loi, indépendamment de toute association de personnes, et qui fonctionnent à l'aide de conseils d'administration qui n'ont aucun intérêt privé dans la gestion.

« En supposant qu'elle ne soit pas autorisée, l'institution des dames Diaconesses n'en aurait pas moins, comme association de personnes, une existence de fait qui suffirait pour la rendre passible de la taxe, et cela indépendamment du caractère qui pourrait lui être reconnu en droit civil (art. 3, L. 28 déc. 1880; Inst. n° 2651, n° 8). Or, il est évident que sa reconnaissance comme établissement d'utilité publique ne lui a pas enlevé son caractère fondamental d'association : cette reconnaissance n'a fait que donner à l'association une existence légale et régulière.

« Par conséquent, l'exigibilité de la taxe de 3 p. 100 n'en est que plus certaine et mieux justifiée. »

1370. Sociétés d'assurances mutuelles. Sociétés de secours mutuels. — Les sociétés d'assurances mutuelles ne constituent pas des sociétés proprement dites. Les associés ne se proposent pas, en effet, la réalisation d'un bénéfice; leur unique dessein est de se garantir contre les pertes qu'ils pourraient éprouver. Ces associations n'ont pas non plus le caractère prédominant de la société, car elles n'ont la spéculation ni pour but ni pour moyen, et l'on ne saurait dire que l'activité sociale ait pour fin de faire fructifier le capital de l'entreprise. Il résulte au surplus de la discussion des lois de 1880 et de 1884 que l'intention du législateur n'a pas été de les assujettir au payement de la taxe.

On peut en dire autant des sociétés de secours mutuels dont l'objet n'est pas de procurer un gain à ceux qui en font partie, mais seulement de leur venir en aide en cas d'accident, de chômage, de maladie, etc. Le ministre des finances a d'ailleurs résolu négativement « la question de savoir si l'art. 9 de la loi du 29 déc. 1884 est applicable aux sociétés de secours mutuels reconnues comme établissements d'utilité publique ou approuvées ». Déc. 11 fév. 1885; Inst. n° 2712.

Cette décision doit naturellement profiter aux sociétés de secours mutuels n'ayant qu'une existence de fait.

1371. Associations de prévoyance. — Les associations de prévoyance fondées dans un but d'assistance, en dehors de toute idée de lucre, n'ont certainement pas plus le caractère prédominant de la société que les sociétés de secours mutuels proprement dites : elles tendent à la même fin, par les mêmes moyens. Il faut donc les considérer comme également affranchies de la taxe.

1372. Associations philanthropiques ; Asiles, Crèches, etc., etc. — La nature philanthropique des associations créées pour l'établissement d'asiles, de crèches, etc., etc., ne les exonère pas du payement de la taxe; elles demeurent assujetties à l'impôt, suivant la règle générale, toutes les fois qu'elles revêtent le caractère prédominant de la société et s'interdisent la distribution totale ou partielle des produits qu'elles pourront réaliser pendant leur existence. Quant à la question de savoir dans quels cas le caractère prédominant de la société leur appartient, il serait difficile de la résoudre en thèse d'une manière satisfaisante, étant donné l'infinie variété des combinaisons susceptibles d'être adoptées. On chercherait en vain à poser un principe absolu : la solution dépend des circonstances.

C'est ainsi qu'une association charitable, établie sous forme de société anonyme avec émission de titres assimilables à des actions, a pu être déclarée passible de l'impôt (*supra*, n° 1360), sans qu'on puisse en tirer cette conséquence que les associations de capitaux sont toutes sujettes à la taxe : exemple, celles qui ont donné lieu aux décisions précitées des 6 mai 1882 et 15 juil. 1886 (*supra*, n°s 1367 et 1368), sans compter les sociétés d'assurances mutuelles et bien d'autres.

De même, de ce que la taxe a été reconnue exigible dans une espèce où il s'agissait d'une association de personnes (*supra*, n°s 1366 et 1369), on ne saurait en conclure que toutes les associations de personnes sont atteintes par la loi : témoin les cercles ou certaines associations philharmoniques ou autres, dont les membres se choisissent, et qui cependant, d'après les termes mêmes de l'Instruction n° 2651, § 7, ne tombent sous l'application de l'impôt qu'autant qu'elles sont établies sous forme de sociétés. Comp. n° suivant.

Nous ne pouvons donc que nous référer aux principes indiqués *supra*, n°s 1359 et 1364.

1373. Associations artistiques, scientifiques ou littéraires. Cercles. Associations agricoles, etc. — « Certaines entreprises scientifiques ou littéraires, porte l'instruction n° 2651, § 7, certains cercles, comices, ouvroirs, loges, etc., sont établis sous forme de sociétés. L'organisation de ces sociétés ne leur interdit pas d'une manière absolue de distribuer entre leurs membres les produits qui dépassent les besoins de l'association. Elles ne tombent donc pas de plein droit sous l'empire de l'art. 3 de la loi du 28 déc. 1880. C'est seulement dans le cas exceptionnel où les statuts interdiraient la distribution des produits entre les associés et attribueraient ces produits à la société même, pour constituer une augmentation de patrimoine, que les conditions requises pour l'application des dispositions nouvelles se trouveraient réunies. Placées qu'elles seraient alors sous un régime civil absolument semblable à celui des congrégations constitutives de la mainmorte, ces associations devraient, quels que soient leur caractère et leur destination, y être assimilées pour la perception de l'impôt. »

Il semblerait résulter de cette doctrine que les associations scientifiques, littéraires, etc., ne sont jamais susceptibles de tomber sous l'application de la loi lorsqu'elles ne sont pas établies sous forme de sociétés, tandis qu'il en serait toujours autrement dans le cas contraire. Mais, par la force même des choses, toute association est amenée, pour vivre, à adopter une organisation analogue à celle des sociétés définies par l'art. 1832 du Code civil. C'est la remarque que fait M. Laurent. « Les sociétés d'agrément, dit-il (t. 26, n° 191), et toutes associations qui se proposent un but autre que le lucre ne sont pas des sociétés civiles, *elles sont cependant constituées dans les mêmes formes;* il y a des commissions chargées de la gestion des intérêts communs, il y a des règlements qui déterminent leurs attributions » ; il y a enfin, ajouterons-nous, des statuts qui spécifient les obligations et les droits des sociétaires et ne diffèrent pas, sous ce rapport, du pacte social dans les sociétés ordinaires. D'un autre côté, toute association implique, de la part des associés, l'engagement de mettre au service de l'entreprise quelque chose qui ait le caractère d'un apport ou soit de nature à en tenir lieu. Au point de vue de la forme, les associations qui n'ont pas pour objet la réalisation de bénéfices se rapprochent donc toujours plus ou moins des sociétés qui poursuivent un gain.

L'Administration a-t-elle voulu dire que la taxe est exigible du moment que l'association a pris le nom de société? Non, sans doute, car ce serait attribuer à la qualification du contrat une importance qu'elle ne saurait avoir. Quand une association n'a pas pour but de réaliser des produits, il importe peu qu'elle soit qualifiée de société, cela ne peut avoir pour conséquence de lui conférer ce caractère. Et deux associations, tendant au même but, par les mêmes moyens, c'est-à-dire parfaitement semblables au fond, ne peuvent être traitées différemment parce que l'une se sera constituée aux termes d'un contrat qui aura reçu la dénomination impropre de contrat de société, tandis que l'existence de l'autre reposera sur des statuts dans lesquels le mot société n'aura pas été employé. La qualification du contrat ne suffit certainement pas pour déterminer l'application de l'impôt; l'Administration n'hésite pas d'ailleurs à le reconnaître, ainsi qu'on peut s'en convaincre en se reportant à la solution citée *supra*, n° 1368, rendue sous l'empire de la loi du 29 déc. 1884.

En parlant, dans le § 7 de l'Instruction n° 2651, des entreprises scientifiques, littéraires, etc., qui s'établissent « sous forme de sociétés », on ne saurait donc admettre que l'Administration ait entendu déroger à leur égard au principe général formulé sous le § 5 de la même instruction, et d'après lequel l'impôt n'atteint pas les associations qui n'ont pas « le caractère prédominant de la société », principe formellement consacré de nouveau par l'Inst. n° 2712, relative à l'exécution de la loi du 29 déc. 1884.

On doit, dès lors, considérer les lois des 28 déc. 1880 et 29 déc. 1884 comme inapplicables aux associations qui ont pour unique but le progrès des sciences ou des arts et ne se proposent pas la spéculation pour moyen. Peu importe leur forme.

Ces associations se distinguent d'une manière très sensible des congrégations religieuses, notamment en ce que les membres de celles-ci retirent, sinon un gain proprement dit, du moins des avantages matériels, parfaitement appréciables en argent, de la communauté à laquelle ils apportent, non seulement leurs revenus, mais encore leur industrie, en vue d'accroître et de faire fructifier le fonds commun. En définitive, il ne manque aux congrégations religieuses, pour constituer de véritables sociétés de gains, que de convenir du partage de leurs bénéfices. Tout autre est la situation des associations scientifiques ou littéraires, lorsqu'elles sont établies en dehors de toute idée de spéculation, qu'elles ne se proposent pas d'exploiter leur avoir, de le faire fructifier par l'industrie de leurs membres ou par des procédés comparables à ceux qu'emploient à cet effet les sociétés ordinaires; en d'autres termes, lorsque l'activité sociale ne doit pas s'exercer en vue d'un produit à réaliser. Il paraît difficile de regarder comme ayant le caractère prédominant de la société une entreprise créée dans de telles conditions, qui ne constituerait pas une société au sens de l'art. 1832 du Code civil, alors même qu'il serait permis à ses membres de s'approprier, à l'époque de sa dissolution, la plus-value acquise par son capital. Pour décider le contraire, il faudrait prétendre que ce qui domine dans la société, c'est l'esprit d'association. Mais alors toutes les associations, même les sociétés de secours mutuels, auraient le caractère prédominant de la société, que leur refuse précisément la décision ministérielle du 11 fév. 1885, en les déclarant affranchies de l'impôt.

Ces réflexions s'appliquent naturellement aux associations établies sous le nom de cercles, aux associations agricoles créées pour favoriser les progrès de l'agriculture par le moyen de concours, de récompenses, etc., et en général à toutes les associations analogues.

1374. Associations syndicales. — Les associations syndicales, libres ou autorisées, créées, en vertu des lois des 21 juin 1865 et 22 déc. 1888 (23,148 J.), pour l'exécution et l'entretien de travaux d'intérêt commun, ou, conformément à la loi du 15 déc. 1888 (23,147 J.), pour la défense des vignes contre le phylloxera, ont pour but ou tout au moins peuvent avoir pour résultat de procurer aux intéressés un avantage appréciable en argent sous forme de plus-value donnée aux propriétés comprises dans le périmètre d'action du syndicat; mais ce bénéfice, au lieu de profiter à la société, s'incorpore immédiatement au patrimoine de l'associé, de sorte que l'association ne rentre pas dans la catégorie de celles qui ont été prévues par les lois de 1880 et de 1884. — Comp. *supra*, n°s 627 et suiv.

Il en pourrait être autrement si la défense commune, l'accomplissement de l'œuvre d'utilité collective, n'était pas l'unique objet de l'entreprise, et que l'association se proposât, en outre, au moyen de spéculations et à l'aide d'un fonds social, de réaliser pour elle-même un gain dont la distribution serait interdite en tout ou partie. Dans ce cas, les conditions voulues pour l'exigibilité de l'impôt se trouveraient remplies; mais l'hypothèse ne paraît guère susceptible de se réaliser.

1375. Syndicats professionnels. — Aux termes de la loi du 21 mars 1884, les syndicats ou associations professionnelles ont exclusivement pour objet l'étude et la défense des intérêts économiques, industriels, commerciaux et agricoles (art. 3). Ils peuvent se former sans autorisation entre personnes exerçant la même profession, des professions similaires, ou des professions connexes concourant à l'établissement de produits déterminés; les fondateurs sont seulement tenus de déposer les statuts, à Paris, à la Préfecture de la Seine, et ailleurs, à la mairie du lieu où le syndicat est établi, en faisant connaître les noms de ceux qui, à un titre quelconque, seront chargés de l'administration ou de la direction (art. 2 et 4). Les syndicats professionnels de patrons et d'ouvriers, régulièrement constitués, ont la personnalité civile; ils ont le droit d'ester en justice; ils peuvent employer les sommes provenant des cotisations; mais il ne leur est pas permis d'acquérir d'autres immeubles que ceux nécessaires à leurs réunions, à leurs bibliothèques et à des cours d'instruction professionnelle; ils sont autorisés à constituer entre leurs membres des caisses spéciales de secours mutuels et de retraites; enfin, ils ont la faculté de créer et d'administrer librement des offices de renseignements pour les offres et les demandes de travail (art. 6). Les syndicats professionnels, qui se sont conformés aux prescriptions de la loi relative à leur établissement, sont admis à se concerter pour l'étude et la défense de leurs intérêts économiques, industriels, commerciaux et agricoles. Ces unions ne peuvent cependant posséder aucun immeuble, ni ester en justice (art. 5).

Les syndicats ou unions de syndicats qui se renferment dans l'accomplissement de la mission d'*étude* et de *défense* que la loi leur a limitativement tracée, ne paraissent pas avoir le caractère prédominant de la société.

Quant aux sociétés syndicales de secours mutuels, elles doivent posséder une individualité propre et avoir une administration et une caisse particulières. Il en est de même des sociétés de retraites, qui peuvent bien se greffer sur les sociétés de secours mutuels, mais dont le patrimoine ne doit pas se confondre avec celui du syndicat (Circ. min. int., 25 août 1884, Journ. off., 28 août 1884). La décision ministérielle du 11 fév. 1885 (*supra*, n° 1370) est donc applicable dans tous les cas à ces établissements particuliers.

Indépendamment des syndicats dont la création est autorisée par la loi du 21 mars 1884, il existe, notamment sous le nom de chambres syndicales, d'autres associations analogues qui ne jugent pas à propos de remplir les formalités dont l'accomplissement leur ferait obtenir la personnalité civile, ou qui ne se trouvent pas dans les conditions voulues pour acquérir cette personnalité parce que leur objet dépasse celui des syndicats prévus par le législateur. Ces associations ne subsistent qu'en vertu d'une pure tolérance lorsqu'elles sont composées de plus de vingt personnes; leur champ d'action n'a d'autre limite que celle qui est déterminée par leurs statuts; l'examen de ces statuts est donc seul de nature à permettre de reconnaître si elles ont ou non le caractère prédominant de la société.

1376. Sociétés et associations étrangères. — D'après les motifs indiqués *supra*, n° 1327, les sociétés et associations étrangères, qui possèdent ou occupent des biens en France, sont régies par les lois de 1880 et de 1884 dans les cas où ces lois sont applicables aux sociétés et associations françaises.

1377. Tontines. — V. *supra*, n° 1331.

1378. Sociétés et associations de fait. — V. *supra*, n° 1326.

1379. Établissement public ou d'utilité publique ne reposant pas sur une association. — Du moment que la loi ne vise que les sociétés et associations, il est bien clair qu'elle n'est applicable ni aux établissements publics, ni aux établissements d'utilité publique qui n'ont pas une association pour fondement. C'est la remarque qui a été déjà faite *supra*, n° 1338, au sujet de certains établissements ecclésiastiques, et qu'il convient d'étendre aux hospices, bureaux de bienfaisance, monts-de-piété, caisses d'épargne, chambres de commerce, chambres consultatives des arts et manufactures, chambres consultatives d'agriculture, etc., qui existent par la seule force de la loi ou du décret qui les a institués, indépendamment de toute association.

1380. *Chambres de discipline.* Les chambres de discipline des avocats ou des officiers ministériels étant instituées par la loi même, il paraît difficile de les considérer comme reposant sur une association. En tout cas, cette association n'aurait sous aucun rapport le caractère prédominant de la société. Aussi n'a-t-il jamais été question de percevoir la taxe sur les produits des biens possédés ou occupés par les chambres de discipline.

CHAPITRE III. — DÉTERMINATION DE LA VALEUR IMPOSABLE.

ART. 1er. — *Loi du 28 déc. 1880.*

1381. L'une des grandes préoccupations du législateur de 1880 avait été d'assurer aux sociétés et associations soumises à la taxe le moyen de faire connaître le montant réel de leurs produits, pour leur permettre d'échapper au forfait. « Le revenu, porte à cet effet l'art. 3 de la loi du 28 déc. 1880, est déterminé :

« 1° Pour les actions, d'après les délibérations, comptes rendus ou documents prévus par le premier paragraphe de l'art. 2 de la loi du 29 juin 1872;

« 2° Et, pour les autres valeurs, soit par les délibérations des conseils d'administration prévues dans le troisième paragraphe du même article, soit par la déclaration des représentants des sociétés et associations, appuyée de toutes les justifications nécessaires, soit, à défaut de délibérations et de déclarations, à raison de 5 p. 100 de l'évaluation détaillée des meubles et des immeubles composant le capital social. »

Cette disposition se trouve virtuellement abrogée par l'art. 9 de la loi du 29 déc. 1884. Toutefois, l'intérêt transitoire qui peut encore s'y attacher nous engage à reproduire une partie du commentaire dont elle avait été l'objet de la part de l'Administration dans l'instruction n° 2651. Cette instruction s'exprime en ces termes :

1382. Actions. — « Le premier paragraphe de l'art. 2 de la loi du 29 juin 1872, auquel se réfère l'art. 3 de la loi du 28 déc. 1880, est ainsi conçu : « Le revenu est déterminé, « pour les actions, par le dividende fixé d'après les délibéra- « tions des assemblées générales d'actionnaires ou des conseils « d'administration, les comptes rendus ou tous autres docu- « ments analogues. »

« Ce sont les mêmes actes qui doivent servir de base à la perception de la taxe nouvelle. Comme il s'agit de sociétés qui s'approprient les produits au lieu de les distribuer à leurs membres, les délibérations ou comptes rendus dont la production est exigée ne peuvent pas avoir pour but de fixer le dividende à répartir réellement entre ces actionnaires : ils déterminent seulement quel dividende serait distribué si l'interdiction ou l'impossibilité de l'attribuer aux associés n'existaient pas.

« Mais, sauf cette différence, les documents visés dans la loi du 28 déc. 1880 sont identiquement les mêmes que ceux de la loi du 29 juin 1872; ils doivent être établis selon des règles semblables et remplir les mêmes conditions.

« C'est sur le produit ainsi déterminé en représentation du dividende que la taxe est établie. Les sociétés n'ont d'autres justifications à fournir que la remise d'un extrait de la délibération, du compte rendu ou du document qui le remplace (art. 3, § 3), ainsi qu'il est réglé pour l'application de la loi du 29 juin 1872 (art. 2, § 4). Il appartient à l'Administration de contrôler l'exactitude de ces documents par les moyens qui sont à sa disposition.

« La production des pièces dont il s'agit est le seul mode légal de détermination du revenu. Les sociétés ne seraient point autorisées à y substituer les déclarations prévues pour les valeurs autres que les actions. Si elles s'abstenaient de faire les productions exigées, il y aurait lieu de leur demander le payement d'une somme fixée approximativement par l'Administration, d'après les renseignements dont elle dispose, sauf augmentation ou diminution à résulter de la remise, par les compagnies, des délibérations, comptes rendus ou autres pièces dont la rédaction serait pour elles obligatoire en vertu de leurs statuts ou de la législation générale sur les sociétés. »

1383. **Valeurs autres que les actions.** — « Pour les valeurs autres que les actions, la loi du 28 déc. 1880 prévoit trois modes distincts de détermination du revenu. Elle désigne successivement comme bases :

« 1° Les *délibérations des conseils d'administration* prévues « dans le troisième paragraphe de l'art. 2 de la loi du 29 juin « 1872 », c'est-à-dire « des conseils d'administration des in- « téressés »;

« 2° La *déclaration* des représentants des sociétés ou asso- « ciations, appuyée de toutes les justifications nécessaires »;

« 3° A défaut de délibérations et de déclarations, la fixation « à raison de 5 *p.* 100 de l'évaluation détaillée des meubles « et des immeubles composant le capital social. »

« Les sociétés ont le choix d'adopter celui de ces moyens qui leur convient. Elles peuvent faire leur option même après l'expiration des trois mois accordés pour le payement de la taxe par le troisième paragraphe de l'art. 3. Il ne leur est pas interdit davantage de remplacer l'un de ces procédés par un autre pendant la durée de l'association.

« Chacun de ces modes de détermination du revenu comporte des observations particulières. »

1384. *Délibérations des conseils d'administration.* « Certaines associations, bien que non constituées par actions, sont cependant pourvues d'un conseil d'administration, en vertu d'une clause expresse de leurs statuts. Lorsqu'un conseil de cette nature existe, il lui appartient d'établir ou de contrôler le compte annuel de gestion, d'en faire ressortir les résultats financiers, d'y donner ou non son approbation, et, partant, de déterminer l'importance des produits acquis à l'association. La loi déclare que la délibération prise, en ce cas, par le conseil, servira de base à la perception de l'impôt.

« Les sociétés qui, par leur nature, comportent un conseil d'administration, mais qui n'en ont pas été pourvues jusqu'à ce jour, pourront apporter, de ce chef, une modification à leurs statuts. Rien ne s'oppose à ce qu'elles organisent des conseils d'administration auxquels seraient conférés les pouvoirs nécessaires pour délibérer sur les opérations sociales, déterminer l'importance de leurs résultats au regard de la société, de ses gérants ou de ses membres, et, par conséquent, au regard de l'Administration.

« Les dispositions adoptées sur ce point par la loi du 28 déc. 1880 ne sont que la reproduction de celles de la loi du 29 juin 1872. Les délibérations dont il s'agit sont, en effet, d'après le texte de l'art. 3, celles qui sont prévues par le troisième paragraphe de l'art. 2 de cette dernière loi. Elles doivent donc remplir identiquement les mêmes conditions.

« Il est rigoureusement nécessaire, notamment, que les délibérations émanent de conseils d'administration proprement dits, ayant véritablement la gérance de la société. L'Administration ne pourrait pas plus accepter, pour l'application de la loi nouvelle, qu'elle ne les accepte pour celle de la loi de 1872, des délibérations prises par des conseils de simple surveillance, ou des conseils fictifs, ne participant pas à l'administration et n'ayant pas dès lors l'autorité nécessaire pour fixer les dividendes dans les cas ordinaires.

« Le conseil d'administration régulièrement institué fixe, d'après les bases qui servent à la détermination du revenu imposable en vertu de la loi du 29 juin 1872, le produit qui devrait être distribué si la prohibition n'existait pas. Le droit est perçu sur la remise d'un extrait de la délibération, sans que la société ait d'autres justifications à fournir, et sauf l'exercice du contrôle de l'Administration. »

1385. *Déclaration.* « Lorsqu'il n'existe pas de conseils d'administration réguliers ou que la société ne juge pas à propos, soit de leur faire prendre des délibérations, soit de produire l'extrait de celles qui auraient eu lieu, la loi du 28 déc. 1880 permet de remplacer ces délibérations « par la dé- « claration des représentants des sociétés ou associations ».

« Cette déclaration a le même but. Elle doit déterminer, comme l'eût fait la délibération du conseil d'administration, les produits qui devraient être distribués aux associés si les statuts ou si la nature de l'association ne les attribuaient définitivement à la société elle-même, à l'exclusion de ses membres. Cette détermination doit donc être faite sur les mêmes bases et d'après des éléments identiques. Mais, comme une déclaration pure et simple des représentants de la société n'offre plus à l'Administration les garanties qu'elle peut trouver dans les actes d'un conseil d'administration régulièrement institué, la loi du 28 déc. 1880 a exigé que la déclaration fût appuyée « de toutes les justifications nécessaires ».

« Le législateur n'a pas indiqué de quoi se composeraient ces justifications. Il a employé ce mot avec la signification générale qui lui a été attribuée dans plusieurs textes des lois antérieures, notamment dans l'art. 68, § 3, n° 2, de la loi du 22 frim. an 7 (relatif à la justification de la copropriété en matière de partage). L'Administration a donc un droit d'appréciation très étendu, qu'elle exercera sous le contrôle des tribunaux d'après les circonstances et selon la nature particulière de chaque association.

« Les justifications dont il s'agit ayant pour but de constater le montant exact du produit qui aurait pu être distribué, doivent, en général, comprendre toutes les pièces qui sont de nature à établir la situation détaillée de chaque exercice.

« Elles impliquent, en premier lieu, la production, soit dans le contexte même de la déclaration, soit dans une pièce additionnelle, d'un compte sommaire des recettes et des dépenses de l'année, faisant ressortir le montant net des produits imposables.

« Elles impliquent en outre la représentation de pièces justificatives proprement dites, l'indication des titres en vertu desquels les recettes ont été effectuées et les dépenses acquittées, et tous autres renseignements propres à faire apprécier l'exactitude au moins approximative de certaines recettes ou dépenses non susceptibles, par leur nature, de justifications détaillées.

« Ainsi, les recettes de fermage seraient justifiées par l'indication des baux en vertu desquels elles ont été faites; la recette des produits d'immeubles exploités par les sociétés personnellement indiquerait la nature, la contenance et la situation de ces immeubles; la dépense des frais d'entretien indiquerait le nombre des personnes auxquelles elle s'applique, etc. Comme document général de justification, les sociétés pourraient aussi produire utilement, à l'appui de la première déclaration qu'elles auront à fournir, l'état détaillé de leur actif et de leur passif.

« Les papiers domestiques et autres documents privés produits pour la justification des déclarations seront immédiatement rendus aux déclarants, après que le receveur en aura constaté la communication et les énonciations par une mention sommaire à la suite de la déclaration.

« La déclaration doit émaner des représentants de la société ou de l'association. Ces représentants auront donc à établir leur qualité si elle n'est pas de notoriété publique ou si elle n'est pas déjà constatée par des documents du bureau. D'après le § 3 de l'art. 3 de la loi du 28 déc. 1880, la déclaration dont il s'agit doit être souscrite conformément à l'art. 16 de la loi du 22 frim. an 7. Elle est écrite sur papier non timbré et remise au bureau. »

1386. *Evaluation à 5 p. 100.* A défaut de production d'une délibération prise par un conseil d'administration régulier et de déclaration appuyée de documents justificatifs, le revenu passible de la taxe était fixé d'office, par la loi du 28 déc. 1880, à raison de 5 p. 100 de l'évaluation détaillée des meubles et des immeubles composant le capital social, c'est-à-dire de tous les biens « possédés » par la société ou l'association, à l'exclusion des biens simplement « occupés », dont les produits n'ont été atteints que par la loi du 29 déc. 1884.

Les règles à suivre à cet égard étaient identiquement les mêmes que celles qui sont applicables, sous l'empire de la loi du 29 déc. 1884, pour la détermination de la valeur imposable des biens possédés par les associations soumises à la taxe. Nous ne pouvons, dès lors, que nous référer aux explications données *infra*, n°s 1420 et suiv.

On remarquera toutefois que le forfait était obligatoire pour l'Administration et qu'elle n'était pas autorisée, comme elle l'est actuellement, à réclamer la taxe sur les produits réels de l'association, en établissant qu'ils excédaient le vingtième (5 p. 100) de la valeur des biens composant le capital social.

Enfin, il n'y avait pas plus qu'aujourd'hui à tenir compte, pour le calcul du forfait, des biens possédés par l'association en nue propriété seulement. V. *infra*, n° 1403.

1387. Produits imposables. — Pour se soustraire à l'application du forfait de 5 p. 100, les sociétés avaient, comme on vient de le voir, la faculté de dresser elles-mêmes le bilan de leur situation en vue de déterminer l'importance exacte de leurs bénéfices. En théorie, rien n'est plus simple qu'une semblable opération qui consiste à mettre d'un côté l'actif, de l'autre le passif de l'entreprise, puis à établir la balance. Mais, en réalité, les éléments de l'actif et du passif ne sont pas toujours faciles à dégager. Les difficultés qui étaient de nature à se produire à ce sujet peuvent encore s'élever aujourd'hui, car la loi du 29 déc. 1884 écarte le forfait de 5 p. 100 lorsqu'un revenu supérieur est constaté. Ces difficultés sont examinées *infra*, n°s 1421 et suiv.

ART. 2. — *Loi du 29 décembre 1884.*

§ 1er. — Forfait de 5 p. 100.

1388. Principes généraux. — La latitude accordée aux sociétés par la loi du 28 déc. 1880, relativement à la fixation de la valeur imposable, leur donnait, il faut bien le reconnaître, de très grandes facilités pour s'exonérer du payement de l'impôt. L'art. 9 de la loi du 29 déc. 1884 a été édicté en vue de faire cesser cet état de choses. (V. *supra*, n°s 1286 et suiv.) Il contient à cet effet la disposition suivante : « Le revenu est déterminé à raison de 5 p. 100 de la valeur brute des biens meubles et immeubles possédés ou occupés par les sociétés, à moins qu'un revenu supérieur ne soit constaté, et la taxe acquittée sur la remise d'une déclaration détaillée faisant connaître distinctement la consistance et la valeur de ces biens. »

Cette disposition n'est pas restreinte aux congrégations, communautés et associations religieuses, passibles de la taxe à raison de leur caractère : elle s'étend d'une manière générale à toutes les sociétés et associations comprises dans les termes de la loi du 28 déc. 1880, et assujetties à l'impôt parce que leurs produits ne doivent pas être distribués en tout ou en partie entre leurs membres. Toutes ces sociétés et associations, qu'elles soient constituées par actions ou autrement, qu'elles aient une nature commerciale ou civile, sont désormais soumises, sans distinction, à l'application du forfait; la faculté d'option, laissée par la loi précédente aux sociétés non constituées par actions, est supprimée; la loi actuelle ne reconnaît plus, pour la détermination de la valeur imposable, d'autre base que le forfait de 5 p. 100, à moins, dit-elle, qu'un revenu supérieur ne soit constaté.

D'autre part, pour l'établissement du forfait, il y a lieu de faire entrer en ligne de compte non seulement, comme autrefois, les biens dont l'association est propriétaire, mais encore tous ceux qu'elle occupe. A cet égard non plus, aucune distinction entre les associations religieuses et celles qui n'ont pas ce caractère n'est autorisée.

Enfin, le forfait se calcule sur la valeur réelle brute des biens possédés ou occupés par l'association. Aucune dette n'est susceptible d'être admise en déduction.

1389. Déclaration. — La déclaration estimative des biens possédés et occupés, à remettre au receveur lors du payement de la taxe, conformément à l'art. 9 de la loi du 29 déc. 1884, doit être « détaillée », c'est-à-dire qu'elle doit, suivant les termes de l'instruction n° 2712, « être faite de telle manière que l'Administration ait les éléments nécessaires pour exercer son droit de contrôle. Ainsi, les meubles et objets mobiliers doivent être déclarés et estimés article par article, ou tout au moins par catégories comprenant des objets de même espèce. Quant aux immeubles, il est nécessaire qu'ils soient désignés séparément et que la déclaration fasse connaître, pour chacun d'eux, le nom particulier sous lequel l'immeuble est connu, sa consistance, les communes dans lesquelles il est situé, et enfin son évaluation. »

En résumé, en ce qui concerne le détail des biens, la déclaration doit être formulée, quant aux meubles, comme devrait l'être une déclaration de succession. Il ne suffirait donc pas, à l'égard du mobilier, d'estimer en bloc celui qui se trouverait dans un même endroit; il est essentiel de spécifier et notamment de faire connaître le nombre des objets de même espèce dont l'énumération article par article n'est pas exigée : exemple, 20 lits, prisés tant; 100 draps, estimés tant; etc... Chaque créance doit être nettement individualisée; il convient, à cet effet, en ce qui touche les valeurs de bourse, d'indiquer la nature, le numéro et le montant de chaque titre. Pour les immeubles non loués, nul doute que le détail et l'estimation parcellaires ne soient obligatoires. Le même détail estimatif ne semble pas moins de rigueur lorsqu'il s'agit de biens loués. En matière de déclaration de succession, il est admis, il est vrai, que les héritiers ne sont pas tenus d'indiquer le revenu particulier de chacune des parcelles comprises dans un bail enregistré. Mais s'il en est ainsi, c'est que le prix du bail forme la base légale de l'impôt de mutation par décès, tandis que la taxe de 3 p. 100 étant assise sur le produit à 5 p. 100 de la valeur réelle des biens, la circonstance que les immeubles déclarés sont loués est indifférente et ne saurait dès lors dispenser la partie de les évaluer article par article.

De même que sous l'empire de la loi du 28 déc. 1880, la déclaration doit émaner des représentants de la société ou de l'association, auxquels il incombe, le cas échéant, de justifier de leur qualité. Elle est écrite sur papier non timbré, certifiée par le déclarant et remise au bureau. Inst. n° 2712.

1390. Absence de bénéfices. — L'art. 2, § 3, de la loi du 29 juin 1872 fixe à 5 p. 100 du capital social le revenu imposable des sociétés civiles par intérêt et des commandites simples dans les sociétés commerciales, lorsqu'il n'existe pas de conseil d'administration chargé de déterminer le dividende à distribuer. D'après un arrêt de la Cour de cassation du 13 avril 1886 (*supra*, n°s 901 et suiv.), cette disposition ne s'oppose pas cependant à ce que les sociétés dont il s'agit puissent, dans la circonstance indiquée, s'affranchir du payement de la taxe en prouvant qu'elles n'ont réalisé aucune espèce de revenus.

Cette jurisprudence est-elle applicable par analogie aux associations régies par la loi du 29 déc. 1884 ? Le doute pourrait naître de certaines déclarations faites au cours de la discussion. Le gouvernement a insisté, en effet, sur cette idée qu'il s'agissait purement et simplement de soumettre au régime du droit commun résultant de la loi du 29 juin 1872 les congrégations religieuses et les associations dans lesquelles la distribution des produits est interdite (*supra*, n° 1288). Mais il est essentiel de remarquer que, dans la pensée du gouvernement, l'art. 2, § 3, de la loi du 29 juin 1872 ne permettait pas aux sociétés d'établir leur improductivité pour échapper au forfait. Par conséquent, alors même que l'interprétation donnée par la Cour de cassation à cette loi serait d'une exactitude incontestable, et il s'en faut qu'il en soit ainsi, il n'en serait pas moins hors de contestation que le législateur de 1884 a eu la volonté de rendre le forfait obligatoire dans tous les cas, à moins qu'un revenu supérieur à 5 p. 100 ne soit constaté. Les associations assujetties à la taxe en vertu de la loi nouvelle ne sauraient donc se soustraire aux conséquences du forfait, même en démontrant qu'elles sont restées complètement infructueuses. D'ailleurs, elles ne pourraient administrer cette preuve qu'au moyen des documents prévus par la loi de 1880; or, la loi de 1884 a précisément pour but d'écarter la production de ces documents, dont la sincérité, à tort ou à raison, a paru suspecte et le contrôle impossible.

Le tribunal de la Seine s'est prononcé dans le sens de notre opinion, au sujet des congrégations religieuses, par deux jugements du 24 mai 1889, ainsi conçus :

« Attendu qu'il ne saurait appartenir au tribunal d'apprécier si les allégations de fraude ainsi formulées contre les congrégations ont quelque fondement, et si la situation juridique particulière des associations autorisées ne rend pas au contraire impossible toute dissimulation d'actif de leur part; — Qu'il n'a pas davantage qualité pour rechercher si le forfait appliqué aux congrégations aurait pour conséquence, comme on le soutient, de leur imposer une taxe supérieure à celles dont les autres sociétés sont passibles; — Qu'il est certain, en effet, que le législateur a entendu soumettre les congrégations à un régime spécial; — Que les autres sociétés sont, soit d'après la loi du 29 juin 1872, soit d'après celle du 28 décembre 1880, taxées sur leur revenu réel, lorsque sa consistance peut être établie à l'aide des moyens indiqués dans cette loi; qu'à défaut seulement de cette preuve elles sont imposées sur un revenu déterminé, à forfait, par l'évaluation à 5 p. 100 de leur capital social; qu'en ce qui les concerne, le forfait n'est alors qu'un moyen de déterminer le chiffre d'un revenu existant, et que les sociétés peuvent se soustraire à la taxe en prouvant qu'elles n'ont pas de revenu; — Que cette faculté a été refusée aux congrégations; que le forfait établi par l'art. 9 de la loi de 1884, et dont le principe paraît avoir été emprunté à la loi des patentes, a pour objet de substituer au revenu réel dont l'exacte détermination a paru impossible un revenu ou produit de droit invariablement fixé à 5 p. 100, non plus du capital social, mais de la valeur brute des biens qu'elles possèdent et qu'elles occupent; qu'il s'agit d'une véritable présomption légale; que si la Régie peut s'en dégager, à la condition d'établir l'existence d'un revenu supérieur, les congrégations ne sont, en aucun cas, admises à prouver que les biens qu'elles occupent leur rapportent moins de 5 p. 100 ou comportent même des charges supérieures au produit qu'elles en peuvent tirer; — Que les considérations d'équité invoquées par la congrégation opposante ne sauraient donc autoriser le juge à atténuer la rigueur du texte. » 23,261 J.; 7331 R. p. (1er jugement); 7275 R. p. (2e jugement).

Le tribunal commet une erreur certaine en établissant une ligne de démarcation entre les associations religieuses et celles qui, bien que n'ayant pas ce caractère, sont néanmoins soumises à la taxe en vertu des lois de 1880 et de 1884. En ce qui concerne le mode de détermination du revenu imposable, ces dernières associations sont absolument placées dans la même situation que les associations religieuses. Il suffit pour s'en convaincre de se reporter au texte, dont la généralité exclut toute distinction. La remarque en a d'ailleurs été faite à la tribune du Sénat, lors de la discussion de la loi du 29 décembre 1884, par un jurisconsulte des plus autorisés. « Supposez, en effet, pour ne plus parler des congrégations religieuses, disait M. Batbie dans la séance du 17 déc. 1884, supposez une société laïque qui ne distribue pas de bénéfices. Vous allez l'imposer, elle aussi, en vertu d'un minimum légal de revenus. » Et comme un membre ajoutait : « Elle pourra prouver qu'elle n'en a pas. » « Non, s'est empressé de répondre M. Batbie, l'article en discussion ne permet de faire cette preuve ni aux sociétés laïques, ni aux religieuses. » Journ. offic., 18 déc. 1884, p. 2015, 1re col.

C'est d'ailleurs ce qui a été reconnu *in terminis* par le jugement ci-après du tribunal de Nogent-le-Rotrou, en date du 23 mai 1890 :

« Attendu qu'aux termes de l'art. 8 de l'acte des 2 et 7 avril 1869, portant constitution de la société, il ne peut être fait pendant sa durée aucun prélèvement personnel par aucun des associés ; que, dès lors, nulle modification n'ayant été apportée à cet article antérieurement aux 10 et 11 déc. 1885, il est incontestable que la société s'est trouvée soumise, jusqu'à cette dernière date, aux prescriptions de l'art. 9 de la loi du 29 déc. 1884, concernant toutes les sociétés et associations dont l'objet n'est pas de distribuer leurs produits en tout ou en partie entre leurs membres; — Attendu que ce fait n'est d'ailleurs pas contesté par la demoiselle Guéry, qui se borne à soutenir que, même pour cette première période, la société ne devrait rien au Trésor, par la raison que, pendant ce temps, elle n'aurait produit aucun revenu ni bénéfice, et que, là où manque le revenu, l'impôt ne saurait être établi; — Mais attendu que vainement la demanderesse invoque à l'appui de son système l'arrêt de la Cour de cassation du 13 avril 1886, cet arrêt étant intervenu dans une affaire intéressant une société régie, sans contestation possible, par la loi de 1872, et, par suite, dans une espèce toute différente; — Qu'il suffit de se reporter aux travaux législatifs qui ont précédé la loi budgétaire de 1884 pour voir qu'en fixant à 5 p. 100 de la valeur vénale le revenu des biens possédés ou occupés par les sociétés qui ne distribuent pas leurs bénéfices, le législateur a entendu créer une fiction légale, applicable même dans le cas où la société serait complètement improductive; — Qu'en effet, la loi de 1880 avait établi trois modes de détermination du revenu devant servir de base à la taxe de 3 p. 100 sur le revenu : délibération des conseils d'administration, déclaration des représentants des sociétés appuyées de justifications nécessaires, et, à défaut, évaluation à 5 p. 100 du capital social; — Que cette loi n'ayant pas donné, au point de vue du rendement de l'impôt, les résultats attendus, la loi de 1884 est intervenue, supprimant les deux premiers modes d'évaluation et déterminant impérativement le revenu imposable à raison de 5 p. 100, à moins qu'un revenu supérieur ne soit constaté, la taxe devant être acquittée sur la remise d'une déclaration détaillée de la consistance et de la valeur de tous les biens de la société; — Que le rapporteur de ladite loi au Sénat a formellement indiqué qu'il s'agit ici non d'un forfait, mais d'un minimum légal, et qu'on a voulu, par ce moyen, frapper les sociétés qui, bien qu'autorisées par leurs statuts à distribuer des bénéfices, n'en distribuent cependant aucun, tout en se livrant à des opérations leur procurant annuellement des revenus considérables; — Que la loi a donc pour objet de substituer au revenu réel, dont l'exacte détermination a paru impossible, un revenu invariablement fixé à 5 p. 100 de la valeur brute des biens de la société; qu'il s'agit ici d'une véritable présomption légale, dont la Régie pourrait seule se dégager, à la condition d'établir l'existence d'un revenu supérieur à celui qui serait déclaré, mais que la même faculté est refusée aux sociétés dans le cas où leur revenu serait inférieur à 5 p. 100 et ferait même complètement défaut; — Que la jurisprudence est formelle en ce sens, et que les considérations d'équité invoquées à ce sujet par la demoiselle Guéry ne sauraient autoriser le juge à atténuer les rigueurs de la loi; qu'il y a donc lieu sur ce premier point d'accueillir la prétention de l'Administration, et de décider que la société, régie par les lois de 1880 et de 1884, pour cette première période, ne saurait être autorisée à prouver son improductivité. » 7437 R. p.

1391. **BIENS POSSÉDÉS.** — Suivant l'instruction n° 2712, « les biens possédés sont ceux dont la propriété ou l'un de ses démembrements appartient personnellement à l'association. Ils embrassent tous les biens sur lesquels les sociétés ont un droit de propriété, d'usufruit, d'usage, d'habitation ou même d'emphytéose ». Cette définition a le tort de comprendre les biens dont la nue propriété seule appartient à l'association et qui, pour ce motif, ne doivent pas figurer dans le calcul du forfait; mais c'est là l'unique reproche qu'elle paraisse comporter. Ainsi, il n'y a pas à distinguer entre les meubles et les immeubles, et, parmi les meubles, entre le mobilier corporel et les valeurs incorporelles. Il y a donc lieu de faire état notamment des meubles meublants, du linge, des ustensiles de ménage, des objets d'art, etc., etc., sans s'arrêter à cette circonstance qu'ils sont par eux-mêmes improductifs, car c'est là une considération qui n'a pas échappé au législateur et dont il a tenu compte pour déterminer le taux du forfait : s'il a adopté le chiffre de 5 p. 100, c'est, en effet, parce que, toute compensation faite, l'ensemble des produits annuels imposables lui a paru, en thèse générale, correspondre au vingtième de la valeur totale des capitaux de toute nature, productifs ou improductifs, dont l'association est à même de recueillir les utilités juridiques, soit parce qu'elle les possède, soit parce qu'elle les occupe.

1392. **Provisions. Fruits civils et naturels. Sommes affectées au payement des dépenses journalières, des contributions, etc.** — L'Administration admet toutefois que les provisions de bouche ou de ménage peuvent être considérées comme représentant des revenus, et être exclues de la composition du capital possédé par l'association pour la liquidation de la taxe de 3 p. 100. Sol. 25 nov. 1887.

A plus forte raison convient-il d'exclure de la composition de ce capital, sous peine de fausser le forfait, les fruits civils courus, mais non encore échus. Ainsi, par exemple, une association possède un immeuble d'une valeur de 20,000 fr., habité par ses membres : elle est censée, aux yeux de la loi, avoir de ce chef un revenu de 1,000 francs, passible de la taxe. Si, au lieu d'occuper elle-même son immeuble, elle le loue moyennant un prix annuel de 1,000 francs, il est sensible qu'on ne saurait, sans commettre un double emploi, ajouter à la valeur de l'immeuble les arrérages du loyer pour le calcul du forfait.

On peut même prétendre que les fruits civils échus, mais non perçus, ne doivent pas entrer dans ce calcul (à moins que la créance dont ils sont l'objet n'ait été novée, ou qu'à défaut de payement ils portent eux-mêmes intérêts), car ils constituent le produit sur lequel l'impôt a été ou doit être payé.

Quoi qu'il en soit, nul doute qu'il ne convienne de faire abstraction des fruits naturels non encore détachés du sol ou de l'arbre qui les produit.

Mais les fruits civils, dès qu'ils sont perçus, et les fruits naturels, dès qu'ils sont détachés, se transforment-ils *hic et nunc* en capitaux dont il y ait lieu de tenir compte pour l'établissement du forfait? La négative paraît découler de la solution du 25 nov. 1887. On peut admettre, ce semble, que les produits destinés à être consommés par l'association ou employés au payement de ses dépenses journalières conservent entre ses mains le caractère de revenus. Nous en dirions autant du numéraire affecté à l'acquit des contributions, ainsi que des réparations locatives ou d'entretien. Faire entrer en ligne de compte, pour la liquidation de la taxe, les produits ayant la destination dont il s'agit conduirait, en définitive, à exiger deux fois l'impôt sur tout ou partie du revenu de l'entreprise.

Dans tous les cas, les produits réservés pour le payement des grosses réparations ou de toute autre dette, ne constituant pas une charge des revenus, prennent certainement le caractère de capitaux et l'on doit sans nul doute en faire état pour la détermination du bénéfice imposable à forfait.

1393. **Traitements. Salaires.** — De ce qui précède, il faut conclure que les créances ayant pour objet des salaires ou traitements représentant le fruit du travail et de l'industrie des associés ne sont pas susceptibles de déclaration tant qu'elles conservent leur individualité et n'ont pas été transformées en capitaux.

Décidé dans ce sens que, lorsqu'une rente sur l'Etat ou autre a été donnée ou léguée à une commune pour en employer les arrérages à payer le traitement d'instituteurs congréganistes, la congrégation n'a aucun droit personnel sur ces rentes, les arrérages qui lui sont versés ayant le caractère de salaires; d'où cette conséquence que ces rentes ne doivent pas entrer, même pour l'usufruit, dans les biens passibles de l'impôt sur le revenu. Sol. 8 juil. 1886, mai 1887, 11 mai 1887.

1394. **Pensions payées par des élèves ou des malades.** — La règle ci-dessus conduit, ce semble, à exclure également de la composition du capital devant servir de base à la détermination du revenu imposable les créances ayant pour objet le prix de la pension des élèves d'un établissement d'instruction exploité par une communauté religieuse, ou encore les sommes dues par les malades ou infirmes soignés dans un hospice appartenant à une société régie par la loi du 29 déc. 1884. Ces créances ne deviennent de véritables capitaux qu'après avoir été incorporées à l'ensemble des biens et des éléments divers à l'aide desquels la société obtient ses bénéfices.

1395. **Rente.** — Une rente perpétuelle ou viagère constitue une valeur incorporelle dont les arrérages sont les fruits. Il n'est pas douteux que les rentes possédées par une association soumise à la loi du 29 déc. 1884 ne doivent être déclarées pour la perception de la taxe de 3 p. 100. Sol. 10 juil. 1886.

Le capital doit en être évalué suivant les règles du droit commun sans avoir égard aux dispositions spéciales contenues dans l'art. 14 de la loi du 22 frim. an 7. Il en est ainsi, selon nous, alors même que la somme à verser, en cas de rachat, aurait été fixée d'avance, car le rachat étant purement facultatif de la part du débi-rentier, on ne peut considérer le crédi-rentier comme créancier du capital qu'il serait en droit d'exiger en cas de remboursement. — V. *supra*, n° 1393.

1396. **Détermination de la valeur des biens possédés.** — La valeur qui doit servir de base à l'établissement du forfait est la valeur réelle. Il en résulte que les créances ne doivent être prises pour leur capital nominal que si le recouvrement en est assuré. L'insolvabilité partielle du débiteur autoriserait une estimation, et son insolvabilité totale permettrait de comprendre la créance simplement pour ordre dans la déclaration des biens possédés.

Les meubles meublants, les objets d'art, le linge, etc., doivent figurer dans la déclaration pour leur valeur vénale. Il en est de même des immeubles. — En ce qui concerne les rentes, V. *supra*, n° 1395.

D'autre part, c'est la valeur brute qui doit être déclarée. Il n'y a donc lieu de déduire ni les frais d'entretien ou d'exploitation, ni les impositions ou autres charges quelconques dont les biens pourraient être grevés. Ainsi, par exemple, en supposant qu'une rente ait été léguée à une congrégation, sous la condition d'en employer les arrérages en bonnes œuvres, la valeur entière de cette rente n'en devrait pas moins être comprise dans la déclaration des biens possédés.

Enfin, quand l'association ne possède que l'un des démembrements de la propriété, tel qu'un droit d'usufruit ou d'habitation, ce n'est pas la valeur particulière de ce droit, mais la valeur intégrale de la propriété démembrée qui doit entrer en ligne de compte pour la détermination du revenu soumis à la taxe. La loi est formelle à cet égard et s'explique d'ailleurs facilement, car, envisagée au point de vue de sa puissance de production annuelle, l'association est dans une situation identique, soit qu'elle possède, par exemple, l'usufruit d'un immeuble, soit qu'elle en possède la pleine propriété : elle est appelée, en effet, dans l'un et l'autre cas, à bénéficier de toutes les utilités que l'immeuble est susceptible de procurer. Il ne faudrait pas cependant exagérer le principe. Ainsi, le droit d'usage constitue un démembrement de la propriété; c'est un droit réel comme l'usufruit, mais il peut être limité à une fraction déterminée des fruits de l'immeuble qu'il affecte, ou à telle espèce de fruits; en pareil cas, il est clair qu'une ventilation devient nécessaire. Si l'association usagère n'a droit qu'à un tiers des fruits, ou à une certaine catégorie de fruits représentant en valeur le tiers de tous ceux qui sont donnés par l'immeuble, c'est sur le tiers seulement de la valeur totale de l'immeuble qu'il convient d'établir le forfait. De même, lorsque le droit d'habitation ne s'applique qu'à une partie de maison, il est manifeste que cette partie seule doit être évaluée.

La loi n'indique pas l'époque à laquelle il faut se placer pour fixer la valeur des biens à déclarer, qui cependant peut subir des variations considérables dans le courant d'une année. Supposons qu'il s'agisse de liquider la taxe due, pour l'exercice 1889, par une association n'ayant d'autre actif que des titres cotés à la Bourse. Or, d'après le cours de la Bourse, ces titres représentaient un capital de 20,000 francs le 1er janv. 1889, et de 25,000 francs le 31 décembre suivant. Convient-il de liquider l'impôt sur le vingtième de 20,000 francs, ou doit-il être établi sur le vingtième de 25,000 francs? De ces deux modes de procéder l'un ne serait pas moins arbitraire que l'autre: le premier lèse le Trésor et le second l'association. En somme, le législateur présume que les bénéfices des sociétés qu'il assujettit à la taxe sont en rapport direct avec la valeur des biens qu'elles possèdent ou occupent; d'où cette conséquence que les fluctuations qui se font sentir dans la valeur de ces biens réfléchissent, aux yeux de la loi, sur l'importance des produits imposables. Dans cet ordre d'idées, la force de production de la société étant essentiellement variable, le bénéfice supposé d'une année est proportionnel à la valeur moyenne qu'ont eu, durant cette même année, les biens possédés ou occupés par l'entreprise. Dès lors, en ce qui concerne les titres cotés soit en bourse, soit en banque, il y a lieu de prendre pour base du calcul du forfait le capital obtenu par le cours moyen de l'année pour laquelle la taxe est exigible. Sol. 29 juin 1886, 10 juil. 1886.

Le même principe est d'ailleurs applicable à tous les biens possédés et occupés. Si la valeur d'un immeuble à déclarer s'est modifiée dans le cours d'un exercice, il est indispensable d'en tenir compte et d'établir une moyenne.

1397. **Biens aliénés ou acquis au cours d'une année.** — Puisque le bénéfice imposable est censé correspondre, aux yeux du législateur, à l'importance des biens dont l'association recueille les utilités juridiques, on ne saurait faire abstraction, pour l'établissement du forfait, des biens dont la société n'a eu la possession que pendant une partie de l'année. Durant cette période, en effet, les biens dont il s'agit ont concouru à la formation du bénéfice annuel, tel que la loi le détermine. Mais il demeure entendu, naturellement, que les biens aliénés ou acquis au cours de l'année ne sont susceptibles d'être pris en considération, pour la liquidation de l'impôt, qu'à raison du temps pendant lequel l'association les a possédés. Ainsi, un immeuble estimé 100,000 fr., aliéné le 1er juillet, ou acquis à la même date, figurerait seulement pour 50,000 francs dans le total des valeurs devant servir à l'assiette du forfait. Sol. 29 juin 1886.

1398. **Clientèle.** — D'après un jugement du tribunal de la Seine du 24 mai 1889, la clientèle d'un pensionnat exploité par une congrégation religieuse se confond, tant qu'elle n'est pas cédée, avec la profession, et ne constitue pas un bien *possédé* dans le sens de la loi du 29 déc. 1884. Cette décision est ainsi conçue :

« Attendu que la Régie soutient à tort que la clientèle de ces pensionnats constituerait un bien auquel l'art. 9 de la loi de 1884 serait applicable;

« Attendu en effet que la clientèle, tant qu'elle n'est pas cédée par celui qui l'a créée, se confond avec la profession et ne constitue pas plus un bien que cette profession elle-même ou les qualités, les aptitudes et le travail de la personne qui l'exerce; qu'elle n'est donc pas matière imposable jusqu'au moment où elle est transmise à un tiers; que, même dans ce cas, ce qui constitue un bien, ce n'est pas la clientèle elle-même, c'est-à-dire l'ensemble des relations établies entre le cédant et le public, mais le droit acquis par le cessionnaire sur les bénéfices à réaliser à l'aide de ces relations; — Que, d'ailleurs, le revenu des biens possédés ou occupés par les congrégations n'a été fixé au taux de 5 p. 100, généralement supérieur à leur produit probable, qu'eu égard à l'importance présumée des bénéfices commerciaux, lesquels se confondent ainsi avec les produits de la clientèle; que la taxe réclamée sur celle-ci ferait donc double emploi avec celle payée sur les immeubles; — Que c'est en prévision de l'hypothèse où des gains commerciaux ou produit de la clientèle dépasseraient le revenu déterminé par le forfait que le fisc a été autorisé à s'en dégager lorsqu'un revenu supérieur est constaté; mais qu'en dehors de ce cas la taxe perçue en dehors de ce forfait sur les immeubles où s'exerce la profession comprend manifestement le produit de la clientèle;

« Attendu enfin que le texte même de l'art. 9 condamne l'interprétation proposée par la Régie; que c'est par la valeur brute des biens occupés ou possédés que le revenu est déterminé; que l'appréciation de la valeur brute d'une clientèle est impossible, celle-ci ne pouvant être évaluée que par la comparaison des produits avec les frais d'exploitation. » 23,261 J.; 7331 R. p.

Cette doctrine est manifestement erronée. Il est incontestable qu'une clientèle est un bien ayant une valeur certaine, et susceptible d'être cédée par tous les modes de transmission autorisés par la loi civile. La loi du 28 fév. 1872 l'a si bien compris qu'elle a assujetti expressément à un droit de *mutation* de 2 p. 100 les cessions de fonds de commerce et de clientèle, et qu'elle a même autorisé l'Administration à en établir la véritable valeur par voie d'expertise, quand le prix exprimé lui paraît insuffisant. Comment est-il possible d'admettre, dans ces conditions, que la clientèle d'un pensionnat exploité par une congrégation religieuse ne constitue pas un bien possédé par elle? L'Administration citait devant le tribunal plusieurs cas dans lesquels la clientèle d'un collège exploité par une congrégation religieuse avait été apportée à une société civile pour une somme très élevée; il semble que ces exemples étaient topiques et démontraient que la clientèle d'un pensionnat est quelque chose de réel entre les mains d'une congrégation.

Les motifs de la décision précitée sont d'ailleurs assez difficiles à saisir. Nous n'apercevons pas notamment l'impossibilité qu'il y aurait à fixer la valeur brute d'une clientèle, car cette valeur nous paraît correspondre exactement au prix qui serait obtenu de cette clientèle si elle était cédée, de même que la valeur brute d'un immeuble est représentée par le prix qui en serait retiré en cas de vente. D'autre part, une clientèle, dans l'esprit du tribunal, devient matière imposable au moment précis où elle est cédée; or elle n'avait pas cette qualité entre les mains du cédant et la perd aussitôt entre les mains du cessionnaire, puisqu'il se trouve après la cession dans la situation qu'occupait le cédant avant la vente. Cette création subite et cet évanouissement non moins immédiat de la matière imposable, sont le résultat d'une conception tellement subtile, que nous nous refusons à admettre que l'interprétation du tribunal soit conforme à la pensée du législateur.

1399. Dots religieuses. — Suivant un commentateur de la loi du 29 déc. 1884, « les dots des religieuses, lorsqu'elles représentent un capital dû et non payé à la congrégation, doivent figurer dans les déclarations, parce qu'elles constituent entre les mains de cette dernière une créance. Peu importent la cause, l'origine et les charges résultant de cette créance, puisque le capital à déclarer se compose de tous les meubles possédés ou occupés, sans exception. Il doit en être ainsi quand bien même la dot serait restituable en cas de sortie du religieux de la congrégation. Cette stipulation constitue tout simplement une condition résolutoire et non pas une condition suspensive, et la condition résolutoire n'empêche pas la congrégation d'être dûment propriétaire de la créance.

« Si la dot consiste uniquement dans des prestations viagères que la congrégation ne pourrait convertir en un capital quelconque, il n'y a pas lieu de faire la déclaration. » De Lacoste Lareymondie, Manuel à l'usage des congrégations religieuses, premier appendice, p. 19.

La première de ces propositions est incontestable; la seconde paraît également fondée. Sans doute, si l'on suppose la congrégation en droit de ramener à exécution les engagements pris à son égard, il n'y a pas de motif juridique pour ne pas la considérer comme créancière des prestations que ses membres se sont obligés à lui fournir. Mais il n'en est pas moins vrai que ces prestations ont plutôt le caractère de revenus que de capitaux. Le congréganiste qui doit les acquitter n'en est tenu qu'à raison de sa présence au sein de l'association, qu'il peut déserter à chaque instant. L'obligation qu'il a contractée ne se consolide qu'avec le temps; en d'autres termes, la congrégation n'a d'action contre lui qu'à raison du temps pendant lequel il a fait partie de l'association. La créance de la société s'acquiert donc ainsi jour par jour, à la manière des fruits, et dans ces conditions il semble difficile de la regarder comme ayant un capital pour objet. Or, les capitaux seuls doivent entrer en ligne de compte pour le calcul du forfait. — Comp. *supra*, n° 1392, et *infra*, n°s 1400 et 1404.

1400. Patrimoine personnel des associés. Congrégation religieuse. — Il est manifeste qu'on ne saurait faire figurer, parmi les biens *possédés* par l'association, ceux qui composent le patrimoine personnel des associés. Ces biens ne sont susceptibles d'entrer en ligne de compte, pour le calcul de l'impôt, qu'autant qu'ils ont été mis à la disposition de l'entreprise et revêtent ainsi le caractère de biens *occupés*.

Les statuts d'un grand nombre de congrégations religieuses de femmes portent que les membres de l'association conservent la propriété de leurs biens personnels et « sont libres d'en disposer », mais qu'elles en « remettent l'usufruit au commun de la maison ». Cette disposition est-elle constitutive d'un véritable droit d'usufruit qui puisse être regardé comme possédé par la congrégation et dont il y ait lieu dès lors de faire état pour l'établissement du forfait? La négative a été très justement décidée par une solution du 6 oct. 1887, motivée en ces termes :

« Il ne semble pas que le mot « usufruit » soit pris ici dans son acception juridique, que la stipulation dont il s'agit emporte démembrement de la propriété des biens appartenant aux religieuses, et transmission à la communauté d'un droit réel, la mettant en rapport direct et immédiat avec la chose, sans l'intermédiaire d'un débiteur (Demolombe, t. 10, n° 215). S'il en était autrement, les sœurs ne pourraient aliéner ou hypothéquer que la nue propriété de leur patrimoine, tandis que, d'après les statuts, elles conservent « la propriété » de leurs biens et « sont libres d'en disposer ». La clause paraît devoir être interprétée en ce sens que les religieuses sont tenues d'abandonner à la congrégation la jouissance, les fruits de leur avoir personnel; et cette prescription suffit à assurer l'observation du vœu de pauvreté, qui fait partie, en général, des engagements monastiques. En d'autres termes, la congrégation ne pourrait pas demander à être mise en possession et à jouir par elle-même. Elle n'a qu'une créance purement personnelle et mobilière sur la religieuse propriétaire des biens. » Conf. Sol. 20 fév. 1888.

Ces décisions réservent le point de savoir si les biens dont les fruits doivent ainsi profiter à la congrégation peuvent être ou non considérés comme « occupés » par elle. Cette question sera examinée *infra*, n° 1419.

1401. Biens possédés par une association et occupés par une autre. — V. *infra*, n°s 1416 et suiv.

1402. Biens situés à l'étranger. — Les biens meubles ou immeubles situés à l'étranger et qui sont possédés par une association dont le siège est en France doivent être déclarés, pour la perception, au même titre que les biens français. Ce n'est pas, en effet, le revenu des biens qui est frappé, mais le revenu de l'association. Il n'y a donc pas à se préoccuper, sous ce rapport, de l'origine des revenus : du moment qu'ils sont acquis à une association française, rien n'autorise à les exonérer de l'impôt. — Comp. Cass., 21 juin 1880, *supra*, n° 795.

1403. Titres assujettis à la taxe en vertu de la loi du 29 juin 1872. — Lorsqu'une association possède des titres dont les intérêts ou dividendes ont supporté la taxe en vertu de la loi du 29 juin 1872, la règle *non bis in idem* ne s'oppose-t-elle pas à l'application de la loi du 29 déc. 1884 au revenu de ces valeurs? La question n'est pas sans être délicate.

La loi de 1884, peut-on dire, a pour objet de frapper les produits des sociétés soumises à ses dispositions. Si une partie de ces produits a subi l'impôt lors de son entrée dans le patrimoine social, il n'y a pas de motif pour l'y assujettir de nouveau : le même objet ne peut être taxé deux fois dans la même main. Tout au moins convient-il d'imputer la somme déjà versée au Trésor, pour le compte de l'association, sur celle qu'elle est reconnue devoir eu égard à l'importance totale des biens possédés ou occupés par elle, et au mode de détermination des produits adopté par la loi de 1884. Dans cet ordre d'idées, en supposant la société propriétaire d'un immeuble estimé 20,000 francs et de 100 obligations de chemin de fer rappportant un intérêt annuel de 15 francs, et représentant, d'après le cours moyen de l'année, un capital de 45,000 francs, on établirait la liquidation suivante :

Valeur totale des biens possédés.	65,000 fr.	»
Produit imposable à raison de 5 p. 100.	3,250	»
Montant de la taxe exigible.	97	50
Perçu antérieurement sur les obligations de chemin de fer $\left(\frac{1500 \times 3}{100}\right)$= . . .	45	»
Reste dû.	52	50

L'Administration n'admet même pas ce système d'imputation. Elle soutient qu'en toute hypothèse les sociétés régies par la loi du 29 déc. 1884 doivent l'impôt sur le produit à 5 p. 100 de la valeur des biens qu'elles possèdent ou occupent, quelle que soit la nature de ces biens, alors même qu'ils comprennent des titres assujettis à la taxe en vertu de la loi du 29 juin 1872, et sans qu'il y ait lieu de tenir compte du droit acquitté lors de la distribution ou du payement des dividendes ou intérêts de ces titres. Dans son opinion, la taxe doit être perçue comme si le revenu minimum de 5 p. 100 basé sur la valeur de tous les biens possédés ou occupés par l'association débitrice faisait l'objet d'une distribution effective entre les membres de l'entreprise, ce qui exclut toute distinction relative à l'origine des produits. Sol. 11 août 1890. — Comp. Cass., 18 mars 1879 (*supra*, n° 795 *bis*); 14 nov. 1882 (*supra*, n° 798); 9 nov. 1886 (*supra*, n° 797); 4 avril 1887 (*supra*, n° 836).

Cette doctrine, conforme au sens littéral du texte, paraît également répondre à l'intention du législateur. Les conséquences du forfait ont été nettement signalées par les adversaires du projet, au cours de la discussion. « Je suppose, disait au Sénat M. Batbie, qu'une de ces sociétés que vous voulez imposer soit propriétaire d'actions ou d'obligations..., il est certain que, quand on détachera les coupons de ces actions ou obligations, on imposera le revenu dont ces coupons sont le titre... Elles (les sociétés) payeront donc 3 p. 100 en vertu de la loi de 1872; elles auront encore à payer l'impôt de 3 p. 100 sur le revenu imposé d'après la loi de 1880. Oui, je le répète, une société qui ne distribue pas ses revenus, si elle est propriétaire de cent actions de la Compagnie d'Orléans, est obligée de payer 3 p. 100 en vertu de la loi de 1872 sur le revenu constaté; mais, après avoir payé ces 3 p. 100 en vertu de la loi de 1872, elle est encore tenue de payer en vertu de la loi de 1880, et, cette fois-ci, ce n'est pas sur le revenu réel, c'est sur le revenu fictif, obligatoire, estimé à 5 p. 100. » Journ. off. du 28 déc. 1884, p. 2010, col. 3.

M. de Mackau s'est exprimé dans le même sens à la tribune de la Chambre des députés, dans la séance du 20 déc. 1884. Journ. off. du 21, p. 2991 et 2992, 1re col.

Ni les réflexions critiques de M. Batbie, ni celles de M. de Mackau, n'ont amené de dénégation; elles rendaient donc bien la pensée du projet tel qu'il avait été conçu par le gouvernement et tel que le Parlement l'a voté.

1404. **Condition suspensive.** — Il est hors de doute qu'il n'y a pas lieu de déclarer, pour la perception, les biens sur lesquels l'association ne possède qu'un droit éventuel.

L'application de ce principe a été faite dans l'espèce suivante, qui n'était pas sans présenter une sérieuse difficulté.

La demoiselle B... a légué à l'Institut des frères des écoles chrétiennes une somme de 50,000 francs, « destinée à l'établissement et à l'entretien d'une école à L... » La commune, se regardant comme légataire de cette somme, a demandé, en même temps que l'Institut des frères, l'autorisation d'accepter le legs. Une ordonnance du 1er oct. 1843 a statué en ces termes sur cette double demande : « L'Institut des frères des écoles chrétiennes et la commune de L... sont autorisés à accepter, chacun en ce qui le concerne, le legs d'une somme de... fait pour l'établissement et l'entretien d'une école par Mlle B... » L'Institut a demandé que la somme léguée fût placée en rentes sur l'État à son nom exclusif. Mais le gouvernement a considéré « que, dans l'espèce, l'école à fonder doit, d'après l'intention de la testatrice, avoir un caractère communal et public; que, dès lors, si les frères sont l'instrument des libéralités de Mlle B..., cette libéralité n'a pour objet que le bien des populations en faveur desquelles elle est faite ». Par ces motifs, un décret du 6 juil. 1863 a autorisé « le maire de L... et le supérieur général des frères... à placer conjointement, en rentes sur l'État, une somme de 35,589 francs ». Le même décret porte que les arrérages de la rente « seront touchés annuellement par ladite commune pour en faire l'emploi prescrit par la testatrice. Une inscription de 1,743 francs de rente sur l'État a en conséquence été immatriculée au nom de « la commune de L... et l'Institut des frères des écoles chrétiennes ». Les arrérages en sont touchés directement par la commune sur le budget de laquelle est délivré chaque mois, au profit des frères et à titre de traitement, un mandat de 145 fr. 25.

La question s'étant posée de savoir si cette rente devait être considérée comme faisant partie du patrimoine de la congrégation, a été résolue négativement par une solution du 11 mai 1887, ainsi motivée : « L'immatriculation faite conjointement au nom de la commune de L... et à celui de l'Institut des frères des écoles chrétiennes de la rente sur l'État léguée par la demoiselle B... ne confère à l'Institut qu'un droit de propriété éventuel, soumis à la condition suspensive du maintien des frères en qualité d'instituteurs communaux à L... Il ne semble pas que ce droit éventuel doive être compris dans la déclaration estimative des biens possédés par les frères (Comp. Dict. Réd., v° Succession, nos 1418, 1433). Quant aux arrérages de la rente, qui sont remis à titre de salaires ou traitements par la commune aux congréganistes, il est certain que ces prestations ne doivent pas entrer en compte pour la liquidation de l'impôt de 3 p. 100 sous l'empire de la loi du 29 déc. 1884. La taxe est assise, en principe, sur le vingtième (revenu évalué à forfait à 5 p. 100) de la valeur des biens possédés ou occupés par les congrégations, à moins qu'un revenu net, c'est-à-dire susceptible d'être distribué dans une association ordinaire, ne soit constaté au profit de la congrégation ou de l'établissement imposable, et que cet excédent ne soit supérieur au forfait. Il n'y a donc pas lieu de tenir compte de tel ou tel revenu isolé, mais de l'ensemble des produits de l'association, pour reconnaître si la taxe est due sur le revenu réel, à l'exclusion du forfait. »

1405. **Nue propriété.** — L'Administration a d'abord résolu affirmativement le point de savoir si les biens dont l'association ne possède que la nue propriété doivent figurer dans la composition du capital destiné à servir de base à l'assiette du forfait. La question s'étant posée au sujet d'une rente sur l'État léguée en nue propriété à une congrégation religieuse reconnue, a été tranchée en ces termes par une solution du 12 mai 1887 :

« Aux termes de l'art. 910 du Code civil, les dispositions par testament au profit des établissements d'utilité publique n'ont d'effet qu'autant qu'elles ont été autorisées par un décret. Mais, quand l'autorisation est intervenue, la condition suspensive qui affectait le legs se trouve accomplie et elle rétroagit au jour du décès. Dès lors, l'établissement légataire est dans la même situation qu'un légataire ordinaire. Or, d'après l'art. 1014 du Code civil, tout legs pur et simple donne au légataire, du jour du décès du testateur, un droit à la chose léguée, droit transmissible à ses héritiers ou ayants cause. Si, pour acquérir la possession de l'objet légué et avoir droit aux fruits, le légataire doit demander la délivrance, il n'en est pas moins propriétaire du jour de l'ouverture de la succession. Aussi bien, le défaut de délivrance ne prive pas le légataire du droit de disposer par vente, donation ou autrement, des biens compris dans le legs. Aubry et Rau, t. VII, p. 181; Demolombe, t. XXI, 631; Cass., 2 déc. 1839; D., 40, 1, 140.

« En appliquant ces principes à la nue propriété d'une rente sur l'État léguée (pour 1/3) par la demoiselle T... à la congrégation de..., cette dernière autorisée à accepter par un décret du 24 mai 1886, on est conduit à reconnaître que, nonobstant le défaut de délivrance du legs, les religieuses sont saisies de la nue propriété léguée. Comp. Dict. Réd., v° Succession, nos 1122, 1125.

« Cela posé, la question s'élève de savoir si cette nue propriété doit être classée parmi les biens possédés par la congrégation, pour la liquidation de l'impôt de 3 p. 100 établi par la loi du 29 déc. 1884.

« Tout d'abord, il importe peu, pour la solution de la difficulté, que la communauté nue propriétaire de la rente ne puisse en tirer aucun revenu. Sans doute, l'impôt de 3 p. 100 frappe le revenu des biens des associations religieuses; mais de ce que l'un ou plusieurs de ces biens ne produisent pas de revenu, il ne s'ensuit pas que les mêmes biens ne doivent pas entrer dans la composition de la masse dont le vingtième est imposé à forfait, à moins qu'un revenu net supérieur ne soit constaté pour l'ensemble des valeurs détenues par l'établissement débiteur. Toutefois l'impôt est établi sur le revenu des biens *possédés* ou occupés, et, dans l'espèce, la congrégation n'a pas la *possession* de la nue propriété léguée, puisqu'elle n'a pas encore obtenu la délivrance du legs (C. civ. 1014). On pourrait donc soutenir que la nue propriété dont il s'agit n'est pas un bien possédé ni, par suite, un bien imposable.

« Mais le mot *possédé*, dans le sens de la loi de 1884, ne désigne pas seulement les biens dont les congrégations sont en possession, mais encore tous ceux dont elles sont *propriétaires*. Reconnaissant l'impossibilité de déterminer, dans la plupart des cas, le revenu réel des associations religieuses, le législateur a dû « chercher un équivalent » pour baser la perception de la taxe. Il a établi alors que le revenu réel était sensiblement égal au revenu évalué à 5 p. 100 des immeubles possédés par les congrégations et estimés, après deux « enquêtes sur le patrimoine religieux », au chiffre de 700 millions. Mais il a constaté en même temps que si, dans l'intervalle des deux enquêtes, « l'importance totale de ce patrimoine », c'est-à-dire des biens soit possédés, soit occupés, « n'avait pas beaucoup changé, les biens *possédés* par les congrégations avaient diminué de 150 millions », tandis que les biens occupés augmentaient de 130 millions. Les conséquences de cette transformation ont été appréciées au point de vue de l'impôt de la manière suivante : « Si on établit le forfait sur les biens dont les congrégations sont propriétaires, si cette transformation de patrimoine s'accentue... vous n'arriverez qu'à un résultat négatif ou singulièrement amoindri. » En d'autres termes, le législateur a exprimé l'idée que les biens dont les congrégations *sont propriétaires* continueraient, s'ils étaient seuls imposés, à être *transformés en biens occupés* pour échapper à la taxe. Or, les biens précédemment transformés en biens occupés étaient des immeubles *possédés* par les associations religieuses. D'où il résulte que, dans l'esprit des auteurs de la loi, le mot *possédés* doit s'entendre dans son sens usuel, c'est-à-dire à la fois des biens dont les congrégations sont *propriétaires* et de ceux dont elles ont la possession à un titre quelconque. »

1406. Cette doctrine reposait, comme on le voit, sur des motifs très plausibles : elle n'a cependant pas prévalu. Le tribunal de Versailles l'a écartée dans une espèce plus favorable à la thèse de l'Administration que celle qui avait donné lieu à la solution précitée; car la congrégation légataire avait obtenu la délivrance du legs de nue propriété à elle fait, antérieurement à la réclamation de la taxe.

La décision dont il s'agit, en date du 14 déc. 1888, est ainsi conçue :

« Attendu que, pour se conformer aux prescriptions de l'art. 9, § 2, de la loi du 29 déc. 1884, la supérieure de la congrégation remit, les 30 mars 1886 et 31 mars 1887, au bureau des successions de Versailles à ce destiné, les déclarations détaillées de la consistance et de la valeur des biens de l'association; — Que ces déclarations ne comprenaient pas la valeur en nue propriété d'un titre de rente 3 p. 100, sur l'État français, de 1,500 francs, n° 85,975, produit par la succession de l'abbé Cointreau, et immatriculé, pour la nue propriété au nom de la congrégation, pour l'usufruit au nom d'une veuve Cointreau, née Pasquet-Leyde;

« Attendu qu'après avoir, de ce chef, perçu, pour 1886, la taxe liquidée à 77 fr. 70, la Régie rencontra la résistance de la congrégation à payer la taxe de 1887; — Que, dans son opposition à la contrainte du 26 avril 1887, la congrégation soutient que sa nue propriété, non susceptible de revenu, ne saurait être atteinte par l'impôt sur le revenu; qu'au contraire, elle a droit à restitution des taxes indûment perçues pour 1886 et partiellement pour 1887;

« Attendu que, si le législateur, par ses lois des 28 déc. 1880 et 29 déc. 1884, a tenu à arrêter le développement des biens de mainmorte échappant à la circulation des biens comme à l'action du Trésor, il n'apparaît nulle part qu'il ait songé à atteindre des biens improductifs non détenus par leur propriétaire; — Que, pour décider le contraire, on ne peut exciper du régime exceptionnel appliqué aux associations religieuses dans un intérêt d'ordre public, afin de faciliter au Trésor les moyens de déterminer les revenus d'associations dont la vie intérieure est tellement secrète que ses membres mêmes ne reçoivent pas de comptes; — Qu'en effet, la loi précise qu'elle ne frappe que les biens susceptibles de revenus et possédés ou occupés; — Que telle n'est pas l'espèce, puisque le titre de rente dont s'agit, improductif pour la congrégation, est possédé par l'usufruitière, la dame Cointreau, laquelle est étrangère à la congrégation. » 23,291 J.; 7235 R. p.

1407. Après un nouvel examen, l'Administration a cru devoir, avec raison, semble-t-il, abandonner sa première théorie malgré tout ce qu'elle pouvait avoir de spécieux. Elle s'est rangée à la doctrine du tribunal de Versailles par une solution du 9 mars 1889 (23,291 J.), dont voici en substance les principaux motifs :

1° La loi de 1884 n'a fait qu'étendre aux congrégations l'impôt créé par la loi du 29 juin 1872; seulement, dans l'impossibilité où elle était d'atteindre le revenu réel, elle a évalué à forfait ce revenu à 5 p. 100 des biens possédés ou occupés par la congrégation. Le fait de la possession et même de la simple occupation, à quelque titre que ce soit, d'un bien meuble ou immeuble fait présumer que la congrégation en recueille toutes les utilités juridiques, et c'est d'après cette présomption que la loi a déterminé le revenu imposable. S'il en est ainsi, on peut soutenir que les biens appartenant en nue propriété à une congrégation ne sont ni des biens occupés ni des biens possédés, dans le sens de la loi de 1884, parce que celle-ci n'en recueille pas les utilités juridiques et qu'il n'en peut être tenu compte pour la liquidation d'un impôt établi non sur le capital, mais sur le revenu. Au point de vue où s'est placé le législateur, la nue propriété n'est pas un bien possédé, c'est un bien dont la possession est détachée au profit d'une autre personne et ne reviendra au nu propriétaire qu'à la cessation de l'usufruit. Ce n'est donc qu'à ce moment seulement que, contribuant à augmenter les ressources annuelles de la congrégation, son revenu réel ou supposé, évalué dans tous les cas à 5 p. 100, constituera un des éléments du revenu imposable.

2° A cette interprétation très rationnelle et même très juridique du texte de la loi de 1884, on peut ajouter les considérations suivantes. Pour que le revenu, évalué à 5 p. 100, d'un bien possédé ou occupé par une congrégation entre tout entier dans le calcul du revenu imposable, il faut incontestablement que ce bien soit possédé ou occupé exclusivement par la congrégation; dans le cas contraire, le revenu afférent à ce bien ne doit être compté que pour une portion proportionnelle à la part que prend la congrégation dans la possession ou dans l'occupation. Ceci posé, on peut admettre à la rigueur, bien que cela ne soit pas sans difficulté, que si un bien est à la fois possédé par une congrégation qui en est propriétaire ou usufruitière et occupé par une autre congrégation à laquelle il en a été fait bail, la taxe est due deux fois sur le 5 p. 100 de la valeur totale de ce bien qui est possédé exclusivement par l'une et occupé exclusivement par l'autre de ces deux associations. Mais, si l'on suppose que le même bien appartienne en nue propriété à une congrégation, en usufruit à une autre, et soit détenu à titre de bail par une troisième, il est impossible d'admettre que l'impôt soit dû par toutes les trois, ainsi que la thèse soutenue devant le tribunal de Versailles conduirait à le décider. Ce bien, en effet, étant occupé par le locataire, ne peut être assujetti à l'impôt, entre les mains de la congrégation usufruitière, que comme bien possédé. Or, dans ce cas, l'Administration décide avec raison que cette dernière doit l'impôt sur le 5 p. 100 de la valeur entière du bien dont elle a l'usufruit. S'il en est ainsi, c'est que la possession de l'usufruitier est entière et exclusive de toute autre possession, notamment de celle du nu propriétaire. Par conséquent, on ne saurait prétendre que la congrégation nue propriétaire doit également l'impôt à raison de cette nue propriété : autrement il y aurait un double emploi évident dans l'application de la taxe, qui serait ainsi acquittée par deux congrégations pour un même fait de possession unique, personnelle et exclusive.

Dira-t-on que la congrégation nue propriétaire possède la nue propriété et doit l'impôt sur sa valeur? Mais, dans ce cas, il faudra décider, pour être conséquent, que l'usufruitière ne possède que l'usufruit et n'est tenue de la taxe que sur la valeur de cet usufruit. Si cette règle venait à prévaloir devant les tribunaux, l'Administration serait amenée ainsi à substituer, dans tous les cas, à l'évaluation du bien lui-même l'évaluation du droit incorporel appartenant à la congrégation : c'est-à-dire, suivant les cas, l'évaluation de l'usufruit, ou du droit d'usage ou d'habitation, ou du droit au bail. Elle devrait même, lorsque la congrégation occuperait un immeuble à titre précaire, et en vertu d'une simple tolérance du propriétaire, accepter une évaluation de cette jouissance précaire, qui pourrait être à peu près négative. Une pareille jurisprudence, qui ne serait d'ailleurs que l'application du mode d'évaluation suivi pour les sociétés régies par la loi du 29 juin 1872, désarmerait entièrement l'Administration vis-à-vis des congrégations et rendrait à peu près illusoires les précautions spéciales prises à leur égard par la loi de 1884.

1408. **Dépôt. Aumônes.** — Les sommes ou objets dont la société n'est que dépositaire ou qu'elle détient à titre de mandataire n'étant pas dans son patrimoine, il convient naturellement d'en faire abstraction pour la détermination du revenu afférent aux biens possédés, à la condition toutefois que ces sommes ou objets existent en nature; car si la société en avait fait emploi à son profit et qu'elle eût ainsi transformé sa qualité de dépositaire ou de mandataire en celle de débitrice, la distraction qui serait admise serait contraire à la loi, qui prescrit de liquider le forfait sur la valeur brute des biens possédés ou occupés.

Le principe dont il s'agit semble applicable aux aumônes que la société a reçues avec mission de les distribuer.

Lorsqu'une personne charitable choisit un tiers, une congrégation religieuse par exemple, pour opérer la distribution de ses aumônes aux pauvres, on peut dire, si l'on s'attache à la réalité des choses, que les pauvres sont les donataires directs et uniques de cette personne. La congrégation n'intervient qu'en la qualité de mandataire du bienfaiteur et n'a pas d'autre rôle à remplir, car ce n'est pas à elle que le bienfait s'adresse. Les fonds qui lui ont été confiés ne sauraient donc être regardés comme étant sa propriété. Ce sont les fonds du mandant, destinés, entre les mains du mandataire, à l'accomplissement du mandat conféré d'une part et accepté de l'autre.

Quand les aumônes, au lieu d'être spontanées, sont provoquées par des quêtes ou des collectes, l'auteur de la quête ou de la collecte peut être considéré comme étant à la fois le mandataire des personnes qui ont répondu à son appel et le *negotiorum gestor* des pauvres pour lesquels il s'est entremis (Béquet, Rép. de dr. adm., v° Assist. publ., n° 810). Mais les sommes qu'il a recueillies ne font encore que passer entre ses mains; s'il les détient un instant, c'est seulement pour les répartir entre les véritables ayants droit: elles ne lui appartiennent pas plus que n'appartiennent au mandataire ou au *negotiorum gestor* ce qui a été touché pour le mandant ou celui dont l'affaire a été gérée.

Il est d'ailleurs bien entendu que la qualité de mandataire ou de dépositaire en la personne de l'association soumise à la taxe doit être établie; en outre, si l'association avait l'usage des objets détenus par elle, il est sensible qu'il ne s'agirait plus d'un véritable dépôt et que ces objets devraient être déclarés comme biens occupés.

1409. BIENS OCCUPÉS. — Suivant l'instruction n° 2712, les biens occupés, dans le sens juridique du mot, sont, en ce qui concerne les congrégations religieuses, « ceux sur lesquels la congrégation exerce un droit de jouissance personnelle, soit par elle-même, soit par les membres qui la composent ou par les sociétés civiles formées entre eux. Les dispositions de la loi, ajoute l'instruction précitée, sont générales : elles comprennent les occupations gratuites comme les occupations à titre onéreux. La seule condition requise pour l'application de l'art. 9 de la loi, c'est que la congrégation exerce sur la chose un droit de détention personnelle lui conférant la faculté de s'en approprier les utilités juridiques. Il en résulte qu'on ne peut pas considérer, par exemple, comme constituant une occupation proprement dite le simple fait par des religieux d'habiter temporairement dans une famille à titre de précepteurs. La jouissance partielle de l'immeuble n'appartient dans ce cas à aucun titre à la congrégation. Mais, toutes les fois que le bien sera réellement détenu par la communauté et qu'il résultera de cette détention un droit de jouissance quelconque à son profit, l'occupation sera suffisamment caractérisée pour justifier l'application de l'impôt. »

Cette définition n'a rien de particulier aux associations religieuses et doit également servir de règle à l'égard des autres associations soumises à la loi du 29 déc. 1884.

D'autre part, il est essentiel de remarquer que la loi établit une assimilation absolue entre les biens occupés et les biens possédés. Par conséquent, les principes développés ci-dessus en ce qui touche les biens possédés sont applicables aux biens occupés, et nous n'avons pas à y revenir. Ainsi, c'est la valeur intégrale des biens occupés qui doit être prise pour base de l'établissement du forfait, et non pas l'estimation qui pourrait être attribuée au droit spécial d'occupation. Par exemple, si une congrégation occupe comme locataire un immeuble estimé 100,000 francs, c'est cette somme de 100,000 francs qui doit entrer en ligne de compte pour la liquidation de l'impôt, à l'exclusion de la valeur plus ou moins importante que le droit au bail peut avoir par lui-même, suivant les circonstances, et notamment selon la durée et le prix de la location.

1410. **Biens loués.** — Les biens loués à une association soumise au régime de la loi du 29 déc. 1884 sont-ils des biens occupés dans le sens de cette loi? L'affirmative n'est pas douteuse.

Le mot « occupé », dans son acception juridique, ne suppose nullement la gratuité de la jouissance.

D'après le Dictionnaire de l'Académie (7e éd.), « occupation, en termes de droit, signifie habitation... Il a été forcé de payer les loyers des lieux, à proportion du temps et de l'occupation qu'il a faite. »

Le Code civil emploie le verbe occuper pour désigner la jouissance du locataire. « Si le locataire d'une maison ou d'un appartement, dit l'art. 1759, continue sa jouissance après l'expiration du bail écrit, sans opposition de la part du bailleur, il sera censé les « occuper » aux mêmes conditions.» Comp. art. 1734 nouv.

L'art. 9 de la loi du 25 avril 1844, sur les patentes, porte : « Le droit proportionnel est assis sur la valeur locative, tant de la maison d'habitation que des magasins, boutiques... et autres locaux servant à l'exercice des professions imposables. Il est dû lors même que le logement et les locaux « occupés » ont été concédés à titre gratuit. »

Enfin, suivant l'art. 2 de la loi du 20 nov. 1872, « est autorisée, au profit de l'État, la perception de « redevances », à titre d' « occupation » ou de location des plages ou de toutes autres dépendances du domaine public.

Le sens littéral de ces mots, « biens occupés », insérés dans la loi, sans épithète de nature à en restreindre la portée, écarte donc toute distinction entre les biens dont l'association possède la jouissance en vertu d'un contrat de bail et ceux dont l'utilité lui est conférée gratuitement. Cette interprétation du texte est pleinement confirmée par les travaux préparatoires. Les motifs qui ont déterminé le législateur à tenir compte des biens occupés pour l'établissement du forfait de 5 p. 100 ont été très clairement exposés par le commissaire du gouvernement dont nous avons rapporté les paroles *supra*, n° 1289. Ces motifs ne permettent pas de distinguer les biens pris à bail par la société de ceux qu'elle détient sans avoir à en payer la jouissance. Ces deux catégories de biens lui servent au même titre d'instrument pour accomplir l'œuvre à l'occasion de laquelle sont réalisés ses produits, et, si elle se livre à des entreprises intéressées, pour obtenir les bénéfices qu'elle attend de ces opérations. D'autre part, il est tout aussi facile à une société, et particulièrement à une congrégation religieuse, de dissimuler un droit réel de propriété sous le couvert d'un bail que de le cacher sous l'apparence d'une prétendue concession gratuite. Personne, au cours des débats parlementaires, ne s'est mépris sur la signification de la loi. « Vous établissez l'impôt, disait M. Balbie, non seulement d'après le capital brut de la société, non seulement d'après les biens qui lui appartiennent, mais vous ajoutez : d'après les locaux qui sont occupés. Si c'était des locaux occupés à titre gratuit, on pourrait dire que c'est un revenu de la société, puisqu'elle se loge pour rien; mais vous ne distinguez pas, vous dites : les locaux occupés, sans dire s'ils le sont à titre gratuit ou à titre onéreux. De telle sorte que si une société prend à loyer comme le ferait un particulier, si elle loue un local qu'elle paye, elle sera encore taxée pour l'appartement loué. » (Journ. offic., 28 déc. 1884, p. 2011, 1re col.) M. de Mackau a fait entendre le même langage à la Chambre dans la séance du 20 déc. (Journ. off. du 21, p. 2192, 1re col.) Les orateurs du gouvernement ont toujours répliqué aux adversaires du projet que le fait d'évaluer les produits des sociétés soumises à la taxe d'après l'importance des biens dont elles sont locataires n'avait en soi rien d'illogique ni d'exceptionnel, puisqu'il consistait en définitive à appliquer une règle adoptée en matière de patentes, le chiffre de la patente étant basé sur le montant présumé des bénéfices du contribuable eu égard notamment à la valeur locative des locaux qu'il occupe soit comme propriétaire, soit comme locataire.

1411. On a cependant soutenu que les biens occupés doivent s'entendre exclusivement de ceux qui font partie du patrimoine effectif de l'association, mais dont elle a fait passer la propriété apparente sur la tête d'un prête-nom. Ce qui prouve qu'il n'en est pas ainsi, c'est que le commissaire du gouvernement, en vue de justifier le projet, a précisément donné comme exemple de biens occupés les immeubles domaniaux dont la jouissance temporaire est concédée par l'Etat, moyennant une redevance annuelle, à la communauté des chartreux.

On invoque contre cette opinion les paroles prononcées par le rapporteur général de la commission des finances du Sénat, qui s'est exprimé en ces termes dans sa réponse à M. Batbie : « Ce qu'il y a de plus injuste, me dit-on, c'est d'insérer dans la loi que le calcul sera fait même sur les locaux occupés. Mais mon honorable contradicteur ajoute qu'un local occupé, c'est un local loué, et qu'au lieu d'être un produit à porter à l'actif, c'est une dépense; et néanmoins, nous dit-on, vous prenez la valeur des locaux occupés pour arriver à l'estimation du revenu, alors que le payement du loyer de ces mêmes locaux doit, au contraire, diminuer ce même revenu. Voilà bien l'objection. Mais vous connaissez la véritable signification des mots locaux occupés, qui, en matière de congrégations religieuses, ont leur sens spécial. Les locaux occupés ne sont pas des locaux que des congrégations religieuses ont pris à bail: ce sont des locaux dont elles sont propriétaires, mais dont, pour échapper au fisc ou à des mesures de police, elles ont fait passer fictivement la propriété sur la tête d'un tiers. » (Journ. off. du 28 déc. 1884, p. 2014, 1re col.).

Il est évident qu'en s'exprimant ainsi, le rapporteur général a tout simplement voulu traduire cette pensée que la plupart des biens ostensiblement affermés par les congrégations sont, en fait, leur propriété personnelle; d'où la nécessité d'assimiler dans tous les cas les biens loués aux biens possédés, afin de préserver l'impôt contre les dangers de la fraude et d'en assurer le recouvrement intégral.

1412. Le tribunal de la Seine s'est prononcé dans le sens de la doctrine qui est la nôtre par un jugement du 24 mai 1889 rendu contre l'Institut des frères des écoles chrétiennes, au sujet d'immeubles pris à bail par cet établissement et qui n'avaient pas été compris dans la déclaration souscrite par le représentant de la congrégation pour le payement de la taxe.

Cette décision est ainsi motivée :

« Attendu que l'Institut prétend que, sous la dénomination de biens occupés, l'art. 9 de la loi de 1884 aurait exclusivement visé ceux dont une congrégation continuerait à jouir après les avoir aliénés fictivement; — Mais que, outre que ces derniers biens rentreraient plutôt dans la catégorie des biens possédés, l'expression « biens occupés » est générale; — Que, suivant son acception juridique, fixée par de nombreuses lois, comme dans le langage usuel, elle comprend l'occupation à titre onéreux comme l'occupation à titre gratuit; — Que c'est avec ce sens général et complexe qu'elle a été écrite dans la loi du 29 déc. 1884; — Que, tant à la Chambre qu'au Sénat, les défenseurs du projet ont à maintes reprises déclaré qu'elle avait tout spécialement pour objet d'atteindre les biens loués, ces biens servant à l'œuvre à l'aide de laquelle sont réalisés les revenus des congrégations; — Que, soit pour établir la nécessité de l'innovation proposée, soit pour évaluer les produits probables de la loi, ils se sont référés à l'état dressé en 1880 pour l'application de la loi des patentes, état dans lequel sont portés comme biens occupés les locaux loués par les congrégations, et spécialement les immeubles mêmes qui font l'objet du procès actuel;

« Attendu que l'on soutient vainement que, lors de la discussion au Sénat, le rapporteur général du budget aurait limité aux biens aliénés fictivement le sens des mots « biens occupés »; — Qu'en alléguant que les locaux occupés ne sont pas des locaux que les congrégations ont pris à bail, mais des locaux dont elles sont propriétaires, et dont elles ont fait passer la propriété sur la tête d'un tiers, pour échapper au fisc ou à des mesures de police, le rapporteur général a entendu non pas contredire une définition des mots « biens « occupés » sur laquelle tous étaient d'accord, et qui avait été acceptée par la Chambre, mais indiquer que, dans sa pensée, tout local occupé par une congrégation devait être réputé lui appartenir, quel que fût le titre apparent de l'occupation; — Qu'ainsi s'expliquent les dénégations et les protestations par lesquelles les adversaires du projet ont accueilli cette allégation; — Qu'elles ne se comprendraient pas, au contraire, s'il était vrai que le rapporteur général leur eût donné satisfaction; — Qu'on ne concevrait pas davantage, dans ce cas, que l'un d'eux, quelques instants après, eût reproché de nouveau à la loi de calculer l'impôt sur la valeur des biens loués;

« Attendu qu'il ne saurait appartenir au tribunal d'apprécier si les allégations de fraude ainsi formulées contre les congrégations ont quelque fondement, et si la situation juridique particulière des associations autorisées ne rend pas au contraire impossible toute dissimulation d'actif de leur part; — Qu'il n'a pas davantage qualité pour rechercher si le forfait appliqué aux congrégations aurait pour conséquence, comme on le soutient, de leur imposer une taxe supérieure à celles dont les autres sociétés sont passibles; — Qu'il est certain, en effet, que le législateur a entendu soumettre les congrégations à un régime spécial; — Que les autres sociétés sont, soit d'après la loi du 29 juin 1872, soit d'après celle du 28 déc. 1880, taxées sur le revenu réel lorsque sa consistance peut être établie à l'aide des moyens indiqués dans cette loi; qu'à défaut seulement de cette preuve, elles sont imposées sur un revenu déterminé à forfait par l'évaluation à 5 p. 100 de leur capital social; qu'en ce qui les concerne, le forfait n'est alors qu'un moyen de déterminer le chiffre d'un revenu existant, et que les sociétés peuvent se soustraire à la taxe en prouvant qu'elles n'ont pas de revenu; — Que cette faculté a été refusée aux congrégations; que le forfait établi par l'art. 9 de la loi de 1884, et dont le principe paraît avoir été emprunté à la loi des patentes, a pour objet de substituer au revenu réel, dont l'exacte détermination a paru impossible, un revenu ou produit de droit invariablement fixé à 5 p. 100, non plus du capital social, mais de la valeur brute des biens qu'elles possèdent et qu'elles occupent; qu'il s'agit d'une véritable présomption légale; que si la Régie peut s'en dégager, à la condition d'établir l'existence d'un revenu supérieur, les congrégations ne sont, en aucun cas, admises à prouver que les biens qu'elles occupent leur rapportent moins de 5 p. 100 ou comportent même des charges supérieures au produit qu'elles en peuvent tirer; — Que les considérations d'équité invoquées par la congrégation opposante ne sauraient donc autoriser le juge à atténuer la rigueur du texte, et qu'il y a lieu d'accueillir la prétention de la Régie. » 7275 R. p. — Comp. *supra*, n° 1390.

Un second jugement a été rendu le même jour, par le même tribunal, dans une affaire identique, contre la congrégation des Sœurs de la Mère de Dieu. 23,261 J.; 7331 R. p. — Conf. Castres, 7 août 1890, *infra*, n° 1418.

1413. *Bail au nom de l'un des associés.* Du moment que l'immeuble est occupé par l'association, il importe peu que le bail ait été consenti directement à son profit ou qu'il ait été passé au nom de l'un ou quelques-uns de ses membres. La loi ne s'inquiète nullement du titre en vertu duquel l'association occupe; il suffit, pour l'exigibilité de l'impôt, que l'occupation soit constatée en fait. D'ailleurs, dans les congrégations non reconnues, qui n'ont pas de personnalité propre, la location est nécessairement contractée soit par l'un ou quelques-uns des religieux, soit par la société civile sous laquelle la congrégation s'abrite. Dès lors, toutes les fois qu'un immeuble est occupé par des membres d'une congrégation religieuse ou même par un seul d'entre eux, cet immeuble doit être considéré comme occupé par la congrégation, par cela seul que les occupants s'y comportent conformément aux statuts de leur ordre, ou, en d'autres termes, n'occupent pas en leur qualité exclusive de citoyen et pour leur avantage personnel.

1414. **Biens occupés pour le compte d'autrui.** — L'édifice consacré à une œuvre ou à une entreprise gérée pour autrui par des membres d'une congrégation ne peut être considéré comme occupé par la communauté dans le sens de la loi du 29 déc. 1884. Pour l'application de cette loi, l'occupation n'est caractérisée qu'autant que, soit par elle-même, soit par quelques-uns de ses membres, la congrégation exerce sur le bien un droit de détention, précaire ou non, qui lui permette de s'en approprier les facultés juridiques. Or, tel n'est pas le cas supposé. Toutes les utilités juridiques de l'immeuble affecté à l'entreprise administrée pour le compte d'un tiers sont recueillies par ce dernier. Les personnes auxquelles il a recours pour arriver à ses fins jouent le rôle de simples agents et n'ont par elles-mêmes aucun droit actif de jouissance sur l'immeuble, alors même qu'elles l'habitent.

Ainsi, par exemple, quand un hospice communal est dirigé par des religieuses, il est bien impossible de prétendre que les locaux réservés au logement des sœurs sont occupés par elles dans le sens de la loi. L'usage qui leur en est attribué constitue pour elles la rémunération de leurs services et non un mode personnel de jouissance.

Le tribunal de la Seine a décidé, le 24 mai 1889, conformément à ce principe, que, lorsqu'une personne, locataire d'un immeuble, y a fondé une école dont la direction est confiée à des congréganistes y résidant, cet immeuble ne présente pas le caractère d'un bien occupé par la congrégation.

« Attendu, porte cette décision, que l'immeuble n'est pas occupé par l'Institut des frères des écoles chrétiennes, mais par M. le curé de Bercy, qui en est locataire; — Que c'est ce dernier qui paye le loyer, les contributions et les charges de toute nature, et qu'il subvient, à l'aide de ses propres ressources ou des sommes fournies par la charité publique, à toutes les dépenses nécessitées par l'exploitation de l'école paroissiale qu'il a établie dans l'immeuble; que si cette école est tenue et dirigée par des frères appartenant à l'Institut des écoles chrétiennes, c'est pour le compte de M. le curé de Bercy, à la disposition duquel ils sont mis par l'Institut; — Que ce sont ces frères qui touchent directement la modeste rémunération annuelle stipulée pour prix de leur concours; — Qu'ils emploient à leurs besoins la totalité de cette rémunération, sur laquelle l'Institut ne prélève qu'une faible cotisation pour l'entretien du noviciat et de l'infirmerie commune; — Qu'ils n'ont à rendre compte de leur gestion qu'à M. le curé de Bercy, et que les bénéfices de l'École, si un établissement de cette nature pouvait en produire, profiteraient à ce dernier seul; — Que si, dans les années qui ont précédé la promulgation de la loi de 1884, le frère qui dirigeait l'École a spontanément fourni les déclarations exigées par la loi de 1880, et s'il a payé la taxe pour les deux seuls exercices dont les recettes ont excédé de quelques francs les dépenses, ce payement a été fait pour le compte et aux dépens de M. le curé de Bercy; — Que l'on ne saurait arguer contre l'Institut d'une erreur à laquelle il est resté étranger; — Que, relativement à l'établissement de la rue de Nicolay, il a satisfait aux prescriptions de la loi de 1884 en comprenant dans sa déclaration les meubles possédés par les frères et apportés par eux dans l'École, et que la Régie est mal fondée à lui réclamer en outre la taxe sur un immeuble qu'il n'occupe pas. » 7275 R. p.

Le principe n'était pas contesté dans l'espèce. Toute la difficulté consistait à déterminer, en fait, si l'école dans laquelle des congréganistes avaient été installés et dont ils avaient la direction était exploitée pour le compte de leur communauté ou pour celui du locataire de l'immeuble. En se fondant sur des déclarations passées en exécution de la loi du 28 déc. 1880, l'Administration soutenait qu'il y avait appropriation par la communauté et, par suite, occupation dans le sens de la loi de 1884. Les parties prétendaient, au contraire, que l'exploitation avait lieu pour le compte exclusif du locataire et à ses risques et périls. C'est à cette dernière opinion que le tribunal s'est rallié au vu des justifications produites par l'Institut des frères à l'appui de ses conclusions.

La doctrine admise par le tribunal de la Seine a été consacrée de nouveau par le tribunal d'Albi, le 23 juil. 1890, dans une affaire où il s'agissait d'un immeuble appartenant personnellement à la supérieure d'une communauté de femmes, occupé en partie par cette communauté, et loué pour le surplus par la propriétaire à une commune, pour l'installation de divers services municipaux que les religieuses s'étaient chargées d'assurer, moyennant salaire, aux termes d'un traité en forme. Cette décision est ainsi conçue :

« Attendu que dans la maison dont s'agit sont établis et organisés les services du bureau de bienfaisance de Lautrec et de l'asile communal, conformément aux traités intervenus entre la commune et la congrégation; que la commune est locataire de cette partie de maison; qu'elle en a donc la jouissance et qu'elle l'occupe en réalité par l'installation des services dont elle a assumé la charge; qu'on ne peut soutenir à bon droit qu'elle a rétrocédé ses droits de jouissance aux sœurs de la charité et que par suite ce sont celles-ci qui occupent les locaux dont s'agit; qu'en effet, elles sont seulement préposées par la commune à la gestion de l'asile et du service hospitalier, moyennant un traitement fixe en numéraire ou en nature, et toujours soumises à la direction et au contrôle de l'autorité administrative, ainsi qu'il appert du traité précité de 1874; — Attendu qu'il importe peu que, dans leurs conventions, les parties n'aient pas expressément indiqué la portion de l'immeuble qui serait spécialement affectée aux services municipaux; qu'il n'en est pas moins vrai qu'une partie quelconque leur est réservée; que cette partie est indisponible pour la communauté; qu'elle est donc occupée par lesdits services, c'est-à-dire par la commune, et non par la congrégation; que la congrégation n'exerce pas sur cette fraction de l'immeuble un droit de jouissance personnelle, un droit de détention lui conférant, suivant l'expression de la Régie, la faculté de s'en approprier les utilités juridiques; — Attendu, en conséquence, que l'art. 9 de la loi du 29 déc. 1884 est inapplicable à la portion de l'immeuble dont s'agit, laquelle doit être estimée au quart de la valeur de la totalité, et que les prétentions de la Régie, quant à l'impôt, ne doivent être accueillies que dans la mesure des trois quarts de la somme par elle réclamée... »

1415. *Écoles communales dirigées par des congréganistes.* Les règles suivantes ont été posées par une solution du 8 janv. 1886 :

« Si les congréganistes sont investis, en vertu d'un traité, de la jouissance d'un bâtiment municipal à charge d'y donner l'instruction aux enfants de la commune, il y a là une véritable occupation dans le sens de la loi de 1884. En effet, l'affectation à la congrégation résulte des dispositions du traité et entraîne la création d'un droit de jouissance.

« Il n'en serait pas de même si les congréganistes s'engageaient uniquement à donner aux enfants l'instruction primaire dans des locaux communaux, sans mise à la disposition de la congrégation des salles d'école. Il est alors douteux qu'il existe une véritable occupation de ces locaux scolaires, qui, affectés à un service public, sont plutôt occupés par les élèves que par les instituteurs. Mais, même dans ce cas, la portion des locaux destinée à l'habitation des congréganistes paraît être véritablement occupée par eux dans le sens de la loi de 1884.

« S'il n'existe pas de traité, l'affectation ne se présume pas, et elle ne peut résulter que des faits. Si, en réalité, la congrégation a la libre disposition des locaux scolaires, il y a occupation. Dans le cas contraire, l'occupation ne porte que sur les immeubles et dépendances spécialement affectés au logement personnel des instituteurs.

« Enfin, lorsque les congréganistes sont uniquement chargés d'assurer le service scolaire dans des bâtiments communaux, sans que l'affectation de ces bâtiments à la congrégation résulte soit d'un traité, soit des faits, la situation semble la même que celle des congréganistes chargés d'assurer le service hospitalier dans un hôpital municipal, affecté aux malades et occupé par ces derniers. L'application du forfait manquerait de base. »

Étant donnée la jurisprudence qui résulte des deux jugements précités du tribunal de la Seine et du tribunal d'Albi, jurisprudence dont le principe paraît inattaquable, il semble difficile d'admettre la distinction établie par la solution du 8 janv. 1886 entre les locaux scolaires proprement dits et ceux qui servent d'habitation aux religieux. Dans le cas où la congrégation ne peut être considérée comme affectataire de l'immeuble, à la charge d'y donner l'instruction, les pièces réservées au logement des religieux ne sont pas plus occupées par ceux-ci, dans l'acception juridique du mot, que les salles de classes ne le sont par les élèves. D'ailleurs, ce qui est vrai lorsqu'il s'agit d'une école libre (comme dans l'affaire sur laquelle a statué le tribunal de la Seine), ne cesse pas de l'être quand il s'agit d'une école publique. En droit comme en fait, il y a même raison de décider dans les deux cas.

1416. **Biens possédés par une association régie par la loi de 1884 et occupés par une autre association soumise également aux dispositions de cette loi.** — Lorsque les biens occupés par une association soumise aux dispositions de la loi du 29 déc. 1884 sont la propriété d'une autre association régie par la même loi, nul doute que cette dernière ne doive, en qualité de propriétaire, déclarer les biens dont il s'agit et supporter l'impôt sur le produit à 5 p. 100 de leur valeur. Si elle les afferme, la question ne se pose même pas. Si elle en concède la jouissance à titre gratuit, elle ne fait en cela qu'exercer son droit de propriété, qui reste intact, et user à son gré de la faculté qui est en son pouvoir d'appliquer comme elle l'entend les utilités de son patrimoine.

Mais *quid* de l'association occupante? L'Administration soutient qu'elle ne saurait se dispenser de comprendre dans sa déclaration les biens mis à sa disposition par la première. Elle excepte toutefois le cas, assez fréquent dans les congrégations religieuses, où les deux associations n'en forment au fond qu'une seule. C'est ce qui résulte de la solution suivante, en date du 8 août 1887 :

« Lorsque des religieux d'un même ordre acquièrent un immeuble avec clause de réversion au profit du survivant et qu'en fait la congrégation dont dépendent les acquéreurs a la jouissance de l'immeuble, la taxe de 3 p. 100 ne saurait être exigée deux fois sur le revenu de ce bien, sous le prétexte qu'il est *possédé* par une association religieuse et *occupé* par une congrégation.

« L'association existante entre les copropriétaires de l'immeuble est considérée comme *religieuse*, par le motif que les mêmes copropriétaires appartiennent à un ordre religieux et qu'ils sont censés posséder pour le compte de cet ordre. En d'autres termes, il y a présomption qu'à l'égard des biens acquis en commun par des religieux du même ordre les droits de l'association tontinière formée entre ces derniers se confondent avec ceux de la congrégation. C'est pourquoi l'impôt sur le revenu des immeubles indivis ne peut être dû à la fois par l'association et par la congrégation dont elle émane.

« La solution à suivre serait différente si un immeuble appartenant à une société civile ou même à une congrégation était loué à une autre congrégation ou occupé par elle à titre gratuit. Dans ce cas, le prélèvement exercé par le Trésor sur les revenus de l'association propriétaire ne ferait pas double emploi avec le nouveau prélèvement à exercer sur les produits que la congrégation peut retirer de l'occupation de l'immeuble. Il y aurait deux producteurs distincts de bénéfices, ce qui donne ouverture à deux droits. » Conf. Sol. 8 mars 1886; 19 déc. 1888; Comp. Sol. 9 mars 1889, *supra*, n° 1407.

1417. Cette doctrine semble justifiée. Les critiques dont elle pourrait être l'objet s'adresseraient à la loi plutôt qu'à l'interprétation qui en est faite. La loi, dit-on, a présumé que l'occupation impliquait la possession, et spécialement, en cas de location, que le bail n'était qu'un bail de complaisance dont elle a refusé de tenir compte. Mais cette présomption est complètement détruite, et sans qu'il soit besoin d'une preuve contraire, lorsque la possession et l'occupation appartiennent en même temps à deux congrégations différentes. Si la congrégation qui possède paye l'impôt, celle qui occupe ne le doit pas, et réciproquement. Dans ce cas, le titre doit l'emporter sur la présomption légale et la congrégation locataire ne doit rien avoir à payer.

Ce raisonnement pèche par la base. Il repose, en effet, sur cette idée qu'en assimilant les biens occupés aux biens possédés, le législateur n'a eu d'autre intention que de prévenir les simulations frauduleuses. Or, ce qui est vrai, et cela ressort catégoriquement de la discussion, c'est que le législateur n'a pas seulement voulu déjouer la fraude. La décision qu'il a prise lui a été inspirée, en outre, par cette considération que les biens occupés, comme les biens possédés, servent à l'acquisition des bénéfices imposables et qu'il existe, entre l'importance de ces biens et celle des bénéfices réalisés, une relation qu'il était impossible de négliger dans l'établissement du forfait. A ce point de vue, il est manifeste que la distinction qu'on propose est inadmissible. Si, en thèse générale, la congrégation qui occupe un immeuble d'une valeur de 100,000 francs est supposée par cela seul réaliser un bénéfice annuel de 5,000 francs, il est clair qu'il n'y a pas de motif pour écarter cette présomption quand l'immeuble occupé, au lieu d'appartenir à un particulier, est la propriété d'une autre congrégation. La proposition inverse n'est pas moins évidente. Lorsque la congrégation qui possède un immeuble le donne à bail, ou même en concède gratuitement la jouissance à un particulier, personne ne songe à prétendre qu'elle est dispensée de le déclarer pour le payement de l'impôt; il n'y a pas de raison qui permette de soutenir qu'il en doit être autrement quand la location ou la concession gratuite est consentie au profit d'une autre congrégation.

1418. Notre opinion a été consacrée par un jugement du tribunal de Castres du 7 août 1890 : « Attendu, porte cette décision, que la congrégation des sœurs de Notre-Dame de l'Immaculée Conception, dont la maison mère est à Castres, est locataire d'immeubles situés à Paris, rue Lhomond, 27 et 29, et rue Amyot, 3 et 5, appartenant à la congrégation des religieuses Bénédictines ; — Attendu que l'Administration de l'enregistrement, estimant que ces immeubles étaient occupés par ladite congrégation, dans le sens de l'art. 9 de la loi du 29 déc. 1884, a décerné, le 19 sept. 1888, une contrainte pour avoir payement de la somme de 712 fr. 50, montant de la taxe de 3 p. 100 sur le revenu, pour les années 1885, 1886 et 1887, desdits immeubles loués, en 1885, au prix de 6,924 francs, et ensuite au prix de 8,000 francs ; — Qu'à l'exécution de cette contrainte, la congrégation de l'Immaculée Conception a fait opposition le 23 octobre suivant, avec assignation devant le tribunal, sur ces motifs que lesdits immeubles ne sont, par elle, ni possédés à titre de propriétaire, ni occupés à titre gratuit; — Attendu que, suivant l'art. 9 de la loi du 29 déc. 1884, l'impôt dont la Régie réclame le payement est basé sur le revenu déterminé à raison de 5 p. 100 de la valeur brute des biens meubles et immeubles possédés ou occupés par les sociétés, à moins qu'un revenu supérieur ne soit constaté; — Attendu que, par biens occupés, on doit entendre ceux que la congrégation détient personnellement et pour son compte, avec la faculté d'en jouir et disposer librement; que la loi ne distinguant pas entre ceux occupés à titre onéreux et ceux occupés à titre gratuit, elle embrasse évidemment les deux catégories; qu'une disposition aussi formelle, aussi précise, aussi générale, n'est pas susceptible de deux sens et n'a pas besoin d'être interprétée à l'aide des travaux et discussions qui l'ont précédée et préparée; que dans son application les tribunaux ne sauraient eux-mêmes, sans arbitraire, créer une distinction que la loi n'a pas faite; qu'il suit de là que la congrégation opposante à la contrainte, en sa qualité de locataire des biens dont s'agit, est soumise à l'impôt qui lui est réclamé; — Attendu que la qualité du propriétaire desdits biens est sans intérêt dans la cause; que le payement de l'impôt par la congrégation locataire ne saurait être subordonné à la question de savoir si le propriétaire lui-même est soumis à un payement équivalent à raison des avantages qu'il retire de sa propriété; que la congrégation n'en a pas moins la détention des locaux en considération de laquelle elle est tenue envers le fisc; qu'à tous égards la résistance de l'opposante est donc mal fondée. »

1419. **Biens personnels des associés.** — D'après une solution du 6 oct. 1887, rapportée *supra*, n° 1400, on ne saurait considérer une association religieuse comme ayant un droit d'usufruit proprement dit sur les biens personnels de ses membres, par cela seul que ceux-ci ont fait abandon de leur revenu au commun de la maison. Il reste à savoir si les biens dont la congrégation est ainsi appelée à percevoir indirectement les fruits constituent des biens occupés par elle. La négative est certaine. Les biens dont il s'agit ne sont pas, en effet, à la disposition de l'association, qui ne serait pas fondée à exiger qu'on l'en mît en possession afin qu'elle pût en jouir par elle-même, les exploiter, les appliquer à son œuvre, etc. Le seul droit de l'association, dans le cas dont nous parlons, est d'obliger l'associé propriétaire à lui tenir compte du profit net qu'il a tiré de la chose lui appartenant. La créance qu'elle possède diffère essentiellement par son objet de celle du preneur contre le bailleur. Cette créance ne porte pas sur la jouissance de la chose, elle concerne exclusivement les revenus et même ne s'y applique qu'après que la perception en a été opérée par le propriétaire qui a seul qualité pour l'effectuer. — V. *supra*, n° 1400.

Il demeure bien entendu que si l'un des membres de la congrégation conférait à celle-ci la jouissance directe d'un bien dépendant de son patrimoine propre, ce bien serait alors effectivement occupé par la congrégation et devrait être compris, pour sa valeur, dans la déclaration à souscrire pour le payement de l'impôt.

Il est à peine utile d'ajouter que si l'immeuble appartenant à un religieux est occupé en partie seulement par la communauté et loué pour le surplus à un tiers, cette dernière partie doit être distraite pour le calcul de la taxe, à moins, — circonstance difficile à établir, — qu'il ne soit démontré que le propriétaire apparent n'est que le prête-nom de la congrégation, auquel cas celle-ci serait tenue de déclarer intégralement l'immeuble comme bien possédé. Sol. juil. 1886.

§ 2. — Revenu supérieur à 5 p. 100.

1420. **Produit particulier de tel ou tel bien.** — La loi du 29 déc. 1884 réserve expressément à l'Administration le droit d'exiger la taxe sur le revenu réel, lorsqu'il est supérieur à 5 p. 100.

Pour l'application de cette disposition, il ne suffit pas de démontrer que tel ou tel bien possédé ou occupé par l'association a donné un produit de plus de 5 p. 100; il est nécessaire d'établir que, toute compensation faite, les bénéfices réels de l'entreprise, pendant l'année pour laquelle la taxe est exigible, ont dépassé 5 p. 100 de la valeur totale des biens possédés et occupés, considérés dans leur ensemble. Ce point ne souffre aucune difficulté; il est d'ailleurs tranché très catégoriquement et très clairement par la solution suivante, en date du 30 juil. 1886 :

« L'art. 9, § 1er, de la loi du 29 déc. 1884 dispose, en substance, que les congrégations, communautés ou associations religieuses doivent l'impôt de 3 p. 100 sur leur revenu. Le § 2 du même article indique quel est le revenu imposable : « Le revenu est déterminé à raison de 5 p. 100 de la « valeur brute des biens meubles et immeubles possédés ou « occupés par les sociétés, à moins qu'un revenu supérieur ne « soit constaté. » Quand la loi s'exprime ainsi : « Le revenu « est déterminé », elle désigne évidemment le revenu de la congrégation. Lorsqu'après avoir posé la règle, elle y déroge pour un cas spécial, celui où un revenu supérieur est constaté, elle vise nécessairement encore le revenu de la congrégation et non le revenu des biens possédés ou occupés. Il est facile d'ailleurs de justifier cette interprétation à l'aide des travaux préparatoires de la loi. Le législateur voulant imposer le revenu des associations religieuses et sachant qu'il est impossible, dans la plupart des cas, de connaître le montant exact de leurs produits, a dû chercher un équivalent pour baser la perception de la taxe. D'après les investigations et les calculs auxquels l'Administration s'est livrée, le revenu annuel des associations religieuses a paru sensiblement égal au vingtième (produit à 5 p. 100) de la valeur des biens possédés ou occupés par ces associations. C'est pour ce motif que la loi a établi l'impôt sur le revenu fixé au minimum à 5 p. 100 de la valeur desdits biens, sauf le cas où le revenu réel de la congrégation serait connu et se trouverait être supérieur au minimum légal de 5 p. 100. Il est évident, du reste, que ce revenu réel est un revenu net, c'est-à-dire celui qui aurait pu être attribué aux associés dans une société ordinaire. C'est en ce sens que la question est résolue dans l'Inst. n° 2712, p. 6 : « Lorsque les bénéfices seront supé- « rieurs à l'évaluation à raison de 5 p. 100 de la valeur des « biens possédés ou occupés, et qu'on pourra le constater..., « c'est le revenu réel qui devra servir de base à l'impôt. » La conséquence de ces observations est que si le revenu réel d'un des éléments de l'actif est seul connu, il n'y a pas lieu d'ajouter ce revenu au vingtième de la valeur des autres biens pour le calcul de l'impôt. La perception doit être réglée d'après les produits de la congrégation, et non de tel ou tel immeuble pris isolément. »

1421. **Calcul du revenu réel.** — Le revenu réel dont parle l'art. 9 de la loi du 29 déc. 1884 est celui dont les associations étaient appelées à faire connaître le montant, sous l'empire de la loi du 28 déc. 1880, au moyen de la déclaration autorisée par l'art. 3 de cette loi. Pour en déterminer le chiffre, il faut supposer l'association dissoute et liquidée à la date du 31 décembre de l'année pour laquelle la taxe est due, puis comparer l'actif net constaté à cette époque avec celui qui existait au 1er janvier précédent; l'excédent, s'il y en a un, constitue le revenu sur lequel la taxe doit être liquidée, lorsqu'il dépasse 5 p. 100 de la valeur des biens possédés ou occupés.

S'il a été procédé au cours de l'exercice à une distribution de bénéfices entre les associés, le montant des produits distribués doit naturellement être ajouté au total des valeurs actives constatées en fin d'année pour l'établissement de la balance.

Cette balance, disons-nous, doit s'établir entre la situation de l'entreprise au commencement et sa situation à la fin de l'année dont le produit réel est cherché. Sans doute, pour discerner si une société est en bénéfice ou en perte, il convient de comparer son actif, déduction faite de son passif, avec le montant de son capital initial. Mais ici la question n'est pas de savoir si la société a ou non réalisé des bénéfices depuis sa création : il s'agit, ce qui est bien différent, de fixer l'importance de ceux qu'elle a obtenus pendant tel exercice donné, afin de déterminer s'ils sont ou non supérieurs au minimum légal.

Soit une société formée le 1er janv. 1888 au capital de 500,000 francs et dans laquelle la distribution, même partielle, des produits est interdite : son actif net s'élève à la fin de 1888, à 535,000 francs, et, à la fin de 1889, à 550,000 francs. Le produit à 5 p. 100 de l'actif brut qu'elle possède ou occupe donne 30,000 francs pour chaque année. La société, ayant réalisé un bénéfice de 35,000 francs en 1888, doit l'impôt sur 35,000 francs pour cette année. Mais, comme elle n'a obtenu en 1889 qu'un bénéfice de 15,000 francs, le forfait est applicable à cet exercice et la taxe exigible seulement sur 30,000 francs, bien que la comparaison de l'actif initial avec l'actif net au 31 déc. 1889 fasse ressortir un produit de 50,000 francs. Percevoir l'impôt sur ce dernier chiffre, ce serait, en effet, y soumettre une seconde fois les produits de l'année 1888.

Il est d'ailleurs essentiel de remarquer que la loi n'admet aucune imputation d'un exercice sur un autre. Ainsi, pour reprendre l'hypothèse précédente, si l'actif net de la société au 31 déc. 1890 se trouve être de 590,000 francs, comme il en résultera un produit de 40,000 francs pour ladite année, la société devra payer la taxe sur 40,000 francs, bien qu'elle l'ait acquittée pour 1889 sur 30,000 francs, alors qu'elle n'avait réalisé qu'un bénéfice de 15,000. En effet, la taxe, étant annuelle, doit être liquidée distinctement pour chaque année prise isolément, et, d'autre part, d'après le texte formel de la loi, le revenu réel ne sert de base à l'impôt qu'autant qu'il est supérieur au forfait.

1422. **Formation du bilan.** — D'après ce qui précède, il est donc nécessaire, pour calculer les bénéfices réels d'une association au cours d'une année, de dresser le bilan de l'entreprise au commencement et à la fin de cette année, c'est-à-dire de mettre en regard l'actif et le passif existant à chacune de ces dates, et d'établir la balance.

1423. *Actif.* L'actif se compose de tous les biens, sans exception, qui appartiennent à la société, soit en pleine propriété, soit en nue propriété, soit en usufruit, y compris les fruits civils courus. L'estimation doit en être faite en valeur vénale, mais il est évident qu'elle doit porter uniquement sur le droit qui est dans le patrimoine social ; par conséquent, si ce droit a pour objet un usufruit, ou une nue propriété, cet usufruit ou cette nue propriété doivent seuls être évalués. Peu importe, au surplus, l'origine des biens ; il est indifférent qu'ils proviennent à la société d'acquisitions à titre onéreux ou de libéralités, qu'ils aient entre ses mains le caractère de revenus ou de capitaux ; qu'elle les ait achetés au moyen des apports des associés ou de ses bénéfices. Rien de tout cela n'est à considérer du moment qu'il ne s'agit que d'établir la situation de l'association. Il conviendrait, d'ailleurs, ainsi que l'observation en a été déjà faite, de rétablir à l'actif, en fin d'année, les produits que la société aurait distribués au cours de l'exercice : autrement, il est sensible que la balance ne ferait pas exactement ressortir l'importance des bénéfices distribuables.

1424. *Passif.* Le passif comprend, d'une manière générale, toutes les dettes et charges qui grèvent ou affectent le patrimoine de la société. Il faut donc y faire entrer, notamment, le capital social dont la restitution est due aux associés qui l'ont formé par leurs apports.

Lorsque des valeurs ont été données à une association à la condition qu'elle en ferait tel emploi déterminé, il y a là pour la société une charge dont on ne saurait faire abstraction et qu'il convient d'évaluer. Le contraire a été décidé, dans les circonstances suivantes, sous l'empire de la loi du 28 décembre 1880, par un jugement du tribunal de Lyon du 24 juin 1884, conçu en ces termes :

« Attendu que, le 8 déc. 1867, diverses personnes composant la société de fait connue sous le nom de Commission de Fourvières, et possédant en commun certains immeubles situés à Lyon, quartier de Fourvières, ont, aux termes d'un acte reçu par Me Messimy, notaire, formé une société civile d'une durée de cinquante ans : — Que l'objet de cette société est d'administrer les immeubles indivis entre les fondateurs de la société, d'en retirer les revenus et péages, de les accroître, s'il y a lieu, de recevoir les fonds versés par la piété publique, le tout pour préserver le coteau de Fourvières des constructions qui en masqueraient l'aspect gracieux, de l'embellir de plus en plus par des dispositions spéciales, et d'obtenir plus tard la restauration de la chapelle de Fourvières et la reconstruction d'une église digne de la dévotion lyonnaise et de l'illustration du pèlerinage de Fourvières ; — Que les fondateurs apportent à la société les immeubles indivis entre eux ; ces immeubles formant le fonds social, divisé en 70 actions réparties par égales parts entre les sept fondateurs, nominatives, transmissibles par transfert établi sur le titre ;

« Attendu qu'il est encore stipulé que chaque action donne à son propriétaire droit au soixante-dixième de l'actif social, de ses accroissements et des intérêts et dividendes qui pourraient être distribués pour être appliqués au but ci-dessus déterminé, à l'accroissement du domaine immobilier de la société, à la restauration de la chapelle actuelle et à la construction d'une nouvelle église ;

« Attendu que, depuis sa formation, la société de Fourvières n'a cessé de poursuivre la réalisation de l'œuvre par elle entreprise ; qu'au moyen d'emprunts, des revenus de ses immeubles et des dons considérables reçus par elle, elle a agrandi son domaine immobilier et construit l'édifice qui s'élève aujourd'hui à côté de la vieille église ;

« Attendu que, sous l'empire unique de la loi du 29 juin 1872, la société de Fourvières a tout d'abord acquitté l'impôt sur le revenu calculé sur son capital social, puis, que, sur sa réclamation, les sommes perçues ont été restituées, parce que, d'après l'acte du 8 déc. 1867, il ne pouvait y avoir distribution entre les associés des produits et bénéfices de la société, ces produits et bénéfices devant être incorporés au patrimoine social pour l'agrandir et arriver à la réalisation du but de la société ;

« Attendu qu'après la promulgation de la loi du 28 déc. 1880, la société de Fourvières, ayant déposé les documents nécessaires pour la perception de l'impôt auquel elle était assujettie par cette loi, l'Administration de l'enregistrement a liquidé à 12,537 fr. 88 la taxe due pour l'exercice 1881, à raison d'un produit net de 417,929 francs formé soit par les revenus du domaine immobilier de Fourvières, soit, et pour la plus grande partie, par les dons, aumônes et souscriptions versés par la générosité publique ; — Que le produit net est calculé sans qu'il ait été fait sur le total des recettes d'autres déductions que celles des frais généraux et d'entretien, des intérêts des dettes et autres charges ordinaires des fruits ;

« Attendu que, pour avoir payement de cette somme de 12,537 fr. 88 et d'une amende provisoirement fixée à 6,250 fr., encourue pour défaut d'acquittement de l'impôt dans le délai légal, une contrainte a été signifiée à la société de Fourvières, le 8 août 1882 ; — qu'opposition à cette contrainte a été faite le 17 du même mois et que les motifs de cette opposition, développés dans un mémoire signifié le 26 nov. 1883, sont les suivants :

« La loi du 28 déc. 1880 frappe d'un impôt les produits et bénéfices qui ne doivent pas être distribués. Son application n'est donc possible que s'il y a des revenus et si ces revenus, quoique non distribués, sont susceptibles de distribution. — Or, si les revenus du domaine immobilier de la société de Fourvières, loyers, péages, sont susceptibles de la taxe de 3 p. 100 (et on fait offre de payer la somme due de ce chef), les sommes recueillies pour la construction de la nouvelle église ne sont pas des revenus, mais bien un véritable capital, et elles ne sont point susceptibles de distribution, puisqu'elles sont données avec une destination qu'elles reçoivent aussitôt ;

« D'autre part, la matière imposable ne peut exister, quant

à ces sommes, parce que leur emploi obligatoire à la construction d'une église, monument improductif, dispensé de l'impôt foncier, constitue une charge sociale qui naît avec le produit et en absorbe le montant; la valeur imposable n'existerait qu'autant que l'église serait aliénée moyennant un prix, alors seulement il y aurait produit, alors seulement l'impôt serait exigible;

« Attendu qu'il n'est pas contesté, mais au contraire reconnu par la société de Fourvières qu'en principe cette société est soumise à la loi du 28 déc. 1880, puisque les opposants à la contrainte du 8 août font offre de payer l'impôt de 3 p. 100 sur les produits des immeubles sociaux, loyers, péages, etc.; — Qu'ainsi la seule question soumise au tribunal est celle de savoir si les sommes recueillies avec cette destination, la construction de la nouvelle église, doivent être considérées comme un produit, un bénéfice de la société et par suite soumises à l'impôt de 3 p. 100;

« Attendu que la loi du 28 déc. 1880 a eu pour objet d'assimiler, au point de vue de l'impôt sur le revenu, aux sociétés ou associations ayant pour but des bénéfices, la création de produits, et permettant la distribution, entre les associés, de ces produits, de ces bénéfices (sociétés et associations imposées par l'art. 1er de la loi du 29 juin 1872 et atteintes par cette loi quand même les bénéfices sont momentanément mis en réserve), les sociétés et associations ayant pour but des bénéfices, la création de produits, mais retenant ces produits, ces bénéfices, et les incorporant au patrimoine social au fur et à mesure de leur réalisation;

« Attendu que l'assimilation est encore complète au point de vue de la matière imposable; cette matière est la même, qu'il s'agisse des sociétés et associations régies par la loi du 29 juin 1872, ou des sociétés et associations régies par la loi du 28 déc. 1880; qu'il suffit donc de rechercher, pour l'application de cette dernière loi, quelle est la matière imposable d'après la loi du 29 juin 1872;

« Attendu que, d'après la jurisprudence à laquelle le législateur du 28 déc. 1880 s'est expressément référé pour l'interprétation du mot *produit*, la formule de l'art. 1er de la loi du 29 juin 1872 est absolue et éminemment compréhensive; par les mots *intérêts, dividendes, revenus et tous autres produits*, elle embrasse toutes les sommes entrées dans la caisse sociale, à quelque titre que ce soit, qu'elles proviennent d'un immeuble situé à l'étranger, de la plus-value acquise par les apports, des opérations sociales ou d'une cause étrangère, telle que la spéculation, ou même d'une libéralité;

« Attendu que le caractère de *produits* ne saurait être sérieusement dénié aux sommes recueillies par une société et entrées dans sa caisse à raison du pacte social lui-même; que, dans l'espèce, la venue dans la caisse de la Société de Fourvières des sommes destinées à la construction de la nouvelle église est le résultat de l'effort social, du but que se sont proposé les fondateurs de la société; qu'à ce titre ces sommes sont bien un produit dans le sens économique du mot; — Que d'autre part il en est encore ainsi juridiquement : tout actif social se compose exclusivement de deux éléments : les apports et les produits; tout ce qui n'est pas l'un est l'autre, la valeur versée dans cet actif par un tiers qui ne reçoit pas en échange une part d'intérêt ou d'action, n'est point un apport, elle est donc nécessairement un produit;

« Attendu que l'on ne saurait s'arrêter à l'objection tirée de ce fait que les dons faits à la Société de Fourvières ne sont pas susceptibles d'être distribués, la volonté des donateurs déterminant leur emploi, la construction d'une église; la loi du 28 déc. 1880 soumet à l'impôt les produits non susceptibles de distribution, à raison de la nature de la société ou des statuts sociaux; son application ne peut cesser, parce qu'à cette première cause de non-distribution la volonté du donateur en ajoute une seconde;

« Attendu que le mode d'emploi des produits incorporés au patrimoine social est aussi indifférent pour l'application de la loi du 28 déc. 1880 que l'est pour l'application de la loi du 29 juin 1872 le mode d'emploi choisi par chacun des bénéficiaires des produits distribués; dans les deux hypothèses, l'impôt est dû par le fait de la réalisation du produit et indépendamment de son emploi; l'Administration de l'enregistrement n'a donc pas à rechercher si cet emploi est fait en valeur productive ou en valeur improductive;

« Attendu, au surplus, qu'en fait il n'est point démontré que la nouvelle église de Fourvières soit un édifice sans valeur et ne représente point exactement les sommes qu'il a coûtées; qu'en droit, il est inexact de dire que les dispositions des art. 105 et 108 de la loi du 3 frim. an 7 et celles du décret du 11 août 1808 s'appliquent à cet édifice; ces dispositions favorables sont spéciales aux édifices religieux dépendant du domaine public national, départemental ou communal; la nouvelle église de Fourvières est une propriété privée; elle n'a donc pas légalement le caractère improductif que lui prêtent les opposants;

« Attendu qu'il résulte de ce qui précède que l'impôt réclamé à la Commission de Fourvières est dû par elle et a été correctement calculé... » 22,336 J.; 6373 R. p ; 16,958 Cont.; 23,370 J. N.

1425. Il est certain que le mot produit a, dans la loi de 1880 (comme dans celle de 1884), la même signification que dans la loi de 1872; le tribunal exprime donc une vérité en disant que la matière imposable est identique, qu'il s'agisse de l'une ou de l'autre de ces lois : la seule différence consiste, en effet, en ce que la loi de 1872 frappe les produits lorsqu'ils sont distribués, tandis que celle de 1880 les atteint dès qu'ils sont réalisés. Mais, après avoir exactement posé le principe, le tribunal en fait une fausse application. Tout actif social, dit-il, se compose exclusivement de deux éléments : les apports et les produits; tout ce qui n'est pas l'un est l'autre. Dans ces termes absolus, la formule est évidemment erronée: car elle laisse de côté les charges auxquelles la société est tenue de satisfaire, qui diminuent d'autant la valeur de son patrimoine et par conséquent l'importance de ses bénéfices nets, les seuls qui soient imposables. Au cas particulier, la société ne devait pas nécessairement s'enrichir du montant des dons qui lui étaient faits, puisqu'elle était obligée d'en faire emploi en constructions et que ces constructions pouvaient fort bien ne pas représenter dans son patrimoine une valeur égale aux sommes déboursées pour les payer. Il fallait donc, pour former un bilan exact, ou bien ne faire figurer à l'actif que la plus-value devant résulter pour le patrimoine social de l'emploi des libéralités consenties au profit de la société, ou bien, si ces libéralités étaient inscrites à l'actif pour leur montant brut, porter au passif une somme représentative de la charge dont elles étaient grevées, c'est-à-dire équivalente à la différence entre leur montant total et le profit réel que la société devait en tirer en les employant conformément à ses statuts et à la volonté des donateurs. C'est ce que la Cour de cassation a parfaitement compris, et c'est pourquoi elle a cassé le jugement précité, aux termes d'un arrêt du 29 mai 1888, dont suit la teneur :

« Attendu que, à la différence de la loi du 29 juin 1872, aux termes de laquelle c'est la distribution du bénéfice aux associés qui donne ouverture à la taxe annuelle de 3 p. 100 sur le revenu, il résulte des dispositions de l'art. 3 précité de la loi du 28 déc. 1880 que l'impôt est dû par le seul fait de l'obtention d'un bénéfice au cours de chaque exercice, par les sociétés ou associations reconnues ou non reconnues entre les membres desquels les bénéfices, en tout ou en partie, ne doivent pas être distribués;

« Attendu que, comme le démontrent les termes de l'art. 3, le mot bénéfice a le même sens dans la loi du 28 déc. 1880 que dans celle du 29 juin 1872; qu'ainsi le bénéfice sur lequel est liquidée la taxe de 3 p. 100 est l'excédent constaté, conformément aux prescriptions de la loi, à la fin de chaque exercice, et qui résulte de la comparaison de l'actif social au jour de la constitution de la société ou de l'association avec l'ensemble des valeurs sociales au moment de la constatation, après qu'on a déduit les frais de gestion, les dettes et les dépenses qu'entraînent les obligations imposées à la société ou à l'association par le pacte social, et qui constituent son objet même;

« Qu'il suit de là que, dans la balance à faire pour calculer le bénéfice, il faut considérer comme bénéfice non le montant brut des sommes recueillies dans l'exercice par une société ou association à laquelle ses statuts imposent une affectation déterminée de ces sommes, mais la plus-value du fonds social qui pourra résulter de l'emploi desdites sommes fait conformément aux statuts sociaux, sous réserve bien entendu du droit qu'a l'Administration d'établir, conformément à la loi, l'inexactitude des déclarations, comptes rendus et documents analogues fournis par les sociétés ou associations;

« Attendu que des constatations du jugement attaqué il résulte que la société civile par actions dite Commission de Fourvières a pour objet, aux termes de ses statuts, d'administrer les immeubles se rattachant au sanctuaire de Fourvières, de retirer les revenus et péages, de les accroître, de recevoir les fonds versés par les fidèles, de préserver le coteau de Fourvières des édifices qui en masqueraient l'aspect, de l'embellir, d'obtenir la restauration de la chapelle ancienne et l'érection d'un nouveau sanctuaire;

« Attendu que la Commission de Fourvières a employé conformément à ses statuts les recettes des exercices 1880-81, 1881-82;

« Attendu que le jugement attaqué a décidé que, pour la liquidation de la taxe de 3 p. 100 réclamée par l'Administration à la Commission de Fourvières pour les exercices susénoncés, il fallait compter le chiffre des souscriptions recueillies et des sommes touchées par la Commission pour leur montant brut, au lieu d'estimer la valeur provenant de leur emploi, et ce, à concurrence de cet emploi; que, dès lors, en statuant comme il l'a fait, le jugement attaqué a violé l'article susvisé. » 23,041 J.; 7076 R. p.; 24,125 J. N.; 17,506 Contr.; Inst. 2761, § 2; S., 90, 1, 86; P., 90, 177.

Chapitre IV. — PAYEMENT DE LA TAXE.

Art. 1er. — *Époques d'exigibilité. Bureau compétent. Pénalités.*

1426. ÉPOQUES D'EXIGIBILITÉ. — Loi du 28 déc. 1880. — L'art. 3 de la loi du 28 déc. 1880 porte : « Le payement de la taxe applicable à l'année expirée sera fait par la société ou l'association dans les trois premiers mois de l'année suivante, sur la remise des extraits des délibérations, comptes rendus ou documents analogues, et de la déclaration souscrite conformément à l'art. 16 de la loi du 22 frim. an 7. »

Cette disposition a été expliquée en ces termes par l'instruction n° 2651 : « A la différence de la taxe de 3 p. 100 exigible en vertu de la loi du 29 juin 1872 et dont le payement doit être effectué en quatre termes trimestriels (Décret du 6 déc. 1872, art. 1 et 4), la taxe due par application de la loi nouvelle doit être acquittée en une seule fois, pour chaque année expirée, dans les trois premiers mois de l'année suivante. Le payement est accompagné de la remise des extraits de délibérations, comptes rendus, etc., ou des déclarations déterminant le revenu imposable. Ces documents, dûment certifiés par les représentants des sociétés ou associations, peuvent être établis sur papier non timbré. Il en est de même des inventaires estimatifs ou autres pièces qui seraient joints aux déclarations pour établir l'évaluation détaillée des meubles compris dans le capital social. »

1427. *Durée de l'exercice.* « Il peut arriver, en ce qui concerne les sociétés par actions, poursuit l'instruction précitée, que l'exercice social ne coïncide pas avec l'année ordinaire et que, par suite, ces sociétés ne soient pas en mesure de justifier, avant le 1er avril, de l'importance exacte des produits applicables à une partie plus ou moins considérable de l'année expirée. Il y a lieu d'appliquer à ce cas particulier les dispositions générales de la loi du 29 juin 1872 et du décret du 6 décembre suivant, en vertu de la référence résultant du dernier alinéa de l'art. 3. En conséquence, la taxe de 3 p. 100 devrait être calculée provisoirement, en ce qui concerne la fraction d'année dont les produits sont encore indéterminés, soit à raison des 4/5 du produit correspondant de l'exercice antérieur, soit, pour les sociétés nouvellement créées, du produit évalué à 5 p. 100 du capital social, conformément au n° 2 de l'art. 1er du décret du 6 déc. 1872. Le payement effectué sur ces bases avant le 1er avril serait ultérieurement régularisé, d'après la disposition suivante du même article : « Chaque année, après la clôture des écritures relatives à « l'exercice, il est procédé à une liquidation définitive de la « taxe due pour l'exercice entier. Si de cette liquidation il « résulte un complément de taxe au profit du Trésor, il est « immédiatement acquitté. Dans le cas contraire, l'excédent « versé est imputé sur l'exercice courant, ou remboursé, si la « société est arrivée à son terme ou si elle cesse de donner « des revenus. » L'extrait de la délibération ou compte rendu établissant le revenu définitif de l'exercice devrait être déposé par la société au bureau de l'enregistrement dans les vingt jours de sa date, par application du dernier alinéa de l'art. 2 de la loi du 29 juin 1872. Ces dispositions sont spéciales aux sociétés par actions. Les sociétés non constituées par actions, mais pourvues d'un conseil d'administration, qui, eu égard au point de départ des périodes assignées à chaque exercice, ne seraient pas en mesure de prendre, dans les trois premiers mois de l'année, la délibération prévue par le n° 2 de l'art. 3 pour la détermination exacte du revenu de l'année précédente, devraient acquitter immédiatement la taxe d'une manière définitive, en prenant pour base, selon le vœu formel du même texte, le revenu résultant de leur déclaration dûment justifiée, et, à défaut, l'évaluation à 5 p. 100 du capital social. »

1428. Loi du 29 déc. 1884. — La loi du 29 déc. 1884 n'a pas modifié l'époque d'exigibilité de l'impôt. La taxe due pour l'année écoulée doit donc être payée, aujourd'hui comme auparavant, dans les trois premiers mois de l'année suivante, c'est-à-dire au plus tard le 31 mars. Seulement, comme la loi nouvelle a substitué aux différents modes de détermination du revenu précédemment admis, l'évaluation à 5 p. 100 de la valeur brute des biens possédés et occupés, la déclaration détaillée et estimative de ces biens est actuellement la seule pièce dont la remise soit prescrite. La loi n'impose pas aux sociétés l'obligation de justifier que les produits par elle réalisés n'ont pas excédé le forfait.

1429. BUREAU COMPÉTENT. — D'après l'art. 1er du décret du 6 déc. 1872, auquel se réfère la loi du 28 déc. 1880, maintenue sous ce rapport par la loi du 29 déc. 1884, la taxe doit être payée au bureau de l'enregistrement du siège social désigné à cet effet. Il n'y a donc pas à se préoccuper de la situation des biens. « Il n'y a pas non plus à distinguer, de ce chef, porte l'instruction n° 2651, entre les sociétés reconnues ou régulièrement constituées et les sociétés ou associations de fait, la loi imposant aux unes et aux autres des obligations identiques, et les sociétés de la seconde catégorie ayant un siège social de fait, de tout point assimilable au siège officiel et légal des sociétés régulières. »

La même instruction explique ainsi qu'il suit comment le lieu du siège social doit être déterminé : « On reconnaîtra le lieu du siège social des sociétés reconnues ou régulièrement constituées en se reportant aux actes constitutifs, lois ou décrets d'approbation, et autres documents de même nature. Pour déterminer le lieu du siège effectif des sociétés de fait, on recherchera quelle est, d'après l'objet de la société, l'importance de ses établissements, la résidence de ses principaux représentants, et la notoriété publique, la localité dans laquelle ses intérêts sont centralisés. »

1430. Succursales. — Aux termes de l'Instruction n° 2651 précitée, lorsqu'une association possède une succursale qui, tout en se confondant avec elle à certains égards, forme néanmoins un établissement indépendant, ayant une existence propre, cette succursale est distinctement soumise à la taxe et doit l'acquitter, sur ses revenus personnels, au bureau de l'enregistrement de la circonscription dans laquelle se trouve son siège particulier. La règle serait spécialement applicable aux succursales des congrégations reconnues, lorsque ces succursales ont été autorisées conformément à la loi du 24 mai 1825.

La question dont il s'agit a été soumise au tribunal de la Seine, dans les circonstances suivantes, sous l'empire de la loi du 23 déc. 1880.

La congrégation enseignante des Dames du Sacré-Cœur de Jésus a été reconnue par une ordonnance royale du 22 avril 1827, et ses statuts définitifs ont été approuvés par un décret du 5 août 1853. Indépendamment de son établissement principal, dont le siège est à Paris, elle a fondé un certain nombre de succursales dont les unes n'ont pas été autorisées, mais dont les autres ont été établies dans les conditions déterminées par la loi du 24 mai 1825. Cette association a prétendu qu'elle était en droit de payer l'impôt de 3 p. 100 à Paris, non seulement sur les produits de la maison mère et des succursales non autorisées, mais encore sur le revenu des succursales autorisées.

L'Administration a pensé, au contraire, que la taxe afférente aux produits de l'établissement principal et des succursales non reconnues, devait seule être acquittée à Paris, et qu'il y avait lieu d'exiger que des déclarations particulières fussent souscrites aux bureaux compétents par les supérieures locales des succursales autorisées. A l'appui de sa thèse, la Direction générale a développé devant le tribunal les considérations ci-après :

Les conditions de l'existence légale des congrégations religieuses de femmes ont été réglées par la loi du 24 mai 1825, dont les art. 1, 3, 4 et 6 sont ainsi conçus : Art. 1er : « A l'avenir, aucune congrégation religieuse de femmes ne pourra être autorisée, et, une fois autorisée, ne pourra former d'établissement que dans les formes et sous les conditions prescrites par les articles suivants. » — Art. 3 : « Il ne sera formé aucun établissement d'une congrégation religieuse de femmes déjà autorisée, s'il n'a été préalablement informé sur la convenance et les inconvénients de l'établissement, et si l'on ne produit à l'appui de la demande le consentement de l'évêque diocésain et l'avis du conseil municipal de la commune où l'établissement devra être formé. L'autorisation spéciale de former l'établissement sera accordée par une ordonnance du roi, laquelle sera insérée dans la quinzaine au Bulletin des lois. » — Art. 4 : « Les établissements dûment autorisés pourront, avec l'autorisation spéciale du roi : 1° accepter les biens meubles et immeubles qui leur auraient été donnés par acte entre vifs ou par acte de dernière volonté, à titre particulier seulement; 2° acquérir à titre onéreux des biens meubles ou des rentes; 3° aliéner les biens immeubles ou les rentes dont ils seraient propriétaires. » — Art. 6 : « L'autorisation des congrégations religieuses de femmes ne pourra être révoquée que par une loi. L'autorisation des maisons particulières dépendant de ces congrégations ne pourra être révoquée qu'après avoir pris l'avis de l'évêque diocésain et avec les autres formes prescrites par l'art. 3 de la présente loi. »

Il ressort clairement de ces dispositions législatives, a soutenu l'Administration, que les succursales autorisées d'une congrégation religieuse de femmes ont un patrimoine distinct, une existence propre et indépendante. Ces établissements, en effet, jouissent de la faculté d'acquérir, d'accepter des legs et donations, d'aliéner leurs biens sans être tenus à aucune formalité autre que l'autorisation préalable du gouvernement.

Les revenus des biens qu'ils possèdent leur sont exclusivement affectés; la maison mère n'a rien à y prétendre. La loi ne se borne pas à soustraire les biens des succursales à l'action de l'établissement principal, elle lui refuse également le droit de supprimer ces maisons. La suppression n'en peut être prononcée que par décret rendu après avis de l'évêque. La congrégation n'est même pas appelée à donner son avis à ce sujet, le gouvernement statue sans être tenu de la consulter. Sans doute, la supérieure générale conserve le droit de nommer et de révoquer les supérieures locales placées à la tête de ces maisons particulières; mais la subordination de ces religieuses ne procède que de liens purement spirituels qui ne sauraient, en aucune façon, modifier la situation que la loi a établie, au temporel, au profit des succursales reconnues. Le Conseil d'Etat considère, d'ailleurs, chacune des succursales autorisées des congrégations de femmes comme un établissement distinct ayant un patrimoine indépendant et une gestion propre, car il n'autorise une libéralité faite en faveur d'une succursale reconnue qu'à la condition expresse que cette libéralité sera acceptée par la supérieure générale *au nom de l'établissement particulier*, donataire ou légataire, considéré isolément, et non pas au nom de la congrégation. Dans l'espèce, la congrégation est d'autant moins recevable à soutenir la thèse contraire qu'une des dispositions de ses statuts (l'art. 13) suppose nécessairement que les succursales peuvent avoir des revenus particuliers spécialement affectés à leur développement. « La supérieure, dit cet article, accepte les dons et legs... à la charge d'appliquer les revenus des libéralités aux maisons particulières en faveur desquelles elles sont faites. » La personnalité distincte des succursales autorisées ressort encore avec évidence des art. 4 et 11 des statuts, qui disposent que chaque établissement reconnu doit avoir à sa tête une supérieure locale à laquelle est confiée la mission d'encaisser les produits de la succursale, d'acquitter les dépenses et de dresser une comptabilité spéciale et séparée. Il est donc certain que les succursales reconnues des Dames du Sacré-Cœur de Jésus ont une existence absolument propre et indépendante, que leurs produits ne se confondent pas avec ceux de la maison mère, et que chacune d'elles est par conséquent tenue d'acquitter la taxe au bureau de son siège particulier.

1431. Cette argumentation n'a pas prévalu. Le tribunal de la Seine l'a repoussée par un jugement du 27 juil. 1883, ainsi motivé :

« Attendu que, d'après l'art. 5 de l'instruction ministérielle du 17 juil. 1825, les congrégations religieuses de femmes reconnues sont divisées en deux classes distinctes se composant, les unes d'établissements qui reconnaissent une supérieure générale, les autres d'établissements qui ne reconnaissent qu'une supérieure locale et qui sont indépendants les uns des autres; — Attendu que la congrégation des Dames du Sacré-Cœur, reconnue par ordonnance royale du 22 avril 1827, d'après ses statuts définitifs, vus et enregistrés au Conseil d'Etat le 26 juil. 1853, est gouvernée par une supérieure générale, assistée d'un conseil particulier; que ses succursales autorisées restent dépendantes de la congrégation et sont dirigées par une supérieure locale que la supérieure générale nomme ou révoque; que le personnel et l'administration de ces établissements sont entièrement soumis à l'autorité, à la direction et à la surveillance de cette supérieure, qui, notamment, reçoit et vérifie semestriellement, avec son conseil, les comptes de recettes et dépenses de chacune des succursales, dont le résultat est mentionné au registre des délibérations; qu'ainsi, d'après le texte et l'interprétation de ces statuts, la congrégation se compose de la réunion de tous ses établissements autorisés; que sa personnalité légale absorbe celle de ses succursales, quant aux biens dont celles-ci ont la jouissance; que la société tout entière continue à en avoir la propriété et qu'ils forment un fonds commun dont aucune partie n'est, en aucun cas, distraite pour constituer un patrimoine distinct, pouvant être attribué soit à la maison mère, soit à ses établissements particuliers; — Que les stipulations de l'art. 13 des statuts, aux termes duquel la supérieure générale a seule qualité pour accepter, au nom de la congrégation, les dons et legs faits à ses succursales, à la charge d'en appliquer le revenu aux maisons spécialement gratifiées, confirmeraient au besoin l'interprétation ci-dessus faite du caractère de la propriété collective de l'association générale; — Qu'en effet, l'affectation des revenus au profit de l'établissement désigné par les donateurs n'est que l'exécution de la condition de la donation et n'attribue à la succursale bénéficiaire aucun droit de propriété sur la valeur de la libéralité, qui ne cesse pas d'appartenir à la société;

« Attendu que l'autorisation obtenue par la supérieure générale, pour des établissements nouveaux, confère sans doute à ceux-ci une existence légale, mais que cette existence ne peut leur être accordée que dans les conditions prévues par les statuts, lesquels sont opposables à tous les membres de la congrégation, à l'Etat qui les a approuvés, et aux autorités publiques qui ont à les appliquer; — Que, si les succursales ont, en droit, en vertu de leur autorisation, la faculté d'acquérir et d'aliéner, en fait, les statuts leur interdisent l'exercice de cette faculté; que la loi du 24 mai 1825 ne contient rien de contraire à cette prohibition; que, d'ailleurs, les pouvoirs publics ont constamment interprété en ce sens les statuts de la congrégation du Sacré-Cœur et reconnu l'existence de sa propriété collective sur tous les biens dont jouissent ses succursales; qu'en effet, lorsqu'il y a eu lieu de vendre des immeubles qui leur étaient affectés, la vente en a toujours été consentie, suivant les autorisations administratives, au nom de la congrégation, qui en a touché le prix pour l'employer à ses besoins généraux; que, de même, en cas d'extinction d'une maison autorisée, les immeubles dans lesquels elle était établie ont été vendus pour le compte de la congrégation, sans que l'Etat ait exercé le droit de retour ou de répartition qu'il tient de l'art. 7 de la loi du 24 mai 1825, sur les biens appartenant à des établissements supprimés;

« Attendu, à la vérité, que l'autorisation n'est accordée aux succursales que sur la justification des ressources nécessaires à leur formation et à leur existence; qu'aucune disposition des lois et règlements ne définit le caractère de ces ressources et n'impose l'obligation de les constituer en biens ou valeurs aliénés au profit de l'établissement nouveau; que, dès lors, elles ne consistent pas nécessairement dans la constitution d'un patrimoine indépendant et qu'elles peuvent être assurées par une concession de jouissance sur des immeubles ou par une affectation de revenus sur le fonds commun, dont la congrégation reste propriétaire; qu'ainsi les supérieures locales n'ont qu'un mandat temporaire et n'agissent qu'en qualité de gérantes intéressées, subordonnées à la direction générale de la société, pour le compte de laquelle elles gèrent, contractent ou stipulent, et à laquelle elles doivent rendre compte, en confondant tous les résultats de leur gestion dans le fonds commun de l'association;

« Attendu que les statuts ont organisé un conseil d'administration ayant véritablement la gérance de la société tout entière; que ce conseil a seul qualité pour déterminer le revenu de la congrégation passible de la taxe établie par l'art. 3 de la loi du 28 déc. 1880, par le dépôt, au bureau d'enregistrement de Paris, d'une délibération unique et applicable au compte de tous ses établissements autorisés, telle qu'elle a été présentée à la Régie; que les succursales sont affranchies de la production d'une délibération particulière et du payement de l'impôt au bureau de leur résidence;

« Attendu que sur le refus d'accepter la délibération collective produite par la supérieure générale et de percevoir la taxe sur la base que ce document déterminait, la congrégation a, par exploit du 21 mars 1882, fait à l'Administration de l'enregistrement sommation de recevoir sa délibération à Paris, et offres réelles de la somme de 2,228 fr. 65, montant de la taxe exigible; que le receveur a de nouveau refusé la délibération et le payement offert, et qu'une contrainte a été décernée contre la congrégation, procédant pour le recouvrement : 1° de la somme de 12,000 fr., montant de la taxe provisoirement liquidée sur le revenu déterminé, à raison de 5 p. 100 du capital présumé de la maison mère de Paris et de ses succursales non autorisées ; 2° de la somme de 6,250 fr., montant de l'amende exigible, à défaut du payement de la taxe dans le délai légal;

« Attendu que la délibération produite était régulière et ne devait pas être refusée; qu'elle déterminait l'impôt recouvrable; qu'ainsi la liquidation de la taxe établie dans la contrainte ne saurait être maintenue; qu'il échet de donner acte à la congrégation de ce qu'elle est prête à réitérer le dépôt de la délibération de son conseil d'administration et à effectuer tout payement à sa charge en vertu de cette délibération; — Attendu que la congrégation a fait tout ce qui était en son pouvoir pour obéir à la loi et acquitter dans les délais l'impôt dont elle était redevable; qu'elle ne peut être responsable de ce que le payement en a été différé; qu'elle n'est, dès lors, passible d'aucune amende; que la contrainte est sans cause légale. » 22,261 J.; 6226 R. p.; 16,856 Contr.; 23,208 J. N.; S., 85, 2, 72; P., 85, 600.

1432. Le tribunal ne conteste pas, en principe, la distinction établie par l'instruction n° 2651, mais il déclare que, d'après les statuts de la congrégation des Dames du Sacré-Cœur, les succursales restent entièrement dépendantes de l'association principale, et se confondent à tous égards avec elle pour obéir aux mêmes règles et n'avoir qu'un seul et unique fonctionnement. Le jugement ci-dessus transcrit ne constituerait donc, à proprement parler, qu'une décision d'espèce. Quoi qu'il en soit, il est vraisemblable qu'en fait les motifs qu'il renferme trouvent leur application dans tous les cas où une congrégation de femmes à supérieure générale a obtenu l'autorisation de fonder des établissements particuliers. D'après les conditions de leur institution, ces établissements relèvent sans doute toujours de la maison mère, non seulement au spirituel, mais encore au temporel.

Aux termes d'une instruction ministérielle du 17 juil. 1825, relative à l'exécution de la loi du 25 mai précédent, la supérieure générale d'une congrégation conserve une action immédiate sur tous les sujets qui en dépendent; elle a le droit de les placer et de les déplacer, de les transférer d'un établissement dans un autre, et de surveiller le régime intérieur de l'administration ; tous les dons et legs qui sont faits à des établissements de religieuses doivent être acceptés par la supérieure générale de la congrégation, sauf à attribuer aux libéralités la destination voulue par les donateurs ou testateurs (Sir., LL. annotées, t. Ier, p. 1143). Il semble difficile de considérer les établissements placés dans cet état de subordination comme ne se confondant pas, en réalité, avec la maison mère.

En résumé, la décision du tribunal de la Seine paraît de nature à être invoquée par toutes les congrégations de femmes à supérieure générale, tandis que la règle posée par l'instruction n° 2651 reste applicable aux établissements qui, ne reconnaissant qu'une supérieure locale, ont une réelle indépendance.

Cette distinction concorde avec l'instruction ministérielle précitée du 17 juil. 1825 dont l'art. 5 est conçu en ces termes : « Une congrégation se compose ou d'établissements qui reconnaissent une supérieure générale, comme les Filles de Saint-Vincent-de-Paul, ou d'établissements qui ne reconnaissent qu'une supérieure locale, *et qui sont indépendants les uns des autres*, encore qu'ils soient soumis aux mêmes règles et statuts, comme la Compagnie des Religieuses ursulines. »

1433. L'Administration admet aujourd'hui les congrégations de femmes à supérieure générale, à payer l'impôt, pour toutes leurs succursales, autorisées ou non, au bureau du siège de la maison mère. Sol. 1er juil. 1886, 8 juil. 1886, 21 juil. 1886, janv. 1888, 26 juil. 1888.

Il convient de remarquer que les congrégations d'hommes, même reconnues, n'ont pas de succursales autorisées. Par conséquent, bien que la règle contraire ait été un moment admise par une solution du 22 mars 1886, pour les Frères des écoles chrétiennes, le payement de la taxe paraît devoir être effectué, pour les succursales aussi bien que pour la maison mère, au bureau du siège général de la congrégation. La pratique est actuellement établie dans ce sens. — Décision de la Direction générale, du 15 mars 1890, rapportant, en ce qui concerne les frères des écoles chrétiennes, la solution précitée du 22 mars 1886.

1434. Compétence des receveurs. — Dans les villes où il existe plusieurs bureaux d'enregistrement, la taxe établie par la loi du 28 déc. 1880 et celle du 29 déc. 1884 est recouvrée par le receveur qui a dans ses attributions la recette de l'impôt sur le revenu exigible en vertu de la loi du 29 juin 1872. Inst. n° 2651, n° 30.

1435. PÉNALITÉS. — D'après l'art. 3 de la loi du 28 déc. 1880, chaque contravention aux dispositions de cet article (et du règlement d'administration publique qui pourrait intervenir pour son exécution) est « punie conformément à l'art. 5 de la loi du 29 juin 1872 », lequel se réfère lui-même à l'art. 10 de la loi du 23 juin 1857, ainsi conçu : « Toute contravention aux précédentes dispositions et à celles des règlements qui seront faits pour leur exécution est punie d'une amende de 100 à 5,000 fr., sans préjudice des peines portées par l'art. 39 de la loi du 22 frim. an 7, pour omission ou insuffisance de déclaration. » V. *supra*, n°s 972 et suiv.

D'autre part, le dernier alinéa de l'art. 9 de la loi du 29 déc. 1884 déclare maintenues toutes les dispositions de la loi du 28 déc. 1880 qui n'ont rien de contraire à la loi nouvelle. Les sanctions établies par la loi de 1880 sont par conséquent applicables en cas de contravention à la loi du 29 déc. 1884.

Il en résulte, notamment, que le défaut de payement de la taxe dans le délai donne lieu à une amende de 100 à 5,000 fr., et que les omissions et insuffisances commises dans les déclarations souscrites pour l'acquittement de l'impôt sont passibles d'un droit en sus, à l'exclusion de l'amende de 100 à 5,000 fr. — V. *supra*, n° 973.

Au surplus les principes développés *supra*, dans notre commentaire de la loi du 29 juin 1872, doivent naturellement trouver ici leur application. — V. n°s 972 et suiv.

Il nous suffira de rappeler qu'aux termes du jugement rendu par le tribunal de la Seine le 27 juil. 1883 et reproduit *supra*, n° 1431, aucune pénalité n'est encourue par l'association qui a régulièrement offert au receveur, en temps utile, le versement des droits dont elle était débitrice. L'art. 28 de la loi du 22 frim. an 7, suivant lequel le payement de l'impôt ne peut être différé sous prétexte de contestation sur la quotité ou pour quelque autre motif que ce soit, sauf aux parties à se pourvoir en restitution si elles le jugent à propos, constitue, en effet, une disposition spéciale à l'enregistrement et ne saurait dès lors être invoqué en matière de taxe sur le revenu. D'ailleurs, aux termes de l'Inst. 2651, n° 24, « lorsqu'il s'agit d'une amende de 100 à 5,000 fr. encourue pour retard dans le payement de la taxe, les receveurs sont autorisés à encaisser le montant de cette taxe sans exiger le versement immédiat de l'amende, pour laquelle il doit en être référé à l'Administration ».

ART. 2. — *Moyens de contrôle. Communication.*

1436. MOYENS DE CONTROLE. — Le quatrième paragraphe de l'art. 3 de la loi du 28 déc. 1880, auquel il n'a pas été dérogé explicitement par l'art. 9 de la loi du 29 déc. 1884, porte : « L'inexactitude des déclarations, délibérations, comptes rendus ou documents analogues peut être établie conformément aux art. 17, 18 et 19 de la loi du 22 frim. an 7, 13 et 15 de la loi du 23 août 1871. »

Ainsi que le fait très judicieusement observer l'Administration dans l'Instruction n° 2651, § 19, « la loi parle d'une manière générale des inexactitudes. Elle ne distingue pas entre les erreurs pures et simples et les dissimulations. »

Sous l'empire de la loi du 28 déc. 1880, ces inexactitudes s'entendaient des omissions et insuffisances d'évaluation relevées dans les pièces produites ou dans les déclarations souscrites pour servir de base à la liquidation de la taxe, de même que des exagérations commises dans ces documents au sujet de la consistance ou de l'importance des charges déduites de l'actif pour la détermination du revenu net passible de l'impôt.

Depuis la promulgation de la loi du 29 déc. 1884, elles comprennent sans nul doute les omissions et insuffisances constatées dans les déclarations estimatives des biens possédés ou occupés, qui doivent être souscrites pour la perception. Elles paraissent embrasser également les réticences concernant l'actif ou les exagérations relatives au passif, qui existeraient dans les pièces remises au receveur pour l'établissement de la taxe, lorsque le revenu réel est supérieur à 5 p. 100 de la valeur des biens possédés ou occupés.

1437. Expertise. — En se référant aux art. 17, 18 et 19 de la loi du 22 frim. an 7, et 15 de celle du 23 août 1871, l'art. 3 de la loi du 28 déc. 1880 a conféré à l'Administration le droit de requérir l'expertise à l'effet de démontrer l'insuffisance des évaluations ou déclarations fournies par les redevables pour l'assiette de la taxe.

La déclaration prescrite pour la liquidation de l'impôt par l'art. 9 de la loi du 29 déc. 1884 devant faire connaître la valeur réelle des biens possédés ou occupés, il en résulte que l'expertise ayant pour objet le contrôle de cette déclaration doit porter non sur le revenu, mais sur la valeur des biens, dont il s'agit. Elle doit être requise, en conséquence, dans le délai d'un an à compter du jour de la déclaration critiquée (L. 22 frim. an 7, art. 17). Elle est faite par un seul expert quand la valeur déclarée n'excède pas 2,000 fr. (L. 23 août 1871, art. 15). Les règles de la procédure en matière de prix de vente d'immeubles sont applicables *de plano*, du moment que la loi spéciale de 1880 n'y a pas dérogé. A défaut de disposition contraire dans cette dernière loi, il convient de reconnaître également que les frais de l'expertise ne tombent à la charge de la partie qu'autant que l'estimation des experts excède d'un huitième au moins la valeur déclarée. Par la même raison, ce n'est aussi que dans ce cas qu'il est dû un droit en sus, indépendamment du droit simple auquel donne ouverture l'insuffisance reconnue (L. 22 frim. an 7, art. 18; 27 vent. an 9, art. 5). Sol. 17 fév. 1887.

On a enseigné que l'Administration est autorisée, sous l'empire de la loi du 29 déc. 1884, à recourir à l'expertise, à l'effet de déterminer le revenu réel, lorsqu'elle a lieu de penser que ce revenu est supérieur à 5 p. 100. On n'aperçoit pas très nettement quelle serait l'utilité d'une expertise portant sur le revenu des biens possédés ou occupés. Alors même qu'il serait démontré que le revenu de tel ou tel de ces biens ou même de tous ces biens réunis, excède 5 p. 100 de leur valeur brute, il n'en résulterait nullement que le forfait soit inapplicable : car, pour l'écarter, il est essentiel d'établir qu'il est inférieur non pas aux produits réels des biens possédés ou occupés par la société, mais aux produits effectifs de l'association, ce qui est tout différent. Le produit réel de l'entreprise, celui qui est imposable lorsqu'il dépasse 5 p. 100 de la valeur des biens, possédés et occupés, consiste exclusivement, ainsi que nous l'avons dit, dans la plus-value acquise au cours de l'exercice par l'actif net de la société. Il est donc indépendant du revenu des biens possédés ou occupés, et la connaissance de ce dernier revenu ne suffirait pas pour en déterminer le montant.

1438. *Biens meubles.* L'expertise prévue par l'art. 3 de la loi du 28 déc. 1880 peut être provoquée non seulement en ce qui concerne les immeubles, mais encore en ce qui touche les biens meubles compris dans les déclarations estimatives, souscrites pour le payement de la taxe. Le contraire a été décidé cependant par un jugement du tribunal de Beaune du 31 oct. 1889, ainsi conçu :

« Attendu que l'Administration de l'enregistrement, ayant demandé l'expertise simultanée, tant pour 1886 que pour 1887, de la valeur brute afférente à chacune de ces années, des biens meubles et immeubles compris dans les déclarations souscrites au bureau de Nuits par la Congrégation des religieux de Saint-Joseph, le 30 mars 1887 et le 30 mars 1888, comme dépendant de l'établissement de Cîteaux et de celui d'Agencourt, l'abbé Donat, au nom de ladite congrégation, s'est opposé à ce que l'expertise sollicitée portât sur les biens meubles;

« Attendu qu'il s'agit donc, en l'état, au vu des mémoires respectifs des parties et des autres documents de la cause, d'apprécier les prétentions contraires d'icelles, c'est-à-dire de rechercher si l'Administration de l'enregistrement a le droit, en ce qui concerne les meubles, d'établir au moyen d'une expertise l'insuffisance ou l'inexactitude d'une déclaration estimative, fournie en vue de l'assiette de l'impôt;

« Attendu que la solution de la question ainsi posée se trouve tout entière : 1° dans la loi du 22 frim. an 7, art. 17, 18 et 19; 2° dans la loi du 23 août 1871, art. 13 et 15; 3° dans la loi du 28 déc. 1880, art. 3; 4° et dans celle du 29 déc. 1884, art. 9;

« Attendu que l'art. 3 (§ 4) de la loi du 28 déc. 1880, rendu applicable, ainsi que l'art. 4, aux congrégations religieuses autorisées ou non autorisées, par l'art. 9 de la loi du 29 déc. 1884, dispose que l'inexactitude des déclarations peut être établie conformément aux art. 17, 18 et 19 de la loi du 22 frim. an 7, 13 et 15 de celle du 23 août 1871;

« Or, attendu que les art. 17 et 19 de la loi de frimaire an 7 disent que, si le prix énoncé dans un acte translatif de biens immeubles à titre onéreux ou à tout autre titre paraît inférieur à leur valeur vénale à l'époque de l'aliénation, l'Administration pourra requérir une expertise; — Que l'art. 18 de la même loi contient les règles de procédure relatives à la nomination des experts et au dépôt du rapport; — Que l'art. 13 de la loi du 23 août 1871 dit notamment que la dissimulation peut être établie par tous les genres de preuves admises par le droit commun, et que l'art. 15 de la même loi se borne à viser la procédure à suivre dans un cas déterminé; — Qu'il n'est nullement question, dans ces deux lois, du droit de faire porter l'expertise sur les biens meubles; d'où la conséquence forcée, inéluctable, que ce n'est qu'en matière de biens immeubles que l'Administration de l'enregistrement a la faculté de contrôler, au moyen d'une expertise, l'insuffisance d'une déclaration, surtout si on considère que les art. 13 et 15 de la loi du 23 août 1871, relativement récents et faits en vue d'augmenter les moyens de contrôle, ne donnent aucune extension, à cet égard, aux termes de la loi du 22 frim. an 7;

« Attendu que l'Administration de l'enregistrement prétendrait en vain que les lois de 1880 et 1884 ont emprunté seulement aux lois antérieures les règles de la procédure et non l'objet de l'expertise; — Qu'en effet, lesdites lois renvoient très expressément, non seulement à l'art. 18, relatif à la procédure à suivre en matière d'expertise, mais encore aux art. 17 et 19 qui déterminent et précisent les objets sur lesquels l'expertise doit porter;

« Attendu que l'Administration de l'enregistrement invoque à l'appui de ses prétentions l'art. 4 de la loi de 1880 et notamment le deuxième paragraphe ainsi conçu : « La liquidation et le payement de ce droit (d'accroissement) auront lieu dans la forme et dans les délais établis par les lois en vigueur, pour les transmissions d'immeubles »;

« Attendu que cet article vise un second droit, le droit sur les accroissements opérés par suite de clause de réversion, bien distinct du premier réglé par l'art. 3 et relatif à une taxe de 3 p. 100 sur le revenu, taxe établie par une loi du 29 juin 1872, à laquelle se réfère la loi de 1880; qu'il serait peut-être intéressant pour le tribunal d'examiner et de chercher si cet art. 4 a bien la portée que lui donne l'Administation de l'enregistrement, c'est-à-dire si elle aurait le droit de requérir l'expertise aussi bien pour les accroissements mobiliers que pour les accroissements immobiliers;

« Mais attendu que cette espèce n'est pas soumise à son appréciation; — Qu'il n'a qu'à vérifier si, en ce qui concerne la taxe de 3 p. 100 sur le revenu, les textes de loi et les travaux préparatoires autorisent ou non l'Administration à recourir à l'expertise pour contrôler l'inexactitude des déclarations quand il s'agit de biens meubles;

« Attendu, ainsi qu'il a été dit plus haut, que les termes précis et formels de l'art. 3, § 4, de la loi de 1880, rapprochés des art. 17 et 19 de la loi de frimaire an 7, et des art. 13 et 15 de la loi du 23 août 1871, ne sauraient laisser subsister de doute à cet égard; — Qu'il est certain qu'ils ne lui donnent nullement le droit de recourir à une expertise dans ce cas; que, par conséquent, l'argument tiré de l'art. 4 est réduit à néant;

« Attendu qu'il n'y a lieu de s'arrêter non plus aux déclarations faites à la tribune par certains orateurs lors de la discussion de la loi de 1880; — Qu'ainsi le discours de Wilson ne contient rien de précis sur la question en litige; que l'orateur parle d'une manière vague et générale des nombreux moyens de contrôle que l'Administration aura à sa disposition; qu'en tous cas, en supposant qu'il ait voulu faire, en ce qui concerne les biens meubles, une allusion quelconque au moyen de contrôle visé dans la loi de frimaire, il est certain que sa manière de voir n'a pas été du goût de l'Assemblée, puisqu'il n'en reste aucune trace dans la loi votée par elle; — Que le discours de Mackau n'est pas plus concluant; qu'en effet, le défenseur des congrégations n'a pas parlé de l'expertise comme d'une mesure certaine qu'on pourrait employer à leur encontre; mais qu'il a voulu dire *en parlant de la foule d'expertises auxquelles elles seront exposées*, que, dans sa pensée à lui, qui prend ses craintes pour des réalités, on pourrait peut-être bien tracasser les congrégations au moyen d'expertises réitérées; que, du reste, ses craintes n'étaient nullement justifiées, puisque la loi de 1880 ne contient aucune disposition relative à l'expertise en matière de biens meubles;

« Attendu qu'il est permis de s'étonner, étant donné l'importance prise de nos jours par la valeur mobilière, que le législateur n'ait pas accordé à l'Administration, d'une façon formelle, le pouvoir de faire porter l'expertise, en cas d'inexactitude des déclarations, sur les biens meubles comme sur les biens immeubles; mais qu'il est permis aussi et plausible d'admettre que le législateur a reculé, soit devant les difficultés d'évaluation dont les meubles sont susceptibles, soit devant le caractère vexatoire et inquisitorial que pourrait présenter cette mesure;

« Attendu, quoi qu'il en soit, que l'Administration ne peut puiser le droit de contrôler, au moyen de l'expertise en matière mobilière, les déclarations qu'elle juge inexactes, ni dans un texte quelconque de loi, ni dans les travaux préparatoires;

« Attendu que les lois fiscales, comme les lois pénales et toutes celles, du reste, qui ont un côté onéreux ou redoutable pour les contribuables ou les justiciables, sont de droit étroit et rigoureux et ne peuvent s'étendre d'une matière à une autre;

« Attendu, s'il est vrai que le refus persistant et tenace de la congrégation de Citeaux de soumettre ses biens meubles à l'expertise est de nature à porter dans l'esprit la conviction qu'elle n'est pas sans reproche, et qu'elle a pu faire des déclarations inexactes, il faut bien reconnaître, cependant, pour rendre hommage à la vérité, qu'elle avait le droit strict d'en agir ainsi;

« Attendu qu'il convient dès lors de décider que l'expertise sollicitée ne devra porter que sur les immeubles possédés par la congrégation de Citeaux, et par suite que cette dernière ne sera pas tenue de conserver et représenter, jusqu'à ce que l'expertise soit terminée, tous ses biens meubles et immeubles par destination. » 7346 R. p.; 17,662 Contr.; 24,457 J. N.; S., 90, 2, 119; P., 90, 606.

1439. Cette décision, actuellement déférée à la Cour de cassation, consacre une distinction qui semble purement arbitraire. Le tribunal reconnaît que les lois fiscales sont d'interprétation stricte : l'application de ce principe aurait dû le conduire, ce semble, à une conclusion diamétralement opposée à celle à laquelle il s'est arrêté. Que dit, en effet, l'art. 3 de la loi du 28 déc. 1880? Que l'*inexactitude* des déclarations... peut être établie *conformément* à l'art. 17 de la loi du 22 frim. an 7. Ce terme d'inexactitude n'étant déterminé par aucune épithète susceptible d'en restreindre l'application, il faut donc, sous peine d'en atténuer la portée et par conséquent de dénaturer la loi, l'entendre dans un sens général. Or, l'inexactitude des déclarations visées par l'art. 3 de la loi du 28 déc. 1880 peut être relative à l'estimation des meubles aussi bien qu'à celle des immeubles, dont la valeur doit servir de base à l'assiette de l'impôt. Il en résulte nécessairement que l'évaluation des meubles peut être contrôlée, comme celle des immeubles, *conformément* à l'art. 17 de la loi du 22 frim. an 7, c'est-à-dire au moyen de l'expertise. Le tribunal objecte que l'art. 17 de la loi du 22 frim. an 7 n'autorise l'expertise qu'à l'égard des immeubles. Cela est certain, mais il s'agit ici de fixer non la compréhension de cette disposition, mais celle de l'art. 3 de la loi de 1880. Autrement, on pourrait tout aussi bien prétendre que l'art. 17 de la loi de frimaire ne prévoit l'expertise qu'autant qu'il s'agit d'actes translatifs de propriété ou d'usufruit à titre onéreux, et que, par suite, il est absolument inapplicable en matière de taxe sur le revenu. Ce raisonnement serait complètement faux, mais le vice dont il serait entaché est précisément celui qui paraît affecter l'argumentation du tribunal de Beaune, laquelle consiste en définitive à rechercher dans la loi de frimaire la portée de la loi de 1880. — Conf. Demasure, Traité du Régime fiscal des sociétés, n° 260.

1440. **Preuve de droit commun.** — Aux termes de l'art. 13 de la loi du 23 août 1871, concernant les dissimulations de prix ou de soulte dans les ventes, échanges et partages d'immeubles, « la dissimulation peut être établie par tous les genres de preuves admises par le droit commun. Toutefois, l'Administration ne peut déférer le serment décisoire, et elle ne peut user de la preuve testimoniale que pendant dix ans à partir de l'enregistrement de l'acte ».

En permettant à l'Administration de démontrer, conformément à l'art. 13 de la loi du 23 août 1871, l'inexactitude des déclarations, délibérations, comptes rendus et autres documents analogues, l'art. 3 de la loi du 28 déc. 1880 lui accorde donc la faculté de se servir, pour administrer la preuve des insuffisances et des omissions qu'elle a constatées, de tous les moyens dont elle dispose en matière de dissimulation de prix de vente d'immeubles et de soulte de partage ou d'échange immobilier.

Ainsi, les insuffisances ou omissions commises dans les déclarations souscrites pour le payement de l'impôt, en exécution de l'art. 9 de la loi du 29 déc. 1884, peuvent être établies, pendant dix ans, à compter du jour de la déclaration, à l'aide de la preuve testimoniale, soit qu'il s'agisse de meubles, soit qu'il s'agisse d'immeubles.

L'Administration peut également recourir, dans ce but, pendant trente ans à partir de la déclaration, « à l'interrogatoire sur faits et articles des associés ou des représentants de la société, dans les cas et suivant les règles du droit commun ». Code proc., art. 324 et suiv.; Instr. n° 2651, § 22.

Elle peut aussi, pendant le même délai, « invoquer les présomptions simples, de quelque nature qu'elles soient, même celles qui sont fondées sur la notoriété publique » (*loc. cit.*).

Les moyens de preuve de droit commun sont d'ailleurs applicables aussi bien lorsqu'il s'agit, pour l'Administration, d'établir que le revenu réel de l'entreprise est supérieur au forfait de 5 p. 100, que lorsqu'il s'agit de démontrer l'existence d'une omission ou d'une insuffisance dans la déclaration estimative des biens possédés ou occupés.

Il est à peine utile de faire observer que l'Administration ne saurait se prévaloir de l'art. 13 de la loi du 23 août 1871, sans se soumettre, relativement à la procédure, aux règles du droit commun, combinées avec celles qui sont instituées par la disposition dont il s'agit.

Enfin, il est à remarquer que l'art. 3 de la loi du 28 déc. 1880 n'exclut pas l'emploi de la procédure spéciale en matière d'enregistrement et laisse implicitement l'Administration libre d'y recourir en engageant les poursuites par voie de contrainte, lorsqu'elle se borne, pour établir l'inexactitude des déclarations, à invoquer des actes ou écrits opposables aux parties et régulièrement parvenus à sa connaissance.

1441. **COMMUNICATION.** — D'après l'art. 22 de la loi du 23 août 1871, « les sociétés, compagnies, assureurs, entrepreneurs de transports et tous autres assujettis aux vérifications des agents de l'Enregistrement par les lois en vigueur, sont tenus de représenter auxdits agents leurs livres, registres, titres, pièces de recette, de dépense et de comptabilité, afin qu'ils s'assurent de l'exécution des lois sur le timbre. — Tout refus de communication sera constaté par procès-verbal et puni d'une amende de 100 à 1,000 fr. »

Suivant l'art. 7 de la loi du 21 juin 1875, « les sociétés, compagnies d'assurances, assureurs contre l'incendie ou sur la vie, et tous autres assujettis aux vérifications de l'Administration, sont tenus de communiquer aux agents de l'Enregistrement, tant au siège social que dans les succursales et agences, les polices et autres documents énumérés dans l'art. 22 de la loi du 23 août 1871, afin que ces agents s'assurent de l'exécution des lois sur l'enregistrement et le timbre. — Tout refus de communication sera constaté par procès-verbal et puni de l'amende spécifiée à l'art. 22 de la loi du 23 août 1871. »

Enfin, aux termes de l'art. 9 de la loi du 29 déc. 1884, toutes les sociétés y désignées, c'est-à-dire « les congrégations et associations religieuses, autorisées ou non autorisées, et toutes les sociétés ou associations dont l'objet n'est pas de distribuer leurs produits en tout ou en partie entre leurs membres », « sont assujetties aux vérifications autorisées par l'art. 7 de la loi du 21 juin 1875 ».

Les dispositions précitées des lois de 1871 et de 1875 sont ainsi devenues communes à toutes les associations régies par les lois de 1880 et de 1884. Il n'y a pas à distinguer sous ce rapport entre les congrégations, communautés et associations religieuses, reconnues ou non reconnues, et les entreprises d'une autre nature. La généralité du texte n'admet aucune exception.

On sait que les sociétés par actions étaient déjà soumises à l'exercice du droit de communication; à leur égard, la loi de 1884 ne fait donc que maintenir un régime préexistant. Elle innove, au contraire, en ce qui touche les autres associations.

Il est vrai qu'en s'appuyant sur l'art. 1er du décret du 4 mess. an 13, qui ordonne aux « dépositaires des registres et minutes d'actes, concernant l'administration des biens des hospices, fabriques des églises, chapitres *et de tous autres établissements publics* », de communiquer ces registres et minutes aux préposés, à toute réquisition, l'Administration a soutenu et fait décider par le ministre des finances, le 22 août 1882, que les congrégations reconnues étaient assujetties aux investigations de ses agents. 21,963 J.; 6032 R. p.; 22,873 J. N.; Inst. 2671; 16,864 Contr.; S., 83, 2, 166; P., 83, 925; D. P., 84, 3, 55.

Mais cette doctrine, que nous avions nous-mêmes enseignée, v° Congrégations religieuses, n° 102, est, il faut bien le dire, des plus contestables. (V. *supra*, n° 693.) M. Demasure l'a résumée et combattue en ces termes dans son Traité du régime fiscal des sociétés et des établissements publics, antérieur à la promulgation de la loi de 1884.

« Que faut-il décider, dit-il, au sujet du droit de communication, en ce qui concerne les congrégations religieuses reconnues ? La Régie prétend les ranger parmi les établissements publics et les soumettre à ce titre au droit de communication. Le ministre des finances a pris le 22 août 1882 une décision qui déclare remettre en vigueur, en ce qui concerne « tous les établissements ecclésiastiques et religieux, y com- « pris, par suite, les congrégations autorisées », les dispositions du décret du 4 mess. an 13. Dans l'ancien droit, a-t-on dit à l'appui de cette décision, les fermiers étaient fondés à demander communication de leurs registres, liasses et minutes, aux greffiers des insinuations ecclésiastiques et à ceux des domaines des gens de mainmorte, ce qui comprenait tous les corps et communautés, tant ecclésiastiques que laïques. Comme gens de mainmorte, les congrégations religieuses se trouvaient donc soumises aux investigations des agents de la Ferme. Or, l'Administration de l'enregistrement, substituée à la Ferme, voulut, par le décret de messidor, reprendre dans les nouveaux établissements l'exercice du droit de surveillance. Mais cette conclusion n'est pas légitime. Les corps et communautés de mainmorte dans l'ancien régime comprenaient sans aucun doute des établissements qui aujourd'hui se divisent en établissements publics et en établissements d'utilité publique. Or, le décret de messidor ne vise que les établissements publics. Donc, ce qu'il faut prouver, c'est que les congrégations reconnues forment, dans notre droit actuel, des établissements publics. La Régie l'affirme en effet. Mais lorsqu'elle essaye de le prouver, elle s'appuie exclusivement sur le caractère d'utilité générale que présentent les congrégations autorisées, et qui est la seule raison de leur reconnaissance par l'Etat. C'est confondre les établissements d'utilité publique avec les établissements publics. Le service du culte est assuré par le Concordat en dehors des congrégations. Si l'Etat est intervenu pour reconnaître quelques-unes de ces congrégations et pour les soumettre à des mesures de contrôle, ce n'est pas pour pourvoir à un service public, mais plutôt pour protéger les familles et se procurer à lui-même des moyens d'influence et de surveillance. Les congrégations reconnues ne peuvent donc pas être soumises, comme établissements publics, au droit de communication. »

Ajoutons que la jurisprudence du Conseil d'Etat dénie formellement aux congrégations reconnues le caractère d'établissements publics. Arrêts du 13 janv. 1835 et du 18 août 1857, cités dans l'Inst. 2788, p. 26 et 27. — Rapp. *supra*, n° 693.

Quoi qu'il en soit, la question relative au droit de communication se trouve définitivement tranchée par l'art. 9 de la loi du 29 déc. 1884, et il serait superflu d'insister.

1442. **Etendue du droit de communication.** — De nombreuses décisions ont été rendues pour déterminer l'étendue du droit de communication. Nous ne pouvons en donner ici qu'un rapide résumé. Il en résulte : 1° que l'Administration peut user du droit dont il s'agit pour assurer l'exécution des lois sur le timbre (art. 22, L. 23 août 1871), sur l'enregistrement (art. 7, L. 21 juin 1875), et même sur l'impôt de 3 p. 100 sur le revenu (Sol. 21 oct. 1885, 22,560 J.); 2° qu'à cet égard il n'y a pas lieu de distinguer entre l'exécution des lois nouvelles et celle des lois anciennes (Seine, 19 fév. 1876, 19,975 J.; 15,561 Contr.; 4327 R. p.; 21,461 J. N.; Inst. 2570, § 1er; — Cass., 8 nov. 1876; 20,228 J.; 4539 R. p.; 15,680 Contr.; 21,554 J. N.; S., 77, 1, 34; P., 77, 170; D. P., 77, 1, 167; Inst. 2570, § 1er); entre les droits ouverts avant la promulgation des lois qui ont établi le droit de communication, et ceux qui ne sont devenus exigibles que postérieurement (Cass., 13 nov. 1877; 20,593 J.; 4860 R. p.; 15,854 Contr.; 21,799 J. N.; 5731 Rev. not.; Inst. 2591; S., 78, 1, 132; D. P., 78, 1, 104; — 7 janv. 1878; 20,626 J.; 4860 R. p.; 15,880 Contr.; 21,798 J. N.; Inst. 2591, §§ 3 et 4; 5714 Rev. not.; S., 78, 1, 32; P., 78, 299; D. P., 78, 1, 203); entre les droits et amendes à la charge de la société et ceux qui pourraient être relevés contre des tiers (Cass., 22 mars 1887; 22,818 J.; 6846 R. p.; 7632 Rev. not.; 17,312 Contr.; 23,883 J. N.; D. P., 88, 1, 32); 3° que l'Administration est fondée à porter ses investigations sur tous les registres, pièces et documents, faisant partie des écritures commerciales de la société ou ayant le caractère de pièces d'administration et de comptabilité, même sur des documents qui par eux-mêmes ne donnent ouverture ni au droit de timbre ni au droit d'enregistrement (Cass., 29 déc. 1879, deux arrêts; 21,246, 21,247 J.; 5444 R. p.; 16,242 Contr.; Inst. 2637, § 5; P., 80, 520; S., 80, 1, 226; D. P., 80, 1, 73; — 7 janv. 1878 et 22 mars 1887, précités); 4° que les agents, en requérant communication, n'ont pas à rendre compte du but de leur réquisition (Cass., 22 mars 1887, précité); 5° enfin que les sociétés ne peuvent se dispenser d'obéir à la demande de communication, ni en alléguant que les documents demandés n'existent pas au siège social, la preuve de cette existence pouvant être fournie au moyen de simples présomptions (Cass., 29 déc. 1879, trois arrêts; 21,245, 21,246, 21,247 J.; 5444, 5445 R. p.; 16,241, 16,242 Contr.; 22,277 J. N.; 6178 Rev. not.; Inst. 2637, § 5; P., 80, 520; S., 80, 1, 226; D. P., 80, 1, 73; — Lille, 11 déc. 1885; 22,596 J.; 6596 R. p.; — Seine, 4 nov. 1887; 22,970 J.), ni en se bornant à mettre les archives à la disposition de l'agent de contrôle pour qu'il y fasse lui-même les recherches nécessaires (Cass., 4 mai 1885; 22,456 J.; 17,077 Contr.; 23,440 J. N.; 6489 R. p.; Inst. 2718, § 4; S., 86, 1, 81; P., 86, 167; D. P., 85, 1, 324).

1443. Ces principes ont été confirmés dans les circonstances suivantes :

Un inspecteur de l'enregistrement s'est présenté au siège de la congrégation autorisée des dames Bernardines de Notre Dame de la Plaine et a demandé, en exécution des art. 22 de la loi du 23 août 1871, 7 de la loi du 21 juin 1875 et 9 de la loi du 29 déc. 1884, à l'effet d'assurer l'exécution des lois sur le timbre et l'enregistrement, communication des livres, titres, pièces de recette, de dépense et de comptabilité, et notamment du registre sur lequel doivent être inscrits les entrées *en probation*, les engagements, ainsi que les sorties. La supérieure générale a uniquement représenté un registre sur papier non timbré indiquant la récapitulation des recettes et des dépenses de l'année 1885 et deux registres, également non timbrés, faisant connaître les sommes versées, à titre de pensions, par les élèves et par les religieuses en 1885. Mais elle a refusé de communiquer : « 1° aucuns documents de comptabilité, quels qu'ils soient, concernant les exercices antérieurs au 1er janv. 1885; 2° aucun registre ou document quelconque relatif à la situation du personnel de la congrégation ». Ce refus a été constaté par un procès-verbal qui a été signifié à la congrégation, en même temps qu'une contrainte tendant au payement de l'amende de 100 à 1,000 fr. (en principal) édictée par les art. 22 de la loi du 23 août 1871 et 7 de la loi du 21 juin 1875, et des frais du procès-verbal. La congrégation a formé opposition à la contrainte en se fondant sur les motifs suivants : « La requérante ne s'est pas refusée aux vérifications prescrites par la loi; mais la Régie élève à tort la prétention de se faire produire des registres et documents que rien n'obligeait la requérante à tenir et à conserver. La Régie prétend de plus se faire communiquer des documents qu'actuellement aucune loi n'oblige à tenir et dont l'examen ne peut conduire à aucune perception. — Enfin aucune pénalité n'atteint le refus de communication des documents désignés dans la loi du 29 déc. 1884. »

Ces motifs n'ont pas prévalu et l'opposition de la congrégation a été rejetée par un jugement du tribunal de Lille du 21 janv. 1888, ainsi conçu :

« Attendu que l'art. 22 de la loi du 23 août 1871 et l'art. 7 de la loi du 21 juin 1875 ont institué un droit de contrôle général et absolu, applicable à tous livres et documents même accessoires de la comptabilité, tenus soit avant, soit après la promulgation de ces lois; que la communication est due aussi pour les pièces qui en elles-mêmes ne doivent entraîner aucune perception : car, d'une part, elles permettent de vérifier la sincérité des productions principales, et, de l'autre, elles peuvent mettre sur la trace d'écrits soumis à l'impôt;

« Attendu, dès lors, que l'opposante a contrevenu à ces articles, étendus aux congrégations religieuses par la loi du 29 déc. 1884, en refusant de communiquer aucun document quelconque concernant les exercices antérieurs au 1er janv. 1885, et pour ce dernier exercice aucun registre ou document relatif à la situation du personnel de la congrégation;

« Attendu que l'existence des pièces refusées ne saurait être contestée en fait; qu'il est inadmissible, vu l'importance de l'établissement des Dames Bernardines, qu'il n'y ait pas eu de tout temps un corps de comptabilité pour le fonctionnement du pensionnat; — Que, d'autre part, les entrées et sorties en religion ont nécessairement donné lieu à la rédaction de documents quelconques pour le règlement des intérêts pécuniaires;

« Attendu, d'ailleurs, qu'aucune dénégation précise n'est

formulée à cet égard par l'opposante ; que les considérations juridiques derrière lesquelles a été abrité le refus de communiquer les pièces semblent au contraire impliquer l'aveu de leur existence. » 23,021 J.

Le pourvoi formé contre cette décision a été rejeté par un arrêt de la chambre des requêtes du 14 mai 1889 :

« Attendu, d'une part, dit la Cour, qu'il résulte du jugement attaqué et qu'il est constant, en fait, que la congrégation des Dames Bernardines a refusé de communiquer aucun document quelconque concernant les exercices antérieurs au 1er janv. 1885, en invoquant le principe de la non-rétroactivité des lois ;

« Attendu, en droit, qu'en autorisant les agents de l'Administration de l'enregistrement à exiger des communications que les lois antérieures ne rendaient pas obligatoires, les lois précitées n'ont porté atteinte à aucun droit acquis, et que, par suite, le jugement attaqué n'a pas violé le principe invoqué par la demanderesse en cassation ;

« Attendu, d'autre part, qu'il est également constant, en fait, que, même pour l'exercice 1885, ladite congrégation a refusé de communiquer aucun registre ou document de comptabilité relatif à la situation du personnel, sous le prétexte qu'aucune loi ne l'obligeait à tenir ces registres, dont l'examen ne pouvait d'ailleurs conduire à aucune perception ;

« Attendu, en droit, qu'aux termes de l'art. 9, § 3, de la loi du 29 déc. 1884, les congrégations, communautés et associations religieuses, autorisées ou non autorisées, sont soumises aux vérifications indiquées dans l'art. 7 de la loi du 21 juin 1875 ; qu'elles sont tenues, en conséquence, de communiquer aux représentants de l'Administration de l'enregistrement les livres, registres, titres, pièces de recette et de comptabilité, énumérés dans l'art. 22 de la loi du 23 août 1871, afin que ces représentants s'assurent de l'exécution des lois sur l'enregistrement et sur le timbre ; que cette disposition générale et absolue ne permet pas de distinguer entre les actes et documents soumis ou non à l'impôt du timbre ou de l'enregistrement ; que l'existence de ces documents au moment où la communication en est demandée peut être prouvée par l'Administration de l'enregistrement à l'aide de simples présomptions ;

« D'où il suit qu'en décidant que, vu l'importance de l'établissement des Dames Bernardines, il était impossible qu'il n'y ait pas eu de tout temps un corps de comptabilité pour le fonctionnement du pensionnat ; que les entrées et sorties en religion ont nécessairement donné lieu à la rédaction de documents quelconques pour le règlement des intérêts pécuniaires ; que les considérations juridiques derrière lesquelles a été abrité le refus de communiquer les pièces semblent au contraire impliquer l'aveu de leur existence, et, en validant ainsi la contrainte décernée par l'Administration de l'enregistrement, le jugement n'a ni violé ni faussement appliqué les articles visés au pourvoi, mais a fait une juste application des principes de la matière. » 23,211 J. ; 7271 R. p. ; 24,469 J. N. ; Inst. 2780, § 8 ; S., 90, 1, 274 ; P., 90, 666 ; D. P., 90, 1, 315.

1444. S'il est indiscutable que toute association visée par la loi du 29 déc. 1884 doit communication des documents énumérés dans l'art. 22 de la loi du 23 août 1871, il n'est pas moins certain que les investigations des agents ne sauraient s'étendre à des pièces qui ne se rapporteraient pas aux affaires de la société ou appartiendraient à autrui. C'est ce qui résulte du jugement ci-après, rendu par le tribunal de la Seine, le 24 mai 1889 :

« Attendu que, le 16 juin 1886, un sous-inspecteur de l'Enregistrement s'est présenté à l'école paroissiale établie rue Nicolay, 45, à Bercy, et a demandé au frère qui la dirigeait, en vertu des art. 22 de la loi du 23 août 1871, 7 de celle du 21 juin 1875, et 9 de la loi du 29 déc. 1884, communication des livres, registres, titres, pièces de recette, de dépense et de comptabilité des années 1884, 1885 et 1886 ; — Que cette communication a été refusée pour l'exercice 1884 et que l'Administration de l'enregistrement réclame à l'Institut des écoles chrétiennes l'amende qu'elle prétend avoir été encourue par lui, en vertu de l'art. 22 de la loi de 1871 ; — Attendu, sans qu'il soit besoin de statuer sur les autres moyens invoqués dans l'opposition et les mémoires, que l'école de la rue de Nicolay n'appartient pas à l'Institut ; — Que si elle est dirigée par des frères appartenant à cette congrégation, c'est pour le compte de M. le curé de Bercy et que la comptabilité qu'ils tiennent est la propriété de ce dernier ; qu'ils ne pouvaient donc être tenus de déférer aux réquisitions des préposés de la Régie. » 7275 R. p.

On remarquera que l'Administration ne contestait pas le principe admis par le tribunal, mais elle soutenait que l'école de la rue Nicolay était exploitée par la congrégation pour son propre compte et que, par conséquent, les pièces de comptabilité et autres documents de cet établissement lui appartenaient. Cette manière de voir ayant été rejetée par le jugement rapporté *supra*, nos 1414 et 1444, l'Administration devait nécessairement succomber sur la question relative au droit de communication.

1445. **Succursales.** — Aux termes de l'art. 7 de la loi du 21 juin 1875, le droit de communication peut s'exercer tant au siège social que dans les succursales et agences.

Cette disposition présente de l'intérêt surtout en ce qui concerne les congrégations religieuses.

« Par succursale, dit, avec raison, M. de Lacoste-Lareymondie, on doit entendre toute maison exploitée par des membres d'une congrégation, pour le compte de la congrégation, c'est-à-dire celle dont les recettes sont perçues pour le compte de la congrégation et dont les dépenses restent à sa charge. Il n'y a pas pour cela à distinguer entre les établissements dont la propriété appartient aux communautés, et ceux dont elles sont usufruitières ou locataires.

« On ne peut donner, par suite, le nom de succursale, ajoute le même auteur, aux maisons dont une congrégation n'a pas l'administration, où ses membres ne résident qu'à titre d'employés, et où les bénéfices comme les pertes sont pour le compte de ceux qui les emploient. Parmi ces établissements figurent les hospices, les prisons, les ouvroirs, les orphelinats, les maisons d'éducation, tous ceux où les religieux fournissent leurs services à des tiers moyennant un traitement ; peu importe que ces tiers soient l'État, un département, une commune, un hospice, un établissement public ou d'utilité publique, une société, un comité ou même un particulier. » Manuel à l'usage des congrégations religieuses, p. 66.

Cette doctrine trouve sa confirmation dans le jugement du tribunal de la Seine du 24 mai 1889, transcrit *supra*, no 1444.

1446. Ajoutons que dans les congrégations à supérieur général, chaque établissement placé sous l'autorité d'un supérieur local présente évidemment le caractère d'une succursale dans ses rapports avec la maison mère.

1447. **Pénalité.** — Ainsi qu'on l'a vu, la loi du 29 déc. 1884 soumet les sociétés qu'elle atteint, au droit de communication, dans les termes suivants : « Ces sociétés seront assujetties aux vérifications autorisées par l'art. 7 de la loi du 21 juin 1875. » La loi ne fait aucune mention de la peine encourue en cas de refus de communication. Dans l'espèce qui a donné lieu au jugement précité du tribunal de Lille (*supra*, no 1443), la congrégation poursuivie en concluait que la loi était dépourvue de sanction et qu'il n'était pas permis de lui infliger une amende non expressément édictée par le législateur. C'était là incontestablement une conclusion erronée.

1448. Sans doute, en matière pénale, tout est de droit strict, et il ne serait pas possible d'appliquer, par analogie, une peine sur laquelle la loi ne s'est pas formellement prononcée. Mais, au cas particulier, il n'est nul besoin de raisonner par voie d'analogie : le législateur a parlé clairement, et la peine que la congrégation prétendait éluder, en se fondant sur le laconisme de la disposition la concernant, n'a nullement été oubliée dans cette disposition. « Ces sociétés, porte notre article, seront assujetties aux vérifications autorisées par l'art. 7 de la loi du 21 juin 1875. » Que peut-on entendre par là, sinon que les dispositions édictées par cet art. 7 concernant le droit de communication exercé par l'Administration, dans les sociétés qu'il désigne, seront étendues aux congrégations religieuses ? Or, ce même article, après avoir édicté le principe, contient la sanction : « Tout refus de communication, ajoute-t-il, sera constaté par procès-verbal et puni de l'amende spécifiée à l'art. 22 de la loi du 23 août 1871. » Donc cette sanction, comme l'obligation dont elle tend à assurer l'exécution, est désormais la loi des congrégations, et celles-ci ne sauraient s'y soustraire qu'en éludant une partie, et non la moins essentielle, d'une disposition qui leur a été tout entière déclarée applicable. C'est ce que le tribunal n'a pas hésité à reconnaître par son jugement du 21 janv. 1888, dont le dernier considérant est ainsi conçu : « Attendu qu'en assujettissant les congrégations religieuses au contrôle institué par l'art. 7 de la loi du 21 juin 1875, la loi du 29 déc. 1884 n'a évidemment pas entendu exclure, en procédant par voie de référence, la sanction édictée par ce même article et rendre ainsi illusoire l'assimilation qu'il proclamait. »

Art. 3. — *Poursuites et instances. Prescription. Déchéance.*

1449. **POURSUITES ET INSTANCES.** — L'art. 5 de la loi du 29 juin 1872 porte : « Le recouvrement de la taxe sur le revenu sera suivie, et les instances seront introduites et jugées comme en matière d'enregistrement. »

Cette règle est applicable aux poursuites et instances relatives à l'impôt établi par les art. 3 de la loi du 28 déc. 1880 et 9 de celle du 29 déc. 1884. Il résulte, en effet, de la combinaison du dernier alinéa de chacun de ces articles que les dispositions de la loi du 29 juin 1872 auxquelles il n'a pas été dérogé par les lois nouvelles, sont maintenues.

Dès lors, nous n'avons rien à ajouter à ce qui a été dit *supra*, n°s 1005 et suiv.

Rappelons toutefois que l'Administration est tenue de se conformer à la procédure de droit commun, telle qu'elle se trouve modifiée par l'art. 13 de la loi du 23 août 1871, lorsqu'elle poursuit, à l'aide des moyens de preuve exceptionnellement autorisés par cette disposition, la constatation d'inexactitudes relevées dans les documents produits par les parties pour servir de base au payement de l'impôt.

Ainsi que l'exprime l'Instruction n° 2631, § 23, il est essentiel, dans tous les cas, que les poursuites soient dirigées contre les véritables représentants des sociétés, chargés de souscrire la déclaration sur la remise de laquelle la taxe doit être acquittée. Et l'Administration ajoute (*loc. cit.*) : « On aura soin de consulter à cet égard les statuts des sociétés, les actes récents auxquels elles auront pris part, et tous autres documents de même nature. — Les associations non reconnues ou sociétés de fait sont, comme les sociétés régulièrement formées, constituées débitrices directes de la taxe par l'art. 3 (de la loi de 1880 et l'art. 9 de la loi de 1884). En cas de poursuites à exercer contre elles, il conviendrait, à défaut de représentants de fait notoirement chargés de la gestion de leurs intérêts, de mettre en cause tous les membres connus, tant en leur nom personnel que comme représentant la société ou l'association. »

Nous ne pouvons que nous associer à ces judicieuses observations.

1450. **PRESCRIPTION. DÉCHÉANCE.** — Ni la loi de 1880 ni celle de 1884 ne dérogent au droit commun en ce qui concerne la prescription de l'action, soit du Trésor contre les redevables en payement de la taxe exigible, soit des redevables contre le Trésor en restitution des sommes indûment acquittées.

La matière se trouve conséquemment régie par les principes indiqués *supra*, n°s 1017 et suiv.

Deuxième Section. — DROIT D'ACCROISSEMENT

Chapitre Ier. — APERÇU HISTORIQUE. — TEXTES.

1451. Les actes de société renferment quelquefois une clause portant que la part des associés qui viendraient à décéder, à se retirer de l'entreprise ou à en être exclus au cours de la durée de l'association, accroîtra aux membres restants, moyennant une indemnité convenue, ou même sans indemnité, de manière que l'actif social revienne en entier au dernier survivant ou aux associés existants au jour de la dissolution.

Les stipulations de cette nature, connues sous le nom de clauses de réversion ou d'accroissement, se rencontrent surtout dans les sociétés religieuses. Elles sont pour ainsi dire de règle lorsque l'association a pour but d'abriter une congrégation non reconnue, ou qu'elle est formée entre membres d'une congrégation reconnue, afin de permettre à celle-ci d'accomplir sous le couvert des associés, et sans recourir à l'autorisation du gouvernement, certains actes pour la validité desquels cette autorisation lui serait nécessaire.

Dans les conditions dont il s'agit, le décès, l'exclusion ou la retraite d'un associé produit une mutation au profit des associés restants, qui deviennent, par suite de l'événement, propriétaires exclusifs des droits de l'associé démissionnaire, exclu ou décédé.

La réalité de cette mutation n'a jamais fait doute en jurisprudence, bien qu'on ait tenté de la contester. Comp. : Lyon, 10 août 1841; 12,810 J.; Inst. 1683, § 3; — Cass., 22 août 1842; 13,082 J.; 6685 R.; 11,450 J. N.; Inst. 1683, § 3; S., 42, 1, 794; — Cass., 15 juin 1847; 14,281 J.; 7570 R.; 13,093 J. N.; 7968 Contr.; Inst. 1796, § 17; S., 47, 1, 625; P., 47, 1, 645; D. P., 47, 1, 240; — Cass., 8 août 1848; 14,555 J.; 7870 R.; 13,482 J. N.; 8352 Contr.; Inst. 1825, § 9; S., 48, 1, 665; P., 48, 2, 27; D. P., 48, 1, 180; — Rouen, 19 juin 1849; 14,841 J.; 8072 R.; — Cass., 7 janv. 1850; 14,882 J.; 8163 R.; 13,936 J. N.; 8886 Contr.; Inst. 1857, § 4; S., 50, 1, 142; P., 50, 2, 574; D. P., 50, 1, 12; — Alençon, 5 août 1850; 15,062-3 J.

La difficulté n'a sérieusement porté que sur la nature et la quotité du tarif applicable.

Ainsi que nous l'avons rappelé dans notre Dictionnaire, v° Congrégations religieuses, n°s 92 et suiv., l'Administration a pensé d'abord, en matière d'associations religieuses ou d'associations analogues, que le droit de succession était exigible en cas de réversion ou d'accroissement par décès. La Cour de cassation, dans les arrêts précités, paraissait incliner vers ce système; mais, dans toutes les affaires qui ont donné lieu à ces décisions, les parties s'étaient bornées à soutenir qu'il n'était pas dû de droit de transmission, et n'avaient pas discuté spécialement la demande du droit de mutation par décès.

Depuis lors, il a été reconnu que la clause d'accroissement stipulée dans les conditions ci-dessus spécifiées présente le caractère d'un contrat commutatif, quelle que soit la nature de la société, et même quand l'accroissement doit se réaliser sans prix particulier, le prix étant représenté, dans cette hypothèse, par la chance réciproque appartenant à tous les associés, de recueillir le bénéfice de la réversion convenue. La Cour de cassation s'est, en conséquence, prononcée pour la perception du droit de mutation à titre onéreux, par sept arrêts des 15 déc. 1852 (15,565 J.; 8839 R.; 14,861 J. N.; 9830 Contr.; S., 53, 1, 125; P., 53, 1, 545; D. P., 52, 1, 338);

12 juil. 1853 (15,705 J.; 9010 R.; 15,020 J. N.; 9985 Contr.; S., 53, 1, 540; P., 53, 2, 199; D. P., 53, 1, 291); 10 août 1853 (15,713 J.; 9019 R.; 15,040 J. N.; 10,040 Contr.; 16 R. p.; S., 53, 1, 640; P., 53, 1, 475; D. P., 55, 1, 258); 26 avril et 26 juil. 1854 (15,883 et 15,924-5 J.); 9 avril 1856 et 14 juin 1858 (16,753 J.). — Ces sept arrêts sont rapportés dans l'Inst. 2150, § 1er.

Il avait semblé que le droit de mutation à titre onéreux, dont l'exigibilité résultait des décisions précitées, était dû d'après la nature des biens composant l'actif social, nonobstant la continuation de la société entre les associés restants. Cette doctrine, qu'avait accueillie un jugement du tribunal de Caen du 2 avril 1857 (16,589 J.; 9809 R.; 11,091 Contr.; 921 R. p.), a été repoussée par un jugement du tribunal de Mortagne du 13 janv. 1871 (19,200 J.), fondé sur ce motif que, pendant l'existence d'une société, ses membres ne possèdent, sur les biens qui en dépendent, qu'un droit purement mobilier, aux termes de l'art. 529 C. civ., d'où cette conséquence que la réversion de la part d'intérêt d'un associé sur la tête de ses coassociés, au cours de l'entreprise, ne peut donner ouverture qu'au droit de 2 p. 100 édicté par l'art. 69, § 5, n° 1, de la loi du 22 frim. an 7, pour les transmissions de biens meubles à titre onéreux.

L'Administration a acquiescé au jugement du tribunal de Mortagne. Un arrêt de la chambre des requêtes du 24 nov. 1869 (18,814 J.; 3029 R. p.; 19,759 J. N.; 2644 Rev. not.; Inst. 2397, § 5; S., 70, 1, 83), avait d'ailleurs déjà consacré la perception du droit de 2 p. 100 dans un cas analogue.

Mais la jurisprudence devait être amenée à faire un pas de plus dans la voie où elle était entrée. Un arrêt des chambres réunies du 29 déc. 1868 (18,614 J.; 19,450 J. N.; Inst 2384, § 4), adoptant l'interprétation la plus large du § 2, n° 6, de l'art. 69 de la loi de frimaire, avait déclaré le tarif de 50 cent. p. 100 applicable non seulement aux cessions d'actions, mais encore aux cessions de parts d'intérêt, lorsque la transmission de ces parts peut avoir lieu abstraction faite des meubles et des immeubles appartenant aux sociétés et compagnies. Il n'y avait aucune raison juridique pour frapper d'un droit plus élevé les réversions de parts d'intérêt dans les sociétés religieuses régulièrement constituées, du moment qu'il était admis que ces réversions procèdent d'un contrat à titre onéreux. C'est ce que la Cour de cassation a décidé par un arrêt du 14 nov. 1877, intervenu au sujet d'une société civile par intérêts, établie avec clause d'accroissement entre plusieurs trappistes de l'abbaye de Meilleraye. Cet arrêt est ainsi conçu :

« Vu l'art. 69, § 2, n° 6, et § 5, n° 1, de la loi du 22 frim. an 7 :

« Attendu que le tarif ordinaire de 2 p. 100, applicable aux cessions à titre onéreux des valeurs mobilières, a été réduit, par l'art. 69, n° 6, § 2, de la loi du 22 frim. an 7, à 50 cent. p. 100 pour les cessions d'actions ou coupons d'actions mobilières des compagnies ou sociétés d'actionnaires; — Que si le législateur a pu avoir principalement en vue et pour objet les sociétés commerciales, il a néanmoins statué en termes dont la généralité ne permet pas de refuser le bénéfice de la disposition dont il s'agit aux sociétés civiles; — Que, d'un autre côté, s'il a visé spécialement les cessions d'actions ou de coupons d'actions dans les compagnies ou sociétés d'actionnaires, et s'il a compris dans la même disposition lesdites actions et coupons d'actions, les billets à ordre et les effets négociables des particuliers, il ne s'ensuit en aucune manière ni qu'il ait entendu exclure les autres divisions du capital social, ni que sa pensée se soit arrêtée uniquement et exclusivement aux actions transmises par les mêmes voies que les billets à ordre et autres effets négociables; — Qu'il résulte, au contraire, des termes dans lesquels est établie la modération du tarif par la disposition précitée, que cette disposition peut être invoquée par toutes les sociétés, en quelque forme qu'elles soient constituées, et doit profiter à toutes les divisions du capital social, quelle que soit la dénomination, pourvu que la transmission puisse avoir lieu en faisant abstraction des meubles et immeubles appartenant à la société; — Qu'il y avait lieu, par suite, d'en faire l'application dans l'espèce, bien que l'intérêt représentant la part de chaque associé dans la société universelle de la Meilleraye ne fût cessible que par voie d'accroissement, dès qu'il n'apparaît, ni du texte ni de l'esprit de la loi, aucune raison de distinguer entre les cessions opérées moyennant un prix et celles qui s'opèrent en vertu d'un pacte aléatoire, par la réalisation d'un événement prévu dans l'acte de société, pour les soumettre à des tarifs différents. » 20,594 J.; 4841 R.p.; 21,770 J. N.; 15,860 Contr.; 5646 Rev. not.; Inst. 2592, § 2; S., 78, 1, 44; P., 78, 69.

Cette décision, que l'Administration a dû prendre pour règle, casse un jugement rendu le 17 juin 1875 par le tribunal de Châteaubriant, qui, de même que le tribunal de Mortagne, s'était prononcé pour l'exigibilité du droit de 2 p. 100. 19,127 J. — Comp. : Dreux, 10 janv. 1875; 19,686 J.; — Seine, 13 mars 1875; 19,759 J.; — Avignon, 18 avril 1877; 4785 R. p ; — Marseille, 24 août 1877; 4838 R. p.

En résumé, toutes les fois que la société avait donné naissance à un être moral distinct de la personne des associés, qu'elle eût un caractère civil ou une nature commerciale; qu'elle eût été constituée par intérêt, ou que son capital eût été divisé en actions, le droit de 50 cent. p. 100 était seul dû en cas de transmission de droits sociaux résultant d'un pacte aléatoire de réversion, à la seule condition que la transmission n'eût pas pour conséquence de dissoudre la société et d'entraîner la disparition de l'être moral.

Le tarif déterminé par la nature des biens composant le patrimoine commun ne pouvait être réclamé qu'autant que l'association n'avait pas de personnalité propre, et que la propriété des biens en dépendant reposait, par suite, directement sur la tête des associés.

1452. Ainsi que l'Administration le faisait récemment observer dans l'instance qui a donné lieu au jugement ci-après transcrit du tribunal de Compiègne (*infrà*, n° 1487), « la perception du tarif spécial de 50 cent. p. 100 n'était pas de nature à présenter de sérieux inconvénients pour le Trésor en ce qui touche les sociétés commerciales : elles ont, en effet, une durée limitée, et leurs biens sont destinés, par suite, à rentrer dans le courant de la circulation. On peut en dire autant de la plupart des sociétés civiles. Mais, parmi ces dernières, ajoutait la Direction générale, il en existe dont la durée peut se prolonger indéfiniment à raison de l'admission toujours possible de nouveaux membres, autorisée par les statuts. Il est manifeste que l'application du tarif réduit de 50 cent. p. 100 aux accroissements qui se réalisent dans ces sociétés, en vertu de clauses de réversion, équivalait, pour les biens qui en dépendent, à une exonération permanente du droit ordinaire de mutation. Ce résultat était d'autant plus grave que, par dérogation à la règle générale, les apports en société sont affranchis de la perception immédiate du droit proportionnel, malgré leur caractère translatif. Aux yeux de la loi fiscale, la transmission qu'ils engendrent est censée ne se consommer et ne devient sujette à l'impôt que si, lors de la dissolution de l'entreprise, le partage qui en est la conséquence fait passer les valeurs apportées par un associé dans le patrimoine d'un autre associé. Quoi qu'il en soit, l'immunité accordée aux apports est, en principe, purement conditionnelle, tandis qu'elle prend, en fait, un caractère irrévocable quand la société est appelée par son organisation à ne jamais se dissoudre, à ne jamais se partager. »

En résumé, l'application pure et simple du droit commun à des associations qui adoptent elles-mêmes un régime exceptionnel entraînait un défaut d'égalité dans la répartition des charges publiques. La clause d'accroissement, unie à la clause d'adjonction de nouveaux membres, ayant pour conséquence la création d'une véritable mainmorte, une masse considérable de valeurs se trouvait soustraite au payement de l'impôt de mutation, sous le coup duquel viennent périodiquement tomber les biens des particuliers, par suite du mouvement naturel des transactions ou du décès de leurs propriétaires.

1453. Le gouvernement se préoccupait de cet état de choses

et cherchait le moyen d'y remédier, lorsque M. Brisson déposa, à titre d'amendement au budget de l'exercice 1881, la proposition de loi dont nous avons parlé *supra*, n° 1282. Cette proposition contenait les dispositions suivantes :

« § 2. Tout apport fait à une congrégation, corporation ou communauté religieuse, quelles que soient la nature de cet apport et la forme de cette association, est considéré comme une donation relativement à l'impôt, et soumis au droit proportionnel d'enregistrement et de transcription, selon les bases établies par les lois du 22 frim. an 7 et du 21 juin 1875.

« § 3. Nul membre d'une corporation ou agrégation religieuse n'est tenu de rester dans l'indivision; le partage des biens indivis peut être provoqué soit par lui, soit par ses représentants ou ayants cause, nonobstant toutes conventions ou prohibitions contraires.

« Toutefois, les associés ont la faculté de suspendre l'exercice de leur droit de demander le partage, pendant un temps qui ne peut excéder dix ans. Cette renonciation temporaire n'est valable que si elle est faite dans l'acte même de constitution, et le délai de dix ans court de la date de cet acte.

« Si un associé décède avant l'expiration des dix années, ses héritiers naturels ou appelés par la loi ou ses ayants cause seront fondés à faire liquider par un acte authentique la part lui revenant, au jour de son décès, dans le capital commun, et ils pourront prendre les mesures conservatoires nécessaires pour assurer le remboursement de cette part au jour de la cessation légale de l'indivision.

« § 6. La stipulation d'accroissement, dans une corporation religieuse, ne produira effet que pour une portion égale à la quotité disponible de la succession du décédé.

« La fixation arbitraire de la valeur des apports ou des parts, faite dans l'acte constitutif ou autrement, sera nulle et de nul effet.

« § 7. En cas de retraite ou de décès d'un congréganiste, la part dévolue aux membres restants, par l'effet d'une clause d'accroissement ou autrement, sera soumise au droit de donation ou de succession, après déduction de la valeur de l'apport déjà imposé conformément au § 2 ci-dessus.

« § 8. Dans les trois mois qui suivront la promulgation des présentes dispositions, toute congrégation ou corporation religieuse créée en France ou y ayant un ou plusieurs établissements, autorisés ou non, sera tenue de déposer son acte de constitution au bureau de l'enregistrement dans le ressort duquel se trouve son siège ou son principal établissement sur le sol français. A défaut d'acte, elle remettra au même bureau une déclaration contenant les noms et lieux de naissance de ses membres, les conditions d'existence de la congrégation, la nature, la consistance, la situation et la valeur de chacun des biens communs, article par article.

« Dans les trois premiers mois de chaque année, les mêmes corporations remettront au bureau de l'enregistrement une déclaration supplémentaire faisant connaître les modifications survenues dans la composition de la corporation, les conditions de son existence, la consistance et la valeur de son capital commun. Si ces modifications ont été constatées par acte, cet acte sera soumis à l'enregistrement.

« Toute congrégation fondée en France et tout établissement fondé sur le sol français, postérieurement à la promulgation des présentes, devra faire l'objet de semblables dépôts d'actes ou déclarations dans les trois mois de la création de la corporation ou de la fondation de l'établissement, et dans le premier trimestre de chaque année suivante.

« § 9 ... V. *supra*, n° 1282.

« § 10. Les peines portées par les lois fiscales pour enregistrement ou déclaration hors délai, omission de biens ou insuffisance d'évaluation ou dissimulation des valeurs, sont applicables aux contrevenants aux dispositions qui précèdent.

« § 11. Les actions, poursuites et instances pour l'exécution des présentes, seront valablement dirigées soit contre le supérieur ou administrateur des congrégations, corporations ou communautés, soit contre l'un quelconque des membres de la congrégation, corporation, communauté ou société quelconque dissimulant des agrégations de l'espèce. »

1454. L'amendement de M. Brisson, retiré en partie par son auteur avant toute discussion, puis modifié dans le sein de la commission du budget, a été suivi de l'adoption des dispositions ci-après par la Chambre des députés :

« Art. 6. Les accroissements opérés par suite de clauses de réversion dans toutes les communautés, congrégations et associations religieuses, sans exception, au profit des membres restants, de la part de ceux qui cessent de faire partie de la société ou communauté, sont assujettis au droit de mutation par décès, si l'accroissement se réalise par le décès, ou au droit de donation, s'il a lieu de toute autre manière, d'après la nature des biens existants au jour de l'accroissement, nonobstant toutes cessions antérieures faites entre vifs au profit des bénéficiaires de la réversion.

« La liquidation et le payement de ce droit auront lieu dans la forme, dans les délais et sous les peines établies par les lois en vigueur pour les successions ou pour les transmissions d'immeubles.

« Art. 7. Dans les trois mois qui suivront la promulgation des présentes... (Reproduction littérale du § 8 de l'amendement.)

« Art. 9. Les actions, poursuites, etc... (Comme au § 11 de l'amendement.)

1455. Cette rédaction ne fut pas acceptée par le Sénat, qui en adopta une nouvelle, destinée, dans sa pensée, à enlever au projet « le caractère personnel » qu'il semblait revêtir en visant exclusivement les associations religieuses. (V. *supra*, n° 1284.) D'autre part, tout en s'associant au principe de la réforme, dont la nécessité ne lui échappait pas, la haute assemblée jugeait excessive l'application du tarif des transmissions à titre gratuit ou par décès; il lui semblait que la perception du droit de mutation à titre onéreux, calculé d'après la nature des biens existants au jour de l'accroissement, répondait mieux au caractère juridique de réversion, produit d'un pacte aléatoire ou commutatif, et que le payement de ce droit serait d'ailleurs suffisant pour désintéresser le Trésor. — Le projet fut donc renvoyé à la Chambre des députés, qui consentit à se rallier à l'opinion du Sénat, sauf sur le point relatif au tarif. Les considérations suivantes, développées à la tribune par M. Brisson, la déterminèrent à maintenir son premier vote à cet égard.

« Il n'est pas dit un mot, fit observer M. Brisson, des raisons que l'on pourrait avoir de percevoir un droit à titre onéreux, dans le rapport qui a été lu au Sénat; l'on ne nous dit pas pourquoi on ne veut pas percevoir un droit à titre gratuit. Les arguments qui ont triomphé devant le Sénat me manquant, il m'a bien fallu me référer aux arguments de la jurisprudence. Je vous les ai déjà exposés, et je vous ai dit que la jurisprudence n'avait pas commencé par là. J'ai ici des jugements... qui font payer le droit à titre gratuit. Qu'est-ce que la Cour de cassation a dit lorsqu'elle a renoncé à cette jurisprudence? Elle a dit que « le droit d'accroissement n'est « qu'une clause aléatoire qui, établie pour tous également, « constitue pour chacun d'eux, relativement aux autres, un « acte commutatif; d'où il suit que le droit à percevoir était « celui d'une mutation à titre onéreux, et non celui d'une « mutation à titre gratuit ». Je crois que dans toutes les sociétés de l'espèce, lorsque la clause d'accroissement se réalise, le fisc pourrait résister et prétendre qu'il s'agit d'une mutation par décès, que c'est en réalité au moment de la transmission par décès que se réalise la mutation. Mais, puisqu'il ne s'agit pas de ce cas, passons outre; je ne fais de réserve que pour l'avenir, au point de vue de l'intérêt fiscal. Je veux bien admettre le raisonnement de la Cour de cassation, le seul que je connaisse aujourd'hui, s'appliquant aux sociétés ordinaires, aux tontines. Pourquoi? Parce que chacune des parties court des chances de perte ou de gain, ce qui fait le contrat commutatif. En effet, l'un des arrêts dit : « la clause « d'accroissement, en cas de prédécès, crée pour chacun des « acquéreurs une chance égale de recueillir les portions des « autres, suivant l'événement aléatoire de la survie. » On peut donc dire que chaque tontinier achète et vend en même temps, en quelque sorte, une espérance, une chance, un aléa; chacun peut espérer qu'il sera le survivant et que la clause d'accroissement se réalisera en sa faveur. Voilà la base du raisonnement, la base de la perception du droit à titre onéreux.

« Mais dans les congrégations nous savons que de nouveaux membres peuvent incessamment être adjoints, et qu'en fait ils le sont. Au surplus, c'est la supposition même du texte proposé aujourd'hui par le gouvernement et le Sénat, puisqu'il dit : « Dans toutes les sociétés et associations civiles qui « admettent l'adjonction de nouveaux membres, les accrois- « sements, etc... » Dans ces sociétés, lors du décès, de la retraite ou de l'exclusion d'un membre, on en admet un nouveau; je vous demande alors : que devient l'espérance? où est la chance? où est l'aléa qui formait la matière du contrat commutatif et la base du raisonnement? Au moment même où il s'agrège, le congréganiste sait que le droit d'accroissement ne se réalisera jamais en sa faveur, jamais, jamais! Il sait qu'il ne sera jamais le dernier survivant; il renonce à la fois aux biens qu'il apporte, s'il est donneur d'apport, et aux bénéfices futurs de la société; il se dépouille donc *hic et nunc*, et irrévocablement. J'ajoute que, dans les nombreux contrats que je vous ai lus, il consent lui-même, même s'il est donneur d'apport, à être exclu! S'il y a jamais eu un contrat à titre gratuit, et correspondant au vœu de pauvreté, c'est bien celui-là! Celui qui entre dans cette société que, pour les besoins de la cause, on a voulu baptiser du nom de tontine, sait qu'il se dépouille irrévocablement et qu'il fait une véritable donation... » Journ. off. du 27 déc. 1880.

1456. Le point de vue auquel s'est placé M. Brisson, pour défendre l'application du tarif des mutations à titre gratuit ou par décès, suivant les cas, était-il d'une rigoureuse exactitude? Il est permis de se le demander. Il semble qu'il n'était pas question de savoir si la jurisprudence avait bien ou mal défini le caractère juridique de la clause de réversion dans les sociétés religieuses, et d'une manière plus générale dans celles qui admettent l'adjonction de nouveaux membres. Ce n'était pas d'une question de droit que le Parlement était saisi, mais d'un projet de réforme à apporter à la législation fiscale en vue d'abolir une immunité que le législateur de l'an 7 avait créée, par prétérition, au profit de toute une catégorie d'entreprises. Des biens d'une importance toujours croissante se trouvaient, en fait, affranchis à perpétuité des droits ordinaires de mutation. Dans quelle mesure convenait-il de les atteindre pour rétablir l'égalité rompue au détriment de l'Etat et de la généralité des contribuables? Tel était, selon nous, le véritable sens du problème à résoudre. Le Sénat ne s'y est d'ailleurs pas mépris, si l'on s'en rapporte aux paroles prononcées par M. Roger-Marvaise, dans la séance du 28 déc. 1880, c'est-à-dire après le retour du projet à la Chambre haute. L'honorable rapporteur s'est, en effet, exprimé en ces termes :

« Est-ce qu'il n'est pas possible de justifier la perception d'un droit à titre gratuit, ainsi que cela a été admis par la Chambre des députés? Il y a un instant, l'honorable M. Batbie a fait, sur les principes en matière de droits d'enregistrement, une théorie parfaitement exacte, si on se place en présence de la loi de frim. an 7, qui a établi ces droits. Oui, cette loi est extrêmement savante, et elle a été faite par des jurisconsultes éminents. Lorsqu'ils ont déterminé les droits qui devaient être perçus, ils avaient en quelque sorte sous les yeux tous les articles de notre législation civile et commerciale, et ils ont fixé successivement les droits sur tous les actes visés dans cette législation, en proportionnant les droits établis aux effets légaux et à la portée de ces actes. C'est ainsi qu'il y a des droits fixes, des droits proportionnels, des droits de mutation. Je le reconnais avec l'honorable M. Batbie. Je suis encore complètement de son avis lorsqu'il vient dire : « Mais il ne suffit pas de donner un nom à un acte pour que « tel droit soit perçu, il faut voir la réalité de l'acte... » Je suis encore, je le répète, de son avis sur ce point-là. Mais où je me sépare complètement de lui, c'est lorsqu'il s'agit de l'acte prévu par l'art. 4 de la loi en discussion (art. 6 du projet voté par la Chambre). Qu'il cherche, en effet, dans la législation civile, est-ce qu'il verra constituée quelque part cette espèce de société qui admet l'adjonction de nouveaux membres d'une manière indéfinie, qui admet l'accroissement au profit des membres survivants de la part de ceux qui viennent à disparaître par décès ou par une autre cause? En aucune manière; il ne trouvera nulle part, dans notre législation civile, de pareilles sociétés, et c'est parce que ces sociétés, ces associations, ne sont pas visées dans notre législation civile, qu'en ce qui les concerne nous avons complètement nos coudées franches. Dès lors, nous devons nous demander quels sont les effets que peuvent produire ces associations et ces sociétés. Et si ces effets sont de telle nature qu'ils doivent entraîner la disparition et la non-perception des droits qui atteignent les biens dans les circonstances ordinaires, *nous devons chercher à établir des droits, compensateurs en quelque sorte, de ces droits dont le fisc est privé*, parce que la situation dans laquelle nous nous trouvons est une situation absolument exceptionnelle. Eh bien! c'est justement ce qui arrive dans ces associations. Là, il n'y a pas de décès, l'association se perpétue indéfiniment par l'adjonction de nouveaux membres; là, il n'y a pas lieu à la perception des droits de mutation; il n'y a pas lieu à la perception de tout autre droit à titre onéreux, qui grève les biens appartenant aux particuliers. Dans ces circonstances, nous n'avons qu'une chose à faire, c'est d'établir un droit de mutation à titre gratuit, *qui sera le droit compensateur de tous les droits qui pèsent sur les biens des particuliers.* » (Journ. off., 29 déc. 1880, p. 13,025, 1re col.)

1457. Finalement, l'accord s'établit entre les deux Chambres, et la loi fut définitivement votée le 28 déc. 1880 (Journ. off. du lendemain). Elle est ainsi conçue :

« Art. 4. — Dans toutes les sociétés ou associations civiles qui admettent l'adjonction de nouveaux membres, les accroissements opérés par suite de clause de réversion, au profit des membres restants, de la part de ceux qui cessent de faire partie de la société ou association, sont assujettis au droit de mutation par décès si l'accroissement se réalise par le décès, ou au droit de donation s'il a lieu de toute autre manière, d'après la nature des biens existants au jour de l'accroissement, nonobstant toutes cessions antérieures faites entre vifs au profit d'un ou de plusieurs membres de la société ou de l'association.

« La liquidation et le payement de ce droit auront lieu dans la forme, dans les délais et sous les peines établis par les lois en vigueur pour les transmissions d'immeubles. »

1458. La commission du budget avait fait figurer le droit d'accroissement, dans ses prévisions, pour le chiffre de 3,247,500 fr. Or le produit du nouvel impôt fut presque nul. Ce résultat négatif fut occasionné par deux causes d'ordre différent.

Et d'abord, dans l'intention de son auteur, l'amendement Brisson comprenait les congrégations autorisées; la Chambre elle-même avait eu primitivement la volonté de les atteindre, mais le texte voté par le Sénat, qu'elle a accepté par esprit de transaction, excluait ces associations de l'application de la loi. Les congrégations autorisées forment, en effet, des établissements d'utilité publique sur le patrimoine desquels les religieux n'ont aucun droit soit actuel, soit éventuel. Le décès ou la retraite d'un membre d'une communauté reconnue ne peut donc réellement engendrer aucune réversion de part quelconque au profit des membres restants, de sorte que l'une des conditions essentielles pour la perception du droit d'accroissement établi par la loi du 28 déc. 1880 faisait absolument défaut.

D'autre part, les congrégations non autorisées avaient un moyen facile d'éluder la loi, et la plupart n'hésitèrent pas à en user. Ce moyen consistait à supprimer de leurs statuts l'une des clauses requises pour l'exigibilité de l'impôt, ou même toutes les deux, tout en s'assurant, au moyen de diverses combinaisons, les avantages que ces clauses étaient destinées à réaliser.

En définitive, la réforme avait été inspirée par la pensée d'assujettir à des droits équivalents à ceux que supportent les biens des particuliers les biens de toutes les congrégations, communautés et associations religieuses, sans exception. Or, le but poursuivi était manqué. Il suffisait, pour l'atteindre, de désigner nominativement les associations qu'on voulait frapper. C'est ce qui a été fait par l'art. 9 de la loi du 29 déc. 1884, reproduit *supra*, n° 1290, et qui porte que les « impôts établis par les art. 3 et 4 de la loi de finances du 28 déc. 1880 seront payés par toutes les congrégations, communautés et associations religieuses, autorisées ou non autorisées, et par toutes les sociétés ou associations dont l'objet n'est pas de distribuer leurs produits, en tout ou en partie, entre leurs membres. »

1459. Rappelons que la loi du 28 déc. 1880 a été publiée au Journal officiel du lendemain et qu'elle est ainsi devenue exécutoire dans plusieurs départements dès le 31 déc. En ce qui concerne l'impôt sur le revenu, l'Administration a pu consentir à en ajourner l'application au 1er janv. 1881, à cause du peu d'importance de la taxe qui aurait été exigible pour le dernier jour de l'année 1880. Mais cette mesure ne pouvait être et n'a pas été étendue au droit d'accroissement. Des réversions, donnant ouverture à des droits élevés, ont pu en effet se réaliser le 31 déc. 1880, et l'Administration aurait risqué de compromettre les intérêts du Trésor en dispensant les redevables de les déclarer. — V. *supra*, n° 1291.

On sait, d'ailleurs, que la loi du 29 déc. 1884, promulguée au Journal officiel du 30, est devenue exécutoire dès le 1er janv. 1885. — V. *supra*, n° 1292.

1460. ALGÉRIE. — Aux termes d'un décret du 3 janv. 1887, déjà cité *supra*, n° 1293, « sont déclarés exécutoires en Algérie les art. 3 et 4 de la loi de finances du 28 déc. 1880 et l'art. 9 de la loi de finances du 29 déc. 1884, sous la réserve, toutefois, des modifications et exceptions résultant des art. 2 et 4 de l'ordonnance du 19 oct. 1841 ». 22,768 J.

L'art. 2 de l'ordonnance du 19 oct. 1841 dispose qu'il ne sera perçu en Algérie, pour les droits d'enregistrement, de greffe et d'hypothèques, que la moitié des droits, soit fixes, soit proportionnels, décimes non compris, qui sont perçus en France, sans que néanmoins, dans aucun cas, le minimum du droit perçu pour un même acte puisse être au-dessous de 25 cent. — V. Dict. Réd., v° Etranger, n° 698.

D'après l'art. 4 de la même ordonnance, les mutations de biens meubles ou immeubles, droits et créances, opérées par décès, ne sont assujetties à aucun droit, ni soumises à aucune déclaration en Algérie. — Op. cit., *ibid.*

Il suit de là qu'en Algérie, l'impôt établi par les lois des 28 déc. 1880 et 29 déc. 1884 n'atteint pas les accroissements par décès, et qu'il doit être calculé, en ce qui concerne les accroissements entre vifs, suivant le tarif spécial à la colonie.

CHAPITRE II. — CONDITIONS D'EXIGIBILITÉ DE L'IMPOT.

ART. 1er. — *Sociétés et associations autres que les congrégations, communautés et associations religieuses.*

1461. En ce qui concerne les sociétés et associations autres que les congrégations, communautés et associations religieuses, la loi du 29 déc. 1884 a maintenu, sans y apporter le moindre changement, toutes les conditions requises par la loi du 28 déc. 1880 pour l'exigibilité de l'impôt. A la vérité, la loi pourrait être à cet égard plus claire qu'elle ne l'est : il est certain notamment qu'elle aurait gagné, au point de vue de la précision, à ne pas englober dans une disposition unique et sous une même formule la taxe sur le revenu et le droit d'accroissement. Telle qu'elle est conçue, il en résulte cependant d'une manière suffisante que les associations religieuses sont les seules qui soient assujetties au payement du droit d'accroissement de même qu'au payement de la taxe sur le revenu, à raison de leur seul caractère. C'est d'ailleurs ce qui a été entendu lors de la discussion, et ce qui est enseigné par l'Administration dans l'instruction n° 2712, § 2. — Comp. *infra*, n° 1475.

1462. D'après la teneur de l'art. 4 de la loi du 28 déc. 1880, trois conditions sont nécessaires pour l'application de cette disposition : il faut qu'on soit en présence d'une société ou d'une association *civile*, que les statuts de cette société ou de cette association admettent l'adjonction de nouveaux membres et qu'ils contiennent enfin une clause de réversion destinée à faire passer l'action ou la part d'intérêt des membres qui se retirent ou décèdent, entre les mains de ceux qui restent ou survivent. Si l'une quelconque de ces trois conditions fait défaut, la loi est inapplicable.

1463. EXISTENCE D'UNE SOCIÉTÉ OU ASSOCIATION. — Suivant le § 41 de l'instruction n° 2651, relative à l'exécution de la loi du 28 déc. 1880, « la première condition est qu'il s'agisse d'une société ou d'une association, ce qui exclut tous les contrats créant entre les parties un simple état d'indivision.

« Il faut, en outre, que la société ou l'association présente ce double caractère : 1° d'une part, que les biens apportés par les associés ou acquis par la société deviennent la propriété de la société jusqu'à sa dissolution ; 2° d'autre part, que les associés aient sur le fonds commun un droit personnel qui les appelle au partage des biens en dépendant.

« Il suit de là que les associations dans lesquelles ce droit personnel n'existe pas ne peuvent donner ouverture à l'accroissement, puisque cet accroissement n'a pas d'objet. »

Ce commentaire semble comporter une réserve.

1464. Indivision. Absence d'être moral. — Il n'est pas douteux que l'état de simple indivision ne peut donner lieu à l'application de la loi, puisque celle-ci vise exclusivement les sociétés et associations. Mais est-il indispensable, pour l'exigibilité de l'impôt, que les biens apportés à la société ou acquis par elle deviennent sa propriété jusqu'à l'époque de sa dissolution, comme l'exprime l'instruction précitée? Nous ne le pensons pas, si l'on entend par là que l'association doit posséder comme un être moral indépendant de la personne de ses membres. La fiction de l'être moral se restreint aux sociétés proprement dites, dans le sens de l'art. 1832 du C. civ. ; elle est étrangère aux associations qui ne rentrent pas dans la définition de cette disposition ou qui n'ont pas été reconnues comme établissements d'utilité publique. Or, la loi parle des sociétés et associations civiles sans distinction. Comme elle ne concerne pas les associations reconnues d'utilité publique, ainsi que nous le verrons tout à l'heure, il faut bien admettre qu'elle atteint celles qui n'ont pas de personnalité propre et dont le patrimoine est la propriété directe des associés.

Notre opinion est d'ailleurs partagée par l'Administration, ainsi qu'il appert d'une solution en date du 7 janv. 1886, dont voici les termes :

« L'association des propriétaires de l'Oratoire de P. paraît tomber incontestablement sous l'application de la loi du 28 déc. 1880. Cette association présente, en effet, le double caractère prévu par l'art. 4 de cette loi : l'adjonction de nouveaux membres et la clause de réversion.

« Le droit proportionnel, calculé à raison de 9 p. 100, est donc dû sur les réversions qui s'opèrent au profit des membres survivants de cette association, par suite du décès de leurs coassociés.

« Mais que décider en ce qui concerne le tarif applicable aux cessions entre vifs consenties par les copropriétaires au profit de tiers, lorsque le nombre des membres est réduit au chiffre prévu dans le contrat?

« Il semble que le droit proportionnel exigible ne saurait être celui de 50 cent. p. 100, applicable aux cessions de parts d'intérêt dans les sociétés *où il existe un être moral.*

« En effet, si les propriétaires de P. peuvent être considérés comme membres d'une « association civile », dans le sens prévu par les lois de 1880 et de 1884, les conditions de fonctionnement de cette association paraissent exclusives de l'existence d'une personnalité distincte de celle des cointéressés.

« En l'absence d'un être moral, le droit de mutation entre vifs à titre onéreux doit donc être réglé d'après la nature des valeurs transmises, c'est-à-dire, dans l'espèce, au taux de 5 fr. 50 p. 100. »

Ainsi, pour l'application de la loi du 28 déc. 1880, il importe peu que la constitution de la société ou association ait ou non donné naissance à un être moral sur la tête duquel repose la propriété de l'actif de l'entreprise. Par conséquent, il n'y a pas à se préoccuper du point de savoir si, sous l'empire de l'ancienne législation, l'accroissement aurait été passible du droit spécial de 50 cent. p. 100 ou du droit ordinaire de mutation eu égard à la nature des biens formant le fonds commun.

1465. Vocation des associés au partage du fonds commun lors de la dissolution de l'entreprise. — La loi frappe les accroissements qui s'opèrent au profit des associés restants par suite de la réversion sur leur tête de la part de ceux qui cessent de faire partie de l'entreprise.

Suivant la doctrine administrative, pour qu'une réversion puisse réellement se produire par la retraite, l'exclusion ou le décès d'un associé, et pour que les associés restants puissent, en conséquence, bénéficier d'un accroissement de part, dans le sens de la loi, il faut que l'associé démissionnaire, exclu ou décédé, ait possédé lui-même un intérêt l'appelant au partage éventuel du fonds social. On décide, dans cet ordre d'idées, que la cause de la perception fait défaut lorsque les associés se sont dépouillés du droit de se répartir l'actif commun en cas de dissolution de la société, et n'ont pas davantage attribué cet actif au dernier vivant. Au point de vue où l'on se place, la clause de réversion qui aurait été stipulée dans ces conditions serait improprement qualifiée. Son accomplissement aurait bien pour effet d'enlever à l'associé sortant le droit de revendiquer en nature une fraction quelconque des valeurs composant le patrimoine de l'association, mais il n'aurait pas pour résultat de *transmettre* ce droit aux associés restants. Or, dans le système de la loi de 1880, l'absence de cette transmission s'oppose à l'exigibilité de l'impôt.

La solution du 11 fév. 1890, citée *supra*, n° 1365, a été rendue dans ce sens. D'après les statuts de la société qui y a donné lieu, les biens dépendant de l'entreprise devaient être remis au Consistoire israélite de Paris, soit au cours de l'association, soit au terme fixé pour sa durée, sans que les associés pussent jamais les appréhender personnellement.

« Le droit d'accroissement, porte la décision dont il s'agit, ne saurait être exigé, attendu que les statuts interdisent, soit à l'assemblée des sociétaires, soit au Consistoire, en cas de cession ou de remise des biens après la dissolution de la société, d'en changer la destination; de telle sorte qu'aucun des associés n'aura jamais sur le fonds commun un droit qui l'appelle au partage, ce qui exclut tout accroissement, du moins dans les associations non religieuses. »

1466. Cette doctrine ne semble pas à l'abri de toute controverse.

Supposons que les statuts d'une société civile constituée avec clause d'adjonction de nouveaux membres stipulent que les associés sortants ou leurs héritiers n'auront rien à prétendre dans le fonds commun, et que ce fonds sera remis, à la dissolution de l'entreprise, à tel établissement désigné.

Si l'association n'a pas donné naissance à un être moral, la propriété des valeurs qui en forment l'actif repose directement sur la tête des associés. Or, comme la propriété ne peut demeurer incertaine, il est manifeste que la retraite ou le décès de l'un des membres de la société fait passer sur la tête de ceux qui restent la part de copropriété qui appartenait au premier. Il s'opère donc ainsi au profit des associés restants une transmission effective, un véritable accroissement par suite de réversion, et, dans ces conditions, l'on n'aperçoit pas pour quel motif la loi du 28 déc. 1880 serait inapplicable. Peu importe que les intéressés se soient engagés à remettre plus tard à un établissement de leur choix l'intégralité des biens de l'association. En attendant, ces biens n'en sont pas moins leur propriété exclusive, et il serait contraire aux principes généraux de la législation fiscale de tenir compte actuellement de l'aliénation éventuelle dont ils sont convenus; il convient d'autant moins d'y avoir égard qu'en admettant qu'elle se réalise un jour, elle s'accomplira sans le moindre effet rétroactif.

Si l'association possède une personnalité propre, la situation est la même, sauf que l'accroissement, au lieu de porter sur les biens mêmes composant le fonds commun, a pour objet une action ou une part d'intérêt, c'est-à-dire une créance distincte de ces biens, circonstance indifférente au point de vue de l'application de la loi du 28 déc. 1880, qui prescrit de liquider l'impôt, dans tous les cas, selon la nature des biens qui dépendent du fonds social au moment où la réversion s'effectue.

La solution du 11 fév. 1890 paraît résulter d'une fausse interprétation du passage de l'Instruction 2651 cité *supra*, n° 1463. En faisant observer que le droit d'accroissement ne peut pas devenir exigible quand les associés n'ont pas sur le fonds commun un droit personnel qui les appelle au partage des biens en dépendant, parce qu'alors aucun accroissement ne peut se produire, le document dont il s'agit semble faire allusion aux seules associations dont la nature juridique (établissements d'utilité publique, *infra*, n° 1467) ou l'objet (sociétés d'assurances mutuelles, de secours mutuels, etc., *infra*, n° 1468), s'oppose à la division de leur capital en parts d'intérêt ou en actions, de telle sorte que la retraite ou le décès d'un membre ne peut avoir pour conséquence d'accroître, *par voie de réversion*, les droits des membres restants; que ces derniers ne peuvent être, en aucune façon, considérés comme ayants cause ou successeurs des premiers, et que les droits de ceux-ci s'anéantissent réellement au lieu de se transmettre aux associés restants.

Ce qui tend à démontrer l'exactitude de notre appréciation, c'est qu'après avoir posé le principe qui nous occupe, l'Instr. 2651, comme pour bien en préciser la portée, en fait immédiatement l'application aux associations dont nous venons de parler. Or, la société du Temple israélite portugais ne rentrait pas dans cette catégorie d'entreprises.

1467. Établissements d'utilité publique. — Ainsi que nous avons eu déjà l'occasion de le rappeler (V. notamment *supra*, n° 1356), les membres des associations reconnues comme établissements d'utilité publique n'ont aucun droit actuel ou éventuel dans les biens de l'entreprise. Il en résulte qu'aucune réversion, ni par conséquent aucun accroissement, ne peut se produire par suite de leur retraite ou de leur décès; d'où il faut conclure que la loi du 28 déc. 1880 est étrangère aux associations de l'espèce.

Avant la promulgation de la loi du 29 déc. 1884, cette règle profitait aux congrégations religieuses autorisées. Instr. 2651-42.

1468. Sociétés d'assurances mutuelles. Sociétés de secours mutuels. Associations de prévoyance. — Aux termes de l'Instr. n° 2651-4, « l'art. 4 de la loi du 28 déc. 1880 est également sans application aux sociétés d'assurances mutuelles sur la vie ou autres associations de même nature. Le droit des adhérents est limité à l'attribution éventuelle d'une indemnité pécuniaire qui a le caractère d'une réparation. L'événement qui les prive de ce droit n'opère au profit des autres aucune transmission de valeurs déterminées. »

Il semble que, par identité de raison, les sociétés de secours mutuels et les associations de prévoyance analogues sont également en dehors des prévisions de la loi. Celles qui sont reconnues comme établissements d'utilité publique se trouvent, d'ailleurs, dans le cas prévu *supra*, n° 1467. Comp. *supra*, n° 1466.

1469. Sociétés coopératives. Sociétés fromagères, etc. — D'après l'Instr. n° 2651-44, la loi n'atteint pas non plus les sociétés dites de coopération. « Dans les conditions particulières qui régissent ces associations, porte le document dont il s'agit, la retraite d'un participant ne transmet rien aux autres, et son décès laisse aux héritiers la faculté de le remplacer. La réversion spéciale prévue par l'art. 4 de la loi du 28 déc. 1880 ne se produit donc pas. L'Administration l'a également reconnu à l'égard d'associations locales, telles que les sociétés fromagères, qui opèrent dans des conditions analogues et dans lesquelles le droit de chaque adhérent n'est pas transmis aux autres par l'effet de sa retraite ou de son exclusion, mais demeure attaché à la propriété et passe avec elle aux héritiers. »

1470. Tontines. — Dans son acception générale, la tontine désigne une opération faite en commun par plusieurs personnes et dont le profit est subordonné à une condition de survie. Dalloz, Jur. gén. ,v° Tontine.

« Une association de la nature des tontines, porte un avis du Conseil d'État du 1er avril 1809, sort de la classe commune des transactions entre citoyens, soit que l'on considère la foule des personnes de tout état, de tout sexe et de tout âge qui y prennent ou peuvent y prendre des intérêts, soit que l'on considère le mode dont ces associations se forment, mode qui ne suppose entre les parties intéressées ni ces rapprochements ni ces discussions nécessaires pour caractériser un consentement donné avec connaissance; soit que l'on considère la nature de ces établissements, qui ne permet aux associés aucun moyen efficace et réel de surveillance, soit enfin que l'on considère leur durée toujours inconnue, et qui peut se prolonger pendant un siècle. »

Suivant un arrêt de la Cour de cassation (ch. réun.), du 25 fév. 1873 (S., 73, 1, 241), « ce qui caractérise les associations de la nature des tontines, c'est l'organisation d'une opération financière fondée sur des combinaisons aléatoires dans lesquelles entrent, comme base principale, des chances de mortalité. »

Les tontines sont soumises à l'autorisation du gouvernement, en vertu de l'avis précité du Conseil d'État du 1er avril 1809, dont le caractère obligatoire a été reconnu par un arrêt de la Cour de cassation du 27 mai 1856. D., 56, 1, 192.

Aux termes de deux arrêts de la même Cour, rendus en matière fiscale le 1er juin 1858, une tontine (dûment autorisée) est une association d'une nature particulière dans laquelle, du moment où l'association se forme et par l'effet seul de la convention, chaque associé aliène son droit de propriété au profit de la masse et du dernier survivant, en se réservant l'éventualité d'un droit de survie. Dès ce moment, par l'effet des conventions sociales, la propriété, avec les chances d'augmentation qui résultent du contrat, réside tout entière dans l'être moral qui compose l'association tontinière; le droit aléatoire des actionnaires s'anéantit par l'effet de leur prédécès, mais ne se transmet pas; le droit de propriété reste et demeure à l'association par suite de son droit préexistant. 16,747 J.; 9918 R.; 16,332 J. N.; 11,309, 11,331 Contr.; 1009 R. p.; Instr. 2150, § 2; S., 58, 1, 614; P., 58, 1213; D. P., 58, 1, 251.

Dans ces conditions, l'art. 4 de la loi du 28 déc. 1880 est manifestement inapplicable aux tontines autorisées, puisque les décès successifs des tontiniers n'opèrent pas de réversion ni, par suite, d'accroissement au profit des survivants. Il semble, au surplus, que les associations de l'espèce ne comportent pas l'adjonction de nouveaux membres. Conf. Instr. 2651-45.

1471. *Tontines non autorisées. Acquisitions en commun.* Les arrêts du 1er juin 1858, cités au numéro précédent, ne sauraient être invoqués par les associations tontinières non autorisées. En ce qui les concerne, il est reconnu, par une jurisprudence constante, que le prédécès d'un tontinier engendre au profit des survivants une mutation effective, sujette au droit proportionnel. — V. *supra*, n° 1451; Dict. Réd., v° Réversion, nos 8 et suiv.

Il faut donc décider que les associations non autorisées qui se constituent avec clause d'adjonction de nouveaux membres et de réversion sont régies par l'art. 4 de la loi du 28 déc. 1880, encore bien qu'elles soient qualifiées de tontines. Instr. 2651-46.

Nous avons vu *supra*, nos 1331 et suiv., que l'acquisition en commun faite par plusieurs personnes avec stipulation d'accroissement de la part des prémourants au profit des survivants n'est pas par elle-même suffisante pour donner naissance à une association entre les acquéreurs. Nous avons fait observer, toutefois, que certaines circonstances peuvent être de nature à révéler l'existence d'une association entre ces derniers et à démontrer qu'ils ont acquis en qualité d'associés. Nous inclinons à ranger la clause d'adjonction de nouveaux membres au nombre des circonstances dont il s'agit. L'état de simple indivision se conçoit, en effet, difficilement lorsque chacune des parties, en consentant à l'entrée de nouveaux intéressés dans l'affaire, abdique, pour ainsi dire, au moment même où elle la stipule, la chance de bénéficier des accroissements convenus et de devenir un jour propriétaire exclusive des valeurs communes. En pareil cas, il est sensible que les contractants ont été déterminés non par la pensée d'obtenir pour eux-mêmes la propriété des biens acquis en commun, mais par la volonté de faire servir ces biens à la réalisation d'une entreprise donnée, en vue de laquelle ils se sont réunis et concertés, c'est-à-dire associés. (Comp. *supra*, n° 1308.) Or, du moment que l'acquisition procède d'une association, rien ne s'oppose, le cas échéant, à l'application de l'art. 4 de la loi du 28 déc. 1880.

1472. On peut invoquer en ce sens une solution du 12 janv. 1886, rendue dans les circonstances suivantes :

Plusieurs personnes avaient acheté, au moyen de fonds provenant d'une souscription à laquelle elles avaient pris part, pour y élever une chapelle et le transformer en cimetière particulier avec l'autorisation de l'autorité compétente, un terrain sur l'emplacement duquel avaient été exécutés, pendant la période révolutionnaire, des membres de leurs familles respectives et de celles des autres souscripteurs. La part des acquéreurs décédés devait accroître aux survivants. En outre, les copropriétaires s'étaient engagés à céder une partie de leurs droits soit aux souscripteurs originaires, soit à leurs ayants cause, toutes les fois que leur nombre serait réduit à un certain chiffre par suite de décès.

Deux des copropriétaires étant décédés en 1881 et 1883, le droit d'accroissement établi par l'art. 4 de la loi du 28 déc. 1880 a été réclamé. Les redevables ont contesté la réclamation en soutenant qu'il n'existait pas d'association entre eux, mais un simple état d'indivision. Cette thèse a été écartée avec raison. Il est certain que, dans l'espèce, les intéressés étaient de véritables associés poursuivant en commun l'accomplissement d'un devoir de piété et non de simples copropriétaires. Copropriétaires, ils l'étaient sans doute, leur association n'ayant pas de personnalité propre, mais chez eux cette qualité n'était qu'accessoire : cela est si vrai qu'ils avaient renoncé à jamais à toute appropriation individuelle du fonds commun.

1473. Sociétés littéraires, artistiques, etc. Cercles. — Ainsi que l'exprime très exactement l'Instr. 2651-46, « l'application de la loi nouvelle aux sociétés littéraires, artistiques, agricoles, scientifiques, aux cercles et aux associations semblables, comporte une distinction.

« Ces sociétés, en effet, ont deux sortes de membres : les membres fondateurs ou leurs ayants droit, qui sont de véritables associés, ayant un droit personnel aux biens communs ;

puis les membres abonnés qui payent une cotisation pour jouir de certains avantages déterminés. Ces derniers n'ont évidemment aucun des caractères de l'associé proprement dit. Ils n'acquièrent pas de droit personnel sur les biens sociaux. Leur retraite ne saurait donner lieu à la taxe établie pour les accroissements.

« Cette taxe, au contraire, peut devenir exigible du chef des membres véritables, lorsque la société se trouve dans les autres conditions prévues par la loi, c'est-à-dire lorsque, au moyen de la combinaison des clauses de réversion et d'adjonction de nouveaux membres, elle crée ou perpétue la mainmorte de la même manière que les congrégations religieuses. »

1474. **Société à durée limitée.**— La circonstance que la société a été constituée pour une durée limitée n'est pas de nature à s'opposer à l'application de l'art. 4 de la loi du 28 déc. 1880.

On peut dire sans doute que l'esprit de la loi a été de régir les associations qui, par suite de la combinaison de la clause de réversion avec la faculté d'adjonction indéfinie de nouveaux membres, constituent la mainmorte occulte et mettent chacun des associés dans l'impossibilité de jamais recueillir les bénéfices de l'accroissement. Peut-être a-t-on considéré aussi que, dans ce cas, la convention n'a rien d'aléatoire et que la réversion procède toujours d'un abandon purement gratuit de la part du membre démissionnaire, exclu ou décédé. — Comp. *supra*, n° 1455.

Mais quel qu'ait été le fondement de la disposition écrite dans l'art. 4 de la loi de 1880, le texte qui a traduit la pensée du législateur ne comporte aucune distinction : il vise, en effet, toutes les associations, quelle que soit leur durée, qui admettent l'adjonction de nouveaux membres avec clause de réversion.

L'exigibilité de l'impôt a été reconnue, en conséquence, dans une espèce où la durée de la société avait été fixée à trente ans. Sol. 24 mars 1887.

Lorsqu'une association de la nature de celles qui ont été prévues par la loi de 1880 a été fondée pour un temps déterminé, il est d'ailleurs très rare que ses statuts ne lui réservent pas la faculté de se proroger dans des conditions telles qu'elle ne se distingue guère, en fait, des associations dont la durée n'a pas été limitée. — V. cependant *infra*, n° 1482.

1475. **Sociétés dans lesquelles la distribution des revenus est interdite.** — On lit à la page 11 de l'Instr. n° 2712, relative à l'exécution de l'art. 9 de la loi du 29 déc. 1884 : « Indépendamment des congrégations religieuses, qui sont régies de plein droit par l'art. 9, il existe d'autres sociétés assujetties au payement de la taxe d'accroissement. Ce sont, d'après la disposition finale du premier alinéa du même article, les sociétés ou associations désignées dans la loi de 1880 dont l'objet n'est pas de distribuer leurs produits en tout ou en partie entre leurs membres. »

Cette rédaction prête à la confusion. Elle laisserait supposer qu'en dehors des associations religieuses, toutes celles qui doivent la taxe de 3 p. 100 en vertu de l'art. 3 de la loi du 28 déc. 1880, parce qu'elles n'ont pas pour objet de distribuer leurs produits en tout ou en partie, sont par là même soumises au payement du droit d'accroissement en vertu de l'art. 9 de la loi du 29 déc. 1884. Or, il n'en est rien. Ainsi que nous l'avons fait observer *supra*, n° 1461, et que le reconnaît au surplus l'Instr. 2712 dans l'alinéa qui suit celui que nous venons de citer, la loi de 1884 n'a modifié les conditions d'exigibilité de l'impôt qu'à l'égard des communautés et associations religieuses. Alors même qu'une association n'ayant pas ce caractère s'est interdit la distribution de ses produits, la taxe d'accroissement ne lui est donc applicable qu'autant qu'elle se trouve dans le cas prévu par l'art. 4 de la loi du 28 déc. 1880. C'est ainsi que l'impôt sur le revenu a été déclaré exigible dans une espèce où il a été décidé au contraire que le droit d'accroissement n'était pas dû.—*Supra*, n°s 1365 et 1465.

A l'inverse, le droit d'accroissement peut être réclamé dès que la société remplit les conditions voulues à cet effet par l'art. 4 de la loi du 28 déc. 1880, encore bien qu'elle ne se soit pas interdit la distribution de ses produits, et qu'elle ne soit pas régie dès lors par l'art. 3 de ladite loi. — Comp. *supra*, n° 1347.

En d'autres termes, il n'y a pas de relation absolue entre les articles 3 et 4 de la loi du 28 déc. 1880. Chacune de ces dispositions a ses conditions particulières d'application, et, en ce qui touche les sociétés et associations autres que les congrégations, communautés et associations religieuses, ces conditions ont été intégralement maintenues par la loi du 29 déc. 1884.

1476. **Associations n'ayant pas le caractère prédominant de la société.** — L'indépendance des articles 3 et 4 de la loi du 28 déc. 1880 dispense également, pour la perception du droit d'accroissement, de rechercher, comme il convient de le faire en matière d'impôt sur le revenu, si l'association présente ou non le caractère prédominant de la société.

La circonstance qu'une association n'aurait pas ce caractère, tel qu'il a été défini *supra*, n°s 1364 et s., ne serait donc pas, par elle-même, de nature à l'exempter du payement de la taxe d'accroissement

Au surplus, il n'y avait pas de motif pour distinguer entre les associations qui ont le caractère prédominant de la société et celles qui ne le possèdent pas, car, lorsqu'elles sont constituées avec clause d'adjonction de nouveaux membres et de réversion, les unes et les autres sont au même titre susceptibles de créer la mainmorte que la loi a voulu atteindre.

1477. **Sociétés de commerce.** — La loi vise exclusivement les sociétés ou associations *civiles*. Elle demeure donc étrangère aux sociétés ou associations qui ont la nature commerciale. Instr. 2651-47.

1478. **Sociétés civiles. Sociétés par intérêt. Sociétés anonymes.** — Mais, parmi les sociétés civiles, aucune distinction n'est admise entre les sociétés par intérêt et celles qui, ayant adopté la forme anonyme, ont divisé leur capital en actions. A défaut d'exception, toutes les sociétés et associations qui n'ont pas le caractère commercial sont donc régies par l'art. 4 de la loi du 28 déc 1880, quelle que soit leur forme, lorsque la double clause d'adjonction de nouveaux membres et de réversion s'y rencontre dans les conditions prévues par la disposition dont il s'agit.

1479. *Droit de transmission. Cession de parts d'intérêt.* Il est bien entendu, d'ailleurs, qu'une société anonyme tombant sous l'application de la loi du 28 déc. 1880 ne cesse pas pour cela d'être tenue du payement du droit de transmission exigible sur ses actions en vertu de la loi du 23 juin 1857. Sol. 22 mai et 16 juil. 1886.

La loi de 1880, en effet, n'interdit pas la cession des titres émis par les sociétés et associations qu'elle vise; elle ne porte aucune atteinte à cet égard aux droits des sociétaires résultant des statuts ; elle décide seulement que la taxe d'accroissement sera perçue nonobstant les cessions qui auraient été consenties entre vifs par l'associé sortant au profit d'un ou de plusieurs membres de la société ou de l'association.

Par la même raison, les cessions de parts d'intérêt qui interviennent au cours de la société sont passibles de l'impôt, suivant le droit commun, et par conséquent sujettes au tarif de 0.50 p. 100 ou au tarif ordinaire déterminé par la nature des biens, selon que la constitution de l'entreprise a donné ou non naissance à un être moral distinct de la personne des associés. Comp. Sol. du 7 janv. 1886, *supra*, n° 1464.

1480. **Société de fait.** — La loi du 28 déc. 1880 n'exclut pas de ses prévisions les sociétés verbales ou de fait, qui sont, en conséquence, soumises à ses dispositions dans les mêmes conditions que celles dont la formation a été constatée par écrit.

Mais les sociétés verbales sont inopposables aux tiers qui ne les ont pas reconnues, et, sous ce rapport, l'Administration est un tiers.

Il en résulte qu'une société de fait doit être considérée à l'égard de l'Administration, lorsqu'elle n'en a pas reconnu l'existence, comme laissant intact le droit de propriété des associés sur les valeurs mêmes composant l'actif commun. Cass., 19 juin 1881; 21,559 J.; 6248 Rev. not.; 22,507 J. N.; 16,391 Contr.; 5649 R. p.; Inst. 2650, § 1er; D. P., 81, 1, 265. V. aussi Dict. Réd., v° Société, nos 783 et s.

Dans cette situation, il appartient à l'Administration d'apprécier les cas dans lesquels il est de son intérêt d'admettre l'existence de telle société de fait et même d'en établir la preuve par les moyens dont elle dispose.

« Cet intérêt, porte l'Instr. 2651-48, n'existera pas toujours pour le droit d'accroissement. En effet, l'art. 4 de la loi du 28 déc. 1880 a organisé un mode de perception destiné à tenir lieu du droit de mutation auquel donneraient ouverture les valeurs en nature de la société, si elles n'étaient pas soustraites à la circulation des biens par les clauses de réversion et d'adjonction. Or, la société verbale étant inopposable à l'Administration, l'effet des clauses dont il s'agit ne peut influer sur la perception de l'impôt de mutation. La propriété apparente continue à appartenir aux associés personnellement et à devenir, à ce titre, assujettie à tous les droits auxquels donne lieu la transmission à titre onéreux ou à titre gratuit et par décès. C'est seulement dans le cas où, pour un motif quelconque, l'existence de la société verbale et des clauses relatives à l'accroissement serait établie à l'égard de l'Administration, conclut l'Instr. 2651-48, qu'il y aurait lieu de les soumettre obligatoirement aux dispositions de l'art. 4 de la loi du 28 déc. 1880. »

1481. Sociétés étrangères. Sociétés entre étrangers. — L'article 4 de la loi du 28 déc. 1880, qui crée un impôt de mutation, appartient essentiellement au statut réel, et régit par conséquent toutes les transmissions qui s'effectuent dans les limites du territoire français, conformément à ses prévisions. Peu importe, dès lors, que le siège de la société soit à l'étranger ou que l'association, bien qu'établie en France, ne comprenne et n'admette que des membres étrangers.

1482. CLAUSE D'ADJONCTION DE NOUVEAUX MEMBRES. — Indépendamment de l'existence d'une société ou association, une seconde condition est nécessaire pour justifier l'application de l'art. 4 de la loi du 28 déc. 1880: il faut que la société ou l'association renferme une clause d'adjonction de nouveaux membres.

« Quant à la clause d'adjonction de nouveaux membres, enseigne M. Demasure, la loi a eu certainement en vue les cas où ces adjonctions peuvent avoir lieu pendant un espace de temps indéfini. Cependant le texte ne l'exprime pas, et on peut concevoir que la fixation d'une période extrêmement longue puisse avoir pour but d'éluder la disposition de l'art. 4. Les tribunaux apprécieront alors le véritable caractère du contrat en ne perdant pas de vue le but poursuivi par le législateur. » Traité du régime fiscal des sociétés, n° 111.

L'Administration s'est prononcée dans le même sens, aux termes de l'Inst. 2651-49.

« La loi, dit-elle, *loc. cit.*, ne détermine pas le délai pendant lequel la faculté d'adjonction peut être exercée. Elle a eu principalement en vue les adjonctions indéfinies, telles qu'elles existent dans la plupart des congrégations religieuses. Mais certaines adjonctions à temps limité sont indéfiniment renouvelables. D'autres peuvent s'opérer dans une période tellement longue que l'expression d'un délai n'est qu'un moyen de faire fraude à la loi. Dans ces conditions, le législateur s'est abstenu intentionnellement de déterminer le délai pendant lequel la faculté d'adjonction peut être exercée. Il a voulu laisser intact le droit appartenant à l'Administration et aux tribunaux de déterminer le caractère réel et les effets véritables des stipulations des actes pour la perception de l'impôt. »

S'il résultait du texte que la clause prévue doit remplir certaines conditions pour qu'il y ait lieu d'en tenir compte, on comprendrait que l'autorité administrative ait à examiner, sous le contrôle de l'autorité judiciaire, si ces conditions sont réalisées. Mais la loi parle sans restriction de *toutes* les sociétés et associations civiles *qui admettent l'adjonction de nouveaux membres*. En présence de ces expressions générales et absolues, où l'Administration, où les tribunaux puiseront-ils les éléments juridiques d'une distinction que le texte ne comporte pas? Dans les travaux préparatoires? Il faudrait pour cela qu'ils déterminassent ou qu'on pût en induire avec précision le délai pendant lequel l'adjonction de nouveaux membres pourra être autorisée sans que la loi soit applicable. Or, ils ne contiennent à cet égard aucune indication certaine à laquelle on puisse se rattacher sûrement. Un tribunal pourra donc décider qu'une période de trente ans n'a rien d'exagéré, tandis qu'un autre estimera qu'une période de vingt-cinq ans est excessive. L'Administration n'eût-elle pas été mieux inspirée en repoussant toute distinction? Il n'aurait pas ainsi dépendu d'elle que la porte fût fermée à l'arbitraire, et elle aurait pu invoquer la règle souverainement rappelée par la Cour suprême dans son arrêt du 27 nov. 1889 (*infra*, n° 1506), à savoir: « qu'en matière d'impôts c'est avant tout dans le texte même de la loi qui les établit qu'il faut chercher quelle a été l'intention du législateur, et que les dispositions dans lesquelles il l'a manifestement exprimée doivent recevoir l'application stricte et littérale que leur teneur commande. »

Quoi qu'il en soit, nous ne saurions perdre de vue que, pour des motifs et par suite de circonstances qu'il ne nous appartient pas d'apprécier, le législateur de 1880 n'a pas toujours réussi à exprimer sa pensée en termes propres à la rendre fidèlement; nous en avons déjà fait la remarque au sujet de l'art. 3 de la loi, relatif à l'impôt sur le revenu. Malgré l'incertitude qu'elle est de nature à entraîner dans l'application, l'interprétation de l'Administration peut donc être acceptée comme répondant sinon au texte, du moins à l'esprit de la loi. (Comp. *supra*, n° 1358, dernier alinéa.) Mais alors, il conviendrait d'apporter également, en faveur des associations constituées pour une durée ordinaire, un tempérament analogue à celui que la clause de réversion paraît comporter. (Rapp. *supra*, n° 1474.) Il y a, en effet, même raison de décider dans les deux cas, si l'on se place au point de vue de la création possible de la mainmorte.

1483. Mode d'adjonction. — L'adjonction de nouveaux membres peut s'opérer de différentes manières: il peut être convenu que le nombre des associés originaires pourra être augmenté; que les nouveaux associés devront faire un apport ou pourront en être dispensés; que les associés primitifs ou nouveaux auront la faculté de céder leurs droits à des tiers qui acquerront ainsi la qualité d'associés; que les membres restants, lorsque leur nombre sera réduit à un certain chiffre, seront tenus de céder une portion de leur intérêt à de nouveaux adhérents, etc., etc.

Il n'y a pas à se préoccuper, au point de vue de l'application de la loi, du mode suivant lequel de nouveaux membres pourront être introduits dans l'association.

Toutes les fois qu'après la constitution de la société, de nouveaux associés peuvent y être admis normalement, peu importe la combinaison adoptée à cet effet, la condition d'adjonction de nouveaux membres, à laquelle l'exigibilité de l'impôt est subordonnée, se trouve remplie.

1484. Réversion survenue avant toute adjonction. — Lorsqu'une réversion se réalise, il n'y a pas davantage à rechercher, pour soumettre à l'impôt l'accroissement qui en résulte, si de nouveaux membres sont effectivement entrés dans la société depuis sa création: il suffit, pour donner lieu à la perception, que l'adjonction de nouveaux associés ait été autorisée par les statuts; la circonstance qu'en fait il n'en a pas été admis doit rester sans influence sur l'application de la loi.

1485. CLAUSE DE RÉVERSION. — « La clause de réversion prévue dans l'art. 4 de la loi du 28 déc. 1880 est celle par laquelle il est convenu que si un associé quitte la société avant sa dissolution, la part lui revenant dans le fonds social cessera de lui appartenir et sera dévolue aux autres associés. Cette dévolution est considérée par la loi nouvelle comme opérant une transmission, au profit des associés restants, de la portion appartenant à l'associé qui quitte la société dans chacun des biens meubles et immeubles dépendant de cette société. La société est considérée comme dissoute à son égard. Il est réputé avoir repris ses droits de copropriété et les avoir cédés à ses coassociés. C'est la transmission ainsi effectuée qui est l'objet de l'art. 4 de la loi du 28 déc. 1880. » Inst. 2651-50.

1486. **Réversion non formellement stipulée.** — Si la loi n'impose que les accroissements opérés par suite de clauses de réversion, elle n'exige nullement que ces clauses soient stipulées en termes explicites. Il importe donc peu que le mot de réversion ne soit pas contenu dans le contrat d'association, dès l'instant que les dispositions qu'il renferme ont pour objet et pour résultat d'attribuer aux associés restants les droits inhérents à l'action ou à l'intérêt que l'associé sortant possédait dans l'entreprise. On doit, en effet, d'après l'art. 1156 du Code civ., rechercher dans les conventions quelle a été la commune intention des parties, plutôt que de s'arrêter au sens littéral des termes.

1487. Le tribunal de Compiègne paraît avoir méconnu cette règle dans le jugement ci-après, en date du 28 nov. 1888:

« Attendu que, suivant acte passé devant Me Grandmange et son collègue, notaires à Compiègne, le 28 nov. 1872, enregistré, les demoiselles Daignez (Marie), Duchan (Marie-Anne-Hortense), Croiset (Françoise-Antoinette), Seurat (Louise-Aimable), Rondé (Alexandrine-Adrienne), Cullin (Jeanne), Richner (Marie-Thérèse-Hélène) et Feugier (Marie-Lucie-Céline), toutes célibataires majeures, ont formé entre elles, sous le nom de « Société des Dames de la vie commune », une société civile, tout à la fois particulière quant aux apports des associés, et universelle de gains quant à leur industrie; — Qu'il a été stipulé audit acte, savoir: sous l'art. 2, que le but des associées était de vivre en commun, en s'aidant de soins réciproques et des ressources mutuelles résultant de l'apport de chacune d'elles; — Sous l'art. 4, que la durée de la société serait de cinquante années, sauf faculté de prorogation (art. 29); — Sous l'art. 6, que les associées auraient le droit de s'adjoindre de nouvelles associées;

« Attendu, d'autre part, que le total des apports des huit associées a été fixé par l'art. 7 à la somme de 72,000 francs, et qu'il a été spécifié sous l'art. 9 que l'actif social serait divisé en 36 parts, lesquelles ont été attribuées à chacune des associées en représentation de son apport, savoir: à la demoiselle Daignez, pour 14 parts; à la demoiselle Duchan, pour 16 parts; et aux six autres associées, pour chacune une part; qu'enfin il a été stipulé dans le même article que chaque part serait nominative et ne pourrait être possédée par une personne étrangère à la société;

« Attendu qu'en conséquence d'un vote conforme de l'assemblée des Dames de la vie commune, en date du 27 juil. 1874, et suivant acte reçu le même jour par Me Coudret, notaire à Compiègne, la demoiselle Olympe Anner a été adjointe aux membres de ladite société, en vertu de l'art. 6 des statuts;

« Attendu qu'à la date du 29 déc. 1880 les parts d'intérêt dans la Société des Dames de la vie commune appartenaient, tant en vertu de l'art. 9 des statuts que par suite de diverses cessions faites antérieurement par la demoiselle Duchan et la demoiselle Daignez, savoir: huit parts à la demoiselle Daignez, six à la demoiselle Croiset, cinq à la demoiselle Rondé, six à la demoiselle Cullin, deux à la demoiselle Seurat, trois à la demoiselle Richner, quatre à la demoiselle Feugier et deux à la demoiselle Anner;

« Attendu que la demoiselle Feugier est décédée le 4 mai 1882; que dès le 6 sept. 1881 elle avait cessé de faire partie de la société, en transférant ses quatre parts d'intérêt aux demoiselles Seurat et Richner, moyennant 2,680 francs pour chaque part;

« Attendu que, suivant acte dressé par Me Coudret, notaire, le 29 janv. 1886, et en vertu d'un vote conforme du même jour émané de l'assemblée générale des Dames de la vie commune, la demoiselle Daignez a fait apport à la société d'une maison sise à Compiègne, rue du Faubourg-Saint-Lazare, n° 35, et qu'en compensation de la valeur dudit apport, il lui a été attribué quatre parts de l'actif social, spécialement créées à cet effet et d'une valeur de chacune 2,000 francs;

« Attendu qu'après avoir vu ainsi le nombre de ses parts d'intérêt porté de huit à douze, la demoiselle Daignez en a cédé et transféré, savoir: 1° le 29 janv. 1886, deux à la demoiselle Croiset, deux à la demoiselle Anner et deux à la demoiselle Cullin; 2° et le 28 février suivant, deux à la demoiselle Cullin et deux à la demoiselle Croizet; qu'enfin, le 21 janv. 1887, cinq jours avant son décès, arrivé le 26 du même mois, elle a transféré ses deux dernières parts à la demoiselle Anner;

« Attendu que la demoiselle Rondé, titulaire de cinq parts d'intérêt, est décédée le 6 avril 1883 après avoir (23 fév. 1883) cédé deux parts à la demoiselle Croiset et deux à la demoiselle Seurat; — Que, quant à la cinquième part qui restait appartenir à la défunte, elle a été annulée, conformément à l'art. 11 des statuts, et que sa valeur nominale (2,000 fr.) a été remboursée par la société à la veuve Marc, sœur de la demoiselle Rondé et sa seule héritière;

« Attendu qu'en vertu de l'art. 4 de la loi du 28 déc. 1880, et par la voie d'une contrainte décernée le 13 fév. 1888 et rendue exécutoire le 16 du même mois par M. le juge de paix de Compiègne, l'Administration de l'enregistrement et des domaines réclame aux demoiselles Croiset et autres, savoir: 1° la somme de deux mille trois cent cinquante-huit francs pour droit simple de mutation entre vifs à titre gratuit et pour droit en sus, calculés à 9 p. 100, y compris les décimes, sur la valeur, provisoirement fixée à dix mille quatre cent soixante-trois francs soixante-sept centimes, de l'accroissement résulté pour elles de la retraite de la demoiselle Feugier, propriétaire de 4/36 du fonds social, ci. 2,358 fr. »

2° La somme de six mille huit cent quatre-vingt-quatorze francs pour droit simple de mutation entre vifs à titre gratuit et pour droit en sus, calculés au même taux, y compris les décimes, sur la valeur, provisoirement fixée à trente mille six cent vingt-neuf francs quarante centimes, de l'accroissement résulté pour elles de la retraite de la demoiselle Daignez, propriétaire de 12/39 du fonds social, ci . . . . 6,894 »

3° La somme de dix-huit cent soixante-six francs trente-huit centimes pour droit simple de mutation par décès et pour demi-droit en sus calculés, y compris les décimes, au même taux de 9 p. 100 sur la valeur, provisoirement fixée à onze mille quarante-quatre francs vingt-six centimes (déduction faite de deux mille francs payés par la société à la veuve Marc, sœur de la *de cujus*), de l'accroissement résulté pour les membres restants du décès de Mlle Rondé, propriétaire de 5/36 du fonds social, ci 1,866 38

soit ensemble la somme de . . . . . 11,118 fr. 38

le tout sauf à augmenter ou à diminuer, d'après la déclaration que la demoiselle Croiset et autres seraient tenues de souscrire au bureau de Compiègne; ...

« Au fond: attendu que le droit dit d'accroissement a été

établi par l'art. 4 de la loi du 28 déc. 1880, ledit article ainsi conçu :

. . . .

« Attendu qu'il est bien vrai qu'en édictant les dispositions ci-dessus la loi précitée a eu pour but de soumettre les congrégations religieuses non autorisées aux mêmes droits que les autres catégories de citoyens, et que, notamment, elle a voulu atteindre leur « mainmorte occulte »; — Qu'il est également vrai que les membres de la Société civile des Dames de la vie commune forment en réalité une congrégation religieuse non reconnue ;

« Mais attendu que, des termes précis de l'art. 4 susvisé, il résulte manifestement que les seules sociétés ou associations assujetties à la taxe sont celles dont les statuts, tout en permettant l'adjonction de nouveaux membres, contiennent une clause spéciale et expresse de réversion ;

« Qu'à cet égard il importe d'ailleurs de noter que, tout en visant dans ses conclusions la loi du 29 déc. 1884, laquelle dispose, art. 9, que le droit d'accroissement sera payé « par « toutes les congrégations, communautés ou associations reli- « gieuses autorisées ou non autorisées », la Régie ne prétend nullement que ladite loi ait en rien modifié ou élargi les conditions d'exigibilité de ce droit, en ce qui touche les congrégations non reconnues;

« Attendu que les statuts de la Société civile des Dames de la vie commune renferment incontestablement (art. 6) une clause conférant aux associées « le droit de s'adjoindre de « nouvelles associées »;

« Attendu, quant à la clause dite « de réversion », qu'avant d'examiner lesdits statuts à ce point de vue, il convient de rappeler la définition qu'en a donnée l'Administration elle-même dans ses instructions du 20 juin 1881 pour l'exécution de la loi du 28 déc. précédent;

« Qu'on lit dans ce document, deuxième partie, section première, § 50, n° 3 : « La clause de réversion prévue dans « l'art. 4 de la loi du 28 déc. 1880 est celle par laquelle il est « convenu que si un associé quitte la société avant sa disso- « lution, la part lui revenant dans le fonds social cessera de « lui appartenir et sera dévolue aux autres associés. Cette dé- « volution est considérée par la loi nouvelle comme opérant « une transmission, au profit des associés restants, de la por- « tion appartenant à l'associé qui quitte la société dans cha- « cun des biens meubles et immeubles dépendant de cette so- « ciété; la société est considérée comme dissoute à son égard, « il est réputé avoir repris ses droits de copropriété et les « avoir cédés à ses coassociés. C'est la transmission ainsi ef- « fectuée qui est l'objet de l'art. 4 de la loi du 28 déc. 1880 »;

« Attendu que, si l'on examine les statuts de la Société des Dames de la vie commune et si l'on en scrute les termes, on est obligé de reconnaître qu'ils ne contiennent aucune clause de cette nature, soit spéciale à certains cas, soit générale et absolue; — Que ces statuts ne présentent, d'ailleurs, aucune analogie avec les stipulations que M. Brisson, président de la commission du budget, a citées (Voir Journal officiel du 10 déc. 1880, p. 12,153) comme spécimen d'une clause de réversion; — Qu'il s'ensuit que la loi du 28 déc. 1880 n'est pas applicable aux Dames de la vie commune;

« Attendu qu'en présence d'un texte aussi formel que celui de l'art. 4 précité, il est impossible d'admettre que ladite loi ait entendu frapper tous les accroissements en général, même ceux qui ne seraient pas la conséquence directe et nécessaire d'une clause de réversion; — Qu'on ne peut davantage admettre l'argumentation par laquelle la Régie, dans son mémoire en réplique et nonobstant ce même texte, semble vouloir poser en principe que tout accroissement opéré par le fait d'un associé au profit d'un ou de plusieurs membres restants, dans les sociétés ou associations civiles admettant l'adjonction de nouveaux membres, doit, par une sorte de présomption *juris et de jure*, être considéré comme caractérisant nécessairement et péremptoirement une réversion sujette à l'impôt; qu'il importe donc peu, dans l'espèce, que, par suite de la retraite des demoiselles Feugier et Daignez et du décès de la demoiselle Rondé, il ait pu, ce qui, du reste, n'est pas contesté par la demoiselle Croiset et autres, s'opérer au profit de celles-ci un accroissement jusqu'à concurrence de l'écart existant entre la valeur nominale des actions cédées e la valeur de la part du fonds social afférente auxdites actions, dès lors qu'il est constant que cet accroissement ne s'est pas produit par suite « d'une clause de réversion » et qu'il est simplement la conséquence juridique d'une vente, cession ou transfert, c'est-à-dire d'un contrat de droit commun; — Que, d'ailleurs, la restriction apportée au droit de transfert par l'art. 9 des statuts, portant « que chaque part est nominative « et qu'elle ne peut être possédée par une personne étrangère à « la société », ne saurait, par elle-même et à elle seule, être considérée comme équivalant à une clause de réversion ;

« Attendu, enfin, qu'en matière fiscale les lois sont de droit étroit et qu'il n'est pas permis, sous prétexte d'analogie, d'induire d'une disposition précise sur un cas explicite et déterminé pour l'étendre et l'appliquer à un autre cas non prévu ;

« Par ces motifs... » 7209 R. p.

1488. Cette décision, qui paraît de tous points inexacte, est actuellement déférée à la Cour de cassation.

Nous ne nous attacherons pas à relever l'erreur incidemment commise par le tribunal lorsqu'il allègue que, de l'aveu de l'Administration, la loi du 29 déc. 1884 n'a pas changé les conditions d'exigibilité du droit d'accroissement en ce qui concerne les congrégations non reconnues. La vérité est que l'Administration a toujours soutenu le contraire (V. *infra*, n° 1502). Si la loi du 29 déc. 1884 n'a pas été invoquée dans l'espèce, c'est uniquement parce que l'Administration n'était pas en mesure d'établir juridiquement le caractère religieux de la Société des Dames de la vie commune, et que les droits exigibles par suite de la retraite de la demoiselle Feugier s'étaient ouverts sous l'empire de la loi du 28 déc. 1880.

Quoi qu'il en soit, les statuts de l'association, placés sous les yeux du tribunal, renfermaient les clauses ci-après :

« Ni la mort ni la retraite volontaire ou obligée de l'une ou de plusieurs des associées n'entraîne la dissolution ou la liquidation de la société, qui continue entre les associées restantes et celles qui en feront ultérieurement partie.

« Dans le cas où une associée, titulaire de parts, vient à cesser de faire partie de la société ou à décéder, elle, ses héritiers ou représentants, n'ont droit de réclamer autre chose que le capital nominal de chaque part appartenant à cette associée. En cas de remboursement, cette part ou ces parts sont annulées.

« Tous les biens et produits de l'association appartiendront exclusivement à celles des associées qui existeront au moment de la dissolution, lesquelles se les partageront entre elles au prorata de leurs parts, sans aucune distinction des nouvelles associées d'avec les associées primitives. »

Cet ensemble de dispositions caractérisait nettement la clause de réversion.

L'actif social avait été primitivement divisé en 36 parts d'intérêt représentant chacune 1/36 de l'actif commun: 14 parts avaient été attribuées à Mlle Daignez, 16 à Mlle Duchan, et une à chacune des six autres associées. Si, avant l'adjonction d'aucune associée nouvelle, Mlle Daignez était décédée sans avoir disposé de ses droits, et si Mlle Duchan s'était retirée de l'entreprise purement et simplement, comme elle en avait la faculté, leurs parts auraient été annulées conformément aux statuts, de sorte que le nombre total des parts serait tombé de 36 à 22 après le décès de Mlle Daignez, et de 22 à 6 après la retraite de Mlle Duchan. En d'autres termes, la part personnelle de Mlle Croiset, par exemple, qui, en cas de partage, ne lui aurait donné droit tout d'abord qu'à 1/36 seulement des biens de la société, lui aurait permis d'en revendiquer 1/22 après le décès de Mlle Daignez, et 1/6 après la retraite de Mlle Duchan. Or, cet accroissement manifeste se serait produit par le seul effet des stipulations insérées dans le pacte social. L'existence de la clause de réversion est donc évidente, puisqu'en l'absence d'une telle clause la possibilité du résultat qui vient d'être signalé serait inexplicable.

A l'origine, la valeur nominale des parts avait été fixée à 2,000 fr. Elle pouvait être revisée tous les dix ans. Il avait été convenu depuis qu'elle pourrait être modifiée chaque année. En fait, les cessions consenties par les demoiselles Feugier, Rondé et Daignez, avaient eu lieu moyennant un prix très approximativement égal à la valeur réelle des droits cédés. En outre, la société avait remboursé aux héritiers de Mlle Rondé, en représentation de la part dont elle était encore nantie à l'époque de son décès et qui a été annulée, non pas la somme de 2,000 fr., mais une somme équivalente à l'émolument de la défunte dans les biens de l'association. Cette double circonstance paraît avoir impressionné le tribunal. Nous allons voir cependant qu'elle ne devait exercer aucune influence sur sa décision. V. numéro suivant et *infra*, n° 1490.

1489. Remboursement par les associés restants à l'associé sortant ou à ses héritiers de la part qui leur fait retour. — Dès l'instant que les statuts stipulent la réversion des droits des associés sortants sur la tête des associés restants, et qu'il se produit, dès lors, par la retraite ou le décès d'un membre de l'entreprise, un accroissement de droits sociaux au profit des autres, il importe peu que ces derniers soient ou non tenus de rembourser au premier ou à ses héritiers la valeur de l'action ou de la part d'intérêt qui leur advient.

Cette proposition n'est pas moins conforme au texte qu'à l'esprit de la loi.

La loi vise tous les accroissements qui s'opèrent par suite de clauses de réversion, sans établir de différence entre ceux dont les bénéficiaires ont à payer la valeur et ceux pour lesquels ils n'ont rien à débourser. Cette généralité du texte suffirait à interdire toute distinction; mais on s'explique facilement la raison qui a déterminé le législateur à n'en pas créer: le but qu'il se proposait d'atteindre n'en comportait aucune.

Ainsi que la Direction générale le rappelle en ce moment devant la Cour, au soutien du pourvoi qu'elle a formé contre le jugement du tribunal de Compiègne cité au numéro précédent, « ce que le législateur a voulu, en effet, c'est que les biens dépendant de sociétés susceptibles d'acquérir une sorte de perpétuité par l'adjonction constante de nouveaux membres cessent désormais d'être affranchis indéfiniment des droits de mutation que supportent les biens des particuliers à des intervalles plus ou moins rapprochés ou plus ou moins éloignés. Or, pour obtenir ce résultat, il était indispensable de soumettre au même régime tous les accroissements qui se produisent dans les sociétés de cette nature, ceux pour lesquels un prix a été convenu comme ceux pour lesquels il n'en a pas été stipulé, car tous étaient antérieurement passibles du même droit de 0,50 p. 100 et contribuaient également, par la création d'une mainmorte occulte, à réaliser l'immunité de fait que la loi nouvelle a eu précisément pour objet d'abolir. Le tarif réduit était applicable même aux réversions occasionnées par un décès. Sans doute, si l'obligation de verser une certaine somme aux héritiers du défunt était imposée à la société, ces derniers devraient acquitter l'impôt de mutation par décès sur cette somme. Mais ce payement effectué par les héritiers, à raison de leur créance contre la société, n'empêchait nullement celle-ci d'acquérir la part du *de cujus* et de retenir par ce moyen tous les biens composant son patrimoine, sans avoir à supporter de ce chef le moindre droit de mutation. »

Nous conclurons donc de ces principes, d'accord avec l'Administration, qu'on ne saurait sans restreindre la portée de la loi et en méconnaître à la fois le texte et l'esprit, s'arrêter à cette circonstance que les associés restants sont obligés de verser à celui qui se retire ou aux héritiers de celui qui vient à décéder une somme plus ou moins en rapport avec la valeur des biens que ce payement conserve à l'association, c'est-à-dire à la mainmorte.

Du moment que la retraite ou le décès d'un associé ne lui permet pas ou ne permet pas à sa succession de demander le partage en nature du fonds commun, le patrimoine de l'association se trouve *amorti* en fait, c'est-à-dire retiré de la circulation et soustrait par là même aux droits ordinaires de mutation, étant donné que l'adjonction successive de nouveaux membres peut retarder indéfiniment la dissolution de la société. Or ce cas est, à n'en pas douter, celui que la loi de 1880 a eu en vue.

Le tribunal de Compiègne s'est mépris sur le sens de cette loi en ne s'attachant pas avec assez d'attention aux circonstances qui l'ont motivée; la pensée du législateur lui a échappé.

Le tribunal paraît croire, d'ailleurs, que l'accroissement soumis à l'impôt consiste exclusivement dans la différence entre la valeur réelle de la part qui forme l'objet de la réversion et la somme payable par les associés restants ou, ce qui revient au même, par la société, en représentation de cette part. Dans cet ordre d'idées, l'accroissement résiderait dans le bénéfice personnel procuré aux membres restants par l'accomplissement de la clause de réversion.

Ainsi, soit une société dont le capital est divisé en vingt parts et dont l'actif net est de 60,000 fr.; chaque part représente une valeur de . . . . 3,000 »

Si la réversion de l'une de ces parts obligeait les associés restants à verser à l'associé sortant une somme de . . . . 2,000 »

L'accroissement serait de . . . . 1,000 »

et l'impôt devrait être calculé seulement sur ce chiffre.

Cette conception de la loi est inexacte, et le mode de liquidation de l'impôt qu'elle autorise ne peut être suivi, du moins en ce qui concerne les accroissements entre vifs opérés par la retraite de l'un des membres de l'association.

En cas de retraite, d'exclusion ou de décès d'un associé, la société est considérée comme dissoute à son égard; l'être moral auquel sa création a pu donner naissance est censé disparaître, de sorte que la mutation qui s'opère par voie de réversion, du chef de l'associé sortant, sur la tête des membres restants, porte, aux yeux de la loi, non sur un droit incorporel d'action ou de part d'intérêt, mais sur la copropriété même des biens composant le patrimoine social, créances, meubles ou immeubles.

En d'autres termes, l'associé sortant est réputé transmettre à ses coassociés la fraction qui lui aurait appartenu dans chacune des valeurs dépendant du fonds commun, s'il n'avait existé qu'un simple état d'indivision entre les membres de l'entreprise.

En outre, la transmission est censée s'effectuer à titre de donation quand la réversion s'accomplit entre vifs, et à titre héréditaire quand elle a lieu par décès.

Dans ce dernier cas, si les associés restants ont à remettre une somme quelconque aux héritiers de l'associé prédécédé, il est sensible qu'ils se trouvent dans la situation d'un légataire qui a une prestation en argent à fournir aux successeurs légitimes du testateur. La somme qu'ils ont à verser aux héritiers, et sur laquelle l'impôt est dû par ceux-ci, doit être en conséquence, pour la liquidation du droit à leur charge, retranchée de la valeur imposable des biens de la société qu'ils sont supposés recueillir par voie de succession. Cette déduction est commandée par les principes en matière de droits de mutation par décès; en l'écartant, on violerait d'ailleurs la maxime *non bis in idem*.

Mais il est clair qu'aucune déduction n'est autorisée quand la réversion s'opère entre vifs. Puisque la loi l'envisage dans cette hypothèse comme si elle procédait effectivement d'une donation, les règles admises en matière de donations onéreuses sont applicables, et, par suite, il n'y a pas le moindre compte à tenir de la somme que le donateur supposé a stipulée des donataires. Peu importe, au surplus, l'importance de cette somme; fût-elle égale à la valeur des biens qui sont censés donnés, cette circonstance ne saurait modifier la nature de la mutation au regard de la loi; du moment, en effet, que le caractère gratuit est attribué à la transmission par la loi même, en vertu d'une présomption *juris et de jure*, aucun fait ne peut être invoqué ni prévaloir contre cette présomption.

En résumé, il existe entre la réversion et l'accroissement prévus par la loi du 28 décembre 1880 une relation de cause à effet, de telle sorte que, contrairement à ce qu'on pourrait induire de la décision du tribunal de Compiègne, il y a identité absolue entre l'objet de la réversion et l'objet de l'accroissement, de même qu'il y a identité complète, en matière de vente, entre les biens vendus et les biens achetés, en matière de donation, entre les biens donnés et les biens reçus.

D'un autre côté, dans le système de la loi, la réversion et par suite l'accroissement sont censés avoir pour objet, non la part d'intérêt ou l'action dont l'associé sortant ou décédé était nanti, mais chacune des valeurs mêmes composant le fonds social, dans une proportion égale à la quotité représentée par cette part d'intérêt ou cette action.

Enfin, la transmission est supposée s'accomplir par voie de donation entre vifs, en cas de retraite, et à titre héréditaire, en cas de décès. Les principes qui gouvernent les mutations entre vifs à titre gratuit et les mutations par décès doivent, en conséquence, recevoir leur application suivant qu'on se trouve dans l'une ou l'autre hypothèse.

1490. Cessions antérieures à la retraite ou au décès. — D'après la disposition finale de l'art. 4 de la loi de 1880, le droit d'accroissement est exigible, quand la société se trouve dans les conditions prévues, « nonobstant toutes cessions antérieures faites entre vifs au profit d'un ou plusieurs membres de la société ou de l'association. »

« Le législateur a voulu, ainsi, empêcher que les effets de la réversion fussent neutralisés par des cessions présentées notamment sous la forme de ventes, et auxquelles on aurait appliqué précisément le tarif réduit des cessions d'actions dont on entendait éviter l'application. » Instr. 2651-51.

Il y a donc lieu de considérer comme inexistantes les cessions qu'un associé aurait consenties au profit de ses coassociés ou de l'un d'eux avant sa retraite ou son décès.

Ainsi, soit une association établie entre A, B, C et D, dont le capital est divisé en vingt-quatre parts d'intérêt, attribuées également à chacun des fondateurs. A vient à décéder, et les six parts qu'il avait accroissent aux survivants qui deviennent ainsi propriétaires de chacun huit parts. Si B cède cinq de ses parts à D, et, après en avoir d'abord conservé trois, se retire ensuite purement et simplement, sa retraite donnera ouverture au droit comme si elle n'avait été précédée d'aucune cession, c'est-à-dire, non pas sur 3/24, mais sur 8/24 du patrimoine social, et cela bien que l'impôt ait été perçu sur la cession consentie, conformément au droit commun. V. *supra*, n° 1479.

« L'associé sortant, enseigne en ce sens M. Demasure (*op. cit.*, n° 111), peut avoir fait, avant l'échéance de la clause de réversion, une cession entre vifs à titre onéreux ou gratuit aux associés restants, ou à l'un d'eux, de son intérêt dans la société. Cet acte aura été enregistré et aura donné lieu aux perceptions de droit commun. Quand l'événement, décès ou retraite, prévu pour la réversion, se réalisera, l'accroissement n'aura plus d'objet. Les associés restants seront déjà en possession des biens qui devaient leur parvenir, et ils auront acquitté les droits afférents à cette transmission. N'importe, ils payeront une seconde fois comme si la réversion s'opérait dans les conditions de l'art. 4. La loi est formelle sur ce point, et ce n'est pas la moins injuste de ses dispositions. »

Nous ne nous associerons pas à cette critique finale, car il ne pouvait entrer dans l'intention du législateur de faire une œuvre vaine; or, sans la précaution qu'il a cru devoir prendre, rien n'eût été plus facile que d'éluder la loi et de la faire passer à l'état de lettre morte.

La règle qui vient d'être exposée a été manifestement méconnue par le tribunal de Compiègne dans son jugement du 28 nov. 1888. *Supra*, n° 1486.

Ajoutons qu'il n'y a pas lieu d'imputer sur le droit d'accroissement les droits perçus sur les cessions entre vifs antérieures. Il en est ainsi quel qu'ait été le tarif appliqué à ces cessions. Inst. 2651-54.

1491. *Retraite par voie de cession.* « La solution consacrée à l'égard des cessions antérieures à l'accroissement s'applique nécessairement, par identité de motifs, aux cessions qui auraient lieu en même temps et qui tendraient également à faire opérer la réversion sous la forme d'un contrat de cession à titre onéreux régi par la législation antérieure. » Instr. 2651-51.

Ainsi, lorsqu'un associé transmet par voie de cession à ses coassociés ou à l'un d'eux non pas seulement une partie, mais l'intégralité de ses droits, de telle sorte que sa retraite s'ensuive *ipso facto*, cette retraite donne lieu à la taxe d'accroissement, abstraction faite de la convention particulière d'où elle est résultée. C'est, d'ailleurs, l'hypothèse que semble envisager M. Demasure dans le passage précité, puisqu'il y parle d'accroissements n'ayant plus d'objet et imposés malgré cela comme s'ils en avaient un. Étant donné l'économie de la loi, le cas dont il est ici question ne se distingue évidemment pas de celui qui a été prévu au numéro précédent.

1492. *Dispositions testamentaires.* La loi ne prévoit que les cessions entre vifs et ne dit rien des dispositions testamentaires. Son silence à cet égard s'explique facilement. Elle n'avait pas à se préoccuper de ces dernières, qui, le cas échéant, ne seraient susceptibles d'aucun effet et resteraient inopposables aux parties intéressées comme au Trésor, puisque l'existence de la clause de réversion par laquelle les droits de l'associé prédécédé sont statutairement, c'est-à-dire contractuellement, attribués aux survivants, s'oppose à toute disposition de ces mêmes droits par voie de testament.

1493. *Cessions à titre gratuit.* La loi ne distingue pas entre les cessions entre vifs suivant qu'elles ont eu lieu à titre onéreux ou à titre gratuit. Il n'y a donc pas plus à tenir compte de celles-ci que de celles-là pour la liquidation du droit d'accroissement. Instr. 2651-51. Demasure, *op. cit.*, n° 111 E.

1494. *Cessionnaire sorti de la société ou décédé avant le cédant.* Lorsque l'associé, cessionnaire d'une partie de l'intérêt de l'un de ses coassociés, quitte la société ou décède avant le cédant, une question assez délicate se pose. Pour bien préciser la difficulté, reprenons l'hypothèse indiquée *supra*, n° 1490. Supposons que D vienne à mourir postérieurement à la cession consentie à son profit par B et avant la retraite de ce dernier. Conviendra-t-il de percevoir l'impôt sur les 13/24 du fonds commun, c'est-à-dire en tenant compte de la cession antérieure, ou seulement sur les 8/24, c'est-à-dire en faisant abstraction de cette cession?

Il semble que le droit ne devra être établi que sur les 8/24 du patrimoine social, par les motifs déduits dans la solution ci-après, en date du 9 mai 1890, et qui sont applicables à toutes les associations prévues par la loi de 1880, qu'elles aient ou non le caractère d'associations religieuses.

« Le droit d'accroissement, porte cette solution, est exigible, au décès d'un membre d'une association religieuse, sur la valeur des droits indivis du défunt dans les biens sociaux, « nonobstant toutes cessions antérieures faites entre vifs au « profit d'un ou de plusieurs membres de la société ou de « l'association. »

« Dans l'espèce, les cessions qui auraient eu lieu au profit des membres de la société, si elles sont réputées inexistantes au regard de la loi fiscale, n'en produisent pas moins effet, en droit civil, dans les rapports des parties entre elles; en d'autres termes, la propriété des actions cédées est transférée au cessionnaire. Mais la transmission ne peut être invoquée par l'Administration qu'après la retraite ou le décès du cédant: car il est impossible de considérer, même pour la perception du droit d'accroissement, la propriété des actions comme reposant à la fois sur la tête du cédant et sur celle du cessionnaire. Et comme la loi répute le cédant propriétaire nonobstant toutes cessions, il est évident que le cessionnaire, ou successeur désigné du cédant, ne saurait être légalement regardé comme propriétaire qu'après l'extinction des droits de son auteur, c'est-à-dire lors de la retraite ou du décès de ce dernier. »

1495. *Cessions à des tiers étrangers à la société.* Les cessions entre vifs que la loi déclare inopposables au Trésor pour la perception du droit d'accroissement, lors de la retraite ou du décès du cédant, sont celles qui ont été consenties « au profit d'un ou plusieurs membres de la société ou de l'association ».

Quid de celles qui ont eu lieu au profit de tiers jusqu'alors étrangers à l'entreprise?

La formule employée par le législateur ne parait pas les comprendre, et, comme il s'agit d'une matière exceptionnelle où l'interprétation stricte est plus spécialement de rigueur, on pourrait être porté à soutenir qu'on ne saurait les considérer comme inexistantes pour l'application de la loi.

Cette doctrine trouverait, ce semble, un point d'appui dans les motifs de la solution du 19 juin 1885, rapportée *infra*, n° 1497. Elle soulève cependant de graves objections, car le législateur n'avait aucune raison pour ne pas placer sur la même ligne les cessions faites à des sociétaires et celles consenties au profit de tiers étrangers, les unes et les autres pouvant également servir à neutraliser les effets de la clause de réversion.

Quoi qu'il en soit, quand les statuts de la société interdisent aux associés la faculté de céder tout ou partie de leurs droits à des personnes étrangères à la société ou qui n'auraient pas été préalablement agréées en qualité de sociétaires, nous inclinerions à penser que toute cession entre vifs consentie par un associé, fût-ce en faveur d'un membre nouveau, doit être considérée comme rentrant dans les prévisions de la disposition finale de l'art. 4 de la loi de 1880. En pareille hypothèse, peut-on dire, ce n'est pas à proprement parler par l'effet de la cession que le nouveau membre entre dans l'association, mais par suite de son admission prononcée conformément aux statuts; en d'autres termes, ce n'est pas dans la qualité de cessionnaire qu'il puise celle d'associé ; il semble, au contraire, qu'il ne devient cessionnaire qu'à raison de cette dernière qualité. Comp. Sol. 19 juin 1882, 17 juin 1886.

1496. Clause de réversion spéciale à certains cas ou stipulée au profit exclusif de tels ou tels membres de la société. — Les accroissements prévus par la loi du 28 déc. 1880, porte l'instr. n° 2651-52, sont, d'après le texte de l'art. 4, ceux qui « s'opèrent au profit des membres restants ». Il n'est pas nécessaire que la transmission ait lieu au profit de tous les associés restants: il suffit qu'elle s'effectue en faveur de l'un ou de quelques-uns seulement de ces membres. C'est aussi ce qui ressort avec évidence de la disposition relative aux cessions entre vifs mentionnées dans la dernière partie du même art. 4, et qui peuvent être faites au profit d'un ou de plusieurs membres de la société.

« Pour reconnaître l'existence de l'accroissement, il est avant tout nécessaire d'examiner les termes ou les conditions de la clause de réversion qui y donne lieu. Cette clause, en effet, peut être spéciale à certains cas. S'il est convenu, par exemple, que l'accroissement aura lieu dans l'hypothèse seule du décès de l'associé, il est certain que sa retraite ou son exclusion de la société n'opère pas la dévolution de sa part au profit des membres restants. Il n'y a donc pas lieu à l'application de la loi nouvelle.

« Mais lorsque, comme habituellement, la clause de réversion est absolue, l'accroissement se produit, quelle que soit la cause pour laquelle l'associé cesse de faire partie de la société. Qu'il s'agisse de son décès, de sa démission ou retraite volontaire, de son exclusion forcée, etc., tous ces faits sont identiques. Ils rentrent également dans la prévison générale de l'art. 4 de la loi du 28 déc. 1880. C'est seulement en ce qui concerne la détermination du tarif qu'il y a lieu de se préoccuper de leurs différences. »

1497. *Réversion conditionnelle.* Quand les statuts confèrent aux associés la faculté de ne pas revendiquer à l'échéance le bénéfice de la clause de réversion stipulée à leur profit, les considérations indiquées au numéro précédent s'opposent évidemment à l'exigibilité de la taxe d'accroissement, lorsque les associés, usant du droit qu'ils se sont réservé, conviennent de répudier la réversion qu'il leur appartenait d'accepter.

L'Administration s'est prononcée en ce sens par une solution du 19 juin 1885, intervenue dans les circonstances suivantes :

Par acte du 31 déc. 1875, M. R. et sept autres personnes ont formé une société civile, en vue de la création d'un cercle catholique à H. L'actif social, fixé à 4,000 francs, a été constitué au moyen d'un versement de 500 francs par chaque associé.

Les statuts autorisent l'adjonction de nouveaux membres. La durée de la société est de trente ans, avec faculté de prorogations successives par périodes décennales. Il est expliqué que, pendant l'existence de l'association, les membres ne participeront à aucune distribution de bénéfices, sauf à se répartir l'actif social, par portions égales, lors de la dissolution.

Une clause du pacte social est ainsi conçue :

« En cas de décès d'un associé, sa part pourra être reprise par la société ou par un nouvel associé agréé par l'assemblée générale, moyennant remboursement de la somme de 500 francs. — Les héritiers n'auront aucune autre part à prétendre dans l'actif social, mais ils n'auront, non plus, à contribuer en rien aux pertes, la société reprenant à forfait l'actif, à charge par elle d'éteindre le passif. »

Trois des associés étant successivement décédés, l'assemblée générale a décidé que la société n'exercerait pas le retrait de leurs parts; elle a agréé, en leur lieu et place, de nouveaux membres, auxquels les héritiers respectifs des associés décédés ont, par actes authentiques, abandonné leurs droits, moyennant le prix de 500 francs par chaque cession, conformément aux prévisions des statuts.

Il a paru que les cessions de parts ainsi réalisées, lors de chacun de ces décès, constituaient un accroissement dans le sens de la loi du 28 déc. 1880, et, par conséquent, rendaient exigible le droit de mutation à titre gratuit au taux de 9 p. 100.

Les parties ont résisté à la réclamation. Elles ont soutenu que les conventions intervenues, dans l'espèce, ayant eu pour effet de transmettre les droits des membres décédés à des personnes autres que les associés survivants, échappaient aux dispositions exceptionnelles de la loi de 1880 et ne donnaient ouverture qu'au tarif ordinaire de 50 cent. p. 100.

Ces moyens ont été accueillis. L'abandon du droit contesté a été autorisé en ces termes :

« L'art. 4 de la loi du 28 déc. 1880 subordonne l'exigibilité du droit de mutation par décès ou de donation à diverses conditions relatives, les unes à la nature même de la société, les autres au mode suivant lequel s'accomplit la transmission des parts sociales;

« Il faut, d'une part, que les biens apportés par les associés ou acquis par la société soient la propriété de celle-ci jusqu'à la dissolution, et que les associés aient sur le fonds commun un droit personnel qui les appelle au partage des biens en dépendant. (Instr. n° 2651-41.)

« Il est nécessaire, en outre, que la faculté d'adjonction de nouveaux membres résulte explicitement des statuts.

« Ces conditions se trouvent réunies au cas actuel.

« Mais, d'un autre côté, l'art. 4 prévoit exclusivement les accroissements opérés par suite de clauses de réversion, au profit des membres restants, de la part de ceux qui cessent de faire partie de la société.

« La loi de 1880, loi d'exception dont les dispositions ne peuvent être étendues, par voie d'analogie, à des cas autres que ceux qu'elle a expressément prévus, laisse donc sous le régime du droit commun toutes les transmissions de parts sociales qui s'opèrent au profit de personnes étrangères à la société.

« Dans l'espèce actuelle, on ne serait pas fondé à soutenir

qu'il s'est produit un accroissement au profit de tous ou de quelques-uns des membres restants. (Instr. n° 2651-52.)

« Il en eût été ainsi si la société, usant du droit qui lui est conféré par les statuts, avait déclaré reprendre pour elle la part des associés décédés; mais elle ne l'a pas fait, et c'est un nouvel associé qui, conformément aux prévisions de ces mêmes statuts, a acquis directement les droits de l'associé décédé.

« Or, les nouveaux associés ne sont évidemment pas des *membres restants*, et, par suite, on ne se trouve plus dans l'hypothèse prévue par l'art. 4.

« En vain objecterait-on que la cession et l'adjonction du nouveau sociétaire rétroagissent au jour du décès, et que celui-ci doit, en conséquence, être réputé associé au même titre que les fondateurs, ce qui permettrait de le considérer comme étant compris parmi les membres *restants*.

« Les mots ont leur signification propre dont on ne peut les dépouiller arbitrairement. En parlant des membres restants, le législateur n'a évidemment entendu viser que ceux qui faisaient partie de la société en même temps que le membre sortant, et on ne peut ranger dans cette catégorie celui qui devient sociétaire postérieurement au décès d'un associé, alors que ce décès est précisément la cause de son entrée dans la société.

« Pour justifier l'application de la loi du 28 déc. 1880, on est amené à supposer qu'il s'est opéré une double mutation, l'une de l'associé décédé à la société, l'autre de la société au nouveau membre.

« Le nouvel associé, dit-on, ne peut acquérir des héritiers du défunt la part sociale de ce dernier, puisque ces héritiers n'ont droit qu'à une somme d'argent, à l'exclusion de toute copropriété dans le fonds commun. Il ne peut donc tenir cette part que de la société, propriétaire de la totalité du fonds social avant comme après le décès de ses membres.'

« Mais cette argumentation repose sur une confusion entre l'actif social et les droits personnels des associés. Le nouveau membre n'acquiert pas la propriété d'une partie des biens sociaux, il acquiert une part sociale, et cette part lui est cédée directement, sans intermédiaire, par les héritiers du décédé dans le patrimoine desquels elle était restée jusqu'alors. Le droit des héritiers, restreint et paralysé, il est vrai, par l'effet des statuts, n'en constituait pas moins une valeur, puisqu'il était susceptible de faire l'objet d'une cession.

« D'ailleurs, cette double mutation est inconciliable avec les dispositions de l'art. 11. Si une clause de réversion formelle au profit de la société est nécessaire pour donner ouverture au droit établi exceptionnellement par la nouvelle loi, *a fortiori* doit-on écarter l'application de ce droit lorsque les statuts disposent expressément que la réversion ne s'opérera pas.

« Sans doute, le résultat pour la société est le même que si, usant de la faculté qui lui est concédée par les statuts, elle avait repris d'abord pour son compte la part des décédés, puis admis ultérieurement, pour les remplacer, de nouveaux membres astreints à un versement de 500 fr. Mais, pour arriver à ce résultat, elle a employé un moyen non prévu par la loi de 1880; le droit commun reprend donc son empire, et la transmission, quel que soit le mode suivant lequel elle s'opère, ne peut être soumise qu'au droit de 50 cent. p. 100, attendu qu'elle ne porte que sur une part sociale et non sur les biens eux-mêmes, dont la société conserve la propriété exclusive, depuis sa constitution jusqu'à sa dissolution. » R. p., 6508.

1498. Une société entre laïques et prêtres séculiers avait été fondée au capital de 39,000 fr. divisé en 78 parts de 500 fr. Ces parts, non représentées par des titres distincts du pacte social, avaient été stipulées cessibles à toute personne, dans les formes du droit civil, sous la condition que la société ou les associés pourraient reprendre le marché dans les trois mois, soit pour eux-mêmes, soit pour des tiers désignés par le conseil d'administration, au prix fixé lors du dernier inventaire ou, à défaut d'inventaire, sur le pied de la valeur nominale.

Il a été statué en ces termes par une solution du 22 sept. 1890 :

« La clause des statuts (art. 9) qui permet à l'association de retenir les actions cédées, ou transmises à un autre titre, moyennant un prix égal parfois à la valeur nominale, peut produire un accroissement gratuit, quand la valeur réelle des actions rachetées est supérieure à la valeur nominale, par suite de l'augmentation du fonds social. Cette clause a les effets d'une réversion ; et comme, d'autre part, la société admet l'entrée de nouveaux membres (art. 6 et 7), les deux conditions exigées par la loi du 28 déc. 1880 pour la perception du droit d'accroissement, sont réunies. Il y aurait lieu, dès lors, de réclamer ce droit si un rachat, effectué dans les termes de l'art. 9, opérait la transmission gratuite d'une valeur quelconque représentant la différence entre le prix de rachat des titres et leur valeur effective. »

Etant admis que la faculté réservée à la société d'opérer le retrait des actions cédées équivalait à une clause conditionnelle de réversion dans le sens de la loi du 28 déc. 1880, il était sans intérêt de rechercher si le prix payé à l'événement par la société était inférieur, égal ou supérieur à la valeur réelle des actions retirées. D'après les motifs développés *supra*, n° 1489, le droit d'accroissement était dû en toute hypothèse et devait porter, dans tous les cas, sur la fraction de chacun des biens meubles et immeubles de l'entreprise, représentée par les actions dont il s'agit.

1499. *Réversion obligatoire.* Il est à peine utile de faire observer que la doctrine exposée *supra*, n° 1497, est étrangère au cas où la réversion s'accomplit *ipso facto*, par la retraite ou le décès prévu, sans que les associés restants aient de consentement nouveau à exprimer, ce qui se produit nécessairement lorsque la clause d'accroissement insérée dans les statuts est pure et simple, c'est-à-dire ne renferme aucune condition de nature à en suspendre l'effet à l'échéance. En d'autres termes, les principes du droit commun en matière de condition, sont applicables, et le droit d'accroissement est exigible *hic et nunc* dès lors que la réversion n'est pas subordonnée à une condition suspensive. Il est sans doute permis aux associés restants de se dépouiller des droits qu'ils ont recueillis par voie de réversion ; mais la convention qui intervient alors entre eux et ceux avec lesquels ils contractent présente le caractère d'une cession ordinaire de droits sociaux et ne saurait exercer la moindre influence sur l'exigibilité de l'impôt d'accroissement antérieurement ouvert. Cette cession n'est pas susceptible, au surplus, d'anéantir l'effet de la réversion ; elle le consacre bien plutôt et en implique la réalité, puisqu'elle constitue, de la part des cédants, un acte de disposition des droits qu'ils tiennent de l'accroissement survenu à leur profit.

1500. Répartition des accroissements. — Comme il y a lieu de tenir compte des réversions survenues pour déterminer l'étendue des réversions ultérieures, il est essentiel de connaître comment s'effectue la répartition des accroissements. Ce point est ordinairement réglé par les statuts de l'entreprise, auxquels il convient de se reporter dans tous les cas.

Lorsqu'une cession entre vifs a été consentie par l'un des associés au profit de ses coassociés ou de l'un d'eux, les droits cédés se consolident sur la tête des cessionnaires, dans la proportion fixée par le contrat, au moment où l'accroissement se réalise, aux yeux de la loi fiscale, par la retraite ou le décès du cédant. Cette hypothèse ne paraît souffrir aucune difficulté sérieuse. Les cessions autorisées par les statuts nonobstant l'existence de la clause de réversion, sont valables et efficaces entre les parties ; dès qu'elles sont consommées au regard de la loi de 1880, elles accroissent les droits des cessionnaires dans la mesure où elles sont intervenues, de telle sorte qu'il est indispensable d'y avoir égard en cas de retraite ou de décès de ces derniers. Comp. *supra*, n° 1494.

Quant aux droits qui sont dévolus aux associés restants, en vertu du seul effet de la clause de réversion, ils se répartissent entre les bénéficiaires de la manière prévue par les statuts. Dans le silence des statuts, ils accroissent à chacun des associés restants, en proportion de son intérêt antérieur dans la société. On peut invoquer en ce sens une solution rendue le 9 mai 1890, au sujet d'une association religieuse, mais dont les motifs s'appliquent aux sociétés non religieuses constituées avec clause de réversion. La décision dont il s'agit est ainsi conçue :

« En ce qui concerne les actions non cédées qui sont censées faire retour, lors du décès du titulaire, aux associés survivants, par application de la loi du 29 déc. 1884, il semble qu'elles accroissent à chacun des intéressés dans la proportion de ses droits sociaux. En vertu de la loi précitée, toute association religieuse est considérée comme régie par une clause de réversion. Lorsqu'il existe un acte de société, bien qu'il ne contienne aucune clause de cette nature, les associés se trouvent dans la même situation que si la réversion était formellement stipulée. Or, dans cette dernière hypothèse, chaque associé survivant, puisant son droit à l'accroissement dans sa qualité d'actionnaire, a une vocation relative aux biens qui échoient à la collectivité, et doit prendre part dans l'objet de la réversion en proportion de ses droits comme actionnaire, c'est-à-dire au prorata de ses actions. On peut même dire que, malgré la fiction de l'être moral, au fond les associés sont copropriétaires indivis de l'actif social, durant la société, et que la portion de chacun des survivants, dans cet actif, s'accroît proportionnellement de tout ce que laissent ceux qui sortent de l'association. Ces motifs s'appliquent au cas où l'accroissement est présumé par la loi aussi bien qu'à l'hypothèse où il est expressément convenu. »

Art. 2. — *Congrégations, communautés et associations religieuses.*

1501. LOI DU 28 DÉC. 1880. — Sous l'empire de la loi du 28 déc. 1880, les congrégations, communautés et associations religieuses, que le législateur avait cru devoir s'abstenir de nommer, se trouvaient placées dans la même situation que les sociétés ordinaires. L'exigibilité de l'impôt était subordonnée, pour elles comme pour ces dernières, à la condition de l'existence simultanée, dans leurs statuts, de la double clause d'adjonction de nouveaux membres et de réversion. Toutes les règles exposées dans l'article précédent leur étaient en conséquence applicables, de telle sorte que les congrégations reconnues continuaient de jouir, en ce qui concerne leurs biens, de la même immunité que par le passé. *Supra*, n° 1467.

1502. LOI DU 29 DÉCEMBRE 1884. — La loi du 29 déc. 1884 est née du besoin de modifier cet état de choses. Elle a eu pour objet : 1° d'assujettir les congrégations autorisées au payement du droit d'accroissement dont elles étaient restées jusqu'alors affranchies ; 2° d'enlever aux congrégations non autorisées, et d'une manière générale à toutes les associations religieuses non reconnues, le moyen de se soustraire à l'application de la loi précédente, en faisant disparaître de leurs statuts l'une des deux clauses d'adjonction et de réversion prévues par cette loi, ou toutes les deux. Elle dispose, à cet effet, que l'impôt établi par l'art. 4 de la loi du 28 déc. 1880 sera payé « par toutes les congrégations, communautés et associations religieuses, autorisées ou non autorisées », sans exiger à cet égard d'autre condition que le caractère religieux de l'établissement.

Ainsi que l'exprime l'Inst. n° 2712, « l'exigibilité du droit d'accroissement, en ce qui concerne les congrégations (et autres associations religieuses), est donc désormais indépendante de l'existence des clauses d'adjonction et de réversion. Le droit de mutation à titre gratuit est acquis au Trésor par cela seul qu'un membre de l'association cesse d'en faire partie, qu'il s'agisse de son décès ou de sa retraite volontaire ou forcée. Il en est de ce droit comme de l'impôt sur le revenu. Il atteint toutes les congrégations (et associations religieuses) sans exception, celles qui sont autorisées comme celles qui ne le sont pas, celles qui ont emprunté la forme des sociétés ordinaires, comme celles qui ne sont pas constituées en société. »

Cette doctrine a été vivement combattue et n'est pas encore acceptée sans réserve.

1503. Congrégations autorisées. — Pour soustraire les congrégations *autorisées* à l'impôt établi par l'art. 4 de la loi du 28 déc. 1880, c'est-à-dire au droit d'accroissement, on fait le raisonnement suivant : La loi de 1880 a soumis à l'impôt, sous le nom d'accroissement, un fait juridique déterminé, qui suppose, pour se réaliser, l'accomplissement de certaines conditions incompatibles avec la nature spéciale des congrégations autorisées. Ce fait juridique, en effet, c'est la mutation qui s'opère entre les membres d'une association, en vertu de clauses de réversion d'après lesquelles chaque membre, en mourant ou en se retirant de l'association, transmet sa part aux associés restants. Or, dans les congrégations autorisées, les biens appartiennent à l'association, personne morale reconnue par la loi et ayant une existence et des droits absolument distincts de ceux des associés. Les associés n'ont aucun droit dans la propriété de ces biens ; leur décès ou leur retraite n'opère donc, à cet égard, ni réversion, ni mutation, et puisque le fait juridique que la loi a voulu atteindre n'est pas susceptible de se réaliser, il en résulte que les congrégations de cette nature échappent nécessairement, en ce qui concerne les biens leur appartenant en propre, au droit établi sur les accroissements par la loi de 1880.

1504. Il est facile de constater le point par où pèche cette argumentation. S'il était vrai que la loi de 1884 n'eût assujetti à l'impôt, par sa disposition nouvelle, que le fait juridique prévu par l'art. 4 de la loi du 28 déc. 1880, il faudrait en conclure que l'exigibilité du droit se trouverait subordonnée à la réunion de toutes les conditions exigées par cette dernière loi pour caractériser l'accroissement particulier qu'elle a voulu atteindre. La perception de l'impôt ne devrait donc pas seulement être limitée aux mutations qui s'opèrent en vertu de clauses de réversion ; mais elle exigerait encore cette autre condition, expressément prévue par la loi de 1880, que la mutation se réalisât dans des associations qui admettent l'adjonction de nouveaux membres. Il est clair, en effet, qu'en l'absence de ces deux conditions, on ne se trouve plus en présence de cet accroissement particulier en vue duquel le législateur de 1880 a édicté ses dispositions. Si donc la prétention des congrégations était fondée, on aboutirait à cette conséquence qu'en ce qui concerne le droit d'accroissement, la loi de 1884 n'aurait fait que rappeler et confirmer les dispositions de la loi précédente, sans rien y ajouter de nouveau. C'est là une conséquence inadmissible, en présence du texte de cette loi, aussi bien que de la discussion à laquelle elle a donné lieu au sein du Parlement.

Mais, s'il en est ainsi, et s'il est vrai que le législateur a voulu étendre l'application de l'impôt créé par l'art. 4 de la loi de 1880 à des situations différentes de celle que cette dernière loi avait prévue, toute l'argumentation des congrégations croule par la base. Pour connaître sa pensée et préciser le fait auquel l'impôt doit être appliqué, il n'est plus d'autre moyen que de consulter le texte de ses dispositions. Or, ce texte ne comporte pas d'autre interprétation que celle qui est enseignée par l'Administration : Le droit qui devait être payé au décès ou lors de la retraite de chaque associé dans les associations qui admettent l'adjonction de nouveaux membres, sur les accroissements opérés par suite de clauses de réversion, devra désormais, aux termes de la loi, être payé par toutes les congrégations religieuses, *autorisées* ou non *autorisées*. Qu'est-ce à dire, sinon qu'il n'est plus besoin, pour que le droit soit exigible, ni de clause d'adjonction de nouveaux membres, ni de clause de réversion ? La condition matérielle de l'impôt, c'est-à-dire le décès ou la retraite de l'un des membres de la congrégation, est la seule qui subsiste. Par cela seul que cette condition est remplie, le droit de donation ou de mutation par décès établi par la loi de 1880 doit être acquitté par la congrégation, qui est réputée bénéficier de la part virile du défunt ou du membre sortant dans le patrimoine de l'association.

1505. Telle est la seule explication rationnelle des dispositions édictées par le législateur de 1884 ; elle a été consacrée par le tribunal de la Seine, aux termes d'un jugement du 18 mars 1887. Cette décision, très fortement motivée, est ainsi conçue :

« Attendu que, le 2 fév. 1886, l'Administration de l'enregistrement a décerné contre l'Institut des frères des écoles chrétiennes, dont le siège est à Paris, rue Oudinot, n° 27, une contrainte tendant au recouvrement de la somme de 455 fr. 63, à laquelle elle a liquidé provisoirement les droits de mutation par décès par elle réclamés à raison du décès de neuf des membres de cet institut; que, le 10 du même mois, ladite contrainte a été frappée d'opposition, avec assignation du directeur général de l'Enregistrement devant le tribunal de la Seine à l'effet d'en obtenir l'annulation;

« Attendu que les mémoires respectivement signifiés soulèvent la question de savoir si le décès de l'un des membres d'une congrégation autorisée, décès qui laisse intact le patrimoine de mainmorte de la congrégation, donne ouverture au droit de mutation par décès sur la part qui serait alors réputée accroître aux membres survivants du chef de l'associé prédécédé; que, pour résoudre cette question, il est nécessaire de déterminer le régime des associations religieuses légalement reconnues, non en lui-même, mais dans ses rapports avec la loi fiscale;

« Attendu que les congrégations autorisées constituent incontestablement, au point de vue de la législation spéciale qui les a organisées, un être moral *sui generis*, en ce sens qu'elles ont, sur les biens composant leur actif sous le nom de biens de mainmorte, un droit de propriété exclusif de toute copropriété dans la personne de leurs membres, soit tant qu'elles durent, soit même après qu'elles se sont éteintes, l'art. 7 de la loi du 24 mai 1825 attribuant alors le patrimoine qu'elles ont acquis autrement que par donation ou legs, moitié aux établissements ecclésiastiques et moitié aux hospices; qu'il suit de là qu'une congrégation autorisée, outre qu'elle peut s'assurer, par l'adjonction de nouveaux membres, une perpétuité qui est de son essence, sauf les causes d'extinction prévues par la loi de 1825, demeure propriétaire de l'actif social, sans qu'elle ait à stipuler dans ses statuts aucune clause de réversion, à la différence de toutes autres associations civiles ou communautés religieuses non autorisées; qu'il en résulte également qu'en l'absence de disposition contraire dans la loi fiscale il ne saurait y avoir, entre les membres d'une congrégation autorisée et la congrégation, d'accroissements de parts susceptibles de servir de base à un droit de mutation;

« Attendu que, conformément à ces principes, la jurisprudence a, jusqu'à la loi de 1884, dont il s'agit aujourd'hui d'apprécier la portée quant aux congrégations autorisées, limité la perception de l'impôt de mutation aux réversions opérées dans les associations civiles non religieuses, associations auxquelles elle assimilait, à l'égard du fisc, les congrégations religieuses dépourvues d'autorisation;

« Attendu que le régime fiscal des communautés religieuses a été, lors de la loi du 28 déc. 1880, l'objet d'une première innovation particulière aux associations civiles où les clauses de réversion ou d'accroissement de part d'associés seraient accompagnées d'une clause d'adjonction de nouveaux membres destinée à les faire bénéficier d'une sorte de perpétuité, à l'exemple des congrégations autorisées; que, dans ce cas, la loi de 1880 a substitué le droit de mutation à titre gratuit au droit de mutation à titre onéreux, seul admis par la jurisprudence antérieure, qui considérait toute clause de réversion entre associés comme un simple contrat commutatif, qu'elle dût profiter à une société qui s'était réservé la faculté de se perpétuer en s'adjoignant de nouveaux associés, ou qu'elle dût se réaliser aléatoirement en faveur du dernier survivant des associés originaires;

« Que l'art. 4 de la loi précitée porte en effet : « Dans « toutes les sociétés ou associations civiles qui admettent « l'adjonction de nouveaux membres, les accroissements « opérés par suite de clauses de réversion, au profit des mem- « bres restants, de la part de ceux qui cessent de faire partie « de la société ou association, sont assujettis au droit de mu- « tation par décès, si l'accroissement se réalise par le décès, « ou au droit de donation, s'il a lieu de toute autre manière, « d'après la nature des biens existants au jour de l'accrois- « sement, nonobstant toutes cessions antérieures faites entre « vifs au profit d'un ou de plusieurs membres de la société « ou de l'association »;

« Attendu que le droit de mutation à titre gratuit établi par cet article en vue surtout d'atteindre la mainmorte occulte que se créent les congrégations non autorisées à l'aide de la double clause d'accroissement et d'adjonction qui y est prévue, ne concernait pas plus les congrégations autorisées que le droit de mutation à titre onéreux qu'il a remplacé;

« Attendu que c'est en présence de la distinction profonde que la loi de 1880 a ainsi laissée subsister, quant à l'exigibilité du droit d'accroissement, entre les congrégations autorisées et les congrégations non autorisées, qu'est intervenue la loi du 28 déc. 1884, dont l'art. 9 est conçu dans les termes suivants : « Les impôts établis par les art. 3 et 4 de la loi « de finances du 28 déc. 1880 seront payés par toutes les « congrégations, communautés et associations religieuses, auto- « risées ou non autorisées, et par toutes les sociétés ou asso- « ciations désignées dans cette loi dont l'objet n'est pas de « distribuer leurs produits en tout ou en partie entre leurs « membres »;

« Attendu que ce nouvel article renferme, en ce qui touche les communautés religieuses, qu'il désigne nominativement pour la première fois, deux ordres de dispositions qui se rapportent les unes aux congrégations non autorisées, et les autres aux congrégations autorisées;

« Attendu, en ce qui touche les congrégations non autorisées, que la loi de 1884 ne subordonne plus l'exigibilité du droit de mutation à titre gratuit établi par l'art. 4 de la loi de 1880 à la nécessité de l'insertion dans leurs statuts des clauses expresses de réversion et d'adjonction de nouveaux membres qui, d'après cette dernière loi, formaient la condition de l'impôt par elle substitué à l'ancien droit de mutation à titre onéreux; qu'il suffit désormais qu'il y ait un fait d'accroissement de la portion de l'associé décédé ou sorti de la congrégation aux membres restants, sans qu'on ait à rechercher s'il se rattache ou non à une convention dont ce fait, joint au but religieux de la congrégation, implique forcément l'existence;

« Attendu que le législateur de 1884, ne se bornant pas à élargir, pour les congrégations non autorisées, les conditions d'application de l'impôt auquel l'art. 4 de la loi de 1880 a assujetti ces congrégations, ajoute que le même impôt sera payé par « toutes les congrégations, communautés et associa- « religieuses, autorisées ou non autorisées »; qu'il reste donc à examiner si, par ces expressions, la loi de 1884 a entendu, au regard du fisc, assimiler la mainmorte légale des congrégations reconnues à la mainmorte occulte des congrégations non reconnues, bien que le régime de la première ne comporte pas la mutation de parts sociales qu'on ne trouve que dans la seconde;

« Attendu que les termes généraux et absolus qu'on vient de rappeler commandent cette assimilation qui s'impose aux congrégations autorisées, quelque difficile que puisse être la conciliation juridique de la charge qui en résulte pour elles avec la législation protectrice de leur patrimoine de mainmorte; qu'une interprétation contraire équivaudrait à la suppression de la disposition où ces congrégations sont textuellement et sans restriction placées à côté des congrégations non autorisées; qu'on objecte vainement que la loi de 1884 n'a pu se référer qu'à l'hypothèse où, en dehors de ses biens de mainmorte, la congrégation aurait formé une association libre comprenant des biens mis en commun sans autorisation de l'Etat et susceptibles, dès lors, de l'accroissement qui est la condition essentielle du droit de mutation ; qu'il est manifeste, en effet, qu'une semblable association rentrerait dans la classe déjà réglementée des congrégations non autorisées, et qu'il n'est pas permis de supposer que le législateur ait eu la pensée, alors que rien d'ailleurs ne la révèle, de ne parler d'une congrégation autorisée qu'en tant qu'elle fonctionnerait comme une société libre ; qu'une telle qualification s'entend nécessairement d'un établissement religieux que caractérisent les conditions d'organisation qui sont propres aux communautés religieuses reconnues, conditions où domine la constitution de la mainmorte légale, élément inséparable de ces communautés ; que soumettre un établissement de cette nature à un impôt, c'est évidemment y assujettir les biens de mainmorte ; qu'il n'est pas possible, à moins que la loi ne l'ait dit expressément, d'en transporter et d'en limiter l'application à d'autres biens non spécifiés, à l'égard desquels l'établissement devient une congrégation non autorisée et qui, à ce titre, se trouvent frappés du même impôt ; qu'il est donc du devoir du juge de s'en tenir à la lettre rigoureuse d'une disposition où les congrégations autorisées sont identifiées dans leurs rapports avec le fisc aux congrégations non autorisées, et qu'on ne saurait s'arrêter à l'argument tiré d'une contrariété de législation qui, en matière notamment de droit de mutation, se produit fréquemment entre la loi civile et la loi fiscale. » 22,808 J.; 6845, 6849 R. p.; 17,296 Contr.; 23,839 J. N.; 7699 Rev. not.; D. P., 88, 3, 103.

1506. Le pourvoi formé contre ce jugement a été rejeté en ces termes par un arrêt de la chambre civile du 27 nov. 1889 :

« Sur le moyen unique pris de la violation de l'art. 4 de la loi du 28 déc. 1880 et de l'art. 9 de la loi du 29 déc. 1884, en ce que le jugement attaqué a décidé que l'Institut requérant devait payer, aux termes des lois précitées, un droit de mutation au décès des membres de la communauté sur la part qui était censée appartenir à chacun des membres décédés, bien que ledit Institut constituant une personne morale ait, sur les biens de mainmorte lui appartenant, un droit personnel de propriété et que, par suite, il ne se produise, au décès des membres de la congrégation, ni mutation ni accroissement au profit des survivants ;

« Attendu qu'en matière d'impôts c'est avant tout dans le texte même de la loi qui les établit qu'il faut chercher quelle a été l'intention du législateur, et que les dispositions dans lesquelles il l'a manifestement exprimée doivent recevoir l'application stricte et littérale que leur teneur commande ;

« Attendu qu'aux termes de l'art. 9, § 1er, de la loi du 29 déc. 1884, les impôts établis par les art. 3 et 4 de la loi de finances du 28 déc. 1880 sont payés par toutes les congrégations, communautés et associations religieuses, autorisées ou non autorisées ;

« Attendu que ce texte est aussi formel qu'il est clair ; qu'il en résulte que, tandis que, sous l'empire de la loi du 28 déc. 1880, étaient seules passibles du droit d'accroissement établi par l'art. 4 de cette loi les sociétés ou associations civiles qui rentraient dans la définition qu'elle donnait et qui réalisaient les conditions particulières d'exigibilité de cet impôt qu'elle énonçait avec précision, sous l'empire de la loi du 29 déc. 1884 le droit d'accroissement est dû par « toutes les congrégations, communautés et associations religieuses » à raison de ce seul fait qu'elles sont des congrégations, communautés et associations religieuses autorisées ou non autorisées ; que cela ressort manifestement de la désignation absolument différente des personnes sujettes à cet impôt que la loi de 1884 a substituée à celle que contenait la loi de 1880, et que cela est d'autant plus certain que, dans la loi de 1884, le législateur ne s'est pas borné à soumettre au droit d'accroissement comme à la taxe sur le revenu les congrégations en général, ce qui suffirait pour qu'il fût interdit d'introduire dans la loi une distinction qu'elle n'aurait pas faite, mais encore qu'elle a disposé, en termes exprès, que le droit d'accroissement serait, tout comme la taxe sur le revenu, payé par toutes les congrégations, communautés et associations religieuses, autorisées ou non autorisées, sans plus énoncer aucune autre condition d'exigibilité que cette seule qualité ;

« Qu'il suit de là que le jugement attaqué, en déboutant la congrégation autorisée des frères des écoles chrétiennes dite de Saint-Yon de son opposition à la contrainte contre elle décernée, le 2 fév. 1886, pour le recouvrement de la somme de 455 fr. 83, à laquelle a été liquidé provisoirement le montant des droits réclamés par l'Administration à raison du décès de neuf des membres de cet Institut, loin de violer la loi, n'en a fait qu'une exacte application ;

« Rejette. » 23,308 J.; 7342 R. p.; 8196 Rev. not.; 17,668 Contr.; 24,431 J. N.; Inst. 2788 ; D. P., 90, 1, 180.

1507. Congrégations non autorisées. — Les motifs aussi bien que les termes de l'arrêt du 27 nov. 1889, reproduit au numéro précédent, s'appliquent aux congrégations non autorisées comme aux congrégations autorisées. Les congrégations non reconnues sont donc actuellement soumises au droit d'accroissement à raison de leur seul caractère et alors même que leurs statuts ne renferment ni clause d'adjonction de nouveaux membres, ni clause de réversion. Elles ne sauraient d'ailleurs tirer argument de leur situation légale pour se soustraire au payement de l'impôt. Peu importe qu'à défaut de reconnaissance elles n'aient qu'une existence de fait comme associations religieuses, car la loi de 1880 embrasse dans sa généralité même les sociétés de fait, et la loi de 1884, en assujettissant les associations religieuses à la taxe d'accroissement édictée par la première loi, vise expressément, au surplus, les congrégations et communautés autorisées ou *non autorisées*.

1508. Associations religieuses. — Nous en dirons autant des associations religieuses qui ne constitueraient ni une congrégation, ni une communauté au sens canonique du mot. Toutes les associations dont il a été parlé *supra*, nos 1308 et suiv., et qui doivent la taxe sur le revenu à raison du seul fait de leur caractère religieux, sont par là même soumises au payement du droit d'accroissement, qu'elles admettent ou non l'adjonction de nouveaux membres, qu'elles soient ou non constituées avec clause de réversion.

Chapitre III. — LIQUIDATION ET PAYEMENT DE L'IMPOT.

Art. 1er. — *Règles générales.*

1509. La loi du 29 déc. 1884 a modifié et étendu le principe de l'exigibilité de l'impôt à l'égard des congrégations, communautés et associations religieuses, mais elle a maintenu intégralement les dispositions de la loi du 28 déc. 1880 relatives à la liquidation et au payement du droit. Ces dispositions sont en conséquence applicables à toutes les associations passibles de la taxe d'accroissement, qu'elles la doivent comme étant constituées avec clause de réversion et d'adjonction de nouveaux membres, ou à titre de congrégation, communauté ou association religieuse.

1510. Objet de l'accroissement. Dettes de la société. — Alors même que la société a donné naissance à un être moral, l'accroissement taxé par la loi de 1880 doit être considéré, pour la perception, comme ayant pour objet une fraction en nature de chacune des valeurs composant l'actif social. C'est un point qui a été établi *supra*, no 1489. La société est censée dissoute à l'égard de l'associé qui cesse d'en faire partie, et celui-ci est supposé transmettre aux associés restants la quote-part du patrimoine commun afférente à l'intérêt ou l'action dont il avait la propriété.

Ainsi, l'impôt doit porter dans tous les cas sur les biens mêmes de l'entreprise, et les frapper dans une proportion égale à la quotité des droits sociaux qui appartenaient à l'associé sortant ou décédé.

Il suit de là qu'il n'y a pas à tenir compte des dettes et charges de l'association, puisque, quelle qu'en soit l'importance ou la nature, elles ne sauraient modifier l'objet de la mutation.

1511. *Congrégations et communautés autorisées. Novices. Convers.* En ce qui concerne les congrégations et communautés autorisées, comme l'accroissement n'y peut être que fictif, on est dans la nécessité de considérer les religieux comme ayant des droits égaux. Par conséquent, si la congrégation ou communauté comprend mille membres, la retraite ou le décès de l'un d'eux donne ouverture à l'impôt sur 1/1000 du patrimoine de l'établissement. Mais doit-on reconnaître la qualité de membres de la congrégation ou communauté aux convers et aux novices?

M. de Lacoste-Lareymondie résout la question en ces termes : « Si la loi religieuse était en harmonie avec la loi civile, nous inspirant des principes des lois canoniques et des règles précises qu'elle a tracées, nous n'hésiterions pas à ne donner la qualité de religieux qu'à ceux des membres d'une congrégation qui seraient irrévocablement liés vis-à-vis d'elle par les vœux définitifs qu'elle impose; mais nous nous trouvons en présence d'une loi fiscale appliquée par un pouvoir qui n'admet pas les vœux, et qui n'a reconnu l'existence d'une congrégation, lorsqu'il a été appelé à le faire, que dans les limites des statuts soumis à son examen et acceptés par lui.

« Il nous semble donc difficile, en vue de l'application de la loi aux associations autorisées, de chercher pour elles, ailleurs que dans leurs statuts officiels, les éléments d'appréciation. Or, les statuts s'expliquent généralement en termes très précis qui ne laissent place à aucune hésitation.

« Il n'y est en effet question que de deux catégories de personnes : *celles qui se préparent* à la vie religieuse, postulants ou novices, et *celles qui y sont* incorporées.

« Ce sont ces dernières à qui la loi civile reconnaît la qualité de religieux, et qui peuvent être atteintes par le droit d'accroissement.

« Les distinctions entre les religieux proprement dits, établies par les usages de la congrégation, par ses règles particulières ou par les lois canoniques, nous semblent inopposables à l'Administration, que ces distinctions portent sur les personnes elles-mêmes, sur les fonctions des religieux, sur les obligations qui leur sont imposées, sur l'étendue, la nature et la durée de leurs vœux, sur leur participation plus ou moins directe à la nomination des supérieurs, sur les facilités d'administration de leur fortune personnelle qui leur sont accordées, ou sur les entraves absolues ou relatives qui y sont apportées.

« Ces usages, ces règles, ces lois, n'existent pas *civilement*, du moment que la loi française ne les a ni visées ni consacrées dans les constitutions des congrégations.

« En l'absence de cette consécration, il n'y a rien à faire, et, si dure que puisse paraître notre conclusion, il faut se résoudre à considérer comme religieux tous les membres d'une association qui n'y seront pas en préparation.

« Dans l'application de cette règle nous ne ferons, en principe, aucune différence entre les religieux de chœur et les convers.

« Entre eux, la différence réside uniquement dans les fonctions, et il ne faut pas perdre de vue que le lien religieux résulte non de la mission que l'on doit remplir dans l'intérêt de la congrégation, mais bien certainement de l'engagement contracté envers elle.

« Au surplus, les convers sont astreints à des obligations aussi strictes que les religieux proprement dits; ils sont sous la même autorité; la même protection leur est due, et, en cas de dissolution de la congrégation dans les conditions prévues par la loi du 24 mai 1825, ils participeraient aux avantages faits aux religieux.

« L'inégalité, si elle existe, résulte uniquement des usages de la congrégration ou des lois canoniques inapplicables en France. » Manuel à l'usage des congrégations religieuses, 2e appendice, p. 62.

Cette doctrine semble exacte et paraît devoir servir de règle pour l'application de l'art. 9 de la loi du 29 déc. 1884 aux congrégations autorisées. Un arrêt de la Cour de cassation du 25 mai 1849 s'oppose d'ailleurs à toute distinction entre les religieux de chœur et les convers.

« Attendu, porte cette décision, que si les statuts ecclésiastiques ont admis des différences entre les dames de chœur et les converses, quant à leurs prérogatives pour la direction religieuse de la congrégation, aucun texte de loi ne les exclut de l'association religieuse elle-même, non plus que de l'exercice de ses droits civils;

« Attendu, d'après ce qui précède, qu'en décidant que, par suite de l'existence de la défenderesse, sœur Angèle, dans la communauté de Mauzé, ladite communauté n'était pas éteinte, et que ladite défenderesse avait qualité pour conserver et administrer les biens de la congrégation, l'arrêt attaqué n'a violé ni le décret du 18 germ. an 9, ni celui du 18 fév. 1809, ni l'art. 195 du C. civ. » D. P., 49, 1, 161.

1512. *Succursales.* Les succursales reconnues des congrégations de femmes placées sous l'autorité d'une supérieure générale doivent être considérées comme dépendantes de la maison mère pour la perception du droit d'accroissement, ainsi qu'elles le sont pour la perception de la taxe sur le revenu (*supra*, nos 1430 et suiv.). En d'autres termes, il convient d'envisager la congrégation comme possédant un patrimoine unique, afférent à chacun de ses membres, et composé de l'ensemble de tous les biens affectés tant à la maison mère qu'aux succursales reconnues ou non. Autrement, il faudrait admettre que le déplacement d'une religieuse, envoyée d'une succursale autorisée dans un autre établissement de la congrégation, constitue une retraite donnant ouverture à l'impôt sur les biens de la succursale quittée par la religieuse sur l'ordre de la supérieure générale. Or, il est évident qu'une telle conséquence ne saurait être acceptée.

Les communautés qui ne reconnaissent qu'une supérieure locale forment au contraire autant d'établissements particuliers, ayant un patrimoine propre. Chaque retraite ou décès survenu dans le sein d'une communauté de cette nature détermine, en conséquence, l'exigibilité de l'impôt sur les biens de l'établissement.

Rappelons que les congrégations d'hommes autorisées n'ont pas de succursales reconnues; tous leurs établissements dépendent absolument de la maison mère; les règles concernant les congrégations de femmes à supérieure générale leur sont dès lors applicables *a fortiori*. V. *supra*, no 1433.

1513. *Congrégations et communautés non reconnues.* Il n'y a, semble-t-il, pas plus que dans les congrégations reconnues, de distinction à faire entre les religieux dans les congrégations et communautés non reconnues. La situation des convers dans ces établissements ne diffère pas, en effet, de celle qu'ils occupent dans les congrégations et communautés autorisées. Quant aux novices, il semble qu'on doit en principe, et à moins de disposition contraire des statuts, les regarder comme ne faisant pas encore partie de l'association.

D'autre part, tous les membres de la communauté ou congrégation doivent être considérés, pour la perception, du moins en principe, comme ayant des droits égaux dans le patrimoine de l'association.

1514. *Associations religieuses.* Dans les associations religieuses qui n'ont pas le caractère de congrégations ou de communautés, les droits respectifs des membres de l'entreprise sont réglés par les statuts. C'est donc aux statuts qu'il y a lieu de se reporter d'abord pour déterminer la quotité du patrimoine commun passible de l'impôt en cas de retraite ou de décès d'un associé. Il convient d'ailleurs de tenir compte, d'autre part, des accroissements qui ont pu se produire au profit de l'associé sortant par suite de retraites ou de décès antérieurs. Sol. du 9 mai 1890, *supra*, no 1500.

1515. **Cessions antérieures.** — « Le droit d'accroissement est exigible, d'après les termes précis de l'art. 4 de la loi de 1880, nonobstant toutes cessions antérieures faites entre vifs au profit d'un ou de plusieurs membres de la société ou de l'association. Il n'y a donc à tenir compte de ces cessions, ni pour fixer l'étendue de l'objet sujet au droit d'accroissement, ni pour calculer le montant de l'impôt. On ne peut, dès lors, imputer sur les droits d'accroissement les droits perçus sur les cessions dont il s'agit. » Inst. 2651-54. Ces diverses règles ont été établies et expliquées *supra*, n°s 1490 et suiv.

1516. **Biens occupés.** — Il est à peine besoin de faire observer que pour la liquidation du droit d'accroissement il n'y a pas lieu, comme en matière d'impôt sur le revenu, de tenir compte des biens simplement occupés par la congrégation. Le membre qui décède, ou qui se retire de l'association, n'a, en effet, aucun droit sur ces biens, et, par conséquent, son décès ou sa retraite n'opèrent aucune transmission ni réversion.

1517. **Présomption de gratuité.** — L'art. 4 de la loi de 1880 soumet au droit de mutation à titre gratuit tous les accroissements qui rentrent dans ses prévisions, sans se préoccuper de la nature de la transmission en droit civil. Le tarif des donations entre vifs ou des mutations par décès est, en conséquence, exigible, suivant qu'il s'agit d'une retraite ou d'un décès, « encore bien que l'accroissement paraisse, à raison de ses conditions ou du prix alloué à l'associé sortant, revêtir le caractère civil de la mutation à titre onéreux ». Inst. 2651-56. V. *supra*, n° 1489.

1518. **Accroissements résultant de clauses de réversion antérieures à la promulgation de la loi de 1880.** — Suivant l'Inst. 2651-57, « le droit d'accroissement organisé par la loi du 28 déc. 1880 ne représente, à aucun point de vue, l'impôt applicable à des conventions préexistantes, et dont la perception, momentanément suspendue, s'opère, lors de l'événement, avec un effet rétroactif au jour du contrat. Ce droit est un impôt de mutation proprement dit, qui devient exigible par le fait de la transmission résultant de l'accroissement et qui prend seulement alors naissance, de la même manière que le droit de mutation par décès applicable à une disposition antérieure de dernière volonté.

« Il s'ensuit que tous les accroissements opérés depuis la promulgation de la loi du 28 déc. 1880, dans les conditions prévues par l'art. 4, sont passibles du droit de mutation par décès ou de donation, d'après les tarifs en vigueur au jour de leur réalisation, sans distinction à l'égard de ceux qui ont leur principe dans des actes enregistrés avant la promulgation. »

Cette doctrine semble exacte. Le but du législateur de 1880 a été, comme nous avons eu maintes fois l'occasion de le rappeler, de faire en sorte que les biens des associations visées soient désormais placés, au point de vue de l'impôt, dans une situation équivalente à celle qui est faite par la loi générale aux biens des particuliers. Dans cet ordre d'idées, les accroissements prévus sont moins la cause que l'occasion de la perception, c'est-à-dire de l'application d'un tarif établi uniquement pour compenser une inégalité qui existait et qu'on a voulu détruire.

ART. 2. — *Droit de mutation par décès.*

1519. **Déclaration.** — Lorsque l'accroissement se réalise par le décès de l'un des membres de l'association, c'est le droit de mutation par décès qui est exigible. Les associés survivants, ou l'un d'eux se portant fort pour les autres, doivent en conséquence souscrire une déclaration faisant connaître, dans la forme réglée par les art. 24, 27, etc., de la loi du 22 frim. an 7, tous les biens de l'association et la part indivise revenant ou qui est censée revenir au défunt dans ces biens. Inst. 2651-59. — V. *infra*, n° 1530.

1520. **État de mobilier.** — L'art. 27 de la loi du 22 frim. an 7 porte : « Les héritiers, légataires ou donataires rapporteront, à l'appui de leurs déclarations de biens meubles, un inventaire ou état estimatif, article par article, par eux certifié, s'il n'a pas été fait par un officier public; cet inventaire sera déposé et annexé à la déclaration, qui sera reçue et signée sur le registre du receveur de l'enregistrement. »

La remise au receveur de l'état prescrit par la disposition précitée doit avoir lieu lors de chaque déclaration d'accroissement par décès, passée en exécution des art. 4 de la loi du 28 déc. 1880 et 9 de celle du 29 déc. 1884. Il n'est pas permis au déclarant de se contenter d'une simple référence à un état antérieur. L'Administration a statué en ce sens par une solution du 13 sept. 1890, conçue en ces termes :

« Chaque déclaration doit être appuyée de l'état de mobilier exigé par l'art. 27 de la loi du 22 frim. an 7. L'art 4, premier alinéa, de la loi du 28 déc. 1880 énonce que les accroissements sont assujettis au droit de mutation par décès s'ils se réalisent par le décès. Le droit d'accroissement par décès est donc un droit de succession; dès lors toutes les prescriptions concernant le mode de perception de ce droit lui sont applicables. Il n'y a pas à tirer argument en sens contraire du dernier alinéa du même texte portant que la liquidation et le payement du droit ont lieu dans la forme établie par les lois en vigueur pour les transmissions d'immeubles. Si cette disposition était prise à la lettre, elle conduirait à ce résultat que le droit d'accroissement est dû pour les meubles comme pour les immeubles sur le revenu capitalisé par 20 ou 25. Or, une telle conséquence est inadmissible. D'où l'on doit conclure que la règle posée par l'article précité, *in fine*, n'a pas pour effet d'abroger les règles antérieures concernant la perception du droit de mutation par décès, dans l'hypothèse où ce droit devient exigible par suite d'un accroissement, spécialement d'un accroissement mobilier. Il est à peine besoin d'ajouter qu'un seul état du mobilier est nécessaire à l'appui d'une déclaration collective, puisque la déclaration collective n'est admise qu'autant que la valeur des biens n'a pas changé d'un décès à l'autre. » Conf. Sol. 2 juil. 1888. V. numéro suivant.

1521. **Déclarations collectives.** — A raison du grand nombre de décès qui peuvent survenir dans leur sein, les associations religieuses sont admises à souscrire des déclarations collectives. Cette autorisation leur a été accordée, en ces termes, par l'instruction n° 2712, relative à l'exécution de la loi du 29 déc. 1884 :

« Le déclarant pourra se dispenser de faire une déclaration distincte pour chaque décès. Il aura la faculté de comprendre dans une déclaration unique, renfermant tous les détails nécessaires, les accroissements opérés par suite de plusieurs décès. Cette mesure permettra aux congrégations qui comptent un grand nombre de membres de ne passer, si elles le jugent à propos, qu'une seule déclaration à la fin d'un semestre, par exemple, pour tous les décès survenus pendant ce semestre. Les déclarations collectives auront l'avantage de simplifier le travail des agents et d'éviter aux représentants des congrégations des formalités répétées. La déclaration collective fera connaître le nom et les prénoms de chacun des membres décédés, ainsi que la date et le lieu du décès. Il suffira, après cette énumération, de mentionner la consistance et l'estimation des valeurs imposables auxquelles s'appliquent ces mutations individuelles. Le déclarant indiquera seulement quelle est la part de chaque décédé dans les biens ainsi désignés. La déclaration collective ne sera admise toutefois que si la valeur des biens meubles et immeubles est sensiblement la même à l'époque de chacun des décès survenus pendant la période pour laquelle cette déclaration est faite. Dans le cas contraire, la déclaration collective ne doit comprendre que les mutations réalisées pendant que les biens ont conservé la même valeur. »

1522. *Perception distincte.* En autorisant les congrégations à ne passer qu'une seule déclaration pour plusieurs décès, l'Administration s'est bornée à prendre une mesure d'ordre intérieur; elle a réglé une pure question de forme dans les limites de sa compétence, et n'a rien fait ni voulu rien faire de plus. Il ne lui appartenait pas, d'ailleurs, sous le prétexte de faciliter aux contribuables l'accomplissement de leurs obligations, de modifier en faveur de ces derniers la base même de l'impôt, dont la remise ou la modération est interdite à toute autorité publique par l'art. 59 de la loi du 22 frim. an 7. Chaque décès compris dans une déclaration collective doit donc faire l'objet d'une perception particulière comme s'il eût été déclaré séparément. C'est ce qui a été reconnu par la solution suivante, en date du 20 sept. 1890.

« Si l'Administration cumule, pour la perception du droit de vente immobilière, le prix de plusieurs lots adjugés à un même acquéreur, ce n'est point parce que l'adjudication est prononcée aux termes d'un seul procès-verbal, mais bien parce qu'elle a lieu à la requête d'un même vendeur, et qu'il s'opère ainsi entre le vendeur et l'acquéreur une mutation unique portant sur plusieurs immeubles. La perception serait établie distinctement sur le prix de chaque lot adjugé au même acquéreur, lors même qu'il serait dressé un seul procès-verbal, si chaque lot provenait d'un vendeur différent, attendu que, dans ce cas, il y aurait autant de mutations distinctes que de vendeurs. Telle est précisément la situation quand les membres survivants d'une congrégation religieuse recueillent, par droit d'accroissement, la part indivise dans les biens communs de plusieurs membres décédés. Il se produit une mutation distincte par décès; dès lors le droit d'accroissement doit être calculé distinctement pour chaque succession. » V. *infra*, n° 1527.

1523. *Quittance collective.* Il a été décidé « qu'une déclaration collective d'accroissements réalisés par décès ne doit donner lieu à la délivrance que d'une seule quittance »; d'où il suit qu'un seul droit de timbre est exigible alors même que l'impôt payé pour chaque accroissement dépasse 10 fr. Sol. 5 juin 1890.

1524. Délai. — L'art. 24 de la loi du 22 frim. an 7 porte: « Les délais pour l'enregistrement des déclarations que les héritiers, donataires ou légataires, auront à passer des biens à eux échus ou transmis par décès sont, savoir : — de six mois à compter du jour du décès, lorsque celui dont on recueille la succession est décédé en France; — de huit mois, s'il est décédé dans toute autre partie de l'Europe; — d'une année, s'il est mort en Amérique; — et de deux années, si c'est en Afrique ou en Asie. — Si, avant les derniers six mois des délais fixés pour les déclarations des successions de personnes décédées hors de France, les héritiers prennent possession des biens, il ne restera d'autre délai à courir, pour passer déclaration, que celui de six mois à compter du jour de la prise de possession. »

1524 *bis. Prise de possession.* En ce qui concerne les congrégations non autorisées, pourrait-on prétendre que les membres de la communauté jouissent d'une possession de fait permanente qui embrasse tous les biens de l'association, y compris, par conséquent, la part afférente aux associés prédécédés, de telle sorte que la déclaration d'accroissement doive être souscrite, dans tous les cas, dans les six mois du décès, c'est-à-dire même quand le décès a eu lieu à l'étranger?

Cette doctrine qui, dans l'opinion de M. Lacoste-Lareymondie (2e app., p. 28), serait conforme à la rigueur des principes, paraît cependant trop absolue.

La prise de possession dont parle la loi de frimaire est celle qui procède de l'exercice conscient de la qualité d'héritier, de donataire ou de légataire; elle implique nécessairement la connaissance de l'ouverture de la succession, et constitue un fait nouveau. La prise de possession par les membres d'une congrégation, de la part des prédécédés, ne peut donc être considérée comme réalisée dans le sens de la loi de frimaire qu'autant que le décès de ces derniers est connu. Il semble, dès lors, que le délai de six mois pour déclarer les décès survenus à l'étranger, parmi les membres d'une congrégation non reconnue, ne commence à courir qu'à compter du jour de la réception de la nouvelle de la mort au siège de la maison mère.

Cette solution paraît devoir être étendue aux congrégations autorisées, et cela avec d'autant plus de raison que, dans les associations de cette nature, la prise de possession ne peut être que fictive, puisque les religieux ne possèdent rien personnellement et n'ont pas même un droit de créance sur les biens de l'établissement dont ils font partie.

1525. Bureau compétent. — La loi assimilant à une transmission par décès la réalisation des accroissements soumis à l'événement du décès, quel que puisse être en droit civil le caractère de la réversion, il en résulte que la mutation doit être déclarée, conformément à l'art. 27 de la loi du 22 frim. an 7, au bureau de la situation des biens pour les immeubles et les meubles corporels, et au bureau du domicile du défunt pour les valeurs sans assiette déterminée.

L'application de cette règle produit sans doute des conséquences extrêmement rigoureuses dans certains cas.

Soit, par exemple, une congrégation enseignante ou charitable comprenant 1,000 membres et possédant, d'une part, au siège de la maison mère, pour 500,000 fr. de biens, et, d'autre part, dans le ressort de 100 bureaux différents, pour 200,000 fr. de meubles corporels ou d'immeubles, également répartis.

D'après les données de la statistique, il se produira environ 20 décès par an dans le sein de cette association; d'un autre côté, l'accroissement résultant de chaque décès portera sur une valeur de 700 fr. $\frac{(500,000 + 200,000)}{1,000}$

Si tous les biens étaient déclarés au bureau du siège social, il serait perçu, à l'occasion de chaque décès, au taux de 9 p. 100, une somme de 78 fr. 75, décimes compris, soit pour 20 décès 1,575 fr.

Mais, pour obéir à la loi, il devra être payé, pour chaque décès : 1° au bureau du siège de la maison mère, sur 500 fr. $\left(\frac{500,000}{1,000}\right)$ ci . . . . 56 fr. 25

2° Dans chacun des autres bureaux, sur 2 fr. $\left(\frac{200,000}{100 \times 1,000}\right)$ soit 20 fr., la perception du droit proportionnel suivant les sommes et valeurs, de vingt francs en vingt francs, inclusivement et sans fractions (L. 27 vent. an 9, art. 2), ci. 2,25

Soit pour 100 bureaux, ci. . . . . 225 » 225 »

281 25

Ce qui donne pour 20 décès . . . . 5,625 »

au lieu de 1,275 fr.

Le législateur de 1880 a-t-il prévu ce résultat? Il est tout au moins permis d'en douter. Quoi qu'il en soit, nous ne saurions partager l'opinion que plusieurs congrégations soutiennent en ce moment devant les tribunaux et d'après laquelle la loi de 1880 ne se référant pas à la loi de frimaire, quant au lieu où le payement des droits doit être effectué, l'impôt pourrait être acquitté dans tel bureau qu'il plairait aux débiteurs de choisir, sur toutes les valeurs soumises à la taxe d'accroissement, quel que soit le lieu de leur situation.

Il est très vrai que l'art. 4 de la loi du 28 déc. 1880 ne contient aucune référence explicite à l'art. 27 de la loi du 22 frimaire; mais il dispose en termes exprès que les accroissements qui se réalisent par le décès seront soumis au droit de mutation par décès. Or, d'après la loi organique, ce droit est payable dans certains bureaux déterminés, à l'exclusion de tous autres; les redevables ne peuvent donc se libérer ailleurs qu'aux bureaux désignés. Pour que la thèse des congrégations fût exacte, il faudrait que la loi spéciale de 1880 renfermât une dérogation à l'art. 27 de la loi de l'an 7, et cette dérogation n'existe pas.

Ajoutons que MM. Freppel et de Mackau ont récemment déposé, à titre d'amendement au budget de l'exercice 1891, une proposition, non encore discutée, tendant à autoriser le payement du droit d'accroissement au bureau du siège social ou de la maison mère sans avoir égard au lieu de la situation des biens, quand l'accroissement se réalise par le décès. Il est à souhaiter que cet amendement soit adopté et vienne atténuer, dans une juste mesure, les conséquences anormales de l'application du droit commun aux congrégations religieuses (1).

1526. Détermination de la valeur imposable. — Puisque les accroissements résultant de décès sont assujettis au droit de mutation par décès, la valeur imposable des biens déclarés doit se déterminer, en conséquence, d'après les règles établies en matière de mutation par décès, c'est-à-dire conformément aux dispositions des art. 14, n° 8, 15, n°s 7 et 8 de la loi du 22 frim. an 7; 7 de la loi du 18 mai 1850; 2 et 3 de la loi du 21 juin 1875.

1527. Réunion des meubles et des immeubles pour la perception.—L'Administration a admis, par plusieurs solutions, qu'il n'y a pas lieu de liquider l'impôt distinctement sur les meubles et les immeubles; qu'il convient au contraire d'opérer une perception unique, établie sur le montant cumulé des valeurs déclarées, quelle qu'en soit la nature.

L'une de ces solutions, en date du 11 août 1890, est ainsi conçue :

« L'instruction générale n° 2651, n° 59, dispose que pour la perception des droits exigibles sur les accroissements réalisés par décès « les biens sont évalués sur les bases ordi- « naires prescrites pour la liquidation des droits de mutation « par décès ». Or, l'Administration admet, en matière de successions ordinaires, que les droits doivent être calculés, surtout depuis la loi du 18 mai 1850 (art. 10), sur la valeur cumulée des biens meubles et immeubles transmis, dont le total seul est susceptible d'être arrondi de 20 fr. en 20 fr., en vertu de la loi du 27 vent. an 9, art. 2. C'est donc à tort que le receveur à L. a fait acquitter distinctement sur la part revenant à chaque associé décédé dans les biens meubles, d'une part, et dans les biens immeubles, d'autre part, les droits à la charge de la congrégation des Frères de Marie dans le ressort de son bureau ; mais il est bien entendu qu'une perception séparée doit être effectuée par chaque accroissement, même au cas où la congrégation use de la faculté de souscrire une déclaration collective. En d'autres termes, que la déclaration soit collective ou qu'elle ne le soit pas, la perception doit être réglée conformément à l'art. 2 de la loi du 27 vent. an 9, c'est-à-dire de 20 fr. en 20 fr., sur le montant cumulé des biens meubles et immeubles composant chacune des successions déclarées, considérée isolément. »

1527 *bis*. Sommes payées par les associés restants aux héritiers du de cujus. — V. *supra*, n° 1489.

1528. Pénalités. — Conformément à l'art. 39 de la loi du 22 frim. an 7, il est dû un demi-droit en sus à défaut de déclaration dans le délai légal, et un droit en sus en cas d'omission, de même qu'en matière de mutation par décès.

En ce qui concerne les insuffisances d'évaluation, V. *infra*, n° 1541.

(1) Au dernier moment, nous apprenons que cet amendement a été rejeté par la Chambre des députés. (Séance du 9 déc. 1890.)

Art. 3. — *Droit de donation.*

1529. L'art. 4 de la loi du 28 déc. 1880 assujettit au droit de donation les accroissements qui se réalisent de toute autre manière que par le décès des membres de la société qui cessent d'en faire partie. L'associé sortant, nous l'avons déjà dit, est supposé transmettre aux associés restants, à titre de libéralité, la quote-part indivise du fonds social à laquelle lui aurait donné droit, en cas de partage, son intérêt dans l'entreprise.

D'autre part, la loi ne distingue pas entre les accroissements mobiliers et les accroissement immobiliers, de sorte que les premiers sont passibles de l'impôt comme les derniers. L'assimilation des meubles aux immeubles résulte au surplus de la disposition finale de la loi portant que « la liquidation et le payement du droit auront lieu dans la *forme*, dans les *délais* et sous les *peines* établis par les lois en vigueur pour les transmissions d'immeubles ».

De là plusieurs conséquences que nous allons signaler.

1530. Déclaration. — Alors même que le patrimoine social serait entièrement mobilier, la mutation doit faire l'objet d'une déclaration *détaillée et estimative*, ainsi qu'il est prescrit par l'art. 4 de la loi du 27 vent. an 9, en matière de transmission entre vifs d'immeubles, lorsque la transmission n'est pas constatée par un acte.

Le détail des valeurs qui dépendaient de l'association à l'époque de l'événement, retraite, exclusion, etc., qui a donné ouverture au droit, permettra de liquider l'impôt conformément à la disposition formelle de la loi de 1880, c'est-à-dire « d'après la nature des biens existant au jour de l'accroissement ».

La déclaration doit être souscrite par ceux des membres restants de la société ou de l'association qui profitent ou sont censés profiter, aux yeux de la loi, du fait générateur de la perception. Elle peut être passée par l'un des bénéficiaires de l'accroissement réel ou fictif, agissant tant en son nom personnel que comme se portant fort des autres, mais le directeur ou le supérieur de la société ne pourrait être admis à l'effectuer en cette qualité seule et sans se porter fort. Rien ne s'oppose, bien entendu, à ce que le déclarant soit représenté par un mandataire muni d'une procuration sous seing privé, rédigée sur timbre, laquelle sera remise au receveur pour être conservée dans les archives du bureau. Instr. n° 2651. — V. *supra*, n° 1519.

1531. *Déclaration collective.* Les déclarations collectives sont admises pour les accroissements entre vifs comme pour ceux qui résultent de décès. (Inst. 2712.) Mais, en cas de déclaration collective, la perception n'en doit pas moins porter distinctement sur chaque mutation. V. *supra*, n° 1522.

1532. *Associé sortant.* L'associé sortant, du chef duquel la transmission s'opère, ou est censée s'opérer lorsqu'elle n'est que fictive, est tenu des obligations imposées aux anciens possesseurs en matière de mutations d'immeubles. L'obligation de passer la déclaration lui incombe en conséquence de même qu'aux associés restants, considérés comme nouveaux possesseurs. L. 23 août 1871, art. 14.

1533. Délai. — La déclaration doit être souscrite par les associés restants, nouveaux possesseurs, dans les trois mois de l'événement qui a réalisé l'accroissement. (L. 22 frim. an 7, art. 22; 27 vent. an 9, art. 4; 23 août 1871, art. 14.) Un délai supplémentaire d'un mois est accordé à l'associé sortant, ancien possesseur, qui est en outre dispensé du versement immédiat du droit simple, quand il a porté la transmission à la connaissance de l'Administration dans les quatre mois de sa date. L. 23 août 1871, art. 14.

1534. Détermination de la valeur imposable des biens. — « Les biens transmis, porte l'Instr. 2651, seront évalués, pour la perception, conformément aux règles en vigueur pour les transmissions entre vifs à titre gratuit, quel que puisse être, d'ailleurs, le caractère réel de l'accroissement, et lors même qu'il se réaliserait moyennant un prix ou des équivalents à payer à l'associé sortant. La valeur des créances sera, en conséquence, déterminée par leur capital, et celle des autres biens meubles par leur estimation en capital, résultant de l'évaluation des parties ou du cours moyen de la Bourse au jour de la réalisation de l'accroissement. (L. 22 frim. an 7, art. 14, nos 2 et 8.) Les immeubles seront évalués d'après leur revenu à la même date, capitalisé par 25 et 12 1/2, ou par 20 et 10, selon qu'il s'agit ou non de biens ruraux. L. 22 frim. an 7, art. 25, nos 7 et 8; — L. 21 juin 1875, art. 2. »

1535. **Omissions.** — L'Administration enseigne exactement (Instr. 2651) que l'omission dans une déclaration souscrite pour la perception du droit exigible sur une mutation entre vifs équivaut à la non-déclaration de l'objet omis, et qu'elle est en conséquence passible des mêmes peines que le défaut de déclaration dans le délai légal.

1536. **Pénalités.** — Les accroissements entre vifs étant assimilés aux donations entre vifs d'immeubles, notamment sous le rapport des peines, il en résulte que les associés restants sont passibles d'un droit en sus, au minimum de 50 fr., à défaut de déclaration dans le délai prescrit. Quant à l'associé sortant, il se rend lui-même débiteur personnel et sans recours d'un second droit en sus semblable, s'il néglige de suppléer, dans le délai de grâce qui lui est octroyé à cet effet, au défaut de déclaration des associés sortants. L. 22 frim. an 7, art. 38; 27 vent. an 9, art. 4; 23 août 1871, art. 14.

Les insuffisances d'évaluation sont punies d'un droit en sus ou exemptes de toute pénalité par application de l'art. 5 de la loi du 27 vent. an 9, suivant les distinctions établies *infra*, n° 1541.

1537. **Bureau compétent.** — Les donations entre vifs d'immeubles peuvent être enregistrées ou, s'il y a lieu, déclarées dans tous les bureaux indistinctement. (L. 22 frim. an 7, art. 26.) Les déclarations relatives aux accroissements entre vifs peuvent être passées, par suite, dans tel bureau qu'il plait au contribuable de choisir, sans qu'il y ait lieu d'avoir égard à la situation des biens. Il en résulte que l'inconvénient que nous avons signalé *supra*, n° 1525, et qui résulte de la multiplicité des déclarations à souscrire, pour la perception du droit de mutation par décès, aux différents bureaux de la situation des biens, n'existe pas pour les accroissements entre vifs.

Art. 4. — *Moyens de contrôle. Communication.*

1538. **MOYENS DE CONTROLE.** — En décidant qu'il sera procédé à la liquidation du nouveau droit dans la forme établie par les lois en vigueur pour les transmissions d'immeubles, quel que soit d'ailleurs l'objet de l'accroissement, qu'il soit mobilier ou immobilier, le législateur a entendu conférer à l'Administration la faculté de se servir de tous les moyens de preuve dont elle dispose en matière de donations immobilières et de mutations par décès de même nature, soit pour démontrer l'existence de la transmission ou la consistance des biens soumis à l'impôt, soit pour contrôler les évaluations des parties, la liquidation exacte des droits étant essentiellement subordonnée à la détermination rigoureuse de la valeur imposable.

1539. **Preuve de la mutation.** — Une première application de ce principe est faite en ces termes par l'Instr. n° 2651, au sujet des accroissements entre vifs : « Les mutations mobilières ou immobilières résultant d'accroissements non déclarés dans le délai de trois mois ou faisant l'objet de déclarations incomplètes, seront établies conformément à l'art. 12 de la loi du 22 frim. an 7, qui porte : « La mutation d'un immeuble en propriété ou usufruit sera suffisamment établie, pour la demande du droit d'enregistrement et la poursuite du payement contre le nouveau possesseur, soit par l'inscription de son nom au rôle de la contribution foncière, et des payements par lui faits d'après ce rôle, soit par des baux par lui passés, ou enfin par des transactions ou autres actes constatant sa propriété ou son usufruit. »

« C'est surtout en rapprochant les actes de toute nature successivement faits par les sociétés ou associations régies par l'art. 4 que l'on pourra reconnaître les changements survenus dans leur personnel, et, par suite, les retraites d'associés ayant produit l'accroissement sujet au droit de donation. »

Les accroissements entre vifs peuvent d'ailleurs être constatés à l'aide de présomptions simples résultant d'actes ou pièces opposables aux parties, et notamment des documents de l'association dont il appartient à l'Administration de prendre communication.

Les mêmes modes de preuve sont admissibles en matière d'accroissements par décès.

En un mot, pour démontrer l'existence des accroissements, soit entre vifs, soit par décès, l'Administration peut recourir à tous les modes de preuve compatibles avec la procédure écrite dont il ne lui est pas permis de s'écarter.

1540. **Omissions.** — Les omissions commises dans les déclarations d'accroissement, soit entre vifs, soit par décès, peuvent également se démontrer par tous les moyens en harmonie avec les règles de l'instruction écrite. Cela résulte, en ce qui concerne les accroissements entre vifs, de ce qui a été dit *supra*, nos 1535 et 1539, et, en ce qui touche les accroissements par décès, de ce que tous les modes de preuve dont il vient d'être parlé sont autorisés quand il s'agit de l'existence d'une omission immobilière dans une déclaration de succession.

1541. **Insuffisance. Expertise.** — La voie de l'expertise est ouverte à l'Administration à l'effet de contrôler les évaluations fournies par les parties pour la perception des droits. Il n'y a pas à distinguer à cet égard entre les meubles et les immeubles : la loi a pris soin de prohiber toute distinction de cette nature en disposant d'une manière générale que la liquidation de l'impôt aurait lieu dans la forme établie pour les transmissions immobilières. V. *supra*, n° 1438.

La déclaration estimative des meubles doit en faire connaître la valeur réelle; il en résulte que l'expertise des biens meubles doit nécessairement porter sur la valeur vénale de ces biens, à l'exclusion du revenu. Par voie de conséquence, elle doit être demandée, sous peine de déchéance, dans l'année à compter du jour de la déclaration critiquée, et suivie selon les règles tracées pour les expertises d'immeubles transmis à titre onéreux. Les frais ne tombent à la charge de la partie et le droit en sus n'est exigible qu'autant que l'insuffisance constatée excède d'un huitième la valeur déclarée. Comp. *supra*, n° 1437.

L'expertise des immeubles doit au contraire avoir le revenu pour objet, puisque c'est le revenu qui sert de base à la perception relativement aux immeubles. Elle doit être requise dans les deux ans de la déclaration incriminée; la procédure à observer est celle qui est applicable en matière de transmission d'immeubles à titre gratuit ou par décès. Le droit en sus est encouru et la partie doit supporter les frais de l'opération dès qu'une insuffisance est constatée, si minime qu'en soit le chiffre.

Les insuffisances de revenu peuvent, en outre, être établies par les actes faisant connaître le véritable revenu des biens. L. 22 frim. an 7, art. 19.

Quant aux insuffisances de valeur vénale, elles ne peuvent être démontrées qu'au moyen de l'expertise, car c'est le seul mode qui soit autorisé pour administrer la preuve des insuffisances de cette nature dans les actes translatifs d'immeubles; or, — c'est un point qu'il importe de ne pas perdre de vue, — la loi de 1880 assimile les meubles aux immeubles pour la constatation et la répression des contraventions. Conf. de Lacoste-Lareymondie, 2e app., p. 79.

Enfin, il est admis sans difficulté qu'il n'y a pas lieu d'étendre aux insuffisances d'estimation, soit de valeur vénale, soit de revenu, la disposition de l'art. 13 de la loi du 23 août 1871 sur les dissimulations de prix, tandis que cette disposition, en ce qui concerne du moins le mode de preuve qu'elle autorise, est applicable en matière d'impôt sur le revenu. Inst., n° 2651, n° 65; Comp. *supra*, n° 1440.

1542. **COMMUNICATION.** — Les congrégations, communautés et associations religieuses, sont assujetties au droit de communication par l'avant-dernier alinéa de l'art. 9 de la loi du 29 déc. 1884. Nous avons fait connaître *supra*, nos 1441 et suiv., les conditions d'exercice et l'étendue de ce droit. Nous nous contenterons de rappeler ici qu'il permet aux agents de se reporter, dans les congrégations et communautés, aux registres sur lesquels sont constatées les entrées en religion et les sorties. Lille, 21 janv. 1888; Cass., 14 mai 1889, *supra*, n° 1443.

L'Administration se trouve ainsi à même de connaître exactement, pour la perception du droit d'accroissement, le nombre des membres de l'association, de même que les décès et les retraites survenus dans le sein de cette dernière.

Quant aux sociétés et associations non religieuses, régies par l'art. 4 de la loi du 28 déc. 1880, et qui ne sont assujetties au droit d'accroissement que parce qu'elles ont inséré dans leurs statuts la clause d'adjonction et de réversion prévue par cette disposition, elles ne sont pas soumises, comme telles, au droit de communication. Il peut se faire sans doute qu'elles y soient assujetties, mais à un autre titre, par exemple si elles se sont interdit la distribution totale ou partielle de leurs produits, et placées ainsi, relativement à la taxe de 3 p. 100 sur le revenu, sous l'empire des art. 3 de la loi de 1880 et 9 précité de la loi de 1884 (*supra*, n° 1441).

Art. 5. — *Poursuites et instances. Prescription.*

1543. **POURSUITES ET INSTANCES.** — Ni la loi de 1880 ni celle de 1884 ne renferment de disposition particulière au recouvrement du droit d'accroissement. Les poursuites et instances relatives au payement de ce droit doivent en conséquence être engagées et suivies conformément aux règles de la procédure spéciale en matière d'enregistrement.

1544. **PRESCRIPTION.** — Les lois de 1880 et de 1884 sont également muettes au sujet de la prescription des droits de succession et de donation qu'elles édictent. Il convient donc d'appliquer, suivant les cas, les dispositions relatives à la prescription ordinaire des droits et des peines, soit en matière de mutation par décès, soit en matière de transmission entre vifs d'immeubles à titre gratuit.

FIN DU TRAITÉ

APPENDICE

1545. Observation générale.—Pendant le temps nécessaire à l'impression de notre traité, quelques documents nouveaux ont paru, trop tard pour y trouver leur place. Nous les publions dans cet appendice, avec l'indication des références à faire aux n^{os} de notre ouvrage qu'ils complètent ou qu'ils modifient. Il suffira donc à nos lecteurs d'effectuer les annotations prescrites à la suite de chacun des articles qui suivent pour posséder un ouvrage complètement au courant de la jurisprudence jusqu'au 1er janvier 1891.

1546. Agents de change. Négociation des effets publics et autres valeurs de bourse. Marchés à terme. Règlement. — *Décret du 7 oct.* 1890 (*Journ. off. du* 8 *oct.* 1890), *portant règlement d'administration publique pour l'exécution de l'art.* 90 *du Code de commerce et de la loi du* 28 *mars* 1885 (22,572 *J.*) *sur les marchés à terme.* — Nous avons, dans le cours de notre traité, donné quelques indications sommaires sur les règles auxquelles sont soumises les négociations des effets publics et autres valeurs de bourse, ainsi que sur le rôle des agents de change et de leurs chambres syndicales. (V. *supra*, n°s 378, 407, 1079, 1108.) Depuis lors, un décret du 7 oct. 1890 a réglementé la matière dans tous ses détails. Le titre Ier contient des dispositions générales sur la nomination des agents de change, la création et la suppression des offices, la création et la suppression des parquets, l'organisation des chambres syndicales, la composition et la réunion des assemblées générales, et la mission des fondés de pouvoirs et autres auxiliaires des agents de change. Il nous suffit de signaler cette réglementation nouvelle à l'attention de nos lecteurs.

Les titres II, III, IV et V sont relatifs aux négociations des effets publics et autres titres susceptibles d'être cotés; aux certifications et légalisations que les agents de change sont chargés de délivrer en vue du transfert des titres; enfin aux règles à suivre pour déterminer la cote des cours des valeurs vendues à la Bourse. Cette partie du décret rentre entièrement dans le cadre de notre traité, et les dispositions qui s'y trouvent contenues peuvent être utilement consultées pour l'intelligence des diverses questions que nous avons eu à examiner. Voici le texte de ces dispositions :

TITRE II.

DES NÉGOCIATIONS.

CHAPITRE Ier. — DISPOSITIONS GÉNÉRALES.

Art. 38. — Les négociations sont effectuées par les agents de change moyennant un courtage dont le taux est déterminé, pour chaque place, par la chambre syndicale, ou, s'il n'y a pas de chambre syndicale, par le tribunal de commerce, dans les limites d'un tarif maximum fixé, sur la proposition de la chambre syndicale et après avis de la chambre et du tribunal de commerce, par un décret rendu dans la forme des règlements d'administration publique et contresigné, suivant la distinction spécifiée à l'art. 2, par le ministre des finances ou par le ministre du commerce et de l'industrie.

Le taux de courtage ainsi déterminé est obligatoire pour les agents de change.

Jusqu'à ce que les droits de courtage aient été, s'il y a lieu, fixés conformément à ces dispositions, les droits actuels continueront à être perçus.

Art. 39. — Les agents de change ne peuvent former entre eux aucune association particulière pour les opérations de leur ministère.

Art. 40. — Les agents de change doivent garder le secret le plus inviolable aux personnes qui les chargent de négociations, à moins que les parties ne consentent à être nommées ou que la nature de l'opération ne l'exige, et sans préjudice du droit d'investigation qui appartient à la chambre syndicale aux termes de l'art. 22, et qu'elle n'exerce elle-même que sous le sceau du secret professionnel.

Art. 41. — Toute opération conclue par un agent de change est portée, au moment où elle est faite, sur un carnet dont le modèle est déterminé par les chambres syndicales, et qui est indépendant du registre prévu à l'art. 84 du Code de commerce.

Il en est de même en ce qui concerne les négociations conclues par les commis principaux dans les conditions déterminées à l'art. 35.

Art. 42. — Les agents de change sont tenus de délivrer un reçu des fonds ou des valeurs qui leur sont remis.

CHAPITRE II. — DE LA NÉGOCIATION DES EFFETS PUBLICS ET AUTRES SUSCEPTIBLES D'ÊTRE COTÉS.

Section 1. — Règles communes aux marchés au comptant et aux marchés à terme.

Art. 43. — Lorsqu'une bourse a été instituée, les agents de change se réunissent à cette bourse, pour y procéder entre eux aux négociations, aux heures déterminées par l'autorité municipale après avis de la chambre syndicale, ou, s'il n'y a pas de chambre syndicale, après avis du tribunal de commerce.

Les prix offerts et demandés sont, pour les négociations au comptant, préalablement inscrits sur un registre spécial. Les règlements prévus à l'art. 82 peuvent appliquer les mêmes règles aux négociations à terme. Les prix offerts et demandés sont dans tous les cas, dans les bourses pourvues d'un parquet, annoncés à haute voix.

Les mêmes règles doivent être suivies pour l'exécution par voie d'application des ordres en sens contraire reçus par le même agent de change. L'agent de change, avant de réaliser l'application, fait constater par un des membres de la chambre syndicale l'absence de demandes ou d'offres plus favorables.

Art. 44. — Les dispositions de l'article précédent ne sont pas applicables aux marchés au premier cours, au dernier cours ou au cours moyen.

Art. 45. — La chambre syndicale, ou, lorsqu'il n'y a pas de chambre syndicale, le tribunal de commerce peut toujours autoriser ou ordonner l'emploi, pour des valeurs déterminées, de la procédure spéciale indiquée au § 3 de l'art. 70.

Art. 46. — Les négociations ne portent que sur des quantités, sans aucune spécification, par voie d'indication de numéros ou autrement, des titres négociés.

Art. 47. — Les agents de change ne se livrent entre eux que des valeurs au porteur, sauf en ce qui concerne les valeurs qui ne peuvent, d'après la loi ou d'après les statuts de l'établissement émetteur, affecter d'autre forme que la forme nominative, et les autres valeurs qui seraient spécialement déterminées par les règlements prévus à l'art. 82.

Art. 48. — L'agent de change qui aurait livré un titre irrégulier, amorti, frappé d'opposition entre ses mains ou figurant au *Bulletin officiel des oppositions*, est tenu, indépendamment de tous dommages et intérêts, s'il y a lieu, de livrer un autre titre dans les trois jours au plus tard à partir de la réclamation.

Art. 49. — Les agents de change peuvent faire effectuer en leur nom, sous la dénomination de transferts d'ordre, des transferts provisoires. Ces transferts ne conservent leur caractère provisoire que pendant un délai de dix jours, à l'expiration duquel ils sont considérés comme définitivement opérés au nom de l'agent de change.

Si, avant l'expiration de ce délai, l'agent de change acheteur a notifié à l'établissement émetteur par acte extrajudiciaire le nom de son donneur d'ordre, le transfert effectué au nom de cet agent de change sera considéré, à partir du moment où le transfert aura été réalisé au nom du donneur d'ordre ainsi désigné, comme n'ayant jamais été opéré.

Les transferts d'ordre peuvent être effectués même au profit des agents de change porteurs de la procuration du vendeur.

Art. 50. — Le point de départ de la jouissance pour l'acheteur des valeurs négociées est déterminé, suivant le cas, par les règlements prévus à l'art. 82, sous la réserve des dispositions arrêtées par le ministre des finances en ce qui touche la négociation des rentes sur l'Etat et autres valeurs du Trésor.

Art. 51. — Les règlements prévus à l'art. 82 déterminent l'époque à partir de laquelle, avant chaque tirage, les valeurs amortissables par voie de tirage au sort ne sont, sauf convention contraire formellement exprimée, négociées que livrables après tirage.

En ce qui concerne les valeurs dont la possession vient à comporter soit un avantage particulier, tel qu'un droit privilégié de souscription, soit une charge déterminée, telle qu'un appel de versement, les mêmes règlements déterminent les époques à partir desquelles les négociations ne peuvent plus porter, sauf convention contraire formellement exprimée, que sur des valeurs ayant bénéficié de cet avantage ou ayant satisfait à cette charge.

Ces règlements déterminent de même les époques à partir desquelles, en cas de conversion, les négociations ne peuvent plus porter, sauf convention contraire formellement exprimée, que sur les nouveaux titres.

Art. 52. — Les délais de livraison, d'acceptation et de payement, soit en ce qui concerne les rapports des agents de change entre eux, soit en ce qui concerne les rapports entre les agents de change et leurs donneurs d'ordres, sont déterminés par les règlements prévus à l'art. 82.

Art. 53. — A défaut, soit d'acceptation ou de payement par l'agent de change acheteur, soit de livraison par l'agent de change vendeur, la revente ou l'achat des valeurs négociées peuvent être, à la requête de l'agent de change avec lequel la négociation a été faite, effectués par l'intermédiaire du syndic ou d'un adjoint de service, aux risques et périls de l'agent de change en défaut.

Les formalités et les délais de la revente ou de l'achat d'office, qui peuvent être exécutés suivant conventions particulières, sont déterminés par les règlements prévus à l'art. 82.

Art. 54. — Sauf convention contraire, l'agent de change qui effectue une négociation répond envers son donneur d'ordre de l'exécution de cette négociation par l'agent de change avec lequel elle a été effectuée.

Art. 55. — Si, en dehors de toute contestation sur le fond du droit, la livraison ou le payement n'est pas effectué par l'agent de change dans les délais réglementaires, le donneur d'ordre peut, après l'avoir mis en demeure par acte extrajudiciaire, notifier en la même forme, dans le délai de vingt-quatre heures, cette mise en demeure à la chambre syndicale.

Au reçu de cette notification, la chambre syndicale prend, à l'égard de l'agent de change, les mesures propres à assurer l'exécution du marché. Elle l'exécute elle-même au besoin, au mieux des intérêts du donneur d'ordre et pour le compte et aux risques et périls de l'agent de change en défaut. Elle ne peut s'y refuser qu'en dénonçant la situation, dans le délai de quinze jours, au président du tribunal de commerce.

Art. 56. — Lorsque la chambre syndicale a constaté qu'un agent de change cesse d'exécuter les marchés qui le lient à ses confrères, ces marchés sont liquidés dans les conditions déterminées par les règlements prévus à l'art. 82, en prenant pour base le cours moyen du jour de cette constatation. Les créances que cette liquidation peut faire ressortir en faveur de l'agent de change défaillant ne sont exigibles qu'à l'échéance primitive de chacune des opérations liquidées.

Les donneurs d'ordres sont mis par l'administrateur provisoire de la charge en demeure d'opter sans délai entre la liquidation de leur marché dans les conditions ci-dessus spécifiées et le maintien de leur position chez l'agent de change défaillant.

Art. 57. — Les négociations faites par les chambres syndicales et les transferts effectués en leur nom sont soumis aux dispositions du présent règlement.

Section 2. — Règles spéciales aux marchés au comptant.

Art. 58. — L'agent de change est en droit d'exiger que le donneur d'ordre lui remette, avant toute négociation, les effets à négocier ou les fonds destinés à acquitter le montant de la négociation.

Art. 59. — Dans le cas où, après avertissement par lettre recommandée, le donneur d'ordre n'a pas, dans le délai de trois jours à partir de l'envoi de cette lettre, remis soit les valeurs accompagnées, s'il y a lieu, d'une déclaration de transfert, soit les fonds destinés à acquitter le montant de la négociation, et accompagnés, le cas échéant, de son acceptation, l'agent de change a le droit de procéder sans autre mise en demeure, aux risques et périls du donneur d'ordre, à l'achat de valeurs semblables ou à la vente des valeurs acquises.

Section 3. — Règles spéciales aux marchés à terme.

Art. 60. — Les négociations à terme se font pour les échéances et pour les quotités déterminées par les règlements prévus à l'art. 82.

Art. 61. — L'agent de change est en droit d'exiger, avant d'accepter un ordre et sauf à faire compte à l'échéance, la remise d'une couverture.

Lorsque cette couverture consiste en valeurs, l'agent de change a le droit de les aliéner et de s'en appliquer le prix faute de livraison ou de payement à l'échéance par le donneur d'ordre.

Art. 62. — Lorsque le donneur d'ordre s'est réservé la faculté d'abandonner le marché moyennant une prime, la couverture exigée ne peut être supérieure au montant de la prime, sauf à l'agent de change à exiger qu'il lui soit remis, le jour de la réponse et dans un délai déterminé avant l'heure fixée, comme il est dit à l'art. 64, un supplément de couverture. Faute par le donneur d'ordre de satisfaire à cette demande, l'agent de change est en droit de liquider l'opération à l'expiration du délai imparti au donneur d'ordre.

Art. 63. — L'acheteur a toujours la faculté de se faire livrer par anticipation, au moyen de l'escompte, les valeurs négociées, soit qu'il ait traité ferme, soit qu'il ait traité à prime. Les escomptes donnent lieu à une liquidation anticipée dont les conditions sont fixées par les règlements prévus à l'art. 82.

Dans aucun cas, celui qui a bénéficié d'un avantage quelconque pour effectuer une livraison en report ne peut user de la faculté d'escompte.

Art. 64. — Les règlements prévus à l'art. 82 fixent les jours et les heures auxquelles les déclarations de consolidation ou d'abandon des marchés à prime doivent intervenir.

Du moment où le marché est consolidé, la convention est, sous réserve des dispositions prévues à l'art. 62, soumise à toutes les règles des négociations fermes.

Art. 65. — A chacune des échéances fixées comme il est dit à l'art. 60, il est procédé, dans les délais déterminés par les règlements prévus à l'art. 82, à la liquidation générale des opérations engagées pour cette échéance.

Art. 66. — Toutes les opérations engagées chez chaque agent de change par un même donneur d'ordre sont compensées en deniers et en titres de même nature.

Les opérations engagées chez plusieurs agents de change par un ou plusieurs donneurs d'ordres peuvent de même être compensées, si les diverses parties intéressées y consentent.

Art. 67. — Les compensations sont établies d'après un cours uniforme déterminé par le syndic ou un adjoint de service, d'après les cours cotés le premier jour de la liquidation des différentes valeurs.

Le cours ainsi fixé est également celui sur lequel s'effectuent les reports.

Il est immédiatement affiché à la Bourse.

Art. 68. — Toutes les opérations entre agents de change sont soumises à une liquidation centrale effectuée par les soins de la chambre syndicale.

Par l'effet de cette liquidation, toutes les opérations entre agents de change sont compensées, de façon à faire ressortir le solde en deniers ou en titres à la charge ou au profit de chacun d'eux; les différents soldes débiteurs ou créditeurs sont réglés par l'intermédiaire de la chambre syndicale.

Art. 69. — Lorsque le donneur d'ordre n'a point, le premier jour de la liquidation des diverses valeurs et avant la bourse, remis à l'agent de change, suivant les cas, les titres accompagnés, s'il y a lieu, de la déclaration de transfert, ou les fonds accompagnés, le cas échéant, de son acceptation, l'agent de change peut exercer, sans qu'il soit besoin d'une mise en demeure préalable, et à l'égard de toutes les opérations engagées par le donneur d'ordre en défaut, les droits spécifiés à l'art. 59.

Les droits de l'agent de change sont les mêmes à l'égard du donneur d'ordre dont les opérations ont été reportées en tout ou en partie, s'il ne remplit ses obligations avant la fin de la liquidation.

Section 4. — Dispositions spéciales aux négociations judiciaires ou forcées et à la négociation de valeurs appartenant à des mineurs ou à des interdits.

Art. 70. — Lorsqu'un agent de change est commis par justice à l'effet de négocier des valeurs, il doit faire apposer, vingt-quatre heures au moins avant la négociation, une affiche signée de lui dans l'intérieur de la Bourse, dans ses bureaux ou dans tout autre endroit désigné par le juge.

Cette affiche indique la nature des valeurs à négocier, leurs quantités, la décision en vertu de laquelle la négociation est effectuée, le nom de l'agent de change chargé de la négociation et les jours auxquels cette négociation aura lieu.

Pour les valeurs qui ne figurent pas à la partie officielle de la cote, des enchères sont ouvertes et reçues avec faculté de surenchère pendant les délais et sous les conditions déterminées par la chambre syndicale, ou, s'il n'y a pas de chambre syndicale, par le tribunal de commerce.

La chambre syndicale, ou, s'il n'y a pas de chambre syndicale, le tribunal de commerce peut toujours décider que cette procédure sera appliquée même à des valeurs figurant à la partie officielle de la cote.

Art. 71. — Les formalités prescrites par les deux premiers paragraphes de l'article précédent s'appliquent :

1° A la négociation des valeurs réalisées en vertu de l'art. 93 du Code de commerce, après que l'agent de change s'est fait justifier de l'accomplissement des formalités prévues par cet article;

2° A la négociation des valeurs réalisées pour défaut de versement des termes appelés, à moins que les statuts de l'établissement qui exige la réalisation ne contiennent, sur ce point, des dispositions particulières.

La Chambre syndicale, ou, s'il n'y a pas de chambre syndicale, le tribunal de commerce peut toujours, pour ces diverses négociations, autoriser ou ordonner l'emploi de la procédure spéciale indiquée au paragraphe 3 de l'article précédent.

Art. 72. — Avant de procéder à la négociation de valeurs appartenant à des mineurs ou à des interdits, l'agent de change doit s'assurer que la négociation a été autorisée dans les conditions déterminées par la loi du 27 fév. 1880.

Art. 73. — Dans les divers cas prévus aux art. 70 à 72, le bordereau de l'agent de change constitue le procès-verbal de la vente. Il contient la spécification des titres vendus.

CHAPITRE III. — DES NÉGOCIATIONS D'EFFETS COMMERÇABLES ET DE VALEURS MÉTALLIQUES.

Art. 74. — Les bordereaux auxquels donnent lieu les négociations de lettres de change ou de billets constatent la quantité, la nature, l'échéance et le prix des effets.

Art. 75. — Les mêmes règles s'appliquent à la négociation par les agents de change des matières métalliques.

TITRE III.

DES CERTIFICATIONS ET LÉGALISATIONS.

Art. 76. — Les agents de change délivrent les certifications exigées pour le transfert des inscriptions au grand-livre de la dette publique dans les conditions prévues par l'arrêté des consuls du 27 prair. an 10, l'ordonnance royale du 14 avril 1819 et les décrets des 12 juil. 1883 et 10 juin 1884.

Ils délivrent toutes autres certifications prévues par des dispositions de lois ou de règlements d'administration publique.

Ils peuvent délivrer toutes les certifications et légalisations autres que celles déterminées ci-dessus que comporteraient, d'après les statuts des établissements qui les ont émises, les opérations diverses relatives aux valeurs mobilières.

Le tarif applicable aux certifications émanées d'agents de change qui n'ont pas participé à la négociation est déterminé dans les mêmes conditions que le taux de courtage mentionné à l'art. 38.

TITRE IV.

DE LA COTE DES COURS.

Art. 77. — Les cours successivement déterminés par les négociations au comptant sont, au fur et à mesure qu'ils se produisent, inscrits sur un registre spécial. Les règlements prévus à l'art. 82 peuvent prescrire le même procédé pour les négociations à terme.

Dans tous les cas les agents de change se réunissent à l'issue de la Bourse pour vérifier et arrêter la cote des cours pour les valeurs, le change et les matières métalliques.

Art. 78. — Aussitôt que le bulletin de la cote a été arrêté dans les conditions fixées au deuxième paragraphe de l'article précédent, il est signé par le syndic, affiché dans l'intérieur de la Bourse et publié par les soins de la chambre syndicale.

Une copie de ce bulletin est adressée immédiatement au préfet ainsi qu'au ministre des finances ou au ministre du commerce et de l'industrie, suivant la distinction spécifiée à l'art. 2.

Art. 79. — Le bulletin de la cote indique au moins le premier et le dernier cours ainsi que le plus haut et le plus bas des cours auxquels des marchés ont été conclus.

Il mentionne en outre les autres indications propres à intéresser le public et fait connaître, en particulier, les valeurs qui ne sont livrables que nominatives et les époques de jouissance déterminées comme il est dit à l'art. 50.

Il peut également mentionner le cours moyen des effets cotés au comptant. Ce cours moyen est établi en prenant la moyenne entre le cours le plus haut et le cours le plus bas.

Art. 80. — Dans les bourses pourvues d'un parquet, le bulletin de la cote comporte une partie permanente dite « officielle », comprenant les valeurs qui ont été préalablement reconnues par la chambre syndicale donner lieu ou pouvoir donner lieu sur la place à un nombre suffisant de transactions. Les fonds d'Etat français y sont portés de droit.

Les valeurs non comprises dans cette partie officielle figurent à la seconde partie du bulletin de la cote. Les règlements prévus à l'art. 82 décident si ces deux parties seront publiées séparément ou donneront lieu à une publication unique.

TITRE V.

DISPOSITIONS PARTICULIÈRES.

Art. 81. — Il n'est pas dérogé aux règlements actuels en ce qui concerne les valeurs étrangères.

Art. 82. — Il est statué par des règlements particuliers délibérés par les compagnies d'agents de change, homologués, suivant les cas, par le ministre des finances ou par le ministre du commerce et de l'industrie, et publiés au *Journal officiel*, sur les points spécifiés aux art. 26, 29, 31, 35, 43, 47, 50, 51, 52, 53, 56, 60, 63, 64, 65, 77 et 80, ainsi que sur les conditions d'exécution des marchés non réglées par le présent décret.

Art. 83. — Toutes dispositions contraires au présent décret sont et demeurent abrogées.

Annoter *supra*, nos 378, 407, 1079 et 1108.

1547. **Dispositions générales. Modifications statutaires entraînant ou non création de société nouvelle. Interprétation. Contrôle de la Cour de cassation.** — *Cour de cass. (ch. civ.), 29 juil.* 1890. — Nous avons, dans notre première partie, examiné les effets des modifications introduites dans les statuts d'une société sur la persistance ou l'anéantissement de l'être moral. Cette question, ainsi que nous l'avons fait remarquer (*supra*, nos 41 et suiv.), exerce une influence directe sur la solution d'un certain nombre de difficultés auxquelles donne lieu la perception des impôts qui font l'objet de notre étude. Il est donc intéressant de connaître, en cette matière, le dernier état de la jurisprudence. Un arrêt du 29 juil. 1890, rendu par la chambre civile dans une affaire qui avait donné lieu à un jugement du tribunal de Rennes du 26 mai 1884, rappelé *supra* n° 52, a donné une consécration formelle à la doctrine que nous avons enseignée, en décidant comme nous que, pour apprécier dans une société l'effet des modifications statutaires au point de vue de la survivance de l'être moral, il convient d'envisager non pas telle ou telle clause modificative, mais l'ensemble des changements apportés par les nouvelles conventions au pacte social. Aux termes de cet arrêt, dont le texte a été publié, avec nos observations, sous l'art. 23,477 du Journal, la Cour de cassation, dans l'application des lois sur l'enregistrement, a, sur le véritable sens des conventions, un droit de contrôle dont l'exercice ne saurait être paralysé par les interprétations des tribunaux civils.

Les modifications apportées aux statuts d'une société, lorsqu'elles ont pour effet, d'une part, de transformer une société en commandite par actions en société anonyme, alors que cette transformation n'était pas prévue par les statuts, et, d'autre part, d'apporter aux opérations de la société primitive une extension qui, sans avoir été non plus ni permise ni autorisée par les statuts, a été telle que l'objet de la société s'est trouvé complètement changé, entraînent la dissolution de l'ancien pacte social et la constitution d'une société nouvelle.

« Attendu, porte cette décision, que, dans l'application des lois sur l'Enregistrement, la Cour de cassation a, sur le véritable sens des conventions, un droit de contrôle dont l'exercice ne saurait être paralysé par les interprétations des tribunaux civils;

« Attendu qu'il est constaté par le jugement lui-même que, suivant acte notarié du 20 avril 1880, il a été apporté aux statuts de la société en commandite par actions des mines de Pontpéan des modifications consistant notamment en la transformation de ladite société en société anonyme, et en ce que, tandis que la société en commandite par actions avait uniquement pour objet l'extraction du minerai de la mine de Pontpéan, les opérations de la société anonyme ont été étendues à l'exploitation de toutes les autres mines métallurgiques ou carbonifères dont l'assemblée générale approuverait l'acquisition ou l'amodiation, à l'achat de tous minerais que la société trouverait avantage à traiter ou à revendre, à l'exploitation des fonderies ou de tous autres établissements de ce genre qu'elle trouverait utile de créer, au commerce de la houille, à la vente des produits des usines et fonderies, et généralement de tout ce qui pourrait se rattacher à son exploitation;

« Attendu qu'il résulte encore des constatations du jugement attaqué qu'aux termes de l'art. 5 des statuts de la société anonyme, le fonds social de celle-ci se compose de tout l'actif et de tout le passif de la société en commandite par actions;

« Attendu, sans qu'il soit besoin d'examiner si la transformation de la société en commandite par actions en une société anonyme, alors que les statuts ne l'avaient ni prévue ni permise, peut avoir pour résultat de substituer une nouvelle personne morale à l'ancienne, que, dans l'espèce, il a été apporté aux opérations de la société primitive une extension qui, sans avoir été non plus ni permise ni autorisée par les statuts, a été telle que l'objet de la société s'est trouvé complètement changé. » 23,477 J.; 7450 R. p.

1548. Nous avons cru devoir, dans notre traité, nous rallier à l'opinion d'après laquelle la conversion d'une société en commandite par actions en société anonyme emporte, en principe, et sans qu'il soit besoin d'autres modifications, constitution d'une société nouvelle. La question toutefois est controversée. (V. les arrêts cités *supra*, n° 51.) Dans l'arrêt que nous recueillons, la Cour de cassation s'est abstenue de la trancher. Mais l'Administration ayant, sur ce point, soutenu la même thèse que nous dans son mémoire ampliatif, nous en concluons qu'elle n'hésiterait pas à admettre qu'il y a changement d'être moral dans le cas où une société en commandite par actions se borne à se reconstituer sous la forme d'une société anonyme à laquelle elle apporte tous ses droits actifs et passifs.

Annoter *supra*, nos 41 et 51.

1549. **Timbre. Abonnement. Emission, après l'abonnement, de titres non effectivement timbrés.** — *Sol. 10 nov.* 1888. — Nous avons enseigné, art. 259 de notre traité, qu'une société qui a contracté un abonnement pour le payement du droit de timbre sur ses actions, encourt, nonobstant cet abonnement, l'amende de 12 p. 100, si elle émet les titres pour lesquels l'abonnement a été souscrit sans les avoir extraits d'un registre à souche dûment et préalablement timbré sur la souche et sur le talon.

Toutefois, une solution du 10 nov. 1888, tout récemment publiée (7254 R. p.), a interprété la loi du 5 juin 1850 dans un sens plus libéral. Elle décide que l'amende de 12 p. 100 n'est due que pour défaut de timbre, et seulement au cas où le défaut de timbre est le résultat du défaut de payement des droits, soit au comptant, soit par voie d'abonnement. Dans l'hypothèse prévue, il ne serait dû, aux termes de cette décision, que l'amende de 50 francs pour contravention à l'art. 5 du décret du 27 juill. 1850.

D'après les motifs exposés par l'Administration, « l'amende de 12 p. 100 est prononcée par l'art. 18 de la loi de 1850 contre « toute société, compagnie ou entreprise qui sera convaincue d'avoir émis une action en contravention à l'art. 14 », c'est-à-dire sans le payement préalable du droit de timbre. Si l'art. 22 déclare cette disposition applicable « même en cas d'abonnement », il doit être entendu en ce sens que l'abonnement contracté après l'émission des titres non timbrés ne dispenserait pas la société de l'amende encourue pour cette émission irrégulière. L'amende de 12 p. 100 est donc prononcée pour défaut de timbre, mais seulement au cas où le défaut de timbre est le résultat du défaut de payement; elle est due pour l'omission du payement au comptant ou de la formalité de l'abonnement. — Conf. Rép. pér., n° 2128.

« Dans l'espèce, il s'agit d'une société constituée le 6 mars 1872 et qui avait contracté, le 18 mars suivant, un abonnement pour le timbre de ses actions. Elle avait donc rempli la formalité destinée à remplacer le payement immédiat du droit de timbre et satisfait, par conséquent, aux obligations préalables auxquelles la loi subordonne l'émission des titres.

« Du moment où il n'est pas établi que des actions avaient été émises avant la date de l'abonnement, l'amende de 12 p. 100 ne saurait être exigée.

« Mais la société était tenue de se conformer aux prescriptions de l'art. 5 du décret réglementaire du 27 juill. 1850, portant qu'en cas d'abonnement « la formalité (de l'apposi« tion du timbre d'abonnement) sera donnée après la souscrip« tion de cet abonnement », et il est constaté qu'elle a contrevenu à cette disposition.

« Or, l'art. 23 de la loi du 5 juin 1850 porte que « chaque « contravention aux dispositions de ce règlement sera passible « d'une amende de 50 francs. »

« C'est, par suite, cette dernière pénalité, au lieu de celle de 12 p. 100, qui se trouve applicable, dans l'espèce, à la société. »

Annoter *supra*, n° 259.

1550. Déchéance quinquennale. Compétence du ministre des finances. Point de départ de la déchéance. Autorité judiciaire. — *Seine*, 18 *juillet* 1890. — Les règles à suivre pour déterminer la compétence respective de l'autorité administrative et de l'autorité judiciaire, en matière de déchéance quinquennale, ont été résumées, d'après la jurisprudence en vigueur, sous l'art. 274 de notre traité. Depuis lors, un jugement du tribunal de la Seine, en date du 18 juill. 1890 (23,452 J.) a fait une intéressante application de ces règles. Aux termes de ce jugement, l'autorité judiciaire est incompétente pour décider si la déchéance quinquennale édictée par la loi du 29 janv. 1831 a été justement ou non opposée par le ministre des finances à une demande en restitution du droit de timbre par abonnement et de la taxe de 3 p. 100 sur les obligations d'une société. Il appartient seulement au tribunal de résoudre la question de savoir à partir de quelle époque la société a été fondée à réclamer la restitution des droits qu'elle a acquittés indûment, et, par suite, à partir de quelle époque le délai de la déchéance a pu courir, cette question nécessitant l'interprétation d'un texte de la législation fiscale. Le droit à la restitution de taxes indûment payées et, par conséquent, le délai de la déchéance, court d'ailleurs à partir du jour du payement, et non du jour de la décision de l'Administration reconnaissant que les taxes acquittées n'étaient pas dues.

Annoter *supra*, n° 274.

1551. Titres émis ou rachetés par une société et affectés à des services spéciaux. Timbre. Droit de transmission. Impôt sur le revenu. — *Seine*, 18 *juil.* 1890. — Nous avons, sous les n°s 240, 336 et 843 de ce traité, prévu l'hypothèse d'une société émettant des titres, ou rachetant des titres précédemment émis, pour les affecter à des services spéciaux, tels que caisses de retraite, de prévoyance, réserve spéciale des actionnaires, caisse des annuités, etc., et nous avons signalé les effets de cette affectation au point de vue de l'exigibilité des droits de timbre, de transmission et de la taxe sur le revenu.

Dans un jugement du 18 juill. 1890 (23,452 J.), trop récent pour avoir pu trouver place dans nos explications sur les conditions d'exigibilité du droit de timbre et du droit de transmission, mais dont une mention sommaire a été faite dans la partie relative à l'impôt sur le revenu (*supra*, n° 843), le tribunal de la Seine a donné une nouvelle consécration aux principes dont nous nous étions inspirés pour résoudre la question. Il décide que la taxe d'abonnement au timbre établie par les art. 27 et 31 de la loi du 5 juin 1850 sur les actions et obligations d'une société est due pour tous les titres souscrits, par le seul fait de leur souscription et tant qu'ils n'ont pas cessé d'exister. Doivent être considérés comme légalement existants et comme étant passibles de la taxe d'abonnement les titres d'obligations qu'une compagnie a émis ou qu'elle a rachetés pour les affecter, avec tous les avantages qu'ils représentent (intérêts, primes de remboursement, etc.), soit à des caisses ou services spéciaux dont la compagnie a la charge (caisse de retraite pour les employés, caisse de prévoyance), soit même à des comptes particuliers établis pour l'administration de son patrimoine (réserve spéciale des actionnaires, caisse des annuités).

Mais l'exigibilité de la taxe de 3 p. 100 étant subordonnée à la distribution du revenu entre les actionnaires, cette condition n'est pas remplie, et les titres ainsi affectés ne sont pas soumis à la taxe sur les intérêts qui leur sont attribués, dès lors que la création des services affectataires ne confère, d'après les statuts, aucun droit privatif à leurs adhérents; que les valeurs qui les alimentent restent la propriété de la compagnie et sont gérées, comme le surplus de son patrimoine, par ses administrateurs; qu'enfin, les fonds restant disponibles après le payement des dépenses auxquelles ces services sont destinés à pourvoir doivent, lors de la dissolution, faire retour aux actionnaires, à l'exclusion des employés intéressés dans les services affectataires.

Cette décision, fermement motivée, est ainsi conçue :

« En ce qui touche les droits de timbre :

« Attendu, en droit, que l'art. 27 de la loi du 5 juin 1850 a soumis au timbre proportionnel de 1 p. 100 de leur valeur les titres d'obligations souscrits par les compagnies et dont la cession, pour être parfaite à l'égard des tiers, n'est pas assujettie aux dispositions de l'art. 1690 C. civ.; que les compagnies peuvent, en vertu de l'art. 31 de la même loi, s'affranchir de cette obligation en contractant un abonnement pour toute la durée des titres;

« Qu'il résulte de ces textes que la taxe d'abonnement est due pour tous les titres souscrits, par le seul fait de leur souscription, et tant qu'ils n'ont pas cessé d'exister;

« Attendu que la souscription consiste dans l'engagement que contracte la compagnie de payer un capital et des intérêts, soit au porteur du titre, soit au possesseur indiqué par l'immatriculation; que cet engagement n'étant pas pris au profit d'une personne déterminée, mais de l'ayant droit à l'obligation à un titre quelconque, l'attribution de celle-ci à un tiers interposé n'est pas indispensable à l'exigibilité du droit; que ce droit est dû à partir du moment où l'obligation de la compagnie, telle qu'elle vient d'être caractérisée, a pris naissance et commencé à produire effet; qu'il est dû tant que cet engagement subsiste;

« Attendu, en fait, qu'à la différence des obligations attribuées à la réserve spéciale des actionnaires, celles affectées aux autres services ou comptes de la Compagnie de l'Est sont représentées dans leurs caisses par des certificats nominatifs qui constituent de véritables titres; que ces certificats sont émargés, à chaque échéance trimestrielle, des mentions de payement des coupons; qu'à chacune de ces échéances le montant de ces coupons figure dans les registres et documents de comptabilité, tant de la compagnie que des services attributaires ; que les obligations, dont les certificats nominatifs spécifient les numéros, participent à toutes les chances de remboursement et de tirage ; que ces obligations peuvent être remises en circulation au gré de la compagnie, et qu'en fait il paraît établi que la majeure partie de celles affectées de 1876 à 1882 au domaine privé ont été attribuées par virement à d'autres services, ce qui équivaut à une aliénation, et prouverait surabondamment, s'il en était besoin, l'existence de ces obligations;

« Qu'il est allégué, il est vrai, que les titres au porteur représentés par les certificats auraient été détruits, mais que cette circonstance importerait peu, la taxe d'abonnement étant due indépendamment de la forme des titres;

« Attendu qu'en cet état des faits la compagnie n'est pas fondée à soutenir, soit que les obligations dont il s'agit n'auraient pas été souscrites, soit qu'elles auraient été annulées; que si l'on doit admettre que la taxe d'abonnement cesse d'être exigible pour les obligations qu'une compagnie rachèterait pour amortir d'autant sa dette, il n'en saurait être de même des obligations qu'elle retire de la circulation ou s'abstient de négocier, non pour les annuler, mais pour les affecter, avec tous les avantages que présente ce genre de titres, à une destination particulière; que cette affectation même prouve la permanence des engagements en vue desquels l'impôt a été établi, et qui constituent essentiellement l'obligation;

« Que la compagnie a d'ailleurs pris soin elle-même d'expliquer, dans sa demande administrative, les motifs qui l'ont déterminée à représenter ainsi par des obligations partie de ses capitaux disponibles ou réservés; qu'elle reconnaît l'avoir fait afin de leur faire rapporter les intérêts alloués aux capitaux des autres, et d'attribuer à ses fonds le même avantage qu'aux fonds de ses prêteurs; qu'il s'agissait donc bien, dans sa pensée et de son aveu, d'un placement en obligations; que ce mode de placement lui était même formellement imposé pour les fonds des caisses de retraite par les statuts de ces caisses; que les services spéciaux dont la compagnie a la charge ou les comptes particuliers établis pour l'administration de son patrimoine bénéficiant des avantages attachés au placement en obligations, il est juste et conforme au vœu de la loi qu'elle supporte les charges auxquelles il a été assujetti dans l'intérêt du Trésor; que les perceptions opérées de ce chef ont donc été régulières, et qu'il n'y a lieu d'en ordonner la restitution;

« En ce qui touche l'impôt sur le revenu :

« Attendu que l'exigibilité de cet impôt est subordonnée à la distribution d'un revenu; que l'Administration a par ce motif consenti la restitution de la taxe afférente aux obligations attribuées au domaine privé, à la réserve spéciale des actionnaires, à la caisse des annuités et au prix Sauvage, les intérêts de ces services se confondant absolument avec ceux de la compagnie; mais qu'elle soutient que les caisses des retraites, la caisse de prévoyance et la fondation Georges, ayant été constituées en vue d'intérêts particuliers et absolument distincts des intérêts généraux de la compagnie ou de ceux de ses actionnaires, les agents qui participent aux bénéfice de ces caisses ou fondations, ont un droit privatif sur les titres qui forment leur dotation, ainsi que sur les intérêts et les primes qu'ils produisent; qu'elle en conclut qu'en attribuant à ces caisses ces intérêts et ces primes, la compagnie se libérerait d'une dette et opérerait une véritable distribution au même titre que lorsqu'elle paye les intérêts et les primes des obligations appartenant à des particuliers;

« Attendu qu'il n'est pas exact que les agents de la compagnie possèdent individuellement ou collectivement, soit un droit de propriété, soit même un droit de gage ou de privilège sur les valeurs qui alimentent les caisses de retraite ou de prévoyance; que ces valeurs restent la propriété de la compagnie, sur les recettes de laquelle elles sont d'ailleurs prélevées pour la plus grande partie; qu'elles sont gérées, comme le surplus de son patrimoine, par ses administrateurs délégués et par son directeur; qu'à l'expiration de la conversion, les fonds restant disponibles après le prélèvement des sommes nécessaires au service des pensions doivent faire retour, non aux employés, mais aux actionnaires, soit que le montant en soit effectivement réparti entre eux, soit que la compagnie l'applique au remboursement des avances de garantie que l'Etat lui a faites;

« Que les statuts des différentes caisses ne confèrent aux adhérents qu'un simple droit de créance, non pas contre ces caisses, qui n'ont ni existence ni personnalité propre, mais contre la compagnie; que c'est contre celle-ci qu'ils doivent agir, soit, s'ils sont dans les conditions requises pour les obtenir, à l'effet de se faire attribuer une retraite ou des secours temporaires, calculés, non d'après les ressources des caisses, mais d'après le chiffre de leurs traitements et cotisations et la durée de leurs services, soit, s'ils quittent la compagnie par anticipation, à l'effet d'obtenir le remboursement en principal et intérêts de leurs cotisations; que, tant que l'une ou l'autre de ces hypothèses ne s'est pas réalisée, les employés n'ont rien à réclamer et ne reçoivent rien; que l'on ne saurait sérieusement soutenir qu'ils soient tenus de payer l'impôt sur des revenus qu'ils ne touchent pas et dont ils ne bénéficieront même pas dans l'avenir, puisque, ainsi qu'il a été dit plus haut, le chiffre des retraites et des secours est déterminé d'après l'importance des cotisations fournies par chacun, et non d'après la situation plus ou moins florissante de chaque caisse; qu'ainsi c'est à tort et irrégulièrement que l'avance de la taxe dont il s'agit a été exigée de la compagnie; qu'il y a lieu d'ordonner la restitution des sommes payées de ce chef pendant les cinq années qui ont précédé la demande;

« Par ces motifs... »

Annoter *supra*, nos 240, 336 et 843.

1552. Droit de transmission. Droit au comptant ou taxe annuelle. Transferts obligatoires à l'égard de la société. — *Inst. gén.* 2 *juin* 1890, *n°* 2791, § 2. — Le droit de transmission, d'après les règles établies par la loi du 23 juin 1857, est acquitté tantôt au comptant, lors de chaque mutation, tantôt sous la forme d'une taxe annuelle payable à des époques déterminées. Les conditions respectives d'exigibilité du droit au comptant ou de la taxe annuelle ont fait l'objet d'un examen approfondi dans la troisième partie de notre ouvrage. (V. *supra*, nos 340 et suiv.) Il résulte d'un arrêt rendu par la Cour de cassation le 15 janv. 1890 (cité n° 355 *bis*), et qui constitue, en cette matière, la dernière expression de la jurisprudence, que le droit au comptant de 50 centimes p. 100, édicté par la loi du 23 juin 1857, est applicable aux actions d'une société, à l'exclusion de la taxe annuelle de 20 centimes p. 100, toutes les fois que les statuts subordonnent la transmission de ces actions à la nécessité d'un transfert sur les registres sociaux. Il en est ainsi bien que le transfert ne soit exigé expressément qu'au regard de la société, la cession restant imparfaite entre les parties tant qu'elle est inexistante à l'égard de l'être moral.

Cette règle, contraire à celle que l'Administration avait jusqu'à ce jour enseignée, a été adoptée par elle dans une instruction du 2 juin 1890, n° 2791, § 2, qui met ainsi fin à la controverse dont nous avons entretenu nos lecteurs.

1553. En exposant les motifs de sa nouvelle jurisprudence, l'Administration a cru devoir rappeler, dans un résumé très substantiel, les principes qui servent à déterminer les conditions respectives de la perception du droit au comptant et de la taxe annuelle. C'est là un document d'un grand intérêt, que notre ouvrage, pour être complet, ne peut se dispenser de recueillir. En voici la teneur:

1554. « Pour la perception du droit de transmission, la loi du 23 juin 1857 a divisé les titres nominatifs d'actions en deux catégories: ceux dont la cession ne peut se réaliser sans un transfert sur les registres de la société, et ceux dont la transmission peut s'effectuer de toute autre manière.

« Les premiers sont soumis à un droit de 50 cent. p. 100 lors de chaque transfert.

« Le droit est converti pour les seconds en une taxe annuelle et obligatoire de 20 cent. p. 100.

« A la différence des parts d'intérêt, les actions sont essentiellement cessibles, mais il appartient à la société qui les a émises de déterminer le mode suivant lequel la cession pourra s'en opérer, et, dans ce cas, la transmission des titres n'est possible que dans la forme spécifiée par les statuts. Si les parties négligent d'observer la règle établie à ce sujet par la convention sociale, le contrat de cession passé entre elles est impuissant à déplacer la propriété de l'action qui en fait l'objet, c'est-à-dire à conférer à l'acquéreur la qualité d'actionnaire (Paul Pont, t. II, n°s 909, 912).

« Le droit de 50 cent. p. 100 est par conséquent applicable, à l'exclusion de la taxe annuelle de 20 cent. p. 100, toutes les fois que les statuts subordonnent la transmission des actions à la nécessité d'un transfert sur les registres sociaux. Il importe peu que le transfert ne soit exigé expressément qu'au regard de la société, car la cession reste imparfaite entre les parties tant qu'elle est inexistante à l'égard de l'être moral. Jusque-là, en effet, le cessionnaire n'est point actionnaire, attendu que cette qualité ne peut s'acquérir que vis-à-vis de la société, avec laquelle elle implique un rapport juridique. Or, le titre d'actionnaire est inhérent à la propriété de l'action; s'il n'appartient pas au cessionnaire, à défaut de transfert sur les registres, c'est donc qu'en l'absence de cette formalité l'action elle-même ne lui appartient pas et continue d'appartenir au cédant.

1555. « Telle est la doctrine consacrée par l'arrêt ci-dessus transcrit. La Cour a reconnu, par une interprétation souveraine des statuts de la Société anonyme des manufactures de produits chimiques du Nord, qu'une déclaration de transfert dans la forme tracée par l'art. 36 du Code de commerce, c'est-à-dire signée par le cédant sur les registres de la compagnie, était indispensable pour saisir le cessionnaire de la propriété de l'action cédée; d'où cette conséquence directe que la taxe de 20 cent. p. 100 n'était pas exigible. En statuant ainsi, la Cour a confirmé sa jurisprudence antérieure. En effet, elle avait décidé déjà que le droit de 50 cent. p. 100 est seul dû quand les actions sont transmissibles par voie d'endossement et par un transfert signé sur les registres, s'il résulte des statuts que la transmission est soumise à la double opération de l'endossement d'abord et du transfert ensuite (Cass., 5 mars 1864, *Jappy*; Inst. n° 2398, § 4, *in fine*).

« La même solution a été adoptée dans une espèce où les actions avaient été stipulées transmissibles par voie d'endossement, mais avec cette restriction formelle que l'endossement ne produirait effet qu'après déclaration signée par le cédant et le cessionnaire sur un registre spécial tenu au siège de la société (Cass., 5 mars 1867, *Muller*, Inst. n° 2398, § 4, *in fine*).

« La Cour s'est également prononcée en ce sens dans un cas où les statuts de la société portaient : « L'action est « transmissible par voie d'endossement, mais cette transmis- « sion, soit qu'elle s'effectue par le ministère d'un agent de « change, soit qu'elle s'opère directement entre les parties « elles mêmes, n'a effet à l'égard de la société qu'autant que « le transfert a été régularisé par le cédant et par le cession- « naire sur un registre spécialement tenu au siège social. » (Cass., 26 janv. 1869, *Noël*, Inst. n° 2398, § 4, *in fine*.)

« Dans ces différentes espèces, la déclaration de transfert sur les registres sociaux, impérieusement exigée par les statuts, a été considérée, par interprétation du pacte social, comme une condition *sine qua non* de la mutation de la propriété des actions, et c'est pour ce motif, ainsi qu'on l'a fait observer, que la Cour a écarté la perception de la taxe annuelle et obligatoire de 20 cent. p. 100 (Comp. Cass., 26 janvier 1869, *Société houillère de Liévin*, Dalloz, 69, 1, 355; 30 déc. 1884, Inst. n° 2716, § 3).

1556. « A l'inverse, la Cour a reconnu l'exigibilité de cette taxe toutes les fois que le transfert sur les registres, au lieu d'être imposé par les statuts comme une formalité substantielle de la cession, était seulement exigé à titre de mesure d'ordre intérieur, sans influence sur la validité même de la transmission (Comp. Cass., 4 avril 1860, Inst. n° 2174, § 3; 2 fév. 1863, Inst. n° 2444, § 2; 27 fév. 1866, Inst. n° 2348, § 5; 28 fév. 1876, Inst. n° 2546, § 8; 19 juil. 1889, Inst. n° 2791, § 1).

« A plus forte raison la taxe annuelle doit-elle être réclamée lorsque la tenue d'un registre à l'effet de recevoir les déclarations de transfert n'est pas même exigée, et que la transmission des actions peut s'opérer par acte sous seing privé ou notarié dont il est simplement commandé de remettre un double ou une expédition au conseil d'administration de la société, contre son récépissé (Cass., 28 nov. 1866, Inst. n° 2356, § 2).

« Il n'y a pas lieu de s'arrêter, dans ce cas, à la clause des statuts qui autorise le conseil d'administration à exercer, dans la quinzaine du récépissé de l'acte portant cession, le retrait de l'action acquise par tout autre qu'un associé, et dispose, en outre, que celui qui se trouvera dans le délai fixé pour l'exercice du droit de retrait ne sera pas considéré comme propriétaire admissible aux assemblées générales. Ces stipulations, d'ailleurs restreintes à certaines mutations, ne créent pas une condition suspensive de nature à empêcher la cession de se réaliser au moment où elle est conclue entre les parties; il en résulte uniquement une condition résolutoire qui présuppose, au contraire, une transmission parfaite quoique résoluble (Cass., 3 déc. 1866, Inst. n° 2356, § 3). Il importe peu, au surplus, que l'acte de cession doive être transcrit sur un registre spécial, alors que cette transcription ne doit être effectuée qu'après que la cession est devenue définitive au profit du nouvel actionnaire, par le défaut d'exercice du droit de retrait (Cass., 27 fév. 1884, Inst. n° 2694, § 7).

1557. « Il est à peine utile de faire observer que la taxe de 20 cent. p. 100 est exigible lorsque les statuts n'ont rien réglé touchant le mode suivant lequel la propriété des actions pourra se transmettre, car, dans le silence du pacte social, cette transmission peut valablement s'opérer non seulement au moyen d'une déclaration de transfert inscrite sur les registres sociaux, mais encore par tous les modes que le droit commun autorise : cession sous signature privée, endossement, etc. (Cass., 4 déc. 1867, Inst. n° 2362, § 5; 15 mars 1870, Inst. n° 2402, § 5).

« Dans le même ordre d'idées, il y a lieu de soumettre à la taxe les actions transmissibles, soit par une déclaration de transfert inscrite sur les registres, soit par toute autre voie légale, puisqu'en définitive, dans ce cas comme dans le précédent, la cession des titres est possible sans transfert.

1558. « Les mêmes principes gouvernent la perception du droit de transmission établi sur les obligations des sociétés, départements, communes et établissements publics (LL. 23 juin 1857, art. 6; 16 sept. 1871, art. 11).

« Par exemple, lorsque les statuts d'une société créent des obligations sans déterminer en aucune façon le mode suivant lequel la transmission pourra s'en opérer, la taxe de 20 cent. p. 100 est exigible (Cass., 15 déc. 1869, Inst. n° 2398, § 6).

« Elle l'est aussi, par identité de raison, sur les obligations qu'une ville a émises sous la forme de titres nominatifs transmissibles conformément aux règles du droit commun. Et il en est ainsi, bien qu'un arrêté ultérieur du maire ait décidé que, désormais, les transferts ne seront plus opérés à la mairie qu'en présence d'un agent de change, alors qu'il est constant que la ville n'a voulu par là que se renseigner sur les détenteurs des titres en circulation, que l'arrêté ne subordonne point à la formalité qu'il prescrit la validité de la transmission et que la déclaration de transfert ne constitue qu'une mesure d'ordre intérieur qui laisse subsister les titres avec leur caractère propre et originaire, sans modifier les divers modes de cession dont ils sont susceptibles de leur nature. » (Cass., 12 fév. 1877, Inst. n° 2575, § 1er.)

Annoter *supra*, n° 355 *bis*.

1559. Impôt sur le revenu. Distribution de bénéfices. Société dissoute. Licitation. Payement à quelques-uns des associés de leur part dans le prix. Apport par les autres dans une société nouvelle. Calcul du bénéfice imposable. — *Rocroi, 1er mai* 1890. — Aux termes d'un jugement du tribunal de Rocroi du 1er mai 1890 (23,391 J.), qui ne fait que confirmer la jurisprudence rapportée *supra*, nos 773 et suiv., la taxe de 3 p. 100 établie par la loi du 29 juin 1872 sur le revenu des actions dans les sociétés, atteint non seulement les intérêts et dividendes payés aux actionnaires au cours de la société, mais d'une manière générale tous les produits et bénéfices distribués à quelque époque que ce soit, même après la dissolution de la société, et quelles que soient leur origine et la manière dont ils se sont formés. La distribution résulte notamment de la vente sur licitation du fonds social effectuée au profit d'un certain nombre d'actionnaires, suivie du payement aux actionnaires non acquéreurs de la portion leur revenant dans le prix, et de la constitution d'une société nouvelle dans laquelle les adjudicataires ont fait apport du fonds social ainsi licité.

Le bénéfice passible de la taxe est, dans ce cas, représenté par la différence entre la valeur du fonds social ainsi distribué et le montant du capital primitif.

Annoter *supra*, n° 775.

1560. Impôt sur le revenu. Obligations et emprunts. Compte courant. Novation. — *Marseille, 1er juil.* 1890. — Nous avons enseigné, dans le cours de cet ouvrage, qu'en dehors des obligations proprement dites, les seules dettes des sociétés, départements, communes et établissements publics, dont les intérêts soient passibles de l'impôt sur le revenu, sont les dettes qui ont leur cause et leur origine dans un emprunt contracté par la société. Les comptes courants, notamment, échappent à l'application de la loi de 1872. Mais il n'en est ainsi qu'autant que la dette résultant d'un compte courant n'est pas novée et transformée, par la convention des parties, en une obligation pour prêt. V. *supra*, nos 672 et 749.

C'est ce que vient de reconnaître un jugement du tribunal de Marseille du 1er juil. 1890 (7451 R. p.). Toutefois, ce jugement décide, en même temps, que la novation ne résulte pas de l'acte par lequel la société fournit une hypothèque pour sûreté de sa dette, promet un intérêt annuel et stipule un terme de remboursement, du moment que les parties n'ont pas expressément manifesté leur intention de nover, et que, d'autre part, les circonstances de la cause permettent de penser qu'elles ont voulu conserver à la dette de la société son caractère primitif de solde d'un compte courant.

Cette décision, que nous citons à titre d'exemple de l'interprétation de fait à laquelle les tribunaux doivent se livrer pour résoudre les questions de cette nature, est ainsi conçue :

« Attendu que la dette résultant d'un compte courant n'a amais été et ne pouvait pas être confondue avec un emprunt;

« Que le compte courant est une convention complexe dont les effets, régis par les usages commerciaux, sont absolument incompatibles avec l'application de la loi de 1872, le compte courant étant formé d'une série de créances et de dettes qui peuvent procéder de causes très diverses et qui perdent leur individualité pour se transformer en articles de débit et de crédit jusqu'au jour de la balance du compte, dont le solde final devient seul exigible;

« Qu'à ce moment la dette ne se transforme pas en une dette de prêt, l'usage étant qu'en pareil cas un nouveau compte est immédiatement ouvert, le solde du compte-balance formant le premier article de crédit ou de débit du compte nouveau;

« Attendu qu'il y a donc lieu d'écarter tout d'abord la prétention de la Régie suivant laquelle l'impôt serait dû depuis le dernier inventaire ayant précédé le décès d'Edouard Fournier; que les sommes revenant aux mineurs ont été, à cette date, laissées en compte courant jusqu'au moment du contrat hypothécaire dressé par Me Decormis, notaire, en date du 17 mars 1882;

« Qu'il reste donc à se demander si, par l'effet de cet acte, il s'est opéré une novation transformant la créance antérieure en une créance pour prêt;

« Attendu, *en droit*, que la concession d'un terme n'opère pas novation, puisque le terme ne fait que retarder le payement d'une dette préexistante; qu'il en est de même de la dation d'hypothèque qui, bien loin d'éteindre la dette, sert à en garantir le remboursement; que ces circonstances, jointes à d'autres, peuvent seulement, suivant les cas, révéler la volonté de substituer une dette nouvelle à la dette ancienne, qui serait éteinte; que c'est ce que soutient la Régie en prétendant que l'hypothèque accordée et le terme consenti manifestent suffisamment l'intention de remplacer la dette pour compte courant par une dette pour prêt;

« Attendu que, sans doute, la Régie n'est pas obligée de s'en tenir aux termes employés et conserve le droit de rechercher la réalité qui se cacherait sous des apparences trompeuses; qu'elle ne peut, toutefois, rectifier la fausse qualification d'un contrat qu'en puisant ses rectifications dans le titre lui-même ou dans tout acte volontairement présenté à la formalité; qu'elle aurait donc tort de se faire une arme du refus par les parties de produire le compte courant ou le dernier inventaire, refus explicable par la répugnance de tout commerçant à communiquer le secret de ses affaires par la production de ses écritures; qu'en considérant le compte courant comme définitivement clos il n'en résulte pas nécessairement que la dette reconnue soit désormais une dette pour prêt; que le contraire résulte même des présomptions et vraisemblances de la cause;

« Attendu, en effet, que la société primitive ayant été dissoute le 28 juin 1881, les héritières d'Edouard Fournier ont, dès cet instant, acquis un droit de copropriété dans la masse indivise formant l'actif mobilier et immobilier de la société dissoute, et c'est leur droit dans cette masse qui est représenté par la somme de 596,819 fr. 55, reconnue dans l'acte notarié;

« Qu'ainsi, soit que l'on considère cette somme comme le prix de la vente de leur part sociale abandonnée par les mineures aux coassociés de leur père, soit qu'on la considère comme naissant d'un partage demeuré occulte et purement provisionnel, faute d'avoir rempli les formalités exigées par l'état de minorité, soit qu'elle représente simplement la valeur de la part des mineurs dans une masse indivise à partager ultérieurement, en toute hypothèse la dette ne procéderait pas d'un contrat de prêt, il n'y aurait pas emprunt, et, dès lors, l'impôt sur le revenu ne serait pas exigible;

« Qu'ainsi, en résumé, ou bien la Régie s'en tiendra à la teneur littérale de l'acte qui mentionne une dette pour compte courant, ou bien elle invoquera des présomptions pour restituer au contrat son véritable caractère et y voir un emprunt, et alors ces présomptions sont balancées et combattues par des présomptions contraires et prépondérantes; qu'il n'est, dès lors, pas possible d'affirmer qu'on est en présence d'un acte tombant sous l'application du texte de la loi fiscale visée par la Régie;

« Par ces motifs... »

Annoter *supra*, n° 749.

1561. Impôt sur le revenu. Liquidation de l'impôt. Société divisée en parts d'intérêt. Absence de conseil d'administration. Forfait de 5 p. 100. Improductivité non absolue. Bénéfices inférieurs au forfait. Absence de distribution. — *Bordeaux*, 28 *mai* 1890. — On sait qu'un arrêt de la Cour de cassation du 13 avril 1886, rapporté *supra*, n° 904, et d'ailleurs sujet à critique, a permis aux sociétés dont le capital est divisé en parts d'intérêt et qui n'ont pas de conseil d'administration, d'échapper à la perception de la taxe 3 p. 100 sur leurs revenus évalués à forfait par la loi à 5 p. 100 du capital social, en prouvant qu'elles ont été complètement improductives. Précisant le sens de cet arrêt, nous avons émis l'avis que, pour se conformer à la pensée de la Cour, on ne devait admettre l'exemption de l'impôt qu'en faveur des sociétés réellement et totalement improductives, et que cette faveur ne devait être étendue ni au cas où la société n'a distribué qu'un revenu inférieur au forfait, ni au cas où, bien qu'ayant réalisé des produits, la société n'a fait aucune distribution. V. *supra*, n°s 907 et 908.

Notre opinion vient d'être admise sans restriction par un jugement du tribunal de Bordeaux du 28 mai 1890 (23,461 J.), ainsi motivé :

« Attendu que le sieur de Boissac, en sa qualité de gérant de la société civile de Malescot, a assigné l'Administration de l'enregistrement en restitution de droits qu'il prétend indûment perçus au détriment de ladite société; que ces droits sont ceux qui ont été institués au taux de 3 p. 100 sur le revenu des valeurs mobilières par la loi du 29 juin 1872;

« Attendu, quant à l'exercice resté en litige, que la société demanderesse fait reposer sa prétention sur ce que cette année-là il n'a été distribué aucun revenu, et que, par suite, la base de l'impôt manquerait;

« Attendu que cette conséquence serait exacte si la société n'avait effectivement rien produit, mais que, de son aveu même, elle a réalisé des bénéfices ; que seulement elle n'en a pas fait la distribution entre les associés et les a employés à l'extinction d'un passif antérieur;

« Attendu que la taxe, telle qu'elle a été organisée par la loi de 1872, frappe bien le revenu des associés, actionnaires, obligataires, commanditaires ou intéressés quelconques, et non le revenu social, comme le démontrent les termes de la loi (art. 1, 2, 3) et le décret du 6 déc. 1872; que la société est simplement obligée de faire au Trésor l'avance de l'impôt, lequel doit être acquitté en définitive par les sociétaires sur leurs parts d'intérêt;

« Mais attendu que si ce principe est d'une facile application pour les sociétés régies par le § 1er de l'art. 2 de la loi, c'est-à-dire pour celles dont les dividendes sont annuellement fixés dans des documents rendus publics, il en est tout autrement pour les sociétés régies par le § 2, dont le budget est occulte et la personnalité moins distincte de celle des associés; — Que, quant à ces dernières, le législateur de 1872, précisément dans le but de faciliter l'application du principe commun, a établi une présomption de distribution de revenus annuels aux sociétaires; que cette présomption résulte de façon implicite, mais très certainement, de l'adoption du forfait au taux de 5 p. 100 du capital pour la liquidation de la taxe; — Que la pensée du législateur a été de soustraire la perception de l'impôt à des débats continuels et à des fraudes le plus souvent impossibles à conjurer; — Qu'il ne serait pas difficile, par exemple, à une société de ce genre d'accumuler, sous le couvert d'une opération légitime (constitution de réserve ou extinction du passif), les revenus de plusieurs années, pour les distribuer ensuite en une seule fois, et n'acquitter ainsi la taxe que sur un seul exercice; — Qu'il semble aussi qu'au point de vue de l'impôt, dans les sociétés où la répartition ne résulte d'aucun acte ostensible, cette répartition doive être considérée comme faite, au moins fictivement, par cela seul qu'il existe un bénéfice social;

« Attendu que la demanderesse appartient précisément à cette catégorie de sociétés; — Qu'en fait et en l'espèce on ne peut pas dire qu'il n'y ait pas eu distribution de revenus pour l'exercice litigieux, car la société elle-même, dans son mémoire signifié le 25 mai 1888, reconnaît que, d'après ses propres livres, elle a réalisé un bénéfice qui a été « inscrit provisoirement au crédit des associés »; — Qu'à la vérité elle s'est empressée d'ajouter que ce bénéfice n'avait pas été distribué et ne le serait jamais; mais que le défaut de répartition peut être à bon droit considéré comme un véritable abandon fait par chaque associé à la masse sociale de la part qui lui était acquise au moins fictivement, dès l'instant où il existait un bénéfice commun;

« Attendu dès lors que la taxe a été régulièrement perçue et qu'il n'y a pas lieu d'en ordonner la restitution...»

Annoter *supra*, n°s 907 et 908.

1562. Impôt sur le revenu. Distribution de bénéfices. Fusion de deux sociétés. Sommes apportées par l'une employées à la libération des titres des actionnaires de l'autre. Exigibilité de la taxe. — *Cass. (ch. des req.)*, 28 *oct.* 1890. — Nous avons rapporté sous le n° 813 de notre traité, en l'approuvant, un jugement du tribunal de la Seine du 10 déc. 1886 (22,885 J.; 6805 R. p.), aux termes duquel, lorsque sur l'actif apporté à une société par une autre société qui fusionne avec elle, une partie est employée à augmenter le capital social et donne lieu à la délivrance au profit des auteurs de l'apport d'un certain nombre d'actions nouvelles entièrement libérées, et qu'une autre partie est versée dans la société et employée à libérer d'une somme correspondante les titres des anciens actionnaires, cette somme représente, pour ces derniers, un bénéfice distribué par voie de compensation, et est passible en conséquence de l'impôt sur le revenu.

Ce jugement a été déféré à la Cour de cassation pour:

« Violation des art. 1er et 2 de la loi du 29 juin 1872, en ce que le jugement attaqué a condamné le Crédit foncier à payer la somme de 780,000 fr., montant de la taxe 3 p. 100 sur 26,000,000 apportés par la Banque hypothécaire et employés à libérer du versement de 100 fr. les 260,000 actions anciennes du Crédit foncier, par le motif que les droits cédés par les anciens actionnaires aux nouveaux représentaient des bénéfices réalisés ou à réaliser, alors d'une part que les 26,000,000 dont s'agit, ayant été directement stipulés en faveur des anciens actionnaires, ne se sont jamais incorporés au patrimoine du Crédit foncier et qu'il ne peut, en conséquence, y avoir eu distribution de bénéfices au sens de la loi; d'autre part, qu'en admettant qu'ils se soient incorporés au patrimoine du Crédit foncier, ils n'ont pu l'être qu'à titre d'apport complémentaire et ont constitué non pas un excédent du fonds social sur le capital social, mais une fraction du capital social lui-même, dont la distribution ne pouvait dès lors être passible de la taxe. »

La chambre des requêtes, après avoir entendu le rapport de M. le conseiller Voisin, et sur les conclusions conformes de M. l'avocat général Loubers, a rejeté ce pourvoi par un arrêt du 28 oct. 1890, ainsi motivé :

« La Cour,

« Sur le moyen unique tiré de la violation des art. 1 et 2 de la loi du 29 juin 1872 :

« Attendu que les termes des art. 1 et 2 de la loi du 29 juin 1872 sont généraux et absolus et qu'ils assujettissent à la taxe de 3 p. 100 la distribution, sous quelque forme qu'elle ait lieu, de tous les bénéfices réalisés par les sociétés, sans faire aucune distinction à raison soit de l'origine, soit de la nature de ces produits;

« Attendu qu'il est constant, en fait, qu'en vertu de l'art. 2 du traité de fusion intervenu entre le Crédit foncier et la Banque hypothécaire, le 20 juin 1882, cette Banque devait apporter au Crédit foncier une somme de 52,500,000 fr. dont 25,000,000 fr. serviraient à la création de 50,000 actions nouvelles libérées de 500 fr., 1,500,000 fr. à la constitution d'une réserve spéciale, 26,000,000 fr. à la libération des 100 fr. restant dus par les actionnaires du Crédit foncier sur les 260,000 actions actuelles; que la somme de 52,500,000 fr. a été effectivement fournie ;

« Attendu que le Crédit foncier a ainsi augmenté son capital des seuls fonds par lui directement destinés aux besoins mêmes de son exploitation, soit des 25,000,000 fr. avec lesquels les 50,000 actions nouvelles ont été créées et des 1,500,000 fr. ayant servi à constituer la réserve; que, quant aux 26,000,000 fr. fournis par la Banque hypothécaire pour le payement de la dette contractée par les anciens actionnaires du Crédit foncier vis-à-vis du Crédit foncier lui-même, ils ont exclusivement représenté dans le traité le prix de la plus-value de l'actif social sur le capital nominal primitif et ainsi constitué des bénéfices sociaux; qu'il importe peu que, par le fait de la libération totale des anciennes actions du Crédit foncier, ils aient ultérieurement servi à compléter ce capital social primitif, puisqu'à ce moment, devenus la propriété propre des anciens actionnaires, ils ont été ainsi employés au payement de leur dette personnelle;

« Attendu que le fait de leur distribution aux anciens actionnaires du Crédit foncier n'est pas, en effet, moins certain; que l'art. 2 du traité de fusion porte que la Banque hypothécaire remettra 52,500,000 fr. au Crédit foncier et que, sur l'apport ainsi fait, 26,000,000 fr. seront employés à libérer les 260,000 actions actuelles du Crédit foncier des 100 fr. restant dus par eux; qu'ainsi, ladite somme apportée au Crédit foncier pour une opération ultérieure qu'il se chargerait de faire, est bien entrée tout d'abord dans la caisse sociale; que si elle n'a pas été versée ensuite en espèces entre les mains des anciens actionnaires du Crédit foncier, elle leur a été néanmoins distribuée;

« Qu'en effet, l'affectation toute volontaire de ces bénéfices à la libération de leurs actions, et, par conséquent, au payement de leur dette personnelle envers le Crédit foncier, les a fait passer de la caisse sociale dans leur patrimoine personnel qu'elle a accru d'autant et a constitué ainsi essentiellement une distribution;

« D'où il suit que le jugement attaqué, en reconnaissant le caractère de produit distribué à la somme de 26,000,000 fr., en décidant que la taxe de 3 p. 100 était exigible sur elle et en déboutant le Crédit foncier de l'opposition à la contrainte décernée contre lui, loin de violer les articles visés au pourvoi, en a fait une juste application;

« Rejette. »

Annoter *supra*, n° 813.

1563. Valeurs étrangères. Taxes annuelles. Obligations émises en France par une société étrangère. Fixation de la quotité imposable. Minimum. — *Seine, 8 août* 1890. — Un jugement du tribunal de la Seine du 8 août 1890, encore inédit, a précisé la règle que nous avons formulée sous le n° 1103 de notre traité, en décidant que, lorsqu'une société étrangère émet des obligations en France, le nombre des titres assujettis au droit de timbre et de transmission et à l'impôt sur le revenu ne peut être inférieur aux deux dixièmes du capital de l'emprunt (art. 2, décret du 24 mai 1872).

Peu importe que l'émission n'ait été réalisée que jusqu'à concurrence d'un nombre moindre d'obligations, la proportion fixée par la loi l'étant à titre de forfait et sans égard à l'importance des négociations effectives dont les obligations peuvent avoir été l'objet.

« Attendu, porte cette décision, que, par délibération de l'assemblée générale des actionnaires en date du 28 déc. 1885, la Société anglaise *The Swedish and Norwegian Company limited* a été autorisée à contracter un emprunt de 37,500,000 fr. au moyen d'obligations de propriété 5 p. 100 en coupures de 8,750 fr., 2,500 fr. et 500 fr.; que l'émission d'une partie des coupures de 500 fr. a été faite en France les 7 et 8 janv. 1886, par l'intermédiaire de la maison de banque Collet et Blondel;

« Qu'à la date du 21 juin 1886, la société anglaise a souscrit un engagement d'acquitter les impôts et amendes exigibles en France pendant la durée de ses titres; qu'elle a désigné comme représentant responsable la société Etienne Collet et Jean Blondel; que cette dernière société, aux droits de laquelle est aujourd'hui la société J. Blondel et Garnier, a de son côté souscrit, le 12 juill. suivant, l'engagement exigé par l'art. 10 du décret du 27 juill. 1857 et a été agréée comme représentant responsable, suivant décision ministérielle du 16 nov. 1886; que, sur la proposition de la commission des valeurs mobilières, le ministre des finances a, par décision du 4 mai 1887, fixé la quotité à deux dixièmes du capital de l'emprunt, soit 7,500,000 fr., représentant 15,000 titres à 500 fr.;

« Attendu que l'Administration de l'enregistrement réclame tant à la société anglaise qu'à la société Blondel et Garnier les droits de timbre et de transmission et la taxe sur le revenu exigibles sur ces titres depuis le 7 janv. 1886, ainsi que les amendes pour défaut de payement, encourues depuis la même époque, et celle encourue pour avoir procédé à l'émission en France avant qu'un représentant responsable ait été agréé;

« Attendu que les opposants allèguent vainement que cette réclamation reposerait sur une fausse application des lois et décrets invoqués par la Régie; qu'en effet l'art. 2 du décret du 24 mai 1872 dispose formellement que le nombre des titres assujettis au droit de timbre et de transmission ne peut être inférieur, pour les obligations, à deux dixièmes du capital; que cette règle a été étendue à l'impôt sur le revenu par l'art. 8 du règlement d'administration publique du 6 déc. 1872; qu'il importe peu dès lors que l'émission n'ait été effectivement réalisée, comme l'a soutenu la société anglaise dans la pétition administrative, que pour un nombre d'obligations bien inférieur aux deux dixièmes du capital; que les dispositions ci-dessus rappelées assujettissant les sociétés étrangères à l'impôt par relation à une quotité déterminée de leur capital, et sans avoir égard à l'importance des négociations effectives dont leurs titres peuvent avoir été l'objet, constituent un forfait, et que le minimum qu'elles indiquent s'impose à l'Administration comme aux sociétés;

« Par ces motifs... »

Annoter *supra*, n° 1103.

1564. Impôt sur le revenu. Emprunts. Congrégations religieuses autorisées. — *Châteaulin, 1er juil.* 1890. — Un jugement du tribunal de Châteaulin du 1er juil. 1890, encore inédit, a décidé, contrairement à l'opinion que nous avons exprimée (*supra*, n° 693), que les emprunts des congrégations autorisées ne sont pas assujettis à l'impôt sur le revenu.

Ce jugement est ainsi conçu :

« Attendu que l'Administration de l'enregistrement a fait signifier, le 20 août 1887, une contrainte à la congrégation des Ursulines de Carhaix, à fin de payement d'une taxe de 3 p. 100 sur les intérêts d'emprunts contractés par cette congrégation, et de diverses amendes qu'elle aurait encourues pour le non-payement de cette taxe aux époques fixées par la loi;

« Attendu que la congrégation des Ursulines a formé opposition à cette contrainte en prétendant que la loi du 29 juin 1872 établissant l'impôt de 3 p. 100 sur les intérêts d'emprunts ne lui était pas applicable;

« Attendu qu'il est de principe, en matière d'impôts, que le texte de la loi doit être précis, formel, sans ambiguïté possible, pour être opposé utilement aux contribuables;

« Attendu que la loi du 29 juin 1872 établit, art. 1er, § 2, une taxe annuelle et obligatoire sur les arrérages et intérêts annuels des emprunts et obligations des départements, communes et établissements publics, ainsi que des sociétés, compagnies et entreprises quelconques, financières, industrielles, commerciales ou civiles;

« Attendu que rien n'indiquant dans les travaux préparatoires de cette loi de finances que le législateur ait eu l'intention de viser les congrégations religieuses telles que la communauté des Ursulines de Carhaix, il y a lieu de rechercher si ladite communauté peut être comprise dans l'énumération faite par l'art. 1er de la loi : « établissements publics, « sociétés, compagnies, entreprises quelconques, financières, « industrielles, commerciales ou civiles »;

« Attendu que les congrégations religieuses autorisées ne sont pas des établissements publics, ainsi qu'il a été déclaré par l'avis du Conseil d'Etat du 18 janv. 1835, mais des établissements particuliers, créés dans un but d'utilité publique; qu'elles ne constituent pas davantage des sociétés, compagnies ou entreprises financières, industrielles, commerciales ou civiles, dont le but est de réaliser des bénéfices, ce qui n'existe pas ici;

« Attendu qu'il n'est pas possible d'admettre, surtout en matière fiscale, que l'expression « entreprises quelconques » englobe toute association, quel que soit son but, telles que les communautés religieuses de la nature de la congrégation des Ursulines de Carhaix, vouées à l'enseignement; que le texte précis, formel, qui devait désigner, dans la loi, les congrégations religieuses, pour leur être applicable, fait totalement défaut, et que rien ne démontre, dès lors, que le législateur de 1872 a voulu viser les congrégations en question. »

Ce jugement est en opposition avec la thèse que nous avons développée dans notre traité, et d'après laquelle les congrégations religieuses autorisées doivent la taxe sur le revenu, soit comme ayant incontestablement le caractère d'établissements d'utilité publique, soit comme constituant une de ces collectivités que la loi du 29 juin 1872 a visées sous la désignation générique d'entreprises.

La décision du tribunal de Châteaulin, qui vient d'être déférée à la Cour de cassation, ne peut manquer d'être cassée, si la Cour persiste dans sa jurisprudence.

Annoter *supra*, n° 693.

1565. Impôt sur le revenu. Emprunt de société productif d'intérêts. Preuve de son existence et de celle des intérêts. Acte opposable au prêteur. Présomptions. — *Roanne*, 7 *août* 1890. — Nous avons enseigné dans différentes parties de notre traité (V. *supra*, n°s 89, 758 et 993), que l'Administration est fondée à établir le fait générateur de l'exigibilité des différentes taxes dont nous avons parlé, et notamment de l'impôt sur le revenu, au moyen d'actes opposables aux parties et même à l'aide de simples présomptions. Un jugement du tribunal de Roanne du 7 août 1890 (7478 R. p.) vient à l'appui de notre doctrine. Il décide que l'existence d'un emprunt, pour l'exigibilité de l'impôt sur le revenu, est suffisamment établie, à l'égard du prêteur, par l'aveu de ce dernier ou de ses ayants cause, contenu dans une déclaration de succession et dans un inventaire. Quant à la preuve que l'emprunt est productif d'intérêts, preuve nécessaire pour que l'exigibilité de la taxe soit justifiée, elle peut résulter, à défaut d'une déclaration expresse, de simples présomptions déduites des circonstances de fait dans lesquelles l'emprunt a été réalisé. Le tribunal n'a pas d'ailleurs exigé, en outre, pour prononcer la condamnation des parties au payement de la taxe, que l'Administration fît la preuve du payement effectif des intérêts, et, en cela, il s'est conformé à la règle que nous avons posée et motivée sous le n° 841 de notre ouvrage.

La décision du tribunal de Roanne se fonde sur les motifs ci-après :

« Attendu que, par exploit de Bénassy, huissier à Roanne, en date du 11 sept. 1889, l'Administration de l'enregistrement a fait notifier à dame veuve Coste, prise tant en son nom personnel que comme tutrice légale de Paul-Théodore Coste, son fils mineur, une contrainte datée du 7 sept. 1889 aux fins d'avoir à payer la somme de 2,000 fr. arbitrée d'office, sauf rectification, montant de la taxe de 3 p. 100 exigible jusqu'au 1er juil. 1889 sur les intérêts d'une somme de 465,196 fr. 05 dépendant de la succession de feu Alphonse Coste, mari de la veuve et père de l'enfant, ainsi que l'établit l'inventaire dressé après le décès par Me Helle, notaire à Roanne, laquelle somme est due, aux termes de cet inventaire, à titre de prêt verbal remboursable pour la majeure partie, soit 300,000 fr., le 31 décembre 1896 seulement, par la société commerciale en nom collectif « Fatinet, Roy et Sourdieux », ayant son siège à Roanne;

« Attendu que l'Administration de l'enregistrement articule dans sa contrainte que cette taxe, que ladite société a négligé d'avancer, ainsi qu'elle y est tenue, est réclamée à la veuve Coste, ès qualités, pour la raison que, constituant un impôt sur le revenu, la charge en incombe au prêteur, et qu'à ce titre la dame veuve Coste est débitrice concurremment avec la société, avec observation que toutes réserves sont faites au sujet des amendes qui pourraient être ultérieurement réclamées à la société, si l'existence du prêt et le payement des intérêts étaient établis à son égard;

« Attendu que, par exploit de Faverjon en date du 19 sept. 1889, la dame veuve Coste, ès qualités, a formé opposition en soutenant que la contrainte est nulle en la forme et sans fondement par le motif :

« 1° Que l'inventaire dressé après la mort de Coste ne saurait faire preuve d'une prétendue créance de 465,196 fr. 05 au profit de Coste contre la Société Fatinet, Roy et Sourdieux ;

« 2° Et qu'au surplus cette créance n'existait pas ;

« Attendu qu'après le décès de feu Alphonse Coste, sa veuve, née Fatinet, ès qualités, a, le 19 oct. 1888, dans sa déclaration de mutation par décès, mentionné une créance verbale pour prêt comprise dans l'inventaire, due au défunt par la Société commerciale Fatinet, Roy et Sourdieux, de Roanne, s'élevant, au décès, à la somme de 465,196 fr. 05;

« Attendu que ni l'inventaire, qui parle de prêt verbal, ni la déclaration de succession ne font mention d'intérêts;

« Attendu que, sur cette somme, 165,000 fr. avaient été tenus à la disposition du prêteur par cette société, qui ne devait le remboursement de la somme de 300,000 fr. que le 31 déc. 1896, en ayant toutefois la faculté de se libérer par anticipation et par fraction en prévenant un mois à l'avance;

« Attendu que, s'il n'y a pas lieu d'admettre la prétention de l'Administration de l'enregistrement telle qu'elle est formulée dans les mémoires par elle versés au débat, prétention qui ne saurait prévaloir contre la situation légale du prêteur vis-à-vis de l'emprunteur, exclusive d'intérêts en dehors d'une stipulation expresse ou de certaines formalités rigoureusement exigées pour les faire courir, le tribunal, néanmoins, en examinant attentivement les termes de la déclaration de la dame veuve Coste, croit y trouver un ensemble de présomptions graves, précises et concordantes, justificatives de la taxe appliquée ;

« Attendu, en effet, qu'il est absolument inadmissible et inusité qu'un prêt de cette importance ait été consenti par Coste à la Société Fatinet, Roy et Sourdieux, sans intérêts, en réservant à cette dernière et la faculté de rembourser à volonté et celle de conserver cette somme jusqu'à la dissolution de la société, si tel était son bon plaisir;

« Attendu que de telles conditions sont trop potestatives pour n'avoir pas pour corrélatif un intérêt quelconque;

« Attendu que les prétentions contenues dans la déclaration de la dame veuve Coste viennent corroborer ces présomptions et ne sont que le reflet d'une convention précise qu'elle dissimule pour échapper à l'impôt qu'on lui réclame. »

Annoter *supra*, n°s 89, 758, 841 et 993.

1566. Impôt sur le revenu. Emprunt. Dépôt. Caractères distinctifs. Fonds versés à une société par des actionnaires et des tiers en vue d'augmenter ses ressources. Intérêt à 5 p. 100. Remboursement à première réquisition. Amendes de retard. Exigibilité des amendes nonobstant le dépôt régulier des délibérations. — *Avesnes*, 6 *juil.* 1889. *Cass.* (*req.*), 2 *déc.* 1890. — Nous nous sommes attachés, sous les n°s 733 et suivants de notre traité, à faire ressortir, pour l'application de l'impôt sur le revenu, les traits caractéristiques qui distinguent le contrat de prêt du dépôt irrégulier. Nous avons fait remarquer qu'en dehors des stipulations relatives au taux des intérêts et aux délais de remboursement, les circonstances de fait qui accompagnent le versement de sommes déterminées dans la caisse d'une société peuvent servir à caractériser le contrat, et que, spécialement, ce versement constitue un emprunt donnant ouverture à l'impôt sur le revenu, lorsque, bien que la somme versée soit remboursable à première réquisition, il résulte des faits que l'intention des parties a été pour la société de se procurer les fonds dont elle a besoin, et, pour le remettant, de faire un véritable placement.

La règle que nous avons ainsi précisée vient d'être confirmée par un jugement du tribunal d'Avesnes du 6 juil. 1889 et par un arrêt de la Cour de cassation (ch. des req.) du 2 déc. 1890, qui décident, en outre, qu'une amende de 100 à 5,000 fr. est encourue, pour chaque trimestre, par la société qui n'a pas payé, dans le délai fixé par la loi, la taxe exigible sur les intérêts de ses emprunts, alors même qu'elle aurait déposé régulièrement au bureau les comptes rendus et les extraits des délibérations prises par l'assemblée générale de ses actionnaires.

Ces décisions, encore inédites, ont été rendues dans les circonstances suivantes :

Suivant acte sous seing privé du 16 janv. 1870, il a été formé à Avesnes, sous la dénomination de « l'Avesnoise », une société anonyme ayant pour objet la construction et l'exploitation d'une filature de laine.

Le capital social, fixé d'abord à 400,000 fr., a été porté à 500,000 fr., aux termes d'un acte du 3 avril 1880, en exécution d'une délibération de l'assemblée générale des actionnaires du 9 mars précédent.

La société s'était préoccupée, dès 1875, du besoin de se procurer des fonds autrement que par voie d'augmentation du capital social. On lit, en effet, ce qui suit dans une délibération de l'assemblée générale du 3 avril 1875 : « Nous devons réduire le moins possible nos ressources financières. Il conviendrait même de les augmenter pour avoir moins à demander aux banquiers, qui, tout naturellement, font payer cher leurs services. Aussi serions-nous heureux de voir les capitalistes de notre société faire des dépôts à notre caisse, à l'exemple de MM. D. et D. Ils y trouveraient un double avantage : d'une part, ils auraient un placement à 5 p. 100 de toute solidité, et, de l'autre, ils augmenteraient leurs bénéfices sociaux. »

Un certain nombre d'actionnaires, et même d'étrangers, ont répondu à cet appel que plusieurs sociétaires avaient devancé. Ces personnes ont été créditées sur le grand-livre de la société, sous le titre « dépôts d'espèces », de sommes diverses versées par elles et productives d'intérêts au taux de 5 p. 100.

L'Administration a pensé que cet intérêt était passible de la taxe de 3 p. 100 établie par l'art. 1er, n° 2, de la loi du 29 juin 1872 sur les arrérages et intérêts annuels des *emprunts* et obligations des sociétés. Elle a décerné en conséquence, contre la société « l'Avesnoise », une contrainte tendant au payement de cette taxe, provisoirement liquidée à 3,187 fr. 26 pour les années 1874 à 1887 inclus, et de 51 amendes de 100 à 5,000 fr. encourues pour défaut de payement aux échéances trimestrielles.

La société a formé opposition à cette demande en se fondant sur les motifs ci-après :

« 1° Les sommes qui ont été déposées à la société à diverses époques peuvent être retirées à toute réquisition et sont toujours à la disposition des déposants; ces dépôts ne peuvent, dès lors, être considérés comme des emprunts dans le sens de la loi du 29 juin 1872;

« 2° En admettant le contraire, par pure hypothèse, la société ne saurait être tenue au payement d'une amende quelconque, car elle s'est strictement conformée aux prescriptions de la loi du 29 juin 1872 qui l'obligeait à déposer au bureau de l'enregistrement, dans les vingt jours de leur date, les comptes rendus et les extraits de ses délibérations. »

Le tribunal d'Avesnes a écarté cette thèse par un jugement du 6 juil. 1889, et le pourvoi formé contre sa décision a été rejeté par un arrêt de la chambre des requêtes du 2 déc. 1890, ainsi conçu :

« Sur le premier moyen tiré de la violation des art. 1899, 1900, 1901, 1944 du Code civil et de la fausse application de l'art. 1er, § 2, de la loi du 29 juin 1872 :

« Attendu, en droit, que la loi du 29 juin 1872, en établissant une taxe annuelle et obligatoire de 3 p. 100 sur le revenu des valeurs mobilières, a soumis à cette taxe, entre autres valeurs, les arrérages et intérêts annuels des emprunts et obligations des sociétés, compagnies et entreprises quelconques, financières, industrielles, commerciales et civiles; que, prise dans ses termes, dont la portée ne saurait être restreinte par voie d'interprétation, la disposition embrasse, pour les soumettre à l'impôt, toutes les opérations au moyen desquelles une société commerciale ou civile se procure d'une manière quelconque, par souscription publique ou autrement, les fonds dont elle a besoin;

« Attendu, en fait, qu'il résulte d'une délibération de l'assemblée générale des actionnaires de la société anonyme « l'Avesnoise », en date du 3 avril 1875, « qu'il y avait intérêt pour la société à ce qu'elle augmentât ses ressources financières sans s'adresser aux banques qui, tout naturellement, font payer cher leurs services, mais en obtenant de ses capitalistes qu'ils effectuassent des dépôts à sa caisse, lesdites opérations devant procurer à ceux qui y participeraient un double avantage : d'une part un placement à 5 p. 100 de toute solidité, d'autre part une augmentation de leurs bénéfices sociaux »;

Attendu que c'est dans ces termes qu'un certain nombre d'actionnaires, et même de personnes étrangères à la société ont apporté leurs fonds; que, dès lors, il y avait lieu, dans l'espèce, de considérer comme rentrant dans les prévisions de la loi et comme constituant de véritables emprunts, les opérations ainsi faites par la société anonyme « l'Avesnoise »;

Attendu que vainement la société exposante soutient que lesdites opérations, dans lesquelles aucun délai n'aurait été fixé pour le remboursement, et dans lesquelles les fonds auraient pu être exigés à toute réquisition, constituent non des prêts, mais des dépôts irréguliers faits par des capitalistes ;— qu'en effet, la garde des fonds n'a jamais été le but principal et déterminant de la livraison qui en a été faite à la société; que les opérations ont eu lieu, non comme dans tout dépôt, pour le plus grand avantage des déposants, mais dans un double intérêt réciproque : celui des capitalistes qui trouvaient un placement avantageux à 5 p. 100, et celui de la société qui se procurait ainsi les fonds dont elle avait besoin ; — D'où il suit qu'en se refusant à reconnaître le caractère de dépôts irréguliers aux opérations litigieuses, en constatant qu'elles constituaient de véritables emprunts, et, en conséquence, en déclarant les intérêts annuels desdits emprunts passibles de la taxe annuelle de 3 p. 100, le jugement attaqué, loin de violer les dispositions de loi invoquées par le pourvoi, en a fait au contraire une juste application aux faits de la cause;

« Sur le deuxième moyen tiré de la fausse application de l'art. 5 de la loi du 29 juin 1872;

« Attendu que la société anonyme « l'Avesnoise », débitrice de la taxe de 3 p. 100 sur les intérêts des emprunts dont il s'agit au procès, en devait effectuer le payement aux échéances trimestrielles fixées par le décret réglementaire du 6 déc. 1872, par conséquent dans les vingt premiers jours de chacun des mois de janvier, avril, juillet et octobre de chaque année; que cependant elle n'a fait de payement effectif à aucune des 51 échéances trimestrielles relevées, pour les années 1874 à 1886, dans la contrainte signifiée le 19 janvier 1888, et que par là elle a encouru les peines édictées par l'art. 5 de la loi du 29 juin 1872, suivant lequel chaque contravention aux dispositions de la loi et à celles du règlement fait pour son exécution, est punie d'une amende de 100 à 5,000 francs;

« Attendu qu'il importe peu que la société exposante ait régulièrement effectué au bureau de l'enregistrement le dépôt des comptes rendus et des extraits de ses délibérations; que ce dépôt, prescrit par l'art. 2 de la loi du 29 juin 1872, est une des obligations auxquelles sont soumises les sociétés et dont l'omission seule constitue une des contraventions prévues par l'art. 5 de ladite loi; mais que cette prescription est entièrement distincte de celle édictée par les art. 2, § 3, de la loi du 29 juin 1872, 1er, §§ 1er et 2, § 1er du décret du 6 déc. 1872, en vertu de laquelle les sociétés doivent payer la taxe sur les intérêts de leurs emprunts en quatre termes égaux, dans les vingt premiers jours de janvier, avril, juillet et octobre de chaque année; que c'est donc à bon droit, et par une juste application des art. 5 de la loi du 29 juin 1872, 1er, § 2, du décret du 6 déc. suivant, que le jugement attaqué a déclaré la société « l'Avesnoise » passible des 51 amendes comprises dans la contrainte signifiée le 19 janv. 1888;

« Par ces motifs, rejette le pourvoi et condamne la société demanderesse à l'amende. »

Annoter *supra*, n° 735 *bis* et 976.

1567. — **Impôt sur le revenu. Tarif de 3 p. 100 porté à 4 p. 100. Loi de finances du 26 décembre 1890.** — Avant de terminer l'impression de notre traité, nous pouvons encore recueillir le texte de la loi de finances du 26 déc. 1890, qui élève à 4 p. 100 le tarif de l'impôt sur le revenu. L'art. 4 de cette loi est ainsi conçu : « A partir du 1er janvier 1891, la taxe de 3 p. 100 établie sur le revenu des valeurs mobilières par les lois du 29 juin 1872, du 21 juin 1875, du 28 déc. 1880 et du 29 déc. 1884, est fixé à 4 p. 100. »

Ainsi que nous l'avons expliqué dans notre ouvrage, c'est la distribution des revenus atteints par la loi, qui est le fait générateur de l'impôt. Le nouveau tarif sera donc applicable aux bénéfices distribués et aux intérêts payés à partir du 1er janv. 1891, alors même que ces bénéfices auraient été réalisés et que les intérêts seraient arrivés à échéance avant cette date. Il y aura lieu, en un mot, de se conformer, pour la perception, aux règles que nous avons exposées sous les n°s 825 et 842 de notre traité.

La taxe créée par la loi de 1872 a été jusqu'à présent désignée tantôt sous le nom d'impôt sur le revenu, tantôt sous le nom de *taxe de* 3 p. 100. Cette dernière désignation a été fréquemment employée dans notre traité. Nos lecteurs feront d'eux-mêmes à notre texte les rectifications nécessitées par la nouvelle loi, et qu'il n'est plus en notre pouvoir d'opérer nous-mêmes.

Annoter *supra* entre les n°s 549 et 550 et aux n°s 554, 850 et 1278.

SOMMAIRE

BIBLIOTHÈQUE NATIONALE R.F.

NOTA. — Pour plus de clarté, et afin de faciliter les recherches, nous divisons notre sommaire en six paragraphes distincts, correspondant aux six parties de notre traité.

PREMIÈRE PARTIE. — *Règles générales et communes aux trois taxes.*

DEUXIÈME PARTIE. — *Droit de timbre.*

TROISIÈME PARTIE. — *Droit de transmission.*

QUATRIÈME PARTIE. — *Impôt sur le revenu.*

CINQUIÈME PARTIE. — *Valeurs étrangères.*

SIXIÈME PARTIE. — *Congrégations religieuses et autres associations régies par les lois des* 28 *décembre* 1880 *et* 29 *décembre* 1884.

PREMIÈRE SECTION. — IMPOT SUR LE REVENU.

DEUXIÈME SECTION. — DROIT D'ACCROISSEMENT.

BIBLIOTHÈQUE NATIONALE R.F. IMPRIMÉS

FIN DU SOMMAIRE

PARIS. — IMPRIMERIE D. JOUAUST, RUE DE LILLE, 7.

www.ingramcontent.com/pod-product-compliance
Ingram Content Group UK Ltd.
Pitfield, Milton Keynes, MK11 3LW, UK
UKHW020154250726
13967UKWH00003B/1050